上海古籍出版社

图书在版编目(CIP)数据

松江人物/《松江人物》编委会编. —上海：上海古籍出版社，2016.5
ISBN 978-7-5325-8041-5

Ⅰ.①松… Ⅱ.①松… Ⅲ.①人物—生平事迹—松江区 Ⅳ.①K820.851.3

中国版本图书馆CIP数据核字(2016)第061970号

松江人物
(全二册)
《松江人物》编委会 编
上海世纪出版股份有限公司
上 海 古 籍 出 版 社 出版
(上海瑞金二路272号 邮政编码200020)
(1)网址:www.guji.com.cn
(2)E-mail:guji1@guji.com.cn
(3)易文网网址:www.ewen.co
上海世纪出版股份有限公司发行中心发行经销
苏州越洋印刷有限公司印刷
开本787×1092 1/16 印张96.5 插页11 字数1,668,000
2016年5月第1版 2016年5月第1次印刷
ISBN 978-7-5325-8041-5
K·2188 定价：580.00元

《松江人物》编委会

总　目　录

序

李君如

今年5月下旬，我接到母校吴春荣老师来函，告我区领导交待的任务《松江人物》已接近完稿，希望我能为此书写一序文。想到年近80高龄的老师，还在抱病工作，查资料，做考证，日夜兼程，编撰文稿，为家乡的文化事业和精神文明建设做贡献，我没有任何理由不为养育过我的松江，做一点力所能及的事。

更重要的是，对于区领导提出的编撰一部比较翔实的、能够反映松江优秀文化传统的《松江人物》这一构想，我是非常赞成的。这是弘扬以爱国主义为核心的民族精神和社会主义核心价值观的重要举措。精神不是物质，看不见，摸不着，但是精神可以通过文化传承，也可以通过多种多样文化形式让后人领悟。至于爱国主义也不是那种标语口号式的东西，而是一种非常深沉的爱祖国、爱祖国的人民、爱祖国的山水、爱祖国的历史、爱祖国今天正在从事的伟大事业的情感意识和道德力量，是一种由长期文化积淀而形成的深厚的民族自尊和民族自信。爱国主义作为一种社会意识，包括了一种非常深沉的爱家乡、爱家乡的人民、爱家乡的山水、爱家乡的历史、爱家乡今天美好生活的情感意识和道德力量。我记得小时候，松江教育局编过一本乡土教材，讲的是松江的地理和区划、历史和人物、名胜和特产，对于我们了解松江、热爱松江，起了很好的作用。听革命故事听别的地方英雄和烈士的事迹总感到很远，一听松江中国共产党的早期党员侯绍裘、姜兆麟、姜辉麟的事迹，就感到格外亲切，他们当年在我们这些青少年的心灵中产生的震撼，是无法用言语表达的。这些以松江自己的人文资源进行的教育，加深了我们对家乡、对祖国、对社会主义、对党的热爱。今天，在中国与世界的联系越来越紧密，东西方思想文化相互激荡的年代，加上在松江生活和工作的人群中外地人所占的比重越来越大，怎么让当下活跃在松江各个领域的年轻人更好地了解松江，了解松江的历史，形成为中国特色社会主义事业而奋斗的强大精神动力，是我们在弘扬以爱国主义为核心的民族精神时需要高度重视、认真对待的大事。编撰《松江人物》，以松江的历史名人为载体，不仅可以展现松江深厚的文化底蕴，增强我们的文化自信，而且可以让昨天、今天和明天在松江生活工作的人们从中体会到松江人身上所拥有的中华民族优秀文化传统，发扬光大这些优秀的文化传统。

历史名人多，是松江一大文化现象。从小学到中学，每次去醉白池，都要驻足于《松江邦彦画像》石刻，看了一遍又一遍，再看还会有新的体会。松江的名人，有从政的政治家，也有思想家、文学家、书画家、科学家、翻译家等文人，还有工艺家，比如黄道婆，各个方面人才都有。《松江府志》中有许多记载，其他著述中也有不少记录。近年，我参与北京海淀区文化发展战略研究的时候，注意到清朝的“三山五园”就有松江人的贡献。“三山五园”就是清朝的皇家园林畅春园、圆明园、香山静宜园、玉泉山静明园、万寿山清漪园（颐和园）。畅春园是清代在北京西郊修建的第一座大型皇家园林，是康熙皇帝经常休息和办公的地方（圆明园是雍正皇帝、乾隆皇帝经常休息和办公的地方）。参加这座园林建造的是清代初期杰出的造园艺术家张涟、张然父子，在张然之后是叶洮。据史料记载，张涟字南垣，江南华亭人，后迁居嘉兴。在康熙年间就有历史学家为他写过《张翁家传》。他将山水画之“理”和“意”运用于造园艺术，垒石为假山，成为叠石造园名家。明末清初东南一带的著名园林，如松江李逢甲横云山庄、嘉兴吴昌时竹亭湖墅、朱时茂鹤洲草堂、太仓王时敏乐郊园等，多出自张涟之手。他建造畅春园时已有90多岁，康熙皇帝特赐肩舆，准许他坐轿出入御园。施工则都有他的次子张然承担，父亲去世后张然独当一面将园建成。康熙二十六年，畅春园建成后，他辞职南归，两年后去世。他走后的工作由叶洮承担。叶洮是江南青浦人，是清朝大学士明珠自怡园、大学士佟国雄佟氏园的设计和监造者。康熙游览了佟氏园后很高兴，让他到畅春园绘制园图。他南归养老后，皇帝又招他回来，去世在北上途中，康熙闻讯“悯然”，让江宁织造曹寅安排叶洮的丧葬事宜，还赏赐白银抚恤其江南眷属。我花这么多的笔墨介绍这几位松江人可能很少了解的工艺大家，是要说明松江的名人之多、领域之广、贡献之大，是罕见的。松江区领导立项编撰《松江人物》，确实是功在当代、利在千秋的大好事。

编撰《松江人物》不仅要像编词典那样，介绍松江籍的和在松江寓居、工作过的历朝历代有影响的人物，而且又不能像词典那样过于凝练、简约，而要讲好这些松江人的故事。习近平总书记在指示做好外事工作时，要求我们“提升我国软实力，讲好中国故事，做好对外宣传”。因为故事有吸引力、感召力，有亲和力、说服力，有生命力、传播力，对外国人讲好中国故事，可以进一步构建和增强国家软实力，为国内发展营造有利的国际环境。其实，在国内思想政治工作中，特别是对广大青少年群众做教育引导工作的时候，也要学会讲故事。我是搞理论工作的，但我主张理论宣传也要善于讲故事，而不要干巴巴地讲几条原理。道理很简单，人的认识是从感性到理性逐步深化发展的，遵循这个认识规律，就应该从我们所做工作对象的实际出发，从讲大家都能够听得进听得懂的故事开始，从中引出有普遍指导意义的有条理性的结论，这样，大家就能更好地接受党的基本理论。我以为，编撰《松江人物》这样的著作，一有条件讲好松江人的故事，二也要努力讲好松江人的故事。为什么要强调“努力讲好”呢？因为历史上的松江人是历史典籍上记载的松江人，有的记载得比较翔实，有故事可讲，有的本来就那么三言两语，故事性很少，我们又不能随意编造他们的故事（至于历史上记载的是不是早有编造的内容，这需要考证和研究）。所以我们只能做到“努力讲好松江人的故事”。

最后，有一个建议：先编出一部《松江人物》，然后进一步推动有志之士深化研究，包括开掘新的史料，隔几年再修订充实。我们这几年抓马克思主义理论研究和建设工程，编写的大学文科教材，都是这么做的。只有这样，才能磨出传世精品。

预祝《松江人物》成功！

2015年7月5日

于北京昆玉河畔

（作者为中共中央党校原副校长、第十一届全国政协常委）

松江的优秀文化传统
（代前言）

传承与弘扬中华民族的优秀文化传统，从来没有像今天这样受到切实而广泛的重视。正在为实现"中国梦"而阔步前进的中华民族，越来越认识到，历史是不能割断的，传统、尤其是优秀传统是不能丢弃的；这一传统，是中华民族的珍贵遗产，是历史发展的内在命脉，是开创未来的必要条件。

松江，历史悠久，底蕴深厚。有人统计，松江在明、清两代共出进士457人，在全国名列前茅，明代的数量甚至跃居全国榜首。明嘉靖二十三年松江府出了五个进士（宋贤、王会、彭应麟、袁福徵、杨允绳）；嘉靖三十五年也出了五个进士（杨道亨、赵灼、杨铨、姚体信、夏时，其中三人是华亭人）；嘉靖四十四年，则出了八个进士（潘允哲、陆树德、张明正、乔懋敬、徐汝翼、陈懿德、王圻、李自华，其中四人是华亭人）。有明一代，仅华亭一县至少出了三个状元（钱福、唐文献、顾凤翔），其中，一人是武状元。还有个张以诚，也是个状元，万历朝的，有些府志说他是青浦人，但他是张弼四世孙，张弼是华亭人；再说，青浦也属于松江府。庞大得惊人的进士群体，是一道人文景观，是松江历史上的一个突出现象，是历史底蕴的有力证明。还有一个现象也许同样是个佐证：在松江历史上，历朝各代，都有不少外地的文人雅士来到松江游寓甚至长期定居、占籍以至故老安葬，这一现象，元代更为突出。元代寓居松江大师（如赵孟頫、杨维桢、陶宗仪等）之多，使松江令全国瞩目。之所以如此，原因是多方面的，但松江的历史底蕴绝对是一个重要原因。

既然如此，研究松江的历史底蕴、文化传统，就成为一个十分重要的课题。习近平总书记指示我们要"讲清楚中华优秀传统文化是中华民族的突出优势，是我们最深厚的文化软实力"（《把宣传思想工作做得更好》），还说："在5000多年文明发展进程中，中华民族创造了博大精深的灿烂文化，……要系统梳理传统文化资源，让收藏在禁宫里的文物、陈列在广阔大地上的遗产、书写在古籍里的文字都活起来。”(《提高国家文化软实力》)为让“书写在古籍里的文字”活起来作准备,2014年3月,我们承担了松江的一个重点文化建设项目,即整理有关史料,编撰松江历史上的人物传记。这项工作,也为上述课题提供了研究的基础。历史是人创造的,历史人物又是传统的载体。在整理、编撰过程中,我们一直在思考:松江的优秀文化传统究竟具体体现在哪些方面?

在我们看来,大致有以下几个方面——

一 以民为贵,视民如天

松江人物中之为官者众多。其中不乏正直、清廉而称职的,他们无论是在松江出生的,还是来松江任职的,都深受儒家“民为贵,社稷次之,君为轻”(孟子)、“君人者,以百姓为天”(管仲)思想的浸淫,有着重民传统。《荀子·王制》引云:“水则载舟,水则覆舟。”喻民可拥护君主,也能推翻君主。他们深深地懂得“为民者昌,失民者亡”的道理。三国吴陆逊侄陆凯就曾上疏吴帝孙晧:“民者,国之根也。诚宜重其食,爱其命。民安则君安,民乐则君乐。”宋代华亭人殷澄也说过:“夫民犹水也。水顺则流,逆则激;民顺则宁,逆则乱。”从另一个侧面反映了重民理念。

陈舜俞,宋华亭人,登进士第后,一时声名赫然。行青苗法时,他不奉令,曾上疏自劾。青苗法为王安石变法改革时推出的一项政策,本意在由农户自愿向官府借贷,加息二分或三分,粮食收获后纳税时归还,以免借贷地主、商人的高利贷。但在地方执行时,“诱以便利,督以威刑”,实“非王道之举”,“况正月放夏料,五月放秋料,而所敛亦在当月。百姓得钱,便出息输纳,实无所利。是使民一取青苗钱,终身以及世世一岁尝两输息钱,乃别为一赋,以弊生民也”。且不论疏见如何,陈舜俞作为地方官,根据本地实际,为民请命,冒丢官之危险,敢于对政府制订的政策提出异议,其为民众考虑的情怀可见一斑。陈舜俞上疏后,果然被贬,居华亭,曾骑白牛往来风泾(今枫泾),自号白牛居士,无有悔意。

为官一任,当造福一方。方岳贡,明代湖广襄阳人。崇祯元年(公元1628年)出任松江知府。他为官清廉,清操严厉,颇著丰裁,爱民如子。松郡滨海带江,渔盐灌溉,民命寄于水利;然海水清浊甘咸不一,所以沿海皆筑塘以为障。但潮汐直薄塘下，日剥月削，咸潮有冲人之虞。方岳贡一到松郡，即建筑石塘二十里以护之，蜿蜒绵亘，力障狂澜，濒海是赖，百姓称善。松江府漕运京师数十万石粮食，各粮仓相距五里，他命筑墙保护，名之为“仓城”。他救济灾荒之民，使富裕者出钱，让穷苦者与役而获得经济收入，称之为“救荒助役”，是救济灾荒的“土政策”。又兴办学校，考核人士。在松为官多年，办事公正，以至于怨情渐灭，讼事无多，社会安定，民众口碑甚好。后来受诬被捕，松郡士人、民众纷纷到京城为其诉冤。皇帝复其官职，并嘉奖其操守清正，政绩卓异。

如何对待民众的上访、判断民间的诉讼，是考察一个为官者有无“民为邦本”意识的又一项标志。赵豫，安肃人，曾为兵部员外郎。明宣德五年（公元1430年），奉命前来松江任知府。刚上任时，深以民风多争斗诉讼为患。争斗诉讼者来到，赵豫往往好言相劝：“明日来。”多次以后，民众都为此而发笑，有“松江太守明日来”之歌谣。赵豫如此做法之本意，是让争斗诉讼者过一夜后，原来的气忿渐趋平缓，到第二天再来时，往往容易被劝解。多次如此劝解，诉讼者就少了。古时衙门，是国家权力的象征，官员则是行使权力的代表，掌握着百姓的生杀大权。在衙门大门沉重、公堂阴森、等级戒严的情况下，赵豫能如此对待“上访者”、“诉讼者”，与那些高高在上的墨官酷吏相比，当是难能可贵的。史书记载，正统年间，赵豫任松江知府已满九年，要考核其政绩，然后调离。民众闻讯，集五千余人叙述理由要他留任，巡按御使将此情报告皇帝，皇帝给他加二级俸禄而顺民众所求，让他留任。赵豫在松江任职十多年，清静如一日；离任时，松江老幼前来攀住他乘坐的车辕不让离去，赵豫留下一只鞋子以作遗爱的标记。后配享于周忱的祠堂。

二　实学售君，经世致用

实学售君，经世致用，向为封建士大夫所追求，所谓“学成文武艺，赋予帝王家”。而在封建王朝的统治危机日显时，为克服危机，寻找出路，尤其注重经世致用之学。陆游《喜潭德称归》云：“少鄙章句学，所慕在经世。”经世，治理国事；致用，尽其所用。这方面，松江文人尤为注重。

松江人陆贽（一说为嘉兴人）为大唐名相，谥号宣，也称陆宣公。贞元时，主持进士考，韩愈等八人登第，时称“龙虎榜”，誉为“天下第”，他则成为韩愈等人座师。宋代苏轼等人，也深受其影响。陆贽在位时，重经世致用。其经世之才，相业之隆，有唐近三百年中，实属凤毛麟角。陈子龙曾择其文辑为《陆宣公文集》刊行。陆贽文章，尤其是为唐德宗起草的《奉天改元大赦制》、奏议《均节赋税恤百姓六条》及《论裴延龄奸蠹书》等，都体现了他为国为民、经世致用之理念。被贬后，他在郡十年，闭门避谤，考核药方，撰《集验方》50卷，为世所用。

晚明松江府上海人徐光启，有治国经世之才干，并立志用世。"博究天人，而皆主于实用"（《农政全书·凡例》）。曾与意大利传教士利玛窦一起，研究天文、历法、数字、地学、水利等学问，又与其共同翻译了许多近代科学著作，成为中国介绍西方科学的先驱。在科学技术研究方面，他用力最勤、收罗最富的是在农业方面。《农政全书》是他几十年心血的结晶，是一部集中国古代农业科学技术大成的著作。全书凡六十卷，五十多万字，分农本、田制、农事、水利、农器、树艺、蚕桑、蚕桑广类、种植、收养、制造和荒政十二大项，其中不乏他的独到见解。

以陈子龙、夏允彝为首的云间文学派，同样注重实学和经世。朱东润曾将陈子龙一生分为三个阶段：名士，志士，战士。由于受黄道周影响，陈子龙认清了对国家的责任和国步的艰难，以国事为己任。出任南明王朝兵科给事中后，他决心把自己的一切献给国家，为力挽朱明王朝的覆灭而战斗，直到牺牲。他曾偕徐孚远、宋徵璧网罗明朝名卿巨公之文有涉世务国政者，编成《皇明经世文编》一书。该书凡504卷、补遗4卷，收录了有明一代424位士大夫的文章3 145篇。时任松江知府的方岳贡认为："览其规画，足以益才智；听其敷奏，足以壮忠怀；考其始终，足以识时变。"复社领袖张溥也赞叹："伟哉是书！明兴以来未有也。"黄澍称其为"一代之鸿章，千秋之盛业"。许誉卿也云："吾郡诸子，志在用世，参订往哲，备一代经济之书也。"（以上均引自《皇明经世文编·序》）陈子龙与夏允彝等倡立幾社，在张溥之后又主持复社，始终注重实学经世。他的这种主张与精神，对清初顾炎武、黄宗羲等经世致用思想也产生了很大的影响。

三　崇尚气节，坚正操守

历代文人中的相当一部分十分重视气节、操守，把它们看得比仕途、生命更为重要，所谓"宁为玉碎，不为瓦全"。这种情况在异族入侵、改朝换代之际，尤为突出。

清兵入主中原、朱明王朝倾覆之际，松江一批文人，奋起勤王。夏允彝是幾社的创始人和领袖，文章道德，负士林重望。南都沦陷，中兴无望，他赋诗曰："少受父训，长荷国恩。以身殉国，无愧忠贞。南都继没，犹望中兴；中兴望杳，安忍长存！"遂投池而死。书法家、诗人李待问，官中书舍人。南京失守后，列城望风下。他偕沈犹龙等募壮士守卫松江城。当松江将失守时，守东门之百户某挽之曰："闻君读烂《四书》，今日将安之？"李待问笑曰："臣死忠，古人常事，第下城与家一诀，稍尽其私。"百户曰："君能如此，我先断头待之泉下。"即拔刀自刎。李待问凭尸而哭，仓猝抵家，少妾挽衣涕泗，众争劝之逃。李待问曰："若一旦苟活，梦寐何以对此老兵？"引绳自经，气未绝，而追者至，于是遇害。章简曾为罗源知县，南明隆武二年、绍武初年（公元1646年）八月，守松江城南门，清军破城，章简不屈遇害。其弟章旷犹支持残局，后也壮烈牺牲。陈子龙、夏完淳等，皆为死节之士。各地可能都有这样的人士，但松江竟出现这样的群体，则是罕见的。

专权的宦官，向为士大夫所不屑。非但不阿谀奉承权倾朝野的宦官，而且在其淫威下誓死不屈，这是崇尚操守的又一方面的表现。松江不乏这类人士。较为突出者为许誉卿。他官拜吏部给事中。时魏忠贤专权，他上疏痛斥魏忠贤大逆不道："视汉之朋结赵娆，唐之势倾中外，宋之典兵矫诏、谋间两宫何异！"魏忠贤为之大怒。许誉卿又言："内阁本是行政重地，却将初步审议奏疏的大权拱手授之内廷；为内廷掌控之厂卫一旦奉行审问嫌犯的圣旨，就五毒备施。近来又用立枷法，士民遭受酷刑而惨死者不知凡几。又行数十年不行之廷杖，流毒缙绅，岂所以昭君德哉！祖制，宦官不掌兵权，今禁旅日繁，宫内练兵不停，聚虎狼于萧墙之内，逞金革于禁闼之中，不为早除，必贻后患。"许誉卿如此做，自然知其可能产生的后果，果然，他为此而丢官，并被驱逐回家。但他赢得了众臣的推颂，魏忠贤被处死后，复被起用。

清代有两兄弟，都是画家。兄陈枚，娄县人。雍正四年（公元1726年）以供奉内廷劳，赏内务府掌仪司员外郎衔。弟陈桓，兼能诗，其所作《十破》诗中，《破瓢》一首，尤脍炙人口，人因呼为"破瓢先生"。他又工刻印，驰声印林。还善书，尤章草。当然，他最精绘事。山水规抚倪（瓒）、黄（公望），以天趣胜。就是这么一位多才多艺之人，丧偶后，竟携子栖身湛然庵，忍饥犯寒。但他从不乞贷于人，也不求援于其兄。古有宁饿死而不食嗟来之食者，而他即使日子没法过也不乞、不求。这种在贫穷、窘困之中的操守，即松江人所谓的"硬气"，实为可贵，为此，时人多高之。

四　清廉自律，贫困有守

清廉是一种生命的境界，一种人格的修养，一种精神的磨砺，向为贤者智者所自守，民众所期盼，正直官员所追求和坚守。

松江为官者同样恪守“宽一分则民多受一分赐，贪一文则官不值一文钱”的理念。明代华亭人张悦（字时敏），历仕工、礼、吏三部侍郎，南京右都御史、吏部尚书。他为官以不欺为本。陈继儒说他“性素清约，自小官至重任，终始一节，为缙绅表率者四十余年。”（见崇祯《松江府志》）相传他家的屏风上有一段话昭示来宾：“客至留饭，俭约适情；肴随有而设，酒随量而倾；虽新亲不抬饭，大宾不宰牲；匪直戒奢侈而可久，亦将免烦劳以安生。”有人说有些人善于读书而不善于做官，他笑道：“这正说明这些人不善于读书。”他曾言：“今天的人们与古代圣贤相差甚远；古代圣贤每次办事竭尽公正忠诚之心还犹恐不及，还有什么心思考虑私利！”明华亭人沈霁，在福建海道副使任上时，有士大夫带了银币上门请托，沈霁说：“我了解您，您怎么不了解我？”这位士大夫惭愧离去。改任贵州兵备，临行时，当地民间有“沈青天不爱钱，日饮清溪水，夜来不着眠”的歌谣流传。他致仕时，行李萧然，囊中只数卷书籍。明华亭人叶宗行也一生为官清廉。时按察使周新久闻叶宗行为人，一次乘其外出，暗中到其住室，看到室内只有一包松江银鱼干，为之感叹，临走带了些许鱼干，第二天召叶宗行宴聚。席间，周新拿出鱼干，说“这是你家的东西”；宴后用三品仪仗送他归去，叶宗行推辞。当时人们称他为“钱塘一叶清”。

林则徐终生不置财产，认为：若子孙有能，遗财有何用；若子孙无能，遗财又有何益！在松江历史上，不乏林则徐这样的官吏。他们不仅无有遗财，甚至十分贫困。明代华亭人袁恺（字舜举），进士及第后，历官刑部主事、江西按察佥事、广东按察使、云南左布政使，为官凡三十年，而去世之日，竟家徒四壁。清雍正二年进士、娄县人周吉士，官刑部郎中，兼提牢厅事。视察牢狱时，“冬月被敝裘”；因念母请假归家时，“环堵依然，饘粥不继”。更有甚者，长史李伯玙之子李清，官工部主事，南京刑部员外郎、郎中，南京兵部郎中，改右丞。死后竟无钱殡葬。还真是：“世上穷官谁与比，罢官不见炊烟起。”为官而清廉，已属不易；贫困而有守，尤为难能可贵。

不少为官者不但不贪，而且用自己俸禄为民办事。明永乐年间，任韶州府同知的松江人许进，在任时，就曾捐自己俸禄修建学校，除害兴利。史载，有明开国以来，郡州佐官的政绩以许进为第一。还有一人，历史上更是鲜见。他叫张昕（字宾旸），华亭人，家境较富裕。明仁宗（朱高炽）为监国（君王外出，太子留守，时朱高炽为太子，代理国政）时，曾命其辅佐，官职也不小。他为官期间，竟不受俸禄；致仕后，仍不断救贫恤孤。为官不受禄，致仕恤孤贫，此等官员，罕有其匹。

元代寓居松江的陶宗仪曾云："'潮逢谷水难兴浪，月到云间便不明。'松江古有此语，谷水、云间，皆松江别名也。近代来作官者，始则赫然有声，终则阘茸贪滥，始终廉洁者鲜。两句竟成诗谶。"（见《南村辍耕录》）看来，陶宗仪此云或有例证，但不无偏颇。

五　克习家学，承续门风

中国封建社会，颇重传统教育。松江的士大夫，由于重视家教、家学、家风，又薪火相传，因而积累了深厚的家学文化，形成了不少文化名门世家。

这种文化名门世家，中国历代均有，如东汉的史学世家班氏（班彪、班固、班昭）家族，宋代的文学世家苏氏（苏洵、苏轼、苏辙）家族，清代的朴学世家（王安国、王念孙、王引之）家族等。这是一个重要的历史文化现象。这种现象，不仅反映出一个家族的发展史，而且折射出该地区的文化传统。在松江历史上，这样的家族，这样的历史文化现象，也屡见不鲜。

以明代为例。

父子同为进士：孙衍及其子孙承恩，分别为成化十四年、正德六年进士；冯恩及其子冯时可，分别为嘉靖五年、隆庆五年进士；陈所闻及其子陈子龙，分别为万历四十七年、崇祯十年进士；等等。父子三人同为进士：王会为嘉靖二十三年进士，长子王庭梅、次子王庭柏分别为万历四十一年、万历四十七年进士；等等。

兄弟同为进士：钱溥及其弟钱博，分别为正统四年、正统十年进士；顾中立、顾中孚兄弟同为嘉靖五年进士；包节及其弟包孝，分别为嘉靖十一年、嘉靖十四年进士；陈梦庚及其弟陈嗣立，分别为万历二年、万历二十六年进士；等等。

祖孙同为进士：朱瑄及其孙朱大昭，分别为正统十三年、嘉靖二十六年进士；吴忱及其孙吴哲，分别为天顺元年、弘治十八年进士；唐珣及其从孙唐文献，分别为天顺元年、万历十四年进士，而唐文献侄孙唐昌世又是天启五年进士；曹鼐及其孙曹嗣荣分别为成化二年、嘉靖十四年进士；张缙成及其孙张承宪，分别为成化十七年、嘉靖二十三年进士；李日章及其从孙李凌云，分别为嘉靖二年、万历三十二年进士；袁福徵及其孙袁思明，分别为嘉靖二十三年、万历三十五年进士；宋尧武及其孙宋徵璧，分别为隆庆二年、崇祯十六年进士；徐阶、徐璠、徐元春“三世皆三品上”，“为人伦之极”（王世贞语），徐元春登第时，徐阶方谢政家居，“遗书戒以毋躁进，毋上人，毋标榜立门户”，徐元春揭诸座右，朝夕讽览，率循惟谨；等等。

更有一门四进士之家：张弼一家，张弼为成化二年进士，长子张弘宜、次子张弘至分别为成化十七年、弘治九年进士；张弼四世孙张以诚，则为万历二十九年状元；杨玮一家，杨玮及其弟杨璨同为正德六年进士，杨璨子杨秉义、杨玮孙杨允绳，分别为正德九年、嘉靖三十二年进士；陆树声一家，陆树声及其弟陆树德、其子陆彦章、陆彦祯，分别为嘉靖二十年、嘉靖四十四年、万历十七年、万历二十三年进士；等等。

不仅有政治世家，松江更不乏文学、书画世家。其中不少人，甚至成为一代大家。

明季夏允彝，好古博学，工属文，为江南名士、复社重要成员、幾社创始人。“当时称文章者，必称两社；称两社者，必称云间；称云间者，必推陈、夏。”（施蛰存、马祖熙《陈子龙诗集·前言》）夏允彝著有《四体合传》一卷，《私制策》一卷，《禹贡合注》十卷。临终前，著《幸存录》。其子夏完淳，少年英雄，旷世神童，亦是著名诗人。他被捕后撰写的《南冠草》，充满战斗气息，诗风悲壮激昂，汪辟疆曾评其首篇《别云间》：“慷慨激昂，真情流露，不当以字句求之，皆字字血泪也。”白坚在《夏完淳集笺校·前言》中也说：“完淳的诗，并非以年少而见称，因殉国而得传，就诗论诗，亦足以睥睨一代，辉耀千秋，屹立于古今爱国诗人之林。”夏允彝还有两个女儿，一为夏淑吉，一为夏惠洁，都是名闻当时的才女。

沈度一家以书法著称于世。沈度为沈易之子，善篆、隶、真、行等书，书风婉丽雍容，为帝所欣赏，日侍便殿，凡金版玉册，必命其书写。沈度之弟沈粲，善正楷与草书，与其兄同在秘书阁办事，人称“大小学士”。沈度之子沈藻，亦善书法，兼承父、叔，真、行、草并佳。明孝宗爱沈度书，访其后代，得其第四代孙沈世隆，沈世隆也以善书承其家学，被授中书舍人职。莫是龙则能诗，工书，尤擅画。挥染时，磊磊落落，郁郁葱葱，神醒气足，而气韵尤别。有《画说》一卷行世。“吾国山水画南北宗派之画分，即始于莫氏。”（潘天寿《中国绘画史》）莫是龙孙莫秉清，承祖善画，其画孤梅铁干，猗兰芬芳，雪淡风高，与俗径庭。莫是龙裔孙莫汝涛，清代人，其画青秀思沉，可称为后来之俊,为华亭写生名家。

一郡之中,这么多家族,其家学世代相传,门风又如此兴盛,实为他邦所罕见。

六 侍奉父母,孝感天地

旧时有《二十四孝》一书(未著撰人,或认为是元郭守敬之弟郭守正编),后又有《二十四孝图诗》,宣扬了二十四位尽孝的典型人物。其中“怀橘遗母”的陆绩,即为华亭人。《三国志·吴书·陆绩传》:“绩年六岁,于九江见袁术。术出橘,绩怀三枚,去,拜辞堕地,术谓曰:‘陆郎作宾客而怀橘乎?’绩跪答曰:‘归欲遗母。’术大奇之。”

在松江历史上,类似这样恪尽孝道、恭奉父母者,可以说数不胜数。他们竭力事奉,让父母晨夕得欢,称之为色养;父母病了,煎奉汤药,必先尝而后进,以免伤害父母;父母故世,在坟墓旁结茅棚而住,不入内室;为官者逢父母去世称遭丁忧,当离职回家守孝三年。

章简之祖父、华亭人章宪文,万历进士。为诸生时,家境贫苦,但他偕同妻子事奉双亲唯谨。每进食甘旨,不乏山珍海味,但其实家里窘困得瓶内无酒、袋中无粮,自己享用的则是锅釜之余,残羹焦饭。娄县人焦袁熹,人称“南浦先生”。康熙三十五年乡试中举,念祖母、母亲年寿已高,绝意进取。朝廷诏命寻求实学之士,焦袁熹被荐,且奉旨召见,仍坚决推辞。后不得已任山阳教谕,还是乞求回家奉养。母亲患病,他已六十六岁,一如既往地亲自服侍、进奉饮食,连续三四个月毫不懈怠。母亲去世,他勺水不入口达十日,至性纯孝到如此程度。更有甚者,明代华亭人杨允绳因忠谏而被判处死刑,其子杨应祈正当弱冠之年,痛心于父亲的冤屈,穿破衣,喝粥汤,伏地而行,每天到监狱探望父亲。回来即蓬头赤脚,寝席而食,悲号呼天,愿以身代。后又以臂血书疏,书毕,他母亲怕复蹈危机,徒死无益,将疏文烧毁。杨允绳在狱五年,杨应祈五年不入妻室。父亲将被处死,他穿奴仆衣帽,伏行长安街头,绝食而死。为杨允绳所撰的悼文中,有“父死于忠,子死于孝”,一时以为名言。后终获朝廷昭雪、表彰,又造忠孝祠,画父子像,用以祭祀。杨应祈献身于为父鸣不平、替父伸冤,其孝行可谓感天动地。

古有孝悌为立身之基之训,又有“百善孝为先”之说。为之,行孝,可以舍弃一切,包括为官,甚至生命。明代华亭人吴炯,六岁失怙,茅茨数椽,与母形相吊。中举后，追念父亲，沿途涕泗不绝。抵家拜母，母子相向痛哭。万历十七年中进士，但因念及母亲孤单，不为官而回家陪伴母亲，设馆传授经书以供养母亲。明代松江府人徐三重，隆庆丁丑登进士第，曾拜官于比部（刑部），因父亲年寿已高，他托病回家后，坚决不愿为官，朝廷内外推举引荐的文书，每年有数十以上，他始终不予应允。吴炯、徐三重等人的不愿为官，可能还有其他原因，但为尽孝则是主要原因。另，华亭朱瑄，乡试中举后，当进京参加会试。正逢父亲从戍守之所回家，他说："吾以不得侍亲为恨，奈何复远游乎？"竟坚持不去京师参加进士考。郡人汪嵩年，因丧母及祖母，哀痛成痼疾，自知不起，作绝命辞，中有"吾到黄泉无别恨，惟怜夜哭有高堂"之句，令闻者伤感不已。

时代在前进，社会在发展，人们的观念自然也在不断改变。对先贤的这些做法，我们当然可以有自己的分析，不能、不必也不需要全盘照搬。但"孝"、"敬"相连，"孝"为行，"敬"为心，行由心生，对父母师长持有敬爱、感恩之心，尊重、照顾、赡养父母长辈，应是子女晚辈应有的品德与应尽的义务，过去是这样，今天也当如此。

我们曾一度轻视孝道，甚至认为孝道是封建统治者欺骗民众的精神枷锁，是陈腐的思想。但当今学者已形成共识：经过几千年的提倡和传播，孝，已沉淀为中华民族的道德观、文化心理的重要内容。由此而至于"老吾老以及人之老，幼吾幼以及人之幼"，我们民族的道德修养就可以达到一个相当的高度，许多社会矛盾可以由此化解，和谐社会也可以由此实现了。

七 热爱家乡，眷恋故土

松江有一浮雕"十鹿九回头"。《松江府志》称，以做事不全者谓"十鹿九回头"。但民众自有理解。在民众看来，松江是战国四公子之一的春申君黄歇的故乡，仅自建城始，也已有一千二百多年的历史。松江的水土哺育了众多国家级乃至世界级的杰出人才，拥有着诸如陆机《平复帖》、《文赋》等许多"中国第一"，松江还曾经是全国棉纺织的中心。松江无疑有着特别的骄傲。"十鹿九回头"，实际上反映了松江人对家乡的眷恋。无论是怎样辽阔的空间，还是怎样悠邈的时间，都不会使这种眷恋淡化或消失。这是一种乡土情结。如果说每个地方的人都有这种情结，那么松江人的这种情结尤为深固而难以化解。

热爱家乡，眷恋故土，是松江的又一个历史文化传统，是贯穿古今的历史文脉。

松江人的热爱家乡，常常表现在钟爱家乡的物产上。月是故乡明，故乡的一切，总是让人魂牵梦萦。松江大米“老来青”，曾让多少海外人士啧啧赞叹！松江还曾有名闻海内的四腮鲈鱼，古人常以它为松江情怀的凝聚点、松江的象征、松江的骄傲。晋时张翰的《思吴江歌》广为传诵：“秋风起兮佳景时，吴江水兮鲈鱼肥。三千里兮家未归，恨难得兮仰天悲。”张翰，崇祯《松江府志》、《娄县志》（乾隆年间）都注明是松江人，据《案前志》载，他回乡后居住在“思鲈巷”（今有人考证即今思巷弄）。当初他在洛阳任职，见秋风起，思念家乡的菰菜、莼羹、鲈鱼脍，叹曰：“人生贵得适意尔，何能羁宦数千里，以要名爵！”毅然决定还乡。他的回乡，应该说还有其政治原因，但诗中流露出的对家乡的感情是十分真切的。

古代与近现代松江人还常常通过歌咏家乡的自然风光来抒发爱乡之情。北宋景祐年间华亭知县唐询的《华亭十咏》，南宋松江诗人许尚在淳熙年间的《华亭百咏》，分别描写了白龙潭、西林、陆机宅等，南宋另一位松江诗人凌岩，也有《凤凰山》、《佘山》、《天马山》等诗。天朗气清，惠风和畅，莺飞草长，青树翠蔓，桃红梨白，还有新月如镰，河流若带，夕照炊烟等，在他们的笔下，都美得让人心颤。诗是诗人情怀的反映，胸中若无热情爱意，眼中之景焉能这般美好？许尚的《白龙潭》写道：“神物幽潜地，沧沧水接空。不缘尚应祷，谁识有殊功？”不仅写出了水天相接、水天一色的景致，而且借神物白龙，写出了白龙潭护佑松江民众的恩泽。字里行间，满溢着诗人的眷恋之情。

白龙潭为古今人士所钟爱。施蛰存曾说：“我小时候在松江，所见之白龙潭就已不过十许亩了。”他曾有《白龙潭》一文，其中写道：“旧时为吾邑胜景，每春秋佳日，画舫笙歌，惊莺织燕。端阳则龙舟竞渡，士女阗咽，鼓吹鼎沸，船上岸上，百戏纷呈，耳目不暇款接。”那情景不亚于南京的秦淮河。作者的笔触饱蘸乡情。

关注、眷念家乡的父老乡亲，以拳拳之心造福乡里，是热爱家乡的深刻表现。元代黄道婆，在知命之年，自崖州回到故乡乌泥泾，推广棉花种植，革新棉纺织机具，传授改进了的棉纺织技术，使家乡人民的生活很快富裕起来，影响所及，推动了松江棉纺织业的发展，到明代中叶，松江已成为中国棉纺织业的中心。

在某些特殊的情况下，尤其是生离死别之时，诗人的爱乡文字如血泪所凝，尤为令人感慨。夏完淳被解往南京而告别松江时，有《别云间》一首：“三年羁旅客，今日又南冠。无限山河泪，谁言天地宽。已知泉路近，欲别故乡难。毅魄归来日，灵旗空际看。”诗中充满了对故乡的依恋，有力地表达出对国破家亡的满腔悲愤，全诗“字字血泪也”（汪辟疆语）。

从古代到近现代，从二陆、张翰到陈夏师徒，到施蛰存等，故土之思，故土之爱，可谓一脉相承。这的确是松江的一个优秀传统，是一笔丰厚的文化遗产。

八　巾帼德才，不让须眉

中国漫长的封建社会中男尊女卑的观念，使女子长期处于被压抑、受歧视的地位。她们中的大多数，甚至连名字也未能保存下来。松江也如此。然而“休言女子非美物”（秋瑾语）。“郡中苦节之及格得达于朝者，岁凡数人矣。”（嘉庆《松江府志》）苦节者有之，其他方面的自然也有；达于朝者有之，穷乡僻壤不能告于有司者，更不知凡几。

总观松江女子，她们不但不逊色于男子，而且与男子相比，品行尤为难能可贵。她们前后相因，风化流行，成为一支重要文脉。其行其品，大致有以下几类。

危难关头，挺身而出，忠烈为民。松江不乏安国夫人梁红玉这类人物。晋代陆机侄女陆氏是吴郡太守张茂的妻子。王敦谋反而遣沈充攻城时，陆氏毅然倾尽家资，率领丈夫的部队，亲为先锋，英勇抗敌，击败沈充军。随后，陆氏上书朝廷，为自己丈夫不能预先阻止反叛表示谢罪。朝廷下达诏书，褒奖张茂夫妻忠烈。宋代官至同知枢密院事、被封秦国公之章楶始祖练氏，曾救过一位将军。这位将军后掌兵权于南唐，破城后，获悉练氏还健在，于是派人送上金帛，且授予一面白旗，说：“我们要屠城，夫人可将此旗树于门前，屠城士卒就不会侵犯。”练氏退还礼物，说：“我与城共存亡，希望将军保全全城百姓。”将军被感动而不再屠城。此等情形，历史上，男子中，也鲜有之。

身处困境，至亲至孝，不改操守。宋代一名詹姓女子，姿貌甚美，平时以女工给年老的父亲添补家用。后遭贼寇侵扰。父亲哭着对她说：“我死无所谓，你怎么办？”詹氏让父亲放心。不久贼寇至，要杀她父亲，她说：“我父亲贫且老，你意不在金帛，只想得我。放了我父亲，我愿执巾帚以奉君侯，不然父女俱死。”她挥手让父亲赶快离去。贼寇挈詹氏行数里，经过一座桥时，詹氏纵身跃入水中而死。明代女子袁真真，见婆婆持刀入祠想割股疗救重病卧床的公公时，急忙跑上去哭着说：“婆婆年老且又多病，不宜这样做。”说罢连忙抢过刀，自割腿肉，和枣子煎汤给公公喝。学士钱溥曾为袁真真立传，说她举刀割腿时，心目中只有公婆，一念精诚，可贯通金石，可感动鬼神；御史薛骥赞她的遗像：你的孝行百世流芳，如同九峰壁立，长存于世。

还有一类，由于彰明妇教，潜心研修，以致德艺双馨。这类女子，多出自名门望族。明末章简女儿章有淑、章有湘、章有渭、章有泓，个个都是才女，或擅诗名，或以文章显。章有湘字玉筐，著有《澄心堂集》、《望云草》、《再生集》、《诉天杂记》等；章有渭字玉璜，著有《燕喜楼草》等。施蛰存《云间语小录》收有《闺彦》一文，其中说：“余观吾郡女士诗，极有高手。”文中就提及章有湘。清代吴朏，在丈夫遇害后，甘贫守志，以诗、书、画自遣，时称三绝。她尤善绘事，山水、花鸟笔墨生趣，人争宝之。媳李玉燕、孙女曹鉴冰，均能画。一门风雅，均有声于时。三代合编集《三秀》。松江之顾绣，扬名海外。明代顾名世之子顾会海妾缪氏，为顾绣创始人。刺绣人物，气韵生动，字亦有法。顾名世次孙妻韩希孟，自署武陵女史。她的突出贡献在于熔画、绣于一炉，即将画理与顾绣秘传有机结合。她所绣之花鸟草虫，生气回动，五色烂发。她的绣作，传世的有沈阳故宫博物馆藏册页八幅、上海博物馆藏册页四幅、北京故宫博物院藏册页八幅，为世所珍。顾名世孙女顾兰玉，二十四岁夫亡，她守节抚孤，为生计，设幔授徒凡三十余年，使顾氏家传特技传布于世。一家三女子，各具成就，各有贡献，共为我国手工事业百花园中培植了一支新的奇葩。

不管是士大夫，还是平民百姓，他们身上体现出的上述文化传统，其实是一种民族精神，是民族的血脉，这种文化传统，其他地区也有，但在我们松江地区，表现得尤为突出和鲜明。继承与弘扬这种民族精神，延续与偾张这一民族血脉，就一个国家而言，将蕴蓄持续发展的后劲而屹立于世界，就一个古老地区而言，将永葆生机而为我中华民族不断增光添彩。

编撰组

二〇一五年六月于云间

凡　例

一、《松江人物》以正德《松江府志》、崇祯《松江府志》及嘉庆《松江府志》、光绪《松江府续志》所收人物为基础，删去四志中部分人物，增补未收的。增补人物以松江府为限。元置府（至元十四年，公元1277年）前也以该地区为限；民国元年（公元1912年）撤除松江府，华亭、娄两县合为华亭县，以华亭县为限；民国三年（公元1914年）改华亭县为松江县，则以松江县为限。共收录3 688人（不含涉及的）。

二、松江物华天宝，人杰地灵，史悠蕴丰，历朝各代，名宦、贤达、大家、佳媛、仙释等荟萃，隐逸的高士及客居的胜流，也难以计数。诸志乘百方收集，仍难免沧海遗珠。《松江人物》亦然。及至现当代，松江更可谓群星璀璨；限于篇幅及诸多原因，《松江人物》所收只能迄于民国；新中国成立后有重要成就及全国影响者，则择其中之一、二。为此，我们深以为憾，也敬请大家见谅，且盼后贤续编弥补。

三、对四志中所收之部分人物，是否为松江人或有争论，《松江人物》沿袭四志，但注明“另说”；有些其实非松江人，但在松江做过官，或曾在松江游寓，《松江人物》从上述四志中酌选少数；对有些人物，四志介绍较为简单，则补入其他史料所载之有关内容；对有些人物，弃志所记而取二十四史、《清史稿》本传及有关史料编写，但附录府志传文；民国时期及生活到新中国成立后的人物，则参考了其亲族和故旧之所记，以及其所在单位的档案资料，部分人物参考了县志（包括续志）。尽管或谓“定论何须盖棺，清风可师百代”，但我们所收之人物，仍均为已作古的。

四、每一人物内容，大致为姓名、字号、籍贯、科名、官职及经历（择要）、主要成就、谥号等，为增强可读性，或列作品（或摘句），或叙故事，或录他人评述等。以所拥有史料编撰，不以文字多少示上下。人物按朝代排列，同朝的依其生年先后排列，生年不详而有科名可查的次之，都无可考者又次之，同时参以四种府志人物排列次序，也只能大致如此；也有父子相继、兄弟同列、夫妇并述的；隐逸、贤媛、方外及游寓者，除少数人物散置，其余均分别列于该朝末。为了方便查阅，又按姓氏音序及姓氏（繁体）笔画排列传主，置于卷末。

五、四志中，常有“作乱”、“盗贼”等词，其含义较为复杂；对不仕新朝、入仕新朝者，也有褒贬；有割股疗亲等事例，虽为至孝，但似悖常理；夫死而殉或终生守寡、毁容或断臂以明志之类作为，虽可见贞节，但不可取；另有祈祷晴雨之类，也难以置信。凡此等等，作为史料，《松江人物》沿录，相信读者自有分析。四志中对诸如“节妇”、“烈女”等所列浩繁，内容却十分简单且大同小异，《松江人物》录选少量有代表性的。

六、近年新出版的《松江府志》（包括上述四志），标点错误较多；一些人姓名被印错；陆明扬、张大纶、方道行、郭良俊等当为明代人，却被误划入清代；排版方面也有疏忽，如将陈子龙排入李蒸条，而非单独立条。凡发现此类情况，二十四史、《清史稿》和其他善本如有可查考的，就按其校勘；无可查考的，我们慎重处之。

七、在成稿过程中，我们参阅了四志外其他各志的有关记述，参考了历朝诗纪事（尤其是陈田《明诗纪事》、钱仲联《清诗纪事》）、顾嗣立《元诗选》、朱彝尊《明诗综》、叶恭绰《全清词钞》等，参考了中华书局《中国文学家大辞典》各朝卷、俞剑华《中国美术家大辞典》等，以及多种有关别集。

人物目录

南北朝

隋

唐

宋

元

明（1）

（洪武至天顺朝）

明（2）

（成化、弘治、正德朝）

明(3)

(嘉靖朝)

明(4)

(隆庆、万历朝)

明(5)

(泰昌、天启、崇祯朝)

清（1）

（明遗民）

清(2)

(顺治朝)

清（3）

（康熙朝）

清(4)

(雍正、乾隆朝)

清(5)

(嘉庆至宣统朝)

清(6)

(艺术·佳媛·方外·寓贤)

中华民国

先　秦

伍　员

伍员，字子胥，春秋时楚国人。父亲伍奢，兄伍尚。祖父伍举侍奉楚庄王，因直言诤谏而显贵。他的后代在楚国很有声望。

楚平王让伍奢做太子建的太傅，让费无忌做少傅。费无忌奉命到秦国为太子娶亲回来后对楚平王说：秦女天下无双，王可自娶。楚平王于是自己娶了秦女，对其甚是宠爱。为此，费无忌离开太子而侍奉楚平王，并乘机诋毁太子，楚平王让太子守边疆。不久，费无忌又进谗说太子与诸侯交好，要回王都作乱。楚平王让伍奢查问。伍奢说："大王为何为谗贼小臣的话而疏远骨肉至亲？"楚平王很生气，囚禁了伍奢，又令司马奋扬去杀太子，太子逃到宋国。

费无忌又对楚平王说："伍奢有两个儿子，都很能干，如不杀掉，会成为楚国的祸患。"楚平王派使者告伍奢："你把两个儿子叫来，否则就处死。"伍奢说："我大儿子伍尚为人仁慈，若闻臣召，他一定来；二儿子伍员少好于文，长习于武，文治邦国，武定天下，他有预见，一定不会来。"

伍尚让伍员逃走。使者捕捉伍员，伍员张弓箭对着使者，使者不敢上前。伍员听说太子在宋国，便到了宋国。时值宋国华氏作乱，伍员与太子逃到郑国，由郑到晋转而回郑，最后又到吴国，成为吴王的重臣。

夫差立为吴王，任用伯嚭做太宰。伯嚭与伍员不和，在吴王面前谗毁伍员。吴王派使者送给伍员一把宝剑，伍员仰天叹息，"我当初是你父亲的忠臣，辅助他称霸，又出谋破楚，如今你不听我的话，反而赐剑让我自杀。我今日一死，吴宫为墟，庭生蔓草，越人灭你社稷。"又对他的门人说："一定要在我墓上种梓树，让它长成后做棺材。挖下我的眼睛挂在东门上，用来看越灭吴。"说完自刎而死。

嘉庆《松江府志》列伍员为"名宦"，并载："府治南四十里胥浦塘，相传子胥所凿。”又《丁氏谱》(丁氏中之丁公著，唐代华亭人，官至礼部尚书、翰林侍讲学士)载：公著先世耕于胥浦乡，胥浦在华亭县西南五十里，为子胥所凿，故名。为此，《松江人物》录以备考。

附嘉庆《松江府志》伍员传(译文)：

伍员，字子胥，楚国人。父亲伍奢，是楚平王太子建的太傅，因遭谗言而被杀害。伍员流亡到宋国，奔逃到郑国，又奔走到吴国。吴楚柏举之战，楚将囊瓦败走，吴王进入楚都郢，伍员鞭打平王坟墓三百下以报仇泄恨。后因直谏吴王而被赐死。

松江府治南四十里的胥浦塘，相传是伍子胥所开挖。胥浦塘从长泖往东连接界泾，会合惠高、彭港、处士、沥渎诸水北流，又向东北流进吴淞江而入海。汉唐以来建庙祭祀伍员。

黄　歇

黄歇，即春申君。淹博洽闻，在楚顷襄王朝任事。秦昭王命白起联合韩、魏攻伐楚国，黄歇受命出使秦国，他上书秦王指出：当今天下最强盛的国家，就是秦、楚两国，今大王伐楚，如两虎相斗。并针对秦日益强大、不断攻城略地的情况，分析物极必反的道理，陈说伐楚的种种不利，阐明伐楚实为不明智之举。秦王决定派使臣以厚礼出使楚国，相约为友好之国，但以楚太子完及黄歇为人质留秦。

数年之后，楚顷襄王患病，秦王不允许楚太子完回国探视。因完与秦相范雎是好朋友，黄歇就劝说范雎，建议秦国送回太子，将来太子即位后，定会格外厚重侍奉秦国。秦王答应让完的师傅先回楚探问楚王病情，回来再作商议。黄歇让完改换衣装，混入先往楚国探问的人中，自己留下以死抵罪。秦王知悉实情后非常生气，想听任黄歇自尽。范雎言明利害得失，劝阻秦王，并让黄歇也返回楚国。

黄歇回国三个月后，顷襄王卒。太子完立为楚君，为考烈王，用黄歇为相，封其为春申君，赏赐淮北十二县的土地。十五年后，考烈王答应黄歇请求，黄歇受封于江东。

考烈王无子。赵人李园想将自己美貌的妹妹进献给考烈王，又恐考烈王无生育能力，日子久了会失宠，就转念求黄歇收他为门客，然后将妹妹进献给黄歇。李园的妹妹受到黄歇的宠幸，并有了身孕。李园又设计将她进献给楚王，得到楚王宠幸。李园因此也得以过问楚国政事。李园的妹妹生下的男孩被立为太子。李园暗中培训亡命之徒，图谋杀害黄歇。

黄歇为相二十五年时，考烈王卒，李园之妹与黄歇之子被立为楚王，即楚幽王。李园先行入宫，埋伏死士刺杀黄歇。

今人黄炎培之子、全国政协委员黄方毅在《“黄炎培周期率”的前前后后》中说到：“我父亲黄炎培，1878年出生于上海浦东川沙县。黄家祖先乃战国时期四大公子之一的楚国春申君黄歇。……后楚王封赠其沪上与江浙一带土地。当地百姓在春申君带领下，登上现浙江安吉龙王山，开山挖河，引水成江，开凿了今日浩浩荡荡的黄浦江，亦称‘春申江’或‘歇浦江’。上海之申城即由此得名，春申君乃为上海之父。”台湾学者林藜（即黎泽霖）在《吴淞江口海门东》一文中也称：“考黄浦江为战国楚春申君黄歇所浚，故名，又称春申江或黄歇浦。其源为浙江省嘉兴县境秀州塘诸塘之水，东北流，入江苏省境，经松江、金山二县，复受三泖之水，至上海市，北合吴淞江（古称笠泽，俗名苏州河，源出太湖），出吴淞口，会长江以入于海。”

今上海在元代归属松江府；在元以前，也在后松江府范围内。崇祯《松江府志》：“歇……治水松江，导流入海，今黄浦是也，因其姓曰黄，亦曰春申浦。”又：“黄浦，在郡南境，海之喉吭也。以黄歇故，又名春申浦。……洪武间，吴淞江淤塞。永乐元年，浚江通海，引流直接黄浦，阔三十丈，遂以浦名。”[注]由此，将黄歇列入松江府之人物，以备考。

附崇祯《松江府志》黄歇传：

黄歇，楚人也。烈王即位，以为相，封春申君，赐淮北地十二县。后十五岁，歇请献淮北地，而封于江东。王许之。歇因城故吴墟，以自为都邑，治水松江，导流入海，今黄浦是也。因其姓曰黄，亦曰春申浦。

注：今有学者认为，今日之黄浦江，是从一条涓涓细流逐渐演变为长江三角洲上滔滔大浦的；黄歇生活年代，还是一片汪洋，没有成陆。

汉

陆　闳

陆闳，字子春，华亭人。行为朴实，爱好学习。选为宁平公主的驸马，以身体有病推辞。任颍川太守，获有凤凰飞来、甘露下降的祥瑞之兆。建武(公元25年—56年)年间，为尚书令(中央高级官员名)。陆闳面容如玉，喜欢穿越布(越地出产的布匹)单衣。光武帝登台看见他，叹道："南方一向多有长得俊美的人。"从此常命令会稽郡进献越布。

在华亭县西北四十里有"颍川太守陆宏墓"，这里把"闳"误写为"宏"，应该是"颍川太守陆闳墓"。陆宏是汉末陆绩的长子，而陆闳正是其八世祖先。

张　武

张武，吴郡由拳人。父亲张业是吴郡太守属官，送太守妻子儿女回乡里，到河内亭(亭，秦汉时地方基层单位，每十里为一亭，设亭长一人)，夜里遭到盗贼抢劫，张业在与盗贼搏斗中死亡，尸骨无存。张武当时还年幼。后来他到太学读书，每逢节日，常拿了父亲的遗剑，到父亲战死之处祭祀，哭着回来。太守第五伦(第五伦，字伯鱼，汉京兆长陵人。建武时举孝廉，历官会稽太守。汉章帝初立，代牟融为司空。奉公尽节，言事无所依违，为东汉名臣，时人比之为前朝贡禹)嘉奖他的操行，推荐他为孝廉(孝廉，本为汉选举官吏的两种科目名。孝，指孝子；廉，指廉洁之士。汉武帝元光元年初，令郡国举孝、廉各一人。后来合称孝廉，历代因之，州举秀才，郡举孝廉。至隋唐只有秀才之科，无孝廉之举，清别为贡举的一种。后来又俗称举人为孝廉)。因母亲去世，他过度哀毁，且悲伤于父亲魂灵未返，最终伤心过度而去世。

陆　续

陆续，字智初，陆闳的孙子。幼年丧父，是太守尹兴的佐官。尹兴受楚王刘英谋反事牵连，收捕入廷尉狱（廷尉，官名，九卿之一，掌刑狱），陆续也一同入狱。陆续被拷问，肌肉破烂，终究不肯说诬陷之词。陆续的母亲来到京师，通过守牢的士卒送食物给陆续，他面对食物就哭泣，人们问他哭泣的缘故，他说："母亲来到不能相见，所以哭泣。"人们又问："你怎么知道送进来的饭菜是你母亲做的？"陆续说："母亲切割的肉块都是方的，切断的葱都是一寸长度，凭这知道我母亲已来到。"皇帝听闻此事，即赦免了尹兴等人的罪行，让他们返回家乡。陆续得以终老病故。

卞 崇

卞崇，娄县人。汉桓帝时，太守薛固被法吏冤枉，交给廷尉（廷尉，官名，九卿之一，掌刑狱）处理。卞崇与乌程的钱让到宫殿喊冤，廷尉囚禁卞崇等人并派兵看守，且用以酷刑，但卞崇、钱让等人毫无畏惧，喊冤之声更烈。皇帝听说后颇为惊奇，于是赦免了薛固的罪行。

陆 康（126—195）

陆康，字季宁。秉性孝悌，又勤修操行。太守李肃推举他为孝廉。后李肃被害受诛，陆康不畏权贵，为之敛尸送丧，义烈之举，称道于时。

刺史臧旻推举陆康为茂才，任高成令。高成县地处边陲，按旧制，每户一人须备弓弩，以防不测，且不得相互往来；长官新上任，就征发百姓修缮城郭。百姓深受其苦。而陆康来到，免除上述诸役，百姓大悦。陆康以恩信治政，百姓安居，盗寇绝迹。因政绩卓著，光和元年（公元178年），陆康升迁为武陵太守，又转为桂阳、乐安二郡长吏，所到之处，皆受官民称道。

灵帝欲铸铜人，加紧搜刮民脂，又值连年水旱，庄稼歉收，百姓贫苦。陆康上疏劝谏，为民请命。奸佞内幸，诬其为大不敬，将其收捕治罪。侍御史刘岱上表为陆康辩解，陆康得以获释回乡。不久，又被征召为议郎。

当时庐江黄穰等与江夏百姓共十余万人发难，攻破邻近四县，朝野震惊。灵帝起用陆康，授其为庐江太守。陆康德威兼济，申明大义，击破黄穰，余党悉降。灵帝嘉奖其功，授其孙陆尚为郎中。

献帝即位，天下大乱，陆康不顾个人安危，竭力安抚天下。献帝加授其为忠义将军，俸禄达二千石。当时袁术屯兵寿春，缺少粮草物资，遣使求陆康供应支援。陆康以其叛逆，闭门不见，且修城以御之。袁术大怒，派孙策攻陆康，围城数重，陆康坚守两年，终被攻陷。月余，病故，享年七十。宗族百余人，遭难离散，死者近半。朝廷念其守节，授其子陆儁为郎中。

徐 栩

徐栩，字敬卿，吴郡由拳（即今嘉兴）人。居于华亭谷，年轻时是管理监狱的官吏。他执法周密公平，后来又任小黄县令。当时小黄县所在之州府所属之县发生蝗灾，田野里连青草也被吃尽，但蝗虫即使飞过小黄地界也不停下来为害。刺史（州府长官）下来考察巡视，指责徐栩不治蝗灾，于是徐栩弃官归家。然而徐栩一走，蝗虫立即飞到小黄地界停下来为害。看到这种情况，刺史表示道歉，并命徐栩回到小黄官署，蝗虫见徐栩回来，就立即飞去，不再为害。

沈 友[注]

沈友，字子正，吴郡人。十一岁时，华歆（字子鱼，平原高唐人，东汉桓帝时任尚书令，入魏，官至太尉）巡视风俗，见到他而觉得不平凡，因而叫他："沈郎，可以登上我车一起说说话吗？"沈友迟疑徘徊，而后拒绝道："君子交往，会宴以礼，如今仁义衰落，圣道渐坏。先生奉命，将以裨补先王之教，整齐风俗，而轻视威仪，犹如负薪救火，恐怕会使燃烧更旺吧！"华歆惭愧地说："从桓帝、灵帝以来，虽然也有不少英才贤俊，但未有如此年幼却这般懂事的。"

沈友年方弱冠，已博学通经，善撰文辞，兼好武事，又能说会道，众人不能对答。孙权以礼聘请，沈友前往，论述王霸之谋略、当时之政务，孙权肃然起敬。

沈友神态庄重严肃，说话从容不迫，议论时政，精当深刻。孙权觉得这样的人才，终究不能为己所用。建安九年（公元204年），孙权大会官员僚佐，沈友有所牵连是非问题，命人将他扶出，对他说："有人说您要谋反。"沈友回答道："当今主上在许昌，您却不将他们放在眼里，能说没有反心吗？"于是孙权杀害了他，当时他年仅二十九岁。

吕 荣（许升妻）

吕荣，吴郡人许升的妻子。许升年少时是个赌博之徒，不务正业。吕荣经常亲自勤理家业，以奉养其婆母；还屡次劝许升学习上进，每当许升做了坏事，她就流着眼

注：沈友为光绪《松江府续志》补遗人物。

泪规劝。吕荣的父亲气怒成疾，想将她改嫁。吕荣叹息道："命运所遭不幸，按礼不可再嫁。"终究不肯回娘家去。

许升为妻子的言行所感动，开始要求上进，于是寻师远学，以至成名。不久被本州征召录用。赴任时行至寿春地界，路上被盗贼杀害。刺史尹耀抓捕到这盗贼。吕荣迎丧于路，听说凶手已抓获，于是到州府，请求亲自杀死仇人以解恨，尹耀应允，吕荣即亲手割取盗贼之头以祭亡夫许升之灵。

后来吴郡遭寇盗掳掠，贼寇想对吕荣无礼，她越墙而逃，贼寇拔刀追赶，说："依从我则生，不从我则死。"吕荣说："我要坚持节义，不愿以身受辱！"于是被杀。当天疾风暴雨，电闪雷鸣，晦暝如夜。贼寇惶恐，乃叩头谢罪，并将她殡殓安葬。

笮 融

笮融，丹阳人。起初，徐州牧（牧，州之长官）陶谦派他监管广陵漕运。曹操攻打陶谦，徐州不得安宁。笮融护卫陶谦家小一百多人、马三十匹逃到北亭乡避难。他去世后就安葬在这里，至今人们仍称之为笮墓。

据崇祯《松江府志》，郡东北四十里北亭乡有笮墓泾，泾旁有高陇，世称为笮墓。

邹 湛

邹湛，南阳新野人。曾寓居孔宅，所以人称邹孔宅。邹湛曾见一人自称"甄仲舒"，于是醒悟道："我宅西有积土败瓦，其中必有死人。"（编者按：此人自称"甄仲舒"，而"甄仲舒"三字拆开即是"予舍西土瓦中人"）。经查考，果然如此。于是将这尸骸厚加殓葬。后来邹湛舍此宅为"慧日寺"。

顾 雍（169—243）

顾雍，字元叹，吴郡吴县人。州郡上表推荐他，弱冠之年就任合肥长吏，后来转任娄县令，有良好的政绩，孙权兼任会稽太守时，任命顾雍为会稽丞（佐官），代理太守职权。几年后入朝廷任左司马。孙权为吴王，顾雍升迁为大理奉常，官拜尚书令，封为阳遂乡侯。黄武四年（公元223年）改任太常，进封醴陵侯，代孙邵为丞相，平尚书事。顾雍为相十九年，孙权曾赞叹"顾君不言，言必有中"。享年七十六。

顾雍有三个儿子，长子顾邵，次子顾裕，少子顾济。

崇祯《松江府志》将顾雍列入"名臣宦绩"，嘉庆《松江府志》将顾雍列入"名宦传"。

陆 绩（187—219）

陆绩，字公纪，陆康之少子。六岁时父亲带他去九江拜见袁术，袁术拿出橘子招待他，他悄悄把三只橘子藏在怀里。离别拜辞袁术时，橘子滚落于地。袁术笑着对他说："陆郎作客，为何要怀藏橘子？"陆绩跪拜答道："我母亲爱吃橘子，想带回去给母亲吃。"袁术十分惊异于他的孝心。陆绩此事，后以"怀橘遗母"列入"二十四孝"。《二十四孝简歌》中也有"陆绩怀橘奉家慈"语。

当时孙策在吴地，张昭、张纮、秦松被尊为上宾，常论及天下尚未太平，须用武力平定。陆绩尚年少，坐于末席。听到这些议论，就大声遥对道："从前管夷吾辅佐齐桓公，九次召集诸侯，匡正天下，不用武力。孔子说：'远人不服，当修文德以使他们臣服。'现在你们不讲究仁义道德，不采用怀柔安抚之术，而只着眼于武力征服，即使如我般蒙昧幼童也觉得不妥。"张昭等人认为此后生见识不凡。

陆绩曾作《浑天图》，注释《易经》、《太玄》。三十二岁去世。

三　国

陆　逊(183—245)

陆逊,字伯言,吴国人。年少丧父,跟随从祖父庐江太守陆康出来做官。袁术与陆康有怨仇,将要攻打陆康,陆康就遣送陆逊及其亲族返回吴郡。陆逊比陆康之子陆绩辈分低,但年长数岁,因而管理全家的担子就落在陆逊身上。

孙权在吴郡为将,二十一岁的陆逊任职于其帐下,历任东、西曹令史(令史,汉置,位次于郎,掌文书),后出任海昌屯田都尉(主管民屯),兼管海昌县(后改名海盐)事。该县连年大旱,陆逊开官仓救济贫民,并重视农桑,百姓得以生存。会稽山贼潘临作乱,历年不息,为害地方。陆逊招兵讨治,所向皆服。当时陆逊手下的亲信部队已有二千余人。鄱阳尤突作乱,陆逊又前往征讨。后官拜定威校尉,军屯利浦。

孙权将其兄孙策的女儿嫁给陆逊,且将陆逊作为自己的帐下右部督。丹阳费栈接受曹操所委官职,并煽动当地山区少数民族为内应,孙权派陆逊讨伐,费栈顷刻溃败。陆逊按孙权旨意,整顿东三郡(指丹阳、新都、会稽)的部队,使强者为兵,让弱者归乡,得精兵数万人。宿恶荡除,所过肃清,陆逊回屯芜湖。

会稽太守淳于式上表说陆逊枉取民财,坑害百姓。陆逊后来回到吴都建业,言语中称赞淳于式是个好官吏。孙权说:"淳于式上表说你坏话,你却推荐他,这是怎么回事呢?"陆逊说:"淳于式意欲保护民众利益,因此说我的不是。如果我再诋毁他,则会扰乱圣听,此风不可长。"孙权说:"这真是忠厚之人的言行,但一般人很难做到啊!"

吕蒙假称有病,来到建业,陆逊前往拜见,对吕蒙说:"关羽自夸骁勇,盛气凌人。刚立大功,就骄傲放纵。只想北进中原,对我方毫不怀疑;今出其不意用兵,自可将其擒获。你见到至尊(孙权),当好好谋划。"

吕蒙见孙权,孙权问:"谁可代替你的职务去陆口领兵?"吕蒙答:"陆逊谋略深远，其才足可负重。观察他的谋划，终可委以大任。而且现在他的名气尚未远扬，不为关羽所忌。再没有人比他更合适。若起用他，当使他对外韬晦低调，暗中察看时机，然后可以取胜。"于是孙权召见陆逊，授陆逊为偏将军右部督，代吕蒙之职。

陆逊到达陆口，写信给关羽说："以往见您用兵，阵营整齐，律令严明。小小的军事行动，取得了大胜，功劳如此之大，令人崇敬（此指关羽率兵北进，取襄阳，围樊城，击败曹仁、于禁军）。敌国败绩，盟友受益。今不才受任来西，仰慕风采，盼领教唤。"又说："于禁等被擒，遐迩欢欣。将军的功勋，足以长留史册。即使从前晋文公城濮之战的用兵、淮阴侯韩信攻取赵国的谋略，也没有能超越您的功绩。听说徐晃等步骑驻军，对您居心叵测。曹操，是北敌中的狡猾之徒。愤怒之兵不顾后患。唯恐曹贼暗中增兵，以逞其不规之心。虽说他远来疲惫，但尚有骁悍之兵。况且大胜之后，往往轻敌。古人策略，胜不可骄，须更加戒备。望将军广为谋划，以保万无一失。我是一介书生，生性愚钝。忝任现职，有幸与将军为邻，乐于倾吐自己的心声。所言未必合宜，聊表一片心意，望我所仰慕的将军有所留意。"关羽看了陆逊的来信，觉得有谦卑之意，且有拜托之愿，于是自觉安全，对他不再有疑忌之心，放松了对吴军的警惕。这正是陆逊所希望的。

陆逊将关羽的情况详悉禀报孙权，并讲述擒获关羽的策略。孙权于是暗中调兵遣将，使陆逊与吕蒙为前部，攻克公安、南郡。陆逊乘胜前进，领宜都太守之职、任抚边将军，封华亭侯，这是建安二十四年（公元219年）十一月的事。

陆逊派遣将军李异等带领三千精兵，断绝险要，攻打蜀将詹晏、陈凤，击破蜀军，活捉陈凤。又袭击房陵太守邓辅、南乡太守郭睦，均获全胜。秭归大姓文布、邓凯等联合夷兵数千人，与蜀国在西方遥相呼应。陆逊再次征讨，大破文布、邓凯之众。文布逃走归蜀且拜为将军；陆逊令人引诱、策反他，文布带了兵众回吴投降。陆逊前后斩杀捕获蜀兵数万，关羽也被害。陆逊为扩大东吴在西部的影响建功连连，孙权任陆逊为右护军、镇西将军，进而又封其为娄侯。孙权还令陆逊在全吴范围内推荐优秀人才，使扬州牧吕范协助。

孙权夺荆州、斩关羽，蜀国上下震动。黄武元年（公元222年，该年孙权称吴王，形成魏、蜀、吴三国鼎立局面），刘备率大军，攻取巫县，进军秭归，为关羽报仇。孙权命陆逊为大都督，凭信符率领朱然等五万将士抗击刘备。刘备从巫峡、建平开始，直至夷陵地界，沿线七百里，屯兵数十处，结成大规模的连营，昼则旌旗蔽日，夜则火光耀天；在布置完大军决战的阵势后，派遣吴班带领数千人在平地立营，欲以挑战、诱敌。吴国诸将都要应战，陆逊认为不可，说："这里面必有诡计，且再作观察。"刘备知道自己的计谋被识破，于是引伏兵八千，走出山谷。陆逊说："我之所以不听诸位抗击吴班的意见，是因为猜测对方必有诡计。"诸将坚持说："攻备应当在开始之时，现在却让他们深入五六百里，时间延续七八个月，各个要害之处皆已被其固守，此时再去攻击必不能得利了。"陆逊说："刘备经历的事情多，连曹操也怕他几分，且其军刚集结时，思虑必精专，不可轻易抗击。现在驻扎已久，得不到我方的便利，其兵士必疲惫沮丧，无计可施了。"于是先攻打蜀军一个营，不能取胜。诸将又说："徒丧我士气。"陆逊却说："我已知道破他之术了。"于是命令士兵各拿一把干茅草，向蜀军连营发动火攻，乘势进攻，斩杀刘备的前部将领张南、冯习等，击破刘备四十多营。蜀将杜路等在穷迫无奈下只得投降。刘备逃上马鞍山（在今湖北省宜昌市西北），陈列兵士围绕保卫。陆逊督促诸军四面包围，蜀兵土崩瓦解，死者数万。刘备趁夜逃遁，驿人自负辎重器械断后。刘备进入白帝城，其舟船器械、水陆军资，丧失殆尽，尸骸漂流，塞江而下。刘备目睹此惨景，不由得仰天长叹："想不到我竟被陆逊折辱，岂非天意！"

起初，孙桓不听陆逊之言，擅自攻击刘备，前锋在夷道县（在今湖北省）被蜀兵围困，求救于陆逊，陆逊回答说："安东（即孙桓）深得士众之心，城牢粮足，不必担心；待我施展计谋，不救安东，安东也会自己解围。"等到方略大施，刘备溃败逃亡，孙桓之围果然自解。

战后论功，陆逊被加封为辅国将军，领荆州牧，改封江陵侯。

刘备因病去世，其子刘禅继位，诸葛亮秉政，与孙权和好。时事所宜，孙权都命陆逊转告诸葛亮，并刻制大印放于陆逊处。孙权每次给刘禅及诸葛亮的书信，常给陆逊过目，用语轻重、妥当与否，都令陆逊斟酌改定，然后盖印送出。

黄武七年（公元228年），孙权使鄱阳太守周鲂诱骗魏大司马曹休。曹休果然举兵入皖县。孙权于是召陆逊为大都督迎战曹休。陆逊自领中军，朱桓、全琮为左右翼，三道俱进，冲击曹休伏兵，大破之，追至夹石，斩获曹兵万余，得其牛马骡驴车乘万辆，军资器械不计其数。曹休逃回，背发疽疮而死。吴国三军胜利而归，军容严整，经过武昌时，孙权命令左右用御盖护覆陆逊；进出殿门，所赐皆御物上品，当时无人可与他比拟。陆逊随后返回西陵（孙权改夷陵为西陵）。

黄龙元年（公元229年），陆逊被授任上大将军、右都护。这年，孙权东巡建业，留太子、皇子和尚书九官，命陆逊辅助太子，并掌管荆州及豫章三郡事，督理军国大事。当时建昌侯孙虑（孙权次子）在堂前作斗鸭栏，十分精巧。陆逊严肃地说："君侯应当努力学习经典，勤修德行，用这何用？”孙虑听了马上拆毁它。射声校尉（武官名）孙松最受孙权亲近，戏弄军伍，颇不整肃。陆逊为之将他的职吏处以剃发的刑罚。

嘉禾五年（公元236年），孙权北征，使陆逊与诸葛瑾（诸葛亮兄）攻襄阳。陆逊派遣亲信韩扁带着奏表上报，韩扁回返时，在沔水中游遇敌，被捕。诸葛瑾获悉此事，十分着急，写信给陆逊说：“主公已回去，敌方得韩扁，尽知我方虚实。而且水干河浅，应当赶快离开。”陆逊看了信，不作回答，刚催人种葑（即茭白）、豆，又与诸将下棋、射戏，如同什么事也没发生。诸葛瑾听了送信者的汇报，说：“伯言多智略，一定有他的原因。”于是来见陆逊，陆逊说：“敌军知道我们主公已回去，无所他顾，将专力对付我们。我已守住要害之处。兵将如慌乱而行动，我们须自己安定以稳住人心，再施设变化莫测之术，然后撤退。如果现在就退回去，表明我方胆怯，敌人必定趁势相逼，这是必败之势。”于是与诸葛瑾秘密商定计谋，令其指挥舟船，陆逊则率领陆路兵马，向襄阳城进发。魏军向来害怕陆逊，马上还军回城。诸葛瑾便带领战船撤出，陆逊整肃队伍，张扬声势，会合战船。魏军见之，不敢还击。陆逊进军到白围，假言要住下来打猎，暗中却派遣将军周峻、张梁等进击江夏郡的新市、安陆、石阳三县。石阳县的集市正热闹，见周峻等突然来到，人们慌忙弃物入城；城门口人多拥挤，不能关上，魏军于是砍杀拥挤于门口的民众，然后才关上城门。吴军斩获魏兵千余，所生擒者皆加保护，不让士兵凌辱。凡是带了家属来的，均加以照料；若失散妻子儿女的，就给衣粮，厚加慰劳，遣送回去。如此做法与魏军残杀自己民众，形成鲜明对照。被遣送回去的魏兵中，有感恩而重新相携归来投降的。邻近军民也深深感怀陆逊。

嘉禾六年（公元237年），中郎将周祗要求在鄱阳郡招募兵士，孙权询问陆逊。陆逊认为此郡之民易动乱难安定，应中止招募，但周祗不听劝阻，结果郡民吴遽等果然作乱，杀死了周祗，攻陷了周边各县城。豫章、庐陵两郡平素一贯作恶者也都起来响应。陆逊获悉，连忙发兵征讨，作乱者相继降服，三郡得以安定。

赤乌七年（公元244年），陆逊替代顾雍担任丞相。孙权下诏说：“朕以不德，顺应天命，得登帝位。今天下没有统一，犯法作乱者充满世间。日夜忧惧，无暇洗沐安眠。惟君天资聪睿，明德光耀。统任上将，匡国消灾。有超世之功者，必享光大之荣耀；怀文武之才者，必担国家之重任。往昔伊尹兴隆商汤，吕尚助周灭纣。内外之任，君实兼之。今以君为丞相，派使持符节，守太常，授予印绶。望君光显明，勤修美德，敬服王命，安抚四方。总理三公，训导群僚，可不敬与？君其勉之。”陆逊任相后，原来所任的州牧、都护、武昌之职仍旧不变。

起先，东宫太子孙和与鲁王孙霸都缺少人员，内外职司，多派子弟侍从，全琮报告陆逊。陆逊认为，子弟如有才能，不忧不用，不宜私出以求荣利；若其不肖，终为取祸。且闻两宫相争，必定招致矛盾，自古以来对此大忌。后来听到有危及太子的议论，陆逊于是上疏陈述："太子是正统之位，宜如磐石般稳固。鲁王是藩臣，应当与太子在尊宠上有所区别。彼此各得其所，上下才能安稳。"陆逊为此上书三、四次，甚至亲往都城，论述嫡庶之别。然而朝廷不听从陆逊的意见；陆逊的外甥顾谭、顾承、姚信因依附太子，枉被放逐。太子太傅吾粲因与陆逊有书信往来而犯罪，被下狱处死。孙权屡次派使者责备陆逊。陆逊气愤而死，时年六十三岁，家无余财。

当初，暨艳要营造自己的府第，陆逊予以劝阻，认为此必招致灾祸。陆逊又对诸葛恪（诸葛瑾之子）说："地位在我前者，我必侍奉他一起升登；在我下者，则扶持他。今天我看你凌辱上级，蔑视下级，这可不是修德之本啊。"还有广陵杨竺，年少而有名声，陆逊认为他最终必败，劝杨竺之兄杨穆赶快在宗族关系上分开，以避牵连。他对人有如此先见之明，于己却疏于谋划。

陆逊长子陆延，早年夭折；次子陆抗，承袭父爵。孙休（孙权第六子）在位时，陆逊被追谥为昭侯。

陆　瑁（？—239）

陆瑁，字子璋，陆逊之弟。年少时，好学重义，陈国陈融、陈留濮阳逸、沛郡蒋纂、广陵袁迪等，都清贫有志，与陆瑁交往相处。陆瑁尽力相助，与他们同甘共苦。同郡人徐原迁居会稽，与陆瑁素不相识，临死遗书，将孤儿弱女托付给他，陆瑁为徐原建立坟墓，收养、教导其子。陆瑁从父陆绩过早去世，留下仅数岁的二男一女，陆瑁收养他们长成后才离去。州郡长官闻贤，征召举荐他，他不去就任。尚书暨艳公开臧否人物，评定三署官员优劣，宣扬人的阴私作为责罚，陆瑁去信劝阻，暨艳不肯接受，最终导致失败。

嘉禾元年（公元232年），朝廷征召陆瑁任议郎、选曹尚书。孙权忿恨公孙渊的反复无常，要亲自讨伐他。陆瑁上疏劝谏道："我听说圣王统治边远之民，只是对他们笼络维系而已。古代将这种地方称为'荒服'，说其恍惚无常，不可确保。如今公孙渊为东夷小丑，处于海角天涯，虽有人之面貌，实与禽兽无异。国家之所以不惜财货珍宝，不顾路远送给他们，这并非嘉奖他们的德义，而是用以诱导这些愚昧的人们走上正道。公孙渊的骄横不规、恃远负命，这是荒蛮之族的常态，岂足深虑？从前汉朝诸帝也曾锐意欲制服边远部族，派遣使者，携带财物，充满西域。虽偶有恭从，然而使者被害、财物丧失的事例，不可胜数。今天陛下不忍气愤之情，要跨越万里，亲踏其土，群臣与我都认为不妥，这是为什么呢？因为北寇邻国与我们疆土相接，如有仇隙，随即可至；我们之所以越海求马，曲意于公孙渊，是为了应对目前之急难，除却心腹之患啊；然而如果舍本逐末，弃近就远，以一时之忿怒，改变常规，兴师动众，此为狡猾的北虏所愿闻，非我大吴之计啊。且兵家之术，在于劳役对方使其疲惫，以逸待劳，衡量利害得失。再说沓洲离公孙渊还很远，到了岸上，还须分兵为三，使强者进取出击，次者守望船只，再次者运送粮食。出兵虽多，难以都用于作战，加以徒步运粮远往深入，贼地多骑兵，难免被其拦截。若公孙渊狡诈，与北国未绝；一旦征伐，他们唇齿相依，联合抗击，而我们则孤立无援，只怕劳师远征难以奏效。我们征伐于北方原野，而山中盗贼乘机而起，这实在不是长安之计啊！”孙权不同意陆瑁的看法，陆瑁再次上疏道：“军队，是历代帝王用以平息动乱、威服四方的。然而这类战役都是奸雄已除、天下无事之时，从容地在朝廷上加以讨论的。至于中原动乱，九州勾结之时，为人主者应该加固根本，爱惜人力物力，养精蓄锐，以待邻敌的失误；未有正当这个时候，不顾近敌，征讨远方，从而使自己军队疲困的。从前尉佗叛逆，僭越称帝，当时天下安定，百姓富足，军队之数、粮食之积可谓多矣，然而汉文帝仍认为不可轻易远征，应慎重对待军戎之事，因而只是对叛逆予以告喻而已。如今元凶未灭，疆场不宁，即使如同蚩尤、鬼方般的动乱，也要分清轻重缓急妥善处置，因而不该以征讨公孙渊为先，希望陛下抑制威怒，停止行动，暂宁六师，冷静规划，以为后图，如此则天下有幸。”孙权再次阅览陆瑁书信，称赞其词理正直恳切，于是停止发兵征讨公孙渊。

陆瑁于赤乌二年（公元239年）去世，有子名喜。

陆　凯（198—269）

陆凯，字敬风，陆逊的本族侄子。黄武（公元222年—228年）初，任永兴、诸暨长吏，有良好的政绩，拜授建武都尉。陆凯虽从戎统军，仍手不释卷。喜好《太玄》，演绎其意。赤乌（公元238年—250年）年间，任儋耳太守。因讨伐朱崖有功，升迁建武校尉。五凤二年（公元255年），到零陵讨伐山贼陈毖，获胜，拜为巴丘督、偏将军，封都乡侯，转任武昌右部督。陆凯与诸将共赴寿春平叛，回来后不断升迁，为荡魏、绥远将军。孙休即位（公元258年），拜征北将军，掌符节领受豫州牧。孙皓即位（公元264年），改任镇西大将军，都督巴丘，领荆州牧，进封嘉兴侯。宝鼎元年（公元266年），陆凯升为左丞相。孙皓不喜欢别人看他的脸，群臣侍候进见，眼睛不敢与他对视。陆凯劝谏道：“君臣之间没有不相识的道理，否则，若有不测之危，群臣不知所趋。”孙皓听从了陆凯的劝谏。

孙皓迁都武昌，扬州境内的百姓逆流供给货物，十分艰苦，加上政事多错，民众贫困不堪。陆凯上疏道：“百姓，是国家的根本。应该重视百姓的生活，爱护他们的生命。百姓安，君王就安；百姓快乐，君王就快乐。”在疏文中，陆凯还论及刑政赏罚、听谏纳贤、积储理财、辅国匡时等方略，指斥内宠之臣品行不正。当时朝中何定，奸佞狡猾，受宠擅权，陆凯当面指责他说：“你看凡事主不忠、败乱国政者，哪个有好下场的？你为什么专做奸邪、污浊帝王听闻之事？你应该改邪归正。否则，你将有不测之祸临头。”何定十分仇恨陆凯，算计着要中伤他。陆凯始终不在乎，一心为公，义形于色，表疏皆直言不讳，忠恳发自内心。

建衡元年（公元269年），陆凯病重，孙皓派遣中书令董朝问他最后有什么话要说，陆凯陈言：“何定不可信任重用，宜授其地方官员之职，不宜委以国事。姚信、楼玄、贺邵、张悌、郭逴、薛莹、滕脩及族弟陆喜、陆抗，有的清白忠勤，有的才能卓越，都是国家的骨干、朝廷的良臣，希望陛下重视他们的意见，询问他们对时务的看法，使他们各尽其忠，以补救政事的缺失。”说罢去世，享年七十二岁。

陆　抗（226—274）

陆抗，字幼节，是孙策的外孙，陆逊的儿子。陆逊去世时，陆抗二十岁，被授任建武校尉，带领原陆逊手下的五千人送葬；随后东返，到吴都谢恩。孙权以杨竺控告陆逊的二十事责问陆抗，且屏退他的随从宾客，由宫中派出的使者直面诘问，陆抗如胸有成竹，事事回答得条理清晰。孙权于是解除疑虑。

赤乌九年（公元246年），陆抗任立节中郎将，与诸葛恪换屯柴桑。陆抗临走时加固城围，修缮墙屋，住宅桑果，无有破败。诸葛恪入屯，俨然若新。而诸葛恪原驻的柴桑故屯，多有毁坏，诸葛恪为之深感惭愧。

太元元年（公元251年），陆抗到吴都治病。病愈返回时，孙权涕泣与别，对陆抗说：“我以前听用谗言，与你父亲大义不笃，因此有负于你，前后所问，全部焚灭，不要让人知道。”建兴元年（公元252年），陆抗被授任奋威将军。太平二年（公元257年），魏将诸葛诞献守城寿春投降，陆抗被授任为柴桑督，赴寿春，击败魏国牙门将偏将军，升迁为征北将军。永安二年（公元259年），陆抗被授任镇军将军，都督西陵。

孙皓即位（公元264年，以下建衡、凤凰、天纪等均为其年号），陆抗升为镇军大将军，领受益州牧之职。建衡二年（公元270年），大司马施绩去世，陆抗被授都督信陵、西陵、夷道、乐乡、公安诸地军事，官署设于乐乡。

陆抗获悉朝廷缺少政令，深为忧虑，乃上疏陈述方略十七条，其中有“臣……考之典籍，验之行事，中夜抚枕，临餐忘食”语。当时大臣何定弄权，宦官参与朝政，陆抗又上疏，其中有“随才授职，抑黜群小，然后俗化可清，庶政无秽”语。

凤凰元年（公元272年），西陵督步阐据城叛变，遣使降晋。陆抗听说，便调兵遣将，命左奕、吾彦、蔡贡等径赴西陵，传令军营巩固营围，从赤谿至故市筑防御工事，内以围攻步阐，外以御寇。陆抗昼夜催促，如敌已至。众军深感苦累，诸将进行劝阻，但陆抗每每拒绝。晋车骑将军羊祜率领军队向江陵进发，诸将都认为不宜在西陵用兵，陆抗说：“江陵城固兵足，无所忧患。如果敌军攻陷江陵，必不能坚守，所损者小。如果西陵被敌军盘结据守，则南山群夷都会捣乱，其后果不堪设想。我宁可放弃江陵而开赴西陵，更何况江陵十分牢固啊。”

起初，江陵地区平坦广阔，道路通达便利。陆抗命江陵督张咸作大堰挡水，使道路浸没水中，以此阻挡敌寇。羊祜想凭堰升高水位以浮船运粮，却故意扬言要破堰以通步军。陆抗识破羊祜诡计，立即命张咸破堰。诸将都惑而不解，屡次劝谏，陆抗不听。羊祜到当阳，听说堰已破，只得以车代船，陆路运输，结果费财费力。

晋巴东监军徐胤率水军至建平，荆州刺史杨肇至西陵，陆抗命令张咸固守江陵，公安督孙遵巡逻南岸，抵御羊祜。将军朱乔、营都督俞赞叛逃至晋将杨肇军中。陆抗说：“俞赞，是军中旧吏，知道我军的虚实。我经常担忧夷兵平时缺少训练，若敌围攻，必先从此处下手。”于是连夜撤换夷兵，调以平时训练有素的旧将士守卫。第二天，杨肇果然攻打原夷兵守卫之处，陆抗命将士立即反击，矢石雨下，杨肇兵连夜逃遁。陆抗本想追击，考虑到叛将步阐会伺机作乱，不能分散兵力，于是只鸣鼓戒众，作追击状。杨肇军解甲逃跑，陆抗只使轻兵跟随之，杨肇军大败。陆抗于是攻陷西陵，诛杀叛逆的步阐家族及其大将，吏役以下均予赦免，赦免者达数万人。然后修整城围，东返乐乡，貌无骄矜之色，谦和如同平常，深得将士爱戴。孙皓又加封其为都护。

凤凰二年（公元273年）春，陆抗被授任大司马、荆州牧。次年夏，陆抗病重。他上疏指出“西陵、建平，是国之边防要地”，“我父亲在西陲陈言，认为西陵为国之西门”，“请下诏检阅一切开支，以补疆场防卫之需”。又说：“我死之后，请关注西方防卫。望陛下留意我言，则我死将不朽。”是年秋去世。

当初，陆抗与晋大将军羊祜虽为敌对，但推侨札之好。陆抗曾送酒给羊祜，羊祜饮之不疑；陆抗有疾，求药于羊祜，羊祜送来之药，陆抗服之不疑。

陆抗之子陆晏继承爵位，与其弟陆景、陆玄、陆机、陆云分领陆抗之兵。陆晏任裨将军、夷道监。天纪四年（公元280年），晋军讨伐吴国，王濬顺流东下，所向披靡，结果正如陆抗生前所虑，陆晏也被王濬分部军所杀。

陆　胤

陆胤，字敬宗，陆凯之弟。起初任御史、尚书选曹郎。太子孙和听到他的名声，以超常的礼仪待他。适逢太子与鲁王孙霸争斗，陆胤受牵连而坐牢，受尽酷刑，始终无怨言。后担任衡阳督军都尉。赤乌十一年（公元248年），交趾、九真夷贼攻陷城邑，此时陆胤出任交州刺史、安南校尉，他喻以忠信，成功地招降高凉大盗等造反者，交州区域得以安定，因而被加授安南将军。陆胤又征讨苍梧郡建陵县贼寇，也取得胜利。

永安元年（公元258年），陆胤被征拜为西陵督，封都亭侯，后转为左虎林。中书丞华覈上表称陆胤“天资聪明，博学品优，从前历任选曹之职，事迹皆可称道。安抚交州，流民归附，商旅通行，民无疾疫，农田丰收。州治临海，海水浸润呈咸，又蓄水使民得甘食。普施恩惠，人神感化。治州十余年，内无艳丽盛装之妾，家无犀象奇珍之宝。宜选在朝廷，辅佐王室”。

陆胤善著述。去世后，其子陆式继承为柴桑督、扬武将军。天策元年（公元275年），与从兄陆祎一起迁徙到建安，天纪二年（公元278年）被召还建业，恢复将军之职和侯爵。

陆　祎

陆祎，字元容，陆凯之子。赤乌六年（公元243年），征拜宿卫郎中，后迁任立义都尉、五官郎中、骑都尉。宝鼎元年（公元266年），父亲陆凯为左丞相，陆祎升迁为黄门侍郎，封海盐侯，出领部曲，加授偏将军，行使左丞相、镇西大将军事务，又拜征北将军。父亲去世后，入宫任太子中庶子。右国史华覈上表推荐说：“陆祎气质方正刚直，意志坚强稳重，是统领将士之才，连鲁肃都超不过他。被征召赶赴都城时，他即刻赶往，路过武昌，竟毫不回顾。器械军资，一无所取。处理军事果断坚毅，对待财物有理有节。夏口是贼寇的冲要之地，应该挑选名将镇守之。臣私下考虑，陆祎是最佳人选。”

起初，孙皓曾怨恨陆凯屡次犯颜直谏，加上何定屡次诽谤，一直想治陆凯之罪，然而陆凯是重臣，难绳之以法，况且陆抗当时为大将，所以姑且从长计议，暂时容忍他。陆抗去世后，就将陆凯一家迁移到建安。直到天纪二年（公元278年），才将陆祎与其弟陆式召回建业，恢复将军之职。

陆祎入晋为太子中庶子；其弟陆喈，字公声，为晋宣城内史前将军。

顾　邵（？—217）

顾邵，字孝则，与舅陆绩齐名。孙权将孙策的女儿嫁给他。他起先为豫章太守，到任伊始就祭祀先贤徐孺子的坟墓，优待其后裔子孙；禁止不符合礼法的祭祀。有良好天赋的年轻吏役，命他们去读书深造，选择其中进步快的，予以提拔任用。为此，教化大行，风气向善。他在郡任职五年，去世于任上。

儿子顾谭、顾承。顾谭字子默，二十岁时与诸葛恪等人为太子四友，官职从中庶子转辅正都尉。赤乌（公元238年—250年）年间，代替诸葛恪为左节度。他每次检查簿书（官署文书，或指记录财物的簿籍），从不使用算筹，仅凭屈指心计，就能尽行发现其疑点与谬误之处。祖父顾雍去世几个月后，顾谭官拜太常，代顾雍平尚书事。当时鲁王孙霸受到孙权极大的宠幸，与太子孙和可平起平坐，顾谭上书劝谏，孙霸与全琮之子全寄构陷顾谭，将他流放到交州。顾谭著有《新言》二十篇。去世于交趾。顾承字子直，嘉禾（公元232年—237年）年间，与舅舅陆瑁一起被以礼征召。芍陂之役，拜奋威将军。后与顾谭一起被流放到交州，在那里去世。

陆　景（250—280）

陆景，字士仁，陆抗之子，陆机之兄。从小由祖母养育。他的妻子是吴末帝孙皓的嫡妹，因此拜骑都尉，封毗陵侯。陆抗去世，兄弟五人分领父兵，授陆景偏将军、中夏督。晋咸宁六年（公元280年，时为吴天纪四年），王濬领兵破吴军，陆景被杀。

陆景洁身好学。孙皓暴虐，国事日非，陆景著《典语》十卷，借古鉴今，又有《典语别》二卷，两书入《隋书·经籍志》。《史通·自叙》：“夫开国承家，立身立事，一文一武，或出或处，虽贤愚壤隔，善恶区分，苟时无品藻，则理难铨综，故陆景《典语》生焉。”原书已佚。《全上古三代秦汉三国六朝文》有辑文，与《与兄书》、《诫盈》合为一卷。

顾 悌[注]

顾悌，字子通。丞相顾雍的本族后代。以孝悌廉正闻名于乡里。十五岁任郡吏，拜为郎中，不久又提升为偏将军。屡次与骠骑将军朱据劝谏孙权，指出他嫡庶不分，言辞中肯正直，朝廷众臣都敬畏他。

父亲顾向历任四县县令，顾悌每次收到父亲书信，都洒扫干净，整齐衣服，重新设置几案坐席，然后将书信放在上面，跪拜读信，每句应诺照办。读毕，又行礼。若有父亲生病的消息传来，则面对书信流泪，言语哽咽。父亲年老辞官退休，长寿善终，他整整五天水浆不入口。迫于君命而不见父丧，他便在墙壁上画出灵柩，设神位于下，对之哭泣叩拜。丧期尚未完毕他就去世了。

陆 氏(张白妻)

张白之妻陆氏，是陆绩的女儿。因为是陆绩担任郁林州太守时所生，所以取名“郁生”。十三岁嫁给同郡的张白。张白的兄长张温被免官流放，张白去世，她发誓不再改嫁。姚信上表给天子以陈述她的节义事迹。附其表文如下：

表曰：臣闻唐虞之政，举善而教，旌德擢异，三王所先。是以忠臣烈士(烈士，坚贞不屈刚强之士，有志建功立业之人)显名国朝，淑妇贞女表迹家闾，盖所以阐明化业(化业，教化世人之业)，广植清风。使苟有令性，幽明俱著；苟怀懿姿，士女同荣。故王蠋建寒松之节而齐王表其里，义姑立殊绝之操而鲁侯高其门。臣窃见故郁林太守陆绩女子(女子，即女儿)郁生，少履贞特之行，幼立匪石之节(匪石，比喻意志坚定)。年始十三，适(女子出嫁称“适”)同郡张白，侍庙三月(侍庙，指侍奉家庙，这是女子出嫁后的礼节)，妇礼未卒，白遭罹家祸，迁死异郡。郁生抗声(抗声，即大声、高声)昭节，义形于色。冠盖交横(请她改嫁的人不断前来)，誓而不许。奉白姊妹险巇(险巇，险阻崎岖，喻艰难)之中，蹈履水火，志怀霜雪(霜雪，喻坚贞高洁之节操)，义心固于金石，体信(力行信义)贯于神明。送终以礼，邦士慕则(慕则，仰慕仿效)。臣闻昭德以行，显行以爵。苟非名爵，则劝善不严。故士之有诔(诔，即悼辞)，鲁人志其勇；杞妇见书，齐人哀其哭。乞蒙圣朝斟酌前训，上开天聪，下垂坤厚，裒(裒，给予)郁生以义姑之号，以励两髦之节(两髦，古代儿童的发式，头发分垂两边至眉，称为两髦)，则皇风穆畅，士女改视(改视，即“改观”，另眼相看，表示重视)矣。

注：顾悌为光绪《松江府续志》补遗人物。

张　氏(顾承妻)[注]

顾承之妻张氏,是张允的女儿,张温的第二个妹妹。姊妹三人都有气节德行。因张温之事,她被夺去官爵,改嫁给丁某,成婚已有日期,张氏听说,便喝毒药而死。吴国朝廷上下叹息,乡人画了她的形象赞颂她。

葛　玄

葛玄,字孝先,吴郡人。起初向左慈(东汉末方士,庐江人,字元放,年少时居天柱山,学习炼丹补导之术)学习《九丹金液仙经》,遍游名山,修炼大丹,丹成得仙道,号“葛仙翁”。每次饮酒后,则入人家门前池塘中卧,一整天才出来。

他曾与客人一起吃饭,谈及变化之事,客人说:“等吃完饭,先生给我们作个变化的法术。”葛玄说:“您为何不想马上看看?”于是把嘴里的饭喷了出来,喷出的饭粒立刻变成数百只大蜂,集于客人身上,但不螫人。过了很久,葛玄张开嘴,蜂又飞入口内,葛玄嚼食之,原来仍是米饭。这类事还有很多。

葛玄曾随从吴王乘船行进到三江口,被大风阻挡,船多漂没,葛玄所乘之船也沉入松江,不知所在。吴王叹道:“仙翁有道术,为何不能救渡。”于是派遣使者找寻他。过了一会儿,忽然看见葛玄从水面上行来,衣服鞋袜不湿,脸上呈现酒态。见到吴王使者,葛玄说:“我受伍子胥邀请喝酒游玩,却使殿下委屈困顿于此。”

又曾乘舟而行,弟子见竹箱中有十几张符,于是问道,“此符的应验,可以显现吗?”葛玄说:“神符是万能的。”随即取一符投入水中,水迅急,符追逐流水而下;又投一符,符却逆水而上;再取一符投入静水处,符停止,不上不下。一会儿逆流而上的符随水而下,一会儿随水流而下的符逆流而上。

注:张氏为光绪《松江府续志》补遗人物。

晋

陆　喜（？—284）

陆喜，字文仲，一字恭仲。陆瑁之子，陆机从父。在东吴为官，屡次升迁，官至吏部尚书。他年少时已有名气，爱好学习，富有才气。曾自序自己的学习与著述道："刘向研读《新语》而作《新序》，桓谭吟咏《新序》而作《新论》。我不自量力，有感于子云的《法言》而作《言道》，目睹贾子之美才而作《访论》，观子政《洪范》而作《古今历》，阅读《幽通》、《思玄》、《四愁》而作《娱宾》、《九思》。我真是所谓厚脸皮的人啊。" 他的著作有近百篇。

东吴灭亡后，陆喜又作《西州清论》传于世，假托诸葛孔明而行其书。其中有《较论格品篇》，写道："有人问我：'薛莹可称为国士第一人？' 我说：'按情理推论，他在第四、第五之间。' 询问者有些惊讶，问缘故，我回答道：'孙皓无道，放肆暴虐。如有龙蛇之身，沉默其体，潜而勿用，不露志趣，这可称之为第一等人。避尊居卑，衣食俭朴，沉静简约，淡泊谦退，这可称之为第二等人。刚直治国，方正威严，秉公无畏，这可称之为第三等人。斟酌时宜，明哲保身，意不忘忠，时献微益，这可称之为第四等人。温恭谨慎，不为谄首，无所补益，从容保宠，这可称之为第五等人。在此以下的人品不足以列数了。所以数一数二之人多隐没而远离悔恨，第三等以下的人有声名地位而难免有悔恨之感。这足以明了君子应该韬晦自己而柔顺随和处世。' 询问者说：'始闻高见，可以终生明哲无误了。'"

太康（公元280年—289年）年间，朝廷下诏道："伪尚书陆喜等十五位归顺的南士，都因品行贞洁而为东吴孙皓所不容，或忠而获罪，或隐退修志，闲放于民间。上述人员皆可按原职授官，属地以礼发遣，量才录用。" 于是陆喜任扬州地方官、会稽太守，入为散骑常侍，不久去世。晋武帝曾问陆抗、陆喜优劣，吾彦以 "道德名望，抗不及喜；立功立事，喜不及抗" 相对。

陆喜之子陆育为尚书郎、弋阳太守。陆喜之弟陆英，字季子，任长沙太守、高平相员外、散骑常侍。陆英之子名晔。

陆 机（261—303）

陆机，字士衡，陆抗之子。身长七尺，声如洪钟，少有异才，文章盖世。信服儒术，非礼不动。陆抗去世时，陆机十四岁，领父兵，为牙门将。年方二十，吴国灭亡。陆机与弟陆云退居今松江小昆山，闭户读书，积有十年。孙氏掌国，陆氏祖、父世代为相，有大功勋于江表，陆机因感叹末帝孙皓守不住江山，品评孙权、孙皓的得失，论述祖、父的功业，作《辩亡论》两篇，议论滔滔，笔势流畅。

太康（公元280年—289年）末，陆机赴洛阳。途中，作《赴洛道中》二首，其一为："远游越山川，山川修且广。振策陟崇丘，安辔遵平莽。夕息抱影寐，朝徂衔思往。顿辔倚嵩岩，侧听悲风响。清露坠素辉，明月一何朗。抚枕不能寐，振衣独长想。"抒发了国破家亡、背井离乡的悲苦之情，凄楚动人，是其五言诗的代表作。

进入洛阳，陆机造访太常张华。张华向来器重陆机之名望，一见如故，说："伐吴之役，利获二俊。"

张华随后将陆机推荐给诸公，使二陆享誉京师，一时有"二陆入洛，三张（张载、张协、张亢）减价"之说。陆机又曾造访侍中王济，王济手指案上的羊酪问陆机："你们吴中有什么可与此美味相比？"陆机答："有千里湖莼菜羹，只是没有放进盐豉（即豆豉）罢了！"意为未加盐豉调料，已可与羊酪匹敌，如加了盐豉，羊酪就比不上了。时人将陆机之答对称为名对。

不久，太傅杨骏征陆机为祭酒。杨骏被诛后，陆机改任太子洗马、著作郎。范阳卢志当着众人问陆机："陆逊、陆抗是你什么人？"直呼祖、父辈姓名，实为不敬，陆机反唇相讥："正如卢毓、卢珽与你的关系一样。"卢志无言以对。众人散去后，陆云对兄长说："彼此相距遥远，互不熟悉，你为何这样说？"陆机说："祖父与父亲名扬四海，怎么会不知道啊！"评论之人常以此认定二陆的优劣。

吴王司马晏镇守淮南，以陆机为郎中令，升迁为尚书中兵郎，转任殿中郎。赵王司马伦专擅朝政，引陆机为相国参军。因参与诛杀贾谧有功，陆机被赐爵关中侯。司马伦阴谋篡位，拜陆机为中书郎。后司马伦失败被杀，齐王司马冏认为陆机职在中书省，九锡文及禅让诏书的撰写，陆机必有参与，因而将其收捕，交廷尉审讯。成都王司马颖、吴王司马晏极力救助，陆机得以免除死刑，作发配充军处置，随即又获赦。

当时中原地区政局动乱，顾荣、戴若思等都劝陆机返回吴郡；陆机自恃才高望重，志在匡救天下，所以没有听从他们的意见。

齐王司马冏自夸功高，接受官爵无有谦让，陆机作《豪士赋》讽谏。司马冏不悟，后败。陆机又认为，圣王治国，旨在分封诸侯，于是，附以远谋，作《五等诸侯论》一文。

成都王司马颖礼贤下士，陆机感怀其相济之恩，又见朝廷屡有变乱，认为兴隆晋室，非司马颖莫属，于是前去投靠。司马颖使陆机参与大将军事，并上表任其为平原内史（后因称陆机为陆平原）。太安（公元302年—303年）初，司马颖与河间王司马颙起兵讨伐长沙王司马乂，让陆机代理后将军、河北大都督之职，统帅北中郎将王粹、冠军牵秀等军二十余万人。陆机认为三代（逊、抗及自己）拜将，不符合道家谦退之义；又因为客居他乡为官，一下子高居群士之上不妥，所以起初坚辞不受，但司马颖不允。同乡人孙惠也劝陆机将都督之位让给王粹，陆机又认为“进退犹豫以避害，这正是招致祸害之道”。终于就职前行。

司马颖对陆机说：“这次出征，若功成事定，将封你为郡公，位在台司，将军你要努力啊。”陆机说：“从前齐桓公信任管仲因而成就了九合诸侯之功，燕惠王怀疑乐毅导致功败垂成。今日之事，关键在您而不在我。”司马颖的左长史卢志忌陆机得宠，有意要陷害陆机，对司马颖说：“陆机自比管仲乐毅，而将你比作昏君。”司马颖听了默然无语。

陆机始临军营，牙旗即被摧折，觉征兆不祥，心甚不悦。出征之军阵营浩大，从朝歌至河桥，连绵不断，鼓声远传数百里。长沙王司马乂奉天子之命与陆机战于鹿苑，陆机大败，赴七里涧而死者如积，水为之不流。

起初，宦官孟玖与其弟孟超都为司马颖所宠信。孟超带领万人为小都督，尚未开战就放纵士兵大肆掳掠，陆机逮捕了为首者，孟超即率百余骑兵直冲陆机军营，谩骂道：“你这个卑贱的江东人能作都督吗？”陆机的司马孙拯劝陆机将其杀掉，陆机不允，而孟超在众人中宣扬说：“陆机将要谋反。”孟超还写信给孟玖，说陆机心怀两端，军机大事不能速决。待到战斗开始，孟超不听陆机指挥，领兵擅自独进而死。孟玖怀疑是陆机借刀杀人，于是在司马颖面前诬蔑陆机，说其有不轨之心。将军王阐、郝昌、公师藩等都为孟玖所用，与牵秀等共同为之作证。司马颖大怒，派牵秀秘密收捕陆机。

那天晚上，陆机梦中有黑色的帷幔绕车，手分拨不开。天明，牵秀带兵来到。陆机脱去军装，戴了白色的小帽，出来与牵秀相见，神色坦然自若，说道："自从东吴倾覆，我兄弟宗族受国朝重恩，入侍宫殿，出执符节。成都王委我以重任，推辞不得。今日受诛，岂非命也！"又给司马颖写信，语词凄惋，而后感叹说："华亭鹤唳，岂可复闻乎！"于是遇害，时年四十三岁。两个儿子陆蔚、陆夏也同时遇害。其士卒莫不流泪。这天大雾弥漫，狂风折木，平地积雪尺余，人们认为这是陆氏之冤的征象。

陆机的司马孙拯，字显世，吴都富春人。原在东吴任黄门郎之职。孙皓在位时，侍臣多获罪，惟孙拯与顾荣以机智得以保全。陆机被收捕，其弟陆云、陆耽及孙拯皆下狱受拷问。孙拯两踝骨被打得显露出来，然而始终不变其口供。吏民知道孙拯忠义，对他说："二陆的冤枉，谁人不晓？你为何如此不爱惜自己的身体啊？"孙拯仰天叹曰："陆氏兄弟，当世之奇才，我受到他们的赏识和爱护，如今无力挽救他们的生命，又怎能忍心去诬蔑他们啊？"于是随同被害。孙拯的弟子费慈、宰意赶到狱中，为其申冤。孙拯打发他俩道："我义不辜负二陆，为其而死是我的本分，而你俩为何要这样？"费慈、宰意说："你不辜负二陆，我们岂可辜负你啊？"宦官孟玖将他们一起杀死。

陆机天资秀逸，辞藻宏丽。张华曾对他说："人之为文，常恨才少，而子更患其多。"陆云曾写信给他说："做弟弟的我，看到哥哥你的文章，就想要烧毁自己的笔砚。"后来葛洪称赞陆机之文犹如玄圃积玉，尽是夜光明珠；挥毫作文，如五河喷泻流水，其源如出一处；其弘丽富美，英气勃发，也是超群绝伦。其文才被人推崇钦佩到如此地步！然而他喜好交游权贵之门，一度与贾谧亲善，以力求仕进趋奉而受人讥讽。

陆机是西晋太康之英，被唐太宗李世民誉为"百代文宗，一人而已"。诗文共三百余篇，流行于世。其赋今存二十七篇，或感时节之代谢，或悲故旧之丧亡，或抒思乡之情愫。《叹逝赋》中写道："川阅水以成川，水滔滔而日度。世阅人而为世，人冉冉而行暮。"他的《文赋》是中国文学批评史上第一篇完整而系统的文学理论作品，有着划时代的意义。其中警句迭出，如"悲落叶于劲秋，喜柔条于芳春"、"观古今于须臾，抚四海于一瞬"、"笼天地于形内，挫万物于笔端"等。他的《平复帖》，则是我国至今保存下来的最早的名家墨迹。

陆　云（262—303）

陆云，字士龙。六岁能作文。秉性清正，有才气。年少时与其兄陆机齐名，人称"二陆"。陆云文章虽不及陆机，而所持见识超过陆机。年幼时被吴国尚书、广陵人闵鸿认为不凡，说："此儿若非龙驹，当是凤雏。"后被推举为贤良，时年十六岁。刺史周浚召其为从事，对人说："陆士龙，是当今的颜回。"

东吴灭亡后，陆云与陆机进入洛阳。陆云与荀隐素未相识，一次在张华家与荀隐相遇。张华说："今日你们俩相遇，可别作一般的客套。"陆云于是举手说："我是云间陆士龙。"荀隐说："我是日下荀鸣鹤。"陆云说："既然已经拨开青云，看见白雉，为何不拉开你的弓，搭上你的箭？"荀隐说："本以为云中之龙，矫健非常，却只是山野中的麋鹿，兽弱小而弓强劲，所以才迟迟没有发射。"张华听了拍手大笑。

不久，陆云以公府掾的身份作太子舍人，出任浚仪县令。浚仪位居都会要冲之地，以不易治理出名。陆云上任后风气肃然，下属不能欺上，市场价格统一。有人被杀害，找不到凶手。陆云抓捕死者之妻，无所审问，关押十余日后放出，派人秘密跟随她，并关照说："离去不到十里，会有男子在等候她，待他们会话后便将这男子抓来。"情况果如陆云所料。将那男子抓来审问，其供认不讳，说："与此女私通，共同杀害其夫。听说此女放出，想与她说话，担心靠近县衙会被发现，所以在十里外等候。"全县上下都称陆云为神明。郡守嫉妒陆云才能，多次派人谴责他，陆云于是辞去县令之职。百姓却追念他，将他的画像放在社坛祭祀。

不久，陆云任吴王司马晏的郎中令。陆云爱才好士，经常推荐提拔士人。成都王司马颖上表奏请任陆云为清河内史，后人因称其为"陆清河"。

司马颖将讨伐齐王司马冏，以陆云为前锋都督。司马冏被诛杀，陆云转为大将军右司马。司马颖晚节政治失误，陆云屡次冒犯相劝。孟玖要录用其父为邯郸令，左长史卢志等都阿附迎合，陆云坚持不同意，说："县里官员都是公府属吏，岂可安置宦官之父进去？"孟玖为此深恨陆云。

陆机败落，陆云同时被收捕。司马颖的属官江统上疏道："听说陆机妄图谋反，谋反罪应当族诛，但实际上陆机只是不善统领群帅，因而导致政敌间残杀。现在看来，陆云与其兄情况有些相似，也只是内部之间相互猜疑罢了。如今若杀陆云，这样的处置实为太重。"司马颖不采纳江统的意思。江统等人再次请求，司马颖为此犹豫了三天。附和孟玖的卢志对司马颖说："从前赵王杀中护军赵浚，赦免了他的儿子赵骧。结果赵骧追随明公而攻击赵王，前事可不能忘却啊！"记室蔡克来到司马颖前叩头流血道："陆云被孟玖所怨恨，远近之人没有谁不知道的。如今若陆云真的被杀，却无明显罪证，众人心生疑虑，我私下里为明公可惜。"僚属枣嵩等共计数十人跟随蔡克进去，向司马颖流泪恳请免陆云死罪，司马颖对陆云再次产生同情心。而孟玖扶司马颖入内室，促使他下令杀了陆云，诛戮三族。当时陆云四十二岁。其弟陆耽任平东祭酒，也有清正之誉，与陆云同时遇害。

大将军参军孙惠给淮南内史朱诞写信道："想不到三陆（陆机、陆云、陆耽）相携暗朝，一旦湮灭。道业沦丧，痛酷之深，残害之烈，不堪言表。国家使俊杰大失所望，悲哀之情，岂只一人有之？"三陆为州里所痛悼竟至这般程度。后来东海王司马越讨伐司马颖，发檄文于天下，其中就列有枉害陆机、陆云兄弟之罪状。

陆云死后，留下两个女儿，没有儿子。门生故吏迎葬陆云，修墓立碑，四时祭祀。陆云所著文章有三百四十九篇，又撰《新书》十篇，皆流传于世。陆云诗作文辞，清新明净而立意典正、结构严谨；主张"文章当贵经（轻）绮"，对其兄陆机繁富矫饰的文风提出了委婉的批评。明张溥《汉魏六朝百三家集》辑有《陆清河集》。

陆　耽

陆耽，陆云的弟弟，为平东祭酒（祭酒，官名，是学长一类的官员），也有清廉高洁的美誉，与陆云一同遇害。孙惠给朱诞写信道："想不到三陆（陆机、陆云、陆耽）相携暗朝，一旦遭杀害，国家使俊杰大失所望，大家都为之悲痛。"后来东海王司马越讨伐司马颖，布告天下，也以陆机、陆云兄弟冤枉受害作为司马颖的一大罪状。

顾　荣（？—312）

顾荣，字彦先。祖父顾雍，是吴国丞相；父亲顾穆，是宜都太守。顾荣机警聪敏，任吴国黄门侍郎、太子辅义都尉之职（黄门侍郎，官名，可出入宫禁之中。太子辅义都尉，官名，事奉太子的武官）。

吴国灭亡，顾荣与陆机、陆云兄弟一起进入洛阳，当时号称"三俊"。官拜郎中，历任尚书郎、太子中舍人（太子中舍人，官名，从舍人中选才学优秀者充之，掌太子宫文翰）、廷尉正（廷尉正，官名，掌刑狱之事）。他经常放纵饮酒，对同郡人士张翰说："只有酒可以使人忘忧，只是对发病无可奈何。"赵王司马伦诛杀淮南王司马允，收捕司马允的僚属交付廷尉处置，顾荣公平处理，大多给以宽宥。及至司马伦篡位，请顾荣做其子大将军司马虔的长史（长史，官名，官府及高级官员属下的主要办事人员）。一次，顾荣在宴席上饮酒，看到一个烤肉的仆人显出想吃烤肉的神态，就割下一块给他吃。座席上有人问他这样做的缘故，顾荣说："岂有终日手执烤肉而不知烤肉滋味的？"后来司马伦失败，顾荣被捕，将要被诛杀。而当年手执烤肉者已任督率，顾荣的死罪因而得以赦免。

齐王司马冏召顾荣任大司马主簿。他担忧招来灾祸，终日喝酒致醉不办事，并把实情告诉冯熊。冯熊转告司马冏，让他改任中书侍郎（官名，中书令的副职，参与朝政）。从此他不再饮酒，有人问他道："你为什么以前醉酒现在不饮酒了？"顾荣觉得害怕，于是又常醉酒。他给杨彦明写信说："我任齐王主簿，常担忧招致灾祸，看见刀和绳子，常想自杀。"后来司马冏被诛戮，顾荣因讨伐葛旟有功而封为嘉兴伯，转为太子中庶子（中庶子，战国时国君、太子、相国的侍从之臣，秦汉为太子的侍从官，历代沿置）。

长沙王司马乂为骠骑大将军，又请顾荣做长史。司马乂败，顾荣转为成都王司马颖丞相的从事中郎（从事中郎，是高级官员的属官佐僚）。晋惠帝驾临临漳，让顾荣兼任侍中，派遣他去巡守园陵（园陵，帝王的坟墓）。正逢张方占据洛阳，不能前进，避于陈留。晋惠帝西迁长安，征召顾荣任散骑常侍（散骑常侍，官名。秦汉置散骑，又置中常侍。魏以散骑与中常侍合为一体，谓之散骑常侍，侍从皇帝左右，常规劝，不典事。自魏至晋，皆以散骑常侍共平尚书奏事。东晋时也掌表奏），因为世道动乱，他不去应职，于是返回吴郡。东海王司马越聚集兵士作乱，请顾荣作军谘祭酒（军谘祭酒，官名，军中高级参谋）。陈敏造反，让顾荣作右将军、丹阳内史。顾荣屡次进入危险境地，常以恭谨谦让而避开了灾祸。陈敏要诛杀诸多士人，顾荣劝阻，陈敏听从了劝说，但仍派遣甘卓出横江，供给坚甲利器，配备精兵。顾荣暗中对甘卓说："如果江东之事可能成功，那我可以与你一起努力。然而您观察事势，有成功的可能吗？陈敏失败之日，江西诸军把造反者的头颅装在匣子里送到洛阳，匣子外面题上'逆贼顾荣、甘卓之首'的字样，耻辱传及万世，我们不能这样做啊。"甘卓听从了顾荣的劝说。第二年，周玘、纪瞻与顾荣及甘卓起兵攻打陈敏。顾荣拆毁了桥梁，把船只都藏在南岸，陈敏带兵出发，不能过河。顾荣摇动羽扇指挥，陈敏军队溃败。

陈敏被征平后，顾荣返回吴郡。永嘉（公元307年—312年）初，顾荣官拜侍中。与纪瞻一起赴洛阳，在途中论述《易经》的太极。到徐州，听说宗室藩王作乱，准备不再前行。这时刺史裴盾得到东海王司马越的书信，说如果顾荣等心怀疑忌，将要用军法处理。于是顾荣与纪瞻及陆玩解开船缆，丢弃牛马，一日一夜行三百里，得以返回扬州。晋元帝司马睿为安东将军时，以顾荣为军司（军司，即军师，晋避司马师讳，改称军司），另加散骑常侍之职，有关军政谋划，都向他咨询。当时司马睿因郑贵嫔（贵嫔，女官名，仅次于皇后，贵同三公）有病，荒废政务，顾荣上奏表规劝，又推荐甘卓，司马睿都接受。永嘉六年（公元312年），顾荣去世于官职任上。司马睿亲临治丧，极尽悲哀。

想依照齐王功臣的规格对顾荣表彰追赠，但又认为这太轻。于是赠给他侍中、骠骑将军、开府仪同三司（司，官职），谥号为元。到了司马睿称帝时，又追封顾荣为公，给予食邑（食邑，卿大夫的封地），儿子可以继承。

崇祯《松江府志》载：旧传集贤乡有顾公墩，据《吴地记》，顾荣墓在吴县东南二十里。谢应方诗云："白发吴侬说姓名，将军墓近阖闾城。征车入洛称三俊，割炙知人得再生。江月似留挥扇影，松风犹作鼓琴声。停舟一酹蘋花渚，野鹤飞来踯躅鸣。"

陆　晔

陆晔，字士光。伯父陆喜为吴国吏部尚书。陆晔年少时就有美好的声望，从兄陆机常称赞他说："我们陆家世代不乏公侯了。"居父母丧事，以孝闻名。同郡人顾荣给乡人写信道："士光气息绵弱，忧其性命难延。"

陆晔后被举孝廉，任永世、乌江二县令，都没去就职。晋元帝司马睿当初镇守江东，征陆晔为祭酒之职，不久又补授振威将军、义兴太守，陆晔又因病没有上任。后因参与征讨华轶有功，被封为平望亭侯，接连升迁为散骑常侍、本郡大中正。大兴元年（公元318年），改任太子詹事。当时晋元帝因侍中皆北士，宜兼用南人，陆晔以清廉坚贞著称，于是授予侍中，提升为尚书，领州大中正之职。

晋明帝司马绍即位（公元322年），陆晔转为光禄勋，迁任太常，代纪瞻为尚书左仆射，领受太子少傅之位；不久又加授金紫光禄大夫，代卞壶为领军将军。因征服钱凤有功，进爵江陵伯。晋明帝病重，陆晔与王导、卞壶、庾亮、温峤、郗鉴一起，受晋明帝临终嘱咐，辅助太子，又进入宫殿带兵值宿。晋明帝遗诏道："陆晔清操忠贞，履职公正，且其兄弟事君如父，忧国如家，岁寒不凋，体自门风。既委以六军，可录尚书事，加散骑常侍。"

晋成帝（晋明帝太子司马衍，时年仅五岁）登基，陆晔被授任左光禄大夫、开封仪同三司，给亲兵百人，常侍如故。苏峻叛乱并攻入建康时，陆晔随晋成帝（时仅八岁）在石头城（今南京清凉山，为建康军事重镇），行为方正，不因凶威变节。苏峻因陆晔在吴地士人中有重望，不敢加害。匡术（曾劝说苏峻拥兵自守）以苑城归降时，大家共同推举陆晔督理宫城军事。苏峻被征平，陆晔加卫将军，给千兵百骑，进爵为公。

咸和（公元326年—334年）年间，陆晔求归乡里祭墓。有司上奏，旧制假六十日。侍中颜含、黄门侍郎冯怀驳议："陆晔受托付之重，身居要职，既蒙诏许，不必限制假期之日。"晋成帝同意，陆晔归乡，以疾终，享年七十四岁。被追赠侍中、车骑大将军，谥号为穆。儿子陆谌，任散骑常侍。

陆 玩

陆玩，字士瑶。陆晔之弟。气度深沉儒雅，二十岁时就有美名，贺循常称赞他“清允平当”（意清廉朴实，公正稳当）。郡守请他任纲纪（主簿），东海王司马越征召他为掾（古代官府中属官），他都不予应就。晋元帝召他为丞相参军。当时王导初至江左，想结交人情，要把自己女儿嫁给他。陆玩回应说：“小土丘上长不成松柏，香草薰与臭草莸不可同器而藏。我虽无才德，但道义上不能接受不相称的婚姻。”王导才作罢。陆玩曾到王导家吃奶酪，为此得病，于是写信给王导说：“我虽是吴人，差一点成为北土之鬼。”他轻蔑权贵到如此程度。

陆玩不断被加官，直升至奋武将军，征拜侍中，因病而辞却。王敦请他任长史，他不得已而从命。王敦被征平，尚书令郗鉴说王敦的辅佐官员（包括陆玩）不能匡正奸恶，应将其免官关押。温峤上书辩护，陆玩才得以免受处罚。重新被授任侍中，升迁为吏部尚书；担任会稽王之师，推让不就。后转为尚书左仆射，拜授本州大中正。苏峻谋反时，陆玩与其兄陆晔被派遣守卫宫城，陆玩秘密地说服匡术归顺，以功封兴平伯，转为尚书令。晋成帝又下诏道：“陆玩行道精诚，雅量弘远，任官内外，清廉卓著。宜居台司，以应众望。授左光禄大夫，开府仪同三司，再加散骑常侍，其余职位不变。”陆玩多次上表，感谢优厚褒奖。不久，王导、郗鉴、庾亮相继去世，朝野上下都说，三良去世，国家困顿。因为陆玩德高望重，升迁为侍中、司空，给羽林士四十人。陆玩任职后，有人拜访他，要了一杯酒，泼洒于柱梁间，祝告说：“当今缺乏人才，以你为柱石，不要倾折人家的栋梁啊。”陆玩笑道：“接受您的良言劝谏。”然后他又叹息，对宾客说：“以我为三公，这说明天下没有称职之人了。”谈论者以为这是睿智的言语。

陆玩虽登上公辅之位，但谦让不聘任僚佐人员，晋成帝劝说，他才不得已而从命。所征召录用的人都是出身贫寒而有德行之士。陆玩辅佐累世帝王，常以大度持重之人品而为人主所器重。他提携后进，谦逊如平民，士大夫之类都受其德荫庇护。后病重而卒，享年六十四岁。谥号为康，给兵千人，守墓之人有七十家。太元（公元376年—395年）年间，功臣葬礼普遍被减简，司空何充等只得六家守墓。陆玩因有辅佐王命的大功劳，原先就陪葬于帝王陵墓之边，因此特设置兴平伯官属以卫墓。

儿子陆始，承袭官爵，历任侍中、尚书。

吾 彦

吾彦，字士则，吴郡人。出自贫寒之家，文武双全，身长八尺，能与猛兽格斗，体力超群，与陆抗为同乡。吾彦起初为小将时，陆抗就觉得此人有出奇的勇力和胆略，将要提拔起用他，但又担心众人不同意，于是就会集各将领，同时秘密叫人假装狂徒，拔刀挥舞，跳跃而来，座上诸将都害怕而逃，唯独吾彦临危不惧，手举桌椅抵御。众人都佩服他的勇敢，于是陆抗就提升重用他。不久升迁为建平太守。

当时王濬将要讨伐吴国，在西蜀建造战舰，吾彦发觉此事，请增兵以作防备，但吴国末帝孙皓不听从。吾彦就制造铁锁，横断江路。王濬大军压境，沿江各城都望风而降，唯独吾彦坚守。王濬大军攻打吾彦所守之城，但不能攻克，只得后退避开他。

吴国灭亡，吾彦才归顺晋朝。晋武帝让他做金城太守，后转为敦煌长官。他恩威并用，名声卓著，不久升迁为雁门太守。当时顺阳王司马畅骄横放纵，前后内史（内史，官名，这里指在诸侯王国掌政务之官）都被枉加罪名。等到吾彦任顺阳内史，廉洁奉公，以身作则，执法严谨，大家都敬畏他。司马畅无法诬害他，于是反而举荐他，实际是想要让他去除内史之职而离开顺阳。

不久，吾彦升迁为员外散骑常侍。皇帝问吾彦："陆喜、陆抗两人，谁更优秀？"吾彦回答道："道德名望，抗不及喜；功绩事业，喜不及抗。"正逢交州刺史陶璜去世，吾彦被任命为南中都督、交州刺史。九真戍守之兵作乱，驱逐太守，九真叛贼将帅赵祉围攻郡城，吾彦将其全部平息。

吾彦身处藩镇之日，不敢忘怀陆氏恩德，送重礼给陆机兄弟。陆机想要接受馈赠，陆云说："吾彦原本微贱，为先公（先公指陆抗，陆机、陆云的父亲）所提拔，然而他没有善对诏令，我们怎能接受他的馈赠？"陆机于是不予接受。因此常说些诋毁吾彦之言。长沙孝廉尹虞对陆机说："自古由贫贱而兴起者，连帝王都有，何止公卿？您因为当初作为士人的吾彦对待诏令稍有不善，而诋毁不止，我担心南方人士将都离开您，您便孤立无依了。"于是陆机兄弟才回心转意。

吾彦在交州任上二十年，南方安定，自己上表请求别人接替官职，于是征召他任大长秋（大长秋，官名，汉置，皇后的近侍，大多由宦官充任，但也有士人担任）。在大长秋任上去世。

陆 纳

陆纳，字祖言。陆玩之子（《晋书》作"玩子"，嘉庆《松江府志》作"玩弟"）。年少时就有清廉的操行，堪称坚贞绝俗。起先被征召任镇军大将军、武陵王的佐僚，被本州举荐为秀才。太原王述很敬重他，请他做建威长史，相继升迁为黄门侍郎、本州别驾、尚书吏部郎，出任吴兴太守。到任后，不肯受禄。不久，征拜为左民尚书，领州大中正。将去应召，吏役问陆纳行李宜用多少船装运，他说："我的奴仆会装粮食来，其他一概不要。"出发时，只带包袱衣被，其余货物都封存归还官府。后又迁任太常，转任吏部尚书，加拜奉车都尉、卫将军。谢安说要拜访陆纳，陆纳不作特殊准备，侄子陆俶私下为他作了准备。谢安来到，陆纳所设只有茶果而已。陆俶于是陈列丰盛的食物，其中有珍奇的菜肴。送走客人，陆纳大怒，对陆俶道："你不能替父叔增光，却玷污我历来的清白。"说罢用手杖将侄子打了四十下。

后来因爱子陆长生有疾病，陆纳要求辞官看管，兄子陆禽又犯法处刑，陆纳要求免除自己的官职以示谢罪，朝廷下诏准许稍降官职。不久，陆纳迁为尚书仆射，转任左仆射，加散骑常侍。后又被授任尚书令，保留常侍一职。他恭勤坚贞，始终不渝。那时会稽王司马道子专政，任用一批奸佞小人，陆纳望着宫阙叹息道："多好的家业，恐怕要被这小儿撞坏了。"人们都佩服陆纳忠实诚信的人品。不久，又授他为左光禄大夫，开府仪同三司，尚未领授就去世了，朝廷就将这些官职追赠给他。陆长生先于父亲去世，陆纳没有其他的儿子，于是领养了弟弟的儿子陆道隆。元熙（公元419年—420年）年间，陆道隆任廷尉之职。

张　翰

张翰，字季鹰，大鸿胪（官名，秦时称典客，汉武帝太初元年更名为大鸿胪，掌接待宾客等事，后渐变为礼仪官）张俨之子。有优秀的才能和美好的声望，然而放纵不拘，当时人们称他为"江东步兵"。贺循前赴洛阳接受使命，途经吴郡的阊门，在船中弹琴。张翰起初不认识他，但一经交谈，就十分高兴。询问贺循去向，知道他将去洛阳。张翰说："我也有事要北上洛阳。"于是就同舟而往，连家人也不去告诉。当时齐王司马冏掌权，征召张翰任大司马东曹掾（大司马，掌军权的高官。东曹，大司马下设的官署名。掾，佐吏。大司马东曹掾，意为大司马治下东曹部门的辅助官吏）。张翰对同郡人顾荣说："天下混乱，灾祸不断。一个人一旦闻名天下，想退隐就难了。我本是山林间人，对时局不抱希望。您要以自己的明智瞻前顾后，以免灾祸。"顾荣握住张翰的手，颇为忧伤地说："我也与您一起去采南山蕨，饮三江水（意为辞官归隐）。"因为秋风吹起，张翰于是思念吴中的菰菜、莼羹、鲈鱼片，说："人生贵在能称心顺意，何必远离家乡数千里，去苦苦求取功名爵位啊？”就命仆人驾船而归。

张翰博学，善属文，挥笔即成。《诗品》称其“文采高丽”，“得虬龙片甲，凤凰一毛”，刘勰认为“季鹰辨切于短韵”。有《思吴江歌》：“秋风起兮佳景时，吴江水兮鲈鱼肥。三千里兮家未归，恨难得兮仰天悲。”

陆 退

陆退，字黎民，陆凯的从孙。祖父陆仰，任吏部郎，父亲任州主簿。陆退为谢安主簿。陆退是张凭的女婿，有人曾问他，张凭为何为母作诔文而不为父作诔文，他回答说：“男子的德行显露于事业中，而女子的美德没有诔文就不能显露。”官至光禄大夫。

陆 监

陆监，字始明，陆璩之子，年少喜宁静，方正刚烈，拜后将军、司马，以功封西阳亭侯。

陆景文

陆景文，字叔辩。初为安吉令，升迁太守后去世。

陆典书

陆典书，名字不详，见之于《陆士龙集》，大约是陆云的叔父辈人物。现摘取《陆士龙集》中两封书信如下：

云再拜：不知大人今天从州里得到假期而归来，从而能够有缘面见。每次从您手里得古今书，赖以丰富化育自己。言归衷情，教诲抚恤，无微不至，情深欣喜。身家人员，年岁名声，都予问及。《闻难集》表明，不依靠师友，单靠自己怎能成功？愿加大您的惠助，为之光耀我这个辅佐之臣。云在此华亭的愿望，以大人为宗主，当使小大得以区分，这也可进一步提升洪大之业。

云再拜：每次想到大人有挺秀自然的妙质，禀赋深沉的恢弘毅力，能壮其刚烈，又吟咏其大道，文才不凡又崇尚威武。隐居以娱其志趣，静处以育其精神。游步八索之林（八索，指八卦之说），逍遥德化之圃。岂如末世之徒，牵拉俗事，浮露浅躁。世道通达光明，在于俊贤在官。怎能使稀世之宝，久隐高深之山；逸景之迹，阻于迷冥之坡。方将车乘四轮，束帛纷披，排金风于太微（太微，天帝之南宫），跨天路以妙观（妙观，仙人所居之所），恢皇纲之大烈，垂荣祚（荣祚，官职与福祚）乎祖宗。此皆大人之所宜遵循，非凡夫之可企望。不能会晤，只得写信以言心；心之所积，不能叙其万分之一。

陆 氏（张茂妻）

陆氏，陆机、陆云的侄女。嫁给会稽张茂，张茂为吴郡太守。正逢王敦意欲图谋王位，而遭到执政者的坚决反对，于是王敦派遣沈充攻城，杀死执政者，入朝自任丞相。陆氏于是倾尽家资，率领张茂的部队为先锋讨伐沈充，沈充溃败。随后陆氏前往朝廷上书，对自己的丈夫张茂不能预先阻止王敦、沈充反叛表示谢罪。朝廷诏书下达，大力褒奖张茂夫妻忠烈，并加封爵位。

孙 氏（虞潭母）

孙氏，虞潭的母亲。咸和二年（公元327年）苏峻谋反，朝廷诏命虞潭统领三吴等郡各军队，与顾众共同讨伐苏峻。孙氏告诫儿子道："我听说忠臣出孝子之门，你应当舍生取义，不要牵挂我这位老母亲。"于是遣发所有家僮以助战，卖掉所服环佩以供应军资之需。

虞潭征平了苏峻，又修筑沪渎堡垒用以抵御孙恩，他一心报国，是母亲教育的结果。

朝廷知道他忧国忠诚，拜武昌侯；太夫人孙氏加金章紫绶，去世后又赐谥号。妇人生而封爵，死而易名给谥号，就是从虞潭的母亲孙氏开始的。

孔 氏（顾琛母）

娄县孔氏，嫁顾恢为妻，生下儿子顾琛。顾琛本为吴人而任吴郡太守。晋安帝隆安（公元397年—401年）初，孔氏已年届百余岁了。琅邪王廞在吴中作乱，朝廷以女子为贞烈将军，下面官属全为女人，以孔氏为司马，率军抗击乱寇。

孙恩作乱后东土饥荒，人们易子而食。孔氏散发家粮赈济，县里饥民得以存活者很多。他们生下的儿子都以孔为名，表示不忘孔氏之恩德。

（编者按：从上述史料看来，孔夫人年寿很高，至少为一百二十多岁，因为她在晋安帝隆安初时已有一百多岁。而崇祯《松江府志》将她列为"南宋孔夫人"，这里的南宋指南朝刘宋王朝，公元420年—479年。）

康僧会

康僧会，祖父是康居国人。他十多岁时双亲都去世，服丧完毕后出家做了和尚。东吴赤乌十年（公元247年）到达建业（三国时代东吴的首都，即今南京市），他说："如来佛去世，转眼已超过千年，遗骨舍利，其闪耀光芒没有固定的处所。从前阿育王建造安藏佛骨（舍利）的宝塔有八万四千座，那塔寺的兴建用以表示如来佛遗留的教化。"孙权认为他的话荒诞无稽，康僧会对随从人员说："佛法的兴废，在此一举。"

于是康僧会沐浴斋戒，居于静室，将钢瓶安放于茶几上，烧香礼请七日，期毕寂然无应。要求再延长七日，继续烧香礼请，仍无反应。孙权说："此僧欺骗惑人！"将要加以罪名处罚。康僧会再次要求延长七日，共用三七二十一日，孙权破格听从。他发誓道："法云应降而我辈仍无感应，又何必动用王法，我当以自处一死为期！"

到了第三个七日的傍晚，仍无所感应，人们莫不心惊胆战。到了这天晚上五更，忽闻瓶中铿然有声。康僧会前往看视，果然获取舍利。孙权见状，大惊，起身道："这是难得的吉祥瑞兆啊。"有人将此舍利放在铁砧上，用榔头用力击之，榔头铁砧俱陷，而舍利无损。孙权赞叹心服，随之为这舍利建塔。在由奉、吴娄间的金粟寺留有康僧会的塑像，经常放光。终止于晋武太康元年（公元280年）。

葛　洪（283—363，一作283—343）

葛洪，字稚川，自号抱朴子，世称"小仙翁"，丹阳句容（今属江苏）人，出身豪族，先祖葛浦庐，官至骠骑大将军；祖父葛系，任三国吴吏部侍郎、御史中丞；从祖父葛玄，是名重一时的方士；父亲葛悌曾任吴五官郎、大中正等职。葛洪十六岁开始，广览经史百家，以儒学知名；后拜郑隐为师，渐从研治儒学过渡到研治道学，成为道士。所著《抱朴子》，阐述了战国以来神仙家的理论，介绍了各种灵丹妙药的制作方法，被奉为道教的经典著作。

葛洪曾在杭州西湖葛岭炼丹。"事实上，他还有几个炼丹处，其中一个就在松江城西的旧西湖。丹炼成后，投入湖中，水立即呈现彩色，灿烂夺目，于是被称为五色泉。泉穴以湖石垒成，古藤环绕，流水潆洄。到了元代，在旧西湖附近兴建了道院，还树立石碑，以记述葛洪炼丹的故事。"（陆印全《松江醉白池新姿》）五色泉今已移入醉白池园内。

葛洪曾在松江旧西湖炼丹事，尚未见史料证实，只是相传而已。崇祯《松江府志·方外》录有葛洪从祖父葛玄，故收录于此，备考。

南北朝

祖冲之（429—500）

祖冲之，字文远，范阳郡遒县（今河北涞源）人。曾祖父祖台之，东晋时曾任侍中、光禄大夫等职。祖父祖昌任刘宋大匠卿（主管土木工程的官员）。父亲祖朔之学识渊博。祖冲之少承家学，后步入仕途。宋孝武帝使直华林学省，赐宅宇车服。为长水校尉，作《安边论》，欲开屯田，广农殖。晚年，齐明帝曾令其巡行四方，兴造大业，以利百姓。

祖冲之在数学方面的突出贡献是圆周率的计算，确定了圆周率值为 $\pi=\frac{157}{50}\doteq 3.14$ 与 $\pi=\frac{3\,927}{1\,250}\doteq 3.1416$，在当时世界上是领先的，至今仍经常使用。之后，祖冲之又将圆周率推算到更加精确的程度。据《隋书·律历志》记载，他确定了 π 的不足近似值3.141 592 6和过剩近似值3.141 592 7，π 的真值在这两个近似值之间：$3.141\,592\,6<\pi<3.141\,592\,7$，精确到小数第7位。这是当时世界上最先进的数学成果。

祖冲之编制的《大明历》，是当时最优秀的一部历法。他对各种机械也有深入研究。他曾设计制造过水碓磨（利用水力加工粮食的工具）、铜制机件传动的指南车、一天能走百里的“千里船”以及类似于木牛流马的陆上运输工具。祖冲之还写过小说《述异记》十卷，著述还有《缀术》，《九章算术注》，《驳议》，《易》、《老》、《庄》义，《论语》、《孝经》释等。

为了纪念和表彰祖冲之在科学上的贡献，紫金山天文台将其发现的一颗小行星命名为“祖冲之星”，在月球背面也已有了以祖冲之名字命名的环形山。

嘉庆《松江府志》将冲之列为“名宦”，并载曾“仕为娄县令”。为此，《松江人物》录以备考。

附嘉庆《松江府志》祖冲之传(译文):

祖冲之,字文远,范阳蓟人。对古代机巧颇有研究,宋孝武帝派他掌管华林学省,官任南徐州从事公府参军。元嘉(公元424年—453年)年间采用何承天所制历法,比古代十一家精密,但祖冲之认为还较粗疏,于是又制造新的历法,上表朝廷。孝武帝命朝中善于历法的官员予以辩驳,但不能驳倒。

孝武帝去世,祖冲之创制的新历法不被施行。

历任娄县令、谒者仆射。进入南朝齐,转为长水校尉,领受本职。永元二年(公元500年)去世。

著有《易》、《老》、《庄》义,《论语》、《孝经》释,注《九章》,造《缀术》数十篇。

顾觊之

顾觊之,字伟仁。高祖顾谦,任晋平原内史,是陆机的姐夫。顾觊之起初任郡主簿。谢晦任荆州太守,请他担任南蛮功曹,以处理南蛮之事。谢晦喜欢他的风雅质朴,因而非常信任他。彭城王刘义康专权,殷、刘之间的矛盾已经显露,顾觊之不想与殷景仁长久交往,于是推托脚疾,自己要求免职归家。在家里,每到夜里常在床上行步(因为他假装脚疾而辞官,所以即使家里,白天也不行走,以免暴露真情;但又怕长期不行走而使双腿退废,故于夜间在床上行走),家里人暗中深感奇怪,而不知道他这样做的缘故。后来刘义康被罢免流放,不少人因与刘义康关系密切而受到处罚,而顾觊之却得到提升,任山阴县令。他主张无为而治,县里平安无事,白天也常垂下帘笼,门庭阶石静寂。后还任扬州治中从事(治中从事,官名,汉置,历代相沿,为州刺史的助理,主掌文书案卷)。孝武帝刘骏即位,升迁为御史中丞(中丞,官名。汉御史大夫下设两丞,一称御史丞,一称中丞。中丞居殿中,故以为名。东汉以来,御史大夫转为大司空,以中丞为御史台长官)。孝建二年(公元455年),出任湘州刺史,颇有政绩。大明元年(公元457年),征召他任度支尚书(度支尚书,官名。掌管全国财赋的统计和支调,晋及南朝宋、齐、梁、陈均设度支尚书,掌度支、金部、仓部、起部四曹),授本州中正之职(本州,疑为承上而指湘州。中正,官名,负责考察本州人士的德才,以作为选任官吏的依据)。大明二年(公元458年),转为吏部尚书,加左军将军,出任吴郡太守。将家移居于娄县的集贤乡,回来做吴郡太守。戴法兴权势显赫,有凌驾人主(皇帝)之势,但顾觊之从不附从他。蔡兴宗与顾觊之友善,劝他适当抑止自己,不要过于高雅秀拔。顾觊之说:“辛毗曾说过,孙、刘不过使我不任三公之位罢了。”等到世祖孝武帝去世,顾觊之又将家搬到浔阳。浔阳王刘子房要加给他军旅爵位，他不肯接受，说："按照礼法，六十岁不再从戎，因为此时筋力衰谢，难以胜任军旅生活。何况我已年将八十，来日无多，宜安守家门，因而不敢听从。"当时天下叛逆之人，没有人能免去可悲的下场。唯独顾觊之心迹清白纯洁，没有参与进去。泰始二年（公元466年），东部国土已征平，顾觊之任左将军、吴郡太守，加散骑常侍，又恢复湘州刺史、常侍将军的官职。泰始三年（公元467年）去世，享年七十六岁，谥号为简子。

顾觊之家庭和睦，为州乡之人所推重。他有五个儿子，分别为顾约、顾缉、顾绰、顾缜、顾绲。其中顾绰家产丰厚，乡里好多士人和庶民欠他的债。顾觊之常禁止他放债，但不能奏效。后来顾觊之做了吴郡太守，对顾绰说："我常不许你放债，现在不少人穷得连居住也困难，怎能还债？民间与你的金钱来往，趁我在郡里任太守，为你监督。你的各种债券在哪里？"顾绰听父亲如此说，大喜，把所有债券文书都交给父亲让他去督促偿还。顾觊之请远近的负债者都来，向他们宣布道："凡是欠三郎之债，都不必归还，凡是债券凭证我都已烧掉了。"

顾觊之弟弟的儿子顾惠允，闲居家中修养心志，未应征召。

顾　愿

顾愿，字子恭。父顾渊之，散骑侍郎。顾愿好学，有文辞流行于世。大明（公元457年—464年）年间推举为秀才，朝廷对策，符合皇帝心意，选拔为著作佐郎、太子舍人。过早地去世。

陆子真

陆子真，晋太尉陆玩的曾孙。从陆玩到父亲陆万载，世代官任侍中，陆子真的兄长陆仲元又为侍中，当时人们将他家比作金、张二族。陆子真在刘宋王朝做官，任海陵太守。中书舍人秋当受到皇上宠幸，家在海陵，请假回来安葬父亲，陆子真不与他往来。秋当请陆子真发动百姓修筑桥梁，陆子真因此举妨碍农时而不许。彭城王刘义康听说后对他十分赞赏。

陆子真在临海太守任上因眼疾而归来，为中散大夫，随即去世。

陆慧晓

陆慧晓，字叔明，晋代太尉陆玩的玄孙。为人清高耿介，公正刚直，不随便与人交结往来。武陵王萧晔镇守会稽，皇上为其精选僚吏，以陆慧晓为征虏功曹（功曹，官名，是州郡佐吏，掌管考查记录功劳），又让他任长史（长史，官名。秦置，汉相国、丞相，后汉太尉、司徒、司空、将军府，各有长史。其后，为郡府官，掌兵马），辅助庐陵王。皇帝问陆慧晓："凭什么辅助庐陵王？"他回答道："静以修身，俭以养性。"他相继辅助过五位政要，立身清正严肃，僚佐部属之人来拜访，必起身送行，说："我生性厌恶人们无礼，不容许不以礼立身待人。"他从未轻慢过士大夫。有人问他这样做的缘故，他回答说："对权贵之人不可轻视，而对地位低贱之人却可轻视，人生怎可在心中树立这样一个轻重的标准？"

陆慧晓有三个儿子，他们是陆僚、陆任、陆倕，都有美好的名声，当时人们称之为"三陆"。

顾宪之

顾宪之，字士思。还未满二十岁，本州征他任议曹从事，举荐为秀才（《管子·小匡》："农之子常为农，朴野而不慝，其秀才之能为士者，则足赖也。"《注》："有秀异之材，可为士者。"秀才之称始见之。至汉始为举士之科目。东汉避光武帝刘秀讳，改称茂才。三国魏后复称秀才。隋时最重此科。唐与明经进士并立科目。宋时凡应举者皆称秀才。明清专以称入县学之生员）、累次升迁为太子舍人、尚书比部郎、抚军主簿。元徽（宋后废帝刘昱年号，公元473年—477年）年间，为建康县令。当时有个偷牛的人，被牛的主人辨认出，而偷牛者却称这牛是自己的，两家诉讼争论，前后县令无法裁决。顾宪之重新审讯此案，于是命令解去牛绳，任它走去，而牛径奔自己主人的宅基，偷盗者才认罪。有权势的人请托，当长官的人贪钱，他都按法办理，无所阿媚和放纵。他禀性清正俭朴，为政刚正勉力，很得民众拥护。京师饮酒者得到醇厚的美酒，则称之为"顾建康"，说他清正德美。

齐高帝执政，拜顾宪之为骠骑录事参军，升迁为太尉西曹掾。齐高帝即位，授衡阳内史。在此之前，衡阳郡境连年发生病疫，死者大半，棺木涨价，死者都裹以苇席，弃之路旁。顾宪之上任，分别通告所属各县，要求死者亲族，全部予以殡葬。如其家人已经绝灭，则拿出公款，办理安葬事宜。当地还有陋俗，即山民有病，则说是其先人为祸，都要开挖坟墓，剖开棺材，水洗枯骨，称之为除祟。顾宪之教导大家，讲明生死之别，双方事不相关，风俗于是改变。当时刺史王奂新上任，唯独衡阳没有争讼者，于是叹息道："顾衡阳（顾宪之）的教化真是有效啊。如果九郡都这样，我将悠闲无事了！”

顾宪之回京任太尉从事中郎。出任为东中郎长史、行会稽郡事。山阴人吕文度有宠于齐武帝，在余姚建立府第，十分放纵骄横。顾宪之来到会稽郡，即命令拆除其府第。吕文度后来回家安葬母亲，郡县官吏争着前往吊唁，而顾宪之则不予理睬。吕文度为之十分恨他，但又无法中伤他。

顾宪之转调为南中郎巴陵王长史，加衔建威将军、行婺州事。当时司徒竟陵王在宣城、临成、定陵三县交界建立军屯，封锁山泽数百里，禁止民众上山砍柴，顾宪之坚决陈述这样做不妥当，言辞恳切正直。竟陵王回答道：“如果没有您，我就听不到这善言。”随即撤销禁令。

顾宪之升迁为给事黄门侍郎，兼尚书吏部郎中。在刘宋之世，他的祖父顾觊之尝为吏部，在庭院种植橘树，对人说：“我为宪之种植此树。”到这时，顾宪之果然担任此职。

他又出任征虏长史、行南兖州事。遭母亲丧事。守丧期满，建武（南朝齐明帝年号，公元494年—498年）年间，又任给事黄门侍郎，领步兵校尉，尚未拜受，仍任太子中庶子，领受吴县中正（中正，官名，负责考察本州县人才品德，分成九等，作为选任官吏的依据）。出任宁朔将军、临川内史，尚未上任，改授辅国将军、晋陵太守。

不久生病，卸任返回乡里。永元（南朝齐东昏侯年号，公元499年—501年）初，征召为廷尉，没有拜受，又被任命为豫章太守。当地有位贞妇叫万晞，年轻时即守寡，没有儿子，事奉公婆十分孝顺，父母要她改嫁，她誓死不许。顾宪之赐给她束帛（束帛，古代礼品，帛五匹为束。唐贾公彦《周礼注疏》：“束者十端，每端丈八尺，皆两端合卷，总为五匹，故云束帛也。”），表彰她的节义。

中兴二年（公元502年），义师平定建康，萧衍为扬州牧，征顾宪之为别驾从事史。等顾宪之赶到京城，萧衍已受禅称帝，此时顾宪之风疾更加严重，坚决请求返回吴郡。天监二年（公元503年。天监，梁武帝年号），在家中被授予太中大夫。

顾宪之虽然屡任朝廷高官与州郡守令，但毫无积蓄，归来后，不免饥寒。天监八年（公元509年），去世于家中，享年七十四岁。临终制定家规，以教诫儿子。所著诗、赋、铭、赞并《衡阳郡记》数十篇。

陆倕

陆倕，字佐公，华亭人。年少时勤奋学习，善于写文章。在住宅内造了两间茅草屋，杜绝人员往来，昼夜刻苦读书。曾经向人借《汉书》，遗失了《五行志》四卷，于是暗中抄写后归还。小时候被外祖父张岱赏识。张岱曾经对几个孩子说："这孩儿是你家的阳元（指魏舒，字阳元，西晋名臣）。"十七岁被本府推举为秀士。州刺史竟陵王萧子良开辟西邸（西邸，客馆，幕僚所住之处。开辟西邸，意谓延请幕僚），延请有才华的杰出人才，陆倕也参与进来。征召他任议曹（议曹，州郡属吏名），又任从事参军、庐陵王法曹、行参军等职（从事参军、行参军，是军事官吏名；法曹，是司法官名）。天监（公元502年—519年）初，任右军安成王外兵参军，转主簿，改任骠骑临川王东曹掾（骠骑，官名；临川王，爵名；曹掾，属吏名）。

当时，礼乐制度有较多的变革。梁武帝十分喜爱陆倕的才能，于是命他编撰《新漏刻铭》。升迁为太子中舍人，管东宫书记。又命他作《石阙铭》，作毕献上，梁武帝批文道："太子中舍人陆倕，所制《石阙铭》，辞义典雅，足可称为佳作。从前虞丘辨物（治理事物），邯郸献赋，赏以金帛，前史美谈。今可赐绢三十匹。"升迁为太子庶子（太子官属）、国子博士（教育公卿大夫子弟的官员）。后因母亲去世而去职。服丧期满，任中书侍郎、给事黄门侍郎、扬州别驾从事史（中书侍郎，中书省长官的副职；给事黄门侍郎，简称黄门侍郎，省称黄门郎，出入禁中，可检察尚书事；别驾从事史，简称别驾，是州郡长官的佐吏）。因病要求解去官职，因而改任鸿胪卿（鸿胪卿，官名，掌朝贺庆吊之赞导相礼），入朝为吏部郎，参选事（参与铨选职官之事）；出为云麾晋安王长史、浔阳太守，行施江州府州事。后又授予国子博士。普通七年（公元526年）去世，享年五十七岁。有文集二十卷流行于世。

陆云公

陆云公，字子龙。父亲陆完，官为宁远长史，琅邪、彭城二郡丞。陆云公五岁诵《论语》、《毛诗》，九岁攻读《汉书》，略能记忆。从祖陆倕与沛国刘显查问十件史事，陆云公对答，无所差失，刘显赞叹其不凡。长成后，仍喜好学习，富有才思。

后任湘东王绎行参军。陆云公原先制有《太伯庙碑》，吴兴太守张缵郡守任满回来途经湘东，读其碑文，赞叹道："这是当今的蔡伯喈啊（蔡伯喈，东汉陈留人，名邕，字伯喈。灵帝时拜郎中，与杨赐等奏定《六经》文字，立碑太学门外。不久，以事免官。董卓征召为祭酒，累迁中郎将。后以卓党死狱中。蔡邕年少即博学，好辞章，精音律，善鼓琴，又工书画，著有《独断》等，后人辑其文为《蔡中郎集》）。"张缵到京都掌管选举官员之事，将陆云公推荐给梁武帝，召为尚书议曹郎，入值寿光省，以本官掌著作郎事。累迁中书黄门郎,兼掌著作。

陆云公善于下棋,曾于夜里侍坐,其冠碰到了烛火。梁武帝笑着对他说:"烛火烧着你冠上的貂尾了。"梁武帝将任用他为侍中,侍中冠上饰有貂尾,所以如此与他开玩笑。当时天泉池新造了鳊鱼舟,形阔而且短,梁武帝于闲暇之日常乘此舟在水中漫游,朝中请太常刘之遴、国子祭酒到溉、右卫朱异随从,陆云公当时虽然年轻位低,但也参与其中。

太清元年(公元547年)去世。当时张缵任湘州守令,给陆云公叔父陆襄的兄长陆晏子写信道:"都城信使到达,获悉贤兄子、贤弟黄门去世,这不仅是贵门丧宝,也是有识之士的共同悲伤。"他被士流如此称许推重。他的堂兄陆才子,也有才名。官任太子中庶子、廷尉,有文集流行于世。

陆 襄

陆襄,字师卿,华亭人。天监三年(公元504年),通过范岫上表推荐,出任著作佐郎(著作佐郎,是著作郎的佐官。著作郎专掌编纂国史,属中书省。其佐官有著作佐郎、校书郎等)。不久出任永宁令,不断升迁至司空(司空,官名。原为掌交通、建筑之官,后来称御史大夫也为司空,掌监察官员)。昭明太子(萧统,字德施,南朝梁武帝萧衍长子。天监元年即公元502年立为太子,中大通三年即公元531年去世,享年三十一岁,谥号为昭明。好文学,博览群书,曾招集文士刘孝威、庾肩吾等多人编撰文选,辑录秦汉以来诗文,世称《昭明文选》,是我国现存最早的诗文总集。著有文集二十卷,今已失)获悉陆襄的学业和品行,启奏梁武帝,要求与他交往,授官太子洗马(太子洗马,官名,太子官属,隶属司经局),升迁为中书舍人(中书舍人,官名,是中书省的属官,主管文书,参与起草诏令,参与决断政务,有较大的实权),并掌管记(管记,掌管记载国家大事)。出为扬州中从事(中从事,官名,即治中,汉置,为州刺史的助理,主掌文书案卷),因父亲在这官职上去世,他坚决推辞,但不获允许,只是同意他与府司马交换官舍居住。母亲年将八十,太子每月派人慰问,赐给衣服和食品。母亲曾突患心绞痛,医生处方须有三升小米浆。当时正逢冬季,又已近黄昏,无处索求。忽有老人上门,送上处方所需的三升小米浆。刚要付钱,这老人却突然消失。当时人们认为这是陆襄孝心感动神灵所致。他不断升迁至国子博士、太子家令(太子家令,太子属官名。秦有太子家令,汉沿置,晋也置家令,掌刑狱、钱谷、饮食。隋唐以后至金元,也设家令,职掌随时不同),又掌管记。母亲去世,他辞官回家服丧。哀毁骨立,超过常礼。服丧期满,授官太子中庶子(太子中庶子,汉以后的太子属官,职如侍中,秩六百石)。

天监七年(公元508年),出任鄱阳内史(内史,官名,原为协助天子管理政务之官,汉以后各诸侯王国也置内史,协助诸侯管理政务)。起先,鄱阳郡人鲜于琮杀害广晋令王筠,号称上愿("上愿",鲜于琮自立的年号)元年,另立政权,将攻打鄱阳郡。陆襄预先率领官兵修固城墙以作防备。叛军来到,陆襄率领将士将其击败,并活捉了鲜于琮。当时周边的州郡追查贼党,都不按实情,有些善良之人全家遭受祸害。唯独陆襄所守之郡能分清善恶、不冤枉一个好人,人们歌颂道:"鲜于抄(抄掠扰乱)后善恶分,人无横死赖陆君。"又有彭、李两家,因争吵而相互诬告。陆襄请他们进来,不加责备指斥,只是和气地讲道理解劝,两人悔改错误,陆襄便设酒食,使他俩尽欢而散。于是人们又歌颂道:"陆君政,无怨家,斗既罢,仇共车。"陆襄在郡中当政六年,社会十分安定,人们纷纷向朝廷要求在郡内立碑,皇帝准许。

太清元年(公元547年),陆襄升迁为度支尚书(度支尚书,官名,掌管全国财赋的统计和支调。在晋及南朝,领度支、金部、仓部、起部四曹)。侯景围攻台城,梁武帝以陆襄任侍中(侍中,官名,丞相属官。魏晋以后,实际上也相当于宰相)。省城陷落,他逃到吴郡。侯景将领宋子仙攻钱塘,正值陆黯起义,夜袭吴郡,杀伪太守苏单于,推举陆襄掌管郡政。淮南太守萧宁逃离贼寇进入吴郡,陆襄派人迎萧宁为盟主,派遣陆黯及兄长之子陆映公紧跟宋子仙,与其在松江交战。陆黯败走。吴下军队听说松江战败,他们也败逃。陆襄躲藏在坟墓下,一夜忧愤而死,享年七十。侯景之乱被征平,朝廷追赠他为侍中、云麾将军(云麾将军,将军之名号,南朝梁始置),因他建立义功(义功,指其抗击叛军侯景之功)而追封他为余干县侯。

陆 缮

陆缮,字士繻,陆倕兄长的儿子,从小有抱负,以高雅中正闻名。陈武帝尚为辅佐之臣时,他官拜司徒右长史。等到陈武帝受命登帝位,他位居侍中,出任新安太守。陈文帝继位,征他为中庶子,领受步兵校尉,掌东宫管记。

陆缮仪表端正美丽,举止悠闲高雅,陈文帝命太子及诸王都以他为榜样。太建(公元569年—582年)中,历任度支尚书,侍中,太子詹事,尚书左仆射,参掌选事,又命他与徐陵等七人参议政事。去世后,赠特进(特进,官名。汉制,凡诸侯功德优盛,朝廷所敬异者,赐位特进,位在三公之下。魏晋南北朝因之,皆为加官。隋唐改为散官。明以后特进光禄大夫为正一品,清废),谥号安子。

陆 庆

陆庆，吴人。年少时好学，通《五经》，尤明《春秋左氏传》。陆庆节操高尚。曾任娄县令。陈天嘉初，被授任通直散骑侍郎，他不去赴任。永阳王为吴郡太守时，闻陆庆之名，要与他相见，他以身体不适坚决推辞。永阳王知悉陆庆造访同族陆荣，就微服前往陆荣宅第，凿通墙壁观之。其后永阳王对陆荣说，此人风神凝峻，殆不可测。鄱阳王、晋安王都以记室一职征召陆庆，陆庆都不去就任。其后筑室屏居，专事坐禅诵经。

顾野王（519—581）

顾野王，字希冯，吴县人。今上海市金山区亭林镇原有顾野王宅，有湖叫顾亭湖，有林叫顾亭林，又有读书堆，顾野王读书于此（见《江南通志》）。唐询《华亭十咏·顾亭林》诗云："平林标大道，曾是野王居。旧里风烟变，荒原草树疏。湖波空上下，里闬已丘墟。往事将谁语，凄凉六代余。"王安石《次韵唐彦猷华亭十咏·顾亭林》也云"寥寥湖上亭，不见野王居"。顾野王祖父顾子乔，任梁、陈中武陵王府参军，父亲顾烜，任信威临贺王记室，兼本郡五官掾，以儒术知名。

顾野王七岁读五经，略知其宗旨。九岁能作文，曾写作《日赋》，领军朱异见到此文，认为这孩子了不起。十二岁随父亲来到建安，撰写《建安地记》二篇。成年后，遍读经史，精记默识，天文地理、占卜择吉、篆古奇字，无所不通。梁武帝大同四年（公元538年），任太学博士，迁临贺王府记室参军。宣城王为扬州刺史时，顾野王与琅琊王褒均为他的宾客，宣城王赞赏他们的才能。顾野王又善画，宣城王在东府建造屋舍，命其画古贤图像，命王褒写赞辞，被当时的人们称之为"二绝"。

在侯景作乱时，顾野王适逢其父亲丧事在本郡，乃招募乡党，随义军援助京都。顾野王身体本来瘦小，身长才六尺（当时之尺比今短），加上父亲丧事，悲伤过度，就更加瘦弱，先前的衣服穿在身上，显得特别宽大。但他持戈披甲，陈述君臣之义、忠逆之理，义正辞严，见者莫不钦佩。城被攻陷，顾野王逃往会稽。梁亡入陈。天嘉（陈文帝年号，公元560年—565年）年间，他被补授为撰史学士。太建（陈宣帝年号，公元569年—582年）年间，升迁为国子博士，为太子率更令。不久，领受大著作之职，掌管国史，负责梁史事整理。后为黄门侍郎、光禄卿，负责五礼之事。去世后，追赠秘书监、右卫将军之职。

顾野王年轻时以好学品优闻名，从无过激言辞，神态自然适宜，看其容貌似乎不善说话，但其专精勤学，人所莫及。撰《玉篇》、《舆地志》各三十卷，《符瑞图》、《顾氏谱传》各十卷，《分野枢要》、《续洞冥记》、《玄象表》各一卷，都流行于当时。又撰《通史要略》一百卷，《国史纪传》二百卷，未完成就去世了。有文集二十卷。除《玉篇》之外，诸书均佚。今存文七篇，见清严可均《全上古三代秦汉三国六朝文》；诗十首，多为乐府，见《文苑英华》、《乐府诗集》等书，逯钦立将其辑入《先秦汉魏晋南北朝诗》。《玉篇》系奉太子萧纲（简文帝）令而著，被认为是继许慎《说文解字》后的又一部重要字典，也是我国现存最早的楷书字典。

附正德《松江府志》顾野王传（译文）：

顾野王，字希冯，吴县人。祖父名子乔，任梁、陈中武陵王府参军。父亲名烜，任信威临贺王记室，兼本郡五官掾，以儒术知名。

顾野王从小好学，七岁读五经，略知其宗旨。九岁能作文，曾写作《日赋》，领军朱异见到此文，认为这孩子了不起。十二岁时随父亲来到建安，撰写《建安地记》二篇。成年后，遍读经史，精记默识，天文地理、占卜择吉、篆古奇字，无所不通。梁武帝大同四年（公元538年）为太学博士，迁临贺王府萧正德记室参军。宣城王为扬州刺史，顾野王与琅琊王褒均为他的宾客，宣城王赞赏他们的才能。顾野王又善画图，宣城王在东府建造屋舍，命顾野王画古贤，命王褒写赞辞，被当时的人们称之为二绝。

在侯景作乱时，顾野王逢其父亲丧事，在本郡，乃招募乡党，随义军援助京都。顾野王身体本来瘦小，身长才六尺（当时之尺比现在短），又居父亲丧事，更是弱不胜衣。但他持戈披甲，陈述君臣之义、忠逆之理，义正辞严，见者莫不钦佩。城被攻陷，他逃往会稽。梁亡入陈。陈文帝天嘉（公元560年—565年）年间，朝廷补授他为撰史学士。陈宣帝太建（公元569年—582年）年间，升迁为国子博士，为太子率更令。不久领受大著作之职，掌管国史，负责梁史事整理。后为黄门侍郎、光禄卿，负责五礼之事。最后任秘书监、右卫将军之职。

顾野王年轻时以好学品优闻名，无过激言辞，神态适宜，看其容貌似乎不善说话，但其专精勤学，人所莫及。撰《玉篇》、《舆地志》各三十卷，《符瑞图》、《顾氏谱传》各十卷，《分野枢要》、《续洞冥记》、《玄象表》各一卷，都流行于当时。又撰《通史要略》一百卷，《国史纪传》二百卷，未完成而去世。有文集二十卷。除《玉篇》，诸书均佚。今存文七篇，见清严可均《全上古三代秦汉三国六朝文》；诗十首，多为乐府，见《文苑英华》、《乐府诗集》等书，逯钦立将其辑入《先秦汉魏晋南北朝诗》。

陆琼

陆琼，字伯玉，陆襄兄长陆完的孙子。自幼聪慧，号称神童。从祖陆襄赞叹道：“此孩儿必定能支撑门户，所谓一不为少，只要有才德。”

天嘉（公元560年—566年）年间以文学（文学，官名，汉州郡及王国皆置文学，略如后世的教官）累迁尚书殿中郎，深为陈文帝所赏识。

改任新安王文学，掌东宫管记。太建（公元569年—582年）年间，为给事黄门侍郎，转中庶子，领大著作，修撰国史。至德元年（公元583年），任度支尚书。

当初，陆琼的父亲云公奉梁武帝命修撰《嘉瑞记》，陆琼根据父亲的旨意继续修撰，从永定（公元557年—559年）到至德（公元583年—586年）年间修完，自成一家之言。升迁为吏部尚书，被号为称职。

陆琼禀性谦逊俭朴，不自聚敛财物。虽然日益官高望重，但志意愈谦卑。

母亲去世，哀毁过度，以至去世。有文集二十卷流行于世。

陆琰

陆琰，字温玉，陆琼的堂弟。父亲陆令公，任梁中军宣城王记室参军。陆琰幼年丧父，喜好学习，有志节操守，州举秀才。累迁为始兴王外兵参军，直嘉德殿学士。陈文帝在余暇时间，较留心书籍，因为陆琰博学，善于吟诵，引置左右。曾命他作《刀铭》一文，挥笔即成，无所修改，陈文帝叹赏之久，赐衣一套。不久兼任通直散骑常侍，作为瑯琊王厚的副使出聘齐国，至邺下，王厚病亡，陆琰为使主（出使人员之长）。当时他年仅二十多岁，风度美好，神采亮丽；应酬对答，闲雅敏慧，齐士大夫无不倾心拜服。

陈宣帝太建（公元569年—582年）初，任武陵王明威府功曹史，兼东宫管记。

后因母亲去世而辞官回乡，随即去世。至德二年（公元584年），追赠司农卿。所制文辞大多没有保存，陈后主搜求其遗文，编成二卷。

陆瑜

陆瑜，字幹玉，陆琰之弟。年少专心学习，文笔华美。州举秀才。又升迁为军师晋安王外兵参军、东宫学士。陆琰当时为管记，与陆瑜一同以才学侍奉于左右，当时人们将他俩比作“二应”（二应，指应玚、应璩。应玚，汉末汝南人，字德琏，曹操征为丞相掾属，后为五官将文学，与孔融、陈琳、王粲、徐幹、阮瑀、刘桢齐名，称建安七子。应璩，字休琏，应玚之弟，官至侍中，典著作。作《百一诗》，讥刺时政）。太建（公元569年—582年）年间，陆瑜累迁至太子洗马、中舍人。

陆瑜聪慧灵敏，记忆力强。曾向汝南周弘正学习《庄子》、《老子》，向僧滔法师学习《成实论》，皆能通晓宗旨。当时皇太子爱好学习，想要博览群书，因子集繁多，命陆瑜抄选，尚未完成而去世，太子为之流泪，亲制祭文，且与江总评论他的美好。至德二年（公元584年），追赠光禄卿。有文集十卷。

陆瑜的堂兄名玠，堂弟名琛。陆玠字润玉，是梁大匠卿陆晏子的儿子，宽宏高雅有识见，爱好学习，善于作文。陈后主为太子时，征为管记，拜官中舍人。因病失明，返回乡里后去世，赠少府卿。陆琛字洁玉，临川王长史陆丘公的儿子。年少机警俊敏，事奉后母，以孝闻名。陈后主继位，授官为给事黄门郎、中书舍人。

杯　渡

杯渡，不知他的姓名，常乘木杯渡水，人们因此称他为“杯渡”。南朝宋元嘉（公元424年—453年）初在冀州，他不修细节，居止无常，屡现神异的迹象。东游吴郡，向钓者乞求鱼儿，钓者给了一条已腐烂的死鱼，杯渡手弄反覆，投水即活。又向网师讨鱼，网师破口大骂，杯渡拾起两块石子投于水中，随即变成两头水牛相斗，渔网也随之破碎。

曾游行松江，仰放木杯于水中，乘杯而渡到对岸。之后跋涉剡中，攀登天台，数月而返。后来不知其所往，有见识的人说他是罗汉显身。

隋

陆士季

陆士季，跟从同郡顾野王学习《左传》、《史记》、《汉书》，陈朝时任桂阳王府左常侍（常侍，官名，从入内宫，侍从左右，掌管文书、诏令，因亲近帝后，权力极大。左常侍，常侍中的分职）。进入隋朝，任越王杨侗的记室（记室，官名，东汉置，诸王三公及大将军都设有记室令史，掌章表书记文章。后代因之，至元代废），兼侍读（侍读，官名，职务是给帝王讲学）。杨侗称制（称制，行使皇帝权力），选拔陆士季为著作郎（著作郎，官名，专掌临编纂国史）。当时王世充将要篡夺皇位，杨侗对陆士季说："隋有天下三十年，朝廷内果真没有忠臣吗？"陆士季回答说："在国家危难时刻接受使命，这是我早就有的志向。请乘我向他启事时为陛下杀掉他。"谋划泄露，没有成功。贞观（公元627年—649年）初，官至太学博士（太学博士，唐代教授官）、兼弘文馆学士（唐武德四年即公元621年门下省设修文馆，武德九年即公元626年改为弘文馆，馆置学士，掌管校正图书、教授生徒，并参议朝廷制度礼仪的沿革）。他的曾孙陆南金，另外有传。

褚　辉

褚辉，字高明，以三礼之学（三礼的学问。三礼，儒家经典《周礼》、《仪礼》、《礼记》的合称）称道于江南。隋炀帝时，征召天下儒士，全部集中在内史省（内史省，官署名。隋初改中书省为内史省），相互以次讲论。褚辉学识渊博，善于辩论，无人能驳倒他。因此被选拔为大学士（大学士，官名，参与商议国家大事之官），编撰《礼疏》一百卷。

何之元

何之元，灊人。爱好学习，富有才思。袁节任丹阳首领，征召他任五官掾（五官掾，是郡国的侍从官名），不久改任信义县令。

何之元的同宗族人何敬容官居高位，来拜访何之元，他终究不予接待。有人问他原由，他回答道：“德薄而官高，其覆败指日可待，我害怕牵连灾祸啊。”有识之士为之赞叹他的高明。

陈太建（公元569年—582年）年间，历任湘州刺史、始兴王陈叔陵咨议参军。陈叔陵被诛后，何之元屏绝一切人事。他著有《梁典》三十卷。

崇祯《松江府志》将何之元列入“宦绩”中，嘉庆《松江府志》将何之元列入“名宦传”中，据此，《松江人物》也录以备考。

唐

张后胤（576—658）·张齐丘

张后胤，华亭人，字嗣宗。祖父张僧绍，梁朝零陵太守。父亲张冲，是陈朝国子博士。张后胤刚成年，就凭学识和品行掌握了家政。唐高祖镇守太原，请他做太子宾客（太子宾客，官名，为太子官属，掌调护、侍从、规谏），将《春秋》教授给秦王李世民。义宁（隋恭帝年号，公元617年—618年）初，为齐王文学（齐王，李渊的第四子李元吉。文学，官名，汉始置，明清废），封新野县公（公，对县令的尊称）。武德（唐高祖年号，公元618年—626年）年间，选拔为员外散骑侍郎（员外散骑侍郎，官职名，隋置，通黄门侍郎、散骑常侍、直散骑常侍，俸禄二千石），赐给一座住宅。唐太宗即位，进用张后胤为燕王谘议（燕王即李艺。谘议，官名，用于谘询商议），召见其入朝。唐太宗在太原时，曾问隋朝的气数将尽，得天下者将是谁家。张后胤回答道："公家（指李家）德业，将天下兴亡牵挂心头。如果顺从天意而行动，从黄河以北，可以平定。然后长驱关右，帝业可成。"唐太宗此时重提此事，说"这话未曾忘记"，并在月池设宴招待，命令群臣以《春秋》来辩难对答。唐太宗说："我往昔受《春秋》大义于您，如今还记得。"于是张后胤升迁为燕王府司马（司马，官名，掌军政和军赋。唐为郡的佐官），出任睦州刺史。他告老还乡时，唐太宗看到他还强壮，问他要任什么官，他推辞说自己没有才能。唐太宗说："我通过您学习经书，您从我处求取官职，这有什么可疑虑的？"张后胤连忙磕头拜谢，说希望能得到国子祭酒之官职（国子监的主管官），唐太宗便授予他此官。永徽（唐高宗年号，公元650年—655年）年间退休。但每逢月底月中的招待恩赐及对其的安全保卫一仍其旧。享年八十三岁，谥号为康，陪葬昭陵。

张后胤孙子张齐丘，初举贤良（贤良，古代选举统治人才的科目之一，由郡国推荐文学之士充选。也为"贤良文学"、"贤良方正"的简称），再以八科例举（分八科按例举荐）。张说为他撰写墓志道："齐丘希言笃行，去华崇实，非法不由，非礼不动，精于理物，敏于从政。”历任朝议大夫(朝议大夫,官名,散官,始置于隋)、上柱国(古代官职,起始于春秋时期,为军事武装的高级统帅。唐以后作为勋官的称号)、恒州刺史。

陆元感

陆元感,字达礼。梁、陈时娄县县令陆庆的曾孙,周王府文学、详正学士陆谋道的儿子。陆谋道精通班固的《汉书》,陆元感秉赋聪明,传承其家学。被授任婺州、龙丘的佐官,后升迁为建德、历阳二县令,都有良好的政绩,又加授朝散大夫护军行黄州司马。神龙三年(公元707年)去世,葬于昆山。儿子陆南金、陆赵璧,以孝行著称。

顾道衍

顾道衍,字正平,顾野王的孙子。开元(公元713年—741年)年间,考取进士,又登文学优赡科,出任湖州司功参军(司功参军,唐代官名。在府称功曹参军,在州称司功参军,在县称参军,主管祭祀、礼乐、学校、选举、表疏、医筮、考课、丧葬等事)。为官廉洁平正,惠爱民众,刑狱简省,争讼平息,士民称道。后弃官归吴,筑室事奉母亲。

陆南金

陆南金,字季孙,曾祖陆士季,以文学出名。祖父陆谋道,是周王(李元方)府文学、详正学士。父陆元感,官拜建德、历阳两县令,朝散大夫,黄州司马。陆南金在贞观(公元627年—649年)年间任太常奉礼郎,出任鄞县令,筑堤为湖千顷。

开元(公元713年—741年)初,少卿卢崇道为抵偿罪责而被流放到岭南,逃跑回来,伪称陆南金吊客(吊丧的宾客,时陆南金母亲刚去世),窜入他的居处。在讲明实情后,陆南金将他藏匿起来。不久事情暴露,诏令御史查究捉拿,要将陆南金依法严办。他的胞弟陆赵璧说:“是我匿藏了卢崇道,请处死我。”陆南金坚定地说:“弟弟说的是假话,不符合实际。”御史对此深觉奇怪。陆赵璧说:“母亲尚未安葬,胞妹还没有出嫁,兄长能够办理这些事,我活着没有好处,不如让我死。”御史为他们弟兄义气而惊叹,汇报皇上。唐玄宗获悉后,将弟兄俩都赦免了。

陆南金知书通史,操行严谨,张说、陆象先都称赞他的贤慧,让他任库部员外郎,后因病而改任太子洗马。

宋治平(公元1064年—1067年)年间,在当初陆南金所筑湖边之青山上立祠,赐其号为“嘉泽庙”,追封为孚佑侯。

顾　况（727？—816？）· 顾非熊

顾况，字逋翁，号华阳真逸。善于作文，工于画图。至德二年（公元757年）进士。人品清逸，性格诙谐，常以诗戏侮权贵，但因嘲诮善文，人们都亲近他。与柳浑交往，柳浑掌握朝政，未重用他；他又与李泌友善，李泌做了宰相，他也不被重用。曾跟从韩晋公于江南，为判官，一下子显示了出众的才智，凭政绩进入官场。提升为秘书省著作佐郎（著作佐郎，是著作郎的佐官。著作郎，属中书省，掌编纂国史，其属有著作佐郎、校书郎等），后被有司排挤，贬为饶州司户（司户，唐代官名。唐制，在府称户曹参军，在州称司户参军，在县称司户。主管民户）。

贞元四年（公元788年）夏，顾况迁著作佐郎时，于长安宣平里居所与柳浑、刘太真等聚会赋六言诗，次日朝臣皆和，举国传览，结集为《诸朝彦过顾况宅赋诗》。

顾况多年脱离束缚，不愿再做官仕进。起初居住在海盐的横山，后又择居淞江边上。不久在茅山建了草庐居住，号“华阳真逸”。有《怀江上故居》诗道：“家在双峰兰若边（兰若，指寺院），一声清磬发孤烟。山连极浦鸟飞尽，月上青林人未眠。”顾况工真、行书，善画山水，师于王墨（一作王洽）而秀润过之，尤工小笔。九十多岁去世。有著作十五卷，皇甫湜为之作序而传世，序中云：“（况）偏于逸歌长句，骏发踔厉，往往若穿天心、出月胁，意外惊人语，非寻常所能及，最为快也。”

顾况的儿子顾非熊，读书过目成诵，滑稽好辩，气势凌驾于众子弟之上，被众人所嫉恨而遭排挤，在科举场上垂落不取达三十年。他的名声传扬于朝廷和地方，不少人都为他感到委屈。会昌（公元841年—846年）年间，陈商发榜，唐武宗以榜上无顾非熊之名而觉得奇怪，召见有司（这里的“有司”，指有关负责科举考试的官员）追认顾非熊，使其上榜，特命使他进士及第。如此一来，当时天下有才能的田舍郎，都知道要勤奋学习了。诗人刘得仁写诗向他祝贺道：“愚为童稚时，已解念君诗。及得高科晚，须逢圣主知。”唐宣宗大中（公元847年—860年）间，顾非熊任盱眙尉（盱眙，唐代县名。尉，军官名，汉时郡有都尉，县有县尉。其他如卫尉、校尉等，皆称尉），他仰慕父亲遗风，也弃官，隐居茅山。有人说顾非熊得了长生术。他有百余篇诗流行于世。

张　镒

张镒，字季权，一字公度，张后胤五世孙。父亲张齐丘为朔方节度使。张镒以父荫授左卫兵曹（兵曹，古代管理兵事的官员。左卫，军事官署）。郭子仪上表荐他为元帅判官（判官，官名。唐节度使、观察、防御诸使，都有判官，是地方长官的僚属，佐理政事。

宋时节度、观察、防御、团练、宣抚、安抚、制置、转运、常平等使，也有判官处理公事。元则于各州府设置，明仅州置判官，无定员）。不断升迁至殿中侍御史（侍御史，官名。周有柱下史，秦改称侍御史。汉沿秦制，在御史大夫下，行监察等职，或奉使出外执行指定任务。晋以后，除侍御史，又有治书侍御史、殿中侍御史。唐改治书侍御史为御史中丞，而以侍御史、殿中侍御史、监察御史为御史台的成员，历代都因之。至明清只仅存监察御史一种。侍御史通常省称侍御）。

华原令卢枞犯了罪，张镒去查究处置，卢枞原应免去官职。有司（官吏。古代设官分职，事各有专司，故称有司）趁势要以死论处。张镒对母亲说："我如果保持沉默则有负于官职，站出来说话主持正义则会使得母亲大人不安宁，请问怎样做才能使母亲安心？"母亲说："儿子能坚持正道，这就能让我安心。"于是张镒坚持正道，依法判罪，不处死刑，而将卢枞流放。为此，张镒被贬为抚州司户参军（司户参军，官名，主管民户。唐制，在府曰户曹参军，在州曰司户参军），出任晋陵令，改任屯田员外郎（屯田员外郎，官名。唐制屯田郎中、员外郎各一人，属工部，掌屯田政令）。后回家为母亲服丧，以孝闻名。

大历（唐代宗年号，公元766年—779年）初，张镒出任濠州刺史。政令清正简明，延请精通经典的士人讲学，教授学生。自他上任后，濠州考取明经科的有四十多人（汉代以明经射策取士，隋炀帝置明经进士二科。唐因隋制，增置秀才、明法、明字、明算并前为六科，以经义取者为明经，以诗赋取者为进士。明经又有五经、三经、二经、学究一经、三礼、三传、史科等名目。宋改以经义论策试进士，明经始废）。

李灵曜在汴州造反，张镒组织训练乡兵，严加守备，朝廷下诏称赞表彰他。当时有司考察评议天下州郡长官的政绩，张镒为第一。大历十二年（公元777年），以最优秀的政绩升迁寿州令。大历十四年（公元779年），离去官职。民众建立石碑歌颂他的恩德。历任江西、河中观察使（观察使，官名。唐于诸道置观察使，位次于节度使。中叶以后，多以节度使兼领其职。无节度使之州，也特设观察使，管辖一道或数州，并兼领刺史之职。后改为采访处置使，又改为观察处置使。凡兵甲、财赋、民俗之事无所不领，谓之都府，权任甚重。宋观察使为虚衔，无定员），改任汴滑节度使（节度使，官名。唐初，武将行军称总管，本道则称都督。永徽以后，都督带使持节者称节度使，不带节者不称。景云二年，贺拔延嗣为凉州都督，充河西节度使，自此始有节度使之号）。建中二年（公元781年），拜中书侍郎同平章事（中书侍郎，官名，是中书监、令的副职，参与朝政。中书侍郎同平章事，即可与宰相共同议政且代行宰相部分职务的高官）。郭子仪的女婿、太仆卿（太仆卿，官名，是太仆寺的长官，掌舆马及牲畜之事）赵纵被奴仆告发，下给掌纠察之权的御史处置，而这奴仆竟留任内侍省（内侍省，宫中官署名，里面成员由太监及宫内执役的仆人充任）。于是张镒上奏说奴仆不可告发家主，这离经悖道的风气不可长。建中三年（公元782年），因两河用兵，张镒减去堂食钱（堂食，即唐、五代政事堂的公膳）及百官俸禄的三分之一，以资助用度。卢杞忌恨张镒刚直，想要排挤他。当时朱泚用卢龙（卢龙，地名，唐在卢龙设有节度使）兵卒戍守凤翔，唐德宗要选择一人去替代他。卢杞说："凤翔将校地位一向较高，非宰相不可镇抚。"唐德宗回顾张镒说："文武兼备，内外望重，无人能替代您。"于是就请张镒任凤翔节度使。唐德宗要亲临奉天，营将李楚琳，曾是朱泚的亲信，夜里率领他的党徒作乱，杀害了张镒。朝廷追赠张镒太子太傅的官衔。大中（唐宣宗年号，公元847年—860年）初，将张镒的画像放入凌烟阁（凌烟阁，封建王朝为表彰功臣而建筑的高阁，绘有功臣图像）。张镒所编撰的著作有《五经微旨》十四卷、《孟子音义》三卷。

陆　贽（754—805）

陆贽，字敬舆，嘉兴人。为秘书监陆齐望之侄曾孙，溧阳令陆侃之子。陆贽幼年丧父，卓然超群，勤奋研习儒学。十八岁考中进士，录用博学宏辞科，调任华州郑县尉，被罢免后回家探母，路过寿州，因州刺史张镒享有美名，陆贽前去拜见。张镒留宿三日，对陆贽大为欣赏，认为他是个奇才，结为忘年交。临别，张镒馈赠铜钱百万，说："希望能为您母亲置备一天的膳食。"陆贽不受，只接受了一串新茶，说："怎敢不承受您的恩赐。"

陆贽后因书判出众补授渭南尉。德宗即位，派遣黜陟使遍行天下，陆贽说服使者，请以"五术检查风俗，八计听断吏治，三科选拔人才，四赋经营财货，六德保护贫苦，五要简省官事"，当时人们都赞赏这一意见。陆贽升迁为监察御史，召为翰林学士。

建中四年（公元783年），朱泚谋反，陆贽跟从唐德宗到奉天。当时天下动乱，机要政事堆积，千头万绪，一日之中，诏书数百。陆贽挥笔起草，才思敏捷，犹如泉涌。同僚都佩服他的才能。陆贽转任考功郎中，知制诰。

当初，唐德宗仓皇离京时，府库所藏全部舍弃。时值严冬冰封之际，卫兵缺乏衣服。等到朱泚叛乱结束后，各道贡奉接连运来，这些贡物都收藏于唐德宗住所的廊下，题名为"琼林"、"大盈"二库。陆贽为此上疏："陛下即位之初，遵守理道，注重节约。各方所献，皆不入宫，为此清风肃然，天下风气为之大变。我昨天见右廊之下，牌额上写着两库的名字，惕然若惊。而今京师尚阻，用兵正勤，百姓痛心呻吟之声未息，各道贡物，竟然私下置库收藏，恐怕有失人心。”唐德宗欣然采纳陆贽的劝谏，下令撤除这两库。

不久，陆贽跟随唐德宗到梁州，改任谏议大夫，仍为翰林学士。唐德宗还京后，陆贽改任中书舍人，仍为翰林学士。因朋党排挤，同僚嫉妒，加上他本人议论偏激，处境孤立，逐渐失去唐德宗欢心，以致长期不能为相。

当时陆贽母亲韦氏在江东，唐德宗派宦官将她迎到京城长安。不久，母亲去世，陆贽因母丧事，东归洛阳，寄居在嵩山丰乐寺。对藩镇赠送的助丧品和其他馈赠，陆贽一概不收；由于与韦皋为贫贱之交，韦皋送的礼就收受了。陆贽的父亲当年葬在苏州，陆贽想让父母合葬。唐德宗就派宦官护送灵车到洛阳。服丧期满后，陆贽权知兵部侍郎，依旧充任翰林学士。受官后陆贽入朝谢恩，伏地而泣，唐德宗为之动容，抚恤十分优厚。恩宠显赫以后，百官众心所归，都盼他成为宰相。而宰相窦参一向忌恨陆贽，陆贽也屡次说窦参的罪过。贞元七年（公元791年），陆贽被罢免学士之职，为兵部侍郎。第二年，负责贡举之事，擢韩愈、李观、欧阳詹登第，时称“龙虎榜”。这年四月，窦参被废黜，陆贽以中书侍郎同中书门下平章事。陆贽长期受邪党排挤，在困境中终于得到相位，决定不负恩宠，悉心报国，以天下事为己任。

户部侍郎裴延龄，奸宄用事，天下嫉之如仇，但因被唐德宗宠幸，无人敢言。陆贽上书苦苦劝谏，唐德宗不高兴，竟让陆贽担任太子宾客而罢免其他职务。裴延龄推测唐德宗已疏远陆贽，就对其百般诋毁，唐德宗大怒，要杀陆贽，谏议大夫阳城等极言论奏，陆贽才免于一死，被贬为忠州别驾。

陆贽在忠州十年，常闭门静处，人们都不认识他，为了躲避诽谤又不著书。他身处瘴气严重之乡，很多人染病，陆贽就抄录药方，撰成《陆氏集验方》五十卷。

陆贽刚入翰林院时，受到唐德宗的特别器重，吟诗嬉戏，朝夕陪伴游览。在艰难时世中，朝中虽有宰相，但参谋决断之事大多出于陆贽，所以当时视其为“内相”。陆贽曾对唐德宗说：“当今盗贼遍天下，陛下应当痛自改悔过错，以感动人心。《左传》说：‘人谁无过？过而能改，善莫大焉。’从前成汤自我惩罚而使天下兴旺，楚昭王出奔，以一言善而恢复君位。陛下如果真能改过，以言语谢罪天下，就可以使臣下直言不讳上表议政，使各叛乱者洗心革面归依朝廷。”唐德宗听从他的建言。之后奉天所下的制书，即使武人悍卒，也无不为之感动流涕。后来李抱真入朝对唐德宗说：“陛下在奉天、山南时的赦令传至山东，士卒听到后都发誓效忠。”评论者说，兴元（唐德宗年号，公元784年）平息叛乱，虽武功卓著，但多亏陆贽在朝廷鼎力相助。随唐德宗出幸山南时，因道路艰难，陆贽和唐德宗走散了，到晚上仍不见陆贽身影，唐德宗惊慌且哭泣，诏令军中："谁找到陆贽，可赏给千两黄金。"第二天陆贽前来拜见，唐德宗喜形于色。陆贽因受到唐德宗特殊的礼遇，不爱惜其身，每遇不合理的事，就极力上奏。朋友们认为他太严厉，规劝他，他说："我上不辜负天子，下不辜负我所学，还有什么空闲去顾念其他方面的事？"他精通为官之事，斟酌决断，丝毫不差。

后唐德宗有点回心转意，韦皋也屡次上表请陆贽代领自己职务。唐顺宗即位，召陆贽进京，诏书尚未到达就去世了，享年五十二岁，追赠兵部尚书官衔，谥号为宣，世称"陆宣公"。

权德舆称陆贽"榷古扬今，雄文藻思。……其关于时政，昭昭然与金石不朽者，惟制诰奏议乎"（《翰花集序》）。纪昀称："其文虽多出于一时匡救规切之语，而于古今来政治得失之故，无不深切著明，有足为万世龟鉴（龟鉴，喻可供人对照学习的榜样或引以为戒的教训）者，故历代宝重焉。"（《四库全书总目提要》）今存《陆宣公翰苑集》。

陆贽的族孙名扆。

陆明允

陆明允，字信夫，是宣公陆贽的侄子。元和三年（公元808年），以集贤校理（集贤校理，官名，唐代集贤殿的官员，职在校勘和整理书籍）的身份，出任奉化县令。他诚实无华，爱民如子。奉化连年大旱，邻境之人相食。陆明允安抚其民，开放官仓以救济饥民，救活数万人。治政行为堪称天下第一。又在龙潭溪叠石障水，凿开通道，引水流下，通向广平湖，到达江河，沿途灌溉农田数千顷。后来将叠石而成的堰取名为"资国"，从堰下流的渠取名为"新河"，至今人们还从中受益。陆明允在奉化任职五年时去世。

顾　谦（？—872）

顾谦，字自修。祖先为吴郡人，是季历的后代。他气质开朗秀雅，秉性正直敏慧，被举荐为明经，三礼二科，皆通晓融贯。魏帅何公上表称顾谦为高才，顾谦被授任贝州宗城令，不久去职归隐，居于北平乡崧子里。名流人士推崇他的风操，都去拜见他。咸通十三年（公元872年）去世。

丁公著

丁公著，字平子，华亭人。祖父丁裹，父亲丁绪，都没有做官。丁公著三岁时母亲去世。七岁时，看见邻居母亲抱她的儿子，悲哀伤感得吃不下饭，因而请求父亲，要求绝粒（绝粒，就是“辟谷”。道家以不火食，不进五谷为修炼方法，称“绝粒”），希望能得到幽冥赞助。父亲出于哀怜之心而顺从了他。十七岁，父亲命他求学。二十一岁，五经及第（古代有“五经取士”的择官途径。五经及第，即通过五经考试，取得成功）。第二年，又通晓开元礼（开元礼，全名《大唐开元礼》。唐初太宗皇帝命房玄龄依隋礼修礼文一百三十篇为《贞观礼》。高宗皇帝又命长孙无忌重加纂修，因为是在显庆年间修的，故称《显庆礼》，共一百三十卷。玄宗皇帝在开元年间又命徐坚、李锐、萧嵩等重行修改为一百五十卷，称为《开元礼》。内分序例以及吉礼、宾礼、军礼、嘉礼、凶礼等类。后来设科取士，皆以此为准），授予集贤校书郎之职（集贤校书郎，是唐代在集贤院供职的校正书籍的官员，是“知集贤院事”的属官。“知集贤院事”一般由宰相担任）。任官时期未满，就辞官归乡，不应就朝廷的征召。

居父之丧，亲自负土成坟，累得身体极度瘦弱疲乏，看见的人都担忧他为尽孝而死。观察使薛华上表报告朝廷，皇帝下诏令赏赐粟米和布帛，以表彰丁公著的门庭。淮南节度使李吉甫仰慕他的才华和品行，推荐他任太子文学（太子文学，官名，是皇太子的文学侍从之臣），兼任集贤殿校理（集贤殿校理，官名，唐代集贤殿官员，其职在于校勘和整理书籍）。李吉甫从淮南节度使任上进入宰相之位，在朝廷上推荐丁公著的品行，当天就授他右补阙（补阙，官名，唐武后所置，职务为侍从讽谏。分左右补阙，左补阙属门下省，右补阙属中书省）之职。转任集贤直学士（集贤直学士，官名。唐代开元中置集贤殿，于殿内设书院，置学士、直学士，以宰相为知院事，有修撰、校理等官，掌刊辑经籍，搜求佚书），不久授水部员外郎（官名。魏尚书有水部郎，隋置水部侍郎，唐改制水部郎中、员外郎。为工部四司之一，掌有关水道的政令。水部员外郎，为水部郎中之次），充任皇太子及诸王侍读（侍读，官名，职务是给帝王讲学），编著皇太子及诸王训十卷。转任驾部员外（驾部，官职名，掌舆辇、传乘、邮驿、厩牧之事。魏晋以来，尚书有驾部郎。隋初改驾部侍郎，属兵部。唐置驾部郎中，天宝中改驾部为司驾。驾部员外，为驾部郎中的属官），仍兼旧职。唐穆宗即位，尚未听政（听政，即执政，处理政务），就将他召居皇宫，询问朝廷的典章制度，并许诺将以宰相任之。丁公著陈说衷情，词意极其恳切。越级提升为给事中（给事中，官名。常在皇帝左右侍从，备顾问应对等事。因执事在殿中，故名），赐紫金鱼袋（唐制，三品以上服紫，佩金符，刻鲤鱼形）。不久，改任工部侍郎（工部长官的副职），仍兼集贤殿学士。这体现了尊崇太子的旧臣之意。还请他掌管吏部选用官员之事。

丁公著知道自己将被重用，连忙假托自己有病而辞退。要求到地方上去为官，于是授浙江西道都团练观察使(道,我国古代行政区划名。唐代将全国分为十道。都团练观察使,官名。唐代中叶以后,于不设节度使之地区置都团练使、团练使,掌本区各州军事,常与观察使、防御使互兼。观察使,官名,掌考察州县官吏政绩。凡不设节度使之处,即以观察使为一道的行政长官)。长庆二年(公元822年),授河南尹(尹,这里指地方最高长官)。他为官都讲究清静无为,使百姓得到休养生息。后又为尚书右丞(尚书右丞,官名,为尚书的佐吏。尚书设左右丞以辅佐),改任兵部、吏部侍郎(侍郎,官名,为长官的副职),转任礼部尚书、翰林侍讲学士(礼部尚书,礼部的长官。礼部,官署名,六部之一,掌礼乐、祭祀、封建、宴乐及学校贡举的政令。翰林侍讲学士,翰林院官员,掌讲论文史)。

皇上因浙西多灾害、多叛乱,寻找良帅前去维护管控,命丁公著以检校户部尚书(检校户部尚书,官名,是唐代的散官)领之。朝廷诏命给他米七万石,以救济浙西之灾民,浙民大受其益。后改授太常卿(太常卿,官名,掌礼乐郊庙社稷事宜),他因病请求归乡,未到家乡而去世,享年六十四岁。

丁公著编撰《礼志》十卷。他清俭守道,每次加官进爵,总是忧色满面。年四十四丧妻,直到终身,无妓妾声乐之好。

据《丁氏谱》载,丁公著先世皆民家,耕于胥浦乡。至丁公著大显,今子孙在云间者,尚延其绪。

陆　昙(?—837)

陆昙,不知他是怎样的人。《五茸志逸》记载了他的墓碑,其碑文说:陆处士昙,字文广,他的祖先是吴郡人。幼年接受严格的家训,成年后具有美好的声望,风采高义,盛大舒缓,远近之人,钦佩瞩目。经学至美,笔法尤精。不愿为官,丘园乐道。灾祸不避善良,灭此明哲之人。

在开成元年(公元836年)卧病,第二年(公元837年)三月四日去世于家里,享年五十二岁。

陆　扆(847—905)

陆扆,字祥文。吴郡人。曾祖陆澧,任殿中侍御史。祖父名师德,任淮南观察使。父亲名鄯,任陕州(今属河南省)法曹参军,从而将家庭迁徙到陕州。陆扆本名允迪。光启二年(公元886年),唐僖宗在兴元选拔进士,陆扆获进士第一,进翰林学士、中书舍人。他文思敏捷,属辞造句,犹如泉涌。一时文才卓越,同僚以为不及。唐昭宗(李晔，公元889年—904年在位）曾于金銮殿作赋，诏命学士相和，陆扆首先成文，唐昭宗赞叹道："贞元（唐德宗年号，公元785年—805年）时，有陆贽、吴通玄兄弟，善于内廷文字，后来再无后继之人，今朕得卿（陆扆），斯文不至于坠落了。"陆扆善书法，善作真字，有赠詈光草书歌，笔迹不减古人。陆扆与宗人陆希载文才美德名冠于时，朝中称之为"二陆"。

陆扆屡次获升迁，官至尚书左丞，封嘉兴县男，转任户部侍郎，又贬为硖州刺史。过了一段时间，又被授任工部尚书。跟从唐昭宗自华州回来第二年，又被授任中书侍郎、同平章事，进封为吴郡开国公，食邑一千户。天祐（公元904年—907年）初，陆扆被贬濮州司户，在滑州白马驿被害，时年五十九岁。

陆龟蒙（？—881？）注

陆龟蒙，字鲁望，自号江湖散人、天随子、甫里先生。陆元方七世孙。父亲陆宾虞，以文才任侍御史（侍御史，官名。周有柱下史，秦改称侍御史。汉沿秦制，在御史大夫下，行监察等职，或出外执行指定任务。晋以后，除侍御史外，又有治书侍御史、殿中侍御史。唐改治书侍御史为御史中丞，而以侍御史、殿中侍御史、监察御史为御史台的成员。历代都因之）。陆龟蒙年少时高傲豪放，通晓六经大义，尤其精明《春秋》。善属文，名振三吴。咸通六年（公元865年），至睦州，谒见刺史陆墉，陆墉让他处于龙兴观老君院。后考进士不中，就再也不去赴试，前往湖州与刺史张搏交游。张搏历任湖、苏二州刺史，召陆龟蒙辅佐自己。他曾经到饶州，连续三天没有合适的落脚之处。刺史蔡京率领官属亲自来见他，他却不乐意，拂袖而去。

陆龟蒙诗文赋并擅，与皮日休齐名，世称"皮陆"。咸通十年，陆龟蒙与皮日休（时为苏州群从事）游，有唱和诗三百余首，编之为《松陵集》。

陆龟蒙嗜茶好酒，不喜与流俗交。唯好放扁舟，挂篷席，携束书、茶壶、笔床、钓具，泛于太湖中。

他居于松江甫里，有不少论撰；即使有深重的忧劳和疾病、不足维持十日的资产，仍坚持写作。他的《江湖散人甫里先生传》，自比涪翁（涪翁，东汉老人郭玉，经常渔钓于涪水，故以涪翁自号。善针灸，和帝时为太医丞，著有《针经》、《诊脉法》传世）、渔父、江上老人。后来朝廷以高士的名目征召他，他不去。李蔚、卢携一向与他友好，及至

注：陆龟蒙，崇祯《松江府志》列入"贤达"，又为光绪《松江府续志》补遗人物。

当国，召拜左拾遗（左拾遗，官名。唐代武则天垂拱中置补阙、拾遗二官，负责进谏、荐举。唐代门下省称左省，中书省称右省，故属于门下省者称左补阙、左拾遗；属于中书省者称右补阙、右拾遗），但诏令刚下达，陆龟蒙就去世了。光化（唐昭宗年号，公元898年—901年）年间，韦庄上表皇帝，对陆龟蒙及孟郊等十人，都追赠右补阙的称号。

韦夫人（陆偘妻，陆贽母）

唐代韦夫人，是南康王的女叔（女叔，丈夫的妹妹，即小姑，这里引申为父亲的妹妹，母亲的小姑，自己的姑母。本文应指南康王的姑母）。嫁给了溧阳令陆偘，即宣公陆贽的母亲。陆偘去世于官任上，韦夫人教育陆贽成为唐朝大儒、一代贤相，这是夫人的恩德。唐德宗御命将她迎进京师奉养，一路安置接送她的驿站，当时人们都觉得她十分荣耀。去世后，皇后赠送陪葬物品，随即葬于洛阳。

惠　旻

惠旻，字元素，河东人。九岁出家，跟从竹园志律师秉承十诵，文理精通。住于吴郡的通元寺，结合徒众修炼善业，十七年不出寺院之门。

隋末发生饥荒，惠旻坚持不变志向，坐禅诵经不停。刺史李廉、薛通、王荣等将他送入华亭簳山，建立寺院推行佛道数年。后来住在南涧一所草庵里，两兔一虎与他相依住宿。

所著有《十诵私记》十三卷，《僧尼行事》两卷，《尼众羯摩》两卷，《道俗菩萨戒义》四卷。贞观（唐太宗李世民年号，公元627年—649年）末示寂（示寂，也称“示灭”，指佛、菩萨及高僧之死）。

陶　岘

陶岘，是晋代处士陶潜的后裔。开元（唐玄宗李隆基年号，公元713年—741年）末居家昆山。为泛游江湖，自己制造三艘船，与孟彦深、孟云卿、焦遂共同乘载，吴越之士称之为“水仙”。其诗道：“匡庐（江西省庐山。南朝宋高僧慧远《庐山记略》：“有匡裕先生者，出自殷周之际，受道于仙人，共游此山，遂托室崖岫，即岩成馆，故时人谓其所止为神仙之庐，因以名山焉。”唐白居易《长庆集·草堂记》：“匡庐奇秀，甲天下山。”）旧业是谁主，吴越新居安此生。白发数茎归未得，青山一望计还成。鸦翻风叶夕阳动，鹭立芦花秋水明。从此舍舟何所诣，酒旗歌扇正相迎。”

秦 系

秦系，字公绪，会稽人。隐居于泉州南安九日山，又号“东海钓客”。他呈韦苏州（即韦应物，长安人，曾为苏州刺史，唐代著名诗人）诗道：“久卧云间已息机，青袍忽着狎鸥飞。诗兴到来无一事，郡中今有谢玄晖。”

道 钦

道钦，苏州昆山朱氏之子。起初学习儒经，二十八岁遇到润州鹤林素禅师。禅师劝勉他剃发出家，告诫他说：“乘流而行，遇径即止。”

天宝三年（公元744年）抵达临安东北一山，樵夫说：“这是径山。”于是就住了下来。山中有龙渊，龙显身为人，献其地给道钦，他于是在此建立了佛寺。大历三年（公元768年），唐代宗征诏道钦到宫殿，赐号“国一禅师”。后来辞归。

贞元八年（公元792年）十二月带病说法而逝世，唐德宗赐谥号为“大觉禅师”。

文 喜

文喜，御儿人，姓朱氏。开成间（崇祯《松江府志》作“梁开成间”，梁代没有“开成”年号。联系下文，这里的“梁”应是“唐”之误。如是，则为“唐开成间”，当是公元836年—840年），他曾到五台山礼拜文殊菩萨。后参仰禅师，命为典座（僧寺职事名，掌管大众斋粥之事；掌管寺中杂务的和尚也叫典座）。一天，他见文殊菩萨跨坐狮子围绕于寺鼎边，大声惊呼道：“文殊自文殊，文喜自文喜。”于是用掌击之。文殊腾起空中道：“苦瓠连根苦，甜瓜彻蒂甜（崇祯《松江府志》“彻”后缺一字）。修行三大劫（劫，佛教时间名，称天地的形成到毁灭为一劫），都被老僧嫌。”咸通（公元860年—874年）年间，在千顷山筑室居住。

藏 奂

藏奂，姓朱氏，苏州华亭人。母亲从怀孕直至诞下藏奂，常闻到奇异的香味。年幼时坠入井中，有神人将他救出。幼年出家，拜道旷禅师为师，到嵩山受持具足戒（具足戒，别称“大戒”，是佛教僧、尼所受的戒律。因与沙弥、沙弥尼所受十戒相比，戒品具足，故名。出家人依戒法规定受持此戒，即取得正式僧尼资格。戒条数目说法不一。中国内地僧尼依据《四分律》受戒，须年满二十，比丘戒有二百五十条，比丘尼戒有三百四十八条）。母亲每当思念他就哭泣，导致一目失明；他回来看望，母亲当日就复明。母亲去世守丧，他哀毁于庐墓间，颇有吉祥的预兆。

到五泄山，遇到灵默大师，一言辨析，旨趣符合。到洛阳再构建长寿寺，朝廷命他居住于该寺。当时佛经被焚毁，寺院成灰烬。他亲手收集整编散落的经典，有效地保存了佛家的经、律、论。

不久，南海杨公到姑苏收集佛经，请求藏奂回来，建筑精舍（精舍，道士、僧人修炼居住之所）让他居住。大中十二年（公元858年），鄞水任景求舍宅为寺院，迎接藏奂入住。剡县的盗寇求甫曾率领徒众二千多人手执兵器白昼进入，藏奂仍闭目静坐，神态安详如旧，众盗贼见之皆被惊慑，纷纷叩头谢罪。盗寇被征平后，州府长官奏请将匾额改为"栖心寺"。

藏奂学识丰富，思维敏捷，指点要领，排解分歧，攻克疑难，探索含义，皆能一言入神，永破沉迷。

咸通七年（公元866年）秋八月三日，藏奂预命香水剃发，对弟子说："我在世还有七日。"到期而寂灭，弟子暂且于天童岩筑塔以安放其遗体。三周年后的一天，异香不散，远近浓烈。弟子相互说："往昔大师嘱咐满三年后当焚烧其身，今异香如此，该是信号。"于是打开宝塔一看，遗体犹如平时活着一般。在这年八月依照西域方法焚烧火化，获舍利数千粒，色彩鲜莹。咸通十三年（公元872年），弟子戒休抱持舍利陈述藏奂生前业绩品行，到朝廷请求给以谥号。戒休奉命编撰悼文，改变原名为心鉴，安藏舍利之塔名为寿相。

船子和尚

船子和尚，名德诚，起初向沣州药山弘道俨禅师学习。道俨是禅宗南宗创始人慧能的第四代法孙，佛教史上有名的高僧。据传，德诚在拜见道俨时，道俨问："尔名什么？"德诚答："名德诚。"道俨问："德诚，又成个什么？"（"德诚"谐音"得成"，整句意为：得成，又成得了什么？）德诚答："家园丧尽浑无路。"（意为：一事无成，走投无路。）道俨说："德诚！"德诚正要答话，道俨急用手掩住他的嘴。道俨这话不是问句，其实无须回答。德诚开悟，就"哑"了一声。道俨问："子作什么？"德诚答："陋质不堪红粉施。"（意为：长得丑陋，打扮也没用。）道俨说："子以后上无片瓦，下无锥地，大阐吾宗。"（"大阐吾宗"，意为将会全面而深刻地阐明我们宗派的教义）他与道吾、云岩两人经常一起参悟明道。后来自离开药山后，乘小船往来于松江、朱泾，以垂钓荡舟为乐，随缘而度，号船子和尚。夹山善会禅师起初拜师石楼（禅师名），住于京口鹤林寺，道吾禅师经过，知道善会悟道肤浅，命他去向船子学习。善会到朱泾见到德诚，经其指点，顿时明白宗旨，辞别临行，屡次回顾。船子唤善会回来，竖起船桨说："你认为将有别的去处吗？"于是倾覆小船，入水而长逝。咸通十年（公元869年），藏晖和尚就在这里建造佛寺。

船子和尚有《拨棹歌》三十九首，吕益柔为之作序并刊刻，现在载于《机缘集》中。《拨棹歌》其二："千尺丝纶直下垂，一波才动万波随。夜静水寒鱼不食，满船空载月明归。"施蛰存说，这首诗，"黄鲁直（黄庭坚）、苏子瞻（苏轼）剧赏之，各衍其语为长短句歌之"。

如　海

如海，唐乾符（公元874—879年）年间筑台于中泖，挖井煮茶水供人喝，建塔挂灯使往来之人看到它而不迷失方向。

霄　韵

霄韵，驻锡（僧人出行，以锡杖自随，因而称僧人住址为"驻锡"）松江，飘然尘外，有时则以诗词文章玩味人生真谛。刘禹锡赠给霄韵的《送霄韵上人游天台》（崇祯《松江府志》作"游天台诗"）道："曲江僧向松江见（言其驻锡松江），又道天台着石桥（言其飘然尘外）。鹤恋故巢云恋岫，比君犹自不逍遥（言其比野鹤白云还逍遥）。"

王可交

王可交，苏州府华亭人（当时华亭属苏州府辖）。以耕种打鱼为业，居于松江赵屯村。一天他划船进入江中，正击桨高歌，忽见一艘彩舫（有舱室的船称舫）荡漾在江水中，有道士七人，其中还有一人呼喊着王可交。一会儿，王可交不知不觉地来到彩舫旁边，有人喊他爬入舫中去。道士都看着他，一人说："他骨相多好啊，应当是个仙人。但生活在卑贱的凡人中，已有所损坏了。"一人在筵席上命侍奉者斟酒给他喝，酒倒不出来，就给他两个栗子吃，甘如饴糖。然后命黄衣侍者送他上岸，但找不到原来所乘的船，只听到风水林木之声。抬头望去，峰峦叠嶂，松柏参天，竟是在天台山瀑布寺前。寺僧出迎问候，王可交说："今天早上离家，今天应是三月三日。"寺僧说："今天是九月九日，离你那天出来已隔半年了。"寺僧设置了食物，王可交闻了食物的气味就恶心。从此以后他不食五谷杂粮，带了妻子儿女住在四明山，不再出来。

后人有时候还见到他。

查道人

查道人，名玉成，在金山卫城东北遮山学道，相传飞升于此，山因而以查为名，即叫查山。至今浴丹井、炼丹室还存在。

沈 羲

沈羲，吴郡人。学道于蜀中，能消灾治病。

沈羲的儿子归附卓孔宁，居家于华亭谷，他与妻子贾氏一起乘车送行到儿子居处。沈羲独自驾牛车回来，途中遇到白鹿、青龙、白虎车各一辆，各有数十骑红衣使者随从，持矛佩剑，显赫满道，询问沈羲道："您是沈羲吗？"沈羲心存惊恐，不知对方是何方人士，回答道："是。"一位骑者说："你有功于民，心不忘道，自小以来行为没有过错。你寿命不长，年寿将尽。黄老（黄帝与老子，道教以其升天为仙）现在派仙官来下迎。那乘白鹿车的，是侍郎薄延之；乘青龙车的，是度世君司马生；乘白虎车的，是迎使者徐福。"一会儿，有三位仙人身穿羽衣，手持符节，将白玉简、青玉册、丹玉字授予沈羲，沈羲不能认识上面的文字。他们于是载沈羲升天。

沈羲升天之时，路旁农夫都看见。一会儿大雾弥天，雾散去则不见沈羲等，只见沈羲用以驾车的牛在田间食苗。有人认识沈羲的车和牛，传讯其家子弟，恐怕是邪鬼将沈羲藏于山谷间，于是人们在百里之内寻求，不得踪迹。

四百余年后沈羲忽然回到家乡，只找到远孙沈怀喜，沈怀喜说："我听老人说我家有先祖升天成仙而去，久不归来。"

朱 放

朱放，字长通，襄州人。隐居于越地剡溪。嗣曹王皋坐镇江西（任江西节度使），征召朱放任节度参谋。不久，他仍归越，遭贼寇扰乱，避居乡间。

他起先曾有寄张山之诗，其诗道："知君住处足风烟，古树荒村在目前。便欲移家逐君去，唯愁未有买山钱。"这时他已留下寓居于此。

贞元（唐德宗年号，公元785年—805年）初召为拾遗，刘长卿赠以诗道："诏书征拜脱荷裳（荷裳，即"荷衣"，指隐士之服。"脱荷裳"，意为结束隐士生活），身在东山（东山，在浙江上虞县西南，晋谢安早年隐居于此。后因以东山指隐居）闭草堂。阊阖九天（指宫殿）

通禁籍，华亭一鹤在朝行。沧州离别风烟远，青琐(宫门)幽深漏刻长。今日却回垂钓处，海鸥相见已高翔。”然而朱放最终不去应诏上任。后来山阴贼寇退去，他仍归剡溪，刘长卿又送他诗道:“越中初战罢，江上送归桡。”

朱放寿终于广陵。有诗集问世，顾况为之作序。序云：因都国出麟角凤喙，为续断之胶，与本无异(此处隐含“煎胶续弦”之典，唐杜甫《病后遇王倚饮赠歌》:“麟角凤嘴世莫识，煎胶续弦奇自见。”)。朱君能以烟霞风景补缀藻绣，符于自然。山深月清中有猿啸，复如新安江水，文鱼彩石历历可数。其杳琼翛飒，若有人衣薜荔而隐女萝。立意皆新，可创离声乐友之什，情思最切。虽有谏职，心游江湖，谢病而来，慕出尘之侣。精好《涅般》、《维摩经》，爱人为善。有志未就，终于广陵舟中。识与不识，聆风向义，相与兴叹。我主人(我方主管官员)延陵包君、兵部李侍郎、礼部刘侍郎皆有托孤(以遗孤相托)之旧。子郁，袭其先行(承袭先人的品行)，敬事父友，泣捧遗文，祈余冠序。

张志和

张志和，字志同，婺州人。唐肃宗爱慕他的高风亮节，命待诏翰林(待诏，犹言候命。唐初，凡文辞经学之士及医卜等有专长者均值于翰林院，以备待诏。玄宗时遂以待诏名官，称翰林待诏，负责四方表疏批答、应和文章等事)。后来出任南浦尉，之后隐居江湖。与陆羽往来，因而托迹吴兴。所乘舴艋(小船)已经破旧不堪，请求于颜鲁公，得到一艘渔船，将它当作自己的“浮家泛宅”。垂纶于松江震泽间，自称为“烟波钓徒”。

所著《玄真子》及《大易》十五篇，其卦有三百六十五。后来唐宪宗画肖像找寻他，未能找到。李德裕称张志和“隐居而有名，显耀而无所事事。不穷困不通达，可与严光相比类(严光，字子陵，会稽余姚人。年少时曾与汉光武帝刘秀同游学，有高名。刘秀称帝，严光改变姓名隐遁。刘秀派人寻访，征召到京，授谏议大夫，不受，退隐于富春山。后人称其所居游之地为严陵山、严陵濑、严陵钓坛)”。

张志和渔父词：

西塞山前白鹭飞，桃花流水鳜鱼肥。青箬笠，绿蓑衣，斜风细雨不须归。
钓台渔父褐为裘，两两三三舴艋舟。能纵棹，惯乘流，长江白浪不曾忧。
云溪湾里钓鱼翁，舴艋为家西复东。江上雪，浦边风，笑著荷衣不叹穷。
松江蟹舍主人欢，菰饭莼羹亦共餐。枫叶落，荻花干，醉宿渔舟不觉寒。
青草湖中月正圆，巴陵渔父棹歌连。钓车子，橛头船，乐在风波不用仙。

颜鲁公碑(颜真卿为张志和撰写的碑铭):

士有牢笼大虚(囊括太虚),櫼掖玄造(拘持玄妙的造化),摆元气而词锋首出,轧无间而理窟肌分者(在极其细微之处而义理充满且章法不乱),其惟玄真子乎(玄真子,张志和之号)!玄真子姓张氏,本名龟龄,东阳金华人。父游朝,清真好道,著《南华象罔说》十卷,又著《冲虚白马非马证》八卷,代(世人)莫知之。母留氏,梦枫生腹上,因而诞焉。十六岁游太学,以明经擢第(登进士第),献策肃宗,深蒙赏重,令翰林待诏,授左金吾卫录事参军。乃改名志和,字子同。寻复贬南浦尉,经量移(唐宋时,被贬谪远方的人臣,遇赦酌情移近安置,称量移)不愿之任,待还本贯(原籍)。既而亲丧,无复宦情,遂扁舟垂纶,浮三江,泛五湖,自谓烟波钓徒。著十二卷,凡三万言,号《玄真子》,遂以称焉(于是被称为玄真子)。客或以其文论道纵横,谓之"造化鼓吹"。京兆常请为作《内解玄真》,又述《太易》十五卷,凡三百六十五卦,以有无为宗,观者以为碧虚金骨。兄浦阳尉鹤龄,亦有文学。恐玄真浪迹不返,乃于会稽东郭买地结茅斋以居之,闭竹门十年不出。吏人尝呼为掏河夫,执畚就役,曾无忤色。又欲以大布为褐裘,后徐氏闻之,手为织纩一制,十年方暑(方暑,寒暑,一年四季)不解。所居草堂椽柱皮节皆存,而无斧斤之迹。文士效柏梁体(七言古诗的一种。相传汉武帝于元封三年在柏梁台上与群臣赋七言诗,人各一句,每句用韵。后世模仿其体,称柏梁体。唐中宗于景龙四年曾在大明殿同群臣仿柏梁体联句)作歌者十余人。浙东观察使御史大夫陈公少游闻而谒之,坐必终日,因表其所居曰"玄真坊"。又以门巷湫隘(低下狭小),出钱买地以立闬闾(里巷之门)曰"回轩巷"。命评事(评事,官名,掌平决刑狱)刘太真为叙,因赋柏梁之什(什,篇什。《诗》中的《大雅》、《小雅》、《周颂》以十篇诗编为一卷,叫作什。后来用以泛指诗篇或文卷),文士诗以美之者十五人。既门隔流水,十年无桥,陈公遂为创造,行者谓之"大夫桥",遂作《告大夫桥》文以谢之。尝以豹皮为茵(坐垫),骏皮为屩(草鞋),隐(靠)素木几,酌班螺杯,鸣柳杖拏(以柳枝作杖),随意取适,垂钓去饵,不在得鱼。肃宗尝赐奴婢各一,玄真配为夫妻,名奴曰渔僮,婢曰樵青。人问其故,"渔僮使捧钓收纶,芦中鼓枻;樵青使苏兰炊桂,竹里煎茶"。竟陵子陆羽、校书郎裴修尝诣问有何人往来,答曰:"太虚作室而共居,夜月为灯以同照,与四海诸公未尝离别,有何往来?"性好画山水,皆因酒酣乘兴击鼓吹笛,或闭目,或背面,舞笔飞墨,应节而成。大历九年(公元774年)秋八月,讯真卿于湖州,前御史李萼以缣帐请焉。俄挥洒横拂而纤纩霏拂,乱抢而攒毫电驰(此句写畅饮、歌舞、挥毫泼墨的热闹场面),须臾之间千变万化,蓬壶(蓬莱,传说仙山名)仿佛而隐见,天水微茫而昭合。观者如堵(墙),轰然愕眙（惊愕直视貌）。在坐六十余人，玄真命各言爵里、纪年、名字（玄真子命各人写爵位、乡邑、纪年、名字），第行于下作两句题目（此处的“题目”意为评量、品题），命酒以蕉叶书之，授翰（笔）立就，潜皆属对（都暗合对仗），举席骇叹。竟陵子因命画工图而次焉。真卿以舴艋既敝，请命更之。答曰：“倘惠渔舟（如能惠赠渔舟），愿以为浮家泛宅，沿泝（逆水而上）江湖之上，往来苕霅（苕霅，水名，为霅溪的一部分，在浮玉山处）之间，野夫之幸矣。”其诙谐辩捷皆此类。然立性孤峻，不可得而亲。疏率（疏于礼法，不拘小节）诚澹，然人莫窥其喜愠。视轩裳（轩裳，同“轩冕”，卿大夫的轩车和冕服，即谓官位爵禄）如草芥，屏嗜欲若泥沙。希迹乎道大夫（道大夫，官宦人员），同符乎古作者，莫可测乎。忽焉去我（指其去世），思德兹深；曷以寘怀，寄诸他山之石。铭曰：“邈玄真，超隐沦。齐得丧（失），甘贱贫。泛湖海，同光尘（把光荣和尘俗同样看待）。宅渔舟，垂钓纶。辅明主，斯若人。岂烟波，终此身。”（编者按：铭文最后四句，点明题旨。指出这人能够辅助明主，但怎能想到，在渺茫的烟波中，终止他的一生。这四句中的前两句，对他作了高度评价。后两句，则表达了无限惋惜之情。）

宋

唐　询（1005—1064）

唐询，字彦猷，钱塘人。唐肃（钱塘人，举进士，为秦州司理，决狱有声，官至龙图阁待制）子。年少时刻励自修。天圣（宋仁宗年号，公元1023年—1032年）年间，赐进士及第。授任工部员外郎，升起居注、知制诰，出知杭、苏、青三州，拜翰林学士。去世后追赠礼部侍郎。唐询知书好古，尤精翰墨，曾得欧阳询书数行，精思学之，于是以书名天下，笔迹遒媚，非精纸佳笔不妄书，遗一小札，亦必华笺妙管。

宋仁宗景祐初年（公元1034年）八月，唐询奉诏任华亭县令，凡两年。在任期间，采历代古迹，有《华亭十咏》，前有自序，曰："华亭本吴之故地，昔附于姑苏。佩带江湖，南濒大海，有观望之美焉。历吴、晋间，名卿继出，风流文物，相传不泯。闾里所记，遂为故事。景祐初元八月，予被诏为县。至部且一年，而囹圄多囚，系簿书，婴期会，矗没朝夕，精疲意殆。凡山川风物在境内者，未尝一日而讲求焉。粤今秋，邑人有讼古泖湖者，持旧图经诣庭以自直，因得而究之。凡经所记土地、人物、神祠、坟垄，所言甚详。行部之余，辄至其地，因里人而咨焉，多得其真。代异时移，喟然兴叹。即采其尤著者，为十咏，皆因事纪实，按图可见，将以志昔人之不朽，诚旧俗之所传云尔。"《华亭十咏》分别为《顾亭林》、《寒穴》、《吴王猎场》、《柘湖》、《秦始皇驰道》、《陆瑁养鱼池》、《华亭谷》、《陆机宅》、《昆山》、《三女冈》。每首前有题记。厉鹗《宋诗纪事》选录两首：《顾亭林》、《柘湖》。《顾亭林》云："平林标大道，曾是野王居。旧里风烟变，荒原草树疏。湖波空上下，里闬已丘墟。往事将谁语，凄凉六代余。" 王安石有《次韵唐彦猷华亭十咏》，其中《顾亭林》云："寥寥湖上亭，不见野王居。平林岂旧物，岁晚空扶疏。自古贤圣人，邑国皆丘墟。不朽在名德，千秋想其余。" 梅尧臣也有和诗。

董 乂

董乂，字彦臣，从华亭迁徙至德兴。治平（公元1064年—1067年）年间中进士，任魏王宫教授，不久升迁大理寺卿，进献《乐书》，注释《青囊经》（《青囊经》是一部由黄石公写作的风水之书）。改任朝议大夫，敷文阁待制。封华亭县开国男爵位。宋哲宗下敕文（敕，皇帝圣旨）道："典教（掌管教化）王宫，有忠孝勉旃（同"旃"，表彰，鼓励）之意；司刑（司刑，掌管刑法）大理，极宽恤剖决（剖决，剖析决断以定刑）之仁。"皇帝屡赐信函问候，且在他的门额上题"数封天子诏，两代帝王师"之字。

戴显甫

戴显甫，嘉兴人，嘉祐八年（公元1063年）进士。选任亳州永城县尉，与舅父杭州陶叔献同登进士榜。陶叔献登第才一个月，就去世于京师。戴显甫扶舅丧归葬。舅母携带子女回娘家，外祖母无所依，迎养于家。

卫公佐

卫公佐，字辅之。他的祖先是卫州汲县人，后移居华亭。祖父卫至，文章德行有成就，曾考中进士。卫公佐年少时也走读书做官之路，因父母年老而放弃，回来致力于家务。不久获朝廷恩命，被授将仕郎，任扬州助教。

母亲郁氏早年去世，卫公佐事奉继母竭尽孝心。族人中若有已年长但因贫困而不能出嫁的女子，即使血缘已远，他也尽力选择夫婿将她出嫁。

卫公佐收集几千卷书，以礼招徕四方贤士以教育训导他的子侄。县里没有学校，他捐献田地作为办学的基业，且独自担当教学中的杂务。

熙宁（公元1068年—1077年）末，瘟疫流行，饿殍遍地。卫公佐给灾民施舍米粥、供给药物，请本县僧徒念经祈祷，买棺安葬无数饿死者。当地大夫嘉奖他的义行，将要上报他的义举，他推辞说："我家迁居这里上等之地，常担忧被盛大的赞誉折福；治疗病人安葬死者，僧人们出了大力，请改为上报僧人的德行。"大夫听从了他的建议。元丰（公元1078年—1085年）年间，再次发生饥荒，百姓无力交纳租税。县令任期已满，新县令已来到，而转运使却不让原县令离去，命他督促搜捕欠租税者。被捕关押之人充满庭院。卫公佐拿出私粮代饥民交纳租税，释放关押者，而原来的县令才得以离去。民众接踵登门致谢，说："没有您，我们将都死于监狱中了。"

卫公佐五十八岁时，无疾而终。去世前一天，他展拜祖先坟墓，与新老朋友见面，好像要与其诀别。归来后对家人说:“我一生乐善好施,不为不义之事。今天死去,可以说没有遗憾了。”

弟弟卫公亮、卫公望,都勤勉行善。后代子孙昌盛,在整个宋朝,不断有人出任官员、学者。卫肤敏、卫仲达、卫文节等人,都是他的后代。

陈舜俞(? —1075)

陈舜俞,字令举,因曾闲居华亭白牛村,常骑白牛,往来风泾,自号白牛居士,所居塘市皆以白牛名。庆历(公元1041年—1048年)进士。嘉祐四年(公元1059年),复举制科第一,文章声名赫然在人之上,授著作郎,签书寿州判官。熙宁三年(公元1070年),知山阴县,任期未满,召任试馆职,不去赴就。适逢朝廷实施青苗法,陈舜俞上书抵制,无所顾忌,且自我弹劾,触犯了执政权臣,被贬为责监南康军盐酒税。

陈舜俞少时受学于胡瑗,长大后拜欧阳修为师,又与司马光、苏轼等为友,博学强记,所以为文崇尚古文,蒋之奇称其“大者则以经世务,极时变;小者犹足以咏情性,畅幽郁”(《都官集序》)。苏轼有《祭陈令举文》,其中称陈舜俞“兼百人之器”(意为具百人之才),“能因天之所予而日新之,慨然将以身任天下之事”,“一奋而不顾,以至于斥,一斥而不复,以至于死”。陈舜俞的诗文著述,曾由其女婿周开祖编为《都官集》三十卷,明代已佚,清《四库全书》馆臣从《永乐大典》中辑出诗文,编为《都官集》十四卷。《全宋诗》录其诗四卷,多为被贬后所作。清厉鹗《宋诗纪事》录有陈舜俞《骑牛歌》,云:“我骑牛,君莫笑;人间万事从吾好。千金市骨骏马来,乘肥大跃须年少。蒲为鞭,草为辔;瀑布山前松径里。看山听水要行迟,轻策缓驱尘不起。布袍葛带乌接䍦,山家装束不时宜。匏尊注酒就背饮,早囊贮书当角垂。我狂吟,醉欲倒;同醉同吟白云老。此老不可天下人,一住庐山三十春。声如洪钟目如电,七十神光射人面。上牛下牛不要扶,合与山中作画图,汴州马上顾何如?春泥没腹仍溅帽,夜半归来人亦痛。天真丧尽百忧集,衣食毛发归妻孥。争如来骑牛,水光山色俱悠悠!”据《梅磵诗话》称,“此歌世争传之”。《全宋文》收其文十一卷。

章　粹

章粹,字仲容。元丰(公元1078年—1085年)年间,任恩州通判,百废俱兴。遇到河流泛滥,州人大恐,章粹组织人马将河堤低处增高,薄处加厚,避免了水灾。枢密郑居中上疏推荐他。

许　寔

许寔，元丰（公元1078年—1085年）年间居住于吴郡的笠泽，本是松江人，后来迁徙于婺州。其后人白云先生许谦，以理学著称于元朝，实际源自许寔之学。许寔受业于胡瑗，其学有主旨归向。把握自己，教导别人，能以师法贯穿终始，当世一致称道他。

吕　全

吕全，嘉祐二年（公元1057年）进士。任临海县令，以政绩闻名。嘉祐七年（公元1062年），民众徭役开始变更，吕全随产业高低决定时间的长短和路途的远近，使民众得到了方便。

郏　亶（1038—1103）

郏亶，字正夫，农家子弟。自幼读书，见识和度量不凡。嘉祐二年（公元1057年），登进士第。初授睦州团练推官，任潜县令。尚未赴任，朝廷诏令天下有识之士陈述理财省费、兴利除害之策。郏亶通过广东安抚司以适合时机的文章上书陈述苏州水利，得到王安石的赞赏。嘉祐五年（公元1060年），授司农丞，提举兴修两浙水利。民众没有得到方便，于是被罢免官职而回来。

治理所居之西的大泗瀼水利，其方法正如他起先所陈述的几点，修筑圩岸，开挖沟浍，平整场圃，都采用井田之制，每年获益丰厚。他绘制治理水利图纸上献朝廷，而且说明以前所用的方法并非权宜之计。又任司农寺主簿，升迁为司农寺丞，参与制订司农寺的规章制度，非常完备严密。授任江东转运判官。元祐（宋哲宗年号，公元1086年—1094年）初，进入朝廷任大府丞。他的别业（别墅）在青龙郏家桥。

郏亶能诗文。《全宋诗》收其诗三首，《全宋文》收其文一卷。

朱象先

朱象先，字景初，一作昇初，号西湖隐士，松陵（江苏吴江县的别称）人。苏东坡称他“能文而不求举，善画而不求售，曰‘文以达吾心（表达自己的心志），画以适吾意（符合自己的意愿）’而已。”以其不求售也，故得之自然，世也罕见，不知其所长也。

朱象先山水画始规董、巨（董源和巨然。五代南唐董源善画，其后有僧巨然，师承董源画法，故世称董巨)，而能出新意，笔力高简，润泽而有生理，驰名于绍圣(宋哲宗年号，公元1094年—1098年)、元符(宋哲宗年号，公元1098年—1100年)间。相传其少时画笔常恨无前人深远润泽之趣，一日，于鹅溪绢上作小山，觉不如意，急湔(洗涤)去故墨，再三挥染，终于有悟见。从此以后，作画多再涂去，有时以细石磨绢，以使墨色渗入绢缕。

李 撰

李撰，字子约。熙宁(宋神宗年号，公元1068年—1077年)年间，以进士身份出任彭泽县令。当时不少官吏搜刮民田，转运使苛刻扰民，想要多得隐匿的农户良田为功劳。李撰坚持反对，手执公文抗争，且请弹劾他，并解下官员印绶，宁愿辞职回去。使者眼见不可使他屈服，就只得顺从。当时王安礼任部刺史，使者返回金陵，要将李撰治罪。王安礼说："县令敢与部使者抗争辩论，必是正直有操守之士。"说罢连忙起草奏章引荐他。元祐三年(公元1088年)，朝廷商议派遣使者修复小吴河。李撰送上《复河赋》二篇，说明小吴河不可修复。朝廷任他为莫、保二州通判，官至朝奉大夫。大观三年(公元1109年)去世。

他的著作有《广孟子说》，《养气论》三篇，《毛诗训解》二十卷，《孟子讲议》十四卷，文集五十卷，赞论五卷。儿子名弥逊。

李 甲

李甲，字景元，华亭书香门第的后代，自号华亭逸人。哲宗元符(公元1098年—1100年)年间，为武康令。善于书画。画鸟兽，别有趣味。兼工写竹，海岳(米芾)在《画史》中曾极力称赞他。曾在嘉兴景德寺画竹，苏轼为他题《题嘉兴景德寺李景元画竹》，诗云："闻说神仙郭恕先，醉中狂笔势澜翻。百年寥落何人在？只有华亭李景元。"认为他的画为"郭恕先后一人而已(意为郭恕先以后数他的画最好)"。

李甲善写诗填词，工小令，大多为怀所欢、忆旧游之作，风格闻名于当时。《全宋诗》收其诗三首，《全宋词》收其词九首。清厉鹗《宋诗纪事》收录《题画》诗："谁泼烟云六尺绡，寒山秋树晚萧萧。十年来往吴淞口，错认溪南旧板桥。"

吕益柔

吕益柔，字文刚，别号松泽叟。元祐三年(公元1088年)进士。官拜刑部侍郎，在朝议大夫、显谟阁待制任上辞官退休。曾撰写《妙悟大师碑铭》，书写《船子和尚拨棹歌》，名重于时。

朱之纯

朱之纯，元祐六年（公元1091年）进士。在文章方面有名气。他不愿趋奉时势，在谷阳园的湖心筑了个小书房，自号谷阳先生。曾题《湖斋志序》道："我在湖上治理园圃，在桃根获古龟六枚，其小如铜钱。另外，云间有仙鹤观（道观名），每年中秋之夜有仙鹤飞来，因此得名。我《自题谷阳园湖斋》诗：'平湖十顷水汪洋，得意茅斋且屈藏。园种小桃今结子，池栽翠芰（芰，菱角。两角者为菱，四角为芰，通称菱角）更闻香。六龟已兆千年瑞，双鹤看呈八月祥（龟、鹤，我国古代均将其视为长寿祥瑞之物）。居此翛然（翛然，自然超脱貌）忘世味，此心犹懒去龙阳（战国时魏有宠臣食邑龙阳）。'"有诗文集流行于世。

朱 谔

朱谔，华亭人。起初名绂，举进士第二名，皇帝给他改为现在的名，并赐字圣与。宋徽宗时，累官升迁至御史中丞。他曾上表奏请开启内阁（内阁，原指朝廷的秘书阁，明清两代改为政务机构。这里指前者），延请群臣从容论道，如当年宋神宗所做的那样。又请分别派遣使者，侦视揭发各道的违章之处。有受令不行、行而不尽者，处置其罪。宋徽宗曾经对朱谔说："当今朝廷太平无事，您应当慎重处置以符合我的心意。"朱谔回答道："以前的这些执法者，不知道本官职责，说话办事多有错妄。以至经过天津桥，看到汴堤一角陷落，乞求修葺。如此细小事故，何足论哉！"

朱谔历任兵、礼、吏三部尚书，大观（宋徽宗年号，公元1107年—1110年）初，拜右丞相。去世后，谥号为忠靖，追赠秦国公称号。

朱谔身居高官，所得名利地位，都用以与族人分享。直到去世的时候，他的两个儿子还没有俸禄之享，人们都为此而赞颂他。

卫肤敏

卫肤敏，字商彦。以上舍生的身份荣登进士第。官拜秘书省校书郎，朝廷命他以给事中的身份去祝贺金国君主的生辰。他上奏道："金主生辰在天宁节之后五日（天宁节，疑即是天穿节。宋以前，以正月二十三日为天穿节，相传女娲氏是日补天，俗以煎饼置屋上，名曰补天穿），万一金国使者不来庆贺，成为朝廷的羞辱。我请求到燕山等候观看他们的进止。”宋徽宗认可他的奏章。到了燕山，金国使者果然不来，于是他将贺礼放置在边境上而返回。

后来卫肤敏又受命出使金国，在路上听说金国将大举入侵；到了燕山，警报更急，众人害怕，不敢前行进入金国。他大声呵叱道：“我奉君命前行，岂可中途而止！”到了金国，知道他们已出兵，卫肤敏坚决不肯屈服，金人很不高兴。返回时，中途又被滞留近半年。到涿州新城，与斡离不相遇（斡离不，金太祖第二子，常随太祖征伐。曾与粘罕率兵攻宋，陷汴京，俘宋徽、钦二宗），派人约相见。卫肤敏并不下拜，拱手而入。金人拿出誓书给他看，他不愿看，说：“长久出使远方不闻朝廷之事，此书真伪不可知。”于是论述用兵之事，又以言语折服金人。他几次被拘留，到靖康（宋钦宗年号，公元1126年—1127年）之初才返回。连升三级，任吏部员外郎，进任卫尉少卿（卫尉，官名。秦置，汉时为九卿之一，掌管宫门警卫。汉景帝时改称中大夫令，旋复旧名。魏晋南北朝多沿置。北齐称卫尉寺，有卿、少卿各一人。隋时改掌军器仪仗帐幕之事，唐宋因之，建炎后并入工部。元称卫尉院，明废）。他建议给两河诸郡发蜡书（蜡书，一种御制的书文），许以世袭，使各坚守。并令陕西、山东、淮南各路要增设用于窥探外面情况的女墙，挖深城壕，将民众迁入城内，以便坚壁清野。命大臣留守汴京，皇帝早日亲临江宁。上述建议，皇帝都采纳。升迁为起居舍人（起居舍人，官名。隋代于内史置起居舍人二员。唐宋时于门下省置起居郎，于中书省置起居舍人。起居舍人，是君王的近侍官员）。他说：“皇上登上帝位，如果没有规章刑法，凭什么立国！凡是以往屈节于敌人，被对方委以使命的，应当分别其轻重，给以不同程度的治罪，大则满门灭族，次则予以诛戮，再次则予以流放杀戮，下则赶到远方，终身不予录用。这些失节叛逆之徒岂可仍然给以俸禄，玷污我们的官员队伍？”

之后拜为右谏议大夫，兼侍读。当时宋高宗要起用宋钦宗（钦宗与徽宗当时已被金兵俘虏）的内侍。卫肤敏说自古帝王从未有在废弃的太监中寻求近侍人员的，于是才作罢。

皇后的父亲邢焕授官为徽猷阁待制（徽猷阁，官署名。徽猷，高明的谋略。待制，官名，唐代为以备咨询之官，宋代为典守文物之官），太后兄长的儿子孟忠厚授显谟阁直学士之职。卫肤敏对此发表看法，力持正义，说这不是祖宗成法，言时涕泪直下。邢焕虽然不任徽猷阁待制，但孟忠厚仍任显谟阁直学士，而卫肤敏改任中书舍人。他为此上奏道：“事奉母后（母后，皇太后，皇帝的母亲）最重要的就是要孝顺，对待亲属最重要的就是给予恩惠,勉励臣子最重要的就是给予赏施。如今陛下顺从太母(太母,泛指皇帝的母亲和祖母,这里指前者)做出非法之事,这不称为孝顺;让孟忠厚处于不当的官位上,不称为恩惠;不采纳臣子的忠谏,而改变他的官职,这不称为赏施。陛下一个举动造成了三个过失。"宋高宗命令宰相告诉卫肤敏:"朝廷按照正常程序改变官职,这并非由于你这次的有关言行。"卫肤敏仍是不服,独自居家超过一个月。及至孟忠厚改为承宣使,宋高宗下令皇后亲族不做侍从官职,卫肤敏才接受了朝廷的任命。

卫肤敏新任中书舍人,在中书省内论事,招致黄潜善、汪伯彦的厌恶,受到无理指斥和排挤。绍兴三年(公元1133年)春,应召赶赴宋高宗所居之所,勤勉地侍奉宋高宗的车驾。到了临安,不久就授官刑部侍郎。卫肤敏请辞免,宋高宗认为其正色侃侃,议论坚明,据谊守节,屡触权贵,必能彰明枉直,没有允准。卫肤敏就请假归华亭就医,朝廷准许。改任礼部侍郎,去世。

李　纲(1083—1140)

李纲,字伯纪,梁溪人,号梁溪居士。父亲李夔,任华亭尉,李纲生于官舍。政和二年(公元1112年),李纲中进士,授镇江教授。政和四年(公元1114年),召赴阙,除国子正,迁考功员外郎。政和五年(公元1115年),除监察御史,兼权殿中侍御史。政和七年(公元1117年),为太常少卿。靖康元年(公元1126年),金兵入侵,围困汴京,李纲以尚书右丞的身份任亲征行营使。他坚决主张抗击金兵,反对迁都南下,但被主和派排挤,罢免了官职。

宋高宗赵构即位(公元1127年),拜李纲为丞相。他积极整顿军队,经营武备,力图收复失地。主张联合两河(宋代称河北、河东地区为两河)义军抗击金兵。

然而宋高宗赵构心存苟安,不图进取,在主和派的一片指责声中,李纲只执政了七十五日而被罢免。去世后谥号为忠定,意谓他尽忠君国,为南宋的安定打下基础。其官阶政绩在《宋史》有详述。

李纲于国家危难之际,能以社稷生民为意,人品经济,彪炳史册。朱熹谓李纲奏议"正大明白而纤微曲折,究极事情,绝去雕饰而变化开阖,卓荦奇伟"(《丞相李公奏议后序》)。李纲《梅花赋》等文,往往次前人韵,而又借题发挥,脍炙人口。在诗集中则表现了 他的仕宦生涯与情感世界。刘克庄谓其"雄词劲气,有横绝九州、挥斥六合之意"(《李忠定手抄诗跋》)。有《病牛》诗:"耕犁千亩实千箱,力尽筋疲谁复伤？但得众生皆得饱，不辞羸病卧残阳。”诗作于绍兴二年（公元1132年），时李纲被贬武昌。“看来这头‘病牛’正象征他自己。”（钱钟书《宋诗选注》）李纲又擅长作词，词风慷慨豪放。其《苏武令》有“调鼎为霖，登坛作将，燕然即须平扫”之句，表达了拯济苍生的抱负。

著有《梁溪集》一百二十卷。

朱彦美

朱彦美，字师实，华亭人。是少师朱伯虎之子。朱彦美初任郴州司理参军，授仁和县知县之职。任职期间，奸顽之徒，都记录在册，使之隐退敛迹。凡征收租税，不必派官吏催讨，只在县衙门上贴出告示，告知日期，从而使人们没有一个逾期交纳的。

任杭州通判。守将将诉讼之事都交给朱彦美处置。每夜漏尽（漏刻已尽，此时天将明）他就起来，点起两烛，在案桌上批阅诉讼案件，数十数百的案件一会儿批阅完毕。一郡得以公平治理。

正值宰相王郑公当国执政，朱彦美上书陈述利国利民的政事十余条，从而闻名朝廷。宋徽宗召见他，赐五品官服，拜授江淮荆湖两浙等制置发运判官（制置发运，即制置使和发运使一类官员，负责经营谋划事宜。制置发运判官，即对经营谋划事宜予以考核裁断）。宋太祖、宋太宗时，控制掌握淮海交通要道，安排转般仓廪（转般仓，运粮中，中途暂储的粮仓。这种转般仓，一度被蔡京取消，而全改为直达运输）受纳东南八十四州的粮食。发运使筹备航船千艘，每年漕运粮食万斛，运输至京师。后来蔡京掌权用事，将转般仓改为直达仓，将本该用于贮藏的钱粮尽情收括，作为额外税收献给朝廷。而六路漕运之船，阻塞在淮河、汴水时，经过好几个月才能到达目的地。官吏役卒滞留其中，徒费官粮，他们估计不能如期而至，就将船凿穿使其沉没，以险情作为推托，甚至放弃空船而逃走。每年损失十之二、三，首都储存之粮将要用完。朝廷授命朱彦美去解决此事。朱彦美说：“这是直达运粮的错误。如今转般仓法都记载在有司（有关官员）那里，只要付诸实行即可。”于是查考先例，标明法规，搜集脱漏，整治非法得利者，得到缗钱（成串的钱）上百万贯。然而这时清正之官王郑公去世，蔡京的党徒重又兴起，罢免了朱彦美负责漕运的职务，而恢复蔡京原先主张的直达运输。有识之士为之痛恨和惋惜。

宣和二年（公元1120年），朱彦美任京西路计度转运副使。宣和五年（公元1123

年)，进直秘阁(直秘阁，即“秘阁直长”之意。直长，是秘阁的属官)，于是请求辞官回家养老。

朱彦美经历了四位皇帝，在职五十年。五次持有使者符节(节，古代一种信物，双方各持一半，两者相合为准)，都有善于办事的名声，而掌管京西的漕运，尤其称道于天下。京西漕运包括河南十八州，都处于京师之右，其守将大多为显贵之人，仗持权势，不遵法规，输往京城的金币，私藏于其他处所，朝廷使者对之也无可奈何。而沿河修筑河堤与皇家陵园的官员，贪赃枉法更甚，往往求请于朝廷，或挪用其他部门钱财以解决其匮乏，因而以负殿(负殿，是古代官吏考绩名列最下等)被罢免者不断出现。朱彦美说:“转运使操持一路的疲惫困顿，且要倒贴他们，我不能忍气吞声地过日子。”即日他乘了驿车直至所属之州，清查账册，追究私蓄，得到布匹财货百余万，释放在押的捐税拖欠者，考量轻重缓急决定费用的支出。于是上下富足，上交课税为天下第一，于是将他提升为三路(路，行政区划名)的长官，美名振动朝廷。享年八十，葬于修竹乡的福泉山。

柳 约

柳约，字元礼，松江华亭人。秉性极其孝顺，深入经学研究。大观(宋徽宗年号，公元1107年—1110年)年间中上舍进士(宋代太学分外舍、内舍、上舍，上舍为最高级。上舍进士，即从上舍生中录取的进士)，为瀛州教授。靖康(宋钦宗年号，公元1126年—1127年)初，升任殿中侍御史，论述三镇不可放弃。后以直龙图阁的身份掌管严州，兼任浙西兵马都监。当时金兵大规模入侵，各州郡震惊恐慌。柳约屹然保住孤城，境内安定。高宗(赵构，公元1127年—1162年在位，时已入南宋)嘉奖其忠，提拔为户部侍郎，且将大用，奸佞权臣忌其尽言，加以诬害，柳约最后被罢免。

卫仲达

卫仲达，初名上达，字达可。大观三年(公元1109年)进士。徽宗为其改为今名，担任馆职。曾上书劝谏修理三山石桥，没有批复。后官至吏部尚书，随即去世。

刘 晏

刘晏，字平甫，严州人。辽国进士。宣和四年(公元1122年)归附宋朝，抗御金人屡建战功，其所率军队称为“赤心队”。建炎(公元1127年—1130年)时，随从韩世忠，以一百五十骑驻扎青龙，寇盗敛迹。后死难于宣城，朝廷追赠待制。

张　先

张先，宣和（公元1119年—1125年）年间入翰林图画局任供奉之职。

任尽言

任尽言，字元受，华亭人。右正言伯雨之孙。与兄任质言同为绍兴二年（公元1132年）进士。居于下层官僚之位，好慷慨论事。绍兴二十七年（公元1157年），为婺州教授。绍兴三十年（公元1160年），由平江府通判转任京西南路转运判官。隆兴（南宋孝宗年号，公元1163年—1164年）初，历知赣州、镇江府。秦桧死后，朝廷鉴于当年言路壅塞之弊，召令汤鹏举于外为台官，以通言路。任尽言上书表示祝贺，文中有“每愧朱云之请剑，未闻林甫之斫棺”之语，表达了他崇尚忠义、疾恶奸佞的浩然正气。汤鹏举将任尽言的投书收下且禀告宋高宗，宋高宗回心转意，开始罢黜秦桧的亲信，释放赵鼎之子赵汾及李孟坚、王之奇等人，从此公道大明，这得力于任尽言的相助。先皇神位升登宗庙，任尽言率领官员在佛宫设位致哀，疏文二篇，时人以为“文澹意真，读者洒涕”。岳珂将任尽言所作的书启和疏文载于《桯史》，说他仁义不忘君王，正直不畏奸邪，忠信可谓至矣，可惜未全采纳其意见。著有《小丑集》十二卷，《续集》三卷，已佚。诗文见于《全宋诗》及《全宋文》。杨万里称其诗文“孤峭而风棱，雄健而有英骨，忠慨而有毅气”。

张伯垓

张伯垓，字德象。清陆心源《宋诗纪事补遗》作嘉兴人，正德《松江府志》将其列为“名臣”。绍兴三十年（公元1160年）进士。庆元（南宋宁宗年号，公元1195年—1200年）年间，以中书舍人兼实录院同修撰。宋宁宗时，知绍兴府。累官两浙提点刑狱，官至吏部尚书。

潘　纬

潘纬，字仲实，又字景纬，绍兴十五年（公元1145年）进士。淡泊名利。乾道（宋孝宗年号，公元1165年—1173年）年间教导安庆军，已登科（指绍兴乙丑中进士）二十余年了。曾摹仿祝充编撰《柳文音义》，吴郡陆之渊为之作序，称其“平生用心于内，不求诸外，故能会稡（聚集）所长，成一家言，与柳文（柳宗元之文）并行不朽”。

陈伯达

陈伯达，与潘纬同年考取进士。他深入研究经学，著有《洪范九图九说》。

姚述尧

姚述尧，字进道。绍兴二十四年（公元1154年）中进士（宋林景祥《云间进士题名》碑上，无姚述尧）。尚未满二十岁时，读书于萧寺，白天买两张蒸饼，到第二天早晨送给仆人吃。有人问他原因，他说：“夜里读书，母亲怕我饥饿，命我吃蒸饼。即使不饥饿，但怎敢忘记母亲的嘱咐啊？”

他与张九成、施彦执、叶先觉志同道合，张九成有诗道：“环顾天地间，四海惟三友。”这三友即施彦执、叶先觉、姚述尧。

著有《萧台公余词》一卷。

钱良臣

钱良臣，字友魏，华亭人。从小有志于学，十九岁进入辟雍（太学）。绍兴二十四年（公元1154年）进士。淳熙五年（公元1178年）十一月拜参知政事，德高望重。宋孝宗（赵昚shèn，公元1163年—1189年在位）常以时事询之，书写“通儒”二字赐之。淳熙八年（公元1181年）九月罢免，以正奉大夫的身份做镇江长官。钱良臣在朝廷时，曾将县学改革得面貌一新。卒后谥号文惠。祭祀他的祠堂原设在县学的西庑，镇江人也在甘露寺祭祀他。

许克昌

许克昌，字上达，华亭人。绍兴（公元1131年—1162年）末举进士，名列第一，因为有官职，故改为第二，累官至右正言。当时松江新泾塘被海潮冲毁，咸水延及嘉、湖两境，成为民众之患，许克昌向朝廷请命，将堰移入运港，以避潮势。从此两州之田免受咸潮之患，乡邦民众都感激他。

朱端常

朱端常，华亭人。字不详。父亲朱绎之，乾道二年（公元1166年）进士，知常州。

朱端常博雅能文，淳熙（南宋孝宗年号，公元1174年—1189年）进士。嘉定（南宋宁宗年号，公元1208年—1224年）间，知延平州。尚宽和，先德化，创建惠民仓以济凶岁，民众都有依赖。官至尚书。与同郡胡林卿、林至同修《云间志》。

盖 经

盖经（其字嘉庆《松江府志》作“德常”，正德《松江府志》作“常父”），华亭人。绍兴三十年（公元1160年）甲科进士，官至户侍。厉鹗《宋诗纪事》收其诗《游大涤洞天》：“暇日寻幽入洞霄，攀萝扪石自忘劳。地环九锁仙都閟，山倚一峰天柱高。夜静仙人吹凤笛，月明帝子下云旄。佩环寂寂中庭晓，时有胎禽唳九皋。”

卫 泾（1160—1226）

卫泾，字清叔，初号拙斋居士，改号西园居士，又号后乐居士。其祖先为齐人，唐末为避乱而南迁，居华亭。祖父卫阗占籍昆山石浦。父亲卫季敏，任镇江府道判。

卫泾少时就有不同寻常的操行，进入临安，跟从李去智学习。李去智去世，卫泾穿了丧服办理丧事，人们都称赞他的节义。

淳熙十一年（公元1184年），举进士第一。为要观察他办理政事的能力，特与添差（音chāi，宋制，凡授正官，都作计给禄俸的虚衔，实不任事）差遣。试任镇东军签判。卫泾以对策的方法陈述添差的弊端，三次上表乞求诏命。宋孝宗因卫泾力行自己所言，谨慎进取，特依从他的请求。按照故例，状元初任将满，必通谢（表示谢意）于宰相。当时王淮秉政，卫泾不通谢。淳熙十四年（公元1187年），卫泾被授秘书省正字之职，轮对（官员轮流上殿陈说政事得失）说：

“陛下即位之初，锐意进取，因才录用将相，发愤图强，以期复兴。前后达二十六年之久，却无一事稍称陛下之意，陛下大有为之而心意稍显松弛了。一祖八宗之大业，太上皇付托之重，子孙亿万年之根基，陛下一身任之，岂可苟且偷安只求太平无事啊！平庸之人，只求持禄保身，而风俗日坏，士气日下，民生日困。我怕天下之患，将出于意料之外。事机易失，时不再来。希望陛下坚定自强之志，振兴朝纲而发展国势，发扬气节以去除怠惰，这样，退可以强固国基，进则可以恢复疆土，而功业大事可以成就了。”

淳熙十六年（公元1189年），卫泾迁著作佐郎。宋光宗（赵惇dūn）初立，办事尚谨慎，卫泾以著作佐郎给予对策，他说：

“今日风俗颓靡，百事懈怠，人才削弱，国势不振。汲汲有为，尚恐不济，若犹苟且，其弊政将会到达不可收拾的地步。”

卫泾又说：

“中原之与北虏，其势不可两立。名为和好，实则仇敌；名为息兵，实为伺机挑衅。复仇之事，只在时机罢了。今以偏居之势，与北虏相持已久。从绍兴（南宋高宗年号，公元1131年—1162年）以来，五十年无大战。从隆兴（南宋孝宗年号，公元1163年—1164年）以来，三十年无小斗。虏酋新立，血气方刚，嫌隙之生，至多不过五六年。希望陛下奋发明断，放远目标，卧薪尝胆，不忘北向进军。陛下圣志先定，然后与二三重臣讨论大计，委托他们去贯彻实施。内外有备，则大仇可复、中兴可期了。”

卫泾又说：

“自陛下登上帝位，台、谏、给、舍各部门，职责不明。今日士气向衰，精神不振。陛下应当鼓励振作，否则，将使群臣上惧陛下之威命，下怕群小之中伤，苟且成风，谄谀充位，大奸巨恶专权，谁为陛下说真话？”

绍兴元年（公元1131年），卫泾升迁为著作郎，兼任司封郎官。二年（公元1132年）正月，雷电雨霜，大雪继作。卫泾应诏上封奏：

“雷，阳也；雪，阴也。阳气方升，而阴制之，导致下雪。以物象类推，则君王被臣子欺骗，丈夫被妻凌辱，夷狄图谋中原，小人陷害君子，都是阴胜阳的证据。上述征象，有一于此，皆能致乱，陛下不可不防。”当时奸佞肆虐，李后悍妒，所以他借此这样说。

绍兴二年，卫泾出任淮东、浙东两路提举。庆元（南宋宁宗年号，公元1195年—1200年）初，卫泾被召为吏部员外郎兼实录院检讨官，第二年，迁右司员外郎。卫泾论说道：

“……臣听说，参究天地，赞化万物，靠诚心而已。无情的金石，幽秘的鬼神，尚且能凭诚心感动，更何况人之事亲，精诚之至，哪有不被感动的呢？希望陛下衷心兢业，以太上尚未平顺为忧，以尽快见到太上为念。”

庆元三年（公元1197年），卫泾为左司员外郎，迁起居舍人。卫泾代工部尚书出使金国，回来说：

“北虏有危亡之兆，而我们无自治之策。如我们治国有方，防备周密，敌人即使强大也不足畏。如果我们苟且度日，目光短浅，一弱虏灭亡，一强敌再生，未足为喜也。”

当初，卫泾出使金国，是受宁宗帝命去观察对方情况的。金国当时正被蒙古所攻，我方有乘衅之意。卫泾担心我方轻举妄动，所以回来如此上奏。

卫泾随后知庆元府兼沿海制置使，因直言而被罢免。当时奸佞专权，卫泾不畏权势，刚直不阿，因而被排斥十年不用。卫泾在乡间开辟西园，取范仲淹格言，名其堂曰“后乐”。开禧元年（公元1205年），得圣旨入朝。第二年拜授中书舍人，兼直学士院。卫泾应诏答对，论述北伐不是良策，但所论不被采纳。开禧三年（公元1207年），自吏部尚书任御史中丞，请朝廷诛奸臣韩侂胄，为此再次被罢免。右丞相陈自强拜授卫泾为参知政事，封昆山县开国伯。嘉定（宋宁宗年号，公元1208年—1224年）初，兼太子宾客。韩侂胄被诛杀，卫泾功不可没。随后，卫泾又担忧史弥远有专权的趋势，想要除掉他。史弥远为景献旧学，知晓卫泾谋略，劝御史弹劾罢免卫泾。嘉定五年（公元1212年），卫泾任潭州知府。嘉定八年（公元1215年），转任隆兴知府。皇上以卫泾三代同堂，有堂曰“友顺”，御书二字。太子也为之书“后乐堂”三字于匾额上。嘉定九年（公元1216年），又调任扬州知府。嘉定十七年（公元1224年），拜为资政殿学士。卫泾后以金紫光禄大夫的身份退休，朝廷追封他为吴郡开国公。宝庆二年（公元1226年）去世。宋理宗停止上朝一天，特赠太师名分，追封秦国公爵位，谥号文节。

卫泾历任三朝，出入内外（内外，指朝廷和地方）四十余年，忧国忘家，坚贞不渝，深谋远虑，不邀近功。进退之际，切合时势。他曾对人说：“官职高低自有定分，而名节应千古不亏。”在朝廷上，他孤立自守，不畏强暴。以贤才为立国之基，举荐选拔人才，汲汲唯恐不及，如李燔、辅广、倪思、陈骅等，都为他所提携。卫泾在潭州时，与朱熹有友好交往。韩侂胄说朱熹之学为伪学，卫泾指斥之。韩侂胄被诛后，卫泾上奏请召朱熹返回朝廷，可惜朱熹已去世，于是发文至新安，取朱熹集注的《四书》予以刊刻传行，又请赐右文殿修撰张栻谥号。其表彰正学之功可谓多矣！

卫泾又以文学知名。他的《应诏论北伐札子》，力诋韩侂胄开衅之非，词意切直；诋斥奸佞，切中要害。有《游淀山湖》诗云：“疏星残月尚朦胧，闯入烟波满棹风。始觉舟移杨柳岸，直疑身到水晶宫。乌鸦天际墨千点，白鹭滩头玉一丛。欸乃数声回首处，西山浑在有无中。”有《后乐集》七十卷，已佚。《全宋诗》收其诗一卷，《全宋文》收其文三十二卷。

卫 湜

卫湜，字正叔，卫泾之弟。卫湜好古博学，曾被授任太府寺丞、将作少监，都没有去赴任。曾集《礼记》诸家传注，为一百六十卷，名为《礼记集说》，宝庆三年（公元1227年），将其送呈朝廷。卫湜官至朝散大夫、宝谟阁直学士、袁州知府。学者称其为栎斋先生。

胡林卿

胡林卿，淳熙（宋孝宗年号，公元1174年—1189年）甲科进士（唐宋进士分甲乙科，明清则通称进士为甲科，举人为乙科），与史弥远同年（科举考试同榜的人称同年）。后来史弥远掌握国政大权，势焰显赫，胡林卿终身不登其门。等到他去世，有人写挽诗说他“有名登相甲，无迹到权门”。起先县里没有志书，胡林卿首先与知县杨潜、同邑林至、朱端常共同修撰成三卷，名为《云间志》。据有关史料，《云间志》前有自序，称“畴诸井里，考诸传记，质诸故老，有据则书，有疑则阙，有讹则辨，凡百里之风土，灿然靡所不载”（《郑堂读书记补逸》）。这时为南宋绍熙四年（公元1193年），胡林卿刚以迪功郎（官衔名）的身份出任饶州州学教授。

胡林卿的儿子胡琚，嘉定（南宋宁宗年号，公元1208年—1224年）年间进士，学识渊博，善于写诗，有《静庵集》刊行于世。

田　畴

田畴，号与斋，是权相史弥远手下担任教学的首席门客。他设席教授国学，六馆（唐代学制，国子监下设六馆：国子学、太学、四门、律学、书学、算学。后泛指国子监各学科）的士人对他都执弟子礼。他没有做官。有《学易蹊径》、《四书说约》等著作刊行于世。

林　至

林至，字德久，淳熙（公元1174年—1189年）年间步入仕途，历任官职于秘书省。曾为朱熹门生。有《释骚》及文集刊行于世。儿子林革，传承其父之学，在嘉定（宋宁宗年号，公元1208年—1224年）年间考取进士。

景　时

景时，字秀发，华亭人。庆元三年（公元1197年）任龙泉县令。每逢水灾以后，一意安抚，减免赋税，修建学校，建造谯楼、仓库。他曾说：“我任龙泉知县，政绩没有超过他人，只是讲‘不扰’（意为不扰民）二字，始终守之。”

许　尚

许尚，自号和光老人，华亭人。擅长诗文。淳熙（南宋孝宗年号，公元1174年—1189年）间著有《华亭百咏》，取华亭古迹（如顾亭林、华亭谷、陆机茸、昆山、秦皇驰道、凤凰山等），每一处为一绝句，缀以简短题注，大抵吊古伤今之作，措词平实雅洁，可备事典志乘之参考。《四库全书总目提要》云："至于一地之景，衍成百首，则数首以后，语意略同……格意虽多复衍，而措词修洁，尚不失为雅音。"清厉鹗《宋诗纪事》，仅录《陆机茸》等十首。

高子凤

高子凤，字仪甫，别号澹庵。华亭人。以诗闻名。曾注杜诗，林竹溪为之作序。有文集若干卷，已佚。《全宋诗》录其诗七首。清厉鹗《宋诗纪事》选《题杨补之墨梅卷》："篱根玉瘦两三枝，为绕吟香夜不归。安得密林千亩月，仰眠吹笛看花飞。"

朱允恭

朱允恭，字尔靖，号樗斋，与同宗族人藤州太守朱日新（号足庵）都以诗闻名。四灵赵天乐挑选朱允恭诗二百余首，编成集子，刊行于世。

储 泳

储泳，字文卿，号华谷，松江人，居住在周浦。精阴阳五行。有诗名，杂著甚多，有《祛疑说》行于世，清朱清荣重订为四卷（见《艺海珠尘》壬集），清厉鹗《宋诗纪事》收其诗三首（《题隐者所居》、《秋夕怀友》、《游东皋园登涟漪阁》）。《题隐者所居》："尽日掩柴门，何人得见君。只因喧寂异，似有圣凡分。瀑近夜疑雨，山深晴亦云。传闻九霄翮，落羽正纷纷。"《全宋诗》收其诗二十八首，被认为多清寂之作。《全宋词》收其词两首。

陆 垕

陆垕，号盘隐，四明人。嘉定（公元1208年—1224年）间任华亭主簿。嘉定七年（公元1214年），夏天干旱，知县李伯寿命陆垕亲自往淀山龙洞祈求下雨，滂沱三日，这年取得农业丰收。上报给朝廷，赐龙王庙挂"会灵"牌匾。又派遣陆垕敬奉于庙，以报答神灵的恩惠。嘉定九年（公元1216年）又建"公余风月亭"于簿厅后面。

陆垕善写诗，与僧人居简相唱和。官至府判。

何 侃

何侃，字直哉，绍定（公元1228年—1233年）间由儒士的身份选授严州淳安县主簿，后来归隐于医术。何氏凭医术闻名于世，便是从何侃开始。

何侃的曾孙何天祥，字克善，官任医学教谕，治疗危疾奇效如神。从青龙镇迁居松江城之东，建有壶春丹房，杨维桢为之作记。

何天祥儿子何士方，字叔刚，官任嘉兴府教谕，世人称他为何长者。

林　鉴

林鉴，淳祐（公元1241年—1252年）间，任青龙镇监镇。镇署堂宇及市中坊巷、桥梁、街道，都予以整修，入境环境整洁，面貌一新。

卫宗武（？—1289）

卫宗武，字淇父，自号九山，别号水北。华亭人。淳祐（公元1241年—1252年）间任尚书郎，出知常州，罢归。闲居三十余年，以诗文自娱。宋亡入元不仕，眷怀故国，匿迹穷居，不求闻达。元至元二十六年（公元1289年）卒，年逾八十。著《秋声集》，文及翁为之作序，已佚。《四库全书》馆臣自《永乐大典》中辑为六卷，其中诗词四卷，序记、志铭一卷，杂著一卷，卷首有自序及元张之翰序。"诗文根柢差薄，骨格亦未坚致"（《四库全书总目提要》），而集中所载，大都气韵冲淡，有萧然自得之趣。《全宋词》录其词十一首，《全宋诗》收其诗四卷，《全宋文》收其文三卷。

叶汝舟

叶汝舟，字济川，开庆（宋理宗年号，公元1259年）进士。其所著诗文均藏于家中，有《通鉴笔义》刊行于世。

朱　朴

朱朴，隐居华亭，自号天和子。黄裳、徐铎、杨杰、赵挺之、丰稷等人与他一起，著有《天和堂诗》。

鲍　廉

鲍廉，他的祖先是浙江人。咸淳（公元1265年—1274年）中，掌管临江军。德祐元年（公元1275年）二月，元兵渡江，鲍廉统帅所部迎敌于天长、六合间，大小百余战。后来元兵合围，退入临江。城被攻陷，他向城楼哭拜，随即殉节。

儿子鲍穆，景定（公元1260年—1264年）间中宏词科。宋朝灭亡，他隐居而不愿为官。

谢国光

谢国光，字观夫，号节斋，晋朝太傅谢安的二十六世孙。从谢安的第六代隐居华亭的最南边开始，他们就成为本县人士。宋咸淳九年（公元1273年）领受乡荐，第二年春季进京参与会试，因他殿试对策联系实际，切中事理，主管官员畏惧贾似道权势，不敢录取他，只按惯例补为太学生。宋朝灭亡，从此不愿为官。

元朝治书侍御史程钜夫奉诏命搜寻贤能之人，有人推荐谢国光，他则闭门称疾，以经史自娱。

谢国光于元至正十四年（公元1345年）去世。他遗嘱题其墓曰“安节”，表明他的志向。孙子谢晋，字彦明，善于医术，有文章德行。

曹泽之

曹泽之，字仲溥，号守斋。他的祖先是温州人，迁徙至华亭，居家于小蒸。曹泽之在宋代以长秋（长秋，即大长秋，官名。汉置，为皇后近侍，多由宦官充任，汉景帝六年，可由士人充任）恩补秉义郎。进入元代，授常州路儒学教授，不去赴任。

曹泽之生平孝友正直，对宗族乡邻诚厚关爱。当宋元兵灾期间，赖以保全者很多。所居有堂名为“乐静”，所以学者称他为乐静先生。享年八十三岁。

儿子曹应符，也有传。

曹应符

曹应符，字泰叔，华亭小蒸人。自幼谨慎言行，为乡里人士所推重。

景定五年（公元1264年），曹应符以明《诗经》（当时官方研究学问的科目名称）进入太学内舍节性斋。咸淳（南宋度宗年号，公元1265年—1274年）初，两次领受乡荐（州县推荐可应礼部考试）。咸淳十年（公元1274年）考取进士，被授予迪功郎、衢州司户参军之职。不久宋朝灭亡，于是隐居不仕。

曹应符的同族人员曹光远，淳祐七年（公元1247年）进士，官拜监华丰庄，改任军器监簿。宋朝灭亡后，衣冠不改，人称大头巾相公。

黄 裳

黄裳，字齐贤。他家历代都是儒学之士，为浦城望族。其父周游讲学，开始居住云间。黄裳年少丧父，艰苦自立，操行纯朴正直，两次被州县推荐，以特科授初品官，调任邵武县丞，又任天台县丞。

陆霆龙

陆霆龙，字伯灵，咸淳（南宋度宗年号，公元1265年—1274年）年间领受乡贡而考取进士，被授《礼记》都魁。宋朝灭亡，即隐居不仕，设馆授徒，终身衣冠不改。曾自评画像道："勤勤劬劬（劬劬，劳苦貌），耽嗜（沉浸爱好）慕悦而不忍舍者，圣贤之书；趑趑趄趄（犹豫不进貌），畏懦退缩而不敢登者，世利之途。晕轻霞以为脸，缕积雪以成躯（喻生活之俭朴，旨趣之淡雅）。衣前后而襜如，俨张拱而徐趋（喻衣着之整洁，行为之谨慎）。或者见之而指笑：此必抱遗经（喻坚守先贤遗教）、行古道之拘儒。"

陆霆龙儿子名居仁，其志向在于文章道德。

赵孟僩

赵孟僩，号月麓，是宋代皇族后人，祖先家住黄岩。景定辛酉年（公元1261年），他十七岁，前赴南宫（宋代皇室子弟的塾学）读书，于是有机会去拜访谢南斋、欧阳巽斋（即欧阳守道，字公权，少孤贫，自力于学，淳祐进士。称巽斋先生，有《巽斋文集》）、刘须溪（即刘辰翁，字会孟，少举进士，宋亡，讬方外以归，有《须溪集》）、朱约山等先生的门庭。文天祥见他之后说："这孩子是瑚琏之器（瑚琏，是我国古代宗庙中盛黍稷的礼器，用以比喻人有立朝执政的才能）。"

德祐元年（公元1275年），文天祥开辟江东浙西防线，以玉垣从事的官职授予赵孟僩，并携他一同前行。到吴地仅五十天，而宋王朝大势已去，文天祥被朝廷召回担任保卫皇宫之职。王邦杰打开城门投降元朝，被元朝授为安抚使；赵孟僩被分封于吴地，他推托有病坚决不受。于是离开吴地依傍亲友而居。

十年以后，赵孟僩做了道士，居于松江北道堂。又过了五年，他做了和尚，取名顺昌，自号三教遗逸，改道堂为本一禅院，他的儿子赵逊由此成为松江府人。

赵孟僩所著诗文集名《湖山汗漫集》，内有《遥祭文丞相文》。临终端坐，手书诀辞，内有"文山之客，千古忠贞"之句。

殷 澄

殷澄，字公源，华亭胥浦人，在宋朝避讳为戴氏（因为“殷”与宋太祖赵匡胤的“胤”同音，所以须避讳，将“殷”改为“戴”）。父亲是一位节干官。

殷澄家境富裕，乐于施舍，每逢下大雪，必用车船装载了柴米，遍送受寒挨饿之人，为死者买棺安葬，人们将他称作“殷佛子”。他个性孤高，不随流俗。承诺的事，必立即办理；事关大义，奋不顾身。元兵进入华亭，殷澄避难于南钱。南钱军民仍聚集保卫不肯投降，元军将领号“杨扫地”，为之大怒，下令大肆屠杀。殷澄奋起说：“我难道不说一句话就死去吗？我死在今日，活也在今日。”于是叩开军门，大声说：“那民众如同水，水顺则流淌，逆则激溅；民众顺则安宁，逆则动乱。如今郡县归附不久，将军你不安抚招引，以显示皇上神武不杀之美德，却要想全部剿灭这些民众吗？”杨将军发怒，手挥宝剑大声呵叱殷澄。殷澄辞正色严地说：“杀我一人，存活千万人，我虽死犹生啊！”其言语更加激烈动人。杨将军有所感悟，停止杀戮，上万人因此得以活命。丞相伯颜获悉此事，觉得殷澄能坚守正义，授予他华亭军民都总管之职，请他守卫这块地盘。殷澄即弃官而去，说：“大宋王朝已灭亡，我因为父母亲尚在而不与赵宋同亡，但不能过隐逸生活吗？”于是穿着村民服饰隐居在浦江边，经常放浪不羁地游荡于九峰三泖间。仰慕他的人称他为泖南浪翁。

庄 肃

庄肃，字幼恭，又字恭叔，号蓼塘，上海青龙人。曾入宋，仕官至六品，宋亡后弃官而去，浪迹海上。秉性嗜好书籍，聚集书有八万卷。至正（元顺帝年号，公元1341年—1368年）年间修撰宋、辽、金三史，诏求遗书，朝廷派遣检讨（官名）危素到他家访求，得到五百卷。所著《艺经》、《画继余谱》流传于当时。

黄 庚

黄庚，上海人，宋咸淳（公元1265年—1274年）间太学生，善写文章，尤其精于书画。宋朝灭亡后不愿为官。著有《樵吟集》。

吕德谦

吕德谦，是名相吕蒙正的后代，世代居于胥浦。有隐德（不为人知晓的德行）。

儿子吕允恭，字莱翁，从宋代进入元代，坚持节气不愿为官。

任良能

任良能，字子益，号清逸处士。读书乐道，力行孝悌，善于诗文。省、府（省、府，均为官署名，省为中央，如中书省、门下省等；府为地方官署）屡次征召不应。

陆启祯

陆启祯，字兆圣，唐朝宰相陆贽的后代。为不忘根本，重新居于吴郡的长水齐景乡（此处因是祖宗所居之乡）。中进士后，官至都巡抚。生平为人正直不挠，曾从容不迫地答对宋度宗的问话，以“修德建储（建储，意为立皇太子），进贤远奸”之语面对满朝廷臣，臣子听了不禁变色，宋度宗为之动容，接纳了他的诤言。

陆启祯在朝廷为官四十多年，但家无一担余粮。他自题说“三朝白发（经历了三位皇帝，头发也白了），两袖清风”。

辞官退休后，常游名山大川，聚集生徒讲学，以宁静为本。去世后谥号贞恪。

卫　谦

卫谦，字有山，又字山甫，号山斋，是尚书卫仲达的六世孙，常州知府卫宗武的儿子。

卫谦风采神韵，美丽文雅；进退举止，夺人眼目。考取进士后，被授永嘉县丞（县令的佐官）。尚未上任，元军来到。枢密董公与卫谦交谈，觉得他是位奇才，授予他漳州龙溪县令。卫谦推辞不就。

一个姓杨的盐民以妖言煽动人们在海上抢掠，分守千户沙全怀疑这村落里的人们造反，将要屠村。卫谦立即前去向千户解释，并愿意以身担保无害，事情才止息。卫谦升任温州路治中，又推辞。

卫谦建立义庄，赡养宗族及乡村贫困人员；创办义塾，教授愿意学习但无钱交学费的子弟。同县的钱参政孙女卖身为卫谦家女佣，雇佣期已满，卫谦知道了这件事，命家中妇女将她教养三年，办理嫁妆，选择大户人家的子弟出嫁。他就是这样多行善事义举。

翰林邓善之、赵松雪、郡守（州郡太守）张西岩都与他有文字交往。名人学士前来拜访，络绎不绝。远近人们不论相识与否，都称他为卫山斋。他著有《读易管见》三十卷。

卫谦的儿子名德嘉，字立礼，闭户读书，官府征召都不愿应就。妻子去世，不再续娶，独居达三十年。至正（元顺帝年号，公元1341年—1368年）间，盗贼蜂起，卫德嘉不为所动，说："我当为守卫祖先祠堂而死。"当时人们推崇他的孝行。卫德嘉的儿子名子刚，能写诗，有"江水深深碧，梨花淡淡明"之句，杨维桢极力称赞这诗句。

卫富益

卫富益，号耕读居士，华亭人。文节公卫泾的后裔。宋朝灭亡，他日夜悲泣，设坛具祭文天祥、陆秀夫、张世杰，词极悲哀凄惨，观者无不落泪。

曾背着书箱往从金履祥、许谦接受学业，许谦因卫富益年龄与自己相仿且有重名，不敢接受他的拜师礼。卫富益通过拜师受学，通晓了性命之学。许谦去世，他为其穿丧服。归来后说："人生与草木禽兽共同朽腐。况且我族先世历代受宋王朝恩泽，以臣服夷元为耻。唉！夷齐是怎样的人啊（夷齐，即商周之际的伯夷、叔齐，古人将他们视为高尚守节的典型）？冯范是怎样的人啊（冯范，指冯唐与范仲淹。前者为汉安陵人。文帝时，为中郎署长，敢直谏，言汉法赏轻罚重，致使将士莫为尽力。并言云中守魏尚削爵之冤。文帝悦，任其为车骑都尉。景帝时，为楚相，寻免。武帝时，举贤良，时年九十余，不能复为官，乃以其子冯遂为郎官。后者为我国北宋时期的正直官员，"先天下之忧而忧，后天下之乐而乐"是他的名言）？"于是决意不出来做官。

他隐居家乡，以教授为业，于石人泾北岸创白社书院，春秋社日（社日，古代祭祀社神之日。汉代以后，一般用戊日，以立春后第五个戊日为春社，以立秋后第五个戊日为秋社）祭祀先圣乡贤，会合布衣之友赋诗讲道，缙绅不得加入，士人十分尊崇。至大（元武宗年号，公元1308年—1311年）年间，有司将他推荐给朝廷，他不去就任，携带次子隐居于湖边的金盖山。

所著有《四书考证》、《性理集义》、《易经集说》、《读史纂要》、《耕读怡情录》等。

至治（元英宗年号，公元1321年—1323年）年间，长子迎他回故里以便奉养。他不言世务，不去城市。有人来向他乞求诗文，他拒绝。对儿子们说："士子的品行，以道德为上。功名富贵，有什么值得羡慕的！"

一日，他身患重病，将平生所著书集全部焚毁，说："我志在隐晦事迹，何必用这些来扬名于世？况且性理玄妙之处宋代儒人已说尽了，我记录的这些糟粕对后人没有什么益处。"

去世之年九十六岁。门人私谥为"正节先生"。

杜国珍注

杜国珍，字君宝，华亭人。曾任戎司属官。年少嗜好学习，不求其他进取。选择家宅于江皋（皋，水边），富有园池之胜景。

建造两所私塾，一所名为“学古”，另一所名为“桂芳”，用以教育儿子。乐于救济穷困，置办田地代付乡里徭役费用，建立坟墓安葬无力殡殓之人。他就是这样不断做善事。

八十二岁去世，安葬于松泽里。

李行中

李行中，字无悔。品格高尚，不愿为官。隐居青龙，寄情诗酒。海内多君子之交，一时名公如苏、黄（苏轼、黄庭坚）辈与其有书信往来，意气相合，如声气相投。

修治园圃，筑亭寄傲。苏轼题其匾额为“醉眠”，作歌词以赠之。一同唱和的还有苏辙、秦观、张先等十五人，一时传为盛事。

李行中为此写诗道：“野径荒亭草没腰，一眠聊以永今朝。放怀不管人间事，破梦时闻夜半潮。冰柱刘叉诗未就（《全唐诗·刘叉冰柱》：“旋落旋逐朝暾化，檐间冰柱若削出。”），金龟李白酒难招（李白诗《对酒忆贺监诗序》：“太子宾客贺公，于长安紫极宫一见余，呼余为‘谪仙人’，因解金龟，换酒为乐。”）。知君有意寻安道，咫尺何时动征桡（桡，船桨）。”其旷达如此。

无名氏（松江渔翁者）

无名氏（志有其人，但不知其名，故姑且称其为无名氏），松江一位打渔的老翁，不知是何方人氏。只见他常划船游历长桥，往来波涛里。意气洋洋自乐，醉则扣舷而歌。绍圣（宋哲宗年号，公元1094年—1098年）中，福建人潘裕从京师调动官职，途经松江，见到他十分惊异，向他作揖询问道：“我看先生体貌神态，不像一个打渔之人，愿求您作一说明以解除我的愚蒙。”老翁说：“我厌恶世俗嘈杂，愿处清闲旷野之地，遁迹于此已三十年了。我小时候诵读经史百家之言，后阅读佛家之书，如今都已丢弃，只是喝米粥而戏嬉自乐，还去做什么事？”潘裕说：“先生修养身心使之纯洁到这等程度，如今圣明的君王在上，您为什么不出来做官呢？”老翁笑道：“君子之道，或出去做官，

注：杜国珍为光绪《松江府续志》补遗人物。

或归来隐居。我虽然不能隐居岩穴，追随园绮的足迹（园、绮，汉初商山四隐士中的东园公、绮里季。还有两位分别是夏黄公、甪里先生，人称商山四皓），然而私下里仰慕老子的委曲求全之义。况且修养意志者忘形（形，指具体的形象），修养内心者忘道（道，指具体的道理），获得大道者忘心（心，指具体的思虑）；心形都忘却者，看待官位爵禄如同粪土。我与您的举止行为有不同之处，您自勉吧。”潘裕说：“我很荣幸地听到先生的高见，敢问您的居所？”老翁回答道：“我连姓名都不想让人知道，更何况居所呢？”老翁饮干了杯中之酒，划起船桨离潘裕而去。

王 奎

王奎，是三槐（三公之类的高级官员。宋王旦父祜在庭院中亲手种植三棵槐树，说：“我之后世，必有为三公者。”时称三槐王氏）文正公王旦之后。太常少卿王逖，为避靖康（北宋钦宗年号，公元1126年—1127年）难，迁家于江南，又迁于华亭，他就是王奎的祖父。

王奎风貌高雅亮直，好为神仙方术，自号蟾谷真士。著有《蟾谷祛疑贯灵篇》，流行于世。嘉定、宝庆（嘉定、宝庆，分别为南宋宁宗、理宗年号，前者为公元1208年—1224年，后者为公元1225年—1227年）年间，屡次有人将他推荐给朝廷，朝廷一再征召，他都不应。

临死之前一个月，他遍告亲朋好友说：“不超过一个月，我将去世。”到期沐浴整衣而长逝，人们都觉得奇异。

詹 氏

宋代湖阴女子，姓詹氏，秀州华亭人，侨居湖阴。其父亲詹先生年老且贫困，以教授小儿为业，只与一位儿子一位女儿一起生活。

詹氏容貌很美，以女工给父亲添补家用。曾手抄《古烈女传》，到晚上必熟读三四遍而后睡觉，即使寒冬酷暑也不废止，乡里邻人都觉得她奇异不凡。

淮寇张遇聚集党徒逐渐增多，已经屠戮池阳，又开始侵扰湖阴，县里众人都纷纷逃走。詹先生哭着对女儿说：“我死了无所谓，但你怎么办？”女儿说：“父亲何必担忧，我主意早已决定了，今日岂能父女俱生啊！”

不久贼寇来到，要杀她的父兄，女子对贼寇说：“我父亲贫困且年老，你的心意不在于金帛，只是想得到我罢了。我希望能执巾帚以事奉君侯（意谓作你的妻妾），请释放我的父亲，否则父女俱死，没有什么好处。”贼寇信以为真，命手下人员释放詹老先生。她挥手让父亲赶快离开。贼寇带着她行走数里路，过东市桥，她跳入水中而死。

经过数日，她的堂兄梦见她，说："我已救活我父亲和哥哥，今天来与你诀别。"堂兄早上醒来神志恍惚而不乐，妻子觉得奇怪而问他，他将梦见堂妹的事说了，妻子大惊说："我梦见小姑如同她平日的样子，也说要与我诀别，与你所梦见的一样。"

第二天，果然有人来告诉詹氏死去的消息。

练　氏（章仔钧妻）

练氏，嫁给章仔钧。章仔钧是一位统兵官，即章楶的始祖。一次出兵，有位副将迟到而要被斩首，练氏救了他。后来这位将军掌兵权于南唐，攻破建州，此时练氏还健在。将军派人将金帛送给夫人，且授予一面白旗，说："我们屠戮全城，夫人将此旗树于门前，我会告诫士卒不予侵犯。"练氏将金帛礼物全部返还，说："庆幸不忘旧情，希望保全此城，否则我将与城俱存亡。"将军被练氏的言语感动，停止了屠城之举。

旧史说："一位女子保全了数十万人的生命。"她的后代出了章楶这样功名显盛的人物，确实是天道报应啊。

郭　氏（叶氏妻）

郭氏，光禄大夫郭三益的孙女。嫁于云间叶氏，早年守寡，发誓守节为尼，法名正觉，居于法云寺。能够写诗，有一绝道："春朝湖上风兼雨，世事如花落又开。退省闭门真乐处，闲云终日去还来。"后人景仰她的志节，刻诗于石，以银填之，竖于觉骨塔前。

朱　强

朱强，名克柔，松江人。徽宗、高宗时，以缂丝著名。所缂人物、树石、花鸟，精巧绝伦，品价高于一时，后世收藏家珍同名画。清故宫有《缕绘集锦册》十二开。见《墨缘汇观》、《石渠宝笈续编》。亦善画。

聪道人

聪道人，姓仰氏，名德聪，苏州张潭人。刚来到杭州慈光院，就在梵天寺接受具足戒，参拜各方高僧，皆能心领神会。太平兴国三年（公元978年），在佘山的东峰造了一间简陋的小屋。有两只老虎为他守卫，名大青、小青，如果出门，两虎就在他前后相随。有一位禅宗和尚来拜访他，看见一本书挂在梁间，问是什么书，他回答说："这是佛经。"问他是否读过此经，他说："如同人们看了家人的一封书信，既然已经知道了，何必再去看啊？"他曾经说："古人重视行为，我何必多说呢？"人们问他，他都默默地不作回答。

天禧元年（公元1017年）七月，他盘腿而坐，随即长逝。经过一个月，面貌仍如活着时一样。安葬在佘山顶，后迁往南岭。

聪道人曾经住在超果寺（超果寺，唐咸通中建。元时，梵宇琳宫，千门万户，号称一藏。明清时规制已俭，然仍为郡中巨刹。到民国时，惟一览楼巍然尚存），庆依高僧手捧观音像从杭州来，他预先就知道，说："三日内会有主公来到。"到第三日庆依高僧果真到达。超果寺将他奉为开山祖。

喜 蟾

喜蟾，进入天台韶国师室。太平兴国（公元976年—983年）年间主持簳山禅居寺，归向他的人很多。精舍（道士、僧人修炼居住之所）刚齐备，朝廷赐号为"崇惠明教"。治平（公元1064年—1067年）年间赐"圆智寺"额。

畅法华

畅法华，福建人，姓陈氏。出家名会。他每天念诵《法华经》，三十年不停，所以人们称他为"畅法华"。有时身体衰弱，则不择酒肉；遇康健安宁，则说："佛门制度：枝叶、花果不许入口。"

曾于梦中登上一楼阁，有异人对他说："这里是兜率天宫。您年寿七十五岁，应当来这里居住。"他说："我希望能活到八十岁，念诵经书满二万部。"异人无语。祥符（宋真宗年号，公元1008年—1016年）年间去世，寿命果然是八十岁。火化时身体柔软，肤色红润，舍利（指畅法华火化后的骨粒）五色，在烟焰中闪闪发光。

惟 正（一作惟政）

惟正，字焕然，华亭人，姓黄。五岁看到佛教的书，就能指着认识其中的字。刚读了一遍，就能响亮熟练地朗读。到成年，进入杭州的北山，跟从资圣（施蛰存《惟正禅师》作"寿"）本如学习修业。侍郎蒋堂守钱塘，与他为方外友，冬不拥炉，以荻花作毬，纳足于中。蒋堂有诗曰："禅客寻常入旧都，黄牛角上挂瓶盂。有时带雪穿云去，便好和云画作图。"有关官员请僧人祝福，使他们祈祷观音菩萨，以求得神灵暗中相助，惟正则慨然辞谢说："我怎能为自己私利打算啊！"人们听到后为之赞叹。有人为补僧籍而给他送礼，或为奉养好处而拜托他办理，他都不予答应。于是东往天台山，栖宿于径山上。

内翰（即翰林）叶清臣做金陵长官，以礼迎接他，表示爱好佛道，将以优厚的礼遇对待他，他也作偈予以拒绝。

他有爱好骑黄毛牛犊的雅兴，出入临安府，人们称他为"正黄牛"。

皇祐元年（公元1049年）四月的一天，他忽然对众人说："动静相对，无始有终。我一动六十四年，今天要静了。然而动静本来有什么啊？"说罢瞑目。

惟正擅长书法，秦观见了必将其收藏起来。又善于写偈语，其中有一偈语道："桥上山万重，桥下水千里。惟有白鹭鸶，见我常来此。"清厉鹗《宋诗纪事》收录此诗。还有"山中何所有，岭上多白云"一首，被世人传诵。有《锦溪集》。

慧　辩

慧辩，字讷翁，赐号海月。华亭人，姓傅。出生时有异常，父母叫他到普照寺出家（唐乾元中，就陆机旧宅建大明寺，至宋大中祥符三年，诏改为普照讲寺。元牟巘撰《松江普照寺记》云："钟楼巨钟，声闻五十里。"江弢叔《伏敔堂诗》中，有《晚步至普照寺》一首，句云："寺破剩看残佛在，塔高留得夕阳明。"），拜明智高僧为师。明智命代理讲法八年，于是领受普照寺的方丈事。

翰林沈时卿以严苛手段治理杭州，僧徒为之惊惧，唯独慧辩从容自若如同平日。沈翰林觉得慧辩不平凡，让他担任僧人的官职，升为都僧正（都僧正，即大僧正，僧人官职名，每州只设一位）。当时苏轼做副官，认为慧辩行为高尚，曾写文章宣传他。慧辩容貌端庄，举止平静，不储藏多余之物，有一个盗贼在夜里进入慧辩的居室，无物可取，慧辩就脱下衣服给盗贼，并叫他从小路逃遁。

后来慧辩隐居草堂，将要坐化时，遗嘱侍从说要等苏轼来到，方可将神龛关闭。第四天苏轼来到，见他端坐如生，头顶还有体温，于是写了三首七绝哭悼他：

欲寻遗迹强沾裳，本自无生可得亡。
今夜生公讲堂月，满庭依旧冷如霜。

生死犹如臂屈伸，情钟我辈一酸辛。
乐天不是蓬莱客，凭仗西方作主人。

欲访浮云起灭因，无缘却见梦中身。
安心好住王文度，此理何须更问人。

（注：王文度，指佛经度脱人生烦恼和苦难。王文，指佛经。度，度脱。）

端师子

端师子，吴兴人。见了耍弄狮子者深有所悟，则以彩帛当作狮子皮经常披着，于是以师子为号（师，通“狮”）。

端师子住在西余山，继承姑苏翠峰月禅师的衣钵。西余山离开湖州不远，每逢雪后的早晨便穿着彩衣入城，孩子们喧哗着争相追逐他。他追人乞钱，乞得后即散发给饥寒者。

钱穆父到浙东去做官，见到端师子即约他第二天来吃饭。第二天黎明，端师子独自前往，为避雨进入路旁人家，一少妇出迎。一会儿她丈夫归来，见此情形，便怒骂驱逐端师子，结果端师子被巡逻的兵卒收捕。钱穆父手下役吏邀请客人，见到端师子而问其被捕的缘故，端师子说：“麻烦你们寄讯钱公，我本可按期赴宴，因途中奸情事发，请他自己用饭。”钱穆父听到传讯，颇为吃惊，笑着对客人说：“此僧胸中无一点令人嫌疑之事。”

端师子能讲解《法华经》，湖州人争着请他，他必须得钱五百贯才肯打开经卷，讲述几句即持钱坐地，离开缺德且刻薄者而改换其他地方去讲经。

他喜欢歌唱《渔父词》，每逢明月之夜常通宵达旦地歌唱之。

元祐（北宋哲宗年号，公元1086年—1094年）初，圆照禅师从京师慧林退归姑苏，见其于甘露寺道：“您不是端师子吗？”回答说：“是。”圆照对他开玩笑说：“您是村里的一头狮子罢了。”端师子随即应答道：“村里狮子村里弄，眉毛与眼一齐动。开却口，肚里直笼统，不爱人取奉。直饶弄到帝王宫，也是一场干打哄（一场干打哄，喻世事之空）。”圆寂听了称赞他唱得好，但不能悟出他的讥笑之意。

端师子客居无锡，想回湖州。一天早上在江边询问：“有去湖州、秀州的便船吗？”艄公回答：“我这是去常州、润州的船。”端师子欣然说道：“也可以。”于是附身于船尾。

高邮秦观闻端师子道行高超，请他升座于广慧寺，他以手自指道："天下无双月，人间只一僧。一堂风冷淡，千古意分明。"秦观点头赞许。端师子自作高评，出语不凡，是位出众的隐逸高人。

他有只牙齿久病不愈，于是对众人说："明日我要死了。"众人以为戏说，请他说偈，他执笔大书道："端师子，太慵懒，未死牙齿先坏烂。二时伴众赴堂，粥饭都赶不办。如今得死是便宜，长眠百事皆不管。第一不着看管，第二不着吃粥饭。"五更坐化，享年七十二岁。吴郡一带把他作为散圣祭祀。

鰕子和尚

鰕子和尚，本名智俨，居于静安寺。七月十五日，村头聚会，静安寺内僧人或主动前往或被邀请，几乎都去参与聚会，唯独智俨和尚在寺里。有一位陌生的村民来寺斋僧（用食物供奉僧人），顺便请他同去。船行进中看见有渔翁捉虾，智俨买了一斗，取了一些水把虾全部吃光，对渔翁说："我受斋后回来还给你钱。"并叮嘱船夫，不要外传此事。

登上岸后前行，船上人讲起此事，众人都不相信。到了斋僧之家，不请智俨上座，只让其席地而坐，供了一顿饭，而没有布施钱财。受斋回来，见到渔翁，智俨说："今天没有获得布施钱。"渔翁说："无钱可要还我虾。"智俨缓缓地说："还给你。"又索要一些水喝了，随即吐出一斗活虾还给渔翁。人们都觉得奇异，因而称他为鰕子和尚。

坐化前，用蒲草搓了万余条绳子，悬挂在廊庑上，说："我将要作一件有很大缘分的事。"随即坐化长逝。人们竞相布施以钱，拴满了悬挂于廊庑的绳子，于是用这些钱建造佛阁，因此静安寺又被称为鰕子道场。

灵　照

灵照，兰溪人，姓卢。幼年父母双亡，辞别兄长进入宝慧寺。亲近香岩湛师，又亲近净觉，一家门户，与高僧来往无不通达。熙宁（宋神宗年号，公元1068年—1077年）中，主持华亭超果寺。每年开净土会七日，参与其间的僧道与俗人常有二万多人。梦中见到三位圣人（三位圣人，儒家一般指夏禹、周公、孔子，佛家指阿弥陀佛、释迦牟尼、观音菩萨。这里指后者），跪拜问道："灵照一生，期望安宁，能否实现？"观音指示说："净土不远，有愿即生。"一天卧病在床，对侍从者说："我往生西天净土已有日期了。"随即向西盘腿而坐，与世长逝。安放他舍利（佛骨，这里指灵照的遗骨）的塔建在寺院的东南角。

文 照

文照大师，名铨。善于弹琴，他有一张美好的琴叫响泉。居住在普照寺，关了门户，不与他人交往，只是在好风良月之夜，焚香弹琴，说这是用以供佛。附近的人们十分喜欢这优美的琴声，特地在寺墙外筑了亭，以便在他弹琴之夜住在里面聆听。文照大师知道墙外有人在听琴，就移往北窗，远离这隔墙之亭。

元祐（宋哲宗年号，公元1086年—1093年）间，只与主簿（主簿，官名，汉以后在中央各机构及地方郡、县官府都设有主簿，负责文书簿籍，掌管印鉴，为属吏之首）刘发十分相好。刘发曾经邀请一位客人一起拜见文照大师，大师正弹拨琴弦作泛声（即古琴泛音，在琴弦振动的同时，手指在各徽节点上点触而得的声音，音色清晰明亮、晶莹圆润），客人称赞说优美悦耳。大师立即停止演奏，客人有些不高兴而离去。大师回顾刘发道："怎能领这庸俗之人进入我的座席间？"刘发深感惭愧，并致歉意。

大师所居之处叫妙音阁，刘发曾经为之作记和赋诗，诗云：

宝琴何所得，所得甚幽微。
聊借丝桐韵，还超智慧机。
霜风悲玉轸，江月入珠徽。
向此诸缘尽，人间孰是非。

（玉轸，玉制的琴轸。轸，系弦的小柱。这里借代琴声。徽，琴面指示音节的标识。这里亦指琴声。）

可 观（1092—1182）

可观，字宜翁，别号竹庵，华亭人，姓戚。在本县的宝云寺削发出家。十一岁接受具足戒，在车溪卿法师那里学得佛法的要领，他叹息说："语言文字，都是一些糠秕而已。"建炎（赵高宗年号，公元1127年—1130年）初，主持嘉禾圣寿寺。绍兴（南宋高宗年号，公元1131年—1162年）间主持当湖德藏寺，一室凄清，常人不堪居住，他却说："松树、清风、山谷、明月，这些是我用不尽的衣钵。"当时径山大慧禅师宗杲前来拜访，相互对话终日不停，赞叹说："这是教海老龙啊（教海，喻佛门的教义，如海一般宏大；老龙，指可观大师，如佛门教海中的一条龙，说他造诣之深广）。"

乾道七年（公元1171年），丞相魏杞出来按抚苏州，请他主持吴中北禅寺。入寺院那天，正逢九九重阳日，他指着法座道："胸中一寸（指心）灰已冷，头上千茎（指发）雪未消。老步只宜平地走，不知何事又登高（指上升为寺主）？"魏杞听了拍手叫好。

淳熙七年(公元1180年),皇子魏王牧守(做长官)四明,聘请可观大师主持延庆祖庭寺。众人见他行李简少,无不叹服。将近两年,又回当湖竹庵,无疾而终,享年九十一岁。火化那日,无风、无雨、无事,乡邦之人十分惊诧,称之为"三无事日"。他舌根不坏,烟火所到之处,舍利无数,葬于德藏寺塔中。

著有《竹庵集》、《楞严补注》等书若干卷。他自赞画像说:"维摩洗不坏于身,而随一相。老竹庵坏与不坏,初无欠长。到处江山风月,不是这个伎俩。"他的画像现在保存在宝云寺内。清厉鹗《宋诗纪事》录收其入北禅寺重阳日所作之诗;《全宋诗》录收其诗三首。

元 玮

律师元玮,俗姓陈,出生于建溪官宦家族,因科举考试困顿不顺,投华亭超果法师慧道受具戒(佛教戒律有五戒、十戒、二百五十戒等,这里的"具戒"也称"具足戒",即指二百五十戒),苦行三十年,凡是从自己身上取下的头发、指甲都聚集起来归于祖先坟墓中,以表示不敢毁伤之意。

慧道命他到杭州向灵芝元照律师学习戒律。所学已经充实,于是在绍兴四年(公元1134年)到华亭县西寻访当年慧道接待他的旧址,在此营建塔庙,就是如今的圆觉寺及经坊浮图(浮图,即佛塔)。

一天,他召集弟子说道:"我对人的生死来去之义早已观察明白,作为诸君他日足以为人传颂的美谈。"于是命弟子设置高座,升登座上讲述宣扬禅学宗旨,语讫而逝,这是绍兴二十五年(公元1155年)二月癸未之日。

碧云大师

碧云大师,名碧云,号守祥,苏州人。禀性耿直,严守五戒(五戒,佛门戒律,戒杀、盗、淫、妄、酒)。南宋隆兴(公元1163年—1164年)间,先在云间合掌桥建造功德司,掌管龙华寺庙会。本县的士大夫莫初隆等人,手捧香火,恳请他建造寺院,广增福德,四众(四众,佛教指比丘、比丘尼、优婆塞、优婆夷。其中比丘,指受过具足戒的男僧;比丘尼,指受过具足戒的女僧;优婆塞,指在家事奉佛的男子;优婆夷,指在家事奉佛的女子)归向。于是创建十六观堂,与众人同修净业(修净业,指修清净之业,这可使其往生西方净土)。道德之风日益增长,于是建成宏大的佛寺,天台(指天台宗,佛教的一个宗派,以《法华经》为其经典)教观得以大力弘扬。至今龙华寺的祖堂有他的塑像,谥号为"尊者"。

净 梵

净梵，嘉兴华亭人（当时华亭县属嘉兴府辖），姓笪氏。母亲梦见满室光明，见神人似佛，于是生下了他。十岁在胜果寺削发为僧，继承湛、谦二法师衣钵。起初住无量寿院，讲解《法华经》十多遍。北宋大观（宋徽宗年号，公元1107年—1110年）年间，聚集二十七位僧人修订《法华忏》，感应普贤菩萨，授予羯摩法（羯摩法，比丘、比丘尼受戒、忏悔的仪式），呼喊净梵比丘之名，声如撞钟般洪亮。当时长洲县令王公度目击此事，题石为记。

又曾梦见黄衣人请他入见冥王（冥王，阴间君王，即阎罗王），冥王命负责生死簿者说："净梵比丘累经磨难，还讲解《法华经》，因而遣送阳间。"当时姑苏守令有一位婢女被妖作祟，请净梵大师授戒，妖即消失。有位葛氏妇人请大师施予戒律用以祭祀已故之夫，她见亡夫现形绕师三圈而去。

待制（官名）贾公见净梵大师道行出众，请他管理内法（内法即佛门法规），主持十余年。其圆寂火化，五色舍利发出神异色彩。

法 宁

法宁，起先住在沂州马嵝山净居寺，人们称他为马嵝禅师。一日航海到青龙江，章衮的母亲高氏，梦见天人说："有古佛来到。"第二天她迎接法宁大师居住于钱氏园。夜里，所居之地有光芒，掘得石碑，上有"大唐禅寺"四个字。又在福德桥下发现金铜佛像。因而就在这里建造寺院尊奉他。后来右丞（官名，中书省有左、右丞，掌管中书省）朱谔（字圣与，初名绂，华亭人，进士第二，崇宁初由太常丞累擢至侍御史，大观初拜尚书右丞。谔出蔡京门）迎他主持佘山昭庆寺，直至去世。放他遗骨的塔在寺的东南方。

法宁大师属于禅宗南宗五家之一的云门宗，他继承雪窦明，雪窦明继承长芦和，长芦和继承法云本。

妙 觉

妙觉，俗姓朱，七宝人。在家削发，苦行修炼，在背上刺刻《心经》文字，涂上墨色，深入肌肤。发愿前往戒坛，两手各烧落二指。

年六十余无病恙，忽然有一天沐浴更衣，告别邻里；对儿子说："我将要离世了。在常州白家某房某月日托生，你可来询问。"说罢瞑目坐化，有白气一道冲天，隐隐显有人形。不久儿子去寻觅，果然有一男孩在那天出生，背上有《心经》文字。

妙 普

妙普，号性空，自号桃花庵主，汉州人。长久断绝意念获取证果。至华亭追念船子遗风，喜欢吹奏铁笛，纵情自乐。曾作偈自娱其山居生活道：“心法双空犹隔妄，色空不二尚余尘。百鸟不来春又过，不知谁是住庵人。”

建炎（南宋高宗年号，公元1127年—1130年）初，徐明反叛，路过乌镇，民多逃亡，唯独妙普大师负杖而往。贼寇见其伟岸不凡，怀疑有所诈伪。妙普大师说：“我是修禅之人，要前往密印寺去。”贼寇发怒，想要杀他，妙普大师坦然道：“大丈夫要头便砍取，何必发怒！我是必死无疑了，愿得一饭以送终。”吃罢又说：“在劫难逃，我是快活烈汉，如今正好乘此时机，请将我一刀两段。”于是大声喊道：“斩，请斩！”贼寇极其惊骇，向他叩头谢罪，命人护卫而出。乌镇的房屋免遭焚烧，实在是妙普大师的恩惠。

绍兴十年（公元1140年）冬，他做了一只大水盆并有堵水的塞子，写信寄给雪窦寺主持禅师说：“我将要水葬了。”绍兴十二年（公元1142年），雪窦寺主持禅师来到，见他还在，就作偈嘲讽他说：“咄哉老性空，刚要餧（通“喂”）鱼鳖。去不索性去，只管向人说。”他看了此偈笑道：“等待老兄来证明罢了。”说罢命令遍告四众（四众，即“四部众”，佛教指比丘、比丘尼、优婆塞、优婆夷）前来，众人聚集，妙普大师为大家讲说佛法要旨，并仍说偈道：“坐脱立亡，不若水葬（意谓“水葬”最好）。一省烧柴，二省开圹（圹，墓穴）。撒手便行，不妨快畅。谁是知音，船子和尚。高风难继百千年，一曲渔歌少人唱。”于是盘坐于盆中顺流而下，众人都随之到海滨，远望目断。妙普大师拿取塞子抽水而回。四众之人相拥观看盆内无水进入，大师又乘流而往，唱道：“舡子（即船子）当年返故乡，没踪迹处妙难量。真风偏寄知音者，铁笛横吹作散场。”其笛声呜咽，一会儿在苍茫间见大师将铁笛抛掷空中，水盆消失。众人为之呼喊向慕，画像事奉他。三天后在沙上发现妙普大师盘坐如生，道俗（“道”指出家人，“俗”指民众）争相迎归，留五天后火化，舍利大如豆者不可计数，二鹤徘徊空中，火尽才飞去。众人奉舍利灵骨，建塔于青龙（青龙，地名，在今上海市青浦区北）。

长水法师

长水法师，名子璿，秀州华亭人，有道行。注《华严经》八十一卷。经过精严寺讲《楞严经》，并作疏文，对此经典作精辟的解释和发挥。疏文未作时，梦见文殊菩萨进入自己口中；作完之后，梦见文殊从自己口中出来。人们争相传抄此疏文，纸为之涨价。翰林学士钱易（字希白，真宗朝进士，累迁至翰林学士，才学赡敏过人，善寻尺大书行草）上奏朝廷，赐号“楞严大师”。后跏趺（即俗称双盘腿坐法）而圆寂。用两瓮合其遗体，安葬于真如寺。

宋代建炎（南宋高宗年号，公元1127年—1130年）初，金兀术兵至，将瓮打开，见其指甲长得竟围绕身子，重新将其埋葬而离去。

宗 印

宗印，字元实，盐官人，竹庵的出众弟子。解悟佛道有他独特的风格骨力。历经德藏、圆通、超果、北禅等佛寺。海空英辞别灵山，推举宗印接替自己。皇帝召他在便殿对话，他的回答言语简洁而道理明白，赐号慧庆法师。

又来到松江，对他的门徒说：“我化缘已毕，这里就是我的歇息之处。”说罢安详而逝。这是嘉定六年（公元1213年）十二月八日。藏他佛像的神龛位于慈云塔旁。

希 最（妙悟大师）

妙悟大师希最，湖州人，姓施，母亲身感异梦而生他。出家接受天台教（天台，即天台宗，佛教的一派），通晓奥义，僧人对他又爱戴，又敬畏，号称为“义虎”。他曾在青龙镇隆平塔院讲经，后来居住于胜果寺。寺内有鬼作怪，妙悟大师为其讲说轮回因缘，鬼听讲后深表悔改，并写信给大师，信中有“自蒙忏解，已生他化”之语。

大师临终说法作偈，悠闲自得地坐化。

净 岳

净岳，嘉定二年（公元1209年）拜兴圣寺和尚若颜为师，随从鉴堂义法师接受天台教观，尽得天台宗的教义要领。起先在杭州的刘寺说法，最终在大雄宝殿前后共七次坐道场说法。前来听说法的僧人和俗人都得以教化，心向净土。他将天台宗的主要经典称为《金刚錍》，予以分段立节，卓然突出，妙绝古今。传承他的宗法有竹堂正法师、静翁明法师等。

净 真

净真，出家后拜兴圣寺和尚若平为师。嘉定六年（公元1213年），拜见宗贤首教。嘉熙三年（公元1239年），浙江钱塘江水泛滥，净真以偈呈献给安抚（安抚，官名，常由知府、知州兼任，对灾民予以抚恤）赵端明说：“海沸江河水接连，民居冲荡益忧煎。投身直入龙宫去，要止惊涛浪拍天。”于是投入海中，三天后返回，对众人说：“我在龙宫说法，龙神听从我的劝告，这钱塘江不再泛滥发大水了。”说罢又投入海中。

赵端明与民众都感激他的恩德，把他的事迹上报给朝廷。朝廷恩赐他为护国真法师，在杭州的会灵祠立祠堂纪念、祭祀他。

永明智觉禅师

永明智觉禅师，名延寿，余杭王氏之子。在儿时就知道礼敬佛法。成年后不食荤腥，每天吃一顿饭，诵读《法华经》十分敏捷，六十日即能背诵，有羊群跪而聆听。二十八岁为华亭镇将。曾乘船回归钱塘，见渔船里有万条鱼儿，戢戢有声，为此他心生慈悲，将它们全部买下来，放生江中。

他穿着破旧的宽袖单衣投拜翠岩禅师岑公，学习出世之法。吴越文穆王闻其风度，十分爱慕，引导其剃发出家。衣不缯纩（缯纩，缯帛与丝绵的合称，泛指华丽的衣服），食不重味（重味，多种菜肴），行脚吃食，不辞艰辛。曾坐禅习定于天台天柱峰之下，有如同尺鷃（尺鷃，小雀名）一般的小鸟在他的衣服前襟上做窝。

时韶国师是世间最有道行的大师，他北面师事之（北面师事之，即拜他为师）。时韶说：“您与元帅有缘，他日大作佛事，可惜到那时我已不在人世了。”

开始登坛说法，听众达二千人。当时号称他是弥勒佛下生。高丽国派遣僧人航海前来向他问道，其国王投书执弟子礼，奉上金丝织成伽梨、水精数珠、金澡鉼（瓶）等。共有三十六位僧人亲身承受印记，相继回归本国，各自教化一方。

清音子

清音子，姓汤，名道亨，又自号赤脚道人。宋朝末年带了一头猿猴，说是从金陵来，在松江城北盖了一所用椒泥涂壁的小茅屋用以居住。猿猴大如人，能供人差使。

清音子在夜里坐着会放出光芒，乡邦的人们深觉奇异，争着给他饭吃。他多少不论，只说取一半。因此人们更加好奇，施予他一天天增多。于是他凭人们的施与物资建造了一座庵，取名为“太古”，用以请四方的行脚僧和远方道士暂时居留。

过了一段时期，有军士杀了清音子的猿猴煮了吃。他叹息不已，与相好的人们诀别，亲手写了一偈（偈，僧人或佛经的诗句，一般为四句，每句有三言、四言、五言、六言、七言等）道：“八十一年饶舌，终日化缘不歇。重阳时节归家，一路清风明月。”于是端居而坐化。

叶猗兰

叶猗兰，昆山人，移居于华亭的鹤沙。每次外出交游，总是用衣袖藏了瓦石归来，放在烟囱里。同乡的人得了难治的异常之病，叶猗兰就给他一块瓦石，叫他回去也放在烟囱里，然后祈祷，病即痊愈。

秀　道注

秀道，起初居于东佘山华藏庵。入定（佛教用语，僧人静坐敛心，不起杂念，使心定于一处，叫入定）中听到潮声雷涌，一会儿又看见观音大士乘巨鳌慢慢地在潮头前进，因而改变庵名为“潮音”。喜欢佘山两峰中间的险峻处，又结庐其间，建塔于山顶，营造普济院。建筑完毕，他即去世。

惰　湛

惰湛，义乌宋氏之子。父母曾遇到一位奇异的僧人，说：“你们应当命第五个儿子出家。”他后来便出家于双林寺，起先拜师于神照，又依附广智。曾经对广智说：“老师所教导的，我没有怀疑之处。至于圆满地领悟宗旨，还须靠自己求得。”

到松江，设座讲经于超果寺，大力宣扬佛家教化之道。天台一宗振兴于三吴之地，起始于惰湛。

熙宁六年（公元1073年），趺坐（双腿交叠而坐）而逝。火化时，舍利闪闪发光。

梅尧臣（1002—1060）

梅尧臣，字圣俞，宣州宣城（今属安徽）人。宣城古名宛陵，故世称宛陵先生。父梅让务农，终身不仕；叔梅询为进士，官至翰林侍读学士，颇有文名。梅尧臣十二岁随梅询，苦读诗文。少即以能诗知名，但屡试不第。二十六岁以梅询的“门荫”补太庙斋郎。不久任桐城县主簿。天圣九年（公元1031年）任河南县主簿。当时钱惟演判河南府兼西京留守，十分赏识梅尧臣，常引与酬唱；欧阳修任西京留守推官，梅尧臣曾在伊水滨与之相遇，从此结下终生不渝的友情。景祐三年（公元1036年），梅尧臣在建德县令任上，寄诗范仲淹支持改革弊政的主张。皇

注：秀道及下文惰湛为光绪《松江府续志》补遗人物，惰湛作“惟湛”收入正德《松江府志》、崇祯《松江府志》。

祐三年（公元1051年），召试学士院，赐同进士出身；改任太常博士。至和三年（公元1056年），由欧阳修等荐，补国子监直讲。奏进所撰《唐载记》二十六卷，诏命预修《唐书》。嘉祐二年（公元1057年），欧阳修知贡举，推举他为参详官，希望通过考试改变当时浮艳晦涩的文风。梅尧臣在阅卷中发现苏轼文章，向欧阳修推荐，取录为第二名，其弟苏辙同榜。嘉祐五年（公元1060年），为尚书都官员外郎，是年四月病逝。

梅尧臣积极参与欧阳修所倡导的诗文革新运动，与欧阳修、苏舜卿并称“欧梅”、“苏梅”，在诗歌理论和创作实践方面均有建树。他主张诗歌创作须“因事有所激，因物兴以通”，注重诗的形象性、意境，提出了“状难写之景如在目前，含不尽之意见于言外”的著名的艺术标准，并提倡“平淡”的艺术境界：“作诗无古今，惟造平淡难。”刘克庄十分推崇梅尧臣，认为“本朝诗，惟宛陵为开山祖师”。

庆历四年（公元1044年）四月，梅尧臣解湖州监税任，归宣城时途径华亭，有《过华亭》诗：“晴云号鹤几千只，隔水野梅三四株。欲问陆机当日宅，而今何处不荒芜！”用平淡之笔，画出当时的萧条景象，抒发了对历史的感慨。途经青龙镇（在今上海市青浦东北三十五里）时，有《青龙海上观潮》一诗，写出了如画的观潮情景。至和二年（公元1055年）初夏游华亭时，见渔民出没于惊涛骇浪捕捉时鱼，有《时鱼》诗：“四月时鱼逴（意穿越）浪花，渔舟出没浪为家。甘肥不入罟师（善于拉网者，即渔夫）口，一把铜钱趁桨牙（此句意为挣得几个铜钱，只好迁就鱼贩子的杀价。桨牙，鱼贩子）。”唐询任华亭知县时有《华亭十咏》，梅尧臣游寓华亭时有《和唐询〈华亭十咏〉》诗一组。

梅尧臣著作，今存《宛陵先生集》六十卷。今学者朱东润有《梅尧臣集编年校注》。《全宋诗》录收其诗三十一卷，《全宋词》录收其词二首，《全宋文》录收其文二卷。

嘉庆《松江府志》将梅尧臣列于“寓贤”，云其“以叔询知苏州，往来青龙镇”，据此，《松江人物》也录以备考。

附嘉庆《松江府志》梅尧臣传（译文）：

梅尧臣，字圣俞，宛陵人。精于写诗。起初受福荫而任主簿，后来赐进士出身，累官至尚书都官员外郎。因为他的叔父梅询是苏州长官，因而往来于青龙镇，著有《青龙杂志》。

米　芾(1051—1107)

米芾，一作米黼，字元章，自号无碍居士，又号海岳外史、家居道士、鹿门居士、襄阳漫士，世称米南宫、米襄阳，祖籍太原(今属山西)，后徙襄阳(今属湖北)，晚年移居润州(今江苏镇江)，建海岳庵。以其母侍奉宣仁后旧邸恩补秘书省校书郎、浛光尉。入淮南幕府，历知雍丘县、涟水军，以太常博士知无为军。宣和(北宋徽宗年号，公元1119年—1125年)时，为书画学博士，召对便殿，进献其子米友仁(1086—1165，仕至工部侍郎)所作《楚山清晓图》，擢礼部员外郎。以言事罢知淮阳军。不能与世俯仰，故从仕数困。

米芾天资高迈，好洁成癖。冠服效唐人，所与游，皆一时名士。工书画，自成一家，其作墨戏，不专用笔，或以纸筋，或以蔗滓，或以莲房，皆可为画；枯木松石，时出新意。又以山水，古今相师，少出尘格，因信笔为之，多以烟云掩映，树木不取工细，画纸不用胶矾，不肯画绢；然妙于点染，以古为今，故其画，多气韵生动。人物喜画古圣像。多蓄奇石。曾于无为州治，见巨石，状奇丑，大喜，具衣冠拜之，呼之为兄，其放诞如此，世号米颠。米芾深于画理，精于鉴别，有《画史》等书行世。其书法遒劲，得王献之笔意，为北宋四大书法家之一。

米芾工诗文。清厉鹗《宋诗纪事》录其诗十三首。其中，《吴江垂虹亭作》:“断云一片洞庭帆，玉破鲈鱼金破柑。好作新诗寄桑苎，垂虹秋色满东南。”《开先寺观瀑布》:“度峡扪青玉，临深坐绿苔。水从双剑下，山挟两龙来。春暖花惊雪，林空石迸雷。尘缨聊此濯，欲去首重回。”《全宋诗》录其诗四卷。蔡肇评论其诗文“议论断以己意，其说踔厉，世儒不能屈也。刻意文词，不剽袭前人语，经奇蹈险，要必己出，以崖绝魁垒为工”(《故南宫舍人米公墓志》)。米芾也能词。《全宋词》录其词十七首。《全宋文》录其文八卷。著有《山林集》一百卷。

嘉庆《松江府志》将米芾列于“寓贤”，其中引青龙镇隆平寺《经藏记》云“元丰五年春正月，襄阳米芾治事青龙”，据此，《松江人物》录以备考。

附嘉庆《松江府志》米芾传(译文):

米芾，字元章，襄阳人。历任雍邱县知县、涟水军、无为军书画学博士，选拔为礼部员外郎，出来管理淮阳军。

为文奇险，画山水人物自成一家。妙于书法，得王献之笔意。青龙镇隆平寺《经藏记》道:“元丰五年(公元1082年)正月，襄阳米芾治事青龙，宾老相过(宾客故友相互往来)出此文，因喜爱而书写之。”

章 楶

章楶，字质夫，章子厚的弟弟。他的祖先是浦城人，其中有位名叫章仔钧的，在福建事奉闽王做军官。曾经出兵征战，副将迟误期限，犯了死罪，当斩，章仔钧夫人练氏救了他。后来该将在南唐掌握兵权，攻破建州，救他命的夫人还在。该将派人拿了金银玉帛送给夫人，且给她一面白旗，告诉她说："我将要屠城，夫人您将此白旗树于门前，我告诫士卒不冒犯您。"夫人不受礼物和旗帜，说："感谢你们不忘旧情，希望保全城中军民性命，否则我将与城共存亡。"该将被她的言语感动，于是停止屠城。有识之士知道章仔钧的子孙必定大富大贵。后来生了章象，辅助宋仁宗，其子孙果然十分显贵，在整个宋朝都绵延不绝。章楶是章象的侄子。开始做官，任大理评事（大理，即大理寺，官署名，相当于现在的最高法庭。大理评事，是大理寺的一个低级官员），监察华亭盐业，因喜爱这里的风俗，于是就定居于青龙的崧宅里。后来官至知枢密院（主持枢密院。枢密院，掌军政大权的官署），封秦国公，去世后谥号为"庄简"。青龙这个地方就是从此开始有章氏人家。

章楶以功名显，诗词尤见称于世。曾作《水龙吟·杨花》，用事命意清丽可喜。苏轼和之，若豪放不入律吕，徐而观之，声韵谐婉，便觉楶词有织绣工夫（见《曲洧纪闻》）。

何中立

何中立，许州长社人。绍圣（北宋哲宗年号，公元1094年—1098年）进士，曾任许、陈二州知州，累官至枢密直学士。建炎（南宋高宗年号，公元1127年—1130年）初与从弟何沧随从高宗的车驾南渡，居住于黄浦南边的余何潭。

何沧历官至朝奉大夫，制置京西北路干办公事、上都尉，赐紫金鱼袋，禀性刚劲正直，当时人们称赞他为廉吏。他喜爱青龙镇风土，于是迁居于此。

王垂裕

王垂裕，宿迁人。太学生，随从高宗南渡，迁居青龙镇。绍兴（公元1131年—1162年）间劝谏皇上反对和议，削职为民。孝宗继位，又上书，选拔为钱塘教授，后来任正言（正言，官名。唐有左右拾遗，宋初改为左右正言，掌规谏，分隶门下、中书二省）。当时汤思退又主张和议，王垂裕弹劾其奸邪，被罢黜为县丞，有惠政，民众为其立祠堂纪念。

儿子王大业，为人大方，崇尚义气，修建文庙，出粟救饥，大吏（地方长官）特上疏表彰奖励他。

王 迪

王迪，字八三，汴人。靖康（北宋钦宗年号，公元1126年—1127年）进士。为人正直，坚守节操。通晓经学，熟悉历朝典故。官任太常寺丞，随从皇帝车驾南渡。曾到云间鹤沙，喜爱该处地方幽静，风俗淳朴，于是居住隐处下来。

俞韦齐

俞韦齐，汴梁人。侍奉宋孝宗读书，有诗名，而喜好方外之学。遍游名山，选择紫冈安家而居。父亲俞伯雍，因治愈宋高宗左腮溃疡而赐保宜大夫、资政殿学士。父亲去世后，俞韦齐奉丧葬东海上，结庐其旁，更谨慎地孝事母亲。

他的七世孙名仲明，号湛然子，留意喜好道家佛家之书，遍览无遗。得至人（道德修养达到最高境界的人）三五（三辰五星）飞步之术。能呼风唤雨，不随便向慕名利。

瞿榆维

瞿榆维，字安道，汴人。嘉定（南宋宁宗年号，公元1208年—1224年）年间监管下沙场，于是迁居鹤沙。

儿子瞿哲，孙子瞿君用，曾孙瞿霆发，世代在朝廷做官，是海上望族。

杜可久

杜可久，祁国公杜衍的后代。任青龙直学（直学，学官名），有文章德行。设立每天的课程以训导启迪诸生。勤奋不倦，士人非常欢迎他，于是居家于西霞浦，其坟墓在杜村。

据《青龙志》，杜可久的子孙散居于华亭、海上，每代有名人。又据《梧溪集》记载，杜好古，名敏，宋代杜衍的后代，世代隐居青龙，多次拒绝朝廷辟召。

陆梦发

陆梦发，字太初，歙县人。宝祐四年（公元1256年）进士，官任太府寺丞。德祐元年（公元1275年）去世于上海，著有《乌衣集》。

吴惟信

吴惟信，字仲孚，湖州人。寓居白鹤村，以诗闻名。郡人麋先生见其诗文，极其称道。一日两人相遇，求教所作，吴惟信当场吟诵一绝道："白发伤春又一年，闲将心事卜金钱。梨花瘦尽东风软，商略（放任不羁）平生到杜鹃。"麋先生不觉下拜说："天才啊！"

高晞远

高晞远，字照庵，通州人。咸淳、德祐（咸淳，南宋度宗年号，公元1265年—1274年。德祐，南宋恭帝年号，公元1275年）间通判（官名。宋初鉴于五代藩镇权力太大，威胁朝廷，因用文臣知州，并置州、府通判，与知府、知州共理政事，以京朝官儒臣充之。小郡则称签判。知府公事，须长史通判签议连书，始得行下。元不设通判，明设于府，分掌粮运、督捕、水利等事务，权力较宋为小。清于府设称通判，州设称州判，皆为辅佐之官）平江府。府城溃败后，家也散亡，茕然一人，浮游江湖。曾寄居于参政卫泾家，以所学传授众人。

高晞远天赋优秀清朗，学问广博，尤精邵尧夫之学（邵尧夫，即邵雍，宋共城人，字尧夫。好《易》理，以太极为宇宙之本，有象数之学，居洛阳近三十年，名所居为安乐窝，自号安乐先生。与二程同时，程颢叹其有内圣外王之学。元祐中赐谥为"康节"），认为邵尧夫观察外物凭声色气味，声色气味有一万七千零二十四种，人的眼、口、鼻不能全部予以观察与嗅觉，但一万七千零二十四种声音可以用字来区别，举声音的一种例子而其他的色气味可以类推。曾亲手截竹为管，以定五音六律，其进退疏数，丝毫不差。晚年嗜好《参同契》，学习探究十分努力。曾说他的书一般都以纳甲之说（纳甲，《易》学术语）包含其行持进退之度，然而纳甲法是先天图，只是不知伯阳用虞翻之图还是虞翻反用伯阳之图罢了。他对太乙、六壬等各家术数都探究其妙，凭行动、声音可以占验吉凶，决定祸福。他的学说没有被后人传留下来。

邵桂子·邵祖义

邵桂子，字德芳，号玄同，淳安人。宋咸淳（南宋度宗年号，公元1265年—1274年）进士，授官处州教授。宋朝灭亡以后，他不再出来做官。娶华亭曹泽的女儿为妻，因而居家于小蒸，成为文人领袖达四十年之久。八十二岁去世，归葬于淳安。所著有《脞谈》、《脞稿》各若干卷。

儿子邵祖义，任池州学录（学录，官名，掌学规），能写诗，善于篆书和隶书。

林景曦

林景曦，字德阳，别号霁山，温州府平阳县人。咸淳七年（公元1271年）自太学释褐（释褐，谓脱去布衣，换上官服，即作官之意）授泉州校官，历任礼部架阁（架阁，官署贮存文牍案卷的木架。宋代置架阁官，主管架阁库）转从政郎。正逢元兵势盛，于是不再做官。经常与同舍生郑朴翁辈私相哀叹悲悼宋朝的败落。丙子（公元1276年），元兵攻破杭州，杨琏真迦肆意挖掘宋代各皇陵墓，弃其遗骸于草莽，人们都不敢收拾。林景曦在越地痛愤不已，于是与郑朴翁假装采草药一起来到皇陵上，用草袋收拾骸骨，盛入两只木箱内，假托里面装的是佛经，埋葬在越山上，种植冬青树作标志。闻悉之人莫不敬仰，不管熟悉与否，都称他为霁山先生。会稽王监簿一向与他交情深厚，宋亡后，前来与他寻求岁寒之盟（在逆境中保持节操而结成的盟友）。

林景曦居住云间很久，著有《云间怀古》、《神山访僧》、《二陆故居》、《淀湖黄耳冢》等作品。元至大元年（公元1308年）因病而归，去世于家中，享年六十九岁。所著诗文集十卷，而感发于忠义，士林争相传颂之。

殷　群

殷群，号古溪。娶曹学谕女儿为妻，因而居于小蒸，后人称其地为殷庄。在宋代做官，官至转运司干办公事（干办公事，官名。宋制，凡大都督府、制置、宣谕诸司，皆设干办官，或干办公事，以备差遣，无定员）。

吴　潜

吴潜，字毅夫，宣城人。侍奉其父亲寓居于下沙盐场内读书。后来位居众多士人之上，为宋代开庆（公元1259年）名相。

李　邃

李邃，荆州人。任浙西漕司丞，罢官后，遭祸乱而避居浦南竹冈。

陈允平

陈允平，字衡仲，又字君衡，号西麓，鄞县人。才高学博，一时名公卿相都为之倾倒。他放情山水，往来吴松，寓居于青龙白鹤江间。著有《西麓诗稿》、《石湖渔唱》。元初以人才征至北都，不愿受官，放还，世尤高之。

陆文祥[注]

陆文祥，字天德，博平人。官任扬州刺史，转辽东府事（府事，府的佐官）。因病告归，不久到华亭避乱，享年一百零五岁。他的子孙便世代居住下来。

陆 正

陆正，字行正，起初名为唐辅，平湖人。家族世代为宋朝的官员，因而绝意于元代仕进。宋朝末年避乱于华亭。

进入元朝以后，屡次征召不应，潜心于理学，以慎独为要。教授生徒常数百人。

所著有《正学编》、《九经补注》、《乐律考》等书。去世后，门人私谥为“靖献”。

注：陆文祥及下文陆正为光绪《松江府续志》补遗人物。

元

叶　李

叶李，字亦愚，因做赘婿而居于华亭。是宋代少保（官名）叶梦得的后代。

叶李在宋朝时以太学生的身份上书斥责权贵贾似道。贾似道发怒，怂恿林德夫诬告叶李用金屑装饰斋匾不合法，命令狱吏审查追究。叶李遭受黥刑（在脸上刺字涂墨），流放到岭南。后来他蒙皇恩放回，在道路上遇到贾似道（此时贾似道被贬谪），写词赠给他说："君来路，吾归路。来来去去何时住。公田关子（指在官路上来去的凭证）竟何如。国是（国家大政方针）当时谁汝误。雷州户，厓州户（雷州、厓州分别是叶李和贾似道的流放处），人生各有相逢处。客中颇恨乏蒸羊，聊赠一篇长短句。"

元世祖忽必烈征平江南，派遣侍御史程钜夫访求豪俊，于是叶李与王泰来同被征召，授以官职。凡有军国大事，元世祖必问道："已与蛮子秀才商量过没有？"蛮子秀才，就是指叶李。一天，正在大庭议事，叶李不在，问其缘故，说是脚有病。于是就用五龙车接他来。等到他来临，命他坐下，咨询他的意见，才作出决定。

叶李凭借功绩，不断升迁至中书左丞。

何　沧

何沧，汴人。建炎（南宋高宗年号，公元1127年—1130年）初为制置京西北路上都尉，赐紫金色袋，随高宗南渡，看到秀州青龙镇士风淳厚，就用占卜方式选择了定居之地。何沧为人刚强正直有才气，不阿谀趋奉。做官虽久，但清廉不贪，家同平民。当时人们称他为廉吏。

俞道善

俞道善，祖先是吴兴人，俞汝尚的后代。南宋末年，兵灾纷起，俞道善移家避乱至华亭,因为喜爱这里风俗淳厚,尤其喜欢九峰明媚秀丽,就定居于凤凰山之南,叹息道:“宋朝帝位将要倾颓,中原成血腥秽土,我辈只能靠耕种而食了。”因而训诫子孙不要再进取仕途。

元人征平江南,以其豪气粗犷之风改变礼仪风俗,不数年,低俗野蛮成风,宋朝的文明遗俗消灭殆尽了。读书人也是辫发短衣,仿效蒙人的语言服饰,以自附官方。而俞道善仍以华夏的礼仪率领他的宗族,宽衣峨冠,谈说古道,在汉瓦砚上刻铭言道:“人本汉人,土亦汉土,人与土皆古。”因为他还在怀念宋王朝啊。

费 榕

费榕,字子寿,湖州长兴人。徙居嘉兴,再迁上海。宋朝末年,他以上书献策求任两淮制置使,补进勇副尉,转任武节郎、泰州指使、庆元路巡检、浙西路钤辖,暂代提举上海市舶。元初,授武德将军,金牌千户,管理上海市舶。

二十年后,费榕升迁宣武将军、管军总督,兼镇守上海总管府事。当时,沿海民船没有统一管理制度,有的流入盗贼中。费榕认为应该将它们编录为户,免其徭役,设官领之,这样可得海船数千艘,税收数万,以备国用。朝廷采纳了他的意见,赐他虎符,授予他为明威将军,管理海船万户。

费榕任其事数年,要求闲处,结果转任怀远大将军,遥授浙东宣慰使。去世后,追赠护军镇国上将军、江夏郡公、福建宣慰使都元帅,谥号为荣敏。

费榕胸怀宽广,办事认真,行止倜傥,存心厚道;礼遇名士,轻财乐施,人称“费佛子”。税司重估苛取,使商店无法营业。费榕请以额办理,且用三十税一之法,不足则补以私钱。至元二十五年(公元1288年)后,官府按人口收盐税,而且要求缴纳期限急迫。费榕说:“盐民连粥也喝不上,哪里还有盐上缴?”并提出,有盐的缴盐,暂时无盐的,先缴钱钞代替,让盐民根据自己的实际情况决定,不强求一律。酒税不均,百姓往往因此而破产。他请以田业裁断贫困,田少的下户全部免税。邻境恶民相互仇杀,朝廷将他们全部捕而杀之。他建议招收他们,让他们参与出征日本的队伍,以功赎罪。数千人因此得以免死。因为做了以上这些好事,费榕去世之日,乡人皆罢市前往哭悼,甚至相与用佛事来报答他。

费榕的儿子名拱辰,拜武德将军,在平江等处运粮万户。上海起初建学,费拱辰是实际经办者。

瞿霆发

瞿霆发，字声父。他的祖先是开封人，作护驾人员随宋王朝南渡，居住上海。

瞿霆发自幼聪明有悟性，书过目能诵，才气超群。元兵驻扎临安，游骑进入瞿霆发所在之境时，二十六岁的他，挺身兵间，率众归附，一境兵民士众赖以保全生命。

入元后，瞿霆发任下沙盐场副使，后被选拔为进义校尉，同提举上海市舶。任期满后被召见，授承务郎、两浙运司副使。海潮危害盐场，死者数以万计。他组织人力全力救援，许多潮灾时流亡的人又回来，盐业得以延续。仁宗（公元1312年—1320年在位）当时居于潜地，召瞿霆发对策，所对符合帝意，仁宗任他为集贤学士，他退避不敢担当，后升任为中顺大夫，两浙都转运盐使。因组织捕蝗有功，改任少中大夫，真拜运使。

浙东发生饥荒，民众或死亡或迁徙。瞿霆发检查户数，以物力等第予以调节救济，课税更改后成效显著。此事报告朝廷，朝廷要征召他。派出的使者尚未抵达，他已去世。

瞿霆发生前事母极孝，每得时鲜食物，必先供母亲。他又喜待宾客，乐于济施。西湖书院、上海县学，他都割田给予资助。乡邻借贷，他不记账，即使不还也不催讨。曾有一贫士，伪作运使张文质的书信求见，瞿霆发得到伪信，命门役送给这贫士三锭钱。门役鄙视此人，没有给他。瞿霆发知道后，立即拿出五锭相赠，并好言送他回去。门役向瞿霆发说明不给的缘故，他说："你知道什么？他为什么不作书信给你？"当时人们都佩服瞿霆发的气量。

丘机山（一作邱机山）

丘机山，松江人。宋末元初，以能言善辩、应对如流闻名于当时，尤其是猜谜，没人能超过他。遨游湖海间，曾到福州，讥笑当地某个秀才不识字知书（意文化知识懂得不深），引起众怒，但大家没有办法难倒他，也就奈何不了他。一日，有人构思一对，想要令他辞屈心服。此人出上联云："五行金木水火土。"丘机山随口答道："四位公侯伯子男。"他博学敏捷如此。

王泰来（1236—1308）

王泰来，字复元，以字行。他的祖先是大名府人，是宋代文正公王旦的后代。五世祖太常少卿王逖避难渡江，居于金陵，再徙往华亭，所以成为华亭人。

王泰来个性刚直耿介，不肯温顺随从，与人交往，人稍有违于道义时，无论贵贱、亲疏，他都当面羞愧之，丝毫不留情面。年少时学习举子业，通过乡贡进入太学，却认为“这不足以有为”，舍弃而去，放浪江湖间，所到之处往往被人拦住挽留下来。江西帅卢钺用师礼事奉他，不久，他又厌弃而去，归故里后，闭门谢客。至元十五年（公元1278年）冬，他被再次征召，称病推辞不应。二十三年春，侍御史程钜夫奉旨专召两人，其中一人就是王泰来。觐见元世祖，元世祖十分高兴，让他进入集贤院任职。他经常被元世祖召前论事，议论持正不邪，每每深谈至半夜。元世祖命宦官及卫士点了巨烛引他归去，是常有的事。

与王泰来同时被召的还有叶李，被授任尚书左丞。将要被授官职时，王泰来与叶李为一语引起不快。王泰来拂袖而起，说：“不要侮辱我！”事后要求辞官归家，因为态度坚决，得到允准。翰林、集贤诸老，都赋诗为他饯行。

凡精神所及，王泰来都写于诗句中，洗刷世俗之累，表示其洁白无瑕异于常人。他早以诗名，宝祐（南宋理宗年号，公元1253年—1258年）、开庆（南宋理宗年号，公元1259年）间，就有诗集刊行于世，到此时又增加若干卷。其游情物表，发兴天际，世俗都不能束缚他，一时南北人士，皆执弟子礼。享年七十三岁。《元诗选》存其诗三首。赵孟頫著有《有元故徵士王公墓志铭》。

陆鹓南

陆鹓南，号象翁。通晓《毛诗》（《毛诗》即《诗经》，因是毛公所传，故称），不走仕途。文章风格刚健遒劲，本县中人推举他为乡先生，与陆伯灵齐名，乡里称为“二陆”。陆伯灵曾经与他谈论，开玩笑说：“君读《诗》，畴（“畴”即“谁”）敢思无邪？”陆象翁应声而答道：“君读《礼》，胡为毋不敬？”其敏捷颖悟由此可见。所著诗文名为《九峰清气集》。

陈　宏

陈宏，字君宏，号碧壶，莆田人，徙居华亭，就此占籍。起初在府里做役吏，不久弃任而去。于是以儒业（读书进学考官）起家，被授任同知吴江州事（州副官）。他深入研究《周易》，曾著有《易象发挥》、《易孟通言》、《童子问》等书，都流行于世。

赵孟頫（1254–1322）

赵孟頫，字子昂，号松雪道人，又号水精宫道人，宋太祖儿子秦王赵德芳的后代。

他的五世祖是秀安僖王赵子偁，四世祖是崇宪靖王赵伯圭。宋高宗没有儿子，立赵子偁的儿子为太子，即宋孝宗。赵伯圭是孝宗的哥哥，皇帝赐给赵伯圭的宅第在湖州，因而赵孟頫就成为湖州人。他的曾祖父赵师垂、祖父赵希永、父亲赵与訔，都在宋朝当过大官。到了元朝，因赵孟頫为贵官，累次追赠赵师垂为集贤侍读学士，赵希永为太常礼仪院使，两人都被追封为吴兴郡公，赵与訔被赠为集贤大学士，追封为魏国公。

赵孟頫自幼聪明，看过的书就能背诵，拿起笔来就能成篇。他十一岁丧父，十四岁以父荫补官，经吏部考试合格，调任真州司户参军。宋朝灭亡后，在家闲住，更加致力于学问。

至元二十三年（公元1286年），行台御史程钜夫奉元世祖之命去江南搜访隐居的人才，找到赵孟頫，带他去觐见元世祖。赵孟頫才气横溢，神采焕发，有神仙风骨，元世祖看到他很高兴，让他坐在右丞叶李的上位。有人说赵孟頫是宋朝皇族的子弟，不应该让他坐在皇帝身边，世祖不听。当时刚刚设立尚书省，世祖命赵孟頫起草诏书，颁布天下。世祖看了他起草的诏书，很满意，说："把我想说的话都写出来了。"世祖命群臣在刑部议订法律条款，很多人主张赃款达到至元钞二百贯者处死，赵孟頫说道："起初制造纸币时，是以白银的价值为标准的，纸币是虚的，白银是实的，虚实价值相等，现在已经过去二十多年，纸币和白银的价值，轻重相差至数十倍之多，因此才改中统钞为至元钞，若再过二十年，至元钞又会像中统钞一样贬值，如果让百姓按赃钞的面值抵罪，恐怕是太重了。在古代，因米和绢是民生所必须的物品，称之为'二实'，白银、铜钱和米、绢等值，称之为'二虚'。这四者的价值虽然因时有升降，但终究不会相差太远，用绢来核算受赃的数额，最为合适。再说，纸币从宋代开始使用，只在边地郡县流通，金朝沿用，那是出于不得已而为之。若想用这种办法来判人的死罪，似乎是不足取的。"有人认为赵孟頫年纪轻，又刚从南方来，竟非难国法不便于民，对此，心里忿忿不平，责备赵孟頫说："现在朝廷发行至元纸币，因而犯法的人以至元钞计赃论罪。你认为不合适，难道你想破坏至元钞的发行吗？"赵孟頫回答说："法律，关系到人的身家性命，判决畸轻畸重，就会出现罚不当罪的情况。我奉皇帝之命参加讨论，不敢不说。现在中统钞贬值，因而改为至元钞，若认为至元钞永远不会贬值，哪有这样的道理！您不考虑事理之必然，却想以势压人，这样行吗？"那人面有愧色。世祖本来想重用赵孟頫，但参加讨论的人却提出非难。

至元二十四年（公元1287年）六月，赵孟頫任兵部郎中。兵部统管天下的驿站。当时供应来往使臣的饮食花销，比以前多出几十倍，驿站官吏无法供应，便用强制手段向民间索取，百姓不胜其扰，于是他向中书省申请，增加各驿的饮食用钞。至元纸钞的发行遇到困难，世祖派尚书刘宣和赵孟頫乘驿马到江南，责问行省丞相怠慢政令的罪过，凡是左右司官员以及各路官员，可以自行拷打。赵孟頫接受命令前去，到他回京时，没有拷打过一个人，丞相桑哥为此对他大加谴责。

当时有一个叫王虎臣的人，上书检举平江路总管赵全有不法行为，朝廷即派王虎臣去调查，叶李上书，认为不应派王虎臣，世祖不听，赵孟頫进言说："赵全的问题当然应该调查审问，但王虎臣以前曾任该地长官，他强行买下别人的很多田地，又纵容他的门客获取不法利益，赵全多次和他争论，王虎臣怀恨在心。若王虎臣前去，必然陷害赵全，即使赵全的不法行为得以证实，人也不能没有疑问。"世祖恍然大悟，于是派遣其他人前去。

桑哥在晨钟初鸣时即坐在尚书省大堂上，六曹官员迟到者，则加以鞭打。有一次赵孟頫偶然迟到，断事官立刻拉他去受刑，他进入大堂申诉，对右丞叶李说："古时对士大夫不用刑，这是为了培养他们的廉耻观念，教育他们重视节义，再说侮辱士大夫，等于是侮辱朝廷。"桑哥马上多方安慰赵孟頫，让他回去。从此以后，所鞭打的只是曹史以下的吏员。有一天，赵孟頫行经东御墙外，因道路险狭，他的坐骑跌入河里。桑哥听说以后，报告给世祖，于是把御墙西移了二丈多。世祖听说赵孟頫一向清贫，便赏给他钞五十锭。

至元二十七年（公元1290年），赵孟頫升任集贤院直学士。这一年发生地震，大都尤其严重。地面下陷，黑沙水喷涌而出，百姓死伤数十万，世祖深为忧虑。当时世祖在龙虎台，派阿剌浑撒里快马回京，合集贤、翰林两院的官员，询问发生灾害的原因。与会的人出于对桑哥畏惧，只不过泛泛地引证经典以及说些五行灾异等话，笼统地以修人事、应天变来回答，没人敢于联系现实政治。在此之前，桑哥派忻都和王济等人统计天下的钱粮，已经征收了数百万，未征收的还有几千万，严重地损害了百姓利益，弄得民不聊生，自杀事件不断发生，逃往荒山野林的人，朝廷发兵追捕，谁也不敢阻止这件事。赵孟頫和阿剌浑撒里的关系本来很好，劝他奏明世祖，赦免天下百姓，全部免除所征的钱粮，这样或许能消除天灾。阿剌浑撒里上奏，和赵孟頫所说的一致，世祖听从了。诏书的草稿已经拟出，桑哥却大为恼火，认为这不是皇帝的本意。赵孟頫说："凡是钱粮还没征收的民户，家里人非死即逃，空无一人，向谁去征收？如不趁这时免除，日后提意见的人如果把亏欠数千万钱粮归罪于尚书省，这对于丞相您不是个沉重的包袱吗？"桑哥恍然大悟，百姓因此才得以喘息。

世祖曾问及叶李和留梦炎的优劣，赵孟頫回答说："留梦炎是我父亲的朋友，他为人忠厚重信义，而且非常自信，长于谋略而能决断，有大臣的器度；叶李读过的书，我都读过，他的知识能力，我都具备。"世祖说："那么你认为留梦炎比叶李好，是吗？留梦炎是宋朝的状元，官至丞相，当贾似道欺骗君主贻误国事时，留梦炎则曲意逢迎讨好；叶李是个平民百姓，却能冒死进宫向皇帝上书，这样看来叶李要比留梦炎强。你因留梦炎是你父亲的朋友，不敢直斥他的错误，可以写诗进行讥讽。"赵孟頫所写的诗，有"往事已非那可说，且将忠直报皇元"之句，受到世祖的赞赏。

赵孟頫出殿之后对奉御彻里说："皇帝评论贾似道贻误国事时，责备留梦炎默不作声，现在桑哥的罪过比贾似道还严重，而我们这些人如果不出来说话，日后怎么能推卸责任！但我是个被疏远的臣子，我说话皇帝必然不听从，在皇帝身边的大臣之中，读书知理、慷慨有大节而又得到皇帝信任的，没人超过您。不顾个人身家性命，替百姓除去残国害民的贼臣，这是仁人君子义不容辞的任务。大人您一定要勉力去做！"然后彻里来到皇帝面前，历数桑哥的种种罪恶，世祖大发雷霆，命卫士打彻里的耳光，彻里被打得口鼻流血，瘫在地上。过了一会儿，世祖又把他叫到跟前询问，彻里的回答与原先一样。当时大臣们也有继彻里之后揭发桑哥罪恶的，于是世祖下令将桑哥论罪处死，撤销尚书省这一机构，许多大臣因罪被罢免。

世祖想让赵孟頫参与中书省的政务，他坚决推辞。世祖又下令，赵孟頫出入宫门不要阻拦。他每次进见，总是不厌其详地谈论治国之道，他的意见对处理国家政事很有帮助。世祖问："你是宋太祖的后代，还是宋太宗的后代呢？"赵孟頫回答："我是太祖的十一代孙。"世祖说："太祖的所作所为，你了解吗？"赵孟頫回答不了解，世祖说："太祖的所作所为，有很多可取之处，我都了解。"赵孟頫心想，自己如在皇帝身边太久，一定会遭到猜忌，便坚决请求外任。至元二十九年（公元1292年），他外任为同知济南路总管府事。当时总管缺员，他独自主持总管府政事，政务也比较清简。有个叫元掀儿的人，在盐场服劳役，因不堪忍受盐场的艰苦生活，乘机逃走。他的父亲找到他人的一具尸体，竟然诬告一起服役的人杀害了元掀儿，被诬告的人屈打成招，赵孟頫怀疑这是一起冤案，压下来没有判决。过了一个月，元掀儿回来了，当地人都称颂赵孟頫断案如神。廉访司佥事韦哈剌哈孙为人一向苛毒暴虐，只因赵孟頫不肯顺从他的意志，便借机陷害。正逢朝廷撰修《世祖实录》，召赵孟頫回京城，他才得以解脱。过了很久，迁知汾州，没有赴任，皇帝传旨要他书写金字《藏经》，写完以后，升任为集贤院直学士、江浙等处儒学提举；又迁任泰州尹，没有赴任。

至大三年(公元1310年),赵孟頫被召进京,以翰林学士的身份,与其他学士撰写南郊祭天的祝文,以及拟进宫殿的名称,因与众人意见不同,便请假回家。元仁宗在东宫做太子的时候,就知道赵孟頫的名字,即位以后,升任他为集贤侍讲学士、中奉大夫。延祐元年(公元1314年),改任翰林侍讲学士。迁任集贤侍讲学士、资政大夫。延祐三年(公元1316年),升为翰林学士承旨、荣禄大夫。仁宗对他很爱重,称他的字号,而不直呼其名。仁宗曾和身边的大臣评论文学侍臣,认为赵孟頫可以和唐朝的李白、宋朝的苏轼相比。又曾称赞赵孟頫品行端正、博学多闻,书法和绘画超过时辈,并旁通佛、道二教的学说,他人都不可企及。有不喜欢他的人在仁宗面前说长道短,仁宗只装听不见。又有人上书说,国史所记载的内容,不应让赵孟頫这样的人了解和参与其事,仁宗说:"赵子昂这个人,是世祖皇帝选拔的,我特别尊重优待他,把他安排在馆阁中任职,主管著述,修史流传后代,这些人喋喋不休,干什么呢!"接着赏给赵孟頫钞五百锭,对身边的大臣说:"中书省常说国家经费不足,必定不肯给他,就从普庆寺另藏的钱钞中支付给他。"赵孟頫曾几个月不到宫中,仁宗问身边的人,都说他年岁大了又怕寒冷,皇帝下令,让内府赐给他貂鼠皮衣。

当初,赵孟頫因程钜夫的推荐,初入仕途,被任为兵部郎中,后来程钜夫官至翰林学士承旨,请求退休,赵孟頫代替他的职务。他先去程钜失家拜望,然后才进入翰林院,当时人认为此举是士大夫中间的一段佳话。延祐六年(公元1319年),赵孟頫请假回南方。仁宗派使者赏给他衣料,催他回京。因生病,赵孟頫未能成行。至治元年(公元1321年),元英宗派使者去他家,让他书写《孝经》。至治二年(公元1322年),英宗赐给他上等美酒和两套衣服。这年六月,赵孟頫去世,终年六十九岁。朝廷追封他为魏国公,谥号文敏。

赵孟頫在青年及壮年时期曾闲居江南,其间,曾与妻占籍松江,与明代董其昌、清代张照合称"松江三文敏"。

赵孟頫以赵宋宗室历仕元世祖、成宗、武宗、仁宗及英宗五朝,并在世祖面前赋诗"往事已非那可说,且将忠直报皇元"云云,所以被赵氏宗族视为逆子。据传,其族兄赵孟坚只准他从后门入,又对他冷嘲热讽,他走后竟洗其坐具。而在一些蒙古贵族看来,他是贰臣。由于受到世祖、仁宗等恩宠,招致人怨,常遇宦海风波。

赵孟頫和平简易,嗜好冲淡,不骄不奢。后虽贵也无矜色。客求文字,与他周旋终日,虽极劳惫,未尝拒人。性诚实率直,人有过必致讽谏无隐,直而不讦,人也易从。冼玉清曾举一轶事。当其提举浙江时,有新安贾人欲得其书而又虑其赝,乃谋诸其门客。客令具宾主礼入见，命僮磨墨。墨浓，孟頫挥毫授贾。贾大喜拜谢，归悬室中称绝品。明年贾复至松江过府署，见肩舆而入者，人曰“赵公”也。贾望其容绝不类去年为己作书者，俟出审视果远甚。不禁大声呼屈。赵停舆问其故，贾涕泣述始末。赵孟頫笑曰：“君为人所给矣。怜君之诚，今可同往为汝书。”贾大喜载谢，始得真迹。（一说此为董其昌轶事，见叶廷琯《鸥陂渔话》）

赵孟頫文采风流冠绝当时，诗文书画开一代之风气。

赵孟頫长于诗文。虽仕元，但诗中不免有故国之思，如著名的《岳鄂王墓》诗写：“南渡君臣轻社稷，中原父老望旌旗”、“莫向西湖歌此曲，水光山色不胜悲”。陶宗仪称赞说：岳王墓诗不下数十百篇，其脍炙人口者，莫如赵魏公作。有些诗则表达了“一生事事总堪惭”（《自警》）的自我谴责，其中《罪责》一篇长歌当哭。其诗文不务雕琢。戴表元是其知己好友，不轻易赞许人，而为其作序称：“子昂古赋，凌厉顿迅，在楚、汉之间；古诗沉涵鲍、谢。”赵孟頫诗在元前期诗坛有较大影响，明胡应麟称他“首创元音”（《诗薮》）。他的诗风格清丽，富于情趣，含义深远，表现出一种超世的风致，读罢使人有飘飘欲仙之感。赵孟頫的著作，有《松雪斋集》、《尚书注》；还有《琴原》、《乐原》，这两篇著作道出了乐律的奥妙。

赵孟頫工书。他的篆书、籀书、八分书、隶书、真书、行书、草书，种种皆妙。而真、行尤为当时第一。小楷又为诸书第一。其书凡三变，初临思陵，中学钟繇及羲、献诸家，晚学李邕，落笔如风雨，一日能书一万字，遂以书名当时而法后世。天竺国有一位僧人，远涉数万里来求赵孟頫的书法作品，带回去以后，天竺国视为宝物。赵孟頫曾往来本一禅院，楚宇栋梁，多手题，而亭林宝寺碑，尤为世所重。

赵孟頫又善画。画入逸品，高者诣神。工释像、山水、木石、花竹，尤精人马。少时步武李思训、王维、李成，皆缣素滃染之笔。及壮，有唐人之致去其纤，有北宋之雄去其犷。他人画山水、竹石、人马、花鸟，优于此或劣于彼，赵孟頫悉造其微，穷其天趣，至得意处不减古人。作画初不经意，对客取纸墨，游戏点染，欲树即树，欲石即石。曾自题画马：“自幼好画马，自谓颇尽物之性。友人郭佑之曾赠余诗云：‘世人但解比龙眠（李公麟），那知已出曹、韩上。’曹、韩固是过许，使龙眠无恙，当与之并驱耳。”能以飞白作石，金错刀作墨竹，则又古人之所鲜能者。而刻印与吾丘衍齐名，专尚玉筋，一洗唐、宋陋习。

曾任史官的杨载认为，赵孟頫的才能在很大程度上被书画名声所掩盖，了解他在书画方面成就的人，不了解他在文章上的成就，了解他在文章方面成就的人，不了解他经世致用的学问。人们认为杨载的说法是很中肯的。

他的儿子赵雍、赵奕，都因长于书画而知名。

附崇祯《松江府志》赵孟頫传（译文）：

赵孟頫，字子昂，号雪松，吴兴人。宋太祖子秦王德芳的后裔。元王朝搜访遗贤逸士，得赵孟頫于江南，累官翰林学士承旨（承旨，官名，属翰林院。唐宪宗元和元年，命郑絪为翰林学士承旨，位在诸学士上。凡大诰令、大废置、重要政事，皆得专对，宋元因其制。明废。又属枢密院。五代置枢密院承旨、副承旨，以诸卫将军充任；宋时又增置都承旨、副承旨，不常置），谥号"文敏"。

赵孟頫刚诞生时，母亲丘夫人梦见一位僧人入室。他十一二岁时，喜欢书写《金刚经》，他说与僧人交谈十分亲切，如同眷属。兄长名孟僩，称文文山客（文文，古代传说中的兽名。《山海经·中山经·中次七经》："又东五十二里，曰放皋之山……有兽焉，其状如蜂，枝尾而反舌，善呼。其名曰文文。"山客，山居之人），避兵乱而皈依中峰禅师于松江本一禅院，赵孟頫也称弟子。每次接受禅师所给之书，必先焚香叩拜而后开卷，且亲自画了禅师肖像送给同参（佛教徒称同事一师为同参）。

他往来郡城南禅、普照、亭林及泖上崇福寺次数最多，梁栋之上都有他的亲笔题字，而宝云碑尤其为世人所传播推重。其他书画或藏佛像腹中，或藏殿阁拱版上，后人偶尔得之，如获奇宝。

娶郡西管氏为妻，名道昇，即管夫人，能绘竹画大士像，工于书法。小蒸（今属上海市青浦区）之人称她为管道。

任仁发（1254—1327）

任仁发，字子明，一字子垚，号月山道人，世代居于青龙。宋咸淳三年（公元1267年）举人，时年十八。元兵南下，平章游公见到任仁发，十分器重，委托他招安海岛，后让他担任青龙水陆巡警。任仁发官阶屡次升迁，至贰都水监。府境开江置闸，凡水利之事宜，都由他主持。大都通惠河杨隐闸坍塌，会通河浅涩，汴梁黄河进水，归德府、杭州至盐官的海塘崩陷，任仁发都曾对之进行治理，绩效显著。任仁发后以中宪大夫、浙东道宣慰副使的身份辞官归居。筑来青楼、揽辉阁于青龙江上终老。任仁发卒年七十四，去世后，他所管辖过的民众，多立祠祭祀他。

任仁发工书法，学李邕。长绘画，工人物、花鸟，尤擅画马，曾奉旨入宫画《渥洼天马图》及《熙春天马》两图，受到丰富的奖赏，仁宗诏藏秘监。其绘画功力足与赵孟𫖯相敌。故宫绘画馆藏有他所绘之马数幅，俱极精。他的画马技艺甚至掩盖了他为官的能耐。

任仁发究心水利，学擅专门，著《水利书》十卷刊行于世。

任子良，任仁发子。善画人马，故宫绘画馆藏有其人马图，作于可诗堂。笔法几与其父相等，而精力稍逊。任子昭，任仁发子，也能绍父业，善画人马。

唐时措

唐时措，上海人。好学，擅长古文，曾建文昌祠，作古修堂，以便邑士（同县文士）讲习。元初任儒学教谕（教谕，县学学官，掌文庙祭祀，教育所属生员）。

黄允恭

黄允恭，字敬翁，华亭人。江南刚归附元朝，一些民众相率为盗，不少人家遭受焚烧掳掠，他能振奋精神，尽快恢复祖先家业。

他讲究忠信仁义，能解救别人的危难，禀性十分孝顺。母亲吴氏年近百岁，黄允恭也年逾七十了，温凊定省（温凊定省，是孝子事奉双亲的行为，即冬天要使父母温暖，夏天要使父母凉爽，晚上要安排好床铺被褥，早上要探问是否安好，这四个方面合起来就是“温凊定省”）仍从未废止过。

元统元年（公元1333年），因高年耆德（年老而有高尚的道德），中书省行御史表彰他的门庭为“旌德”。去世之年为八十七岁。学士黄溍撰写了他的墓志铭。

儿子黄钺，字宗式，隐居长泖，筑乐全堂而居。虞集伯生记载他的事迹，人称乐全先生。孙子黄璋，两次乡荐（地方官推荐赴礼部参加会试），朝廷用特恩授予官职。

汤文英

汤文英，字孟宽，华亭人。汤家世代重视孝顺父母和友爱弟兄的品德。到汤文英，已经八代同堂。元朝朝廷在他家门前刻石表彰，且免除他家的一切赋税和徭役。

潘世英

潘世英，字积中，华亭人。自幼机敏，稍长即喜欢读书。由御史推荐，带着授官文书来到闽南。正逢久旱后刚下雨，副帅伯颜命他写《喜雨》诗，执笔立就。佥宪（官名）马本初获悉此事，也试他文才，以《镜中梅花》为题，潘世英再现才华，写得愈加词意清婉，尤其值得称道，于是得以备用。

汀寇林安断官道，摧残盐场，伤害平民。潘世英将这些贻误盐民的举措全都取缔，从而使复业者达到一千零三十户。兴化盗贼陈起以求仙访道为名勾结洞府强人，攻城掠地。帅府组织本道官兵追捕，挑选潘世英随从前行。起初，一些官兵杀戮平民以冒充功绩。潘世英对元帅说："叛贼强横，民众胁从，并非出于本心。况且多杀平民，只是白白地增强叛贼之心，请主帅去告诫劝导他们。"元帅听从了他的意见，单骑直抵盗贼营垒，反复晓谕，告以大义，作乱者都被感动得流泪，于是捆缚了叛贼头目而投降，使一千五百户胁从者又回来从事正业，成了良民。

当初江淮盗贼纷起，朝廷命令分兵守关，潘世英负责督察。左丞老老镇守江东，派遣使者要调动关上军队。使者拔刀张弓以威胁，潘世英说："我受命守关，兵士一调走，则闽地危急了。"使者厉声说："你不怕死吗？"他拉开胡须伸长脖子说："我不怕死，我的头可给你，但兵一个也不能给。"使者无可奈何，回去告诉左丞，左丞叹息好久，深感潘世英不同一般。

海盗横行，诸郡分别招募海船。一些富豪之家将大船藏匿在海岛中，而全以小船来应付命令。潘世英立下赏施条例，并使人告发藏匿大船之人，于是得到大船二百艘，其余大船都免于征收。不久，残余盗寇又来到同安。于是潘世英招募义兵航海抗击。忽报安溪贼掳掠县境，贼人突然冲进县衙门。他端坐不动，持刀骂贼，于是遇害。归葬于祖墓所在的簳山。

蔡廷秀

蔡廷秀，字君美，松江人。由州郡学校的学生，试用为官吏，调到江阴，选拔为浙宪奏差（浙宪，浙江的长官；奏差，官吏名），不断升迁至浙省理问所知事（理问所，官署名）、袁州推官；由中书左丞推荐，选拔为江西省简校（简校，即"检校"，掌检公事文牍），然而提升的命令下达时，已遇害。当初蕲州的盗寇侵犯袁州，有土豪率领丁壮支援官兵，因得以授官为同知州事，然而此人贪虐不道，守将设计要杀掉他。他的残党于是引导贼寇攻陷袁州。蔡廷秀被贼寇捉住，三日骂不绝口，以至遇害而死。

蔡廷秀博学多才，识见深沉，意志坚毅，宿儒（老成博学的读书人）先德（有德行的前辈），如陆子方、陆益之、许谦等人都对他十分友善重视。

江阴王逢作挽辞，以寄其在松赵屯的子孙。辞云：甲第归乡校，诗书长法家。不逞虞虿尾，曾快抉鲸牙。淞水菰骈实，袁山草乱花。新秋梦如在，惟觉鬓增华。

罗 璧

罗璧，字伯玉，镇江人。至元（元世祖年号，公元1264年—1294年）初，被授任管军总管，镇守上海，因而家居华亭。

罗璧不断积累功勋而相继任镇国上将军、广东道宣慰使、都元帅、换正奉大夫、都水监等职。致仕后，被赠护军，谥号为桓敏。

起初，朝廷拟从江南运输粮食到京师，以充实国家粮库。通常都是陆路运输，群臣中只有罗璧认为海运方便。朝廷采纳了他的意见，于是他部署漕运船率先取道海域，自杨村进入，数十天就到达京师。

罗璧之子名坤载，蒙先父功德之荫，担任过余姚、兰溪、吉水、新喻四州知府，有惠民政绩。著有《厚俗篇》。

黄道婆

黄道婆，“松之乌泾（即乌泥泾）人。少沦落崖州，元贞（元成宗年号，公元1295年—1297年）间，始遇海舶以归”（元王逢《黄道婆祠诗并序》）。元陶宗仪有《黄道婆》一文（见《南村辍耕录》）。根据该文，黄道婆在以下三个方面作出了贡献：一、革新了棉纺织机具，主要是“捍”（用手摇轧车碾去棉籽）、“弹”（用大弹弓弹花）、“纺”（用脚踏式纺车，一手纺三纱）、“织”之具。黄道婆把踏车改为手摇轧棉的“搅车”，把原来仅用尺余长线绷紧的指拨弦椎弓，改为用四五尺长的绳弦、弹棉花时用檀木槌往来敲击弓弦的大锥弓，后远传日本，称为“唐弓”。又针对纺纱时人手牵伸不及、棉花易断的情况，缩小纺麻、丝的三锭脚踏纱车竹轮直径，调整脚踏木棍支点和竹轮偏心距，制成一手纺三根纱的三锭纺棉车。二、改进了棉纺织技艺，开发了精美的棉纺织品。棉的质地比丝绸温暖，比葛麻轻柔，经过染色制成衣被，自有其独特之处，在相当长一段时间中，被奉为生活中的珍品。“至于错纱、配色、综线、挈花，各有其法，以故织成被、褥、带、帨，其上折枝、团凤、棋局、字样，粲然若写。”（意让棉花交错、染色、搓线、提花，编成各种图案，也各有各的方法。所以能织成被子、褥子、带子、手巾；这些织物上面各种各样的图案，如一枝枝的花、圆形的凤凰、棋局、文字，那鲜明清丽的样子，好像是画出来的。）所开发的纺织品中，最著名并流传到近代的，就是“乌泥泾被”。三、教家乡人民制造革新了的棉纺织机具，传授改进了的棉纺织技艺，致使家乡很快富裕起来，“人既受教，竞相作为，转货他乡，家既就殷”（意乌泥泾人受到教学训练，就争着做这样的工作，并把成品转销贩卖给其他地方，家庭就很快富裕起来）。影响所及，推动了松江棉纺织业的发展，到明代中叶，松江已成为中国棉纺织业的中心。王逢也说：“教他姓妇，不少倦。未几，被更乌泾名天下，仰食者千余家。”

黄道婆去世后，民众给她立了祠庙，逢年过节都去祭拜。过了三十年，祠庙毁坏，同乡人赵愚轩重建了祠庙。王逢诗曰：“前闻黄四娘，后称宋五嫂。道婆异流辈，不肯崖州老。崖州布被五色缫，组雾紃云灿花草。片帆鲸海得风归，千轴乌泾夺天造。天孙漫司巧，仅能制牛衣。邹母真乃贤，训儿喻断机。道婆遗爱在桑梓，道婆有志覆赤子。荒哉唐元万乘君，终覗长衾共昆弟。赵翁立祠兵久毁，张君慨然继绝祀。我歌落叶秋声里，薄功厚飨当愧死。”元代民谣云：“黄婆婆，黄婆婆，教我纱，教我布。二只筒子二匹布。”

周 贞

周贞，隐居江湖之人，字子固，晚号玉田隐者。爱好学习读书，禀有奇特气质。大德（元成宗年号，公元1297年—1307年）、元贞（元成宗年号，公元1295年—1297年）间出去漫游，到了扬子江，叹息道：“做官是用以扶助救济众人的，如果用一门技艺拯救众人的疾苦，即使不做官也如同做官啊。”于是返回吴淞江，连忙搜取神农、黄帝医书以及后来的金、宋各医家之书学习训练，医术高明，名震西浙。

每遇奇疾，古今医者都不明白的，周贞用以妙药，很快痊愈。瞿运使得热病，即使严寒时节也要用水晶浸水，握于手中，医者都认为他患了大热之病。周贞却道：“这是寒极所致，似热而不是真热。”饮了他配的附子汤，即病愈。卫立礼得寒病，即使盛夏时节也要穿几层皮衣靠火炉坐于密室中，医生用乌附药，服后病加剧。周贞说：“这是热极似寒，不是真的得了寒病。”煎煮大黄、芒硝饮服，病即痊愈。王君海的儿子生了麻风病，医生都不能治疗。周贞用药调水中命他漱口，牙龈出污秽之血数斗，既而骨瘦如柴，然后慢慢用美味补养，数月后病愈。王经历患了身子轻飘、若行空中之病，转换医生七十多人，都以为患了风虚之症，用以热剂，病势转重。周贞说：“这是沾染了酒毒。”即以寒凉之剂驱散，随即病愈。赵鹤皋的妻子苦于喉干，水浆不能下，众医惊愕。周贞通过询问，知道她平时最喜欢吃鸂鶒肉，即命烹饪鸂鶒进献给她，并授以汤匙筷子，入口不觉得痛苦，随即食物能咽下，病如丢失般地痊愈。一妇女因分娩而舌头伸出不能收进，周贞用硃砂傅她舌上，让她仍旧作分娩的样子，请两位女子搀扶她。

然后在墙壁外悄悄地累叠盆子,放置最高处盆子堕地而发出声音,那妇女听到盆子坠地之声舌头便收进去了。一女子忽然嗜好吃泥土,每天吃河中污泥三碗许,周贞取壁间灰土调水给她喝,于是她不再嗜好吃泥土。

周贞认为不少古代药方不适合当今之病,用奇特的药方和办法治病,其灵验就如上述。他又善于绘画,精于音律,外表谦和而内心严峻,孤高自傲不迎合迁就世俗。王公大人常谦恭以礼邀请他,他不愿就请,避而远之。平时与客人谈玄妙道术,滔滔不休,毫无倦意。常独自焚香清坐,怡然自得,宾客来临则杀羊滤酒,与之尽欢。客人或有馈赠,他则用以赒人之急,即使自己家贫也不顾虑。

至正十五年(公元1355年)秋,淮兵进犯吴境,城池陷落。周贞关门卧床,绝食九日而死,当时八十三岁。

辛恩仁

辛恩仁,大德(公元1297年—1307年)间任上海县令。当时学校初创,辛恩仁锐意修举,凿泮池(古代泮宫的水池。泮宫,即古代学宫,泮池,位于泮宫的东、西、南方,形如半璧。以其半于辟雍,故称泮池。辟雍,周代大学,取四周有水,形如璧环而名),复古制,春秋行释奠礼(置爵于神前而祭的礼仪。《礼记·文王世子》:"凡学,春官释奠于其先师;秋冬亦如之。凡始立学者,必释奠于先圣、先师。"),官府供给士人粮食以养老,士林中人都十分思慕他。

王　珪

王珪,至大(公元1308年—1311年)间任上海县丞。禀性刚强果断,抑制豪强,保护弱小,政绩丰硕。改建儒学于县署东边,增大规模,装饰殿庑,焕然改观。人们都歌颂他的德行。

祝　峋

祝峋,字秀岩,一说字碧山,人们一般都知其字而不知其名。华亭人。大德(元成宗年号,公元1297年—1307年)间任海道都漕运万户府经历(经历,官名,掌出纳文书),升任平江路总管。祝峋英俊挺拔,豪迈阔达,诗文清新优美。与俞琰共同学习《周易》,讲习研治十分精到。他所交往的都是当时的名人俊杰,与赵孟頫、朱德润意气相投。在官位上去世,他的子孙于是在吴门定居。

凌 嵒

凌嵒，字山英，号石泉。他的祖先凌哲，官任少师，靖康（北宋钦宗年号，公元1126年—1127年）中从汴京随皇帝车驾南迁，他的后人居于华亭，于是成了华亭人。嵒年少时习举子业，以图仕进。北宋灭亡后，他就隐居起来，尽情写诗，炼词治句，音韵秀拔，紧随大历（唐代宗李豫年号，公元766年—779年）十才子（指卢纶、吉中孚、韩翃、钱起、司空曙、苗发、崔峒、耿湋、夏侯审、李端十人，都以诗齐名）的笔法，深受时人推重。郡中九峰次第题咏，时人呼为"山史"。清厉鹗《宋诗纪事》收其《题机山》："六峰乔木锁云根，青接平原数里村。此处无人来听鹤，海灵山鬼哭黄昏。"另有《佘山》："三峰高远翠光浓，右列仙宫左梵宫。月落轩空人不见，野花山鸟自春风。"《辰山》（一作《细林山》）："四峰孤耸郁苍苍，新构僧庐傍野塘。林下雨晴春昼暖，松花薰得白云香。"《薛山》："五峰遥隔水村西，薛老曾来隐翠微。牧子唱歌樵子笛，贪看明月夜忘归。"《全宋诗》收其诗九首。有《古木风瓢集》刊行于世，今佚。

赵良仁

赵良仁，赵宋王朝的后裔。其祖先随宋王朝南渡时由汴州迁于睦州。他天赋忠诚，富有才略。元朝末年，朝廷曾请他出任婺州肃政廉访司官吏，再任兰溪县佐助官吏，温州长吏，都认为他贤良，但这都不符合他的心愿，因而辞归，跟从乡先生（年老而辞官居乡的人）朱彦修学医，将要学成，又被荐任海道万户府从事，他叹息道："行医可以有所作为，我何必去做官吏啊！"也不去就任。

后来张士诚窃据吴郡，招收贤士，有人劝他前去应招，他携带家眷离开华亭，隐居于乡村田间，以医术闻名。他治病不计较钱财，对症给以良药，往往获得奇效。

他重视家庭教育。胡仲申、宋景濂遣送儿子前来拜他为师。

后来迁徙到姑苏。他一向喜爱松江九峰胜景，经常来往于华亭与姑苏间，隐逸终身，悠闲自得。

儿子赵友泰、赵友同，皇帝钦定给以孝子荣誉。九世孙赵原性，重新编辑《赵氏家乘》（家乘，即家谱，家族历史），叙述详细明白，足可称之为良史。

黄公望（1269—1354）

黄公望，字子久，号大痴道人，又号一峰，晚号井西道人。常熟人（一作浙江富阳人，又作衢州即今浙江衢县人），自署作平阳（今属浙江）人。本名陆坚，幼时父母亡故，贫无所依，约十岁时过继于永嘉（今属浙江温州）人黄乐为养子。相传其时黄乐年已九十，见陆坚而喜出望外，言："黄公望子久矣！"故陆坚改姓换名为黄公望，字子久。黄公望禀性聪明机灵，有神童之目，博学多才，对经史百家、九流三教，无不通晓。推崇顾恺之，赞赏顾三绝之一的"痴绝"，曾在《顾恺之秋江晴嶂图》序中说："至于痴，亦由资禀之高，好奇耽僻，不欲与世同。"可知他号"大痴"有愤世嫉俗之意。

至元（元世祖年号，公元1264年—1294年）中，黄公望曾被浙西廉访司徐琰辟为书吏。一日，黄公望着道士服，持文书白事，徐琰怪而诘之，黄公望就离他而去。延祐（元仁宗年号，公元1314年—1319年）中游京师，任大都御史台书吏，受牵连而入狱，出狱后，返江南，并出家入道，黄冠野服，寓居松江柳家巷，往来钱塘、吴中。据王逢"十年松上筑仙关"（《梧溪集·奉简黄大痴尊师》）、"十年不见黄大痴"（《梧溪集·题黄大痴山水》）等诗句，有学者认为黄公望寓居松江达十年。后来隐居杭州的筲箕泉，不久又归于富春。八十六岁去世。

黄公望通音律、图纬之学。五十岁后始画山水，师法董源、巨然，晚变其法，自成一家，与王蒙、倪瓒、吴镇为元末画坛四大家。常携带纸笔描绘自然胜景，有时整日坐在荒山乱石、树木深篆中，意态忽忽，每往泖中通海处，看激流轰浪，即使风雨突至、水怪悲咤也不顾。"所画千丘万壑，愈出愈奇，重峦叠嶂，越深越妙。其画格有两种，一种作浅绛色者，山头多矾石，笔势雄伟。一种作水墨者，皴纹极少，笔意尤为简远，惟所作较少耳。"（《图绘宝鉴》）倪瓒曾题其画云："本朝画山林水石，高尚书（克恭）之气韵闲逸，赵荣禄（孟頫）之笔墨峻拔，黄子久之逸迈，王叔明（蒙）之秀润清新，其品第固自有甲乙之分，然皆予敛衽无间言者，外此则非予所知矣。"黄公望的代表作当推《富春山居图》。他七十九岁那年，与师弟无用来到富春山。此山面临富春江，江边有世所称仰的高士严子陵的钓台，他们一同住在附近的南楼之上，于是这里的江山人物之胜，引起了黄公望的画兴，开始着手创作《富春山居图》。全卷从起笔到完工，前后断续七年。笔墨洗练，意境简远，气清质实，骨苍神腴。恽南田云："凡十数峰，一峰一状；数百树，一树一态。雄秀苍莽，变化极矣。"（《瓯香馆画跋》）清宫先后收藏《富春山居图》的伪作和真迹，但都不完整。真迹还有一段历史：它曾为云起楼主人吴洪裕所藏，吴氏临死前嘱咐家人"焚以为殉"，其侄吴子文从火中抢出，已裂为长短两段。短者为卷首，现藏浙江省博物馆，定名为《剩山图》；另幸存的部分，藏于台北故宫博物院。黄公望的《九峰雪霁图》，画的是松江的九峰。画面高岭竞立，层岩峰起，丘壑峣峥，冻树萧瑟，是隆冬腊月、气候严寒的山区景象。"是图大痴极经营之作，无平日本色一笔，洵属神化，可直夺右丞、营丘之席。以其纯用空勾，不加点缀，非具绝大神通不能也。”（清张庚《图画精意识》）“所著《写山水诀》（始录于陶宗仪《南村辍耕录》），至今多宗之。”（正德《松江府志》）

黄公望善诗词、散曲。杨维桢说他“诗宗晚唐”。诗作多为题画之作。他以画家兼诗人的眼光题画，诗中既有清晰的画面形象，又有引人遐思的神韵，如《题〈王摩诘春溪捕鱼图〉》、《题〈王晋卿万壑秋云图〉》、《题〈为袁清容长幅〉》等诗，多有飘逸、飞动而空灵的意趣。如《题〈王摩诘春溪捕鱼图〉》中有句云：“春江水绿春雨初，好山对面青芙蕖。渔舟两两渡江去，白头老渔争捕鱼。……归来一笛杏花风，乱云飞散长天碧。”即便是《西湖竹枝歌》这类作品，情调也与题画诗相类似，如“湖船女子唱歌去，月落沧波无处寻”。清顾嗣立《元诗选》收其《大痴道人集》诗数十首。孙楷第从《涵芬楼秘笈三集》本《孙氏书画钞》辑得其《李嵩髑髅纨扇》词一首：“没半点皮和肉，有一担苦和愁。傀儡儿还将丝线抽。弄一个小样子把冤家逗。识破个羞那不羞？呆，兀自五里已单堠。”其中，“已单堠”，孙疑作“一单堠”。

黄公望在松江期间，与曹知白最善。又与钟嗣成交好，《录鬼簿》将其列入“方今才人”节，并言：“公望之学问，不待文饰。至于天下之事，无所不知，下至薄技小艺，无所不能；长词短曲，落笔即成。人皆师尊之。”

附崇祯《松江府志》黄公望有关材料（译文）：

别传云：黄公望运思落笔气韵流动，画家极力不能追拟，得其片纸皆宝之。元至元（公元1335年—1340年）中，浙西廉访使徐琰辟（征召）为书史，弃去。更名坚，号一峰，又自称大痴道人，放浪江湖。

戴表元画像赞：身有百世之忧，家无儋石之乐。盖其达似晋宋酒徒，侠似燕赵剑客。至于风雨寒门，呻吟盘礴（盘礴，据持牢固貌。唐白居易《长庆集·有木诗》之四：“有木名杜梨，阴森覆丘壑，心蠹已空朽，根深尚盘礴。”），欲援笔而著书，又将为齐鲁之学也（《论语·雍也》：“子曰：齐一变，至于鲁；鲁一变，至于道。”言齐鲁有太公周公之余化，若有明君兴之，由齐之霸道而变为鲁之王道。后以齐鲁指文化兴盛之地）。

杨维桢（1296—1370）

杨维桢，浙江会稽（今浙江绍兴）人。字廉夫，号铁崖、铁笛道人，又号铁心道人、铁冠道人、铁龙道人、梅花道人等，晚年自号老铁、抱遗老人、东维子。会稽男爵杨宏之子。其母亲姓李，梦见月亮上金钱坠落怀中而生下了杨维桢。杨维桢年少时，一天之内读书能记忆几千字。到了弱冠之年，父亲不为他娶妻授室，而在铁崖山中造了一座楼，绕楼种上了百来株梅树，楼内集中了几万卷图书，撤去梯子，让他在楼上读了五年书。然后，赴甬东从师求学，其父不惜卖掉良马，以充足其游学费用。杨维桢则节衣缩食，把钱多用于买书。学成归来，父亲见到杨维桢带回《黄氏日钞》之类一大叠书，欣喜地说："这比良马更难得！"

杨维桢于泰定四年（公元1327年）以《春秋》经登李黼榜进士，授官天台县尹。他勤于理事，政绩卓然。天台多滑吏，他整饬吏治，铲除奸吏，百姓拍手称快。后改任绍兴钱清场盐司令，他针对盐赋病民，为民请命，申闻上司力求减免，不惜丢官。由于他生性耿直，为官廉直，故"众恶其直，且目为狂生"，仕途不能通达，十年未升迁。正值辽、金、宋三史编纂完稿，杨维桢写了千余字的《正统辩》，总裁官欧阳元功边读边赞叹道："百年后，公论定于此矣。"想要举荐他但未成功。后杨维桢转任建德路总管府推官，提拔为江西儒学提举，尚未上任，因兵乱道梗未成行，避乱于富春山，后又挈家归钱塘（今浙江杭州）。张士诚开藩姑苏，广招名流，东南名士多往依之，杨维桢独不应召。于是张士诚就派了他的弟弟张士信来向杨维桢请教，杨维桢因此写了五论，并且写了封信回复张士诚，反复告诫顺逆成败的道理，但张士诚没有采用。此后，因规讽得罪丞相达识帖睦迩，遂徙居松江。

杨维桢居松江期间，一方面常游于九峰三泖之间，他戴华阳巾，被羽衣，泛画舫于龙潭凤洲中，横铁笛吹之，笛声穿云而上，望之者疑其为谪仙人。一方面筑园圃蓬台，并设馆授徒，袁凯、陶宗仪等，皆执弟子礼，一时间东南一带的才子们无日不来登门拜访。杨维桢喝酒一时兴起，便逸兴激荡，笔墨横飞。有时让侍从歌唱《白雪》之辞，自己弹奏琵琶相和，宾客们都翩翩起舞。宋濂曾说："声光殷殷，摩戛霄汉，吴越诸生多归之，殆犹山之宗岱，河之走海，如是者四十余年乃终。"杨维桢也自云："吾铁门称能诗者，南北凡百余人。"（《可传集序》）

明洪武二年（1369年），明太祖朱元璋征召诸儒纂修礼乐书，因杨维桢是前朝老资格的文学之士，故派翰林院侍读学士詹同持厚礼聘请。杨维桢辞谢说："岂有老妇将就木，而再理嫁者耶？"洪武三年（1370年）正月，朝廷又敦促其出仕，杨维桢说："皇帝竭吾之能，不强吾所不能则可；否则有蹈海死耳。"并赋《老客妇谣》献明太祖：

老客妇，老客妇，行年七十又一九。

少年嫁夫甚分明，夫死犹存旧箕帚。

南山阿妹北山姨，劝我再嫁我力辞。
涉江采莲，上山采薇。
采薇采薇，可以疗饥。
夜来通过娼门首，娼门萧然惊老丑。
老丑自有能养身，万两黄金在纤手。
上天织得云锦章，绣成愿补舜衣裳。
舜衣裳，为妾佩古意，扬清光，辨妾不是邯郸娼。[注]

明太祖特赐一辆安车迎杨维桢入宫。杨维桢就职一百一十天，“所纂叙例略定，即乞骸骨。帝成其志，仍给安车还山”。史馆里留下来继续编纂的人在西门外设帐饯行，宋濂赠他一首诗，其中有“不受君王五色诏，白衣宣至白衣还”。五月，杨维桢因肺疾发作逝于松江，享年七十五岁。

杨维桢在官场上的失意，使他更肆力于学，故在学术上多有作为。他学识渊博，上下古今，贯穿百家，在经学、史学、文学等领域均有涉足，其中以文学成就最高。

杨维桢的经学著作有：《四书一贯录》、《五经钤键》、《春秋大义》、《春秋透天关》、《礼经约》、《君子议》(一曰《左氏君子议》)、《春秋胡氏传补正》、《春秋合题著说》及《春秋定是录》等。诸经之中，尤擅长于《春秋》学。他曾评论《春秋三传》说：“《三传》有功于圣经者，首推《左氏》，以其所载先经而始事，后经以终义。圣人之经，断也；左氏之传，案也。欲观经之所断，必求传之所纪事之本末，而后是非褒贬白也。”因此，“言经者舍左氏无以为之统绪”。杨维桢的史著有：《历代史钺补正》、《太平纲目》、《三史纲目》、《富春人物志》和《史义拾遗》等。

杨维桢在诗、文、戏曲方面均有建树，有《东维子文集》、《铁崖古乐府》、《乐府补》、《复古诗集》、《丽则遗音》、《铁崖赋稿》等。有“文章巨公”、“文中之雄”、“第一诗宗”之誉。他为元代诗坛领袖，因“诗名擅一时，号铁崖体”，在元诗坛独领风骚四十余年。与永嘉李孝光、茅山张羽、锡山倪瓒、昆山顾瑛均是诗文上的好朋友。杨维桢诗文清秀隽逸，别具一格。其诗歌中最著名的是古乐府，此外竹枝词、宫词和香奁体也很著名。他认为：“诗至律，诗家之一厄也。”他的好友张雨在《铁崖先生古乐府序》中说：“三百篇而下，不失比兴之旨，惟古乐府为近，今代善用吴才老韵书，以古语驾御之，李季和、杨廉夫遂称作者，廉夫又纵横其间。上法汉魏，而出入于少陵、二

注：朱彝尊等认为此诗为伪作。

李(杜甫、李白、李贺)之间,故其所作古乐府辞,隐然有旷世金石声,人之望而畏者,又时出龙鬼蛇神以眩荡一世之耳目,斯亦奇矣。”宋濂则称他的文章好像让人看到商敦周彝、云雷成文而寒气横逸。

在杨维桢的古乐府中,《鸿门会》是他的得意之作,诗中写道:

天迷关,地迷户,东龙白日西龙雨。撞钟饮酒愁海翻,碧火吹巢双猰貐。照天万古无二乌,残星破月开天余。座中有客天子气,左股七十二子连明珠。军声十万振屋瓦,拔剑当人面如赭。将军下马力排山,气卷黄河酒中泻。剑光上天寒彗残,明朝画地分河山。将军呼龙将客走,石破青天撞玉斗。

吴复曾说杨维桢“酒酣时,常自歌是诗。此诗本用贺(李贺)体,而气则过之”。同时,杨维桢还善于以史事与神话为题材,诗风诡异谲怪,曾被人讥为“文妖”。其诗比兴迭出,奇想联翩,呈现出跳跃的诗思方式,如《五湖游》:

鸱夷湖上水仙舟,舟中仙人十二楼。桃花春水连天浮,七十二黛吹落天外如青沤。道人谪世三千秋,手把一枝青玉虬。东扶海日红桑樛,海风约住吴王洲。吴王洲前校水战,水犀十万如浮鸥。水声一夜入台沼,麋鹿已无台上游。歌吴歈,舞吴钩,招鸱夷兮狎阳侯。楼船不须到蓬丘,西施郑旦坐两头。道人卧舟吹铁遂,仰看青天天倒流。商老人,橘几弈?东方生,桃几偷?精卫塞海成瓯窭,海盪邙山漂髑髅。胡为不饮成春愁。

吴复评论《五湖游》时说:“先生此诗雄伟奇丽,逸气飘飘然在万物之表,真天仙之语也。如‘海盪邙山漂髑髅’之句,使长吉复生,不能过也。”

杨维桢有《庐山瀑布谣》诗,以神奇想象大胆描写梦中奇情幻景,有浪漫主义色彩,诗云:“银河忽如瓠子决,泻诸五老之峰前。我疑天仙织素练,素练脱轴垂青天。便欲手把并州剪,剪取一幅玻璃烟。相逢云石子,有似捉月仙。酒喉无耐夜渴甚,骑鲸吸海枯桑田。居然化作十万丈,玉虹倒挂清泠渊。”

《四库全书总目提要》曾评论杨维桢:“元之季年,多效温庭筠体,柔媚旖旎,全类小词。维桢以横绝一世之才,乘其弊而力矫之,根柢于青莲、昌谷,纵横排奡,自辟町畦,其高者或突过古人,其下者亦多堕入魔趣。故文采照映一时,而弹射者亦复四起。”

杨维桢个性倔强,风流洒脱。他居于松江时,常与陆居仁(华亭人)、钱惟善(侨居松江)、倪云林、宋仲温、柯九思、张雨等诸才俊之士相契,饮酒赋诗,挥毫弄墨,放浪于形骸之外,游艺于笔墨之间,使其个性得到了充分的发挥。

杨维桢的书法亦如他的诗一样，讲究抒情，尤其是草书作品，显示出不凡的个性和深厚的功力。传世墨迹约十余件，皆为五十岁后所书。其书法追溯汉魏两晋，融合了汉隶、章草的古拙笔意，又汲取了二王（王羲之、王献之父子）行草的风韵和欧字劲峭的方笔，再结合自己强烈的艺术个性，最后形成了他奇崛峭拔、狷狂不羁的独特风格。他的字粗看东倒西歪、杂乱无章，实际骨力雄健、汪洋恣肆。因其书法不合常规，超逸放轶，刘璋在《书画史》中评曰："廉夫行草书虽未合格，然自清新可喜。"吴宽《匏翁家藏集》则称其书如"大将班师，三军奏凯，破斧缺斨，倒载而归。"黄惇评其作品粗头乱服，不假雕饰，常以真、行、草相互夹杂，并以卧笔侧锋作横、捺笔画的章草波磔；结字欹侧多变、长短参差、大小悬殊；章法则字距大于行距，在貌似零乱错落中，凸显其跳荡激越的节奏旋律。《中国书法全集——康里巎巎、杨维桢、倪瓒》收有他两件立轴书，书于1363年的《溪头流水诗草书轴》不仅章法款式已见立轴书的成熟模式，且笔法多变，结字诸体杂糅，倔强超逸，足显其书法趋于偏激的表现主义风格。

书法的抒情性在杨维桢这里得到充分的张扬。他反对摹拟，主张不工而工。他认为"摹拟愈逼，而去古愈远"（《谈艺录》），主张诗品、画品、书品与人品作统一观，认为书品无异于人品。他晚年的行草书，恣肆古奥，狂放雄强，显示出奇诡的想象力和磅礴的气概。杨维桢传世墨迹有《鬻字窝铭》、《真镜庵募缘疏》、《梦游海棠城记》、《跋邹复雷〈春消息〉图》等，楷书有《周上卿墓志铭》等。

此外，杨维桢的音乐造诣也极深，特别是善吹铁笛，其"铁笛道人"的别号即因此而来。

杨维桢与陆居仁、钱惟善合称"元末三高士"。

附崇祯《松江府志》杨维桢传（译文）：

杨维桢，字廉夫，会稽人。泰定（公元1324年—1328年）间李黼榜进士（李黼榜，榜上首名是李黼。榜名以首名定）。博通经史，称雄诗文。由天台县令改为钱清盐场司令，提举杭州的四务（务，管理贸易及收税的机构），转任建德总管府推官（建德，县名，是建德府治所在地。总管府推官，官名，是知府的属官），升任江西等处儒学提举。尚未上任，遇到战乱，他携家眷寓居华亭，筑室百花潭上，取号小蓬台。洪武三年（公元1370年）去世，享年七十五岁。松江府太守林庆将他安葬在天马山。

自传：铁笛道人者，会稽人。初号梅花道人。会稽有铁崖山，其高百丈，上有萼绿梅花数百植，层楼出梅花，积书数万卷，是道人所居也。泰定（公元1324年—1327年）间以《春秋》经学擢进士第，仕赤城令，转钱清海盐，皆不信（信通“伸”，伸张，实现）其素志（本来的志向），辄弃官。将妻子（携带妻子儿女）游天目山，放于（放浪于）宛陵、毗陵间。雪中、云间，山水最清远，又自九龙山涉太湖，南泝（泝，溯的异体字，逆流而上）大小雷之泽，访缥缈七十二峰，东抵海。登小金山，脱乌巾（乌巾，乌纱帽），冠针叶冠，服褐毛宽博，手持铁笛一枝，自称铁笛道人。铁笛得（得之于）洞庭湖中冶人（冶炼金属之人）缑氏子。尝掘地得古莫耶（莫耶，也作“莫邪”。古代传说春秋时吴王阖闾令干将在匠门铸剑，铁汁不下，其妻莫耶自投炉中，铁汁乃出。遂成二剑，雄剑名“干将”，雌剑名“莫耶”。干将［人名］进雄剑“干将”［剑名］于吴王，而藏雌剑“莫耶”。雌剑“莫耶”常思雄剑“干将”而悲鸣。后来也作为宝剑的通称），无所用，熔为铁叶筒之，长二尺有（又）九寸，窍其九，进于道人。道人吹之，窍皆应律，奇声绝人世。江人老渔狎（狎，亲近）道人，时时唱《清江欸乃》，道人为作《回波引》和之，仍（乃）自歌曰：“小江秋，大江秋，美人不来生远愁，吹笛海西流。”又歌曰：“东飞乌，西飞乌，美人手弄双明珠，九见乌生雏。”城中贵富人闻道人名，多载酒道人所，幸（希望）闻笛。道人为一弄毕便卧遣（打发）客，即客不去，卧吹笛自如也。尝对客云：“笛有君山古弄，海可卷，蛟龙可呼，非钧天大人（钧天，天帝之所在）不发也。”晚岁有同年者（同年，同时考中进士者）以“遗太白”称于上，用玄纁（玄纁，黑色的币帛）物色（求访）道人于五湖之间，道人终不起。道人性疏豁（不拘小节，宽宏大度），与人交无疑贰。虽病凶危，坐不披文，则弄札翰（书信），或理音乐。素不善弈画（下棋及书画），谓弈损闲心，画为人役，见即屏去。至名山川必登高遐眺，想见古人风节旷迈（襟怀开阔豪迈），非常人所能测也。与永嘉李孝先、茅山张伯雨、锡山倪瓒、昆阳顾瑛为诗文友，碧桃叟释臻、知归叟释现、清谷叟释信为方外友。其文有惊世者，有《三史统论》五千言、《太平纲目》二十策、《历代史钺》二百卷；诗有《琼台曲》、《洞庭杂吟》五十卷，藏于铁崖山云。赞曰：“有美人兮，冠铁叶之卷卷，服兔褐之跹跹。雷浦之滨兮，铁崖之颠。噏（吸）阴呼阳兮，履坤戴乾。万窍不作兮，全籁（籁，从孔穴里发出的声音；泛指声音）于天。其漆园（漆园，地名，战国时庄子为吏之处）之傲吏兮，缑山（山名，在河南省偃师县，又名缑氏山。道家传说，仙人王子乔语桓良于七月七日在缑氏山岭相见，即指此山）之游仙也耶！”

铁崖云：吾未七十休官（古人为官，一般七十岁即退休。但铁崖尚未七十即退休），在九峰三泖间殆且二十年，优游光景过于乐天。有李五峰、张句曲、周易痴、钱思复为倡（唱）和友，桃叶、柳枝、琼花、翠羽为歌歙（歙，歌唱）伎，第池台花月主者乏晋公耳。然东诸侯如李越州、张吴兴、韩松江、钟海盐声伎高讌(宴),余未尝不居其右席,则池台主者未尝乏也。风日好时,驾春水宅,赴吴越间好事者招致,效昔人水舫故事,荡漾湖光岛翠,望之呼銕龙仙伯,顾未知香山老人有此无也?客有小海山贺余为“江山风月福人”,且貌(画)公老像以八字字之,又赋诗其上曰:“二十四考中书令,二百六字太师衔。不如八字神仙福,风月湖山一担担。”(诗中“二十四考”,指唐代郭子仪于公元758年到公元781年中书令任期中,主持官吏的考绩,前后共二十四次。“二十四考”后来成为封建文人歌颂秉政大僚位高任久的典故。)

曹知白(1272—1355)

曹知白,字又玄,又字贞素,别号云西,学者尊其为“贞素先生”。他的祖先是福建霍童山人,后来迁徙于温州的许峰。宋宣和(公元1119年—1125年)中,曹氏祖先十八世孙曹景修开始迁居华亭长谷之西。曹知白身长七尺,胡须修长,禀性机敏。至元三十一年(公元1294年)诏命派遣中书左丞(中书省的属官。中书省,总管政事的官署)疏浚吴淞江,知白持策从行,功绩很多。大德二年(公元1298年),庸田使(农业官员)柳公治水,曹知白又献“填淤成堤”(在淤塞之处填土而成河堤)之法,民众大受其益。

母亲去世,他守丧哀毁骨立,竭尽礼义。守母丧期满,大府(官名)推荐他到昆山做教谕(学官名),他内心不乐意,于是辞职。曾经游学京师,王侯公卿多放下身份与他交往,屡次上奏章请征召他,他都拒绝,说:“我听说冀北(今河北省一带)多奇士,我想要拜见他们,岂能束缚自己去求官啊?”当日南归,隐居研读《易经》,终日不出门庭。有时挥毫作画,掀须长啸,人们不能窥测其意境。四方士大夫都争着要去与他交往。他对亲戚朋友的关怀救助唯恐落后,忠于友谊,如文士许应元、李冲、刘世贤、诗僧崇古,在他们活着时供给饮食所需,去世后为之丧葬,都竭尽其情谊。

曹知白家有藏书数千卷。与赵孟頫、虞集、王冕、倪瓒、黄公望等,均有交往,也有诗文唱和。善画山水,平远(山水画的一种取景方法,自近山望远山,意境旷远)法李成,山水师郭熙。笔墨清润,无俗气。有《寒林图》、《疏林幽岫图》、《群峰雪霁图》、《溪山泛艇图》、《双松图》等留存。其仆夏汲清,华亭人,受知白影响,也能画。

曹知白又长于造园,园池花木甲于东南,室、斋、阁、楼、台、亭、桥等,皆命名不凡,如“洼盈”、“洁芳”、“息影”、“索笑”、“蹑虹”、“霞川”等(见陶宗仪《南村诗集·曹氏园池行》)。

曹知白卒年八十四,葬于簳山之原。

邵天骥

邵天骥，字千里，他的祖先是洛阳人，是邵雍的第十世孙。高祖邵宗穆开始迁家居华亭胥浦乡。邵天骥在宋朝时，曾以《易经》科目中选做官。入元不仕，而志在施恩行善。他开办义塾以教化家乡子弟，割让田地以作资助。大德（公元1297年—1307年）年间，西湖书院遭毁坏，邵天骥与儿子邵弥远将其翻建一新。邵弥远常仰慕汉代东平王、唐代张公艺之为人，摘取经、传中的良言作《百善》、《百忍》两图，州里人们争相传阅，以为劝勉。

邵弥远（1274—1359）

邵弥远，字子猷，号雪溪，华亭人。邵雍十一世孙。家居不仕，暮年学佛老。轻财好施，民依而聚庐者百十家。享年八十六。杨维桢曾作《雪溪处士邵公墓志铭》。

吴福孙（1280—1348）

吴福孙，字子善，自号清容野叟，杭州人。至正六年（公元1346年）授上海县主簿。吴福孙效赵孟頫书，得其早年楷法之妙，兼工篆、籀。赵孟頫极称许之。阿荣大学士以其所作小楷书数万字进献，因得皇帝召见。巎巎学士方侍书于阁中，前奏曰："臣滥得书名，如吴福孙所书，虽臣亦有所不及。"帝颔首赞许，命侍臣引金钟酌酒以赐。著有《古印史》等。卒年六十九。

孙华孙（1280—1358）

孙华孙，字元实，晚号果育老人，永嘉（今浙江温州）人，侨居华亭。他的子孙后来就成为华亭人。

孙华孙十三岁时，郡守课诸生《春阴》诗，他操笔立就，郡守称奇。十七岁时，曾赋《树萱堂》云："手植忘忧（忘忧，指萱草，古人以为可使人忘忧的一种草）慰母颜，每怜寸草报春难。谁家人在闲庭院，却与儿孙种牡丹。"极受乡先生称赏："诗意涵蓄，有讽有刺，率为大篇，不可及也。"孙华孙因此知名乡里。

孙华孙诵经考史，以博雅闻，尤好岐黄（岐黄，岐伯与黄帝，医家奉以为祖，后因以"岐黄"为中医学术的代称），精于医术，善于诊脉处方，被荐用为医药教授。有旨待诏尚方（尚方，官署名，掌管供应制造帝王所用器物），辞免。江浙行省欲委任他为庸田使，也不赴就。

孙华孙修洁自好，平时戴折角巾，穿鹤氅衣，望山临水，步趋翛然。所居小阁，列古彝鼎、法书、名画，焚香静坐终日。“书非佳墨熟纸不作，饮馔非精洁不食，士非贤不与交。”（见钱谦益《列朝诗集小传》）年近八十而精神尚佳，临终前，杨维桢赞其画像，仍以“白首飞熊”期之。贡师泰作《孙元实墓志铭》。清钱熙彦《元诗选·补遗》录其诗十五首。其中，《宇文子贞至驿为松江诸邑田粮事赋古诗二章赠之》云：“朝行谷水东，暮行谷水西。谷水日日流，驿舟日日来。驿舟来不已，波浪日日起。”“朝行谷水西，暮行谷水东。傍人指驿舟，舟中有春风。春风吹谷水，照见桃与李。”

杨　瑀（1285—1361）

杨瑀，字元诚，号山居，钱塘（今浙江杭州）人。禀性机警灵敏，学问渊博。身体高大，胡须紫色如画。天历（公元1328年—1330年）间，被召到奎章阁（掌管皇帝手笔），命刻制“洪禧”、“明仁”两枚印章，获皇帝认可，署广成局副使，升典簿中瑞司。参与秘密起草诏书，以罢黜奸臣伯颜。至元六年（公元1340年）擢太史院判官，进同佥。至正十五年（公元1355年）起，为行宣政院判官。江南盗贼蜂起，改任建德路总管。至正十七年（公元1357年）升任浙东宣慰使不赴，致仕，到松江，居住于鹤沙镇。当初杨瑀在馆阁时，皇帝询问他乡土情况，他以西湖葛岭之胜答对，皇帝亲笔书写“山居”二字赐之，杨瑀因以自号“山居”。至正二十一年（公元1361年）卒，棺柩返葬葛岭。

杨瑀与傅若金、陈旅、柳贯、钱惟善、张翥等交游唱和，与当时名流杨维桢、王逢、张昱等均有交往。明秀州李日华《六研斋笔记》云：瑀晚栖峰间，植竹千竿，赵仲穆图，杨维桢作记，自题句云：“翠玉萧萧在屋东，主人号作竹西翁。品题莫作扬州梦，好写云间入卷中。”但《元诗选》认为李日华笔记多舛误，未可为据。录于此，以俟更考。杨瑀著有《山居新语》，被认为是元人笔记中较有影响的一种。另有《山居要览》。

卫德嘉（1287—1354）

卫德嘉，字立礼，号尚䌹翁。他的祖先是渤海人，六世祖礼部尚书卫上达，从钱塘迁徙于华亭。建炎（公元1127年—1130年）初，从叔礼部侍郎卫肤敏，随从南宋帝王的车驾南渡而定居华亭。祖父卫宗武，资政殿大学士。父亲卫谦，在元朝做官，授温州路治中（官名，汉置，为州刺史的助理，主掌文书案卷。也称治中从事史，历代沿置，唐改为司马。明、清只有京府设此职，佐助尹丞，协理府事），不去就职。

卫德嘉孝顺双亲，忠厚诚实，以风骨节操自持。失去配偶，二十八年不再续娶。年方弱冠时，左丞郝公曾请他做傔使（连续陪人值日者），他拒绝说："我不能做别人的奴隶。"宣慰罗公举荐他为茂才（即秀才，汉代举用人才的一种科目。因避光武帝讳，故称茂才），授朝州路儒学正，他又拒绝道："到那边触染瘴气之毒而死去会给父母带来忧虑，我不敢。"从此足不出户三十年，布衣素食以终其生。常告诫他的儿子说："你不亲自耕种，靠佃户（租种地主土地而向地主交租的农户）耕种而获得粮食，应当给予他们恩惠。宗人（士大夫家中掌礼仪的家臣）捆绑了佃农以督促他交清欠租，我放走了他，拖欠的租米最终也交还，你要记住这件事。"

至正十二年（公元1352年），盗贼纷起，抢掠州县乡村，十分之九的人家妻离子散。卫德嘉独自坚持守卫祖先的房屋，他说："我放弃这房屋到哪儿去？寇盗来到，我将怀抱石块死于祖先祠堂的池水中。"

甲子（疑为甲午之误，因为壬辰年后的第一个甲子年当在明代洪武十七年，显然不当。如是甲午，则为公元1354年）春病重，他的儿子要去请医生，被他拒绝。一天，他忽然对儿子说："四月九日的晚上，我当去世了。我平生没有超越别人之处，只是没有做使我内心惭愧之事。你父亲的书都在，你读它则会成为君子，不要做失德之事而玷污我的后代子孙，也不要随从世俗做损人的事，破坏我们家法。"言毕而去世。杨维桢私谥（周制，人死卒哭而讳，将葬之时为谥以易其名。下大夫以下不得请谥于上，亲族门生故吏为之立谥，称为私谥）他为"尚絅先生"。

叶以清

叶以清，字子澂，他的祖先是京口人。祖父名懋，宋朝末年避乱于华亭，于是就在华亭安家落户。

叶以清生活清贫而崇尚气节，有侠义古风。德清尉刘昶告诉叶以清无钱办理丧事，叶以清即借贷五十缗钱给他。监黟县伯颜调兵至昱岭，嘱咐妻子儿女说："我死后，母亲年老，你们应当去投靠华亭叶子澂。"伯颜去世，叶以清梦见伯颜来说："我家有八个人要托付您照料。"过了两天，伯颜的妻子儿女果然拥戴着老母亲到来。

苗兵守松江，淮兵来到而苗兵逃跑。后任松江知府郑焕，是淮人，要火烧与苗兵有牵连的高门大户人家。因为叶以清一向与郑焕友善，所以这些高门大户得以免受灾难。他们拿了金钱丝帛，争着跑去向叶以清致谢，但叶以清坚持不受。郑焕要叫叶以清做华亭知县，叶以清又推辞。后来郑焕因贪赃枉法而败落，牵连治罪者有六十人，唯独叶以清一身清白而不受牵连。

当时避难而来华亭的有建德府尹杨瑀、平汉府尹贡师泰、建德府通守毛景贤，都来依附叶以清。这些依附者的子女有尚未婚嫁的，叶以清都为他们择偶婚配。杨瑀去世，无有一钱，叶以清代为以礼安葬。同门（即同学，同出一师门）友胡方去世，没有儿子，叶以清亲自为他收殓下葬，而将遗物都归还胡方弟妹。浙江省员外王国贤将几包裹钱物寄存在叶以清处所，王国贤去世，他将这些包裹原封不动地送还其家。淮南、江浙闻其贤惠，征召之文不断来到，叶以清都不去应召。

晚年，叶以清在萧塘上筑一陋室，远离闹市，躬耕田野，自食其力。当时士大夫都将他当作古贤仰慕。

杜元芳

杜元芳，上海人。禀性纯朴忠厚，官任德清县主簿，晚年隐居杜村，建造翡翠碧云楼，贮书万卷。又建置别业（别墅）于杜浦。杜浦，即周浦，村与浦都因杜氏所居而命名。

侄子杜希伯，字正甫，有不为人所知的美德。

夏侯尚玄

夏侯尚玄，字文卿，号石岩，华亭人，世代读书明礼。

夏侯尚玄自幼有大志，不拘细行。凡阅读经史，不拘泥于古训，喜欢掩卷深思，求得新意。为文下笔成章，曾作《中庸管见聚疑》、《原孟》等书，都有高于先儒议论之处，当时人们称他为小太白。性格坦率，不做巧诈之事。对释（佛家）、老（道家）、医药、卜筮、方技（指神仙命相之术）等诸子之书，无不精究。其为人平易近人，不修边幅，乍见者都不觉得他是个文人，但经过接触交谈后，没有一个人不惊服他的。他乐于讲别人的长处，教诲别人唯恐不及，为人谋划必尽忠心，且不要求别人回报。与人说话，不管交往深浅，都倾尽肺腑，一无所隐，因而容易被奸邪阴险之人抓到诬陷的把柄。有时到县衙计议时事，必有独特见解，别人非议讥笑他，但结果证明他是正确的，从而使人们更佩服他。

大德（公元1297年—1307年）年间，夏侯尚玄游览京师，赵孟頫将他推荐给朝廷，任东宫（太子所在之宫，也指太子）伴读。不久主持礼典活动的音乐，都有能干的声誉。但因七品官地位太卑微，于是又漫游湖海好几年。听说明宗皇帝（公元1329年—1330年在位）从海都返回，在和林即位，于是夏侯尚玄北入海都，至北界被武平王挽留，武平王很看重他。不久，武平王去世，他的兄长嘉王也厚待夏侯尚玄，将宫女送给他作妻子，但他并不在意。郯王听说他贤能，将他招来，一见面就以上宾礼待他。郯王通晓《尚书》，个性严肃，不随便谈笑，人们不敢冒犯。但夏侯尚玄与他知无不言，拍手说笑，每天到点灯时才停止。有时不小心以“尔”、“汝”呼郯王（即以“你”称王，毫无隔阂，没有尊卑之分），郯王也不介意，深知他直爽忠廉，所以特别宽容他。郯王对近侍臣子说：“我的过失，他尚且能指出，你们应该要敬畏他。”这样一说，近侍臣子都忌惮夏侯尚玄。

适逢朝廷召唤郯王，命他赴京娶后妻。夏侯尚玄说：“王把守国家北门，不可轻动。您出去陷入虎口，将懊悔不及。”郯王听从夏侯尚玄的意见，将止步不赴，然而左右近侍奉承怂恿者很多，叫他应召。夏侯尚玄见状，急忙乘驿马往南京奔去。到达京都，郯王已被诬陷而死了。当时情况十分危急，凡平日获亲信、食厚禄、居显官者，都为自身考虑，奔走躲藏唯恐被人发现。唯独夏侯尚玄挺身而出，说：“不能像人家那样，士为知己者死，王把我当作国士对待，我也应当以国士来报答他。”于是在朝廷上用具体事例来声张郯王的忠孝气节，观看者围得水泄不通，且都为他担惊受怕。然而夏侯尚玄毫不惧色，他志更坚，气更壮，说话声泪俱下，观者无不感伤。他多次为郯王伸冤。后来朝廷改正错案、恢复郯王名誉、让其儿子承袭王位。这一切都是夏侯尚玄大力相助所致。

为郯王申冤之事办成以后，夏侯尚玄开始穿平民衣服，戴渊明巾冠（意谓如陶渊明般归隐），唱《归去来辞》，风度翩翩地南归而去。有人挽留他说：“你功业显著，节义突出，朝廷、地方上都知道您的声名，帝王的子孙必定以高官厚禄报答您。”夏侯尚玄笑道：“我的志向原本不在这方面。如果凭功勋来得到官爵，那节义到哪里去了呢？况且我已头发短疏、年老力衰了，归去仿效陶渊明做三径（庭院中三条小路，指代家园。《归去来辞》：“三径就荒，松菊犹存。”）主，这岂不快乐？”

君子说，士人事奉主公，能报主公恩德实现自己志向是较难的；实现了自己志向又不居功自傲的则更加难。像夏侯尚玄这样的人，是值得士人仿效的。揭傒斯赠诗说：“青史千年标节士，黄华三径属高人。”危素也云：“床头一瓮地黄酒，架上三封天子书。”

夏　椿

夏椿，字寿之，他的祖先是湖州长兴人。兄长夏杞，宋朝景定（公元1260年—1264

年)年间任华亭县典押之职,他率领众人归降元朝,代理军中长,因而入籍定居于华亭。

夏椿早年丧父,事奉兄长如同父亲。兄长去世,丧葬事宜,无有违礼。讲起兄长,他就哽咽泪下。

至元二十四年(公元1287年),逢灾年饥荒,椿拿出粮食贱价粜卖。至元二十七年(公元1290年)又饥荒,他贱价粜粮还不能满足灾民,就在僧寺里煮粥以供应饥饿民众。大德十一年(公元1307年)发生旱灾,第二年饥荒严重,邻境饥民扶老携幼归附夏椿。他打开家庭庐舍,准备米粥药物,供其食用。生者如回家,则送以路费;死则给以殓葬,且书死者姓名于市集乡村,以待人来收葬。共施舍钱若干缗、米若干石,使不少人得以存活。有司向上报告夏椿的事迹,官府在他门前立碑表彰,称他为义士。

从府城到海边相距有百里,凡其间的桥梁、道路、孤儿及无儿女老人的房屋,夏椿都尽力修筑建造。每逢初一月半,给囚徒饭食,赠予善药。将露尸于野者棺殓埋葬。又在居所附近创办义塾以教育家乡子弟,并出让自己良田五百亩以资教学之需。

江浙佥事吴彦升,是位刚直之士,因为弹劾宰相而去职改任行台都事。夏椿一向与吴彦升友好,亲自到金陵拜访他,且给以财物。相见时,倾心相谈,十分欢欣,而吴彦升辞却了所送财物。不久,吴彦升去世,夏椿将财物送给吴彦升的儿子,说:“我以此表示一直不忘彦升。”御史周景远作《义士碑》,详细叙述夏椿的事迹。

何敬德

何长者,名敬德,无字,有人称其号为孤岩善人,是上海浦东的民家子弟。朴实谨慎,不随便说别人闲话。

何敬德善于蓄积物资、管理财务。在吴郡张瑄行舶仓库管理,没几年赢利巨额,但他毫不私自挪用。张瑄父子正要重用他,他却极力辞职离去。张瑄已富贵荣华,所以尚留职的同事都身佩虎形金符,成为万户、千户,进爵积财,意气洋洋;而何敬德则布衣蔬食,且以济贫救困为己任。何敬德还劝张瑄父子不要贮藏财富而招致灾祸。等到张瑄败亡,被满门抄斩;他的朋党也都家破人亡,或被拘禁,而何敬德则毫无牵连。

大德十一年(公元1307年),杭州府遭遇大饥荒,官府在仙林寺中设粥供应,但饥民饿死者仍不减。何敬德请杭州乐善好施且有才智者五七人,到菩提寺煮粥,夜里预先将粥贮于大瓮中。第二天早上饥民来到,先后列队于堂庑下,如人多再延伸至门外道路上,相向坐(即跪),面前要有空档,以便让施粥者行走。两人抬粥瓮,一人执勺舀粥倒入饥民碗中，食毕以次离去。每天供应米七八石至十石。从六月开始，到八月，共七十天，受施的饥民没有一个饿死的。第二年春天，何敬德收集破衣服，放在好善之人处，收聚饿死者遗体几十万具，用破衣裹好，将他们埋葬，此事记载于《破衣传》中。到夏天，仍准备米粥，如同上一年一样供应饥民。从五月开始，经过三十六日，何敬德去世，享年五十七岁。又过了十八日，用完了所剩的钱米，这施粥行为才停止。路上行人都说："为什么不能延长何长者的寿命到中寿？如今穷人无所依靠了。"从此以后发生饥荒瘟疫，弃尸堆积如山丘。

卫德辰

卫德辰，字立中，华亭人。隐居未仕。卫德嘉弟。素以才干著称，书学《舍利塔铭》。有散曲存世，明朱权《太和正音谱》将他列入"词林英杰"一百五十人中。

徐　进

徐进，华亭人。仗义疏财，曾割让万余亩田建造义塾，用以教化家乡子弟。穷苦之人经过其门，必周济钱财而不辞劳累。儿子徐彦裕，高大俊美，工于草书，尤善骑射。洪武二年（公元1369年）改义塾为县学，徐彦裕又捐资扩建，使之完善。

任仲孚

任仲孚，上海人，好义乐善。大德（公元1297年—1307年）年间，发生饥荒，他捐出二千斛米、八百斛谷，用以救济贫民。部使上报他的事迹，朝廷诏命表彰他的门庭，选拔他的儿子任良佐任溧阳县儒学教谕，儿子任良辅任信州叠山书院山长。

吕良佐（1295—1359）

吕良佐，字辅之，号璜溪处士，华亭县璜溪人。好学，有才气，与杨维桢、陆居仁诸公交往。曾建义塾，收贫苦而好学者教之。至正十年（公元1350年），在家中组建应奎文会，远近闻其名，纷纷前来投递文卷书稿。吕良佐出重价以赏试，请杨维桢为主考，杨维桢又推荐陆居仁同评，东南之士投文七百余卷，中程（合乎要求）者四十卷。至正（公元1341年—1368年）兵起，总帅与他交谈，大喜，授官华亭尹（知县），吕良佐拒绝，要求以平民身份参与议事，总帅赞许他，让他自己召集民兵保障乡里，使数千人家得以存活。吕良佐去世后，后人改璜溪镇为吕巷，以志纪念。杨维桢有《故义士吕公墓志铭》。

吕良佐长子名恒，次子名恂，皆师从杨维桢。

谢应芳(1296—1392)

谢应芳，字子兰，自号龟巢老人，武进(今江苏常州)人。为人耿介，尚节义。至正(公元1341年—1368年)初，被江浙行省荐举任三衢清献书院(在今浙江衢县)山长，被兵所阻未能赴任，居吴之葑门，转徙吴淞江上，隐白鹤(今属上海青浦)溪上，构小室，曰"龟巢"，以授徒讲学为业，吴人争迎其为弟子师。洪武(公元1368年—1398年)初，年逾八十，归隐横山，九十七岁谢世，是元代诗人中年寿最高者。昆山卢熊称他在忧患颠沛中，无偏急郁闷之辞。

谢应芳平生博学好古，在家乡曾请复建邹忠公祠，在苏州又请修复顾元公祠和坟墓。教授之暇，以诗酒自娱。曾参与顾瑛玉山草堂诗酒觞咏之会。晚年学行益劭，达官缙绅路经本郡，必到其家拜访，家中一室萧然，以布衣韦带与来访者接谈。其诗文雅丽蕴藉，为文有功底。闽人张志道评其诗云"雅正纯洁，可与傅与砺(傅若金，字与砺，以布衣入京师，京师名流以为上宾，虞集、揭傒斯等十分赞赏其诗)相伯仲"，识者以为名言。门人王著曾请刻其诗，谢应芳手摘数十篇与之，曰《龟巢摘稿》。著有《辨惑编》四卷(附录一卷)，《思贤录》五卷、《怀古录》三卷、《龟巢稿》二十卷，又《毗陵续志》十卷、《汲古录》、《东里志》、《延陵小记》若干卷。清顾嗣立《元诗选》收录其诗一百九十六首。《漫兴》(一作《吴下咏怀》)其一："五十不富贵，蹉跎又六年。新愁添鹤发，故国暗狼烟。白帽看云坐，青灯听雨眠。痴儿书懒读，翻笑腹便便。"《嘉定道中二首》："黍熟湖田花鸭飞，雨香秋浦箬鱼肥。野翁织屦街头卖，日暮裹盐沽酒归。""趁潮艇子若游龙，潮落横塘日下舂。负郭人家星散住，水边多种木芙蓉。"

沈　易

沈易，字翼之，华亭人。从小好学，胸怀大志，想要以功业显耀天下。元至正(公元1341年—1368年)末，曾往北行四千里到燕、蓟之地，遇上战乱，不能继续前进，退游淇水、卫河之间，以奇策进献执政者，未被采用。当时庐陵硕儒权衡以洙泗濂洛之学教授于淇上(洙泗，即洙、泗二水，春秋时期属于鲁国之地。孔子居于洙泗之间，教授弟子，后人因以洙泗作为儒家的代称。濂洛，即濂洛关闽的省称，借称宋代理学的主要学派，指濂溪周敦颐、洛阳程颢程颐、关中张载、闽中朱熹)，沈易于是虚心地随从求学。但想到父母居于江南日益衰老，因而改变主意，包扎书籍而东归，闭门教授生徒。

他担心世上求学之人不重视根本，因而收集古代圣贤有关伦理的诗句汇编为《五伦集》，使求学之人通过吟咏这些诗句体会伦理道德。当时同乡村的龚氏弟子刚满七岁，诵读了赵孝子诗句后要到千里之外去找寻父亲的尸体；张生年（姓张的书生名叫年，下句式同）、姚生麟也年仅十二三，不畏酷刑而要为父亲辩白冤屈——这都是他身体力行、专心教诲的明显效果。其他著作如《孝经大学旁训》二卷、《故事先知》五卷、《论语旁训》四卷、《周易旁训》四卷、《博文编》四卷、《幼学启蒙》二卷，都是切实可行的修身教本。

倪　瓒（1306—1374？，一作1301—1374）

倪瓒，字元镇。董其昌集《唐宋元宝绘册》中，倪瓒设色图，款署倪珽，董跋云："观此图知其初名珽也。"号云林子。生平多异名，有东海瓒、懒瓒、倪迂、奚元朗、元映、幻霞生等，别号有荆蛮民、净名居士、朱阳馆主、萧闲仙卿等。常州无锡（今属江苏）人。其祖上为吴中富户。

倪瓒所居有阁曰清閟，幽迥绝尘。藏书数千卷，皆手自勘定。古鼎法书，名琴奇画，陈列左右。四时卉木，萦绕其外，高木修篁，蔚然深秀。故自号云林居士。时与客觞咏其中。倪瓒好僧寺，一住必旬日，篝灯禅榻，萧然宴坐。家固富饶，至元初，海内无事，他忽散资产给亲友，人们都觉得奇怪。他说："天下多事矣，吾将遨游以玩世。"未几兵兴，富室悉被祸，他却扁舟独坐，与渔夫野叟混迹五湖三泖间。据崇祯《松江府志》，倪瓒曾"寓居松江之泖上，望之若古仙异人"。

倪瓒自幼好学。工诗，与虞集、范椁齐名，崇尚田园山水诗冲淡萧散的诗风。他曾说："吟咏得性情之正者，其惟渊明乎？韦、柳冲淡萧散，皆得陶之旨趣，下此则王摩诘矣。何则？富丽穷苦之词易工，幽深闲远之语难造。"（《谢仲野诗序》）孤鹤、白鸥、浮云、秋树，是他诗中常见的物象。他的竹枝词，则对历史兴亡殊多感慨。"余尝暮春登溯湖诸山而眺览，见其浦溆沿回，云气出没，慨然有感于中，欲托之音调以申其悲叹。"（《竹枝词序》）。倪瓒还善词、曲。"小词亦澹而洁"（《历代词话》）"送行《水仙子》二篇脍炙人口"（《录鬼簿续编》）。倪瓒时与文士诗酒唱和，与杨维桢、顾瑛交往亲密。

倪瓒尤工书、画。书从隶入，辄古而媚，密而疏。翰札奕奕，有晋人风度。画山水，早岁以董源为师，后法荆、关，作摺带皴，好写汀渚遥岭、小山竹树等平远景色。晚年愈益精诣，兼善画竹，自谓："余之竹，聊以写胸中逸气耳，岂复较其似与非，叶之繁与疏，枝之斜与直哉！”（《跋画竹》）天真幽淡，一变古法。江南人以家中有无倪瓒之画判雅俗。倪瓒负气节。朱谋垔谓其画不自爱惜，时操纸笔作竹石小景，求者踵至，客求必与，一时好事者购之，价可数十金。然张士诚之弟张士信使人持绢缣，侑以币求之，倪瓒却怒曰：“予生不为王门画师。”言毕，裂其绢而却其币。张士信大怒。一日，张士信与幕客游湖上，人闻异香出葭苇间，疑为倪瓒。张士信命人在渔船中寻找，果然找到了他。倪瓒几乎被打死，始终不发一言。董其昌曰：“迂翁画在胜国时可称逸品，古淡天然，米痴后一人也。”王元美云：“云林生平不作青绿山水，仅有二幅留江南。”张丑谓其山水着色者甚少，间有一、二，皴染亦深得古法，所写山水，不位置人物，问之则曰：“今世那复有人？”陈继儒也说：“（倪瓒）平生罕绘人物，惟《龙门僧》一幅有之。图章亦罕用，惟荆蛮民一印。”倪瓒晚年有《雨后空林生白烟》大幅，为世所珍。

倪瓒性甚狷介，善自晦匿，清姿玉立，好洁，俗客造庐，比去，必洗涤其处。杨维桢曾在席间脱下一妓鞋，置于杯酒之中，倪瓒大呼龌龊，拂袖而去。倪瓒“黄冠野服，混迹编氓，至松江，寓曹知白家最久。洪武七年卒，年七十四。”（《明史》）

附崇祯《松江府志》倪瓒传（译文）：

倪瓒，字元镇，号云林，无锡人。清姿玉立，爱好整洁。喜欢阅读《尚书》，对礼乐制度都加以研究探索。至治（公元1321年—1323年）间，欧、虞、范诸老以诗鸣，倪瓒将他们的诗篇刊行于世。每天静坐清閟阁内，淡泊世俗名利。间或绘作山水小景，气韵高雅，卓绝于世，然而不肯轻易作之。

倪瓒家境一向富饶，一日弃田宅而去，说：“天下如今多事，我将遨游以玩世。”从此往来五湖，寓居松江泖上，貌若古仙异人。其《寓居泖上》诗云：“泖渚淹留再燠寒（再燠寒，意为已两年），移居何处卜林峦。可怜产不能恒业，聊复心随所遇安。船底流澌微淅淅，苇间初日已团团。故人存没应难访，愁里题诗强自宽。”又云：“竹西莺语太丁宁，斜日山光澹翠屏。春与繁花俱欲谢，梦如中酒不能醒。鸥鸣野水孤帆影，鹘没长天远树青。舟楫何堪久留滞，更穷幽赏过华亭。”诗风清丽有致。

不久去世，江阴张端为其立墓碑撰碑铭。

倪瓒《寄松江府判官张德常》诗后题云：“阴阳冥骘宜少（稍）留意，闲居尚可为之，况身有职任而值饥者，易为食乎？仙官分置洞宫，亦如世间局任者矣，吾德常兄固知之也。”此题字体现了他对民生的关顾，对当局者的期望。

王克敬

王克敬，大宁人。元统（公元1333年—1334年）初，以台谏（御史）的身份出任江浙参政。松江推官刘克复请求去除民赋中包纳米万石，王克敬说："曹梦炎妄献邀名（意谓民众被迫缴纳的这项赋税是由曹梦炎错误地提出制定，他是为了邀取个人名利），如今他已身死家破，岂可使一郡之人都受其害，况且国家哪里会因此而缺乏这点财物啊！"他特地上奏，免除了这项赋税，当时人们称他为名卿。去世后，封为梁郡公，谥号为文肃。

王立中（1309—1385）

王立中，字彦强。他的祖先是遂宁（今属四川省）人，南宋时徙家于吴。九岁而孤，荫授开化（今属浙江衢州）尉，历慈溪（今属浙江宁波）尉、嘉定知州、松江知府。所到之处，有廉静的名声。归老于家凡十九年，刻节厉行。明洪武十八年（公元1385年）去世，年七十七。

王立中长于词，善画。至正二十六年（公元1366年）曾为刘易画《破窗风雨图》。有文集二十卷，今不存。

王立中有三子，长子王琏，字汝器，官吏部主事；次子王璲，字汝玉，官翰林；三子王琎，字汝嘉，官翰林。

邵亨贞（1309—1401）

邵亨贞，字复孺，祖籍淳安（今属浙江，一说睦州即今浙江建德）。他的祖父邵桂子，咸淳（公元1265年—1274年）进士，入元，隐居乡里不复出，后占籍华亭，娶华亭望族曹泽之女。

邵亨贞受父亲影响，在元代一直保持隐士身份，自号见独居士。博通经史，对阴阳、医卜、佛老诸家之书，也尽究其奥。曾建宅溪上，因号"清溪"（一说贞溪）。与杨维桢、钱惟善等交好，与陶宗仪尤为莫逆之交，为陶作《南村草堂记》。明初一度出任松江府训导，由于受子罪牵连，遣戍颍上，很久才遇赦还乡。卒年九十三，是元明之间享年仅次于谢应芳的诗人。

邵亨贞赡于文词。《全元散曲》录存其小令三首。《后庭花·拟古》："铜壶更漏残，红妆春梦阑，江上花无语，天涯人未还。倚楼闲，月明千里，隔江何处山。"另，《凭阑人·题曹云西翁赠妓小画》："谁写江南一段秋，妆点钱塘苏小楼。楼中多少愁，楚山无断头。”邵亨贞著有《野处集》四卷、《蛾(一作蚁)术诗选》八卷、《蛾(一作蚁)术词选》八卷。清钱熙彦《元诗选·补遗》录收《蛾术集》。据钱谦益记:天启元年(公元1621年)年,江阴李如一过赤岸田家,屋梁悬故纸一束,取视之,乃《蛾术稿》,复孺手笔,问其人,则复孺之后裔,自云间流寓赤岸也。(见《列朝诗集》)《四库全书总目提要》评曰:“亨贞终于儒官,足迹又不出乡里,故无雄篇巨制,以发其奇气。而文章大致清快,步伐井然,犹能守先民遗矩者。”

邵亨贞书牍雅赡,善真、草书,尤工篆、隶。

邵亨贞之子邵克颖,有《学庵集古诗》。

附崇祯《松江府志》邵亨贞传(译文):

邵亨贞,字复孺。他的祖父邵桂子,在华亭有座别墅,娶曹泽的女儿,因而居家于小蒸,于是成为华亭人。

邵亨贞通晓经史,富于文词,擅长真、草、篆、隶四种书法,凡阴阳、医卜、佛老之学都探究其奥秘。与陶宗仪为莫逆之交,自号见独居士。当时人们得到他的片语寸纸就以为是家史的光荣。所著《蛾术稿》,皆出于他的手笔,一点一画,一丝不苟,足为后学之楷式。

元末兵燹,其家侨居横泖。洪武(公元1368年—1398年)初任府学训导。九十三岁去世。

儿子邵伯宣,有《学庵集古诗》,能传承父亲的事业。

陶宗仪《赠邵青溪先生》:“藜杖乌纱过百年,童颜鹤发气泠然(轻妙洒脱貌)。窝尊安乐元通谱(通谱,同姓的人互认为同族,或指异姓人相约为兄弟),壶隐虚闲别有天。课稼春行黄犊外,寻盟时到白鸥前。青溪一曲春如许,二顷何须负郭田。”

陶宗仪(1316—?)

陶宗仪,字九成,号南村,黄岩(今属浙江省)人。他的祖先由福建长溪迁到永嘉陶山,再迁到台州黄岩。陶宗仪出身世代业儒之家。始祖陶泰和,宋皇祐(公元1049年—1053年)间任里溪都巡检,后徙往湫水任职。祖父陶应雷是宋太学录,父亲陶煜师从北山(何基,朱熹的再传弟子)学派三传弟子周仁荣,任福建、江西行枢密院都事之职。陶宗仪曾参加过科举,一不中便弃去,选择了闭门著述的道路。洪武(公元1368年—1399年)初,屡征不就。直到晚年,才被聘为教官。至元(公元1264年—1295年)

中到松江南村（今松江泗泾附近）。众弟子相助买地结庐，于是安居至老。《六研斋笔记》："天台陶九成避乱泖南，王叔明为作《南村图》，茅堂蓬户，绕以田畴，水碓（一种用具）、耕犁，种种备具，兼以鹅、鹜、犬、猫、牛宫、豕栅，览之真江南农舍也。竹树原隰（低湿之地）与烟霏山色，聊一点缀而已。以此见南村翁真率之趣，不愧柴桑。"

孙作认为陶宗仪"冲襟粹质，洒然不凡，务古学，无所不窥。"曾到浙东、浙西游学，以潞国张公翥、永嘉李孝光、京兆杜本问为师。至正（公元1341年—1368年）间，浙帅泰不华、南台御史丑闾征召他任行人校官，都不前去就职。洪武四年（公元1371年），诏令取用天下名士；洪武六年（公元1373年），命令地方长官推举人才，他皆以病免。有人谴责他，他叹道："手捧征召文书而喜，这是为了奉养父母；如果俸禄不能送到双亲手里，这是徒添悲伤而已。况且当今人才辈出，在野之人，老死太平年间，可谓十分荣幸了。过分的荣誉，岂敢企求！"于是耕耘一方园圃，种植果蔬甘薯，考虑只要能够满足供给招待宾客和祭祀之用即可，其余的地方全部种菊。栽种耕耘，浇水培土，都亲自为之。偶尔遇到节庆佳日，在园中引杯独饮，歌吟自己所作之诗，鼓掌欢笑，旁人莫测其意。

陶宗仪人生之路坎坷，身逢乱离之世二十年，丧葬祭祀，竭尽其力。人们以孝称道他。

陶宗仪著作颇丰，有《国风尊经》、《南村诗集》四卷、《沧浪棹歌》、《说郛》一百卷（郁文博曾手录之，校而有作："白头林下一耆儒，终岁楼中校说郛。"）、《书史会要》、《四书备遗》、《草莽私乘》、《古刻丛钞》、《游志续编》等书。其中以《南村辍耕录》影响最大。书中称朱元璋军为"集庆军"、"江南游军"，可见成书于元末，为居住南村时所著。

《南村辍耕录》序（孙大雅作）云："余友天台陶君九成，避兵三吴间，有田一廛，家于松南。作劳之暇，每以笔墨自随，时时辍耕，休于树荫，抱膝而叹，鼓腹而歌。遇事肯綮，摘叶书之，贮一破盎，去则埋于树根，人莫测焉。如是者十载，遂累盎至十数。一日尽发其藏，俾门人小子萃而录之，得凡若干条，合三十卷，题曰《南村辍耕录》。"有人据此说《南村辍耕录》是写在树叶上的书，有人考证此树叶乃梧桐叶。其实，孙序中这段话，带有传奇色彩。陶宗仪为儒生，间或从事劳作，用树叶作过记录，然后藏于盎中，是可能的，"但说他的全书是在田间用树叶写成，则是夸张之词。书中转引了别人书中的文章，如杨奂的《汴故宫记》、卢疏斋的《文章宗旨》、高则诚的《乌宝传》等，显然没有必要到田边去抄到树叶上。"（李修生《陶宗仪及其〈辍耕录〉》）再者，树叶

(即便是梧桐叶)藏数年(最早的有十年)之久,又未经过科学处理,而未有损腐,也难以置信。

作为一部笔记小说,《南村辍耕录》中保存了大量的元代史料;举凡元代社会的掌故、典章、文物、人物和时事,以及历史、地理等,都有记载。《南村辍耕录》还辑录了许多诗文,如:"官吏黑漆皮灯笼,奉使来时添一重。""满城都是火,府官四散躲。城里无一人,红军(指刘福领导的义军,因其成员头裹红巾,故称"红军")府上坐。"《南村辍耕录》还论及小说、戏剧、书画及有关诗词的本事。如《妻贤致贵》一文,流传甚广,冯梦龙据此写成《白玉娘忍苦成夫》,陆采《分鞋记》、沈鲸《易鞋记》、梨园戏《程鹏举》、京剧《生死恨》,也演此故事。

陶宗仪善诗。《南村后杂赋》:"谷口兰宜佩,庭前草不薅。番田栽薯蓣,缚架引葡萄。杜甫十分瘦,元龙一世豪。卖书买农具,作业岂辞劳!"又有诗赞人:"文章宗太史,诗法媲黄初。"明代毛晋评其诗如"疏林早秋"。对此,也有人认为"殊不甚似",但"格力遒健,实虞、杨、范、揭之后劲,非元末靡靡之音。其在明初,固屹然一巨手矣"(陈田《明诗纪事》)。

从陶宗仪所作的诗考察,明代建文(公元1399年—1402年)年间他还在世。

附正德《松江府志》陶宗仪传(译文)及崇祯《松江府志》有关诗文:

陶宗仪,字九成。他的祖先由福建长溪迁徙到永嘉县的陶山,再迁徙到台州的黄岩。始祖泰和,宋皇祐(公元1049年—1054年)年间任里溪(即中溪,古代溪州一分为三,即上溪、中溪、下溪。这里的里溪即中溪)的都巡检(都巡检,官名,原来职权很大,到明清时已成为州县的属官),后又徙往湫水任职。父亲名煜,担任承事郎(官名,具体办事官员),在福建、江西等处掌行枢密院都事之职(行枢密院,枢密院的派出机构。都事,官名,州郡长官的属官)。

陶宗仪襟怀坦荡,心志淳朴,洒脱不凡。少年举进士不第,就弃举业。研究古学,无所不晓。到浙东、浙西游学,以潞国张公翥、永嘉李孝光、京兆杜本问为师,请教文章之事,他学习都遵循家法(老师所传的法则),因而成效远超于他人,尤其专注于文字之学,擅长舅氏(即舅父)赵集贤雍篆笔("集贤"为官名,"雍"为赵集贤之名,"篆笔"为书法术语)。家境十分贫苦,到松江教授学生,不论是奸险的还是正直的,他都以诚意对待。平时不苟言笑,但一旦谈论古今人物,纵述上下数千年,滔滔不绝,终日不倦。至正(公元1341年—1368年)间,浙帅泰不华、南台(即御史台,因在宫阙台西南,故称南台)御史(官名,掌弹劾纠察之权)丑间征召他任行人校官(行人,官名,掌朝觐聘问。校官,也称校事,掌刺探臣民言行),他都不肯接受。张士诚占领苏州,任命他为军谘,也不去赴任。

洪武四年(公元1371年),诏令取用天下名士。洪武六年(公元1373年),命令地方长官推举人才,他都托病推辞。有人谴责他,他叹道:"手捧征召文书而喜,这是为了奉养父母亲;如果俸禄不能送到双亲手里,这正是增添悲伤而已。况且当今人才辈出,在野之人,老死太平年间,可谓十分荣幸了。过分的荣誉,岂敢企求!"于是耕耘一方园圃,种植果蔬甘薯,考虑只要能够满足供给、招待宾客和祭祀之用,其余全部种菊。栽种耕耘、浇水培土,都亲自为之。偶尔遇到节庆佳节,在园中引杯独饮,歌唱自己所作之诗,鼓掌欢笑,旁人莫测其意。

宗仪人生之路坎坷,身逢乱离之世二十年,丧葬祭祀,竭尽其力。人们以孝称道他。为避战乱,居家城北泗水之南,众弟子相助买地结庐,于是安居至老。晚年更勤于闭门著书,世上共流传《说郛》一百卷,《辍耕录》三十卷,《书史会要》九卷,《四书备遗》二卷,其余尚未完稿者还不计于内。

宋濂《送归华亭序》略云:

天台陶宗仪九成,有学(有学问)之士也。侨居华亭之泗泾饮水(饮水,过淡泊清闲生活。《论语·述而》:"饭疏食饮水,曲肱而枕之,乐亦在其中矣。"),著书多至一百余卷。会朝廷设六科以求贤,郡守于是推荐陶宗仪,将授予他官职,他慨然曰:"不仕古云无义。当草昧之初,兵戈未息,法制未定,民气未苏,吾不可以不仕,不仕何以解生民倒悬哉!今天清地宁,六合一家,论道经邦皆夔龙稷契之彦(夔与龙,相传为虞舜的二臣名,夔为乐官,龙为谏官。稷,即后稷,周的先祖,相传他的母亲曾欲弃之不养,故名弃。为舜农官。契,传说中商族始祖帝喾的儿子,虞舜之臣,其母简狄吞玄鸟卵而生。舜时助禹治水有功,任为司徒。彦,美士,才德出众之人),趋事赴功多龚黄姚宋之俦(龚黄,指汉代奉职守法的官吏龚遂、黄霸。《宋书·良吏传》:"汉世户口殷盛,刑务简阔,龚黄之化,易以有成。"姚宋,指唐玄宗时相继为相的姚崇与宋璟,旧史以开元之治这二人之力最多,世称姚宋。俦,辈,等类)。四方之士乐观治化之成,赢粮而驰骛者动千余人,无事于吾也。吾可以不仕矣,去而为巢父,为许由,为严光(巢父、许由,相传为尧时隐士,尧欲让位于二人,皆不受,诗文中多用为隐居不仕的典故。严光,字子陵,会稽余姚人,少曾与光武帝刘秀同游学,有高名。刘秀称帝,严光变姓名隐遁。秀派人觅访,征召到京,授谏议大夫,不受,退隐于富春山),击壤而歌,为太平之幸民,不亦可乎?"白之铨曹(吏部)，铨曹允之；列之丞相府，相君嘉之。于是翩然东归。荐(缙)绅之家咸唶(赞叹)曰:“九成之出处(出处，意为举止行为。出为行，处为止)，其亦合于义哉!”或曰:“非是之谓也。九成有弟曰宗傅，近擢代县令；曰宗儒，妙简(善于选择)为选曹郎(吏部官员)。九成之意，以谓一家不可以俱仕，恐妨进贤之路，故力辞之。不特如前所云而已也。”曰:“是未知九成者也。九成伯仲(指陶宗仪与他的两位弟弟陶宗傅、陶宗儒)之才不为不美矣，其问学(学问)不为不充(丰富)也。九成之志，岂不欲如河东之三薛、清江之三孔、虎林之三沈、番阳之三洪，蜚英声于当时，树芳烈于后世(这几句意为陶宗仪并非不想成为蜚声当代流芳后世的三陶)。其所以果于辞荣而谢宠者，亦度其时可以不仕也，非嫌云乎哉(此句中的第一字“非”原残缺，今由编者揣其意而添加。)!”抑予闻国家稽古右文(右文，崇尚文治)，大兴文治，严禁林(禁林，指翰林院)清切(清切，指清贵而接近皇帝的官职)之选，增成均(成均，古之大学，后也泛指官设学校)弟子之员，有如九成之贤，其在所弃乎?九成行哉!席(坐席)不及暖，突不暇黔(烟囱没有时间烧黑)，予知鹤书之赴陇矣(鹤书，书体名，又名鹤头书，鹄头书。古时征辟贤士的诏书用此体，故名。陇，指陶宗仪隐居的家园)。

《秋江送别图》，处士陶九成东归，左司郎中堵文明作而赠之也。国子助教檇李(檇李，古地名，在今浙江嘉兴县西南)贝琼赋十四韵云:“秋色来淮南，火云犹嵂兀(高耸)。迢迢白门道，鸡鸣动车辙。忆昨云间时，龙潭共看月，赋诗淡不枯，喜君如靖节(靖节，靖节徵士的略称，是陶潜私谥)。高情天姥云，清气峨眉雪。飘零十年后，相见俱白发。钟山风雨夜，辛苦那忍说。向来歌舞地，野草缠白骨。猎场犹种黍，驰道今生蕨。天寒老鸦归，日落孤鸿灭。草堂何日筑，惭缀桥门列。有道终布衣，无才亦朱绂。且持一杯酒，慰此千里别。待我三泖边，早晚辞金阙。”

陶宗仪父亲陶煜，字明远，自号逍兴山人，又更号白云处士，进入仕途，浮沉六寮(官吏僚佐)。遂昌郑元祐为其作状，杨维祯为其作志。

张　枢

张枢，字梦辰，号书巢生。从陈留迁家至华亭。与其弟张璧都在仕途上显耀名声。张枢筑居室取名“读书庄”，与诸弟子唱和为乐。如遇佳景胜迹，必登临吟咏。诗可比配黄初(黄初，三国魏曹丕年号，这里指代曹丕或曹丕时期的诗人)，书工行书、楷书。颇受名流景仰。陶宗仪赠他诗道:“幅巾短杖林和靖(幅巾，古代男子用绢一幅束发。林和靖，即林逋，宋代钱塘人，字君复。隐居西湖孤山，二十年不入城市，工行书，喜为诗。

不娶妻，种梅养鹤以自娱，因而有“梅妻鹤子”之称。去世后谥号“和靖先生”），斗酒长篇李谪仙（李白）。”又道：“写书竹简拈鲜碧，临帖藤笺搨硬黄（硬黄，经过染色或涂蜡的纸。用黄蘗染色，可以避蠹，可以久藏。纸经加浆，光泽莹滑，善书者都用以临帖作字）。”又道：“笔势纵横惊雨骤，文词奇古发天铿（天铿，天然的铿锵之声）。”年过八十，更昂然壮健，世人都称他为神仙。

贝琼作《林泉民传》，略云：林泉民者，陈留张氏，字梦辰。居华亭之城东门。每天与子弟数十人讲《春秋》，有人劝他做官，他不愿。有人又说：“先生居于陋室，吃野菜豆叶，难道不苦于贫困吗？”他回答说：“我苦于不能拒绝富贵，贫困怎么会是我的痛苦？我将住在茂林中用清泉洗涤，与田夫老农游于无怀氏、大庭氏之天矣（无思无虑、寡欲守朴的境界）。”人们因此而认为他高尚，说：“林泉民读书好古，不幸时局黑暗，大道不行。他以屈为伸，以约为丰，因而没有违反中道断绝与有关人事交往的过错，他真是一位高尚的隐士啊！”

王　逢（1319—1388）

王逢，字原吉，自号席帽山人，又号梧溪子，江阴（今属江苏无锡）人。才华出众，禀性豪爽。年轻时即有文名，至正（公元1341年—1368年）年间，曾作《清河颂》，得到行台与宪司的推荐，均以病辞。为躲避战乱，他多次迁徙，至正十七年（公元1357年），迁松江之青龙江，以吟咏自娱。当初，王逢祖母徐夫人曾亲手种植两棵梧桐于故乡横河，王逢追念此事，将青龙江畔青龙镇所筑的寓所命名为“梧溪精舍”，自号“梧溪子”；后移居乌泥泾宾贤里，栖隐之所原为宋张氏故居。王逢筑草堂而居，草堂取名“最闲园”，自号“最闲园丁”，居室为“闲闲草堂”，并自题园中“藻德池”等八景诗，记述得园经过。他一生未仕。洪武（公元1368年—1398年）年间以文学被征召，有司敦促他起程赴任，他的儿子（时任通事司令）以父年老，叩头泣请，皇上命吏部作罢。六年后去世，年七十。去世之年元旦，自制圹（墓穴）铭。

王逢曾师从虞集，颇得虞集真传。诗不少丧乱之作。钱谦益把他比作宋末遗民谢翱，称他的诗“唇齿之忧，黍离之泣，激昂忾叹，情见乎词”而“一无鲠避”。王逢有《梧溪诗集》七卷。清李慈铭评述：“诗之前后往往附记本末，古今可称诗史者，少陵（杜甫）以后，金之遗山（元好问）、元之梧溪、明之梅村（吴梅村）为最。而梧溪终身隐处，其节概非元、吴所及。”（《越缦堂日记》）清顾嗣立《元诗选》收录《梧溪集》。其中，《银瓶娘子辞》悼念岳飞女儿。诗有序云：“娘子，宋岳鄂王女，闻王被收，负银瓶投井死。祠今在浙西宪司之左。逢感其孝，敬之为辞。”诗情真意切，才力富健。另，《和张率性经历竹枝词二首》：“溪上鹅儿柳色黄，溪边花树妾身长。浮漂可是无情物，采得归来好遗郎。”“道旁花发野蔷薇，绿刺长条绊客衣。不及沙边水杨柳，叶间开眼望郎归。”鄱阳周伯琦说他是天随、玄真子一流的人物（天随，即天随子，指唐代的陆龟蒙；玄真子，指唐代的张志和）。

附《松江府志》王逢的若干诗文：

王逢，字原吉，江阴人。才华出众，禀性豪爽，弱冠之年，已有美名，人们交相推荐，王逢辞以诗云：“酒在陶尊药在壶，田园傍舍未全芜。三时雨候占龙母（三时，指春、夏、秋三个务农季节，又指夏至后半月为三时：头时三日，中时五日，三时七日），十日春容付鼠姑（鼠姑，牡丹的别名）。生怪裨谌谋有获（裨谌，春秋郑大夫，以多谋见称），老怜宁武使偏愚（宁武，疑为古人名，具体不详）。贵游下问终身事（贵游，无官职的王公贵族），有愧邹书大丈夫（邹书，即孟子之书，孟子生于邹地，所以邹为孟子代称。邹书大丈夫，即孟子说的“富贵不能淫，贫贱不能移，威武不能屈，此之谓大丈夫。”）。”又云：“云林一辱征书下（云林，指元代礼部尚书贡师泰，他著有《云林集》。此处的征书，指征召之书），客舍三烦斋马过。千里快风当六月，中年斜日奈长疴。馔违松上银鲈脍，酒远洲前白鹭波。野性自今甘放逐，水禽山鹿不吾多。”

王逢《还龙江寓隐》：

家寄青龙白鹤江，徘徊落日影成双。宾筵久谢元王醴，亲陇犹依季子邦。春老凤梧瞻省掖（唐时门下、中书两省在宫中左右掖，故称门下为左掖、左省，中书为右掖、右省，也统称掖省），秋遗蟹稻接渔矼（遗蟹稻，即遗留食稻之蟹。蟹稻，又称稻蟹，食稻之蟹，喻贪官污吏）。君侯过誉惭何敢，未许鸡鸣近北窗。

《移居横泖作今日何日四章别龙江诸友》：

今日何日白露晞，东家西邻柿枣肥，紫蟹登罶鱼上矶。大儿借舟女浣衣，载迁避地身莫归。

黄独米大黄精疏，瓠壶牵蔓满前除，木樨花开阴覆书。我独何心亟离居，感子载遗双嘉鱼。

今日何日天风凉，仆奴整齐车马光，青衿玉珮鹤发黄。褉然执酒跽道傍，与我面别心不忘。

今日何日潮大来，天风送我帆当开，匪君（有文采的君子）之故重徘徊。人生所贵无嫌猜，春明再过江上台。

《移居乌泾最闲园诗六首》：

卜宅宾贤里，生涯始有涯。忧缘常念乱，贫为数移家。径合交枝果，帘当独树花。池台几峰石，相友卧烟霞。

平生一丘壑，今住小林泉。树古走藤蔓，沙虚行竹鞭。红蛛网石罅，白燕下琴边。不有故山忆，溪南买祭田。

邻曲敦新好，园林恍昔游。衣冠时径入，棋局夜忘收。已遂莼羹兴，何烦杞国忧。人生贵行乐，两鬓飒先秋。

地深雏凤穴，池浸小龙泓。白石垂纶影，苍苔拄杖声。人心常淡泊，风物自虚清。多却诗千首，无由避隐名。

丘园宜养病，薄暮一徘徊。倦蝶投烟草，潜鱼乐水苔。尊中天影落，阶上月明来。家政传儿子，惟须药笼材。

无才甘在野，多懒惬行园。石露涛云气，池风损水痕。草深眠雉子，林静习鸦孙。拟著幽居录，渔樵共讨论。

陆景云

陆景云，字民望。见闻广博，辞文丰富，对于书籍无所不读。他常感叹道："天生我才，难道一直贫贱到老吗？"于是参与科举考试，致和元年（公元1328年）进士，授江西提举司提举。他慨然道："家有父母在，怎能长期在外，缺昏晨礼（昏晨礼，是指儿子须在晚上铺好床被，使父母安睡；早晨探问父母，看是否安好）？"于是辞官回来，奉养双亲。

徐　复（徐神翁）

徐复，字可豫，居于华亭城南，精通《灵枢》、《素问》等书。禀性急于利人而不自为利，人有所求即给予良药。曾说："势力足可及于物者经常受困于其不良的品德，品德足可及于物者经常受困于其卑贱的地位。我家自先人紫阳处士（宋濮阳太守徐熙，遇异人授以《扁鹊神镜经》，顿有所悟，于是以医名世）起博施廉取，所救活的有几千人了。"华亭人都称他为"徐神翁"。

至正二十三年（公元1363年）七月一日，会稽杨维祯生寒病十七日，变为滞下疾（小便不畅），一昼夜间起来睡下有上百次之多。其他医生看了这病说："你命不久矣，元气已虚脱了。”后来徐复来切脉，说：“刚才我在西门看一重症病人，他的脉搏与你相同，但你七日后会起床，而西门那人不出三日会死亡。”说罢给杨维桢处方用药。七日后杨维桢果然康复，而西门那人经过三日就去世了。译史（官名）弥坚的女儿得了暴病，徐复经过，为她诊断，道：“这是邪阴外迫而体内不和所致。”喂药后即苏醒。

从此人们更加称道他医术神奇，他听到后笑着说：“我哪里有什么神奇啊，只是根据强弱缓急而医治罢了。北方土深厚而气强劲，牛羊驼马的肉味胜过淮鱼海错（海错，指各种海产品），因此生病的人十分之九得的是实症。东南部地处海边，其物产与燕赵之地不同，气尚未充实而耗损者早，身体已亏损而外邪入侵又厉害，一遇寒暑相侵则不能抵御，将北方的治疗方法用之于东南之人，不死亡则疲惫，想要攻病却反而加剧病情。我观察下来，治南北之病，所用方法应该不同。虚症要充实它，实症则泻泄它，本固才能枝强，疾病方可去除。譬如用兵之人，先要凝聚人心而获得民众的信任，从而使内部充实稳固，这样，对外办理事务才会称心如意，将寇虏歼灭，国家随即安定。否则，创伤愈大而敌人愈多。施行这种办法，治人治病，都百无一失，我哪里是个神翁啊！”人们都佩服他的言论。

三吴之地的贵人都举荐他，但他隐居不出。

贝阙说：太史公作《扁鹊传》，记载他遇到长桑君，授以禁方，饮上池水三十日，尽见人五脏症结。诊脉名目怪异荒诞，似乎背离常道。而神翁之言与众医之言并没有什么两样，治病效果却快而大，医术精湛而能真正知道其症状，这是众医所不及的。我与弥坚交游，从他的儿子公哲那里听到了这些情况。有人说神翁言语多虚夸，事实并非如此，所以我要采集真实情况附于其传之后。

杨维桢靠徐复获得再生，无以报答，撰述长谣四章三十四句以表谢意。其辞云：“大妇焚书锁书房，小妇禁酒关客堂。铁郎怒妇欲逐妇，胡为有此反厥常。妇言汝书淫作荒，而况酣酒兼成荒。诨官俳客竟欢俱，青眸皓齿争恩光。饶君皮囊九州铁，宁有几炼真阳钢。无几铁郎病寒厥，元气诪张（欺诳、放肆）脱如绝。南医来劫姹女芽（道家炼丹，称水银为姹女），北医敛手走铜穴。妻儿乞写遗嘱书，故吏门生各分别。入门一笑徐神翁，我药岂无瞑眩功。扶盲起痼别有法，槁树刻日还春容。三日滞下遏暴硔（硔，山沟，暴硔，山沟急流之水），五日内热生清风。七日饮酒莲水白，十日喫饭金城红。神翁神效果殊绝，不尔铁郎投鬼辙。买羊沽酒谢神翁，侑以长歌歌激烈。铁郎之债填未彻，三史（《史记》、《汉书》、《后汉书》）全书待笔削。我今寿铁郎，铁郎到耆耋。莫托神翁起死丹，且听妇言养生诀。”

董佐才(1324—1376)

董佐才,字良用,号胥山人,上海人,董纪之兄。元末任广西洛容(今属广西柳州)知县。师从杨维桢,能诗。《大雅集》录其诗八首。

唐 煜

唐煜,字仲明,世代居住于华亭,后来迁徙于海隅乡,于是成为上海人,至顺元年(公元1330年)本郡发大水,他捐献粮食五千斛给国家,用以赈济境内饥民,他私下赠给饥民的还不算在里面。他的事迹传闻到朝廷,授予浙西袁部场司丞(司丞,辅佐官)之职。任期满后转任江西芦潭批验所提领(提领,武官名),都以廉洁、能干、谨慎著称。

年近七十岁自请退休。朝廷赐予七品官阶,授予安徽、杭州等处榷茶(掌管茶税)副提举。自庚午年(公元1330年)以后,几次歉收,他屡次打开仓库,将粮食煮成稠粥救济饥民,将金帛散发给灾民,晚年更热衷于慈善事业。享年九十岁而去世。

他有四个儿子,九个孙子,五代同堂,内外和穆,无闲气私语。

唐煜的家产不超过中等人家,但能够施舍给宗族及亲朋好友,远近之人都称道他的贤良。

夏文彦

夏文彦,字士良,号兰渚生,祖籍吴兴(今浙江湖州),其曾祖父一代开始移居松江华亭。夏文彦曾任忠翊校尉、余姚知事等职。明初,被迫迁居临濠,直至终老。

夏文彦精图画,善鉴赏,富收藏,人称他"蓄书万卷外,古名流墨迹,舍金购之弗吝,于文人才士之图写,尤所珍重"(杨维桢《东维子文集》)。作品有《修篁芙蓉图》(见陶宗仪《南村诗集》)等。"余友人吴兴夏文彦……其家世藏名迹,鲜有比者。朝夕玩索,心领神会。加以游于画艺,悟入厥趣。是故鉴赏品藻,万不失一。"(陶宗仪《南村辍耕录》)。至正二十五年(公元1365年)著《图绘宝鉴》并自序。该书收自轩辕至元代能画者一千五百余人。书分两编,上编收录前人有关论画与鉴赏的文字,下编是画家的传记,是一部在明清时影响很大的绘画史著。

陆居仁

陆居仁,字宅之,自号巢松翁,又号云松野褐、瑁湖居士。华亭人。父陆霆龙,南宋咸淳(公元1265年—1274年)间乡贡士,入元后隐居教授,衣冠终生不易。陆居仁以治《诗经》中元泰定三年（公元1326年）乡试第七名。后即隐居乡里，设馆教授。明洪武（公元1368年—1398年）间尚在世。工古诗文。与杨维桢、钱惟善交游密切，去世后，三人同葬干山东麓，号“三高士墓”（万历甲申，华亭知县泰和陈秉浩封土修墓，立三高士碑于其上）。陆居仁有《松云野褐集》，今不传。清顾嗣立《元诗选》收其诗十二首，《全元文》收其文十一篇。

陆居仁去世后，王逢哀悼他说：陆宅之曾赞颂我的画像道：“辩如悬河，思如涌泉。斗酒百篇，倚马万言。慷慨如奇材之剑客，潇洒如锦袍之谪仙。第未知伏轼而掉三寸（掉三寸，指辩说），击楫而快一鞭。于斯二者，子将奚先？”其爱我如是。斯人（宅之）不可作矣，诗以哭之：“游戏清真帖，优长雅颂文。世方趋赵孟，天竟滞刘蕡（刘蕡，唐昌平人，字去华。唐文宗大和二年，应贤良对策，极言宦官祸国，考官害怕得罪宦官，不敢录取。同考的李郃说：“刘蕡不第，我辈登科，实厚颜矣！”令狐楚、牛僧儒都上书推荐李蕡为幕府，授秘书郎。由于宦官诬陷，后贬柳州司户参军）。教施河汾曲（隋末王通设教于河汾，门人自远而至者千余人，房玄龄、魏徵、李靖、程元、窦威、薛收、贾琼、温大雅、陈叔达等皆亲受业，诸人皆为唐初功臣，世称河汾门下），身浮淀泖云。飞花时事革，过燕讣音闻。有女哀扶榇（犹扶柩），多予望荐频。陋容看转老，空辱许奇勋。”

姚玉用

姚玉用，华亭人。他因循道理，乐于行善。至治（元英宗年号，公元1321年—1323年）年间，他割让良田建立义庄，每年收取租米千余石，用以周济宗族乡党。在家里建办义塾，用以教育家乡子弟。后来知府申秉礼获悉他的义举，委托他修葺西湖书院，将义塾迁入其中，以方便求学的人。四方求学子弟闻风而至，约有二百人。后该府整修兴办儒学，姚玉用又出了大力。

姚玉用的从父姚俊，读书好礼，有孝顺父母的品行。从弟姚实夫，能协助兄长办事，如营造官府房子、修复谯楼等，他都率先助资。父子弟兄皆孝义，聚集一族门中，乡人深以称道。

陈　明

陈明，字彦古，上海人。是湖广等处泉货少监陈勇之子，被授任嘉议大夫、扬州路总管，官至中议大夫、同知赣州路总管府事。后辞官归居。去世后，追赠嘉兴路总管，赐爵颍川郡侯。

王德章

王德章，其祖先为金陵人，后占籍于华亭。任崇德州都目。德章为官公正廉明，去世后邑人三次为其立碑以颂德。孙子王濬，永乐（公元1403年—1424年）年间任礼部主事。曾派使者到太仓封西洋宝船，裁抑冗杂费用，使民安宁不扰。升郎中后去世。

殷 辂

殷辂，字乘之，华亭人。初为上海县掾史（掾史，分曹治事的属吏），后来在横浦任官盐司，随即调往嘉兴。有位僧人上告他的族人被贼杀害，此事长久不能裁决，转移给殷辂审理。殷辂立即查明凶手，使被冤枉关押的二十人全部得以释放。某甲诉讼某乙在水中淹死自己的儿子，县令审理不清，经殷辂审理，原来是他姓之人怨恨某甲的儿子为盗贼，私自将其打死而诬蔑是某乙淹死的。有位良民与盗贼首领名字相同，官吏放弃正犯而收捕了这位良民。殷辂向长吏说明真相，当天释放了无罪的良民。

后来他以行中书选拔为缙云县令。该县有豪强号称两虎，见殷辂上任，只得闭户敛迹，始终不敢放肆。有位富民因命守门仆役打死平民而获罪，诉讼之辞牵连多人，吏役意欲放出某甲而关押某乙，且以此解脱富民。殷辂询问这样做的缘故，吏役说："某甲多子女，如关押他，其子女必要诉讼告状；某乙无妻无儿，关押他必没有事。"殷辂说："人们如果因畏惧权势利害而杀害无罪之人，这哪里还谈得上天道啊！"他于是依法办事。

王昭大

王昭大，字茂卿，号玉岩，人们称他为玉岩先生，华亭人。博览群书，对《周易》尤为精通。年老时才调任湖州路（路为行政区域名）学教授，但他不因到晚年起用而感怀叹息。后代理乡县丞，并在此任上致仕（退休）。元顺帝至正（公元1341年—1368年）年间已年逾八十，朝廷恩诏致仕，赏赐他玉帛彩带。王昭大身躯高大，长须飘飘，服此殊荣，从容地漫步在村间道路上，各方人士，都尊崇拜服他。

张 经

张经，字德常，金坛（今属江苏）人。鹤溪先生张监之子。至正十六年（公元1356年），张士德渡江，选令丞簿尉以下十一人，张经徙家。起家（从家中被征召出来做官）

为吴县丞，三年后升县尹，次年被授任同知嘉定州。至正二十二年（公元1362年）调任松江府判官，所至之处，百姓都歌颂、纪念他。清顾嗣立《元诗选》收录其诗三首（《周元初祈两诗》、《次韵廉夫内翰长句一首并简韩王二侯资判府察推一笑》、《题秀野轩》）。

张以文

张以文，松江人。善山水。董其昌云："吾乡画家，元时有曹云西（曹知白）、张以文、张子正（张中，字子正，至元、至正间人，山水画师黄公望，善花鸟，亦能墨戏）诸人，皆名笔。"

赵廷芝

赵廷芝，华亭人。登进士第，调任归安县丞。元代南人（金、元称汉族人为南人）登进士第，从赵廷芝开始。

夏庭芝

夏庭芝，字伯和（一作百和），号雪蓑，别署雪蓑钓隐（或作雪蓑渔隐、雪岩渔隐）。松江华亭人。晚年居泗泾之北，筑室为"疑梦斋"。

夏氏为松江巨族，家资丰厚，藏书富盛。夏庭芝平生淡泊功名，风流蕴藉，喜结交文士。曾让杨维桢在家中设帐授课，与曲家张鸣善、朱凯、郑经、钟嗣成等为同道好友。

夏庭芝喜爱戏曲。至正（公元1341年—1368年）末，张士诚起事，松江变乱，他隐居林麓间，撰《青楼集》一书，记录杂剧女艺人珠帘秀、李芝芳，南戏女艺人龙楼景、丹墀秀，诸宫调女艺人赵真真、杨玉娥等一百多人的生平、艺术特长和轶事，以及一些戏曲作家、诗人同她们的交往。该书被认为是元代唯一一部专记戏曲艺人的著作。夏庭芝文章妍丽。今存其小令[中吕·朝天子]《赠王玉英》、[双调·水仙子]《与李奴婢》两首。《与李奴婢》："丽春园先使棘针屯，烟月牌荒将烈焰焚，实心儿辞却莺花阵。谁想香车不甚稳，柳花亭进退无门。夫人是夫人分，奴婢是奴婢身，怎做夫人？"李奴婢为杂剧艺人，才貌双绝，为人豪迈，"貌艺为最，仗义施仁"（《青楼集》）。

章 弼

章弼，字拱辰，华亭人。专志于经史，见识清明广远，未满十岁就能写匾额大字，成年后更有名。真（正）、行、草、篆都师承赵孟頫。

莫仲仁

莫仲仁，华亭张泾人。耳聋。以医术闻名。本县某人生寄生虫病，众医无法治疗。莫仲仁用一种烈性的药物，此人服后吐虫数升，立即痊愈。某人病寒（即身体一直发冷），此寒病病愈后七日，却发狂（精神病），阴茎缩小，完全阳痿。莫仲仁用常棣树制作的药慢慢治疗，终于恢复正常。某人生痢疾，连续七日不开口不吃食物，气息将断。莫仲仁用一种汤，灌入后患者即病愈起床。有一位大官患劳瘵（肺病），众医争着去治疗，莫仲仁远远一望即跑开，说："即使扁鹊再世也不能治愈。"他刚出门，此官员就死了。他的医术就是如此神奇灵验。

沈光明

沈光明，华亭人，以治疗眼睛疾病闻名。他的先祖曾受术于印度高僧龙树大师，眼睛的内外障七十二种疾病都能治愈。沈光明能承继先祖的这一医术学问，士大夫都称道他。

张　观

张观，字可观，华亭风泾人，世代从事稜作（稜作，即务农，耕耘田地。稜，田垅，借代田亩）。张观少年时游学江湖，崇尚古雅。善于画山水，师从夏圭、马远，特长于模仿。后拜见盛懋、丁野夫，而与吴仲圭交游，所以他的笔力古朴遒劲，毫无庸俗柔弱之气。尤其善于鉴别古代器物及书画。性好砚。元末迁徙至嘉兴。明洪武（公元1368年—1398年）年间寓居长洲的周庄，在那里去世。

张　远

张远，号梅岩，华亭人。善于画山水人物，学习夏圭、马远。日本君台观有其画迹。潜心修补古画，无人能超过他，临摹也能乱真（与原画一模一样，难分真伪）。

瞿　智

瞿智，一名荣智，字睿夫，一字惠夫。他的祖先是嘉定人。父亲瞿晟，迁居昆山。兄瞿信，字实夫，与瞿智齐名，时称"二瞿先生"。至正（公元1341年—1368年）间，曾被授青龙镇学教谕。

瞿智博学，工诗，明《易经》，擅以书法勾勒兰花，笔致妙绝。善谈论，未曾言人之过。多寓居华亭，所居有通波阁。与黄晋卿、段吉甫、李季和、成原常、张伯雨诸君友善，常唱和。李季和曾说：“予客游娄县，与瞿、郭、卢、吕诸君日相从为嬉游，登山临水，饮酒赋诗，五六人者无不与焉。”张伯雨赠诗云：“青龙江上古儒宫，子去横经作士风。当户九峰春树隔，去家百里海潮通。”成原常赠诗云：“老夫亦有鹅溪绢，也欲相从看画兰。”极一时之盛。顾嗣立《元诗选》收录其诗十九首。

沈月溪

沈月溪，华亭人，居于青村。画山水、人物，学马远画艺，往往能达到以假乱真的地步，人们不能分辨是沈月溪画的还是马远画的。

沈　瑞

沈瑞，华亭人。得画法于黄公望，为杨维桢作《君山吹笛图》，图中木石幽涩湿润，山水清丽广远，人物器具都一一点缀得极其工巧。

曹焕章

曹焕章，号采芝生，松江人。好古博雅，善书画，写生往往逼真，见者相视而笑。常为王逢画像，又为陶宗仪画《骑牛》及《濯足》二图。

李　升

李升，字子云，号紫筼，居于薛淀湖旁。善于描绘竹石，兼精于画平坦广远的山水，懂行的人说他的画法源于王维。《曝书亭题跋》道：“画家好手元代特别多，紫筼李升为其中之一。”

吴　哲

吴哲，字子愚，华亭人。学识渊博，善于作文，尤以诗闻名，大为杨维桢、钱思复诸名家所赏识。曾读文天祥《吟啸集》而作诗道：“忠臣就死古来无，丞相谋生脱网罗。要为春秋明汉贼，忍题风絮泣山河。纲常长在诗千首，骨肉情长赋六歌。留得精诚等光岳（三光五岳。三光指日、月、星。光岳，犹言天地），奸魂佞魄奈愁何。”

曾出任军营幕僚。归来教授于乡，至老不倦。自号淡云老人。

王 谦

王谦，字一初，王泰来之子。王谦能继承家学。相传他能占卜事情，预测未来，十分灵验。他游学京师得官，颇受青睐。至正（公元1341年—1368年）间，要求归乡，出为镇江路总管，不久授嘉议大夫。后又转任宝庆路总管，在此任上辞官归居。

夏颐贞

夏颐贞，元末松江人。曾命名其轩为“停云”。至正十六年（公元1356年）兵变，室庐尽毁，幸家人完存。后居松江泗泾。郑元祐为其作《昭肆斋记》、《停云轩记》。

詹 润

詹润，因为父号为梅臞，故号肖梅（肖，类似，像。父号梅臞，子因而号肖梅，意为仿效父亲，继承父志）。少年时就有才气，壮年后以文才人品任诸暨州学正（学正为路、州、县学官）。任期满后，按例考取路教授，才成为入流之官（九品以上官员，称为入流；九品以下称为不入流）。詹润深皱眉头叹息道：“凭我之才能，难道只是去考个教授之职吗？”当天即用包袱裹束衣被归家，不去参与教授考试，只在家乡教授而终。

徐顺孙

徐顺孙，字子静。父亲号菊存，因而他自号敬菊。通晓经学。秉性孝顺，痛心于父母早亡，发誓不娶妻以表现自己的孝亲之志。年逾四十，亲朋好友强迫他娶妻。不久去世，众人作诔文以示哀悼。

徐顺孙曾读《秦纪》而赋诗道：“大药（道家的灵丹妙药）若从三岛（传说东海中仙人所居之山：蓬莱、方丈、瀛洲）至，苍生能有几家存。”当时被人传诵。当年秦始皇派人去东海寻找仙岛采集长生不老之药。如果真的采集到仙药，秦始皇吃了会长生不老，而人们将会长期受此暴君统治，无法生存下去。徐顺孙的这两句诗，意在抨击秦始皇的残暴及其危害性。

曾 遇

曾遇，字心传，华亭人，是宋代丞相鲁国公曾公亮的后嗣。所居曰“学古家塾”。学识渊博，文思敏捷，尤其深入研究《七书》（宋代供武学生读的七种兵书，诸如《孙子》、《吴子》、《六韬》、《司马法》、《黄石公》、《三略》、《尉缭子》等）。其文笔优美。至元二十七年(公元1290年),被选入京,书泥金字藏经,讫事南归,被推荐任湖州路安吉县丞(县令佐官)。辞官退休后,与王昭大、詹润、徐顺孙交往,声誉相同,当时人称“云间四俊”。曾遇也能诗,顾嗣立《元诗选》收其诗《温日观葡萄并序》,其中有“万里归来家四壁,沙鸥笑人空役役。惟余翰墨烂生光,十年俯仰成陈迹”之句。

曹庆孙(?—1361)

曹庆孙,字继善,曹应符之孙,曹知白之侄。号安雅,人称安雅先生。经举荐而任吴县学教谕,徙居淳安,后居松江之蒸溪。年刚四十,竟绝意仕进,闭户读书,以舞文弄墨自娱。他的诗清润古淡,文平易流畅。

曹庆孙为人崇尚信义,家无余财,然而周济穷人唯恐不及。逢年过节祭祀,全部遵循古代礼仪。进退哀伤悲泣,如闻见先祖音容。

曹庆孙曾针对浙西水况,著《水利论说》数卷,有司将其视为治水法则。另著有《副墨集》、《东山高蹈集》、《瀼东漫稿》若干卷,今不存。

至正二十一年(公元1361年)去世,年七十八。

曹庆孙的儿子曹宗儒,字元博,明洪武(公元1368年—1398年)初任华亭县学教谕。曾被派遣到京都,向朝廷上奏要求停止教官的其他差役。著有《春秋左传叙事》三十卷。

曹庆孙的孙子曹衡,字士望,聪明好学,善于真、行、草书。以进士的身份授官工科给事中(官名,掌侍从规谏之职),升知府后去世。

沈 雍

沈雍,华亭人。父亲沈腾,字茂实,著有《双清咏史稿》。沈雍与弟沈穆都以孝友为人所称道。至正二十七年(公元1367年)夏四月三日,吴松兵变,祸延城邑,沈腾携带妻子儿女逃走躲避,但沈雍兄弟守卫家庙而不肯离开。

凶悍的兵卒破门而入,发射两箭,沈雍被射中左大腿,沈穆被射中手臂,僵卧门外。兵卒又举刀要砍击沈雍的后项与背部,沈穆立即以身体遮蔽沈雍,跪着哭诉说:“我的哥哥是位儒士,是乡社的老师,不可杀害。我没有才能,请让我代哥哥而死。”沈雍也哭诉说:“我的弟弟有体力,用以种田养双亲,不可杀,宁可杀我。”兵卒被沈雍、沈穆兄弟的义气感动,放了他们。杨维桢为其作传。

钱 璧

钱璧，字伯全，松江府人。端庄稳重，清雅谨慎；说话婉转，不伤和气。其治学深研《尚书》，中至治壬申乡榜（疑“壬申”为“壬戌”之误。因为元朝至治年间即公元1321年—1323年没有壬申年，而有壬戌年。如是，则是1322年。中乡榜，即中举，考取举人）。曾收纳一个妙龄女奴，风姿秀美雅正，妻子劝钱璧将她作为小妾，钱璧严肃地说：“我招收她，只是要她服侍我的日常生活，哪有其他意图？你难道要败坏我的品德吗？”于是立即准备物资将她出嫁，而这女奴仍是一位处女。

金子安

金子安，字幼仁，居住于上海汉成里。七岁丧父，事奉母亲凌氏，使她很高兴，乡人以孝子称道他。母亲曾患重病，金子安向北极星磕头祈祷，要求以自己的生命代替母亲。母亲在病危中忽然苏醒，说：“刚才天神告诉我，你的儿子孝顺，因而增加你寿命三十四。”过了三十四个月，母亲才去世。金子安为居母丧，形销骨立，哀痛终身。乡邻中凡有违背伦常礼义的人，往往被他感动而改变自己的行为。他曾向乡邻买了一块田，在耕种时得到一罂白金，立即召见这位乡人将白金归还，当时人们又纷纷称赞他的廉义。

章梦贤

章梦贤，字思齐，上海青龙人，宋代秦国公章粢的后代。孝亲友弟，通融练达，喜接宾客，乐于施舍。元朝至顺（元代文宗、宁宗、顺帝都有至顺年号，这里指元文宗的年号，公元1330年—1332年）初，曾拿出粟米二千余石救济乡民，推辞不受官职。至元（元顺帝年号，公元1335年—1340年）中，被推荐授予襄阳等处营田提举，建康等处财赋提举，因父母早亡，长兄又多病，不久就弃官归家。此后，终身不再为官。

章梦贤事奉兄长如同父亲，将义庄田地的收入用以赡养宗族成员，建办义塾用以教化家乡子弟。兄长去世后，抚养他的孤儿如同自己的儿子。全家共有二百多人，从未有过不和睦的言语。

章梦贤的儿子章元泽，起初任丞相府舍人（舍人，官名，掌文书及政务等），累官至奉政大夫，江浙财赋副总管。因母亲年老，也弃官归家，奉养母亲，杨维桢极力称赞他。后以朝列大夫、彰德路总管、府同知的身份辞官退休。

徐　初

徐初，字本道，华亭青村人。早年丧母，父亲总是听信后母谗言，然而徐初事奉父亲及后母更加恭敬。父亲在大热天生疽疮，溃烂流脓，污秽床席，徐初亲自洗涤，衣不解带，陪事达一个多月。父亲这才醒悟道："你真是我的孝子啊！"后母的儿子徐亨从小受到宠爱，长大后不会做事，徐初始终十分爱护他。至正十六年（公元1356年），浙右实施戒备，徐初组织率领乡子弟数千人，防备贼寇，有人诬陷他有反叛之意，将他绑缚解送到泖上军。徐初面对腰斩的刑具砧锧厉声道："我若要反叛，就早已率领盐民逃到海里去了，岂能还提着脑袋来见将军啊？将军想要拥有土地和民众，就必须归之于正道，天下难道有白首（人老发白）贼吗？"军帅觉得他的言辞豪迈有气节，就释放了他，且推荐他做官，但徐初一直不去就职。

徐　诚

徐诚，字信之，上海人。至正（公元1341年—1368年）年间，其父亲任金玉局大使（官名），曾染病，医治祷告都无效，徐诚竟然割下自己腿上的肉与药一起煎煮，进献给父亲服食，父亲的病很快就痊愈了。

徐诚家境宽裕，但仍节俭，却爱好施舍。三族（父族、母族、妻族）之人都因他相助而不断炊烟。至顺元年至至顺二年（公元1330年—1331年）遭遇灾荒，百姓生活困难，他烧厚粥救济饥饿灾民，使万余人得以生存下去。

赵　恭·赵　敬

赵恭，字思恭，上海人。家境贫困，爱好学习，浏览经史书籍，禀性孝顺。母亲方氏卧病在床，长期没有好转，赵恭忧虑伤心不知所为，竟咬下臂肉煮成浓汤，给母亲喝，母病不久即得以痊愈。父亲赵通因毒虫致病，其弟赵敬割自己大腿上的肉熬制成粥，进献给父亲，父亲的病也得以痊愈。赵恭、赵敬兄弟俩一起受到当时人们的称道。

王太初

王太初，字古心。通晓《易经》。有《贵士集》、《渔樵稿笔录》刊行于世。

陆　侗

陆侗，字养正，上海人。诗典雅有文采，风格豪放。其题咏景物，尤善想象，往往别出心裁。同时代人还有像王泳、赵镇、殷汝舟、姚玭等都善于诗文。

清顾嗣立《元诗选》收录陆侗《静安八咏》，其中《绿云洞》："云林气苍寒，百年老禅宅。清泠薝蔔香，太古蔚蓝色。金钟有时振，珠露不住滴。朝来自研朱，重将梵语译。"

姚 玭

姚玭，字比玉，松江金泽人，七八岁时就十分机敏聪慧，喜欢读书但家境贫困，乡里有一姓林的大户人家，为他延请名师，拿出自己所有的藏书教他，终于使他完成学业。

淮兵(张士诚起义军)作乱时，苗杨氏守卫浙江，命令大户人家具办蒙冲斗舰，抽取民众中的壮丁充当兵卒，但都逃亡。姚玭独自奉侍母亲陈氏逃遁到田野里，面前遇到大河不能渡过去。母亲说："追兵来到，我誓不受侮辱。"于是跳入水中。姚玭仓皇中来不及拉住母亲，于是也跳入河里，一会儿，背负母亲出水，母子俩都保住了生命。姚玭曾被流矢射中，他装死倒伏在尸体中，得以逃脱。奉侍母亲过河，母亲说："我有一些金子秘密埋藏在那边泥土中，你去把它挖掘出来。"姚玭悄悄前往，却被淮兵俘虏，怀疑他从苗中来，将他捆绑后送往泖上军，遇到有人为他辩护而不死。淮兵看出他不是一般人，让他担任部队官吏。姚玭日夜担忧，将母亲病重之事哭着告诉淮兵，得以暂时请假而回。他借得小船，载母亲逃遁。母亲生病要吃鱼汤，但无法得到。家里蓄养的乌圆(猫名)十分驯顺，告诉它去找鱼，它好像领会了主人的意思，不久就跑出门外去，捉得一条大白鱼回来，随即煮鱼汤给母亲喝。人们认为这奇迹是姚玭的孝心所感而致。

兵灾平息，浙江长吏征召他做官，他以母亲年老为由而拒绝，人们为此更加称赞他的品质高尚。

王文泽

王文泽，字伯雨，别号梅泉，谱牒称他为王茂弘的后代。家居华亭枫泾，迁徙至上海咸鱼港。祖父王大言，父亲王京，都有文章传世。王文泽学识渊博，凡有所著述，不肯蹈袭前人一语，所交往者多为当代名人。科举屡试不中，去世于府学训导任上。其著作有《尚书制度图纂》三卷、《自立斋诗文》十卷。

任 晖

任晖，字东白，华亭人，是任仁发的孙子。喜爱文史，善于赋诗，意境超凡脱俗，文笔雄健且有法度。平时与杨维桢交游。其著作名为《东白集》，今佚。

王 默·王 基

王默，字子章，又字伯静，是王文泽的儿子。身长八尺，胡须丰美，谈吐高爽信直。年少时就仗义任侠，多有技艺。二十岁后决意刻苦读书，书法仿效赵孟頫，行笔十分快捷。被征召到京都，命其书写金字《浮屠经》，官职如同翰林，他看到元朝时运已尽，坚决辞归，名声大振，求其字者盈门。父亲去世，他出卖自己全部的书法作品，买山安葬父亲灵柩，墓地旁筑庐舍，自己住了很长时间以守墓尽孝。他颇有喜好山水怪石的雅兴，遇到风景优胜之处则流连忘返。尤其喜欢为人排解困难和纠纷，奋不顾身，不计利害。张句曲称他个性豪放不拘，有姜白石（姜夔）遗风。

王默的儿子王基，明洪武（公元1368年—1398年）初举孝廉（举孝廉，本是汉代推举孝子和清廉之士的方法，后来俗称举人，本处指后者），任潞州判官（判官，地方长官的僚属，处理政事），著有《雪斋明鉴录》，秦裕伯极力称赞此书。

彭汝器

彭汝器，字宗琏，号素庵，上海人。知识渊博，在史学方面有造诣，曾评述《宋史》，认为杜太后遗嘱命令立宋太宗，与春秋时宋宣公放弃自己的儿子而立宋穆公，结果相同，都给后代造成了混乱。宋太宗询问传代之事，赵普只知为宋太宗打算，而不为其兄宋太祖赵匡胤谋划，这欺天之罪不可逃脱。宋神宗将去世，宣仁太后预制小黄袍以备仓猝之需，拥立宋哲宗，若要称道宋代贤后，当推宣仁太后为首。彭汝器评述历史，其余大多类此。

陆德芳

陆德芳，字显叔，华亭人。至正二年（公元1342年）举人，授般阳路（路，行政区划名）学正，不久辞官回乡。当时平章河南（平章河南，河南的高级长官。平章，官名）沈照避地海盐的甘泉乡，陆德芳佣书（受雇为人抄书称佣书）其家，偶尔与他谈经史、论时事，沈照大惊，经询问，知道他的经历，于是将女儿嫁给他。明代初，以逃亡之臣引荐，他不去赴任。

陈 聚

陈聚，字敬德，临海人。至正二十三年（公元1363年），任上海主簿。起先，县令何缉建办社学，废于兵火。陈聚加以修复，公布其名为“横溪义塾”。孔宅夫子庙，乡民以异端(邪僻)土偶杂祀庙中，陈聚认为这不符合礼义，将异端土偶丢到水中，而迁圣像(孔子之像)于原来建办的学校中，另外设置礼殿以存放圣像，置办二顷多田地，以供祭祀之费用。戴良为之作记。

杜英发

杜英发，字俊卿，上海人，祁国公杜衍九世孙。任建宁县学正，升教授后归隐于西霞浦上，号西霞道人。

起初，杜英发的叔父因没有后代，曾收养一个姓莫的孩子，后来又改以杜英发为其后嗣。到叔父去世后，他将叔父的全部家产都让给莫氏继承，又为他加冠娶妻，待之如同同胞弟兄。本族人员困于徭役，他首倡安置义田，储备粮食，用以资助族人。邻里婚丧之事，他都有供给、资助。他对族人及邻里竟如此重情义，自己享用的资产却不超过中等人家。

陈良用(？—1370)

陈良用，字子忠，宋代太傅陈尧咨(陈尧咨字嘉谟，咸平中进士第一，以气节自任，工隶书，善射，卒赐康肃，即欧阳修《归田录·卖油翁》中所记之人)第十一世孙。至元丙午(元代至元期间没有丙午年，疑“丙午”是“丙子”之误，如是，则是公元1336年)，发生大饥荒，陈良用输粮千石以救济饥民。事情上报朝廷，皇帝诏命授给他冠带(官服)。

明洪武三年(公元1370年)去世，享年八十七岁。

冯 濬

冯濬，字渊如，华亭人。他的诗作载于《玉山集》，往昔人们评其诗清秀俊美。

钱应庚

钱应庚，字南金，居松江之贞溪，戏曲家钱抱素(钱霖)之弟。元末战乱中隐于乡里，以诗词闻名。曾受聘久在淀山湖谢氏家中坐馆授徒。与邵亨贞、徐一夔等唱和交游，徐一夔为其诗集作序(《钱南金诗稿序》)。其门生为其开辟一室，名之“一枝安”。清顾嗣立《元诗选》录其诗三首(《题梅花道人墨菜画卷》、《承复孺学士寄怀一诗临楮奉答》、《闰正月得复孺先生见教去冬寄怀之诗谨次韵奉答》)《承复孺学士寄怀一诗临楮奉答》:“与君相知最相忆,春水东流春望深。十年共坐灯火约,两地忽牵江海心。日落瞻乌谁屋上,月明梦鹤故城阴。蘼芜满地不可寄,何以报此琼瑶吟。”

俞 庸

俞庸,字子中,他的祖先是嘉兴人,迁居上海。他入仕为推官。诗载《大雅集》。

他的儿子俞俊,字子俊,号云巢,官任丽水巡检,改为平江通判。

曹 永

曹永,字世长,松江府人。颖悟好学,尤工八法,正楷学钟繇,行草学二王(王羲之、王献之)。至正(元顺帝年号,公元1341年—1368年)间以蒙古字学被进用,任安州学正,官至巡检,江浙行省征召其为宣使。

卫仁近

卫仁近,字叔刚,一字子刚,卫德辰之侄,华亭人。至正(元顺帝年号,公元1341年—1368年)年间,卫仁近曾游吴兴,守将送饩米百斛,推举为幕僚,他都辞拒。张士诚曾遣使礼聘,也辞而不就。

卫仁近好学,尤工书法。经子百家,无不览阅。书学《黄庭经》(晋王羲之曾书写《黄庭经》),自有一种风流蕴藉、侠才子气。也善诗,有《秋夜曲》等,为时人所重,杨维桢称其诗音节、兴象皆可追盛唐。

四十七岁去世。著有《敬聚斋稿》。

唐 华

唐华,字明远,华亭人,隐居小蒸。屡次推荐而不去就任。善于鉴定鼎彝、图画、书帖。失去财物不予计较,人们佩服他的雅量。

周之翰

周之翰,字申甫,自号易痴道人(意为痴迷于易学的道人),华亭人。自幼聪明有悟性。

周之翰颀然长身,松形鹤骨。战乱时,隐居松江神山。终日谈论经史,典故滔滔不绝。博极群书,尤其精通象数之学(指龟筮占卜预知吉凶),晚年游涉《老子》、《庄子》等书。曾撰《乾坤阖阙》、《天地生成》、《阴阳变化》、《山川流峙》四图并附有赞颂之言，以揭示阐明其蕴含的奥秘之意。在乡间设馆讲授，至其寿终。杨维桢曾说："吾在九峰三泖间，有李五峰、张句曲、周易痴、钱曲江，为唱和友。"

曾寒夜拥炉，见瓶梅枯冻，随即取出投之于火中，作下火文。虽是游戏之笔，但意味深长，妙趣横生。其词道：

寒勒铜瓶冻未开，南枝春断不归来。这回不入黎云梦（黎云，即黑云，喻发色。黎云梦，即青春梦），却把芳心作死灰。恭惟地炉中处士梅公之灵，生自罗浮（罗浮，山名，在今广东省，绵延百余公里，峰峦四百余，风景秀丽，为粤中名山。相传罗山之西有浮山，为蓬莱之一阜，浮海而至，与罗山并体，故名罗浮。传称晋葛洪于此得仙药。山上有洞，道教列为第七洞天），派分庾岭（庾岭，即大庾岭，五岭之一，在江西、广东交界处。古称塞上、塞岭、台岭，又名梅岭、东峤。相传汉武帝时，有庾姓将军筑城岭下，故名大庾，又名庾岭。唐代为通粤要道，张九龄督所属开凿新路，多植梅树，故又称梅岭。宋代元祐间重修，蔡挺复命夹道植松，在岭上立关，名为梅关。唐郑谷《郑守愚集》中《咸通十四年府试木向荣诗》："庾岭梅先觉，隋堤柳暗惊。"）。形若槁木，稜稜山泽之臞；肤如凝脂，凛凛雪霜之操。春魁占百花头上，岁寒居三友（梅、松、竹，称岁寒之三友）图中。玉堂茅舍总无心，金鼎商彝期结果。不意道人见挽，遂离有色之根（有色，即色界，佛教三界之一，在欲界之上，无色界之下，只有色而无欲）；夫何冰氏相凌，遽返华胥之国（华胥，寓言中的理想国。《列子》："（黄帝）尽寝而梦，游于华胥氏之国……其国无师长，自然而已；其民无嗜欲，自然而已；不知乐生，不知恶死，故无夭殇；不知亲己，不知疏物，故无爱憎；不知背逆，不知向顺，故无利害。"）；玉骨拥炉烘不醒，冰魂剪纸竟难招。纸帐（纸作的帐。用藤皮茧纸缠于木上，以索缠紧，勒作皱纹，不用糊，以线折缝，以稀布为顶，取其透气。帐上常画梅花蝴蝶等饰物。唐齐己《白莲集》中《夏日草堂作》诗："沙泉带草堂，纸帐卷空床。"宋朱敦儒《樵歌》上《鹧鸪天》词："道人还了鸳鸯债，纸帐梅花醉梦闲。"）夜长，犹作寻香之梦；筠窗月淡，尚疑弄影之时。虽宋广平铁石心肠（唐皮日休《桃花赋序》："余尝慕宋广平（璟）之为相，贞姿劲质，刚态毅状，疑其铁肠与石心，不解吐婉媚辞。"此谓心性刚毅，不动感情。《旧唐书·玄宗本纪》："自天宝已还，小人道长。如山有朽坏，虽大必亏；木有蠹虫，其荣易落。以百口百心之谗谄，蔽两耳两目之聪明，苟非铁肠石心，安得不惑！"此谓见识坚定，不受迷惑），忘情未得；使华光老丹青手段，摸索难真。却愁零落一枝春，好与荼毗（焚烧）三昧火（解脱束缚之火）。惜花君子还道，这一点香魂今在何处。咦！炯然不逐东风散，只在孤山明月中。

沈 铉

沈铉，字文举，松江人。世居郊外，筑室曰“野亭”。杨维桢有记，倪瓒、高启有赠诗（《送沈徵士铉归海上》）。顾嗣立、席世臣《元诗选・癸集》录收其诗三首（《放歌赠宋君仲温》、《送仲温先生还吴》、《赵松雪故宅》）。《赵松雪故宅》中有句：“第宅空存森卫戟，墨池干尽尚兰苕。高情一去风流远，梦忆箫声第几桥。”

儿子沈复吉，通晓儒书，精于医术。游于中都，建造植芳堂，天台王璞、四明郑真作记文。

杨 谦

杨谦，松江人，号竹西。世代居住于赤松溪上。本为世家大族，早年脱去仕宦之累，归于幽雅之事以自适，读书乐道之外别无爱好。多海内高人名士之交。曾筑小楼登高远眺，海中大小金山尽收眼底，翔舞于前，因而题名为“不碍云山楼”。杨维桢、贝琼都为之歌咏。

孙道明

孙道明，字明叔，华亭泗滨里人。喜好古典，不习科举应试学业。藏书几万卷，或遇秘本，亲手抄录，至老不倦。曾筑映雪斋，延请四方名士，阅其藏书为乐。又造小舫名为“水光山色”，停泊于南浦，自号“停云子”。焚香论古，萧然自得，不复问人间利弊之事。

曾题《北梦琐言》后道：“至正二十四年（公元1364年），岁次甲辰，五月七日写起，至二十七日庚寅辍卷，华亭在家道人孙道明识于泗北村居映雪斋，时年六十又八。连日梅雨时雨，西南二乡皆成巨浸，丰年未卜。今日喜晴，聊书此耳。”由此可推想出他平时的爱好和崇尚。

陶宗仪说：“会波村在松江城北三十里，其西九山离立，若幽人冠带拱揖状。一水兼九山南过村外以入于海，而沟塍畎浍隐翳竹树间。春时桃花盛开，鸡犬之声相闻，殊有武陵风概。隐者停云子居焉。一舟曰‘水光山色’，时放乎中流，或投竿，或弹琴，或呼酒独酌，或哦吟陶、谢、韦、柳诗，殆将与功名相忘。尝坐余舟作茗供，襟抱清旷，不觉度成此曲。主人即谱入中吕调，命洞箫吹之，与童子棹歌相答，极鸥波缥缈之思云：‘如此好溪山，羡云（随意飘动的云，漫布的云）屏九叠，波影涵素。暖翠隔红尘，空明里、着我扁舟容与。高歌鼓枻（船桨），鸥边长是寻盟去。头白江南，看不了，何况几番风雨。　　画图依约天开，荡清晖、别有越中真趣。孤啸拓蓬窗，幽情远，都在酒瓢茶具。水荛（水草）摇晚，月明一笛潮生浦。欲问渔郎无恙否，回首武陵何许。’”（《南村诗集》）

陆　泳

陆泳，字伯翔，隐居大蒸。尽心于农业之事。采集方言、习俗，作《田家五行》用以占卜丰歉，杨维桢、陆居仁为之作序而传播此书。

王　泳

王泳，字季沵，上海人。是宋代进士王日辉的曾孙，元代镇江儒学教授、衡山主簿王镛的儿子。禀性和乐平易，自号静习。有人问他安静何关学习，他回答说：“学习时如果内心不安静，就无法学到知识。”当初其父去世，遗命以庶弟（父亲之妾所生的弟弟）奉侍其生母（其，指庶弟；生母，指庶弟的生母，即父亲之妾），王泳将旧田宅都给了庶弟，自己所居之地仅数弓（弓，旧时丈量地亩的工具和计量单位，五尺为一弓，即一步），住房十尺，冬穿狐皮破袄，夏披葛布长衫，草菜为食，安然自得。门生辈为他在龙华买下一块平地以营建寿藏（生时预营的墓穴）。他头戴角巾（角巾，即方巾，有棱角的头巾，古代隐士的冠饰），手拄黎杖（即藜杖，用藜的老茎制成的手杖），逍遥于青松间而作歌唱道：“蚕是何物啊，茧是它的居室。我的心愿实现了（指筑成了蚕茧般的寿藏），这也是靠你们诸位之力啊。”歌毕长啸而返。

他曾对妻子沈氏说：“我死后贫困而没有什么东西可以用来殓葬的，您能够做黔娄妻般的人物，不是可以留下贤名吗（黔娄，战国时齐国隐士，家贫，不求仕进，齐鲁之君聘赐，俱不受。他死后，曾子前往吊唁，见其妻以布被覆盖尸体，覆盖了头部则脚露出，覆盖了脚则头部显露。曾子说：“将布被斜转来覆盖，则可以覆满尸体了。”黔娄妻说：“斜而有余，不如正而不足啊。”听到此事的人都赞美黔娄妻贤良）？”

王逢为王泳作墓志铭道：“生则游，死则藏。古代贤达作榜样，即使隐居也如孔光般的人物受人敬仰。”（孔光，字子夏，西汉鲁国人。研究经学，熟习汉朝的制度法令。经历西汉成帝、哀帝、平帝三朝，官至御史大夫、丞相、太师，封侯。王莽专权时，孔光谨默自守，终日清淡，不及政事，不为王莽所忌，得以保持禄位）。

杨德懋

杨德懋，华亭人。学钟王书法（三国魏钟繇与晋王羲之皆善书，世合称“钟王”）。到了壮年，能明晓《左氏春秋》，对诸子百家无不探究于心，《太极图》与《通书》（宋代周敦颐撰。《易·系辞》上："《易》有太极，是生两仪，两仪生四象，四象生八卦。八卦定吉凶。吉凶生大业。"周敦颐因而取道家象数之说，撰《太极图》。图之前段，用太极生两仪之说。后则不用八卦而用五行，又为说一卷，说明道体的根源。周敦颐又著《通书》四十篇，阐明太极之含义）早晚不离手，有见识的人都说杨氏生了个大有希望的儿子。

有人劝他出去做官，他说："我生不逢时，局势艰难，胡元（我国古代对北方边地及西域各民族通称"胡"。元朝统治者来自北方，故称"胡元"）的爵位俸禄不足以荣祖耀祖，只是一种耻辱而已。"他买田于淀山之西，耕耘除草，种植桑麻；空闲时则读书谈道。

明朝建立，征召天下有真才实学之人，郡县都推荐他。征召之命下达，他又说："唐尧听任巢父清洗耳朵（一般认为洗耳是指许由，但有人认为巢父、许由是同一人），汉光武帝因循严子陵的高雅，荣华富贵不是我的心愿。"于是弄瞎自己的左眼，以视力残废而不可任用。优游于湖上，不知人间烦恼事，所关心的只是教育儿子、耕种田地、如期缴纳国家赋税而已。

九十二岁去世。乡村里人称他为"自废公"。

唐　时

唐时，从湖广荆南迁居华亭，于是入籍定居下来。与杨维桢、陆居仁关系很好。因为祖先受宋代皇帝的恩惠，所以发誓不愿在元代做官。年幼丧失双亲，哀毁骨立，守丧按礼。因为贫困不能成家室，三十多岁才靠在私塾教书的收入娶王氏为妻。家居花泾塘，勉力务农，甘心淡泊。夏椿请他做馆宾，以教育自己的子弟，供奉十分丰厚，他却说："我一向清苦俭朴，如果现在每天食用鱼肉，不但损福，而且会使我的肠胃消受不了。"夏椿从内心敬重他。邻居有位寡妇，暗中向唐时赠送糕饼美食，唐时坚决拒收。这寡妇说："因为您独自居住在馆舍中，所以我要来试探一下。"唐时说："您是一位妇人，可以试探我吗？"夏椿知道此事，更加敬佩他。

钱艾衲跟从杨维桢在郡中读书，家里居舍如破船，吃的是豆子，饮的是清水。唐时经常资助他努力求学。后来钱艾衲家稍富裕，将一袋钱物放在唐时的馆舍里。钱艾衲去世，唐时将这袋钱物完封无缺地归还钱家，钱家很惊异，因为他们原先不知道这件事。当时张氏（似为钱艾衲夫人）居住于吴郡，有了这袋钱物，可养老于家中。

唐时享年八十七岁。他的事迹载于陶宗仪的《义士传》中。

周 显

周显，字光远。世代居住于华亭的簳山。年少时就有出奇的气质和美好的风度。涉猎经史，间或喜爱神仙道士之学。

游览龙虎山，礼拜天师（天师，指道教的创始人张道陵，人称张天师。张道陵的后裔传人一般也称张天师），随即供职于龙虎山道教府第。过了一段时期，感慨地说："我独自远离家乡，父母将由谁赡养啊？"于是辞别归来。

一年以后，父亲去世，他哀毁骨立，葬祭有礼，三年不参与宴饮娱乐，奉养母亲孙氏，更是谨慎小心。

周显所住之里，每年须上交官租四万石，民众面对这繁重的赋税，常拖欠延期，周显都为大家减免，于是没有人再敢拖欠。

吴淞江故道淤塞，洪水淹没各郡县的低洼之处。朝廷命令主管河道的官员负责开挖疏浚，御史台分派官员下去监督。佥事范君一向知道周显的才能，向他请问方略。周显拿出方尺（即矩尺）、纸张，画成图形，依据地理形势，规画正确周详。疏浚河道事毕，御史举酒杯慰劳他说："这次工役的顺利完成，主要依仗您的大力。"

起先，监督工程的官员与守令禀性缓急不同，相互稍有抵触，即推开议案，各道东西。正好有宣抚使来巡视该郡，有奸民乘机分别诉讼，诬告二侯（监督者与守令）行受贿不法之事。宣抚使将此事交给嘉兴府太守重新审治。周显说："父母若有过失，做儿子的应当尽力规劝。现在二侯因论政不合，使奸民乘机诋毁诬告，而我只坐视不顾，如果不幸中坏人奸计，怎么办？"于是马上到二侯处，详细论述事情原委，二侯感悟，痛加自责，相好如初。嘉兴府守令听说后，也追究奸民之罪。尚书贡师泰称赞周显道："闻义而勇，不谋于人（意即敢于自我担当）。好仁而公，不私其身。"去世时年仅四十八岁。

朱 弦

朱弦，字孟清，上海人。禀性孝义，县令闾九柱十分器重他，通过他的父亲，将他收为自己的义子。闾九柱被罢官后十分贫困，朱弦一直孝敬赡养他；闾九柱去世后，朱弦买山地用以安葬。又营建屋室，如事奉母亲般地孝养闾九柱之妻三十年。

有位贫民卖掉房屋偿还欠税而没有地方居住，朱弦为他赎回房屋。他的朋友赵谟逃亡在外，某教授被召用，发颠疾走失在山中，遇到朱弦，都摆脱了灾难。

瞿　懿

瞿懿，字彦德，上海人，瞿霆发的从曾孙（从曾孙，即自己兄弟的曾孙）。幼年丧父，事奉叔父如同父亲，共同居住三十年。

叔父无罪而被颂系（颂系，有罪入狱而不加刑具），瞿懿向官府泣诉道："应当让我入狱而释放我叔父。"官府为他的义气感动，释放了他的叔父。

叔父去世后，瞿懿又请老师教育他的儿子瞿时习，后来瞿时习任官浔州路总管。

妻子张氏、钟氏前后事奉婆母，都以孝敬为人所称道。

戴光远

戴光远，字君实。居于白牛镇。他的父亲戴旸谷，规划创建义塾，以教育家乡子弟，但尚未创建完毕就去世了。戴光远继承父志，建造堂室四十五间，中间设先圣先师像以祭祀之，讲堂设在后面，书房宿舍位于两旁，环以幽静小路，竹林花果，而蓄聚流水为池以种植芰荷菰蒲，又建十亩之地的屋舍储藏图书史籍。随即延请师儒，招收学员，四所教房职教各一人，生员常达一百五十人。置五百亩肥沃之田以赡养师生。黄学士为之作记，称其利泽施于众人，恩惠丰硕，教养功高。戴氏父子的恩德，不止独善一乡。

全　翁

全翁，名字不为人知。元末避兵乱于泖滨，以耕田读书为乐。

倪瓒仰慕他的人品，前去拜访他，全翁只是极力述说喜好名气的损失，并对倪瓒说："先生之辈于山林中探望我难道是想获取高名吗？"倪瓒听了，脸呈恼怒的神色，辞别而去。

后来江南名士应就征召者多不免灾祸，人们才佩服全翁的见识高超。

平湖陆氏即为他的后裔。

李介石

李介石，字守道，松江（一说杭州）人。为人高傲豪爽，才智出众，善于词章。喜欢与人谈诗，其诗称能品（能品，古人评论书画的三品之一，《图绘宝鉴》："故气韵生动，出于天成，人莫窥其巧者，谓之神品；笔墨超绝，傅染得宜，意趣有余者，谓之妙品；得其形似而不失规矩者，谓之能品。"），又以书见长。王逢寄诗有"酒外嗜八分，席地画青苔"之句。

李介石境况困窘，怀才不遇。徽寇攻陷杭州，他投书见到省臣（元代于中央设中书省，于各路设行中书省，简称行省。这里的省，指地方行政官署行中书省），省臣命他草拟征讨檄文，从而发现他的才能，于是器重他，授为松江提控案牍（掌管案牍文书的官吏）。随从省臣守卫镇江时，兵败不屈而死，是一位保持古风的节义侠士。

他所居之处有“煮雪齑瓮白石窝”（住所名），王逢作诗赠之。

宋子正

宋子正，号方壶，华亭人。曾于华亭莺湖筑室若干楹，方疏四启，昼夜长明，如洞天状，名曰“方壶”，因以为号。

宋子正善曲词。《朝野新声太平乐府》选其小令十四首，套数三首。[双调]《清江引 · 托咏》：“剔秃圞（圞luán。剔秃圞，意特别圆）一轮天外月，拜了低低说：是必常团圆，休着些儿缺，愿天下有情底都似你者。”[中吕]《山坡羊 · 道情》：“青山相待，白云相爱，梦不到紫罗袍共黄金带。一茅斋，野花开，管甚谁家兴废谁成败！陋巷箪瓢亦乐哉！贫，气不改；达，志不改。”

成廷珪

成廷珪，字原常，一字元帝，又字礼执，扬州人。好读书，通晓诸子百家学说，但不求仕进。事奉母亲居于市廛（指商店集中之处），植竹庭院间，绰有山林意趣，匾其燕息（意安息）之所曰“居竹”。晚年遭逢世乱，避地吴中，踪迹多在峰泖，后殁于华亭，年七十余，葬于吴会（今苏州）。

成廷珪与张翥为忘年友，两人载酒过从，殆无虚日。成廷珪对张翥说：“吾仕宦无天分，田园无先业，学业无他能，惟习气（习气，为佛教语，这里意为习性）在篇什，朝哦夕讽，聊以自娱而已。”成廷珪工于诗。吴中邹奕曰：“原常能揣练六朝之情思，以入唐人之声律，变化寻常之言为警策之句。”刘钦也曰：“原常诗五言务自然，不事雕刿，七言律最为工，深合唐人之体。”世称其律诗为“成八句”。张翥曾题成廷珪诗集曰：“余在广陵时，与原常唯诗是谈。”成廷珪又与名流杨维桢、倪瓒等相唱酬。郜肃、刘钦搜辑其遗稿，汇而刻之，成《居竹轩诗集》四卷。清顾嗣立《元诗选》收录其《居竹轩集》（凡二百五十九首）。其中，《寒食日松江有怀广陵》：“老来也（一作偏）欲惜年华，春正浓时不在家。江上苦遭寒食雨，梦中犹见广陵花。书藏旧箧应无恙，酒忆新楼不用赊。日暮荒城闻鬼泣，东风吹恨（一作浪）满天涯。”

吴钟山

吴钟山，不知道他的名字，因为他家在松江府钟贾山，因此他自号钟山，人们也这样称呼他。善于太乙、九宫（太乙为星名，九宫为古代八卦算法，太乙、九宫，是我国古代的一种术数之学，以预测吉凶）的测算术，他自己说这学问得之于父亲竹所，竹所传授于他的父亲一峰。江湖间推重这门数术，而吴钟山也保守秘密，不肯轻易告诉别人。会稽杨维桢到松江府来，吴钟山前去见他，说："先生弃官已十年，数目满十年必发生变化，世上事物没有往而不复、屈而不伸的。"后来果如其言，全部应验。

李智远

李智远，华亭人，自号谷隐野人。居住于颐告寺，整日闭门，清心默坐如同枯木。元兵来到，众人纷纷逃跑，他却如同没有听到看见一般，被元兵抓住而不惊，释放而不喜。元兵战事平定一个月以后，他忽然沐浴更衣，正襟危坐，亲手写诗道："四十三年处世中，梦中成梦又成空。今朝撒手还归去，木马频嘶物外风。"写毕即去世。

陆　怡

陆怡，字悦道，华亭人。隐居村舍，崇尚美德。曾在杭州拾得有人遗失在道路上的珍珠数串，价值千缗（一千文铜钱为一缗，千缗，则有一百万文），等候遗失者前来求取而归还。尤其擅长医术，能挽救濒死者。有位汴地之人客居陆怡附近乡村，一天晚上突然死去。陆怡将一只马槽去掉槽底，放在大锅上，将死者抬来放在里面，用葱药蒸。到清晨，暴死者皮烂而恢复呼吸。大德（公元1297年—1307年）年间，被召至京师，右丞相答剌罕哈剌哈孙测试他的医术，让他切脉，切脉毕，说："丞相无疾，只有左足大拇指一脉不到。"原来先以物约束左足。哈剌哈孙称之为神人。大臣都要请他做官，他推托自己不会政事，然后乞求归家。朝廷赐他"悦道处士"之号。

笴隐生

笴隐生，名瑾，不知其姓，出生于上海簳山，因而自己取号为笴隐生（笴，通"簳"，箭竿，所以如此取号。笴隐生，意谓隐居于簳山之人）。他小时候曾在梦中掘得大小墨数百枚，于是善于写文章。长大后爱好游玩名山。至正（公元1341年—1368年）间从具区（湖名，指太湖）取道毗陵（县名，在今江苏省），渡江到淮泗，以直言献当权者，不予采用。返回簳山下读书，著《史补断》、《丹崖夜啸金声录》、《玉露吟》若干卷。安于陋室，有人劝他出去做官，他说："大丈夫做官，当为天下除残铲暴，否则不如抱膝闲坐于家中。"于是终于不仕。

陆 厚

陆厚，城东人。有田十双（一双为五亩），有宅一区（区，地域，有一定界限的地方，意谓有一个宅基院落）。宅基东边有一个园圃，因而自号东园散人。相貌古雅严整，长身卷须，博览经史，尤其精通孙吴兵书。正当兵变战乱之时，将官听说其人，但找寻不到。陆厚有时往来天目、灵岩、苕霅（苕霅，即苕溪和霅溪，在浙江吴兴县境）间。战乱停息，他返回故庐，放浪三泖中，有时通宵达旦。小时候曾遇异人，获得子午按摩法，治疗疾病，不用针灸，与病人对面坐着笑谈，一会儿病患已除去，但从未受人钱财。有人劝他出去做官，但他不愿。有诗集若干卷，名《古渔唱》。

孙 稷

孙稷，字长庆，松江府人。言行谨慎周到，曾经被推荐为文学（文学，官名，属文教官一类），因战争兴起，于是不去上任。读书卖药于横云山的一座分支小山上，将其居处命名为"小山招隐"，王逢为之作了一篇辞赋。

陆 蒙

陆蒙，字景周，号东园散人，松江人。身高而美髯，家富而好礼，收藏古书画彝器甚多，一时名士无不与交。

陆蒙隐居不仕，博学经史，精篆、隶书，又爱弹琴弈棋。有诗集《古渔唱》。他的《友闻录》，杨维桢、陆居仁皆为之作序。

章伯颜[注]

章伯颜，字俊夫，章粢的后裔。聪慧绝伦，乐善好施。学识广博，旁通蒙古文字，当政者推荐他，授邵武路蒙古学正。升迁为延平路教授，居住于青龙，构筑亭子作为休闲之所，取名为"水心"，且自题联道："表里澄清如此水，行藏端正表吾心。"

子孙乐于耕耘务农，命名其里为"章家堰"。

注：章伯颜及以下十人为光绪《松江府续志》补遗人物。

谢守真

谢守真，晋代太傅谢安后裔。九世祖谢仲华以进士的身份隐居簳山，从此就居住于这里。谢守真工诗善饮，以耕稼自乐。与王逢、杨维桢为好友。王逢赠《北丘耕隐歌》，称他为“簳山谢逸人”。

吕 恒·吕 恂

吕恒，字德常，华亭人。是吕良佐的长子。受学业于杨维桢。禀性风雅，善于吟咏。建筑宾月轩，会集名人觞咏其中，称为“宾月吟社”。

弟弟吕恂，字志道，聪明好学，与富春吴毅、会稽韩奕、槜李贝琼、同里冯濬、倪中、殷奎为友，人称“璜溪七子”。

吴良用·吴 霖

吴良用，字贞一。至元（公元1335年—1340年）中，从闽地迁徙到华亭的张堰居住。因为他的祖先屡次受到宋王朝的恩惠，所以发誓不出来做元代的官。

孙子吴霖，字正学，明洪武（公元1368年—1398年）间为贤良方正（汉文帝二年诏举贤良方正、能直言极谏者，为科举名目贤良方正所自始），官至山西布政司左参政。吴霖的儿子吴缙，有诗名。

徐 振

徐振，字克振，上海人。年少丧父母，祖父母抚养他长大成人。禀性至孝，祖父母去世，在坟墓旁的庐舍中居住了六年。王逢有诗记叙他。

杜 敏

杜敏，字好古，是杜可久的孙子，号泉石道人。家境贫困，学习勤勉。隐居青龙镇，屡次拒绝征召，众人认为他迂腐，他全然不顾。

张天麟

张天麟，是张瑄的孙子，张文龙的儿子，字仲祥。张瑄被官府抄没而死，当时张天麟刚为弱冠之年。有人要奴役他，张天麟叹道：“我先祖尽力于王室，你们怎么忽然要奴役我啊？”

大德九年（公元1305年），张天麟上告御史台，不予受理。元成宗前往京师，张天麟拜道于旁，陈述先朝顾遇、为诬陷的状况，于是张文龙得以回家。元武宗（在位时间为公元1308年—1311年）在位之初，仍由张文龙代理沿海漕运，由天麟担任警卫。至大三年（公元1310年），授张天麟为绛路坑冶提举，他不愿去就职，说："诋毁坑害我家，还有什么好'坑'！"

元仁宗（在位时间为公元1312年—1320年）时，张天麟请求安葬张瑄于乌泾，朝廷允许，表彰其门为"孝顺之门"。

张天麟晚年通晓《易经》。元统二年（公元1334年），江浙平章（官名）牙白花引荐他，他不愿出来。

儿子名守中，乡贡进士（由州县荐举，经礼部考试合格者皆称进士。明清时，举人会试中式，殿试一甲三名，赐进士及第，二甲赐进士出身，三甲赐同进士出身，通称进士）。

王逢有《张孝子》诗。

钱　皋

钱皋，是吴越王钱镠的后代子孙。居住于华亭县北六十里，那村落叫小莱学。钱皋通晓经史，熟习骑射，以义侠闻名，贵人争着想把他招致自己门下。盗贼压境，钱皋召集乡人民兵抵御于松江的南岸，乡人赖以安稳。又以平民的身份协助越帅打退盗寇，使数万遗黎存活（遗黎，亡国之民，这里指不肯臣服元朝的南宋遗民）。

晚年造茅屋，名为"纯白窝"而居住，收敛神气，反本归初，以学道术。杨维桢为之作记。

野舟客

野舟客，姓氏没有传下来。他乘扁舟往来小蒸，每天拿了钓竿、书卷，安闲自得地在泖中逍遥。邵亨贞曾遇到过他，登舟沽酒，歌唱《离骚》，撰作楚音。饮毕，鼓棹而去，不复见。邵亨贞有记。

郑文举

郑文举，字焕章，华亭人。他的祖先由吴兴入赘于朱泾，于是居家于此。郑文举禀性至孝。七岁能作擘窠书（擘窠书，指大楷字。擘窠，原指篆刻印章时分格，以便勾排。古来写碑版或题额者，多分格书写，使其点划停匀，称为擘窠书。后通称大字为擘窠书），长大后以善于书法闻名。

儿子郑范，字原式，洪武（公元1368年—1398年）间以孝廉（举人）任官荆州同知。回来后，移居胥浦乡。如今这地方名叫“郑家舍”。

管道昇（1262—1319）

管道昇，字仲姬，乌程（今浙江吴兴）人，一说青浦人。后与夫占籍松江。她的祖先为管仲之子孙，自齐避难于吴兴，人皆贤之，故其地至元名栖贤。父讳伸，字直夫，母周氏。管公性倜傥，以任侠闻乡间。管道昇生而聪明过人，管公甚奇之，必欲得佳婿，后嫁赵孟頫。赵孟頫为集贤讲学士、中奉大夫，管道昇封为吴兴郡夫人。赵孟頫入翰林为承旨，管道昇加封魏国夫人。赵孟頫因脚气疾自大都还家，管道昇随从至临清时因病而卒于舟中，年五十八。

“夫人天姿开朗，德言容功，靡一不备。翰墨辞章，不学而能。处家事，内外整然。岁时奉祖先祭祀，非有疾必斋明盛服，躬致其严。夫族有失身于人者，必赎出之。遇人有不足，必周给之无所吝。至于待宾客，应世事，无不中礼合度。心信佛法，手书《金刚经》至数十卷，以施名山名僧。天子命夫人书《千文》，敕玉工磨玉轴，送秘书监装池收藏。因又命余书六体为六卷，雍（孟頫、道昇子）亦书一卷，且曰：‘令后世知我朝有善书妇人，且一家皆能书，亦奇事也。’又尝画墨竹及设色竹图以进，亦蒙圣奖，赐内府上尊酒。尝谒兴圣宫，皇太后命坐赐食，恩意优渥。受知两宫，可谓荣矣！夫人之亡，内外族姻皆为之恸，尝与余游者，莫不流涕，则夫人之德可知已。”（赵孟頫《魏国夫人管氏墓志铭》）

管道昇能诗。顾嗣立《元诗选》收录其诗六首，有《渔父词》四首，其一曰：“遥想山堂数树梅，凌寒玉蕊发南枝。山月照，晓风吹，只为清香苦欲归。”其四云：“人生贵极是王侯，浮利浮名不自由。争得似，一扁舟，弄月吟风归去休。”皆相劝以归之意，无贪荣苟进之心。《全金元词》收录其词四首。

管道昇书法、画法皆文弱秀润，望而知为闺阁中人。而书牍行楷，与赵孟頫殆不可辨同异，卫夫人后无俦。性喜兰梅，下笔精妙，不让水仙。作墨竹，笔意清绝，有时对庭中修竹，亦自兴至，不能自休。曾画悬崖朱竹一枝，杨维桢为之题诗。又有《山楼绣佛图》、《长明庵图》。曾于湖州瞻佛寺画竹石图粉壁一堵，高约丈余，宽有一丈五六尺。巨石作飞白，晴竹亭亭如生。故宫博物院藏有其《水竹图卷》，作于至大元年（公元1308年）碧浪湖舟中。《图绘宝鉴》谓：“晴竹新篁，是其始创，寸缣片纸，人争购之，后学者为之模范。”赵孟頫曾曰：“夫人不学诗而能诗，不学画而能画，得于天者然也。”张伯雨《挽仲姬》云：“择婿当年郗太傅，能诗今日卫夫人。”二语极为切当。

管道昇与赵孟頫感情极笃。有《寄子昂君墨竹》诗：“夫君去日竹初栽，竹已成林君未来。玉貌一衰难再好，不如花落又花开。”思夫之情溢于词表。传赵孟頫曾想纳妾，一次作曲示意，曲曰：“我为学士，尔做夫人。岂不闻王学士有桃叶桃根，苏学士有朝云暮云？我便多娶几个吴姬越女，无过分！尔年纪已过四旬，只管守住玉堂春！”管道昇阅后，作《我侬词》，答曰：“尔侬我侬，忒煞情多。情多处，热似火。把一块泥，捻一个尔，塑一个我。将咱两个，一齐打破，用水调和，再捻一个尔，再塑一个我。我泥中有尔，尔泥中有我。我与尔生同一个衾，死同一个椁！”赵孟頫得词大笑。（见明蒋一葵《尧山堂外纪》等）此般趣事，或许为闺中调笑，但可见夫妇间倡随相和、诗画为友之情形。

附崇祯《松江府志》管夫人传（译文）：

元代管夫人，名道昇，字仲姬，泖西小蒸人。如今这地方仍名叫管家路。嫁于赵孟頫，封为吴兴郡夫人。姿色天然开朗，品德容貌俱佳，翰墨辞章纯属天赋，不学而能。曾手书《金刚经》数十卷施予名山。天子命她书写《千字文》，命玉工磨制玉轴，送秘书监装裱收藏。又曾画墨竹及着色竹图进献皇上，蒙赐内府上等酒。晋见兴圣宫，皇太后命她入坐，赐予美食，恩意优厚。她受到两宫赏识（这里的“两宫”指皇帝与皇太后）。五十八岁去世。

记述赵孟頫生前事迹的文章说元延祐帝及太后喜爱赵公的笔墨，若有应制（应皇帝之命而作的笔墨）则命管夫人与仲穆仿照赵公的文体样式书写而藏之于秘阁，说：“令后世之人知道子昂（赵孟頫，字子昂）父子夫妇都精于书法。”

陈　氏（华亭戍吏妻）

陈氏，出生于钱塘书香门第。她的丈夫任县役吏，因战乱而编入军籍，戍守于华亭。丈夫久出不归，她闻雁鸣而有感，随即题诗于华亭城壁，其诗道：“浪喜灯花落又生，夜寒频放剪刀声。游鸿不寄征夫信，顾影娉婷无限情。”有人劝她说：“您美丽聪慧，到富贵之家去做个红女（红女，古指从事纺织、缝纫、刺绣等的妇女，也叫“工女”），不是胜过现在守空房、挨饥寒吗？”陈氏回答道：“饥寒只是小事罢了。如果不察实情而听从你去富贵人家做红女，一旦失节，那事情可就不小了。”劝说的人自觉惭愧而退下。

又过了很长一段时间，丈夫回来了，人们都赞颂陈氏的操守。

张洙和《闻雁》诗道："青蘋风起别鸿生，寒尽春来不寄声。多少离群归欲尽，天涯抛弃独何情。"谢嘉维则和道："缺月微明瘴雾生，两乡梦断玉箫声。无由并跨秦台凤，夜夜离鸿别鹤情。"王逢和道："江南北北荻花生，妾处君边第一声。何似春风湖上宅，银筝玉柱白头情。"

顾氏二贞女

顾氏两位贞节女子，年长的名中，年少的名和，是顾亨的女儿，都在许嫁之后，丈夫不幸去世。顾中仰慕古代女子贞洁刚烈的节操，非守节孝亲之事不说。顾和则剪去头发，表示自己将坚定守寡的决心。父母为二女议再婚，皆不听。两女子去世后，临川奉智题其墓为"处士坟"，吉安杨清为其撰写《二贞传》。

李　秀

李秀是赵州的一位妓女。成年后，以处女的身份嫁给了镇守松江的副万户石薛彻都为妾，生活了几年仍没有生育。薛彻都去世时，李秀只有二十五岁。服丧哀泣，且不再修剪指甲，表示不再嫁他人。丧期满后，指甲已一寸多长。父母带她归来，劝她改嫁，她回答说："指甲折断，方可。"然而更加注意保护指甲。薛彻都的嫡子继承父亲爵位，事奉她如同亲生母亲。李秀又脱去了发簪耳环，作道姑打扮，进一步表明自己守节志向。年逾八十，指甲长达一尺多而去世。

刘　氏

刘氏，燕山人。幼年父亲去世，依靠哥哥生活，招了一位夫婿进门。此人是松江人，起初不知道他是一个有妻的逃亡守卒。过了一段时期后，遇到赦免罪犯，他骗刘氏说："我回家去探望父母，等到春天再回来。"然而竟一去不返。隔了几年，刘氏寻到松江，那人不认她，刘氏仰天拍着心口痛哭说："良人（旧指丈夫）遗弃我，我将归附于谁啊？我只有为你而死了！"从此剪了头发，每天念佛经，在市集上讨饭，晚上住宿在一位老寡妇家中。人们纷纷施舍给她，超过一般乞丐。后来造了一间小屋，做一个棺材，夜卧棺材中，共有五十多年。邻居失火，刘氏进入棺材，大声喊道："其他东西都拿走，请求将棺盖合上以结束我的一生。"救火的人答应了她的请求，房子与棺材都被烧毁。当时人们都为之叹息。

赵 氏(陆贞妇)

陆贞妇赵氏,安吉县幕府长赵泽孙的女儿,鄞处士陆焘的妻子。至正(公元1341年—1368年)间两浙多战乱,陆焘辞别任教的家塾,与赵氏隐居松江的瓢湖。

至正二十七年(公元1367年)夏四月,海边有警报,敌兵突然来到。陆焘偕同赵氏仓皇乘船渡湖,同难者争抢上船。陆焘奔窜登岸,将再携赵氏而行,而敌兵来到眼前,陆焘连遭三刀,倒入水中。赵氏自投深渊而死。当时有人歌颂她道:“四月三日兵挠湖,妇女多被辱与驱,殉节伊谁天水姝。”

任 氏

任氏,青龙水监任月山的孙女。任月山之子以福荫得官,生二子一女。至正(公元1341年—1368年)年间,有位杨姓的北方人到华亭来做官,因社会混乱侨居于任氏馆舍,为他的儿子聘任氏为妻。他的儿子生性骄横,不懂规矩,竟登上墙头偷看所聘的女子。任氏父兄都心生厌恶之情,要想拒婚而不成功,于是就拖延婚期。杨家于是北归,长期音讯不通。任家又将任氏另聘南乡某氏,迎婚之船到达,任氏将自己的秀发剪去,哭着说:“岂可以一身配有两夫?我将终身奉佛而不嫁了。”亲戚百方劝说,任氏始终不改志向。

过了一段时间,忽传来杨家之子已死的消息,有人劝任氏,丈夫既然已死,就可改嫁,但任氏意志更加坚定,后以女道士终身。

杨节妇

杨节妇,龙华人。至元三年(公元1337年)夏天,彗星出现,天下童年男女受妖言迷惑都成婚配。当时杨节妇刚满十三岁,张都水的儿子张裕入赘与其成婚。十五岁时,生一女儿,十七岁时,张裕去世。她守节五十余年,食淡吃素,独处一室,乡村里人称她的居室为“杨节妇居”。

王逢路过龙华,步经她的故居,感叹良久,说:“苏文忠有林氏媪诗,愿续其遗响。”于是写诗道:“日度齑盐岁枲麻,望中修竹带丛葭。老人为说眉山叟,诗纪青裙紫笑花。”“十七孀居乱几更,隔溪闻得纺车声。却思臣妾书降表,不独南朝谢道清。”

吴妙宁

吴妙宁,上海人。二十一岁时同乡的张氏之子入赘与她成婚。过了四年,本县的一户大姓人家因事变而牵连她的父亲，她哭着说："我父亲如果不能解脱牵连，必遭灭门之灾。我如果不马上死去，将祸及我的丈夫，到那时懊悔没有比这更严重的了！"于是自缢而死。

吴妙宁自尽，尚未安葬，逮人的差役果然来到，听说她自缢而死，竟叹息惊异而离去。

王逢为她写诗道："红羊年（红羊年，即指丁未年，丁火为红色，未为羊，故称红羊年。这里的丁未年，应指公元1367年），黑鼠月（黑鼠月，即指壬子月，为该年的十一月。壬水为黑色，子为鼠，故称黑鼠月），张妇吴俨遗烈。九山风酸泖波月，二气舛错愁云结。百里泥涂昏垫中，梅花一树惊飘雪。我招数十节义魂，扁舟今过西新村。岁月堂上虚鸣珮，烟雨墙角余缲盆。篇诗为付孝子浩，四海薄俗何当敦。"

胡　氏（姚某妻）

胡氏，是姚某的妻子，陈村人。十八岁出嫁，生下儿子未满周岁而丈夫死去。族人送财物给邻居妇女请她为胡氏向富家求婚，胡氏抱着儿子哭道："我不随丈夫而死，是因为有这个孩儿在啊。我活着难道是为了图谋富贵吗！"

族人还是继续催促她改嫁，胡氏心知不能为族人所容，于是乞求回娘家。父母也同情她年纪尚轻，像丈夫家族人一样劝她改嫁，胡氏以死发誓，最后终于保全贞节。

韩　氏

韩氏女，父亲是华亭的大姓望族之人。她将成年时，上海一户朱姓的人家与她以礼订婚。尚未嫁娶，女婿的父亲犯了死罪，家产归公。于是她的父亲要断绝这门婚事，想将女儿嫁给其他人家。她知道后，满脸愁容，连忙对父亲说："对方虽然父亲被处死而财产归公，但女婿还在。岂能因对方家境衰落而改变我的操守另嫁他人？"父亲说："我已经断绝与对方的关系，你不必多说。"她又祈请母亲向父亲要求，终不能改变父亲的主意。她愁苦悲泣，一年以后终于忧戚成疾而死。

诸　氏（王子温妻）

诸氏，是华亭士人王子温的妻子。王子温禀性疏放不羁，且家境贫困。诸氏以纺织裁缝等女工供其衣食，且从未有骄矜的脸色。丙申年（公元1296年）王与敬以战火劫掠松江，王子温想带了妻子逃难，诸氏流泪说："事已紧迫，岂可因我而拖累你啊？

你只管自己离开，我自己想办法。”王子温于是洒泪而出逃，诸氏与几位邻居妇女避难于里南城陋室中。一会儿，强贼进来，邻居妇女都被奸污。临到诸氏，她怒骂道：“我的父亲是官吏，人们都称赞他廉洁公正。我的丈夫是一位读书人，我年纪大于你们母亲，我岂能屈从而求得活命？”强贼用刀刃剖她腹部，说：“要看看母腹中有什么东西？”诸氏肠胃尽流出，仍骂不绝口。

费元琇·费元徽

费元琇，上海名家的女子，都漕万户费雄的女儿，嫁于扬州一户姓朱的人家。至正（公元1341年—1368年）间随从做官的丈夫来到江阴，正逢世道混乱，盗贼威逼，她归宁以避侵暴。丙申年（公元1356年）家乡陷落，被苗军占领。苗军见费元琇容貌美丽，用刀刃逼向她以图凌暴强占。费元琇以死抗拒，并奋力痛骂。苗军掩她入房，她痛骂更激烈，苗军发怒，将其剖腹。当时费元琇节义的声誉震动吴郡。

费元琇的妹妹费元徽，也有女子的德操，嫁于华亭陶氏之家，坚守妇道。丈夫去世时年方三十，将要营建丈夫的坟墓，哭着说要建两个墓穴：“一个墓穴用来埋葬丈夫，另一个将来用以安葬未亡人（指她自己）。我之所以现在不立即死去，因为上有公婆需要服侍，下有弱女需要抚养。”当时家境贫苦，无以为养，就勤奋地纺织以供给家庭生活所需。有人劝她改嫁以便有所依靠，她生气地说：“岂不闻饿死事小而失节事大，况且未亡人的墓穴还在旁边呢！”她孝养公婆，以至送葬祭祀，始终守节不渝。年逾八十去世，竟然实现了她与丈夫同葬的志向。

乡里人们都称赞费元琇、费元徽姐妹，称其为“双节”。

王逢赞叹说：

费夫人之生也，柔惠足以德于人，殁也贞烈足以表于世。谨为辞以吊之。辞曰：“青荬花白浦水黄，云日黤惨风悲凉。停轳（轳，即辘轳，汲井水装置）西向三酹觞，旂旌葆幢来混茫。若有人兮凛如霜，星流霓驰谁可望。微言夙习大洞章（大洞章，非常明白，透彻了解），功成据宅居帝乡。银河蟾窟（蟾窟，即“蟾窟”，月宫）肆翱翔，我以北斗挹酒浆。帝曰钦哉无太康，下为叔世（叔世，衰乱的时代）扶纲常。进规退矩礼自防，钗荆裙布今孟光。尊姑养之植德堂（朱氏堂名），堂阶珠树联瑶芳。明珰苍珮森琳琅，挝钟考鼓乐未央。楚氛（俗恶之气）遮天耀天狼（天狼，星名，喻贪贱），飘然归宁父母旁。正坐漆室（漆室，春秋时鲁国邑名。鲁穆公时，君老，太子幼，国事甚危。有少女深以为忧，因依柱而悲歌，感动旁人。后用为关心国事的典故）忧葵伤（忧虑、向慕和哀伤），官兵寇我加剑铓(铓,刀刃之端)。昊天倚杵海变桑(喻变化之大),身有溅血无回肠(无回肠,意为坚定不移)。烈妇殉节死固当,名与黄浦流俱长。稽首再拜泪雨滂,辗焉直上骖鸾凰。”

叶妙真

叶妙真,乌泥泾人,嫁夏氏。公公因病致残,她每天奉侍汤药,为其洗涤污秽,寒暑无间达七年之久。去世以后,她背土成坟,感动邻里,当时人们称她为“夏孝妇”。

王逢有诗云:“翁姑视父母(将公婆看作自己的父母),孝敬无异辙。先王礼防微,复有男女别。吾乡夏家妇,姆媪争播说。翁初病重膇(膇,足肿),既瘘七岁月。捧汤俯涤秽,操篳躬致洁。寒燠昏晨间,问候罔违缺。良人事巫祝,出胙晚笑割。妇也具酒浆,婉婉罄欢悦。庭沙泫零露,野芳乱啼鴂。西丘地下姑,及兹翁同穴。高桑八九树,载念姑培蘗。青裙襞积衣,重湿新泪血。泾横泥自乌,井因泉自冽。诗亡圣悠远,窃颂观世末。颂罢见孤云,心神亦飞越。”

沈景新母及妻

沈景新的母亲及妻子,都是平江人,至正(公元1341年—1368年)年间,随从调上海为吏的沈景新来到上海。苗军在江浙大肆杀掠。婆媳商议说:“我家一向清白,坚守节义决不受辱。”不久她俩被苗军擒捉,苗军威逼说:“你俩如果顺从,我不杀。”婆媳大骂不从,因而都被杀害。沈景新的母亲被刀刃捅死,沈景新的妻子的头发缚在马尾上被拖死。

赵　氏(李重协聘妻)

李重协聘妻(未婚妻)赵氏,是浦源赵殷的女儿。赵家因为李重协家贫而后悔,改许富商。赵氏于是自缢而死。李重协迎她的灵柩归来,也终身不再娶。他去世后,与赵氏合葬于安善村西北二里,且建有祠堂。

徐谢氏

徐谢氏。苗兵烧掠,谢氏从夫而逃,正好遇到苗兵,想要侮辱她。当时里巷少艾(美貌的少女)被抓获相随,谢氏挡住板桥,厉声说:“桥有柱,我们怎可跟随敌虏而去?”苗兵发怒,将她杀死。随即后悔,对众人说:“那是乌泾的清济啊(“乌泾”与“清济”相对,言谢氏品质之高洁)。”众人赞叹而离去。

顾山山

顾山山，人呼顾四姊。姿性明慧，技艺绝伦。嫁人后，复入乐籍，老于松江，饰花旦，犹少年时体态，人竞相称之。

吴　氏（夏翥母）注

夏翥母亲吴氏，三十岁开始守寡，立志不再改嫁，抚育训导两个儿子夏翥、夏鼎，都有才学和德行。

夏翥居于瓢湖，曾建爱萱堂奉养母亲（《诗经·卫风·伯兮》："焉得谖［萱］草？言树之背。"《传》："背，北堂也。"意谓于北堂种萱草。北堂，古为母亲所居处。后因以萱堂为母亲或母亲所居处的代称）。钱忠复为之作记，王逢有诗。

王节妇

王节妇，因兵乱而死。杨维桢有诗吊唁她道："天随地老妾随兵，天地无情妾有情。指血啮开霞峤赤，苔痕化作雪江清。愿从湘瑟声中死，不逐边笳拍里生。三月子规啼断血，秋风无泪写哀铭。"

中峰禅师

中峰禅师，名明本。钱塘人，居于天目山，四方前来随从他交往学习的人一天天增多，在他周围结茅而住，称为"幻住"。元仁宗赐号为广慧禅师，召他去主持寺院，他都不去应召，拄了锡杖来到云间，一叶扁舟，停泊在泖湖上。泖寺荒落，中峰禅师戴星沐雨，盘膝而坐，洒然自得。

宋宗室赵孟僩在北道堂出家，称为月麓昌公，礼拜中峰禅师座下，曾请其说法。赵孟僩从兄赵孟頫同来拜访，因而改道堂为"本一院"，所休憩之室为"幻住"，山房（僧舍）称"得坐轩"。

中峰禅师本来住在弁山的黄沙坑，打渔者得到霅溪（霅溪，水名，也称霅川，在浙江吴兴县境）的一块石板前来献给他，上面刻有"亳"（商代古都名）字。进入本一院，凿井，井水沸扬，喷涌于林禽之上，旧传古亳泉就在这里，于是用"亳"字命名泉水。院中留存了很多中峰禅师的手书遗迹，诸如《皮袋子歌》、《九宗梅花诗》、《水居十咏》

注：吴氏及下文的王节妇为光绪《松江府续志》补遗人物。

等，至今奉为宝物。

中峰禅师后归天目山圆寂，御赐谥号为“普应国师”。

倪瓒《题中峰观莲像》：“东南唱道据禅林，讽咏莲心契本心。善矣不尘仍不染，善哉如玉复如金。三周妙法耆阇崛（耆阇崛，梵文音译，即灵鹫山，相传为释迦牟尼说法处），十丈开花玉并岑。今日仰师犹古佛，风波回首一长吟。”

子 温（约1255—1315）

子温，字仲言，号日观，又号知归子（一作知非子）。《历代名画·跋》作温日观。华亭人。宋亡，出家为僧，游历四方，在杭州的玛瑙寺定居下来。戴表元（1244—1310，字帅初，一字曾伯，自号剡源先生，奉化人，与赵孟頫为知交，文论家）说他“放浪啸傲于西湖三竺间五十年”。子温善于草书，喜欢画水墨葡萄，须梗枝叶都用草书技法画成，自成一家，世人号称“温葡萄”。当时权贵仰慕他的画，以金钱礼物索求，他一概不予。遇到贤人佳士，即使不求，他也挥笔作画，不吝赐赠。徐伯龄《蟫精隽》：“僧温日观能诗，善写葡萄，精致不俗，世多宝之。”

他喜欢戴宽大的帽子，穿短短的衣服，布袋里装了钱币果子畅游街道村陌，遇到游玩的儿童，即从袋里取出投给他们，并笑问：“你们认识温相公吗？”因此他一出现，周围就聚拥儿童，欢呼“温相公”。当时有位宾客很像罗汉，醉酒就手握竹竿梢，用草书写春景之诗，人们于是就有“长竿醉草宾罗汉，短褐佯狂温相公”之句。

子温嗜好饮酒，但总统杨琏真珈请他喝酒，他滴酒不沾唇，每次见到杨琏真珈就骂：“掘坟贼，掘坟贼。”

陈衍《元诗纪事》收其诗三首，其《题画葡萄卷后》：“明月清风宗炳社，夕阳秋色庾公楼。修心未到无心地，万种千般逐水流。”顾嗣立《元诗选》录收其诗三首。其中《日观自题画送友人归故里》诗：“松江府是我乡州，有愧平生欠一游。子去扁舟泊烟渚，相烦致意旧沙鸥。”

念 常（1282—？）

念常，号梅屋，华亭黄氏之子。母亲杨氏梦见一位僧人，庞眉雪发，因而怀孕。至元十九年（公元1282年）三月十二日夜里诞生念常，当时有神异的光芒照亮内室。长成后，风貌秀丽，骨格出众。

十二岁出家受具足戒。至大元年（公元1308年）在净慈寺参拜晦机和尚，大师言下，他即省悟。住余杭径山、嘉兴祥符，前往京都的五台。后来主持苏州万寿法席，成《佛祖通载》二十二卷，虞道园为之作序。宝洲称此书“理明事实（道理明白，事事有据），出入经典（融会贯通佛家经典），有补（有益）于名教（名教，名位礼教）也。”

元　智（？—1320）

元智，在朱泾法忍寺传授佛家修炼之业。皇庆二年（公元1313年），开创东林寺，延祐（公元1314年—1320年）中，赴京都进铜佛像。当时大旱，元智奉朝廷之命祈祷求雨，到期果然有应，天下甘霖，被赐号佛日普照大德禅师，并赐予金襕伽黎（伽黎，即袈裟）。回到寺院后，阐扬宗教，遐迩向慕。延祐七年（公元1320年）去世。

彭真人

彭真人，名宏大，法名通微，道号素云，河南汝阳人，父亲名寿安，号乐耕，家世多为善士（善士，品行高尚的人。佛教称皈依佛门，遵守五戒而不出家的教徒），以孝顺双亲的品行闻名。元大德十年（公元1306年）春正月十五之夜，母亲陈氏梦见一位穿羽衣、戴黄冠的老叟，手持一只大桃相赠，她吃了便怀孕。经过十四个月，十一年（公元1307年）二月十五午时（上午十一时至下午一时）在汝阳东城生产，此时异香满室。

八岁，父亲授以《大学》章句，读到“心正身修”之句，他对父亲说：“这句便是最要紧之处。”常问父亲：“读书人做官，后来便怎样？”父亲惊讶于他的痴想而觉得他有点异常。他又说：“人生时间有限，而面对事情无穷，该怎么办？”

十二岁时游览郡府的紫潭长生庵，见全真刘月渊讲《道德经》：“我有大患，因为我有身。”又说：“功成名遂身退，这是天之大道。”他坐着听讲一整天才归来，口里不停地念诵全真刘月渊讲的这几句话。父亲听到后说：“儿子薄视富贵，是否要做个出世人啊？”父亲知道他的志向，便命他出家于紫潭长生庵，拜刘月渊为师。

二十岁时，父亲去世，服丧期满。至正四年（公元1344年），朝拜武当山，当时太和张真人主持紫霄宫。他服劳执役，挑水砍柴，苦行三年，朝夕不懈。张真人见其状貌不凡，常与他谈论。赞叹道：“我的教派得到传人了。”于是将炼气栖神秘旨全部传授给他。他说：“我要遍游名胜之地，兼访终南山，乞求师父指示。”张真人即执笔书写三十二字：“胡马悲嘶，燕市鹃啼。江南日上，塞北云低。遇戌即止，逢辰即栖。太平浩叟，盛世希夷。”（后贤解释说：“胡马悲嘶”，指元朝气数将终。“燕市鹃啼”，意谓天下将乱，地气自南往北。“江南日上”，是说真主出于江南。“塞北云低”，意谓元帝将北奔。“遇戌即止”，暗示彭真人羽化于甲戌岁，即公元1394年。“逢辰即栖”，预示彭真人将安葬于辰山。“太平浩叟”，指将建立大明王朝，幸逢盛世。“盛世希夷”，说彭真人将两次受到圣朝恩赐。这是太和张真人的先见之明。）

他拜别师父，前往终南。十天不吃饭，只饮些山涧泉水，口占偈语：“半肩匏笠晓风寒，欲觅终南去路难。老我风尘惟白发，笑人奔走只青山。半生落叶依秋岸，廿载孤舟寄晚湍。极目天涯几休歇，仍将身世梦中看。”

离开终南，经过关内，渡江南下，进入闽州，攀登武夷，优游龙虎上清山。

至正十二年（公元1352年），浮游浙水，登上天目，渡过钱塘。第二年游姑苏，到松江。松江城南五十里有座道院叫池坎。院内焚香修行者见他背着匏尊头戴斗笠而来，体形面貌奇特古朴，因而请他居住。

至正十四年（公元1354年），海上鹤砂善士创建学馆请他主讲，度脱弟子周野云等十人。

至正二十四年（公元1364年），太清庵张静云请他讲授经义。洪武元年（公元1368年），彭真人已六十二岁，在淀山的南坡建庵度脱弟子鲁谷谿等五人。弟子们劝他大建观宇（道教的庙宇称“观”），他说：“我受太和真人嘱咐，说东吴是佳丽名胜之处，而云间有福地（辰山是天下七十二福地之一），这里不是我的托身之所。松江城北二十里有神山，旧名辰山，天宝六年（公元747年）改名为细林山。其中有道院叫崇真，宋朝太平兴国元年（公元976年），三茅真君现身于此，称之为小茅峰，这里泉流甘甜，树木茂盛，山峰围拱，河水朝宗，这方福地，我将居住。”

有位道士叫郭得全，是义士夏椿的外甥。学问渊博，志向高远，因为母族夏氏的坟墓在辰山上，因而在本山度为黄冠（黄冠，道士之冠，转为道士的别称）。一见彭真人，邀入草堂，顿首叩拜，准备香烛祷告辰山之灵，且以弟子的礼仪事奉。彭真人回忆起太和真人“逢辰即栖”之语，于是就在辰山结茅庐而居。

过了一段时期，有位道士前来，脚登芒鞋，身披鹤氅，容貌清奇。见彭真人，长揖而就坐，说：“彭子近来身体可好？”然后回顾徘徊，如有吟哦之状。彭真人献茶，道人饮了一口说：“山中有泉脉吗？”彭真人说：“传说这里原有泉水，但枯涸已久，雨后饮山涧水而已。”道士说：“以后应当挖掘一井，我来帮助修筑。”道士又问道：“您曾经认识我吗？”彭真人说：“您是纯阳吕真人吗？”道士笑道：“在紫霄宫时曾经与您谈论过，今天不认识了？”临走提笔写一阕词道：“野鹤舞天端，缥缈淡无影。长啸一声日月高，海外烽烟静。飘泊百年身，归去还须省。莫惹皇家丹凤来，热我青鞋冷。”写毕又赠给他一把拂尘，说：“这可以用来拂去人世间的忧虑。”说罢潇洒而去。到了晚上阴雪密布，霹雳一声，石缝击开，成为一井，里面水色晶莹，味道甘甜，汲之不尽。

彭真人结蒲草神龛终日趺坐其内，将神龛之门命名为清虚玄关。当时明太祖遍求天下的隐逸高人。有司将彭真人之事上报，太祖特下诏令召见他。

洪武二十七年（公元1394年）发生大旱灾，郡县民众捕取赤蛇紫燕焚烧，有些人嘲讽道：“谁教蓬岛青头鸭，来杀松江赤练蛇。”有人请求彭真人：“如此大旱，真人怎能忍心不将人们从烂泥潭、烈火坑中救出来？”彭真人说：“尧帝这样的大圣人也不能避免水旱之灾。焚烧赤蛇紫燕，是违背天意而引起的。”正逢县吏手持公文请彭真人祈祷求雨，他与郡县各有司斋戒三日，同宿祭坛场所，焚烧香草表章（向天公祈祷求雨的疏文）。到申时（下午三时到五时）阴云四布，风从西北来，雷电并作，大雨如注，降雨量达五六寸，士民欢欣鼓舞，枯苗死而复生。松江太守静海李公作《神雨行》以赞颂此事。

洪武二十七年（公元1394年）秋八月二十一日清晨，彭真人打开玄关沐浴，换了衣服，拜天地毕，正襟趺坐，唤来门徒，说：“我将返我真（去世），你们要立志向道，不可懈怠。”又说：“九天之上没有不忠不孝的神仙，要修仙道先须修人道。如今人们人伦（人伦，我国古代指君臣、父子、夫妇、兄弟、朋友之间等级关系。《孟子·滕文公上》：“父子有亲，君臣有义，夫妇有别，长幼（兄弟）有序，朋友有信。”讲了正确处理人们关系的道德规范）关系尚未处理好，开口便说修仙佛，这是蒸砂作饭，岂能成功！”于是举笔书写偈语：“九十韶光一度春，由来幻法已非真。玉音漫说追空相，金紫羞将润色身。已见圣朝新态度，休疑海外旧风尘。于今解脱萦缠网，万仞峰头月一轮。”写毕问众门徒道：“现在什么时候？”大家说：“正是中午时分。”于是他端然正坐而长逝。

这年九月初一，明太祖住于乾清宫内，忽熟睡，梦见太和张真人穿戴朝服，率领彭真人穿羽衣持玉简望上朝贺，明太祖问：“这是谁人？”彭真人说：“我是汝宁彭子。当年陛下特下令召见我而我不来，今天来向陛下谢罪。”明太祖问道：“彭子您道法可传吗？”彭真人说：“清心是道，寡欲是丹，愿陛下勿舍近求远。”

这时明太祖忽然醒来，命中使（中使，帝王宫廷中派出的使者，多由宦官充任）郑承恩到松江入山宣告圣旨，而彭真人已羽化（羽化，指道士去世）了。中使上报，明太祖十分怀疑此事荒诞。十一月初五日，又遣中使入山打开洞穴察看，龛门尚未垒石，用板门锁闭而已（当时真人羽化，对徒弟说：“逝世后七日方可埋葬，现在不需垒石。”）。中使命开锁，焚香礼拜，视之如生，肉身正而不欹，爪（指甲）长绕身。中使上报，又得圣旨，命有司用砖石镶砌墓穴，周围建筑垣墙，使弟子郭得全继承彭真人衣钵并守墓祭祀，御赐其号为明真人素云先生。

普 明

普明，一作僧明，号雪窗，俗姓曹，松江人，曾住苏州承天寺、嘉定菩提寺。精针灸，善画兰，与嘉定道士柏子庭齐名。画兰有大翘楚、小翘楚诸品目，曾为李祁（字一初，号希蘧，又号危竹翁，元代茶陵人，江浙儒学副提举，楷法精甚，大书行草，遒逸含古意）绘《摘奇掇芳图》。王冕题其画云："吴兴二赵（孟坚、孟頫）俱已矣，雪窗因以专其美。"柏子庭曾有嘲吴人诗云："家家恕斋字，户户雪窗兰。"恕斋，强处士琪也。普明亦能山水，元统元年（公元1333年）作《山水图》，至正八年（公元1348年）作《兰石图》。

盘 谷

盘谷名隐，号丽水，又号隐显翁，海盐人。其貌不扬，但志气超常。博览经史，性好山水。至元（公元1335年—1340年）中，游览礼拜五台山、峨眉山等名山胜地，曾自言"足迹半天下，诗名满世间"。

当时高丽国藩王闻其道德名望，遣使者招他到杭州慧因寺，讲《华严》大意。藩王听后十分高兴，优厚供奉而送还。

七十多岁时，精修净业而寿终。有《游山寺》诗集三卷刊行于世，但之后亡佚不传，《永乐大典》录其佚诗二十首。正德《松江府志》有其传略，疑所居海盐之地后入华亭。

寿 宁

寿宁，字无为，号一庵，永嘉人，久处名刹，元末住持上海静安寺，力治丈室，两旁杂植桧竹桐柏，积十年而所植林立，交菁错翠，如蔚蓝天，名之曰"绿云洞"。至正（公元1341年—1368年）间，以八首诗咏寺内景点，并广求当时名人参与题咏，由杨维桢评点、作序，钱鼒作后序，编成专集，题为《静安八咏》。清顾嗣立《元诗选》收此八咏：《赤乌碑》、《陈桧》、《鰕子禅》、《讲经台》、《沪渎垒》、《涌泉》、《芦子渡》、《绿云洞》。《绿云洞》诗云："万樾兮森森，云承宇兮阴阴。洞有屋兮云无心，我坐石兮鼓瑶琴。耶之溪兮华之岜。云之逝兮吾将曷寻。"

惟　则（天如禅师）

惟则，字天如，俗姓谭氏，永新人。得法于普应国师、中峰禅师。中峰禅师倡道于天目山的师子岩寺，名为菩提正宗。至正二年（公元1342年），天如禅师的门人先后买地结庐，且全部按寺院规则制度，名之为“师子林”，有竹万竿，竹外多怪石，轩堂亭阁，冠绝一时。天如禅师每次说法，参承求问的人多至数百，他皆按其悟性启发开导、扶助提携，至于挑选安定四众的人选，必观察其传承佛法的器度条件，不随便容纳录用。施主给予财资，他以刚够供应即止。各地方行政长官都向他叩头问道，执弟子礼。而他说法不设规范，不自我炫耀，作为后发学法之人，独辟蹊径，迅速悟道。学问平实周密，深入浅出，使临济一宗以来化度机缘的方法为之一变（临济一宗，指佛教临济宗的首传宗派，当指禅宗六祖慧能创立的南宗）。

天如禅师讲解佛法的著作有《楞严会解语录》、《别录》、《剩语》等若干卷。江浙齐名山寺院屡次请他去主持，他坚决不接受。隐迹于松江九峰之间。

延祐、至治间，与贯云石（1286—1324，本名小云石海涯，号酸斋，又号芦花道人，元功臣阿里海涯之孙，与徐再思齐名）等优游唱和于杭州。至正十二年（公元1352年），皇帝赐予他佛心普济大慧大辩禅师之号，同时给予他金襕袈裟。倪瓒爱其萧爽，曾为其住地绘图。至正十四年（公元1354年），卢陵欧阳玄记录了他的事迹。另著有《狮子林别录》（为侍者所集），翰林学士远者图为之序，称其随机泛应，无所不有。顾嗣立《元诗选》收其诗三十六首，其中《狮子林即景六首》有句云：“万竿绿玉绕禅房，头角森森笋稚长。坐起日携藤七尺，穿林络绎似巡堂。”

得　喜

得喜，俗姓钱氏。儿时依附兴圣权公剃度出家，长成后，归向禅宗（禅宗，佛教宗派，主张直指人心，立顿成佛）。到天目山，叩拜中峰禅师，获禅宗要领而归。有人施舍给他北花园地，他便结庵延请四方行脚僧居住。凿地基时得到一块古石，上面刻有“钱喜”两字，可见他居于此地颇有缘分。刚开始建造时，施舍钱物的人纷至沓来。他用钵盛了馈赠给众人，无衣的送衣，生病的给药；远游访亲而缺少钱物的，他尽力济助；有饥寒无助的，就给吃的喝的；知悉故交旧友死去而无法收殓的，就用自己的资财殡葬到中峰之处。书“喜见”二字立匾于其庵，达官贵人、豪放士人、父老前辈、少年儿童都以“喜菩萨”称呼他。吴江程林仲母亲去世，请他去做法事，竟有金甲白帽神人出现，只见神人合掌恭立，好久才消失。富贵人家举行禳灾祈福的佛事，以能请到得喜大师到场为幸。至顺(公元1330年—公元1333年)年间，迁居盘龙塘，不到三年就成了闻名遐迩的佛寺。他去世后，僧、俗送葬者达几千人。火化后，舍利晶莹放光，得之者如获无价之宝，因而争相抢夺，欢笑、哭闹交相喧哗。有人放弃片骨，取一撮骨灰，收藏起来，供奉祈祷，则舍利一粒粒地显现出来，可从烛火灰中取出。

块圠子

块圠子，姓蒋，号清谷。年仅二十五岁，已通晓经史，言词简洁深刻。平时蓬头垢面，举止放荡不羁。元至正(公元1341年—1368年)初来到松江，坐于太古圜室(圜室，传说圈养虬龙之室)。出来则游历市集，假作痴狂，人们叫他疯子。

一天晚上，他拜访当时在官府办事的沈蒲团，家人拒绝开门，但他不肯离开，并说："拿蒲团来让我坐。"沈蒲团觉得奇异，就拿了一个蒲团，带他到菜园草蓬静坐。沈蒲团逐渐有所醒悟，就放弃俗务，拜他为师，自称弟子。于是各方响应，争相施予，就在这菜园草蓬之处造庵，名为扁。他安然居于一室，足不出户长达三年。

有人问他："《近思录》刊定发行，然后世上才有光明，这书是金丹吗(《近思录》是述儒家性理概论之作，由宋代朱熹、吕祖谦合著。金丹，古代方士炼金石所成的妙药，说服之可以长生，这里喻最精当的人生哲理)？"块圠子说："最好还是去体味《中庸》一书。"又亲笔写诗给沈蒲团，说："万紫千红总是春，何须饶舌问东君(东君，司春之神)。哑人得梦向谁说，竖起空拳指白云。"又说："不偏不倚立于中，不着西边不着东。超出东西南北外，一毫头上钓苍龙。"

一天叫沈蒲团进来说："我在世的活动要结束了，你们要努力进取。"说完就去世了。

德　林

德林，东瓯人。至正十四年(公元1354年)，放下佛事法器，坐于上海柘泽的一所废寺内，不以饥寒之苦动摇其心。一周年后的夏天五月，他忽然对人们说："谁能给我一座神龛？九月一日，将我这肉身焚烧掉。"人们以为他开玩笑，不相信。到了预定日期，他出空了钵袋，用柴薪将自己围了起来，盘腿而坐，合掌而说道："二十七年学无为，信手拈来获得渠。一具幻身归四天，这番不受业风吹。"说毕，火从自己身体烧起，观看的人才惊奇地顶礼膜拜，说"活烧人"。当地人们担忧火灾，只听德林大声说："雨过即无事。"

觉　岸

觉岸，字宝洲，湖州乌程职里人，俗姓吴。才七岁，父亲去世，母亲教以章句，口授以《论语》、《曲礼》。十三岁，礼拜本郡天宁普觉独孤明禅师，削发为僧，受具足戒（具足戒，佛门戒律，比五戒、十善更完备，故称具足戒），承嗣杭州净慈晦机熙禅师的法门。后说法于松江南禅。一天，儒士刘泽民进入觉岸居室，请他讲解《楞严》大义，讲到"七征心"，忽然净瓶之水飞溅过来注入其怀，听讲者惊愕不已。座间有位叫孙以贞的，问觉岸净水注入怀间的缘故，他笑着回答说："这是偶然之事。"

他曾于普觉文房采集内外典籍成编，题名为《稽古略》，刊行于世。

敦　元

敦元法师，俗姓吴氏，松江府亭林人。十七岁，前往湖州十山学习观音经。二十岁，获观音辩法，前往京师安国寺，受戒于遍空法堂，讲法感应天花下坠。

明颠大师

明颠大师，松江城南薛塔人，俗姓薛。狂放如颠痴，衣不蔽体，有人送给他衣服，他又转送他人。大雪中，露着小腿，赤着脚行走。手拿铁钉，看见瓦片碎石子，就拾取放于袖中。有人与他说话，他则答以机锋之语（机锋，佛家指含义深刻、给人启迪但又不落迹象的话语）。若有人侮辱他，他就以狂诞之语答之。儿童争着挽住他的衣袖掏钱，有钱他就给一钱、两钱，无钱则不给。市场摊贩给他钱，就在他的门前设商铺。有人请他吃饭，不问远近、认识与否，都是一清早就赴约。在市集上吃饭，临走时总是把钱放在桌上，数量毫无差错。海岛商人见了他，必围绕下拜，说："曾在航海中遇大风，由他救助，幸免于死。"

明颠大师智慧通达，不学而能写诗，曾作《菖蒲》诗："根下尘泥一点无，性便泉石爱清孤。当时不惹湘江恨，叶叶如何有泪珠！"其他作品还有许多，不能尽记。他曾经在朱泾偶遇济颠和尚，彼此不相识，却忽然相互看着对方说："咦？"济颠赠给他的诗说："青蒻笠前天地阔，碧蓑衣底水云宽。不言不语知何事，只把人心不自谩。"他曾自己描写头顶之相，有刻本流传。

铁笛禅师

铁笛禅师，西蜀人，名普自，号性空庵主，人们都称他普首座。喜好吹铁笛。特别喜好到远方参禅，探究真理。曾经从死心禅师得到修心要领。后来他仰慕船子和尚，因而独自留居华亭，尽情吹笛以自乐。雪窦寺禅师赞他说："性空老人何快活，只有三衣并一钵。有时吹笛当言说，一声吹落西江月。桃花庵（华亭东所谓东禅寺者，昔有僧环庐植桃）中快活时，往往观者舞不彻。"

居住好长一段时间后，忽然对人说："坐脱立亡，不若水葬。一省柴烧，二免开圹（墓穴）。撒手便行，不妨快畅。谁是知音，船子和尚。高风难继百千年，一曲渔歌少人唱。"又作偈告别他的徒弟，并说："我去了。"于是在青龙江上乘木盆，张布帆，吹笛泛游远去而消失（指水葬于江中）。

觉 庆

觉庆，四明鄞人，姓毛氏，号寿堂。少年时拜寿梅峰为落发师（落发师，引进佛门之人）。化导风俗，砌街铺路，开凿义井，供应茶水，针灸施药，凡有利于他人之事，都谋划去做。至正元年（公元1341年），云游到松江，看到普照寺佛会十分隆重盛大，就写了两封信，用以告别四明及杭州的麹院道友，并写偈道："无量劫来原有我，无有有我我亦无。无我无人无觅处，荡荡光明耀太虚。"

将在正月二十三日于佛会中坐化，人们都制止他，请他不要坐化，有位名叫陈源坚的施主还将他迎归到家中。过了两天，觉庆又告示众人说："兴来立到三更后，彻骨寒来有几人。我既然说要离开世界，哪有脸面再留人间！"言毕即去世。第三天在西延恩寺将他火化，但遍体冒汗，于是将他迎归院中。这天夜里红光照天。又过了十天，他的面貌如同活着的时候，且胡须头发仍在生长，人们都惊叹奇异。陈源坚于是削发为僧，将自己的居所改为庵寺，将觉庆大师的遗体上了漆，予以供奉。

滋 果

滋果，字空林，华亭人。跟从径山南楚学习佛法，住于本郡的善应庵。正逢本一禅院月公去世，推选他担任禅院主持。南楚大师来院，赞叹道："融会佛法和民俗归于正道，传播教化而正确把握尺度者，就是您啊！"享年七十余岁而去世。

宺 古

宺（古"崇"字）古，字太初，号竹深，俗姓钱，华亭名望之族。壮年时抛弃妻妾出家，止宿于小蒸曹氏家中，数十年戒行精严，直至圆寂。石屋禅师有《送松江竹深上人》诗："参方礼祖外边事，一着工夫在己躬。亲觐阿师秋已半，树凋叶落露金风。"以诗闻名，有集名为《白云谣》。

原 真

原真，字用藏，俗姓朱，上海人。在华亭兴圣寺出家，传授天台教规。持戒品行高洁。修学遵行《法华》、《弥陀》经典，严持具足戒，定期忏悔，书写《法华》经。

洪武十八年（公元1385年），身患微疾，沐浴、书偈后坐化。其偈道："四十二年，无作无修。有生有灭，大海一沤。真归无归，心空净游。"

时 溥

时溥，字君泽，号雨岩，华亭人。居奉贤接待寺。通经律，善作诗，亦画墨竹，三梢五叶，颇有情趣。

净 真[注]

净真（正德《松江府志》也有净真，活动于南宋嘉定<公元1208年—1224年>、嘉熙<公元1237年—1239年>年间；而元代的净真，活动于元至顺<公元1330年—1332年>年间，两者相隔百年之久，且活动内容也不同，似乎不是同一个人，因此又录之），字如庵，华亭人。俗姓沈。母亲梦见明月出海而掉入怀中，觉而有孕。童年时授以《法华经》，听过一遍，即能记诵。出家后接受戒律，广泛探究佛家各乘（大乘、小乘等）。主持超果寺法席数年。至顺二年（公元1331年）举荐为上天竺座主，皇帝赐金纹衣，赐号"佛心宏辨"。四年（公元1333年）冬，留下偈语而去世。火化后得舍利五色，舌根、顶骨不能烧毁。

永 光

永光，字绝照，青龙镇隆平寺主持僧。有客人问永光："前代藏经接缝如一线，时间长久却不会脱落，这是为什么呢？"永光说："古代之法用楮树汁、飞面（极细的面粉。因筛面时其粉尘飞扬，故称）、白芨三味调制而成，用它粘接，如胶漆，永不脱落。"

注：净真及下文永光、华岳为光绪《松江府续志》补遗人物。

华 岳

华岳，字太行，无锡人。元末避兵于松江，选宅于都台浦。

华岳丰姿英爽，办事周详，为一乡之仪表。曾建造杜浦亭。去世后，葬于亭东。明代顾彧为他撰写了墓志铭。

任士林

任士林，字叔实，家住奉化松林乡，人称松乡先生。他的祖先是西蜀绵竹人，宋代少师（少师，官名，古代少师、少傅、少保称之为三孤）任希夷的后代，第八世祖始居奉化，再迁徙至崎山。任士林六岁能作文，过目不忘。诸子百家的书籍，他都读遍。文章立意深厚宏大，都以理义为主旨，不用隐语以使读者费解，然而又含蓄曲折，使人读后余味无穷。赵孟頫、邓善之、袁伯长等人都推重他的文章，称他是当代的柳河东（柳宗元）。大德（公元1297年—1307年）年间，携家来到华亭，与卫山斋友好，有《访山斋诗》及《兴圣塔记》、《华藏院记》等。至大（公元1308年—1311年）初被举荐为安定书院山长。第二年去世，安葬于松林乡。

儿子任耜，由松江府史（史，官名，掌管法典和记事的官）升至两浙盐运照磨（盐运，即盐运使，管理盐业的官员。照磨，官名，主管文件，核查正误的官员），然后辞官退休。这时正逢乱世，子孙于是居家华亭。

吕克勤

吕克勤，字勉夫，东莱人，申国正献公第十二代孙。禀性豪迈，不拘小节。博学有见识。能写文章，以医术闻名于世。游历松江，与邵桂子成为诗文之友。

他的儿子名绍闻，孙子名文虎。

秦知柔

秦知柔，字元吉，号节斋，宋代学士秦观六世孙。世代居于维扬（扬州），咸淳（公元1265年—1274年）间遭兵乱，秦知柔带了他家的纶诰（古代帝王的诏书）、谱牒（记述氏族或宗族世系的书）、图像（画像），与他的弟弟秦知刚、秦知微、秦知立、秦知彰一起渡江，秦知立居住赵屯村，秦知微居住九团，秦知柔居住沪渎，秦知刚、秦知彰后归扬州。

元浙东宣慰使费榕因秦知柔通晓儒经，熟悉音律，推荐他任浙行省中书省傫使。享年七十四岁，安葬于淡井庙北。

儿子秦良显、秦良颢、秦良影，都有传。

柯九思

柯九思，字敬重，仙居人。以福荫补华亭尉，遇元文宗于潜邸（潜邸，指帝王未正皇储名分以前所居的宅第），元文宗登帝位后提拔柯九思为典瑞院都事（典瑞院，为宫廷掌管瑞节和礼用玉器的官署。都事，官名，元代在中央和地方主要官署都设有都事），安置于奎章阁（皇帝的御笔放置于奎章阁中），特授学士院鉴书博士，凡内府（皇室的仓库）所藏法书（名家的书法）名画都命他鉴定。赐给他牙章（牙章，即牙璋，古代发兵的一种符信，首似刀而两旁无刃，旁出有牙，故称），能出入宫禁官署，得到很高的宠信。后因言语不慎而被罢免。

元文宗去世后，他流寓松江，经常往来于玉峰、吴闾。他善画竹石，得文同笔法（文同，宋梓州永泰人，字与可。善画山水，尤长墨竹。自谓"画竹必先胸有成竹，不能节节叶叶为之"。评者谓其"疑风可动，不笋而成"。其后学者甚多，称为"湖州竹派"）。曾自称画竹主干用篆书法，支条用草书法，叶子用八分（八分，汉字书体名，即八分书，也称分书，字体似隶而体势多波磔。相传为秦时上谷人王次仲所造）或用鲁公（颜真卿）撇笔法，木石用金钗股屋漏痕之遗意。去世于吴中。

王逢赠柯九思诗：

钟阜（即钟山，又名紫金山，在今江苏南京市东）天回王气新，忆君扈从入枫宸（扈从，随从。后来诗文中往往特指随从帝王出巡。枫宸，宫殿。汉宫殿中多植枫；宸，北辰所居，泛指帝王的殿庭）。旋平内难櫜弓矢（此句意为不久平息内乱而收藏起弓矢等武器），遂沐殊恩列缙绅。元宰（丞相）或同司雨露，史官曾拟奏星辰。羽旌影动宫花日，龙鼎香传禁树春。白马独游丝鞚好，缥醪双赐玉壶醇（缥醪，酒名。《魏书崔皓传》："太宗大悦，语至中夜，赐皓御缥醪酒十觚，水晶戎盐一两，曰：'联昧卿言，若此盐酒。'"）。委蛇退食收金钥（委蛇，也作逶迤，雍容自得貌），怵惕存心表翠珉（珉，似玉的美石）。三绝郑虔亲帝许（郑虔，唐荥阳人。字弱斋。工书画，曾将其诗画呈献，帝署曰："郑虔三绝。"天宝初为协律郎，以私撰国史，坐谪十年。还京为广文馆博士。安禄山反，授虔水部郎中，潜以密章达灵武。事平免死，贬台州司户参军），四愁平子旧谁伦（平子即东汉张衡的字，少善作文，通五经、天文、历算、机械制作。安帝时拜为郎中，再迁太史令。永和初为河间相，拜尚书，尝作浑天仪，又作候风地动仪，为世界最早测候地动的机械装置）。侨居暂作东吴客，奉引依然上国宾。稔岁（丰年）葑田（在沼泽中以木作架，铺上泥土及水生植物而浮于水上的农田，也称架田，宋元时多见于东南地区)饶蟹稻,高秋松水长鲈莼。神驰紫塞风生角(紫塞,北方边塞。风生角,疑为风角,古占候之术,候四方四隅之风,以占吉凶),梦隔瑶池(瑶池,古代神话中为西王母所居)月照裀。白首冯唐仍晚遇(冯唐,汉安陵人。文帝时,为中郎署长。敢直谏,言汉法赏轻罚重,致使将士莫为尽力,并言云中守魏尚削爵之冤。文帝悦,任其为车骑都尉。景帝时,为楚相,寻免。武帝初,举贤良,时年九十余,不能复为官,乃以其子遂为郎),青袍杜甫岂长贫。明河近望青如洗,行驾仙槎复问津。

秦裕伯

秦裕伯,字惟镜、景容,号蓉卿,别号葵斋,大名(今属河北)人。从父在元都做官,他就在贵族子弟学校读书。至正四年(公元1344年)进士,累官至福建行省郎中(行省,元代中书省的地方派出机构。郎中,官名,六部分职之长)。逢战乱,弃官寓居扬州,后避乱于上海以奉养母亲。当时张士诚占据姑苏,派人招收他,他不予接见。至正二十三年(公元1363年),张士诚自立为吴王,派使者传令到松江要起用他,他对使者说:“我受元朝爵禄二十余年,背叛元朝,是不忠;母丧不能守满三年,是不孝;不孝不忠之人,还能派什么用场?”于是上书坚决拒绝。洪武元年(公元1368年),中书省臣又传令起用他,他称病不赴。明太祖朱元璋手书传令说:“海边之民爱好争斗,秦裕伯为智谋之士而居于此地,如果坚守不出,恐将后悔。”秦裕伯于是拜受御书,进入朝廷。他论辩雄健,辞说优美。后以待制身份留用(无官职之学士待于翰林院,以备皇上访问咨询,称待制),与御史中臣刘基主持京畿考试。不久出任陇州知州。

秦裕伯工书法。上海令祝大夫碑,洪武元年(公元1368年)杨维桢撰,为其所书。

洪武二年(公元1369年)三月,明太祖与时为翰林待制的秦裕伯等论学术,说:“为学之道,志不可满,量不可狭,意不可矜(自夸)。志满则盈,量狭则骄,意矜则小。盈则损,骄则惰,小则陋。故圣人之学以天为准,贤人之学以圣为则,苟局于狭小,拘于凡近(平凡浅近),则亦岂能克(能够)广其学哉!”秦裕伯对曰:“诚如圣谕。”

刘世贤

刘世贤,字希孟,东光人,宋代丞相刘挚的第九世孙,朔斋中书(负责农历每月初一斋祭的中书舍人)刘震孙的曾孙。刘挚善于弹琴,后代子孙历代相传。后来徙居湖州。到刘世贤这一代以弹琴闻名于浙右。刘世贤为人端庄稳重,见解光明正大，虞集曾经送给他诗文。游历松江，与曹知白相友好。至正十三年（公元1353年）于小蒸去世，归葬湖州。子孙于是居家于松江。后代子孙中一位名叫刘鸿的弹琴尤其著名。

冯子振书写诗赠给他道："朔斋之孙元祐家，异世门阀凌秋霞。空山无人琴自语，历历往代虚豪华。清冰古雪松质峻，照眼何限桃李葩。坚持静操欲矫俗，淡泊安得退淫哇（淫哇，放荡的歌曲）。朱丝弦上三太息，此事宁久迷尘沙。诸君耳浊筝琵琶，月明庭户留栖鸦。高山流水试一听，昭代（清明的时代。旧时都用以称颂本朝）复见真伯牙。"

王逢题奎章虞公琴序诗云：蒽灵日披猖（蒽灵，古代一种有窗檽的轿车。披猖，分散，飞扬），章甫遂沦坠（章甫，古冠名）。联翩忠肃后，相逢良深器。英瑶出玑琲，珠星见旒缀。横琴贞素馆，心神翛遗世。薄云行兰皋，清露落松吹。而翁欠仙化，难忘二曲义。伏读奎章文（奎章，神仙的手笔），如坐夔龙肆（夔龙，相传为虞舜的二臣名，夔为乐官，龙为谏官。又为先秦青铜器上的夔龙形花纹装饰）。广陵无遗响，良冶有贤嗣（良冶，善于陶铸金属的人）。尚愧柳柳州（唐代柳宗元参与永贞革新，失败后贬为永州司马。元和十年改为柳州刺史，去世于任所，世号柳柳州），执笔先友记。

贡师泰（1298—1362）

贡师泰，字泰甫，宣城人。贡奎之子，少承家学，又从吴澄受业。形貌伟岸，生性倜傥。泰定四年（公元1327年），释褐出身（脱去布衣，换上官服，即做官之意），受泰和州判，改歙县丞，擢翰林应奉，除绍兴路总管府推官；再入翰林，预修《后妃列传》、《功臣列传》，迁宣文阁授经郎，历翰林待制、国子司业，擢礼部郎中，再迁吏部，拜监察御史。至正十四年（公元1354年），擢吏部侍郎，改兵部侍郎，至正十五年（公元1355年）除礼部尚书，调平江路总管。刚上任，淮兵来到，守将不能抵挡。贡师泰率义兵迎战，不敌，怀藏官印避至松江。往来江上，又以行脚僧名义寓居静安寺。后历两浙盐运使、江浙参政，至正二十年（公元1360年）除户部尚书，二十二年（公元1362年），召为秘书卿。卒年六十五。

贡师泰长于政事，也有政绩，又以文学知名，与虞集、揭傒斯等交往，为元朝"名高一代，文明千古"的显赫人物。

贡师泰的诗"驰骋虞、揭、马（祖常）、宋（褧）诸公之间"（见杨维桢《玩斋集》）。胡应麟认为，元人歌行全篇可观的，贡师泰《题山水图》是其中之一，七律"全篇整丽，首尾匀和”的，贡师泰《送刘彦明从经略使还》也是其中之一。《八咏诗》中《沪渎垒》一章，充满忠愤之气，其人品可见一斑。有《玩斋集》十卷。

王逢《闻贡平江诡姓名张平轩，遁海上，伤怀一首》：“闻道今张禄，羁栖沧海村。微吟在野兕，暂托避风鹥（鹥，即鸂鶒，俗名秃鹙。唐杜甫《白凫行》：“鲁门鸂鶒亦蹭蹬，闻道如今犹避风。”所以王逢诗中“避风鹥”意为“避风的鸂鶒”，出自杜诗）。积雨吴天缺，浮云汉月昏。伍符柄（古代军中各伍互相作保的符信）不与，千石贵（古代贵官的俸禄）休论。”

火鲁忽达（鲁德之）

火鲁忽达，汉名鲁得之，西域康里人。平章冀国公保的第八个儿子。禀性稳重淳厚，安贫乐道，爱好学习。二十岁娶小蒸曹氏为妻，携带家眷进入燕地，至元元年（公元1335年）中大都（即今北京）乡试（即考取举人）。凭父荫授晋宁治中（晋宁，元代行政区划路名；治中，路长官的助理，掌文书档案），改监长兴州。任期满，仍居于小蒸。历任漕运万户（漕运，掌水道运输的官署。万户，官名，元置，为世袭军职）、浙东元帅，入为利用监大卿（利用监大卿，官名，掌管物资），在此官职上去世。

他的儿子名企贤，由直省舍人（官名，近侍武职）官至吏部尚书。

迈里古思（吴善卿）

迈里古思，汉名吴善卿，西夏人，侨居松江。至正十四年（公元1354年）进士，授绍兴路录事司达鲁花赤（路，行政区划名。录事司，官署名，掌管文书册籍。达鲁花赤，蒙语，意为掌印官）。抚养爱护民众无微不至，因而民众爱戴他如同父母。用武力收复杭州，左丞（官名，分左、右丞，中书省高级官员）杨完者率领洞苗大肆抢掠，迈里古思命官兵坚决镇压，苗兵尽死。江南设置台站（军事站落，为兵差转运点）于越，传令迈里古思监督义兵，招收果断坚强的军人分别守卫要害之地。永康县盗寇蜂起占据县城，迈里古思指挥若定，平息了骚乱。授官为廉访司知事（廉访司，掌视察的官署。知事，官名，长官的属官），改任建康道经历（道，行政单位名。经历，官名，掌出纳文书），拜授行枢密院判官（枢密院，中央军政机构；行枢密院，是枢密院的地方派出机构。判官，是地方长官的僚属），佐理军政事务。当时御史大夫（官名，其位仅次于丞相）拜住哥统领台军三千，纪律不严，百姓遭受其害，迈里古思就控制了这些军人，却不向拜住哥拜礼，有人劝他，他说：“我只知道上有君王，下有民众，怎么能去关顾其他！”拜住哥听到了这些话，心里记恨他。正逢与方国珍部作战失利，迈里古思逃归，于是遇害于拜住哥的府第。民众获悉，披麻戴孝为他痛哭，随从者有一万多人。事情上报，追赠他中大夫、佥江浙枢密院事的官职，追封为西夏侯，谥号为忠勇。

谢 毅

谢毅，字木仲，西域人。禀性忠信谨慎，事奉上级、对待下属都按礼义。中台丞（尚书省辅佐官员）王德谦书写“循礼”两大字表扬他。

他以南省使（尚书省佐官）累迁为长兵曹幕（长兵曹幕，意为兵曹幕僚之长），后来务农于上海。王逢有《北邱耕隐歌赠簳山谢逸人》，其中“谢逸人”即谢毅。

章 齐

章齐，字叔敬，江阴人。小时候母亲赵氏去世，侍奉父亲孝顺谨慎。长大后善于写诗，尤其爱好弹琴。他有肥沃的田地，有幽深的家宅。在和暖的早晨，微寒的夜晚，往返药圃竹园；俎豆盛有肉食，时捧一杯美酒，可谓安然自得。

至正十五年（公元1355年），地方守臣构成混乱，于是章齐辞去官禄隐居于吴淞。混乱平息后又归来，一年以后城又陷落。当时父亲出外避乱，章齐草行露宿寻觅父亲。战后随即奔向吴门，寻访搜求流散的各兄弟侄子，但始终不见父亲，于是哀毁致疾。七天后呼唤儿子章庠准备纸笔，他书写《蓼莪》（《诗经·小雅》篇名，《小序》谓此诗是孝子追念父母而作。后以蓼莪指对亡亲的悼念）诗开头四句即去世，年仅三十七岁。章庠因家乡阻隔不通，就安葬父亲于上海。王逢为其撰墓志铭，有“始焉同归终分携，孝乖慈睽（父子乖隔），只系乱离，死可以无悲”之句。

邹时昌

邹时昌，常州人。毗陵失守，他避于上海。追慕祖先祠堂坟墓，不能回去祭祀看望，于是绘作《青山老隐图》以示首丘之志（《礼记·檀弓》上：“礼，不忘其本。古之人有言曰：狐死正丘首，仁也。”《疏》：“丘是狐窟穴根本之处，虽狼狈而死，意犹向此丘。”故称不忘故土或死后归葬故乡为首丘），图中所绘的青山，即为毗陵门名。王逢为此作诗赞美之。

瞿 信

瞿信，字实父，昆山人。自幼好学不倦，平时从容不迫，从未非议他人。孝养父母，奉事周到，家虽贫困，却其乐融融。兄长瞿智去世，孤儿女数人都由瞿信教养并操办婚姻。

至正（公元1341年—1368年）间台州寇盗兴起，他背起母亲避居青龙江边，筑室命名为“闲野”，南台御史李烈举荐他为孝廉，不去应就，随后去世。

张文名

张文名，字惟显，江西贵溪人。至正（公元1341年—1368年）间由乡贡（乡贡，唐代取士方法，出自学馆者称“生徒”，出自州县者称“乡贡”，由天子自诏者称“制举”。宋以方州贡士，自元以后皆以行省选贡士，也通称乡贡）任华亭县丞，常存利人之心，诚意辅佐县令，多有善政，受到民众爱戴。罢官后于浦东张胜桥择地建屋，因号“怀松”，表示眷恋于这块地方。

他的九世孙张士麟，另有传记。

黄承司

黄承司，闽地人氏，是黄勉斋后裔子孙。至正（公元1341年—1368年）间任松江府提举，喜欢浦东风俗淳朴，在三团建造烟霞阁而居住下来，后来该地即取名为黄家阁。

杨　乘

杨乘，字文载，济南滨州人。少年仗恃意气，不肯屈于人下，广泛涉猎经史。由参谋府属官逐渐升至监察御史，改任浙江行省员外郎。至正十二年（公元1352年），杭州被攻陷，他被追责而罢免，依傍青龙章元泽而居住。至正十六年（公元1356年）松江被张士诚攻陷，有人传讯张士诚将要起用杨乘，杨乘笑道：“我怎能事奉两姓王朝？”使者果然来到，杨乘知道难以推托，就将家事托付给章元泽，准备礼仪祭祀先祖祠堂后，设宴饮，然后来到后园中，见夕阳晴好，慨然说：“晚节如此，我满足了。”嘱咐儿子好好务农，处理家事如同平日。半夜时分，自缢。遗书中说“死生如同昼夜，不足介意，且以保全臣子节操为乐”。杨乘去世后二年，台臣（谏官）述说了他的生平事迹，赐了谥号，惠赠官级，录用他的儿子杨卣为山东宣慰司都事（宣慰司，掌安抚的官署。都事，官名，掌管专门事务），杨卓任清忠书院山长。

叶杞挽诗云：

太息南冠久陆沉（南冠，春秋时楚人冠名。《左传·成公九年》：“晋侯观于军府，见钟仪，问之曰:'南冠而系者谁也?'有司对曰:'郑人所献楚囚也。'"后人用此典,把南冠作为远使或羁囚的代称。陆沉,无水而沉,喻隐居),百年风节见于今。王嘉不赴公孙诏(王嘉,东汉蜀郡人。公孙诏,指公孙述的诏书。公孙述,东汉时自立为王,建武元年四月称帝,建武十二年为汉军所败,被杀),朱泚宁移秀实心(朱泚,唐幽州昌平人,任卢龙节度使。建中三年其弟朱滔叛唐,朱泚被免职,赴长安,以太尉衔留京师。次年,泾原节度使姚令言军在长安哗变,德宗奔奉天。姚军拥朱泚为帝,国号大秦,年号应天。兴元元年,唐将李晟收复长安,朱泚出逃为部将所杀)。辽海有灵归夜月,荒原无树着秋吟。不知江汉新降鬼,曾忆天朝雨露深?

王逢诗云:

翠羽无深巢,麝香无隐穴。由来老蚌珠,泪泣沧海月。於乎杨员外,竟类膏自爇。忆昨佐南省,四境正骚屑(骚屑,纷扰貌)。朝廷忌汉人,军事莫敢说。遂罹池鱼祸(此句用"城门失火"之典,比喻无端受牵连而遭祸害),谠被柳惠黜(柳惠,即柳下惠,春秋鲁大夫展禽,又字季。因食邑柳下,谥惠,故称柳下惠。任士师时,三次被黜,与伯夷并称"夷惠")。寄身傍江潭,乃心在王室。星躔错吴分(星躔,星宿的位置、序次。错,通"置"。吴分,吴之分野。古人将地方与天上的星宿联系起来,松江府属天上斗牵星宿,为吴分野),气候乖邹律(邹律,指邹衍吹律事。邹衍,战国时齐临淄人,深观阴阳消息,认为世之盛衰,皆随金木水火土五德为转移。《列子·汤问》:"微矣,子之弹也!虽师旷之清角、邹衍之吹律,亡以加之。"《注》:"北方有地,美而寒,不生五谷。邹子吹律暖之,而禾黍滋也。")。天风摇青蘋,徒步空短发。谯玄初谢遣(谯玄,汉巴郡阆中人,字君黄。少好学,能说《易》、《春秋》。成帝时拜议郎,平帝时迁中散大夫。王莽摄政,改姓名,归家隐居。公孙述据蜀,征召不就),龚胜(汉彭城人,字君宾。三举孝廉。哀帝时,征为谏议大夫,数上书,论议朝政,后出为渤海太守。王莽秉政,归隐乡里。王莽数遣使征之,拜上卿,不受,语门人高晖等曰:"旦暮入地,岂以一身事二姓!"绝食十四日而死)终守节。譬如百炼钢,不挠从寸折。又如合抱松,岂藉涧底蘖。我时浮扁舟,鸥外候朝日。荒郊无留景,别业自深郁。时清议劝忠(时局清正后君臣商议勉励忠良),公冤果昭晰。大名流天地,当与河水竭。结交卣卓间(卣,礼器,中型酒尊。卓,几案。卣卓间,喻文人学士、有谋略之人),遗言见余烈。

赖 良

赖良,字善卿,天台人。宋代名臣好古的后裔。擅长写诗。客居于云间,杨维桢、王逢、钱艾衲都与他唱和。他看到东南诗人多隐居而不为人们所知晓,于是游历吴越间,采集足可传世的诗篇,请杨维桢加以评论且作序言,命名为《大雅集》,一时称为文坛盛事。

铁穆公毅

铁穆公毅，由进士累迁至通显（通显，谓官位高，名声大）。隐居海上，教授弟子。王逢赠他诗道："府倅今梅福（倅，古时地方佐贰副官叫丞、倅。梅福，汉九江寿春人。字子真，少学于长安，明《尚书》、《穀梁春秋》，为郡文学之官，补南昌尉。后去官归里。数上书言宜封孔子后世以奉汤祀，并讥刺王凤。及王莽专政，梅福乃弃妻子去九江。后有人遇其于会稽，已变姓名为吴市门卒），词场老益豪。自戕悲二俊（二俊，两个同时以才能著称的人。《晋书·陆机传》："至太康末，与弟云俱入洛，造太常张华。华素重其名，如旧相识，曰：'伐吴之役，利获二俊。'"），远引慕三高（三高士。封建社会称有名望而不做官的人为高士。汉代王霸、挚恂、申屠蟠并称"三高士"。又有称越国的范蠡、晋代的张翰、唐代的陆龟蒙为"三高"。杨维桢、钱惟善、陆居仁也被号"三高士"）。甀石（口小腹大的瓦制容器）余储粟，宫罗剩赐袍。垂虹月千顷，莲叶拟同操（这最后两句写其情性的明净高洁）。"

唐　烨

唐烨，字明远。避居小蒸，善于鉴别古鼎彝图画。曾养一只报晓的公鸡，邻人以为是从自己这边偷去的，将它捉走，但唐烨不计较。又有人向他借去十件古董，而不慎毁坏了一件，唐烨心里知道，但为了宽慰此人，说："你所借去的九件古玩什么时候归还啊？"当时人们都佩服他的雅量。

杨仁寿

杨仁寿，号渔隐，天台人。因为元代末年时局混乱，他手挟算筹演绎《周易》之术，选择定居于松江的陶溪。他能诗善文，精于草书，得鲜于枢家法（鲜于枢，元代渔阳人。字伯机，官太常寺典簿，嗜酒，作字奇态横生，尤善行草。善鉴定法书名画及古器物，极为赵孟頫所推重。家法，指各行家传授学问或技能的独特规范和方法）。

儿子任东昌太守，因酗酒得罪而死，连累杨仁寿，命他戍守辽阳。最终以书法感动主帅得以归来，更号"生还叟"，八十多岁去世。

华文瑾

华文瑾，号云林，无锡世家（古称世代显贵的家族）出身。避元代末年战乱，奉侍母亲来寓居于松江，博学好古，被推荐为人才而不去就职，在乡里教授弟子，克尽师道。六十二岁去世。

姚汝嘉

姚汝嘉，号愚默，华亭人。学问与操行朴实，可为乡里之师，不轻易随顺时俗，有古人的风度。八十多岁仍读书不倦，与天台杨仁寿、冀北李璋、无锡华文瑾结社以终天年，都安葬于陶溪的纯阳庵，时人称之为“陶溪四隐”。

叶 杞

叶杞，字南有，号漪南。先世为京口（京口，古地名，现为江苏镇江市）官宦之族，在吴淞的吴汇有别业（别墅）。叶杞读书富有才智，前太史杨瑀任建德太守，征召他任佐官，他推辞不就。战事兴起，进士李国风做南方地区经略（经略，官名，掌一路兵民之事），叶杞密陈时事十条，李国风嘉奖他且都采纳。朝廷授予进义副尉、丹徒县主簿，将告别李国风去上任，然而权力转移于藩镇了。于是他筑草堂于鱼鳞泾上，挂匾题为“漪南”，终老于松江。秘书卿贡师泰作序，杨维桢、鲁渊为他作歌诗，王逢撰楚音（楚地乐曲）二章歌诵他。辞曰：

“苔碕兮蓬屋，鱼鳞（地名，即鱼鳞泾）之漪（漪，岸边）兮一曲。涡盘兮洑洄，风舒徐兮水波縠（縠，如绉纱般的波纹）。中青天兮琴沧浪，招白鸥兮送黄鹄。匪濯吾缨兮匪濯吾足，怀贤其渴兮誓将心沃。”

“紃屦（粗麻绳编制成的鞋）兮布服，莲叶其舟兮鱼鳞其屋。云净兮天开，蘋白花兮草丰绿。河曲曲兮钓钩，将恢恢兮纲目。仁义是渔兮餍口腹，腹不人累兮人谁吾辱（最后两句意为：获取仁义以安我身心，身心安稳谁能给我耻辱）。”

焦 白

焦白，字任道，原为淮人，迁于吴地。张士诚占据吴地，他辞去湖学教授，避居泖上，兴致来时即作书画，率性不凡。后改名德乙郎。享年五十岁。王逢有《德乙郎哀辞》。

谢 瑛

谢瑛，天台人。是宋理宗谢皇后的祖父、鲁王谢深甫的七世孙。他以茂才（秀才）

的身份荐为任安仁县教谕，但不去就任，隐居于上海。王逢为他家保存的官诰（官诰，也叫“官告”，古代授官的凭证）题诗道：“乔木家山烽燹外，五花官诰丧亡余。”

高克恭（1248—1310）

高克恭，字彦敬。号房山老人。他的祖先是西域人，迁居大同。任刑部尚书。元末为避免兵火而来海上，子孙世代都居住在这里。

高克恭绘画起先学习二米（二米，指宋代画家米芾和他的儿子米友仁），后来采用李成、董源、巨然的方法，造诣精深奇绝，神施鬼设，不知其端倪，为一代奇作。好作墨竹，妙处不减文湖州（文同）。曾自题写竹云：“子昂（赵孟頫）写竹神而不似，仲宾（李衎）写竹似而不神。其神而似者，吾之两此君也。”赵孟頫也推重他。董其昌的曾祖母，是他的云孙女（从本身算起的第九代孙，称为云孙）。

张　昱

张昱，字光弼，庐陵人。年少时曾事奉过虞集，习得他的写诗方法。历任江浙行省员外郎（行省，地方行政区划名，直属中央政府。员外郎，官名，位仅次于郎中）、行枢密院判（行枢密院，官署名，是枢密院的地方分支机构。判，判官，官名）。后弃官而归，自号为一笑居士。元末杨维桢等人避乱于松江，张昱与他们以文字相交往。郡中的名胜古迹，都有他们的题咏。张士诚招收他，他以诗表达辞谢之意。明洪武（公元1368年—1398年）初，召他到京都，热情接待，但他以年老而要求归家。明太祖同情他说：“可以让他休闲了。”于是给予了丰厚的赏赐而让他归去。从此将原来的号“一笑居士”改为“可闲老人”。八十三岁去世。

钱惟善

钱惟善，字思复，自号心白道人，晚年自号曲江老人，钱塘人。至正元年（公元1341年）乡试出《罗刹江赋》一题，考场内三千人，都不知罗刹江即钱塘江，又名曲江。钱惟善引枚乘《七发》为据，其首句云：“惟罗刹之巨江兮，实发源于太末。”大为主司所称，因此闻名。钱惟善建曲江草堂，号曲江居士。官至儒学副提举（提举，官名，自中央至地方各部门都设有提举，掌管有关事务）。

张士诚占据苏州，他不愿为官，退居吴江筒川，与杨维桢唱和，有句云：“笠泽水寒鱼尾赤，洞庭霜落树头红。”又云：“汉史丁公那及齿，陶诗甲子不书元。”都是有感于时事而作。(诗中“丁公”,指汉代辽东人丁令威,传说他得道成仙,千年后化鸟归乡。“陶诗”即陶渊明的诗。丁、陶二人都因厌世而出世。)

后来他移居华亭。明洪武(公元1368年—1398年)间去世,葬于簳山。

清顾嗣立《元诗选》收其《江月松风集》。明叶廷秀认为“钱惟善钟湖山之秀而发于诗,故多秀句”(《诗谈》)。陈旅称其诗“妥适清蒨,娓娓乎有唐人之流风焉”。瞿佑称赏他的十首《西湖竹枝词》,认为“皆佳作”,曾“爱而尽和之”,《西湖游览志余》说瞿佑和诗“大为思复奖许”。陈旅为其《江月松风集》作序。

张煜《醉渔为钱思复赋》云:“江湖犹自有狂夫,白发萧然负壮图。睡着任船随月走,醉乡临水索花扶。要知吕望真渔者,可惜郦生非酒徒(郦生,即郦食其,秦汉之际陈留高阳乡人,本为里监门,刘邦起义军至高阳时,自称“高阳酒徒”往见,献计克陈留,封广野君。楚汉战争中,说齐王田广归汉,韩信袭齐,齐王以为被出卖,将其烹死)。泽畔独醒诚可咏,春风能到雪肌肤。”

张　宪(1320?—1373?)

张宪,字思廉,会稽山阴人。家居玉笥山,自号玉笥生。少年时努力学习有志向;长成后,才高豪放,遍游四方。仰慕鲁连子为人,不置办家产,四十岁时仍不娶妻。至正(公元1341年—1368年)年间,他走访京师,骑烈马飞驰,拜见贵人,畅谈天下事,大家都说他是狂人。淮西战事兴起,张宪首先表示极力抗议,后又不告而去,进入富春山中,混迹于僧道之中,作超脱世俗的逍遥游。一日登高望远,若有所见,回家后对亲友们说:“我马上要离去,你们也不要再居住于此。”众人不相信。不久敌寇来到,有五百家遭到杀戮。

张士诚据吴,招张宪为太尉府参谋,后迁枢密院都事。张士诚败后,他改变姓名,避走杭州,寄食报国寺修行。

孙作曾说张宪沉默寡言,在稠人广众中被推倒于地,也不计较。然而遇事谋划,论兵说剑,则俨然是一位豪放的健谈辩士。与士大夫们写文章,谈王道,从容自然地遵循礼仪法规,即使老儒先生也不能超越他。

张宪师从杨维桢时,频繁地往来于松江地区,湖山胜迹都留有他的诗文手笔。在杨维桢的学生中,他甚为突出,杨维桢声称:“吾用三体咏史,古乐府不易到,吾门惟张宪能之。”又说:“吾铁门称能诗者,南北凡百余人。求其似宪及吴下袁华辈者,不能十人。”赞赏备至。张宪诗才锋犀利,慷慨激昂。《四库全书总目提要》称他的“感时怀古诸作，类多磊落肮脏（肮脏，同“抗脏”，高亢刚直貌），豪气坌涌”。他的《岳鄂王歌》，即为咏史歌行，写得忠愤感激，意气昂扬，淋漓悲壮。张宪晚年旦暮手持一编，人不得窥。待其死后视之，乃其平生所作诗歌。有《玉笥集》十卷传世。

薛　伦

薛伦，字叔道。父亲薛琮，任富阳县令时生薛伦。他小时候就十分爱好学习，长大后与兄薛仪随从任监支的父亲来到松江。跟从杨维桢游学，通晓《春秋》，善于吟诗与弹琴。洪武（公元1368年—1398年）年间，举荐贤良方正（汉文帝二年诏举贤良方正，能直言极谏者，为科举名目贤良方正所自始），以礼部主事刘镛荐授万安县丞，因母亲年老而不再做官。

留居吴中读书七年才归来，在别墅设馆授徒，选择优秀的家乡子弟进行教育，严循老师子弟之礼，要求首先学好小学之节（小学之节，指求学的基础科目，如识字、音韵以及为人礼节等），然后予以深造，士人都迅速响应跟从，明晓礼仪规范。

他生平恬淡寡欲，以清白为世代家风。享年八十五岁。有诗文集，载于《如皋志》中。

马　麐

马麐，字公振，一字国瑞，太仓人。自幼励志读书，好文尚雅，以光耀家声。元末避兵于松江南钟巷里。家有园林、池塘、亭榭、楼阁，悠闲地自娱其间，如同生活在世外桃源。每日诵读经史，与书为伴。为人直率，不拘小节。喜欢与贤良的士大夫交往，觞咏不断。与顾瑛（同为太仓人，家筑玉山草堂，有亭馆三十六处。风流儒雅，著称东南）结为姻亲。杨维桢十分器重他，称他为忘年交。马麐擅长诗歌。顾嗣立《元诗选》收其诗十二首。其中《吴浦归帆》云：“一帆风便出吴城，只怕沙湖风浪生。野鸭断边初系缆，西山月出正潮平。”有《醉渔》、《草堂》集。

洪　恕

洪恕，字主敬，金华人。元末避战乱于华亭。禀性孝顺，崇尚气节，能诗，善行草书。书法始学鲜于枢（1256—1301，居杭州。官至太常寺典簿。精鉴赏，善行草，赵孟頫极推重之。元代书法，赵孟頫、鲜于枢为巨擘，终元之世，多出入此两家），后乃放乎法度之外。以讲授学术作为他的终生职业。

吴 毅

吴毅，富春人。当时很有名气，尝寓居华亭的璜溪，跟从杨维桢学习《春秋》五传（指《左传》、《公羊传》、《穀梁传》、《邹氏传》、《夹氏传》）。

顾 仁

顾仁，字守仁，他的祖先本是蒙古人。他以通晓《礼经》于至正四年（公元1344年）中江浙乡试，任书院山长，授平江路儒学教授。

元末战乱，于是退隐云间，尽力种田，奉养双亲。有人劝他出来做官，他不愿意。双亲去世后即徘徊往返于九峰三泖间，直至去世。

鲍 兴

鲍兴，字雄飞，山东邹平人。鲍兴的父亲名隐，字起之。浮游湖海，因而仿效唐代张志和（唐金华人，后居江湖，自称烟波钓徒，著有《玄真子》）号玄真子，而自号渔樵主者。鲍兴的外祖父张公临（"张"为姓，"公"是尊称，"临"为名）官任祭酒（学长，学校官员），为平民时，在长白山中读书。张公的门生，显贵的有状元张梦臣，中丞张朴，大参（官名，即参政，元于中书省、行中书省都置参政，为副贰之官。明于布政使下设左右参政，清初各部也置参政）张诚、李宪等，计有数十人之多。鲍兴小时候住外祖父家，人称奇童。他身上没有贵家子弟的纨绔习气，严于整饬身心、修正行为，专心致力于读书求学。

至正（公元1341年—1368年）间，他随同父亲避兵燹于松江，变换姓名以转移货物。母亲王氏生病，他求遍名医。母亲去世，他服丧三年，住庐舍守墓不入妻室，哀毁骨立。母亲去世后，他又想到父亲缺少近侍之人，就置办一艘大楼船，将锅子、暖器等家用器具都放在船里，自己与父亲一起以船为家，以娱悦父亲的心意。杨维桢为他作《鲍孝子志》。

沈维四

沈维四，字公常。生于吴兴世族（世代显贵的家族），与沈万二、沈万三为从兄弟，沈万二、沈万三富于资产，而沈维四富于才学。起初任脱脱丞相的行军参谋，脱脱遭诬害而死，沈维四即回归家乡。张士诚占据三吴，他率领族人散处于海滨，有脱脱旧属人员居于百花公主的拨赐庄，于是前往居于其旁。

后来沈万二、沈万三之辈都被抄没家产，唯独沈维四安然无事，人们都佩服他有先见之明。

蔡 训

蔡训，字君立，号东郊，江阴（今属江苏无锡）人。元末兵兴，变姓名隐于吴中，后居松江，筑东郊草堂。孙作曾撰《东郊草堂记》："松之海隅，有培曰'汉城'，城之隅，有隐君子曰'东郊先生'家焉。先生与余既亲且厚……初，江阴之警也，公微服杖策，变姓名来吴"，"先生书来，则已退休于居，买田筑室汉城之东，扁曰'东郊草堂'"（见《沧螺集》）。孙作称蔡训出入忧患之境，进退从容不迫，处世明智，是位具有远见卓识的士人。

石国英・石 琼

石国英，号月涧。本是宿州人，担任宣慰招讨使，有威名惠政，在浙江做官，于是家居华亭。

石琼，石国英之孙，任松江万户。石国英曾领兵游雁荡山，题诗于能仁寺墙壁上。寺僧用碧纱将诗句笼罩保护。后来逢到贼寇作乱，其他寺观都遭抢劫焚烧，而能仁寺凭石国英的题诗而免遭一劫，因为诗句深深地感动了那些作乱之徒。七十年后，诗被火烧毁，而寺之老僧还津津乐道这题诗而不忘。曾孙石安泰任不花侯，因为有出使之事到达能仁寺，还能通过流传而诵读，凭口述记录这诗句而归。石琼战乱后隐居于佘山。王逢写诗给他道："乱中归老马，陇上佩童牛。故国金吾夜，荒山白帝秋。惊心木稼出，送目海澌流。却喜甘藜苋，三年免梦囚。"

（编者注：王逢写给石琼的诗充满着对其生平的感慨，其首联写乱中归隐，颔联怀念故国，颈联抒写战乱，尾联欣喜归隐，避免灾祸。）

潘 垲

潘垲，字景安，汴人。元朝末年官任翰林学士。元顺帝退位北返，潘垲隐居梁溪。洪武（公元1368年—1398年）初，明太祖下达诏书征用他，他于是迁徙到华亭的大五图居住。明太祖又派宫廷使者聘任他，他托以疾病拒绝。使者连续三次前往他家，诏书说："智谋之士不宜久居海滨。"潘垲自度不能免除皇命，于是面对使者吞金而死，其妻也自尽。

俞 显

俞显，字彦远。禀性忠厚正直，喜欢游学乡校。元末县邑发生盗寇抢掠，他带了母亲逃跑。途中被大湖泽阻挡，而盗寇很快追到，俞显估计逃不掉了，于是向神默默祷告，随即背了母亲涉水而前，竟然如同行走在浅水中。盗寇见之，十分惊异，不敢追赶，终于免去了一场灾难。

他平时不苟言笑，即使在仓促之际也必按照规矩办事，一些不守教义的邻居子弟，相互之间摇手告诫，唯恐自己的不规行为被他知道。他治理家庭更是严格，延请名师教育儿子，违反学规，必动用夏楚（教学中体罚学生的刑具）。

晚年居住在松江城北的祥泽里，造几间小屋以供栖息隐居，人们因而称他为泽隐处士。他开设义塾教育乡村子弟，有时乘闲暇则拄了拐杖往来田亩间，与农夫讲说栽种技术。看待追逐名利者如同污水，唯恐玷污了自己。

儿子俞允登，明洪武（公元1368年—1398年）年间考取进士。

谢伯理

谢伯理，一作谢伯礼，号履斋。先世为陈留人，后徙松江，为望族。元末，任松江别驾，不久辞去。他的弟弟谢恒、谢鼎两人曾从学杨维桢。杨维桢与谢伯理交好，喜与论诗，晚年游处甚密，常宴于其舍。《东维子文集·知止堂记》："谢氏，淞望族，至伯礼始至仕籍……年五十，即挂冠归隐。"

贝 琼（1315—1379）

贝琼，一名阙，字仲琚，又字廷珍、廷琚、廷臣，崇德（今浙江桐乡）人。个性坦率，专心于好学。四十八岁，才乡试中举。元末张士诚屡次征召，不去附就。明洪武初，聘任修撰《元史》，洪武三年（公元1370年）又以续修《元史》应召，修撰毕，受赐而归。洪武六年（公元1373年），以儒士被举荐任用，授为国子助教。九年，改中都助教，教勋臣子弟，学者称清江先生。

贝琼曾感慨于古乐不被人重视和发扬，作《大韶赋》以表明自己的志向。宋濂任司业（司业，古代主管音乐的官），建议立四学（指儒、玄、史、文，其中玄即玄学，指道家、佛家学说），并将虞舜、夏禹、商汤王、周文王作为先圣予以祭祀。明太祖朱元璋废黜了宋濂的主张，贝琼又撰写《释奠解》驳斥之，有识之士多赞成贝琼的意见。他与张九韶、聂铉齐名，当时被称为"成均之助"（成均，古之大学，后为官设学校的泛称）。

洪武九年（公元1376年），改官中都（安徽凤阳）国子监，教育有功之臣的子弟。贝琼一向重视学者的品行，将校武臣都知道要推崇礼仪。

洪武十一年（公元1378年），他辞官回家，第二年去世。

贝琼善于诗文，他写诗学习杨维桢而又有所变化创新，诗风平易自然，丰神流丽，温雅清新，自成一家。他认为写文章立言，不在于标新立异，而以平和宽容为可观；不在于荒唐险怪，而以丰富优美为可乐。朱彝尊《静志居诗话》将他类比明初诸家："足以领袖一时，此非乡曲之私，天下之公言也。"还说他的诗"爽快豁达如汪广洋，整齐富丽如刘基，圆融秀美胜过林鸿，清新空灵近似袁凯，风雅富赡犹如高启，明朗洁净赛过张羽，繁密华茂超越孙蕡，足可称为一个时期的诗坛领袖。"沈德潜《明诗别裁集》收录其诗五首，其中《殳山隐居夏日》云："病客从教懒出村，两山一月雨昏昏。野花作雪都辞树，溪水如云欲到门。无复元戎喧鼓吹，试从田父牧鸡豚。来青处士时相过，犹是平原旧子孙。"《四库全书》馆臣评价他的文章"冲融和雅（即恬淡融通平和高雅之意）"。有《清江贝先生文集》三十卷（其中七卷为《云间集》,《诗集》十卷,《诗余》一卷。参见朱彝尊《曝书亭集·贝琼传》）。

按：贝琼《清江贝先生诗集》卷六《甲辰元旦》说"五十今朝过，谈经滞海滨"。甲辰应是至正二十四年（公元1364年），故其生年约在公元1315年左右。又朱彝尊《曝书亭集》卷十二说"（洪武）十一年九月致仕，明年卒"，则可知贝琼去世于洪武十二年（公元1379年）。

孙　固

孙固，字以贞。出生于元朝泰定年间（公元1324年—1327年）。个性安静闲散，学识渊博通达，文笔擅长词赋。有憾于时局，因而不乐以仕进，只闭户读书，以敦厚德行，修整学业。曾有群盗轰然而至，村中老幼相聚奔逃，而孙固读书如故，书声传于窗外，盗贼听到竟不入其户。

明初，征他代理华亭县学事宜，他与杨维桢、陶宗仪友善。曾自制匾额挂于书斋上，名之为"听雪"，因而自号"听雪"，胡俨为之作记。所著有《听雪斋稿》。

子南京刑部尚书孙植，谥简肃。孙植子孝廉（举人）孙成名、宪副（御史佐官）孙成泰，都以清白著名。玄孙孙玺，官任按察佥事，赠尚书。

胡俨《赠听雪》诗：

茶灶烟沉鹤梦惊（相传白鹤性警，八月白露降，流于草叶，滴滴有声，即高鸣相警，徙所宿处），梅花香冷蝶魂清。卷帘试看飞琼舞，隔竹俄闻裂帛声。黄叶秋干缘砌响，银沙风急洒窗鸣。绝胜听雨巴山里，一夜乡心白发生。（编者按：此诗前面六句，皆写听雪；最后二句，写思乡之情。）

顾禄诗：

寒逼层霄势转加，明河（天河）冻合玉无瑕。天工戏剪玲珑片，人世开成顷刻花。带雨有声疏复密，舞风无力整还斜。轩中高卧闲听处，输与南溪隐士家。（编者按：此诗开头两句写雪的形成及其高洁，三四两句写雪的美丽形状，五六两句写雪的声音和动态，最后两句点出听雪者。）

陶宗仪诗：

瑶池阿母教飞琼，细捣冰花拥旆旌。郭索行沙林竹底，吴蚕食叶纸窗明。短编清夜谁家读，柔橹寒溪远处鸣。闭户先生俄倾耳，松声沸起煮茶铛。（编者按：此诗开头两句既写雪的美丽形状，又写雪的潇洒风姿；三四两句写雪的声音，其中“郭索”为蟹行貌；五六句用拟人手法，写景抒情；最后两句点出听雪者，写其恬淡闲散的隐居生活。）

高　启（1336—1374）

高启，字季迪，号青丘子，长洲（今江苏苏州）人。祖籍开封，随宋室南渡，家于临安山阴。元末避战乱，迁吴门，占籍长洲北郊。与张羽、宋克等相邻近，时号称“北郭十友”，又与杨基、张羽、徐贲，被推崇为“吴中四杰”，与“初唐四杰”相比拟。

高启曾任张士诚幕僚；明太祖朱元璋即位时，又入仕新朝。洪武二年（公元1369年），高启三十二岁，应诏赴金陵纂修《元史》，翌年史成，授翰林编修；七月，擢为户部侍郎，恳求辞官而归田里。洪武六年（公元1373年），苏州知府魏观犯事，其《郡治上梁文》为高启所作，文中有“龙蟠虎踞”之句，触犯朱元璋。洪武七年，魏观与高启一并被处以腰斩的极刑，其时高启仅三十九岁。“吴中四杰”中，张羽投江，徐贲狱死，杨基发配作劳役，死于贬所。

《四库全书总目提要》认为高启“诗天才高逸，实踞明一代诗人之上。其于诗，拟汉、魏似汉、魏，拟六朝似六朝，拟唐似唐，拟宋似宋，凡古人之所长，无不兼之。振元末纤秾缛丽之习而返之于古，启实有力”。清赵翼说高启诗“使事典切，琢句浑成，而神韵又极高秀，看来平易，而实则洗炼功深”。诗集有《吹台集》、《江馆集》、《风台集》、《娄江吟稿》、《姑苏杂咏》等，凡二千余首，自选定为《缶鸣集》十二卷。

高启游寓松江时或其后，赋诗多首。《赠松江张主簿》：“离离平阜禾，纂纂横林枣。客行爱乐土，秋晚华亭道。停烛春纺迟，鸣榜潭渔早。借问何能然，年来县官好。”另有《送沈徵士铉归海上》、《寄云间朱国史曾同宿左掖约至江上见访二首》等。沈铉，字文举，世居郊外，筑室曰“野亭”，杨维桢有记；朱芾，字孟辩，华亭人，曾授翰林编修（翰林院曾为翰林国史院），才思飘逸，千言立就，杨维桢门人。《送张倅之云间》一诗，有“鲈乡亭前枫叶稀，读书堆下征雁飞”、“别意方留江上杯，离心已挂云间树”等句，《顾野王墓》一诗，有“应与读书堆，离离总秋草”等句。

附崇祯《松江府志》高启传（译文）：

高启，字季迪，长洲人。年少丧父，力学工诗。至正（公元1341年—1368年）间，张士诚开府平江（开府，开建府署，辟置僚属。汉制，惟三公可开府。及汉末，李傕、张杨、董承等以将军开府，开府之名始此。元同，明废。后世称督抚为开府），承制（秉承皇帝旨意）以淮南行省参政，饶介为咨议参军事。饶介有文学才能，喜欢文士。高启当时十六岁，有人将他推荐给饶介，饶介见了他的诗文十分惊异，将他当作上客，高启却轻视他们，前往吴淞青丘隐居。

洪武（公元1368年—1398年）初，朝廷臣子推荐他参与修撰《元史》，授翰林国史院编修官，命他教授功臣子弟。一日皇帝召见，高启与编修官谢徽一起回答皇帝的提问。时间已傍晚，皇帝进入宫楼，提拔高启为户部侍郎，谢徽为吏部郎中。高启以年少不熟悉理财，况且又势孤力单，因而不敢贸然接受重任，于是与谢徽两人都推辞不受。皇帝随即作罢，但仍各恩赐官绸白金，发给通行凭证放还，高启重新寓居青丘。

起先，高启曾以历史之事为国子祭酒魏观的属官，交谊深厚。魏观任苏州太守，高启也迁居城中，魏观向他询问郡中政事得失，接见频繁。魏观获罪，连累高启，被判处死刑，年仅三十九岁。

高启身长七尺，有文武才，遍读群书，尤精于史。其文善于辩驳，驰骋古今，跌宕起伏，精彩绝伦，文思焕发，而其诗尤被号称名家。所著有《缶鸣》、《凫藻》二集。

明（1）

（洪武至天顺朝）

何　润

何润，字子润。至正二十三年（公元1363年）四月，海边居民钱鹤皋乘时局不稳定，率领造反的乡民呐喊入城，擅自打开国库，窃取武器金帛，杀害良民，抓获华亭知县冯荣、袁浦场官李肃及袁普等将士，欲将他们杀死。何润挺身而出，愿以全家生命担保，终于使冯荣等人免于一死。

知府荀玉真逃到荒野，返回时仍遇害。何润急忙赶赴荀玉真死难之处，收拾遗体，殓藏哭奠，然后授予其家人，使之回去安葬。府及下属有司的八枚印章，皆散失不知所在，何润访求找到，用私财购买下来且归还官府。

在慌乱中，一些老幼弱者来不及出城避难，不管认识与否，何润全将他们安置在县衙后堂，供其食宿，使好多人得以免难而存活。

当葛指挥带兵来诛杀叛乱凶手时，何润又准备了酒肉到郊外迎接慰劳，一切费用都由他自己出。然后又率领父老到龙井庄，拜见徐达，感戴他除凶安民之德，使一方得以太平。

华亭知县冯荣深深地感谢他，欲将他的事迹向上报告，何润坚决阻止，不让向上报闻。当时人们都称他为何义士。杨维桢、钱惟善等人为传扬他的事迹而作了歌词。

钱全衮

钱全衮，字庆余。祖父名福，宋代任承务郎之职，从钱唐迁家到华亭，于是成为松江府人。他通读文史，爱好礼义崇尚文学。元末张士诚占据吴郡，钱全衮隐居盘龙冈，发誓不愿为张士诚效劳，杜门著书。所著书有《韵府群玉掇遗》、《续松江府志》。

钱全衮的儿子名澂，洪武（明太祖年号，公元1368年—1398年）初考取秀才。钱全衮以“清心洁己，忠国爱民”八字写在竹简上授予儿子。钱澂后来任绥德州判官，能遵照父亲的这一训示，为政有美誉。

石 璞

石璞，正德《松江府志》、正德《华亭县志》均认为是华亭人，永乐（明成祖年号，公元1403年—1424年）年间举人。出任陕西按察使。决断案狱明快如流，官吏民众都敬服他，深得御史职能的大略。

《中国人名大辞典》（商务印书馆1921年6月版）认为石璞是临漳人：“字仲玉，永乐中举于乡。选授御史。历江西副使，著声绩。累迁兵部尚书。景泰（明代宗年号，公元1450年—1457年）时讨苗贼有功。致仕归。英宗（朱祁镇，公元1457年—1464年在位）即位，用李贤荐，召为南京左都御史。罢归卒。”

袁 凯

袁凯，字景文，祖先是西蜀人，后迁徙至松江华亭。父亲袁介，字可潜，元末任府椽（副官），以诗闻名于吴中。袁凯长身古貌，言议英发。杨维桢《改过斋记》：“至正九年（公元1349年），予游淞。刑台张叔温携数客来见，中一人昂然长，癯然清，言议英发可畏，问为谁，则曰袁景文氏也。”

袁凯元末为府中低级官员，个性诙谐，博学多才，善于辩论，他的议论，往往使满座皆服。洪武三年（公元1370年）被推荐任御史（官名，随具体职务不同，可分为监察御史、巡按御史、巡漕御史等）。武臣恃功骄横，因此获罪的越来越多，袁凯上奏道：“诸将习练军事，恐怕没有知悉君臣礼仪。请在都督府（将帅官署）延请通经学古之士，命令各武臣前来听讲，可以获得保全家族及身家性命的道理。”皇帝采纳了他的建议，命令台省（古代中央高级机构，如中书省、尚书省、门下省等，统称台省）延请名士到午门（宫城正门）为诸将讲解经书。

后来皇帝审查记录了囚犯的罪状后，命袁凯送给皇太子复审，太子对不少囚犯予以体恤，减免处罚。袁凯返回报告皇帝，皇帝问道：“我与太子谁正确？”袁凯磕头回答道：“陛下执法正确，东宫（借代太子）心肠仁慈。”皇帝觉得袁凯说得很好，因而十分高兴。后来因病而辞官回家。

袁凯善于写诗，杨仪《骊珠杂录》：常熟时大本赋《白燕》诗云：“春社年年带雪归，海棠庭院月争辉。珠帘十二中间卷，玉剪一双高下飞。天下公侯夸紫颔，国中俦侣尚乌衣。江湖多少闲鸥鹭，宜与同盟伴钓矶。”录呈杨维桢。杨维桢亟称“珠帘”、“玉剪”之句。袁凯在座，曰：“诗虽佳，未尽体物之妙。”杨维桢不以为然。袁凯归作诗，翌日呈之，杨维桢击节叹赏，连书数纸，尽散坐客，一时呼为“袁白燕”。袁凯所作《白燕》诗云：“故国飘零事已非，旧时王谢见应稀。月明汉水初无影，雪满梁园尚未归。柳絮池塘香入梦，梨花庭院冷侵衣。赵家姊妹多相忌，莫向昭阳殿里飞。”

袁凯古体诗学魏晋，近体诗专学杜甫，但不囿于古人，往往高妙自然，野逸玄澹。陈田《明诗纪事》收录其诗二十首。其中《江上早秋》：“靡靡菰蒲已满陂，菱花菱叶共参差。即从景物看身世，却怪飘零枉岁时。得食野凫争去远，避风江鹳独归迟。干戈此日连秋色，头白尤多宋玉悲。”沈德潜《明诗别裁》收其诗九首，其中《客中除夕》：“今夕为何夕，他乡说故乡。看人儿女大，为客岁年长。戎马无休歇，关山正渺茫。一杯柏叶酒，未敌泪千行。”何景明认为“明初诗人，以凯为冠”。《国雅一品》评云：“袁侍御景文才情遒拔，往往有奇语，尤闲于咏物。”

袁凯自号海叟，背戴（前后方向颠倒）黑色的帽子，倒骑黑牛，游玩于九峰之间，好事者（这里指对袁凯的滑稽形象感兴趣的人）给他画了像。《静志居诗话》：海叟居松江府治东门外。崇祯（明思宗朱由检年号，公元1628年—1644年）末，麻城单恂即其址构白燕庵。舍人李待问书联于柱云：“春风燕子依然入，东海鳗鱼不可寻。”王士禛《渔洋诗话》：“松江有白燕庵，海叟故居也。”有《海叟集》四卷，附“集外诗”一卷。

宋　克（1327—1387）

宋克，字仲温，自号南宫生，长洲南宫里人。明初征为侍书，出为陕西凤翔府同知。年少时豪放不拘，喜好跃马挥剑，研究韬略。将要北上中原，恰逢道路阻塞，因而没有去成。家居以气节自勉，个性耿直，人有过失，则当面指斥。与人议论，据事析理，以求必胜。一旦厌烦世事，则闭门谢客，舞文舞墨，日费千纸，于是以书法闻名。草隶深得钟、王之法。章草（一种草书的写法，字不连写，可用于奏章，故称章草）久不流传，到了宋克手里才有了明确的法则，笔法精爽，墨色妙好，风度翩翩，可与古人媲美。他游历松江，寓住于城东俞氏家，郡人多来向他学习书法。陈文东曾跟从他学习笔法，吴僧善启（吴僧法名）说宋克用笔正锋，而陈文东多偏锋，因此不及。清陈田认为，明初书家，宋克与宋广称“二宋”，合宋璲称“三宋”。又工写竹，虽寸冈尺堑，而千篁万玉，雨叠烟尘，萧然无尘俗之气。曾作《鸡栖石丛篆》一幅，题语有“艺成不觉自敛手”之句，谓不可复得。书学《急就章》，故写竹能妙。曾于试院牍尾用朱笔扫竹，张伯雨有“偶见一枝红石竹”之句，人们于是以为朱竹自宋克始。倪元镇赠其诗云：“江上欣逢宋仲温，萧条古道向君论。我居笠泽已十载，看竹惟君款我门。”宋克能诗，陈田《明诗纪事》收其《秋日怀兄弟》诗一首：“秋至忆兄弟，萧萧木落初。如何去乡国，不见有音书。漂泊全无定，存亡半是虚。风尘几时靖？还似昔同居。”与高启等称十友，诗称十才子。洪武年间，宋克在凤翔府同知任上去世，享年六十一岁。

曹宗儒

曹宗儒，字元博，是曹庆孙的儿子。洪武（公元1368年—1398年）初，任华亭教谕，曾经被府署委以公务到京师。皇上告诫礼部道：“教官的本职在于培养学生，为国家储备人才。有司委托教官以公务，使其不得尽心教学训导，这严重违背了崇儒重道的旨意。今后不可这样做。”

曹宗儒著有《春秋左传叙事本末》三十卷。他的儿子名衡，字士望，精进勤奋，爱好学习，尤其善于真（正楷）、行、草书。官至工科给事中。

钱复亨

钱复亨，华亭人。能文善医。洪武元年（公元1368年），朝廷诏令有司在自己所辖地方寻访举荐怀才抱德之士，他被荐为峄县教谕。著有《讲余集》。

王　掖

王掖，山阴人，父王逢，因战乱避地上海，于是居住下来。洪武（公元1368年—1398年）初，为通事司令，转翰林院博士。与弟王摄并有诗名。

周　海

周海，华亭人。父周彦敬，号正二。元末张士诚占据苏州，周彦敬为其从事。明朝平定三吴，明太祖因周彦敬跟从过张士诚，将他谪戍云南。周海哭泣不食，气绝而复苏，于是滴血上书，乞求以身相代。明太祖嘉奖他，答应了他的请求，赐以铁券，世袭楚雄卫百户。

胡秉中

胡秉中，上海人。洪武(公元1368年—1398年)初，举荐人才，任行唐县令。善画，以礼教民化俗，制《孝顺》、《节义》、《读书》三图，名为《谕俗编》进呈，明太祖嘉之，诏令颁行天下。

范永亨

范永亨，名泰，以字行。父范谟，乡贡中进士。元军扰乱，范谟自湖州四安山大村迁居华亭，隐居不仕。范永亨工诗文，洪武(公元1368年—1398年)年间与管讷等同以文学被征召，任官德安府照磨(官名，以照对磨勘为职，为主管文书、照刷卷宗之官吏)。

陈　杰

陈杰，字士杰，华亭人，居住于南桥。有不为人知晓的美德，喜欢施舍帮助贫困之人。曾筑一小屋作为自己的休闲之处，前临平坦的田野，春夏秧歌四起，秋冬收获时，人行其中，如在方罫(棋盘上的方格)间，因而挂匾为“阅耕”。练子宁、方孝孺、胡俨都有记文。在农圃怡然自乐，不入喧哗的城市。闲暇之日则种竹栽花，赋诗明志。

七十七岁去世。儿子陈祯，自有传。

许士显

许士显，字纯德，华亭人，居竹冈。洪武(公元1368年—1398年)初，任粮长之职输送粮食于京师。怜悯赋役积弊，久为东南民众之苦，慨然上书，分条列述利弊，召对符合皇上旨意，授开封府推官。第二年，以政绩卓异升任云南布政司右参议。当时云南峒蛮(蔑称我国西南居于山地的少数民族)不安定，黔国公沐英推荐士显，认为其才能可以军务相托，朝廷许可。但因病去世于途中。

王　震

王震，字以东，苏州人。他办事谨慎细致，为人清白正直。洪武(公元1368年—1398年)初，曾征召他校订《大祀乐》。后迁居华亭。当时初颁《大成乐》，各郡都聘请他为教习(教授)。永乐初，又被征召，他以年老多病推辞。所著有《八音图》及《彭溪稿》。

姜大顺

姜大顺，华亭人。父亲姜廉，洪武初年以人才授予武靖惠民判官。善于写诗，著有《渚雨集》。姜大顺禀性仁爱孝顺，母亲去世，居于庐屋守孝三年，时刻不离墓侧。有司以孝义推荐他做官，他坚决拒绝，不愿为官。

他去世后，乡人私谥他为“安孝先生”，方伯夏寅为他撰写墓志铭。

马 琬

马琬，字文璧，号鲁钝，秦淮（今南京）人。至正（元顺帝年号，公元1341年—1368年）间客居松江，隐居。洪武（公元1368年—1398年）初，出任抚州（今属江西）知府。

马琬自少有志节，工诗、书、画，时号三绝。在松江期间，曾于吕良佐所办璜溪义塾听杨维桢讲授《春秋》；与杨维桢、张雨、倪瓒、郯韶等经常赴约、游寓于玉山草堂（顾瑛筑，有亭馆三十六处，园池、亭榭、饩馆、声伎之盛，甲于当时）；参与杨维桢倡导的“西湖竹枝词”集咏。诗工古歌行。画长山水，每遇佳山水必托之毫素，有董源、米芾之法。至正二年（公元1342年）作《溪山秋雨图》，故宫博物院藏有马琬于至正二十六年（公元1366年）所作之《春山清霁图》。曾为杨谦作《乔岫幽居图》。将所作五百篇结为《灌园集》，由贝琼作序，今不存。作《偏旁辨正》，亦不存，但贝琼所作之序今存。陈田《明诗纪事》收录其诗《题赵仲穆竹西草亭图》：“杨子宅前好修竹，因看万个碧交加。薰风满簟吹苍雪，春雨充庖尽玉芽。茶臼或闻来北牖，箨龙未许过东家。时时彷像扬州去，拄杖寻君又日斜。”杨子，杨竹西，住华亭张堰，种竹千竿，自号竹西居士。图为赵仲穆画，杨维桢曾书《竹西记》。

曹 昭

曹昭，字明仲（一说仲明），生活在元末明初，华亭人。精鉴赏，富收藏。所著《格古要论》，为历代赏鉴家所推重。

明代另有华亭人舒敏，《格古要论》就是他编校的。据他说，曹氏“世为吴下簪缨旧族”；曹昭也自称“先子贞隐处士，平生好古博雅”。

曹昭《格古要论》序文的落款时间，由于流传的版本不同，今有两种，一是“洪武二十年三月望日”，一是“洪武二十一年戊辰三月望日”，前者为公元1387年，后者为公元1388年。由此可见《格古要论》成稿于洪武年间，这时候的曹昭，已届晚年了。《格古要论》原本刻印于明万历二十六年（公元1598年），后有人对其作了增补，并多经翻刻,以至出现三卷本、五卷本、十三卷本和节录本四个版本。

《格古要论》原本分三卷。卷上收“古铜器论”、“古画论”、“古墨迹论”、“古碑法帖论”四论;卷中收“古琴论”、“古砚论”、“珍奇论”、“金铁论”四论;卷下收“古窑器论”、“古漆器论”、“锦绮论”、“异木论”、“异石论”五论。全书凡12 000余字。其中,卷上四论、卷中前两论、卷下“异石论”,所论对象前人多有论及,属编撰性质,其余则为曹昭原创。

《格古要论》之“格”,意为推究。《扫迷帚》中说:“天可测,海可航,山可凿,道可通,万物可格,百事可为。”所谓“万物可格”,意为万物的原理是可以推究的。《格古要论》实际上是一部关于文物鉴藏的论著。

《格古要论》首先传承了前贤有关文物鉴藏的研究成果。在“古画论”中,作者引用了谢赫(南朝齐人,有《古画品录》)的绘画六法:“画有六法:一曰气韵生动,二曰骨法(指书画的笔力法则)用笔,三曰应物象形,四曰随类傅(敷,涂抹)彩,五曰经营位置(筹划料理,此指构思),六曰传模移写(指传写、摹画)。”曹昭认为此“六法精论,万古不移”。在这一节中,作者又将画作分为三品,即所谓“神品”(指气韵生动而出于天成者)、“妙品”(指笔墨超绝、傅染得宜、意趣有余者)、“能品”(指得其形似、不失规矩者),这些论述,始出于唐书画理论家张氏的《画断》(已佚)。“六法三品”实际上是中国画论的传统观点,散诸前人著述,曹昭将它们组编在了一起。

《格古要论》对元末明初江南文人士大夫所收藏的诸多古玩的优劣、真伪系统地进行了品鉴。这是书中最为珍贵的论述。涉及古琴、古砚、玉器等珍奇异宝,金铁、古窑器、古漆器、织刻等锦绮,用于建筑家具等的各种珍稀木材,还有各种异石。魏武帝曹操曾筑铜雀台,所用之瓦,“入水经年之久”,用以制作之砚,“滋润发墨”,但曹昭认为,世间的铜雀砚,“多伪者”。今新疆和田一带产玉,中国古代用玉,绝大部分来自和田。和田玉“有五色,利刀刮不动,温润而泽”;曹昭认为,“凡看器物,白色为上,黄色、碧色亦贵”。曹昭首次将漆器列入鉴藏范畴。以金银制成的器物,则早就为人们所珍藏,但从理论上加以论述,曹昭是第一人。汝窑瓷器是宋代烧制的,有“名瓷之首,汝窑为魁”称誉。在论及汝窑时,曹昭认为,“淡青色,有蟹爪纹者真,无纹者尤好”。蟹爪纹,其实是水裂纹,但是真品特征。曹昭关于古窑器的有些论述,不仅在我国陶瓷史上为首次,还为后世保存了珍贵的资料。

《格古要论》,“于古今名玩器具真赝优劣之解,剖析纤微;源流本末,厘然备具。其书颇为赏鉴家所重。”(《四库全书总目》)当代学者杨春俏认为,《格古要论》在前人相关研究的基础上,按文物性质分类,“创立了一种全新的著述体例,构筑起通论性古物鉴定专著的基本框架”,从中国文物研究史来看,“不仅是明代同类著作的第一部,而且堪称后世文物鉴定类专著的开山鼻祖”。

丘 民

丘民,字克庄,江都人。洪武(明太祖年号,公元1368年—1398年)初,为松江府学训导(训导,学官名。明清时府学设教授,州学设学正,县学设教谕,掌教育所属生员,其副职皆训导)。殷孝奎的文集中,有《踏雪入泖城访丘克庄郎中诗》(郎中,官名,中央各部都设郎中,分掌各司事务,为尚书、侍郎、丞以下的高级官员)。顾禄说:“我十五岁,入郡庠(松江设的学校)读书,当时为师者,有全公希贤、丘公克庄、杨公孟载、贝公仲琚、鲁公道源、包公叔蕴,都是当时的名士。因此求学之士,自远而来,十余年不少于千数。松江当时文风之盛,不下于邹、鲁之地。”《松江志》说:“洪武初,杨孟载担任松江府学训导,与丘克庄、全希贤共同为官。当时担任教职的人员由有关官员聘请,都是州里的优秀人才,这些教职人员后来都成了大官。”

张 询·张复吉·张 述

张询,字伯孚。元末隐迹于乌泥泾。与王逢、章钟、季伯、杨维桢经常相互唱和。洪武(公元1368年—1398年)初,与弟张谔一起以贤良被征用,任国子监助教。充任东宫(太子)官员。高皇后去世,张询因管理丝帛不符合皇上旨意,将罚以罪刑,多亏皇太子营救,贬谪为贵溪县令。但他竟因同僚主簿贿赂,被刑部捉拿关押,判为永戍边境。他曾经在墙壁上题字道:“天子评定我无罪,子孙必有掌刑狱而见我笔迹者。”又担心因谪戍而连累子孙,常叹息道:“我做官没有好的称誉传留给子孙,无奈竟以谪戍连累他们啊。”于是绝食而死。

张询的儿子张复吉,字明复。从师鲁道源,通晓《左传》,由明经(“明经”、“贤良”都是当时取士的名目)荐为松江分教(即分校,是校阅试卷之官),选拔为海宁教谕。娶王逢之女为妻,生子名述,字叙文。通晓《春秋》,以贤良屡次征召,坚辞不就。闭门读书,研究古文词。体貌美好不俗,谙识世故,通晓法律,持有经邦济世之才,但不乐于仕进。曾受到周忱赏识,屡次咨询访问,邀请他到行台(官署名,在地方代表朝廷行施尚书省事的机构)商议时事,都能说到事理的要害和关键处。民众都为此而受益。张叙文著有《云林野叟录》,因没有刊印而导致散失。成化二十三年(公元1487年)进士张鼐,是他的曾孙,张氏由此扬名于儒林。

叶 澂

叶澂,字清夫,华亭人。洪武(公元1368年—1398年)初,任华阴令。华阴正当潼关之险,是陕西、河南的要冲之地。当时国家命令将领出征平定巴蜀,按需要供应物资繁多,车马运输的器械粮草,取之于该县的也不少,民众因而十分困苦。叶澂于是测量田亩而征收赋税,统计丁壮而安排徭役。上奏朝廷,指陈利害。皇上赞许他的请求,以陕西同州府朝邑县的资助为补充。派十个巡逻兵十个驿站士兵,查禁过往迎宾慰劳的过度开支,又告知府里。如果省里使韩城、白水、郃阳、澄城派出车马以供运输,则筑屋室以供来人休息。这样,华阴的民众得以减轻负担。流亡的人们渐渐返回,起先二百户,后来增至一千三百户。

叶澂因父母去世而辞官回家,民众思念爱慕,不忘他的恩德。服丧毕后,再次起用,任桂东县令。

全思诚

全思诚,字希贤,上海人。元松江学正。洪武(公元1368年—1398年)初以老儒由学正召为文华殿大学士,兼左中允,恩赐诏命致仕。陈田《明诗纪事》收其《次云林韵寄孙君实》诗:"腐儒笔耕岂谋生,与世濩落独高情。绿尊有酒谁共醉,素琴无弦聊自横。湘帘在钩月当户,羌笛恼人花满城。幽居不知春事尽,见客只言诗未成。"全思诚又工书,书法古劲,有笔谏风度。

张 璧

张璧,字景辰,张枢之弟。陈留人,迁居华亭。洪武三年(公元1370年),开科取士,张璧应试中举,与同郡俞嘉言、陶宗仪、李处仁为文学友。任潞城知县,最终为蜀府典宝。曾从福建校核文章归来,林崇高画《闽溪放棹图》赠之,陶宗仪为其题诗道:"一棹闽溪下濑舡(濑,湍急的水,水激石上为濑。下濑船,在湍急的水中行进的船),千岩万壑路勾连。榕阴处处浮岚(山风,雾气)外,杜宇声声落照边。考试来临多士上,宦游向在十年前。故人分手难分别,写得云山上蜀笺。"

张璧喜欢题诗吟咏,凡是与他交游之人都珍重由他题诗作词的卷轴。他每次题咏必在卷轴末尾署名为"陈留张璧"。陈田《明诗纪事》收其《嘉禾》诗:"城头倒影落湖波,湖上风帆镜里过。归客自炊菰米饭,小娃争唱《竹枝歌》。梭头艇子轻于叶,雪色沙鸥白似鹅。此地将军战时血,春来丹渍藓痕多。"

殷 奎

殷奎，字孝章，又字孝伯，华亭人。少年时跟从杨维桢学习《春秋》，曾因乡试失利，随即离别而去。洪武四年（公元1371年），以荐举赴京考试获高等，按例授予州县官职，因乞请近地任官以便奉养老母亲而触犯长吏旨意，调任陕西咸阳教谕。他尽心教育，在任四年，挂念母亲，郁郁而死，年仅四十六岁。门人私谥为文懿先生。

殷奎文章精彩确当，不逾规矩，尤其深于性理之学。勤于纂述，所著有《道学统绪图》、《家祭仪》。在咸阳任官，著有《咸阳志》、《关中名胜集》、《陕西图经》、《娄曲丛稿》、《支离稿》、《渭城寐语》。后徙家昆山，有《昆山志》。然而祖宗坟墓在华亭，每年必归来探省。

《四库总目》云：殷奎等在当时“不以词翰名，而行矩言规，学有根柢，要不失为儒者之言，视后来雕章绘句，乃有径庭之别”。

殷奎有两位弟弟：殷璧，字孝连；殷箕，字孝扬。都以明经（通晓经术）荐于孝友。殷奎去世，殷璧跋涉山水之路数千里迎其灵柩归来。殷箕举荐为秀才，试任广西佥事，最终为太平府推官。

黄 黼

黄黼，字成章，华亭人。洪武（公元1368年—1398年）年间，诏举经明行修（通晓经术，品行美好）之士，授予乐清教谕，著有《瀼东集》。

袁宗彦

袁宗彦，名宗，以字行。洪武（公元1368年—1398年）年间，官任王府长史，谪戍滇南。著有《菊庄集》三卷。

朱 熙

朱熙，华亭人。以诗闻名。为玉峰顾仲瑛社长，官任广西省郎中。

陈 禧

陈禧，字景道，华亭人，居南桥。洪武（公元1368年—1398年）年间，以太学生的身份上书陈述时政之弊，语言十分激切，明太祖大怒，命力士鞭打，不死，谪戍云南，他欣然上道前行，闻者无不壮之。

陈禧之弟陈祯，人们称之为国士，布政袁季中赠诗称赞道："阿兄自是瑚琏器(瑚、琏，皆为古代祭祀时盛粟稷的器皿，因其贵重，常比喻人有才能，堪当大任)，庙堂之上宜先登。一朝抗疏干天怒，承恩遣戍云南征。"

陆文旺

陆文旺，号德林，上海人。三岁能认识心、斗两座星宿，人们为之惊叹。长大后喜好读书，笃行孝友。乡里有人相争，请陆文旺评定是非，他以大义教诲，都感悟而去。杨苗之乱时，流寓苕溪。后有人指其原住处说："这是陆德林先生的居处。"大家都相互告诫，不要毁坏它。八十九岁去世。

他的第五代孙子陆鍏，家产雄厚，喜好施舍。东乡地瘠易旱，他捐资开河，人们靠之得利，人称"东皋翁"。后代子孙繁衍不绝。

张　桓

张桓，字宗武，华亭人。母病危，他焚香呼告上天救助，暗中割股煎汤进献，母亲吃了后即病愈。事奉兄长宗文，极尽恭爱。有司命他掌管里中赋税征收，有人贫苦无法缴纳，他代替缴纳而不要求偿还。每逢荒年，他拿出粮食借贷，有人无力还贷，他将借贷之券都归还了对方，以免还贷。他捐资修葺乡校及祠堂，又挖义井、建桥梁、造渡船，调制方药救济疾病患者。

洪武(公元1368年—1398年)年间，以税户征召，按例应当授官，但他坚决拒绝。永乐十年(公元1412年)，再次征召，授元氏县主簿，清廉勤政，深得民心。

他为官公平正直，后来因进献祝贺书札上京师，行至沙河，水暴涨覆舟，人们都被淹死；张桓漂流四十余里，仿佛有人将他往上托举着，他的仆役及马匹都得救获，人们说这是他好善的福报。

他有两个儿子，分别为张昁、张昹。杨士奇撰写了他的墓志铭。

管　讷

管讷，字时敏，华亭人。曾师事杨维桢，工诗能文，著有《蚓窍集》，评论者说它清新含蓄且优雅和谐，可与袁凯匹敌。洪武(公元1368年—1398年)年间以秀才的身份任楚王府长史(郡府掌兵马的官员)。年七十乞归，楚王亲自作诗慰问、挽留他。其子孙都在楚地做官。

陆宗善

陆宗善，字尚讷，华亭人。洪武（公元1368年—1398年）年间以硕学高行（学富德高）被举荐于乡，两次担任贫穷偏远之县的县令，所到之处都有良好的政绩。

陆宗善善于写诗，流畅豪放，又不忘格律，字画也清劲，三衢（地名）的金实极力称赞他。他有两个儿子，分别为陆顾言、陆顾行，都以写诗闻名。

沈得四

沈得四，华亭人。洪武十一年（公元1378年），祖母张氏患病，沈得四割大腿肉给祖母吃，病即愈。过了一段时期祖父生病，沈得四又取自己的肝作汤进献，祖父喝汤后病即痊愈。乡中长老反映，有司上报他的事迹，朝廷下诏命在他门前刻石树碑，表彰他的德行，授他太常寺赞礼郎之职。

沈得四的后代有叫沈鋆的，年轻丧妻，不再续娶，人称义夫，受到有司表彰。

张荣一

张荣一，华亭人。洪武十九年（公元1386年），母亲杨氏病重，张荣一向天祷告，并剖腹取肝给母亲吃，母亲吃了之后病即痊愈。邻里人们将此事上报，朝廷诏命在他门前刻石立碑以表彰他的孝行，并在城隍庙内绘制了他的画像。到明宪宗成化（公元1465年—1487年）年间，他的画像还存在于城隍庙内。

夏长文

夏长文，上海人。洪武（公元1368年—1398年）时，作为人才官拜御史，弹劾堂官右都御史袁泰违法，因而升任左佥都御史。

朱　芾

朱芾，字孟辨，以字行，自号沧洲生，华亭人。元末以授徒为业。洪武（公元1368年—1398年）初，以翰林院编修改中书舍人。

朱芾少从杨维桢交游，擅诗文，才思飘逸，千言立就。洪武十年（公元1377年），宋濂乞骸骨归，朱芾纪其事，作诗送之，其一曰："天语丁宁出紫微，特将文绮赐卿归。爱卿秉志如金石，留取裁成百岁衣。"陈田《明诗纪事》收录朱芾诗三首（《寄张子政》、《为志学聘君题惠麓秋晴图》、《自题芦洲聚雁图》），《自题芦洲聚雁图》："夜窗听雨话巴山,又入潇湘水竹间。满渚冥鸿谁得似,碧天飞去又飞还。”诗前有序云:“夜窗翦烛听雨,偶阅叔升钱君所画古木寒鸦小景,不觉技痒,因写《芦洲聚雁》以配之。适友人黄德谦在座,曰:‘似潇湘水云景也。昔年过二妃庙,今复观此图,恍若重游,但少苦竹丛深耳。’予遂添丛篠于其间,殊有天趣。并赋诗一绝云。”

朱芾家有轩,题名“借月”。嗜藏古文奇字、名公金石碑刻,尤善文字学。工四体书,清润遒劲,“诚有风度”(何良俊《四友斋丛说》)。以所书瘞之细林山中,题曰“篆冢”。也善画,所画芦雁,极潇湘烟水之致;也画山水及白描人物。杨维桢著有《借月轩记》。明太祖《御制集》中有《和朱孟辨落花》诗。

李 宽

李宽,字处仁。他的祖先是东平人,其中有任松江镇抚的,因而迁居占籍华亭。李宽年幼时拜鲁道源为师学习《春秋》,十六岁中江浙省试第一名(唐宋时由尚书省举行的考试称省试,又称会试。元朝以后,分省考试也称省试,即乡试)。洪武(公元1368年—1398年)初为华亭训导。太常顾禄赠诗有“十五攻书十六成,才兼文武振家声”之句。升为安远县令,监司(官名,其职在于监察考核地方属吏)对李宽的考核书写道:“处岚瘴(毒雾瘴气)之地,不易其心;抚刁作之民,咸(都)服其化(教化)。”李宽去世于安远令任上。

李宽的儿子李萱,传承父亲之学,于永乐十八年(公元1420年)考取举人。乡人中学习研究《春秋》者,如尚书钱溥、按察使钱博,都是他的门生。新昌训导李寅、云南副使李希颜都是他的后代。

顾文敏

顾文敏,晚年号清隐。父亲顾仲睦,犯法被捕而死,子孙依法应去戍守边疆。顾文敏当时年仅十三岁,咬开手指写血书辩白父亲之冤。明太祖同情他,让他充任本府的箭匠,奉持父亲尸体而归。洪武二十三年(公元1390年)九月,明太祖恩赐手诏(亲笔写的诏书)表彰他的门庭。其事迹载入《永乐大典》。

任勉之

任勉之,字近思。其祖先为四明人,元代松乡先生任士林的儿子任耜为两浙盐运照磨,开始占籍定居于华亭。任勉之为洪武二十七年(公元1394年)进士,出任饶州府鄱阳县知县，以礼义开导，以端正民俗为首务。政令有不当者，有人写匿名信指责批评，县里的胥吏想查明此事，逮捕其人，任勉之下令保护写信者，说："指出我的过错，是忠于我的表现。"有寡妇想改嫁，反而诉说丈夫的哥哥不养育自己，任勉之说："你要再嫁是吗？"于是在其衣衫背面写判词道："饿死事极小，失节事极大。"这寡妇被感动，终于不再改嫁。为此县中风俗变好，人们称任勉之为贤令。鄱阳本是大县，前官烦琐事极多。任勉之到任，立了簿书，使百姓自我约束，按次序办事，既省力又有成效。任勉之在鄱阳任职期间，朱元璋派出的暗访使曾到其家中，见其门庭萧索，任勉之的父亲正在菜园浇水，母亲则在纺纱。朱元璋也不由得感叹，下旨表彰任勉之。鄱阳任期满，任勉之升为泸州长官。可是鄱阳民众派出代表进城要求他留下来。朝廷顺从民意，将他改调为饶州府的同知（鄱阳隶属饶州）。任勉之后被荐为福建右参政，又出任徽州知府。后因事贬谪到沧州，但他泰然置之，不废著述。不久又起用任蔚州长官，改任睢州长官。七十岁时，任勉之上表告老还乡，去世时，已八十九岁。

任勉之豪迈英伟，长身玉立，音如洪钟，即使随便闲谈，记录下来都是良言。有人问郡守某是怎样的人，他便说"有治民之才，无养民之心"，当时人们以为这是恰如其分的评论。任勉之为文，辞语雄健丰富，与杨维桢相似。书法仿效米南宫（米芾），但不以米南宫体自我宣扬。年老后，四面八方的人们每天都来向他求取文章墨宝。永乐、正统之间（永乐、正统分别是明成祖、明英宗的年号，永乐、正统之间，即自公元1403年—1449年，中间还夹有洪熙1年，宣德10年），论文章政事，必以任勉之为第一。

任勉之著有《薇庵集》若干卷。

任勉之有一个儿子，过早夭折。以弟弟的儿子任弘为其后嗣。孙子任顺，传承家学，以国子助教升泾府右长史。

俞　允

俞允，字嘉言，华亭人。做官后改名为"永"。努力耕种事奉父亲。父亲乐于施舍。一天，有位仙道穿着羽衣（鸟羽所制之衣，后泛指仙道之人所穿的衣为羽衣）、拄着拐杖经过，随而住宿。父亲命人侍候供食，那仙道说俞允有不凡气质，今后当是天子授命的官员。说罢离别而去。

俞允跟从李处仁学习《春秋》，用占卜选择凤山之麓作为定居地。少好学，与袁凯、陶宗仪、陆达夫、陈主客伯仲结诗社，呼为小友。三年学成，洪武二十六年（公元

1393年)在应天府(今南京市)中举人第一名,第二年登进士第,授行人之职,补授楚王府纪善。在职期间,辅导有方,不久任鲁山长官。弘扬理学(宋、明儒家哲学思想,用儒家经义阐述天人性命之理,故称理学),士风为之大振。僚佐(一起做官的人)蔡滂说:"俞公学通古今,每有调度谋划,必处置得法,细大合宜,民不惊扰。在不知不觉中,自然得以化导,远近敬服。"

起初,俞允为方孝孺所取士。后来,方孝孺宗族亲友坐诛者数百人,宁海典史魏泽匿方孝孺九岁子方德宗,至华亭青村,寓居俞允家。俞允妻以养女,改姓余氏,子孙繁衍。到万历三十七年(公元1609年),提学御史杨廷筠查明其事,才恢复原姓。松江人建正学祠,以俞允配食。

永乐初年,明成祖诏命修撰《永乐大典》,挑选博学的臣子,俞允入选,授以礼部主事,与胡俨、刘季篪、杨溥同在史局。

不久因父亲去世而服丧。服丧完毕,复官为仪曹(官名,尚书佐官)。当时有婚典事宜,他奉旨督办。供帐部大臣提供婚典所用的彩帛,延误了三天,为此,俞允被谪判(古时官制,以高官兼任低职称"判")长沙。尚未到贬谪之所,在途中暴病而死。经过七天,忽有一位道人买办药物,取药囊中一粒妙药放入他口中,竟苏醒过来,死而复生。于是家人大喜,要以重金酬谢,道人竟不受。问其姓名,他只说:"有长沙白鹤大仙庙,当去修葺。"言罢忽地不见其踪影。这时大家才醒悟此人是白鹤仙,也就是当年穿羽衣拄拐杖的那位道人。这时俞允悟彻宿世因缘,于是辞官归隐,潜心研究性命(指天性命理)之学。又过了七年,无疾而终。

俞允工诗。其《山居》诗有"池草生新句,禽言得异名""青蛇作龙匣底鸣,翦取吴江千尺水"等句,陆达夫曾称之曰:"俞子颖秀,咄咄逼人。"陈田《明诗纪事》收录其《题倪云林画》:"青山隔横溏,疏树散幽径。山中人未归,闲亭秋色暝。"有《春曹诗稿》。

褚 信·褚 颙

褚信,字道真。他的从父褚贵一世居褚家巷。元末红巾军来到海船湾,褚贵一拿出粮食招募村中丁壮,腰束禾草,手举旗帜,虚张阵势,红巾军不敢靠近。乡里人爱戴他,称他为褚大王。后来明太祖听到褚贵一的名声,他拿了礼物上报自己的作为,里中父老帮他澄清事实真相,明太祖赠给他酒及银锭,号为耆宿老人。

褚信有美好的仪表风度,为人豪爽有气节。洪武二十八年(公元1395年),以人才荐举拜授御史，巡按山西。他以徵事（官名，丞相属官）的身份上书直言，导致忤逆圣旨，被谪戍安东。事情真相明白后，改任郧府郡长官。永乐（公元1403年—1424年）年间，跟从明成祖北伐，大功告成。

他的长子名颙，善天文地理，奉诏与内臣（即太监）郑和下西洋，著有《天文指掌录》、《西洋览镜录》。次子名璘，选任锦衣卫千户。

陈　祯

陈祯，字景祺，华亭南桥人，是宋康肃公陈尧咨十四代孙。读书好礼，喜怒不形于色。洪武（公元1368年—1398年）中以税户子弟举荐为礼部主事。

陈祯有才能声誉。一次大廷议事，众不能决，他逐步推进层层剖析，仅数言而下了定论。皇帝嘉奖而器重他，让他代理部事，告谕他说："你断事明快，四司之事，应都由你去管理。"从此他更加谨严而不敢懈怠。

受到齐麟之事的牵连，陈祯被谪戍金齿。不久又召回，授予五军断事官稽仁。逢母丧事，丧期未满，朝廷起用他，他上疏要求待守丧期满再赴任。三年丧期结束，陈祯升任主客员外郎，出任湖广襄阳知府。当时荆地蝗灾严重，但唯独不入陈祯所管辖之地。

永乐（公元1403年—1424年）初，陈祯被召为鸿胪少卿。在东吴治水，升任河南右参政。黄河决口，他慰劳民众有方，民众坚守职业。盗贼发难汝宁，觊觎河南，陈祯用计瓦解其党羽，围困其首领张子诚等千人于均山，降服了他们，兵不血刃而加以平定。皇帝嘉奖他，给以赏赐慰劳。

河南任期满，陈祯要求回去祭扫坟墓。冒犯皇帝旨意，为此被贬谪任交趾丘温县令。时值盛暑，南国流行瘴疠，有人劝他缓行，他说："死生，命也，瘴疠又能对我怎样？"到任一个月后去世，享年五十岁。远近闻悉，都感到可惜。皇帝闻悉也怜悯他。八年后，其友胡士文向掌管交趾藩臬事尚书黄公福请示，才将其丧具运归。

陈祯生前曾说："人只是对上对下不做于心有愧之事而已，于己是否有利何必去计较？"他做事就是如此，所以历官所至，皆有美誉。他有四个儿子，分别为：陈谟、陈询、陈诰、陈谏。

陈　裕

陈裕，字景容。是陈祯之弟。洪武三十年（公元1397年），明太祖征诏访求才能出众的人，县令王公肇征集士人，试题为《寻乐观光春日书怀赋》，他举笔一挥而就，群公为之退避。后因母亲去世而归去，服丧期毕，征诏他出来做官，他坚决拒绝。

他著书堆满书架，作诗装满书箱，积德累善至老如一日。八十一岁去世于家中。

陈裕学识渊博，志趣高雅，爱好诗词文章，他的儿子跟从俞山月学习，随即成为俞山月的女婿。陈裕平时与陶宗仪、顾谨中、俞山月、唐涿州一起作诗唱和，有《唱和集》。书法仿效赵吴兴(赵孟頫)，当时人们称其书法为能品(古人评论书画分为三品，依次为神品、妙品、能品)。

钱　鼒

钱鼒(崇祯《松江府志》作“钱鼒”)，字德铉，号艾衲生，吴兴人。随从杨维桢到松江来读书。居室简陋如同破船，吃豆子，饮清水，刻苦学习，毫不懈怠。以古文辞闻名。洪武(公元1368年—1398年)年间，任国子学录(官名，掌国子监的学规)。

王文富

王文富，华亭人。洪武(公元1368年—1398年)年间任吉水县主簿，然后归家养老。周忱巡抚时登门拜访他，并对郡县的僚属说：“王主簿严于律己，很有作为，在他手里没有办不成功的事，我们吉水的民众至今还思念他。”解缙(字大绅，吉水人，洪武进士，翰林学士，兼右春坊大学士，有《文毅集》、与黄淮等合撰《古今列女传》)曾作《青林小隐》诗，亲笔书写后赠给他。郡志也称道他廉洁宁静有操守。

夏　礼

夏礼，字公立，上海唐行人，洪武(公元1368年—1398年)年间被选拔为贡生，进入太学深造。官拜监察御史，有正直的声誉。明太祖朱元璋为他开启军营，让他出入。夏礼曾上疏弹劾权贵，触犯圣旨，因而被贬职为知县。他上奏减少各项税收，明太祖准许。永乐(公元1403年—1424年)初被举荐为御史，升任河南按察副史，后被贬谪守卫武清县。明成祖朱棣北巡，再将其召为御史。到南京时，正逢闸坝水漫，居民受灾，他连忙命令有关官员疏泄水流。明成祖闻说表示赞成。又荐举他为陕西按察副使。积年疑难案狱，他一言而得以裁决。后因母亲去世而离任时，陕西数千人到城门要求他留下。结果他守丧时期未满，朝廷强令他返回任职。最终在任上去世。

任继祖

任继祖，字季伦，松乡先生的曾孙。淳厚稳重，认真朴直。爱好读书，对道理法则无所不究。注重实行，不尚浮华，且勇于义举，遇人有难则倾囊相济。洪武（公元1368年—1398年）末，因儿子显贵而封为鄱阳知县，又进封韶州府同知，然而他仍布衣素食，空暇时则亲自浇灌田园、种植蔬菜以求自乐。州郡大夫数次上门拜访，他也不出来见面。曾对人说："一个真正的士人，应不论穷达贵贱。应当认真考虑自己的进退举止，不可与人同流合污以求通达，不可沽名钓誉以求高贵。遵循名分，严守道理，每日孜孜不倦，到死而已。否则就不是我所履行的士人之事。"任继祖与人交往，能鉴别好坏吉凶，萧山魏骥少年时，任继祖就赏识他，说他将来会有公辅之位（公，辅助国君掌握军政大权的最高官员，一般称太师、太傅、太保为三公。辅，辅相，即宰相。公辅，泛指朝廷高级官员），后来果真如此。任继祖去世之后，魏骥为他撰写墓志铭。

王应隆

王应隆，字嘉会，华亭人。深明《易经》之理，尤其擅长诗文，在国子监司业任上退休。

陈　璧

陈璧，字文东，号谷阳生，华亭人。父亲陈珍，字国宝，清旷质直，杨维桢曾称赞过他。陈璧自幼聪明有悟性。洪武（公元1368年—1398年）年间以秀才的身份任解州判官（是地方长官的助手），调任湖广郴州后去世。陈璧以文学知名，尤其擅长篆、隶、真、草，笔迹流畅快健，富于绳墨。为杨维桢门人。宋克游松江，陈璧曾从受笔法。陶宗仪《书史会要》：陈璧与三宋（即宋克、宋璲、宋广，为明代前期台阁体书法的代表人物）齐名，用笔亦从怀素《自叙帖》中流出。松江府人凡学书法都以他为榜样。陈田《明诗纪事》收录其诗一首，其中有"莼有羹，菰有米，綵衣捧寿阿母喜，平生宦情一杯水"之语（《题彦皋莼轩》）。

谢士南

谢士南，华亭人。自幼聪明过人，日记万言，读遍经传，尤其精通《春秋》。被举荐任华亭县训导，升任仁和县（汉为钱塘地，五代时吴越置钱江县，与钱塘并为杭州治，宋改曰仁和。明清时与钱塘并为杭州府治）教谕后去世。

王彦文

王彦文，号益斋，华亭人，曾为府学训导，升任嘉兴县教谕，被举荐参与修撰《永乐大典》，领受《诗经》副总裁。所著《诗传旁通》刊行于世。

董　纪

董纪，字良史，以字行，号一槎。上海人。父亲董成，字性存，有诗名。洪武十五年(公元1382年)，董纪被举贤良方正，廷试对策符合上意，任江西按察使佥事，不久称病辞官回乡，筑西郊草堂而居。有《西郊笑端集》。

董纪诗文脍炙人口，诗平易朴实。张汝弼作《西郊笑端集序》谓其"漫尔(随意的样子)而仕，漫尔而归，诗文亦漫尔而作"(见《四库全书总目提要》)。而朱彝尊《静志居诗话》举其《题海屋》诗中"过桥云磬天台寺，泊岸风帆日本船"句，说并不"率漫"。陈田《明诗纪事》收其诗四首。《江行》："江水悠悠江路长，孤鸿嘑(啼)月有微霜。十年踪迹浑无定，莫更逢人问故乡。"《绝句》："东风细雨湿窗纱，日晏黄蜂未报衙。芳草满庭随意绿，时时吹落碧桃花。"陈田认为"良史七言断句，风致翩翩，殊有别趣"。

董纪也工词。《点绛唇》："睡起鸳帏，绿纱窗外莺声晓。海棠开了，帘幕春寒峭。　谁在秋千？却是风来袅。情怀不好，斗甚闲花草。"词风稳沉淡泊。又善书，其草书大幅每层匹纸。

周彦才

周彦才，华亭人。为人清正，有学问，喜欢吟咏诗歌，有《灌畦稿》藏于家中。他的儿子周冕，字士瞻，号雪舫，也以写诗闻名。

顾　禄

顾禄，初名天禄，字谨中，华亭人。从小努力学习，才华勃发，能诗善书，行楷学苏轼，而尤其擅长分隶(即八分书和隶书，是我国书法中的术语)。善画，能勾勒竹石，亦自题画。洪武(公元1368年—1398年)年间任太常典簿(太常，官名，掌礼乐郊庙社稷事宜。典簿，官名，掌管文书图籍)。因事应当伏法，然顾禄曾有《过鄱阳湖》诗，其中一联云："放歌今日容豪客，破敌当年想至尊。"入禁中，明太祖命尽进其作，十分喜欢他的诗，于是赦免了他，迁蜀府教授。因此他的诗集名为《经进》。陈田《明诗纪事》

收录其诗四首。顾禄嗜酒，高士敏赠诗有“两京诗博士，一代酒神仙”之语（钱谦益《列朝诗集小传》）。

陆润玉

陆润玉，号梦庵，北郭（疑为松江府城北之意）人。博学好古，不妄言行，擅长诗词。与夏璿、张逊、王桓、陈鷴、彭思礼、郭用常等人结为诗社，相互唱和。享年六十二岁。吴门沈周，是他的弟子。他著有《梦庵集》，刊行于当时。陈田《明诗纪事》收录其诗三首（《富林十景》录二、《重过沙河有感》）。《富林十景》二首：“风驱海门潮，晴添八湾涨。老渔棹歌回，篱根系吴榜。”“归舟泝横浦，日落风更急。峭帆十幅蒲，半带荒烟湿。”

范　鼎

范鼎，字文铉，华亭人，是位纯洁正直的士人。善于作文，精于书法，被推荐而参与修撰《实录》。《实录》书成，朝廷将要授予官职，他坚决推辞而归。在家设馆教授，七十多岁去世。范鼎别号桂楼，当时人们称他为桂楼先生。

姚　旸·姚　蒙

姚旸，字启明，华亭曲水村人。父亲姚润祖，元代医学教授。姚旸爱好古典，渊博高雅，名闻吴越。

姚旸年少丧父，事母孝顺，能传承家学。洪武（公元1368年—1398年）间，以人才试任行人（官名，掌管朝觐聘问的官；使者的通称）。宣德（公元1426年—1435年）间，官拜莆田知县，有良好的声誉。不久，辞职归来，号“柳隐”。

孙子姚蒙，字以正。沉静博学，善于医术，尤其精于太素脉，定人吉凶，毫无差错。巡抚邹来学请他把脉，姚蒙讲了病源，随后说：“您根器（指人体阴部）另有一窍，出污水。”邹来学十分惊讶，说：“这是我的隐蔽之疾，您从何知晓？”姚蒙说：“凭脉息得知。左关（脉息术语）浮滑而迟缓，肝第四叶有漏洞，下身相通已久。”邹来学听了，不禁动容致谢，请求药物，姚蒙却不给，屈指计算后道：“赶快返回留台（南京），五日可到。”邹来学明白他的意思，立即治理行装，果然到达会同馆（元、明、清三朝接待藩属贡使的机构）而去世。

姚蒙屡次被征召而不应，临终作《谢世辞》，令人警醒顿悟，超凡脱俗，对人生有所见解。同时还有一位叫沈元吉的,切脉抵不上姚蒙,但也诊断明确,善于用药,屡次治愈危疾,与姚蒙并称。

李至刚

李至刚,华亭人。名钢,以字行。父亲李垚,字象贤,台州人,寓居华亭,通晓《春秋》,洪武初任县学训导,提升为陕西鄜州同知,任上大有作为,去世于这官职上。李至刚自小聪颖,曾跟从杨维桢学习,其诗文思路清奇,给人启迪。洪武二十一年(公元1388年),进入国子监学习,奉命侍候懿文太子,授礼部郎中之职。因过失获罪而去戍边。不久被召回,做虞部郎中,升任河南右参议。恰逢河水冲垮汴水的堤岸,居民恐慌,他建议借用王府积储的木材作筏,救济灾民,好多民众因而脱离了生命危险。随后调任湖广参议。朱棣即位,大臣推荐他,于是授以右通政,一直侍候在朱棣身边,常讲说洪武年间的政事,与朱棣十分亲密。这年冬天,升任礼部尚书,他善于删繁就简,更受朱棣信任。

永乐二年(公元1404年)春,册立皇太子,命李至刚兼任左春坊大学士,升为侍郎。解缙主修《永乐大典》,李至刚多所裁定。由于被宋礼离间,李至刚降为礼部郎中。解缙下狱,李至刚牵连获罪。明仁宗继承皇位,解缙得昭雪,李至刚也恢复了原来的官职,看到他已年老,选择较近的州郡就职。改任兴化知县,办了有益于民众的政事。第二年去世于官职上,享年七十。曾据其经历,编《躭罗志略》。他的第二个儿子名源,是永乐二十二年(公元1424年)进士。与祥泽的张氏联姻,成为该地区的望族大家。杨士奇为李至刚写了墓志铭。

杜 隰

杜隰,字宗原,是祁国公杜衍的第十一世孙。祖父杜元芳,元代德清县主簿吏;父亲杜希仲,水军万户。祖、父都有文名。杜隰爱好学习,坚持正道,非圣贤之书不读,非贤良之人不与交往。

洪武(公元1368年—1398年)初,杜隰中词科进士,任太常赞礼郎。当时麓川攻平,缅甸尚未攻下,朝廷商议遣派使者前往宣告王命,但缺乏担任使者的理想人选。有人推荐杜隰,明太祖于是召见他,经策对,认为可用,随即赐给他一套衣服、一包药物,还配备力士和翻译人员,同时选取一位副手陪同前行。杜隰到达缅甸,指责他们不遵王道,违抗朝廷。于是缅甸首领愿意派人进贡,归顺明朝。明太祖嘉奖杜隰,授以礼科给事中之职，杜隰因病而辞归。明太祖两次手书慰问。去世之年仅三十三岁。

杜隰在南缅时，“缅人驰金帛而求题咏者，车满邮亭”（王昶《青浦诗传》）。陈田《明诗纪事》收录杜隰《怀古》诗：“吾爱陶彭泽，萧然遗世姿。高情托云鸟，苦节寄东篱。饥驱时出户，酌酒即成诗。五男俱用晦，三径独逶迤。门种先生柳，卧与羲皇期。斯人怅已矣，清风良在兹。”

杜隰的弟弟杜桓，善于评论时事，也能写诗，著有《九峰一叟稿》。

孔性善

孔性善，松江人。洪武中任马平主簿。他上书说溪洞少数民族虽然顽固不服教化，但动乱是有原因的。从前陈景文为县令时，瑶族、壮族都响应差役，后来对其缺少关爱，于是导致悖逆。如果该地守令贤良，示之以恩信，晓之以祸福，他们也会转变心迹接受教化。皇帝认为他说得对，命令吏部派遣贤能的守令，去掌管溪洞府县，以安抚那里的民众。

卫 青

卫青，字明德，华亭人。世代致力于农耕。父亲卫炳，在元末应募入伍，隶属于水军万户府。明太祖建立明朝，卫青仗剑前来归顺，随从王师征讨天下，从未辱人子女、掠人财物，从不妄杀一人。他有了功绩，则谦让于僚友同事。

卫青状貌雄伟，豪迈有气节，勇而善谋。洪武（公元1368年—1398年）末，以总旗的身份任蓟州卫百户之职，不断升迁至山东都指挥佥事，在海边防御倭寇。卫青在任期间，善抚士卒。永乐（公元1403年—1424年）中，蒲台妖妇唐赛儿自称佛母，引诱愚民作乱，攻掠安丘，情况危急。卫青听此消息，就率领一千多骑兵昼夜兼程赶到城下，奋勇破贼，杀两千余人，活捉四千人，皆斩杀，而收留下他们的妻子儿女。当时城中守卫已无法支撑，大家说如卫青救兵来得稍微晚一点，城必被攻陷。不久安远侯柳升来到，责怪卫青不等他一起前进，为此揪打侮辱卫青，卫青不肯屈服。朝廷获悉，皇上斥责柳升，而褒奖卫青，说：“卫青进不求名，退不避罪，惟民是保，即使古代的名将，也没有可超越他之处。”且让他升任为都指挥使。正统（公元1436年—1449年）初，任右军都督佥事，仍请他致力于防备倭寇之事。六月，因旱灾、蝗灾而祷告，得病，很危险。皇上听说，急忙派遣医生治疗。但在医生来到前两天，卫青就去世了，安葬于济南历城的鹊华乡。

卫青年幼时在马嶜寺前牧羊，有位道士见了他而觉得骨相不凡，抚摸他的头顶说：“这孩儿今后要做大官，腰缠金带，身穿紫袍。”听到这说法的人们只一笑置之，结果确实如此。他去世后，登莱的人们为他在海边建庙祭祀，十分隆重。有人还看到他（指他的神灵）穿着红袍、骑着白马出入庙中。

他有十一个儿子。长子卫颐，袭任济南卫指挥使，过早去世，没有儿子。次子卫颖承嗣父荫。其余诸子分别处于济南、登州、莱州等地，留居华亭的是排行第九的卫显。

王　忠

王忠，上海人。由于才学出众，在洪武年间任永春县令。他禀性聪明机警，办事精细勤奋。为民减免税粮，均平徭役。征收粮食布匹，都有合理限额。民众至今还感戴他。

张大年

张大年，华亭人。以侠义闻名。建文四年（公元1402年），太常寺卿黄子澄逃亡到苏州，追捕甚急。黄子澄过沙河，有人说：“应当将他抓住献上，富贵可立即获得。”张大年说：“如此富贵，吾不愿也？”不久，黄子澄被逮捕，株连很多人，张大年也被仇人诬害，作为黄子澄的党徒被关进牢狱，时间一长，染上了病。他的儿子张浩在京城宫门下喊冤，上奏十八次，向御史台官员泣诉，得以入狱侍奉父亲，医疗其病。张大年最后获得宽宥而回家。

张及之

张及之，上海人。工诗，善草隶。家境贫寒，受雇为人抄书，得钱供养父母。洪武年间，里人郁惟正被惩，恐以次相及，乃佯狂歌泣。建文立（公元1399年），始复其常。

王守信

王守信，字蕉雪。是位平民，凭教授学生过日子。燕师（朱棣军队）入京，他绝食而死。

王　琬

王琬，华亭人。以善于楷书而闻名于世，任北通州知州。有施惠民众的政绩。明成祖朱棣北伐,拆除民间门窗用以渡军。待胜利回来,他勒住朱棣的车马为民请求偿还。朱棣认为他的行为符合正义,没有责怪他。

穆 良

穆良,华亭人。跟从李处仁学习《春秋》。建文元年(公元1399年),在南京乡试中举,授太原府训导。当地风俗刚勇质朴,不重视文艺。穆良谋划劝导,奖掖好学者,读书之人逐渐增多。同郡的姜以礼、俞嘉言与穆良同受李处仁先生教学,他俩要将穆良推荐于朝廷,但遭穆良坚决拒绝作罢。穆良历任霸州、萧山教官,历官三十年,处世清廉俭约,若有人说及势利,则皱眉说:"用利来交易义,如同欺骗上面搜刮下面,从而招致灾害,不害及自己,必殃及子孙,贤良之人要看清这一点。"人们都佩服他的言谈。

穆良辞官退休后家居城之东郊,常闭门不出。间或出来,儿童则传呼道:"穆先生来了!"家里轮到徭役,他常亲自前去听凭差遣。县令见了,连忙迎接,说:"何足烦劳您这位德高望重之人。"穆良则回答道:"民众受益于闲逸无事,前往服役让我也分担些啊。"县令更加钦佩他的言语。他年逾八十而寿终。

刘仲礼·刘 铣·刘 钝

刘仲礼,字用和,上海人。以明经科征召至应天(南京),遇燕师(燕王朱棣军队)进入,绝食七日而死。

孙子名铣、钝。永乐(公元1403年—1424年)间,刘铣因会计事获罪,正当带了刑具赴京,其弟刘钝成亲刚两日,即赶紧整顿行装护行。后来刘铣想归来,刘钝即私下乞求守狱士卒,以己相代。刘铣归来,骗父母说:"弟弟在回来的路上生病而死。"父母悲哀不已。正逢刑部寻求善于写字的人,狱吏以刘钝上报,试写下来,果然不差,从而免其罪而以礼遣送回家,他回到家里,父母惊奇,认为是鬼。刘钝详细说明缘故,与父母相对而哭。刘铣内心惭愧,进入内室而去。刘钝也不知道兄长回来欺骗之事。

刘钝的儿子刘玙,官至建宁知府。

张 渊

张渊,华亭人。永乐初年任泰宁县令。为人豪爽洒脱,为官廉洁爱民。泰宁县自元末以来,学宫废弛,张渊锐意兴建,多所成就。民有争讼者,他必耐心疏导教育,使他们自己觉悟。他有诗文名气,题跋广为流传。邵武府有祭祀他的名宦神位。

沈 度(1357—1434)·沈 粲

沈度,字民则,华亭人。竹庭沈晖之孙,苦节先生沈易之子。沈易秉性极孝,在家收徒讲授《易》学。沈度从小努力学习,善于篆、隶、真、行等书法,书风婉丽雍容。凭举荐而任翰林典籍之职,累官至侍讲学士。当时解缙、胡广、梁潜、王琏皆工书,而沈度最为明成祖朱棣所欣赏,名出朝士右,日侍便殿,凡金版玉册,必命其书写。沈度博涉经史,为文反对浮靡。卒年七十八。

沈粲,字民望。善于正楷与草书。十三岁,父母都去世,哥哥沈度在远方戍守。他闭户研读父亲遗留下来的书籍,有疑难处就去向父亲的朋友请教。家贫无纸,每天悬腕在墙壁上书写练字,笔力于是大进。乡人送孩子来向他学习,当时沈粲方垂髫总角(垂髫和总角都是儿童的发式,借指童年)之年,但坐于上座,俨然为师,且教学皆有成法。朱棣登上皇位,重视文化,沈粲与兄长沈度一起在秘书阁办事,授中书舍人。当时朱棣命令凡颁布文告由学士以下书写,唯独沈粲弟兄所书,朱棣看了十分喜欢。兄弟俩最受朱棣恩遇,同时被赐织金衣。当时沈度为学士,沈粲为侍读,人们都以“大小学士”称呼他俩。兄弟俩共同居住,相互友爱。习书,沈度善作行草,沈粲时习楷法,以免兄弟间争能。这种关系,在士大夫中罕有其匹。沈粲特别纯朴谦逊,喜欢奖掖后进。

明宣帝即位(公元1426年),沈粲请假回去省视坟墓(扫墓,祭拜祖坟)。回到朝廷,升为右庶子,再升大理少卿。

沈粲晚年喜欢行草,学习宋仲温、陈文东的书法,颇得其奥妙。经常出门游玩。闲暇时则与客弹琴赋诗,淡泊名利。

沈粲年届七十,对他的侄子、时任礼部员外郎的沈藻说:“古代二疏(汉代疏广为大傅,他的侄子疏受为少傅,因年老而同时辞官,公卿大夫在东都门外盛会欢送,传为美谈),是怎样的人啊。”于是叔侄两人(沈粲、沈藻)一起辞官退休。用皇帝所恩赐的金钱,在老家住址营建“锡老堂”。经常聚集亲戚故友于锡老堂宴饮。沈粲自号简庵,钱溥为其撰写墓志铭。

沈度子沈藻,字凝清,一字仲藻,也善书法,真、行、草并佳,以父荫被授予中书舍人,官至礼部员外郎而退休。

明孝宗很爱好沈度的书法,访其后代,寻得其第四代孙沈世隆(字维昌,以善书承其家学),即授予中书舍人职,直内阁。正德(明武宗年号)初,沈世隆参与编修国史,因不顺从刘瑾而离职,刘瑾被杀,沈世隆复原职。

沈度孙沈潮(1404—1421),作诗千余首,手录明人诗文及临写古法书尤多,卒年十八。

金 铉(1361—1436)

金铉(一作金鉉),字文鼎,一字尚素,华亭七宝人。孝顺双亲,生活朴素,行为高洁,洪武(公元1368年—1398年)中,官府要推荐他到京师,他以双亲年老而坚决推辞。自幼好学。喜好吟咏,推崇古诗人风格,诗文流丽。工书法,尤善章草;善画山水,仿黄公望、高克恭,造诣极致。其书画都酷似古人。当时人们将他的诗、字、画称为三绝。因儿子金钝显贵,封为中书舍人。著有《凤城稿》、《尚素斋集》。

夏宗文·夏 衡

夏宗文,华亭人。善于真书、草书、隶书,受当时人们推重。参与修撰《永乐大典》及《劝善书》,授官广平县主簿,有惠政。

他的儿子夏衡,字以平,有才气,以乡贡(由州县学选拔应科举考试的士子)出任岢岚州学正(官名,掌管学规、考教训导)。永乐(公元1403年—1424年)中,沈度以善楷书推荐夏衡,授中书舍人。经常以书法奉侍经筵(古代帝王为研读经史而特设的御前讲席),累官至太常寺卿。明成祖北征、明显宣宗讨伐武定州,皆让其随从。曾经患了病,医生说:"得到琼玉膏可治愈。"明英宗获悉,即命令赐给他琼玉膏。天顺(公元1457年—1464年)初年,明英宗恢复皇位,吏部将朝廷臣子的名单送上。明英宗看到夏衡之名,说:"此人曾经受到过我赐赠的琼玉膏。"夏衡在内阁任职时间最长,为人谦虚忠厚,办事细致周密,从未泄露过宫廷中的秘密。在职时廉洁安民,退休后恬淡无为。享年七十三岁。皇帝获知讣告,即派遣官员前往诏谕祭祀,有司具体操办丧葬事宜。夏衡工画,山水效法黄公望,竹石亦精。篆、隶有古则。当时人们称他为长者。有《樗庵集》藏于家中。

张 昕

张昕,字宾旸,以字行。是宋朝宰相张商英的后代。其祖先从杭州迁徙到华亭。

张昕从小聪明,六岁入小学,诵读"祸因恶积"之语,就知晓人生应该行善止恶。孙大雅、王叔明一见他就觉得不平凡,说"将来必是出众的人才"。永乐(公元1403年—1424年)初,尚书夏原吉治水松江,举荐张昕辅助自己。张昕建议疏浚范家浜,看法与叶宗行相同，夏原吉采纳他的建议，使这方地区都受益。事后，推荐张昕任户部主事，升员外郎。

通政赵居任治水，浙西民众都苦于他的烦琐和苛刻。明仁宗时任监国(古时君王外出，太子留守，代行处理国政，谓之监国。当时仁宗还是太子)，命张昕前来辅佐。时节已是七月，赵居任仍役使民众日夜车水不止。张昕说农事已经赶不及了，如此车水徒劳无益，当天就将他们遣散回去，民众为此又感激又喜悦。

因为张昕家境一向较富裕，所以任官期间不受俸禄。退休以后，仍不断救贫恤孤，乡人至今仍称道他。

周 忱(1381—1453)

周忱，字恂如，号双崖，吉水人。永乐二年(公元1404年)进士。选为庶吉士。第二年，明成祖选择其中二十八人，命他们进入文渊阁(官署名，位于故宫东华门内文华殿后，作为藏书和议事之所)学习。周忱说自己年纪尚轻，请求加入，明成祖称赞他的志气，准许他入文渊阁。不久，选拔他为刑部主事，提升为员外郎。

周忱有经邦济世之才，浮沉郎署(皇帝的宿卫、侍从官的公署)二十年，人们都不知道他，唯独夏原吉认为他是个奇才。明仁宗即位，改元洪熙(公元1425年)，将他略升为越府长史。宣德(明宣宗年号，公元1426年—1435年)初，有人推荐他为州郡长官。夏原吉道："这是普通调动，不是破格提升，怎能尽周君之才？"宣德五年(公元1430年)升迁为工部右侍郎，巡抚江南各州府，总管监督税粮。

当时苏、松、常三府，拖欠赋税以千万计。周忱上任始至，就召见父老询问逃税的原因，都说豪门大户不肯加耗(旧时官吏征收赋税，借口转运存贮皆有折损，因而额外征收以作弥补，称耗)，把赋税和耗米都分摊到平民百姓头上，百姓贫苦不堪而逃亡，因而税额更缺。周忱于是制定平米法，命令出耗米必须平均。又请皇帝命令工部颁行铁斛，交州府作为标准容器，用以革除粮长(明清乡设粮长，掌管粮税之事，以富户任之)大斛入小斛出的弊端。按照旧例，粮长正副三人，于每年七月到南京户部领取勘合(旧时文书加盖印信，分为两半，当事双方各执一半，查验骑缝半印，作为凭证，称之为勘合)。收税完毕，再送回户部。往返经费，都分摊到纳税者头上。周忱只设正副各一人，轮流赴户部领取勘合。收税完毕，由有关官员统一收取上交户部，百姓都称便利。周忱看到各县收粮没有团局，粮长就在自己家中贮放粮食，于是说："这是造成拖欠粮税的原因。"命令各县在河道旁边设置粮囤，每囤设粮头、囤户各一人，称之为"辖收"。至六七万石以上，才立粮长一人以作总管，称之为“总收”。百姓拿了帖子到囤缴粮，官员监督收纳，粮长只是定期会合而已。设置拨运、纲运两种簿册。拨运簿记录支拨（即划付，划账支付）起运的数目，预计所运京师、通州的耗损数，用以确定支付数。纲运簿记录船具器用损坏费，归来补偿。支拨粮税后尚有余剩，存贮在仓内，称为余米。第二年余米多则收原来六成的耗米，第三年可以征收原来五成的耗米。

当初，明太祖平定吴国，将原吴国功臣子弟的庄田全部没收为官田，后来厌恶富民兼并土地，他们获罪被充公的田产，都成为官田，按这些人家原先的收租记录征收赋税，所以苏州地区的赋税比其他州府重，官田、民田共租税二百七十七万石，而官田之租高达二百六十二万石，百姓不堪重负。

当时明宣宗屡次下达诏令要减少官田租，周忱于是与知府况钟反复盘算数月，减至七十二万余石，其他州府也相应减少，百姓才稍复苏。七年（公元1432年），江南农业大丰收，朝廷诏令各府用官府的钞票平价买进粮食以备拯贷之用，苏州于是得到大米二十九万石。原先公侯禄米、军官月俸，都由南京户部支付。苏州、松江民众运送到南京的粮食，每石加运输费用六斗。周忱上奏，请令由各府就地支给，给船价费用米一斗，还余五斗，通计米四十万石多，再加上由官府出钱买进的，共得米七十万余石，放在仓库贮存，称之为“济农”。除用于拯贷之外，每年有盈余。凡是运输中的损耗、风灾损失、被盗窃等，都由官府余粮中借给，到秋收后，如数偿还官府。修筑圩塘和堤岸，开河疏浚水流所支的口粮，不要求偿还。耕种者借贷，必根据劳力及田亩多少借给，秋收后加入田赋中一起交付，碰到灾年再予救济。那些奸滑要赖不肯偿还者，以后不再借予。这些措施定为条约上报，皇帝嘉奖他。因为周忱在任江南巡抚，江南州府，平民免于饥荒，国家赋税得以顺利收纳，这都是周忱的功劳。

当时漕运，军民各一半左右。军人漕运，船只费用，由官府供给；百姓则租用船只，加以各种损耗，一船装运三石，到目的地只剩一石，往复时间长达一年，严重影响农业生产。周忱与平江伯陈瑄商议，百姓运至淮安或瓜洲站头就交付完成，由漕运军人运达通州。到淮安每石加五斗（意思是说，运到淮安，每石后期费用为五斗，现在这五斗由官府收进），到瓜洲又加五升。其附近及南京军漕没有过江的，到仓库交付，加给过江米二斗（意思是说，未过江者，每石要加二斗，以让过江者使用），衬垫芦席折合米五合（容量单位，十合为一升）。兑粮的部队如后期阻风，则令州县支付费用。在瓜洲水边建设粮仓，转运之米贮存在那里，定量支付余米给守仓人员。这样一来，漕运费用大幅度节省。

民间马草每年运往北京与南京,劳务费用极大。周忱提请每束马草折银三分,南京则以轻赍银就地购买交纳。京师百官每月的薪俸,都拿了俸帖(薪俸的凭证)到南京领取,米价低贱时,俸帖七八石,仅换得一两银子。周忱提请制定法式,将重额官田、极贫下户的两税(指夏秋两税),折合成金花银,每两银子相当于米四石,解往京都兑换俸银,百姓付出很少,而官俸常足。嘉定、昆山各县每年缴纳布匹,每匹重三斤抵粮一石。等到解往京师,因线缕粗糙而被斥责者有十之八九。周忱说:“布匹的线缕细必定轻,然而价值更高。现在既然以重量论价,势必容不得细。请从今以后不拘轻重,只讲究布匹的长度和宽度是否符合要求。”朝廷批准了他的建议。各郡的驿马及一切帐帷,本来都从马头领取。如有耗损,则由马头另外开支补买。周忱下令每亩田出米一升九合,与秋粮一起征收,检验马匹上中下等,供给等价的米。

正统(公元1436年—1449年)初,维、扬两州发生灾害,盐税亏损,朝廷命周忱前往巡视。他奏请苏州等府,拨余米一二万石运往扬州盐场,由第二年的田租抵扣,煮盐的灶户可以缴纳盐后发给米。当时米贵盐贱,这样,官府得到了盐,饥民得了粮食,对公私都十分有利。不久,朝廷又命他兼管松江盐课。华亭、上海两县逃盐税达六十三万余引(长度单位,古以十丈为一引。明代又作为重量单位,有盐引,每引规定斤数),盐民逃亡。周忱说田赋应当养护农夫,盐课应当养护盐民。因而他提请实施四项措施,诏令迅速实行,由此为盐民节约运耗(因运输有耗损而另加的赋税),得到米三万两千余石。也仿效济农仓法,设置“赡盐仓”,以填补盐税缺额,因此盐税收入大增。浙江应当造海船五十艘,朝廷命周忱谋划此事。周忱召见都匠(官名,掌水工)询问,说造一艘海船需米千石。周忱认为办成大事不宜吝啬花费,只减二十石,上奏朝廷,竟得许可。因为九年任期已满,晋升为左侍郎。六年(公元1441年),朝廷命他兼管湖州、嘉兴两府税粮,又命他同刑科都给事中郭瑾一起监管南京刑狱。

周忱平时为人和蔼,平易近人。起先,大理卿(官名,掌管重大司法案件)胡概为巡抚,用法严厉。而周忱当巡抚,办事崇尚简易平和,对揭发隐私之人不去查究。有人当面指摘他说:“您不及胡公。”周忱笑道:“胡卿的使命,在于为民除害。朝廷命我,只是要安抚军民。我和他任务不同。”他在江南任官时间长了,与官吏民众和谐相处,如同家人父子。每到村落田头去走动,不带随从车骑,与耕田的农夫、送饭的村妇相对交谈,从容询问有何疾苦,以便商议解决。对待下属,即使卑官小吏,都随和接纳交谈。遇到有才能的长吏(级别较高的官员),如况钟及松江知府赵豫、常州知府莫愚、同知(官名,守令的副官)赵泰等人,则推心置腹地与他们商议谋划,听取建议,务必发挥其长处，所以办事总能成功。他经常到松江考察水利，看到嘉定、上海之间，沿江生长茂草，阻塞水流，于是就疏通上游，使昆山、顾浦的江水，迅疾直下，下游淤塞尽被冲去。有空闲，即匹马往来江边，人们即使看到也不知他是巡抚大臣。宣德、正统（宣德，明宣宗年号，公元1426年—1435年；正统，明英宗年号，公元1436年—1449年）二十年间，朝廷总是委任他为巡抚大臣。期间两次遭遇亲丧（父或母去世），守丧期满后都仍起用他办事。周忱为此更加敞开胸襟，见利害之事必发表意见，而朝廷也总能听从。

当初，周忱打算减少松江官田数额，依照民田征税。户部郭资、胡濙上奏说他变乱祖宗成法，请追究罪责。明宣宗批评了郭资等人。周忱曾说："吴淞江畔有沙滩柴场一百五十顷，水草茂盛，蛇虫蚱蜢多生其中。请招募民工开垦，可以增加国家税收，消灭虫灾。"又说："丹徒、丹阳两县有不少田地没入江中，但田赋尚未消除。建国之初免税之家，其田地多被富户兼并，应当向他们征收田租，除去没入江中的田赋，这样，国家税收不减而贫富差距可以缩小。无锡官田用白米缴田税太重，请改征粗米。"这些建议朝廷都予以采纳。还有所陈述的其他有关地方利弊的举措无数，小的方面就便宜行事，无所顾虑。久之，见税收充足，事务不断扩大，修葺官舍学校、先贤祠墓、桥梁道路，以及装饰佛寺、庙、观，赠送宫廷内外官员，招待酬饷过往宾客，无稍爱惜。下属官员杂役从中侵蚀，也不加查究。为此，屡招人们非议。

正统九年（公元1444年），给事中李素等弹劾周忱妄改制度，擅权收敛。周忱上奏章自我辩护。皇帝因所收赋税都为公用，故不予追查。起先，奸民尹崇礼想要扰乱周忱的法规，上奏说周忱不应当多征耗米，请查究仓库管理人员，周忱因而撤销以前的法规。然而夏秋两税又开始拖欠，民众无所依仗，都称不便。周忱于是上奏要追究尹崇礼的罪行，原来的法规仍旧施行。又因九年任期已满，晋升为户部尚书。不久，因江西人不可做户部官员，于是改为工部尚书，仍任巡抚之职。

景泰元年（公元1450年），溧阳民彭守学又如尹崇礼那样上奏指责周忱，户部于是请朝廷派遣御史李鉴等往各州郡查访证核。第二年，又因给事中金达的进言，召周忱回朝廷。周忱于是陈述道："我上任之前，各州郡税粮每年都有严重拖欠。我上任之后，设法消除弊端，节省不必要的开支，于是税赋每年收清，更有盈余。凡是原来公用开支须向民众收取者，现在都从余米中随时支付。有时赈贷未还、遇赦免赋，或未估市场价格，致使高低不一，这都是因为我遵奉宣宗皇帝及太上皇之命，允许我便宜行事，因此有关支用不予上报朝廷，从而致使溧阳民彭守学上奏揭发，户部派官追查，实在是我在钱粮收支方面不谨慎，死有余辜。”礼部尚书杨宁道:“一些越轨费用的罪责在周忱，现在估计数值，全部向民众追收，导致民众弃家逃窜。请求将正统以前的费用免于追收。”明代宗准许，召御史回朝。后来谏议之官仍不断弹劾周忱，请将他治罪。明代宗一向知道周忱贤能，不少大臣也保护他，因而只是让他辞官退休了事。

然而当时善于理财者，周忱可称得上是第一。他为官以爱民为本。设立济农仓，虽然与民相约借贷期为一年，但到时多不追取。每年征收粮税完毕，正月中旬以后，就发文下令放粮，说:“这是百姓缴纳给朝廷的多余之数，现在仍返还给百姓使用，努力种朝廷田(指帝王统治下的田地，并非指官田)，秋间再向朝廷交税。”他办事宽紧适宜，灵活变通，都可成为后人效法的典范。各府余米(当年漕运粮食，因考虑到损耗及运费，要多交若干粮食，称耗米。通过节省及其他合理环节，使耗米有剩余，这剩余的米就叫余米)，数量不可胜数，公私富裕，利及外郡。景泰(公元1450年—1457年)初，江北发生大饥荒，都御史(明代都察院长官，其次有副都御史、佥都御史、监察御史等)王竑要从周忱那里借贷米三万石。周忱计算到来年麦熟，给了他十万石。

周忱禀性机灵警觉。钱谷数量成千上万，一屈指计算就无差错。曾暗中准备簿册记载天气的阴晴风雨。有人欺骗他说某日江中遇风使米遭受损失，周忱说这日江中无风，那人又惊奇又佩服。有奸民故意乱说以往的办事案件，周忱说:“你在某日某时来和我商议决定某事，我为你作出了决断，你怎敢欺骗啊?”三殿(明以皇极殿、中极殿、建极殿为三大殿。节日庆典，命将出师，殿考朝考，宴待外使都分别在三殿举行)重建，诏征牛胶(用牛的角或皮制成的黏合器物的物质)万斤，供彩绘所用。周忱正好到京都，说库存牛皮，岁久腐朽，请将它们拿出来用以煎胶，再将新买的牛皮放到仓库里去，这样可以充分利用已腐朽的牛皮。土木之变(明英宗于公元1449年率师攻打瓦剌，兵败被俘，称土木之变)，当国的权臣要焚烧通州粮仓，以断绝敌寇的物资。周忱正好因议事而来到，说通州仓米几百万，可充京都军队一年的粮饷，让他们自己去取粮，就立即取尽，何必烧成灰烬。不久，朝廷催促制造盔甲数百万。周忱考虑熔铁费多，命令暂且熔锡，数日毕办。

周忱被弹劾后，皇帝命李敏取代他，并敕令不要轻易改变周忱的法规。然而从此户部将原来所积的余米收归为国家所有，原“济农仓”储备空虚。后来吴郡大饥荒，饿殍遍野，拖欠税赋又如同周忱上任之前了。民众思念周忱不已，到处为他造生祠祭祀。景泰四年(公元1453年)去世，谥号为文襄。有《双岩集》。

侯　端(1386—1465)

侯端,字敬庄,盱眙(今属江苏省)人。性格坚毅刚强,果断勇敢。永乐三年(公元1405年),铨授金山卫指挥同知。因金山为东南要害之地,常有倭寇骚扰,侯端上任后勤修城濠,制造器械,苦练士卒,以作战备。

侯端勇力过人,有超人之举。府署前有石狮子,高四五尺,他能一手托起,行十余步。一日,驰马经过坊门(古时街巷之门),竟双手抱于门楣之上,马也被他双腿挟持而离地。青村有烽火墩,两虎常蹲坐其上,他上前力战擒拿,将两虎砍死,同时手刃两只幼虎,后人因称此墩为擒虎墩。

屡立军功。永乐十六年(公元1418年),倭寇进犯金山卫。他与守将张郤分兵出战。张郤出南门迎战,全军覆灭,寇由南门入,控制吊桥。侯端在东门不得入,就引兵至西门,吊桥也已被断。他仰天长叹:"城亡,吾亦当死,岂可偷生!"于是用力策马拼死一跃,竟过河,入西门。由于后继无人,独自与倭寇巷战数十回合,身上中箭像刺猬一样,倭寇也不由感叹:"真神武将军啊!"为将他活捉,倭寇用布条拦在街巷间。他跃马挥剑,左剑挑布,右剑断之,奋勇前进,倭寇纷纷仆地。这时,青村、南汇两所援兵至,他杀出重围,召集散勇,与援兵一起,趁退潮而贼船搁浅之机,火烧贼船数十艘,大获全胜。

巷战间,侯端之剑不慎掉落,其马立即将剑衔起授予主人,堪称神奇。

侯端后被升迁为都指挥佥事,二品衔。

翁焕文

翁焕文,华亭人。永乐三年(公元1405年),任平阳县主簿,公正而睿智,吏役不敢欺罔,在他的治理下,民众得以安定。

杨　青

杨青,明初华亭县篆馆人,幼名阿孙,以泥瓦匠谋生。永乐(公元1403年—1424年)初,被征役于京师。

一日,成祖见粉刷不久的后宫墙上有异常色彩,疑而询问,众人知道实情却没有谁敢回答,只有阿孙伏地报告说:"此乃蜗牛爬过而留下的痕迹。"成祖喜其能以实对问,问姓名,知为杨阿孙,就说:"幼名未改吧?现杨柳返青,可更名为杨青。"赐予冠带,任之以工部吏役。

后宫小殿建成,成祖见之,十分满意,以金银豆撒于殿下,算是奖赏,任令工匠自取,众人争相向前,只有杨青居后不争,于是成祖更加器重他。

后来大规模地建造朝堂宫阙,任杨青为都工。杨青善于筹划,凡建筑的制度规模,高低大小,全都符合皇帝旨意。竣工后,皇帝钦命杨青为工部左侍郎。其子善父业,官至工部郎中。

杨青晚年休养于南京。去世后,朝廷赐葬,且予祭祀。

翙　祥(约公元1430年前后在世)

翙祥,字景福,祖籍永平,永乐(公元1403年—1424年)初,父亲百户(官名)翙亮调任金山,翙祥随至。

永乐十六年(公元1418年),倭寇侵犯,翙祥被掳,其时年仅十四岁。过了一些时候,翙祥被转卖到日本。日本国王听说翙祥是中国人,就召见他,并将他留在身边,改其名为元贵。翙祥凭勤学出了名,做了地方官,有了妻子儿女,然而他一直心怀家国,屡次劝谏日本国王向中国朝廷入贡。

宣德七年(公元1432年),翙祥随日本使臣来到中国京都,向朝廷上疏陈述自己情况,说年少被掳,骨肉分离,万里相隔,有家难归,痛心万状,望能回归祖国,但身不由己。此时明宣宗正致力于怀柔安抚远方诸国,所以不让他留下来,仍要他返回日本;但诏谕日本使臣提供便利,让他到金山探望双亲。其时父亲翙亮早已在对倭寇作战中阵亡,只有母亲还在。她看到翙祥,已认不出来,说:"如是我儿,耳后应有一粒赤痣。"一看果然。母子久久相拥痛哭,悲恸邻里。随即翙祥遵王命离别母亲,返回日本后仍时时劝导国王亲附中国。国王允许仍派他入贡明朝。

宣德十年(公元1435年),翙祥以日本使臣身份抵祖国京都,并再次要求归国居住。朝廷准许他继承父职归养母亲。翙祥至孝母亲,供奉甘味美食。闻人言及父亲之事,则哽咽不已。后来母亲病卧三年,翙祥日夜侍奉,不离左右。母亲去世,翙祥哀毁骨立,守孝三年。

翙祥博览经史,通晓《左传》,善于吟咏。享年八十余岁。

翙祥在日本期间,有《思归》诗:"殊方十载忆长安,欲去无由道路难。海徼兵尘今日净,天涯客泪几时干?鬓边白雪愁中得,别后青山梦里看。怅望不堪翘首处,沧波万顷思漫漫。"与母亲离别后,有《见母后船发定海》诗:"母子相逢又别离,深情更许几人知。孤舟夜雨千行泪,落叶秋风两鬓丝。异域贤王频有贡,中原孝子岂无归。暂疏音问休惆怅，人愿天随定不疑。”到日本后，又有《至日本思母》诗：“拜别慈颜后，参商又一年。离情东海外，归梦北堂前。绿树黄鹂雨，沧波白鹭天。家山何渺渺，涕泪独潸然。”日本金吾源常熙有《送麹祥还乡》诗：“流寓殊方十八年，生还中土岂非天。冷泉解缆好风便，三月落帆鄞水边。”“偶副皇华过旧庐，亲邻相见喜何如。海东盛事逢人问，一姓官家百一初。”日本僧人等辉赠诗：“西土旧豪杰，当今抡楚材。鸿胪屡通译，鲸海已重来。帆稳扶桑晓，鞋香辇毂埃。青云生足下，贱迹恐难陪。”日本僧人清播也有赠诗：“异域秋深橘柚霜，知恩旅寓不忘乡。西风五两金山去，童稚候门亲在堂。”

赵 豫

赵豫，字定素，安肃人。燕王（即明成祖朱棣，朱元璋第四子，初封为燕王）起兵攻下保定，赵豫以诸生（明清经各级考试录取入府、州、县的学生，称生员，生员有增生、附生、廪生、例生等名目，统称诸生）身份带兵守城。永乐五年（公元1407年）授官泌阳主簿（官名，这里指县令的佐官），尚未上任，即提升为兵部主事（官名，六部佐官，职位次于员外郎），又进为员外郎。逢母丧而归。守母丧毕又起用。洪熙（明仁宗年号，仅一年，公元1425年）时进用为郎中（六部诸司之长）。

宣德五年（公元1430年）五月选拔朝廷臣子九人为知府，赵豫选为松江知府，奉命前往赴任。当时卫军（明代在全国设立若干卫，金山卫是全国四大卫之一。松江府卫兵是金山卫派来的，名为中千户所，这里的卫军即是指金山卫派来的中千户所军人）放纵骄横，赵豫抓捕其带头者，杖击后发配充军戍边，于是众卫军才服帖。赵豫一意抚慰民众，使之休养生息。选择忠诚老实的良家子弟充任役吏，并用礼法训练他们。平均徭役，节省开支，裁减吏员十分之五。巡抚大臣周忱有所设想与建制，必定先与赵豫商议，听取他的意见。后来清军御史李立来到，专门办理扩充军卫之事，牵连到亲戚同姓之人，稍加辩白，就严刑拷打。人情惊恐，诉说冤枉者达一千一百余人。盐官搜查灶丁（煮盐者），也累及其他民户，危害民众。赵豫为此都上奏章极力辩护，全获得平息。有诏命减免苏、松官田（属官府或王室所有，租给私人耕种，由官府征收地租的田地）重租，赵豫所管辖的华亭、上海二县，减去田租十分之二三。

正统（公元1436年—1449年）年间，赵豫任松江知府已满九年，考核期满，将要调离。民众五千余人上陈文书请求赵豫留任，巡按御史上报后，朝廷命令给他升二级品级而返回任职。到第十年春天，朝廷要大计群吏（明清制，每三年考察外官事状叫大计),首次举办官宦政绩卓异的盛大仪式,赵豫与宁国知府袁旭都得以参加,赏赐宴席,并恩赐他一套衣服而返回。赵豫在职十五年,清静如一日。离开松江府时,老幼前来攀住他乘坐的车辕。赵豫留下一只鞋子以作遗爱的标记,后配享(附祭)于周忱的祠堂。

赵豫刚来上任时,深以民风多争斗诉讼为患。争斗诉讼者来到,赵豫往往好言相劝道:"明日来。"众人都为此而发笑,有"松江太守明日来"之谣。争斗诉讼者过了一夜,原来的气忿逐渐平缓,所以第二天再来时,往往容易被劝解,而不再争讼了。

一开始就与赵豫一起在松江为官的,有苏州况钟、常州莫愚、吉水陈本深、温州何文渊、杭州马仪、西安罗以礼、建昌陈鼎,都清廉有政绩,赵豫尤其以恺悌(和乐平易)著称。

张 宸

张宸,字翰宸,号端居。曾代理嘉定教官。以诗闻名,与钱士修等同在松江二十一位诗人之列。

张 年

张年,字公寿,元代末年从鸳湖避兵火于海上,随即居住下来。父亲张纶为太医,曾因事连累,被捕下狱,张年赤足奔赴京师,叩拜宫门,冒死陈词,诉说冤状。他博览医书,医术高明,服其汤药,病卧即起。以名医征召,不予赴就。永乐(公元1403年—1424年)中,廷臣举荐其才,凡征聘用于省部办事的人才有十余位,张年列居首位。不久又以病辞归,时人推崇他志趣高雅。

他写作诗文精美而有法则。所居白沙乡屋舍旁空地种杏成林,人称杏林先生。著有《杏园稿》。

张年去世后,学士沈粲为其撰写墓志铭。同时被征召的诸名流如姑苏程式、四明郑雍言及同郡张黼、陆友仁辈都浮沉宦海,各赋悼念之文以示哀思,如"萝室半间俱是药,云山千顷总成诗",又"旧业尚余芸阁(古代藏书之所)在,春花空发杏园幽",又"辽海忽归千岁鹤(旧题晋陶潜《搜神后记·丁令威》:"丁令威本辽东人,学道于灵虚山,后化鹤归辽,集城门华标柱,时有少年举弓欲射之,鹤乃飞,徘徊空中而言曰:'有鸟有鸟丁令威,去家千年今始归。城郭如故人民非,何不学仙冢累累。'遂高上冲天。"后常用以指重游旧地之人),松江空负四腮鲈",可见其深受士人推重。

陈　泰

陈泰，号桧清，华亭人。割大腿肉治愈母亲疾病，钱溥为他撰写墓志铭。他也是松江具有独特高尚志节的人物。

王　端

王端，字汝善，永乐十五年（公元1417年）乡试中举，任浙江淳安县学教谕，在诸生中赏识商辂。后来升迁为汀州教授，直至告老回家。

王端学问渊博，操行高尚，为时推重。商辂赞道："碧梧翠竹，寒冰玉壶。貌与心同，言与行符。望隆山斗（声望高如山峰星斗），教严范模。清德正学，卓哉师儒。"

崇祯三年（公元1630年），王端的后代王之彝来松江任佐官，请得王端的遗像，并将商辂的赞语题于其上，且为之作赋以记之，以免后人遗忘。

顾　彧

顾彧，字孔文，上海人。乡试中举，任本县训导，以诗文雄于元季，入明，累官户部侍郎。顾彧诗文豪整、奇丽，有古人遗风。师从王道，与钱鼒、赖良结诗盟。

钱　骥

钱骥，字子良，上海汉成里人。以儒士中举，任晋府纪（晋府，晋王府；纪，书记）。善于诗文，其著作名为《砥斋集》。

王公亮

王公亮，华亭人，世代从事儒业。王公亮早年丧父，依靠祖父王安之讲授于乡。王公亮能传承他的训导，勤学善书，因能书法被荐举任吏科给事中，升应天府丞。永乐（公元1403年—1424年）初，选拔为四川右布政使，不久调往广东。王公亮仪表闲雅，居官坚持原则，简约和乐，使人心悦诚服。在任上去世。孙子王臣，任鸿胪序班，升任通政司经历后去世。

张　政

张政，字彦功。永乐九年（公元1411年），乡试中举，任遂安县司教，升御史，出巡辽东。经过一处驿站，将要住宿，驿吏说此处有妖怪，张政不听。到了深更半夜，果然有万马奔腾之声,张政怀疑是庭下古木作祟,命令将它们全部砍去,妖怪于是绝迹。

张政父亲去世,辞官服丧。服丧毕。朝廷众臣推荐廉洁能干之臣及御史共十七人,分别巡视天下,张政也参与在内。朝廷通过驿站发诏书给他,升任江西佥宪,因母亲年老而陈说衷情,不去赴任。动辄流泪,疾病发作,到广陵时去世。临终之时,无他言,只以"忠孝"二字勉励子孙而已。

张 衡

张衡,字允平,上海人。登永乐十三年(公元1415年)进士。宣德(公元1426年—1435年)间,授监察御史。因上澄清风纪奏疏,谪戍辽东,去世于戍所。曾经写遗书给孙子张谷说:"本以名誉道义留意于心上,不顾个人利害。我每天希望你成长自立,有所成就,使我在地下得到安慰。"他的节操详见于吴宽、陆深所作的赞中。

杨 珙

杨珙,字廷瑞,上海人。自幼端庄稳重,聪明过人,读书过目能诵。遇到疑难,不轻易烦劳老师,都能自己分析研究,达到符合事理、毫无差错的程度。文辞流畅通达,都有程式法度。永乐十五年(公元1417年)以乡试第一名中举,第二年考取进士,任翰林庶吉士(翰林,官名,朝廷文学顾问。庶吉士,官名,明永乐二年始专隶于翰林院,以擅长文学及书法的进士任之),授编修(官名,掌修国史,隶于翰林院)。过了一段时期,因病告归即去世。

杨珙禀性至孝,他的祖父杨德亨在外地做官,去世后葬于陕西的灵宝。他想方设法,百计筹划,终于将灵柩运返家乡安葬。祖母蔡氏临终遗言,按佛教礼仪将其遗体火化。杨珙说:"这不是合理的遗嘱。"终于将祖母的遗体按传统礼仪殓葬。

杨珙有一个儿子,过早地去世,没有留下后代。有两个女儿,武岗州学正(官名,掌学规、孝教、训导)高博是他的外孙。

冯 敬

冯敬,华亭人。永乐十六年(公元1418年)进士。先任给事中,宣德(公元1426年—1435年)年间升任高州知府。他为官公正廉洁,仁爱宽恕。兴办学校,礼待贤人。设社学教诲民间子弟。任期九年满,离去之时,军民挽留,不得允许。人们世代感念他。

黄 恭

黄恭，字孟庄，上海人。永乐十八年（公元1420年）乡试中举。正统（公元1436年—1449年）年间以刑曹郎出任赣州知州，有惠民政绩。因父亲去世而离任，赣州之民如同失去父母。守丧期满，补授黎平知府。他崇尚实政，惠及民众。当时苗匪扰乱，逼近郡城。黄恭招募丁壮，预储粮食，定计征讨贼寇，随即平定了苗匪之乱。由于他曾单骑到苗营招抚，反叛的苗匪深受感动，四面围绕向他叩首。他又召集流亡之民，拿出俸禄救济饥民，使数十万人保全了生命。以功劳享受三品官俸禄九年，去世于官任上。

儿子黄彦宏，学识渊博，卓越豪迈，有先父的风度。

孙 豫

孙豫，华亭人。永乐十八年（公元1420年），以人才荐举，特授山西右布政使，历官省辖（指明代的布政使司官员），以清廉气节著名。

许 进

许进，上海人。永乐（公元1403年—1424年）年间，官任韶州府同知。刚上任，即捐献俸禄倡导修建学校，除害兴利，抚爱民众。明代开国以来，郡州佐官的政绩以许进为第一。

马 麟

马麟，华亭人。永乐（公元1403年—1424年）年间，以人才荐举，特授布政使之职。任官二十年，民众得享安定。正统九年（公元1444年），因年老多病乞求辞官退休，随即去世。

朱 木

朱木，字楚材，上海人。研究《易经》，工于辞章。所著有《静翁集》、《静轩行稿》。

儿子朱元振，字寿梅，隐居自乐。诗有纡回冲淡的意态情趣。

黄 翰

黄翰，字汝申，华亭人。永乐十年（公元1412年）进士，被授江西按察佥事。宣德五年(公元1430年)升参议,奉皇帝诏书与都御史贾谅巡抚江西。又改任广东参议,升山东按察使,罢官归家后去世。

黄翰为人豪爽才高,多权谋策略。才成年,考试登第,观政都察院,有疑难案狱,一问即决,所写诉讼文书如同老狱吏一样,御史台中官员都为之惊奇。居官所至,尽心尽职。

江西有用妖术迷惑民众者,广东有养殖毒虫捕杀生人者,黄翰在任时,都对其严加整治,对害死人命者,抓捕诛杀,且著文刻石以说明破解邪惑之术的方法,从此这种邪术不能流行,风俗为之一变。然而他自负才气,不肯循规蹈矩。罢官归家后,恣意放纵,乡邻畏之。经常乘了白骡进入城市,见者纷纷退避。

黄翰不仅长于吏治,诗文创作方面也颇有才气。风格豪健,思路敏捷,如《壮游集》所载的诗文,都是操笔立就,不打草稿。曾以菜为喻,作情诗云:"小叶青青大叶黄,百花丛里逞风光。但尝此味须娇嫩,莫待南园一夜霜。"他的书画也遒劲有力,善隶书,尤工章草,以行草题署得名。笔力雄健而有则,与宋克相似。

姚有德

姚有德,金山卫前所人。身长七尺五寸,能左右射箭。十九岁,以战功授圌山把总(官名。明清各地总兵属下以及明驻守京师三大营、清京师巡捕五营皆设有把总,为低级武官)。姚有德的父亲受后妻迷惑,对他苛求无已。阃帅(守卫边疆的将帅)要召他来训斥,姚有德请求道:"我做儿子的未能尽孝,先给父亲留下不慈爱儿子的坏名声,这是罪上加罪。"将帅说:"我看到你受父亲折磨于心不忍。"姚有德知道将帅的主意未肯放下,于是出去,倚着柱子哭,到半夜还不停。继母听到后有悔改之意,派人将他迎接回来,相互亲爱,不再有怨隙。阃帅也不再顾问。

江营饷银被抢劫,姚有德被逮捕入狱。鄱阳大盗写信给土贼(地方上的盗贼)说:"怎么可以抢劫孝子守卫的地方!赶快将所抢之物归还。"一天晚上,土贼将饷银和鄱阳大盗的书信一起放在江边,被营兵得到而告诉首领,释放了姚有德。

正统(公元1436年—1449年)初,一位操江(即提督操江,官名,领上下江防之事)推荐,姚有德升任为霸州游击。英宗北征,命姚有德侍卫御营。明英宗亲征瓦剌,至土木堡战败,军队覆灭,姚有德以身掩护明英宗,飞矢集中射向他头颅,姚有德大喊道:"我不能报答天恩了。"冒着敌人的刀刃苦战,坐骑倒下,他被绑缚,不屈而死。瓦剌部首领也先焚烧他的尸体,得箭头数升。也无不禁叹服:"中原地区竟也有这种人啊!"

曹 安

曹安，字以宁，华亭人。正统九年（公元1444年）举人，任鄢陵县训导，升武邑县学教谕。一向负有才名，学识渊博，善于作文，挥毫立就。平时撰著不辍，张弼赠诗道："著书只欲明忠义，垂橐何曾计有无。"张东海如此看重他。

曹安所作文为《取嗤稿》，诗为《蟋蟀吟》，都已失传，只有《谰言长语》流行于世。他自序道："谰言者，逸言也；长语者，剩语也。"自谦谓"皆零碎之词，故名曰《谰言长语》"。

焦伯诚

焦伯诚，华亭富林人。洁身修行，事母至孝。通晓《五经》，而尤其擅长于《尚书》之学。乡试（州府省级考试）会试（京都礼部尚书省考试），聘典（朝廷以礼聘请贤人学士）文衡（旧时以文章取士的仪式），他都假托有病不去参加。在家设馆教授讲学，他的学生中有不少后来成为名臣。著有《慎斋集》。

张 源

张源，字复本，号丹崖，华亭人。年少时学习儿科医药。永乐十一年（公元1413年）被朝廷征入太医院为医士，出入皇宫，侍从皇上北巡，由光禄寺供给他膳食，常受金饰丝绸之赐。洪熙（公元1425年）初，恩锡第宅于皇华坊。宣德（公元1426年—1435年）间升为御医，官职级别六品以下。正统（公元1436年—1449年）间升为院判，官阶相当于承德郎。

母亲去世，皇上命驿站送他回家办理丧事，办毕即回京。景泰（公元1450年—1457年）年间，乞求辞官回家，在城西南角建置第宅。乐于园池花竹的胜景，经常拿出皇上恩赐的金钱以会见宾友、救助贫苦之人。置办书籍以教育各孙子。享年八十八岁。

朱 信

朱信，华亭人。父亲名元祐，元代武举千户（武举，即武科，以武取士，明代武科有会试、乡试，会试登第为武进士，乡试为武举人。千户，掌兵千人的武官名）。朱信精于算术。永乐（公元1403年—1424年）年间累官至工部郎中（工部，封建时代中央官制六部之一，掌管营造工程事项。郎中，官名，隋唐之后，各部皆设郎中，为诸司之长）。

朱信的儿子朱伦，考取进士，官拜监察御史(官名，隶御史台察院，掌分察百官、巡抚州县狱讼、祭祀及监诸军出使等)。

陈　常

陈常，字用恒，上海人。世代读书明理，陈常传承外祖父邵艾菴医术，从而有名。永乐十四年(公元1416年)，朝廷派遣使者下西洋，陈常作为医士随从，经历洪熙(公元1425年)、宣德(公元1426年—1435年)，共三次往返，为人恭敬勤奋诚恳朴实，上级官长都十分器重他。陈常说海中前行以六十里为一更(计算水路路程的单位)，往返一千六百更，共九万余里。行船都占验风向、星象，以指南针选取行进之路。以天干地支选取停泊的山丘、岛屿、进入的港湾、进出的门户。以至开往洋面、避免岛礁和浅滩，都凭指南针决定。统计经历之处，从占城到忽鲁谟斯，共有三十国。走过许多人们从未到过的地方，看到人们从未看到的事物，却从未自我夸耀，他临终时只是说："如今可喜的是没有葬身鱼腹。"

陈常的儿子陈经，字宗理，传承父辈的医业，教授于家乡，遵守医规，皆有法度。

徐　枢

徐枢，字叔拱，华亭南桥人。他的祖先是宋朝濮阳太守徐熙，遇不凡之人，被授予《扁鹊神镜经》，立即有所悟，于是以医术闻名于世。父亲徐复，号神翁，是元朝海盐州医学教授。徐枢年轻时传承父亲的医术，同时向杨维桢学习写诗。元末乱世，隐居田园。洪武二十八年(公元1395年)，他已四十多岁，才被推荐为秦府良医正(明代医官，府正科一人，州典科一人，县训科一人。良医正，指府正科)，出任枣强县丞，被召为太医院御医，医术卓著，升任院使(院，指太医院。明代太医院，设使、副等官，院使，即太医院使，太医院长官)。请假还乡省视坟墓(扫墓)，明宣宗亲自赋诗为他送行。

徐枢八十岁辞官退休，七年后去世。有《足菴集》流行于世。

徐枢的儿子徐彪，字文蔚，也以医术闻名。代王及昌平侯杨洪病危，经他治疗，起死回生。于是提拔为御医，升任院判(医院长官)。每次进宫看病，必进敬身(谨慎养生)之谏。明代宗曾问他药性的快慢，徐彪回答说："药性如同人性，良善者相处千日仍觉不足，差劣者只一日也觉多余。"询问如何养生，回答说要爱护元气。他就是这样随时献纳忠心。

王 钟

王钟，字公簾，华亭人。为人寡欲，即使富贵了也不改变。平日朴实寡言，遇事则剖析决断，畅达无碍，陈述奏进也如此。永乐（公元1403年—1424年）初，侍奉太子居守北京，很受亲近器重。累官至户部右侍郎。洪熙元年（公元1425年），皇上念其功劳，恩赠太子太保之职，谥号为僖敏。

李 肃

李肃，号杏林。祖父李晋卿，是元代江浙西湖书院山长（书院主讲并总理院务者称山长）。李肃十岁丧父。起初学习医药，拜金华云居先生赵良仁为师，赵良仁是朱丹溪门人。正值元末，社会混乱，他奔走松江，于是就选宅定居。遇到求医的病患者，不因富贵贫贱而两样对待，因而医名日振。

永乐（公元1403年—1424年）初应荐，拜松江府医学正科。年近七十又被征召，中使（帝王宫廷中派出的使者，多由宦官充任）临门，他拜受朝命立即出行。拜见皇帝，奏对（臣僚当面回答君王提出的问题）符合皇帝旨意，赐给金织缎服两套，每天食物比照大官。不久，随从皇帝御驾亲征，平定北胡，赐给他佣人名马及各种御寒用具。有人担心他已年老，不胜远途跋涉，他严肃地说："如今皇上为天下苍生而远行，我岂敢吝惜老身，不报皇恩！"

儿子李敬，字成学，华亭人。永乐十五年（公元1417年）乡试中举。宣德（公元1426年—1435年）间，因念父亲年老而乞求用俸禄孝养，吏部特授予上海儒学训导之职。遇到假期，他必放舟逆流而进，晚上出发，早晨到家，上堂拜双亲寿，然后连宿两夜，又连忙返回学校。如此达十年，也甚为少见。

升任德化县学教谕，改任崇德。严于教令，树立章程，人皆称良师。志尚宁静寡欲，对客不苟言笑，平居一间静室，人称静庵先生。

孙子李祥，天顺元年（公元1457年）进士。

魏骥为李肃立传，钱溥为李敬撰写墓志铭。

姚广孝为他作赞道：先生之容，老而融融（和乐貌）。先生之德，老而弥硕。职典群医（责职掌管群医），惠泽弘施。待漏金门（漏，古代的计时器。百官清早入朝，准备朝拜皇帝，称为待漏。金门，即金马门。汉武帝得大宛马，乃命东门京以铜铸像，立马于鲁班门外，因称金马门。是官员待诏之处），簪黻有仪（指穿上官服）。惟斯人兮，生太平世。五福（旧时所说的五种幸福。《书·洪范》："五福：一曰寿，二曰富，三曰康宁，四曰攸好德，五曰考终命。”考终命,即善终)攸臻,逍遥百岁。

何 广

何广,字公远,华亭人,后来迁居上海。以知县提升为御史,累官至陕西按察副使。他性格宽和厚道,能容纳人;学识广博,尤其精于律学。当时谁若改变传统成法者要处以死刑,因而从事法律职业者都因袭旧法,凡一政令改易,就要加以议论。何广说:“唉!如果这样,那么处以死刑者将会多得接踵而至了。这只是针对变更已定的律令者而言,旨在存以戒心,不敢触犯祖宗成法。”大学士解缙赞同这种说法。他去世后,长沙通判俞永称赞他的行为说:“居住在乡里有学者风范,出任郡邑长官则为循吏(奉职守法的官吏),在风纪法度方面肃清混乱局面,位居藩镇之位则深得大臣体统。”这一评论,可以说是他举止行为的真实写照。他著有《律解辩疑》,法家以之为宗。

叶宗行

叶宗行,华亭人,宋太学生叶李之后。爱读书,尚气节。

永乐(公元1403年—1424年)年间,东吴发大水,松江地区灾情更严重,因为黄浦江下游壅塞,水来不及入海。叶宗行上书,请求放弃故道,疏浚范家浜,引浦江之水归于大海,禁止海边居民擅自筑坝以阻塞水流。明成祖赞成他的建言,命他随从尚书夏原吉治理水灾,果然成效显著。夏原吉回朝后举荐叶宗行,说他有才能,于是选拔叶宗行任钱塘知县。

钱塘是个政务繁重的县,民众被徭役和赋税所困。叶宗行为此制订定役法,使民众自己占取甲乙之份,书写于簿册,按照次序服役纳税,赋役于是均匀,诉讼也变得简略了。不到一年,就把钱塘县治理得很好。

相传有一天,厅堂前有蛇蜿蜒游动,似乎有什么话要诉说。叶宗行告谕它说:“你难道有冤屈吗?我为你验证。”说罢,蛇游入饼肆(摊贩之处)中炉下。叶宗行差人发掘,得到一具尸体,经查明,是饼肆主人谋财害命而埋在这里的,饼肆主人于是伏法被诛。又有一次,叶宗行乘船在江中行进,忽然船重不能动,检查下来,发现有一个死人挂在舵上,其腰下系有石块,原来是里中有人行凶后将尸体沉入江里。查明后,凶手也伏法受诛。县里本来多老虎出没伤人,相传叶宗行写了文章进行祭奠祷告,老虎于是收敛了踪迹。

明仁宗(朱高炽,公元1425年在位)尚为太子时,听闻叶宗行治理的事迹,告诫有关官员不得擅自凌辱他。按察使周新处事严峻,更加器重叶宗行。一次乘叶宗行外出,周新暗中到其住室,看到室内只有一包松江银鱼干。周新为之感叹,带走了少许鱼干。第二天召叶宗行来吃,说:"这是你家的东西。"饮酒至醉,用三品仪仗送他归去。叶宗行推辞,周新说:"你是名副其实,可以享受这种待遇,何必推辞?"当时人们称叶宗行为"钱塘一叶清"。

逢朝廷大规模营建时,叶宗行率领两浙工匠赶赴北京,在半路上因病去世。周新为他哭泣思念多日,并亲自写文章祭祀。钱塘人世代称道他,说他不愧为秉持古风的好官员。

陈 询

陈询,字汝同,早年丧父,侍奉母亲以孝顺闻名。永乐十六年(公元1418年)进士,官至翰林侍读学士,出任安陆知州。景泰(公元1450年—1457年)初,被召回,恢复原来官职。升大理少卿,巡抚北直隶。改任太常少卿,兼学士。在国子祭酒任上致仕,享年六十六岁。

陈询个性严峻耿直,不苟言笑,平时神态庄重,饮酒能多而不乱。做官期间,与僚友能和睦相处但不人云亦云。人们不敢以私情向他求取。他秉持公道,疾恶奸邪,如先天生就一般。正统(公元1436年—1449年)年间,中宫太监王振仗宠专权,公卿皆对王振俯首帖耳,低三下四。刘球、李时勉违抗王振,皆招致奇祸。陈询绝不与王振交往,王振怨恨他,所以后来将他贬谪到安陆。当时,陈询正直的声誉震动天下,人们都为他担忧,而他自己则仍泰然自若,不当一回事。编修梁谭病重,对家人说:"在我交游的人中,只有陈同年汝同心地好,且有家法,孤儿孤女可托付给他。"陈询听到此言就答应了这一要求。梁谭去世后,陈询想尽办法经理他的家事,即使为此被诽谤诋毁也在所不辞;还把梁谭的女儿嫁给松江人黄瑜。后陈询来到福建任职,竟将梁谭的丧具运归其家乡。他对朋友的情谊竟如此深厚。陈询的文章清劲有气骨,如同他的人品。主考北京、南京两地,由他选拔的人才,如严铨、丘濬、杨继宗、袁韶、施槃等,后来都成为名臣。

钱 浩

钱浩,字宗海,华亭人。是钱鼒的曾孙。永乐二十一年(公元1423年),乡试第一;

宣德年间任教于崇德县。沈粲赏识他的才能,推荐他任山阴令。

钱浩为人和气乐观,简朴文雅;抑制豪强,伸雪冤屈;断狱平反,衙役办事有章程。他见山阴县学狭隘简陋,就买地将其更新。进宫朝觐天子,也是两袖清风,不缴纳丝毫财物,因而名声大振。但竟招致诬害,削职退归。于是闭门谢客,陶情诗酒,不以贵贱穷达而影响自己的情绪。他被削职归乡,使山阴百姓平添不少思念之情。

俞　本

俞本,字立初,华亭人。永乐二十二年(公元1424年)进士。景泰(公元1450年—1456年)年间,以御史的身份任山东按察使。郡县的贪官污吏,听说按察使俞本来临,都望风而逃。有才有德之士,争相加强修养,无敢为非。大义伸张,风气肃然,称一时之冠。

林　钟

林钟,华亭人。富有学识,讲究操行。通晓《诗经》、《尚书》、《春秋》三经。宣德年间任昆山训导,曾入侍宫殿,为皇帝讲解经传史鉴,应制有诗(臣僚奉皇帝之命所作、所和之诗称"应制诗")。选拔为慈利知县,为政廉明,遐迩向慕。作丧礼告示,张榜谕民,有益风化。曾任山东参政。著有《松谷集》。

李　源

李源,字士徵,李至刚次子。永乐二十二年(公元1424年)进士。明仁宗时,念及李至刚是宫廷老臣,命他任兴化县令,以优待他的晚年。李源请求随从父亲以便侍候,人们都称赞他。与李源一起考中进士的林晖在兴化病死,李源亲自料理殡殓,择地而葬。抚育他的遗孤林澄,直至其成家立业。

李至刚去世,授李源验封上事之职,历任员外郎,升为浙江参议,兼任金华县令。当时福建一带的盗寇来金华府(即婺州)骚扰,气势十分嚣张。李源率领儿子李楷、李概及家人上阵,擒拿斩杀多人。李源多积战功,然而被御史李俊中伤诬害,遭罢黜。朝廷追念他的功绩,赐给他彩帛、宝钞,命礼部司务何怀送到他家,又起用他为陕西参议,升任参政,专理军务。他积劳成疾,还坚持办事。病危之时,嘱咐几个儿子道:"你们兄弟之间要互相勉励,不要忘记先人的德泽。"

陈　质（？—1469）

陈质，字文彬，上海人。宣德四年（公元1429年），以进士身份拜授监察御史。陈质风操凛然，论事断狱，即使权贵也不敢反对他。累官至云南按察副使，在山东左参政任上退休。陈质为官四十年，清廉谨慎始终如一。家居时杜绝请托歪风，即使亲戚故旧也不敢求他有所徇私。成化五年（公元1469年）去世，享年七十五岁。

蒋性中

蒋性中，字用和。其祖先原是华亭人，后迁徙上海。蒋性中宣德二年（公元1427年）进士，因病告假而归。有司依据先例，为他立表于门。当时罂窦湖长久以来影响行人通过，蒋性中说："与其荣耀我家，不如有利我家乡。"于是用原来在其家门立表的费用在湖上造了一座石桥，以方便过往行人。后来官拜兵科给事中，提议节约粮食以供养兵士。升任江西右参议，论述减免赋税应当公平于一方，不能偏私于一县。他的建议当时都被采纳。后因病请求退休，连续上书四次才获准许。

蒋性中自幼恭敬谨慎，做官后，在家居期间仍常亲自耕种田地以赡养母亲。常闭门寡出，不以私利与人交往，他的人品深受巡抚周忱的推重。晚年更为谨慎，修身治家，常恐有误，当时人们称他为笃行君子。

陈　敏

陈敏，永乐（公元1403年—1424年）年间以善于书法而被征召，任四川茂州知府。该州境内百姓缺乏礼仪，混杂居住，一向难以治理。陈敏宣扬德政，百姓莫不感化。治理茂州二十余年，威惠大行。任期已满，州人要求留任。升为四川左参政，仍执掌茂州之事。同事中妒忌他的人很多，被按察使张淑所弹劾，被罢官。他去世后，百姓为他立祠祭祀。

顾子昇

顾子昇，华亭横云山人，通晓《九章算术》。永乐四年（公元1406年），召他到京城，测试他的技艺达到高等，授予他户部令史（户部，中央政府六部之一，掌全国土地、户籍、赋税、财政收支等事务，长官为户部尚书。令史，六部低级事务员之称）。永乐十四年（公元1416年）被授福建泰宁县丞（县令的佐官），因年老而要求辞官退休。

顾子昇的曾孙顾曦，能传承家学，在诗歌创作方面也颇有名气。

李伯玙

李伯玙，字君美，上海人。宣德元年（公元1426年）中举。历任桐庐、山阴训导，秀水、安福教谕。他始终以道义教人，凡是贫困而好学的生员，都供给衣食。如果不遵守教规，就不让其入学。原先桐庐县无人能中举，李伯玙上任后，赏识尚处少年时代的姚夔，说："有姚夔一人就足够了。"给他讲授《春秋》。不久，姚夔科举登第。有人曾说过："这里的风水不利于科举考试，请迁徙校址。"李伯玙说："科举考试成功与否只取决于教师的教和学生的学，姚夔登第就是证明。"终于没有迁徙校址。后来该县学成而入仕者接连不断。不久，李伯玙升为淮王府左长史，跟从淮王去朝见天子，左右人员请他向皇帝求情，他不同意，说："君臣之间，有恩赐而没有求情。求情则轻慢，轻慢则不敬。"王府里派使者去入贡（进献贡物），路上与一县令争吵，诏命将这县令关入监狱，而将使者释放不予追问。李伯玙提议处罚这使者，以惩戒后人不再生事。有一校官触犯了淮王，将他加了桎梏示众。李伯玙请求依法处置，保全了他的生命。淮王有病，左右之人请施舍僧人以祈求福，李伯玙说不如放贷丁役钱给卫士。淮王同意他的主张。成化九年（公元1473年）去世，享年六十八岁。有《文翰类选》一百六十三卷刊行于世。

李伯玙有李澄、李清两个儿子，都登进士第。李澄字希范，官至福建左参议。禀性恬淡宁静，有操守，不争名利，有古人风。李清字希宪，官至湖广右布政。坚守节操，正直谨慎。任南京刑部职时，因母丧期满而去吏部等候选派，尚书姚夔为了报答其父李伯玙的教育引荐之恩，要将李清留下，李清婉言谢绝，说："多蒙您的厚意，知情者说您自己要引荐我，不知情者会说我向您求情而得。"姚夔赞叹说："李希宪乃是一位真君子啊！"兵部议仪真守备时，李清独荐都指挥都胜一人清白，请留用。他的人品由此可见。

郭　纶

郭纶，字用言，华亭人。魏骥任分教时，非常喜爱他。应城生员，历经十二次科场考试，皆无人中举；郭纶入教应城，两次科考就有六人中举。

升任日照县令，在任四年，不愿为获取政绩而愚弄民众，一直致力于农耕和教育，使民风淳厚朴实。一有空闲，就召进诸生（在学之生员）予以授业，士人勤学，民众安宁。

最后去世于任官期间。从祀（即配享，附从于主祀者）于上蔡先生祠堂。

张 璿

张璿，字瑞玉。其祖先是扬州人，随宋南渡，徙居华亭。张璿自幼刻苦学习，宣德八年（公元1433年），以进士乙榜（乙榜，这里义同副榜。科举时代，会试分正榜、副榜。正式录取的名列正榜；在正榜之外，另取若干，名列副榜）授山东黄县县学训导。他身体力行，率先垂范，使众多黄县士子成名。后升任淮府纪善。因儿子张鎣显贵，封监察御史，进都察院任右副都御史，最后被赠太子少保、刑部尚书。

张璿事亲至孝，居丧尽礼，蔬食达六年之久。居家靠近墓地，早晚常到墓所拜跪哭泣，闻者感动。家居二十年，非公事不入城府。

张璿之子张鎣按察江西，将安福县令从冤狱中救出来，这位县令托乡人携银三百两向张璿祝寿用以报答，张璿厚待祝寿者但不收钱财，士人评论张璿品德高尚。

张 伦

张伦，字文简。居于七宝镇，以气节自豪。喜欢读《左传》及历代史书。看到具有志气节操之士则欣然爱慕之，有古代侠士的刚烈遗风。宣德（公元1426年—1435年）年间，随同郡府同知马君解送税粮十万斛前往徐州。监管收纳的中贵人以粮仓已满而拒绝收纳。郡府同知无法可施，张伦于是身穿宽大的儒士衣服入见中贵人道："人们说平江伯（平江府太守）没有良谋，果然如此。如今统率十万人治理河流，浅处仍然没有疏通。如果以十万人修筑城墙、疏浚护城河，扩建仓库用以接纳南方运来的粮食，待水涨高后迅速北运放入京师粮仓，这是可行之计。将十万斛粮食放入草野之外，如果遇到兵变，不是将这些粮食资助敌人吗？"中贵人听了张伦的言论，深觉惊惧，于是合并粮仓，设法贮存，事情得以解决。

正统（公元1436年—1449年）年间，都御史周忱为人严厉，王别驾掌管二十万石粮食，不敢缴纳。郡府太守赵侯命张伦星夜奔驰南往，以富有奇谋而又谦恭婉约的言辞使周忱收敛威严而收纳了粮食。其慷慨击掌，言语微妙，能使人倾听。

起初周忱巡抚江南，苦于缺乏良好的征收、运输粮食的办法。张伦献策，建议在河流边建立中途寄存粮食的仓库，都称方便。张伦在周忱的衙署以供其咨询商议达二十年，周忱将他比作永乐年间叶宗行类的人物，并引荐他做官，但他推辞不应。

晚年隐居家里，还忧心吴淞蒲汇淤塞，连年农业歉收，民众受难。为此又上疏，朝廷命知府叶侯聘请张伦具体办理此事，疏通河道，以通潮汐，堪称布衣英豪。

他家有美好的园池、成荫的竹木,人称“园上张”。

儿子张龄,乡试中举。

钱 溥(1408—1488)

钱溥,字原溥,号遗庵,华亭人。正统四年(公元1439年)进士。作《蔷薇露》诗获好评,任命在内书馆任教,授翰林检讨,选拔为春坊左赞善,仍兼任检讨之职。撰修《寰宇通志》成功,升为左谕德,兼任编修。天顺元年(公元1457年),改任尚宝司少卿,升为侍读学士,为《大明一统志》副总编,赐二品服,任东宫讲读官。天顺六年(公元1462年),钱溥奉命出使安南国,赐一品服。天顺八年(公元1464年),受内侍王伦牵连,出任广东顺德知县。成化二年(公元1466年),官复原职而闲住在家。成化九年(公元1473年)起执掌南京翰林院事。任期满,赴京城,选拔为南京吏部左侍郎。成化十五年(公元1479年),入宫祝贺皇帝生日。不久他要求辞任。朝廷命令他以吏部尚书退休回家,补授其一个儿子为国子生。成化二十三年(公元1487年)升为荣禄大夫,再补授一个儿子为国子生。弘治元年(公元1488年)五月去世,享年八十一岁。赐谥号为文通。

钱溥年少时就有文名,进士及第后,声誉更盛。曾上书论述杨士奇的学识,受到杨士奇的赞许。在居父丧期间,与巡抚周忱论便民条约,又以文书形式发往侍郎李公论述积荒、召佃、煎盐、水次仓四事,其意见大多被采纳实施。在其顺德知县任上,释放囚犯,抚恤流民,尤多善政。明英宗复位,许多大臣受赏,钱溥对兵部尚书陈汝言说:“当时如果没有皇太后的亲笔诏书,那曹、石二人怎敢带兵进入宫禁?应当将主要功劳归于太后,给她一个尊号。”陈汝言入宫如此说了,明英宗赞成这一主张且立即实施。后来加以询问,知道这主张出自钱溥,于是又授他学士之诏命。出使安南时,与礼部论述发送公文不应该与内臣(多指宦官)同行礼,皇命诏书与内臣文书宣读时应分清先后。到了安南,与内侍王伦论述郊迎之礼。王伦理屈辞穷,都照钱溥之见而行。出发前,王伦赠予路费,钱溥不受。陪臣为此入奏,后以皇上之命让钱溥接受。当时人们认为他做得适当。

钱溥前后五次主持科举考试,所以门生满天下。文章富丽,至老不衰,四方求请作文者接连不断。

钱溥曾和苏轼《念奴娇·赤壁怀古》,词前有序,云:“小横山在横云山东,……上多叠石,多万年松。……由绝顶至东北,皆峰峦隐起,壁立数仞,色尽赭，游人呼为‘小赤壁’……前有石，可踞而坐。下瞰小涧，亦九峰奇绝处也。”词曰：“三江既入，到今来，谁是风尘表物？秀列九峰非夏口，亦有丹崖翠壁。烟锁平原，云横积石，欲吊情何雪！时归典午，可怜失此双杰。　　何异孟德当年，艨艟蔽岸，一炬东风发。万古功名同一梦，只有文章难灭。夜静江空，犹闻鹤唳，耸起人毛发。坡仙如在，要分两处风月。”据传，词作毕，曾说：“可惜苏老先生没看到晚生五百年后的这首词。”

钱溥还善书，楷、行、草俱工，属宋克一派。名山胜境，到处都有他字迹的镌刻。他尤其善于交际，不论贵贱，与他相见都感到愉快，所以人们都倾心仰慕他。

钱溥弟钱博，另有传。钱溥孙钱启宏，官至刑部主事。

钱　博

钱博，字原博，钱溥之弟，时称“二钱”。正统六年（公元1441年）应天（即应天府，今南京市，为明朝初年都城，明永乐十九年迁都于北京）乡试第一名，正统十年（公元1445年）中进士，授官南京刑部主事。当时监狱中瘟疫蔓延，难以制止。钱博向来懂得医学，亲自调制药剂治疗，囚犯赖以保全生命。后升为员外郎中；又选为四川按察。能提振风气，严明纲纪，一洗多年积弊。后遭遇诬害被捕，不久真相大白，恢复官职南还，暂住鲁桥，因病而逝。

钱博在刑曹（主管刑狱诉讼的官署）任官十余年，公正议罪，平反冤案，不少人赖以存活。

钱博善作古文词赋，更喜楷书行草。明朝楷草推三宋（宋克字仲温、宋璲、宋广），首称仲温；二沈（沈度、沈粲）、两钱承之。他也通晓医学、占卜、阴阳诸书。与人交往，讲究诚意。人有患难，他能急于相救，所以人们喜欢与他结交。

侯　荩

侯荩，字进忠，华亭人。景泰（公元1450年—1457年）末以乡贡（由州县挑选出来可参加京都礼部考试者）参与吏部考试，尚书王文端特别赏识他的文章，将他选拔为第一名。授襄阳府同知，改任处州长官，附属县有龙泉、庆元。

侯荩在任期间，有人盗窃矿产，据山作乱。中官卢永提议发兵剿灭。侯荩说民众因贫困而盗矿，并非有意作乱。他亲临其地，告以利害关系，民众感激，自动解散。

侯荩晋升河东盐运同知。盐池原来没有围墙，亡命无赖之徒杀人抢劫，有司无法阻止。侯荩制定禁令下达施行，盗贼遂息。连日下雨，盐池外溢，相传钱荩斋戒祷告三日，天遂放晴，而池外十余里下雨如故，人们以为这是钱荩至诚所致。

钱荩有钱方、钱直两个儿子，都考中进士。钱方，字公矩，有文名，官至湖广佥事。钱直，任广西参议。

李　桓

李桓，字廷臣。李志云的儿子。六岁能写诗，出语不凡，人称神童。正统九年（公元1444年），乡试中举，后选任为南京前府经历。成化（公元1465年—1487年）年间，任处州知府，断案如神。

李桓任官期间某一年，在矿上服劳役的刘尚庆等人盗窃福建矿藏，官军追拿，刘尚庆等人聚众三千多与官军抵抗。李桓按抚捕捉，讲究策略，活捉盗贼头目，而宽宥胁从者，这场闹事才被平息。藩镇长官推崇他的功绩，重加奖赏。全郡每年要收税二万余两白银，百姓都被迫借贷，但仍交不清课税。李桓予以实地调查，发现明初原有七十二矿，现在只存三十五矿，于是他立即上奏朝廷，减免一半税收。百姓对他感恩戴德。调任汀州知府时，郡城毁坏已久，虎入为患。李桓写檄文通告城隍神，数日以后，发现老虎死于城隍庙下。府内长汀一县，外逃户口份上的五千余石粮税收不起来，要由里甲（农村基层组织的小吏役，如后来的村长、甲长之类）代交，他们即使卖儿鬻女，也无力交纳。李桓调查后说："百姓有逃亡，难道田地有逃亡的吗？"清查承种之人，得粮税三千八百多石。

他有十件奇异的善政，地方人士刻石纪念，两台奏请朝廷表彰他的不凡功绩。

后因病要求辞归，从此足不入官府，乡饮酒礼选他作为大宾（古乡饮酒礼，有大宾、介宾、一宾、二宾、三宾、众宾及大僎、二僎、三僎之名。一般选择年高有德之人为大宾）予以邀请。七十一岁去世。

宋　琛

宋琛，字克纯，号南朝，华亭萧塘人。少年时游学京师，跟从岳父吏部郎俞宗大学楷书，学成后又跟从翰林曾鹤龄学举子业（也称举业，指科举时代专为应试的学业）。

正统十年（公元1445年）中进士，拜授御史之职，屡次评论政事。都御史王文常指责他说话不谨慎。按照惯例，御史若要上疏，都要先请示御史长官（即文中的都御史）。宋琛曾以上疏之事请示王文，王文笑着对他说："您又要有所言论了。"说罢拿来一看，竟是弹劾自己的疏文，于是大怒，抗疏自辩，且对宋璪深加诋毁，致使宋璪被贬谪为安福县典史。

天顺（公元1457年—1464年）初，王文被诛戮，起用宋璪任大庾县令，又调任新淦县令。

不久，宋璪因病辞官归家。每日管理山丘田园，多种佳菊，又自号菊存。如此优游数年而去世。

宋璪任御史期间，他家养的牛曾踩踏柳氏田里的庄稼。柳氏打死了牛，并派遣子弟辱骂宋璪家人。而宋璪告诫自己家人，不要出去与柳氏子弟争斗。柳氏有个精神不正常的儿子，醉骂好久，跌入水中。宋璪命人将他救上岸来，换上了自己（指宋璪）的衣服，迎他坐上贵宾的席位，然后请牧牛儿鞭打他。随即用轿子将他送回家，此时他父亲及其他老人都十分惭愧。当时人们称宋璪为长者（德高望重的人）。

姜 清

姜清，字克澄，华亭人。作为一名诸生（明清两代称已入学的生员为诸生，俗称秀才），每次考试总是第一名。当时正逢庐陵孙公鼎执教松江，门下有十才子，姜清与周舆名列前茅。

正统三年（公元1438年），姜清乡试中举，任临潼教谕，去世于任上。

他律己方正严格，一点不肯马虎草率。对于教学训导严格规范，为之临潼人都知道勤奋学习。

姜清是清朝内阁中书姜云龙的七世祖。

薛 骥

薛骥，字元德，华亭人。正统六年（公元1441年）举人，先官拜御史，后贬谪为永新县令。为官清廉贤明，豪强敛迹，不敢逞强，贫弱者赖以生存。因为不愿依附权贵，被阻塞仕进之道，解职归家。平阳县将他作为名宦祭祀。

孟 阳

孟阳，字文昱，华亭人。正统六年（公元1441年）乡试中举，进入国子监，祭酒李时勉对他极力推荐奖掖。随即官拜御史。当时北方边境少数民族侵犯山东，人情慌张不定。孟阳巡按其境，勤勉安抚教谕，民心才安宁。他打击贪暴，明辨疑狱，裁断严明，见识卓越。

孟阳在京都去世，钱溥为他撰写墓志铭。

徐 观

徐观，字尚宾，华亭人。年少工于诗文书画。正统六年（公元1441年），乡试中举，入国子监，才名更加显耀。交南（交南，指我国古代交趾、安南等南方边远地区）、朝鲜使者来明朝贡奉，以购买徐观的书法作品为荣。

授官武选司主事，此职一向公事纷繁，且相互牵制难办，检察核查，研究商讨，往往滞留十多天才办成一事。然而徐观上任，白天坐在厅堂上当场办事，与当事人酬对应答，如音响般快捷准确，以往滞留难办之事，在他手里一洗而空。闲暇时则高吟诗词，挥笔疾书，索求他诗文墨宝的人纷至沓来。同僚叹道："尚宾形如老鹤，才如涌泉。"

徐观退休回家。他的父亲竹庭还健康。他每日孝事老父，使其欢乐。更多方购买书籍、字帖、名画，以及钟鼎、美石、奇花异草。

父亲去世，将下葬，却适逢下雨不止。于是他焚香拜跪于庭，一连数日。到出发下葬之日，果然雨停转晴，人们以为这是他的孝心感动了上天。

夏 寅

夏寅，字时正，后改字为正夫，号止轩，华亭人。幼年就很聪明，有大人的志气，每天记诵数百言。稍长，更尽力于学习。正统十三年（公元1448年）进士，景泰（公元1450年—1457年）初拜官南京吏部主事，升任吏部郎中。每天取群经及百家言诵读，日积月累，学识渊博，所写文章，恢宏奥密，不入流俗，自成风格，蜚声遐迩。由稽勋郎中拜授江西按察副使，专门执掌学政。推崇实学，废弃浮华，慧眼识人，士人经其赏识荐举，后多成名。还恢复文山祠，修葺白鹿书院，修筑陶侃读书台，以教化勉励年轻学子，颇为江西百姓称道。后升浙江右参政。浙东处州一些百姓，苦于虐政，逃入山林，相聚造反，朝廷招之不听，说："除非夏参政来才归顺。"夏寅作檄文传送过去，这些相聚造反的百姓就散伙回家。成化二十二年（公元1486年）升任山东右布政。礼贤下士，爱民节用。下属中有人建议兴建土木，他不予采纳，以防劳民伤财而引起民怨。弘治元年（公元1488年）二月去世，享年六十六岁。

夏寅平时以诸葛亮、范仲淹、文天祥为榜样。他关心时政，闻朝廷有善政则喜形于色，有弊政则终日不乐。曾上疏论述国家之势在于离合，合则安定，离则瓦解。当时两京（南京与北京）并建，其势宜常合以控制天下。徐州地连山东，土地贫瘠，百姓饥馑不堪，夏寅提出宜予赈济抚恤；山东临清乃南北咽喉之地，一旦政令在此梗阻，则事关全局，夏寅提出宜选有威望的大臣镇守二邦，训民屯田，以引领天下形势。朝廷议政，肯定夏寅的主张，拿出白金四万两赈济徐州，命都御史贾俊镇守临清。吴中因旱灾而饥荒，有司瞒报，夏寅投书巡抚，开国库拿出粮食二十万石，粜十万石，三吴民众得以救济。夏寅所论，诸如文庙礼乐之数，正风俗、立纲纪、崇文化、作人才之类，都抓住了为政的根本，即使一时不能全部实施，但有识之士都赞同他的见解。

夏寅一生诚实正道，没有党派之私。自从进入官场，为郎二十年，为副使十六年，从未有因一时不顺而屈降自己的志向。夏寅曾说为人有三可惜：此生不学可惜，此日闲过可惜，此身一败可惜。世人视为名言。

夏寅有诗名。陈田《明诗纪事》收录其诗二首（《金精山》、《送王给事》）。他过彭泽时，曾赋诗曰："县楼寂寂枕江声，五里荒山二里城。彭泽到今更几令？县人开口说渊明。"（见敖英《绿雪亭杂言》）著有《纪行集》、《备遗录》、《政监》、《东游录》、《史咏》等，都流行于世。

周 與

周與，字廷参，他的祖先是汴州（旧时称开封为汴州，因汴水流经此处）人，始祖任宋朝团练使（官名，掌正规军之外的地方武装）；到了元朝，祖上有在南方做官的，于是就迁家居于华亭。

周與年少时性格安静，只是专注于求学。长成后，书无不通，尤精于史，皆能默记不遗。庐陵孙鼎任教松江时，门下有十位才子，而周與高居首位。正统十二年（公元1447年），被推荐到南京太学，又居第一。不久登进士第，任翰林编修。因其母亲去世，守丧三年，足迹不入城府，也从未因贫苦而忧戚。当时人们谈论品行优异、学问渊博者，当首推周與。

周與四十六岁去世。其子周佩，也登甲科（明清通称进士为甲科，举人为乙科），在刑部郎中任上退休归家。

朱 允

朱允，字克信，上海人。景泰元年（公元1450年）进士。官至平乐郡太守。中途又任连州太守，人们将他看作包待制(即包拯，曾任天章阁待制和龙图阁大学士，世称包待制、包龙图)。征伐南方少数民族部落有功，御赐银牌、綵币。著有《牧民集》。

他的五世孙朱正色，万历十七年(公元1589年)进士，为人正直，恪守礼仪，历任浙江、山西宪副。

张蓥

张蓥，字廷器，张璹之子。胡须修长，身材高大，襟怀坦荡，为人正直，不以富贵骄人。明英宗正统十三年(公元1448年)进士，被授任监察御史，明英宗天顺二年(公元1458年)，任江西副使，五年后被命为江西按察使，调陕西布政史。明宪宗成化三年(公元1467年)，以右副都御史巡抚宁夏。累官至刑部尚书、太子少保、南京兵部尚书，参赞机务。他经历明代三位皇帝的任期，共四十六年，凡所设计安排，都能圆满完成，有功绩而不骄不躁，稳重踏实，到老不变，时人认为难能可贵。

张蓥禀性至孝，任都御史时，逢父丧。当时他也已年老，但早晚祭祀，必亲自奉行；跪拜哭祷，祭罢方止；如此三年，无有稍懈。任尚书时，逢母丧也这样。与弟弟张銮友爱情深，或偶有嫌隙，则流泪自责，所以弟兄和睦。明孝宗弘治六年(公元1493年)去世，被赐赠荣禄大夫、太子太保，谥号庄懿。

相传张蓥居家乡时，常过一小石桥，桥下一卖茶叶的小贩，见张蓥轿子经过时，总恭敬地站立一边，等轿子过后再继续卖茶。买茶的人见他只是站立着恭候轿子来去，就催着要买茶叶，他说："张老爷有大德，作为与他同乡之人，应把他当作神明一样！"张蓥后听闻此事时感到不安，对家里的晚辈说："他如此待我，我实在担当不起啊！"

张璞

张璞，字廷采，华亭七宝人，别号友山。年少时有志刻苦学习，耕种田地时，总将书籍带在身边。博览群书，广泛研究。工诗善画，而尤其精通《周易》。正统(公元1436年—1449年)年间以松江府学学生的身份被选拔进皇室贵族子弟就读的国子监，被授陈州学正(官名，掌学规、考教、训导)。因母亲去世而守丧，守丧期满，改任沂州学正。原来沂州学科目(分科取士的项目)久缺，无人能中举，然而张璞上任后，一次乡试就有两人中举，且沂州的士人大多能写诗，这些都归功于张璞的教导。祖父生病，为侍候祖父，他劳累得蓬头垢面，手脚皲裂生茧，衣不解带一个多月，乡人都称赞他。一次从京都回来，同一船上有人生病，众人都想将他放到岸上去，张璞说："如果将他放到岸上必会死去。"随即给其费用且加以扶持护理，将要分别，又为该病人另外租了船，竟连自己姓名也不说。他的厚德善行就是如此。张璞在家乡躬耕陇亩，常手执一编以自随。他著《易髓》一卷，将原来占卜的繁琐方法尽数删去，直接依据八卦原理，内卦外卦互相制约，从而使占卜简单易行，且多应验，明智的人都推重这种方法。

清代顾嗣立《元诗选》收张璞《和孤云处士蜻蜓诗》："翠华销尽厉猋吹，四翼低飞两眼皷。秋去藕花摇落久，也愁点碎碧琉璃。"

徐　彪

徐彪，字文蔚。起初侍奉父亲徐叔珙于秦地（今我国陕西一带），所客居之屋舍是许鲁斋的遗址，秦王题其斋为"鲁庵"，秦中的人们于是就称他鲁庵。晚年自号"希古生"。

正统（公元1436年—1449年）年间被推荐进入太医院，受诏命到云中郡给广陵王治病。广陵王病于肿湿，徐彪用药不到半个月就使痊愈。不久又受命给昌平侯杨洪治病，杨洪已濒临死亡，徐彪治疗不到十天就使病愈。因此受到皇上赞许，留下来掌管御药，升任御医。景泰二年（公元1451年）升为院判，官阶承德郎，每日侍奉于宫禁之中，恩宠赏赐丰厚。

皇上曾问药性快慢，徐彪回答道："药性如同人性，与善者相处，千日而不足；与恶者相处，一日而有余。"问养生，回答以"固元气"。他就是如此随时献纳忠心。景泰六年（公元1455年），参与修撰《中秘书录》。

徐彪禀性朴直豁达，善于言谈讽议。晚年辞官归家，以诗画自娱。著有《本草证治辩明》十卷，《论咳嗽》、《条伤寒纂例》各一卷。

儿子徐璒，为国子监生。

俞　寰

俞寰，字允宁，华亭人。个性朴实沉静，喜好读书，精于词赋，医药、占卜、弹琴、篆刻，无所不通。然而不求别人知道，安贫乐道，终生不入城市与官署，所以也很少有人了解他。世风日下，士大夫都沉溺于名利而失却本性，为脱羁避害而隐居山野，俞寰这样的人也足可推重了。

卫 颖

卫颖，字源正，华亭人。都督卫青第二个儿子。正统四年（公元1439年），上京师。卫颖额头宽广，脸颊丰满，声如洪钟，成国公朱辅觉得他相貌不凡，选他带领山东漕运兵卒，又改领京营士兵，又通过骑射、谋略测试，选拔为山东都司指挥佥事。己巳之变（指正统十四年即公元1449年，明军在土木堡大败，明英宗被蒙军也先俘虏之事）时，应诏进入卫所。尚书于谦推荐卫颖，进任都指挥同知。这年冬天，敌虏首领也先入侵。卫颖率兵迎击于黄花镇、白羊口，又分担守卫西直门，连续战斗数天。又奉命辅助石亨统领京营诸兵，以功绩授都督佥事。敌虏退去，卫颖升任都督同知，赐予蟒袍、玉带。又与都御史俞士悦查检兵籍，收编散卒，制造器械。景泰三年（公元1452年），带兵出驻宣府。第二年被召回，重又统帅京营诸兵。

明英宗复位，卫颖进任左都督，执掌前府事（明代军卫制度，中央有五军都督府，分左右前后中），兼领禁卫（保卫皇宫的卫士），每天供给酒菜，赐宝刀、精米，与兵部一起检阅禁兵。因有迎接明英宗进京入朝的功劳，封为宣城伯，食禄一千一百石，明英宗亲自颁发赐封文书。

天顺二年（公元1458年）任命为平羌将军，镇守甘肃。适逢西方少数民族大举进犯，众人都说不宜轻动。卫颖激昂地说："不将敌兵的气焰压下去，如何能守住此城！"说罢率军击鼓而进，连续十二战，击退了敌兵。正逢朝廷臣子厘正封爵之事，明英宗认为卫颖刚担任边防守卫，官爵仍然不变。

天顺五年（公元1461年）又于凉州大破诸番。都督毛忠被敌虏包围，卫颖冒矢石往救，使全军将士得以生还。

天顺八年（公元1464年），西宁番把沙作乱。卫颖率众深入，擒斩俘获一千七百余人，马牛器械无数。又请立儒学（元、明、清于各府、州、县设立学校，设儒学教授、学正、教谕及训导之职，掌教诲所属生员），建置文庙和学田（其收入用于教学的农田），教人医学，这些举措都是前所未有的，西部边远地区的人们对此十分感激。

明宪宗登上皇位，将卫颖召回，命掌左府事，调任前府。因河西战功，每年加俸禄百石，赐予可世袭的伯爵，授征虏前将军，镇守辽东。女直（即女真）毛怜侵犯边塞。卫颖在险要之地设置伏兵，追回毛怜掳掠的物品，朝廷下诏奖励慰问。后因身患疾病，召回京师府第。又命管理后府事。不久又命他守备凤阳，又调任掌管南京后府事。协助训练京营士兵，兼管练习水战。

卫颖连续上疏因年老而需退休，于是被召回京师，奉朝请（古代对退职大臣的特殊待遇，使其能参加朝会）。十七年后去世，享年八十八岁。赠宣城侯官衔，谥号壮勇。

张 骏

张骏，字天骏，号南山，华亭人。十岁能写诗，长成后工于书法，行、草、隶、篆，入妙入神，与东海张弼齐名，当时号称“二张”（张骏草书宗怀素，得其龙蛇战斗之势；但论者病其伤于雕琢，故居东海之下）。景泰四年（公元1453年）乡试中举，成化（公元1465年—1487年）初，选任中书舍人，当值文华殿，办事、应对多符合明宪宗旨意，赏赐十分优厚。明孝宗时，命他书写《风入松》词，写成后赐给他羊肉美酒。升太常少卿，又晋升为光禄卿。修撰《诗海珠玑》，书成，诏命进官一级；考试第一名，福荫一个孙子。后因腿足有病，上奏章乞求退休，皇帝命乘公车而归。一年以后，官复原职，特免朝参（官吏上朝参见皇帝），仍令他在文华殿供职办事。正逢有人进呈《通鉴纂要》，朝廷命张骏等人再次誊写此书。

晋升礼部尚书时，他年已八十，又乞求辞官归家。朝廷恩准，用公车送归，每年用车子赐予粮食。去世后，特赐祭祀。

张骏禀性至孝，侍奉守节的母亲胡夫人十分谨慎。他的叔父张玑、张珩相继夭亡，婶母瞿氏、杨氏年轻守寡。张骏养护安慰，使她们保全节操。三母（张骏的母亲胡夫人及他的两位婶母瞿氏、杨氏）都年轻丧夫而终年守节，朝廷表彰为“三贞之门”。

张骏的后代张翼轸登万历二十六年（公元1598年）进士，授予官职。

吴 玘·吴凤鸣·吴凤仪

吴玘，字仲玉，华亭人。景泰五年（公元1454年）进士，官拜监察御史，升陕西副使，后又升至云南布政使，最后官任顺天府尹。

他个性严肃坚毅，与人不讲客套，唯重礼法。廉直无私，从不曲意奉承。为政颇有声誉。任顺天府尹的时候，权贵之人有求于他，他一概拒绝，为此被罢官回家。不久去世。

吴玘有两个儿子，分别为吴凤仪、吴凤鸣。吴凤鸣，字应文，古貌长躯，胸怀坦荡，志向远大。年少时随父亲赴陕西，学习处理边防之事，志在建功立业。读书不拘泥章句，作文豪放有气骨。成化十七年（公元1481年）中进士，任枣强县令，盗贼闻风敛迹。因其能治政，调任武强县令。去世时年仅二十九岁，缙绅之属皆为其痛悼叹惜。吴凤仪，善于相人以测吉凶。吴玘在外台（即内阁）有名声，循次当为都御史，吴凤仪说：

“我父亲最后不任此官，我弟弟如果寿命长一些，其官位不止于此。”他相术十分灵验，自知寿命不长，每次照了镜子就不愉快，果然于三十六岁去世。

张 祚

张祚，字永锡，号乐善，华亭人。景泰五年（公元1454年）进士。被任命为山东道监察御史，善于裁断。天顺元年（公元1457年），因父亲去世，回家服丧，期满，被选拔为广东副使（地方长官的属官），富民袁氏兄弟为争田起讼，张祚反复劝导，让袁氏兄弟心悦诚服，并自愿交纳千石粮食，以赎过错，张祚将粮食用以赈济灾民。后又逢瑶、壮民众作乱，朝廷派韩士毅前往征讨。张祚作为韩士毅的幕僚（地方军政长官衙署中参谋、书记、顾问之类的官佐），与他共谋策略，大破贼巢；韩士毅性格刚烈，杀戮大批俘虏，张祚积极进言，宽宥数万胁从作乱者。此举受到朝廷重赏。正要重用他，却卧病不起，请求还乡。

郁文博

郁文博，字文博，上海人。景泰五年（公元1454年）进士。选任御史，有正直的声誉。升任湖广宪副（即副巡按御史），抚按南蛮寇盗，使三十多万百姓免遭生命丧亡。他为官清正耿直，不妄取百姓一钱尺帛。他的妻子儿女穿破旧衣服、吃粗糙食粮，处之泰然，毫不计较。曾有老仆人夜里侍候他，忽然哭泣，说：“主公您能一直做官吗？家庭生计一天不如一天，为什么不为子孙多考虑点啊？”郁文博生气了，说：“我如同贞洁的妇人苦守贞操，现在头垂白发了。你想要玷污我，使我子孙成为贪官污吏的后代吗？”说罢即拿起戈矛扔向老仆人，老仆人连忙避开。

张 畹

张畹，字茂兰，号草草，华亭塘桥人。纵情好学经典史籍，又通晓占卜医学之术。景泰五年（公元1454年）中进士，官拜南京刑部主事。当时正发生旱灾，狱卒有吃草根而饿死的。张畹说：“重囚尚且供给他衣服和食粮，狱卒有什么罪反而被饿死！”他命令将囚饭加水煮粥，以草为蔬菜，让囚犯和狱卒一起吃。除去狱中积弊，囚犯没有无故而死，不少冤屈者得以平反。

张畹后升任四川佥事。正逢西蜀盗寇蔓延，他文武兼济，威德并用，出入戎马，贼寇首领或被杀，或投降，盗寇骚乱得以平息。

仙泉、永通灶丁(煮盐为业的人)五千多人盗窃官盐,吏役无法禁止。众人提议出兵围捕捉拿。张畹说:“战事刚定,若出兵捕捉,会激化事态,对方小则占据山野草泽为寇,大则拼死抵抗官军。”说罢他单骑进入盗贼住处,对他们说:“你们虽然盗窃公家财物,但依法可以赎罪。为首的可以自己主动出来投诚,交代罪行。”他又数次暗中派人深入贼寇,劝诱晓谕,贼寇首领果然自己出来投顺,其余为盗之人都由张畹去打发散伙。那些曾盗窃公物的灶丁都感谢张畹给以新生,向他焚香顶礼膜拜者接踵而来。

张畹随即掌管建昌等六个军事卫所,清查粮饷旧额,凡是向豪门大族夺来的粮食悉数归还。险要关塞堡垒依次修筑坚固。往来抢劫的马贼,桀骜狡猾,以往都违抗召谕,不肯出降。然而慑于张畹的声威,都应召而至。数十年来积聚的仇杀宿冤,都听从他审查办理,美好的风气渐渐恢复。

张畹有军功,但他不愿封功进爵,他说:“军中战士出死力,我们安然分享他们的功劳,以后怎能督促他们拼命效力?”人们都认为他了不起。后来由于违逆了权臣的意图,辞职归来,去世于家中。

王 绩

王绩,字公伟,华亭人。景泰五年(公元1454年)中进士,授行人(古官名,掌朝觐聘问。明代也设行人,掌传旨、册封等事),曾任常德知府。为人清白廉洁。一年大旱,他竭诚祈祷,亲自到龙门洞,引绳自下,直达洞底,于是天降大雨,百姓喜悦,十分感激王绩。

王绩为父亲守丧满三年而去上任,在途中去世。他为官清廉,身无余钱,妻子儿女不能返乡。同知胡琮及百姓纷纷提供财物帮助安葬他。

戴 春·戴 曦

戴春,字景元;戴曦,字景晖。上海人。同受业于编修周廷参之门。景泰元年(公元1450年),兄弟一同应试,县令侯公开玩笑说:“兄弟都读书中举,谁来充当徭役!如果真的应试告捷,我为你俩建造‘联桂坊’。”这年兄弟二人果然同时中举,县令为他们建立牌坊。

天顺八年(公元1464年),戴春中进士,差往浙江任纂修实录。授南京考功主事,历任员外郎、郎中,升顺庆守令,未上任而去世。

戴曦学识优异,才思敏捷;外表坦荡,内心严谨。授中书舍人。升南刑部员外郎,去世于此任上。

袁 恺

袁恺,字舜举,他的祖先是安丘人,后占籍华亭。袁恺小时候家境贫困,自己要求学习,钱不够,经常出去做些商贩,这都不为人知道。二十七岁以后,才停止商贩,励志读书,进入府学成为弟子员(生员)。教官因袁恺入学晚而轻视他,他却毫不介意。不久进士及第,授刑部主事,推总三法司事(官职名),升江西按察佥事,改任广东。所到之处,都有美好的声誉,这时人们才觉得他不平凡。

江西叛乱者围困西贵县长洲村,袁恺率兵前去捕捉。当时叛乱者气焰嚣张,有人劝袁恺稍加退却,袁恺下马命令说:“我在此,你怎敢不尽力!”呵斥战士奋力进攻,取得了胜利。巡抚叶文庄知道他有才能,委托他起调狼兵(广西等地的土司之兵),狼兵慑于他的威势不敢放肆。又被请率领偏师驻扎全州,监督军饷,协助梧州总府,多有功绩。都御史韩雍征伐大藤峡,袁恺披甲戴胄,冒矢石从行,当时人们都赞叹他壮健勇武。贼军被征平以后,论功行赏,他受宝钞、文绮之赐,提升为广东按察使,进为右布政使,改任云南左布政使,未上任而去世。

袁恺为官三十年廉洁不谋私利,家无余财,去世之日,家徒四壁,令人感慨。在乡里朴实自然,不以势位自居。出入乘小船,带一两个仆人,完全不像一个贵人的模样,人们为此而推崇他。

袁恺之子袁珮、孙袁瓒,都因善于书法而得授中书舍人之职,效劳于文华殿。

唐 瑜

唐瑜,字廷美,上海人。九岁时母亲去世,事奉继母如同亲生母亲。成年后,美髯长躯,器宇庄重,时人皆认为不凡。景泰二年(公元1451年)进士,官拜南京礼科给事中。京城饥荒,他分地供食,使百姓得以生存。出任衢州知府,重视教化,减缓刑罚,无人敢欺凌百姓。县里有孔氏祭田,夺自平民。唐瑜以私财赎其租,以供孔氏祭祀祖先,而将田地归还平民。这样,平民满意,孔氏感恩,孔氏子孙画了唐瑜像置于家庙,用酒食款待、供奉他。天顺七年(公元1463年)发生旱灾,相传唐瑜写祭文向神灵祷告,天降大雨,灾气乃消。后来几次旱灾,他祷告后天就下雨,当地人士刻石以纪其事。有一个叫李延的人,匿藏了聘金,既而惧唐瑜之威,卖了两个儿子偿还,还不足以抵偿，又卖了妻子。唐瑜听说后叹息道："百姓因穷苦而犯法，畏惧法律而丢弃妻子，这是当政者的过错。"于是赎还了他的儿子和妻子。龙游县民张福杀害了吴氏四人，而把罪责推诿给金氏。唐瑜将张福置于别处的监狱，终于查究明白，释放了金氏而处置了张福。当时百姓将唐瑜看作神明一般，赋了十首诗歌颂他。唐瑜调任离去时，有一千多人进城楼挽留他，实在留不住，老人孩子都来攀援相送，以至难以前行。后来该地百姓在县学里为唐瑜立了生祠和去思碑。

进升为湖广参政、山西云南布政使，都有善政。大臣屡次推荐他，但朝廷未及时重用。有人劝他屈志求情，他严正地说："我一介寒士，能到如此地步，夫复何求？"

过了好久，唐瑜被提升为副都御史，巡抚甘肃。传达诏命的使者婉言劝他织细绒以充实商市，他坚决不肯服从。有被废黜的武臣，又竞相中伤他，为此事他被弹劾而去职。弘治五年（公元1492年），他官复原职后退休。弘治七年（公元1494年）去世。衢州百姓闻此噩耗，纷纷相率前来哭悼祭奠，数月不绝。

王　珪

王珪，字廷玉，卫城人。年少时进入卫学，与罗义齐名。景泰元年（公元1450年），其节义在南畿（南京）数第一。他发誓如科举不第就不回家门。景泰四年（公元1453年），乡试中举。景泰五年（公元1454年），登进士第。

王珪禀性刚强耿介。成化（公元1465年—1487年）年间，有位郡守恣意惩罚违法者。王珪假意立下契券，以宽免他，郡守感到惭愧而作罢。县令某残酷暴躁，王珪使人夺其手杖（打人用具）而归，这县令的暴躁也有所收敛。

王珪官至少参而去世。

颜　正

颜正，字廷平，华亭人。是元代平章伯颜的后裔。景泰五年（公元1454年）进士，授南京监察御史，清廉正直，很有声誉。明英宗复辟，不少投机取巧的官员都依附徐有贞和石亨，取得高位。颜正自持清廉耿介，因而数年不得升迁，选为四川按察司佥事。他洞察民众的疾苦，铲除不法的豪强，法律、政令畅行无阻。

升任松潘兵备副使。松潘地处边远蜀地，刚上任，正逢洞寇赵铎叛乱，颜正因军粮尚未集中，士气不够振奋，决定暂且以按抚引诱，于是他单骑进入贼垒，宣明威德（威，指军事和刑罚；德，指德行和恩惠），赵铎早闻颜正的名声，因而强横略有收敛，暗中派遣间谍入城,颜正搜查得到,设宴招待,好言打发,赵铎大安。颜正知道他不作防备,挑选精锐士卒暗中袭击,擒拿赵铎,余众解散,全蜀于是安定。

事情上报,皇上褒奖。朝廷臣子商议,说颜正熟悉边防之事,宜推荐他任巡抚。颜正念父母年老,乞求辞官回家,侍奉双亲。

他家居闭门谢客。告诫守门人,凡是官员来到,不让他们进来。张弼与颜正是同学且同年考取进士,他出任南安太守,来向颜正告别,但也不得相见,于是寄诗叙旧。而后颜正约期邀请,联榻夜话(所睡之床相并,夜中谈论不绝)。他就是如此耿介绝俗。

去世之年为五十五岁。

叶 萱

叶萱,字廷茂,华亭人。景泰五年(公元1454年)进士。官拜兵部主事。他熟悉军政大事,精究铨选方法,吏役不能欺骗他。晋升为郎中,任会试同考官(又称同考,明清乡试、会试中协同主考、总裁阅卷的官员。因分房阅卷,故又称房官),人们称道他善于得士人之心。

不久,奉命调拨达军(明代军种名),安插边境。然而达军久处中原地区,乐于安逸,害怕徭役,每到一个地方还要收受财物。叶萱上奏免去老弱之兵,率军所到之处从不扰民。于是原来骚乱的边民都顺从了官军。人们佩服他处置得当,升任河南右参议。当时士兵与编氓(编入户籍的普通人民)互相争斗,危害民众。叶萱严厉收捕犯罪分子,绳之以法。

叶萱遭父母之丧。守丧期满,改任福建右参议提督银场。当时矿源逐渐减少,而上缴数额却日益增加。民众久被拖累。他上疏而减轻了民众的负担。又升任右布政,久为闽地长官,始终爱护民众,扶弱抑强,深受士民爱戴。

叶萱后转为江西左布政。有奸民拖欠粮税,商贩捣乱市场。他来到江西,严加整治,毫不手软,多年积累的弊端很快消除。

不久因年老而告退归家,每天与故交老友喝酒吟诗,纵情山水。他禀性孝友(孝顺双亲,友爱兄弟),将不少产业和俸禄送给兄长叶兰和弟弟叶蕙。在城西造了一所草房,挖池植树,挂了一块匾题为“当山”。他著有《春秋义》、《可庵稿》若干卷。

曹 泰·曹 时

曹泰,字时和,华亭富林人。景泰五年(公元1454年)考取进士。以写诗闻名,乡里学诗者都以他为师。所著有《九峰集》。

曹泰的弟弟曹时，成化五年（公元1469年）进士，官至浙江按察副使（按察使，官名，主管一省司法）而退休归家。以学问和品行著称。有司（古代设官分职，各有专司，因称职官为有司）在他们兄弟所居之处设表记名为双进士第，称这地方为双桂里。

李 清

李清，字希宪，上海人。是长史李伯玙的儿子。年少端庄勤勉，博学多才。十七岁乡试中举，荣登景泰五年（公元1454年）进士榜。授工部主事，改任南京刑部员外郎、郎中。几年间，他平反了许多冤狱。

后因服父母丧期已满，补授官职。正好吏部尚书姚夔是李清父亲李伯玙的弟子，想要留他在吏部任职。李清辞谢道："承蒙您的大德，知情者认为是您自己推荐的，不知情者认为是我拉关系求得的。"姚夔叹息道："希宪确是位真君子啊。"

李清后改任南京兵部郎中。建议设立仪真守备，司马李宾很器重他。升为河南右参议，他伸雪陈留之民贾忠的冤屈，阻止了司徒孙鼎转漕黄河的建议。改任四川右参议，力阻松潘用兵，民众赖以存活。转任左参议，剪除大盗，境内安宁。不久改任右辖（即右丞，尚书省属官），在西蜀为官十年，始终清廉谨慎，蜀人将他比作北宋名臣赵抃。转任湖广左辖（即左丞，与右丞同为尚书省属官）。原先的政务繁杂混乱，李清到任，经几个月就治理得有条不紊。因病去世于任上，享年五十二岁。

李清为人严肃庄重，居家谨守操行，居官清廉方正，死后无钱殡葬。所著有《容轩全集》、《自警篇》、《武经集注》等，皆刊行于世。

顾 祥

顾祥，字廷吉，华亭人。景泰七年（公元1456年）乡试中举，任都察院司务。官至保宁太守。以廉洁为人所称道。三原王端毅巡抚南方，推重顾祥的清廉节操，题"赞宪坊"表彰他，这牌坊立在县治东数十步，岁久倾毁，几乎废没。嘉靖三十年（公元1551年），韦轩黄公来做县令，首先询问其家，顾祥的孙子顾中道时为弟子员（汉代称太学生为弟子员。弟子员由太常或各郡国选送，教授以经学为主。明清称县学生为弟子员）。黄公说："顾公是位廉洁的官吏，不可使其里门（乡里之门。古聚族列里而居，里有里门）破损不振；王端毅是先朝名卿，不可使其兴建之迹（指王端毅亲笔题写并树立的"赞宪坊"）湮没不传。"他捐助粮食经费，不到一个月就将里门建成并将"赞宪坊"修复。

唐　珣(?—1495)

唐珣，字廷贵，华亭人。天顺元年(公元1457年)进士。曾被授任四川合州知府，兴教学，勤农耕，盗贼因此而散伙回家，百姓则立生祠奉敬。后以刑部郎中的身份任福州知府。当年该州干旱成灾，相传他上任之日，甘霖滂沛，百姓竞相庆贺，认为来了一个关心百姓的好官。有人说按惯例，上任前应当先要拜见朱姓藩王，唐珣说："媳妇未行成妇之礼而先见公婆，这可以吗?"他最终先上任办事，有识之士认为他做得符合礼仪。

太监汪直擅自专权，声势震动天下；有一个人谎称是汪直，地方官吏见其来到，皆望尘屈膝。唐珣独察其伪，将要捉拿他，众人交相劝阻，唐珣不听，捉拿审讯，果然是假借汪直名号的奸人。此事风闻天下，抑制了奸党的气焰。有豪僧杀人，在当地久久不予处置。唐珣立即审查将他法办，人心为之大快。

唐珣还设义冢以收无主之骸，严禁焚尸；开辟了仁惠里田以广民业，修筑五虎门塘以御海患。唐珣的这些善政，给福建百姓带来了实惠，百姓将他的德行编成歌谣歌颂。唐珣历任湖广右参政布政使，入京拜顺天府尹。

起先，吴玘因刚强耿直而被罢官，众人议论说为官应当稍微随顺些，这样可以避祸；后来唐珣来到，执法如故，众人则没有怨言。后改任右副都御史，巡抚蓟州等处，因母亲丧事而归。母丧期满，正逢南方不安定，在家中被授任右副都御史，巡抚两广。当时他正患病，但闻命即赴任。到任后，率军追剿，捣毁叛乱者村寨岩洞百余处，斩获万计。捷报上闻，朝廷奖赏，将要大用，但不久就于弘治八年(公元1495年)因病去世。

李　澄

李澄，字希范，上海人。天顺元年进士，官至福建左参议。淡泊有守，不慕荣利。工书法。弘治二年(公元1489年)在县署司狱司书《喜雨亭记》。

宋　瑛

宋瑛，字克辉，华亭萧塘人。小时候不喜欢玩耍。稍长，爱好学习。当时他哥哥宋璪已做官，父亲要他承继自己，主持家政，他哭着不肯。读书夜以继日，吃饭只需厚粥与水豆，一般人承受不了，他这样做却很愉快。

宋瑛后经州郡推荐具有了应京城礼部考试的资格后，更勤奋地学习，务求穷尽天下的道理，推究古今治乱兴衰变迁的原因，决心投身于治国平天下的事业。天顺元年

（公元1457年），在由皇帝主持的廷试中获第四名，授工部缮工司主事。

宋瑛主管缮工徒役，与皇帝所宠幸的宦官杂处。他拒绝为私情的请托，强横狡猾的不法之徒从此绝迹。人们畏惧他的严厉，赞赏他的简朴。然而那些得宠的宦官不喜欢他，想方设法中伤他，且派人进入他的仆佣队伍中，寻求他的过失。经过一年多，仍一无所得，所看到的只是他的廉洁和谨严，从而这些由宦官派来的侦探者也敬佩宋瑛，他们对外人讲起，人们才知道这一令人哭笑不得的事。天顺八年（公元1464年）因病而告归，当时他只有四十五岁。

归来后，宋瑛设“延龄会”收养本族有志读书的子弟，并提供住宿和膳费。远方前来求学的人也很多。他事母至孝，在堂屋内有燕子孵化出一只白色的小燕子，当时人们认为这是宋瑛的孝心所感而成。

李　祥

李祥，字廷瑞，华亭人。天顺元年（公元1457年）进士。授崇仁县令。整修县学之宫，清理隐匿之税。有一不明事理的富豪之家经常欺凌贫弱之人，李祥婉转地派遣这户人家的一位子弟入学，然后召见这位富豪到县衙厅堂，很有礼貌地对他说：“您这户人家如今是读书习礼之家啊。”从此富豪之家各怀惭愧，不敢放纵欺人。

李祥曾修建黄州桥屋五十余间，民众深感便利。设置预备仓五所，贮备谷数万石。成化年间，用以救济饥民，民众得以安宁。天旱，他亲自祈祷下雨，十分灵验。勤政艰苦，清廉谨慎，九年如一日。崇仁县将他作为名宦祭祀。

张　悦（？—1502）

张悦，字时敏，华亭曹泾人。天顺四年（公元1460年）进士。拜授刑部主事、晋升员外郎，出任江西按察佥事，改任浙江提学副史，升四川按察副使、湖广按察使。又召为右佥都御史，历任工、礼、吏三部侍郎，南京右都御史、吏部尚书，改任兵部参赞机务。六次上奏章请求回家养老，加官太子少保后退休。

张悦自幼稳重宁静，十八岁跟从进士陈文璧学习，勤学践行，为乡里所推重。居官敬业守法，以不欺为本。在刑部时，有官员为其亲者请托说：“不敢扰乱公法，只是请你说一句话，使执法者知道你曾有言在先。”事情办妥以后这官员问起他，他回答说：“你的那位亲者本来无大罪，只是依法办理而已，我怎敢以谎言来获取你的恩惠？”听到他如此回答，人们都叹服。在浙江，起先科举以糊名（旧时科举取士，为防止作弊,把试卷上的姓名用纸糊住称“糊名”)取士,不久他将其废除,说:“连我自己也怀疑,还有谁能相信我!”凡是前来请托窥探试卷之人,他都屹然不为所动,因而士人心服口服,不敢请他徇私。他所引荐选拔的人,往往科举夺魁,成为名人。众人都佩服他的明慧,但不知他是如何能做到的,因此那些有上进心的人都涌向他任职的湖广地区。成化二十年(公元1484年),中官尚铭在东厂任事,众人都趋奉其门庭,唯独张悦不去。尚铭怀恨在心,想找张悦差错又无所得。不久尚铭败落,而张悦的名声更加响亮。在吏部,尤其为吏部尚书王恕所信任,张悦所言,王恕都采纳。曾两度在吏部任职,众人都称道他。在留都南京任职,简政稳定,上下安之,即使中官也礼敬他。守备陈祖生曾设宴席,独请张悦坐上位,子弟问还请何人同坐,陈祖生说:“他人岂可与他同席!”他当时为人们所敬重竟到如此地步!

张悦平时谨慎小心,和气待人,临事则卓有定见,不以感情用事。曾对人说:“古代的圣贤,远远超过一般人。凡所谋划作为,都大公无私,故其事业光明伟大。今天的人们与古代圣贤相差甚远。古代圣贤每次办事竭尽公正忠诚之心还犹恐不及,更何况为私利着想呢!”有人说某些人善于读书而不善于做官,张悦笑道:“这正是说明其不善于读书,世上哪有遵照圣贤之书而会误事的!”尚书王恕离职后,众人都认为接替王恕的必是张悦,明孝宗也有意提拔张悦。有宦官提醒张悦多少花费一些,也有人说里面没有可以有所作为的地方。张悦直视不答,其人畏惧而退。

张悦习性清正俭朴,相传他家的屏风上有一段话昭示来宾:“客至留饭,俭约适情;肴随有而设,酒随量而倾;虽新亲不抬饭,大宾不宰牲;匪直戒奢侈而可久,亦将免烦劳以安生。”张悦从小官至重任,这种清正俭朴之风始终如一,为朝野官员作表率计四十多年。弘治十五年(公元1502年)去世,享年七十七岁,追赠太子太保的官衔,谥号庄简。

张悦曾作《感怀》诗:“世情人事竟纷纭,独依闲庭厌见闻。多少变迁如醉梦,寻常翻覆似风云。是非未必终无辨,得失还应久自分。抚景有怀何可已,漫凭诗句写云云。”又作《暮春偶成》云:“阴霾漠漠暗春城,老眼看花可独明。宦兴淡然无所系,乡心都属子规声。”从诗中,多少可知他六次上奏请求回家的缘由。

王雩

王雩,字景明,上海人。天顺四年(公元1460年)进士。拜授南京刑部主事,历任郎中,黄州知府。黄州曾有虎害、火灾,又遭江水暴涨,毁坏民众庐舍。王雩祈祷有应，为此民众爱戴信赖他。

后升迁广西参政，不久升迁江西按察使。又进任太仆寺卿，上奏分条陈述十事，得到皇上准许。为此推荐他巡抚山东。正值灾荒之年，王霁筹措白银五千余两，大米二百余石，赈济饥民，许多民众得以存活。

朝廷召他回来任大理卿。去世后皇上恩赐祭祀安葬。

计 琼

计琼，字廷玉，天顺六年（公元1462年）乡试中举，任封丘县令。他洁己惠民，公正执法，考核成绩第一，人们十分称道他廉洁爱民。他不愿屈身事奉权贵，乞求辞官归家，但上级官员不允许。他对好友张弼说："古代做官实行志向，如今做官事奉权势。卑抑自己的心志以苟且偷安，我不愿意这样做。我将回浦上读古人书，以修养自己的素质，就心满意足了。"

曾孙计安邦，天启四年（公元1624年）于顺天府乡试中举。

陈 章

陈章，字一夔，华亭人。年幼时家境贫寒，学习努力。天顺六年（公元1462年）考中举人，但正逢父丧，在家居住守孝，同时设馆教授，不出门户十年。御史陈选闻其名，特上门拜访他。然后进入太学，为司业耿公所器重赞许。

成化十四年（公元1478年），陈章中进士，拜刑部主事。有人问他："你是个老儒，在这官位上如何行事？"他就背诵周元公的名言而回答道："用杀人来讨好人，我不愿做，将永远身体力行之。"进任员外郎、郎中，天津有冤狱，逮捕百人，讼词牵连到大臣，因而久拖不决。陈章前往审查，抓到主犯，绳之以法，其余都释放。刑部尚书何乔新尤其推重陈章，凡有疑难冤狱鸣冤叫屈者，必请他前来一起商讨解决。凡有断案不合理者，必请他来反复辨析，直到符合情理为止。有御史巡按陕西，因疾恶如仇而触犯得宠的权贵，招致被捕下狱。陈章告诫道："这御史出于公心，即使有罪，也不至于死。"权贵告诉皇上，决定在朝廷上审讯他。审议者观望情势，不敢判决，陈章大声向众臣说："朝廷清明，此事不可随便。今天皇上就在这里，当死不当死就在于一言。而连日胡扯不决，这是为公，还是为私？"众人见陈章意志坚定，正气凛然，终于同意了他的建议。

陈章后出任湖广按察副使。未赴任，因受原从卒人员犯法的牵连，以原职调任瑞州府同知。当时知府尚晋满任,而公库有余银万两,尚晋想带走这笔钱,适逢陈章到任,就提出与陈章平分,陈章报告上司,将银两全部充作公费。陈章尽心办事,人们并不知道他是位贬谪官员。

陈章之后升任高州知府,当时正征讨云炉、大桂等地叛乱者,陈章作檄文招安,前后有十多个种族投降。主帅要杀害他们,陈章力争,这些人得以免死。有人说可以撤兵了,陈章又极力阻止。他于是制定悬赏的级差标准,派人四处招捕,投降者则慰劳赏赐而放还,叛乱这才被彻底平息。

陈章后调任黄州知府,适逢御史来查办事情,他又被抽调到雷州。雷州瘴疠严重,陈章因染病而去世。

陈章为人正直稳重,言行循矩。喜欢写诗,与李东阳、谢铎诸老相唱和。他无罪而被贬谪,又出任荒野之地而去世,当时人们都为他可惜。老朋友钱福为他撰墓志铭,尚书何乔新为他作《知府陈章传》。

董 伦

董伦,字诚之,号介轩,上海人。天顺七年(公元1463年)进士,任上饶县令。上饶县原来较殷实富庶,董伦从严控制集会,对交易市集收取赋税。县内每到践更(秦汉徭役有更赋。有卒更、过更、践更之别。贫者得钱,代当值应征者为卒,称践更,后沿用),吏役往往从中牟取不正当的利益,为了杜绝此弊,他对践更作统一规划,予以调剂均衡。逢饥荒之年借贷给百姓,按照惯例,军队不得参与。董伦说:“难道士卒不是我的百姓吗?”同样给予借贷。他因地制宜,教百姓种植。县署为了使百姓富裕,让他们上山砍木,一些士卒假冒夺取,董伦通过锯断的痕迹来检验,一看就清楚。悬挂官制的量具作为百姓的标准。一些唯利是图的商人制造了两种斛子,不符合制度。一天打雷,将这非法的斛子在县署庭院打碎。凡事经他祈祷就有应验。被选为南御史,掌管河南道,因牵连事情被罢免而归。又过了七年去世。

他有董恬、董忱、董怿三个儿子。董恬,字世良,弘治九年(公元1496年)进士,起初授予工部主事,改调刑部,在浙江管理囚犯,审判狱案清楚公正。正德三年(公元1508年),晋升为大理少卿,正德八年(公元1513年)被罢免。董忱,字世恒,与董恬同榜登进士,官任肇庆府知府。董怿,字世康,以清廉正直著称,推荐为经明行修科,因触犯时讳而被罢免,后以乡荐知磁、绵二州,多有惠政。曾揭发某佥事的奸情,为此被弹劾而致仕。

何 震

何震，字以仁，华亭人。由岁贡选为泾阳教谕。他言行有规矩，写文章也谨守法度，当时人们都推重他。他去世后，人们将他作为乡贤祭祀。

杜如玉

杜如玉，字守石。早年读书，锐意勤学，但命运不佳，科场屡次失利。因而涉猎医药，有在医药方面为人谋利的志向。

杜如玉本性孝友。有一位孽弟（庶母所生之弟），杜如玉奉父母遗命将他抚养大，并为他娶妻成室，家产平分。后来有人凭其势力通过这孽弟要与杜如玉争家产，诉讼到官府，因为自己势力弱小，杜如玉只得隐忍，并被迫再拿出自己财产的一半给他们。郡守查得实情，特地将他喊到自己案桌前，同情他的懦弱而又十分称赞他。他就是如此恭诚地安于退让。

晚年一心一意教育儿子，命他一定要与如张龙湖先生等贤能积学之士交往，儿子在文坛上有一定声望。他临死时感叹道："我有儿子可以实现我的志向了。"孙子杜乔林，中万历四十四年（公元1616年）进士，官任右方伯。曾孙杜麟徵，崇祯四年（公元1631年）进士。人们认为这是他积善的福报。

明（2）

（成化、弘治、正德朝）

张　弼（1425—1487）

张弼，字汝弼，晚号东海翁。华亭人。自幼聪明过人。成化二年（公元1466年）罗伦榜（此年罗伦为会试第一名，故以其名名榜）进士。罗伦因言语触犯大臣而离开京城，张弼慷慨作诗为其送行。

张弼官拜兵部主事，转任员外郎，出任南安知府。张弼离京向李东阳辞行时，受到李府门役拦阻，他便在茶几上题词，题完离去。赴南安途中经过毗陵时，造访陆简未遇，又在陆氏堂上题一绝，其中有“始知东阁先生贵，不放南安太守参”之句。待陆简知悉，急忙追赶，张弼已走远，陆简令驿吏裹梨数颗，也附上诗，中有“毗陵驿里馈生梨”之句，“梨”、“离”叶音。

南安府处于两广要冲之地，一些亡命之徒聚集山谷为害百姓。张弼上任，将其全部征平。有歹徒诬人劫财，陷害一家数人于死地，张弼立即辨明冤案。大庾岭是商货进出之地，百姓一向从中得利。后来商货通道被南雄占有，于是造成大庾岭的贫困。张弼通过当政者将其作了调整，使双方得利。又因为这里道路坎坷，他取用商税雇佣民工修路建桥，铺石二十多里，以方便行人。他拆毁淫祠，兴办社学，为张九龄、刘安世、周敦颐、二程（程颐、程颢）及李纲等先贤建祠。筑铁汉楼、风月台，以昭示学者风范与标准，风俗为之一变。

在南安任上，曾有两户人家为耕牛之死而引发争斗。张弼查明案由，提笔判决：“两牛相争，一死一生，死者分剖，生者同耕。秋收成熟，卖价平分。均无罪。”人们佩服他的机智和公正。

成化二十年（公元1484年）张弼因病辞归，民众在大庾岭下建立了他的生祠以示敬仰，又数次向县府官员传文问候安否。成化二十三年（公元1487年），张弼去世，享年六十三岁。

张弼品格高尚，襟怀坦荡，注重身体力行，以节操自律，即使谈论间杂诙谐，也往往必以理胜。

张弼善诗，诗风清健雅致，多警句。曾自我评价说："酒杯不及陶彭泽，诗法将随陆放翁。"曾为送儿子去北京参加会试赠诗："出宋南安便道归，治装送尔赴春闱。舟车到处须防险，爵禄随天每慎微。直道逊词真要诀，权门利路是危机。传家保世惟清俭，富贵休忘着布衣。"此诗曾传诵一时。张弼另有《假髻篇》，更为著名，诗云："东家美人发委地，辛苦朝朝理高髻。西家美人发及肩，买妆假髻亦峨然。金钗宝钿围朱翠，眼底何人辨真伪？夭桃窗下来春风，假髻美人归上公（意为权要所宠）。"寄慨于世道聩盲，不辨真伪，价值颠倒。又有《渡江》诗，其中有"西飞白日忙于我，南去青山冷笑人"二句，上句言时光易逝，岁月逼人；下句言青山不老，人生易老。

张弼工书，尤以草书得名。酒酣兴发，顷刻数十纸，疾如风雨，矫如龙蛇，攲如堕石，瘦如枯藤。狂书醉墨，流落人间。人称草圣，四方求字的人每天不断。在南安任上，连武夫悍卒、过路之客，也愿得其墨妙。

张弼曾自言："吾书不如诗，诗不如文。"李东阳笑其为英雄欺人语。

所著有《鹤城》、《天趣》、《面墙》、《清和》、《庆云》诸稿，又有《东海手稿》刊行于世。

张 诰

张诰，字汝钦，华亭人。成化二年（公元1466年）进士，任庶吉士，授御史官职，巡按湖广，升广东副使，改为四川副使，不久升任按察使。弘治（公元1488年—1505年）初，发生饥荒，他上书朝廷请求下令整治荆襄卫兑运（以军队运送民粮，但农民须向军队交纳路费和耗米），又拿出国库银两换取大米，得数十余万石，救济饥民，许多民众赖以存活。升为贵州左布政。不久，升右副都御史，按抚云南。纠正疑难案狱，告谕作乱边民，他自有一套按抚地方、稳定局面的规矩程式。木邦、孟密两个部落，相斗不息。他发檄文告谕诸道（地方行政区划），同时训练士兵，对不听从者准备予以讨伐。相斗各方都心存畏惧，并自动停止作乱。朝廷嘉奖了张诰的功绩。

退休后家居十三年，教导家属子弟，救助贫乏之人。七十九岁去世。有一位儿子是太学生。

柳　淳

柳淳，字文粹，华亭人。少年时跟从舅父袁恺学习壁经（壁经，也称“壁中书”。汉武帝时，鲁恭王拆毁孔子旧宅，以扩张宫殿，在夹墙中得古文《尚书》及《礼记》、《春秋》、《论语》、《孝经》，共几十篇。因为是从壁中取出的，故称壁中书；因为它们都是经典，故又称“壁经”），登成化二年（公元1466年）进士。授予行人之职，选任监察御史，巡视京畿之内，擒获盗贼首领刘钊，京畿之内从此安宁。按抚西蜀。成都多火灾，民众都在门外安置了存放财物的箱子，不关注照看居室。柳淳发现后禁止这样做，民众才相互安居。

柳淳被选拔为贵州宪副。正逢乌撒等卫所发生饥荒，许多官员商议救助荒灾。柳淳主张首先要发给灾民粮食，他亲临其境，核实受饥人口，及时供给粮食，赖以保全生命者有数万人。

转任山东按察使。当时黄河在兖州境内发生水灾，柳淳谋划赞助，及时治理，论功升为右布政使。

柳淳公正诚实，清廉谨慎，他律己正身，孝顺双亲，友爱兄弟，和睦宗族。工于楷书、草书。

因母亲去世而辞官归来，哀毁骨立，守丧超过一般礼仪，憔悴而死，享年六十五岁。

李　楷

李楷，华亭人。成化（公元1465年—1487年）初，任郯城县令。发生饥荒，他打开国家粮仓救济灾民，继以官府供给的粮饷也用来赈济，使大量饥民得以存活。

他捐献自己的薪俸买地十亩，作为义冢（掩埋无主尸体的公墓），用以安葬贫穷之人的尸骨。开垦荒地一千七百亩，招募流浪迁移之民，使七千余人免于失业之苦。

李楷离任后，民众立碑颂德，以示感恩。

过　璘

过璘，字大璞，平湖人。成化二年（公元1466年）进士。父亲过礽，是松江顾氏的女婿，因而居家华亭。过璘考取进士，仍以平湖为籍贯，所以他自号半松。他由工部主事（工部，封建时代中央官制六部之一，掌管营造工程事项。主事，中央六部官员，职位次于员外郎），历任员外郎（中央六部官员，职位次于郎中）、郎中（六部官员，诸司之长），升任江西按察副使（一省司法长官），然后辞官退休。

过璘为人开朗方正，历任官职都有良好的政绩；遇事态度鲜明，不避利害。有人诬蔑许州民众赵隆等妖言惑众，务必要杀掉他们，以求赏赐，过璘经审理明白了真相，释放了赵隆等人。丰城李民泰诬陷平民兄弟三人为盗贼，使他们坐牢十余年，过璘查明实情，处死了李民泰，而释放了被关押坐牢的兄弟三人。江西民众把过璘看作神明，而权贵者不喜欢他，因此他辞官回家。正德四年（公元1509年）去世，享年七十九岁。

沈 瑜

沈瑜，字廷美，上海人。成化（公元1465年—1487年）初，以举人的身份参与修撰《英宗实录》，授中书舍人，升迁为尚宝司丞。弘治三年（公元1490年），调任少卿。弘治四年（公元1491年），升任南京太常寺少卿。弘治十四年（公元1501年）去世，按照旧例赐予祭祀、丧葬的礼仪及财物。

沈瑜容貌美丽，善于谈论文艺。有可称道的政事业绩。因为重听（听力不好）的缘故，未获进一步选拔任用。

高 祐

高祐，字天锡，上海人。本为王氏，父亲王铉入赘于高家，因而从其姓。成化二年（公元1466年），以乡贡授泉州同知。

泉州多山溪空谷，民众有人倚险作乱。高祐到任以后，训以德义，连为首作恶的也听从感化。连年拖欠的租税，都自觉交纳。灾荒之年借给饥民粮食，因山乡路途坎坷遥远，高祐召见被感化的人员，通过他们去分发粮食，这样远近称便。高祐每次出来，山民在路上扶老携幼前来迎送他，接连不断。有人因欠了豪门大族的债而被逼归还，引起愤怒，聚集一千多人，取道漳州，住宿山间，准备杀害那豪门债主；而那豪门之人也组织人员予以反击。高祐获悉此事，立即派馆人（管理馆舍，接待宾客之人）前往，讲明道理，告以祸福，只用几句话就使这帮准备拼斗的团伙解散。他的感召力如此之强。一天，他令一部属人员去买茶，那人暗中放两锭银子进献，高祐打开一看，笑道："你认为我有贪心吗？"说罢，将银子退还给进献者。

高祐父亲去世，奔丧归去时，部属及民众有千余人送行，纷纷跪下献给他助丧之钱，但他都不接受，人们只能哭泣着退下。

高祐历任广平、东昌两州知府，廉洁爱民的操守始终不二。晚年居于京城西郊，一室萧然，但高祐安于清贫。

何瓛

何瓛，字廷玉，号西野，华亭人。自幼聪颖异常，属对吐词，令人惊骇。二十岁补为诸生（明清两代进县、府、州学的生员统称诸生），应贡到朝廷考试，得第一。到吏部等候选派，授为饶州别驾。饶州还有一个小公署在景德镇上，其职务仅窑厂一事。何瓛到景德镇公署，认真办理窑厂烧制陶瓷之事，成绩显著，连任九年。

遇到升迁机会，他却托病辞去，一心留在饶州，专管景德镇窑厂之职。退休离去时，景德镇人扳住他的车子舍不得他离开，送行的人络绎不绝。

当初，宁藩王看见何瓛的孙子何应祥年幼聪慧，打算招他为女婿，且派太监前来告知，但何瓛坚决拒绝了这门婚事，语气十分激烈。后来宁藩王败落，人们才佩服何瓛的先见之明。

何瓛退休后在山间泉石间悠闲自然地生活了二十年，到八十五岁去世。四世孙何三畏在嘉靖元年（公元1522年）顺天府乡试中举，授官绍兴司理。

曹时中

曹时中，起先名节，号定庵，因与汉代的一位太监同名，所以就只用字（时中）行于世间。他是曹泰的弟弟。天顺三年（公元1459年）乡试中举。母亲去世，在墓旁筑庐舍守丧，蔬食三年。有两只白色斑鸠在庐上筑巢，庐内地上长出了紫芝（菌名，木耳的一种，可作菜食）的根，这些都是祥瑞的征兆，乡里人士想上报给官府，他推辞说："你们如果这样做，我将终生住在这墓旁的庐舍内，断绝我仕进的道路。"人们这才不去上报。

登成化五年（公元1469年）进士榜，官拜刑部郎，出任浙江按察司佥事。

父亲去世，他仍在墓旁筑庐舍守丧，蔬食三年。守丧期满，补授云南佥事，单车简从上任。当时安普、洱海大旱，虫食禾苗。他吃素祈祷，害虫死，农业丰收。

升任浙江海道副使。有富豪权势之家聚众巨舰在海中捕鱼，不守法禁。他下令禁止，对违法者严惩不贷。

他分条上疏，志在振兴六事（即六卿。周代有六官：冢宰、司徒、宗伯、司马、司寇、司空。这六官即六卿。"六卿分职，各率其属，以倡九牧，阜成兆民。"文中六事，泛指各种官员），但他的意见与两台（官署名，如中书省、门下省等，也指高级官员。明清主要指布政使、按察使等）不合，于是他主动辞职归隐，当时只有四十多岁。

他辞官家居后杜门谢客，不去与州县长官交往。只是检点整肃家政，虔诚以礼奉先。晚年聚集德高望重的老人成立安耆会，每次聚会，大家必先向北拜君然后入座。他喜欢饮酒，但从不失去礼仪，总是高高拱手，端正而坐。他善书法，晋、唐名家皆能以意会，喜欢摹仿怀素、宋克的作品，终日不倦。晚年益精小楷。出入常划一艘小船，亲自掌橹。每逢祭祀，则亲自采集蘋藻以供祭祀之用。太守吴公钺送他一艘船，题名为"采蘋"，遍请士大夫题咏，编成一卷送给他。每年中秋他诞辰之日，投诗吟诵、举杯祝寿者满堂，十分热闹。正德四年（公元1509年），发生饥荒，他借贷大米百石用以赈饥。又力劝人们进行救济，使一万多饥民免于死亡。在发生饥荒的岁月，他每天只吃蔬食，请他赴宴他都拒绝，说："民众正没有饭吃，我们怎能安于享受！"

九十岁将去世时，松江太守孔辅赠给他两石大米，他书面答复道："老夫已三日不吃饭了，所赠大米恐怕派不了用场，请辞退。"两天后，他作诗以告别亲人知交，端坐而去世。去世之前一日，他说："明日午时，天地晦冥，风雪撼击，此吾去期也。"情形果然如他所说。

鹤滩钱福称曹时中清瘦洒脱，飘飘然有出尘离俗之态。行若仙鹤缓步，止如鸾凤暂定。出没于碧梧翠竹之中，偶尔一望就知道他是位有道之士。至于分析义理，临断事机（事物的机遇，时机），如梳理头发，交织经纬，有条不紊，密而不乱。对行止进退、辞受取予及评断天下之事，权衡义利是非之处，则裁决果断，坚定不可移改，即使孟贲、夏育，其勇气也不能超过他。

奚 昊

奚昊，字时亨，别号干东子，华亭人。九岁离开家庭跟师傅学习，袋里装了白金作为学习的费用。遇见一位妇女在路上哭泣，问她原因，她说："家里贫困，出来卖蚕丝，得了一百钱却遗失了，公婆老人不能买米煮粥喝了。"奚昊听了，就将原用作学习费用的金子给了那位妇女。归来告诉父亲，父亲说："儿子能这样，我没有后顾之忧了。"

奚昊年方弱冠，父亲病重，他刺血呼告上天，要求以身代父而死；又怕母亲伤心，因而隐匿不说。

成化四年（公元1468年）乡试中举，第二年考取进士。拜授刑部主事，迁任员外郎。勘察贵州争讼之事，归来上奏，符合皇上旨意，进用为郎中。成化十六年（公元1480年），又要求归家探亲，于是就回来奉养母亲。几个月后，恰逢瑞狱（瑞，玉制的信物;狱,诉讼案件)产生,争讼之事十分剧烈。奚昊受命前往处理解决,因日夜奔走操劳成疾而去世,年仅三十六岁。

奚昊年幼求学时,未分割家产,全部让给兄长奚冕。俸禄所得金帛,必分给宗族共享。

他在比部(官名。魏、晋、南北朝尚书有比部曹,南朝宋时掌法制,北齐时掌诏书律令句检等事。明、清以比部为刑部司官的通称)时,同年(同时中进士之人)董令辞职回家,路上遇到盗寇,他帮助董令解决路上盘缠,使他得以回家。出使经过景州,同僚刘判官去世,五年不能治丧。奚昊安葬他,并抚恤他的家人。

他平时恭敬谦逊,看到乡邻中的长辈,不论贫富贵贱,都不敢怠慢。在同僚之间,他总是和颜悦色。人们都喜欢他。他尤其爱好学习,兴至则临摹晋唐书帖,书辄盈几。手未曾释卷,口未曾绝吟。诗文有奇思,与客人赋诗吟咏,深夜不倦。多有著述,李东阳为他撰写了墓志铭。

汤　全

汤全,字完之,华亭人。成化八年(公元1472年)进士,授刑部主事,由郎中不断升迁到贵州副使、湖广按察使。当时峒夷动辄作乱,普安酋长龙畅叛逆,汤全不顾个人安危,单车前往,晓以大义,告以祸福,终于使叛逆者拜服归顺,使地方安定。

在湖广地区有个千户狱犯,派他的胞弟拿了金钱到松江祈求免罪。汤全发觉了此事,没收金钱归公,对这千户狱犯仍以法处置。

武刚州太守因正直而被豪强诬告,牵累者有数百人。朝廷派臣子去查究,都畏惧不决。汤全依法将诬告者抓捕到京,方才真相大白。

襄阳李氏在豪民田氏家为仆,田氏夺去了李氏的家产,并图谋将其置于死地。汤全审讯此案,残暴的田氏只得服罪。

安陆郑氏有良好的家产,邻居丘某暗中图谋他,诬告郑氏偷盗,将他逮捕下狱;后又说他不断忤逆父亲,投告有司,论罪当死。过了很久,郑氏父亲死去。汤全批阅此案卷,产生疑问:"子既囚于牢狱,何能逆父?"他立即捕捉丘某,重新审讯,查明真相,释放了郑氏。

他揭示奸险隐蔽的狱讼案情,大抵如此。

汤全后升任云南右布政。不久转任贵州左辖(即左丞,州守属官)。他为官始终清廉寡欲。往来三藩(指云南、贵州、湖广三个地区的布政使)二十年间,仅带一两个奴仆而不带家眷。不久以右副都御使巡抚湖广。他奖罚进退,周详严明,各种制度都得到修整实施。全楚之地,三苗震服。

其后,汤全忽因病重乞求退休,去世于家中。

陈　瓛

陈瓛,字搢侯,华亭人。成化七年(公元1471年)举人,任清苑知县。平均劳役,考查农桑,兴办学校,造就士人。

顾　纶

顾纶,字惟诚,华亭人。成化十年(公元1474年)乡试中举,授大理司务,不久到礼部任职,又升任南京刑部郎。此时逆贼方瑾擅权用事,狱讼以行贿而定。周千户克扣军粮,顾纶依法处置。周千户上诉方瑾要求复审,结果仍维持原判。有一个名叫熊丙的,罪当弃市(古代在闹市执行死刑,陈尸街头示众,称弃市),他临刑时喊道:“我死而无怨恨了,因为顾郎中两次为我求生。”他处法宽和公平,如此取信于上下。

他出任马湖府知府。土官(官职名。元王朝对湖、广、川、滇、贵州、甘肃等地区各少数民族委派该族人为文武官员。分文武两职:宣慰、宣抚、安抚长官等司及指挥司等为武职,隶属兵部;知府、知州、知县等为文职,隶属吏部。统称土官,也叫土司,子孙世袭。明清两代沿用此制)不讲资历,只依承袭官职的岁月排定先后。有舅甥为地位尊卑相争,十年不决。顾纶召见他俩,告以国法,争论于是停息。根据边境风俗,杀人及盗窃都可不处以死刑,而只要赔偿牛马。顾纶发布命令,将杀人及盗窃者都依法处置,境内于是安定。

有御史巡按西蜀,派人向顾纶要取杪板被拒绝,那御史上奏弹劾他有私心,此奏虽止息不行,顾纶却也因老而请求归乡。在白龙潭南边择地建屋。七十九岁去世。所著有《寅清稿》、《纪行稿》、《碧潭稿》。

林　济

林济,字敷泽,上海人。成化十年(公元1474年)举人,在吏部等候选派,授沔阳知州。在任上整修各行职业,谨慎官吏操守,威令惠德大行,百废得以俱兴。

因母亲去世辞官而归。守丧期满改知裕州,考绩圆满。去世于京师,所任二州之人皆有去后之思。

王 皋

王皋，字一鸣，世居虹桥。父亲王仁，乐善好施，曾拿出二千石粮食救济饥民，使无数人得以存活。抚臣将他的事迹上报，朝廷褒奖这一义举，赐给他八品冠带，表彰他所处的闾里之门为“尚义之门”。王皋登成化十一年（公元1475年）进士，授行人司行人（行人司，明代官署名，掌传旨、册封等事。行人，行人司官员名）、礼部主事，转员外郎，因父亲年老而乞求归来。父亲生病，王皋也得病；父亲去世，王皋在床褥中悲痛而死。

顾 纯

顾纯，字以正，华亭人。性耿直，不随波逐流。晚年因为人伉直少容，别号颐弘子，用以匡正言行。

成化（公元1465年—1487年）年间，顾纯以进士身份出任高安知县。县衙门内有神树，据说能为祸福，吏民都来树下祈祷，官长都不敢禁止。顾纯来到，说：“我在，你怎可这样？”命人把它砍伐掉。人们相继前来劝谏，顾纯不听。将此树砍掉以后，果然有异常变化。顾纯说：“它的根还在，把它挖尽才止。”从此以后，县中上下对他敬畏佩服，政令畅通，教谕信服，讼事屏息，为一方政治清明之最。

顾纯后入京为刑部主事，进任员外郎。当时有一大官自以为文章写得好，众人都趋奉他。唯独顾纯居正不偏，不去奉承。正逢考查在京官员，于是将他以老朽有病之名罢归。这在弘治（公元1488年—1505年）之初，顾纯其实才五十多岁罢了。

顾纯回到家中闲居不出，日日端坐一室，将各经子史书反复阅读体味思索。晚年造诣高深，为文融汇经典，出入今古，虽少壮不及。尤其注意乡里人才，听说有后进好学之人，即接纳训导，如同自己的弟子。训导必以品德为本。言谈豪爽，反对浮夸，有前辈风范。

徐 黼

徐黼，字朝威，华亭人。禀性正直坚强，内心认定的是非，权势利益都不能改变，人们称他为“铁墩”，说他方正且稳重。官宁都县丞，调往宣平县，都有良好的政绩，两县民众都建立祠堂祭祀他。他在宁都有抗御倭寇的功劳，所以人们又于熙熙台上建造“思徐亭”。

朱　瑄

朱瑄，字廷珍，华亭人。正统三年（公元1438年）乡试中举，本当进京参与会试，正逢父亲从庐龙戍守之所回家。朱瑄说："我常以不能侍奉双亲为恨，现在父亲回来，我怎能远游出外？"竟不去京师参加进士考试。

正统十三年（公元1448年）荣登进士榜，授官御史，巡按应天府。太平令某与中贵（显贵的宦官；也指朝廷中的高官）结为亲家，依仗权势，为非作歹。朱瑄依法处理了他，因而升为山西佥宪（明朝都察院佥都御史的美称）。有一位受到皇帝宠信的宦官来到山西，正逢大雪，要射猎取乐。朱瑄说："如此严寒打猎，军士受冻挨饿，必有死者。况且道滑，不便奔驰追逐猎物。难道你不爱惜自己吗？"于是制止了这次打猎。

朱瑄被选拔为副使，辞官退休，在山林泉流的清闲环境中优游自然地过了三十年，到八十三岁去世。儿子朱恩，为南大宗伯（即南京的礼部尚书）。

谈　伦

谈伦，字本彝，上海人。身体修长，下巴丰满，风姿秀美，亭亭玉立。天顺元年（公元1457年）进士，从政于吏部。当时盐山王翱为吏部尚书，清高孤傲，内心轻视南方人士。见到谈伦，颇为吃惊，说："南方竟有这般人才！"授验封主事，升为员外郎中。明英宗每次召见王翱，王翱总让谈伦跟随。明英宗询问为何让此人跟随，王翱说："此人叫谈伦，我老了，对皇上的教谕恐有遗忘，此人可代我记住，况且他足可信托。"明英宗因而想重用谈伦，王翱认为他年纪太轻，资历尚浅，建议日后再用他。

谈伦因母亲去世而辞官服丧。服丧期满，回到京师，此时由济南尹旻担任吏部尚书，授予他虞衡司（掌山泽之官），升任应天府丞。凤阳发大水，地方长官不敢上报，谈伦自署其名上奏。这年朝廷下诏令减免凤阳数万粮税，并升他为应天府尹，改任顺天府尹。又进任工部右侍郎，主管易州财政。他搜索逃税漏税者，铲除假公营私之徒，每年挽回因巧取豪夺而造成的损失若干万。

当时南昌人李孜省以旁门左道取得皇帝宠幸。万文康在内阁（明清两代的政务机构，掌收阅奏章、批发文稿，协助皇帝办理政务之职），一向对尹旻怀恨在心，他借助李孜省构陷诬害尹旻，造成对尹旻的冤狱。于是，凡是出于尹旻门下及来自山东者，皆被驱逐，朝廷臣子为之一空。尹旻之门，无人再敢造访。然而当尹旻离京出行时，谈伦却毅然为之设宴饯别。

成化初，李孜省被诛戮，尹旻冤案得以昭雪。当年被谪贬驱逐者大多召回，而谈伦因病未被起用。

当初，谈伦辞官家居，每年派人到山东探望问候尹旻。在另外一室，祭祀已故的王翱。尹旻去世后，他也予以祭祀。人们称赞他为人厚道。

谈伦的儿子谈田，爱好吟咏诗词，喜欢接待宾客，有古代侠士之风。

《见闻录》说：王翱将谈伦举荐给皇上，但不主张及早任用。谈伦不被及早任用，却不怨恨王翱，而且终身祭祀他。且不说学弓技的逢蒙（古代善射者，他曾向后羿学射，将把后羿的射艺全学到手后，即把后羿杀死），即使翟公（西汉下邽人。为廷尉，宾客盈门。及至废退，门庭冷落可罗雀。后复职，宾客又来，翟公在门上写道："一死一生，乃知交情。一贫一富，乃知交态。一贵一贱，交情乃见。"后因以"翟门"为门庭盛衰之典实）之客，也要为之惭愧至极。《守溪笔记》则说：谈公的才能和见识，可称远到（言其才能大成）之器。不幸屡为当道诸公所知晓，或推或拉，终于使之垮塌。从中可知，要求仕进，必须独立于众人之中，不宜依傍他人，如谈公这般贤能，依傍他人，不免失败，更不要说一般人了。

朱　恩

朱恩，字汝承，华亭人，居住于莘庄，是副使朱瑄的儿子。成化二十年（公元1484年）进士，授行人官职，调任刑部郎中。他严谨对待分管事务，干求请托不予通融，京师于是称他为"关门朱郎中"，上报给明孝宗，选拔为河南副宪（御史的佐官），不久晋升为按察使，提拔为布政使。当时都城下有矿产之利，中官廖某想要以奇羡（赢余的钱财）谋取私利，贿赂当政者请求开采。朱恩上书直言阻止，开矿之事作罢。

选任南京副都御史，巡视江防。在沿江要害之处，设置水寨，又予重赏，捕获者多得金钱，盗贼不敢靠近。

升迁为南吏部侍郎，进升为尚书，因牵连犯法事件而被罢免官职。

归来家居三十年，只是以法书名画自娱。晚年喜欢延请方士讲论修炼丹诀。去世之年为八十五岁。

陶永淳

陶永淳，字质夫，华亭人。成化二年（公元1466年）进士，授魏县知县。因父母去世而离任。服丧完毕，改任南和县令。县民王氏家很富裕，有人为了获取名利而诬告他。陶永淳说："为了获取利益而置人于死地，这怎可容忍啊！"他为王氏辩明真相，结果保全了王氏一家。

遇到灾荒，他开国库发给饥民粮食，许多民众赖以存活。因为官文明公正，民众为他刻石颂德。因不断积累政绩，提升为绍兴府同知。曾经代理处置府中之事，铲除强横，扶植弱小，除去恶人，昭雪冤案。邻郡有事不能裁决，都交他办理，往往三言两语就能断定是非。这样一来，终于触犯了御史，他上书称病而辞职归家。后来这御史败落，都御史佀公非常器重他，在朝廷上洗雪了他的冤屈，使他得以体面地退休。

他的儿子陶骥，任行人（掌朝觐聘问的官）。后蒙朝廷恩赐，陶永淳进爵为朝列大夫。

张　榖

张榖，字济民，上海人。祖父张衡，永乐十三年（公元1415年）进士，拜监察御史，在朝中正直不阿，终被贬谪。张榖成化乙未年（公元1475年）进士，与祖父中进士时隔六十年，乡人认为奇异。张榖官授中书舍人，进入内阁，不久因病归居。

弘治（公元1488年—1505年）初，张榖修撰《宪宗实录》。此书修成，他的同事都加官晋级，他只加俸禄，但坦然而无一言。

又三年，张榖升任湖广参议，管理太岳泰和山。他来到湖广，周览岳祠，对祠中职员（僧、道之流）说："你们身处这里并非偶然，应该勤奋修炼以报答上天的恩赐。"这天晚上，张榖独自洗浴，早晨起来换上新衣出厅办事，刚执笔予以签押，就双目微闭，扶归即去世。

张榖风度清朗宁远，眉目明秀如画，与人说话，从容简明，即使发怒也没有厉色严词。事母至孝，以礼赡养两位姐姐，坚持始终。淳雅恬退，从神态就可看出他必是位笃行君子。

居宗晟

居宗晟，华亭人。成化（公元1465年—1487年）年间，母亲张氏患膈气病，无论医治还是祷告都没有效果，于是居宗晟剖胸取肝，割大腿肉，加酒煮汤，为母亲治病，母亲吃了以后即痊愈。当时母亲八十岁，居宗晟也已五十一岁了。知县戴冕听说此事，来向邻里核实，并将上报朝廷，但没有成功，乡人对居宗晟的孝行十分称道。

张弘宜

张弘宜，字时措，号后乐，华亭人，张弼次子。成化十七年（公元1481年）进士，任宁海、余姚县令，惠政使民获益。进入京城任南御史，纠察弹劾大臣，敢言直谏，得罪权臣，因此贬谪到蕲州。在任上，他首先除去多年作恶的大盗王楚凤，并捉拿逆党顾通等人，诛戮其首领，从此余党敛迹，不敢横行。当时亲王两就藩镇之位，太监于所到之处横行勒索，然而唯独不敢违背张弘宜之意。

张弘宜后升任沔阳县令，开发库藏，救济饥民。分管滇南政务，转任粤西备兵使者。当时瑶、壮匪徒剽窃抢劫，张弘宜亲率军队予以征剿，俘获很多。根据惯例，若有官吏向商人收取米盐用以供给山中匪徒，都要将他罢免。因过度劳累，张弘宜去世于官任上。

张弘宜居家孝顺双亲，友爱兄弟，有其父遗风。他也善于词章，尤其擅长署书（封检题字称署书，俗称题字），仿效晦翁（朱熹）体。所著有《宁海》、《舜江》等稿，以及《昭台杂著》。去世后作为黄州名宦予以祭祀。廖太史作《楚纪》，因张弘宜与余姚孙衍、仁和徐咸，先后任职于沔阳，都有不同寻常的政绩，将他们视为“三高”。张弘宜有两个儿子，其中张协于正德二年（公元1507年）乡试中举。

金献民

金献民，字舜举，世代为上海人，居住于杜行镇。他的祖先曾有戍籍（记录戍守职责的册籍）在西蜀，金献民的父亲金爵依傍金祐于绵州，于是户口成了绵州籍。

金献民于成化二十年（公元1484年）登进士第，官拜行人。弘治（公元1488年—1505年）初，授予御史之职，按抚云南、顺天，都以卓越的见识和明快的裁断著称。出任天津副使，历任湖广按察使。

正德（公元1506年—1521年）初，刘瑾（明代宦官，陕西兴平人。本性谈。初在太子宫。太子武宗登位，正德元年任司礼监，为帝所宠信，专朝政。与宦官马永成、高凤、谷大用等七人结党营私，残害异己，屡兴大狱，贪污纳贿，刻剥百姓，人号八虎。正德五年，以谋反罪被处死）乱政，以金献民勘察天津地不符合实际为由，将他斥逐为民。刘瑾被诛杀，金献民被起用为贵州按察使，后任南京刑部尚书。

明世宗即位（公元1522年），召金献民为左都御史，升迁为刑部尚书。上奏弹劾奸党王钦、王铨不宜免死，未被采纳。不久晋升为兵部尚书。当时天象有五星聚集于营室宿，他占卜为战争预兆。于是他请求敕令天下藩镇、巡官，预先做好战守之备，并请求进用贤人，采纳忠谏，暂停土木工程，摈弃玩好（赏玩嗜好）之物，明世宗对他的意见多予采纳。

金献民禀性刚强正直，坚持己见，皇帝有时不能依从，他又不会婉转变通。太监丘福、潘杰死后，诏命任其弟侄为锦衣卫；太监张钦去世，使家人李贤承受荫封；李贤死后，皇帝又让其儿子做官。金献民先后评论上奏，皇帝都不听从。土鲁番君主满速儿抢掠肃州，朝廷命金献民兼任右都御史，总管陕西四镇军务。得胜回京，仍旧办理部内之事。

锦衣百户俞贤，是宦官俞泰的养子，以中旨（帝王的意旨）办事。金献民说："俞贤本是个干粗活的奴仆，不可随便窃取官位等级。"又说："锦衣副千户李全、王邦奇等冒滥（假冒而滥行）论功。"皇帝都不听。

金献民随即托病而归。没多久，王邦奇揭发前尚书彭泽，讼辞牵连金献民，剥夺了他官职而闲住在家。当初，大礼（指明世宗更定大礼，改称明孝宗为皇伯考，生父为皇考）的议论兴起，金献民数次与廷臣一起上疏劝谏，触怒皇帝，由此得罪。隆庆（公元1567年—1572年）初，追赠太子少保，谥号端简。

有子二人：金皋，正德元年（公元1511年）进士，任翰林院检讨；金皞，正德九年（公元1514年）进士，任工部主事。

张　黼

张黼，字仕钦，上海人。成化二十三年（公元1487年）进士。官任刑部郎中，精通法律而不苛刻。乡里有位老妇人起诉她的儿子不孝，张黼反复开导劝解，又让母亲为儿子理发，母子都感动得流泪，悔改心服而离去。每当碰到疑难案狱，他必定焚香祝告苍天，甚至废寝忘食，以求得实际情况。

后来，他的儿子张鸣凤以御史的身份任官于南台（御史台）。一天，正逢御史在大道上驺哄（指开道引马，喝止行人避路的侍从），张鸣凤下马而立，其他御史疾驰而去。张黼叹息道："我年老了，怎能再与子辈争高低啊！"当天上疏乞求致仕。皇上嘉奖他的恬退之意，进授应天府丞，恩赐他归乡。七十八岁去世。

当初，张黼年已五十但尚未登进士第，有人劝他废弃学业，他说："别人或许会休弃学业，但我不会休弃。古代有永不停止学业的人，请让我如此坚持下去。"最后终于成就了自己的志向。

又因晚年才得以发达，父母不得俸禄供养，他刻制了双亲的形像随身携带，即使到垂老之年，言及此事必泪流满面，士林称之笃行（行为惇厚，且能专心实行）。

他有儿子张鸣凤、张鸣鸾。

唐 琛

唐琛，字廷璧，上海人。年少时以孝友闻名。不乐于仕进。父亲得病，他四处奔走找寻汤药，三年如一日。成化二十三年（公元1487年），以恩荫惯例授金山卫指挥使，唐琛极力推辞。他淡泊名利，士人评论赞美他。

朱应祥

朱应祥，字岐凤，号凤山，又号玉华外史。他的祖先是凤凰山人，后来移居松江府城。朱应祥生来就有不同于人的素质，眉毛秀丽，口能容拳，每只眼睛有两个瞳仁，炯炯有神。

主事（官名，明废中书省，六部各设主事，职位次于员外郎）徐观家中多书，朱应祥曾前往借《文献通考》，徐观只借给他一册。他经过一天就送还，说："我已通读一遍了。"徐观怀疑他说假话，随意挑选几条询问，竟应答如流，徐观大惊，从此将所有书都借给他。于是朱应祥学识大增，长篇大作，挥笔立就。

朱应祥的书法临摹数家，运笔遒劲有法度，尤其擅长挥毫题壁。当时常熟有桑民怿，杭州有张天锡，都以文学出名，但与朱应祥未曾相识。一日共游西湖，朱应祥即席写成两首律诗，张天锡看了，自愧不如，为之搁笔。

朱应祥为人豪迈，待人宽恕，不拘小节。屡次参与科举考试，却未能录取。成化十三年（公元1477年）首次以岁贡（科举制度中贡入国子监的生员之一种。明清两代，一般每年或两三年从府、州、县学中选送廪生升入国子监读书，因称岁贡）荐入南京国子监。考进士，又不中，于是放意于作文吟诗，戴高士巾，穿鹤氅衣，与张友山等人相互吟诗唱和。

据《云间杂识》，华亭有点易台，为朱应祥读书之所。朱应祥性迂狂，曾对钱溥说："予在点易台读公诗，至不善处恨不得长竿一击公头。"放言若此。朱应祥所著述多散失，仅《凤山稿》数十篇保存下来。陈田《明诗纪事》收其诗二首（《梅花道人墓》、《麟溪道中》）。《麟溪道中》："一川流水半村花，旧屋南邻是钓家。长记归篷载春酿，云笼残照雨鸣沙。"朱应祥另有绝句："江面微风鸿浪开，鸟声啼过钓鱼台。暖云欲送桃花雨，一片阴从柳外来。"

许 璘

许璘，字文玉，华亭人。成化十四年（公元1478年）进士。由行人（行人，官名。明代的行人之官，掌传旨、册封等事）至御史之官，都忠诚朴实，遇事敢言。

许璘出任湖广佥事，以执法严厉强硬著称。他弹劾而罢免数名贪污不法的县令。有些人为此怨恨、中伤他，他叹息道："我奉行正直之道，不合时宜，实在是个山野之中的人啊。"于是辞官家居。

他归居家中，闭门不出，生活俭朴寡欲，如同贫贱之人，即使穷得断绝柴米，烟囱不冒烟，也不轻易受人一线一米。

乡邻中有人被诬告，此人包了金子托蒙古赛氏子乞求许璘从中调停解决此冤案。许璘知道此人受诬害，通过官府，平反了他的冤屈，解除了他的罪名。然而赛氏私自占有了金子不拿出来，许璘明知实情但不去追问。

他住所之前有块空地，租给他人堆放竹木，每日征收几枚鸡蛋作为租金以供自己生活。每当夕阳西下，他头戴乌帽，身穿布袍，拄着拐杖信步于村边小路上，闲逸脱俗，俨然是一位古朴老翁。享年八十而寿终。

岳　山

岳山，字惟重，华亭人。成化十三年（公元1477年）乡试中举，授光泽县令。当地里胥（即里长，基层吏役）侵蚀贪污，官仓空虚严重。岳山到任，疏通源头，堵塞漏洞，化腐朽之风为优良之绩，十多年的偷税漏税，不到数月就全部理清。上级官员认为他是位人才，转任广昌县令。这年逢大旱，岳山向天祈祷求雨，随即大雨倾盆，民众歌咏他。当地大姓黄氏兄弟争财，长久不能解决。岳山以孝悌之德教导他们，同时为其分割财产，黄氏兄弟感激涕零而去。何乔新赠岳山诗有"只饮广昌水"之句，意颂其清廉爱民。

母亲去世，他辞官回家守丧。绝意仕进，家居十年，从未进入府城。幽居于小楼之中，即使亲戚好友也很少见面。乡士大夫称退隐静居者，无人能超越他。

周　洪

周洪，字廷诰，上海人。成化十四年（公元1478年）进士。授蒲圻县令。他督促农夫种植粟禾、桑麻，命妇女以纺纱织布、治理丝麻为业，且检验其勤惰而分别予以赏罚。在高亢之地制造筒车汲水以灌溉，低洼之地创设堤坝阻水以抗涝。民众生活赖以富足。

他还修建学校，考查德行，资助贫苦之人。乡间置办社学（明清设于乡社间的学校),每社学有三十亩田,他命学生父母合力耕种,免除徭役,社田收获作为教读之资。

县里有作奸犯法之人,他便在其门前树立木牌,署写其罪行,不管此人原来权势多大。

他建办义仓六所,储谷三万石。正德(公元1506年—1521年)初,发生严重旱灾,民众赖以存活。

周洪后拜官御史,去世于任上。蒲圻县人世代传颂他的功德。

孙 衍

孙衍,字世延,又字延之,华亭人。父亲孙瓛,为东晋御史大夫孙康后裔,其先世在南宋初自河南开封杞县迁居杭州,元末为避乱迁居华亭。孙瓛任广信府(今属江西)训导。母任氏,参政任勉的女儿,知书达礼。

孙衍承家学,二十岁获乡荐(由州县地方官举荐应进士试,后称乡试中式为乡荐),成化十四年(公元1478年)进士登第,先后任深、沔二州知府,都有显著政绩。弘治(公元1488年—1505年)初为南京兵部职方员外郎,进任车驾郎中。

车驾郎中掌管舟车,中官以进贡名义,无节制地索取,孙衍常常抵制他们,因而遭诬入狱,构成重大诉讼案子,然而他始终不屈,坚决不与中官同流合污。

孙衍后升任延平知府。有个盗贼杀人劫财,知县误判一位姓余的良民抵罪。孙衍看出冤情,并暗中查获真凶,使其伏法,释放了受冤的余姓者。一位姓罗的监生,富裕而强横,殴打良民至死,然后行贿有关人员,以图免罪。孙衍查明真相,将他捉拿正法,大快人心。孙衍曾在墙上大书"勤以补拙,俭以养廉,慎以补过,惠以得民",用以自勉。他发现延平无志,聘请黄仲则修志,对诸氏事迹,采集甚详。闽地风俗婚嫁论财,死则焚烧,孙衍严令禁止,风俗为之一变。弘治四年(公元1501年)夏天大旱,孙衍徒步行走在烈日中,祷告求雨,随即天下大雨,他冒雨而归,得病不起而去世。延平百姓感动而哀悼,为他立遗爱碑。

孙衍年幼时贫困而有志向,居官廉洁谨慎,去世之日,家无余财。诗文清丽俊逸,有《雪岑稿》若干卷。

孙衍有二子,分别为孙承德、孙承恩,都从事读书进学之业。

陈 瀚

陈瀚,字深源,华亭人。成化十六年(公元1480年)中举,任教于陕州。每天给诸生讲解经典义理，考查课程学业，陕州士人赖以兴起。

不久调荆州府倅。荆州之民不善种植，他招募松江人前往传授耕织技术，使荆州民生得以改善，大家都说："养活我们的是陈公啊。"他因外艰（我国古代称父亲或承重祖父去世为外艰，须服丧三年）而离职回家守丧。

守丧期满，补授任职于济南。当地民众多拖欠税赋，官吏无能为力。陈瀚到任，先调查搜索弊端之源，且禁绝之。不到几个月，课税得以合理收取。然后他去监察德州税收。监察完毕，税赋比通常数额增加千金，都归于国库，他一无私占。

九年任期满，升迁为景州太守。明武宗时，中贵（指得势的宦官）横行，向陈瀚任官之所索要金钱，且催讨甚急。左右僚属劝陈瀚也要为自己安全考虑，适当给予，但陈瀚坚决不给，因而被谪贬为晋州学正。过了较长时间，才提升为贵州麻哈州太守。尚未上任，他就乞求辞官回家。

陈瀚力行孝友（孝顺父母，友爱兄弟）之德，对乡党（乡、党，皆为我国古代地方区划）人士态度谦和，言行举止皆有坊表（指行为规范。坊通"防"）。居官除通常俸禄之外，分文不取。他曾四次主持科考，在云南任布政使时有一人与他很友善，此人为了使自己的文章评上优等，送他五十两银子，他拒绝不受。他退休后家境清贫，有时无米下锅，炊烟断绝，但绝不向官府哀求，只是与顾清、曹时中往来唱和诗词而已。

陈瀚退休后，他的学生张御史来松江视察学政，当时有一入学案想请他裁断，且回报丰厚，千金可轻易而得。张御史为此造访陈翰家，见他住所破旧，墙壁颓败，于是缓缓说出入学案尚未解决之事，想诱导他评论此案。陈瀚明白其用意，说："我所不敢听闻的有三种事：一是有损名节之事，二是使后生子弟骄傲懈怠之事，三是会滋长争名夺利风气之事。"张御史听了，向他揖拜道："学生恭敬地领教了。"

瞿 霆

瞿霆，字启东，上海人。成化十六年（公元1480年）乡试中举，选授顺天府判。奉命同工科给事李汉等清理武清县等七厂苇地。他绘图进呈，刻文于石作为定规。为李福名等三人昭雪冤狱。后升任左府经历。明武宗朱厚照即位，三次赐给他金绮（金绮，即白金文绮，嵌有白金的华美丝织品），调任后府，不久升任广南太守。广南本来属于临安府（在今云南红河哈尼族彝族自治州一带，治所在建水），瞿霆所居禅寺，有扶桑黄花之瑞。不久转为临安、元江知府。那氏与族人相仇杀，瞿霆前往按抚劝导；又按抚蒙自所李师革、普济等，曲江驿石祥奉等，都将矛盾立即化解，因功受银牌之赏。后来那氏暗中以千金行贿，瞿霆发现此奸险之事，依法定罪，杀了那氏。

随即瞿霆请求退休还家。他喜欢吟诗作词，享年八十九岁。著有《南山集》。

杨　松

杨松，字国用。家境贫苦，竭力侍奉双亲。父亲生痔疮，他为父亲吮吸脓水。母亲生病不能吃饭，他割臂肉作药治疗。后来父亲患重病，他又割大腿肉作羹给父亲吃。家境更加贫困，他为人做佣工以赡养双亲。

有司上报他的事迹，免除了他家的赋税和徭役。

唐　祯

唐祯，字元善，华亭人。成化二十三年(公元1487年)进士。金山卫学登进士第数唐祯为第一人。弘治(公元1488年—1505年)初，修撰《宪宗实录》，分派唐祯等人往浙江访求史实，他所得最为翔实。镇守当地的中贵人(帝王所宠信的太监)一向狂妄自大。唐祯前往报告拜见，但见中门关闭；他拿自己的名片给守门者，随即上马离去，当时人们称他的做法委婉而得体。

不久选拔为驾部(官名，掌舆辇、传乘、邮驿、厩牧之事)，调任仪部(掌仪礼的官)。当时哈密进贡的物品质量低劣。唐祯任主客(官名，负责各藩属国朝聘、接待给赐等事)之职，说："他们这是在图取虚名，不是诚心向我们进贡财物。"便将哈密的贡物进行打折估算。听说哈密使者在庭中喧闹，不肯离去，唐祯便通过翻译人员告喻他们说："你们欺骗君主，中途调换了贡物以获利，不给你们定罪已是宽恕了，你们却不满足，还敢喧闹？如果你们再不听从，我将发文通知边关，追问你们君主的罪责，到时你们怎能归去？"使者方才慑服，不敢再无理取闹。

精膳司每逢新茶来到，必定先呈送样品，实际上是私下馈赠，相沿已久。唐祯上任，告诫精膳司守门人员，除正供(本指法定的赋税，如田赋等。这里指合法的供给者)外，其他人不得入内。

不久，他转为正郎(即"郎中")。去世于京城，享年五十岁。

凡是姻亲及宗族人员，如遇贫苦，唐祯都给以周到的帮助和照顾。

当初进京会试，唐祯租赁住所以待考试。房东的女儿见他独处，从窗户偷看他，并想与他说话以图交好。唐祯见此情况，赶紧离开，移居其他屋舍。

周 济

周济，号迂直，华亭人。成化（公元1465年—1487年）间任高安县司训。正好是他的学生任督学，前来考核教学，周济不提一句师生关系的话。后来他的僚友拜见督学，督学才知道情况，并单独殷勤款待周济，众人方才知道周济与督学的师生关系。于是学生纷纷请托周济，并向他赠送财物。督学考核完毕，离去以后，周济即召见全体学生，说："我实际上并未向督学说请托、照顾之类的话，你们要凭自己的实力参考。"随后将学生送来的钱物全部归还。

辞官退休回家，享年九十二岁。

高 博

高博，字德宏。成化十九年（公元1483年）乡试第二名，以举人的身份任信阳县学正，后改为武冈州学正。一次乘船行进于江中，遇风波，有人溺水而死，他说："我有年老的父母，我不忍冒险远游以加重他们的倚门之念。"于是很快辞官归来。他自持清高耿直的品质，每天与曹时中、许璘赋诗饮酒为乐。优游自然地在乡村里生活了二十年后去世，享年七十九岁。

俞 琳

俞琳，字世美。成化（公元1465年—1487年）初，在曹家开馆设帐，教授子弟。曹家为大户巨室，仇恨他家的人上奏诬告曹氏谋反，皇上派遣近侍人员下来秘密侦探。曹氏亲戚朋友都惊惧走散，而唯独俞琳依附不去，说："我怎能忍心看到良善之人遭到不测之祸啊！我自己计量下来，曹家只是他的厅堂建置有点违反礼数罢了。"于是他将佛像移于厅中，用香数斛，日夜薰之，在其门上写道："佛安清净处，人乐太平年。"于是冤案消除。曹家主人为此用黄金重重酬谢俞琳，他却挥袖而去，说："怎能这样玷污我？"于是解除馆帐而辞归。

成化十九年（公元1483年），俞琳乡试中举，与张弼次子张弘宜友善。张弼赠诗道："记得曲江春里宴，好寻尔祖旧游题。"他到吏部报到，等候选派。结果派任临江司理（主管狱讼之官。明代俗称推官为司理）。陆深称他通晓文史，明确治道。平反狱情，能同时眼看耳听、手指口驳，号称廉洁公平之官。名誉声望，每日受人啧啧称道。因病仅任司理之官数月。

周 佩

周佩，字鸣玉，号北野，华亭人。登弘治三年(公元1490年)进士。授工部都水司主事，三年后考核为第一等，升员外郎。职责为征收商税，督察营造工作。他出纳财赋，个人丝毫不沾。

弘治十三年(公元1500年)因母亲年老多病，周佩乞求归家奉养。母亲去世，住墓旁守孝三年，不入城府。服丧期满，转任刑部郎中，以理狱明慎著称。当时奸逆的太监刘瑾专权，常问人道："刑部的周秀才，我不认识他，是怎样的一个人啊?"周佩闻讯，恐受其害，上疏辞归。他认为，人被名利捆绑，就如上了贼船，越用力撑，作恶就越多。

归家后，日玩周易一卦，课诗一首，写字数幅，岁以为常。诗学唐，字仿晋，皆有法。与顾清、钱福时有交往。

明世宗即位，进用他为中宪大夫，长达二十五年。享年八十五岁。

周佩禀性孝友，获有甘露瑞芝(指家中长出芝草，降下甘露，古人认为这是吉祥之兆)的祥兆。他尽力关心照顾本族人员的生活，但他自己居室之内四壁徒空，仅一床榻而已。官府将他作为乡宾延请招待，他推辞不去。他爱好学习，到老不倦。晚年更喜欢读《易经》。因家居廉洁清贫，去世后竟无钱安葬。当地官员闻之叹息，纷纷拿出钱物安葬他，并抚恤他的家属。

曹 津·曹 穗

曹津，字元会，华亭人，世居干巷。以岁贡授青阳县训导，后升任南安府教授。考核士人有程式，救助贫困学生，拒绝私赠之财。著有《周礼集传》。

儿子曹穗，字泰宇，诸生。家贫至孝，精研理学。魏大中幼年登门拜曹穗为师，曹穗即看出他是位优秀的人才。他留意于著述，著有《易旨》、《太极通》、《书解》、《性理杂说》、《尚书解》、《诗本义》诸书。去世后作为乡贤享有隆重祭祀。

顾 敏

顾敏，字文敏，松泽里人。洪武(公元1368年—1398年)初，父亲顾睦犯法被捕而死，依照法律，其子孙应该去戍守边疆。顾敏年方十三，他刺血上书为父亲喊冤，明太祖同情他，从轻处理，将他放归，并亲自写了诏令表彰他的门庭。他的儿子顾英，为延安府同知，考核成绩第一，按例应得封典(封建王朝给予臣子或其祖先以爵位名号的典礼),但顾敏以为国恩尚未报答,因而推辞不受。

顾敏生平乐善好施,在坎坷乱离中养生送死,务必尽力,人们以孝顺称道他。年届八十九岁,他与妻子用茅草结成一栋小阁楼,一起住在里面,绝食人间烟火,每天只饮酒一勺许,两相倾杯对酬,各谈古今之人的大德之事。成化(公元1465年—1487年)年间的某年二月,顾敏无疾而终,后二十七日,他的夫人陈氏也如此去世,人们以为他们是仙化而去。徐献忠(明华亭人,字伯臣,嘉靖举人,官奉化令,与何良修、董宜阳、张之象俱以文章气节闻名,时称“四贤”)为顾敏作文以传其事。

陈 忻

陈忻,字用诚。幼年父亲去世。事奉母亲无微不至,极尽孝心。曾说:“父殁远方,大恩莫报,每遇四时祭享,痛不欲生。”

弘治二年(公元1489年),母亲生病。他呼天祈祷,愿以身代母。母亲去世后,他住庐守墓三年,不入妻室。有鸠来巢孵化出白色的雏鸠,人们说这是陈忻的孝心感应所致。

陈忻平时尤其精于天文,用天象占卜,全部应验。

他博古能诗,著有《蝇鸣集》。

胡 琬

胡琬,字公炎,华亭人,居于秋泾。弘治(公元1488年—1505年)年间,以贡士参加进士考试,在翰林吏部中都为上等,授为湖州训导。他以严格的规矩和端正的规范要求诸生。

任期满,不待升迁而归来。所居茅屋数间,常年不入城市。著有《苕溪渔唱》、《耐庵归闲》等。

张时泰

张时泰,字吉甫,上海人。弘治(公元1488年—1505年)初,以岁贡(明清时每年从各府、州、县学中选廪生升入国子监肄业,称岁贡)授秀水县训导。他禀性豪放,淡于仕进,任期满即请假回来,以诗酒自娱,与钱鹤滩、曹定庵、桑民怿等人相唱和。所著有《史记管吟》、《和陶诗》,但都已失传,只有《续资治通鉴纲目广义》十七卷刊行于世。

张　霆

张霆，字时震，上海人。弘治五年（公元1492年）举人。官任南安府司理，迁任广州通判。以清廉惠民著称。

周　昶

周昶，字启明，华亭人。弘治六年（公元1493年）进士，选授福建建阳县令，升迁为御史。清廉谨慎，自誓不贪一钱。去世后，徐阶上奏朝廷，特恩赐安葬。

周昶的书法仿效李北海，图画师从吴仲圭，他的书画气韵深厚，高出当时的流俗。

赵公器

赵公器，上海人。以引荐任道州知州，有良好的政绩。他立法最严，但具体执行时却讲究宽恕。作为名宦享有祭祀。

张　武

张武，字德勇，上海人。家境贫困，学习努力。靠教授学生维生，潘恩出其门下。张武后以贡举到吏部等候选派，应当得到府署推官之职，但张武为人文雅，不乐意于刑法，请求任以师儒之职，于是授以弋阳王府教授。他献上《保祚箴》、《鉴古录》，深被赞许采纳，弋阳王每日听到有关张武的贤德声誉。不久，他上疏恳切乞求归家，居于冷清的房间里，专心于著述。

儿子张大鲁，任永城县令，有良好的名誉。曾抵御流贼师尚，朝廷肯定了他的功绩。

朱承顺

朱承顺，字履敬，华亭人。安贫乐道，年届四十，开始学诗。禀性高雅简朴，居家遵循礼训。逢年过节祭祀，必先亲手洗涤祭器。著有《夷白稿》。

他与郡中陈粲、顾曦、陈汉、黄嘉言等，都是弘治（公元1488年—1505年）年间为士大夫以礼推重的诗人。

陈良珊

陈良珊，字子珍，华亭人。为县学生员时，三次考试均为第一。弘治十二年（公元

1499年）中进士，选授山东高唐州知州。法令严肃，人们不敢因他年轻而轻视他。考核成绩居首位而升迁为刑部主事，又升任郎中，出任湖广布政使参议，改为福建按察司副使，选任广东布政使。在职七年，因病退休归家。

他的弟弟陈良瑚，号铁峰，与孪生哥哥陈良珊面貌相似，人们难以辨别。弘治十四年（公元1501年）举人，任江西建昌府通判。归乡后，啸傲山水，以高抗开朗著称。

潘　静

潘静，字见山，金山卫人。父亲潘有权，弘治（公元1488年—1505年）年间武举人，历任岭南参将，因有违巡检者旨意而被罢免归家。潘静放弃儒学而作吏役，由乍浦司巡检升任贵州镇西卫经历（官名，掌管出纳文移）。韩雍用兵两广，命潘静做向导，进入贼巢，斩寇首级二十余，活捉酋长一人。军队得胜而回，潘静升任后府都事。

征伐南蛮时，他将所赏赐的银牌全部散发给三党（指父族、母族、妻族）中的贫困者。陆树声写信征召，他不前往。他通晓历史，尤工书法。四十余岁，因病引退。

叶　鈇

叶鈇，字廷用，上海人。弘治十四年（公元1501年）举人，授福州府同知。他刚上任，就有二十四人前来拜见，自称是汛商（根据潮汛往来的商人），各馈赠海产品一罂（大肚小口的陶制容器），打开一看，都是白金。叶鈇大惊，把罂口都封住且作好标记，又秘密派人观察，原来他们都是江洋大盗。叶鈇随即向台使（御史台使者）汇报，请求见机行事除掉盗贼。于是官署内室设下伏兵，延请假扮汛商的盗贼前来饮酒，宴饮中伏兵突然出来，将他们全部擒获，查得他们抢劫杀人等不法之事，都按法惩处，贼党于是惊骇而散伙。

不久，叶鈇被选择为刑部员外郎，晋升为郎中。因评论事件触犯权贵，出任临安知府，多有惠政。上书称病而请假归家，随即去世。

唐　怿

唐怿，字叔和，上海人。母亲去世，他连续几天水浆不入口；父亲唐德华去世，他也如此。侍奉继母以孝顺闻名。

他的弟弟唐懽，字季和，年幼贪玩，唐怿悬挂父亲画像，哭得十分悲伤，唐懽受感动而醒悟，努力学习，后登第授予官职。当时宦官刘瑾窃取权柄，唐怿告诫唐懽不要辜负国家,不要畏惧受皇帝宠信的权贵。等到唐愋遭谗言而逃亡,家室离散,唐怿抚养弟弟弱小的孤儿如同己出。子孙进入学校读书做官者相继而出,都以孝友的家风传承。

顾 清

顾清,字士廉,号东江,华亭人。弱冠时与钱福、沈惟馨齐名。家庭一向重视读书,不愿与富人交往。以“毋徇物而为所溺(不一味追求财物而沉迷其中),毋狎物而为所乘(不戏弄外物而使自己遭其侵凌)”二句为座右铭警示自己。

弘治五年(公元1492年),王鏊主持南京乡试,批阅顾清的文章,说:“当年欧阳修说应当谦让苏子瞻(苏轼,号东坡)一头地,这人也如此啊!”便将他的文章定为第一。第二年(公元1493年)礼部考试,获第二名。吴俨任廷试掌卷官,有人劝顾清去拜见,他拒绝道:“昔人所谓呈身者(犹言毛遂自荐),我羞愧于这样做。”最终不去拜见掌卷官。廷试成绩优异,但有人说他没有将有关帝王的文字提到顶格写,硬是将他置于二甲第一(明清时代考进士分三甲,一甲三名,称赐进士及第;二甲赐进士出身;三甲赐同进士出身),改庶吉士,授编修之职,参与修撰《大明会典》,任侍读学士。正德初,参与修撰《孝宗实录》,大书太监蒋琮诬陷驱逐台谏之事。邪党受到震慑,被迫暂时收敛。

正德二年(公元1507年)主持南京乡试。他的夫人因有个侄子参加这次考试,乘顾清洗浴时,赶走婢女,亲自为顾清舀水濯洗,以此打探消息,为侄子说情。顾清说:“这事关系朝廷典制、天地良心,我岂敢胆大妄为?”不久入宫任经筵讲官。当时太监刘瑾窃取大权,乡人张文冕执政,顾清都不与他们往来,说:“我的脚岂可轻易走动!”刘瑾非常怨恨他。正德四年(公元1509年)五月,《孝宗实录》编成,照理顾清应当晋级加俸,但刘瑾假托诏令将他降为编修,不久调为南京兵部员外郎,顾清因父亲去世,未赴任而回家守孝。

正德五年(公元1510年),松江知府陈威请顾清修纂《松江府志》。顾清将《云间志》、《嘉禾志》、《松江郡志》、《续松江志》、《云间通志》参校考证,补充整理,汇以成编,共三十二卷。正德七年(公元1512年),《松江府志》刻版行世。

刘瑾被诛,顾清回京任侍读学士,进为少詹(总管太子内外庶务之官)兼翰林学士,充经筵日讲官。当时太子之位尚虚缺,他上疏请求定立,但没有回音。武宗皇帝数次巡视出外,郊祀(古代皇帝于郊外祭祀天地)临近,而武宗尚未回来。顾清再次上书数百言,武宗感动。

正德十六年(公元1521年)武宗皇帝去世,世宗皇帝继位。群臣会集,商量迎接新皇,建立册书,颁布诏令,改易丧服,办理丧事,这一连串的吉凶大礼,顾清援引古典,结合当今,折中群臣之言,处理得符合礼仪。但忌恨他的人怂恿御史李献将他人的罪责硬是牵连到他身上,弹劾陷害他。顾清于是引退。顾家门可罗雀,顾清在堂柱上写了一副对联:“便如此,无不可;更那般,又何为?”

嘉靖六年(公元1527年),顾清被众大臣推举,世宗又起用顾清任南京礼部右侍郎,顾清两次上疏乞求归隐,世宗不同意。顾清再次上疏,其意更为恳切。这年秋天,世宗下圣旨,让他以本部尚书的身份辞官退休。

因为新皇继位,顾清进呈徽号(加给帝王、皇后的尊号),且持贺表上京。到东昌,有劝他谋以代进者,他坚守人臣之义,抵达德州,抱病乘车进京,去世于河间府瀛海驿,享年六十九岁。病危时,知府牛天麟问顾清家事,他说:“不必相问,有遗表在,谨慎保护好它。”讣告上报,朝廷恩赐祭祀安葬,谥号为文僖。

除《松江府志》,顾清还著有《傍秋亭杂记》、《东江家藏集》、《田家月令》等,有《顾清文集》刊行于世。

宋　恺

宋恺,宋舜臣,华亭人。弘治六年(公元1493年)进士。授屯田主事,转为虞衡郎(官名,掌管山泽和山泽之民),提升为广信太守。所在之郡经他治理,遵守大道,送往迎来,宴请犒劳,一切都予以革新。有一位给事,奉诏收括民田,增收税赋数百石。宋恺上疏请求减免。

为母亲服丧后,补授建昌官员,升福建参政,又改任广西长官,平定江府少数民族动乱,朝廷赐给他金帛。浔民黎仲明反叛,他又带兵征讨平定。当时刘瑾专权,他从未奉承过。一次受朝廷恩赐而入京城,看到刘瑾窃政弄权,他即辞官退隐。

他家居二十余年,身穿绿色布袍,戴黑色的帽子,人们看不出他本是位显要的高官。著有《樗菴集》。八十岁去世。

黄　明

黄明,字天章,华亭人。弘治六年(公元1493年)进士,授南京刑部主事,转驾部郎(官职名,掌舆辇、传乘、邮驿、厩牧之事)。他上疏请求减小货船,以便里河航运;宽免逃役之人,不去追捕补役。严禁太监假托公差,乘坐驿站车马勒索民众。当时正逢阉宦迎接雍王，乘势气焰嚣张。黄明亲自率领马快（旧时衙门骑马的捕役，也叫马快手）督察，这些太监才不敢逞强。

黄明出任汀州太守，所属的武平县山寇作乱，官军前往围剿。众人提议征收民财以充军饷，黄明拿出剩余的官府钱财作为军饷，免征民间上万两银子。

黄明升任滇南宪副（行使纠察的副长官），离开汀州时，汀州民众隆重地为他祈祷祝福。

不久，他因病辞官退休。陆树声说，黄明辞官退休家居八年，住的是茅草屋，衣着朴素，一心读书、讲课、种田。乡里人们知道他的名字，但不认识他的面貌，因为他一直家居，不与世人交往。

李希颜

李希颜，字原复。父亲李寅，景泰七年（公元1456年）乡试中举，任广文（即明清两代儒学教官的别称），三次主持乡试。李希颜从小受家学浸润，弘治六年（公元1493年）以精通《春秋》在会试中夺魁，任职于南京比部（刑部司官的通称）。他昭雪沈海的冤狱，尽力将杨指挥的妹妹从官伎中释放出来。

正德（公元1506年—1521年）初升广东佥事，代理市舶（官名，负责对外贸易的管理、法令、征税等事）之职。所获黄金全部登记在册，归于国库。代理提学之职，传授经学，奖励提拔人才，号称知人。将经学传授到广郡之地。

他曾擒拿贼寇首领黎头拐。后来土苗族盗寇残杀高廉等，广郡长官害怕作战，李希颜自告奋勇，请求带兵深入，平息了盗寇。人们拿了表文入朝致贺。当时太监刘瑾专权，唯独李希颜不去上门拜访，朝廷官员啧啧赞叹，称他为铁腰李。

进任云南右参议，招抚十三村流亡迁移之民。上章弹劾梁储之子暴虐横行，被剥夺俸禄归乡。不久官复原职。任提学副使，大力表彰陈大韶的孝行并登门拜访。选拔优秀之士，谨慎进退人才，当地风俗受到感化。拒绝土官（元王朝对湖、广、川、滇、贵州、甘肃等地区各少数民族委派该族人为文武官员，分文武两职：宣慰、宣抚、安抚长官等司及指挥使司等为武职，隶属兵部；知府、知州、知县等为文职，隶属吏部。统称土官，也叫土司，子孙世袭。明清两代沿用此制）凤朝鸣所行贿的千金宝环，并将其处以死刑。

李希颜后因劳累过度而去世于任上。他临死时，人们都看见他穿着红袍、拿出符节从官厅出去，认为他在世为官清正，去世化为神明了。他禀性至孝，双亲去世而守丧，居墓旁草庐三年，身不离孝带。李希颜去世后，根据其遗愿，将灵柩运回葬于先人墓侧。顾清奔去其墓前哭道:“我能为原复写墓志铭,这支笔也没有遗憾了。”

李希颜生前有将洞泾船税作为家境困难的后代子孙学习津贴的规定,这一重视教育的措施,惠及后人无数。

张弘至

张弘至,字时行,是张弼的小儿子。其诗文雅健清丽,草书带有其父亲的风格。弘治九年(公元1496年)进士,改为庶吉士,授兵科之职。弘治十二年(公元1499年),他以天降灾异现象为由上书明孝宗,请求恢复初政八事。其中第一事便是汰废传奉官。所谓“传奉官”,是明代特有的称谓,起于明成化年间,实为卖官鬻爵。他说:“皇上刚登基执政时十分精明,铲除所有从前留下来的坏人坏事,罢黜奸邪,提拔贤臣,驱逐不正派的西番僧人,通达下情,杜绝请托,珍惜名器,节省供应,罢去不称职的大臣,草除多余的宫廷使者,诏令彰著,风动四方。然而近年渐有变更,因而天降灾异不祥之气,大概这是上天用以警戒当国者,只有谨慎地善始善终,这些灾异现象才会消除。”有识之士说他有敢谏之风。

明武宗登上皇位,赐给张弘至一品官服,出使安南(今越南),他坚决不接受赐给他的旅费。当时内府(皇室的仓库)守卫官军被宦官勒索,不断逃跑。他上疏请加禁治。出使浙江勘察牢狱,回来以后,向明武宗陈述可革除与可兴办的四事,又陈述平息盗寇、靖安边境的六策,这“四事”、“六策”大多被采纳实施。他提议的除海寇、均海利的措施,被朝廷定为法规。

太监刘瑾专权逆行,他辞官引退,但仍上疏明武宗,乞求亲近亲属、任用贤臣。家居十九年而去世。著有《玉署拾遗》、《使交录》、《万里志》、《东塾见草》、《见意》等。

唐 锦

唐锦,字士絅,上海人。弘治九年(公元1496年)进士。参与修撰《大明会典》,不久回家侍养双亲,锐意著述。出任东明县令。因其为官清廉有才能,入选兵科给事中,受命前往广东清理盐法。查核长年积累的逃欠盐税百余万引(明清制以盐若干斤为一引,每引纳税若干)。当时得宠的太监刘瑾残暴专横,唐锦没有去奉承他,被谪判深州。刘瑾被诛戮,唐锦晋升为南缮部(负责修缮的官员),转为比部郎(掌刑法的官员),查讯囚犯案情,多有平反,为此著有《恤刑录》一书。

唐锦再次任江西学政。遇到朱宸濠(朱元璋第十七子宁王朱权的玄孙)变乱。他集合城中士民,激以大义,捕得守城内官杜茂、伪千户朱直等四十二人,夺其城门锁钥。当时朝廷派王守仁入城,查核功罪,称唐锦为首功。然而奉新民众和士兵在夜间作乱,焚掠五十余家,唐锦受牵连得罪,削职归家。后来事情真相查明,准许他辞官退休。

退休后,闭门养性著书,一时金石之文,大多出于其手。曾修撰《大名府志》及《上海志》。

董 恬

董恬,字世良,上海人。弘治九年(公元1496年)进士。授官工部主事,分管徐州。改任刑部员外郎、郎中。有族子(同族兄弟之子。据礼,兄弟之子称从子,自曾祖而下三代兄弟之子皆称从子,自高祖四代以上称族子)二人,共同打死婶母,董恬认为依法定罪时应考虑服制(旧时丧服制度。按其与死者关系的亲疏,分斩衰、齐衰、大功、小功、缌麻五等)轻重。司寇将他俩定为同罪,果然被大理寺退回,重新予以评定。

董恬奉命前往浙江审视记录囚徒的罪行。他平反冤狱,明察案情。当时太监刘瑾把持政权,凡完成使命回京者必须前往拜见他。然而董恬不去拜见他,回京时不送给他财物。于是刘瑾说他完成使命超过期限,罚米二百石供应边防之需。

正德三年(公元1508年),董恬晋升为大理少卿。当时朝廷内外多发事故,重大案狱不断产生。董恬判决狱讼公正无私。太监刘瑾当政,关押佥事吴廷,谪戍给事陶谐,董恬都通过多方斡旋,使吴、陶两人得以保全。

后来刘瑾因罪迹败露而被杀,有人说康海及董恬都是刘瑾的党羽,于是董恬失去官职。正德八年(公元1513年)七月,董恬上书,大意是说:"我遭刘瑾肆虐时,被罚米粮、减俸禄,扬言要处我以罪责,受到百般屈辱,而现在有人却说我攀附他,这实在冤枉。我身为法官,既不能诛讨元恶,又不能乞求辞退,没有尽到法官的职责,确有罪过。削职还乡,我无话可说。以礼进退,这是臣子应有的节操。乞求皇上下令吏部查核我的言行,查明我的心迹,使我平素的节操明白于世,这样,我即使死去也没有遗憾了。"

后来事情真相查明,明武宗赐给他显示官爵的礼服。辞官退休后去世,享年七十四岁。有手录诗稿藏于家中。

张鸣凤·张鸣鸾

张鸣凤,字世祥,是张黼的儿子。与他的胞弟张鸣鸾同时于弘治八年(公元1495

年)乡试中举。登弘治九年(公元1496年)进士。任永康县令时,武义有杀人者,此案久而不决,上级官府发檄文要求审理。他梦中见一位身穿红衣的人说:“得王十一才能了却这个疑案。”第二天他物色到此人,终于解决了这案子,人们都惊叹他的神奇。召为南台御史,上疏指斥刘瑾,被逮捕施以廷杖(明代皇帝惩处官员的一种酷刑,杖责朝臣于殿阶下)。刘瑾被诛,他官复原职。改为湖广佥宪(明代对都察院佥都御史的美称),升为副使(布政使副官)。父亲去世而服丧三年。服丧毕,仍在湖广任职。

明世宗继承皇位,兴建宗庙宫邸,对他有宝镪(成串的钱;银子或银锭)綵币等恩赐。中丞胡世宁极力推荐他,说他有安定局面、控制众人的才能,刚要重用他,竟突然去世。

他的胞弟张鸣鸾,字世和,正德初参加会试,住在京师。这时张文冕正勾结刘瑾,气焰嚣张。人们都奉承他,唯独张鸣鸾不去拜访他。有识之士都推重他的品格。官职只做到金华推官。

曹闵

曹闵,上海人。弘治九年(公元1496年)进士,授沙县知县,为南御史。正德(公元1506年—1521年)初,上疏极论刘瑾罪状,被关进锦衣狱,几乎被打死。刘瑾被诛,起用他任广西佥事。曹闵说:“一个刘瑾去了,但还有众多刘瑾在。”于是引退。当时他五十岁还不到。

曹闵为人笃实恬静,退休后不入县府公庭。孝养母亲十年。母亲去世,他服丧于墓旁草庐之中,得寒疾而死。

曹豹

曹豹,字文蔚,上海人。二十岁时充当县践更(受钱代人服徭役),他发愤读书学习,于成化二十二年(公元1486年)乡试中举,弘治十二年(公元1499年)中进士,授郏县令。在任上兴学重教,废除非法的寺院。任满考评,政绩第一。召入京师,将要重用,他却去世。郏县人民不忘他的恩德,将他作为名宦隆重祭祀。

他爱好吟诗咏赋,著有《山居》、《云程》二集。

唐懽

唐懽,字季和,上海人。弘治十五年(公元1502年)进士。授官刑曹(刑部属官)。

明孝宗驾崩,唐懽悲痛欲绝,斋戒数日。

正德(公元1506年—1521年)初,太监刘瑾专权,人们都去奉承,唯独唐懽刚正不阿。刘瑾怀恨他,捏造罪名将他逮捕下狱。刘瑾的党羽张文冕也是松江人,派人劝唐懽重金贿赂。唐懽说:"我实际上无罪,鬼神会昭雪我的冤情;如果真的有罪,则由朝廷依法处理,怎敢以私情求托免罪?"于是贬谪为谷城令。徐昌谷等人都前来慰问并设宴送行,他赋诗下棋,谈笑自若。途中遇到山水优美处,就绕道前去游玩。顾清曾说:"我阅人无数,但从未有像唐懽那样失志而仍欣喜、毫不恼怒的人。"唐懽单车简从,赴谷城上任。在任上关心民众疾苦,见有人饿死于路上,就悲叹不食,责备自己没有为民尽责。

不久,他去世于任上,年仅三十七岁。这年八月,刘瑾被诛,人们以唐懽没有亲眼看见刘瑾的可耻下场为遗憾。然而没有人上奏他的事迹,以恢复他的官职。

褚　嵩

褚嵩,字惟中,华亭人。正德二年(公元1454年)举人。嘉靖(公元1522年—1566年)年间任石阡府知府。他减省夫役车马,除去豪右强横,考查士人,救济贫困。因坚守正直之道而不为权贵所容,被罢免离任,所辖之民如同失去父母一般。

杨　玮

杨玮,字伯玉,自号玉峰,华亭人。杨玮的第二个弟弟杨璨和最小的弟弟杨琏,因为家境贫困,不能供给读书。父亲要杨琏从事其他行业。杨玮说:"我家世代以经书相传,而唯独小弟弟经商,不可。"于是他日夜教训幼弟读书。

杨玮于弘治九年(公元1496年)中进士,授营缮主事。贵戚张氏依仗皇帝恩宠,营商取利。杨玮不畏权势,屡次揭发他徇私枉法,并上奏皇帝,依法处置了张氏的十几个家奴。

一天他奉命经过里门前,当时喻时为太守,设宴款待。在宴席上喻时乘兴给优人一杯酒,杨玮严肃地说:"这怎能是您的风度啊,恐怕不能为民所仿效。"喻时脸呈愧色。回到朝廷即拜杨玮为光禄寺寺丞。

当时朝廷每日索取幼鹅脑几十个,用以喂食画眉鸟,供武宗赏玩。杨玮对中官说:"如今天下民众财物已穷尽了,不能奢侈挥霍而暴殄天物,应当裁减不当的用度。"武宗听闻中官的报告后,十分恼怒,派人指责杨玮,杨玮穿了囚犯之服,跪在午门外,坚持争辩。刘瑾(明宦官,正德元年任司礼监,为帝所宠信,专朝政。正德五年,以谋反罪被处死)又派人斥骂他道:“你这个穷措大(旧讥称贫穷的读书人),怎么一点不明事理!”杨玮又当面斥责刘谨派来的人。刘谨气恨至极,将他贬谪为隰州同知。后来刘瑾被诛,杨玮升为泸州太守。

当时邓茂七造反,大司空林俊带兵征剿,命杨玮招抚余党。杨玮为不使造反军遭到残杀,单骑进入造反军军寨,告以祸福利害,邓茂七余党都放下武器投降。朝廷论征剿功劳,超级提升他为广西参议。又屡次平定叛乱的苗民,升迁为四川副使。

杨玮辞官退休后居于乡里,绝不出入官府。与人交往,言谈爽直,从不阿谀,他人有不当之处必当面指出并规劝,背后从不言人长短是非。

他的弟弟杨璨中进士,杨琏中举人,当时人称“三玉”。隆庆(公元1567年—1572年)初,追赠杨玮为光禄少卿(对官员的先人追封官爵,生前称封,身后称赠。当时玮已去世,故称赠)。

钱　福(1461—1504)

钱福,松江华亭人。字与谦,号明敛,因其所居临近鹤滩,又自号鹤滩。他的祖先是桐乡人,后来迁到华亭。

钱福隆准(鼻)秀目,志意高大。少时就颖悟过人,八岁能作文,诗脱口而吟,作文从不打草稿。一次自塾私出,适遇其父与婢女芹香戏。婢方选菜,父面颊被其泥手所污,而不料被钱福所见。父责钱福闲游,罚以燕为题作诗,钱福即朗吟曰:“双双紫燕语春晖,乱逐东风上下飞。欲采芹香犹未得,嘴边空带落花泥。”父知讽己,为之内愧。一天,放学归来时,一群儒生在谈论赏菊,其中一人吟出上联“赏菊客归,众手摘残彭泽菊”,想考考钱福,钱福不假思索,对曰“卖花人过,一肩挑尽洛阳春”。

成化二十三年(公元1487年),钱福乡试中举人,入国子监深造。弘治三年(公元1490年)会试第一,礼部廷对第一。弥封官因其卷中没有草稿,欲为难他,文渊阁大学士刘健看了他的试卷后,赞不绝口,请孝宗擢其为进士第一。孝宗曾出句“春闱得士,状元元是会元”给钱福,钱福以“晓殿迁官,少保保为太保”相对。后钱福被授翰林修撰,此时他还未满三十岁。

从卫泾后,在文学方面夺魁于天下,钱福为松江府第一人。

钱福及第后,声名显赫,远近以笺版乞题者络绎不绝,无虚日。他不愿为名所累,为官仅七年,未及升迁,即以疾乞归。从此放意山水间,游荡声妓场,饮酒无度,四十四岁就去世了。

钱福诗文以敏捷见长。笔记小说载:归田后,有客言江都张妓动人,钱福治装访之。既至,妓已属盐贾。钱福即日往叩,盐贾重其才名,留饮。钱福求见妓,妓出,衣裳缟素,皎若秋月。妓出白绫帕,请题新句。钱福题云:"淡罗衫子淡罗裙,淡扫娥眉淡点唇。可惜一身都是淡,如何嫁与卖盐人。"松江时遇荒年。一日聚会,有歌女陪酒,某知县出联:"红白两兼,醉后无分南北。"钱福应对:"青黄不接,饥来有甚东西。"知县深感惭愧,立即下令开仓赈灾。

钱福有《明日歌》广为流传:"明日复明日,明日何其多。我生待明日,万事成蹉跎。世人若被明月累,春去秋来老将至。朝看水东流,暮看日西坠。百年明日能几何,请君听我明日歌。"又曾云:"天下有二难:登天难,求人更难;天下有二苦:黄连苦,贫穷更苦;人间有二薄:春冰薄,人情更薄;世间有二险:江海险,人心更险。知其难,守其苦,耐其薄,测其险,可以处世矣。"著有《鹤滩集》六卷。

附正德《松江府志》钱福传(译文):

钱福,字与谦,他的祖先是桐乡人,后来迁到华亭。钱福自幼聪明异常,八岁能作文。长成后,隆准(鼻)秀目,志意高远。写文章气势雄健,藻思(华美的文思)迭出,每每超出他人。当时人们开始或有惊异,久之都深心佩服。弘治庚戌年(公元1490年)参与礼部会试、朝廷对策,都获第一,授翰林修撰之职。癸丑年(公元1493年)请假回家,随即因父母丧事而未赴任,后又以病辞官退休。去世之年为四十四岁。松江府人从卫泾之后,一直到国朝(明朝)从未有人在文学方面夺魁于天下,而钱福是夺魁天下的第一人,他的才能又足以为人称道,大家都称他为真状元。他居家待人友爱,待故交老友有恩。同学沈悦贫病交加,钱福随时给以帮助,即使每日前往也毫无倦色,当时人们以为无人能比得上他。他去世,大家都痛悼惋惜。他著有《鹤滩稿》。

沈　霁(1461—1545)

沈霁,字子公,自号东海老人,华亭人,居普照寺旁。据说,一天云雾蔽天,其母梦见孔子来到家中堂上,危颜端坐,醒来生下一子,忽见雨霁云开,故命名为"霁"。沈霁自幼俊逸出众,夏寅一见就觉得他不凡,将女儿嫁给他。弘治十四年(公元1501年)乡试中举,正德六年(公元1511年)中进士,授行人之职。当时江南连发大水,沈霁制《水利六条》上呈;又上疏指谪奸佞之辈。选拔为南京广东道御史。当时朱宸濠已有谋反的迹象，沈霁上疏直言，乞求裁断大义，除去奸逆，以安社稷。但留中(指君主将臣子送来的奏章，留在宫禁中，不批示，不交议)不予报批。得宠之人江彬引诱武宗出游娱乐，他又上疏恳切请求武宗回来，并要求斩杀江彬以谢天下，此上疏又被截留不报。

世宗皇帝刚登基，他又分条上书数千言，皆切中时务，升迁为福建海道副使。镇守中官得重病，余资分送三司(明代各省的都指挥使司、布政使司、按察使司，合称三司，分管兵、刑、钱粮)，唯独沈霁不受。沈霁律己甚严。他的侄子来福建省候，在一个月中杀了两只鸡改善生活，沈霁批评说:"你亲手斩鸡烹食，与小人之辈饮酒作乐，以后立身处世必然不辨轻重。"有位士大夫带了银币上门请托，沈霁说:"我了解您，您怎么不了解我?"此士大夫惭愧而离去。当时有简御史移文(这里指檄文，即上级官方晓喻告示文书)海道，凡往来贸易的中外船只，每艘收税百两。沈霁说:"莫非要向海中攫取金钱吗? 我司的风纪，将凭什么来训导啊!"简御史为此怀恨于心，弹劾他"操守有余而才力不足"，改任贵州兵备，临行只一包行李。当地民间有"沈青天不爱钱，日饮清溪水，夜来不着眠"的歌谣流传。

到了贵州，有当地少数民族的寇盗据山为逆，沈霁设计擒之。沈霁在贵州政绩卓然，巡抚、监察等大臣纷纷上奏章推荐他，朝廷为此要召用他进任京职，但他已年近七十，于是托病乞求退休。朝廷奉旨嘉奖他"平生清慎"、"恬退不争"，特加右参政官衔。

沈霁平生无私蓄，退休时，行李萧然，囊中只数卷书籍。居家十七余年，从未进入郡县官府，每天只是闭门读书，研究关闽之学(张载、朱熹的理学)。平日布衣蔬食。有人问:"先生曾为贵官显爵，为何自我奉养如此之俭?"沈霁答:"以恶衣恶食为耻，不但使自己不能专心于学问，还将引导子孙趋于奢侈!"嘉靖二十四年(公元1545年)十二月十二日，病倒的沈霁忽然索衣起坐，端正衣冠，说:"呜呼，可以死了，内心也没有悔愧之事!"说完瞑目而逝，无疾而终。享年八十五岁。

后人说，沈霁的理学源于曹时中，初作诗赋时，已跟从胡居仁、章枫山讲程朱之学，叹道:"这是道学的正脉，离开它，凭什么写诗赋啊!"他每当公事之余，就读《性理大全》一书，如同每日面对圣贤赐教，常废寝忘食。御史周亮北上，沈霁对他说:"当今群邪肆虐，你在谏垣(谏官官署，这里特指御史的监察、纠察之职)任职，必当上书进用君子，黜退小人，这样才可实现天下太平。"又说:"我每夜就寝，有时稍有不当之处，即睡卧不安，到第二天即改正错误。如事已处理而不可更改，则将此事写于壁上，警示以后莫犯同样的错误。"

李　儒（1463—1537）

李儒，字宗文，华亭人。他的先世自嘉兴迁居华亭，先居陆磊塘，后迁泗泾。正德五年（公元1510年）乡试中举，第二年会试中式，因病未参加殿试，直至正德九年（公元1514年）中进士。个性正直。正逢奸臣钱宁、江彬执政，他不愿为官，称病谢归，悠游林泉，仰慕陶宗仪的遗风，自号"散宜"。

世宗即位，下诏起用恬退归隐之士，李儒被授予建宁府（今属福建省）推官，他只带了老仆赴任，官署简朴。每有疑难狱讼，他决断如流，常年积压的案件清理一空。为官期间，纤毫公费未尝染指。至于民间利害之事，他倾心图谋。在建宁府任职仅二年，升礼部祠察司主事。离开之日，只带破笼残书，主仆两人肩随而已。因为双亲年老，乞求改任南京礼部祠祭司主事。后升刑部郎中，于是乞求退休。有人说他尚有升迁的机会，他笑道："我已垂垂老矣，怎能再作狱吏，将拷打囚人当作鼓吹乐曲？"后屡次召引不就，只闭门教子读书。间或入市集，不用车马舆轿。后来范惟一传承他的风范，常在乡间徒步，说："我不敢违背先达典型。"故里将李儒作为乡贤祭祀，建宁府收入名宦录。毗陵唐顺之（唐顺之，1507—1560，字应德，一字义修。嘉靖八年进士，官至佥都御史。与王慎中同为明代"唐宋派"领袖。有《荆川先生集》十二卷等）为他撰写了墓志铭。

杨　璨（1464—1529）

杨璨，杨玮之弟，字仲玉，自号朴斋。杨璨幼年于龙门寺读书，家中送来精美食物时，他却说："我杨璨不能像范仲淹那样断齑划粥以苦读吗？"（《东轩笔录》载，范仲淹少时上僧舍修学，"惟煮粟米二升，作粥一器，经宿遂凝，以刀划为四块，早晚取二块……如此者三年"，后用为贫苦力学之典）正德六年（公元1511年）进士。任桐乡县令。因其贤良有才能，调任开化县令。离开桐乡时，桐乡百姓辍耕罢市，十里夹道相送。开化当地民众惯于争斗诉讼，甚至为一点小事而服毒自杀。生下女儿则抛弃不养育。杨璨都痛为惩办告诫。他招收马金镇的豪侠散勇，靖按饶信、姚源的盗寇，平徭薄赋，人们都爱戴敬佩他。御史王尧按巡而至，在杨璨的政绩考评状上写有"诚心爱民"的评语。杨璨于正德十年（公元1515年）升任刑部主事，民众立生祠为他祝福，称他为铁知县。

随即他请求回去奉养母亲。改任南京验封主事。又改为武选。冢宰廖纪认为杨璨刚正笃实，坚持礼制，任劳任怨，改任考功，升尚宝少卿，但杨璨辞官不去赴任，朝廷于嘉靖七年（公元1528年）授任杨璨为应天府（今南京）丞，代掌京兆尹大印。江宁丞王震贪婪酷虐的劣迹败露，但王震当时已迁升他县为官，所以拜托饶恕之人纷至沓来。杨璨说："那县的民众有什么罪业而让这贪鄙无状之人做父母官？"结果将王震依法追究办理。溧阳县民彭鹤龄忤逆他的舅父，舅父怀恨在心，诬告彭鹤龄是盗寇。杨璨一加查讯，知其冤枉，将其释放。

嘉靖八年（公元1529年），杨璨因灾异频现，身心欠安，即辞官退休。数月以后，病死家中。

他的儿子杨秉义，正德九年（公元1514年）中进士，官拜给事中。

沈　恩

沈恩，字仁甫，由进士授任刑部主事。因触犯专权的刘瑾而丢了官职。刘瑾被诛，沈恩又被起用，升为云南按察使。以往的使者见到黔国公沐昆则退坐于席角边，而沈恩不为所屈，随即又追究其不法之事，将其桀骜狡猾的二十多个奴仆问罪法办。为此，沐昆恼怒，暗中指使商贩骚乱以危害沈恩。监司（监察地方属吏的官员）上报此事，朝廷评议则护佑沈恩。

选拔他为四川布政使。他经考察得知蜀民贫苦，便将边境粮饷折算金钱征收，前后上奏朝廷减免二百余万两。当时杨廷和以首相的身份当道掌权，手下的奴仆稍呈骄横，沈恩即将他们全部置之以法。杨廷和送给沈恩两条大红羢，并对自己不够谨慎之处表示道歉。沈恩召僚属聚集堂上，将两条大红羢当庭烧毁。杨廷和的儿子中了鼎元（科举时代状元的别称），人们纷纷向他送重金致贺，沈恩只送三两银子、两块蜀产手帕，表示祝贺。杨廷和不以礼感谢，沈恩连忙派人将此礼物索要回来。他终于以此被免职。

沈恩居住乡里，从不为私利请托于人。对郡县则多有规劝之语。曾徒步数十里，为其老师朱曜送丧。他自己去世，家中贫困得难以殓葬。后作为乡贤享有祭祀，巡抚都御史夏邦谟又特为他修建了祠堂。

王　泰

王泰，字时阳，大理卿王霁之子。弘治十二年（公元1499年）进士，授刑部主事，分管淮阳的刑法之事。当时漕运的规则日益松弛，被军士拘禁的有一百多人。王泰来到，将他们全部释放。离开淮阳时，他用公款筑石堤数百丈，以防湖水泛滥。

王泰后改任祠部，升主客员外（主客，官名。隋唐以后在礼部设有主客司，置主客郎及员外郎，负责各藩属国朝聘、接待、给赐等事。至清末废）。当时刘瑾赏赐附属国使者，多紊乱旧例，王泰上疏恢复祖宗成法。

后升太常丞，官拜江西参议。正逢饶信、姚源等地盗贼兴起。都宪（御史）俞公命王泰作军前督饷，使军饷得到充足供应。他又捐献薪俸买牛，用以犒劳军士。俘获男女，则查询其乡里、亲戚，释放回去。征讨事毕，朝廷赐给他白金及彩绢。

起初，掌军权之人计议招抚东乡盗贼魁首，授以官职。王泰认为不可，结果被人以他事中伤，于是他辞去官职而归来。

王泰作为大理卿王霁的嫡长子，按理应获父亲福荫做官，但他放弃此福荫而让给庶弟（除嫡长子之外的儿子均称庶子，所以嫡长子的胞弟也称庶弟），这是一般人难以做到的。

王　昶

王昶，字景照，为王辅之子。弘治八年（公元1495年）解元（乡试第一名），弘治十五年（公元1502年）进士。授礼部主事，转为员外，调任兵部郎中。他清廉俭约，生活如同寒士一般。公事之余则读书吟咏。曾督察皇城，风度端庄。四十七岁，去世于官任上。松江太守吴钺为他撰写墓志铭。

张　萱

张萱，字德辉，上海人。弘治十五年（公元1502年）进士。授鄱阳令，改任嵊县令，又改为政和县令，选任茶陵知县。当地民众强悍不规，盗贼混杂，难以追查捕捉。张萱于是分类整编姓氏，一人犯罪，株连族人。邻县永新民众多越境占田，每年逃税三百余石。张萱将这类弊端反映给当道大臣，责成永新官吏对赋税的征收加强监管督察，以缓解良民的负担。

母亲去世，辞官服丧。服丧期满后，改任潞州长官。适逢武宗皇帝西巡，得宠权臣十分嚣张，扬言要搜寻妇女，导致人心惶惶。张萱请以身当之，民心赖以为安。

张萱后选为湖广佥事，升任参议。随即辞官退休回家。他退休后，不与城府人员往来。不久去世于家中。

张萱所到之处，多有他的名迹。在鄱阳有《名宦志》，嵊县有《嘉政记》，政和有《兴学记》，茶陵有《循良传》，潞州民众为他立生祠，湖广臬司（臬司，明清两代的提刑按察司，主管一省刑名按劾之事）为他画像。所到之处，人们都爱戴他、思念他。

陆　深（1477—1544）

陆深，初名荣，字子渊，号俨山，上海人（一说华亭人）。弘治十四年（公元1501年）于南京中举，弘治十八年（公元1505年）中进士，进入翰林院，与李梦阳、徐祯卿争竞优劣，比试高低。

陆深工书，书法妙逼钟、王，真、草、行书，如铁画银钩，遒劲有法，与北海（李邕）不相上下，而伯仲子昂（赵孟頫），为一代之名笔。邑中石刻如行书王冕梅花诗，蒹葭堂草书大字格言四幅等，多出其手。曾自言："吾与吴兴同师北海，海内人以吾为取法于赵。"究论其风力，实出吴兴之上。"国初吾松多以书学名天下，久已绝响。公（指陆深）近奋起，遂凌蹴前人而处其上。识者谓赵文敏（赵孟頫）后一人，非谀词也。"（唐锦《龙江集》）其品评古今，赏鉴书画，谈锋潇洒，满座皆为之倾倒。自翰林编修，升至国子司业。

居母亲之丧期满，不肯赴任。朝廷臣子推荐，没有几个月，就官复原职。升为祭酒，担任讲筵（讲经、讲学的处所；也特指皇帝的经筵。这里指为皇帝讲经、讲学之官）。一日进宫为皇帝讲经，内阁调换了讲经的章节。陆深讲毕，面奏皇帝说："今日讲的章节，不是我原来所撰写的。乞求今后容许自尽愚意，讲我自己撰写的章节内容。"皇帝虽然同意了他的请求，但在经筵席间向皇帝面奏，这没有先例，为权臣所忌恨，因而降职为延平府同知。

不久升为山西提学副使。晋府一名优人（即当今所说的演员，我国古代演员地位低贱）的子弟进入府学，陆深获悉，说："宁可使学宫缺一人，岂可使一人玷辱学校！"结果将他驱逐出去。另外，阳曲县一位学生的父亲被县令鞭打，下狱而死。这学生向赵御史告状，却反被定罪。陆深为这位学生极力辩护，赵御史不听从，陆深即上奏弹劾赵御史，而赵御史也弹劾陆深。皇帝派人调查，结果赵御史被贬职，而陆深仍保持原职。当时武定侯得到皇帝宠信，陆深称他为跋扈将军。

后被补授浙江副使，仍管理学政。不久升任四川布政使，召为光禄卿，参与修撰玉牒（记载帝王谱系、历数及政令因革之书）。改任太常卿，兼侍读学士，随从皇帝车驾出行到承天府，命陆深掌管行在（帝王出行所至之地称行在，也称行在所）之所的翰林院印侍行。皇帝亲笔涂出"侍读"两字。严嵩赠陆深诗有"行朝特视词林篆（行朝，即行在所。篆，指人的名，其字称次篆），御笔亲题学士名"之句。尔后，陆深辞官退休。

一天，皇帝询问近侍之臣道："陆深、张邦奇，他俩才学谁优？"侍臣回答说陆深的才学优于张邦奇。皇帝说："记得陆深曾任祭酒之职，桂萼想诬害他。此人现在还在吗?”有征召重用陆深之意,而他已去世。于是恩赐祭祀安葬。追赠礼部右侍郎的官衔,谥号文裕。

陆深自少就以文章闻名乡里。陈田《明诗纪事》收其诗六首。其中,《素履斋》:“新裁纸帐木棉裘,曲几围屏事事幽。明月射窗残雪霁,夜深人在水晶楼。”有《俨山集》一百卷、《续集》十卷、《行远集》,又著《诗微》,编有《道南之书》、《河汾燕闲录》、《蜀都杂抄》、《平胡录》、《书辑》等。

陆深的儿子陆楫,字思豫。年少聪明,读书过目成诵,作文挥笔立就。年未满四十而去世,人们都十分惋惜他。著有《蒹葭堂稿》。

黄 标

黄标,字良玉,上海人。藏书甚富,翻阅不论寒暑,内容了如指掌。舅父陆深临文若有疑义,必请黄标查考。与人谈经国济民之事,皆鲜明正确,可予施行。

编辑《古今说海》一百四十二卷,选《陆文裕集》一百卷。所著有《书经异同》二十二卷,县志稿十卷,都毁于倭寇,仅戊己、庚子二稿尚存。

孙承恩(1481—1561)

孙承恩,字贞甫(一作贞夫),自号毅斋,华亭人。延平太守孙衍之子。正德六年(公元1511年)进士,授翰林院庶吉士,迁翰林院编修。当时权贵乱政,孙承恩称病归家,七年不出。世宗即位,孙承恩弹冠拂衣,对亲友说:“我可以为官了。”不久被召入朝,为出使安南(今越南)的使臣。归来后,参与编修《明伦大典》,书成,升为左春坊左中允(官名,太子官属,掌管侍从礼仪,审核太子给皇帝的奏章文书,并监管用药等事),充任经筵讲官,兼讲《大学衍义》,有不少真知灼见。其间,孙承恩作为主考官主持南京、北京乡试。后升迁南京翰林院侍读学士。世宗曾旁顾近侍人员说:“为何不见稀鬓中允啊?”孙承恩头发稀少,所以这么说。皇太子出生后,孙承恩被授詹事府少詹事(官名,秦汉置詹事,唐置詹事府,设太子詹事一人,少詹事一人,总管东宫内外事务,历朝因之),兼侍读学士,负责小太子的教育,时礼部右侍郎缺员,特诏孙承恩充任,仍兼少詹事、侍读学士,充经筵日讲官,迁升礼部左侍郎,改吏部左侍郎,掌詹事府事,同修玉牒,充会典副总裁,主考嘉靖二十六年(公元1547年)会试,后升为礼部尚书。嘉靖三十二年(公元1553年),称病致仕。

一年以后,召他掌管詹事府,加太子少保之衔(我国古代有太师、太傅、太保为三公,少师、少傅、少保为三孤，为三公之副，位在公之下，卿之上）。应世宗之命作《瑞雪诗》。世宗作了和诗，书写在龙笺上，盖上御印，题写了和诗之名赐给孙承恩。

当时世宗到玄斋宫设坛祈祷，唯独孙承恩不肯戴黄冠，于是乞求辞官退休。世宗下诏恩赐他乘驿站车马回家。

他居家近十年。当世宗五十寿诞，他进京祝寿。世宗十分高兴，赐给他白金和素娟。

孙承恩母亲生日在上元日，他显贵后，每年上元日张灯结彩，作为贺寿庆礼，观灯者倾城而至，致有“孙家灯，夜夜明，看者增，母长生”的歌谣流传。母故，孙承恩在上元日不点一灯，仅书房中一烛昏黄，萧然独坐追思。

一次，一老村儒突然问孙承恩：“《神童诗》是谁所作？”孙承恩致谦道：“我实未曾考证过，不知。”老儒得意地笑着离去。门客问孙承恩为何如此迁就，孙承恩说：“他固然不该用《神童诗》向老夫示骄，但老夫确实不知是何人所作。”时人认为，孙承恩如此厚道谅人，实为难得。

孙承恩博览群书，撰述甚丰。武宗朝，撰《修德应天赋》。世宗登基时，撰《正始箴》、《鉴古韵语》。世宗下江淮游幸时，撰《大孝颂》。临终，孙承恩还尽力书写遗表。孙承恩的诗文称名于世，有《使交纪行稿》、《使郢稿》、《集古像赞》、《易卦通议》、《女训》、《瀼西草堂集》等著作。书法遒劲，无纤媚态，参以古意尤多。还游戏丹青，善画人物、仕女。

孙承恩享年八十一岁，赠太子太保，谥文简，祀于乡贤祠。

徐阶评价说：孙承恩耿直寡言，与人交往，即使是知心朋友，作一长揖后，不再致以应酬。即使有德于人，也不要求回报。有人说名誉地位可凭智力取得，他则说在于命运。听到有人诋毁自己的话，他笑着说：“我只要问心无愧就是了。”有时受人欺辱，他则笑着说：“不必在意。”他博览群书。对宾客朋友，不论资排辈。即使是贤良的士大夫也很少能真正了解他。品性不良的人认为他好欺侮，常设法摧残凌辱他。唯独世宗了解他，认为他忠厚谨慎，升迁任用，都出于御笔，这才使他得以显贵。世宗在位长久，明于人情，凡大臣告请，都遭拒绝，唯独孙承恩以诚恳之心得到世宗的谅解，获取世宗的恩礼。他离开官位已年逾耄耋（耄，八十、九十为耄，六十以上为耋。耄耋，泛指年寿高），但仍心犹赤子，真所谓忠厚长者。

苏　恩（1483—1539）

苏恩，字从仁，别号一斋，华亭人，居于沙冈。幼年丧父，寡母含辛抚养。性格沉静，寡言笑。正德三年（公元1508年）中进士，任秀水知县。秀水离华亭不过百里，亲戚故友常登门请托，苏恩一概谢绝，并告诫守门吏阻挡不予通报。对上司，苏恩秉直而言。县内多不法豪右，若有不轨，孙恩皆绳之以法，为此受人中伤，遭受审查，因无实据而得以免罪。

召为御史后，更加振奋风骨和气节。上疏弹劾钱宁、江彬恃宠骄纵，不被采纳，因而乞求归家。钱宁、江彬等权贵相继被贬、被诛杀，苏恩被征复为原官，按抚四川。有豪门大户强占民田，他夺回归还民众，并将仗势作恶的奴仆处以黥刑。

处理同年友（科举考试中同榜之人）的案件时，有人进行贿赂，苏恩全部予以揭发，而怨家趁机中伤陷害他，他托病而归。

后来重新起用，巡按广东。他抑制权豪，以岁编变革和买（宋制，在春季青黄不接之时，官府向百姓发放贷款，夏秋时令其输绢于官，偿还贷款，叫做和买。后来又变和买为折帛，官府不贷钱，而责令百姓按每匹帛的价钱纳钱若干，成为百姓常赋之外的一种额外负担）；驿传首发站最艰苦，定为随粮带征之法。民众称便。

他撰修省郡志书，将要完成时，因事受牵连被罢免，岭南民众怀念他。

苏恩在家乡，不喜与宾友过从宴会，不入州县衙门。苏恩能诗，长篇短章，风雅遒劲。曾读唐代御史苏涣诗，浩然而叹曰："我与苏涣姓同、官同，喜好清静又相同，唯独作诗有所不及。"自题其诗稿为《三同集》。

杨秉义（1483—1539）

杨秉义，字士宜，号麟山，杨璨之子。正德九年（公元1514年）进士。授行人司行人，三年后升迁为兵科给事中。当时朱宸濠有野心，得宠的权臣相互勾结，为非作歹。杨秉义心知自己说话必不被采纳，于是托病归家。正德十五年（公元1520年）明武宗平定朱宸濠叛乱，杨秉义被起用，任吏科给事中。

世宗即位，欲更新朝政。杨秉义上疏说："先帝即位之初，处理政务勤勉明敏，后因奸臣壅蔽视听，致国事日非。陛下承先帝付托国家之重责，于君临天下之始，以此为鉴，崇尚正学，亲近儒臣，谨慎号令，禁绝各地贡献。政事有缺失，令有司执奏论辩；大臣有过犯，令台谏官议论弹劾。使天子诏令不致为一纸空文，臣下奏章不被耽搁，奸佞邪气无从侵害朝政，国家治理之时就可期待。"世宗对此奏章甚表赞赏。

中贵江彬以迎立世宗有功，入掌司礼（官名。明代内官有司礼监，简称司礼，由宦官担任官职,负责宫廷礼节,内外奏章。明代中叶后,皇帝多不见臣下,因事降旨,都由中官先写事目,送内阁票拟,由司礼秉笔代书,权势极重。如刘瑾、魏忠贤都由司礼监权倾内外),封其弟江英为伯。杨秉义上书说:“江彬以鹰犬般的凶险事奉先帝,陛下入嗣大统(继承皇位),本是出于祖训,江彬有何功劳而受重赏?”世宗采纳了他的意见,下诏夺去了江彬兄弟的官职。他又上书弹劾杨仪奸邪邀宠,世宗随即罢免了杨仪的官。

母亲去世,杨秉义回家服丧。服丧期满,仍任职吏科。巡视京营,他上书说:“祖宗注重根本,计议久远,设五府以统领四十八卫,立三大营以蓄养精兵锐卒,十二团营以备调遣。如今承平已久,官军日益减少,官马逐渐耗损,一旦有紧急情况,如何对付?陛下应当诏令兵部选择将官,充实军队士兵,爱惜作战马匹,一切如同祖宗制度。”皇帝听从了他。杨秉义升迁为右给事中。

逢官员考察,他上书弹劾大学士张孚敬以下二十四人。有人前来自辩。他说:“你说的话确实荒谬,然而宁愿我有这种言语,不愿你有这种行为。”自辩者听了又惭愧又佩服。

这年秋天,秦司徒、赵司空相继离任,而陈道瀛以道士的身份担任太常少卿。杨秉义上疏,直言予以评论,但奏疏被截留不报。他改任礼科左给事中,转任吏科都给事。嘉靖八年(公元1529年),张桂罢官,有人诋毁杨秉义为张桂党羽,杨秉义以病请辞,有人为他不平,他坦然说道:“心中如无瑕疵,后世必有知我心者。”

居家后,杨秉义置家族墓地,修撰族谱,设义医、义塾。欧中丞为此在朝中举荐杨秉义,但其时他已卧病于床。撰《奏议》若干卷藏于家中。

儿子杨允儁,嘉靖三十四年(公元1564年)举人。

王一鹏

王一鹏,字九万,号西园,华亭人。弘治十一年(公元1498年)以贡生的身份授泰顺县学训导,第二年即辞职归来。他禀性开朗潇洒,豪迈如晋人。工诗,善书画,恬淡闲雅,成一家之言。弘治十四年曾游南京。其画辄寄兴而作,天趣萧疏,气韵生动。山水学董源,皴法稍长。亦善学元四家。每遇书画题咏,随手记录。写生拙中有巧,非时师所能凑泊也。弘治十二年曾作西园园景图、墨竹图。书法学赵孟頫,变化结构,自成一家。尤长于署书,郡中匾额多出其手。

他居于西塔衖(巷),构建了一座小书斋,又擅鉴古器物,几案上陈列古代鼎彝。

茶铛酒鎗毕备。供奉笔砚者,是一个丫鬟。客人来到,谈笑风生,通宵达旦,向他求画者聚集门外。又精通音律,常手持檀板,自度新曲。悠闲于泉壑有几十年之久,未尝涉足名利场,也不知人世间有令人攒眉烦恼之事。年近九十寿终。

周　宣

周宣,字彦通,号秋斋,青浦人。弘治年间进士,仕终广东左辖。能诗文,书法端劲有体格,海内重之。

周时敕

周时敕,字钦甫,别号古山,华亭人。少聪明,善楷书。弘治年间累举不第。适逢孝宗征能书者,因以书进。周时敕书法遒有古法,造请无虚日。正德(公元1506年—1521年)初,参修《通鉴节要》、《韵府群玉》成,授鸿胪序班,内直如故。后修《文献通考》成,迁光禄寺丞,赐五品服一袭。嘉靖改元(公元1522年),谢事归,与宾朋吟咏为乐。徐阶称其“锦函宝帙,藏在天府;长篇广额,流布人间”。虽不能取科第,也不可谓不遇。

张元澄

张元澄,字静夫,号东山,青浦祥泽里人。弘治十七年(公元1504年)乡试中举,因善于书法而被推荐修撰《孝庙实录》。进入宫中书写时,刘瑾派小太监索要楷书,张元澄不愿呈送。

不久补授南昌副官。朱宸濠造反,张元澄不附和赞颂,结果几乎被打死,关押在仪卫司(掌仪仗和卫士的官署)内。王文成平定叛乱后,张元澄晋升三级。不久母亲去世,他往闽中乞求铭文,去世于途中。

他楷书逼二沈(沈度、沈粲),草书法怀素(唐代僧人,俗姓钱,字藏真,幼而事佛,玄奘门人,精心草圣。书法相传至张旭后,颜真卿得尽于楷,怀素得尽于草),与张弼齐名。高丽国购其书画,有“南安太守南昌倅,东海东山配两翁”之句。

宋　臣

宋臣,字以忠,华亭人。弘治五年(公元1492年)乡试中举,正德六年(公元1511年)中进士。出任乐清知县。当地民众粗野强悍,喜好争讼。宋臣重加抑止,他们才稍有收敛。一个泼妇与人私通，被亲子发觉，她即与奸夫将亲子毒死，却诬告是里中一个经常闹事的人杀害的，一连几年不能裁决此案。正逢天大旱，宋臣公正裁决了这桩冤案，天即降大雨。

父母去世，他辞官守丧。服丧期满，补授宜黄令。正值宁藩煽动叛乱，有人冒充州府将校，威胁说要收捕诛戮他。宋臣笑道："是假的将校。"通过查核，果然是冒充的，将他们依法处理。

宋臣升任南京工部主事，历任员外郎，督察芦政（江南、湖广、江西沿江海河多产芦，民纳税产芦，朝廷设芦政衙门，管理此事），因劳累过度而成病去世。他居官十四年，公平清廉，宽恕待人。宜黄民众设祠祭祀他。

顾　斌

顾斌，字德章，华亭人。弘治十七年（公元1504年）举人。正德（公元1506年—1521年）年间，知兴庆县，专心致力于道德教化，对下属宽厚，有古循吏（奉职守法的官吏）之遗风。他的事迹记载于《湖广通志》。

沈　东

沈东，字水南，华亭人，居于璜溪。学识广博，善于作文。正德（公元1506年—1521年）年间，于松江城西郊任教，他的学生后来都成为名士，徐阶是其中最著名的一个。后来沈东在贵溪县掌管教学，徐阶写诗送他，有"受业几人房杜侣，升堂弥愧侍河汾"（房杜，唐宰相房玄龄、杜如晦的合称。河汾，黄河和汾水，在山西省西南部。隋末王通设教于河汾，门人自远而至者千余人。房玄龄、魏徵、李靖、程元、窦威、薛收、贾琼、温大雅、陈叔达等皆亲受业，后皆为唐初功臣，世称河汾门下）之句。后来他升迁为嘉兴府通判，转任湖州府同知。

姚　参

姚参，字应辰，他的祖先是平湖人。父亲入赘五保张氏，因而迁居华亭。姚参为正德五年（公元1510年）举人。官任上饶县教谕，升宜春知县。宜春每年要进贡茶叶，供应繁多，费用极大，姚参将其裁减十分之九。山南贼寇四出抢掠，姚参将其搜捕。县境连接江西，遇朱宸濠叛乱，姚参修缮工事，坚固防守，遥为征讨声援。选任工部郎中，告假归来后去世。

王良佐

王良佐,字汝弼。自幼聪明勤奋,十三岁能写文章,五十岁后乡试中举,选任为静海县学教谕。流寇盗贼经常抢劫掳掠郡县,太守县令往往抱头鼠窜。一次贼寇将入境骚扰,有人劝王良佐稍加躲避,他说:“我何必逃走? 贼寇来临,我定将怀抱祭器大骂而死,我何必躲避?”宁杲督率官军讨贼,王良佐陈述五项事宜,深得宁杲赏识。

不久选拔为广济县令。有一位僧人终日坐着,不吃东西。远近之人尊重他,礼奉他。王良佐派人查访这僧人的实情,发现他的两位侍童实际是女子。王良佐将这假僧人收捕法办,将他的钱财收归国库,这一举措惊动了整个县城。

当时逢宁王朱宸濠作乱,假托军需,征敛百出,王良佐所在之县无法供给,而上级官员督令严厉。王良佐叹道:“财富不是随意由天而降、由地而出的,即使我每日鞭笞我县之民,将他们全部打个稀烂,也没有办法。”于是托病辞官而归。

从此他每日修养高尚志节,流连山丘林园,不入城楼市集。尽力于古文辞赋,以撰述自娱自乐。著有《鹤坡稿》,孙承恩刊刻而流行于世,并为其墓立碑刻石。

戚　韶

戚韶,字龙渊,唐行镇人。喜好古道,渊博典雅,与王良佐、张冕以诗齐名。意气豪迈,其诗也如燕赵奇士,激昂自信。

与孙承恩(字贞父,华亭人,正德进士,历官礼部尚书,卒谥文简)初识时,作诗二首送其北上,孙承恩大加赞赏。戚韶去世,孙承恩刻印他这两首诗,以示挂剑之义(《史记·吴太伯世家》:“季札之初使,北过徐君。徐君好季札剑,口弗敢言。季札心知之,为使上国,未献。还至徐,徐君已死,于是乃解其宝剑,系之徐君冢树而去。”后用“挂剑”比喻心许亡友、至死不变的意思)。孙承恩又将戚韶与王良佐、张冕的诗并刻为《三诗翁集》。陈田《明诗纪事》收戚韶《记事》:“人情汹汹语浮嚣,腹里千愁岂易消。战舰未收河朔贼,居民虚断灞西桥。天须向曙星初灭,树未经秋叶已飘。不似十年前意况,青楼明月唤吹箫。”

顾　曦

顾曦,字东曙,华亭人。博学能诗。有《吊横云山》诗:“圆堂千载寄崇阿(玄堂,这里指墓室。崇阿,指高丘),石马无声墓草多。故里尚传前代事,浮萍应落逝川波。野人夜里偷金盌(碗),山鬼天寒泣翠萝。莫问人间兴废事,夕阳回首自悲(崇祯志作

“兴”）歌。”顾清将此诗呈献给李东阳，李东阳说：“想不到山林之人竟有这样的诗作。”同时的戚韶、张冕与顾曦互相唱和，并为时所重。

王 桓

王桓，字公玉，华亭人。出生于金陵，成年后，游学京师，师从翰林张廷璧、太常（官名，掌礼乐郊庙社稷事宜）夏仲昭、萧山魏仲房学诗，严格注意措词，不随意抄袭前人一字。魏仲房极其称赞他的诗作，说其如云游蓝天，水返沧海；又说其如月丽丹霄，花明紫禁。并惋惜王桓有才而不为世所用，评论者认为魏仲房的评价符合实际。

王桓自号雪航，所著名《雪航集》。

张 纮

张纮，字文仪，上海人。年少时就有淳厚的性情。一个月里办七件丧事，他都哀毁骨立，如礼营葬。正德（公元1506年—1521年）年间，他以进士的身份任桐乡知县，提升为高唐州太守。当时流窜不定的盗贼侵扰高唐。张纮组织兵民增高城墙，挖深城濠，挑选丁壮亲自训练武术，盗贼才不敢轻举妄动。他辖内有一个人说，某地窖里有数十万钱可挖掘出来，他却不为所动。还曾任严、处二郡知府，民众得以安定，不受侵扰。

他辞官归家后，每日与佣仆一起耕种田地。出外不乘车，徒步行于乡村之中。一天夜间他携带童仆从田头归来，受到巡逻兵士的呵斥，他恭谨地退避一边。第二天早上，巡逻兵士知道昨晚呵斥的是张纮，连忙拜伏在地向他谢罪，他宽慰并放走了这些巡逻兵士。

嘉靖（公元1522年—1566年）初，皇帝采用朝廷臣子的推荐，起用他任建昌知府。去世后，他家徒四壁，满目凄凉。颇有清白声誉。

储 璿·储 昱

储璿，字廷美，号南溪。祖先是魏人，宋代末年避乱，迁居三林庄的芋溪，于是成为上海人。他喜好读书，在住所旁创办义塾，名为“志应堂”，湛若水、钱福各为之作记。后因儿子储昱做了高官，赠给他与儿子相当的官职。

储昱，字丽中，正德十二年（公元1517年）进士，选为庶吉士，改任礼科给事中。世宗即位（公元1522年），议论大礼，他偕同官朱鸣阳上疏抗争，后又述说兴献称宗之非，这两篇疏文都载入《明伦大典》。转任兵科左给事中，出为江西参议，他上疏推辞且乞求归家，之后不再出来做官，只是弹琴赋诗以自娱。

族孙储才，字蕴珍，善于写诗，著有《云溪草堂集》。

戴　恩

戴恩，字子充，上海人。正德六年(公元1511年)进士。授工部主事，转任员外郎，进为郎中，选拔为陕西参议。他外表恬静和气，内心明智机警。起初，监察浙江武林。遇到灾荒之年，民众大多拖欠税赋，戴恩体恤民心，不以强征，他说："我宁愿以此获罪，也不愿以苛政搜刮民财。"御史王尧封特上奏减免灾区税收。

不久，任职营建，出纳物料，总理事务，谨慎勤奋。起先，运木民夫不堪劳役，戴恩上疏乞请近京军士轮番更换。后来开挖宝应里河，增修谷亭上下坝闸。驿站邮传苦于烦扰，戴恩图谋调整，民众往来称便。

武宗皇帝南巡，郡县官吏往往弃印逃离，戴恩独与总理河道的御史龚弘经理所供物资百万，官民免受苛政侵扰。

戴恩因劳累过度成疾，乞请辞官回去，当时年仅五十三岁。

吴　稷

吴稷，字舜鼎，一字舜弼，自号石湖，华亭人。正德九年(公元1514年)进士。授金华推官。当时章懋于家中讲解理学，他曾上门请教疑难问题。正逢永康豪族大姓马某侮辱当地县令，吴稷依法处置，结果触犯了上官的意旨，移任惠州。他又与魏庄渠、李谷坪相互切磋，学业日进。居官风气彻底一清。于郡府之门设置规过柜(规劝改过的小匣子，相当于现代的意见箱)，以了解民众的痛苦，裁减多余的差役，释放不该关押的囚犯。中丞(两广巡抚)聂荣襄命令各郡征收赋税及其他政事都要向惠州看齐，吴稷成了当时州郡官员的表率。

有位海丰县令因贪污被罢黜，但他依仗直指(官名，朝廷直接派往地方处理问题的官员，也称直指使者)御史的权势，仍然留任办事，吴稷便下檄文公开驱逐此人。为此，触犯了直指，谪迁为荆王府左长史。不久，又改任徽王府长官。徽王依仗自己是皇亲宗室，骄横不羁，吴稷进《贤王箴》、《芸窗赋》(徽王自号芸窗)，以寄寓规劝讽谏之意。

数年后，他辞官归家，归隐东郊，开辟自得园，里面只有豆棚、瓜落、榆柳数株而已。有司(官员。因官员有分工，各司其职，故称有司)甚至不认识他。乡里推选践更役

（一种徭役制度。贫者得钱，代当值应征者为卒，称践更），有人误报吴稷。县令不了解实情，把吴稷的大名也上了榜。吴稷拿了笔墨前往，亲笔在榜下写道："不能为官，岂能为役？"县令获悉后，十分惭愧，亲自上门道歉，但终究见不到他。

吴稷年过八十，仍撰《行寿编》以自勉。一生著作甚丰，有《自得园稿》、《宦游稿》、《石湖漫稿》、《破愚录》、《史纲纂要》、《皇明正学编》。

陆树声说：吴先生安于清白，行动不逾规矩。我曾侍奉先生，见其神态淳厚，平时语言不多。每当说理论道，称引当代名人言语，则有条不紊，使听者兴趣倍增。郡中士大夫谈论理学，先生是发起之人。

周　鹓

周鹓，字文仪。正德九年（公元1514年）进士，武宗选任他为御史。十年（公元1515年）奉武宗诏令巡按南直隶（南京），因盖印处没有显示诏令的御章，故到南直隶受阻。周鹓说："事有一时疏忽，应当照规矩办理。"于是再请示朝廷，获得通行。

正德十四年（公元1519年）巡按福建。到延平，传令省城卫甲抗藩司夜里征讨，直抵贼巢，设计擒获贼寇魁首叶元、宝进禄及其党徒一百多人，于是平定乱寇。镇守地方的宦官罗籥骄横肆虐，他上疏奏请使其谪戍远方。武宗南巡，他上疏恳切劝谏阻止。但奏疏被专权的钱宁、江彬等截留，未报武宗。朱宸濠叛乱，周鹓筹措军饷，设置防御，有协助征剿的功勋。莆田郭存秦任松江府学博士，去世于任上。其子孙贫弱，周鹓大力抚恤。福建的傅调元任职华亭，家里连丧三人，无力纳殓，他尽力相助得以安葬。

嘉靖元年（公元1522年）查看京畿案卷，复审狱讼，进一步砥砺风气节操。选任潮州知府。豪民萧五依仗财力逞强不轨。周鹓下车伊始，查明实情，将其置之以法。不久，他辞官归家。

周鹓个性耿直，不能容人过错。看到别人的优点，则乐于赞美不已。他所交往的人有王鹤坡、张拱辰等。他的诗文风雅有情趣。行、草、篆、隶，各种书法奇劲不俗。著有《适斋集》，藏于家中。

胡　岳

胡岳，字仲申，华亭人。正德九年（公元1514年）进士，授刑部主事，历任员外郎，升迁四川佥宪（布政使的属官）。芒部侵扰川南，胡岳率兵入山，斩除杂木，开通道路二百里，招募敢死之士堵塞盗寇通道将其包围歼灭。捷报上闻，皇帝赐给他白金素绢。

之后他居兵松藩，查核军籍，充实仓库，严惩侵剋之罪。总揽刑法于闽地，数次平反冤狱。查办贪官污吏，铁面无私。

他由江西左方伯（方伯，指地方长官。左方伯，即长官的佐吏）拜授中丞，清除冗杂之费，更改徭役方法。使民众依产业出赋税，每年不超过十分之一；为官方服劳役有固定的期限。当时建造郊庙（帝王郊祭天地之庙），需到楚、蜀之地购买木材，官吏盗窃公款，再向民众收取赋税以转嫁侵吞之数。更有官员高举旗帜，敲锣打鼓，随从的徒役有上百人；行进途中看到民众所植之树木，就拿出黄纸封住，再捆缚树木主人，威吓他说："你自己把它运到京师！"民众号哭，送上重金，以求赦免。胡岳发现这种情况，严厉禁止，民众赖以安宁。

发生灾荒时，他上疏请求减免赋税，民众赖以存全者很多。

改任大理卿，去世，享年六十六岁。

胡岳为官清廉，他所到之处，从未向民众购买一物。他与人谈笑，心胸坦荡，间或听到不当之处，即呈现生气脸色，随而又转为和气。曾当面指谪别人的过失，使闻者十分惭愧，且受震慑。谈论中发现他人长处，当即鼓励，从不埋没他人优点。

朱 豹

朱豹，字子文，上海人。父亲朱曜以贡生授清江县提举，人品淳厚刚正。正德十二年（公元1517年）朱豹中进士。父亲告诫朱豹说："我生平仰慕包孝肃公（包拯）的为人。若为官不拿一砚而归，才是我的儿子。"朱豹接受父亲的告诫，为官十分谨慎。所到之处有冰蘖（饮水食蘖，喻生活清苦）的声誉。任奉化县令时，豪民大姓惴惴不安，连呼吸也不敢出声。在任上兴办学校，捐献薪俸建置社学。调任余姚，革除里甲（农村役吏）短解（即由乡民分别押送赋税的徭役）的弊端。奉化、余姚二县都将他作为名宦设祠堂祭祀。

提升为御史后，更以直言自任。引荐杨一清、伍文定，在皇帝召见大臣询问有关政事时，朱豹密陈灾异及有益朝政的十事，言极恳切。

奉命清理江西军务。朱宸濠叛乱之后，当地天灾人祸不断。朱豹来到，开官府粮仓，救活灾民数万，释放原定为死罪的囚犯三十余人。又请两京（南京、北京。明代永乐以后，皇帝居北京，太子镇守南京）五品以上官员，各举荐州郡太守，若举荐不称职的人上任，便追究举荐者罪责。他因直言触犯当时权贵，贬职为福州太守。

听说父亲去世，朱豹辞官奔丧，每日赤脚步行三十里，僚属士民纷纷出来送行，皆依依不舍。朱豹禀性至孝，父亲在，他行走乡里路上，未曾乘车（过去孝子有享受不超过父亲之说，父亲没有车轿，做儿子的也要步行，不乘车马）。与兄弟相处，鞋子相互换着穿，且十分破旧，却经常接济贫困的宗族人员维持生活。所著有《福州集》。其父朱曜有《玉洲集》。

他的儿子朱察卿，孙子朱家法，曾孙朱长世，都是进士。

朱　鼒

朱鼒，号水竹。正德十二年（公元1517年）进士。本来家居长洲，因为父亲朱仁入赘华亭，因而就在华亭落户。初任兴化推官，代理莆田县令，政绩优异。因与本乡的一位御史不合，转为郡丞，升刑部郎。御史仍极力排挤，他拂袖而去，桂州夏公言设宴饯别，并以“见一堂”匾相赠，取“林下何曾见一人”之义。居乡清雅悠闲，操行洁美。造数间草庐于西郊，布衣蔬食，以训子孙。五世孙朱绍尧，于万历四十三年（公元1615年）乡试中举。

张鸣谦·张鸣岐

张鸣谦，字汝益，是张萱的长子。正德十一年（公元1516年）中举，任温州司理（明代对推官的俗称，主管狱讼），为人他廉正不阿。张御史欲令京兆伏谒（伏谒，谒见尊者，须伏地而通姓名），而张鸣谦只长揖（相见时，拱手下拜）而已，御史含恨，诬告张鸣谦不法，下令逮捕鞭打。不久得以昭雪，官复原职。一年后，请求辞官退休。

许榖称道张鸣谦说：张公与人交往，豪放潇洒，不拘细节。即使是和尚道士、商贾小人，或是村野医生、农村老头，都殷勤接待，平易近人。极不喜欢拜见上级官吏，即使相见，也装作不认识。喜施恩接济，内外宗族无不受其恩泽。享年七十四岁。

他的胞弟张鸣岐，正德乙卯（这里有误，正德年间没有乙卯年，当为己卯之误，如是，则为公元1519年。这样，作为兄长的张鸣谦，于公元1516年中举，作为其弟的张鸣岐，于公元1519年中举，弟兄俩中举，相差一届，即三年，也符合常理）中举，授博野县令，首次疏浚大河；遇水灾，他发廪赈贫。武宗皇帝南巡，所过之处，长吏多逃亡，博野供给独办。武宗询问姓名乡贯，将要征用，而他已病死。他个性质直，食粗衣敝，不御声伎。晚年自号古愚。有廉洁能干的声誉。他的儿子张之象，另有传记。

张 松

张松，字以培，华亭人。正德十四年(公元1519年)举人，授吉安通判。盗贼挖掘曾状元坟墓，但找不到盗墓者，墓旁的数十家人员都作为嫌疑犯被关押坐牢。张松查出盗墓者，在其家床下发现如斗大的髑髅。盗墓贼叩头伏地说："这是曾状元的遗骨。"由此被误抓坐牢的数十家人员都予以释放。

已故罗状元有位女儿守寡，被丈夫宗族人员欺凌。丈夫宗族一向强横无理，将她积累的资金抢劫一空，又捏造她的莫须有罪名。张松一加审讯，就查清真相，下命返还所抢资金，依法处置了强横的夫族人员。这女子拜伏公堂之下，取纸笔赋诗感谢，引述家世兴衰，叙述自己孤独流离之苦，词句极其凄哀。

吉安土地一向硗薄，民众多交不出赋税。张松治理漕运，有无调节，高下有法，国税足而民不觉苦。将所收赋税运到京师，课税评为第一，朝廷赐宴表彰，并号令天下各州县仿效吉安征收赋税。

当时夏言执政，他的同乡好友来到京师，都啧啧称赞吉安通判张松的贤明。夏言想召见张松。而张松前往只投一名片，不再拜见。夏言心中不乐，于是补授张松东平州知府之职，管理徐、楚之地。然而徐、楚之地，也是水部(掌水道政令的官员)治理徂徕山泉源的辖区。水部的上下官员，都显得高贵傲慢，张松虽然是知府，却无权督管他们。面对这种难堪的境况，张松叹息道："哎！隐居山野，诵读诗书，教导子孙，也是乐事。趋奉长吏，媚事权贵，毁名辱节，岂可为啊！"刚任职三个月，就弃官而去。

二十年后，他的孙子张烈成为进士，也掌管徂徕山的泉源。前来迎接的官吏围绕着他下拜。张松戴冠系带而出，大声道："今天该不会有当年骄横不轨、动辄向上打小报告的役吏了吧！"

张松家居，简朴刚直，很少与人交往。他喜好《参同》、《悟真》诸书。卧病后，一日穿衣戴帽，束扎腰带，随即正寝而逝。张松曾登泰山，见石穴中有一位老僧人入定(佛教用语。僧人静坐敛心，不起杂念，使心定于一处，叫入定)，叩拜请问。老僧人掷给他念珠，命他计数，共八十一粒。而张松正于八十一岁寿终。

王 佐

王佐，字良臣，上海人。正德十四年(公元1519年)举人，任南安令。南安靠近海边，民众愚顽不驯，常作盗窃，为官事务极其繁重。王佐上任，清理保甲，反复调查，断案如神。

一年后请求归家养老，抚按大臣挽留他。在任六年，操守言行犹如一日。离任之日，送行者达千人。县里士民画了他的肖像祭祀。

赵 纶

赵纶，字廷言，上海人。正德十五年（公元1520年）进士，任四川内江县令。赏识且提拔了赵贞吉。在任上有良好的政绩。有人为了获得侄子的财产，举刀杀害了七个人，诬告侄子是盗贼。赵纶用两三句话就裁定此案，使歹徒伏罪，大家都惊叹他断案如神。蜀地本来不下雪，这年积雪一寸多；蝗虫这年不入蜀境；粟禾一根茎上长出五穗。士民作文刻石，称之为“三异”。

赵纶后升南京刑部主事，去世于任上。

郁 山

郁山，字子静，华亭人。正德十六年（公元1521年）进士，任龙泉县令。窃矿盗贼在风头紧时潜入山洞，情况缓和又出来。郁山设计捕捉，依法处理。

调任临海知县。升为工部主事，分管浙江。每年常有羡额（即超过正赋之外的无名税收，是官吏巧取豪夺的杂税），郁山首次以府幕（知府的参谋、书记等属官）一人监收，贮于官仓，定为规章，以防落入个人腰包（羡额的产生，源于官吏的贪婪，不让多余的税额落入个人腰包，这就杜绝了产生羡额的源头）。

升为员外郎，出任温州太守。当时张璁大造私房，强行购买民宅。郁山对他说：“相公在朝廷上，喜欢称道殷代的伊尹、傅说，周代的周公、召公，居家难道不肯做萧何、李沆（宋代贤相）那样的人了吗？”张璁受到威慑，从此宅基不敢再扩大了。有人说：“张相国近日将会被皇帝召见重用，今后他报复你，难道你不为自己家族安危考虑一下吗？”郁山笑道：“人生进退荣辱，皆有天命。即使如你所言，我便丢弃官职，浩然而归，有何损失！你把我郁子静看作怎样的人啊！”

郁山治理温州两年，去世于任上。后人以名宦乡贤建祠祭祀他。

宋公望

宋公望，字天民，华亭人，居住萧塘。富有才华名声，以诸生进入国学，多次考试没有成功。他小时候与顾清是同学，到顾清主持乡试，宋公望竟不去参加考试。顾清回乡登门慰问，他回答说：“我们交情深厚，如果考试不成功，有损您辨别是非善恶的名声;如果考试中式,有人会怀疑是您偏袒所致。我只有退避不参与考试,方可得到两全之美。”顾清叹服。

父亲宋伦,因受牵连入狱,宋公望叩拜御史台诉说冤枉,不得昭雪,于是上疏朝廷,诏命有司复审,但复审官仍不予平反,宋公望为此终身抱恨。著有诗文,可惜遗失于倭寇之乱。

金　璋

金璋,字秉之,上海人。正德(公元1506年—1521年)初,输纳粮食资助边防,恩授指挥之职。为人崇尚气节情谊,顾清曾推荐他,他因父母年老须侍奉而推辞。

曾建闵行镇石河堤,又倡议资助劳役,还捐田五百亩创办义塾、营造义冢,有司以三义表彰他。

徐　寿

徐寿,字永龄,华亭人,居七宝镇。父亲徐奎,曾捐资建造杨港浜石河堤。徐寿年少之时就有不凡的气节,弱冠之年,父亲遭冤狱,即伏阙上书诉讼父亲的冤枉。正德(公元1506年—1521年)年间,与同乡张勋倡议跨蒲汇塘建造石桥,又在塘的北岸自建石堰坝十条,以通泗泾,方便人们通行。嘉靖二十六年(公元1544年),遇饥荒,他降价粜米五百石以救活饥民,事情上报朝廷,赐给他官员的冠服。

儿子徐沛,字泽卿,年少时随从周莱峰交游,以文章、行义闻名。精通医学,治病即愈。身穿布袍,头戴角巾(方巾,古代隐士的帽子),闭门不出,吟咏自娱。县令屡次以宾客礼遇邀请,他不去应邀。著有《方壶山人稿》及《医学决疑》。

徐沛子三重,自有其传。

潘　奎

潘奎,字用章,上海人。任郡署佐官,心地仁慈,喜好拯救他人。太守管理下属十分严厉,佐官无人敢冒犯。有位大富豪十分残暴强横,鞭打奴婢常常至于丧命,如果逃跑,他则贿赂役吏诬告奴仆为盗贼,前后诉讼逃亡之奴四十余次,都以死论处,人们都敢怒而不敢言。

一天,潘奎跪伏于地,在太守面前为奴仆申冤,并详尽诉说这富豪的不法之事。于是太守命召各奴仆复审,查明真相后全部予以释放,而将这不法的富豪捕捉下狱。

一年以后，太守梦见神灵前呼后拥鼓吹齐鸣，送来一个孩儿到吏舍。太守醒来后思忖道："必是潘奎家得贵子了。我听说有德者必有后代，潘奎他家要兴旺了！"于是每月给几石米周济他。

后来潘奎被授项城尉，代理商水令，都以惠政闻名。所生的儿子，即为恭定公潘恩。

秦　敉

秦敉，字晓江，上海人，是秦裕伯的族孙，为学校诸生，仰慕义举唯恐不及。修筑塘岸，疏浚城壕，一方之人赖以得利。海滨多盐碱沼泽之地，当时有司商议将它作为种粮之田，以便增加赋税，民众为此十分困苦，秦敉奔走鹾（盐）院上诉其事，于是免除此议。

高　企

高企，字进之，别号西楼。上海人，居于唐行镇。十七岁丧母，前往姑苏乞求吴宽撰写墓志铭以安葬母亲。吴宽觉得这孩子不凡，写了墓志铭给他。

他侍奉伯父如同父亲。与人交往，心胸坦白；论辩事理，识见杰出。顾清修撰郡志，高企作为顾清的弟子，在田粮、水利的史料考证索求方面出了大力。

后任县令郑洛书因每亩交税赋不同而要统一，发出策书以探访众人意见。高企认为："每亩粮税有轻重，田地等级有高下，这就是古人依据土壤制定税赋的原因。松郡的田粮，宋朝初年王贽制定税收每亩不过一斗，如今官田（属官府或王室所有，租给私人耕种，由官府征收地租的田地）每亩收税赋（地租）二三斗以至五六斗者，皆因元人抄没大户田亩入官，仍按照他们定的租额而征收，这就是官田的租额来历。本朝皇祖（朱元璋）以苏、松久为张士诚窃据而更新诏令。但现在，旧制尚存，不能除去，而松郡之人受困于田赋已很久了。元朝末年，也想要平均粮税，集合十三郡官员商议此事，唯独刘总管不同意。从前周忱经理东南，耆硕（年高德望之人）杜宗桓也曾上书均粮，周忱也不肯。刘、周二公必有深刻的见解，如果均粮这办法正确，他们会首先实施，怎么会等到今日？"高企列举史实，考查田粮积重之故，认为县令的均粮之策不可施行。然而郑县令不同意高企的主张。

浙江水利佥宪（御史佐官）朱子和兼理苏松水利，命有司延请高企以向其咨询。高企说："吴淞之水淤积于上海，夏忠靖公原吉、陈参政祯时疏通范家浜接黄浦江以入海,而吴淞江则未予施工,因此越来越浅,而黄浦江则成为水流的主渠道了。”黄浦江上接嘉兴、湖州两郡,近城的湖泖,纵浦横塘各为灌注,皆有脉络,高企一一加以指陈。又详细查考宋代官员的论议及元人水监的治理措施,写成水利之书送呈当局。

高企少年入县学,然而到老未予重用。他天性潇洒幽闲,喜欢吟咏,诗文高雅古朴。经常探寻名胜之地,八十余岁还能登攀山峰绝顶。

周　榆

周榆,字永新。为人贤良而喜欢布施。一次行走于田间,看到遗失的钱,打开发现是僧人募化的财物,找到失主还给了他。一次驾船入城,遇见两船首尾相接不能前行,两船员正激烈地争斗。问其缘故,其中一人说:“我妻子将要分娩十分危险,赶去求医但不能前进。”周榆就把自己的船借给了他,不问对方姓名,只告诉他说:“我家在草里周,你有空闲就把船还给我。”说罢就徒步回来。

嘉靖元年(公元1522年)十二月十五日,周榆提前一天已沐浴,早晨起来,换衣念经毕,向佛像拜了两拜,便趺坐而合目长逝,享年八十一岁。

富好礼

富好礼,字子超,自号春山,华亭人,居祥泽。他方面丰额,如玉树临风而意气闲雅。少力学,有声庠序。其邻为大贾,正要择婿,馆师某以好礼示意,且说:“必择婿,无失此人。”大贾笑道:“秀才姓氏为富,很好,即使如此,我却不愿选他。”正德十六年(公元1521年)中进士,授屯田主事,奉命掌管荆州税收。

晋升刑曹郎。京师有恶少某犯法,富好礼捉拿而审讯他。恶少将讼词藏于衣带间,潜入皇宫,大声呼叫而自刎。满朝惊骇。有人上奏章弹劾富好礼,没有上报。事情搁置下来。皇帝暗中派宫廷使者查访此事,知道富好礼一向清正谨慎,此案没有冤枉。

提升为开封太守。正逢御史冯恩因议论吏部尚书汪鋐而下狱。富好礼据理力争,说没有处死御史的法律。汪鋐说他庇护同乡人并怀恨在心,于是将他贬职为重庆太守。当时蜀府与都司(都指挥使司)均上奏揭发对方的短处,闹得不可开交。朝廷命给事中、御史处理,累月不决。当政者让富好礼前去解决。富好礼依法裁断,不消十日,爰书(记录囚犯口供的文书,这里指裁决文书)作成。

富好礼为官以教化为先。查得士民有好品行者，就表彰他的门庭，增加他的给养，抚恤他家婚丧之事；对于严重败坏风化者，则严加惩罚。

升为宪副。建昌境内有大渡河，是当年诸葛亮渡泸水之处，路过的人往往触染瘴气而死。富好礼组织人马凿山通道，埋没沟堑，筑海塘堡数百里，连接省城，历时三月而筑成大道。适逢下属官员被民众告发，富好礼依法处理。地方官僚极力请求，富好礼不答应。于是有人向朝廷使者诬告他，他随即辞官而归。

在归途中，遇风景佳丽处，他便登临远眺，歌吟咏怀。归家后，又多次出游。

周　禋

周禋，字维敬，为府掾（佐助属吏）。方面广额，长须细目，富有文采。谨守法制，不失时宜。太守刘璟非常器重他。刘璟为人刚直，触犯权臣，侍御黄宪怨恨他，诬告他贪污，拷打他的属吏，迫使他们都说太守不廉洁，但周禋坚持喊冤，拷掠数次，血淋襟袖，仍不肯附就。黄宪发怒，将他关进牢狱。有人对他说："这是上官的意图，你附和了就没事，何必自讨苦吃？"周禋直言道："罪行的赃证在哪里？如果照你们所说，那天理人心都灭尽了。"说罢默默地祈祷。当夜梦见群犬追赶叫吠，一位红衣大人指着群犬道："不要害怕，只要用大笠盖遮挡，就没有危险。"第二天黄宪又召他审讯，他就大喊道："从前的上海县令张盖进入太守门，太守当庭杖罚他，如果真的不廉洁怎能如此！"黄宪醒悟，太守的冤屈得以解除，当时人们都佩服他的胆识。

周禋后补为乐平县主簿，改为兴国州主簿。途经南安祭吊东海先生张弼祠，有"魂归东海空埋玉，德被南安欲铸金"之句。

不久辞官归乡。常登临胜景，远眺吟诵，与顾清、曹时中以诗篇唱和。常驾一小舟，去杨博菴家借寓读书，因而订为亲家。

周禋喜欢著述，擅长星象术数之学，编撰《诗评范围》、《奇门医圃杂言》数十种。所著《樵唱集》，曹时中为之作序。

他的孙子即官拜学宪的周思兼。

姚　鹏

姚鹏，字程夫，华亭人。诚实刚强，顾清敬爱他。后来以贡举授予南安府学训导，规章制度严格，自太守以下的人们都十分敬重他。南安府已好久没有人能中举入仕，姚鹏到任后,士人勤奋学习,刘君寅与弟刘宰同登进士,这是姚鹏严格教育和有效劝导的结果。

退休归来,操行更加笃实。七十七岁去世。顾清为其撰写墓志铭。

吴 黼

吴黼,字廷章,华亭人。少年时家境贫苦,力学不倦,读书不论酷暑严寒从不间断。后以谢姓中天顺六年(公元1462年)乡试,成化二年(公元1466年)进士。授任县县令,改任滕县县令,升漳州同知,迁任抚州同知。

吴黼禀性刚直,始终不变。事奉上级官员,无阿顺取悦之意。如无法实施自己的正确主张,则拂袖而归。他常当面批评别人的过失。官员有不当的政令,他就写信指责。管教督促儿子,只命他经营好自己的田地、房屋等产业。每天常与亲朋旧友饮酒赋诗。孙承恩还是童子时,吴黼就赏识他,并把自己的女儿许配给他。所著有《一斋诗集》。

顾 英

顾英,字孟育,号草堂,上海人。天顺三年(公元1459年)乡试中举。任广西府同知,因父母去世而归家。守丧期满,改任陕西延安官员,调任广南府守令。在广南有杨姓兄弟争产,各以百金贿赂。顾英假装收受答应。在听讼审讯时,顾英问:“你俩为什么争吵?”弟弟说哥哥藏匿五十两银子。顾英说:“你争这五十两金子,那为什么以一百两金子行贿求胜?”说罢回头叫吏役拿出贿赂之金,分别偿还他俩。兄弟皆十分羞愧,低头认罪。

顾英在延安任官时,正逢战乱,民众多拖欠税赋。他发文给有关部门说:“本郡北连沙漠,东绕河湟(黄河和湟水),西接庆环(庆州和环州),南通关隘,想要在一年内收完以往数年所拖欠的税赋,民众不堪重负,逃亡更多。我认为应将原来的粮税量减轻,并逐步征收用以支付官员薪俸的折色(明代官员的俸禄,主要支以粮食,后部分用钱钞支付,这支付钱钞部分称为折色)。以往拖欠税赋逐步征收用以支付官俸折色,这样对新征粮税也不会有所妨碍。”

遇饥荒之年,他先开国库救济灾民,然后到监司自请处罚擅开国库之罪。上级官员不但不处罚,还嘉奖他。

中贵汪直进军征讨,途经顾英为官之地,立即要用马槽数千。时已傍晚,无从筹措,顾英命掘地为坎,两旁筑土,用火烧之,作为马槽,以放草料喂马,人称其有应变之才。

在广南,适值车里仇杀(车里,地名,元为车里路,明置车里军民府,后改为宣慰司),因为首领板雅氏去世,嫡庶(正妻所生称嫡,妾所生称庶。又,正妻所生的长子为嫡子,其余的儿子也称庶子)相争首领之位。顾英于是冒险行千余里路前去处置,终于平定了这一事件。

他辞官归田,构建南溪草堂,赋诗自娱。做官所得的财物十分微薄,但他还是仿效宋代范仲淹的先例,拿出自己十余顷良田作为义庄,用以赡养宗族贫苦人员。顾英工书法,正德三年(公元1459年)陈肃所撰《郭邑侯去思碑》为其所书。去世后神位入青浦乡贤祠按时祭祀,延安府也把他作为名宦,定期祭祀。

明（3）

（嘉靖朝）

徐献忠（1493—1569）

徐献忠，字伯臣，号长谷，华亭人。他学识广博，才能高超，每天读书量达一寸厚。嘉靖四年（公元1525年）乡试中举，第二年赴京会试失利。选任奉化县令，约束自己，惠爱民众，全县大治。

致仕归家，安葬父亲于吴兴。喜爱弁何众山的胜景，于是迁居吴兴。葺归庐，治梅圃，读书其中。

其诗溯源于汉魏，又广泛吸取三唐（旧时对唐诗的分期。宋严羽《沧浪诗话·诗体》以初唐、盛唐、晚唐为三唐）的风格，自从迁居吴兴后，诗格品位更进一筹。当时顾应祥、刘麟、蒋瑶诸人在岘山组建耆英会，争着要获取徐献忠的青睐以提高自己的声誉。徐献忠工书，真、草书效法苏、赵。王世贞却谓其书法本非专长，用笔拘谨而时吐钟意。

徐献忠七十七岁去世，正逢王世贞行部（汉制，刺史常于八月巡视部属，考核政绩，称为行部）到达吴兴，随即经办其丧事，葬于九霞山的南边，门人私谥为“贞宪先生”。

顾中立（1495—1562）

顾中立，字伯挺（也作伯从），自号左山，华亭人。嘉靖五年（公元1526年）与他的弟弟顾中孚同登进士。授南京刑部主事。为照顾老母，乞求改任南京礼部仪制司（仪制，典章制度）郎中，一年后出任山东按察司佥事。曾行县（官阶高而所理的职位低称“行”。因为他是山东佥事，官阶比知县高，所以他任县令之职称“行”），开粮仓发粮食救济饥荒之民，他属下官吏说：“必须先请示巡抚，才能开仓发粮给饥民。”他大声呵斥道：“饥民将要饿死，怎能等待请示！”

改任广西布政司左参议。嘉靖二十年（公元1541年），因被诬告，辞官回家。他开辟一块荒地作为园池，花竹蔚然可赏。他将园池内的堂屋取名为“洪厓”。闭门静养，独处一室，又挂了一块匾，上题“铁汉窝”。他研读名著古籍，校对勘误很多。听说有奇书，一定要将它买来细读。倦则卧息，惬时高吟，悠然自乐。有位姓薛的得道僧人，说他可以入道（进入大道境界；出家为僧。此处应为前一义），径直前来传授长生秘诀。顾中立虽然恭敬地事奉这位薛头陀，但他认为人的正气自能长留天地间，何必等待解脱凡体才称仙人。

徐献忠说：顾中立先生与乡里先辈比较起来，有夏正夫般的淳厚素朴，张庄简般的清静雅正，顾清般的真诚纯洁。日常讲究礼法，所以平时家居有规矩，出外任官无诋毁。

顾中立对子女因材施教。他说：天有五道，纵横错列，使山峙川流，各随其性；人的才能各不相同，当不强求一律。儿子顾正谊，官拜中书舍人，工诗善画；顾正心，为人洒脱好义。孙子顾胤光，乡试中举。

有《洪厓堂集》。

潘　恩（1496—1582）

潘恩，字子仁，号笠江，一号湛川，上海人。嘉靖二年（公元1523年）进士。任祁州知府，后调任多强横豪民的禹州，州人相互告诫：“不要相互仇恨，避让潘侯能臣。说话不要大口，以免愧对太守。”潘恩上任后，当地积蓄储藏为各州之最。逢到灾荒之年，他打开粮仓救济。

选为南京刑部员外郎，改任广西佥事，掌管学政。当时靖江王骄横，勒令卫所士卒子弟不得进学为诸生，若要进学成为诸生，必须送钱财给他，否则就关押士卒子弟的父兄。潘恩发文给长史司，说：“靖江王如再勒索参与考试的卫卒子弟，我立即要追究你们的罪责。”于是这些子弟得以参与考试。

潘恩任广西司法长官时，曾捉拿靖江王所藏匿的奸贼首领，靖江王滋生怨恨之情，上疏诬告潘恩。皇帝派司法官实地调查，弄清了事实真相。

进任四川左参议。改任浙江参政，巡查部属海盐，海岛盗寇突然来到，包围数十圈。当时城里没有兵士，潘恩鼓舞吏役众人，昼夜守卫，不稍懈怠，海盐终于得以保全。

进任云南按察使，选为江西布政使，出任河南巡抚。徽恭王之子朱载埨常便衣出行,抢掠民女,强占民田,杀害无辜,罪行累累。潘恩与御史彻底揭发了他的罪状,朝廷将其废弃流放。徽恭王失去了封国后,伊王朱典楧更是凶恶猖狂。潘恩严惩了朱典楧的佞臣,剪灭了他的党羽。

升迁为刑部侍郎,再转任南京工部尚书。当时督饷都御史章涣曾上疏经略中原,触犯了皇帝名讳,将处以诽谤罪。云南巡抚游居警与黔国公相抵触,黔国公蓄谋中伤他,将他置以擅自兴兵激起事变的罪名。潘恩上疏救援,这两人都解脱罪名得以宽免。

改任左都御史。上疏请求整顿御史台的纲纪,去除弊端。得到皇帝赞许。

不久,请求辞官退休,得到皇帝准允。潘恩工书,嘉靖三十五年(公元1556年)曾书《嵩岳道中》诗。享年八十七岁。去世后,朝廷恩赐祭葬,追赠太子少保的官衔,谥号恭定。儿子潘允哲、潘允端,均为进士。

顾中孚(1497—1585)

顾中孚,字伯诚(一作伯贞),号豫斋,华亭人。嘉靖五年(公元1526年)中进士,授万载县令。又补授崇仁县令。有清正强项的声誉。改任吏部验封司主事,转文选郎,出任岭南参政。分巡(官名,代表巡抚分道出巡)白参军被瑶民苏氏围困,总督命顾中孚前往解困。顾中孚先用盐船引诱,苏氏果然前往抢掠盐船。随即挑选勇士五百余人伏于盐船鱼贯而进,苏氏没有防备。顾中孚组织将士内外夹击,不数日,捣毁了他们的老巢,被围官兵都得生还。被掳掠的良家子女有一千三百多人,都回归原籍。事情上报,赐给顾中孚金银绢绣,且提升为江西副使。

不久他任浙江藩镇的参政。当时倭寇横行数省,接连烧毁漕运船只,官军叫苦不迭。顾中孚申请各院赎锾,再加自己的捐俸,一起偿补官军,使很多人得以保全。

他小时候曾患重病,梦见一道人,自称是孙思邈,用妙药救活了他,并说今后再会。现在真又遇见了这道人,于是乞求辞职返回家中。他初服(古时官员辞官退职称"复返初服",意谓脱去官服,重新穿上当初的平民衣服。所以"初服"意为辞官退休)之居室名为"逸老堂",自号"懒真子",不与人交往游玩。经过了三十年,去世,享年八十九岁。

顾中孚为人仁厚。七十一岁时与诸子分灶而居,命诸子每日给一百文钱,悬挂梁上,作为平居日用。乡人冯大受乡试合格后前来拜访。顾中孚将案桌上四块香饼送予食用,冯大受说饱餐而来,顾中孚用干净的纸将饼包好,放在他袖中,说:你不吃,可带回家给父亲食用。

顾中孚的儿子顾令德、孙子顾瓒,皆乡试中举。

李日宣

李日宣,字尚德,号春楼,世代为华亭人。父李霆,字民畏,别号鹤峰,以贡生任义乌训导,受封中宪大夫,为人有襟怀器度。张弼赠之旗联云:“今日云间人第一,他年天下士无双。”李日宣与弟李日章年少时齐名,李霆常抚摸着两个儿子高兴地说:“上天将你们赏施给我作我的依靠。”后来李日章登进士第,李日宣叹息道:“有父母在堂上,弟弟用俸禄足以供养,我怎能与命运抗争啊!”于是以隐居为乐。他禀性严峻,举止遵循古人,衣冠必整齐,堂屋必清洁,终日正襟危坐,不苟言笑。晚年喜欢吟诗。八十五岁时自题画像道:“不官不禄,有书可读。浪游辟雍(古之大学名),高隐空谷。行将仕矣,我弗折腰于五斗;命既薄矣,又何易介于三公(请托于三公)。训子课孙,弄月吟风。天真不凿,浩气亦穷。人惜我一生悔吝(忧虞之象,不昌之运),我则无愧乎帝降之衷方(先天之心性)。”

李日宣六十余岁生了个儿子叫李益亨,治理学问而不能得志,因长子李凌云显贵,三次受皇帝恩赐。寿近八十,禀性纯朴,崇尚节约,好行善德,替人还债缴租,代付赎金,掩埋露骨,掘井造桥,乐善好施,不止一事。然未尝以此谋取名声。居家庭训,只以去汰去甚(去除骄奢,去除过分)、知止知足为第一义。亦是敦厚纯朴的贤良之人。

李益亨长子李凌云为左通政,负有重望。

李日章(1497—1563)·李豫亨·李绍文

李日章,字尚絅,号海楼,华亭人。嘉靖二年(公元1523年)进士,拜刑部主事。李日章酒酣就吟李白《梁父吟》、《将进酒》等诗,并扬言:“士君子必须有目空宇宙、超越古今的气度,才不被物情所动,而大有为于时世。这就如登临百丈高楼,凭栏远眺东海,一揽海上三山于案桌之间,怀纳百川于杯觞之中。”因而自号海楼。

有一位得宠的大太监来拜见他,想让他下令逮捕一个仇家。李日章说:“越过百里去抓人,这不符合法律。”太监发怒,以危言恐吓,李日章仍坚拒不从。

改任刑部员外郎、刑部郎中,转为襄阳知府,迁任长沙知府。当初,大沩盗寇屡次招安,屡次叛变,李日章率兵前往征讨,捆缚其头目,斩杀若干人,降服若干人。事情上报,皇帝赐给他白金素绮,晋升山东按察副使。正逢章圣皇太后灵柩运往显陵合葬,需要船只数百艘、执事官吏数千人,服役者更多达数万人,供应的物资成千上万。李日章预先统一筹备,方法整齐明白,事情顺利办成。不久,天子诏令查核官吏,有人忌恨他。人们认为他性格刚烈,必定上疏自辩,他却笑着说:"入仕是为了实现自己的志向,否则,就是公侯将相,也如大海中的一朵浪花。"于是请假归来。著有《狎鸥亭稿》。

他的儿子李豫亨,字元荐。十余岁跟随做官的父亲出来。曾遇剪灭盗寇的战斗,李豫亨在一旁参与筹策,使一座皆惊。补授郡博士,才名显赫。游学成均(官办大学),选为鸿胪寺序班(鸿胪寺,是掌朝贺庆吊之赞导相礼的官署名,设有卿、少卿各一人,所属有鸿赞、序班等官)。当时高拱执政,他上书分条叙述国计三议,高拱深为赏识。

李豫亨没有做官的志向,归来于西湖之畔筑室,与龙溪王先生一起讲学,许多人都前来听讲学习。抵达武夷,门生越来越多。从五经子史,旁及山川、象纬(象数谶纬)、兵农、财赋、医卜、堪舆(天地风水)以及二氏之学(释、道两家之学),都很有造诣。著述颇丰。善于署书(秦并六国,统一文字,定书体为八种:大篆、小篆、刻符、虫书、摹印、署书、殳书、隶书,合称八体。前四种为字体,后四种为字的用途。署书以用于封检题字而称)和行书、草书,皆法赵孟頫。

李豫亨的儿子李绍箕,也以鸿胪官员出任广西宪幕(布政使的属官)。善于诗画,多有使人铭心入骨的佳品。次子李绍文,受父亲影响,耽于著述,有《明世说新语》、《云间人物志》、《云间杂识》、《云间著述考》等。《明世说新语》收入《明史·艺文志》、《四库全书总目提要》。另有《艺林累百》八卷亦收入《四库全书总目提要》。《云间人物志》分四卷,记述从洪武朝至万历三十八年间五百四十二人;并附《家志》,记述曾祖父至父亲五人。前有序文三篇,分别为王圻、许乐善、李绍文所作。李绍箕、李绍文兄弟互为师友,不愧为清白官吏的子孙。

徐 阶(1503—1583,一作1494—1574)

徐阶,字子升,号少湖,又号存斋,谥文贞,华亭人。他家世代务农,祖父徐贤因为家贫入赘黄家,居住于仙鹤馆西;父亲徐黼补授邑掾史。徐阶聪颖有巧思,《明史》称其"为人短小白皙,善容止。性颖敏,有权略,而阴重不泄。读书为古文辞,从王守仁门人游,有声士大夫间","五岁从父道括苍,堕高岭,衣挂于树不死。人咸异之"。

嘉靖二年(公元1523年),徐阶举进士一甲第三名(探花),授翰林院编修。他与理学家王守仁的门人欧阳德为同年进士，关系密切，遂依从王守仁学说。当时，明世宗喜好更改礼制，大学士张孚敬为首辅，欲削去孔子王号，将塑像改为牌位，群臣皆附和，唯有徐阶上疏反对，张孚敬大怒，于是徐阶被贬为延平推官。他在延平为官颇有政绩，并深得人心，不久就调任黄州府同知，提升为浙江按察佥事，进江西按察副使，俱视学政。后被调回京师，进为礼部尚书，仍兼翰林院职事。

明世宗见徐阶任礼部尚书后勤于政事，其所撰诏令皆符合心意，故“召直无逸殿。与大学士张治、李本俱赐飞鱼服及上方珍馔、上尊无虚日”（《明史》）。次年，徐阶还因万寿节推恩，加官太子太保。

徐阶整个政治生涯中的最大亮点就是斗倒了权势熏天的严嵩。徐阶的忍辱负重是其政治权谋斗争中的杀手锏，而“徐阶曲意事严嵩”也成为权谋术中的经典案例。

当时，大学士严嵩依仗明世宗的宠信而弄权，猜忌陷害同僚。徐阶也因多次与严嵩政见不合引起严嵩的愤恨，严嵩一心想要除掉徐阶。徐阶深知此时自己与严嵩势力悬殊，所以就小心逢迎，减轻严嵩的敌意，同时精心撰写用以祭祀的“青词”以迎合明世宗。

此时，咸宁侯仇鸾深得明世宗宠幸，徐阶与其在直舍中把酒言欢，严嵩得知后对徐阶又生忌恨。后仇鸾渐渐失去明世宗欢心并卧病在床，徐阶便密疏揭发其误国罪状。明世宗即刻解除仇鸾大将军印，当晚仇鸾愤恨而死。严嵩原想以仇鸾之事陷害徐阶，不曾想仇鸾的罪状竟由徐阶揭发，不禁大为愕然，由此猜忌徐阶更甚以往。

不久，永寿宫发生火灾，明世宗不得已迁居玉熙殿，但地方狭仄，起居不便，便欲再造宫殿。明世宗询问严嵩的意见，严嵩请其移居南宫，明世宗不悦，便问徐阶，徐阶给出了修建宫殿的具体建议，使得龙颜大悦。百日过后，新宫殿完工，天子当天便迁居新宫，名曰万寿宫。徐阶因此晋升少师，而严嵩由此势头趋弱，加之其子严世蕃依仗父势，贪恋骄横，荒淫奢靡，人们怨怒不绝，于是深得明世宗信任的徐阶趁机唆使御史邹应龙上疏弹劾严嵩父子罪责。明世宗勒令严嵩辞官，将严世蕃逮捕下狱，随即充军边州，徐阶则取代严嵩成为首辅。当时徐阶在直庐朝房内墙上写下了三句话：“以威福还主上，以政务还诸司，以用舍刑赏还公论。”

徐阶主政后，力革弊政，宽政轻刑，起用正直官员，以至于“阶当国后，缇骑省减，诏狱渐虚，任事者亦得以功名终。于是论者翕然推阶为名相”（《明史》）。穆宗即位，徐阶仍然担任首辅，但是不久就遭到高拱弹劾，迫使他在隆庆二年（公元1568年）致仕归乡。徐阶历任两朝首辅，于是被称为“徐阁老”。

隆庆四年(公元1570年),徐阶政敌高拱进入内阁,并于次年成为首辅,百般陷害徐阶,并牵连徐阶的三个儿子。正当徐阶危难之际,高拱被另一位大学士、徐阶的门生张居正排挤出朝,事情得以化解。

徐阶早年即工诗文,善书法。少年时,老师以"雨"为题,徐阶云:"云龙方会合,寰宇尽沾恩。"著有《世经堂集》二十六卷,其中包括文、赋、颂、诗、词。还曾编修《岳武穆遗文》。隆庆元年,他奉旨主持修撰《明世宗实录》。

徐阶的官宦生涯长达四十多年,周旋于庙堂之上,所以他所流传下来的作品大部分是奏章、经筵讲章、疏表等。陆树声说:"今观公论撰,上自经济,下迨酬应,鸿钜纤曲,体裁各备,亦何其闳览博肆,而言之澹耶。"徐阶的诗作较少,清陈田《明诗纪事》收其诗六首。张真在《序少湖先生集》中评价徐阶诗作"本诸性情,不入纤巧藻丽门户"。其诗确有清新之气。如《夜闻吹箫》:"风急雁飞高,星寒夜动摇。乱山千里月,独客一声箫。别泪怀乡国,私心忆圣朝。鬓华易零落,何日更闻韶?"

附崇祯《松江府志》徐阶传(译文):

徐阶,字子升,华亭人。二十岁乡试中举。嘉靖二年(公元1523年)中进士,殿试第三名,授编修。给假归去娶妻。父亲去世,服丧期满,官复原职。当时新建伯王守仁讲学轰动东南。徐阶与王守仁的门人欧阳德同年考取进士,而且相互友好,于是也信仰王氏的学说。

参与修撰《大明会典》。因为反对去除孔子王号及塑像,违背了皇帝的旨意,贬谪为延平推官,调任黄州同知,后升为浙江佥事,掌管学政,进用为江西副使。隆重祭祀王守仁,大力提倡他的学说。

皇太子出阁(皇子离开朝廷到自己的封地作藩王,称出阁),选择官属,徐阶改任洗马(太子官属,掌管前来拜见者;太子出行则为前导)兼侍讲。

为母亲服丧期满,即进用为国子祭酒,晋升为礼部右侍郎,不久改任吏部,当时年仅四十三岁,已掌院事(指都察院等政事),进任礼部尚书。召入直无逸殿,请立皇太子,不报。

嘉靖二十九年(公元1550年),加太子太保(辅导太子的官员)。八月,敌虏入塞,迫近北京。徐阶上疏请释放被下狱的边关将领如戴纶、欧阳安等到军中效力。又被推荐掌管守护京师,慷慨奉命。敌虏退去,因功加爵少保(三少即少师、少傅、少保之一,是三公即太师、太傅、太保中的太保之副)。嘉靖三十一年(公元1552年)春,拜东阁大学士(明初政归六部,洪武十五年置华盖殿、武英殿、文渊阁、东阁诸大学士以备顾问,秩仅五品。其后增设谨身殿大学士。宣宗时,杨士奇、杨荣、杨溥入阁,乃以师保尚书兼大学士,官尊于六卿)。

当时咸宁侯仇鸾很受明世宗宠幸。敌虏侵犯的警报不断传来,徐阶秘密告诉明世宗仇鸾不可依靠,乞求早日更换将领。明世宗派人奔驰而去,夺去仇鸾将印,将其诛戮。明世宗越来越亲近和信任徐阶,屡次与他谋划边防之事。一品官阶已满九年,又兼任吏部尚书。

当时东南有倭寇侵扰之患,抚按大臣极力告急,请求用兵,而职方郎(官名,掌舆图、军制、城隍、镇戍、简练、征讨之事)质疑军队出发而倭寇已离去,谁来担承这笔费用。徐阶认为应该出兵抗倭,上疏与职方郎争论。明世宗同意了徐阶的意见。

徐阶考虑到敌虏游牧,宣府、大同的士卒不能耕种。当时京城辖区之内的大麦、小麦丰收,可及时收买,每石约费五镮。出居庸关,运到宣府,费用为八镮。出紫荆,到大同,合计费用中金(中等质量的银子)一两,士卒可饱餐一个月。食用该地区的米麦,价格也会趋向平稳。徐阶将此意见上疏明世宗,明世宗十分高兴,命令秘密修撰谕旨,实行这一供应军粮的方法。

当时大同右卫因为督臣杨顺与御史路楷一起杀害原言官(谏议之官)沈炼而深感恐惧忧虑,于是贿赂严嵩以求解脱。给事中吴时来与主事董传策、张翀弹劾严嵩,失败而下狱,几乎株连到徐阶。徐阶每次到直庐朝房值宿,总是称病而谢绝接见客人。明世宗知道徐阶忠诚廉洁,所以凡原先秘密与严嵩商量之事,都放弃严嵩而与徐阶谋划。不久又特意给徐阶加少师的头衔。

不久,御史邹应龙上书弹劾严嵩父子罪状,明世宗勒令严嵩辞职,诛戮他的儿子严世蕃。于是徐阶为相执政。他写了三句话悬挂在直庐朝房壁上:“以威福还主上(将威福归还皇上),以政务还诸司(将政务归还有关官员),以用舍刑赏还公论(将取舍奖罚请众臣论定)。”

广东大寇张琏被征平,朝廷将功劳归于徐阶,徐阶坚决拒绝,只领取下等赏赐。敌虏后来从墙子岭深入,直趋通州,警报来到,徐阶草拟诏令,命镇远侯顾寰等筑九大军营,营建于九门(泛指皇宫)外,文武大臣、英国公张溶等巡视九门内。缇骑(锦衣卫)帅朱希孝率领心腹将校往来巡逻戒备,因而朝廷内外人心稍定。当时明世宗正在祭神祈福,因此兵部尚书杨博得到紧急警报却不敢上奏。徐阶以变通方法灵活处置,发文命宣府帅马芳、宣大督臣江东,各以兵入援。马芳率兵先到,徐阶请示明世宗立即奖赏,又请求加重江东的权力,使各道兵士都归他统领。

敌虏被白河水阻断,改从通州掳掠香河县。徐阶请明世宗先迅速防备顺义县,然后以奇兵截击于古北口。敌虏果然入侵顺义,不能攻入,于是向古北口进发,其后兵遇参将郭琥伏兵袭击而大败。

当初,明世宗因尚书杨博不及时上报军情与总督杨选不能抵抗敌虏,十分生气,要予以处分。徐阶想到杨博晓畅边防事宜,一旦失去了他,若有紧急情况无人依靠,所以保全了杨博。

第二年,敌虏又窥逼黄土岭,已到达一片石。皇上咨询徐阶,徐阶说有白文智在,而胡镇、董一元部队又相互接近,他们三人都是勇猛的将领,不必担忧。不久,敌虏果然被白文智打退。

徐阶请求在张家湾筑城,城筑成,与京城沟通联络,十分重要。明穆宗为太子时,景王日益受到明世宗的宠幸。徐阶说古论今,百般调护周旋,终于使景王回到封国。

户部主事海瑞上书指责明世宗过失,明世宗大怒,将其逮捕下狱,要处以死刑。徐阶上疏说:"海瑞粗野傲慢,但他甘于灾祸而上书,不可用灾祸来窘迫他;他指责皇上过失以求名,不可以名声来成就他。"明世宗说:"你护佑海瑞,这不是轻视我吗!"然而最终还是听从了徐阶的劝告。

明世宗归天,明穆宗即位。推重先帝旨意,停止祈祷拜神,严禁大兴土木,重新起用因当廷谏诤而被罢免待罪的官员,推举引荐有节操的士人及废退归隐的官员。徐阶撰写穆宗登极诏,此诏下达,远近人士感泣涕零。明穆宗要光顾为太子时所住的裕邸,徐阶说:"按照祖宗成法,除非进行郊祀、驾临太学及耕种籍田(古时帝王于春耕前亲耕农田,以奉祀宗庙,且寓有劝农之意),皇上不可轻易出动车驾。"明穆宗尊重徐阶的意见而作罢。

不久,徐阶两次上疏乞求辞官退休。朝廷臣子联名上疏要求挽留,但徐阶请求更加迫切,终于获允。万历十年(公元1582年),徐阶八十岁,明神宗特地派遣使者上门慰问,赐赠丰厚。他生平无姬妾侍奉,无台榭之饰。孝悌谦让,忠诚无伪。朝廷推恩赐官则推让给兄弟侄子。享年八十一岁而去世。赐赠太师,谥号文贞。

他的儿子徐璠,因朝廷恩荫而官太常卿。儿子徐琨、徐瑛都是尚宝卿。

徐璠的长子徐元春,万历二年(公元1574年)进士,也任太常卿。徐元春的孙子徐本高,由锦衣升至都督同知,皇帝广施恩惠,又恩赠他的先祖。徐璠三代都是京官,八代为官,人们认为这是徐阶功德的福报。

徐璠的第二个儿子徐元普，字泽夫。徐阶奇其才，认为他与长兄徐元春不相上下。徐元普与同时的方应选、徐益孙诸名流一起结成文社。下笔千言，精神豪迈，大家都衷心信服。徐阶曾派遣他向皇帝感谢八十存问(指皇帝派人慰问八十岁的徐阶)，朝廷恩赐他中书舍人之职，他不愿就任，以为这有负自己的志向。年届四十，过早去世，士林为之痛惜。当初，他父亲病危，他挖手臂之肉焚烧于关帝炉中以求神助，记下祝祷一事秘不示人。后来他的儿子搜得，才刻其手迹呈给陆树声，以著《徐孝子经》。

孙继禄

孙继禄，字汝濂，上海人，嘉靖元年(公元1522年)乡试中举，任开化知县，他恭敬谨慎，坚持操守，豪强为之收敛。他爱惜民众，礼待士人，广得人心。

杨　鹤

杨鹤，字鸣皋，华亭人，居于漕泾。诸生，官任绍兴府知事。除常规俸禄外，盐醯(醋)等都从家里带来。

不久，回家事奉母亲，孝养备至。高朋满座，高雅的吟咏暂停后，便徐行清醇的美酒。有时偶尔没有客人来到，便派家童守候在水边，看见客人即邀请而归。人们把他比作郑当时。

友人张一桂贫穷而死，杨鹤载了殓葬所需之物，不远百里，前往哭悼，安葬后才归来。

他尤其潜心探究东南财赋，著《救时论》、《田赋议》等篇。儿子杨子亨，自有传记。

石英中

石英中，字子珍，上海人。县令郑洛书善于识别人才，一见他就称奇才。嘉靖二年(公元1523年)进士，官任刑部主事。因有事获罪，离开官职，更加穷愁潦倒。作古乐府《纪梦》、《七宣》等，含讥隐刺，类似于邹阳、枚乘，而辞藻之华丽则有过之而无不及。所著有《石比部集》。

蒋　惠

蒋惠，字君与，华亭人。受学业于顾清，极被赞许推重。顾清修撰郡志，蒋惠作了较多的考证索引和撰述。嘉靖元年(公元1522年)顺天府乡试中举,授南大理司务,改任工部官员。

他世务练达,居官恭勤。后来奉命到大梁办事,于是辞官归家。

胡 芳

胡芳,字汝载,上海人。侍奉后母极其孝顺,后母生病,胡芳衣不解带一个多月,受污的内衣便具,都亲自洗涤。

他家中无一石的余粮,却热心周济无米下锅的同宗之人。一日,他穿戴好衣冠行走于市集之中,他的族弟因自己的衣服破旧而连忙避开,胡芳喊他过来说:“人应担心自己的品行不完美,怎能以自己的衣服破旧而感到可耻呢?”说罢他解下衣服给族弟穿上。

以岁贡为武昌丞,监司推重他的清廉操守,选拔为昌化县令。过金牛驿,题字道:“金牛岂是无金地,只有夷齐(即伯夷、叔齐,商孤竹君的两个儿子。相传孤竹君遗命要立次子叔齐为继承人。孤竹君死后,叔齐让位给伯夷,伯夷不受,叔齐也不愿登位,先后逃到周国。周武王伐纣,两人曾叩马谏阻。武王灭商后,他们耻食周粟,逃到首阳山,采薇而食,饿死在山里。古代将他俩作为高尚守节的典型)不动心。”

不久,他自己退职归来,与樵人、牧童放浪于陇亩之间。他擅长诗歌,声调与古诗十分相似,其中议论多崇尚名节。著有《昌化集》,藏于家中。

诸 杰

诸杰,字子兴,上海人。嘉靖五年(公元1526年)进士,授刑部主事。因建言受挫贬谪为典史,起用为国子监学录,累官至尚宝寺少卿。

诸杰有气节,善于写文章。经常闭户涉猎古籍,尤其嗜好《左传》、《国语》。撰述必求与古籍相似,当时的王公大臣都以传记或墓志铭能够出自诸杰之手为重。他擅长写诗,遇名胜之地,往往予以题咏。

张永旦

张永旦,华亭人。与冯恩友善。他学识广博,善于楷书。七十岁那年,母亲已九十多岁,冯恩请他赴宴,他本不愿去;赴宴后只尝一种菜,问他缘故,他回答说:“母亲未曾吃过的东西,我岂能忍心吃?”冯恩同情他的孝心,后来凡设宴请他必先馈赠他母亲，张永旦接受下来以供奉母亲，然后赴宴，尝遍美食，吃得极欢。

他的孙子张汝霖，也以孝顺闻名。

冯　迁

冯迁，字子乔，上海人。父亲冯淮见，流寓而居。冯迁工于诗，潘恩称赞他的诗采掇精英，铺张平实（意为内容和辞章华丽精彩，构思和铺陈平稳朴实）。朱邦宪说："子乔写诗依据实情确定格局，遣词造句雄丽与雅淡兼备。"他著有《长铗斋稿》。

刘兆元

刘兆元，字德资，上海人。嘉靖四年（公元1525年）乡试中举。他闭户读书，即使兵阵、风角占候之书，都亲自抄录研读。经常随从田野老人，披散头发，伸足而坐，欢乐酣饮，神情如常。

授怀庆府司理。正逢中使（宫廷使者，多由太监担任）奉命进香王屋山，民众苦于供应，纷纷逃亡。刘兆元精干能办事，使中使顺利完成回去。曾讯问审察囚犯，一女子喊冤。刘兆元查明她是被诬告，坐牢已二十年，将她释放。武陟县有位富人将自己的女儿许给巨室（指有世袭特权的豪门贵族），随而凭其资产，以致大富。女婿家（即原巨室）后来变得贫困，富人结连各强横之人，要解除婚约。刘兆元责令富户将女儿嫁给原巨室。他知道富人家多女佣，怀疑嫁过去的不是真的富人的女儿。于是询问富人家一位老女佣，女佣说她见过这女儿，脸上有一颗黑痣。经查核，嫁过去的果然不是富人的女儿。刘兆元发怒，要查抄这富人的财产归公，最后富人将真正的女儿与女婿成婚。

不久，刘兆元因生病归来，途经淮阴时去世。

杨子亨

杨子亨，字履卿，漕泾里人。嘉靖四年（公元1525年）乡试中举。随从王阳明（王守仁）先生学习理学。他为人端庄严谨，以礼仪法规约束自己。

选为顺天府司理（推官）。密云田氏被诬陷判处大辟（死刑），冤枉坐牢十八年。经他审讯得昭雪而释放。河间平民陈桥已定为死刑，但此案尚有疑点，他查得实情，无罪释放。经他平反的冤狱很多。

转任太仆丞，查检清理马政（采办和驯养马匹之事）。马户日益贫困，无法承受赋税,杨子亨设法宽容赦免,赖以全活者数十万户。晋升为工曹,掌管芜湖税收。芜湖是太平府的冲要之地,有三十里路岁久崩颓,通行不便,他捐资开山筑路。因将吉祥寺改为学校,三百多僧人手持兵杖大闹,县官不能按抚。杨子亨只用几句话告诫,闹事者立即散去。

嘉靖四十年(公元1561年),因病而辞官回家。他置备义田,修撰族谱,赈济贫苦之人,乡人感恩戴德。

他的儿子杨继美,万历四年(公元1576年)乡试中举。

冯 恩

冯恩,字子仁,华亭人。祖父冯海,号存朴。事母十分孝顺,即使近距离外出,回来必长揖以告。家住合掌桥,与莫母相邻。海母与莫母年龄都已八十,两人拜为姊妹,好吃的食品必共同享受。冯海每天准备清洁美味的食物使母亲喜悦。母亲病重,白天尝其粪便以查验病症。晚上叩拜北斗乞求代母亲而死,半年以后母亲的病开始好转,然而他自己竟劳苦成疾。临死,呼喊母亲三天不中断。里中私谥他为"苦孝先生"。

冯恩为嘉靖五年(公元1526年)进士,官拜行人,慰劳王守仁(王守仁,1472—1528,一作1473—1528,字伯安,今浙江余姚人,弘治十二年进士,历仕至左佥都御史,巡抚南赣,升南京兵部尚书,封新建伯,谥"文成"。工书。古人论右军以书掩其人,守仁则以人掩其书)军队,随即献上束脩(十条干肉,一般指拜师时献上的礼物),从而成为王守仁的弟子,很受器重。

后来升为御史,分管留台(即留都。明代自永乐年间迁都北京后,称南京为留都,也叫留台)。先与刑部直言诉讼文书的体例,随即上疏议论留守魏公,不得逾越长江役使卫卒。当时京都御史汪鋐刚愎自用,为人阴险,奉承献媚首辅,冯恩上疏弹劾他。

当时明世宗采用夏言的建议,计议分建南北郊,又令皇后出蚕北郊(古代皇后有亲自操作蚕桑的仪式,如同皇帝亲临籍田耕种的仪式,用以劝勉天下民众耕织)。冯恩又上疏直言,援引古代帝后亲蚕郊祭之礼,而如今违背祖宗传下来的这一礼仪,因而导致怪异的天象出现,请求赶快停止两条计议。正逢彗星现于东井(星名,即井宿),他又直言弹劾张孚敬、汪鋐、方献夫,称张"刚恶凶险",方"内实诈奸",汪更是"如鬼如蜮",说他们三人分别为根本、腹心、门庭三彗星,且仿效范仲淹百官图例,全面品评各大臣的得失,用词十分尖锐。"三慧不去,百官不和,庶政不平"。明世宗大怒,命将他逮捕下狱。适逢汪鋐升迁为太宰，按惯例会审南阙门。汪鋐命令校卒将冯恩转身面对他跪拜，冯恩即起身站立而不跪，争辩更加强硬。汪鋐于是附会大臣德政，说按法律当斩。冯恩即挺身而出，旁观者都啧啧称叹道："这御史铁膝、铁口、铁胆、铁骨。"于是称他为"四铁御史"。到了冬天，当要执法。有人送来药物，以代斩首。冯恩大声呵斥，拒绝服药而死，说斩首即可。消息传开，冯恩八十余高龄的母亲到通政院击鼓诉冤，未被受理。冯恩长子冯行可年仅十五，刺血上疏，说父亲冤枉，请代父而死。一年后，通政院将冯行可血书转呈明世宗，冯恩得减刑而戍守雷州。六年后，获大赦而放归，雷州人士在十贤堂里祭祀他，把他与宋代的寇准等忠臣并列。

冯恩平时慷慨大方，为德于乡里。他拿出资财周济三族（一般指父族、母族、妻族）以及布衣交（贫贱之交，尚未做官时交的朋友）中的贫困者若干人。

明穆宗即位，平反并表彰敢于直言而遭迫害的官员，当时冯恩已七十多岁了，朝廷提升他为大理寺丞。著有《刍荛集》。

冯恩的第八个儿子冯时可，字元敏，隆庆五年（公元1571年）进士，官至按察使，有文名。

金廷桂

金廷桂，字汝馨，华亭人。选拔为贡生后到吏部等候选派，冢宰廖纪因其乡没有贤良的教学官员，授予他为东光训导。他上疏请求岁贡出身的教学官员能和举人一样，拥有参加会试的资格，于是定为法令。

有位御史来到东光县学，久闻金廷桂的名声，命他不要行跪拜礼。他回答说："希望天下的学官都免除跪拜礼。"当时舆论都说他了不起。升迁为馆陶县教谕，不久辞官归来。

他平时为人坦率，与人交往，悉吐肺腑之言。击掌畅谈，笑倾满座。

七十余岁去世，馆陶县将他作为名宦祭祀。

沈 恺

沈恺，字舜臣，华亭人。嘉靖八年（公元1529年）中进士，拜刑部主事。编修徐阶上疏陈述罢黜孔子王号的错误，明世宗大怒，要处以重刑。当时连亲朋故友都不敢经过徐阶的大门，但沈恺与其交谈问讯如同往常。后徐阶拜为首辅，但沈恺的俸禄毫不增加，世人更加觉得他人品高尚。

沈恺历官员外郎中，镇守宁波。日本国入贡(古代诸侯或属国每年向朝廷贡献物品，叫入贡，也叫岁贡)，沈恺暗中作好防备，日本人不能随便发难。有人忌恨沈恺，说他舞文弄墨，荒废民事，于是转任临江府。宁波人留他不住，为他建生祠于桃花渡，又在七贤祠祭祀，还在招宝岭祭祀。

既而任湖广宪副。看到江堤毁坏若要修整，非得耗费数万金钱不可。他因地制宜，计算物力，分辨奸良，审核廉贪，综合筹划，仅三个月，江堤便修筑成功。

沈恺升迁参政时，想到母亲已老，乞求归家。明穆宗即位，朝廷使者到他家中拜授太仆寺卿，他没有去赴任。他放情山水，筑环溪亭，每日招致宾客以吟诗作文自娱。善于怀素(唐代僧人，玄奘弟子。相传其种芭蕉万余株，以蕉叶代纸写字，以狂草出名，继承张旭笔法，世称"颠张狂素")草书。沈恺又能诗，皈依何、李，五言爽脱有致。清陈田《明诗纪事》收其诗四首，其中《归思杂言》之一："作吏二千石，归来无酒钱。苦心成白首，岸帻(意把头巾掀起，露出前额)向青天。止饮怜彭泽，清游忆辋川。尘心销落尽，吾意欲逃禅(意避世参禅)。"所著有《环溪集》二十六卷、《守株子论》。享年八十岁。儿子沈绍祖，以谨慎淳厚赢得世人尊敬。

徐宗鲁

徐宗鲁，字希曾，华亭人。嘉靖八年(公元1529年)进士。任峡江县令。长江水流迅速，驾舟行进在上游容易下游困难，雇佣工钱没有区别，很不公平。徐宗鲁测量水势顺逆，以提高或减少工钱，船工都十分高兴。县廪(县里储藏粮食的仓库)原来不设仓囷(储藏粮食的圆仓)，输税者往往为此而作弊。徐宗鲁创建廒房(粮仓)若干间，查核粮食的进出数量，消除了往昔长久存在的弊端。遇到大旱，徐宗鲁在烈日中祈祷，大雨随即而下。峡江县原有虚粮(没有落实到田亩的粮税)一万三千石，都摊派到百姓头上，不少农户逃跑流亡。徐宗鲁向上级官长请示，亲自下田丈量土地面积，设置鱼鳞图册(宋设保甲、保伍之法，绘为鱼鳞图册，以比户计之。凡居处向背，山川远近，如指诸掌，备载每户之长幼姓名、年龄、生业。至洪武二十年即公元1387年，命国子生武淳等分行州县，随粮定区，量度田亩，图其方圆，悉书主名及田之四至，编汇成册，状如鱼鳞相次，故名)，以便查对各户田亩。设归户册，以便征收赋税。富家大户散布流言蜚语予以阻挠，徐宗鲁坚决实行，不予改变。有位范主簿占据不交粮税的田地千余亩，被清查出来，他求中丞下檄文豁免他的税赋，徐宗鲁不予支持。到秋季觐见皇帝，当时夏言刚执政，要调动徐宗鲁的县令职务，徐宗鲁以清查赋税尚未完成为由而拒绝调任。随即他拜伏宫门上疏，皇帝下达给司徒（户部尚书）议论，中丞参与。中丞以范主簿的事指责他，与他意见不合。徐宗鲁拼死请命，方得报闻皇帝，获准减原额二百十八里为一百八十里，赋税总额才符合实际情况，逃亡的农户渐渐返回。他刻《清赋集》一书以使后人借鉴。

召为御史，巡按居庸、紫荆等关，整顿军防将士，严守烽燧预警，边境得以安定。先后按问真定、南闽。延平、永平二巨寇与地方豪强势力相勾结作梗，徐宗鲁都密授方略，将他们逐个捉拿，无一漏网。又论专权之臣严嵩、翟銮二相违法之事，随即辞官归家。

逢倭寇侵扰，著《松寇纪略》；长吏清丈田亩，他著《均粮拙议》一书献上。另有《南湖类稿》、《按稿》、《治邑要言》、《保治要议》等著作。

陆应寅

陆应寅，字虎臣。十七岁父亲去世，治丧服丧，哀毁骨立。奉养母亲十分孝顺。嘉靖七年（公元1528年）乡试中举。嘉靖二十年（公元1541年）他的长子陆从大中进士。

陆应寅选任应天府司理，有位无辜之人陷入死罪，连年不决。陆应寅立即昭雪了他的冤屈。后来陆应寅辞官，那人用袋子装了一百两银子送给他以报答恩情，但陆应寅严词拒绝。

升迁为广东盐课提举，中途乞求辞职归乡。他闭门扫轨（即扫去车子轨迹，意谓谢绝宾客），以诗文自娱。

他的第二个儿子陆从高隆庆四年（公元1570年）乡试中举，第四个儿子陆从平与他的侄儿即陆应寅的孙子陆万钟共同乡试中举。隆庆二年（公元1568年）陆从平中进士，官至两浙转运使，本郡太守许公为其立传。孙子陆万钟，泰昌六年（公元1625年）进士，以司理拜御史，出任广东巡抚而去世，是位宽厚的长者。

杨　铨

杨铨，字朝明，杨枢的叔父。嘉靖三十一年（公元1552年）顺天府乡试中举，嘉靖三十五年（公元1556年）进士。授予行人之职，不久选拔为南京吏科给事中。刚上任，发生营卒变乱，大司马担心激起冲突，好言抚慰。杨铨设计擒获首恶分子，上疏极力主张不可释放。不久，河池营士卒又殴打他们的偏将，杨铨气愤地说：“这种邪气，怎可任其滋长！”于是下令罢免这大司马，朝臣认同他的做法。

在南京七年，三次上疏献大计，受到君王赏识。他上疏分条论述辨别心术、革除送礼、重视调查、举荐贤良、爱惜人才、务求核实、抑止请托、选择人品等十余条建议，都被朝廷采纳施行。先后因他上疏而被警诫整饬的大小官员不下百人。

选任江西副使，晋升为广西参政。当时古田之乱刚平息，但征赋徭役尚未就绪。他筹划调剂，以辅佐军兴(朝廷征集财物以供军用，谓之军兴)，而民众也得以安宁。

他以前上疏议论弹劾，使有些官员心中怨恨，制造流言蜚语，诬陷中伤他，好在朝廷并未理会。

他辞官回来，常穿破衣，吃粗粮，原有房屋，已毁于兵火，便租居南禅僧舍。他登第入仕已年过五十，归田退隐又数年，到七十五岁去世。

杨　枢

杨枢，字运之。嘉靖七年(公元1528年)乡试中举，授延平府司理(官名，主管狱讼，明代俗称推官为司理)。当时河南受饥荒之民八十余人，流亡到闽地。监司把他们逮捕，作为盗贼处置。杨枢为之力争，得以释放。曾经为漳州副官辩白了诬告，此人非常感激他，在宴饮间偷偷地将自己的珍贵衣带与杨枢的调换。杨枢发觉，立即归还。

升为辰州同知。受到恶意中伤，调任汉阳。他平均赋税劳役，设置办学之田，制裁豪强大族侵夺湖泽之利。不久调任临江府，代理郡政。原来盐运剩余金额供郡府消费，他彻底革除此弊端。曾经在除夕之夜草拟檄文，等写成，漏下已四十刻(古代以漏壶计时，上面有刻度，昼夜共百刻，汉代又增二十刻，共一百二十刻。所以一夜共六十刻。“漏下已四十刻”，说明天将拂晓)，连忙出来穿戴朝服，向宫阙致贺。

因为过分劳累而得病，去世于官任上。所著有《言史慎余》、《松故述》、《火余杂著》、《雅歌谱》、《传山数学》、《蒙养正讷》等书。

杨枢为同知时，职务掌管清军(清，清理。军，明代刑法的一种，如充军等。清军，清理处以军刑者)。新淦练子宁在永乐年间(公元1403年—1424年)蒙靖难之诛(明建文帝用齐泰、黄子澄之谋，削夺诸藩。燕王朱棣反，指齐、黄为奸臣，起兵入清君侧，号曰靖难。建文四年即公元1402年六月，靖难兵入京师，建文帝不知所终。燕王称帝，大杀建文诸臣，发其妇女为教坊)，他的亲戚朋友都受牵连而远贬戍守。时间久了，各卫都将他们放归原籍。但清军时仍对他们勾捕不止，那些大姓故家为此而衰败。为勾捕不止之事，杨枢第一个为其作申辩之文，文中说：“练子宁，是永乐时期的顽民(不服从统治的人)。文皇帝(明成祖)曾说：‘假如练子宁还在，我一定起用他。’这样看来，文皇帝已在保护他了。

如今他的亲戚宗族，受牵累不断，这不是在劝勉忠臣而遵奉皇帝之命！”于是新淦练子宁的亲戚得以免除勾捕，这是杨枢极力申辩的结果。嘉靖四十五年将他作为名宦隆重祭祀。

姚　篚

姚篚，字登之，华亭人。父亲姚参已有传。嘉靖十年（公元1531年）举人，授广信府推官。他筑玉山城，设置关隘，山贼不敢聚众作乱。升迁为宿州知州，招抚流亡之民，给牛垦田四千余顷。建立社仓（积谷备荒的义仓），教导纺织，民众都赖以受益。官至贵州佥事。

庄天恩

庄天恩，字元育，华亭人。嘉靖十三年（公元1534年）乡试中举。工于古文词。西蜀张景贤巡抚到松江，仰慕他的名声，请他作文为双亲祝寿。文章写成，对张景贤无一词赞誉。有人问他为什么不对张巡抚稍加宣扬以随时俗，庄天恩说：“张公是位尊贵的官员，哪里用得着我赞誉？即使赞誉他，也不足以推重他，我只是质朴直书，这是正直的笔法啊。”人们佩服他的言语。

会试屡次失利，以教官的身份，升任刑部司务，去世。

曹　鉷

曹鉷，号芹泉，华亭人。是曹铣的兄长。禀性洒脱豪迈，富有办事能力和谋略。由郡掾选任温县丞，后授赣州通判，监督桥税，羡余（正赋以外的无名税收。这里似指按常规缴纳之后所余之财）都用以资助军需。

选任两淮运副委。疏浚高家堰，绵亘八十余里，曹鉷昼夜巡视值班，堤岸巩固，水势通畅，清除淤沙仅用一个月，河淮（黄河、淮河）都安全无事。朝廷奖励白金以表彰其功。

年老退休归家后，与其弟礼部儒士曹镈（字后松）亲厚友爱。他开辟南园，种花栽竹，于水石之间喝酒吟咏。著有《南园唱和集》。

朱察卿

朱察卿，字邦宪，上海人。父亲朱豹，官任福州知州。朱察卿从小敏捷聪慧，九岁丧父，哀毁如成人。事奉母亲蔡氏，加倍孝敬。县令黄文炜、推官陈懋观都推重他，然而朱察卿从未为私情而拜见他们。后来他们去世于官任上，朱察卿操办丧事，使他们归葬于家乡。

他为人慷慨大方，信守诺言。韩谦贞去世，他独自出力予以安葬。韩家儿女的婚嫁、子孙的读书、科考、亲友难以做到的事，他都一一按期给以周济办理。

年少时学习举子业，稍年长后，阅览典籍，不屑为时尚之文，诗笔古雅绝伦。所著有《邦宪集》十五卷。太仓王世贞将他比作东汉名士徐孺子、郭林宗之流，人们认为这种看法公正得当。

倪邦彦

倪邦彦，字伯献，上海人，居住于石笋里。父亲倪淑。倪邦彦弱冠为高才生，以其资质授光禄寺丞。适逢明穆宗广施恩惠，以父荫而得封，儿子倪甫英又乡试中式，他高兴地说："因父荫而自己得封，儿子乡试中举，差不多可安慰平生了，何必成为高官耗费心神。"不久选任桂林府通判，随即辞去官职。

回来居于家乡，厌恶浮薄的世俗，蔑视侈靡之风，想要以古道尽力挽救世风。改号为"一溉子"，取嵇康《养生论》的言语。曾仿照应璩（190—252，三国魏汝南人。字休琏，应瑒之弟，官至侍中。作《百一诗》，讥刺时政）作《百一感诗》一卷刊行世。唐文献读后，将其比于《简兮》、《蟋蟀》诸篇。

袁士仲

袁士仲，字亚夫，华亭人，居于萧塘。善于作文。弱冠补诸生第一，以岁贡授兴安县训导。升任南康府教授。

平日为人纯朴厚道。抚助弟弟十分友爱。弟弟苦于徭役，他尽力谋划而免。有位侄儿漂泊远方历经十余年，袁士仲招他回来，给以田地房屋，人们都认为他的举动难能可贵。

八十五岁去世，门人张鼐为他作墓志铭。

韩　纶

韩纶，字缙之，上海人。以贡生入太学，选为景宁县主簿。景宁偏僻地瘠，当地百姓多盗窃矿藏。韩纶在捕捉的同时，加以按抚教导使之心服。县内本来多有虎患，韩纶祷告神明,老虎都逃逸而去。他多次代理县政之事,以清廉勤政闻名。

当时邻县有杀人案子,三人都以死论处。县令梁某命韩纶审理此案,他立即释放了其中的两人,说:“依据法律,只一命抵一命。”

相邻十县多有长年逃欠税收之事,御史委托韩纶办理,要求十分严厉。韩纶说:“这样做,只是白白地驱使他们困窘饥饿倒于沟壑中罢了。还不如待秋收后将欠税连带征收。”正要上书详细奏闻,恰逢诏命减免赋税。

不久,他因病归去,百姓都思念他。

俞汝楫

俞汝楫,字仲济。禀性仁爱,和蔼平易,终身不见其有喜怒脸色。年少时名震学校,晚年乃探究理学,旁涉经国济民之术、风俗时势之事。顾宪成、高攀龙两公也恭敬地向他请教。东林书院、虞山书院再三请他高登主讲席。参拜徐宗伯(礼部尚书)议通州团练军事。御史台使者、郡县长吏降低身份接见他,与他促膝谈心。而文史利弊之外绝不涉及,为人正直不凡。

他喜欢接引四方三教(儒、道、佛三家学说)之人,宾至如归。有时还为他们安排食宿,薄田仅供一家喝粥,却倾尽家产接待宾客朋友,妻妾家人交相指谪,他全然不顾。

起先受大宗伯命编辑《礼仪志》百卷,两番焚膏继晷,辛勤笔耕,一病不起,尚未完稿而去世,朝野为之惋惜。儿子俞廷教,收拾《礼仪志》残稿,含泪赴京献上,以完成父亲的编书遗志。按例,俞廷教被补为国子监生。

俞汝楫的友人张鼐考查他的品行,采集士人的评议,按照谥法,执礼守义为“端”,温柔贤善称“懿”,因而私谥俞汝楫为“端懿先生”。崇祯四年(公元1631年),郡太守方岳贡改谥名为“清惠”。

鞠　惠

鞠惠,字秀芝。嘉靖八年(公元1529年)选贡(明代取士之法,用以补岁贡之不足),嘉靖二十年(公元1541年)授陕西平凉府通判。又调任广西平乐府。因抚按有功,加授佥事的官服和薪俸,晋升为奉议大夫,任富贺军务提督,总理平乐兵饷。剿灭八源,安抚三峒,得以感化当地民众。八源三峒各处每三里建一石碑,以示不忘他的功德。

嘉靖三十二(公元1553年),倭寇作乱。鞠惠配合巡抚周石崖调集苗兵五千名,连夜到他旧部，即收服(招按征服)八源三峒的雄兵，以抗倭寇。周石崖请他任提督，他以年高而拒绝。

他享年九十岁。所著有《丛谈娱老集》、《智息斋焚余稿》。

杨 周

杨周，字起东，华亭的漕泾里人。年轻时读书求学，参与科举考试，但没有成功。他以侠义和节气闻名。身体矮小，但豪侠之气笼罩世人，当代贤良雄豪之士都钦佩拜服他。吴宽，王鏊、谢迁等人，尚未得志时都与杨周有贤贞不渝的友谊。杨周的兄长杨伊去世，家中富有财产，但儿子还不能自立于世上，所以临终时将家产全部托付给杨周。杨周认真抚育侄子，管理兄长的家产，使其家业日益发展，客人来则周到招待。当时宗族有人想侵吞杨伊遗留下来的家产，打算诬告杨周违法。杨周以恩相待，使这人内心惭愧而停止了其邪恶的行为。

杨周只是一介平民，但乡村中人们都敬服他，他的每一句话都会引起人们的重视。鸡尚未啼叫，拿了诉状控告冤枉的人就已来到道路上，郡县的长吏认为杨周有才能，碰到村里难以解决的疑难诉讼案子，就叫杨周分析判断。有一位叫周甲的被本族人侵害，杨周奉命劝告其族人归还所侵夺的田地，周甲于深夜拿了五百金拜于杨周门庭下，杨周呵斥道:“你不惜重金馈赠于我，不如将田地给予族人吧!”有一位侠义的商人拿了三千金寄存在杨周处，说:“如有紧急情况即来取用。”过了十年，那商人来到，杨周将所寄存的本金和利息全部还给商人，商人坚决不受利息，杨周不得已，将利息散发给贫民。他为人治疗疾病，救济饥民，得以存活的有成千上万。都城下有一位鸿胪(官名，掌接待宾客)住址与杨周相近，因贫穷而不能归葬，杨周倾囊相济，使其归葬。金山杨总戎去世于官任上，部下有人受冤敌攻击，他大力营救，还捐资帮助安葬杨总戎。途经吴门(苏州)，看到一位少妇讨饭，他派人查访，获知她丈夫被诬害侵吞国家税粮六百石，将在市朝上处以极刑。杨周即倾己囊箧，将六百石税粮如数输送给官府，立即解脱了这位少妇的厄运，他自己即刻启航离开。

追踪他的行为事迹，几乎就是鲁人朱家(朱家，秦末汉初鲁人。好结交豪士，藏匿亡命，以任侠闻名。项羽败死，汉高祖追捕项羽部将季布时，朱家用计解季布之厄。后季布尊贵，朱家终身不与相见。后来以朱家为侠士的通称)之流的人物。

他的女儿没有出嫁，入赘包志为婿。生下两个儿子，分别名节、孝，都姓了杨氏(实际并不然，仍姓包氏)，是郡中的名臣。

钱师周

钱师周，字君辅，华亭人。年少时富有才气。擅长举子业（科举应试的学业），陆树声是他的高足。

嘉靖十年（公元1531年）乡试中举。选任南乐县令。升为廷评（即廷平，又称廷尉平或廷尉评，掌平决诏狱事），不久升迁为思恩太守。他不乐于荣华的仕途，曾赋诗说："岐路莫教行处错，急须三径拂茅堂。"于是辞官回乡。

他择居横云山脚，足不入市，每天驾着一叶扁舟，逍遥于峰泖之间。将衣服都典卖尽，也不为之忧愁。到晚年，家更贫。无米下锅，他仍陶然终日。有人劝告他营办后事，他笑着说："将要看到水漂太守了。"享年八十九岁。

书法学习钟繇。著作多散佚不传。

包　节

包节，包鼎（字汝调，与弟鼐并举进士）孙，字元达。嘉靖十一年（公元1532年）进士。由东昌府推官升为御史，任职于北台（官署名，这里指御史，即宪台。这里的"北"指北京，下面的"南"指南京），弟弟包孝为南御史。母亲杨氏，当时已老。包节巡按广闽回来，将上疏乞求回家侍养母亲，而弟弟包孝也要请假回来。母亲生气地说："我教育儿子，难道只为自己谋利而不为国家效力吗？"包节不得已而入朝。因弹劾兵部尚书张瓒贪秽，出按云南，又巡按湖广。上任前，他先迅速发檄文到自己管辖的各部门，见识高超，裁断严明，地方豪强，敛手屏息。

当时守护陵园的大太监廖斌恃宠骄横，包节巡视部属之日，喊冤叫屈者上千人，包节于是上疏直言弹劾。廖斌拦住了这疏章，反而诬奏包节震惊了皇家陵园，于是将他逮捕关入诏狱，随后免于死刑而谪戍庄浪卫九年。每得家里报信，他只问母亲安否，随即烧毁，说："只要老母亲无病就可，不要用其他事来乱我心意。"后来听说母亲去世，他日夜哭泣，执礼如同守三年之丧。既而又听说弟弟去世，他抚住自己的胸口说："谁代我按时祭祀先人啊！"哭得更加悲伤。结果竟一病不起，遗命使自己遗体穿斩衰绖（最重的丧服，用极粗生麻布制成，不缝边，以示无饰）入棺。

包节平生忠孝大节凛然，经常以诗歌抒发自己悲愤激烈的情感。著有《苑诗类选》、《湟中稿》等。

包节的第二个儿子包梓，号继泉，品行淳厚古朴，精于医术。父亲去世于卫戍之所，他与长兄包杞沿着崎岖的道路将灵柩运回家乡，所过哭泣，路无干土。人们都称道两兄弟至孝。

包　孝

包孝，字元爱，与兄包节齐名。嘉靖十四年(公元1535年)中进士。授中书(官名，掌撰拟、记载、翻译、缮写)，选任南御史，掌管下关的税赋。断案如神，豪强巨猾不敢要弄花招。曾上疏世宗皇帝，揭发当时礼部尚书温仁和任嘉靖二十年(公元1541年)会试主考官时的舞弊行为，然而世宗皇帝未追究其事。

不久巡视下江。铲除秽行，剔弃奸邪，人称包公重生。时年大饥荒，他请求当政者勤修德行以弭息上天变异，减免租税以复苏陷入窘境的百姓。皇帝采纳了他的意见。

他又上疏直言分宜不法事，险遭不测之祸，幸亏正逢世宗皇帝默祷求寿，而箕仙(我国古代在江浙一带有请箕仙示吉凶的活动，十分神秘，实为迷信)有“爱惜人才为保养寿命之源”的告示，于是世宗皇帝批示道：“包孝是人才，免于追究。”包孝随即请求辞官还乡。

包孝还乡时年方四十。他听说兄长包节远戍边卫，则向北哭泣说：“我兄以身许国，是因为弟弟包孝我在母亲身边的缘故啊！”他侍奉母亲更加谨慎，母亲有病用药，他必跪着先尝，不论寒暑，无有间断。母亲去世，他哀毁骨立，未满两周年，他也去世。

松江周鼒曾记述：包节、包孝两人未中进士时，一天有客来访，兄弟在客厅中与客谈话。母亲问外边二郎在跟谁说话，家人回答与某甲，母亲问谈什么事，答说某处有一女子，劝少爷买来作妾。母亲听了勃然大怒，训斥包节、包孝不亲近贤人君子而亲近小人，不讨论文史道德而讨论买姬妾。包孝每天早晚两次跪在母亲床边认错，保证不与某甲往来，事情才算过去。

包孝得子迟，以从子包林为嗣子，包林由太学生身份授河南布政司经历的官职。后来包孝有了儿子，但把家产都让给包林，人们都称赞他有节义。

康学诗

康学诗，字伯玉(一作伯正)，华亭人。嘉靖十六年(公元1537年)乡试中举，授饶州司理(推官)。该郡豪民吴阳与弋阳的一豪民相互仇恨斗殴，死者各数千人，此案十二年未能了结，长吏命康学诗去追究。康学诗很快解决这桩大案，没有人喊冤屈。

调往重庆，查问逆虏吴思义党徒。通过明察暗访，捕获其魁首，置之以法。当时西寇散毛侵犯大明土司(土司,元明清时,中央分封境内各少数民族首领的世袭官职),地方长吏商议发兵相助土司。有人说这是蛮夷内部自相攻击,不必相助。康学诗说:“土司固然是蛮夷,但一经封授,即是我们的藩邦首领,现在弃而不顾,使其被贼寇灭亡,那我们今后怎能再封土司?”他上报朝廷几条便宜处置的办法,朝廷都同意。

不久被罢官回乡。他好读书,工诗,能署书。七十四岁去世。

他的儿子康时万,字元修,号了子。放弃举子业,探究道家学说,与王司寇兄弟、太史王肯堂相善。晚年更精于禅理,诗文书函有晋人风度。

曹嗣荣

曹嗣荣,字绳子,华亭人。善于写古文诗歌,曾作《宜晚堂赋》,向曹时中祝寿。又作《钤阁春深赋》,顾清、陆深、孙承恩都对之赞不绝口。

嘉靖十四年(公元1535年)中进士。他奉命南行,看见一个役夫哭泣着陈述自己的不幸。经询问,才知道他是真州官吏的儿子,小时候外出,迷失了归路,被人拐做苦役,不得回去见父母。曹嗣荣替他找到父母,将他送回家中。

后来授南工部主事,任芦州提督(提督,地方武官名)。正逢献皇后灵柩袝葬(即合葬)显陵,经过白下(今南京),船舵忽然折断,大司空十分惊慌。曹嗣荣先有准备,用新舵更换,解决了这突发事件。中贵人(受宠的太监),仗势欺人,但对曹嗣荣不能侵凌。

又监视铸钱,掌管显陵搬运砖瓦之役。分发散工(零工、短工)钱,亲自包折,记上姓名,喊名字分发,出纳周详,账册清楚,尽洗以往弊端。

改任武选郎中。有位武士的女儿许嫁都人士(指居于京师有士行的人),这未婚女婿长久外出不回。父亲去世,女儿守活寡,孤苦无依,想要改嫁。曹嗣荣认为不可,且经常供她衣食。不久,未婚女婿回来,得以完婚。

后来被权势中伤,贬调温州同知。随即辞官回来。著有《燕京稿》、《留都稿》、《萃玉稿》四十卷,《舆地一览》十五卷。间或作竹石戏墨(随意戏作的诗文书画),清新飘逸,耐人寻味,为时所重。

何良俊(1506—1573)

何良俊,字元朗,号柘湖,华亭人。明史称其“少笃学,二十年不下楼”。与弟何良傅并有才名,时人以“二陆”比之。但其一生科场蹭蹬,七上公车,皆铩羽而归,最终仅以岁贡生身份被特授南京翰林院孔目。致仕后,寓居南京、苏州近十年,隆庆三年(公元1569年)终归故里。

《何氏语林》是何良俊最早成集的著作,完成于嘉靖二十九年(公元1550年),刊刻于嘉靖三十年(公元1551年)。文徵明为《何氏语林》作序时,从文学的角度赞其“特为隽永,精深奇逸,莫或继之”,“单词只句,往往令人意消,思致渊永,足深唱叹,诚亦至理,攸寓文学行义之渊也”。然嘉靖三十五年(公元1556年),王世贞提出了相反的看法,批评《何氏语林》“其事词错不雅驯,要以影响而已。至于《世说》之所长,或造微于单辞,或征巧于只行,或因美以见风,或因刺以通赞,往往使人短咏而跃然,长思而未罄。何氏盖未之知也”,并取《世说新语》与《何氏语林》各一部分成《世说新语补》。再后,陆师道《何氏语林序》从史学和文学两个方面又给予《何氏语林》极高的赞誉。值得一提的是,一向苛刻的《四库全书》馆臣从考据学的角度对《何氏语林》作出了很高的评价:“其简汰颇为精审,其采掇旧闻,翦裁镕铸具有简澹隽雅之致”、“虽未能抗驾临川,并驱千古,要其语有根柢,终非明人小说所可比也。”

何良俊自称与庄子、王维、白居易为友,题书房名为“四友斋”。晚年有《四友斋丛说》一书。该书初刻于隆庆三年(公元1569年),仅三十卷,后又续撰八卷,合并为三十八卷,于万历七年(公元1579年)重刻。该书内容丰富,史料价值极高。在自序中,何良俊自云:“藏书四万卷,涉猎殆遍。”在明代学者中,其博学多闻,仅次于杨慎、胡应麟、王世贞诸人。朱大韶在《四友斋丛说序》中评论其“凡经术、文艺、人才、治纪、边防、兵食、民风、士论,先正之风猷,一时之谈谑,旁及字画歌曲之伎,竺乾之书,远弋博采,率当晰情实,持论超越,不随俗同声,信可称大雅一家之言,非琐录稗说者类也”。1959年中华书局出版三十八卷足本《四友斋丛说》,并在序中从史料学的角度对其进行了肯定:“此书搜采既广,间有传闻失实之处,且沾染明季文士习气,掺杂了一些闲适无聊之语。惟包含着很多明代史料、苏松等处地方掌故,以及各类专门性的考证和批评,对于研究史学及文艺的读者均有裨益,是明代综合性笔记中较有意义的。”

何良俊偏爱六朝诗的婉丽雅淡,加之本身又有很深的书画鉴赏能力,其诗歌创作犹如一幅幅美妙的图画,宛在眼前。尤其是一些状物诗,更是以画家之笔,状物写神。如描画牡丹:“许询宅里看名花,浅白殷红映晚霞。羞脸似嫌华烛照,娇姿全赖曲栏遮。太真丰艳差能比,飞燕轻盈未许夸。寿酒惯教尤物劝,一年一度乐无涯。”(《许石城宅赏牡丹》)

何良俊赋诗不仅喜用画笔，更爱用一些清丽雅淡的词藻。如《中秋无月代少妇一首》："少妇深闺坐，叹息此芳时。宝镜沉菱彩，虚轮掩桂枝。无复金波驶，那堪玉漏迟。唯应煎泪烛，托以照相思。"

何良俊好饮酒，其自称："余小时好饮，然力不胜酒，饮辄醉，辄复有酒失"，虽自号"酒隐"、"酒民"，但苦无酒量，"存斋先生常言，元朗酒兴甚高，苦无量也。"于明清时期，"妓鞋行酒"这种游戏开始流行。作为消遣的方式，何良俊《四友斋丛说》卷二十六《诗三》中有云："余尝至阊门，遇王凤洲（王世贞）在河下。是日携盘榼至友人家夜集，强余入坐。余袖中适带王赛玉鞋一只，醉中出以行酒。盖王脚甚小，礼部诸公亦常以金莲为戏谈。凤洲乐甚，次日即以扇书长歌来惠，中二句云：'手持此物行客酒，欲客齿颊生莲花。'盖不但二句之妙，而凤洲之才情，亦可谓冠绝一时矣。"由于何良俊与王世贞俱为当时名士，故此事影响颇大，以致其后不断有人提及。如沈德符在《万历野获编》中提到："隆庆中，云间何元朗觅得南院王赛玉红鞋，每出以觞客，坐中多因之酩酊，王弇州至作长歌以纪之。"晚明文人徐纨也在其《本事诗》中说："何孔目元朗至阊门携榼夜集，元朗袖中带南院王赛玉鞋一只，醉中出以行酒。盖王足甚小，礼部诸公亦尝以金莲为戏。王凤洲乐甚，次日即以扇书长歌云：'手持此物行客酒，欲客齿颊生莲花。'元朗击节叹赏，一时传为佳话。"

何良俊善山水，行笔清逸，而又工于赏鉴。

有《何氏语林》三十卷、《四友斋丛说》三十八卷、《何翰林集》十八卷、《书画铭心录》一卷传世。

附崇祯《松江府志》中何良俊传（译文）：

何良俊，字元郎，华亭人。年少时与弟弟何良傅都有卓越的才智，当时人们把他俩比照云间二陆（陆机、陆云）。何良俊由贡生等待吏部选任，当政者因为看到他的名声，授予他南京翰林院孔目（孔目，官名，掌管文书档案，收贮图书）的职务。何良俊本来具有游览胜景的情怀，喜欢南京山水奇丽，每日与名士韵客（指喜欢琴韵诗文之人）相追随，品赏题咏，几乎遍及南京所有胜景。适逢赵贞吉来视察翰林院，两人一见相合，语言投机，定为文字知交。后来王维桢来到，待何良俊尤其礼仪倍加。每次出游必与他一起，交相唱和，吟诗填词。

赵、王两公罢官后不久，他也辞官归来。更加厌弃世俗，傲然不屑庸碌之辈。对于学问，无所不晓，写作千言立就。对于今古金石、法书名画、诗词曲赋，皆精于赏鉴。

向他乞言问字之客充满门庭殆无虚日。

何良俊常头戴竹笠，脚穿芒鞋，放情峰泖之间。所居之处有傲园、香严精舍、四友斋。著有《何翰林集》十八卷、《何氏语林》三十卷、《四友斋丛说》三十卷、《书画铭心录》一卷。四友者，庄叟、摩诘、乐天、良俊也。

何良傅

何良傅，字叔皮，何良俊之弟。十岁通经史，十二岁所作文章超越同辈。十四岁补为诸生，选拔贡生，于嘉靖十九年(公元1540年)乡试中举，嘉靖二十年(公元1541年)中进士，授行人(官名，明代掌传旨、册封等事)，三年后升迁为刑部主事，又极力请求改为南京，得礼部仪制司，晋升为主客郎中。

南京佛寺道观多有赐田，久为权势之家侵夺占有。齐庶人长期放纵恣肆，正逢废弃的佛寺道观材料可值数千金，他要压低价钱仗势买进，又有各官吏滥用教坊工役。何良傅要依法治理，但不能成功，于是不乐意为官，乞求辞职，两次上书，得以批准而辞官回乡。

何良傅与金陵顾璘、关中马文祥及奉化县令徐献忠、宪幕张之象以文艺欣赏结为诗社，各抒己见，成一家之言，著有《叔皮集》。

何良傅平生重视友谊，杨允绳下狱，他写信给郑大司寇以减轻杨允绳的罪责。唐左溪去世，他帮助料理家庭，将自己的女儿嫁给唐左溪的儿子。他高尚的德行尤其为人所称道。

莫如忠(1508—1588)

莫如忠，字子良，号中江，华亭人。孝廉莫愚之子，莫是龙之父。拔贡(即选贡，明代取士之法，用以补岁贡之不足)，试于朝廷，晋江王慎中、毗陵唐顺之批阅他的文章，置于第一名。嘉靖十三年(公元1534年)顺天府乡试中举，嘉靖十七年(公元1538年)考取进士。授南虞衡(官名，掌山泽之官，主山泽之民，属工部)主事，改为仪制(典章制度，这里指掌典章制度的官，属礼部)，正逢商议孝烈皇后祔祭(祔，祭名，新死者与祖先合享之祭)于仁宗庙祧(祭祀远祖、始祖之庙。因为孝宗与仁宗相隔已远，故称祀仁宗之庙为祧庙)，莫如忠力持异议，被罚扣薪俸。历礼部员外郎、郎中。

故相杨一清的谥号尚未确定，他上疏请谥“文襄”，官员们都认为恰当。选为贵州提学佥事(副使)，他觉得离家太远，不能照顾母亲，上疏乞求归来。

辞官家居十五年。到母亲去世，三年服丧期满，补湖广副使，升河南参政，掌管朝廷征收粮饷事宜。都城官署弊端百出，他将其洗刷一清。进任陕西按察使。以明达事情、宽恕待人率领部属。依法办事，周详谨慎。升任浙江布政使，乞求辞官退休。

归乡家居，与志同道合之人结真率会。他禀性孝友敦厚，爱好道义，能急人患难。当初夏言中谗言而死，他的门徒故友，纷纷躲避，唯恐牵连。而莫如忠慷慨无畏，经办他的丧事。包节被关于诏狱，濒临死亡，他送药送衣食，精心照顾他。

他擅长古文辞和各种诗体，有建安风骨(汉魏之际曹氏父子、建安七子等人诗文的骏爽刚健风格)。清陈田《明诗纪事》收其诗二首(《即事吊古》、《游北禅寺》)。书法仿效二王(指晋朝王羲之、王献之父子)，尤工草圣(张旭)，势若龙蟠虎卧。行书风骨朗朗，亦善署书。董其昌云："吾乡莫中江方伯，书学右军(王羲之)，自谓得之《圣教序》(唐碑名，全称《大唐三藏圣教序》。康有为《广艺舟双楫·余论》："《圣教序》，唐僧怀仁所集右军书，位置天然，章法秩理，可谓异才。")，然与《圣教序》体小异。其沉着逼古处，当代名公未能或之先也。予每询其所由，公谦逊不肯应。及见王右军官奴帖真迹，俨然莫公书，始知公深于二王。"

有《崇兰馆集》二十卷。他的诗文和书法作品，远近争购。

吴　梁

吴梁，字伯材，号贞石，华亭张堰人。少授徒普照寺中。嘉靖十六年(公元1537年)顺天府乡试中举。选为邵武府司理。正值倭寇逼近建阳、光泽溪谷间。吴梁受命带兵跋涉丛莽竹林，扼其要冲，击退了倭寇。论功勋，赐予金银绮罗。

延平府李元春乘倭寇骚乱之机，依靠土豪郑球八的声援，剽掠横行。吴梁设计擒获其首，余党溃散。

提升为刑部郎。有巨猾(大恶人)擅自扩建寺院僧舍，事情牵连到禁卫军，长吏命吴梁捕捉法办。禁卫军挟持得宠太监居间请托，吴梁不听，他们便乘吴梁入朝之际聚集群徒辱骂。吴梁当即抓住两名参与闹事的太监，上奏皇帝。满朝臣子都佩服他的刚强不屈。

朝廷命他任广西太平守令。他中途上疏，乞求退休。铨部(旧以吏部专司选任官员，故称铨部。铨，即选任官职)截下他的奏章，不予上报。说他敢于冲撞得宠的太监，是坚强不屈之人，可去上任守令。但吴梁不愿再做官，隐退而去。

吴梁生平重然诺,守信用,崇尚侠义,热心救危扶困。八十七岁去世。李攀龙作《贞石篇》赞其气节。

董子仪

董子仪,字羽吉。嘉靖十七年(公元1538年)进士。授刑部主事,改授礼部仪制司,选入内阁,参与史馆的校对和记录。凡是进献皇上的祈报章词(祈报,祭名。春祈丰年,秋报神功。又遇水旱则祈,已如愿而报),由他执笔才符合圣旨。

董子仪言语直爽,常有高见,其他内阁官员多插不上嘴,心生嫉妒,于是将他排挤出去。

他出任河东盐运司判官。更加砥砺名节,一洗侵吞公私财物的弊端。

不久,去世于任上。囊中一无他物,只有几卷图书而已。

王　铸

王铸,字宗颜,号崧斋,华亭人。嘉靖七年(公元1528年)乡试中举,选为龙溪县令。龙溪素号难治,学校废弛,五科不举,王铸辟地建坊,连举数人,政绩有声誉。任期满当提升,荐举为考功郎,有人嫌王铸考语过美,阻碍他升迁,于是他拂袖而归,杜门教子。

所著有《纲目易览》、《纲目节评》、《考见录》、《咏史诗》、《荆楚稿》。去世后,吴稷志其墓。

陆树声(1509—1605)·陆彦章

陆树声,字与吉,华亭人。家庭世代务农。弱冠之年才随从乡里教师学习。嘉靖十九年(公元1540年)乡试中举。嘉靖二十年(公元1541年)会试第一名。选为庶吉士,授予编修之职。嘉靖二十九年(公元1550年)廷试,严嵩谋划将他的一位亲友定为上等名次。陆树声掌控各考生的试卷,他故意搞混,严嵩面对这突如其来的变化,无法操弄,十分恼怒,对陆树声大发脾气,但陆树声不为所动。廷试之事完毕,他请假回乡。

父亲去世,他三年服丧早已期满,但仍不愿出来。朝廷派人到他家里拜他为南京国子监司业(学官名,掌儒学训导之政)。不久,他又请假归来。

嘉靖四十年(公元1561年),起用他任谕德(官名。唐代于东宫官属中设左、右谕德各一员，主管对太子的讽谏规劝。取《礼记·文王世子》“师也者，教之以事而喻诸德者也”为名，历代因袭，至清康熙年间裁省），掌管南京翰林院。嘉靖四十四年（公元1565年），进用为太常卿，掌管南京国子监祭酒。著《汲古丛语》及训条十二篇以规范士人的言行。

进用为吏部右侍郎，称病不去就职。两次上疏辞官，终于不出来为官。不久又起任原官，兼学士，为教习庶吉士（官名，掌课试之事。明宣德年间设学士训课庶吉士，称教习。万历后，专以礼、吏二部侍郎掌教习）。到达淮水，又请假回来。

隆庆六年（公元1572年），廷推（明代任用高级官员，除特旨任命外，有廷推、部推、会选等法。凡由大臣推荐，经皇帝批准任用的，叫廷推）他进入内阁。朝廷派遣使者到他家拜授礼部尚书。他上疏拒绝，但不获允许，才勉强赴任。到了朝廷觐见皇帝后，首辅张居正拜访陆树声，陆树声接见礼节简单，张居正失意而离去。一次因公事去见张居正，见座位稍偏，他看了一会儿不去就位。张居正则连忙将座位摆正。当时陆树声已有辞官回家的志向。

他上疏要求辞官，张居正以朝廷将请陆树声为相的话以亲近他，他笑道：“一位史官（指陆树声自己，因为他是翰林学士，元明以后，翰林学士兼任史职）居家二十年才出来做官，难道是为了培植门徒而希望能做首辅吗？”他的胞弟陆树德说：“兄长即使厌倦于做官，也应当为你儿子留些恩泽啊。”陆树声说：“我能回到家乡，有儿子唱着歌上山砍柴负薪，我也有所依靠了。”一共五次上疏乞求辞官回乡，终于得到允许，由驿站车马将他送归。临走他又上疏陈述十件事情，更加触犯当时执政者的忌讳。张居正前来告别，他踞坐（坐时两脚底和臀部着地，两膝上耸）于床（古代坐具）上接见，举手表示歉意说：“我病得不轻，无奈辜负了你的一片好意。”

张居正败落，御史台连年举荐他，他高卧不出，过隐居生活的意志更加坚定。万历十六年（公元1588年），他已八十岁，明神宗诏命有司存问（问候，探望）。他九十岁时，明神宗派遣中书舍人存问。万历三十年（公元1602年）皇太子立，派遣仪部郎，作第三次存问。他九十五岁那年，派遣孙子陆景元上朝表示感谢，朝廷特恩赐陆景元入国子监读书。万历三十三年（公元1605年），陆树声享年九十七岁，无疾而终。数十年间，海内清望，陆树声为第一。两台（御史台，尚书台）向朝廷发讣告，皇帝下诏予以治理丧葬，赐设三坛祭祀，追赠太子太保官衔，谥号文定。有司建坊名为“百岁名臣”。于龙潭寺的左边特设祠堂。

陆树声生平无论为官或居家时，始终以敦厚礼义、推重清廉、坚持晚节为第一要义。他长得下巴丰满，肩背高厚。身长七尺，目长神静，含光内敛，对日不眩。每次进入朝廷,他昂立班中,仪表非凡。明穆宗即位,多次催促他上任,他不去就职。赵贞吉传信给他说:“我辈岂敢以机务之事烦劳您,只要让皇上得见您的丰采,知道先朝竟培养出如此出众的伟大人才就可以了。”他晚年家居,只恳切地希望整肃吏治,提振士风,教化民风,清除吏弊,而毫不提及一己私利。遇到水涝旱灾,必发出文书,商议捐献赈济,百姓得以休养恢复。

陆树声的文章以理学为根据,尤其精通《周易》,评说古代成败得失及本朝掌故,都毫无差错。所著诗文有二十六卷,藏于家中。父兄子弟都以远离声色名利、乐于恬静谦退为处世之法。

佘山慧日院佛像落成,陆树声(时已八十九岁)以衲衣一袭付慧日院,并手书偈于衣之表,云:“解组归来万虑捐,尽将身世付安禅。披来戒衲浑无事,不向歌姬为乞缘。”陈田《明诗纪事》收其诗三首(《顾京兆园居和莫方伯韵二首》、《北禅双树》)。《北禅双树》:“岁远香台半劫灰,断碑遗迹掩蒿莱。回看双树闻僧语,此日清阴是再来。”

他的儿子陆彦章,字伯达,万历十七年(公元1589年)进士,陆树声遗书诫之曰:“于家则疑盈满,于国则妨俊英,毋趋捷径,毋暱权门,乃吾子也。”陆彦章官拜行人,仅两年,乞求辞官回家奉养双亲,朝廷特给予他一半薪俸。父亲去世后,他作文发誓守候坟墓,不愿出来做官。经屡次引荐,起用为光禄寺丞,迁本寺少卿,改太仆少卿,引疾归。又起光禄寺卿,不赴,再起南京刑部侍郎,未上任故世。卒年六十五岁。他坚贞不屈的气节,为当时人们所推重。陆树声去世时,陆彦章居庐守丧,告墓曰:“生为祝圣之民,死作依亲之鬼,山川草木,实闻此言。”

孟　洋

孟洋,字望之,他的祖先是金山人,迁徙到信阳县居住。二十三岁中进士。任行人(官名,明代行人掌传旨、册封等事)。当时孟洋与何景明、李梦阳、王子衡、崔子钟、田勤甫等人每日研讨撰写文章,吟诵诗词以相取乐,人称十才子。

不久,孟洋选拔为御史,他即上疏评论执政大臣张璁、桂萼,为此朝廷下诏对他问罪。谪贬为桂林教授,不久改任汶上知县、嘉兴同知,提拔为湖广佥事。他执法坚决,以恭维长吏为耻。与当政者稍有不合,即驾舟而归,托病辞职。

嘉靖(公元1522年—1566年)年间,起用他任山东佥事,升任陕西参政,拜授都察院右佥都御史,巡抚宁夏,不久改为督储。

听说母亲病重,连忙辞官回家。有人以官员的职守责难他,他说:“我怎能顾及这些啊！”当时正逢孟洋改任总理河道，又正是皇帝郊祭后恩封官员亲属的时候，于是孟洋亲自捧了皇帝封赠给他母亲的冠帔回到家。过了四十天，母亲才去世，当时人们说这是孟洋的孝心感应所致。为母亲服丧期满，拜为南京大理卿。刚任职五十天，因病去世。他有《有涯集》流行于世。

范惟一

范惟一，字於中，范仲淹第十六世孙。世代居于苏州阊门，从父亲范北溪开始才将家迁至松江的泗泾。衣食贫困，靠传授经书糊口。太史朱大韶（字象玄，华亭人，嘉靖进士，官南雍司业，解任归乡后，筑精舍藏书）出其门下。

嘉靖二十年（公元1541年）进士。任钧州知府，选为济南丞，转任虞部，补湖广佥事，分管荆西，捕捉土豪劣绅，一方得以安宁。潜、沔两水溃堤泛滥，漂没庐舍，沉溺人畜。他下令免征赋税，开仓救济饥民。

又选为山东参议，既而掌管两浙（唐肃宗时，把江南东道分置浙江东西二路，钱塘江以南叫浙东，以北叫浙西。宋置两浙路，有今江苏长江以南及浙江全境）。不久升任按察使，晋升为江西布政使，改为南太仆。乞求辞官回乡。

范惟一善诗。陈田《明诗纪事》收其《挟瑟上高堂》诗："赵女倚新妆，含颦缓上堂。徘徊犹按瑟，顾盼转生光。初调凌宫徵，流徽引凤凰。停弦且莫竟，只恐断人肠。"平时著述不辍。有《太仆集》。

他的小儿子范允观，当唐文献困窘于生计时，他慷慨解囊，资助他进入太学深造，随即成为万历十四年（公元1586年）状元，人们赞叹范允观德行高尚。

他的孙子范必试，于万历四十六年（公元1618年）中举。

他的胞弟范惟丕，嘉靖三十八年（公元1559年）进士。官至光禄少卿。

范惟丕的长子范允谦，隆庆四年（公元1570年）中举。次子范允临，万历二十三年（公元1595年）进士，任云南学宪（学政）。

唐志大

唐志大，字子迪，华亭人。嘉靖二十年（公元1541年）进士。将要选任官员，他念母亲年老，又是独子，乞求任职南曹（南京官府）以便奉养母亲。授南行人司副，不久乞求终养母亲。正逢倭寇骚扰，听说吴兴地段冷僻，就侍奉母亲居于该地。母亲去世，他卫护灵柩冒着战火归葬乡里。又赶回吴兴，于是一病不起。他去世后，竟无钱殓葬；家人挨饿，想回归郡城，竟无钱安家。闻者都不禁为之悲叹。

他所著有《侨居赋》及《高庙圣政记》。

张鹗翼

张鹗翼，字习之。嘉靖七年（公元1528年）中举，嘉靖二十年（公元1541年）登进士第。授兵部职方司主事，守卫山海关。嘉靖二十五年（公元1546年），改为吏部稽勋司主事。对官员的挑选、甄别、进用、废退，他都依公议办理。历任验封、考功，然后为文选郎中。这年年底，任太常少卿，掌管四夷馆。当时宰辅执政已久，各趋奉者都企图得到机要官职。张鹗翼力请南行，得通政司右通政之职。

贼寇尚诏起于淮、蔡之地，留都（南京）戒严。张鹗翼分守通济门。城外多竹木，有人提议先将其迁徙或烧毁。张鹗翼说："留都是根本重地，不能因小寇骚乱而先自扰乱，示之以弱，且贼寇不久将被征平。"后来果如他所言，寇盗很快就溃灭了。

不久，他升任为都察院右佥都御史，巡抚贵州。他取道海上，当时倭寇已迫近城下，所以他当即进城留下以收聚人心，日夜考虑抗倭之计。倭寇筑长堤数重，乘城墙毁坏之处，险些侵入。他将民房的门板做成栅栏，一边作战一边修筑，又拿自己的粮食送给守城的将士。经过一个多月，寇盗退去。他才去上任。

嘉靖三十五年（公元1556年），他因星变（彗星出现于井宿）免职归乡。他修葺原来的草庐，每天邀请故友亲朋饮酒吟诗。曾哀伤民众苦于兵燹，赋《枯鱼》叹黄丞行，以讽谏当道权臣。病重之际，还口授子弟，回答郡守论民瘼（民间疾苦）的书信。以自己病苦为喻，说明忧虑时局之心，至老不变。所著有《须野集》、《易说辩讹》。

他的孙子张泰阶，中万历四十七年（公元1619年）进士，历官至温处道。

蔡懋昭

蔡懋昭，字允德，上海人。嘉靖十九年（公元1540年）乡试中举，任教于嘉善。前任县令因贪污而败政，克扣军饷，导致士卒哗变而去任。于是将罪责推卸给县学教官。蔡懋昭立即为李自华、袁黄等昭雪辩白。

提升为新河县令。当地流寇盗贼出没无常，蔡懋昭从容不迫，设计进剿，贼徒解散而去。他升守赵州。赵州桥税收每年有千金，按惯例充作州署公用。蔡懋昭申请抚院分担偿还积累的欠税，并记入会计册。冢宰（首辅）胡松称赞他贤能，已打算召他为朝廷官员。然而太守陈烨毁伤他，他最终隐退而归。当时西粤御史颜思贤正好经过赵州，父老攀住颜御史的车子哭诉蔡懋昭的政绩，以及离职的缘故，颜御史直言上疏推荐蔡懋昭。主爵杨博即起用他为桂阳太守，不久任怀庆同知。他平均徭役与田赋，提振清廉之风，整肃旧弊陋习。

逢父亲去世，蔡懋昭服丧期满，补授肇庆府守。海酋何平余党许恩，筑城于阳江沙岛，东连惠州，与林道乾遥相呼应。蔡懋昭运用反间计，使许恩自己剪除党羽，再示以恩信，许恩投降。一天，忽命杨参戎统率军队奔驰前往，布列军阵于许恩的军营外，许连忙出来迎接。入坐于许恩的帷幄之中，杨参戎两腿发抖，口不能言。蔡懋昭好言相劝，命许恩解散党羽共六千余人。于是命将校带领许恩拜见总督，婉言请命，许恩得以赦免不诛，将他的人员重新编排，各有名色（称谓、名号），安置于阳江内地。许恩降服，林道乾失去支援，见大势已去，也主动投降。

沈思孝因忠谏而得罪张居正，谪守神电卫。蔡懋昭迎至阳江，派车接送，设宴款待，绝不以得罪张居正介怀。

拜授思州知府。建议扩建城郡，但苦于没有井水供洗渫饮用，百姓往往从二三十里外取水。一天，他整肃衣冠，于城四门向天祷告，命人各掘一井，水流奔涌，民众称之为蔡公井。

邹思孝元标当时也因得罪权臣，谪戍都匀。蔡懋昭派遣使者慰问，如同对待沈思孝那样。

万历十四年（公元1586年）蔡懋昭辞官退休还乡。思州百姓画了他的肖像祭祀他。人们生了病，对着画像祈祷即愈。他任官共三十年，仍家徒四壁，晚年穿粗衣，吃粗粮，有时甚至无米下锅。年届九十而去世。

他有两个儿子。长子蔡逢辰，中举而任州府别驾，清廉正直，不愧家庭声誉。

吴家宾

吴家宾，字光国，上海人。六七岁时，有客人考验他对偶，他当即应声而对。同乡山柳溪将自己的女儿许配给他。攻读《春秋》，嘉靖二十二年（公元1543年）乡试中举，选任为茶陵州知州。他耿直廉洁，常俸之外，不苟取一针一线。茶陵经常苦于水灾，他取出赎金二千余两全部用于招募民工、修筑石堤阻挡洪水，并亲自筹划指挥。工程完成，茶陵百姓在堤上为他建立祠堂，取名“吴堤”。

吴家宾不肯奉承上级官员，贬为营府长史。他辞去官职，回家居住。萧条如寒士，足迹不入市集城区，有司赞赏他有高尚的风度节操。他所居屋舍仅能遮蔽风雨，每年收入不足支出，曾抵当衣带，或靠借贷维持生活。去世后，家境穷苦得几乎难以安葬。蔡懋昭出资帮助安葬，张所望（字叔翘，上海人，万历进士，官至广东按察使副使，有《阅耕余录》）抚恤他的遗孙。

张承宪·张思敬

张承宪，字监先，华亭人。嘉靖二十三年（公元1544年）进士，授行人之职，赐一品服，出使朝鲜。又两次出使亲王藩国，不受其赠赐。转任南京吏科给事中。当时边防官吏听任北虏用牛羊交换米豆。他上疏道："这样会使北虏更加骄横，而显示我方的怯弱。况且北虏哪会有满足的时候？现在为了缓解北虏的进犯，将民众的口粮捐献给他们。我们后退后他们再有需求，一不称心，仍如原来那样侵犯我们。"他上疏分条计议五个"不可"，朝廷下诏同意。他还上疏指出执政应当禁止苛捐杂税，杜绝贿赂托情，严肃举主（旧时对被推荐者而言，推荐者为其举主）的惩罚，重视部院的臣僚。又上疏指出，长久任职者应有所成就，抚按之臣不宜多次更换。皇帝对其意见都予以采纳。

当时倭寇侵袭东南海防，他请求朝廷发兵前往援助抗倭。应度量倭寇入侵的情况，及时设置海防参将，制定军营号令，筹计兵士伙食，作好战守之备。又请求下令两浙抚臣，招还胁从倭寇的百姓，严禁其为倭寇作向导。又请轻徭薄赋，训练乡兵，抚恤灾民。

遭父母丧事，服丧期满，改任北京官员。乞求归来，为父母迁移葬地，去世时六十七岁。所著有《端谅堂集》。

侄张思敬，号完伯，华亭人。以贡生任学博士（教官）。娶农村富家之女许氏。岳父去世，许氏分得百金，携带回来，张思敬严肃地说："这是许家的资产，怎能归于张家！"命她立即归还。长兄有急难，总是慷慨相助。母亲去世，遗留给张思敬的首饰有数十金，正逢二兄有困难，他倾囊相赠。

任给事中的叔父张承宪有门生某来南畿（南京）主持乡试，秘密封关节（指透露试题之类）一纸呈给张承宪。张承宪的儿子还年幼，只有张思敬赴试场，拟将此关节授予他。张思敬说："如果接受它，我还有什么脸面列于士大夫之间？"结果没有接受，张承宪于是秘密写信回绝了门生。

司训阳信，委署邑篆，对赎金耗羡之费一无所取，往来应酬都用自己的俸禄支付。

他衣服破旧，几乎要露出臂肘。县令朱长春器重他，制一套新衣相送，他却不穿。

改任如皋教谕，严拒学生送礼，每日以礼义勉励他们。有放荡不守规矩者，则当场告诫，甚至加以棒喝，诸生日后都为他祈祷福佑。

当时朱向春以府庠贡生身份任松阳训导，着力表彰被革职的忠臣叶希贤；汤显祖谪贬邻县。张思敬推崇他俩的节操风范，往来诗篇不绝。张思敬任青县教谕时，太史刘生中称他为当代苏湖（指北宋教育家胡瑗。他在苏州、湖州一带实行的教学方法史称“苏湖教法”）。

冯行可

冯行可，字道卿，华亭人，是御史冯恩的长子。壬辰星变（壬辰，公元1532年。星变，彗星出现于东井），父亲冯恩应诏令而上书直言阁部大臣奸虐误国，被逮捕关进诏狱（奉诏令关押犯人的监狱）。冯行可不分昼夜，扶携祖母吴太淑人、母亲金淑人赶到京师，他束发短衣，赤脚立冰雪中嚎啕大哭。遇贵人车子则攀辕上诉。正好方敬夫经过，冯行可上前牵衣泣诉。方敬夫问：“你父亲如今在什么地方？”冯行可说：“朝廷要杀一位忠诚的谏臣，而你宰相竟然不知道，国家还有正直的办事人员吗？”方敬夫黯然无言，想不出解决的办法。

冯行可于是刺臂上血书给明世宗，大概意思说：我父亲冯恩久蒙国恩，无所报答，直言上疏，不料触犯龙颜。只是我父亲年少成孤，由我祖母抚育长成。如今祖母已七十九岁。陛下今日杀我父亲，则祖母痛死在今日；明日杀我父亲，则祖母痛死在明日。我父亲、祖母同日死，我怎能独生。因此一日死去三人。乞求斩我一人，以存活我祖母及父亲之命。陛下杀我，不伤我心。我被杀，不伤陛下之法。我将伸长脖子等待雪亮的刀刃。

通政使陈经看到此血书而生同情之心，为其上奏。而刑部尚书聂贤、都御史王廷相继送上奏章，说冯恩罪在狂妄，不是死罪。子代父死，情实可怜。于是冯恩得以免死而谪戍雷州。

冯行可回乡游学成均（古之大学；后为官设大学的通称）。嘉靖十九年（公元1540年）乡试中举。到吏部等候选派，授为光禄署正。太监看到他，有所恐吓，但看他办事都很妥当，也就没有话好说了。

升迁为京兆尹，则公平市价，查核屯田，审理冤案，抑制豪强。修筑高淳县的堤堰，革除铸钱局的样钱，减低溧水漕运的羡耗（漕运中的耗损）。他所到之处，都有清廉惠民的声誉。

辞官归乡后，幅巾(古代男子用绢一幅束发，称幅巾)布袍，潇洒超逸。八十九岁去世。

他的长子冯大受，字咸甫，万历七年(公元1579年)乡试中举。官至广东阳山县令。清白孝友，有父亲遗风。能诗，诗风平和，能酌于深浅浓淡之间，高不至浮，卑不至弱。陈田《明诗纪事》收其诗一首(《送徐光禄奉使还朝》)。工书法，深为王世贞(字元美，太仓州人，嘉靖进士，历仕至刑部尚书)、莫如忠所器重。所著有《竹素园集》。

宋 贤

宋贤，字及甫。嘉靖二十三年(公元1544年)进士，任新昌县令。百姓有税额超过田亩的，或有田而没有税额的，宋贤亲临农田，手握算盘，宿弊尽除。又淘汰无谓的开支，去除冗杂的徭役，堵塞东溪以抵御水涝，疏浚西溪以防备干旱，因而连年获得丰收。士民共同在学宫建立祭祀他的祠堂。

征拜御史，按抚甘肃。前后上十七疏以兴利除弊。北虏曾伺机入侵庄浪，因不得进入而被迫离去。兼掌管学政，在诸生中发现了张问仁、胡执礼等人才。继而按抚四川。蜀藩世子前来请托，并送厚礼，宋贤拒绝不受。

父亲去世，宋贤辞官归家。哭悼过哀，双目失明。归家后，曾疏浚钱家坝(水名)，以便利百姓。买田三百亩，以赡养宗族的贫困人员。

胡执礼巡抚吴郡，首先拜访宋贤，并执弟子礼。宋贤陈述百姓的疾苦数事，毫不谈及个人私事。享年七十五岁去世。其事迹载于浙江《名宦》。

王 会

王会，字子嘉，七宝里人。嘉靖二十三年(公元1544年)中进士。授予屯田主事，掌管杭州南关税收。为官清廉，毫厘不沾。选任营缮郎，管理临清砖厂，清廉之风，与在杭州时一样。

诏入京师任虞衡郎中。当时北虏侵犯边塞，大将军仇鸾依仗得宠，故意催促限期制造铠甲、兵杖等武器，实际希望有司贿赂。王会不为所动，一切武器，都如期制成。仇鸾心中不乐，但对他无可奈何。

王会出任桂林知府。仇鸾发泄前怨，诬告王会，将他逮捕关入诏狱。朝廷议论，为他申怨，于是将他释放，任绍兴判官。当时倭寇暗中发动骚乱，于是有黄岩这场战役，在王会部署下，战役取得胜利。

升迁为建宁同知，选拔为汉阳知府，以按察副使的身份在琼州管理军队。琼州本有生熟二黎，依仗山险相互联合，又与海船客商暗中勾结，如有险情，遁入海域，难以追捕。王会下令，吏卒如有被盗窃而不知情状或知道情状而不去追捕盗贼者，抓到盗贼而不加审讯查核或加以审讯查核而不予以关押下狱的，一律与盗贼同罪（因为有上述情况之官吏显然有与盗贼勾结之嫌疑）。所抓获的车马与船只，将半数归还之。没过多久，奸盗绝迹。不久，他辞官而归。

他的弟弟王俞，号毅宇。以贡生的身份进入国子监读书。个性宽和，对人不管长幼贵贱，都以诚心相待。不停为善，唯恐做得不够。对贫困者助其资财，有借贷者自焚债券；平息怨忿，和解争斗；修缮城墙，铺设道路，引为己任，锐意劳作。晚年爱好游山玩水，常与王会张灯赋诗，兄弟各享高寿。

王会的儿子王翼恩，万历十六年（公元1588年）顺天府乡试中举。王俞的孙子王庭梅、王庭栢，先后中进士。

彭应麟

彭应麟，字泰符，华亭人。嘉靖二十三年（公元1544年）进士。任乐清县令。当时中丞（御史大夫属官，汉代御史大夫下设两丞，一叫御史丞，一叫御史中丞，中丞居殿中，故为此名。明清时用作对巡抚的称呼。宫官、内官也称中丞）传令慰劳军队。彭应麟心中考虑，双手指挥，瞬息之间，事情办妥。吏士在场者有成百上千，从早到晚，皆听从他的使唤，无一人敢喧哗。

选为南刑曹，出守邵武。对内制服山头盗贼，对外抗御海岛倭寇。法令严明，道理通达。后因疾病辞职归乡。

彭应麟尚未登第出仕时，友人的老仆人持伞盖站着，他突然从外面来到，触碰仆人，撞落了两颗牙齿。友人正惊惧时，彭应麟竟毫不介意，从容地说："这是我自己不小心所致。"赴南京赶考时，客馆有位少妇挑逗他，他于是转移馆舍以避开她。

他的儿子彭汝让，年少时就有才名，是国子监生。县令屠公推重其诗文。

袁福徵

袁福徵，字履善，号太冲，华亭人。嘉靖二十三年（公元1544年）进士。授刑部主事。当时正逢李攀龙、王世贞、宗臣都在西曹（指中书省），与袁福徵一起名驰宇内，有"小词林"之号。

晋升郎中。嘉靖二十九年(公元1550年)北虏大举入侵,明世宗立即诛杀丁大司马,怒及曹郎。袁福徵上疏为王尚絅求情,为此被贬为沔阳州知府。州中有一位里役(基层役吏)因交不出渔税,祖孙都将死于拷打之下,袁福徵捐钱将他救出。

任黄州佐官。正遇盗贼占据柴山。袁福徵带兵在夜里秘密行军进入万山中,几经转战,歼灭盗贼。开拓地界二百里,建立黄安县。

后来袁福徵出任巩昌令,改为唐府左长史。唐府世子继位,但尚年幼。袁福徵控制蛮横的将校,不让其任意妄为。又查得宦官赵忠、常福假托王疏,私相请托,继而伪造圣旨。事情真相大白,赵忠、常福被处以极刑。而袁福徵也因此得罪中贵人,被削除官职。又被罗织罪名,收捕下狱。后得昭雪,退休归乡。

袁福徵平时以诗文棋酒自娱。文法颜延之(384—456,南朝宋人,官金紫光禄大夫,文章冠绝当时),诗宗杜甫,行草仿苏轼。常穿着平民的衣服,班荆道故,从中取乐。个性耿直坦荡,疾恶如仇,出言如流。他天真烂漫,度量宽宏,为此受人敬仰推崇。为官六十年,家徒四壁,唯残书万卷而已。家藏诗文甚多,但未付刊行。

袁福徵儿子袁之熊、袁之羆,都盛负才名。孙子袁思明,万历三十五年(公元1607年)登进士第,官任南祠部郎,有清廉的节操。

王世贞赠袁福徵诗:"苍髯此日围棋叟,青鬓当年同舍郎。出仅一身何暇铺,行踰千里不赍粮。未论缁素皆亲属,才得湖山即故乡。似尔萧疏吾亦易,槛猿笼鸟更茫茫"。

杨允绳

杨允绳,字翼少,华亭人。嘉靖二十三年(公元1544年)进士。以行人的身份选拔为兵科给事中。一次他和几个官员奉命在阅武场检阅准备接受世袭职位的子弟,指挥郑玺听说有强盗来了,与其他官员争相逃跑,只有杨允绳端坐不动。他曾上疏议论阁部大臣受贿巨额,指的就是首辅严嵩。既而巡视光禄(负责皇室膳食),有位光禄寺丞胡膏是严嵩的门客,杨允绳弹劾他虚立账目,冒领财物,贪鄙不法,他反诬杨允绳捏造罪名,冤枉好人,加上严嵩暗地里中伤,明世宗大怒,将杨允绳处以廷杖(明代皇帝惩处官员的一种酷刑,杖责朝臣于殿阶之下),关入锦衣狱。根据骂父之律,拟将杨允绳处以绞刑。

杨允绳被关押五年。嘉靖三十九年(公元1560年),遇到流星雨,占卜者认为这是臣下不忠所致,请求行刑,以应天变。当年十月初一,押杨允绳到西市处死。行刑时黑雾弥漫,阴风惨惨,朝野皆以为冤。

杨允绳入狱后，他的儿子杨应祈得知父亲将被处死，入狱诀别，然后绝食而死，年仅二十七岁。杨允绳妻黄氏满腔悲愤，奉丈夫与儿子两棺而回。有人为之作诗："一时双榇返，烟雨暗江东。"杨允绳遇害后三年，严嵩被诛戮。

当初，杨允绳居住乡里，有郡府属官，肆行鞭笞。杨允绳写信给他，说要借用他的榎楚（用槚木荆条制成的刑具），用以笞打家中凶悍的奴仆以这种方法委婉地劝阻郡府属官，与百姓分担痛苦，郡邑肃然起敬。

明穆宗即位，追赠他奉政大夫、光禄寺少卿的官衔，并给以祭祀。天启（公元1621年—1627年）年间，赐谥号为忠恪。恩荫他的一位儿子。

杨应祈

杨应祈，字懋廷。是杨允绳的儿子。父亲因忠谏判处死刑时，杨应祈才二十岁，他痛心于父亲的冤屈，伏地而行，穿破衣，喝粥汤，每天到监狱探望父亲。回家后即蓬头赤脚，寝席而食，悲号呼天，愿以身代。于是刺臂血写上疏，击鼓闻奏，鸣冤喊屈。疏略云："我父亲不顾个人安危，据实弹劾胡膏虚冒物料，而胡膏无法抵赖，反以诽谤之罪弹劾我的父亲。我想诽谤之语必不入于仇人之耳且证于仇人之口。胡膏，是我父亲的仇人。假使我父亲要上疏弹劾胡膏，不会轻易在弹劾前对他诽谤。乞请圣明的皇上鉴别是非。"

奏疏写毕，他母亲黄孺人哭泣着阻止他说："杨氏从祖父四代相传，眼前仅你一脉，如果复蹈危机，徒死无益。"说罢焚烧疏文的草稿，阻止他不得上陈。

父亲杨允绳在监狱五年，杨应祈也五年不入妻室。母亲发怒，说："你不惜性命以赎父亲，但岂可从此绝了父亲的后嗣之人！"杨应祈不得已而入妻室，后来生育一个儿子。随即他穿戴奴仆衣帽，伏行长安街头，彷徨无以为计，于是终于入狱与父诀别。最终绝食而死，当时他年仅二十七岁。杨允绳也不免于死。黄孺人偕同儿媳袁氏奉父子二人灵柩而归。

这年冬天，为杨允绳所写的悼文中有"父死于忠，子死于孝"，一时以为名言。

万历十六年（公元1588年），其子杨忠裕乡试中举，上疏父母孝节之事。疏文报上，朝廷表彰其门庭。又造忠孝祠，画了杨允绳、杨应祈父子像用以祭祀。

顾定芳·顾从礼·顾从义（1523—1588）

顾定芳，字世安。顾英之孙。上海县学生员。博学多识，精于医术。正逢明世宗重视医药,被召拜为御医。明世宗询问用药之道,他答道:"用药如同用人。"又问养生之法,答以"清心寡欲"。明世宗赞美他道:"顾某不是一般的医生,而是一位儒医。"进用为修职郎(医药官名),随即辞官退隐。

父母生病,坐卧饮食,百般体贴。侍奉长嫂如同侍奉母亲。抚爱培育幼弟。宗族人员仰赖他得以衣食丧葬。置备学田,建立义塾。县令郑洛书去世,顾定芳从郑洛书的家乡莆田买地为他归葬。作家训,注重孔孟之道的教育。去世后配祀于卿贤祠。

顾从礼,字汝由。顾定芳之子,顾英曾孙。少年时跟随父亲客居南京。当时夏言出外求学,生活窘困,顾从礼慷慨地资助他三百金。后来夏言拜相,逢明世宗到南京狩猎,夏公推荐顾从礼,命他题十三庙谥号(十三位皇帝的庙号和谥号)。明穆宗即位,又题明世宗神主御容庙号。顾从礼先后受特殊赏赐,从中书兼翰林院典籍,历官光禄寺少卿,加四品服色后退休。

夏言被奸臣诬害死于西市,无人敢收殓,而顾从礼毅然为之收殓归葬。徐阶说:"不背道德,不图利益,真是一位义士啊。"顾从礼孝顺父母,友爱兄弟,兄弟六人共居同炊,丧祭之事皆按古礼。上海因倭寇侵扰,要筑城防卫。顾从礼先筑小南门作为倡导;又捐粮四千余石招募民工筑城挖濠,计功给粮。城垒六十余丈,城外都围有壕沟。又捐地建青浦县署及儒学,树碑表记袁将军墓,置办助役田以解决民众的困苦。嘉靖四十年(公元1561年)发生大饥荒,他拿出三千斛粮食,煮粥给饥民喝。

顾从礼工书法,嘉靖三十五年(公元1556年)潘恩撰《正阳道院记》,嘉靖三十八年(公元1559年)郭朴撰《丁士美榜进士题名碑》,均为顾从礼所书。

八十四岁去世,配祀于夏公忠礼书院。

顾从礼之弟顾从义,字汝和。性好石,曾得米芾研山(砚台的一种,利用山形之石,中凿为砚,砚附于山),视为珍宝,于是号研山。善于书法。嘉靖二十九年(公元1550年),朝廷下诏,推选行为端正又善于书法之人,顾从义名列第一,授中书舍人直文华殿。隆庆(明穆宗年号,公元1567年—1572年)初,因参与修撰国史,提升为大理评事。家里构建玉泓馆,临摹宋本淳化帖及法书名画、金石鼎彝。多藏法书名画。董其昌称顾汝和所藏以顾恺之《女史》、李公麟《潇湘》、《九歌》、《蜀江》四卷为最。他善于绘画,精于署书(秦并六国,统一文字,定书体为八种:大篆、小篆、刻符、虫书、摹印、署书、殳书、隶书。合称八体。前四种为字体,后四种为字的用途。署书用于封检题字),尤其为文徵明、王世贞父子所推重。楷书酷似钟繇,行草宗王羲之父子,径尺大字,则仿颜真卿、赵孟頫。摹有《淳化阁帖》、《阁帖释文》、《十七帖》、张旭《烟条帖》、右军《兰馨帖》、柳公权《兰亭》等。著《研山山人诗稿》、《荆溪唱和集》。

顾从义又善诗。陈田《明诗纪事》收其《和张长舆西园白云坞》诗:"古岩多莓苔,修篁润几席。往来无杂宾,白云自朝夕。"

冯 淮

冯淮,字会东,号雪竹。初居昆山安亭。喜欢吟诗,往来松江上禅寺,独坐古桂树下吟咏不辍。陆深阅读冯淮诗后,请他结社会(指志趣相同者结成的团体。此处指诗社、文社之类),于是定居下来。

儿子冯迁与冯邃,都能写诗,侍奉父亲以孝闻名。都以教授弟子为业,耻于请托求进。监司(官名,指监察地方属吏之官,明代的按察使及按察分司就是此类官员)知道冯迁的名声,传命县令用束帛登门拜访,但冯迁不予回谢。

冯淮著有《江皋集》,冯迁著有《长铗斋集》,冯邃著有《冯子潜诗草》、《南游稿》。

冯淮曾以践更(徭役名,贫者得钱,代当值应征者为卒,称践更)跪伏于公庭,青浦县令屠隆问得姓名,急忙命令脱去囚服请他坐下,冯淮也傲然上座,当时人们既称赞冯淮,又称赞屠隆。四明沈明臣有《六伤》诗,其一即为冯淮而作:"汉代冯野王,苗裔子乔氏。博洽维高风,诗文亦宏肆。春园载酒过,门人问奇字。酒德刘伯伦,五十与妻誓。解酲复鲸吞,于鬐(须)戟而刺。一死家遂零,寒茅淹江澨(水边)。"

冯淮曾过海上拜访陆深,当时是五月,有朱橘垂颗,陆深忻然曰:"闻冯雪竹久矣,请为赋诗。"冯淮即口占,语逼唐人,陆深大为称赏。冯淮禀性潇洒,好游览山水而力所不能。有位士人游客,乐意携带他,畅游吴越诸山及匡庐、武夷,至辄有诗。陆深的儿子陆思豫将江上别墅赠送给冯淮,父子勉力耕耘其间。后来日寇骚扰,于是走避上海城中,录事(官名,相当于主簿)潘允谅特地分宅请他居住,士大夫争相邀请。松江风俗文雅好士,自会稽杨维桢、天台陶宗仪以来,元代时侨居者乐此地风土,冯淮被海上推重,体现了此地的遗风。

沈虚明·王节之

沈虚明、王节之都是极高明的儿科医生。两人关系融洽,凡有疑难杂症,互相谦让商议而拟定药方,没有嫉妒之意。

沈虚明谨慎厚道,谦逊待人,不管富贵贫穷之人,请他治病,都一视同仁。郡太守儿子生病,夫人认真地叙述儿子生病的原由,沈虚明似乎不想听闻。太守有些惊讶,沈虚明回答说:“夫人自可对明府(郡太守)说,我作为医生已全部知道病情了。”有一位显贵的官员将上任,沈虚明送行且嘱咐他说:“您家公子出痘,切莫用药。上痘(最严重的痘疹)不必用药,下痘用药也没有功效,中痘须用药扶持,然而用药不当,则不如不用药。”

有一位药媪善于治疳积病(因营养或消化不良及因寄生虫引起的小儿贫血症),沈虚明请教她且接受了秘方。药媪去世,沈虚明为她办理后事,他就是如此注重情谊。他的正传弟子即是王一鹏。

张　瑞

张瑞,字信甫,号全山,华亭人。嘉靖二十年(公元1541年)应选贡生,任庐陵县学司训,建白鹭书院。任淳安教谕,新建学宫,堵塞漏港,用的都是自己的薪俸。按照惯例,祭祀文庙用酒是从市场上买来的,但张瑞自己酿造醇厚的甜酒献于庙庭。睦郡刘司李(即“司理”,主管狱讼,明代俗称推官为司理)来到淳安,病起仓猝,审讯误听狱吏的流言蜚语,严刑逼供,嫌疑人屈打成招。张瑞挺身分辩解救,得以免除死刑者有四十余人。倭寇突然来临,淳安县没有城郭可防御,张瑞率领壮士埋伏在树林草莽之中,射中两个倭寇首领,其他的倭寇就此散去。

海瑞来任淳安县令,与张瑞一见如故。不久他升任磁州学正,随即辞官归来。海瑞因直言政事而下诏狱,张瑞不断加以安慰。等到海瑞督抚(任总督与巡抚)江南,登门拜访,张瑞则凿穿后墙远遁。当时张瑞的儿子张兆达头发刚覆盖前额,海瑞把他携到膝前说:“请你代我告诉你父亲,不要厌弃我,我知道你父亲不屑在官署中见我。”命人在海上找到张瑞后,两人扣舷倾谈,欢若往常,久久不能分离。

太史陈懿德曾谈张瑞的为人,说他官虽小却以为贵,家虽贫却以为富,年老生一子却以为壮。

张瑞八十六岁去世,海瑞为他撰写墓志铭。

儿子张兆达以太学生的身份任汝宁府参谋,最后官任淮安府纪善。

周思兼

周思兼,字叔夜,号莱峰,华亭人。嘉靖二十六年(公元1547年)进士。授官平度州知府。举治行第一。遇到灾害之年,思兼说:“救荒莫若省事(意为救济荒年最好的办法是免除不必要的事情，以减少开支，又不扰民）。”一切不利于民众之事，全部革除。而他亲自巡行田间小路上，不备车马，不带差役，只拎了一只篮子，里面放了一盒饭，就在田间饮食。民众都笑着欢迎，说：“我父亲来了。”旁边郡县有饥民到民间抢夺粮食，士兵追捕，引起骚乱。军营长官准备派兵剿灭。周思兼说：“这些人是因饥饿而求食，处置不当将激起变乱。”他连忙派人制作小木牌数千片，散于四郊，令饥民拿了这小木牌来接受救助。于是乱民云集城下，吏役惊恐，不敢接纳。周思兼命令大开城门，召其入内，给以钱米，并教导他们恢复旧业做个良民。他又将自己的官俸拿出一部分给贤良而贫困的士人。

选任为缮部郎，管理清源窑厂，改革往昔弊端。黄河将决口，他招募民工袋装泥土筑堤，立赤日中指挥，河堤筑成。三天后，秋水大涨，民众赖以保全。

任湖广按察司佥事。有五将军倚仗藩封，恣意为奸，用弹丸杀人。周思兼抓获他的党徒，关进监狱。五将军手持匕首前来，周思兼摸着他的手臂说：“不要妄动，我为您全家百口计议，您难道愿意为党徒效死吗？”五将军计穷而退。于是周思兼列举他的罪状，张贴于高墙，所夺田宅子女都返还给民间。

周思兼退隐家居七年，尽管贫困，但从不向人求托一事。在家中被拜授广西督学之职，但因痹病（身体四肢关节肿胀麻木之病）而去世，终年四十七岁。山东、湖广都将他作为名宦、乡贤祭祀，私谥（门生、亲属、故吏为死者取谥号，叫私谥）为“贞靖先生”。

周思兼善行草，工小画，云山类米芾、高克恭，简远有致。也能诗文，有《周叔夜集》。陈田《明诗纪事》收其《冯钟山移居天马山》诗：“问君何事耽丘园，数亩清阴花竹繁。片帆来往浦云湿，孤屿微茫江月翻。春深几时共携酒，山静有人频叩关。林泉风物总堪隐，岂与朝市争愿喧。”

他有两个儿子，长子周绍元，字希安，隐居藻里，工八分，精篆刻。著《我贵编》。次子周绍节。兄弟俩一直到年老，仍常以诗词唱和。各有传记。周思兼孙周裕度，字公远，工楷、篆；善绘事，花鸟仿陈淳，得其神似，晚年兼写山水。

后人评价说：周思兼文章如同苏轼，诗句类似李白。善于行草，兼工小画，而未曾以词翰闻名。参究理学，得其奥妙，而未曾设置皋比（学师的座席），以讲学闻名。对人说：蝉蜕（解脱外壳，喻得道成仙）是人的内心欲望，春融（融和畅达）是天的运行玄妙，龟山（喻过隐居生活）是人们历尽烦恼之后的体悟之言。世称周思兼无日不进行学习，无日不修正过错，所以他居官则有利官场，处俗则改善风俗。安贫乐道，终始一贯。他所学常有实际效用，盖得力于宋儒理学。

高 士·高 才

高士，字淳甫。嘉靖十年(公元1531年)乡试中举，嘉靖二十六(公元1547年)中进士。任宁波推官。有阮甲以杀人罪当处死。高士怀疑此案有冤，向神默默祷告，梦中恍惚有人状告阮乙。查得此人，一经审讯，果然服罪。御史来宁波巡视考察，责备一位曹吏，迁怒于守令。高士上前说:“以一位曹吏的缘故而当庭辱骂守令，这不符合礼仪。”御史醒悟，且更加器重高士，上书极力推荐，然而仅得祠部主事。有当权者迫于舆论，想把高士推荐到吏部任职，并要将他招致自己门下。高士说:“我生平从不依傍权臣门户，如今为了进入吏部竟要改变自己原来的人生步伐吗?”他远远地避开这一引荐。

同乡杨允绳因议事触犯权臣严嵩而被捕下诏狱。唯独高士不畏权贵，毅然照顾杨允绳的起居饮食；杨允绳死后，他又作文哭悼，言语抨击执政者。

他想到父亲松石翁年老，乞求任南部官员以便奉养。遂改任南京验封主事。

不久他托病辞官回乡。开辟园林草庐，栽种花草树木，每天邀请父亲的友辈宴饮作文以为娱乐。兄弟之间友爱和悦。朝廷各部官员多次上疏推荐他，他不愿出来为官。享年八十岁去世。

陆树声称道高士为官不阿谀世人，隐居不张扬名声，贞廉不断绝乡俗。冯恩称高士“恬如深谷，悠然而远；介(孤独、耿直)如孤峰，挺然而拔”。这可以概括他的风度人品了。

高士的胞弟叫高才，与兄齐名，同辈之人皆望尘莫及。他以贡生的身份选任丰城训导。不久弃官还乡。萧然一室，凝尘满案。他持卷行吟，悠然自乐。闲暇时则身穿布衣，手持管籥，信步野外。脚步声和着乐声，身心内外淳笃。

高士、高才与季弟(最小的弟弟)高年、从弟(堂弟)高选，都以孝闻名。更能抚孤恤寡，施医送药，延请礼待名师，为各子侄传授经典。他们都享高寿。

高士的儿子高承祚，字元锡，万历二十三年(公元1595年)进士，选庶吉士，授官检讨(官名。明代属翰林院，位次于编修)。

杨豫孙

杨豫孙，字幼殷，号朋石，是杨枢的儿子。十七岁时，嘉靖十六年(公元1537年)应天府乡试中举，十年后登进士第。授官南考功主事，转任礼部祠祭郎。当时正逢杨继盛被处死，他极力为其经办丧事，不避权贵。

任湖广学宪(督学),他所奖掖提拔的人后来都成为名臣。升为河南参政,进用为太仆少卿,改任太常。当时正是徐阶当国为相,他招引杨豫孙与陆光祖辅助自己。凡是涉及海内人物、国家典章的事情,徐阶都与他们商讨咨询,然后作出裁断,予以施行。

出任湖广巡抚,不为束湿毛鸷之令(束湿,捆缚湿物,形容旧时官员对下属的苛酷急切。毛鸷,比喻官员施政猛烈)。经过一年,竟病死于官任上,年仅四十七岁。

他著有《经史通谱》、《峸史琬琰录》及诗文集若干卷。没有儿子,由侄子继嗣。后来因家难(家中遭遇的重大不幸事故),其遗稿多散佚。周绍节父子进行搜集辑录并予以收藏。

朱大韶(?—1577)

朱大韶,字象玄,号文石,华亭人。嘉靖二十二年(公元1543年)乡试第二名,嘉靖二十六年(公元1547年)成进士。选为庶吉士,授翰林院检讨之职。册封襄籓(官职名),分管校核礼闱(南北朝至唐朝称尚书省为礼闱。唐以后指礼部或礼部试进士之所。明清礼部试进士也称礼闱,这里的礼闱就是此意)。

当时倭寇在我国东南沿海骚扰,每年苦于战事。念及侍养父母,他乞求改任南方官职。于是得到国子监司业之职,他将父母迎到官邸,以便奉养。

在南京,他看到太学生们不思进取,生活奢侈,曾感慨道:"国子监是培养人的地方,如此怎能培养出国家所需人才?"于是,他严立学规,整顿学风。

不久,解职归乡。他建筑精舍,开辟文园,吟咏宴会,以此为乐,过着"座上客常满,杯中酒不空"的生活。他禀性豪侠激昂,清晨起来,科头(结发而不戴帽)登阁,用丹黄点定古书数版,才梳洗就餐。出见宾客,左右陈设彝鼎罍洗(彝、鼎、罍、洗,皆是古代盛酒食之器,罍也可盛水,用以盥洗)之具。闲暇时则展示字帖名画,或临摹赋诗。客人来到,皆流连忘返。自己酒量不大,但喜欢别人畅饮,常通宵达旦,毫无倦容。骚人墨客,无不留迹于其门庭。

六十一岁去世。以侄子朱本淳作为嗣子。朱本淳也是名士,但过早地去世。侄子朱本洽,万历四十一年(公元1613年)进士,任刑部司官。敢于上疏直言,历任州郡守令、兵部长官,富有政绩。朱本淳的儿子朱积,于崇祯三年(公元1630年)乡试中举。

董传策

董传策,字元汉,上海人。是董纶的曾孙。九岁能作文。嘉靖二十九年(公元

1550年)进士。当时严嵩父子依仗得宠，擅权不法，好多臣子因直言谏诤而触犯他们，被处以死刑。董传策任刑部主事，偕同给事中吴时来、同僚张翀，上疏评论严嵩的六大罪状，说他毁坏边防、买卖官爵、损耗国库、树立党羽、扰乱驿递、残害人才，专擅国政而国将危亡，请罢黜他以谢天下。皇帝大怒，将他关入诏狱，问谁主使，严刑拷打，多次昏迷，侥幸不死。因发生地震而得到宽宥，谪戍南宁。当时巡按两广者是严嵩的党羽，董传策穿戴大帽戎装，跪于船边，大呼道："军人董某拜见巡按大人。"说罢小步起迎，几乎掉入水中，终于避过一劫。

有位宣尉拿了宝剑玉币等厚礼拜见董传策，立门外几日，董传策不予接见，且大声呵斥将他赶走。

隆庆改元(公元1567年)，官复原职。万历初，选拔为南京礼、工二部侍郎。

董传策为人清廉刚正，管教仆役严厉，几个无赖奴仆因违法而恐被董传策严惩，竟将他杀害，而此时他年仅五十岁。徐阶为他撰写墓志铭。《四库全书总目提要》云董传策"诗多激烈，如其为人"。有《奏疏辑略》、《采薇集》四卷、《幽贞集》二卷、《邕歈集》六卷、《奇游漫记》、《廓然子稿》二卷、《蘧庐稿》七卷。

董传策的弟弟董晋，隆庆元年(公元1567年)乡试中举。董晋的孙子董象恒，万历四十七年(公元1619年)进士，授官参政。

翁廷儒

翁廷儒，字玉堂。世代居住于越地三衢。祖父翁文亮，客游华亭，于是居住下来。翁文亮常推却赠送的金钱而昭雪冤狱多人，进入余杭救济饥民一千多家，乡里对他有"翁佛子"之称。

翁廷儒年少丧父，由母亲张氏抚育他。嘉靖二十八年(公元1549年)乡试中举，母亲不久去世，他哀毁骨立，超过常礼，因不能用俸禄供养母亲而绝意仕进达三十年之久。朝中官员向徐阶询问吴郡中的人物，徐阶说："翁孝廉(举人)清白廉洁，孝友坚贞，不图名利，当今世风日下，很少有人能与他相比。"当时人们如此看重他。

万历八年(公元1580年)授官信丰县令。该县土地贫瘠，赋税繁重。服役的丁壮稀少，民众多溺死女婴。翁廷儒精心谋划，保全了民众的利益，民众为其立了生祠。不久以后，有权臣苛征暴敛不已，他叹息道："我怎能忍心搜刮我的民众以供人纵欲啊!"于是辞官而去，士民攀着他的车辕哭着送行。过桥渡河，行李只有两箧书籍而已。

万历十一年(公元1583年)去世于家中。甘士价哭悼他说:“约束自己惠泽民众,这是古代遗爱(有古人高尚德行、被人敬爱的人。孔子闻子产去世,流泪说:“古之遗爱也。”)之人啊!”

翁廷儒有五个儿子。孙子翁元益,万历四十六年(公元1618年)乡试中举,崇祯七年(公元1634年)中进士。

石应朝

石应朝,字思吾,上海人。嘉靖二十八年(公元1549年)举人。任余杭县令。自己种菜食用,穿的衣服用自家织的布制成,饮用水由自己出钱购买,县里民众为他歌颂道:“米载云间白,泉沽苕水清。”石应朝听到后说:“石使君名与苕水并传,生平之愿足矣。”

曹世龙

曹世龙,字子见,青浦人,居琴村。父曹鼎,以有一定的家资而授指挥使。兄弟三人,曹世龙年少丧父,曾因事拜见上海知县郑洛书,郑洛书器重他,对他兄长说:“好生对待小弟弟,他不是一般的孩儿。”兄长有感于郑知县的言语,延请老师教导他。嘉靖二十八年(公元1549年)乡试中举。

曹世龙家原先在淀山湖旁有肥沃的田地,所以他家成了县中富户,后来稍稍衰落。曹世龙中举以后,振兴家业,将原归自己的一份家产让给兄长以报答他的恩惠。后来郑洛书的儿子为避倭寇而来到松江,曹世龙又割让自己的田产归于郑氏子孙用以祭祀其祖先。四十九岁去世。

他的儿子曹志尹,字重甫,太学生。多与四方贤良豪杰及德高望重之人交往,知县屠隆尤其推重他。晚年喜好收藏金石、鼎彝、图书,县内推他为博雅家第一。去世后,归有光为他撰写墓志铭。

他的孙子曹大临,字泰权;曹大雅,字云门;曹大羽,字骧仲。都是高才,世称“青溪三曹”。

徐 陟·徐 瑛

徐陟,字子明,徐阶之弟。嘉靖二十六年(公元1547年)进士。授武库主事,转车驾郎,改尚宝丞,升少卿,历任光禄太仆、大常之职,转为南太仆卿,不久改任大理卿,升南工、刑二部侍郎。他临事刚正果断,二十年正直为官,从未有丝毫徇私枉法之事。五次转任官职,都是南下,从不凭借门第而越级晋升官位。他任职于军队时,住勾籍以便查考征兵滥补的弊端;任太仆(掌舆马及牲畜之事的官员)时,修缮废坠的马厩畜棚,以便使这些设置面貌一新;在兵部任职时,他发现太监常额外勒索宝坻县的鱼,便疾言厉色予以禁阻。

因病乞求归家。嘉靖四十五年(公元1566年),世宗去世,穆宗登基,徐陟上京祝贺,半路上因病回家,两年后去世,万历(公元1573年—1620年)年间,朝廷恩赐祭祀与安葬,表彰其品格高尚。所在郡县因诸生及父老请求,将他作为乡贤建祠祭祀。

他在世时生活俭朴节约,吃的是粗粮,穿的是自己洗涤的衣服,不喜欢玩赏珍奇物品。先贤吴稷去世后家贫欠税,常受到上门催讨官吏的侮辱,他慷慨捐资代为偿还。倭寇骚乱时,凡抗倭牺牲及妇女殉节者,他自己出钱通过有司建祠纪念。

长子徐球,为中书舍人。第二个儿子徐琳,作为仲父(古代称父亲的第一个弟弟为仲父,称仲父的弟弟为叔父,现在统称叔父)徐陈的嗣子。后来徐阶将朝廷福荫谦让给徐琳,官职逐步升迁至楚雄太守,有惠政。他辞官归来后,建立义庄,接济宗族贫困人员,扩充并耕种好学田,兴办义塾,抚养失去父母的侄子。在各方面都善于继承先人的遗志。他原先就皈依云栖老人,所到之处,乐于放生,精修净业(佛家指清净之善业,云种善业者可往生西方净土)。第三个儿子徐瑛,凭父亲福荫官至太仆寺丞。有侠义气节,交友遍海内,慷慨言事,曾四次上疏,一请弹劾中官(得宠的宦官),二请停止挑选宫女,三请用尚方宝剑诛戮得宠专政的奸臣,正直之声大震朝野。第四个儿子徐玶,官任别驾。

李昭祥

李昭祥,字元韬,竹冈里人。嘉靖二十六年(公元1547年)中进士。授兰溪县令。他为官一意裁省,减轻民众负担。主张平徭薄赋,诉讼不株连亲属。遇到干旱灾害,他徒步祈祷求雨,为文告请蟠山龙神显灵,随即雨水充足。当地风俗,生下的是女儿,常丢弃不养育。李昭祥下令民间,凡抚养三个女儿的,可以免除其赋税或徭役。这样,使好多女婴得以存活。

迁任水部官员,分管龙江关。以往由御史与水曹(分管水利的官员)共管财政收入,御史已予查核,水曹只点头而已。李昭祥认为御史岂能独自专管,于是据实稽查,御史为此不高兴,命人暗中找寻他的过失而加以揭发,但找不到任何差错。

大司徒彭公受御史台谏议的牵连而被逮捕。李昭祥同情他的清正俭约，为他借贷治理行装。同僚有母亲丧事，贫困不能收殓，他为其准备木材，办成丧事。

转任屯田郎，因父亲生病而请假归来，随即乞求退休。他曾与中丞张经畅谈倭寇情状；又与太守衷贞吉论均田，指出丈量中的弊端；又写信给徐阶论助役之利。

所著有《栖云馆集》、《慎余录》、《谷阳杂记》、《龙江船厂志》、《读史一得》，藏于家中。

孙子李继元，万历四十三年（公元1615年）乡试中举，任湘潭县令，升京兆别驾。

龚 情

龚情，字善甫，上海人。嘉靖三十二年（公元1553年）进士。授行人之职，升兵科给事中。正逢南粤、北胡接连侵犯，边塞警报不断传来。他首先上疏请求整饬边防、早作储备、均平兵饷、减免税赋四事，又上疏请求停止取用太仓银两，词句十分恳切。后因查核伊王朱典椟的不法之事，触犯了当政权臣，被外调降职，任德清县丞。不久升南虞部，随即又被罢免，不再任用。

年少时聘韩氏女，此女因病致残，有人劝他改聘其他女子，他不同意。后来这女子死亡，他才同意另外聘娶。

他禀性耿直，与部院郡邑谈论桑梓（指乡情）利弊，慷慨陈说，侃侃而谈，有古人风骨。所著有《撮残稿》，藏于家中。

龚 恺

龚恺，字次元，嘉靖二十六年（公元1547年）进士。是龚情的堂弟。初授慈溪县令。为官廉明，进京任为御史。离开慈溪时，民众苦苦挽留，甚至摘下他马鞍两边的铁镫。正逢咸宁侯仇鸾（其时正受重用）倡导马市，他上疏论述此事，于宫门下受杖罚，几乎死去。

当时西北胡虏进犯，东南倭寇骚扰，他上书提出六条对策：严明纪律、辨别功罪、充实军队、怀抚远人、招募兵卒、挑选将领，他的这些建议都被朝廷采纳。

巡察两淮盐政，又按抚西粤边民。凡是不称职的官吏，听到他的刚直声誉，就望风弃官而逃。

不久，他上疏列举靖江王骄横不法的情状，又上疏求请停止征伐粤寇。皇帝同意了他的建议。执政的权臣却因而忌恨他。他出任山东参议，时正蝗虫成灾，遮天蔽日,农作物毁于一旦。他下令捕得蝗虫可换取一倍的粮食。这样,大家纷纷下田捕捉,蝗虫不再为害。

调任湖广副使,因病归来,随即去世。

他为人耿直严肃,无世俗阿谀之态,与当政权臣从不谈及个人私事。至于指责弊政,齿颊间如有风霜肃杀之气。亲戚知交稍有故失,他也当面规劝。人们都敬畏他。

华秉中

华秉中,字正夫。南齐孝子华宝的第十六世孙。从梁溪移居松江,定居上海。嘉靖二十八年(公元1549年)乡试中举,嘉靖三十二年(公元1553年)登进士第。官拜东昌府司理。多有不凡政绩,一郡称为神明。明世宗选他任刑科给事中。当时严嵩刚执政,威势显赫,华秉中竟上疏弹劾他,但未予上报,于是托病归来。

后遇倭寇之乱,有监军要驻扎松江,华秉中说:“我县刚遭兵灾,恐难以经受供应军需之苦。”监军听他这么说,就作罢了。松江民众免受重重困苦,得力于华秉中。去世时年仅四十五岁。

吴　潮

吴潮,号三江,是宋代西川安抚使吴阶的后代子孙。二十岁,在农田除草培土时,被毒蛇咬了小腿肚,他从此转变志向,发愤读书。偕同叔父吴梁,攻读不倦,咿唔声不辍昼夜。弟子手执经书远道而来向他请教。督学闻人诠编辑《南畿通志》,筹划编撰之初,吴潮就参与其中,承担编纂云间各事,写得严整得体。

嘉靖二十八年(公元1549年)于顺天府乡试中举。他为人一丝不苟,作为举人十六年中,始终恬淡严谨,素朴纯洁。

杨有为

杨有为,字选卿,青浦人,居谢宅。嘉靖二十八年(公元1549年)乡试中举,时年二十岁。居于泖水边,足不入城市,以谨慎正直自持。晚年食不果腹,有时于拐杖头上挂一个酒壶,在田畔花间整日饮酒吟唱。一次偶染微疾,沐浴更衣而长逝。家境贫苦,不能殓葬,张齐颜乞求缙绅之家助葬,才得以办理丧事。

从孙(侄儿的儿子)杨昌国,将杨有为的三位寡妇迎进家中,谨慎地奉事三十年。去世后为其营葬,而令第二位从孙承担祭祀。

杨有为坚守节操，不愿请托，贫病而死，此时松江府太守是李多见。他离开松江府，才知道杨有为事迹，内心十分惭愧，为杨有为写祭文，对其高度评价，赞其“秉资清介，淹贯经籍”。又对己严加责备，说“予为郡守，民隐不闻，恕灾不恤又何恨也”。

张同文

张同文，字从道，上海人。母亲孙氏病重，百方不愈。嘉靖二十九年（公元1550年）三月初一，张同文向天祈祷，割左大腿上一块肉烧成肉汤进献母亲，母亲吃后病即痊愈。所割之处既无血也不作疼，人们认为这是张同文的孝心所感。

嘉靖四十五年（公元1566年）父亲去世，张同文涕泪流落枕席间达三年之久。

一天，祖母严氏去世，享年七十九岁。这时她的几位儿子早已亡故。张同文以长孙的身份按礼孝养丧葬祖母，人们都称难得。

张同文是太学生，尚未做官即去世。

杨道东

杨道东，字玄卿。西崖处士（未仕或不仕的士人）杨周的孙子。嘉靖三十一年（公元1552年）乡试中举。平时爱好《左氏春秋》，经常与人谈说兵法。正逢倭寇作乱，他针对情况筹划作《寇议》，又提出“十不可”之说，都切中用兵之弊。有位客人将他的《寇议》拿给尚书赵文华看，赵文华大加赞赏，派遣使者拿了礼物聘请他，他辞谢不赴。又发檄文命守令劝说，他也不肯上任。于是赵文华亲自上门邀请，他仍坚决拒绝。不久，赵文华败落。

当时征募繁忙，所招的客地兵丁十分凶暴，常掳掠村落，俘获老弱之民以为战功。乡里几次遭受骚扰。杨道东急忙前去嘉兴告诉太守，终于解除民冤，又予抚恤。军饷繁多，都摊到民众头上，追缴甚急，民众被迫流亡，或成为盗寇。杨道东上书开封府，分条陈述，反映民众痛苦。知府深受感动，去除了苛政。海塘被潮水冲击将损毁其半，于是杨道东与其兄长缮部郎杨子亨谋划修筑它，请巡抚和按察使组织民工、提供物力，修缮海塘。官方丈量土地要占取杨道东的家产，杨道东说：“捐献一家之地，救护一方之民，我心甘情愿。”修筑海塘完工，第二年海水果然猛涨，但海塘坚固，民众田园无损，得以存活者有数万人。

儿子杨继礼，孙子杨汝成，两代都官任翰林，人们认为这是杨道东为善积德的果报，使后代昌盛富贵。

顾文陞

顾文陞，字履阶，青浦人。嘉靖三十一年(公元1552年)乡试中举，吏部选派任醴陵县令。为官耿直廉洁有声誉。因父母去世辞官回家，行李萧然，士民追送二百里外，父老多流泪。因不肯巴结上司，改宁国县学教官。

辞官回家后，足不入郡县。家境更贫，但还是尽力周济孤寡困窘之人。县令邓镳廉了解知悉他贤惠，以大宾(古代乡饮酒礼，有大宾、介宾、一宾、二宾、三宾、众宾，及大僎、二僎、三僎之名目)的礼遇招待他。

年逾八十，忽辟谷(不食五谷)二十余日，命人准备衣冠，盥洗端坐而长逝。

杜时登

杜时登，字庸之，上海人。嘉靖三十一年(公元1552年)举人。任瑞安县令。有位吏役怀藏金子暗中送他，他立即拒绝。曾分条上书兴革十事，监司将其作为法令。迁任浪穹令，投劾(古代官员递上引咎自责的辞呈)而归。从此闭门谢客，不入公府，潜心著述，享年八十三岁去世。

儿子杜献璋，有其传；杜献璠，官任漳州府同知，以廉洁能干著称。

宋尧俞

宋尧俞，字叔然，华亭人。世居虹桥，嘉靖三十一年(公元1552年)乡试中举。独居别墅，不入城市，以气节侠义闻名。游学南雍(南京国子监)时，张居正为祭酒(学长)，经考核，被列为高第。张居正当了首辅，延请他为贵宾，并派徐阶备了行装接送，但他辞谢不赴。万历五年(公元1577年)进京会试，因遗失文引(参与会试的证明文书)，不得参与考试，日游京城，始终不入相府拜见请托。张居正获悉，命几位儿子前去拜请，宋尧俞于是来到相府。张居正就在儿子的居所会见，随即留住他。说："您不要回去，老夫从前通过文章知道您的才华，您今天难道不该用文章教导我的孩儿吗？就请住在邸舍，明日给您俸粮。"宋尧俞不得已，就留住下来。

逢张居正遭遇父亲丧事，宋尧俞从其儿子那里问知奔丧日期，却以此违背了张居正与两宫奏对之意。宋尧俞于是上书劝谏道："国家当土木(即土木堡，在河北怀来县西，明英宗正统十四年率师击瓦剌，兵败、被俘于此。史称土木之役)之后，安危系于肃愍(严肃认真地对待忧患之事)，然而还是恳切地乞求您回去办理好丧事，皇上也不能改变这一志向。如今覆盂安澜(覆盂，覆置之盂；安澜，水波不兴，两者都喻时局稳定)之日，正是相公行礼知足之时，且令天下后世以为榜样，说：‘昔有江陵相公者，两宫留之不得，主上挽之不能，礼仪不可违背。’如此一举而名教重，风俗敦矣。”

起初，张居正打算让宋尧俞任紫薇舍人之职，现在得到这一封劝谏书信，严重地违背了他的心意。宋尧俞默默不得志，因病去世于京师。

宋尧俞所上之书，长达数千言，一时传诵，称之为先秦古文。冯时可为尧俞作传，记载下了全部内容。

宋尧俞所著有《蓟门集》若干卷。

唐继禄

唐继禄，字子廉，上海人。嘉靖三十二年（公元1553年）进士，授遂安县令。该县原先没有武备，唐继禄招募数百强壮之人，储备粮食数千石。不久，倭寇作乱，所至之处，都破败陷落，唯独遂安有备无患，得以保全。

有一件杀人案，唐继禄审讯已毕，但此人喊冤不已。前去验尸，肢体无伤，只有心脏收缩坚如石块，他立即审讯道：“你给他喝卤汁了吧？”那囚犯叩头拜服。

召为御史。这年遭遇严重旱灾，他上疏请皇帝修身反省十件事情。又奏请施行里甲法，制定为法令。

出任湖广巡按，曾与两司理官录囚（讯察记录囚犯的罪状），他一看簿册就全部了如指掌，他任意挑选一二位囚犯的情况试问，两司理都慌乱不能应对。

遇到兴山盗贼作乱，高筑山寨，凿矿行劫，聚众三千余人。县官与盗矿者勾结谋划，不予上报。郡守徐学谟上交诉状，唐继禄立即下令先捕捉县官，关入监狱，然后暗地里派遣沙市赵巡检（官名。明代为县令的属官）到盗贼山寨，告以朝廷威德，命令他们早日自动解散；又下令郡府制作票证，盖上印章，数量正好与贼寇之数相符，命巡检前往，每人一张，持此票证者可免于死刑。听凭他们回到自己家乡，拿此证据，关卡守兵可予放行，不可杀害。一个多月后，贼寇党徒全部解散，数千里山地，相安如故。

升迁为大理丞，晋升少卿，转任南京佥都御史，再晋升屯盐副都御史。

因病请假归来。居家如在官府，讲的也是官方语言，绝无轻慢之容。五十一岁去世。

屠　宽

屠宽，字德宏，上海人。嘉靖三十二年（公元1553年）进士。授南驾部主事，升祠部郎,任浙江佥事。有一位姓洪的人,妄称是洪皓的后代,谋求继承接续香烟,总督胡为之地。屠宽坚决不同意。

补授湖广官员,又触犯直指(朝廷直接派往地方处理问题的官员称直指)。受命调任滇南。滇南邹督抚要诬告黔国大逆之罪,委托屠宽审问处置,屠宽只处理他的一个奴仆。邹督抚又上奏诬告铁索箐居民聚众叛乱,既而得到圣旨清剿追捕以记功,屠宽又释放平民数万。邹督抚更加气愤,罢免了屠宽的官职。

后来有人颂扬他的事迹,朝廷又下诏起用他,但他坚决拒绝,不肯就职。家居后十分贫困,有时甚至到达无柴无米揭不开锅的窘境。享年八十一岁。

唐自化

唐自化,字伯咸,华亭人。嘉靖三十二年(公元1553年)进士,任将乐(今属福建)县令,在朝廷对全国地方官考核中,他的政绩在福建是最好的,因而召拜四川道监察御史。后又奉命往北直隶、山东及山西查收积年拖欠的税赋,经过三个月完成,只是顺天府难以征收。唐自化上疏求请减免,朝廷下诏免征,民众大悦。

当时有人忌恨唐自化,且中伤他。改为行人司正,转为车驾郎。执掌兵权的杨博(字惟约,蒲州人,嘉靖进士,官至吏部尚书,理兵部事,卒谥“襄毅”)常说:“唐郎中真是治理天下的人才啊!”

景王朱载圳到德安藩国时,唐自化勤于职守,亲冒霜雪,劳于烦役,以致病亡。被奉祀于松江乡贤祠。

他的儿子唐本尧,隆庆五年(公元1571年)进士。官拜御史,最后官任贵州参政。

张之象

张之象,字月鹿,一字玄超,华亭人。是张萱的孙子,张鸣谦的儿子。他小时候就聪明异常,高于同辈,认为一切世上荣华之事都能凭自己的出众才华极轻易地取得,然而他从诸生结业到修完国子监学业,竟屡试不第。于是他专心致力于研究古代典籍,博览群书,竟成一家之言。他的诗作近于雅正,意境闲适恬静,兴发寄托幽寂深远。文章多涉及东、西京远古之事,不作就近之语。海内学士大夫将他称为宿儒。

晚年踏上仕途,得到越藩幕僚的职务,只是处境窘迫困顿,而又不愿阿谀奉承权贵,于是投劾(呈递引罪自责的辞呈)而归。

回家后,闭门谢客,室内没有他物,只有各种书籍堆放在几案间,逐日研讨,以至于不能布设座席。上海颜洪范聘请他修撰县志，分类叙述，详尽典雅。他在秀林山定居，幽闲自得地往来其间，不觉忘记年岁月日。

侍御邢侗进入吴郡考察风情，前去拜访张之象。这时张之象正卧病在床，邢侗直接进入来到床榻之旁，只见药盆汤碗狼藉满前。邢侗俯身握手慰劳，恨相见为晚。询问张之象想要什么，他回答说："我老了，没有其他嗜好，只是钟情于丘壑。"随即取出所著《卖书买山》诗道："不恨空囊贯索无，尚余书卷当青蚨。余今自喜专丘壑，览得天成一画图。"邢侗赏叹不已。于是命县令赠予买山钱。

张之象博综，著述甚夥，有《剪綵》、《翔鸿》、《听莺》、《避暑》、《题桥》、《猗兰》、《击辕》、《佩剑》、《林栖》、《仙隐》、《秀林》、《新草》等集。所辑有《太史史例》、《史记发微》、《唐诗类苑》、《新旧注盐铁论》、《唐雅》、《回文类聚》等篇。陈田《明诗纪事》收其诗《晋司徒掾张翰》："季鹰性旷达，本自山林人。浮生贵适意，何物羁我身？命驾凌秋风，拂衣还海滨。野脍恋琼鲈，溪羹甘紫蓴。一杯幸可托，万钟宁足论？黄花有遗唱，情素藉此申。"

张之象的儿子张云门、孙子张齐颜、曾孙张苳臣，先后登隆庆、万历年间的乡荐（即乡试中举），都有文学方面的声誉。

张世美

张世美，字济之，别号西谷，华亭人。为诸生时，以博洽闻。以先人的恩荫选入太学，名誉传扬。

归来后涉历山川，游览古圣先贤的遗踪，作《述征赋》。躬耕泖上，淫雨淹没田禾，农人无以度日，作《悯农赋》。他以诗和古文成名，吏部选任他为幕职（地方长官的属吏），仅十个月，因不愿意折腰事奉长吏而辞职归来。只与诗人王良佐、陈东野诸君结社唱和。如冯恩、沈恺峰、杨允绳、周思兼等人都曾推荐他。

平时他苦守节操，耻于请托于人以求进，只是闭门著书，吟啸自娱。所著《家藏集》亲自辑录成编，其中诗共八百首，文章共一百五十篇，刊刻成书后自己为之作序。

董宜阳

董宜阳，字子元。居于上海沙冈，所以号紫冈。国子监生。致力于诗赋古文。写诗效法高适、岑参，晚年喜好元稹、白居易。写文章效法先秦两汉，间或仿效曾巩、王安石。楷书效法虞世南，行草效法僧智永。生平所好只有书史名帖。每天坐于一室之内,手执红笔校对勘误,到半夜还不休息。与同乡何良俊、张之象、徐献忠被当时人们称为“四贤”。所交往的还有顾璘、文徵明、许穀等海内名士。

与弟弟董宜阳友爱,分家产时写了文章哭泣着告诉先祖之灵。

陈田《明诗纪事》收其诗《送吴山人》:“季子十年别,相逢各惘然。愁添烽火后,兴落酒杯前。大隐藏吴市,新词逼辋川。不堪重分手,离思惨寒烟。”

孟羽治

孟羽治,青浦人。禀性至孝。嘉靖三十三年(公元1554年),母亲诈氏已七十一岁,被倭寇所掳,孟羽治乞求以身代母而死,倭寇不同意;捐金相赎,得以放还。诈氏受惊得病,医治祈祷都无效,他割股为母治疗。

乔　洪

乔洪,字伯舒,上海人。学问渊博,善于作文。县令孙渭刚上任就考核士人,读到乔洪的试卷,叹赏不绝口。经常召见乔洪促膝谈文。有人请乔洪趁此机会进说图利,乔洪生气地拒绝。孙渭听说后,叹息道:“乔生岂仅文学优秀啊!”从此对他更加提高礼节待遇。

他奉养双亲,尽力准备美味。妹妹早年守寡,请她住到自己家里来,成全她的贞节。教授门徒二百余人,免去贫困者的学费。

谢　简

谢简,字一默,华亭人。禀性谨慎耿直,不喜欢接近贵人。廷尉冯恩请他担任馆师(设馆授徒者,这里指塾师),每年给他三十斛米。他清晨而来,暮晚而归,五年如一日,从未到其他地方去。除了正当的教学酬金之外,他不受一线一钱。督学王公原为松江司理(推官),与冯恩友善。有人为谋入学而给谢简五十金为礼物,乞求他向冯恩说,谢简说:“主人不鄙弃我而让其儿子拜我为师,我当以道义规范自己,以便树立为人榜样,怎可营求金钱私利啊?”随即与冯恩相约,供奉的东西只需一簋一茗(簋,古代祭祀宴享时盛黍稷的器皿,形如饭盂。茗,茶,这里指一杯茶),他说:“这一簋一茗,我用以养腹且教育您的子弟俭朴。”本来谢简善于饮酒,从此每次仅饮三小杯,说:“这样做,是为了您的子弟今后不经常饮酒。”

听到客人在背后说他人的过错,他则起立说:“恐怕传来的话不正确。”听到有人开玩笑、说滑稽的话，他则起立说:“恐怕这话接近于虚妄不实了吧!”乡里的人多称他为“谢古执”。

高承顺

高承顺，字孝卿，华亭人。少年时就有完美的德性。母亲施氏暴病而亡，他悲痛万分，一个多月不能起床。亲族可怜他，馈赠给他餐具和饭菜，他都不推却，其实暗中进献给父亲南坡公，自己未曾吃一口。父亲在转漕(运输粮食，陆运叫转，水运称漕)中染上了重病，旅店边凡遇神祠，高承顺都百拜祈祷。一天父亲忽然梦见观音大士士投给刀圭(古时量取药物的用具)，急忙起身，觉有异香出于襟袖间。

倭寇扰乱海上，他仓皇侍奉父亲奔向郡城。途中突遇倭寇，倭寇拔出刀刃对准父亲，高承顺即以身掩蔽，叩头流血，倭寇也为其孝义感动，说:“为了这个孝子，免去你的死刑。”说罢准备过河继续抢掠。水势大涨，高承顺极力背了父亲，几乎不能过河。倭寇伸手拉他登岸，于是放他们离去。

父亲去世，高承顺将财产都让给伯父。胞妹贫困，且是寡妇，他赡养她终身，且十分尊敬她。

儿子高振声也有孝顺的品行。高承顺去世，他绝食五谷七天，不吃鱼肉荤腥，蔬食三年，为守墓而建的草庐上挂了块匾叫“见厓”。乡里民众称他家世代出孝子。

赵廷炯

赵廷炯，字尧章，上海人。嘉靖三十四年(公元1555年)乡试中举。授真阳县令。当地风俗多争讼。赵廷炯只严惩首要主犯，其余不去查办，也无所株连。

该县赋税最烦琐，于是赵廷炯仿效三吴条编法施行。遇到旱灾，他赤脚在烈日下祈祷，就会下雨，旁边郡县发生饥荒，都来真阳县籴米，他下令不要拒绝。原先真阳县百年来从未完满地实行三考(古代的官员的考绩制度，即三年考一次，九年考三次，决定降免或提升。还有我国古代科举中的乡试、会试、殿试，也称三考。这里的三考，指后者)的，如果说有，那是从赵廷炯开始的。

改任锦衣卫经历，保全因建言而被杖责和关押的臣子。

拜南虞衡主事，改为屯田郎，晋升浔州太守。当时正逢午山瑶民凶横闹事。赵廷炯主张按抚，先以大军压其边境，然后派遣能说会道之人，前去告以朝廷威力和恩德，瑶民都听从约束。

大藤峡自从被韩雍荡平以来,岑氏(地方首领)后嗣断绝,地方上为争夺继承长久未定。赵廷炯认为用武力安定远方后,不宜没有守令。岑氏在这方土地上没有建立大功德,不宜再立他的后人。朝廷使者同意了他的主张。

不久他辞官退休,七十岁去世。

他的弟弟赵廷灼,字时章,嘉靖三十五年(公元1556年)进士。

他的孙子赵东曦,嘉靖三十八年(公元1559年)进士,三次任岩邑县令,升迁为刑科给事中。

杨道亨

杨道亨,字豫甫,青浦人。嘉靖三十五年(公元1556年)进士。授行人,转为刑部郎,选任真定太守。正逢北虏铁骑侵入紫荆山,京师大惊。真定府三面都是土城,难以守卫。于是他运用国库余财及旷俸(有官位而暂无人任职的薪俸)烧砖砌石,加固城墙,不到一个月即完工。又疏浚城濠,修筑滹沱废堤,外以拒水,内以护城。但淫雨不停,水势狂奔,河堤将溃塌。他督促僚属役吏多用水牛竹桩之类,以抵御洪水;他亲自冒雨立于城上,为文祷告。只见一头青牛,一目独角,昂首而入水中,洪水随即退去。当杨道亨上城祷告时,有上千民众依附在堤上。半夜三更,伸手不见五指,因而随时有被洪水淹没的危险,纷纷呼喊求救。这时忽然从神祠内发出光芒,随即出现两支巨烛,人们凭借烛光走出险境,都额手相庆,并称杨道亨为神君。

又曾修郡城,建学宫,以羡粟(除正赋以外收取的粮食)四百石付工钱。当时巡抚宋公对他心存不满,便诬告他侵吞粮食。朝廷便将此事交给御史查问。吏民都叩头哭喊道:“杨使君只喝一杯水,怎么用这四百石腐粟来诬蔑他!”御史作了一番考察后,上疏道:“原真定府太守杨道亨,是位有才能而又清廉的太守。清廉者不必盗窃,有才能者也不必要这仓腐粟。”事情得以弄明白,恢复杨道亨的官职,然而这时杨道亨已经去世了。

杜时腾

杜时腾,字冲之,上海人。嘉靖三十七年(公元1558年)乡试中举,就教于石埭县学。这时文庙忽发异香,瑞芝产于泮池(古代学宫前形如半月的水池),各士人前来祝贺。不久,其仲子(第二个儿子)杜宗彝、从子杜献璠、长孙杜士全,分别于南、北乡试中举。

升迁为山东黄县令，释放冤狱者二人。不久被罢官，黄县的人们攀着他的车子哭着送他，他写诗留别父老，说："三年休养力，一旦别离情。税事须先足，苗田宜早耕。身家忍处保，衣食俭中盈。回首云山隔，飘然两袖轻。"

他八十余岁还作蝇头小楷。无疾而终。

长孙杜士全，万历二十三年（公元1595年）进士，官至南京工部尚书。孙杜士基，号筏城，博雅嗜古，善楷书，曾手抄二十一史，精妙绝伦。万历二十二年（公元1594年）乡试中举，任南京兵部郎中。孙杜士雅，太学生。皆以品行、道义、诗词、文章相互砥砺促进。

夏　时

夏时，号阳衢，华亭人。年幼丧父，事母十分孝顺。十六岁，即开学馆执教，传授经典。弟子大多年长于夏时，但都拜服他。束脩（学生送给教师的酬金）所入，都用来侍奉母亲，自己则连月不知肉味。

嘉靖三十五年（公元1556年）中进士，由中舍（官名，宋代元丰改称通直郎。后来传讹称中书舍人为中舍）提升为户科给事中。与人一起上疏评论陶仲文等，差一点被惩处。当时权臣皆拉帮结派，多方收罗。夏时为人正直，不愿投靠，因忧虑而辞官归家。

从此绝意仕进，独坐小楼，布衣蔬食，在郡州县邑中近二十年不见他的人影。朝廷三次派使者到他家，征召他任户部或吏部的官员，他都不愿赴任。六十八岁去世。

张仲谦

张仲谦，字士益，华亭人。是张蓥五世孙。嘉靖二十五年（公元1546年）乡试中举，嘉靖三十八年（公元1559年）与堂弟张烈同登进士。当时徐阶任首辅，张仲谦的亲姑母正是徐阶夫人。一次朝见出来，遇徐阶而拜揖。严嵩看到而称道致贺，说这是一时之盛事（指姑父与内侄同朝）。然而张仲谦为人含蓄宽容，和蔼可亲。与各进士共进共出，从不私自拜见徐阶。授职方（官名，明清在兵部下设职方清吏司，其职责为掌舆图、军制、城隍、镇戍、简练、征讨之事），掌管武闱（武士比试的场所）。进呈试录（明清旧制，将乡试会试中式的举子姓名、籍贯、名次及优等的文章刊刻进呈，名曰试录），照例应穿上红色品服，唯独张仲谦仍穿平常的衣服。居武库（掌管兵器的官署）七年，大司马杨博对徐阶说，武库郎贤良且已任职多年，应当调他到其他重要的岗位上任职。徐阶将此意见告诉张仲谦，张仲谦不应允，说父母大人年寿已高，希望到朝廷之外去任官，以便探望双亲。于是派他任楚藩参议。

徐阶罢相后，由高拱以大学士兼掌吏部事，清理旧怨，根除徐阶的党羽。张仲谦入朝，与一位同乡人一起拜见高拱，高拱接见并问道：“你们两位与徐公关系密切吗？”张仲谦回答说：“徐公夫人是我的姑母。”高拱为之动容，说：“您真是一位古君子。徐公执政时，为什么长久不闻您的名字？”

张仲谦为官主张清静和谐，喜平反冤案，做了好事不张扬。楚地有一囚犯，只十二岁，因奴仆伤人，由他偿命抵死。张仲谦说：“应该惩处那奴仆，此人才十二岁，不应处死，放了他吧。”茶陵州太守黄成乐，为官能干，被诬告而坐牢。张仲谦报告给当政者，使黄成乐得以释放，改任松江佐官，后来黄成乐治理吴淞江颇有功绩。

升迁为江西副使，在任两年，只杖罚两人。再任云南参政，正当黔国兄弟相争斗，几乎要发生内战。张仲谦发檄文到留都(南京)，分辨其事，得以解决。娄中土著出没骚乱，剽掠城邑。张仲谦协助抚院邹公出兵荡剿，边境得以安宁。

在科举考试中，对接近合格的落榜生，可以用“搜遗才”的名义录取。但云南未有先例，张仲谦认为，沧海中有遗珠，无论哪里都有俊杰。他向上反映，争得录遗名额，云南录遗从此开始。

听说父亲去世，他立即归家。服丧期满，出任山东京粮道，后升为按察使。时张居正当政，张居正曾是徐阶部下，自然想重用张仲谦，但张仲谦坚决辞职回乡。从此坚持不出，隐居三十余年，布衣蔬食，过着俭朴的平民生活。平时他没有其他爱好，只喜欢下棋。客人来到，久久默坐对弈。庐舍简朴，题词于座边道：“善不可为，何况恶；富非所愿，岂忧贫？”享年八十六岁去世。

张　烈

张烈，字明建。嘉靖三十四年(公元1555年)南京乡试第二名，嘉靖三十八年(公元1559年)会试第四名。当时徐阶在朝，张烈是徐阶的内侄。一天他拜谒朝房(封建时代百官上朝前休息的地方)，徐阶留饮。席间他指摘时政，言语实指严嵩，愤愤不休。徐阶忙叫上饭，停止饮酒。

授都水主事。出去考察南旺各山泉之源，治理南旺所属的七十二泉。那甲长与胥役相蒙为奸。张烈每天策马巡视堤上，水涓涓可流通处，立命主管之人疏浚，罢免不称职的泉水官员。至于马房一处泉水，是汶水的源头，他决意开挖疏浚，严格督促夫役，仅用一日而泉流畅通。他勤于职守又清廉简朴，只喝粥汤，吃蔬菜，津渡年税，分文不沾。他于交通要道之处撰文立碑，告诫官吏，切忌靡费。官吏民众，敬畏他，又爱戴他。在职七个月去世，家无余钱，几乎难以殓葬。

张烈志意高远刚烈，不喜阿谀奉承。又曾作《三守铭》，因而自名“三守子”。“三守”即“守直”、“守贞”、“守廉”。徐阶闻其去世，叹息道：“这就是古人所说的刚烈者，遗憾的是尚未有人能培育这种品格啊。”去世之年只有三十一岁。所著有《殷遗录》、《皇明亿万载记录》及《巡泉诗稿》。

犹子（侄子）张鼐，万历三十年（公元1604年）进士，官至吏部右侍郎。

张德瑜

张德瑜，字中美，华亭人。曾祖张弼。他束发（古代男孩成童，将头发束成一髻，故“束发”指代成童。成童年龄有二说，或指八岁以上，或十五岁以上）受书，即通大意。孙承恩称他为“小友”。十七岁，进入县学，为文精练深刻，遒劲挺秀，博采众长，不拘泥于一家之说。曾说：“先秦之文崇尚骨力，两汉之文重在气韵。舍弃这两点谈文章，就是韩昌黎所谓的陈言腐语。”当时人们肯定他的说法。

嘉靖三十四年（公元1555年）乡试中举，后来两次考进士，几乎考上，最终落榜，于是归来。因病二十八岁去世。士人为之惋惜。

儿子张以诜，万历十三年（公元1585年）举人；张以诚，万历三十一年（公元1603年）举人，任桂林府通判；张以讷，廪生，以孝行受官府表彰。

赵廷灼

赵廷灼，字时章，赵廷炯之弟，上海人。嘉靖三十五年（公元1556年）进士，授行人之职，拜刑部给事中。上疏陈述三吴水灾，乞求减免赋税，言语详尽恳切，转任户科。当时江南民众年年输粮入仓，官府管理人员多。各地又不统一。奸诈损耗，弊端百出。赵廷灼上疏奏请建立禄米仓，以户曹一人主管，每年节省民财以上万计。

升迁为吏科都给事中，晋升为右通政。去世时年仅四十五岁。

赵廷灼久居谏垣（谏官官署），多有建言，与兄赵廷炯都以清正闻名。

姚体信

姚体信，字汝中，华亭人，居住于五保。用平湖籍登嘉靖三十五年（公元1556年）进士。授主事，后为广东司郎中。严明审办狱讼案件，对受皇帝亲近宠幸的豪强贵人毫不原谅宽恕,当时人们称他为“执法郎”。

出任南阳太守。遇到大饥荒,他打开国库发放粮食救济饥民,赖以存活者不计其数。他惩罚贪官污吏,革除羡余(常赋之外的无名税收)。选为豫省左参。

当时当政者喜收贿赂,姚体信不去拜见送礼,于是被罢免还乡。

秦嘉楫

秦嘉楫,字少说,上海人。嘉靖三十八年(公元1559年)进士,初授行人。出使周藩,周王觉得他风度不凡,厚送财物作为出行之需,但他辞谢一概不受。于是周王给他穿上一件狐毛皮衣,说:“天气正寒冷,希望您这位使者为远道考虑。”秦嘉楫不得已而假装答应,到杞县,托一位同年(同榜中式的进士或举人称同年)将裘衣归还周王,说:“我是一位地位卑贱的臣子,怎敢辱没大王之衣。”其耿介节操可见一斑。

改任御史,迁为浙江佥事,降为光州判官,进为汝宁推官,升为南京工部主事。

致仕家居后,校辑群书,手自抄录。所著有《凤楼集》。

艾可久

艾可久,字德徵,上海人。嘉靖四十一年(公元1562年)进士,授太常博士,升迁为南御史。巡视上江,弹劾高官及依附高拱的大臣共四人。

升任衡州知府。所属之县有人提议增加商税,他坚持不同意。在任上缓和赋敛,兴办学校。

选为山东宪副,又迁任江西、陕西参政。他查明隐田漏税之弊,出羡金(官库金钱)救济饥民。

既而任陕西按察使,转为山西布政使,诛戮矿贼张守清等。选任南京太常卿,转为通政使。请假回来,不久去世,朝廷予以祭祀安葬。

许汝升

许汝升,字南征。嘉靖四十年(公元1561年)乡试中举。任陈州太守,多方储备粮食,令有罪之民交粮食入仓储,以防备灾年。不久,发生饥荒,民众困窘。他即贷粮于民,里甲应役者都回归农业,不必为灾荒而奔命受累。

改任郑州,为官平易简静,如治理陈州一样。转为浔州府同知。修缮城墙,训练精壮，开拓马路，清理江道，备足兵饷，整顿军容，修整政务。御史台委托他巡视桂、梧、南宁、林州诸郡，多年弊端，尽为铲除。有县令送他财物，他严词拒绝。

因父亲去世，辞官回来守丧。不久去世。

有儿子八人。长子名许身，万历二十二年（公元1594年）应天府乡试中举。孙子许誉卿，四十一年（公元1613年）进士，是著名的谏议官。

王 涞

王涞，字北源，号留菴，华亭人。嘉靖四十年（公元1561年）乡试中举。不顾问自己生计产业，不修饰车辆马匹，人们以真孝廉（俗称举人为孝廉）称道他。吏部选派他为中牟县令。正逢年岁大灾，民众都以树皮为食，饿殍遍野。他以雄黄粉涂扇以辟邪秽，徒步乡间小路上，招抚流民，掩埋枯骨，泽被饿殍，不少人赖以存活。该县相邻藩府，王孙比屋而居，王涞以仁德感召他们。里中有土豪凭借藩府贵人，煽动乡里不服管教之人作乱，王涞依法惩处他们。

因与朝廷派来的治河使者意见不合，于是调动官职。临走时只带了一包裹衣被而已。

辞官回家，士大夫推他为乡饮大宾（古代我国有乡饮酒礼仪，以选送人才。大宾，是乡饮酒礼中德高望重之人）。他居所在东关三里汀西，门上挂有“青莱家风”之匾。他著有《经史纂要》及《古今名臣奏议》若干卷。

张 谊

张谊，入赘永丰里的杜氏，于是居家于此。喜欢谈论《易经》，善于望气占候之法。倭寇作乱时，他曾休憩于石湖袁氏山庄，出望云气，测得凶象，拉了主人立即逃走，不一会儿倭寇果然闯入，看到只是一间空宅，于是离开。当时有个名叫沈子猷的留他吃桄榔，他极力推辞说：“我用蓍草占得卦象凶险，不敢停泊久留。”解缆开船不到十里，沈子猷被害。他的占卜预测就是如此奇妙正确。

西蜀将帅张守道带兵来海上抗倭，将一袋金钱假称是海产品，要求寄存于张谊处，连同一个五岁的儿子也托付给他。张守道死于战场，张谊招募善于游泳的人拉回了尸体，亲自擦洗了伤口处的血迹而收殓，拿出原先寄存的那袋金钱，归还张守道的儿子，送别了张守道的灵柩而回来。

不久，他以贡士的身份进入京师，随即抱病而归。晚年营建寿藏（生时预营的墓穴称"寿藏",也叫生圹),见有长满苔藓的墓石,读其铭文,才知道是永乐(公元1403年—1424年)时陆子安之墓,学士胡俨亲笔题字。于是他捐资对此墓加以修缮,且告诫村民不许在此砍柴放牧。

他编有《皇明事林广记》及《字脍》、《学庸注补》、《论语剩语》、《中唐诗选》、《名文拔萃》、《黄钟论》、《乐器图》。

儿子张从律,嘉靖四十一年(公元1562年)进士,授官刑部主事。

余 采

余采,字元亮,是方孝孺八世孙。其祖先为避难而改余姓居于上海。余采个性刚强,坚守节操,看到别人过错,不留情面,当场指出,也不随取别人一钱。县令、教官都敬重他,他执平辈交往礼仪,不愿卑膝屈躬。曾与一位婺州士人同舟,那人在路途中去世,余采解囊相助,为之收殓归葬。

晚年出任教官,历任江右、闽、粤等地的教学。屡次显示正直的节操,并选拔许多人才,这些人后来都成为名士。

潘允哲

潘允哲,字伯明,潘恩之子。登嘉靖四十四年(公元1565年)进士第。授新蔡县令。当时淮、汝洪水泛滥,漂没大批民房。他请开国库救济灾民,流亡移居之人纷纷返回。调任义乌县令,矿盗闻风逃窜。

征拜御史,任官于南京,按抚上江。出任黄州守令。为官讲究简政清静,平时进出不设卫从人员,民众亲近而又敬畏他。提升为山东宪副。母亲去世,服丧期满,任陕西督学。颁布规章制度,士人一致趋从。

得到父亲的亲笔书信,发现语言混乱,心中不安,说:"父亲大概病危了。"立即辞官回去,中途听到父亲去世的消息,从五十里外哭着赤脚而向前奔丧。三年寡言且无笑容。

潘允哲承袭世传家风,不从事家庭产业。平时粗茶淡饭,生活简朴。万历十六年(公元1588年)发生灾荒,米价腾贵,他家穷得几乎无米下锅。除父亲潘恩遗留下的田房外,他不增加一亩一房之产。也从未与平民百姓争尺寸之利。他去世之日,无论相知或不相知的,都哭泣流泪。丹旐(灵柩前的旗幡)所过,父老乡亲争着在上面插竹挂纸钱,从他家到墓地有二十余里,乡亲、路人相送不绝。

潘允端

潘允端，字仲履。是潘允哲之弟。先于嘉靖四十一年（公元1562年）中进士（比潘允哲先一届，即三年），授比部（刑部司官）。因为父亲潘恩在法曹（司法官署），改调南工部，掌管龙江关税。他宽待商人，税收反而加倍增加。大司空问起此事，潘允端严肃地说："我难道是聚敛之臣吗？"

转任驾部，以宪副的身份巡视青登。巨盗凭险阻出没掳掠，潘允端查访得巨盗手下的情况，宽免他的罪责，命他引诱盗贼前来，抓获其魁首，余党纷纷解散。岛人每当逢年过节入市，某武官以袭击杀害他们作为功劳，激起诸岛动乱。潘允端点名公布这武官的罪状，并发檄文告谕诸岛。岛人都叩拜潘允端，感泣而去。

晋升为参政，掌管漕运，漕政为之一变。起先，有司交兑（农户粮食交到府、州、县水边卫所，兑给卫所官军运输到京师，并给一定的运费及耗米或耗银，称为交兑）往往过时，领运者又多懈怠，等到进入运河，河水暴涨，数次损坏船只。北上早寒，冰冻河面，船不能通行。为此潘允端与有司约定期限，组织各参与漕运的官军，于二月到达淮水，五月进入闸口，八月一起到达天津。又在瓜洲建闸门，以避长江洪涛。令白粮（明初建都南京，就近向苏、松、常、嘉、湖五府，输运内府白熟粳糯米十七万四千余石，各府部糙粳米四万四千余石，称为白粮，令民自运）民船尾随漕运舟船而行，永免民运瓜、仪之累。

潘允端苦心谋划设计，尤其在海运方面。漕运自淮入海，历经胶、莱以至直沽。险道遥远，怒涛时起。言者为之惊惧。潘允端亲自进入沿海要害之处，以激励将士，奖罚严明，按章而行。漕运船只三百余艘，运粮十二万石，不到一个月就到达天津，自会通置河以来，从未有过。他调任西蜀右丞后，漕运善政又废止不行。

他到西蜀，发现当时用兵九丝，不到数月费金三百万，吃惊地说："往昔东南受倭寇之祸，征伐数年费金不到二百万。如今征平都蛮小丑竟费金如此之多！"督府长官刚以平乱有功而得以提升，闻此语，心中怀恨，设计毁伤他，使他弃官而归乡。

潘允端在四川布政使任上，于嘉靖三十八年至万历五年（公元1559年—1577年），为其父母在上海建筑豫园，"豫"与"愉"同义，取义"豫悦双亲"。潘允端回家后构建乐寿堂，凿泉垒石，奉父亲潘恩居其中。享高官尊显之荣，又极父子兄弟之乐，堪称其家族之盛事。

陆树德

陆树德，字与成，尚书陆树声之弟。嘉靖四十四年（公元1565年）进士。出任严州司理。精于综合核查,为政简朴平和。奉命按抚武义县,令夜间行进,以免扰民,有停留居住者,则立即呵叱他,命他离去,并处之以法,不予原谅。御史庞尚鹏对手下的官吏很少有满意的,对陆树德则说:“廉洁之士,廉洁之士。”

升任刑部主事,隆庆四年(公元1570年)又改为礼科给事中(为朝廷言官)。明穆宗在大臣为他经筵讲书时,沉默不发一言。陆树德上疏说:“《周易》里说,上下相交为泰(泰卦上坤下乾,为上下交通之象),如果皇上不与公卿辅弼大臣相互交流讨论,凭什么来劝谏君王、应对纷繁的政务呢?”又分条议论边防计策,分析得十分透彻。

隆庆六年(公元1572年)四月,诏令辍东宫讲读,陆树德说:“自四月迄八月,为时甚遥,请非盛暑,仍御讲筵。”当时明穆宗身体有病,太监中有人提议开设戒坛。陆树德又上疏直言劝谏:“戒坛男女混杂,导淫伤化,陛下要保重龙体,应该效法大禹远离美酒,效法成汤不近声色。”从而停止建立戒坛。不久,明穆宗去世,明神宗即位。当时得宠擅权的宦官冯保十分蛮横,高拱入阁任首相,作出决策要将冯保驱除,陆树德等大臣也纷纷上疏,揭发他的罪恶,然而没有成功。怀恨在心的冯保于是将高拱赶出内阁,并毁伤敢于直言的大臣。

陆树德居言职三年,疏数十上。隆庆六年(公元1572年),改任尚宝卿,选为应天府丞,不久改任太常少卿,然后进用为大仆卿,选拔为右佥都御史,出任山东巡抚。当时冯保已败落,陆树德一上任就请裁断募兵费用,健全里甲制度,戒除苛政杂税,都获朝廷许可。

陆树德一向清廉严正。德藩(地方藩王)与太监谋划夺取民佃白云湖,陆树德力争阻止,但藩王不听从,于是陆树德于万历十一年(公元1583年)托病辞归。归乡后与兄长陆树声常流连佛寺,与名僧雅士谈笑娓娓,品茶小饮,以为乐事。他比陆树声先几年去世。

他的儿子陆彦祯,万历二十三年(公元1595年)进士,官拜南京吏部考功主事,襟怀宽广,富有才识,可惜不受重用。

他的孙子陆景朋,万历三十一年(公元1603年)举人。

张明正

张明正,字公甫,华亭人。嘉靖四十四年(公元1565年)进士。授南京礼部主事,转为文选。明正清慎,精细机敏,不亲近非礼之人。王本固、林燫恒十分器重他。

既而出任滇(云南)宪副,转任东粤大参。粤地本是盗贼集中的地方,他很快抓到了盗贼魁首汤冯等人，又在土矿处营造堡垒，招募士兵边耕田边守卫。又因沿海多浪潮，歹徒以盗珠为业，出没波涛中。张明正决策，一鼓捕获其首领，东粤衙署上奏称张明正功居第一，赐给他黄金、彩带。

转任西蜀按察使，再转为本省右丞。所积聚的粮食一半供给军兴（汉制，朝廷征集财物以供军用，谓之军兴），然而通常为司廪所耗费，督府下议输送金钱代替粮食。张明正力争不可，说："仓猝之际需要军兴，恐怕金钱很难立即转化为军用粮食吧？"当时突发松藩马瑚告变事件，由于张明正的坚持，兵士粮食赖以足够供给。他又停止括田（也称括户，唐以后政府检括籍外田地和逃户的措施）、停止铸钱币，蜀人非常感激他。

转为贵州左方伯（方伯，原为一方诸侯之长，后为地方长官的俗称。左方伯，即长官的佐助之官）。不久，母亲去世，回家守丧期满，补授福建官员。当地有个叫陈绅的人，本来窜入倭寇中，现在返回，他声称倭寇即将进犯。张明正不紧不慢地说："这是虚张声势，他想逃避原先入海窜入倭寇之罪。"立即将他捕捉，经审讯，他承认是谎报。

朝廷有意让他任西粤督抚，恰逢吏部尚书宋公暴病身亡，于是他决意辞官。但仍循资入觐（官吏按年资逐级提升。觐，古代诸侯于秋天朝见天子称觐）。在路上，听说自己将被提升为太常卿（为九卿之一，掌礼乐郊庙社稷事宜，级别虽高，实际上是一种闲官），则毅然南归，说："我以平民官至二品，已远远超过本分了。"享年七十岁。

孙子张瀛、张宾，相继于万历四十年（公元1612年）、万历四十三年（公元1615年）乡试中举。

施　用

施用，字子中，华亭人。家境贫困，侍奉双亲能尽力孝养。待人温良恭敬，善于谦让。努力学习，但科举考试失利，由选贡（明代取士之法，用以补岁贡之不足）授瑞州通判，以廉洁谨慎著称。

顾学仁

顾学仁，字元甫，华亭人。嘉靖四十三年（公元1564年）由举人任遂安县令。慈惠及民，政多简易。遇流寇之乱，军务繁忙，而他安静镇守，毫不扰民，离任后民众设置其画像祭祀。

陆中行

陆中行，字伯与，华亭人，居横云山。弱冠补诸生。尽心钻研古籍，旁及内外（佛教称佛经为内典，佛书以外的典籍为外典）阴阳九流百家诸子。曾游四方，谈兵说剑。由于时运不济，不能得志。三次择地定居，最终仍离去。依据心愿造了一艘有舱室的船，外列爻象八卦形，而内则坐榻、卧床、茶铛、书架毕具。吹箫鼓琴，狂歌长啸，经常泛舟于峰泖间。冯恩赠以良田二顷，他不受。有游客喜欢他的琴，愿以百金买取，他不卖。徐阶两次召见他，他说："他不将我当作上宾，而是把我当作幕僚啊。"最终以寄居漂泊度过一生。冯时可当时为驾部，捐献俸钱运载其灵柩还乡安葬。曾事文徵明（1470—1559，名壁，或作璧，以字行，更字徵仲，号衡山居士，长洲人，贡至京师，授翰林待诏。隶书独步一世。山水画师沈周而出周上。有《莆田集》），与顾德育（初号少潜，晚称安雅生，明吴县人，抱甕灌蔬以资朝夕。字法钟繇，而酷似文徵明）、彭年（字孔嘉，号隆池，明吴县人，郡诸生。其名亚于文徵明。所书孙良贵墓志楷法极佳。惜家徒壁立，卒以贫死）相善，吴人目为"三高"。

宋尧明

宋尧明，字宪卿，宋尧俞之弟。嘉靖四十三年（公元1564年）举人。任德化教谕，升为归化知县。因遭父丧而归，守丧期满，起补公安，改调远安令。因擅自动用国库之钱而被弹劾，谪戍铁岭。过了较长时间，与大将军李如松相识，因而随从他出塞，斩了十七颗虏敌首级而归。然按照惯例，不得恢复官职，仅释放归来。

宋尧明禀赋不凡，七岁时嬉游门庭之前，有客人吟咏《隔帘看镜》诗，他忽然应声而道："秦岭望来云冉冉，楚台看去雨濛濛。"当时父亲的友辈袁胥台、文徵明等人都叹赏不止，把他看作神童。所著时文（科举应试之文）数十万言，才情横溢，为艺林所推重，谪戍后这些文章散佚殆尽。

乔懋敬

乔懋敬，字允德，上海人。父亲乔训，宁德县丞，有惠政，被当地作为名宦祭祀。乔懋敬登嘉靖四十四年（公元1565年）进士，授刑部主事。辅佐淮安漕运，肃清漕政。升迁为员外郎，选任为福建按察司佥事。当时福建刚受过倭寇侵扰，民众逃亡，户口凋零，各豪门大户不守法纪，难以治理。乔懋敬因势利导，宽猛相济，疮痍渐复，横暴敛迹。强横大盗攻掠闽、广间，势焰十分嚣张。他上书陈说破贼之策，地方长吏让他统率军队。乔懋敬带兵，找准薄弱环节攻击，贼寇败逃入海。转战至韶州，运用奇谋，联结吕宋，直捣寇巢，擒获贼寇首领。

征平寇乱，升迁为江西参政。他大刀阔斧地实施履亩法，上书分条陈述便民十余事。逢瘟疫流行，藩臬（指明代地方长吏布政使、按察使，掌管地方大权）多病，乔懋敬兼摄七道（地方行政区划），总管政务，从容应之，声誉益彰。他不断升迁至广西右布政使。被一位御史忌恨，遭到中伤，于是罢免官职而归乡。

乔懋敬禀性孝友，为官所到之处，必奉母而行。居官清廉俭朴。享年六十三岁去世。著有《廉鉴》四卷。儿子乔一琦，自有其传。

徐汝翼

徐汝翼，字君羽，上海人。嘉靖四十四年（公元1565年）进士。授刑部主事，升迁至广西布政使。当时瑶、壮地区动乱，徐汝翼奉命会集各监帅筹饷调兵，按照情况，或征剿，或按抚，最终平定动乱。于是上疏乞求回乡。

起初，徐汝翼在郎署（官署名。明清称京曹为郎署），座主（明代称主考官为座主）高拱以辅臣代管吏部。徐汝翼一年到头从未以私人名义拜见他，当时人们称他有高尚的气节。后任大梁副使，减免苛捐杂税，严禁奸猾暴虐，造访士人，爱护民众，嘉绩称最。

陈懿德

陈懿德，字伯求，华亭人。嘉靖四十四年（公元1565年）进士。任编修之职。参与修撰《世宗实录》、《起居注》，所记载的事情很多，执笔者大多经过一个月还不能完成十日的记事数量。徐阶与西蜀陈文穆任总裁，对下宣布说："若能每月按期完成记事工作量，该人可越级提升。"陈懿德才识敏捷，每到月底，就送上副本，编撰精当。陈文穆看了后说："如果馆中之人都像你这样，岂不可提前完成！"

陈懿德个性刚强严峻，为权贵所嫉恨，谪判汝州，渐渐升迁至延平司理。曾释放三个判为重刑的人，即比部（刑部司官）的陈邦彦、上舍生（宋代太学分三舍，初学者为外舍生，由外舍生升内舍生，由内舍生升上舍生。这里沿用宋代说法）杨廷玉、枉称盗贼的刘富仔，是他最著名的治狱事例。召为刑部主事。高拱一向了解他，授予尚宝丞。

当时海内的官员向朝廷陈述职守，政绩排名先后都由抚按大臣说了算。华亭知县郑岳有惠政，因不善于奉承上官而未被推荐。高拱执政，掌管评选官员之事，陈懿德将郑岳的政绩全部报告给高拱，高拱说："如果政绩确实像您所说的那样，为什么抚按不推荐他?”陈懿德说:“这个县令不贪占民众之财,也就没有钱财可奉献于上,因而怎么会推荐他?应当超格提拔他,这不仅鼓励守令,又可警示监司。”高拱同意陈懿德的意见,将郑岳召入省垣(本指尚书、中书、门下各官署。元时中央置中书省,于各路设行中书省,简称行省,明代改行省为布政使司,这里的省垣,当指布政使司)。

到高拱离开京师,陈懿德也辞职而归。不久去世。

王圻

王圻,字元翰,上海人。嘉靖四十四年(公元1565年)中进士。授清江县令,转任万安,拜为云南道御史。明穆宗即位之初,王圻纠察边帅的结党营私,阻止厂卫的秘密探访,疏论中官(太监)孟冲、巩鉏的不法罪状。当时言官(言谏议之官)被斥逐,宰辅辞官,他都力争保护他们。终于触犯了权臣,出任闽中佥事。巨盗张文钦、陈文岱等聚众抢掠,王圻设计方略,歼灭其首领,擒获盗贼党徒一千余人,立即告谕解散,他们最终成为良民。

被忌恨他的人所中伤,谪贬为曹县令,又选任为开州太守。他均徭平赋,施行条鞭法(即一条鞭法,明代田赋制度,把赋与役合为一,以各州县田赋、各项杂款、均徭、力差、银差、里甲等合编为一,通计一省税赋,通派一省徭役,官收官解,除秋粮外,一律改收银两,计亩折纳,总为一条,称一条鞭法。嘉靖时试行于地方,万历初张居正执政,推行于全国),以方便民众。

转任楚臬(臬,这里指明代的提刑按察司,主管一省刑名按劾之事,亦称臬司),备兵武昌。改任督学,他所奖励选拔的人才,先后都成为名臣。

改任陕西少参。当初,王圻以奏议为赵贞吉所推重。张居正与赵贞吉相互怀恨,劝王圻攻击他,王圻不应允。高拱是王圻的座师(明清科举的举人、进士,称主考官或总裁官为座师,又称座主),当时正与徐阶有怨隙,又以为王圻偏袒同乡人,不帮助自己,心中不免气愤。王圻于是弃官回乡。

他居家著书,年届耄耋,仍夜以继日,不知疲倦。享年八十五岁而去世。著有《续文献通考》二百八十九卷、《谥法通考》十卷、《稗史汇编》二百二十卷、《两浙盐志》二十四卷、《云间海防志》八卷、《水利考》十六卷、《吴淞江议》一卷,都是经世巨儒之学,另有《青浦志》八卷。又为李绍文《云间人物志》作序。陈田《明诗纪事》收其《江南初夏》诗:“旅窗萧瑟苎袍凉,别院清和午漏长。细雨欲催梅子熟,薰风初送楝花香。不妨绿树迷江路,自有清阴占野塘。欹枕偶回乡国梦,吾庐新竹已成行。”

孙子王昌会,万历四十三年(公元1615年)乡试中举。

李自华

李自华，初名守鼇，字元实，华亭人，寄籍（久离原籍而用旅居地的籍贯）嘉善。嘉靖四十四年（公元1565年）进士第二人及第（明清进士，殿试中一甲三名者，并称进士及第），授编修之职，晋升为司业，后来官至谕德（官名。唐代于东宫官属中设左、右谕德各一员，主管对太子的讽谏规劝，历代因之）。

所著有《陈宣公奏议序》，具有经邦济世之才。工于书法，有金经石刻。

盛当时

盛当时，字明辅，华亭人，居于望河泾。嘉靖四十四年（公元1565年）进士。授大理评事（官名。汉置廷尉评，掌平决刑狱。隋炀帝乃置评事，属大理寺，历代因之）。选为驾部，改铨曹，出任湖广佥事。

盛当时禀性刚强正直，蓄意诬害他的人很多。三十六岁罢官而归。

李　府

李府，字一乐，上海人，居南汇。有忠孝节气。曾任哨官（掌管巡逻放哨之官），训练宗族丁壮以助行伍（古代军队编制，五人为伍，二十五人为行，故以“行伍”作为军队代称）。嘉靖（公元1522年—1566年）年间，倭寇逼近李府所守之城，他率领次子李香出战，斩贼首四颗，乘胜追击，贼兵如蝟毛般涌来，李府父子寡不敌众，奋力战死。

第二年，倭寇又来到，李府的侄儿李黍年方十九，慨然说：“汪踦（春秋时鲁国童子，哀公十一年，与齐师战于郎地而死。鲁人因其死于国事，以成人之礼葬之）是何等的人啊，我今天应当报父兄之仇了！”出马迎战，斩获多人。一天，他挺立城堞（城墙上面呈凹凸形的小墙，又名女墙），大喊道：“三儿在此，敢与我交战吗？”三儿，是李黍的小字。倭寇用火器向李黍齐发，中弹而死。

后来李府的孙子李尚衮将这些事情上报给巡抚，立忠勇祠祭祀，而李香与李黍也随同受祭。李香字友兰，李黍字思溟。

闵　电

闵电，字起光，上海人。廪生。一向富有胆略。当时倭寇猖獗，招募客兵（客籍军士，或指配合主军作战的外地军队）作战往往失败。闵电与同县潘元孝倡议组团训练乡兵,得到一千人,自己率领,屡次与倭寇交战,斩获很多贼寇。后来倭寇大量入侵,闵电率众保卫新场,竭尽全力,最终战死。

张 涓

张涓,字子清,金山卫人。曾练士兵抗倭,屡次得胜。适逢城中赛神,军民不设防,倭寇突然来到,攀缘扶梯爬上城堞。张涓急忙登上城墙,冒着矢石,奋力击刺,倭寇堕于城下,其余都狼狈逃窜。城赖以保全,而张涓则已中弹身亡。

杨 钿

杨钿,上海人。是位闾左(秦时贫贱者居闾左,后因借指平民。后世又借指戍兵)健儿。嘉靖三十五年(公元1556年)五月初一,倭寇围城,杨钿充当守城夫。十七日四鼓(四更。一夜分为五更,每更二小时。凌晨一点到三点为四更),倭寇窥探守城者困倦,即举梯登城。巡逻哨兵发觉后大声喊叫,杨钿惊醒而起,立于埤堄(城上有孔的矮墙)间。倭寇用枪戳他,钿倒下时压住倭寇,因而倭寇也坠落下去。

这时城上守卒出击,矢石如雨,倭寇退却渡城河而逃,溺死者六十七人,城得以解围。保全城池之功,应首推杨钿。

顾邦正

顾邦正,字邻海,上海人。嘉靖(公元1522年—1566年)间,父亲被仇人陷害,谪戍云南,此时顾邦正尚在襁褓之中。长大后,问父亲在哪里,母亲哭着告诉他。于是辞别母亲,行走一年多,到达云南,夜梦父亲所在之处,早晨起来寻访,看见有人背上写着家乡籍贯及父亲姓氏,大惊,说:“我的父亲即是你父亲吗?”原来那人是父亲到云南娶妻所生的儿子。

顾邦正前往见到父亲,抱头痛哭,要一同归乡,父亲说没有大赦之令不可回去。于是顾邦正回去告诉母亲。后来再到云南,父亲已死。顾邦正要背了遗骸回去,弟弟说:“兄长有父亲,做弟弟的岂可没有父亲?”为此告诉官府,判道:“云南之子尽子道于生前,江南之子尽子道于身后。”于是顾邦正带了父亲的遗骸归家。

盛 坤

盛坤是位孝子。他母亲顾氏心痛,药物不能治疗。他向天祷告,割左臂肉烹调成羹进献，母亲心痛立即停止。后来母亲心痛复发，他又割右臂肉煮羹进献，母亲如以前一样得以痊愈。母亲去世，他在墓旁的草庐中住了三年。

韩宏谟

韩宏谟，青浦人。诸生（俗称秀才）。嘉靖三十三年（公元1554年）四月，倭寇侵犯沈巷，抓获了他的母亲，要刺杀她，韩宏谟号哭请代母而死，与母亲一同被杀害。韩宏谟的儿子哭着跑去抢救，也遭杀戮。至今人们仍称“韩似松一门争死”。似松，是韩宏谟的号。

陈时熙

陈时熙，上海人，禀性孝友。父亲遇到倭寇，将要被杀，陈时熙乞求代父亲而死。倭寇为之感动，释放了父子俩。后来父亲患病，陈时熙割右大腿肉烹调成羹进献父亲，父亲吃后即病愈。

徐　亿

徐亿，字子裁，华亭人，家住泖西。倭寇入侵，他驾驶小船带了父母躲避。遇到倭寇，他挥舞棍棒抗击，双亲得以脱逃而自己身堕水中，有浮草隐蔽，经过几天才脱险。母亲病重，他呼天祈求自代。父亲生疽疮，他亲自吮吸脓水。父母相继去世，他哀毁骨立，气绝而复苏。安葬父母后，结草庐住在墓旁，冬天不盖棉絮，夏天不挂帷帐，削竹为凳，刓木为枕，乱发打结如椎。坟墓离家不到四里，但他有时回去祭祀祖先后从不看望妻妾。晚上睡在草庐中，墓旁有丙舍（正室旁的别室），也从不进去。服丧完毕，不吃盐酪（咸的奶酪或果浆），十年不束发。平湖县的陆光祖、仙居县的吴时来在天竺寺遇到徐亿，知道他是徐孝子，请他上坐，为他向佛祈祷两天，帮他梳理头发、戴上帽子。

徐亿平时喜欢采集药草，善于种植蔬菜，花木经他之手都能成活。娶妇杨氏，善于家计，因而能够终身不困窘。年少时未曾受读经书，只是喜欢朗诵船子和尚的《机缘集》，似乎明白了佛家的宗旨。晚年嬉游城市如婴儿。夏天，他手持葵扇，戴葛布头巾，穿芒草鞋子，小腿赤露，市人围睹，如看世外异人。有人强拉他至家，教子孙认他：“这是徐家的孝子。”徐亿张目直视，笑着点头而已。御史温如璋奏请建立孝坊表彰他。松江建立孝坊，即从徐亿开始。无疾而逝，享年七十一岁。

他晚年得一子，名有亨。徐有亨孝友朴谨，居父母之丧，吃素三年。

李得祥

李得祥，字元益，上海人。与从兄李昭祥有双凤（谓兄弟才行并美）之称。禀性孝友。母亲金氏因暴病而死，来不及服药，他终身抱恨。年将六十，父亲去世，哭泣如婴儿。侍奉各兄长十分恭敬，若有召唤，则必顺从。族兄李绳被诬害而下狱，他奋起为其雪冤。弟弟李徵祥被倭寇俘获，他泣不欲生，得免方止。

儿子李伯春，自有传。

周 渊

周渊，字文德。华亭人，世代居住于青村。倭寇侵扰海上，所过之处，皆遭破坏。周渊才刚换牙（七八岁），就奉侍母亲，保卫自己的老屋，城破溃败，母亲先越墙而逃，突然遇到倭寇，寇用刀刃指向母亲，周渊伸长脖子请代母亲而死，倭寇也受感动，释放母亲，携带周渊离去。后来倭寇数次要用刀刃将周渊刺死，最后都因同情周渊的孝义而将其放走，得以不死。如此身遭兵刃险情三年。周渊常念及母亲，无奈不能逃离。

后来遇到胡宗宪带兵会剿倭寇，周渊才得以脱险。胡宗宪部下有位将士叫方福，知道周渊孝亲，要将女儿嫁给他。周渊坚决推辞道："父亲有命在先，早已委禽（男女定亲，男方致送聘定的礼物）于陶氏，背弃她则失去仁义。"但当时他还不知道，陶氏母女已先遇倭寇不肯屈从而投江自尽了。最终从旧路归来，幸好母亲安全无恙。乡里称其为孝子周家。

徐一愚

徐一愚，上海人。嘉靖（公元1522年—1566年）间，倭寇抄掠海上，沪渎诸镇受害尤重。徐一愚身遭两刀，他背了母亲逃避，濒死得脱。于是迁居城南松隐里。

儿子徐咸愚，也以孝顺闻名。

杜时达

杜时达，字兼之，上海人。嘉靖（公元1522年—1566年）末，由吏员（古代地方政府中的小官）官至绍兴府知事，改任遂昌县主簿。廉洁恭谨，节朴爱民，不为私利收取分文。起初，县内民众多有欠税，他逐渐追征，民众多乐意缴纳。代理县政一年，赞誉之声四起。所余俸禄全用以刷新衙舍、修筑墙宇。去任时囊无一钱，士民泣涕留送。

著有《纪游草》。

陈仲山

陈仲山，号五鹿。他的祖先从虎林迁徙到青浦的贞溪。从小由张家抚养，所以姓了张氏。少时认真读书应考，为督学杨公所赏识。

他的兄弟一向很贫困，他将较丰腴的田产都用来资助他们，独自奉养父母，上呈食物，十分谨慎。

父亲去世刚收殓，倭寇就进犯贞溪，他哭着掖带母亲护奉灵柩而逃。将父亲安葬于泖泾，而倭寇再次侵犯泖泾，于是又侍奉母亲回到贞溪。

后居住于华亭乡村，村民困于践更（我国古代有更赋，分为卒更、过更、践更。贫者得钱，代当值者应征者为卒，称践更），陈仲山奋身代替他人出践更钱。郡守查访得知他的贤惠，最终罢除此役。

岳丈朱克裕客死他乡，他担当起抚养其寡妇孤儿的职责。

朋友因欠税而被捕，他捐献资金代为缴纳。四方负笈者（背着书籍游学的人）多到他那里，他看到谁贫困就给资金、给食物，士人因而感激奋起，后来成为太仆的吴炯就是其中之一。台使、守令先后表彰他的门庭。

陈仲山八十九岁去世。所著有读《易》、读《论语》诸记，还有《省愆日录》。

儿子陈善，有孝养之德。

倪甫英

倪甫英，字华月，上海人。隆庆元年（公元1567年）举人。任分水县令，有良好的声誉。调任象山县，该县靠海，土地瘠薄，民众顽愚。倪甫英以节俭治理，平易近人。征收赋税，不事追迫，民众乐意输缴即予办理。

起先，狡猾的胥吏纷乱追逼赋税，无法查考实情。倪甫英说：“病因在于版籍（指账册、户口簿等）废弃。”于是校定《经赋全书》，上下皆便。

唐志范

唐志范，字子期，华亭人。居于顾望塘。以选贡（明代取士之法，用以补岁贡之不足）任通许令。年岁饥荒，他不待申请，就开仓发粮救济饥民。某甲以命案陷害某乙，狱案审判已定，他查明实情，法办某甲，民心大快。

告假归来，贫苦而死。

高 举

高举，字伯鹏，上海人，以贡举授应天府训导。应天文庙一向没有祭祀，高举建议应当按照外郡同样规格进行祭祀。

选为太湖县学教谕，不久代理望江县令。他调节水利，废除过度税赋，查禁奸猾吏役，谨慎审理案狱。经过半年，县内大治。提升为天津府教授。

辞官归乡，七十七岁去世。

儿子高宏谟，有传。

叶 蕙

叶蕙，号鲈江，华亭人。娶妻徐氏，即徐阶的姐姐。徐阶做了宰相，若有人遭欺侮要诉说冤屈，叶蕙即代为申雪。有人为此馈赠金钱，他必拒收。

孙子叶日新，孝友仗义，为兄长偿还欠税，赡养弟弟且助他读书。兄弟去世后，为其殡殓安葬，又抚育其遗孤。郡博士要褒奖他的德行，胥吏差役为此向他索要钱财，叶日新说："用钱买来的德行还能叫德行吗？"最终拒绝了官府表彰之事。所著有《衡门寤言》、《畏天录》。

陆文贵

陆文贵，华亭人。年轻时努力耕种田地而致富。到了七十岁仍没有儿子。嘉靖时，倭寇骚扰东南，赋税徭役繁重，松郡更是厉害。陆文贵拿出自己所有田产交给县官，以缓解里中之难，而自己只占用剩余的八亩田，嘱咐邻居将来经办他的丧事。

陆文贵去世后，当地民众将他安葬于大茅塘的九曲溪，有位叫沈铭的为他作墓志铭。短墙隐然，中有石亭，列祀陆氏祖先与陆文贵夫妇及女儿柳枝。自嘉靖之后三百余年，当地民众看护祭扫从未停止，大家都称之为陆义士墓。

顾汝经

顾汝经，字宏初，上海人。县内有重大徭役，他必率先参与。嘉靖间，倭寇刚平定，年成屡次歉收，顾汝经捐助赈济两次。当时筑宝山城以作防务，兵荒之后，公私力量难以支撑，顾汝经与弟顾汝纶各出资筑城一十五丈。蒲汇塘建筑闸门，由顾汝纶独力完成。

张　方

张方，字子敬，上海人，世居浦东。儿时丧父。嘉靖间，遭倭寇侵扰，又逢家庭变难，不得已依居母亲娘家。母亲衣食贫苦，坚守贞节，抚育他长大成人。后来迁徙至三林塘，不随便交往，淡于仕进，多有阴德（暗中施德于人，不为人知晓的德行）。

儿子张耀邦，字可交。行侠仗义，信守诺言，不事谋生之业。曾北游辽海，南至闽粤。岳父的兄长参议储昱劝他做官，他不乐意。

孙子张尚文，在清朝雍正十年（公元1732年）因曾孙张淇置办义田赡养宗族之事，褒奖三代，方及耀邦，得赠吏部左侍郎。

姚　昭

姚昭，字如晦，上海人。世代读书，然而家境贫困。每读父亲遗书则呜咽流泪。事母至孝，所得廪饩（即“廪食”，廪生由官府供给粮食）全部用以供奉母亲。

他开设学馆教授门生，师道尊严庄重。有巡抚御史巡查该县，询问诸生，若民穷财尽该如何处置，姚昭进言道：“民穷财尽，诚如明公所言。听说明公进用羡余（盈余）二千金以资助大工（指大工程），请问这羡余之金取自何方？”巡抚御史听他此言非常吃惊，然后徐徐说道：“一位戆直的书生！”

他因此长期困于科举场所，赋老将诗以表明自己的志向，闻者深感他生平的悲壮。

在他亲自教育下，五位儿子同时成为诸生（经考试进入郡、州、县学的生员），人称姚氏家学。

他去世后，门人私谥为“孝廉先生”。他所著有《留耕堂稿》。

顾　綵

顾綵，字南云，上海人，居南汇。嘉靖间大旱，他捐资疏浚七灶港，灌田万顷，官府表彰其门庭。万历间发生大饥荒，人相食。他设厂于四城门，煮粥救饥。两次海水泛滥，他驾竹筏拯救，聚遗骸埋葬。

孙子顾其言，另有传。

陆　铨

陆铨，号东皋，上海人。是陆文旺的后裔子孙。父亲娶后妻，给陆铨老屋数间，他精心经营,达到巨富。嘉靖间,倭寇侵入内地,他捐金十万资助军饷,官府赐他怀远将军头衔,建造牌坊以表彰他。

张 泮

张泮,号致斋,上海人。贡生,廷试第一。禀性至孝,侍奉父母能得其欢心。为人慷慨尚义,急人之难,抚育弟弟儿子如同自己儿子一般。凡是宗族及亲戚缺衣少食,都仰赖他周济,碰到丧事则按礼仪给以殓葬。徐阶嘉奖他的品行,想推荐他任中书之职,他坚决推辞不受。

嘉靖三十二年(公元1553年),倭寇嚣张于海上,长官商议筑城捍卫。张泮捐献金钱供给劳役,并亲自参与畚泥置锸,手口破碎,以至病倒不起。崇祯年间,县内人士感激他尽力于官府之事,学使倪元瑛随即下令以乡贤祭祀他。

儿子张令德,隆庆元年(公元1567年)举人。孙子张元玘,自有传。

陈一鸣

陈一鸣,字起静,上海人。本姓朱。为人刚正耿介。有人将张某毁谤县令之事嫁祸给陈一鸣,将有不测之祸。有人劝他抓住张某以解脱罪名,他不答应,说:"必须自己担当,不要使人受害。"

他年少时曾跟从父亲在外地任官游学,凭诗受到严嵩的赏识,互相唱和,十分欢畅。后来应贡入京,御医顾定芳与陈一鸣友善,一次看望严嵩时说起陈一鸣,严嵩说:"是不是从前与我唱和的那个人?我曾抄写他的诗,现在遗失了。您出去,叫他来见我。"

顾定芳出来告诉陈一鸣,陈一鸣说:"我老了,哪里还想去拜见权要高贵之人,希望早晚谋得一个好官啊?"结果不去拜见严嵩。

正逢家乡有人居于铨曹(选任官员的部门,一般指吏部),意要借助陈一鸣的声誉以显耀自己,陈一鸣于是不去吏部等候选任官员而归来,奉养母亲以至送终。

他同情友人的衰老,谦让依次的贡举,引用法纪伸张正义,呵斥县尉以护平民,都是一般人所难以做到的。

王 俞

王俞,字子昌,华亭人,居七宝。以贡生游学太学。禀性宽和,见人不论少长贵贱，都以诚意朴直相待。

嘉靖四十年（公元1561年）、万历十六年（公元1588年）发生旱涝大灾，他捐献廪米，用以煮粥，救活无数饥民。生平凡修城筑路之事，都尽力参与，孜孜如恐不及。

当初，王俞入赘簳山夏氏，他妻子的亲戚沈后山经过富林，看到涉水过河者溺死，想建筑石桥，没有成功。王俞后来捐金造成，桥名“景山”，表示成就沈后山的志愿。

晚年筑五老峰草堂，与兄长王会日夜饮酒赋诗为乐。

孙子王庭梅，万历四十一年（公元1613年）进士，由刑部郎出任广信知府，考查饶州府，有良好的政绩。不断升迁为布政司参议，升为顺天府府尹。孙子王庭柏，万历四十七年（公元1619年）进士，授工部主事，主管西粤科考。胸怀简朴开朗，有晋人风度。后降职，归乡去世。

王俞因孙子任高官，去世后累赠至府尹。

方　镛

方镛，字良远，上海人。早年父兄丧亡，他侍奉母亲及嫂子极尽敬爱。建造义塾，捐献田地以供给学费，教育一方子弟，都遵循规矩。嘉靖年间，知府何继之、运使洪富各撰碑记述他的事迹。

儿子方岑，字秀之，能继承父亲遗志。台司（指布政使、按察使等）纷纷表彰他。

顾　镠

顾镠，字廷贵，华亭人，世居漕泾。禀性慷慨，嘉靖年间，捐献良田百余顷，归于公户（有共同祖先的人家。指宗族内各户人家）缴纳赋税参与差役之用，使整个宗族人员赖以减轻负担达四十年之久。

顾氏宗族多喜好义举。顾勋，字景贤，善于治理生计之业。嘉靖年间，倭寇入城，当时请大户人家供应军需，顾勋每日输纳百金长达好几个月。顾俸，字大恩，禀性耿直，人若有过错就直言规劝。嘉靖十九年（公元1540年）、嘉靖二十五年（公元1546年），连续遭受蝗虫旱灾，他捐献粮食，赈济饥荒，赖以存活者无数。海舟渔舶被风浪掀覆，他将溺死者予以掩埋，生还者给以衣服粮食让他回家。顾良佐，字逢宇，喜好施舍，多才多艺。嘉靖三十六年（公元1557年），郡里推他掌管建筑柘林城堡，他捐资出力，公私两方都依靠他。顾承远，字伯毅，以掾吏授予局官。他捐贮药材，当时发生大疫，救活之人成千上万。又奉命疏浚金汇塘，田禾得以灌溉，居民获利。顾承进，字伯治。

性格坦率,富有度量,曾受委托监管修筑海塘三十余里,一个月即完成,共事者都佩服他的才能。顾承遴,字伯昇,郡邑举方正(是选举科目之一)。有个名叫唐昌的人,侵占三千余金,被收捕入狱。唐昌的妻子将唐昌的小妾献给顾承遴的长子以求援助,顾承遴获悉,即呵斥阻止,拒收这小妾,自己倾囊相助,代以完纳金钱,唐昌得以释放。远近贫苦之人依靠他解决急难,而他则终身无倦地乐于施舍。

乔 镗

乔镗,字子声,上海人,居川沙。太学生。气度轩昂,好义乐施。曾捐田二顷,资助义役,建办义学,设置义冢。巡按舒汀表彰他的贤惠。

嘉靖年间,倭寇入侵骚扰。抚按蔡克廉提议修筑海上护塘九十里,命乔镗掌管这劳役。他捐资首倡,两个月即完工。

巡按周如斗委托乔镗招募士兵两千人,训练征剿。乔镗亲临战阵,亲手斩杀三个倭寇。所带领的兵士斩敌首级一百五十三,活捉八人。监司记录他的功劳,纷纷上奏说乔镗崇尚节义,屡积功劳,应予以军门奖赏(明代命文臣总管军务或提督军务,称为军门,犹言麾下)。朝廷先赐冠带,送有关部门选任授职。因母亲去世而未赴军门。

杨宜委托他堵塞川沙窪口,以防倭寇船只停泊。又委托他监管建筑川沙城堡。这时有流言蜚语中伤他,他气愤而死,而城堡已完工,百姓世代称道他保障海口安全之功。

同时还有一位叫盛济时的,募兵守护,修缮场镇,骁勇善战,号称“盛家兵”。后来官任青州府通判。

还有潘元,也募兵设守,倭寇来犯即将他们赶走。

叶蕃春

叶蕃春,上海人,居石笋里。曾宿于邑邸(县内的客舍),主人有仆役出逃,因而前去追赶,唯独少妇在室内。天色将晚,叶蕃春冒着狂风大浪在渡浦暂避。

人家有位小妾与正室冒犯生气,撬开箱子拿了包裹跑回娘家去,迷失道路,夜里躲匿在叶蕃春园里,叶蕃春看到了她,就秘密招呼她的丈夫带她回去,说:“不要对外人说,否则别人会污蔑你。”他行为质直、问心无愧就是如此。

明(4)

(隆庆、万历朝)

林景旸(1530—1604)

林景旸,字绍熙,华亭人。隆庆二年(公元1568年)进士,选庶吉士,授礼科给事中。神宗年幼,小太监客用等人常在左右办事。林景旸进献十二条规劝之言,又上疏请修正《大明会典》宗藩(受分封的皇族)事例,都允许施行。

转任兵科,巡视京营,奏请扩大招募、建立选锋(选锋,从士卒中选拔组成的突击队)、均平粮赏等,共十余事。当时张居正当国,综合考核事物的名称和实际是否相符,林景旸所奏都得以施行,军政为之一新。进任太常少卿,改南通政,进为太仆卿。

父亲去世,回家守丧,家居不出。逢当政者要改金山卫为州,林景旸写信给抚按,称设州必多置官吏,所治理事少而所干扰事多。改州之事得以停止。巡抚胡执礼下令所属县田出助役钱,每七十亩征收一金,林景旸坚决抗争,于是减去十分之七。他捐田百亩助学,又以三百亩供养宗族。

享年七十五岁,被供入乡贤祠。有《玉恩堂集》。

儿子林有麟,字仁甫,以父亲福荫任官龙安知府,清廉勤政有才略,去世后被祭祀于龙安名宦祠。

孙子林希颢,自有传。

蔡汝贤

蔡汝贤,字用卿。乡试中举后十四年,中进士,时年已四十六岁。授大名府推官,召入省中(即宫禁之中),任谏垣(谏官署)长吏,出任四川藩国参政,晋升为福建宪使(按察使)、浙江右方伯(地方长官的佐官),调任西蜀,再改南闽,拜广东左丞,以中丞的身份巡抚广西,选任为副南枢(吏部佐官)。考核成绩圆满,朝廷对其亲属予以封赠和福荫。不久辞官退休,第二年去世,享年七十二岁。

隆庆二年(公元1568年)会试,房考(会试中的阅卷官)李自华在梦中听到神灵喊道:"试卷中有这样的贤人,赶快再去复查。"于是将原已落第的蔡汝贤又重新选拔出来。

蔡汝贤在大名府护堤抗洪水,保全了众多民众的生命。在掖垣(门下省、中书省等官署)侃侃而谈,弹劾黔国公的不法行为,抑止许驸马的请轿行径,恢复青浦县的旧署;当时权臣不喜欢漳浦令朱廷盂,暗示蔡汝贤中伤他可得高官,蔡汝贤合掌朝天而拒绝。朱廷盂后调职为嘉定令,为官顺从民意,一时颇具声望。

蔡汝贤于是到地方上为官,时光流逝,数年过去,任期不满不升迁,不是远方不任职。始终坚持清廉正直的品格,为当政者所推重。从隆庆元年(公元1567年)至万历十七年(公元1589年),经过二十三年才回乡一次。长期为官,却只有两三个仆人相随。夫人钱淑人(文官三品以上其妻子称淑人)在他未登第时去世,壮年守义,终身不再娶,尤为人情所难。生平知足寡言,曾作《九幸记》,说自己在辔山几乎困于舟船,在天津几乎丧于流水,都有天公相助。所著有《谏垣疏草》、《披云汇集》、《东夷图说》等。他常恨俗人苟且,有时额手告天说:"世风日下,我只盼速逝,不愿看到如此浮薄的社会风气。"处世律己,方正严肃。

蔡汝贤在谏垣时,人们提议祭祀王阳明先生,于是他上《崇正学祀真儒》一疏,请求以罗仲彦、李侗两位先生为陪祭。当时人们为之称快。

孙克弘(1533—1611,一作1532—1611)

孙克弘,字允执,号雪居,华亭人。孙衍之孙,孙承恩之子,以父恩荫授应天府治中(官名,佐助长吏协助府事),选拔为汉阳府太守。正逢高拱与徐阶有嫌隙,波及孙克弘,因而被免职而归。

从此以后,他绝无仕进之意,在东郊外靠近故居修筑了一所精舍,拉车运来奇石置于庭院内,建有听雨轩、敦复堂、东皋、雪堂、赤霞阁,陈列鼎彝金石、名画法书于其中。亲朋故友来到,则鉴赏观摩,流连忘返。还令童子按新旧脚本演唱弹奏,间或舞狮子及演角觝(相当于现在的摔跤)之戏。四方文人墨客相聚而来,他无论认识与否,都一一为这些人提供住宿餐饮。

平时有闲暇则靠明窗、俯净几,抄录异书,临摹古画。若有人来告诉他庸俗之事则掩耳不愿听。他天资高敏。正楷仿效宋克,精于隶、篆、八分;画山水学马远(宋代人,字钦山,画得家传又自树一帜),云山仿米芾,花鸟似徐熙(五代南唐人,世江南名族,画为历代所宗)、赵昌,竹仿文同,兰蕙仿郑思肖。时写人物、仙释,兼学梁楷,纵横点缀,皆有根据。名重一时,求书画者填塞于门,多命门士应之。他善用枯老之笔作画,或着色,或水墨,皆极古淡。晚年屏却一切,仅写墨梅,亦有雅尚。

孙克弘日常喜欢平头帽,有晋唐风度,而又爱画头戴竹笠、脚穿木屐的肖像,以至流传人间。

七十九岁去世。平湖县令萧鸣甲以监兑(监督漕运、兑运的官员)的身份来到华亭,匍匐风雨中拜于细林山孙公墓下。侍御杨鹤来巡按吴郡,以不得见到汉阳(孙克弘)为恨,于是为其树立墓碑而去。

乔　木

乔木,字伯梁。在学的生员考试,他总是名列第一。倭寇入侵,他跟随父亲乔镗抗倭,屡次献上奇计。隆庆二年(公元1568年)中进士,拜安吉州太守。他首行勾股法杜绝逃税,借筑斗门闸以泄大水,开仓救济灾民,安吉方才无害。州府应当进贡粟米,乔木上疏请减免。银台(官署名。宋门下省设银台司,掌国家奏状案牍。因为司署设在银台门内,故名。明、清置通政使司,职与宋之银台司相当,故或称通政使为银台。此处银台就是这个意思)误上副封(即副本。《汉书·魏相传》:"诸上书者皆为二封,署其一曰副。领尚书者先发副封,所言不善,屏去不奏。"),朝廷传圣旨夺去乔木两个月俸禄。他因而上疏说:"善良的平民受饥荒之苦,明主怎能以口实(话柄,这里指通政使误上副本之事)连累民众?我作为守令固然有罪,处罚是应当的。但请从此免去贡粟。"朝廷最终同意了他的请求。安吉民众世代祭祀他。

迁任潞安府丞,提升为河南佥宪(按察使佥事)。因母亲去世而回家。守丧期满,补授井陉备兵使者。井陉正当燕晋的要冲之地,北控倒马关,所辖千余里,是一方重地。乔木到任,即检阅兵马,修缮边防,谋划战斗守备之策,其军防阵营成为诸道(道,行政区划)之冠。朝廷两次给以白金文绮之赐。茨沟营卒多乌合,跳窜盗矿,不可搜寻。于是乔木挑选土著八百人充实队伍,逐渐淘汰原先的招募者,盗贼因此平息。一年发生灾害,他开国库发放粮食,饥民得以存活者很多。

既而迁任福建参议。直指(朝廷直接派往地方处理问题的官员,也称直指使)心术不正,同僚构陷,于是迁任滇宪(按察使),而诽谤他的书信又至。于是他解职归田。

归家后为家乡做善事。撰作家史二卷,分田赡养宗族。为家乡疏浚水渠二十余里以便蓄水和排水。万历十六年(公元1588年)发生大饥荒,乡里有人白天抢劫为盗。乔木拿出粮食救济灾民，又请求总帅派兵保护自己的宗族人员进入城堡。享年六十七岁。

儿子乔拱璧，万历三十五年(公元1607年)进士。任浙江守令。操行清廉、施政惠民一如乔木当年在安吉为官之时。

父子二人都作为乡贤享有祭祀。

曹铣

曹铣，字子良，华亭人。隆庆二年(公元1568年)进士，授行人，历任兵部郎，出任漳州知府。漳州民俗喜好斗殴，曹铣来到，多方化导，民众逐渐平稳情绪，消释忿怒，无相仇恨。有位黎秀才，因小怨隙连年争讼，曹铣收敛威严，好言激发，最后这黎秀才感激涕零，争讼平息。西洋番舶每年输纳额外税赋以充经费，曹铣全部予以裁减。

他去世于官任上，家无钱财，无以殓葬，僚属为他捐俸，得以安葬。

宋尧武

宋尧武，字季鹰，华亭人。隆庆二年(公元1568年)进士。授信阳州知府。遇到荒年，在他的救济下，万余人得以存活。为官政绩不凡。

改任惠州守令。巢贼李文表，长期在惠州作乱。明世宗时派兵征讨，有人将面貌类似李文表者俘获献上，而真的李文表漏网逃逸。宋尧武到任后，致以文告，晓以至诚，李文表被感化，并派自己的儿子入侍宋尧武，宋尧武将其送入学宫读书，从此惠州之乱彻底平息。

林道乾拥兵数万，任小琉球相三年，意欲谋夺王位，国人不同意。于是又航行海上作乱。万历六年(公元1578年)春，他率领舟师突袭碣石(古山名，在河北昌黎西北)，将士惊恐。宋尧武登上舟船，以大义晓示，林道乾于是仰天而说："明公(宋尧武)以德言抚按我，违抗不祥。"说罢回头吩咐手下，将从惠州抢掠而来的十八位女子，放到海滩上，随即自离碣石而去。

宋尧武因母亲去世而辞官回家守丧。守丧期满，补授福州太守。不久掌管北岭道，晋升为滇南参知，分管金沧。姚关戍兵暗中怀有不轨之心。宋尧武告诉御史，御史不相信。不久，戍兵劫持别驾(通判官)而出走。宋尧武率领土著之民和蛮兵截断其退路，姚关作乱的戍兵乞求投降归正。御史伤心地说："早点儿听从参知的话，怎么会到达今天这种地步啊！"

当初，按抚之臣李公材征伐缅甸得胜而回，忽有谣言说他滥用妇人的首级邀功受赏。御史查访此事。宋尧武说："李公向来以道术（这里指圣贤的道德学术）自许，明公您怎么这样诘难怀疑他？"这时正好有人诬害李公材，御史于是拿定主意，上书皇帝，皇帝大怒，命逮捕李公材，推至午门，以诳言律处之。人们都为他喊冤，而海内从此更推重宋尧武，御史则懊悔不及。

宋尧武辞官回乡，在松江城北买了块地住下，自号安蔬主人。享年六十五岁。孙子宋存楠，天启七年（公元1627年）顺天府乡试中举。

陆从平

陆从平，字履素，华亭人。居郡城望仙桥，是陆应寅的小儿子。隆庆二年（公元1568年）进士，任清丰县令。调停保马之役（有关畜养官马的劳役），民众得以减轻负担，为他建生祠祭祀。

提升为南京营缮主事，于芜湖主管征税，处利不沾，廉洁奉公。有位大商人将金子放在酒罂中献给他，他严正拒绝。

晋升为都水郎中，出任漳州太守，谪为滦州知州，改任临江判官，不久升为思南太守。播州的酋长正暗藏不轨之心，于是以数千言上书中丞，有条不紊地揣度其变乱必起。然后前往勘察，严密防备，思南之民赖以安定。

迁任两浙转运使，他去除积弊，更新规章制度，商民两便。

大计（官吏每三年一次的考绩）时以年老而退休还乡，实际上他尚处壮年。从此他闭门谢客，每日忙于教子，闲暇时则结社赋诗，留意于著述。著有《彀音集》、《燕思斋稿》、《熬波集》、《明农集》等。七十五岁去世。

吴丕显

吴丕显，字希文，华亭人，居璜溪。年少丧父，母亲田氏靠纺织供他读书。长大后能通文史，作童子师以自给，侄儿吴炯也成了他的弟子。

隆庆元年（公元1567年）乡试中举，任承天府通判，代理荆门州。荆地民风勇悍凶狠，事务极其繁重。因为赋税不均，民众纷纷告发隐私。吴丕显亲临田间，调整其赋，以致均平，民众称便。

当时建造寿宫，吴丕显因为解送木料有功，荣膺恩赐，并赠典册。

后降职为襄府审理。辞官而归乡。

吴丕显喜好施与,宗族故旧都得到他的恩惠。

儿子吴炜,字巽明,学识广博,藏书众多。通晓阴阳象纬家言。经常赈济抚恤宗族亲戚中的贫困者,也以好义为人所称道。

乔万里

乔万里,字鹏翼,华亭人。隆庆元年(公元1567年)乡试中举。任奉化知县。廉以律己,勤以爱民。尤其重视教学。原明伦堂已颓坏,他尽力将其修复。对拖欠税赋者,叫他们逐渐缴纳。民众有诉讼,经他劝解教导,往往消释忿怒而离去。

选拔为河南通判,最后官至杭州府同知。

庄允中

庄允中,字执卿。年少时就聪明超常,八岁已善于作文,村里称他为神童。十二岁补为博士弟子(汉武帝设博士官,置弟子五十人,令郡国选送。唐以后也称生员为博士弟子),每次考试必为第一名。

游学京师太学,隆庆元年(公元1567年)乡试第一名。当时松江很少有凭《周易》得到功名的,庄允中得到归有光易学真传而获得上选(指其乡试第一名)。《周易》之学在松江发展,他被推为开山之人。

庄允中世代居住于朱泾。万安桥本来是一座木桥,他捐资九百余金,改为石桥,一方得利。

年届四十,尚未得子。以百金买妾。新婚之夜,获悉这女子的父亲为欠官税而被关押,因而卖女儿以偿付欠税。他内心为之哀怜,于是立即归还这女子,却不收回原来已付的聘金。不久以后,他的妻子怀孕而得子,这是他的厚德所报。

儿子庄元祯,登崇祯元年(公元1628年)进士。

诸纯臣

诸纯臣,字午泉,华亭人。隆庆四年(公元1570年)举人。任河南府推官,清介之操一时无出其右者。因病而辞官归家。

金从洋

金从洋,华亭人。隆庆五年(公元1571年)进士,任曲江知县,累官至贵州参议,分管铜仁县。正逢不服管教的苗民动乱，而营垒未立，守卒多疲惫衰弱。金从洋视察地形，规划要害，认为松桃为川苗门户，宜把关守卫，于是在此建筑营堡，屯兵守御，贼寇不敢侵犯。

当时官兵放纵，市井骚动。他上书抚按大臣，要求严禁不法之徒，民众始安，如获新生。在任两年，心田纯洁，行为廉正，外表温和，意志坚毅，各将吏既感戴他又敬畏他。调任云南而离去时，民众拦道挽留，甚至有人卧于车辙前不让他离开。

许乐善

许乐善，字修之。隆庆五年（公元1571年）张居正主考会试，中进士，任郏县令。入为御史，掌管河南道，主持甲辰大计。晋升为南光禄卿，改任南通政使。

他多有政绩。在郏县祭祀筑城，减轻劳役，去除条鞭（明中叶以后的赋役制度，将各州县田赋、徭役及其他杂征合并为一条征收银两）之害，蠲免酒赋之苦，开国库拿出粮食借贷给民众，赤足踏步祷告求得甘雨，民众世代歌颂他。

在任御史时，正逢张居正夺情（丧服未满，朝廷强令出任），总宪（御史大臣）率领各御史上公疏安慰挽留他，各御史都签名，许乐善为张居正门生，但唯独他不签名。他说："我为张先生门生。自古说，师即为父。张先生等于我父亲。现在张先生要去奔父丧，我身为门生，哪有阻拦之理！"请僧设斋坛，竞相祈祷，上下若狂，他又不前往，请求告假，回家高卧不起。晚年虽为朝廷所命，再次出来做官，但始终正直廉洁不渝。

他巡视畿南时，弹劾枣强令不法事，不因其门第高贵而稍有宽恕。任主计（官名，主管国家财政，计算出入）时，最重人员的才能品质；他上书所陈述的禁止馈赠的六条意见，后来定为法令。其他如论矿税、论时政、论告密及疏救御史曹学程，都切中时弊。他的节操气概就是如此。

许乐善形貌清瘦，双目炯炯如朗星。不知天地间巧诈、高傲、报复为何物，始终以百忍自处。位居高官厚禄，仍以淳厚谨慎教育家族。八十岁去世。朝廷恩赐祭葬，作为乡贤予以祭祀。所著有《适志斋稿》。

王文炳（一作高文斌）

王文炳，字象南，上海人。隆庆元年（公元1567年）顺天府乡试中举，隆庆五年（公元1571年）中进士，授四川叙州司理。叙州有山峒名叫九丝蛮的，即孟获后代，经常出来掳掠妇女财物，官兵追击，则入关用一些木石堵塞关口。关名凌霄，相传诸葛亮曾留言道:"若要凌霄破,星打月中过。"有位叫曾省吾的人任凌霄关旁边的县令,九丝蛮出击,他险被击毙。因此发誓,若能任西蜀的巡抚,要上疏建议剿灭九丝蛮。后来他真的做了西蜀的巡抚,于是获得了专门讨伐九丝蚕的职责,请王文炳来军中策划。正好看到邸报(朝廷官报)上有星过月中的消息,王文炳说:"征蛮之事成功了。"不久俘获蛮中通事(即翻译者)何朝恩,又便装出行得敢死之士吴鲸等共为向导。吴鲸说:"如果在五月五日下大雨,此关必破。"因为依据蛮人风俗,到五月五日相互馈赠食物,纵情饮酒,懈于守卫。到了那天,果然下大雨。蛮人内部,酒酣发狂,互相攻杀。王文炳自裹毛毡从山后攻入,即破凌霄关,割取蛮王阿大、阿着等人的耳朵,使数万民众得以存活。设立武宁城卫及文武公廨(官署),声势无比显赫,教化顺利开展。皇帝下令,给他晋升一级官职。万历二年(公元1574年)入刑曹,充本科(官名,即刑科给事中),掌管章奏。

王文炳在病中,受同事郎之罪牵连。皇帝查问,有人把罪责全推到王文炳身上。王文炳慨然上疏,陈述自己失职。皇帝以无罪宽恕他。

万历九年(公元1581年)出任庆远知府,万历十四年(公元1586年)升任贵州宪副。奉命镇压土酋安国亨等。土酋送金五百,王文炳全部用以上交当地以往的欠税,作为法定的税赋,给予国库储存。土酋因而敬畏佩服。

万历十七年(公元1589年)有苑卿(官名,掌马政,从三品)之命,当时他已七十岁了,遂辞官退休。七十六岁去世。

唐本尧

唐本尧,字世承,上海人。隆庆五年(公元1571年)进士,授金溪知县,清廉贤明,办事练达,面对前令废弛之政事,他加倍奋进,锐意革新。当时条鞭之法(即一条鞭法,明初田赋制度,把赋与役合为一,以各州县田赋、各项杂款、均徭、力差、银差、里甲等编合为一,通计一省税赋,通派一省徭役,官收官解,除秋粮外,一律改收银两,计亩折纳,总为一条,称一条鞭法。嘉靖时试行于地方。万历初张居正执政,推行于全国)初行,其他州县多怀疑阻挠,唐本尧推行,丝毫不乱。考核诸生,文体大变。

召拜监察御史,历任江西副使、贵州参政。

李伯春

李伯春,字友卿。年少时得重病,梦见一位黄冠道人亲手给他针灸,随即病愈。

嘉靖四十四年（公元1565年）又生病如前，梦见原来那位黄冠道人赐药，再次病愈。他小时候就有这样预兆贵显的征迹。

隆庆四年（公元1570年）应天府乡试中举，隆庆五年（公元1571年）中进士，授刑部主事。有关貂畹豪强大族及疑惑难决的狱讼，都请李伯春审讯。他引用法律，针对实情，上下权衡，量刑公允。依据科令，谨慎使用。各类疏状，纷集堆积，他应对如流，无有不当。同曹官员，皆逊退敬服。

出任济南太守。他上任后蠲除原先的逃税弊端，减免重赋，平均徭役，折算漕饷，赈济灾民。考核儒生，始终以淳厚宽大、仁爱恕宥为主。当地有母子兄弟相互仇恨者，李伯春都以人伦至情打动他们，使他们都感动流泪，改变原来的行为。遇到饥荒，奸民聚众作乱。李伯春发檄文告谕，将为首者依法惩处，其余不问，人心于是安定。

迁任浙江按察副使，转湖广参政。正遇江汉二水暴涨，他亲自到州县咨问疾苦。又上书端正士习、清理财赋及救济饥荒等建议，全部获得施行。这时荐举他的公文接二连三，当政者将要越级提拔他，而他却已带着母亲东归回乡了。

回家事奉母亲不长时间，母亲去世。守丧期满，他胸中生肿块而去世，年仅五十一岁，士人都为他可惜。

儿子李继厚，万历四十六年（公元1618年）乡试中举。

俞汝为

俞汝为，字毅夫。三岁丧母，父亲俞明时亲自哺养他，抱在膝上教他识字，传授句读。嘉靖四十四年（公元1565年），天台耿定向选拔他进入郡学，隆庆元年（公元1567年）乡试中举，隆庆五年（公元1571年）中进士。为山阴王家屏所赏识，拜德化县令。德化正当九江大道，弱者苦于土地贫瘠，盗贼则出没于湖泽之中。俞汝为用计谋策略，捕杀盗贼，绑缚魁首，释放胁从依附者。录绝出产金子，以抵代地方税赋。截留岁饷（每年的军粮）万石贮于义仓，以防备兵荒。不到两年，德化县安定祥和，称为大治。他又提议修筑郭州堤，从小池西岸到德化嘴，长达三千八百余丈。开山凿石，下竹为桩，垒成小池口水门一道。水门高三丈，阔丈余，旱年取其蓄水，涝灾用以贮水。成为利民工程，当地民众称它为俞公堤。

万历四年（公元1576年）母亲去世。守丧期满，补授寿阳县令，不久调任建德。当政者非常信任俞汝为，常命他去邻县检查文牍。他县的民众络绎不绝、小心谨慎地来观看，俞汝为手翻眼看嘴里点评，指出里面的差错，民众听了无不满意。遇到清丈（清查丈量土地）之事，他一人总管三县，不到一个月就完成。他离开后，人们将他作为名宦祭祀。

当初俞汝为入驾部为官，本来这里的官吏虚立名目贪污挪用，每年流失金钱粟帛以万计。他奉圣旨予以检查记录，却为此招致忌恨。

万历二十年（公元1592年）出任山东佥事，请求关闭秋税局。正逢倭寇侵入朝鲜，大肆收括兵饷。俞汝为说："朝鲜人文弱，贪图安逸，所以外寇乘虚而入。今以土著之民加入援兵，倭寇必连忙退却；若号召不逞之徒起来抗倭，白白地耗费巨额军饷，这只是自取灭亡罢了。"他上任办事不到五个月，而留都南京谗言纷起，即归来侍奉祖父。

奉养祖父九年，补授沁阳州太守。沁阳一部分土地被归入汾州，接下来八年饥荒不断，俞汝为与执政者反复分析，最后还是恢复原状。其他如兴办学校，赈济饥荒，按抚流民，修建文中子（王通，隋朝著名思想家，著有《中说》）祠堂，创设州志，政绩多可记载。按使者（巡按出使的人）汪公以冀南道上疏请求他留任，总河（河官名）曾公以河道上疏请求他留任，铨曹（吏部属官）也以岢岚道上疏请求他留任，他都不予答复。而此时正逢他患四肢麻木症，于是辞官。离任之日，万人挽留，烧香膜拜。归家一年后南京工部命令下达，但他已决心退隐了。

俞汝为恭谨淳朴，崇尚礼义，绝无玩好，喜欢为家乡做善事。神态安详和蔼，但毅然有所不为不欲。著有《皇明史裨》、《黄河考杞》、《筹荒政要》、《览泖塔记》、《缶音集》、《留枢稿》、《铜鞮稿》等，藏于家中。享年七十一岁。作为乡贤予以祭祀。

他的儿子俞廷谔，天启四年（公元1624年）顺天府乡试中举。

冯时可（1541？—？）

冯时可，字敏卿，又字元成，号文所，是大理（官名，掌刑法）冯恩的第八子。华亭人。隆庆四年（公元1570年）应天府乡试夺魁，隆庆五年（公元1571年）中进士。万历年间为广东按察司佥事（正五品），万历三十七年（公元1609年）为云南布政司右参议（从四品），后升为湖广布政司参政（从三品），累官至浙江按察使。一生多年仕途，所至皆有政绩，尤以文章为海内所推重。弱冠登朝堂为官，先后在刑、兵两曹任职。他曾事奉的五位尚书若要陈述意见，则嘱冯时可执笔起草，极力撰作成文，遂登朝廷之上。

既而由蓟门历河洛、由荆蜀入夜郎，去国天末（离国越来越远。天末，天边），作

《西征集》；自粤入楚、浙，往来万里，历经臬藩（臬，即臬司，明代的提刑按察使；藩，藩司，即明代的布政使）三迁，作《超然楼集》；里居吴阊（吴州西门），文名传扬，作《天池》、《石湖》、《皆可》、《绣霞》、《北征》诸集；晚年出山西，登罗浮山，南逾金齿，中航彭蠡、洞庭，作《后北征》、《燕喜》、《滇南》、《武陵》诸集。其他如《宝善编》、《艺海洞酌》、《五经诸解》，文中议论，联系先人思想，窥探其微言大义。他不喜顾问生计产业，家中没有多余的东西。四方请求他题字作文者每日不断，还经常有馈赠钱物的，他即随手散去，贫苦的宗族人员及士人都受到他的资助。陈田云："元成博综，下笔千言，娓娓不能自休。谈史、谈艺，当时异闻轶事，往往散见集中。"《明诗纪事》收其诗二首，《同申少师饮凡夫斋中》中有"瀑飞剡溪雪，花发武陵春"之句。他道貌古朴，疏淡端庄，下笔则有峻厉之气，不愿迎合他人，为乡里前后诗人之冠。

莫是龙

莫是龙，得米芾石刻"云卿"二字，因以为字，以字行。后更字廷韩，号秋水。华亭人（后侨居上海），莫如忠之子。八岁读书，目下数行，十岁能文，有神童之称。后补郡博士弟子。曾谒王道思于闽，王道思赠诗云："风流绝世美何如？一片瑶枝出树初。画舫夜吟令客驻，练裙昼卧有人书。"（见《列朝诗集》）其风致可想见。以诸生员入国学。

莫是龙诗宗唐人，语带烟霞，古文辞宗西京，出入韩、柳。清陈田认为莫是龙"诗长于五言，而七言散漫无神采，亦才有偏胜也"，《明诗纪事》收其诗六首（《美人愁镜》、《溪山草堂偶成》、《题写经庵》、《送颜别驾之江州》、《妓馆送客》、《访徐文卿园居》），中有"花气侵虚幄，川光动隔林""南园送归人，帆前又暮春。还家江草绿，扫径落花新""日高犹谢客，花落始关愁"等句。

莫是龙工书。于书法无所不窥，而独宗二王及米芾，小楷宗钟繇。曾作《送春赋》，手自缮写，皇甫子循、王元美皆激赏之。行草豪逸有态。

莫是龙尤擅画。山水学黄公望，极意仿摹，又另得蹊径。挥染时，磊磊落落，郁郁葱葱，神醒气足，而气韵尤别。颇自矜重不轻示人。其画作人争购之。陈田说，莫是龙作画，"必坐密室，染就不令左右宾友知之，及工甚，乃出以视人，故流传甚少"。他深于画理，著有《画说》一卷行世。"吾国山水画南北宗派之画分，即始于莫氏。"（潘天寿《中国绘画史》）

山水画的南北分宗说，借用佛教中的禅宗在唐代分成南北两宗，认为山水画在唐代也分成了南北两宗，北宗的始祖是画着色山水的李思训，南宗始祖是用水墨的王维，并且说山水画的北宗后来衰微了，南宗才是山水画的正统，正如禅宗的北宗绝迹而南宗盛行一样。但这一说法一直存有异议。唐代张彦远认为，唐人心目中山水画的正宗大家先是吴道玄，再是李思训父子，而王维只是二流画家。北宋郭若虚认为，北宋画论家心目中，山水画的正宗大家是李成、关同和范宽。画史研究者依据张彦远、郭若虚的论述，再旁征其他文献，“否定了山水画南北分宗之说，并指出这其实是莫是龙、董其昌等人为提高他们标榜的文人画而编造的”（周晓薇、赵望秦《历代名画记　图画见闻志选译》）。

附崇祯《松江府志》莫是龙传（译文）：

莫是龙，字云卿，以字行于世，又改字为廷韩。小时候由外祖父五川杨公仪抚养，有优异的天赋。十岁即善于写作，十四岁补为郡博士弟子。擅长于古文词，书法画艺凌驾古人、震撼当今，气概又豪放高尚，一时诸名流无人可与其抗衡比量。视学使者特别器重他，将他越级推荐给朝廷，当时宰辅意欲将他作为翰苑（文翰、书写）之才任用，莫是龙内心轻视这类官职，不愿就任。

司寇王世贞、司马汪道昆诸公都推重他，中丞张佳胤来巡抚江南，对他更是礼遇有加。

他日常喜欢接待奖赏贫寒之人，提拔扶植后辈学子。所著有《廷韩集》。

他的弟弟莫是元，字廷对。嘉靖十六年（公元1537年）乡试中举。官至内丘县令。个性和乐宽厚。连年饥荒，他捐粮赈济饥民，掩埋饿殍尸骨，赖以存活者甚众。

将驿站金堤迁至故地，使奸猾的盗贼敛手，然最终因此而得罪权臣，招致怨恨，被迫离任。该县父老子弟遮道挽留不得，于是立生祠纪念他。

侯尧封

侯尧封，字钦之，上海人。隆庆五年（公元1571年）进士，由刑曹郎改监察御史，奉命清理江西军务。侯尧封为政崇尚操切，独自掌握原则，衙役不得借稽查捕捉而为奸利。各部门官吏赠送的钱物全都储藏于国库，以筑九江湖堤，功劳最大。

既而巡按闽中。有贪官太守因狱讼而受贿，将淫乱且杀害母辈之人免于死刑。侯尧封首先捕捉了凶犯且依法惩处，然后上疏弹劾太守。这太守是首辅的亲朋故友，本当谪贬远方，但只是酌情就近安置，而侯尧封反而出任楚州的提刑按察使佥事。

分管巡视蕲州。蕲州本以防范江洪为职，兵卫松弛已久。他一到达即设法整顿，萑苻泽中的盗贼从此避退匿迹。又因残留的余孽尚未平定，上告两台（御史台，尚书台），自请延长任期，两年后才卸任，当地奉他为名宦并祭祀他。

迁为少参（即参政，是地方布政使的属官），分管湖南。正逢有丈量土地之役。衡、永之地多与桂、广瑶族、壮族相错杂，常酿成变乱。侯尧封亲自下去丈量土地，以便正确地规定税赋，地方得以安宁。

不久，改任襄阳备兵。他刚上任，就全面观察形胜（地势优越便利之处），随即召集民工，修筑工事。刚完成，江水暴涨，平地水高二丈，而襄阳城得以安全无损。百姓有遭受水灾的，不论是土著还是流民，他都周到地给以赈济抚恤。因母亲去世而解任归乡，襄阳的百姓设祠祭祀他。

后补授大名府按察使。逢到灾荒之年，他赤脚踏步祈祷，勤发粮食救济，从不安坐于衙门席位上，如同在襄、汉为官时一样勤于政务。

迁任福建参政。为进京祝贺而回朝。因对直指在参属令事上有所触犯而辞官退休。

二十年后，侯尧封以大行（官名，掌接待宾客）的身份选任黄门（官名，黄门侍郎，给事黄门侍郎的简称），持论独特激昂，只是以正、直、公、虚四字为主。上疏指斥妖母，预言太监干涉政务，其灾祸必严重。沥尽一腔热血，最终以一张白简（古代弹劾官员的奏章）弹劾四辅（皇帝亲近的大臣），被谪戍而去世。过了两年，侯尧封之子任兵部主事，上疏直言侯尧封被奸邪所摧残。奉旨称侯尧封一向以忠诚正直著称，特追赠太常寺少卿之官衔。

张所敬

张所敬，字长舆，上海龙华里人。家学世代以孝友诗礼传承。张所敬在少年时就有文学声誉，二十岁补博士弟子员，与陈所蕴等人闻名于艺林。更以古文词的精深造诣为王世贞所推重，郡县长吏都十分器重他。父亲晚年生育三个儿子，张所敬始终推让财产关怀幼弟，与弟弟张所毅友爱尤为深厚。

少年时受经书于何鸿野先生，先生去世后，他每年必去墓前瞻仰，泣拜其下。冯迁晚年侨居浦东，张所敬经常携猪肩斗酒去慰劳他，每次都赋诗而归。去世后，张所敬为他操办丧事。县令颜洪范聘请张所敬修撰县志，在撰写编辑方面，他功绩居多。

徐璠

徐璠，字鲁卿，徐阶的儿子，诸生。以福荫授右府都事，转后府经历，不久转任宗人府经历，升迁为广南知府，尚未上任，改为尚宝丞。正逢建造万寿宫，兼任工部营缮司主事。工程完成，赐四品官服，选为太常卿，仍领受营缮司事，进为通议大夫，福荫一子。

隆庆二年（公元1568年），徐阶致政归来，徐璠也请假回乡。

徐璠多才略，识大体，他在右府时，有寇盗一百多人来降，他对他们恩威互济。在后府时，想到自己所管辖的是京都要地，验收往来之人，设警巡逻保卫，必周详谨慎；上供柴火草木，商人按惯例有馈送之金，他都拒收。

他禀性孝友，徐阶去世，他住守墓之庐六年。设置祭田以供每年祭祀之需。又置田六百亩以赡养宗族中的贫困者。乡人受官吏役使，最受主库（主管仓库的官吏）之苦，徐璠上书两台，罢免了这个官吏。他六十四岁去世，皇帝授命予以祭祀。后因曾孙徐本高显贵，追赠他荣禄大夫、太子太傅的官衔。

徐璠之子徐元春，字正夫，号寅阳，年十六岁补诸生。父亲做官，随同到京师，寄籍于锦衣卫，改为顺天府学生。万历元年（公元1573年）乡试中举，第二年中进士，授刑部主事，改礼部，升迁为员外郎。历官光禄尚宝卿，升任太仆少卿，选拔为正卿，不久晋升为太常卿。徐元春登进士第时，祖父徐阶刚谢政家居，写信告诫他不要骄躁冒进，不要趾高气扬，不要标新立异。徐元春将其高挂于座右，以便早晚观瞻自戒，谨慎遵循。从官二十年，所到之处都谦和正直，政绩显著。官居两曹（指他所任职的刑部），用法平恕，尝昭雪孙元的垂死之冤。在祠部（礼部），上疏陈述如何因袭和变革大典，都定为法令。乞求回家奉养父亲，筑爱日堂以奉侍之。父子都官任太常司寇，王世贞称赞其家三代都官居三品之上，文武忠孝，为人伦之极。五十岁去世。著有《西堂集》。

徐璠之孙徐有庆，字豫章，号台室。禀性严肃坚毅，具有经邦济世之才，曾拜见王锡爵于京城官邸，王锡爵器重他，对人说："徐豫章不愧为世家子。"尚未成年就世袭官职，累官至三品。徐有庆当初补荫时分管巡视皇城，正逢东厂掌管捕捉之事的缇帅（维持皇城治安的将帅）刘某委托他查讯，徐有庆洞察其诬，刘某担心触犯大太监旨意，徐有庆变色道:“朝廷所依靠的是法制,枉法徇情,我不会做。”其刚正如此。二十九岁去世。

徐继溥

徐继溥,字汝文,是徐阶的孙子,官任邵武府通判,有能干的声誉。某位宪长(指御史、按察使)对他说:“您是世家子,我为您写一封书札,拿去拜见朝中某贵人,您就可以升迁。”徐继溥假作感谢,随即回家,上书请病假。

他的弟弟徐肇美,字章夫,以锦衣卫武生任本卫百户,也因不愿依附阉党权贵而请假归来,终身放情于诗酒之中。

潘允达

潘允达,号澄源,上海人。年少聪颖,人们都把他看作不凡的治国人才。在成均(太学)时已属佼佼者。后官授大官丞,当时堂库(官仓)耗损,台使(御史)将要弹劾主卿(长吏),潘允达以赢羡(盈余之钱财)充实堂库,库存充盈。

出任汀州监司(按察使),再任庆阳判官,督察粮饷,士卒悦服。发生旱灾时,他祈祷求雨,灵验神奇。

退隐林居二十年,屡次被举荐为乡饮大宾。他希望以淳厚朴实的品行挽回末世的风俗,在士人中享有盛誉。享年八十岁,子孙满堂。

田有相

田有相,字道子,华亭人。十七岁补博士弟子员,禀性恬淡闲逸,学使巡视部属考核士人,他因醉酒而迟到,于是将他除名。

从此,他居于泖上,治理园圃,种植橘树,每到深秋时,绿荫匝地,红果满枝,他侍奉父亲拄杖行走于其间,以品尝佳肴美酒为乐。父亲因而号为橘庄翁,人称田有相为孝隐。

张　拙

张拙,字汝吉,上海人。能够写诗,善于篆隶,隐居不仕。陆深招引他为社友,曾作和陆深的《白槿》诗,陆深击节赞赏,称他文才出众。和诗道:“懒随宫女候羊车(古代宫内所乘小车),欲嫁潘郎鬓已华(花,有白发)。谁向上林承雨露(皇帝的宠幸),自甘僻壤饱烟霞。幽情肯许题红叶(题红叶,即红叶题诗,事见唐人小说,事同而人物各异),淡影常教占白沙。却笑阿娇金屋贮,最深恩宠不藏瑕。”其风度操守由此诗可想而知。

吴 爱

吴爱,字翼夫,上海人。以诗闻名,高企拜他为师。顾清称赞他长期居于山林,无人来扰乱他的心志,所以语言潇洒闲静,没有世俗的华丽浮艳、阿谀圆滑、倚门卖笑之态,由此可以想见吴爱的人品。

他有《雪窗诗》刊行于世。

王嗣响

王嗣响,字霆叔,华亭人。十七岁,与叔父避倭寇于金山,夜里下雪,天气极寒,睡在圆形的米仓内。他对叔父说:“这正如当年李愬活捉吴元济时的情境。”第二天,传来青村被倭寇占领的消息,叔父由此觉得王嗣响见识不凡。王嗣响通过闭门苦读,终以学识渊博贯通著称。

有一次,他坐在庭院中,雨水突然漫溢,命童仆疏通水渠,得到一瓮金子,妻子丁氏怀疑是娘家所藏,王嗣响立即命令归还。后来在其他地方种植石榴,又得金子,仍像当初那样予以归还。他一向不问谋生之业,家境日益贫困,然而更加勉力苦守节操。唐文献、章宪文、杨继礼,都是王嗣响小时候的同学,但他们入仕贵显后,王嗣响不去拜见;即使拜见也无所酬报请求;同学有所赠送,他也坚辞不受。一天章宪文饮酒中对王嗣响说:“您如此贫穷,难道没有什么痛苦吗?”王嗣响指着杯盘中的东西说:“我不想这些,因而不觉得痛苦啊。”章宪文叹息说:“您小时候仰慕井丹的高洁,如今您果真如同井丹啊。”后来取“老壮”、“穷坚”二语自号“两益居士”(意即老益壮、穷益坚),并作传文以表明自己的志向。

他门生众多,都以礼法约束。有位刘生因丧事来告辞,家中人为他设置酒肴,王嗣响说:“依据礼法你不能饮酒。”于是自己引杯自酌。他的严峻正直就是如此。

他天性好学,到老手不释卷。诗歌效法盛唐,五言律诗尤其淡泊隽永,一时无人能及。去世后学者私谥为“贞简先生”。

儿子王藻鉴、王廷宰都能传承他的学识。王廷宰,字毗翁,以贡举为沅江县令,有文采,也不热衷仕途。儿子王藻鉴、孙子王广心,皆为清朝顺治六年(公元1649年)进士。

陆时伊

陆时伊，字汝莘，上海人。因病放弃读书从事农业，在屋舍旁边修葺园圃，荷锄汲水，不以贫困为苦。闲暇时则手捧书卷靠在大树上长啸。待人简朴直率，无寒暄之问。不吃他人一顿饭，不受他人一分钱，终身不识府县门。

陈梦庚·陈嗣元

陈梦庚，字台锡。陈嗣元，字承一，是陈梦庚的同母兄弟。父亲陈珍，号所恒。陈梦庚作为诸生（俗称秀才），孝顺双亲，友爱兄弟。友人朱克裕客死他乡，他慷慨资助收殓送葬。后来做了大官，仍如一位逡巡谦退的贫寒之士。

陈梦庚于万历二年（公元1574年）中进士，以刑部郎的身份，出任湖州太守，改为福建转运使，调任柳州太守，选为松潘按察使。降为陕西少参。

陈梦庚为官爱民如子。以蒲草为鞭，仍未常用。他两次任州郡太守，一次执掌盐政，两次莅临监司（这里指明代的按察司），但退休归来，除了一个小包裹，身无他物。家园虽在，但室内空无一物，退休后几乎没有衣食，死后几乎无钱收殓。

陈梦庚与邹南皋先生同在御史台任职，他直言谏诤，触犯权臣，随时有不测之祸，但仍毫无惧色，多方周旋而不稍避。他禀性恭谨谦退，即使村夫童稚，他也不敢怠慢。所以邹元标为他撰墓志铭道："善于身体力行而钝于趋奉时势，巧于取得民心而拙于仕途上进。"这恰如其分地概括了他的生平品行。

起初陈梦庚没有儿子，父亲命他抚养陈嗣元，让陈嗣元成为他的儿子，因而他教育监督十分严格，直至万历二十六年（公元1598年），陈嗣元中进士，历任工部，江西参议。陈嗣元对兄长执子道之礼，十分恭敬。陈梦庚去世时，他的儿子还幼小，丧葬祭祀，一切按照礼仪，都由陈嗣元操办。

陈嗣元为诸生（俗称秀才）时就有才名。后在工部以洒脱干练自立。他掌管武林（杭州府）税务，特别严察商贩中保、经济之人的弊端。税务公平，不求过额，过往津渡关卡的人们都感激他，设祠祭祀他。任藩司（布政使）未久，即拂袖而归，可惜尚未大用便去世了。

陈嗣元之子陈汝睿，天启元年（公元1621年）乡试中举。

彭汝让

彭汝让，字钦之。少年就有才名，唐文献、冯梦祯恭敬地事奉他，并将他推为社长。

彭汝让起初廪食于青浦县学。后又游太学，县令屠公推重其诗文。正逢郡守李多见因任京官时有所牵连而被审查贬职，士民闻此消息，纷纷挽留。彭汝让与蔡汝中商议阻止他离任而去。当政者误听流言蜚语，逮捕彭汝让，严加刑罚，几乎不得生。一直到朱凤翔将事实真相查明，才恢复他国子生的身份。

著有《北征》、《南游》、《击筑》诸稿。

彭汝让立兄长的儿子彭维曦为后嗣。彭维曦之子彭彦臣，隆庆二年(公元1568年)乡试中举。

蔡　伦

蔡伦，字乐山，青浦人。是宋儒蔡沈十世孙。祖父蔡光祖，移家云间，定居唐行镇。蔡伦与蔡汝贤是从兄弟(堂兄弟)，年少丧父，事奉后母，以孝顺闻名。他高傲开朗，豪爽隽永，称誉之声，一时纷传。

隆庆四年(公元1570年)，疏浚吴淞江；万历元年(公元1573年)，建议复修县治，移建唐行，率领民众完成这项重大工役。知县卓钿推举他的品行，上报于朝廷，赐他八品官秩。享年七十余岁去世。

儿子蔡象春，字元淳，品行端正耿介。曾购买本郡尤氏的缯帛(丝织品的总称。古谓之帛，汉谓之缯)归来，发觉货物多出一倍，将多余的予以归还。崇祯十四年(公元1641年)发生灾荒，有士族(世家大族，泛指官宦之家)子弟金姓者，自己卖身为奴，蔡象春获悉，捐金破除了卖身契券并遣送他回家。

徐三重

徐三重，字伯同，青浦七宝镇人。祖父徐寿，父亲徐沛，都积阴德，不显耀自己。父亲被邑志称为“笃行君子”，后因徐三重做了大官，封为比部郎。

徐三重前额宽阔，面色白皙，仪态安详，文静如处子。隆庆元年(公元1567年)乡试中举时，方弱冠之年。万历二年(公元1574年)礼部会试中式，但他不去参与廷试。万历五年(公元1577年)登进士第，因母亲去世而归家。

万历八年(公元1580年)拜官比部(刑部)。当时张居正执政，那些趋势跟风者竞为深文(援用法律条文，苛细周纳，以入人罪)，唯独徐三重持公平宽恕的主张，受御史台推重。刚满一次考绩(古代官员三年一考查)，即托病请假回家。

徐三重禀性十分孝顺。曾遗憾于没有亲自殓葬母亲。他归来后，想到父亲年寿已高，就坚决不再出来做官。朝廷内外推举引荐他的文书，每年有数十以上，但他都不予过问。足迹不入公府，长达四十余年。唯独神宗皇帝去世，他两次登临郡府公庭。贤士大夫经过松江，都争着在他的家门前行式礼（式，通轼，车前扶手横木，古人立乘，扶轼表示敬意），想要见他一面，但不可得。

然而他爱君忧国之念，无时不怀于心间。每闻朝廷行一善政，用一正直之人，就喜形于色；否则，即叹息不已，寝食不安。他精研经典，义理积于身心，到老手不释卷。所著有《庸斋日记》、《信古余论》诸书，字字句句都关联人心世道。其论学则力挽后世虚伪旷废之误，必定以朱熹的学说为指针，所以晚年他自称为"崇晦老人"。他平时始终忠诚谨慎，尽去松江风俗中的华诞奢靡、浮薄不实之气。

临终赋诗，随即长逝，享年七十八岁。嘱咐儿子不要为他乞求墓志铭。张郡侯下檄文命令在学宫中祭祀他，说："定论何须盖棺，清风可师百代。"文震孟传道："先生洁身修行，追躅前贤，仕不求荣，善不近名，不标门户，不聚生徒，卓然正学，可以垂世范俗（规范风俗，端正风俗）。"这真是他生平操行的实录。

他的次子徐祯稷，万历二十九年（公元1601年）进士，官至四川宪副（提刑按察使）。

秦国士

秦国士，字友善，上海人。万历四年（公元1576年）举人。从父秦嘉楫无子，想要以他为后嗣，不应允，食贫如故。秦嘉楫去世，族人争相为其后嗣，商议分其田宅，秦国士笑着放弃应继承的财产。从父生前的奴仆拿了财货来归向他，他都拒收。

他最后官至浏阳县令。

王明时

王明时，字治甫，号后阳，华亭人。他的曾祖父王皋官任仪曹郎（礼部侍郎），但没有遗留财产。之后家道衰落，十分窘困。王明时身处贫苦而攻读不倦，一入试场即连续及第。万历五年（公元1577年）中进士。初任冀州刺使，因父亲去世而归来。服丧期满，补授莒州太守。莒州多欠逃赋税与盗贼。他革除耗羡（旧时官吏征收赋税，为弥补损耗，于正额钱粮外多收若干，谓之耗羡）中的弊端，严查贪赃枉法之吏，赋税交清而盗贼匿迹。

入任刑部侍郎，议罪周详。出任岳州太守。不久因山人（即山虞，古代掌管山林的官吏）乐新庐事件牵连，降职为留都参军。随即补授南安知府，调任赣州知府。更加勉力，生活清苦。曾修建东海先生张弼祠。任上风气一新。后起任两河宪副（按察使），不久乞求回家奉养母亲。

母亲年龄将近百岁而去世，王明时已近古稀之年，评论者说他的孝顺可与王阳相比。为官四十年，只有一处居所，但晚年贫穷，不能据有，以至于居住没有房屋，糊口没有田地。

本族有人将重金连同自己的儿子托付给王明时的长子。王明时的长子又夭折，王明时连忙召见孩子及其母亲，将族人临终时托付的多箱资金一一归还，并抚养孩子成家立业，这尤其难能可贵。

王明时七十五岁去世。长孙王钟彦，于天启七年（公元1627年）乡试中举。

冯大受

冯大受，字咸甫，华亭人。孝子冯行可的儿子，年少时就富有才名，工于书法，为王世贞、莫如忠所器重。万历七年（公元1579年）中举，困于会试三十年，到吏部待选任，得阳山县教官，改教余姚县，升任庆元县令，致仕。

归来修葺竹素园，吟咏其中，子弟很少见到他。著有《竹素园集》，从弟冯大咸也有文名。

钟　薇

钟薇，号面溪，华亭人，居陶宅。地位低贱时不喜文墨，到儿子钟宇淳显贵，才开始虚心读书，广泛阅览，遂成通儒。知府许维新，是位廉洁的官吏，他在文集中曾说："我任松江知府，在海边公干，因而写作诗歌。喜好诗文者争相唱和，中有'时见朝霞映沃焦，元气絪緼天受冶'（沃焦，传说中东海南部的一座大山，一名尾闾。絪緼，古代指天地间阴阳二气交互作用的状态，同"氤氲"）之句，后来听人说是钟薇的诗，于是寻访他，询问政事要紧之处，他笑着不回答。只说从前太守李多见、司李（即"司理"，明代俗称"推官"，主管狱讼）毕自严都是德高望重之人，在此为官者都没有像他们那样得人心。我想钟公不讲政事只指前人宦迹，这是引用庞参被任职于棠之事啊。后来再次会见钟公，说松江志书百年不再续写，责任在于太守。我说：'你说得对，为政方法及事迹都完备地记载在志书里，以志求政，这就是你的意图啊。'一天，我从容不迫地对钟薇说：'您曾以陇西太守之事来诱导我，如果有具体事迹，可以指出来吗？'他笑着说：

‘我起初希望您像李公那样任太守，如今看来，即使说李公，你也做不到。’我坚持询问缘由，他于是说：‘李公一意主张宽善放松。有位代办事情的童仆误期长久，命予以杖击。那童仆说，请让我说明情况再受刑。随即坐于檐下慢慢解开袜子，显示足伤。李公十分同情他，连忙喊医生来治疗，且安慰他回去休养。这件事您能够做到吗？’我只是向他笑笑而已。”

钟薇比他儿子晚去世二十年，享年八十多岁。著有《面溪集》、《云间纪事野史》、《倭奴遗事》诸书，今皆散佚，而昆山《传是楼书目》记有这些书名。

儿子钟宇淳，字履道，万历五年（公元1577年）进士，授遂昌县令，在任五年，均平赋额，清除盗源，修筑学校，以治绩品行第一升任南京兵科给事中，前后上奏数十次，都能坚持原则礼制，不为虚假偏激。曾有人要求将王守仁、陈献章祭祀于宫阙庙庭，久议未决。钟宇淳上奏说这两位臣子都应从祀（陪祭），皇帝下诏同意。不久提升为福建参政，便道归乡，得病去世。他著有《括苍吟稿》、《南垣奏疏》。

钟宇淳的知交同年（同榜进士）邹元标因议论张居正夺情之事，遭受廷杖，谪遣戍守。钟宇淳始终为他斡旋相助。

钱大复

钱大复，字肇阳，华亭人。少年时就口不停吟，手不释卷，人以好学称之。补为博士弟子员（汉武帝设博士官，置弟子五十人，令郡国选送。唐以后也称生员为博士弟子），参与督学钟公主持的考试，拔置第二，为食饩生（明清时，生员试优等者，官给廪饩），文名盛传。

万历七年（公元1579年）母亲去世。服丧期满，他赶赴遗才试（选拔因故缺考的生员），取得五学（《乐》、《诗》、《礼》、《书》、《春秋》）之冠，随即得以乡试中举。从此多次进京参与会试，但都不能中式。万历三十二年（公元1604年）到选司（吏部），授官为蓬莱县令。刚上任，就召集父老询问民间疾苦。审理狱讼，减免税赋，抚恤流民，赈济贫苦，拿出羡金（郡县等官员向朝廷交赋税后盈余的钱财）以补偿欠逃的赋税。对误犯法律的百姓，他都同情怜悯，且给予改正的机会。每月初一到学校，集中讲解经典义理，用以训导启迪生员。

万历三十五年（公元1607年），他的第二个儿子钱龙锡已中进士，读中秘书（宫廷藏书称“中秘书”）。于是他辞官回家，绝不过问门外之事。编撰《宝六堂铭》以自我告诫，而又将俸禄和其他收入的盈余捐献出来修建书院以作讲学之地。周怀鲁奉命巡抚吴中,给书院题字为“日新日集”,意为日日更新、日日有所成就。他的门生辈相互辨析疑义,未通之处则反复讲论,以至于通宵不休息。又将孔孟学说依次注解诠释,随笔予以记录。门墙之外,来学习的人不断。郡邑士大夫也纷纷前来,或讲学,或相互商讨。钱大复刚到知命之年(五十岁),即已屏去声色,潜心学问,至此时更是一心讲学。日常起居生活,只用一位老仆人安排,另有一两位小仆人供茶水而已。从万历三十六年(公元1608年)至万历四十四年(公元1616年),历经九年都在这里讲学,寒暑不辍。所备置的祭祀用田及赡养宗族用田共一千余亩。每年除供祭祀之外,都用于周济宗族里衣食缺乏者,无钱婚丧祭葬者,以及想要求学而无力交纳学费者。

每年都有人推荐钱大复任职,但他隐居不出,高卧不起。万历四十四年(公元1616年)在金陵访问老朋友。焦弱侯与他交谈后说“我不如你”。

一天,钱大复说:“我今天身体稍有不适,寿命要到期了。”言讫即闭目而长逝,享年七十一岁。作为乡贤予以祭祀。后因其子钱龙锡显贵,朝廷追赠他建极殿大学士的官衔。

他所著有《四书证义》、《四书合编》、《四书笔记》、《良知的证》、《性学总论》等。

范廷言

范廷言,字侃如,一字伯龙,华亭人,居漕泾。二十岁补为弟子员(明清称县学生员为弟子员)。跟从其父亲拜见冯廷尉,进献之文震惊了座上之客,冯廷尉大声道:“你有这样的儿子不会贫苦了。”就将自己的侄女嫁给了范廷言。

不久,督学耿定向主持考试,范廷言成绩第一。冯廷尉将自己的孙子冯大受托付给范廷言教授经典。范廷言严肃地以师道自尊,不少贬损。他将科举登第看作探囊取物,轻而易举。然而七次乡试,都失利,直至万历六年(公元1579年)才中举。之后五次进京参与会试,都没有考中。萧然不得志,居无定所,上海县令高进孝将他比作邴根矩、井大春之流。

范廷言无奈之下,只得停止应试,俯就吏部选聘,得任万州守令。上任两年,州人感恩戴德。万州地处僻远,范廷言因劳累憔悴,触瘴气(指我国南方和西南地区温热致病之气)而死。

范廷言之弟范廷启,诸生,不久放弃科举,改名范濂。所著有《空明子》。时人称兄弟俩为“大范小范”。

李安祥

李安祥，字元定，上海人。倭寇入侵，据拓林，沿浦出掠，李安祥父亲李堂仓忙出走避寇，竟被抓获。倭寇驱赶他挑了担子归于老巢。李安祥听到这消息，奔仆芦苇中，屡次爬起屡次跌倒。他日夜哭泣，设法奔赴贼巢以救回父亲。

到了贼巢求见倭寇首领，倭寇派侦探卒询问李安祥，李安祥说自己是位读书人，因为父亲被掳掠，愿以身代。于是引见。李安祥在人丛中望见父亲，则啼哭不止，父亲见到儿子也哭。倭寇便释放了父子俩，仍乘船尾随，行至渡口，倭寇跳上他俩的船，拿出一支令箭插于李安祥头冠上，命他背了父亲回去。到家后，宗族亲朋都额手相庆，称李安祥是一位孝子。李安祥当时已是一位食廪诸生，学使耿公表彰其门曰“至孝感夷”。隆庆改元（公元1567年），选拔为贡生，后于万历六年（公元1579年）乡试中举，出任沧州知府。儿子李南春，孙子李继佑，都乡试中举。

张秉介

张秉介，字子石。中丞公张鄂翼的小儿子。年少时就机警敏捷，禀性十分孝顺。定省（晚上为父母安排好床铺叫“定”，早晨起来探问双亲是否安好叫“省”）两亲即使酷暑也衣不解带，穿戴齐整。父亲患病，他半夜向神灵祈祷愿以身代。父亲去世，他椎胸顿足，奔跳号哭。自己也患病了，还在室内设奠祭祀，在床上微作拜跪状。嘤嘤呜咽如小儿啼哭，渐渐有气而无声。不久也去世，年仅二十九岁。

天启（公元1621年—1627年）初，他的孙子张泰阶手录遗事上疏报告朝廷，尔后奉旨建立牌坊表彰。共经历五十余年，张秉公的孝行终于得以彰显，称为一件盛事。

张德璨

张德璨，字涵美，青浦人，庠生（经各级考试进入府、州、县学的，即为庠生，统称生员、诸生，俗称秀才）。禀性至孝，工于诗文，兼善青乌术（相地看风水之术），如果有人遇到困苦急难，他都量力相助。曾在早上出行时，拾到遗金五十，他等失主前来将遗金归还。后因儿子张以诚显贵，他被封为翰林院修撰。乡饮酒礼中，他作为大宾的身份出席（古代乡饮酒礼，择乡里年高有德之人为大宾）。

高应炅

高应炅，字仲彩，青浦人。祖母曹氏病重，高应炅祷告天神，拿刀割左臂肉煮羹进献,祖母吃后,随即病愈。里中父老将此事报告给府县,官府赐匾名为“孺孝可风”。高应炅尚未成年,读书昼夜不停,最终呕血而死,众人都为他惋惜。

曹　朴

曹朴,字以素,华亭人。八岁时母亲生病,他亲手调制汤药。母亲去世,哀毁如成人。年纪稍长后,工于书法,尤精刻印。

他的弟弟曹澐,遇火灾,冲入火中抢救母亲的灵柩,头额烧成焦烂,以致破相,年久渐愈,人们认为是他孝心所致。

郁伯纯

郁伯纯,字履臣,万历六年(公元1579年)乡试中举。为人端庄寡言,以古人为自己的榜样,好古而嗜学,曾说:“书生做人如同做文章,先定草稿,然后修正,达到真纯精美的境界。”

他禀性至孝,敬爱父母,而事奉岳父母也如同自己的父母一般。妻子去世,他终身不再娶,端坐于一室,端正衣冠读书其中,常夜坐攻读而通宵不眠。

他与人交往,真诚朴实而谨慎有礼。喜欢奖掖后进,远离浑浑噩噩、毫无志向的人如同远离污秽。郡县长吏每年去拜访他一二次。他生平不轻易指责先人。激浊扬清的高尚行为皆出于天性。

郁伯纯去世时,陆平泉先生已八十余岁,他徘徊盘旋,欷歔叹息一整天,说:“他真是孝廉啊,而竟死了!”

采风者(《汉书·艺文志》:“故古有采诗之官,王者所以观风俗、知得失、自考正也。”)为郁伯纯立碑,表志他的坟墓。

王子奇

王子奇,金山人。任指挥使。事奉双亲十分孝顺。母亲患有痰疾,王子奇吞吸她的痰液,病即愈。母亲去世,苫块(以草垫为席,以土块为枕)三年,冬天不盖棉絮,夏天不搧蒲扇;逢母亲去世之日,祭祀号哭如同初丧。于闽中带兵,当地所产的荔枝美物,他不敢尝,说:“我的父母亲尚未吃过,我怎可先吃!”

起初没有儿子,妻子刘氏买了个婢女给他,他不接纳。后来得一妾,经询问知道她是金千户的女儿,立即遣送她回去,且不收回聘礼钱。

在部队时与士卒同甘苦，坚守廉介之节。居乡村时掩埋露天尸骨，赈济饥寒民众，为善唯恐不及。曾涉海遇大风，叹息道："我心里无风波，风波对我有什么办法！"风波果然停息。后于家中去世。

周士达

周士达，华亭人。因为父亲号海山，所以他号为少海。禀性至孝，侍奉父亲能得其欢心。后来父亲到豫章做官，他侍奉继母更加恭敬谨慎。父亲病重，他呼天请代。父亲在昏迷中好像听到鬼神说："你有孝子。"疾病于是痊愈。

起初，周士达母亲王氏去世时，他刚六岁；继母陈氏去世时，他刚十二岁，哀毁之礼已如成人。等到父亲去世，他终身穿戴孝服。

王　潭

王潭，字克深，上海人，居川沙，任御医。万历十一年（公元1583年），海潮冲溢，漂没人民，王潭埋葬浮尸数百具。王潭同乔镗一起提议筑川沙城以防备倭寇侵犯。后来城毁坏，他的孙子中书舍人王乾昌、举人王偕春予以修葺。又建水洞、石桥、设置茶亭以便民。

惠州太守王逢年、宁波通判王观光，都是他的曾孙，都以文章、德行著称于时。

沈　梅

沈梅，字思云，上海人，居横沔南。家庭富裕，喜好施舍。万历十三年（公元1585年）旱灾，万历十四年（公元1586年）春大饥荒，沈梅拿出粮食三千余石用以赈济饥民，台省（本指尚书省、门下省、中书省等中央机关，明清泛指地方官府，如布政司使、按察司使等）为此表彰他。

钱良辅

钱良辅，字德卿，华亭人。父亲廉笃，通晓五经，陆炳曾邀请他，不愿前去。官任会稽教谕。钱良辅年少丧父，努力学习，万历十年（公元1582年）乡试中举。祖母沈氏九十余岁，卧床褥间不能起，钱良辅报答恩惠，护持恭谨。作为长孙，祖母去世，他居庐三年，哀毁备至。一位富翁想要将钱良辅族叔的女儿娶为妾，钱良辅发怒，此事才得以中止。钱良辅为她治办妆奁，嫁与士族（读书做官之族）。范叔子因著书得祸，钱良辅为他向当权者辩白,才得以免祸。

后因母丧哀毁过度而去世。

他的儿子钱大忠,字侃臣,以礼经(指《仪礼》或《周礼》)登天启元年(公元1621年)举人榜。兄长钱大孝早年去世,钱大忠经营其产业,支出收入之数一一登记于簿籍,待抚养侄子成人后将兄长产业归还。他官任如皋教谕,在众人中赏识许直,许直后来以铨部(吏部)的身份为国殉难,人们为此佩服钱大忠识别人才的能力。不久他被选任国子监学录,累官至刑部主事。

顾允贞

顾允贞,字叔复,上海人。万历十年(公元1582年)乡试夺魁,授南阳府通判。遇到灾荒,奉命赈济抚恤,日夜巡察灾伤,救活众多灾民。

代理府尹之职,以四劝四禁晓谕争讼者,民众将他比作召、杜(西汉召信臣和东汉杜诗,相继为南阳太守,两人皆能为民兴利,故当时人们将他俩看作自己的父母)。

升迁为工部员外郎,陈述时政数千言,有司扣压不上报。不久他辞官回乡,培养后学,教以敦厚根本,崇尚实际。崇祯(公元1628年—1644年)间人们屡次推荐他为官,他不去赴任。曾三次被举荐为乡饮礼大宾。享年七十九岁。

何三畏

何三畏,字士抑,号绳武,饶州别驾(通判)何瓛的第四世孙。华亭人。从小聪颖,出类拔萃,很早就成为廪生。徐阶劝他北上,于万历十年(公元1582年)乡试夺魁。行稿(即行卷,明代书坊刻举人中试之作,以供人揣摩仿作)一出,竞相传抄,纸价腾贵。但后来屡次受挫于会试,最终选任为司理。政府(此指宰相治理政务的处所)朱公先将他从科举试场中选拔出来,请他到绍兴一展才能。何三畏乘此机会施行自己的志向,严肃执法,毫不宽免,政绩不凡。吏部使监司(按察使)派人在浙东西考察官吏任职情况,称赞何三畏为"明李"(明晓法理。"李",通"理")。他昭雪邢节妇一案,因为讼者毁人贞节,导人以淫,顺从权势,弯曲法律,他拒绝贵人所请,将诉讼之人绳之以法。于是被流言蜚语中伤,长吏打算改任调动他,他便辞官拂袖而去。越地百姓怀念他的德行,纷纷设神像祈祷他。后来那节妇去世,有司建祠堂祭祀她,何三畏的议论主张得到进一步彰显。

何三畏归来,逢母亲丧事,竟在母亲墓前发誓不再任官。建芝园,于花朝月夕,诗文会友。他天赋卓绝出众，个性豪爽升朗，是位通经博古的儒者，又具有豪侠气概。他以一位辞官的举人自居，凡是御史、按察等长吏来拜访请教，对于地方上的利弊冤屈之事，他都不顾情面，倾心相告，无所避讳，为此，人们都推崇他。晚年更是精心撰写，所著有《漱六斋集》四十八卷、《宛委》、《卧云》诸编及《何氏类镕》、《云间志略》（为松江府人物专志，卷首有张宗衡、钱龙锡、陈继儒等五人序，凡二十四卷）、《志余》等刊行于世。七十五岁去世。陈田《明诗纪事》收其《送康季修南游》诗。

高洪谟

高洪谟，字九畹，上海人。父高举，字伯鹏，岁贡，三次任官至天津卫教授。体貌高俊，面目清肃。居官训导士人，居家训导子女，都有规矩法式。

高洪谟为万历十年（公元1582年）顺天府乡试解元（第一名），任宁国府太平县学教谕，升迁为谷城县令。修葺学宫，编撰县志，约束自己，富裕民众，生性耿直，不愿奉承上司，不久辞官而回。

儿子高廷栋，二十岁中举，可惜过早去世。

高洪谟在谷城县奖赏提拔不少优秀人才，赏识方岳贡于垂髫（指童年或儿童。古之童子未冠者头发下垂，因以“垂髫”指儿童或童年）之年。崇祯元年（公元1628年），方岳贡来松江任知府，拜师母于堂下，省视高洪谟之墓以示敬仰。

方应选

方应选，字众甫，华亭人。父亲方柱，是位忠厚老实的长者。方应选天赋英俊聪颖，十岁就善于写文章。受教于庄允中，成为云间《易经》学术的鼻祖。他还是诸生时，松江知府衷贞吉主持考试，他得第一名。学使者钟公内心惊异于他的才能，指定他为江南第一人，且聘任他主持书院社会。万历元年（公元1573年）获京兆乡试第二名。十年后，登进士第，又以《尚书》冠南宫本房（指礼部会试场所），拜官冀州刺史。

冀州多异常奸猾之人。有不法之徒平时藏匿在棺材之中，夜里起来进行盗窃，方应选查访明白，到半夜三更，疾驰五十里前往追捕，将其全部捉拿。

不久母亲去世，服丧期满，任官汝州。政绩不凡，作《汝州志》，有识之士认为此志书可与康德涵的《武功志》相媲美。

提任职方（官名，属兵部，职掌舆图、军制、城隍、镇戍、简练、征讨之事），改为武选（兵部下属官名)。当时有人主张对倭寇首领封授官爵,大司马实际上赞成这种主张。方应选直言规劝,认为封授之议不妥当,大司马不听。东征之兵失败。失败后,有提议尽撤东南兵,方应选又提出反对意见。不久有石门的骚乱,这时他以按察使的身份掌兵卢龙,终于平定其乱,获得晋升封爵之赏。

起先方应选作为曹郎在闽中选拔人才,大得人心。他将选拔的文章收集于尚书省作为范文格式。后改任闽中学政,众多士子都倾心于他。考试之事刚完成,竟因劳累过度而去世于任上,年仅五十四岁。

方应选以两经(《易经》、《尚书》)夺魁于两榜(乡试、会试),四方之士都以他为榜样,他的门生先后登进士第而被载入士籍的不计其数。他的鸿篇巨作,光辉可比星斗,不独为制举场中受人推重。有文集若干卷流行于世。

章宪文

章宪文,字公觐。为诸生时家里十分贫苦。他偕同妻子董孺人侍奉父亲竹梧公、母亲莫孺人,恭奉孝养十分谨慎。常给双亲进献美食,也多有山珍海味,父母竟然不知家里瓶内无酒、袋中无粮的窘境。他自己享用的则是锅釜之余,残羹焦饭而已,乡里人都称他为孝子。

万历十三年(公元1585年)应天府乡试中举,万历十四年(公元1586年)中进士。万历十六年(公元1588年)与人一同掌管北闱(顺天府乡试),吸收了许多人才。官拜虞部郎,掌管山西厂(这里指明代的税收机构),又督管在通湾的潞王行殿。有得宠擅权的太监意要侵吞国家财物,煽动众人起来喧哗闹事,章宪文坚持自己的主张,毫不动摇,为司空节省两万金钱。又在淮水掌管漕运船只,剔除了多年积累下来的弊端,将原来沉埋于沙土中的烂船板、破橹棹挖掘出来,节省采木金五六万。

到地方上分管事务仅十个月,因父亲去世而归来。守丧期满,进入京都。不久被谗言中伤,贬谪到潞泽,办事六日而心中惊动,立即告诉直指(官名,朝廷直接派往地方处理问题的官,也称直指使者),拿了檄文归家探亲。而母亲已经去世,于是他绝意仕进。

在东佘山住所,翛然高卧。逢年过节,一入公府,谈的都是国家大事,郡邑大夫莫不敬重他。最合得来的,要数堂邑许绳斋。听到他去世的消息,在数千里外写诗文哭悼。

章宪文平时简淡高雅,博览典故。著有《陶白》、《淮南》、《白石山房》等,流行于世。侄子章元衡，万历二十六年（公元1598年）中进士；章元复，天启元年（公元1621年）乡试中举。孙子章简，天启四年（公元1624年）乡试中举。

唐文献（？—1605）

唐文献，字元徵，号抑所，华亭人。父亲唐敷锡，梦见一颗星来到宅上堂屋的前檐，垂下一足，印大如斗，上有"敷子魁"三字。这天天亮时，唐文献出生，眉目长得美好秀丽。十六岁时成为博士弟子员，万历十三年（公元1585年）于北闱（指顺天府）乡试中举。第二年（公元1586年）会试中式，廷对选为状元，授翰林院修撰。万历十七年（公元1589年）在礼部校阅试卷，有人向他行贿以通关节，他严词拒收。

万历二十一年（公元1593年）房师（明清科举制度，录取的生员称分房阅卷的同考官为房师）赵用贤为当时人们忌恨，吴镇对他断绝婚约一事提起诉讼。唐文献力劝赵用贤离去，而且每日三四次向首辅王锡爵作解释。王锡爵叹道："这是当今的朱阿游（朱云）。"于是赵用贤得以安全归去。人们因此佩服唐文献的高义。

明光宗为太子时，下诏首选唐文献担任讲官。他风范肃穆，声音清朗响亮，令六卿注目，称赞他的讲解深得要领。每次讲毕，大太监出来拜揖，他不与大太监沟通一言。

万历二十三年（公元1595年），他再次到礼部阅卷，万历二十四年（公元1596年）迁为中允（官名，太子官属，属詹事府。掌管侍从礼仪，审核太子给皇帝的奏章文书，并监管用药等事）。按照惯例，壮元可以直接升迁至宫谕（即谕德，官名。唐代于东宫官属中设左、右谕德各一员，主管对太子的讽谏规劝），不需要按照官品次序，唯独唐文献到万历二十五年（公元1597年）才转为右春坊右谕德（从五品），这是因为他的谦让所致。

不久，他因病请求休息。万历二十七年（公元1599年）复任原官兼玉牒（古帝王封禅所用文书；帝王的族谱）副总裁。万历二十八年（公元1600年）晋升为左右庶子（官名，掌诸侯、卿大夫庶子的教育训诫之事。唐时分掌左右春坊事，历代相沿）兼侍读，应诏入都，又值日承华讲幄，风雨寒暑不辍。

万历二十九年（公元1601年），唐文献第三次进入礼部会试场所阅卷。当时太子朱常洛的地位已经稳定，太子讲官当有特殊礼遇，唐文献仍恬淡自如。伪楚王一案，皇上将其下达礼部商议，郭正域与阁臣意见不同，自己辞职而去。唐文献率领同一部门的官员送他到京师城门。

正逢“妖书案”起，词语牵涉皇室，神宗震怒，大力搜索出此妖言者，有人说妖书出自郭正域之手，牵连多人，与郭正域相知的人都惊恐不安。唐文献说：“天日昭昭，岂可昧了良心，怀疑好人啊！”带了几位志同道合的同事向首辅沈一贯昭雪郭正域的冤屈，语言真切直爽。不久获得了真正的罪人，事情才了结。

同年（一起考中进士者）给事中（掌侍从规谏、稽察六部之弊误，有驳正制敕之违失章奏封还之权）李沂暴露大太监的不法行为，遭廷杖，裹着伤口出来。唐文献徒步上前哭着扶持他，亲自调理汤药为他治伤，伴宿于旅店里。门生司理华钰反对太监收税，被捕下狱。唐文献多方周旋，华钰得以生还。

万历三十年（公元1602年）晋升为少詹（官名，正三品。秦汉置詹事，掌皇后、太子家事。东汉废，魏晋复置。唐建詹事府，设太子詹事一人，少詹事一人，总理东宫内外庶务，历朝因之）。万历三十一年（公元1603年）晋升为礼部右侍郎，掌词林篆（翰林院印章）。万历三十二年（公元1604年）任会试总裁，这年秋天为教习庶常（因会试在春天举行，故会试官员到秋天另有职务。教习，学官名，掌课试之事。庶常，即庶常吉士，明代称庶士，隶于翰林院，选进士中擅长文学和书法者担任）。万历三十三年（公元1605年）任京察（明清两代，对在京官员定期进行考绩。明代每六年即逢巳、亥年进行一次京察。四品以上由本人自陈，由皇帝裁定。五品以下具册奏请），即使卧病在床，仍一心施行自己的志向。他说：“我不因一个人阿谀圆滑而改变对其是否贤良的看法。”他面冷心热，严拒请托徇私，绝不附从权势。他以传授儒家礼教为己任，为诸生时就有不收金钱礼物而尽力为人昭雪冤屈之事，美好的德行为人所极力赞誉。郡县里繁重的徭役，他提议免除。为郡人谋得了长久之利。他尤其重视友谊，如挽救范允谦的迷茫，解脱彭汝让的厄运，协助袁微之的丧葬，是其中最明显者。

唐文献去世时年仅五十七岁，人们都为他惋惜。朝廷追赠礼部尚书官衔，恩赐祭葬。谥号文恪，作为乡贤祭祀。明光宗即位，加赠宫保（太子少保）。唐文献著有《占星堂集》十六卷。陈田《明诗纪事》收其《拟青青园中葵》诗，中有“黄河向东注，白日驶西驰。逝川与流光，飘忽不可追”之句。王锡爵认为其诗“笔法端楷”。

儿子唐允谐，天启四年（公元1624年）乡试中举。

姚士豸

姚士豸，字邦宪，华亭人，居五保。万历十三年（公元1585年）举人，授九江推官。江州关税，商人一向为之叫苦。姚士豸上任，废弃冗杂的徭役，去除苛刻的赋税，良好的政声传播遐迩。

升迁为德庆知州，不受请求拜托，不徇私情，冒犯上级官长，于是弃官归来。

施大经

施大经，字天卿，上海人，宋华亭令施退翁十一世孙。万历十三年（公元1585年）乡试中举。万历二十三年（公元1595年）参与会试，考官薛三才发现非同寻常的试卷，因已满额而未能收录，后来知道是施大经的，十分遗憾。

不久，施大经选任丹徒教谕，他所选拔的都是俊秀出众的人才。庞县令意气用事，欲以私忿革除诸生的学籍，但终究不能得逞。

不久转任瑞州府倅（副官），督造粮船。个人拒收八百金礼钱而将其用作造船费，长吏内心器重他。

后又到新昌、高安、大府任职，都有利民的政绩。掌管税收的太监潘相欲以采矿获利，施大经说："黄冈洞强盗李大鸾一向依仗险要之地剽掠抢劫，官兵难以征讨；现在驱使民众开矿，是要逼他们投靠李大鸾成为盗贼吗？"潘相心生畏惧而停止开采。

有一位姓涂的寡妇，族人想侵占她的财产，而诬告她窖藏金银用以放任纵欲。她托人向施大经送千金，施大经拒收，但昭雪了她的冤屈。

万历三十六年（公元1602年），他掌管通省漕运粮食，禁绝渡淮河的一切通常办法。这样虽彰显了他的清廉之德，却有碍于追捕盗贼。后被贬为审理，随即辞官而归。

归家后编著《阅古农书》，详细陈述了民生利弊之事，意义深远。享年七十岁。

潘可大·潘可观

潘可大，号星海，青浦人。年少贫穷，努力学习，县令屠隆寒夜巡城，听到茅屋中读书声，循声寻迹，原来是潘可大在读《汉书》，为此他得到美好的名声。万历十三年（公元1585年）中举，初任慈溪教谕，学道（学校长官）某将所作的诗命他书写，潘可大不顾冒犯长官，指出该诗押韵不当。升任卫学教授，升迁为知县。后请辞归家。

从弟潘可观，字贞所，年少聪慧，十二岁补为县学生。后以岁贡任常州府训导。母亲年高易怒，一日抽打婢女，咬她手指，血沾衣服。潘可观跪着流泪道："母亲的牙齿没有受伤吧？"母亲的怒气很快消解。郡内称他为孝子。改补为余杭训导，赏识当时还是诸生的鲍奇模。后来鲍奇模任县令，但潘可观从不以私情干求请托。

潘可大的儿子潘衷晙,字震开。万历四十三年(公元1615年)举人,能作诗文,工于书法,早年去世。潘可观的儿子潘衷昉,字公亮,天启四年(公元1624年)举人,与弟弟潘衷晧都以孝悌乐善著称。

徐 琰

徐琰,字彦文,华亭人。徐陟之子。徐琰以父荫任道政司经历,升迁为上林苑丞。上林苑本来有中官领导事务,要叫苑丞长跪拜见,同官不敢违抗,徐琰上疏弹劾,引用祖训及会典予以评论,十分深刻,中官怀恨,却也无法中伤他。

不久升迁为太仆丞。有诏命要选宫女,徐琰又上疏道:"彗星告警,天意不虚,我想下民最希望幸免的事,居于首位的要数选取宫女。从前嘉靖年间有此举,民间争着献出女子以应对选取宫女的诏命。如今事情相同而应对方法差异者,是因为陛下天威所击无不摧折。人们积累畏惧深为惊恐,也已有好长时间了。一旦听到诏命选取宫女,赛过驱赶牛羊进入屠场,乖戾之气招致异常,上冲苍天形成不祥天象,也并非是偶然啊。"奏疏送上,未报皇帝,然而选宫女之事赖以停止。

万历十八年(公元1590年),撦力克挟持其部落火落赤入侵西部边境,杀掠吏民。当事者懦弱无能,束手无策,举荐兵部尚书郑洛前往任经略。徐琰上疏达万言,请斩经略、本兵二重臣以谢天下,正直之声大震。本兵深为愤怒,而徐琰也告假归乡,年仅四十四岁而去世。

徐琰之弟徐直卿,号在庵,名不详。以上舍生身份授山东濮州州判,改任湖广衡州卫经历。他奉职惟勤,经常将民间疾苦告知长吏。办理赈济事务,按户分给,灾民得到实惠。他离任之日,送行者有数百人。

李 谏

李谏,字格卿,华亭人。万历十六年(公元1588年)乡试中举,万历三十九年(公元1611年)选为金坛县教谕。县里因贫困无法娶妻或安葬双亲的士人,他将学租供给他们解决困难;年老多病而不能继续授课的老师,他收养于学舍中。

入京师任南京国子学正。一年以后转任工部司务。大司空宣城徐公以清白的名望著称于世,他曾对人说:"必须是云间李子那样的人,才可以与他说心里话。"

升迁为刑部员外郎,平反了不少冤屈案子。提升为四川叙州太守。当地连年饥荒,风俗又多争讼,他一意稳定局面,安抚众人。州中每年散发军饷银数万两,每有盈余，以往的太守都放入自己的腰包，这已成为惯例。李谏去除了这种弊端。而饷银及驿传费用又往往在官吏间彼此挪借，李谏说："这也是个无底洞啊。"于是他规定：当年征银就用于当年，官吏就无缘为奸。该州一向没有公费，官吏往往取之于赎罪钱中，李谏为之气愤地说："岂可敲榨民众膏髓供官吏靡费？"他下令对诉讼只评其曲直是非即结案，不收取赎金，民众十分喜悦和感激。

后来他连续上书请求辞官，长吏再三安慰挽留，但他主意已定，坚持离去。

李谏辞官退休后，只数间破屋，处之安闲自得。县令经常登门拜访，他托病不见。县令离去时也无所回赠。足不出户长达十年，无片纸只字投付官府。七十七岁去世。

儿子李世祺，天启二年（公元1622年）成进士，官拜吏科给事中。孙子李淑，天启七年（公元1627年）乡试中举。

施大谏

施大谏，字叔显，上海人。年幼时即聪明敏悟，万历十六年（公元1588年）乡试中举，年方二十。不乐仕进，闭门注释《老子》、《庄子》，寒暑不辍。

儿子施绍莘，字子野，年少时为华亭县学生，才能出众，潇洒不拘。起初筑别室于西佘山之北，后又筑别墅于南泖之西，自号峰泖浪仙。喜好声伎（歌舞乐妓），与华亭沈龙相友善，世称"施沈"。当时陈继儒居东佘，凡诗场酒座常相与邀请来往。工于乐府诗歌，著有《花影集》。早年夭折，没有儿子，人们为之惋惜。

殷廷枢

殷廷枢，字执夫，华亭人。父亲殷汝孝以举人的身份官任嘉祥、钜野二县县令，有惠政。殷廷枢是万历十七年（公元1589年）进士，由部郎任官河南按察司佥事，分任巡按河北。凶恶的大盗王好问聚众于覃怀四处抢劫，杀害政府吏役，抗拒朝廷官兵，气势十分嚣张。殷廷枢设计歼灭为首者，余党不问罪，境内从而安定。

他建立射圃以考核官吏的武艺，招抚流亡者用以开垦荒废的土地，设置文会以造就优秀的人才。不久，晋升为河南右参议，分任巡按大梁。政绩卓越，有口皆碑。

因祖母去世，回家服丧。守丧期毕，补授福建布政使，去世于官任上。

朱正色

朱正色，字稚曾，上海人，居于沈庄，是朱允的五世孙。万历十七年（公元1589年）

进士,任淄川知县,审理狱讼,平反不少冤案。热衷于选拔士人,即使十分繁忙也不废止。入京为刑部主事,慎用刑法于闽中,详细审理,明白公平。晋升为郎中。侍郎曹学程因进言而触犯圣怒,要判处死刑。到了夏月按惯例应当热审(明清时代,自小满以后至立秋以前,因天气炎热,凡流徙、笞杖,例从减等处理,称热审),朱正色对大司寇说:"今日之恩唯独没有片纸加于曹君,如白云(思亲友之喻)丹笔(用以书写罪人名册)何?"曹学程得以减刑,由死罪改为谪戍。

朱正色出任杭州太守,昭雪前任太守的冤屈。税使刘成横暴,夺取市集物品,百姓罢市,朱正色将刘成绳之以法。滨海巡逻士卒将琉球商人当作盗寇,将他们砸死以邀功。朱正色告诫部属,使得十九名商人安全返回。

朱正色官至山西少参政。享年七十七岁去世。

陈所蕴

陈所蕴,字子有,上海人。万历四年(公元1576年)南京乡试夺魁,万历十七年(公元1589年)中进士,授南京刑部主事。有人犯法将受审讯,百计营请大司寇及陈所蕴的座师(明清科举的举人、进士,称主考官及总裁官为座师)来说情请托,陈所蕴毅然不稍宽宥,人称铁面郎。

三年政绩考核优等,调任南铨部(吏部判选院)、江岳藩镇参赞,大名府宪副,都有显赫声誉。升任中州学政,更是著名,谢绝说情请托,谁也不敢以推荐文书向他通融。不久提升为参政,任大梁守令。有奸猾的武官上疏请核查河南羡帑(余财),乘驿马从南方而来,执政者为之震惊。陈所蕴接连几句话折服了他,以犯妄言罪将他逮捕。

不久乞求回家休息。后起用为山西总宪(按察使),上疏乞求退休获得允许。又起用为南京太仆寺少卿,到滁阳任职刚半年,尚未上报政绩即告老还家。

陈所蕴生性方正严肃,当他是诸生、举人时,即以名教清议(以正名定分为中心的传统礼教称名教,公正的评论称清议)为己任。当他进入官场以后,敏锐正直,侃侃而谈,坚持正确主张,对个人私利毫发不顾。后来告老还家,足迹不入官府,著述不涉一私。生平为德于乡,不胜枚举。减价贱粜粮食,每年如此赈饥。地方上有大利弊之事,他往往以片言指陈,地官官员对他颇为倚重。他犹如一座高山,使百姓得以依靠将近五十年。八十四岁去世。有《竹素堂藏稿》、《续稿》。陈田《明诗纪事》收其《乞归未遂》诗。

吴　炯

吴炯，字晋明，号怀野。祖先是华亭吕巷人。吴炯六岁丧父，住在几间茅草屋里，与母亲朱氏形影相吊。他专心刻苦读书，万历七年（公元1579年）应天府乡试中举。追念父亲的艰辛，沿途涕泗不绝。回家拜见母亲，母子相向失声痛哭。万历八年（公元1580年）成进士。念及母亲的生活习惯，仍旧设馆传授经书，以供养母亲。到万历十七年（公元1589年）得到母亲的同意，才参与廷对，拜杭州府推官。有人乘倭寇之乱冒领功勋，授予卫指挥之职，引用《会典》得罪于吴侍御，受诬害被判刑，在狱中关了三十年之久。吴炯重审此案，察得实情，将他释放，坚决平反，人们称他为神明。

万历二十二年（公元1594年）提升为南京兵部主事，曾感慨地说："做官是为了施行大道，还是为了获取俸禄？六经煌煌明光，但谁看到其光芒？我还是回去研究六经，阐述它的光辉之义吧！"于是作《丛语绎旨》，还针对《春秋》古本、《大学》、《孝经》及《诗经》作《质疑参证录》、《质疑修正录》诸书。过了一段时期，改任太仆寺卿，献上《扶理学疏》。当时顾宪成倡在东林书院讲学，险些因书院费用之事被败坏名声，唯独吴炯上疏辩白，将事情查核平息。

吴炯居乡弃绝书札，为官杜绝财贿，饮食不过两簋（古代祭祀宴饮时用以盛黍稷的器皿）。却为宗族设置义田，用以供应三属（一般指父、母、妻三方的亲属）中贫困者以衣食。郡邑诸生赶赴省试（唐宋时由尚书省举行的考试为省试，又称会试。元代以后，分省考试也称省试，即乡试），都为他们提供行旅之费。大司农（官名，掌管租税钱谷盐铁等事，后也作户部尚书的别称）资财紧缺告乏，吴炯即上书捐助边防万金，说："汉时有以助边得官，士林为耻。今臣以休官助边，非有他望。"人们赞颂他的义行，而他从不自以为了不起。

起先吴炯没有儿子，直到晚年才得一子，远近之人都额手称快，于是取名为吴天赐。

吴炯七十七岁去世。朝廷赐祭葬，以乡贤予以常年祭祀。

王孙熙（1544—1631）

王孙熙，字君文。以精通《诗经》起家。松江名士俊杰，大半出于他的门下。唐文献、方应选等人，都推他为祭酒（学长。原为官名，汉平帝时置六经祭酒，秩上聊，后置博士祭酒，为五经博士之首。晋初改为国子祭酒，隋唐以后称国子监祭酒，为国子监之主管官，至清末废）。至四十五岁，才乡试中举。万历二十三年（公元1595年）成进士，当时已五十二岁。授闽县令。当时方应选是朝廷的学使者，但在王孙熙面前不敢居上，而王孙熙也安然自得。方应选去世于官任上,王孙熙相助归丧,情义真挚。

闽县情况复杂,难以治理。历任县令,忙于查访,处理讼狱。而王孙熙用柔道(指以温和安抚为主的治理方法)治理,本来繁多的争讼渐趋平息。

不久因母丧而归来。服丧期毕,补授天台令。入京为大理寺评事(大理寺,掌管刑狱的官署)。有大太监犯法,由王孙熙审理。太监行贿万金求免罪,王孙熙说:"尔金如山,我执法办案也如山。"遂依法处理,大理卿(王孙熙是他的属官)出面相救,他坚持不许。

出守台州。当地盛产麻,但人们不会纺织。他派人制作工具,教以纺织之法。当地风俗生女多丢弃不养,王孙熙下令严禁,所育之女都学会织布,使台州成为东南一带的纺织中心,人们所织之布称为"王公布",史书称其为"衣被一方"。这些得以存活长大的女子还额手称庆,说"王父使我们重生"。他为政宽大,深受民众爱戴。

他的大儿子王元瑞中进士,小儿子王元冲于顺天府乡试中举。不待报最(旧时长官考察下属,把政绩最好的列名报告朝廷叫"报最"),就已辞官回来了。优游林泉二十年,父子皆显贵,门巷却幽寂。

他为人简朴直率,心胸坦白。享年八十八岁,无疾而终。

董其昌(1555—1636)·董汉儒

董其昌,松江华亭人,"华亭派"的主要代表。字玄宰,号思白、香光居士。祖籍山东莱阳,祖父以军功封苏州卫。据陈继儒《董思白行状》、李绍文《云间人物志》等载,董其昌原为上海县人,又据《云间杂识》、《南吴旧话录》等书记载,他因逃税脱上海籍而占华亭籍,陈继儒谑之曰:"后来读董逃行,惟越境乃免。"万历十七年(公元1589年)中进士,入翰林院,从此走上仕途。董其昌在明代万历、泰昌、天启、崇祯四朝为官,历任翰林院庶吉士、翰林院编修、湖广副使、湖广学政、太常寺少卿、礼部右侍郎、礼部左侍郎等职,累官至南京礼部尚书,崇祯七年(公元1634年)诏加太子太保致仕。崇祯九年(公元1636年),他以老病逝于松江,享年八十二岁。公元1644年九月,南明弘光政权赐董其昌谥号文敏。人们常以其籍贯、字号、仕职、谥号等称其为"董华亭"、"董玄宰"、"董思白"、"董宗伯"、"董文敏"。

董其昌是中国书法史上极有影响的大家之一,其书法风格与书学理论对后世产生了重大的影响。明末书评家何三畏称董其昌的书法:"天真烂漫,而结构森然,往往有书不尽笔,笔不尽意者,龙蛇云扬,飞动腕指间,此书家最上乘也。"在赵孟頫妩媚圆熟的“松雪体”称雄书坛数百年后，董其昌以其生秀淡雅的风格，独辟蹊径，自立一宗，亦领一时风骚。董其昌的书法成就以行草书造诣最高，他对自己的楷书，特别是小楷也相当自负。他的书法，初学米芾，后学唐人，上溯魏晋，综合了晋、唐、宋、元各家书风，圆劲秀逸，平淡古朴。他用笔精到，始终保持正锋，少有偃笔、拙滞之笔；在章法上，字与字、行与行之间，分行布局，疏朗匀称，力追古法。用墨也非常讲究，枯湿浓淡，尽得其妙。书法至董其昌，可以说是集古法之大成，“六体”和“八法”在他手下无所不精，在当时已“名闻外国……尺素短札，流布人间，争购宝之”(《明史·文苑传》)，为中外文化交流增添了光辉。一直到清代中期，康熙、乾隆都以其书为宗法，倍加推崇、偏爱，甚而亲临其书，常列于座右，晨夕观赏。康熙曾为董其昌墨迹题过一长段跋语加以赞美：“华亭董其昌书法，天姿迥异。其高秀圆润之致，流行于楮墨间，非诸家所能及也。每于若不经意处，丰神独绝，如清风飘拂，微云卷舒，颇得天然之趣。尝观其结构字体，皆源于晋人。盖其生平多临《阁帖》，于《兰亭》、《圣教》，能得其运腕之法，而转笔处古劲藏锋，似拙实巧。颜真卿、苏轼、米芾以雄奇峭拔擅能，而根柢则皆出于晋人。其昌渊源合一，故摹诸子辄得其意，而秀润之气，独时见本色。草书亦纵横排宕有致，朕甚心赏。其用墨之妙，浓淡相间，更为超绝。临摹最多，每谓天姿功力俱优，良不易也。”由于皇帝亲自临写，致使董其昌书法得以风靡一时，出现了满朝皆学董其昌书法的热潮。在康熙、乾隆之际，董其昌影响之深，是其他书法家无法比拟的。其书迹存世很多，刻帖有《小玉烟堂帖》、《汲古堂帖》、《书种堂帖》、《来仲楼法帖》、《世春堂帖》等，著名作品还有《邵康节无名公传并程朱赞》、《孝经》、《书古人诗》、《传赞》等。

关于董其昌的书法，历来评说褒贬不一。褒者倾其溢美之词，清代著名学者、书法家王文治《论书绝句》称董其昌的书法为“书家神品”。谢肇称其“合作之笔，往往前无古人”。周之士说他“六体八法，靡所不精，出乎苏，入乎米，而丰采姿神，飘飘欲仙”。但批评者也很多，其中包世臣、康有为最为激烈。包世臣云其“行笔不免空怯”；康有为《广艺舟双楫》讽刺道：“香光虽负盛名，然如休粮道士，神气寒俭。若遇大将整军厉武，壁垒摩天，旌旗变色者，必裹足不敢下山矣！”

董其昌走上书法艺术的道路，出于一个非常偶然的机会。这在他的《画禅室随笔》中有所记述：他在十七岁时参加会考，松江知府衷贞吉在批阅考卷时，本因董其昌的文才而将他名列第一，但嫌他考卷上字写得太差，遂将第一改为第二，同时将字写得较好些的董其昌堂侄董源正拔为第一。这件事极大地刺激了董其昌，自此钻研书法。董其昌回忆说:“郡守江西衷洪溪以余书拙置第二,自是始发愤临池矣。初师颜平原(真卿)《多宝塔》,又改学虞永兴(世南),以为唐书不如魏晋,遂仿《黄庭经》及钟元常(繇)《宣示表》、《力命表》、《还示帖》、《丙舍帖》。凡三年,自谓逼古,不复以文徵仲(徵明)、祝希哲(允明)置之眼角。”

董其昌在实践和研究中得出的心得和主张,散见于大量题跋中。他有句名言:“晋人书取韵,唐人书取法,宋人书取意。”这是历史上书法理论家第一次用韵、法、意三个概念划定晋、唐、宋三代书法的审美取向。

董其昌的绘画艺术是中国绘画由传统向现代转型的重要标志,具有划时代的意义。他善画山水,远师董源、巨然和黄公望。提倡用摹古代替创作,又以禅宗的南北派比附绘画,与莫是龙同倡“南北宗”之说。并推崇“南宗”为文人画正脉,颇有崇南贬北的倾向。今有学者根据张彦远、郭若虚的论述,再旁征其他文献,指出“这其实是莫是龙、董其昌等为提高他们标榜的文人画而编造的”(周晓薇、赵望秦《历代名画记 图画见闻志选译》)。

董其昌山水作品,用笔柔和,秀媚有余,且多辗转摹仿,如《峒关蒲雪图》、《溪山平远图》等,皆为摹古之作。他作画强调写意,使绮丽多姿的山水更富有浪漫主义的色彩。尤其是他兼长书法、诗文,每每绘完山水,题以诗文,行楷簇簇如行蚕,闪闪如迅霆飞电,全图诗、书,画相映成趣,和谐一致,更富有抒情意境。董其昌的创作,因而成为文人画追求意境的典范。如《遥峰泼翠图》,整个画面不过是远景而已,笔墨也很简单,但神韵、骨力俱足。此图为长225厘米,宽75厘米的大幅立轴,却只寥寥地布置些近树远山,就把握住整个画面峰遥、水阔、树翠的情境,这正是董其昌巧妙地运用“王洽泼墨,李成惜墨,两家合之,乃成画诀”的结果。全幅似疏似漏,但没有照应不到的地方,用笔爽利遒劲,又含蓄灵秀,纯以墨色气势的润泽、醒目而动人遐思。有人认为这是董其昌从“宽能走马、密不通风”的书体结构中触悟而得。整幅立轴不设色,但面貌清丽,有咫尺千里之势,给人以远深宁静之感。

《画史绘要》评价:“董其昌山水树石,烟云流润,神气俱足,而出于儒雅之笔,风流蕴藉,为本朝第一。”董其昌曾总结自己的山水画:“余二十二岁作画,今五十七年矣,大都与文太史较,各有短长,文之精工,吾所不知,至于古雅秀润,更进一筹矣。吾画无一点李成、范宽俗气,然世终莫之许也。”

董其昌还精于收藏,曾珍藏董源四幅山水:《潇湘图》、《秋江行旅图》、《龙宿郊民图》、《夏山图》,并以“四源堂”名斋,后“四源堂”名画多为河南袁枢(袁可立子)递藏，使其成为晚明收藏董、巨作品的集大成者。董其昌还藏有李思训《蜀江图》、《秋江待渡图》，董源《征商图》、《云山图》，巨然《山水图》，范宽《雪山图》、《辋川山居图》，李成《着色山图》，郭忠恕《辋川山居图》，江贯道《江居图》，赵大年《夏山图》，赵孟頫《洞庭二图》、《高山流水图》，王蒙《秋山图》，《宋人册页》等，其收藏足以傲视当代。

董其昌一生游历寺院，与僧人交往频繁，曾参拜当时的著名禅僧达观禅师、憨山法师等，并与他们论佛谈禅。还抄写佛经无数，如《大佛顶首楞严经册》、《金刚经》等，有着深厚的佛学修养，对禅理的探究通明识微，独具慧眼，在他的《容台别集》中有五十多处提及“禅悦”之说，还为自己的画室取名“画禅室”；在《画禅室随笔》中曾记载自己“自金陵下第归，忽现一念三世境界，意识不行凡两日半。而后乃知《大学》所云“心不在焉，视而不见，听而不闻”，“正是悟境，不可作迷解也”，“参禅久未有契，一日于舟中卧念香严击竹因缘，瞥然有省，自此不疑，以上老和尚舌头，千经万论，触眼穿透”。难得的是，董其昌把从佛禅中所感悟的道理转化到书画中，以画论禅，画理与禅理在他的作品中得到了全面的融合。

然而，万历四十四年（公元1616年），董其昌六十二岁时，发生了“民抄董宧”事件，众多学者认为这是这位一代宗师的盛名之玷。

《辞海》（1999年版）中有“民抄董宧”一条：

> 明代万历年间上海人民反对乡宦的斗争。华亭（今上海松江）董其昌曾官至礼部尚书。其子祖常仗势横行乡里，无恶不作。万历四十四年（1616年）因殴辱生员范启宋家妇女，引起公愤。松江、上海、青浦等地人民万余人不期而集，焚毁董氏房屋，张贴揭纸，声讨“兽宧董其昌，枭孽董祖常”。儿童妇女传唱“若要柴米强（吴语意谓“价廉”），先杀董其昌”的歌谣。当时号为“民抄董宧”。

毛祥麟的《墨余录》中有《黑白传》一文，其中说董其昌“徒以名士流风，每疏绳检，且以身修为庭训，致其子弟亦鲜克由礼”，还提到，陆绍芬“家有仆生女绿英，年尚未笄，而有殊色。仲慕之，饵以金，弗许，遂强劫之。陆愤甚，遍告通国，欲与为难，得郡绅出解，陆始勉从。时有好事者，戏演《黑白传》小说，其第一回标题曰：‘白公子夜打陆家庄，黑秀才大闹龙门里。’……其诙谐点缀处，颇堪捧腹，哄传一时。文敏闻，怒甚，奈欲治之而无可指名。有范生者，父名廷言，曾任万州刺史，物故已久，惟夫人尚在。当《黑白传》事起，文敏疑范所为，日督其过。范无如何，因诣城隍庙，矢神自白，乃不数日而生竟以暴疾卒。范母谓为董氏逼死，率女奴登门诟骂。仲即闭门擒诸妇，褫其袒衣，备极楚毒，由是人情多不平。范生子启宋，广召同类，诉之公庭，词有

‘剥裈捣阴’语，郡守以众怒难犯，姑受其词，而又压于文敏，依违瞻徇，案悬不断。众见事无济，遂相率焚公宅。公于白龙潭东北隅，建阁曰护珠，时挟侍姬登眺者，至此亦付一炬。凡衙宇寺院，文敏所题匾额，毁击殆尽。”

董其昌一生著作颇丰，著有《画禅室随笔》四卷、《容台文集》十卷、《容台诗集》四卷、《容台别集》五卷、《学科考略》一卷、《筠轩清秘录》三卷、《玄赏斋书目》，主持编纂《万历事实纂要》、《神庙留中奏疏汇要》、《南京翰林志》等，参与明神宗、明光宗、明熹宗三朝实录的修纂。

董其昌父董汉儒，禀性严正耿直，家无多余之物，门无杂交之友。教授生徒之暇，即熟读经史数页，夜里从帐中口授董其昌。董其昌年少时善于书画，看见有人来求取字画，董汉儒即将其撕裂。族中多权贵之人，他不愿与其往来，隐居的操守就是如此坚定。后来因董其昌显贵，赠给他与儿子一样的官衔。

附嘉庆《松江府志》董其昌传（译文）：

董其昌，字玄宰，华亭人。父亲董汉儒，个性耿介，尽力学习。董其昌刚入塾读书，到了夜里，董汉儒在枕上传授经书，他全能记住朗诵。成万历十七年（公元1589年）进士，选为庶吉士。礼部侍郎田一俊死于教习官任上，董其昌请假走数千里护其灵柩归乡安葬。选授编修，掌管起居注。光宗出阁（皇子到封地做藩王），他任日讲官，竭诚忠告，时时看顾，目不离身。任江西主考。不久，有人忌恨他，出任湖广按察副使，因病归家。万历三十二年（公元1604年）起任湖广提学副使，一年以后辞官回家。

起用他为山东副使、登莱兵备、河南参政，都没有赴任。

光宗即位（公元1620年），问阁臣道："原来的讲官董先生在哪里？"于是起用董其昌为太常侍少卿，掌国子监司业。天启二年（公元1622年），改兼翰林院侍读学士，纂修实录（编年史的一种，专记某一皇帝统治时期的大事）。奉诏到江南采录诸司掌故，将万历朝的章奏文书编辑为三百本，其留中（君主把臣下送来的奏章，留在禁中，不批示，不交议）之疏有关于国本（封建王朝特指确定皇位继承关系为国本）、藩封、人才、风俗、河渠、食货、吏治、边防，认为可以施行者，另外编为四十卷，仿效史赞先例，每篇加以断语，成书献上，诏命有所褒美，宣付（宋元以来，皇帝的命令交付外廷官署办理，称为宣付）史馆。天启三年（公元1623年）升迁为少詹事，掌管南京翰林院，转为礼部右侍郎。天启四年（公元1624年）任纂修实录副总裁，同知经筵（古代帝王为研读经史而特设的御前讲席，定期由讲官入席侍读），不久转为左侍郎。天启五年（公元1625年）迁任南京礼部尚书。

当时政权掌握在宦官手里，党祸严厉残酷，董其昌随即引退辞官。

崇祯四年(公元1631年)召拜礼部尚书，掌詹事府(官署名，总管东宫内外事务)事。崇祯七年(公元1634年)，进任太子太保。他乞求退休养老，皇帝挽留。七次献上奏章请求辞官，于是得允回乡，赐乘驿站车马相送。崇祯九年(公元1636年)去世，享年八十二岁。追赠太子太保，谥号文敏。

董其昌天才俊逸，善谈名理(魏晋时称辨别分析事物是非、道理为名理)。年轻时喜欢书画，临摹书法真迹时常废寝忘食。中年领悟其深奥微妙之处，于是自成名家，行楷之妙举世无双。绘画集宋元诸家之长，评论者称其气韵秀润，洒丽生动，非人力所及也。

陈继儒(1558—1639)

陈继儒，明代文学家、书画家，华亭人。字仲醇，号眉公、麋公。自小天资聪颖，四岁已开始识字，据《陈眉公先生全集·年谱卷》记载:“府君五岁，大父膝上授书，辄成诵。”陈继儒的老师也非常喜欢他，曾夸奖他“此汗血马驹也，当非凡品。”九岁时，陈继儒师从周云汀。周云汀有足疾，但颇好吟咏诗文，闲暇时还爱弄花吟竹，颇富生活情趣。此时陈继儒已对文学有了一定的涉猎，随着知识面的扩展，他开始向周云汀问各种诗词中的问题，并与老师一起煮茗品茶，“问难窃意”，俨然成了一个小大人，还给自己一个封号，曰“半石山人”。在师从周云汀的两年中，陈继儒的学识有了不少的长进，通晓《诗经》、《尚书》，并且周云汀对陈继儒的启蒙教育以及思想行为都产生了很大的影响。十一岁时，陈继儒跟随陈绍儒“读书于五里塘之丙舍”，并且自学五经、子、史和《战国策》等书。到了十六岁时，陈绍儒便教不了他了，对陈继儒父亲说:“大弟今日非我所能御也。其天姿英敏，才情横发，吾且当拜下风，敢冒师耶?”此后，陈继儒师从城北的何三畏，便更加孜孜不倦地学习。

由于陈继儒才华出众，华亭的县令杨公及当朝首辅徐阶先后接见了这个初出茅庐的才子，从此陈继儒在整个华亭已是小有名气。万历六年(公元1578年)，陈继儒第一次参加了童子试，但由于天气原因致使其考试成果并不理想。万历十年(公元1582年)，陈继儒再次“赴棘围于南都”，但由于沉重的家庭负担，依然未能高中。万历十三年(公元1585年)，二十九岁的陈继儒与王衡再次赴南京应考。但结果只是“科录见遗后，以遗才观场，遂视功名如嚼蜡矣”。三次科举考试皆未中，对此，陈继儒十分愤怒,也因此看清了官场的黑暗与险恶。加之政局已十分动荡不安,皇帝昏庸无能,宦官专权,社会中各种新思潮也在不断孕育激荡。因此,陈继儒毅然“谢去青襟”,取儒衣冠焚弃之,归隐松江小昆山,后又迁居东佘山上。陈继儒在《陈空青先生墓志铭》中提到:

“曷不仕?曰:仕者如梓匠焉,规矩准绳,靡不习焉。主人勿呼,则退而束手,与妻孥老于蔀屋之下,有如思雄技能而身舍一榱一题,日刓而月削之。”

在隐居的这几十年中,陈继儒整理书籍、品评书画、吟诗作赋、交朋结友,过着一种自得其乐的生活。钱谦益评价陈继儒“为人重然诺,饶智略,精心深衷,妙得老子《阴符》之学”。万历二十年(公元1592年),陈继儒于小昆山的北面筑读书台,题名“婉变草堂”,后董其昌来访,特作《婉变草堂图轴》一幅。他的诗文多有反映自己隐逸生活的内容,如四言诗《夏日即事》:

吾乘小舟,避暑避客。高柳之下,密芦之侧。卷帘焚香,施篁布席。间拂壶觞,或游翰墨。酒罢科头,山前月白。

陈继儒一生著述颇丰。他擅长诗文,又精于丹青书法。“眉公之名,倾动寰宇。远而夷酋土司,咸丐其词章;近而酒楼茶馆,悉悬其画像。甚至穷乡小邑,鬻粔敉、市盐豉者,胥被以眉公之名,无得免焉。……天子亦闻其名,屡奉诏征用。”(钱谦益《列朝诗集小传》)陈继儒在三十至四十岁的黄金时段,一方面靠坐馆来维持生计,另一方面也以整理及编写书籍谋取笔润之资。万历二十二年(公元1594年),他以过来人的身份为以参加科举考试的人写了《临场十策》。次年,他写出了《香案犊》,这一年他自己所编辑的《宝颜堂秘籍》也已付刊。《宝颜堂秘籍》收书229种,多掌故、琐言、艺术、谱录之类,保存了明代以前的小说、杂记等,有着较高的文献价值。四十岁时,他写的《论脍》刻于书肆。万历二十九年(公元1601年),《逸民史》刻于新都吴氏。万历三十一年(公元1603年),于娄江刻《品外录》。万历四十二年(公元1616年),对书法颇有研究的陈继儒临摹了东坡帖二十八卷,并命名为《晚香堂苏帖》。崇祯元年(公元1628年),陈继儒受聘编写《松江府志》,这一大型的工具书后来成了查明当时整个华亭风土人情及历史掌故的重要资料。崇祯六年(公元1633年),他与人合纂的《古今韵史》十二卷也已刊行。他的作品以独有审美情趣及清逸雅洁的文字而受到众人的欢迎,流传甚广,以至于“穷儒老宿、隐约饥寒者,使之寻章摘句,族分部居,刺取其琐言僻事,荟蕞成书,流传远迩。款启寡闻者,争购为枕中之秘”。

晚明山人诗人的生活方式灵活自由,不愿折节依附权贵,且原本就是读书人,有更多的时间进行诗文的创作,其不同常人的生活方式及文化品格引起了众人关注,陈继儒就是山人诗派的一个典型代表。他从二十九岁始隐逸山林,一直活到八十二岁。一生创作的诗歌有数百首之多,各种体裁都有涉及,其中以描写其隐逸山林之后的诗作居多。如他的五言诗《园居》:

一自谢尘鞅,春风殊好颜。焚香观夜气,隐几梦青山。曙鸟已暄树,门生为启关。日高桑荫下,耕者正闲闲。(其一)

花木满城阙,先生一室宽。春衣风力弱,香草雪痕干。中山多唐突,投竿获喜欢。何如行役者,仆仆望长安。(其二)

诗中写出了他超然自得、悠闲适意的隐居生活情趣。又如他的《泛舟》:

池上新开白杏花,半藏燕子半藏鸦。舡头载酒频呼友,夜抱蕉桐入酒家。

同样,陈继儒的小品文也集中体现了晚明隐逸之士的价值观和审美情趣,如《题小昆山赋诗卷后》:

小昆山上,癸巳春初。雪浪老僧演法华,声如狮吼;云间居士听真义,群若雁行。甫撤讲坛,旋搜名刹,偶向水村江郭,放不系之舟,还从沙岸草桥,吹无孔之笛。笔床茶灶,具体而微。桂桨蒲帆,顺流而下。远公莲社虽禁酒,未敢攒眉;稽叔竹林且赓歌,因之放胆。时后端阳一日,人皆艺苑千秋。……请从此共坐团栾,看风把舵,又何妨踉跄归去。带月敲门,各赋律诗,共拈天字如右。

有学者认为,陈继儒的小品文"精巧俊逸,富于趣味性;生动传神,富于形象性;意蕴博赡,富于知识性"(牛鸿恩《陈继儒小品文选注·代前言》)。《小窗幽记》为陈继儒在读经、史时,摘得修身、处事、养生等方面的格言佳句若干所编成。此书为今所重,有的出版社将其编入国文珍品文库,有的将其编入中华国粹经典文库,有的将其编入人生智慧真品丛书。全书按"醒"、"情"、"峭"、"灵"、"素"、"景"、"韵"、"奇"、"绮"、"豪"、"法"、"倩"十二字编成十二卷。每一卷作者都有引语。前四卷引语内容分别概述如下:

求得一服"清凉散",让人"解醒",以始终保持清醒;

真正懂得"情"的,可以为之死,不可为之怨恨;

要有"一片报国之忱","使天下之须眉而妇人者(没有骨气的男人),亦耸然有起色";

"灵"字不可泯灭,"风雷雨露,天之灵;山川民物,地之灵;语言文字,人之灵"。

陈继儒在书法上也有杰出的成就。他从小就在周云汀的教导下习字,童子时即知有兰亭楔帖,学书起点较高,根植二王传统。他的书法广泛临学古人,融会变化,尤其擅长行、草书。早年他从颜真卿入手,后转学苏轼、米芾。陶宗仪在《书史会要》中提到他“遇苏轼墨迹,虽断简残碑,必极搜采,手自摹刻,名曰《晚香堂帖》。所刻米芾书品,名曰《来仪堂帖》”。这期间他逐渐认为唐书不如魏、晋,于是又学王羲之,兼吸取李邕、徐浩、杨凝式、米芾等各家之长。多方面的学习使他的书法综合了晋、唐、宋、元各家的书风,自成一体,笔画自然洒脱,清秀隽逸。在章法上,分行布局,疏朗匀称,力追古法。他用笔多侧锋,笔力清劲遒迈。线条的运行好像有分明的节奏,起落有致,如行云流水一般。清人《书法秘诀》一书中,就曾论及陈继儒书法的特点:

> 总明朝书家论之,可与唐宋匹者,一邓太素,二邹衣白,三倪苏门,四陈眉公。……陈眉公用笔甚活,自成一家,能于紧处用藏锋,其结构如松柯掩缭,有骨有趣,从苏脱胎,一毫不背……
>
> 陈眉公执笔撮于指尖,横担又斜又扁,不肯对客作书,恐人盗去笔法,此与古人执笔稍异。

陈继儒的绘画与书法一样以淡逸取胜。专长于画山水、梅花,宗法董源、巨然、高克恭、黄公望、倪瓒等。他十分注重师法古人的传统技法,题材变化较少,但在笔和墨的运用上,有独特的造诣。他认为文人画应重在用笔墨表现出绘画的情趣。“世人爱书画而不求用笔用墨之妙,有笔妙而墨不妙者,有墨妙而笔不妙者,有笔墨俱无力者。力乎?巧乎?神乎?胆乎?学乎?识乎?尽在此矣。总之,不出蕴藉中沉着痛快。”(胡绍棠选注《陈眉公小品》)陈继儒的好友董其昌于《容台集》中亦云:“眉公胸中,素具一丘壑,虽草草泼墨,而一种苍老之气,岂落吴下画师恬俗魔境?”陈继儒本人也在《题马妓画兰》中写道:“画兰不在肖,要在笔势游戏。温日观葡萄,通于书法,文与可竹,得之左氏,此非深于绘事者不能。”

附嘉庆《松江府志》陈继儒传(译文):

陈继儒,字仲醇,华亭人。年幼时就颖悟异常,能写文章,同县徐阶特别器重他。长大后为诸生,与董其昌齐名。王锡爵招他去与自己的儿子王衡一起读书,王世贞也十分推重陈继儒,三吴享有盛名之士争要得他为师友。

陈继儒年方二十九岁,就将儒生衣冠焚烧丢弃,隐居昆山之阳,造庙祀两幢,筑草堂数间,焚香静坐,胸臆豁达。当时顾宪成讲学于东林,招他前去,拒绝不往。父母去世,安葬于神仙麓。于是于东佘山建筑屋室,闭户著述,即使短文小词都极有风格情趣。他兼善绘画,又博闻强识。经史、诸子、术伎(技艺)、稗官(野史小说)与二氏家言(指释、道两家学说),都予以考证查核,或采取琐言僻事编纂成书,远近争相购买抄写。向他征求乞讨诗文者每日不断。他生性喜欢奖掖晚学,求教学子的足迹常满户外,他片言酬应,来访者莫不称心满意而去。

若有闲暇,则与黄冠(道士)老衲(僧人)畅游峰泖胜境,吟诵长啸,流连忘返。足迹罕入城市。董其昌为筑来仲楼,招之至。黄道周上疏称其“志尚高雅,博学多能,(自己)不如继儒”,其推重如此。御史吴甡、给事中吴永顺、侍郎沈演等先后推荐,说陈继儒道德高尚,年富力强,应当像往昔聘请吴与弼那样聘用他。他们屡次奉诏命征用他,陈继儒都称病推辞。

八十二岁去世。自作遗令(遗命),纤毫毕具。

陆可交

陆可交,不知是哪里人,在簳山造了间小茅屋,人们不知道他的名字。陈继儒一见到他,就觉得他与众不同,与他一起饮酒,询问姓氏。陆可交谈论《易》经,洞察盛衰损益之道,阐发先儒尚未揭示的道理。论述历史则指陈往代兴亡,详切时势;语及当世,只蹙额叹息而已。然后对陈继儒说:“您虽隐居然却喜欢赞美先贤,这是求取显要发达之道,哪里值得与您谈论最高深的道理?您应该闭塞明智,离开家园,抛弃妻子,隐姓埋名,混迹于世,这样才可以免除牵累之害啊!”

陈继儒离开不久,陆可交自焚其庐,遁迹而去,不知所往。

李尚衮

李尚衮,初名衮,字补之,祖先是广陵(今扬州)人,在明太祖兴起时迁居于上海县南汇所。嘉靖三十二年(公元1553年),倭寇迫近城墙。李尚衮的祖父李府大败贼兵,城赖以保全。不久李府死于敌寇的炮火,当时李尚衮十二岁,告诉当道,建立祠堂,每年春秋两次祭祀。

十三岁,科考第一名。二十五岁恩贡(明清科举制度,规定每年由府、州、县选送廪生入京都国子监肄业,称为岁贡。凡遇皇帝登极或其他庆典颁布恩诏之年,除岁贡之外,加选一次,称为恩贡),中万历四年(公元1576年)乡试。万历十七年(公元1589年)会试中式,万历二十年(公元1592年)廷试成进士,尚未授官,死于京都。

他刚为诸生时,就跟从王龙溪先生深入研究理学,苦心于六壬奇门(中国古代的术数之学,有神秘色彩),诸如火攻战器、河防漕运,他都有研究,且十分熟悉。正致力于河套的复兴,竟怀抱壮志而去世,人们莫不为之伤心。

顾凤翔

顾凤翔,字振羽,华亭人,居漕泾。落拓不羁。游学京师,每日到报房中受雇用抄书,并迁居新地。

中武科(科举时代选士分文、武两科。唐长安二年置武举,为武科之始。明成化十四年始设武科乡、会试。武举六年一次。先策略,后弓马。后改为三年一试。崇祯四年始举行武科殿试),正逢边防有警而戒严,中枢蒿目(中枢,中央兵部。蒿目,举目远望,引申为对世事忧虑不安),顾凤翔从邸报中熟悉了这些情况。万历二十年(公元1592年),会试场中首策问及东事条,他答对十分详尽,大司马石星深为惊异,认为他是位奇才,于是中了武状元。历官闽广至四川总兵。正逢奢酋作乱,顾凤翔负责守御,十分得力。又带领川兵前赴援助辽左抗金,两次出任边帅,功绩十分显著。

唐之屏

唐之屏,字君公。年幼时即锐意于学习和作文。补为诸生,因成绩优秀,国家给予食饩。他志向远大,不屑于做个食饩生,但科举考试数次失利。有一年,有人让他去任践更役(一种徭役制度:贫者得钱,代当值应征者为卒,称践更役),他十分生气,更发愤读书。于万历二十年(公元1592年)登进士第,授常山县令。常山处于交通要道,所以肮脏不堪。县里长年危害民众的豪强大户,唐之屏一律予以严惩。他开筑荒山,修造水堤,安排铜山开采诸役。严禁溺死女婴,不抚养女婴者一律查问仵作(以检验死伤、代人殓葬为业的人)并立案审讯,依法惩处。修整泮宫(学宫),建造魁阁(即魁星楼。魁星,北斗第一星,说其主宰文运),自己出资广置学田,修造学舍。创建书屋百余间,贫困的诸生每人一间。帮助贫苦者娶妻。推荐选拔许多名士。往昔的松江太守樊公传留恩泽近百年,他为其立碑,表记墓地并祭祀。

唐之屏最后得到允许调任归来。这时他父亲年寿已高,因而请求辞官回家奉养父亲。他在城南筑一屋舍,与相知的文人雅士吟诗唱词,游玩休憩。每天读书吟诵,不问家人产业。松江知府许公曾说:"大雅陵夷(大道衰微),汲古之绠短矣(喻世人在大道衰微的时代,学识的浅薄)。天下书乃尽在君侯腹中耳。"唐之屏所作之文,奇特有古风。所刻《问龙堂诗稿》,胡应麟为之作序。

杨继礼

杨继礼，字彦履。万历二十年（公元1592年）进士，以庶常（即庶常吉士）的身份授编修之职。万历二十二年（公元1594年）题修（品评、修撰）正史，所撰有《后妃纪》、《外戚传》，秉笔针砭时事，评论是非，时人誉为“直笔”。万历二十三年（公元1595年）、万历二十六年（公元1598年）任分考（即会试中分房校阅试卷的房官）。万历二十八年（公元1600年）主持江右乡试。万历三十年（公元1602年）升赞善（官名。唐置赞善大夫，为太子僚属，掌侍从翊赞，比谏议大夫），万历三十一年（公元1603年）转中允，充日讲官。万历三十二年（公元1604年）主持武试，事毕乞求南下。晋升宫谕（宫中掌管谕旨的官员），掌南京翰林院，竟一病不起，享年五十二岁。

杨继礼十分孝顺。嫡母曹氏去世，他痛哭泪尽而继之以血。祖母陶氏病重，他祷告吕仙，随即来了一位道人，给他祖母一杯水，饮之病即愈。人们说这是杨继礼以孝心感动了神灵。

他居官刚直不阿，识见非同一般。万历三十二年（公元1604年），武昌发生“楚宗之乱”，宗室数百人抢夺楚王助建宫殿之银，又聚众三千多人，扬言要杀死巡抚赵可怀，冲击楚王府，散发檄文，其中有“顺流而下”等语。明神宗向大臣询问对策，杨继礼说这虽关系大局，但战事未发而先有传闻，不过是恐吓之语罢了，对方根本无力作为，邦国不久自会安定。阁臣以此回答明神宗，十分符合明神宗心意。最终果如其言。

杨继礼在主管江右乡试时，同郡的蔡绍襄以贡生的身份前往受教。蔡绍襄已中举，监临（官名，负责实地监察的上官）问起此人，杨继礼说：“他不但与我同乡，而且同社（古代地方基层行政单位，相当于“里”。一般以二十五家为社）。他是位有真才实学的名士，我怎么会因他是我的同乡同社而故意使他中式？”

他一位老朋友的女婿被一户富家起诉，富家为了赢得诉讼，想以价值达二千金的数十种古玩奇器送给杨继礼。杨继礼说：“我的老朋友已去世。我宁愿辜负生者，而不辜负死者。”于是回绝一切说情请托，依法办理。

他为官十五年，一直与为孝廉（举人）时一样。生平极重朋友情谊，至死不渝。别人患难，则保护不遗余力。所以他去世之日，相识的和不相识的人都为他哀悼。崇祯四年（公元1631年）依照公议将他作为乡贤祭祀。

他的儿子杨汝成天启五年（公元1625年）进士，官拜检讨（官名。宋有史馆检讨。明时始属翰林院，位次于编修，以职掌修国史，故俗称太史）。

朱家法

朱家法，字季则，上海人。是朱豹的孙子，朱察卿的儿子。万历二十年（公元1592年）进士，出任信阳州太守。遇到大旱灾，救活饥民上万。擒拿大盗陈三川等，州境得以安宁。当时中官奉圣旨采矿，所到之处横行不法，只有信阳州因朱家法反对，得以罢采，州人对他感恩戴德。

历官至工部郎中，去世以后作为名宦享有祭祀。

沈时来

沈时来，字君大，号石楼，学士沈粲的七世孙。万历十六年（公元1588年）乡试中举，万历二十年（公元1592年）成进士。官拜行人，奉命出使宁夏。后主持云南乡试，教化儒家礼仪，经过十年之久，才授御史之职。掌管长陵（明成祖陵墓）的工役，巡阅三关（历代说法众多。明代以雁门关、宁武关、偏头关为外三关，以居庸关、紫荆关、倒马关为内三关）及库寺，兼管京都仓储。出任江西按察使，因暴病去世于途中，年仅五十七岁。

沈时来侍奉双亲孝顺，为官清廉。郊外几间屋舍，山畔数十亩地，仅供生活所需。三次奉命出使地方。在宁夏，他念及正当乱兵骚扰之后，节衣缩食，拒收馈赠，深受藩镇长吏器重。在云南，他选拔众多贤俊，以儒学秉政，严拒私人请托。在长陵，他节省工役，裁省耗费达巨万计。检阅士卒，淘汰将领，严肃军营，革除运输贴补、粮役交接中的繁琐事项，公私都称便利。审讯妖逆之案，宽宥众多受诬之人。可惜英年早逝，不能长久惠民。他去世于旅店，一位同乡在黄河边为官，为他经办丧事，发现沈时来身无余钱，衣囊空空。松江父老把他的神主牌放置于乡贤祠，以示怀念。

蔡绍襄

蔡绍襄，字仲谟，八岁即每日游学郡庠，父亲禁止他参与考试。十七岁，学使者耿定向来到，请他参加考试，父亲才同意。耿定向觉得他的文章不凡，录取他为诸生。万历元年（公元1573年）督学谢公命他为食廪生，评价他的试卷说："文采如欧阳修、苏东坡，论述如班固、司马迁，书法如王羲之、王献之，可称三绝。"

万历二十八年（公元1600年）才以贡选任贵溪司训，是年，江西乡试中举。起先就教萧县，不仅不收学生的礼品，而且周济当地贫寒之士。学使赵公来到，唯独萧县没有劣等生。赵公说："劣等用以告诫不轨之人，萧县没有劣等生，这里莫非是平原县

(在山东,古为齐鲁文明之邦,故如此说)吗?”蔡绍襄说:“不敢妄以应对。即使将萧县看作平原又有何不可?”赵公更加赞美他。

升迁为瑞昌令。瑞昌处于长江南岸,附近有不少陈友谅的残余势力。有柯、王姓将近三千余人为巨寇,但谁也不敢侵犯瑞昌。蔡绍襄设计擒获了盗寇首领六七人,当政者为之震撼。

蔡绍襄抚养庶弟(父亲之妾所生的弟弟,也指嫡长子之外的诸弟),从幼孩到婚娶,教育他成为诸生,分给庶弟一半财产,远近之人都推重他能和睦亲族关系的美德。

高承祚

高承祚,字元锡。他的伯父是南洲公高士,父亲赠史公高年,人称长者(德高望重的人)。高承祚诞生前,他的父亲梦见有一位僧人从云中下来,因而取名承禅。万历七年(公元1579年)乡试将发榜,主考官因他的名“承禅”与试题“舜禅让禹”相合而产生嫌疑,因而不想录取他。大京兆尹阴武卿坚持录用,主张将其名改为“承祚”,以便与试题之义相异。

万历二十年(公元1592年)会试毕,他因想念双亲而奔驰归来,而会试竟中式,但没有参加殿试。万历二十三年(公元1595年)参加殿试而登进士第。首选馆职(担任修撰、编校等工作的官职),授任检讨。当时的礼部尚书冯琦及袁宗道十分赏识高承祚的才干。万历二十九年(公元1601年)参与校阅会试试卷。不久奉命任沈藩(沈阳的布政使),皇恩广施,依照其官职赠封其亲族。万历三十年(公元1602年)因病去世。

高承祚长得面庞丰满,身躯高大,举止稳重,望之如巨岳乔林,又气色温和,思维周详。平时收拾卷牍,开关橱箱,熨帖衣服,都亲自经手;寸丝尺纸,剩饭剩菜,不让浪费。他如此惜福以遗留后代,年寿和仕途却都不长,令人惋惜。他侍奉双亲十分孝顺,侍奉兄长文学君十分敬重,治理宗族关系都以推让为主,宗族成员都推重他。他喜欢吟诗题词,构思独出心裁。酒量过人,但不会喝醉而失去理智。他去世以后,一时文盟酒社,不免有人琴之慨。著有《知古堂稿》。陈田《明诗纪事》收其《龙井道中》诗:“祇树开新经,篮舆自在行。盘空纡鸟道,幽籁杂松声。花雨天边落,危泉树杪倾。催诗如有意,头上片云横。”

范允临(1558—1641)

范允临,字长倩,一字至之,自号长白,北宋范仲淹十七世孙。范惟一次子。祖先居苏州,嘉靖年间,范允临伯父范启晔带兄弟从苏州到松江定居。范允临早年因父母双亡,随伯父生活,也就跟着到了松江。

范允临从小勤奋好学,不屑于寻章摘句之学。万历二十三年(公元1595年)进士,任南京兵部主事,改工部主事,历任南京工部员外郎、郎中,出任云南按察司佥事,提调学政,后调任福建布政司右参议,因被攻击而愤然辞官,回乡隐居。终年八十四岁。

范允临工书,笔精墨妙,挥毫落纸,与董其昌齐名。善山水,曾自跋画云:"余胸中有画,腕中有鬼。少时曾留心绘事,以领青衫不可得,退而屈首受书,遂弃之。今老矣,追忆往年笔墨,隐隐在目间,偶一拈弄,竟不类青山面孔。然随意涂抹,亦自有致,绝无画家蹊径。观者聊以当无弦之琴。"晚年于天平山之阳筑别业,弹丝吹竹,选伎征歌,江表望为神仙中人。又能诗,陈田《明诗纪事》收其《谒灵泽夫人庙》诗二首,其一有"秋风一夜巴陵雨,肠断歌声咽木兰"之句。钱谦益《列朝诗集小传》云其"未尝以琢句襞绩为工"。

附嘉庆《松江府志》范允临传(译文):

范允临,字至之,华亭人。早年丧父,入赘吴门徐氏,于是以此为家。善于作文,尤工书法。万历二十三年(公元1595年)进士,授工部主事,历任云南提学佥事、福建参议。夫人徐淑也工于诗文,两人唱和成集。

曾于天平山筑园,凡是范氏义庄、祠堂都予以兴修。一天,交代好后事,端坐而逝。

儿子范云威,后改名必英,也工于诗文。进入清朝,由举人荐举博学鸿辞科,官任翰林院检讨。

顾正心

顾正心,字仲脩,一字清宇,华亭人,参议顾中立的儿子。以诸生入太学,任侠(负气仗义,好打抱不平)好交游。家境中途衰落,于是谋划经商牟利,每年收入很丰厚,就用以周济三党(指父族、母族、妻族中人)。万历十六年(公元1588年)发生饥荒,他拿出粮食二万石赈济饥民,朝廷下诏表彰其门庭,授光禄寺署丞之职。

当初,张居正任宰相当政,民众欠税至五百两则要枭首(旧时酷刑,斩头而悬挂于木上),悬挂街畔城头。里甲(明初因赋定役,丁夫出于田亩。洪武十四年诏编赋役黄册,以一百十户为一里，推丁粮多者十户为长，其余百户为十甲，甲凡十人。岁役里长一人，甲首一人，董一里一甲之事，先后以丁粮多寡为序）沈尧臣、张楠等六人都被斩首于郡城南郊。顾正心为徭役主管供设帷帐，给役囚以酒食，哀伤流泪道："有伤天道啊！这都是因为劳役而消耗赋税啊。劳役困苦而不减轻，处死之人将会越来越多。我一定要竭尽心力拯救他们。"于是向朝廷请求，捐出私财购买田产以供给徭役，用钱七万四千七百缗，母子相互权衡计议，用十六年时间积累四万八百余亩，分别贴补，精细布置，收管办理，以至学校、城池、仓廪、监狱、坊厢、埠头、津夫、驿卒等，无不酌情分给，公私双方受益。又设济荒义学，供养族人的田产。其他诸如修缮学校、馆舍、桥梁，不可胜记。正当顾氏以义举声震天下之时，某县令竟因事将他关进监狱。顾正心于是修葺狱舍，送入赎金，减轻处罚，县令为此惭愧而将他释放。

晚年他献出羡金（余财）三万两请贮于仓库，用以营办青浦役田，尚未成功，病重，将此事嘱咐儿子顾懿德。顾懿德扩充产业，复置万亩，以成父志。长吏上疏请予褒奖，推辞不受。然而此时全县民众得以休养而顾氏仍力役如故，士民集体请求代顾氏服役，这才免除其徭役。顾懿德后来被举荐任光禄寺署正。

顾懿德之子顾善有办事练达，承袭祖风。知府方岳贡清点核查役田，顾善有出力最多。他又提议以济荒羡米（余剩之米）置办田产供给上海，事业将成而方岳贡离任，顾善有也随即去世，此事中途废止，当时舆论为之惋惜。

朱一德

朱一德，字士隆，他的祖先是上海人。六世祖朱木研究《易经》，善于辞章，洪武初著《静翁集》、《静轩行稿》。传六世，到朱一德，好学淳朴，曾在学馆拾到遗金，即立于路旁等候遗失者。不一会儿，有人哭喊着说："我的父亲欠了官钱而关在狱中，所以我卖妻赎父，不料遗失于路上。"于是朱一德将金子如数归还了失主。

万历十六年（公元1588年）乡试中举。宿于南京，半夜有一位长相美好的妇女来到他的住处。朱一德点燃蜡烛直到天明，始终不与其淫乱，天刚亮就转移到郡城南二图居住。

见庙中无人收拾的尸骨，朱一德就捐献田地为其埋葬。里中谢某被陷于死罪，朱一德知其冤屈，就到官府为其辩护而昭雪释放，且不受一钱。

他一生廉洁自好，去世后，家里囊柜如洗，无钱安葬，乡里士大夫们争着为其脱骖（即助丧之义。孔子曾解下两旁驾车的马以助丧）。

朱朝贞

朱朝贞,字孟元,华亭人,世系出自宋代朱熹。年少时是有名的诸生,曾就职西安丞,不到一年,即投递引罪自责的辞呈而归。曾说为文必以两汉的文章为榜样才可无愧为文士的称号,写诗当效开元(唐玄宗年号)、大历(唐代宗年号)年间的作品才会富有音律韵味。他所写作的诗赋古文,足可体现他的卓越才能。

他为人至诚无华,落落寡合,喜好反复体味释氏经典,与僧人谈论佛门无生无灭的妙境。有《武邱吟草》等集藏于家中。年近八十而去世。

儿子朱蔚,字文豹,他的事迹记载在《云间志略·艺术》中。

顾斗英

顾斗英,字仲韩,上海人。父亲顾名世是嘉靖三十八年(公元1559年)进士,历官尚书司丞,有文学声誉。顾斗英天才俊异。弱冠游庠,万历十四年(公元1586年)督学房公岁试(明代提学官和清代学政,对所属府、州、县学生员举行的考试。明代提学官在任三年,两试诸生。先以六等试诸生优劣,谓之岁考,即岁试),名列第一,与董其昌、沈时来一时皆列县学前茅,号称得到人才。

不久游学顺天国子监,既以制义(八股文)夺冠,又能诗,有盛唐风格。善于下棋,又精书画,名士才情无所不备。大学士徐光启赠诗道:"何期吾辈风流尽,尚有斯人天地间。"其投合仰慕之情可谓深切。"华亭莫廷韩、上洋顾仲韩,皆奕奕才情,盼倩辩丽,称云间二韩。"(见《徐氏笔精》)

顾斗英磊落不羁,穷服馔,娱声色,选伎征歌,宾客盈门,禀性轻财好施,不数年家财殆尽。三十七岁过早地去世。著作甚富,可惜不尽传。所遗楷书、小画,为后人所珍重,其声誉价值几乎与莫廷韩等同。

斗英诗多怜风月,狎池苑。陈田《明诗纪事》收其诗三首,其中《秦淮小姬》:"一片春山乍学描,缠头初试紫霞绡。章台无数青青柳,最惹东风是嫩条。"

范 濂

范濂,初名廷启,字叔子,华亭人,万州知州范廷言的弟弟。每日诵读万言,补为县学生,名与兄齐。当时文才之士多以文章的形式华美相较高下,于是他作《文机十论》矫正这种风气。当时人们都说他的著作已自成一家。

不久,他上书学使者,请求削去自己的博士弟子籍,穿山野之人的服装,隐居佘山。

他长期贫寒多病，博览群书，高视阔步，以作者自居，著《空明子》、《据目抄》（《据目抄》又名《云间据目抄》，分人物、风俗、祥异、赋役、土木五卷）二书，傲视当世，讽刺时事。有人以暗中怨恨抚军之罪告发他，于是被逮捕关押。被释放后，陆树声告诫他说："别再写了，否则要遭杀身之祸。"

他被免去官职后，居于简陋的书房内，以诗酒自娱，享年七十余岁去世。

李继佑

李继佑，字仍启，上海闵行镇人。家世科名繁盛。父亲李南春与李继佑皆在年轻时期乡试中举，可惜未及登进士第，都不幸过早去世。有两代无禄之叹。

李继佑才情奔放，卓然自成一家之言。所著有《初学集》。

黄希度

黄希度，字叔也，华亭人。居簳山。天赋与众不同，志行高尚纯洁。能诗，有开元（唐玄宗年号）、大历（唐代宗年号）间的风格。每当构思诗篇就废止寝息，忘记梳洗，以至不知早晚，人们称他为"苦吟先生"。

乔　炜

乔炜，字赤余，上海人，副使乔木的长孙。父亲乔拱宸初任内阁中书，赠祠部员外郎。乔炜恭敬谨慎，文雅端严，从未凭门第而自高自大。年少好学，没有名士的习性（指不遵礼规、任性而行、好为玄谈等），以副榜（科举时代会试取士分正榜、副榜。正式录取的名列正榜；在正榜之外，另取若干，名列副榜。明永乐年间会试有副榜，给一些下第举人作官的机会。嘉靖年间又有乡试副榜，名在副榜的，准作贡生，称为副贡。此处指乡试副榜）贡入北雍（太学）。

正逢开设史局，挑选贤士，乔炜首位中选。历任掌制诰、直起居，纂修玉牒（帝王族谱；典册），授内阁撰文中书舍人，晋升为礼部仪制司主事，不久转任员外郎、郎中。他在职恭敬谨慎，为少师叶向高所器重，居乡后以孝友著称。

儿子乔舒为诸生，以诗文传承家学。

杨学礼

杨学礼，字伯立，上海人。年少时与陆深齐名，中年因病致残，与曹宏济、滕奎结诗社,每日相互酬唱。有《寄陆文裕秋兴》一律,世人争相传诵。

黄调元

黄调元,字孟和,上海人。父亲黄崇道,以经商起家,遇到贫困无米下锅者、丧亡不能安葬者,则慷慨解囊相助。饥荒之年,宗族中到他家中吃饭的常有数十人。

黄调元年少食饩(明、清时,生员试优等者,官给廪饩),善诗、古文词,与弟弟黄燮元都有文才名望。董其昌、李世祺都送自己儿子拜他为师。著有《鹿田集》。

同时还有诸从礼,号海门,弟诸秉礼,都孝友长厚,县人若有徭役,必尽力资助担当,都享年七十余岁去世。

黄廷凤

黄廷凤,字孟威,青浦人。以岁贡任大理府同知,平定云龙州之乱,将当地官员世袭制改为由吏部铨选派任。

盐业税赋歉收,台使特派他办理。他减削耗羡(旧时官吏征收赋税,为弥补损耗,于正额钱粮外多收若干,谓之耗羡)浮额,三月办成,每年抽税十分之六。

正逢中州王彭伯掌管吏部,经考核实绩,越级提拔黄廷凤为武定府知府。随即去世。

顾　鼇

顾鼇,字克载,上海人。品德端方,举止镇静,有古人风度。贡入京师,廷试第一,授黄陂教谕。训导诸生必以德行为先,以身作则,化导一县。黄陂县将他作为名宦祭祀。

归乡时,手拄紫竹杖,访友清谈,未尝乘轩(大夫和诸侯所乘之车)。曾舟行堕水,还让其他落水者先爬上船,其礼让品行就是如此。学者称他为“逊斋先生”。

吕克孝

吕克孝,字公原,是别驾(通判)吕锦的儿子。青浦人。为人平和恬淡,在文坛中很有主见。因为岁试(明代提学官和清代学政,对所属府、州、县学生员举行的考试)第一名,因而提升为食饩生(官方给粮的诸生)。于万历二十五年(公元1597年)应天府乡试第一名,主考朱国祚、叶向高像对待宝玉一样器重他,然而会试屡次受挫,于是乞求就任学官,得为如皋教谕。亲自主持编纂如皋县志。前任县学教谕张凡柏先生,是郡内端方正直、年高望重之人,特为表彰了这部志书。

晋升为国子助教、大理司务转为都察院。当时叶向高为首辅而朱国祚居其次,这两位政府要员都器重赏识吕克孝,但吕克孝不以此而去请托求利。

选为缮部郎,掌管荆州官署的财税,尤其有丰厚的利益可图。但吕克孝清廉的操守一如既往。到叶向高卸任首辅,太监肆虐朝政,正虎视眈眈主管财税这一有利可图的金穴。吕克孝不让太监得逞,于是被流言蜚语中伤,险些被诬告侵吞赋税财利之罪,如果罪名成立,即使倾其家产,也不足以偿其十分之一,前途叵测。最后罢官而归。

不久,乱政的太监败落,而吕克孝也随即去世,享年六十六岁。有《媿翁诗草》。陈田《明诗纪事》收其《过田叟》诗:"我欲驱黄犊,移家傍屋东。但容茅盖顶,先为筑牛宫。"

曹　蕃

曹蕃,字价人,华亭人。居干溪,是曹铣的儿子。万历二十五年(公元1597年)举人,授荆州通判。为官廉洁正直,管辖荆关税务,法定赋税之外所余银两全部贮存仓库,且仍旧不予多报,说:"恐怕今后按例缴纳不够,以作补充。"

神宗末年(公元1573年—1620年,神宗在位),因边防有警而征收川兵,取道夷陵县,曹蕃代理知州之职,调遣人员,供饷休顿,都有方略;及至出境,无一人喧哗。

后乞求退休归家。房师(明、清科举制度,录取的生员尊称分房阅卷的同考官为房师)何伟寰去世,没有后嗣,曹蕃奔走三千里前往哭悼他,捐金置办祭祀产业,并为他立后嗣之人。

曹蕃著述甚富,存有诗集五卷。

姚永济

姚永济,字通所,上海人。祖父姚一祥,肄业于太学,曾将湖州的一位书生从危难中拯救出来,但没有问他姓名。后来姚一祥任临江府知事(地方长官;元、明、清,知事为属官,直属于本署长官),有位姓刘的直指(官名,朝廷直接派往地方处理问题的官员。也称直指使者)巡查部署,见到姚一祥的名字,召见他说:"我就是原来湖州遇难的那位书生,没有什么可报答您。我视察下来有受冤枉的五人被关押,可以释放,您只要对他们说一句话,即可得到千金。”姚一祥便送上这五人姓名,直指释放了他们。姚一祥假称得到金子,实际上并未接受,一时传为美谈。

姚永济为万历二十六年(公元1598年)进士,起初任东阳县令。遇到饥荒,他设法赈济,救活了好多人。豪门大户的婢女如果不及时予以婚配,他便追问主人的罪行,刻薄的风俗顿时得以改变。奸邪之人相聚山谷闹事,他进行讨伐追捕,余党全都投降。

调任永嘉县令,升迁为刑部主事,选任为礼科给事中。当时楚藩王被诬害,子女一百二十余人被禁锢。姚永济上疏为其申冤,皇上感悟,即诏命其归国。

姚永济在谏垣(谏官官署。这里指他任礼科给事中)上奏章数十次,正直之声大振。崇祯二年(公元1629年),备兵太原,不久转任浙江右布政,官场受阻,从此归乡。

姚永济喜好《参同》、《内景》等道家言论,采集类书二百余卷编为《学撮》六卷。享年九十七岁。

他的弟弟姚永豫,任外卫经历,好施乐善,有祖父姚一祥的风度。

庄则孝

庄则孝,字庆卿,华亭人,居朱泾。万历二十六年(公元1598年)进士,授兴化推官,历官至南兵部郎中。为官奉职守法,富有政绩。侍奉双亲十分孝顺,内外和睦相处,没有闲言碎语。以孝行受朝廷表彰,作为乡贤享有祭祀。

张以诚

张以诚,字君一,张弼的四世孙。华亭人。出生时险些不能存活,一位女佣见红光满室,惊奇相告而将他抚养下来。进入学校后,每次考试他成绩总在众多士子之上。万历二十年(公元1592年)选入成均(古之大学,后泛指官办学校),为冯梦祯、黄汝良所赏识,把他看作才德非凡之士。张以诚的应试文章精纯典雅,力追先贤风格,得钱、王、唐、瞿四大家宗旨。万历二十八年(公元1600年)乡试中举,人们都期望他在会试中夺魁。万历二十九年(公元1601年)会试中式,殿试策对,成为状元,人们纷纷说得到了人才。

张以诚形貌清雅严整,崇尚名节,同馆之人将他奉为模范。既而转任宫坊(太子的官署),因为东宫讲席久虚,他与同官上疏共奏,大略说:“宫闱之内不是进取学业的地方,内侍人员(太监)并非劝勉学业的官吏,恳切要求皇太子出来坐镇讲筵,以便推重国家之根本。”援引圣贤之语详明，深得竭诚忠告之体。

万历三十八年（公元1610年）任会试校阅试卷之官。万历四十年（公元1612年）主管福建地区的乡试，他必清晨起床，焚香向天祷告，然后进入考场，苦心翻阅试卷，务必不让人才遗失，所以他录取的人才后来都海内知名。

当时张以诚的父亲八十岁。他上疏要求探亲，未获准许，便乞求在京诸老赐以诗文，向父亲祝寿。不久，拜授谕德（太子官属。唐代于东宫官属中设左、右谕德各一人，主管对太子的讽谏规劝，历代因之），父亲也受封赐，父亲赴京谢恩，成为父子得以相聚的难得机会。

既而朝廷命他到山西等地传达皇太后去世的诏告，他赶忙办毕后，即回来奉送父亲南还，父亲刚到家即病逝。他举办完父亲丧葬之事，不到三日就呕血数升而去世，堪称死孝。

张以诚为官十五年，室无二妾，门无杂客。从早到晚，只是翻阅书史而已。去世之年仅四十八岁，作为乡贤享有祭祀。张以诚文章宗苏轼，诗拟孟浩然。有《酌春堂集》十卷。陈田《明诗纪事》收其《渌水曲》诗：“香暖金堤时，湛淡春塘溢。已送行台花，复倒高楼日。”张以诚又能书，小楷规摹王献之，清劲有法。

张以谧

张以谧，字伯安，青浦人，是张以诚的从弟（同祖兄弟，也称堂弟）。年少嗜好古文，写文章与张以诚声誉相同。知县罗朝国把他看作国士（国中才能出众的人才），后来罗朝国跻身九列（九卿之位。九卿，古时中央政府的九个高级官职。明代以六部尚书、都察按都御史、通政司使、大理寺卿为九卿），但张以谧从未与他通过一封信。

同学徐方广、王宇春、闻启祥等都推重他的文才。四十余岁时放弃诸生称谓，号钝叟，自为个人传记，人们称他旷达。八十五岁去世。著有《来燕堂集》。

徐祯稷

徐祯稷，字叔开，青浦人，徐三重的儿子。万历二十九年（公元1601年）进士，授刑部主事，历任员外郎中，出知夔州，升迁为川东兵备道。因父亲年届七十而乞求回家侍养。后来起用补为温处道。托病辞归，屡荐不出，以名望德行推重于江南。

当初，徐三重在西曹（刑部），要想释放一名无罪者而不能够。到徐祯稷也在刑部任职时，徐三重以此事深切地告诫他。所以父子先后为刑部之官，都以用法公平为世所称道。徐三重作《政要》二十四条教导徐祯稷,徐祯稷因家训严格,不寄一物于家。曾赋诗道:“丙穴有鱼堪作脍,因风不敢寄高堂”“寄语机云山下水,出山仍似在山清。”因清门廉吏,人们将他们比作胡威父子。

儿子徐铭常,字成纪,崇祯六年(公元1633年)举人。

徐伯孙

徐伯孙,字得师,华亭人,居蒋泾桥。家境贫困,替人抄书以奉养母亲。母亲顾氏生病,徐伯孙连续两日割大腿肉煮羹进献母亲,母亲随即病愈。同乡之人将他的事迹上报给巡按,御史徐某表彰其门庭,且命郡县提供衣食周济他的母亲。

施一化

施一化,字涌川,上海人。以诸生进入太学。禀性孝友,抚育两位弟弟如同自己的儿子,将自己的家产平均分给他们。遇到荒年,捐粮赈济饥民,又割让田产资助徭役。

儿子施于蕃,字价夫,侍奉继母以孝顺闻名。万历二十一年(公元1593年)以贡入成均(古之太学,后为官设学校的泛称),授溧阳县学训导。母亲去世,哀毁骨立,于是不再为官。县内人士立碑记其事迹。

冯大京

冯大京,华亭人,县学诸生冯恩的孙子、冯达可的儿子。冯达可病危,冯大京向天祈祷,割大腿肉作羹进献,父亲气绝而复苏,又过了三年才去世。

冯大京的孙子冯汝翼也因割股疗亲受到官府表彰。

张可成

张可成,青浦人。万历二十三年(公元1595年)父亲张守诚去世,张可成卖身葬父。母亲冯氏患病,医疗、祈祷都无效,他割大腿肉煮羹以进献,母亲病体随即痊愈。

同县又有名叫张楙的,也曾割股治愈母病。

周应文

周应文,华亭人,居白沙里。三岁丧母。万历二十五年(公元1597年)秋,父亲患心脏病，医疗、祈祷均无效果，周应文要往普陀山求仙方救父亲，于是自割胸口深、阔各三寸多，随即投海漂流二十里，水至小腿不没。途经柘林看到有块磐石，于是坐在上面，胸口所开之窍像剖开的石榴，昼夜不饥不疼。正逢百夫长吴某因母病而乞求仙方回来，将其授予周应文，周应文欣然挖血，拌和仙方，进献父亲服用，父病即愈。

朱永泰

朱永泰，字云阳，上海人。只顾埋头读书，不治谋生之业。徐光启聘请他教导自己的儿子。后来徐光启居相位，屡次邀他而不赴。郡守方岳贡推举他为乡饮贵宾，对他优待备至。

儿子朱维垣、朱维屏都是诸生。孙子朱锦自有传。

俞肇初

俞肇初，华亭人。早年丧母，尽力侍奉父亲，使其欢心。父亲患病，他侍奉汤药，必自己先尝过而后进献。父亲去世，他就在坟墓旁边茅棚住下。晴天下地耕种，下雨在棚内纺织，到老不再迁徙。每次祭祀，嚎啕痛哭，如同初丧，人们都被他感动，请求官府表彰。俞肇初流着泪推辞道："为子之道多有缺失，哪敢望人知晓！"

知事黄某表彰其庐为"纯孝可嘉"，又命令里中于墓旁刻石曰"庐墓芳踪"。当时是万历三十五年（公元1607年）五月。

瞿光位

瞿光位，字明岩，华亭人，居簳山。父亲因被怨家诬害侵吞公粮而被关押于金陵，瞿光位年仅十六岁，往来奔救。听说御史巡查部属，他单身奔走雪中，沿舟号哭呼喊，至夜精疲力竭，呕血昏晕，僵卧雪中，几乎死去。后来闻鸡啼声，又惊醒而起，奔走号哭如故。数日之后，御史获悉，昭雪冤狱，释父而归。

瞿光位年届三十方才娶妻成室，勤于耕织，为菽水（菽水，豆和水。孔子说："啜菽饮水，尽其欢，斯之为孝。"）欢。山阴王思任有《笃行处士传》。

宋尧咨

宋尧咨，字中允，华亭人。父亲宋坤，喜好交游，长久客居吴中，产业消耗殆尽。

宋尧咨迎还故乡，曲尽孝道。侍奉母亲，尤其谨慎，有时入城忘记相告，即半途回船还家，告别母亲再行。他喜欢著书，去世后，有人窃取了他的书稿，从此散佚。

朱应熊(？—1601)

朱应熊，字尔师。世代注重阴德，家门多高官。朱应熊自幼聪慧绝伦。八岁能作文，一目十行，天才出众，辞采弘丽。十三岁，首补博士弟子，每次考试总是第一名，才俊之士争相退避。弱冠之年夺魁南京国子监。万历二十二年(公元1594年)参加科举中式的文章被争相传抄，一时纸贵。万历二十六年(公元1598年)会试下第，于是闭门于浦上，经年足不涉园，书札不入公府。深思熟虑，一心著述，博采综合诸子百家，逢疑诠释，按理布笔。意深辞美，皆可传世。为人平和恬淡，禀性孝亲恺悌，如此俊才高品，远近称为玉质金相。

万历二十九年(公元1601年)赴北京参与会试，突然去世，当时年仅三十岁，四方知名之士为之嗟叹数日。

张所望

张所望，字叔翘，上海人，居龙华里。万历二十九年(公元1601年)进士，授刑部主事，奉命出使荣、襄、靖江三个藩国，馈赠一无所受，深受诸王推重。

出任衢州太守。衢州风俗，奸诈而喜好争讼，而奸民在原告和被告间耍弄智谋，设下机巧，使狱讼怪诞变幻，难以审讯。张所望查得实情，阅览讼词即可下笔判决，逮捕审讯，剖析判决，如同神灵。

升迁为副使，备兵苍梧。当时岭南法令松弛，张所望上任后，即修缮城隍，充实仓廪，检阅屯戍，如藤峡、昆仑、鬼门、句漏等各要害之处无不身历其境，安慰抚恤。穷山炎谷(指我国西南边境地区的山谷)，喜见朝廷大吏，都引咎自责，愿受约束。有罗运瑶民，阻于溪洞，不通内地，汉代以来从未宾服。张所望传文告谕，于是他们输贡归服，成为在册编户。

转任左江参政。隆峒长官黄兆基的小儿子与其兄长的遗孤争夺隆峒长官的继承权，仇杀多年。张所望将此事平定，将吏请他在当地为官，张所望说："军队用以平定暴乱，岂能断绝人家祭祀以谋取私利啊?"于是安置了长官而返回。

选任广东按察使，不去就职。起用为湖广按察使，治理漕运政事。当时兵兴，转输极其繁忙，他从而积劳成疾，卸职而归。又起用为山东右布政使，他固辞不受。

张所望十分清瘦，弱不胜衣。但一旦担当大任，认定可为之事，即使拔山之力也不能改变他的主意。他急人之难唯恐落后。曾买来一位婢女，经问询获悉是名门之女，就将她当作自己的女儿抚养，为她选择夫婿、准备妆奁将她出嫁。

当初，粤地有一个叫吴向春的，善于蛊术（用咒语等邪术加害他人的方法）。张所望将他拘捕，彻底惩治，于是灭了他的邪术，人们为之称快。

享年八十岁。生平著述甚富，有《梧浔杂佩》、《岭表游记》、《幅员名义考》、《文选集注辨疑》、《龙华里志》等书刊行于世。

张　鼐

张鼐，字世调。是兵部尚书张鋆的从孙，他的伯父是水部公张烈。父亲张煦封史公，赠少宗伯。

张煦字明和，十七岁补为县学诸生，多次赴京考试，都受挫。他不辞劳苦，寒暑如一，沉溺经典，前后达五十年之久。中年丧偶不续娶，日夜教子读书，操劳油盐柴米等事达四十年。住在先人传下来的老屋里，颓垣败栋，不加修葺，但安然自怡。有薄田二顷，大半是作诸生时惨淡经营所创置。晚年因子而贵，却淡然如故。平时常训导张鼐说："士人要做到一介（细小的东西）不取，先须准备别人一介不与。"

张鼐从不会作文到成名，没有固定的老师。童年时已通晓经典，会作诗赋。进入卫学，该学校长久以来无人能中举。张鼐声誉日增，竟在应天府乡试夺魁，万历三十二年（公元1604年）成进士，为庶吉士，授检讨之职。他砥砺名节品行，以读书自重。写作文章务必通达国体（国家典章制度），不屑为晦涩乖忤、堆砌字句之文章，曾说："我们当朝自有可与日月争辉的杰作在，何必傍人篱下。"以检讨的身份校阅会试试卷，选拔大批人才。后选拔为司业，掌管国子监。历任宫谕、南京吏部侍郎，纂修实录加太子宾客。时魏忠贤专权，张鼐被削去官职。崇祯皇帝即位后，处死魏忠贤，起用张鼐为詹事、吏部右侍郎。朝廷正准备重用，却去世于家中，追赠礼部尚书，诏命祭祀殓葬，谥文节。

曾奉诏出使辽左，重视边防，著《辽筹》，见解中肯。天启年间发生天变（天象的变异，指日蚀、地震之类），他上书陈述八事，涉及宫殿内部之事，尤其痛心愤激。太学课习，亲自讲授，有《太学燕喜》讲章。万历四十一年（公元1613年）所选拔的进士，在词林台省内外僚属中都获美好的名声，为世人所称道。

张鼐居乡间酬应简约，喜欢引荐推重后辈。吟诵辞赋，批改文章，埋首书堆，乐此不疲。他心直口快,性格直率。喜欢饮酒。古文诗词成一家之言。有志撰写地方志书,可惜没有完成。

徐光启(1562—1633)

徐光启,字子先,号元扈,上海人。万历二十五年(公元1597年)省试考中举人,名列第一。后以举人资历在家乡和广东、广西等地以课馆为生。万历二十八年(公元1600年),结识意大利传教士利玛窦,并加入天主教,跟从利玛窦学习天文、历算、火器、完全掌握其方法,继而全面学习军事、屯田、盐政、水利等各种书籍。万历三十二年(公元1604年)考中进士,由庶吉士历赞善。

杨镐四路兵马于辽东战败,京城大为震惊。徐光启几次上疏,请求练兵以报效国家。神宗嘉许他的雄心壮志,越级提拔他为少詹事兼河南道御史。在通州练兵时,他上奏十条建议。当时辽东战事方急,朝廷没有答应他的请求。他上疏力争,才批准给了他少量民兵和兵器。

没过多久,熹宗即位。徐光启志不得展,请求辞职,未获批准。接着因病请假回乡。辽阳被攻破,熹宗下令起用他。回到朝中,他力请多铸西洋火炮,以供守城之用。熹宗同意他的意见,方议用时,徐光启因与兵部尚书崔景荣议不合,受到御史丘兆麟的弹劾,于是称病回家。天启三年(公元1623年),以原官起用,随即提升为礼部右侍郎。天启五年(公元1625年),魏忠贤勾结智铤弹劾他,他终于落职闲居。

崇祯元年(公元1628年),徐光启又被召回朝廷,再次提出练兵建议。不久,以左侍郎负责礼部事务。思宗考虑国家财政困难,命廷臣提出整理屯田和盐政之策。徐光启说,屯政关键在垦荒,盐政关键在严禁私贩。思宗赞扬并采纳了他的意见,升他为礼部尚书。当时,思宗因日食预报失验,想处分钦天监台官。徐光启说:"钦天监预测天象,是本着郭守敬的方法,元代已经出现预测发生日、月食而没有发生的情况,郭守敬尚且如此,不能责怪钦天监台官计算出差错。我听说,任何一种历法历久必差,宜及时修正。"思宗听从其言,下诏请西洋人龙华民、邓玉函、罗雅谷等进行推算改历的工作,徐光启任监督。

崇祯四年正月,徐光启呈上《日躔历指》一卷、《测天约说》二卷、《大测》二卷、《日躔表》二卷、《割圜八线表》六卷、《黄道升度》七卷、《黄赤躔度表》一卷、《通率表》一卷。当年冬十月初一,发生日食,又进《测候四说》,其中以论述时差、里差的方法最为详细周密。

崇祯五年五月，徐光启以礼部尚书兼东阁大学士，入阁参预机要事务，与郑以伟同时被任命。随即加太子太保，进文渊阁。徐光启有治国经世的才干，有志用世。只是到他被信任而掌重权时，年事已高，又恰逢周延儒、温体仁独断专政，其政治抱负难以施展。崇祯六年十月去世。《明史》本传说他“盖棺之日，囊无余赀”。御史请朝廷加以优厚抚恤，以使贪赃枉法者感到羞愧。思宗采用了御史的意见，赐谥文定，诰封少保。

过了较长一段时间，思宗念徐光启博学强识，要他的家属把他遗留的著作送上。徐光启之子徐骥入朝谢恩，进呈《农政全书》。思宗诰命有关部门刊刻颁布，并录用徐光启的孙子为中书舍人。

徐光启是明末的优秀科学家。他与利玛窦一起研究天文、历法、数字、地学、水利等学问，并与利玛窦等共同翻译了许多近代科学著作，如《几何原本》、《测量法义》、《泰西水法》等，成为中国介绍西方科学的先驱。他自己也有不少关于历算、测量方面的著作，如《测量异同》、《勾股义》等。在科学技术研究方面，徐光启用力最勤、收罗最富的是《农政全书》，是他几十年心血的结晶，是集中国古代农业科学技术大成的著作。全书共六十卷，五十余万字，分农本、田制、农事、水利、农器、树艺、蚕桑、蚕桑广类、种植、牧养、制造和荒政十二目，其中不乏他的独到见解。

徐光启精通声律，工楷隶。

附嘉庆《松江府志》徐光启传（译文）：

徐光启，字子先，上海人。万历二十五年（公元1597年）举乡试第一，又七年成进士。由庶吉士改为赞善（官名，相当于谏议大夫）。跟从西洋人利玛窦学习天文、历算、火器，学尽了他的技术，于是遍习兵机、屯田、盐务、水利诸书。杨镐四路丧师，京师大震。他屡次上疏请练兵自强，神宗大力支持他，越级提拔他为少詹事，兼任河南道御史，练兵于通州。他上书陈述十议，当时辽东战事正急，朝廷没有答应他的请求。徐光启上疏力争，才稍微给他一些民兵武器。没有多久，熹宗即位，徐光启志愿不得伸展，请求裁职，不予批准，然后他称病而归。

辽阳被攻破，朝廷诏命起用他。他返回朝廷，极力请求多造西洋大炮以资助都城守卫。熹宗赞成他的意见，正要实施他的提议，因他与兵部尚书崔景荣意见不合，被御史邱兆麟弹劾，又上书称病而归。

天启三年（公元1623年）官复原职，随即提升为礼部右侍郎。五年（公元1625年），魏忠贤党羽智铤弹劾他,他被免去官职。

崇祯元年(公元1628年),召他回京,他重申练兵之说。不久,他以左侍郎管理部事。思宗担忧国家财政不足,命朝廷臣子献屯盐良策。徐光启说屯田之政在于垦荒,盐业之政在于禁止私贩。思宗赞成并采纳了他的意见。升任礼部尚书。当时思宗因预测的日食不应验,要加罪于台官。徐光启说:“台官预测天文和气象依据郭守敬(我国元代科学家,精于天文、历数、仪像制度,与许衡、王恂等修授时历,施行于世三百六十年)的方法,元代时就有预测日食但没有发生的情况,郭守敬尚且如此,更何况今天的台官。我听说历法经过了长久时间必有差错,应当及时修正。”思宗同意他的看法,诏命西洋人龙华民、邓玉函、罗雅谷等推算历法,徐光启担任监督。崇祯四年(公元1631年)春正月,徐光启进献《日躔历指》一卷、《测天约说》二卷、《大测》二卷、《日躔表》二卷、《割圜八线表》六卷、《黄道升度》七卷、《黄赤躔度表》一卷、《通率表》一卷。这年冬十月,发生日食,又呈上《测候四说》,其中论述时差、里差(均为天文历法术语)最为详细精密。

崇祯五年(公元1632年)五月,徐光启以木官(五行之官中的木正)兼东阁大学士的身份,入参机务(机要事务,多指军政大事),与郑以伟并列。不久加太子太保,进入文渊阁。

徐光启一向富有经邦济世之才,有志于振兴天下。及其得以重用,却年事已高,且正逢周延儒、温体仁专权用事,不能有所作为。

崇祯六年(公元1633年)十月去世,追赠为少保,谥文定。

黄体仁

黄体仁,字长卿,上海人,居川沙。县令许汝魁捐出自己的俸禄送他进入国子监读书。万历二十二年(公元1594年)乡试中举。会试失利。到万历三十二年(公元1604年)才登进士第,授官刑曹,两次审理疑案,法办元凶大恶。陈桥、刘梦龙两人不法,虽有中贵人(近侍得宠的太监)撑腰,黄体仁仍执法如山,对之不稍宽宥。而热审(明清时代,自小满至立秋期间,因天气炎热,凡流徙笞杖,例以减轻处理,称热审)、水灾二疏,尤其可谓泽被监狱。

出任登州太守,选任东兖副按察使。道逢福藩之国,他处置得当,预先有所安排,因而地方得以不扰。一年遇上旱灾,民情骚动。山林啸聚,谍报蝟集。黄体仁抚恤死者家属,按抚流徙之民,重视农本,储谷备荒,革除苛政,严禁受贿。因为官深得民心而触犯当政者，辞职而归，四年后即去世。

当初，颜洪范修上海县志，黄体仁与张之象执笔，阐发鲜为人知的幽情潜德。过了一段时期，张居正严查典章制度，提议废除祭祀旧制。蒋用和大力阻止，俎豆（俎，置肉的几；豆，盛干肉一类食物的器皿。两者都是古代宴客、朝聘、祭祀用的礼器）祭祀如常。作为孝廉，提议开设东南水关、修筑蒲汇塘闸、恢复群忠祀堂，县中种种利病，都载于县志。人物原来首推淳于髡，现在改为鲁仲连。少保陈公迪的子孙戍守登州，特为申请恢复他们的名籍记载，与少保戚继光一起请由朝廷给予谥号。在寿张为张公艺建置祠堂时，选择他的一位后裔作为主持祭祀的人，且竖碑纪念。以上这些人物和事件，都鲜明地记载于县志中。

当时，李廷机令试馆职，黄体仁推荐门人徐光启，徐光启因此入了翰林。

黄体仁著有奏议、诗文、杂著二十六卷，又撰《续上海志》田赋诸篇。

黄体仁的儿子黄徵兰，崇祯三年（公元1630年）顺天府乡试中举。

姚士慎

姚士慎，字岱芝，华亭人，居五保，是姚参的曾孙。九岁能作文，万历三十二年（公元1604年）进士，选为庶吉士，改任吏科给事中，升迁至光禄寺卿。父母去世，回家服丧。丧期毕，起用为大理少卿，不久升为通政使，晋升为南京刑部尚书，然后致仕。

姚士慎曾因在谏垣（谏官官署）议论开矿，冒犯圣旨，谪官闽中佐廷尉。当时他奉命查究魏忠贤奸党，以六等定罪，执法公正不阿。

晚年闲居林泉，告诫子孙遵循礼法，推崇俭约。去世于家中，朝廷赐祭。

弟姚士恒，天启二年（公元1622年）进士，任浦城县令，升任监察御史，以卓越的政绩闻名。

李凌云

李凌云，字峻甫，华亭人。万历三十二年（公元1604年）进士，任山东诸城县令，有清廉操守，士民怀念他。县内本来有三贤侯祠，得李凌云成为四贤侯祠了。

征拜为御史，巡按福建，锄奸除弊，执法公正，不徇私情。

崇祯（公元1628年—1644年）年间，以太仆寺卿致仕。门庭一无杂宾，郡县守令每年递名帖拜访一次而已。至于对时政的议论，则未尝不义形于色。曾有县佐廷（县令属官）侮辱正人君子，合郡哗然，县令对其极力庇护。李凌云出面提出主张，侃侃而谈。县令获悉李凌云出面,本已惊慌,及其相见,恭敬安抚李凌云肩背道:“您不要发怒,把这佐吏关入监狱就是了。”众怒方才消释。

同年(同榜进士)丁化宇奉命到松江,暴病身亡,李凌云捐数百金,亲自操办殡殓。

他著有《小善录》、《佩言》、《晚香堂采药编》。

王善继

王善继,字孝冲,华亭人。二十五岁,刚成为诸生(俗称秀才)就在乡里设馆教学,将所收学费供养祖、父两代。父亲去世,祖母也随即长逝,遭受两次丧事。四十岁乡试中举,第二年会试受挫,回来授教如初。

既而请求任学官以奉养母亲,得任池州东流县学博士官。不久母亲去世。服丧期满,补任嘉定县学博士官。他上任后则查阅图志,开辟尊经阁,疏浚学宫左右环水。这年秋试,中举者有三人,这是前所未有的。万历三十二年(公元1604年)王善继登进士第,授刑部主事,正逢皇帝覃恩(广施恩惠),追赠父母官衔。

当时大太监高淮以辽左不法事被捕,太监马谦也因盗窃官仓的铅,与高淮相继下狱。王善继上疏直言,认为“二奸依仗权势,破坏边防,耗损国力,即使处以车裂寸斩之刑,还不足以谢天下。今天如果不加严惩,而只取其一二党羽塞责,这是不顾豺狼而追问狐狸,国家的法律派什么用场!应当交付有司,依法严惩”。朝廷舆论赞同他的看法,奸邪之徒都胆战心惊。

不久,王善继出任建宁太守。面对各种新的情况,整顿办理如久任此职一般老练。因积劳成疾,连忙上书乞求退休。执政者深感惋惜,于是请他以休假暂退,待病愈后对照在朝官员再予起用。王善继是位四品的朝廷外官员,这样办理,可称特例。

一年以后,他竟去世,享年六十四岁。

儿子王献吉,顺天府乡试中举,出任胶州刺史,以美德称。

陈国是

陈国是,字与同,青浦人,居珠街角镇。万历三十二年(公元1604年)进士,授刑部主事。逢双亲去世,回家服丧。服丧期毕,补工部主管节慎库,降职为长芦通判,转为南京刑部主事、员外郎、郎中,出任宝庆府知府。郡内某绅士聚集众怨,乘机发难,千余不逞之徒揭竿而起,陈国是论以刑法、诚信,众人随即解散。有诸生聘妻萧氏,江川王强行送了聘礼。诸生投牒诉讼江川王,陈国是立即敲锣打鼓为诸生以礼婚配。转任广西副使,托病辞职而归。

陈国是禀性淳厚,胸无城府,与兄弟到老更为和睦友爱,每次相聚则流连十多天,不忍分别。抚育诸侄,多有恩惠。

长子陈元焘,崇祯九年(公元1636年)举人,品行淳厚,迁居郡城。次子陈增远,为恩贡生。

顾国缙

顾国缙,字寅美,上海人。万历三十四年(公元1606年)举人,任南京国子监丞。当时刘志远将于文庙左边建魏忠贤祠,顾国缙以死抗争说:“谁敢这样做,那他是先圣的万世罪人。”于是建祠之事得以停止。

升迁为刑部郎中,出任按察副使,分任巡视桂林。当时瑶、楚盗寇相继犯境,顾国缙将其击退,论功行赏,因病请求回家养老。

崇祯末年(公元1644年)三月获悉明朝灭亡,悲痛号哭,绝食而死。清朝赐谥忠节。

陆明扬

陆明扬,字伯师,上海人。父亲陆桥为诸生,困于践更(古代受钱代人服役叫“践更”),曾触犯县令敖选。正逢族人陆楠谋取陆桥的资财,且贪得无厌。陆楠的亲戚曹忿夺取奴仆的妻子,奴仆气愤而上吊自杀,于是陆楠教唆曹忿砍碎尸体头颅,诬蔑陆桥放纵陈明扬奸淫而杀其奴仆,向县令敖选诬告。敖选本来与陆桥有私仇,乘机报复,残酷鞭打陆桥,并将陆明扬判罪下狱。台使(御史)怀疑此事,传命将陆明扬关押于青浦。其弟陆明允背了干粮,奔走一百多里,看护陆明扬达三年。青浦县令屠隆夜里巡视监狱,听到读书声,觉得奇异,经审察,知道陆明扬的冤屈,因而极力请予平反。但知府阎邦宁不同意,因而又过了很长时间才将陆明扬释放。

陆桥晚年官任浦城县丞,代理掌管县政最久,正逢上官不让粮食出境,而浙江的江山县遇到大灾害,于是他假托通商买粮,救活众多饥民,浙江人民称道他。

陆明扬得以昭雪冤情后,更加发愤为学,万历三十一年(公元1603年)中举。他经历忧患,所以能熟悉世务。曾用流动的烹饪设备赡养无米下锅的饥民,因地制宜确定征收赋税数量,乡里民众感激他的恩德。教谕靖江县时,奖励提拔士人,经常担心自己做得不够。去世后,被祭祀于名宦祠。著有《紫薇堂稿》。

陆明扬之弟陆明允，字臣受，禀性孝友。当时正当讼狱交困，对外谋划保护坐牢的兄长，对内要侍奉双亲使其欢欣。色养备至(我国古代称承顺父母脸色、孝养侍奉父母为色养)。平生乐善不倦，疏浚赵家沟，尤使当地民众得利。喜好吟咏，旁通青乌家言(指我国古代的相地之术)。书法遒劲，富有意态情趣。康熙二年(公元1663年)祭祀于乡贤祠。

张大纶

张大纶，字仲仁，华亭人。十六岁丧父，家里常受人欺侮，他能挺身而出，担当事务。擒捉反叛奴仆，置之国法家规，几位兄长都依赖他。年少工于制举义(我国古代科举取士的制度和方法)，每次考试总是夺魁，一时名士都乐于与他交游，但他严于择友，不攀权附势。仲兄(第二位兄长)张图南不善谋划生计，张大纶将自己的家产割让一部分给他，代缴欠税数以千计，去世后则予以安葬。姐姐嫁于戴氏，由于难以生存，将她迎接归来奉养终身。伯父靠他养老，去世后都依礼安葬。三党(父族、母族、妻族)老弱贫困之人都倚靠他活命。

张大纶禀性耿介正直。外家杨氏无子，贻送资产数千金，他坚辞不受。地方上权贵势盛，张大纶毫不退避。到海瑞当政，郡人都毁伤这权贵，权贵担心他从中作梗，想以汶阳县收买他，张大纶说："我怎能乘人之危而获利啊！"不予接受。

他刚直慷慨，力行古贤之道。六十岁去世。

方道行

方道行，字省吾，华亭人，居金汇塘西。方孝孺九世孙。当初，方孝孺的遗孤方必昌在松江，冒姓俞，即为俞允。万历三十八年(公元1610年)，督学杨公奏明情况，恢复原姓，于是大家都知道方孝孺有后代而将方道行奉祀于金陵。方道行是上海县学生，专志举业，安贫乐道，竭力捐资建立祠堂，捐献良田用以祭祀，士大夫都推重他。

儿子方忠祚，上海县学生，也以文章品行著称于世。

郭良俊

郭良俊，字少谿，上海人，他的祖先是庐州人，以军功世袭锦衣卫千户，后来迁徙居住于刑窦湖。郭良俊年少丧父，以孝闻名，为人慷慨，明晓大义。曾在野外拾到遗金，久坐原地，等待失主。共三日不见失主前来，于是以所拾之金再加自己的资财于庙泾建造石桥，方便民众过河，取名为庙桥。

儿子郭继周，字可卿，天启四年（公元1630年）举人。

钱龙锡（1578—1645）

钱龙锡，字稚文，华亭人。万历三十五年（公元1607年）进士，由编修屡次升迁至少詹事。天启四年（公元1624年）选任礼部右侍郎，协理詹事府。第二年（公元1625年）改为南京吏部右侍郎。因触犯魏忠贤，被削去官籍。

崇祯皇帝即位（公元1628年），因为阁臣（明制，大学士入阁办事，故称阁臣）黄立极、施凤来、张瑞图、李国楷都曾为魏忠贤所用，不足以依靠，诏命朝廷之臣推举送上十人，并仿效古代枚卜典（古代以占卜法选官，逐一占卜，故也泛指选官为枚卜。明代专指拜相），贮姓名于金瓯中，焚香肃拜（直身肃容而微下手以拜，俗称拜揖），依次探手取之，首先得到钱龙锡，然后依次为李标、来宗道、杨景辰。阁臣认为天下多事，请求再增加一二人，从而又得到周道登、刘鸿训，都拜为礼部尚书兼东阁大学士。

第二年（公元1629年）六月，钱龙锡入朝，黄立极等四人都已罢免官职，来宗道、杨景辰也在六月离去。李标为首辅，钱龙锡、刘鸿训齐心助理。不久，因为蜀寇被平定，加太子太保，改任文渊阁。

崇祯皇帝爱好视察边境之事，经常派遣旗尉侦探。钱龙锡进言说依照旧制只巡视于京城内外，若派遣人员到远方侦探恐怕难以信赖。

海寇侵犯中左所，总兵官俞咨皋弃城逃跑，罪当诛杀，崇祯皇帝要以同等罪处罚巡抚朱一冯。钱龙锡说："朱一冯所驻之处远离海寇，不可与弃城者相提并论，罢免其职务已足以抵罪。"

崇祯皇帝因漕运之船违禁越关，意要复设漕运总兵官。钱龙锡说："这官职已裁去好久了，现在再要设置，应当集合廷臣商议。"复设漕运总兵官之事终于停止。

朝廷商议淘汰冗杂官员，崇祯皇帝认为学官尤其多余，钱龙锡说："学官原来任用岁贡生，近来因等候授官的人员多，岁贡生积至二千六百多人，皓首沦落，尚未有官，实在可怜。况且祖宗设官，在学官方面编制稍宽，是因师儒培养士子，需要老成之人。"崇祯皇帝也采纳了他的意见。

言官（谏官）邹毓祚、韩一良、章允儒、刘斯琜遭受罪责，钱龙锡都为他们申辩救援。御史高捷、史䇺已被罢官，王永光极力引荐他们，但都被钱龙锡阻止，这两人十分恨他。魏忠贤一案的审定，其半数由钱龙锡主持，奸党为此对他恨之入骨。袁崇焕杀毛文龙，上报奏疏说："辅臣钱龙锡为此一事，徘徊经过我的家门，而后上疏请阁臣辅臣反复商榷，我因此可以奉行无失。"当时毛文龙拥兵自重，专横跋扈，袁崇焕将他除去，即使崇祯皇帝也不认为这一举措是有罪的。

崇祯二年（公元1629年）冬十二月，清兵迫近京城，崇祯皇帝怪怨袁崇焕作战不力，将他逮捕下狱。而高捷、史𡎺已由王永光引荐而任用，高捷于是呈上奏章，指称通款（与敌通好言和）杀将是钱龙锡的罪过，且说祖大寿军队溃败东逃是由钱龙锡的挑动激发所导致的。崇祯皇帝认为钱龙锡忠诚谨慎，告诫不要过分追究。钱龙锡上奏辩解道："袁崇焕觐见皇帝时，我见其面貌丑恶，退朝后对同僚说，此人恐怕不能胜任。后来袁崇焕声称以五年为期收复辽东失地，我前去向他咨询方略，他说，恢复应当从东江开始，毛文龙可用则用之，不可用则除去他，这是很容易的事。到袁崇焕突然诛杀毛文龙时，他疏文中有'低徊'一词针对我，我想毛文龙的功劳和罪过朝廷都知道，因而我对此置之不理。怎能以袁崇焕夸大不实之词来判我朋党合谋之罪啊？"又辩"挑动激发大寿"的诬蔑之词，请赐罢官黜退。崇祯皇帝安慰劝解他，钱龙锡随即又起来办理政事。可是高捷再次上疏攻击诬蔑他，崇祯皇帝心中开始动摇了。钱龙锡再次辩解，随即称病，于是让他回乡。

当时战事纷杂，没有时间彻底查究袁崇焕的狱讼案子。到崇祯三年（公元1630年）八月，史𡎺又上疏说钱龙锡主张袁崇焕斩帅以获取兵权，倡导对敌和议，以使人们相信五年成功之说，这实在是卖国欺君，其罪难逃；又诬蔑说钱龙锡要离开京都，将袁崇焕所贿赂的数万重金寄存于姻家，巧为营干，使国法不能伸张。崇祯皇帝听了勃然大怒，命令刑官在五日之内将其定案。

于是锦衣刘侨呈上袁崇焕的狱讼之词。崇祯皇帝于平台召见诸臣，置袁崇焕于重罪，责备钱龙锡私结边臣，暗中捣乱，令廷臣议罪。

当日群臣在宫殿商议，说斩杀将帅毛文龙虽然由钱龙锡启端，然而他在对袁崇焕的回信中有处置慎重不可擅杀之意，杀毛文龙实是袁崇焕过错之举。至于与敌方讲和通好，这由袁崇焕首倡，钱龙锡开始回答他说要加以考虑商量，后来又对他说天子神明威武，不宜与敌方讲和通好。然而军国大事私自商议谋划，不上疏直言指出奸谋，亦是逃脱罪责，崇祯皇帝于是派遣使者将钱龙锡逮捕。

崇祯三年（公元1630年）十二月，钱龙锡被逮捕下狱，他又上疏辩解，并将袁崇焕的原信及他的回信全部送上，崇祯皇帝不予省察。这时众多奸佞之徒与魏忠贤的余孽相聚密谋，指称袁崇焕为逆首，钱龙锡为逆党，再立一逆案与魏忠贤逆案相抵。密谋已定，想从兵部提出这一邪恶的计议，而尚书梁廷栋惧怕崇祯皇帝英明，不敢贸然发出而搁止。

于是商议定钱龙锡为死罪，暂且用夏言（字公瑾，正德十二年进士，嘉靖初为谏官，后为首辅执政。嘉靖二十一年被严嵩排斥去官，二十四年复被起用。次年支持陕西总督曹铣收复河套的主张，严嵩迎合嘉靖苟安之意，为仇鸾草奏，诬夏言受曹铣贿，罢职放归，旋被杀害）旧例，关押于厂卫，以待西市行刑。

然而崇祯皇帝认为钱龙锡没有奸逆之谋，命将其长期关押。

崇祯四年（公元1631年）正月，右中允黄道周上疏进言钱龙锡不应处以死罪，触犯圣旨，降职调外，而崇祯皇帝旨意已在逐渐改变了。夏五月，大旱，刑部尚书胡应台等乞求宽宥钱龙锡，给事中刘斯琜相继进言，崇祯皇帝下诏令有司再予审议，于是将钱龙锡释放，戍定海卫。在戍所十二年，两次遇到大赦但都未被赦免。他的儿子请求送粮赎罪，正逢周延儒再次当国执政，因而被阻止不得执行。

福王时（公元1644年），钱龙锡恢复官职，归于家乡，不久去世，享年六十八岁。

乔拱璧

乔拱璧，字榖侯，上海人，副使乔木之子。万历三十五年（公元1607年）进士，任海盐知县。县内田亩多诡寄隐匿（将自己的田亩伪报在他人名下，隐瞒不报，以逃避税赋差役）。乔拱璧亲临实地，丈量田亩，登记账册，清理归户，悉得其实，核对人口，测算均正，一县称平。所隶仓储，常积二仓粮食，以作卫士军饷。以往杂支本折（本额和折耗），弊端百出。乔拱璧请以冬月支屯粮，夏月赴府支银钱，春秋月支仓米，每人验券给付，诡诈冒领之事皆绝。

升迁为工部主事，改为兵部武选司，降职为顺天府教授，不久升任南兵部郎，出任湖广佥事，转为参议，尚未上任即去世。

施绍莘（1588—1640）

施绍莘，字子野，号峰泖浪仙，华亭人。少为诸生，有俊才、怀大志，但屡试不第，于是放浪形骸。父亲施大谏去世后，他于万历四十四年（公元1616年）二十八岁时始营西佘别业，于万历四十七年（公元1619年）三十一岁时复迁居泖上，“极烟波花药之美”。时陈继儒居东佘山。施绍莘小陈继儒三十岁，但两人管弦书画，兼以娈童妙妓，来往嬉游。施绍莘以词曲知名，其散曲爽健朴茂，论者推为明人第一。好声伎，工乐府，与同邑沈龙善，世称“施沈”。吴梅先生称明代散曲“要以施绍莘为一代之殿”。《浣溪沙·愁卧寒冰六尺藤》、《虞美人·一帘花影惊风碎》是其词作代表。《虞美人·一帘花影惊风碎》：“一帘花影惊风碎，恼得醒还醉。卷帘归燕早黄昏，况是湿云如梦雨如尘。　　当初的是恩情甚，信也须难信。此情若是果然真，不枉别来终日锁眉痕。”顾乃大说：“吾友施子野氏，娴雅绝伦，风流自赏，夙称博物，兼有情痴。”(《花影集序》)他另作有《西佘山记居》一文，极赞“水肤而山骨”之美，讲述自己“苦城居，颇乐闲旷”之本性。因慕宋张先作词有“张三影”雅号，以“花影”名其词集。有词曲合集《秋水庵花影集》五卷传世。

《秋水庵花影集》是现今可知的施绍莘唯一的一部作品集，全集共五卷，前四卷主要是散曲，第五卷是词。作品多抒个人情怀，所涉范围较广，有山水风光、四时景物、友朋赠酬、男女风情等。《文渊阁存目提要》云：“是集前三卷为乐府，后二卷为诗余，多作于崇祯中，大抵皆红愁绿惨之词。”施绍莘的作品广受喜爱，当时甚至还出现了剽窃其作品的现象。《〈秋水庵花影集〉杂记·伪窃》：“小词虽极芜陋，然自写一得，亦颇自珍惜，奈每每为人掩窃。曾于一歌姬扇头，见《梦江南》十首，宛然予作，而已识他人姓字矣。如此者甚多，鹤声飞上天，岂容假人耶？不敢不辨。”陈继儒在《〈秋水庵花影集〉叙》中说：“今《花影集》一出，上至王公名士，下至马卒牛童，以及鸡林象胥之属，皆咄咄吁骇，想望子野何如人。购善本，换新声，掷饼金斛珠，当不吝惜，岂特为《三梦》、《四声猿》之畏友而已乎？”

张肇林

张肇林，字茂卿，上海人。万历三十五年(公元1607年)进士，任江西万安县令，调任房山县。爱民如子。当时太监刘进朝霸占周口废厂，民众失业。张肇林具状上报台司(御史)，尽予驱逐，民赖其惠。

升迁刑部主事。具办热审(明清时代，自小满以后至立秋以前，因天气炎热，凡流徙笞杖，例从减等处理，称热审)，停止刑罚，又上疏慎用刑罚，四川多所平反。

提升为南通政司参议，不久罢官而归，去世于家中。

杨万里

杨万里，字孟图，上海人。万历三十五年(公元1607年)进士，授余姚县令，调任钱塘县。他禀性宽厚仁爱，为政十分廉洁，有奉职守法的美好声誉。西湖淤塞，他予以疏浚筑堤，海宁州农田赖以灌溉。

县内豪民傅时、傅晓，虎视乡里，恣情不法，杨万里将其逮捕，立即击毙，抄没其家，财物归公。捕得两人时，同官中有人拿出万金请求赦免，杨万里严肃拒绝。

冬夜，子女因寒冷而哭喊，妻子神态愁苦凄楚，杨万里笑道："子女因寒而哭，这不是邪恶之声！"

因为政绩第一，提升为御史，不久去世。钱塘士民于涌金门外为他建祠堂。

乔时敏

乔时敏，字君求，上海人。万历三十八年（公元1610年）进士，授仁和县令，以慈爱办理政事，凡征输、践更、勾丁（勾捕壮丁以作劳役补员）、置仓、建牐（同"闸"）等事都为当地民众谋取长远利益，宪司（本指御史，后来也称按察使为宪司）下令各州县，将乔时敏的做法奉为法式规范。

提升为御史，巡视上江，推却供应，不收馈赠。又有多所论述评定，增加解头（押运粮草或人犯的差役头目），减少徭役，修筑安庆城，增派采石兵，都有裨时政。

因病引退归乡。著有《史奏堂集》。去世后作为仁和名宦予以祭祀。

弟乔时英，字君平。万历四十一年（公元1613年）进士，授临海县令，多有惠政。倭寇入侵，设法歼灭，勒石海门，纪其功绩。父亲去世，他也因悲痛而去世，临海之民思念他。弟乔时万，字处复，研究《诗经》有盛名，闭户著书，选刻之书风行四方。工于古今文，以授徒自给。张元玘、张元珑、朱在廷都是他的门生，县内推他为导师。

钱士贵

钱士贵，字元冲，华亭人。万历三十八年（公元1610年）进士，授进贤（今属江西省）知县。父母去世，回家服丧。丧期毕，补上饶令，因政绩优良征拜为御史。当时移宫（光宗朱常洛去世，其宠妃李选侍仍居乾清宫。熹宗朱由校既立，大臣刘一燝、周嘉谟及言官杨涟、左光斗等惧李选侍自宫中挟熹宗以干国政，乃奉熹宗暂居慈庆宫，迫李选侍移居仁寿殿，是为移宫之案）、红丸（光宗即位后，遇疾，内侍崔文昇与鸿胪寺官李可灼进红丸，光宗服之而死，是为红丸之案）、梃击（神宗时，郑贵妃有宠，朝臣多疑神宗欲立郑贵妃之子福王。后光宗立为太子，忽有男子张差持梃入光宗所居的慈庆宫。被执讯问，供为内监刘成、庞保所指使。人疑郑贵妃所为。神宗不愿探究，乃杀刘成、庞保、张差。史称"梃击案"）三大案狱长久勿决,下廷臣议论。钱士贵请诛杀李可灼,且按律论内阁之罪。正逢魏忠贤窃取大权,将三案评论全部推翻以倾覆朝士,消除异己。钱士贵于是托病归乡。

崇祯改元(公元1628年),起用钱士贵,官复原职,督办粮饷,回来掌管京畿道,不久转为南大理寺丞,因病辞职。

他家居十余年,和气近人,恭谨节俭,紧缩开支以赈济贫困,凡四民(士、农、工、商)遇到困苦而无路可求者,他都给以衣食,资助婚丧费用。建造广孝阡(墓地名。阡,坟墓),用以安葬无主丧及遗骨。其他如桥梁道路、河渠寺观,力所能及者无不予以修建整治。

起用为应天府丞,正值淮南遭寇乱,流渡者多,又逢饥荒,饿殍载路。他建立义仓,置办粥厂,计口授餐,救活很多饥民。升迁为南太常卿,召为刑部右侍郎,停驻淮安,疾病发作,返回苏州,随即去世。地方长吏上报,朝廷诏命以所拜官职(即"刑部右侍郎")赠之,予以祭祀安葬,录用他的儿子钱芳标为国子生。钱芳标自有传。

夏嘉遇

夏嘉遇,字正甫。万历二十五年(公元1597年)乡试中举,万历三十八年(公元1610年)成进士。任上谷司理,为官廉明,京都地区第一。削减盐政附加税数千金,办理政务尽革通常弊端。开仓赈贷,使畿南百万饥民得以存活。

万历四十四年(公元1616年)召入京师,拟授予吏部官职,权臣中伤他,改任礼部主事。

万历四十七年(公元1619年)北虏侵犯正猖獗,给事中亓诗教、赵兴邦挟持政府,掌控大权,人们不敢对抗。夏嘉遇奋起抨击弹劾,要追查他们的误国殃民之罪,连上五疏,亓诗教、赵兴邦的气焰被压了下去,海内人心大快。夏嘉遇自己要求离开朝廷。

不久改官陪京(陪都,指南京),没有实权,优游数年。

天启四年(公元1624年),首辅赵南星(东林党人)根据民情众望,力排众议,将他调到吏部,任考功员外郎,掌管铨选官职之事。当时太监掌权,势力已成。为一网打尽名流,魏忠贤首先嘱咐姻党陈九畴弹劾谢应祥而涉及夏嘉遇。夏嘉遇早知他们的奸谋,屡次上疏,直言争辩,于是被斥逐而归,行李仅一个小包裹而已。归乡不久,又发生同文之狱(魏忠贤再兴大狱,逮捕东林党领袖杨涟、左光斗等人),夏嘉遇再次被诬陷,被削职,又遭苛罚薪俸,催赴流配,最终愤恨发病而死。

崇祯初,追赠为太常少卿,予以祭葬,并奉祀于泽宫(古代习射取士之所)。

包鸿逵

包鸿逵，华亭人，祖籍秀水。万历三十八年（公元1610年）进士，授湘潭县令。该县为冲要之地，但苦于邮政，积弊难理。包鸿逵聪明多智，因时调剂，多有政绩。闲暇时间则与县内士大夫论文讲艺，民众和乐，称他为仙吏。曾编辑《纪事录》，叙述其治理湘潭的事迹和办法。

雷　迅

雷迅，初名德音，字圣肃。他的祖先是江西人，元末迁徙于青浦。雷迅年少丧父，勉力学习，中万历三十四年（公元1606年）举人。崇祯（公元1628年—1644年）间授夔州推官，与陈子龙友善。后来代理夔州府政事。居官清廉耿介，当时群盗满山，楚、蜀之地尤其猖獗。夔州为川东门户，雷迅严守边境堡垒，储备军用物资，境内肃然无事。不久以侍养双亲而请假归来。

他所作诗文已散佚，曾著《杏花春雨江南赋》，最为精妙，一时盛传于世。

乔一琦

乔一琦，字伯圭，上海人。父亲乔懋敬，前有传。乔一琦年少任侠，膂力过人，喜好骑马击剑，工书善诗，有文武全才之称。中万历三十一年（公元1603年）武举，历任游击将军，监朝鲜军，与刘綎一起抗击金兵，战败，入朝鲜营。朝鲜都元帅姜宏立、副元帅金景瑞率众投降，乔一琦投滴水崖而死，被追赠为都督同知。

清朝乾隆四十一年（公元1776年）赐谥忠烈。

盛万年

盛万年，上海人。多有膂力，善于骑射，为乔一琦前锋，调赴辽东，至滴水崖战死。聘妻（已订婚而未娶之妻）苏氏，闻信上吊自尽。

宋懋澄

宋懋澄，字幼清，宋尧俞之子。弱冠之年就以诗文著名，喜交游，慕古烈士风。在北京国子监，科举考试久之不利。转移向南，中万历四十年（公元1612年）南京乡试。

生平遇事果断，不喜人云亦云，气概更是英发上扬。当初父亲宋尧俞以孝廉（举人）的身份议论张居正不守礼制，发万言书。张居正去世以后，人人都诽谤他，而宋懋澄却作《相公论》三首以表白他的功勋,言语有据,并非漫语。

所作诗文奇伟矫健,雄奇独特,毫无庸俗习气。慨然以修撰志乘自任,具状郡府长吏。诸如三江的沿革,百渎的通淤;城有议扩之条文,邑有划分之述说;赋役宜计田亩而荒熟难于适均,富户当重科差而花诡无由悉诘;五年既有一定之役,逐年应无不测之差;雪冤而六月之霜不飞,除恶而九地之藏莫遁;服妖食怪奢侈独甚于三吴,冠地履天(喻上下失序)陵替何尤奇于四郡。语皆卓荦(卓绝出众),可惜不能实现自己的志向。曾叹曰:“二十年后天下将有兵,而我不及见也。”后果如其言。所著有《九籥集》。

子宋征舆,顺治四年(公元1647年)进士。

孙元化

孙元化,字初阳,上海人,籍贯嘉定。万历四十年(公元1612年)顺天府举人,荐授兵部司务,转任职方司主事。触犯魏忠贤,被削职回家闲住。崇祯初,起用原废弃官员,他起任山东参议。宁前道防边有功,升任都察院佥都御史,巡抚登莱。后来在辽阳抗击清军,以身殉职。

董羽宸

董羽宸,字元孚,上海人。万历四十一年(公元1613年)进士,授余姚县令,以明智干练为人所称道。升任云南道御史,巡视山东时,妖贼徐鸿儒煽众扰乱青齐间,所到之处,残害破损。董羽宸单骑进入贼巢,告之以刑威福德,众伙稍有松散;随即带兵征剿之,歼其魁首。

遭父丧,回家服丧。丧期毕,命他巡视永保河(永清、保定、河间一带),任通州太守,按其功绩,授顺天府丞。崇祯元年(公元1628年),升任光禄卿,晋升左副都御史。第二年(公元1629年),晋升为吏部右侍郎兼掌院篆。

冒犯首辅薛国观,又因纠察官员不尽职守,降为南京尚宝司卿,不久又被削职归乡。七十八岁去世。所著有《择焉小草》等。

张尔嘉

张尔嘉,字锡之,青浦人。万历四十一年(公元1613年)进士,授东阳县令,选任兵部主事,升为郎中。上疏救刘光复,荐邹元标,执政者惧怕。因与崔呈秀不合,补为浙江布政使参政，分管绍宁台道，去世于官任上。

同时还有一位华亭人张醇儒，官任兵部主事，也因触犯崔呈秀被降级。

王昌会

王昌会，字嘉侯，上海人，是王圻的孙子。万历四十三年（公元1615年）举人，会试屡试不第，于是绝意进取，杜门读书。太守方岳贡钦佩他的风范，聘修松江府志，王昌会坚决推辞。陈继儒写信劝他参与，于是同意。志中赋役、盐榷（官府食盐专卖，后世也称征收盐税）诸条都出于其手。

晚年筑室松原，门无杂宾。广堂宏厂（露舍，棚屋），前列图书，后陈女乐。每逢花朝月夕之时，则设宴赏玩，悠然如处世外桃源，当时舆论皆称其高雅。五十八岁去世，所著有《全史详要》等书。

弟王昌纪，字永侯，年幼就聪颖敏悟，读书则数行俱下。亲手编辑十七史四十余年，足迹不踏入城市，当时人称“王氏二龙”。八十六岁去世。

王昌会儿子王灏也以诗文闻名，参与修撰县志。

许誉卿

许誉卿，字公实，华亭人。万历四十四年（公元1616年）进士，授金华推官（元、明时各府置推官一人，专管刑狱，俗称刑厅）。

天启三年（公元1623年）征拜他为吏科给事中（明代给事中分吏、户、礼、兵、刑、工六科）。上疏指出锦衣卫（明代皇帝的侍卫部队，有特权，往往与太监相为表里）官职乃父子相袭，不应当随意赐给保姆或宦官的家人。织造中官（织造，官名，明清两代于南京、杭州、苏州各地设立专局，掌管织造各项丝织品，供皇室之用。明代于三处各置提督织造太监一人。这里的中官，就是指太监）李实捏造罪名，弹劾苏州同知（官名，知府、知州的佐官，分掌督粮、缉捕、海防、水利等）杨姜，说他侵犯了抚按的职责。内廷传出旨意认为杨姜贿赂许誉卿出面上疏，停发许誉卿半年薪俸。杨涟弹劾魏忠贤，许誉卿也上疏痛斥魏忠贤大逆不道，说：“看他与汉代宦官勾结灵帝乳母赵娆、唐代宦官势倾宫廷内外、宋代宦官假冒圣旨挑拨皇帝与皇后之间的关系有什么两样！”魏忠贤为之大怒。许誉卿又说：“内阁本是行政重地，而将初步审议奏疏的大权拱手让给内廷宦官。厂卫（明代的一种特务机构，东厂、西厂与锦衣卫合称厂卫）一旦奉行审问嫌疑犯的圣旨，就五毒备施。近来又用立枷法（明代的一种酷刑，用木笼，项开圆孔束犯人项，使站立致毙），士人民众遭此酷刑而死的不知其数。又行数十年来已不用的廷杖(在朝堂或宫门杖罚大臣的一种刑罚),流毒危及大臣,这哪里是昭显君王的恩德啊!按祖宗成法,宦官不掌控兵权,如今宫殿卫兵日增,宫内练兵不停,聚虎狼于萧墙(古代宫室内作为屏障的矮墙;借指内部)之内,逞金革(借指武器)于宫门之中,不为早除,必有后患。"于是魏忠贤更加恨他。正逢赵南星、高攀龙被放逐,许誉卿与同僚一起救援,因而被除去官职驱逐回家。

明思宗朱由检即位,诛戮崔呈秀(魏忠贤的养子)、魏忠贤,将要大计(明、清制,每三年考察外官事状叫大计)天下官吏。阉党(趋附勾结宦官而结成的党派)房壮丽、安伸、杨维垣之徒妄图招收残渣余孽,明思宗屡次下诏起用被当年魏忠贤废退之人,因他们把持,总不得起用,而要引荐他们的同党。那时许誉卿已起用为兵科给事中,写奏疏争辩是非。吏部尚书王永光一向依附宦官,仇视东林党,尤其阴毒残忍。诏令命定逆案,歌颂宦官者就是党逆。王永光曾经赞颂宦官,让他治理逆党之案,便暗中保护他们。南京给事中陈尧言上疏弹劾王永光是宦官余孽,不应当让他去评议选拔官吏。然而明思宗正亲近王永光,指责陈尧言。许誉卿又上疏抗争,指斥阉党。当时都给事中薛国观因为自己也是阉党余孽,就揭发许誉卿及同僚沈惟炳是东林党骨干分子,结党乱政。许誉卿上疏自我辩白,且即日辞官而离去。

崇祯七年(公元1634年),许誉卿官复原职,历任工科都给事中。第二年(公元1635年)正月,流贼(指农民起义军)攻陷颍州,许誉卿请急调五千人守卫凤阳。奏疏刚到明思宗手里而凤阳已陷落,皇陵(皇家坟墓)遭受毁损。许誉卿十分痛恨忿怒,揭发兵部尚书张凤翼苟且偷安,不及时出兵而造成严重后果,还有大学士温体仁、王应熊轻慢敌寇而招致灾祸的罪行,说:"贼寇在秦、晋(指现在陕西省、山西省、河北省一带)时,早派抗寇将领,阻止他们渡河,灾祸就局限在西北一角而已,而侍郎彭汝楠为避灾难而不肯前行抗击。等到贼寇已进入楚、豫(指现在湖南省、河南省等地区),大家都说要出兵,然后不得已而商议派将领抵抗贼寇。而侍郎汪庆百又怕危险而不前行,竟推给在最边远地区的陈奇瑜。但鞭长不及,酿成今日之祸,这不是兵部尚书苟且偷安不及时出兵而造成的严重后果吗?流寇发难已久,兵部尚书因东南危急,才有调兵抗寇的上疏,但有识之士已恨其晚;到接奉圣旨后,又说不必调兵前去镇压。臣看各地稍有兵力,贼寇就不敢轻易进犯。凤阳重地,使巡抚及时前去组织防守,岂有今日之祸?如今兵部尚书以曾请求发檄文镇压为借口,抚按大臣以不必发檄文镇压为借口,则辅佐之臣否认轻敌致祸,这样相互推诿,可以吗?"明思宗看了许誉卿的评议奏章,说他苛求大臣,且斥责了他。

而这时谏议之官吴履中等又一起弹劾温体仁、王应熊等人相互吹捧,说:“他们揣度旨意安慰逗留,美其名曰忠心诚恳,是在慎重谋划,是绝私奉公,以渡过难关。时局坏到这等地步,不知忠心安在?是在奉公济渡何事?”许誉卿再次上疏评议,明思宗仍不予采纳。许誉卿说:“皇上登帝位已有多年,执法严厉,唯独对误国殃民的近侍臣子却不去追问。如今巡抚杨一鹏、巡按吴振缨相继被捕了。那些误国的近侍臣子却真的能从容自在地出入内阁,无所事事,超然物外了吗?”明思宗仍不听。

在天启(公元1621年—1627年)年间,谢陞刚为文选郎。这时,谢陞已任吏部长官,而许誉卿仍滞留在垣中(据前文看来,指任工科给事中等职)。因为许誉卿资历深,应当提升为中央各部的长官,谢陞迎合温体仁的意思,将他调往南京。大学士文震孟为此不高兴,言语中斥责谢陞,谢陞也动怒。正逢山东布政使劳永嘉行贿以谋求登州、莱州巡抚之职,在给事中宋之普家谋划,谢陞等首先举荐劳永嘉。这事被给事中张第元揭发。明思宗因而责问谢陞,舆论因此攻击谢陞及都御史唐世济。许誉卿认为唐世济依仗温体仁,更为恶劣,应当首先驱逐他。御史张缵却只弹劾谢陞,谢陞便怀疑这出于许誉卿及文震孟的主意,宋之普又在谢陞面前进谗。在此之前,福建布政使申绍芳也想要谋求登州、莱州巡抚之职,许誉卿曾将此事告诉谢陞。谢陞于是上疏攻击许誉卿,说他企图营求在北京任职,不想到南京去,以便把持朝政之地,并提及嘱托申绍芳之事。温体仁从中主持此事(指上疏诬害誉卿),许誉卿于是被削去官职,申绍芳被捕审讯以至流放戍守。崇祯十五年(公元1642年),御史刘逵及给事中杨枝起相继为许誉卿鸣冤,但明思宗不听从。南明福王朱由崧登基(公元1645年),起用许誉卿为光禄卿(官名,专管皇室祭品、膳食及招待酒宴之官),他没有前去就职。明朝灭亡,他削发为僧,直至去世。

张履端

张履端,字旋吉,华亭人。万历四十年(公元1612年),与伯兄张拱端、季弟张轨端(陈子龙岳丈)一起乡试中举,所谓“一榜同胞三兄弟”,一时哄传于华亭。万历四十四年(公元1616年),张履端登进士第,授晋江县令。晋江县是南闽险要的都邑,土瘠民稠,文章法典天下领先。张履端按抚得当,扶抑适宜,深受士民爱戴。连年考查士人,试卷多以万计。筹划方法周详,校阅精确细致,人皆称之为神明。万历四十六年(公元1618年)分任校阅乡试试卷,将黄道周取为第一名,人们更佩服他的知人之明。

因父亲去世而回来服丧。服丧期毕,起用补任束鹿县令。束鹿县多恶少,张履端上任后,捕杀首恶,又让胁从者捕盗贼赎罪。起先,河水暴涨,一天晚上,离开故道冲破堤岸涌向城中,淹没人畜不计其数。执政者提议将县署迁徙于二十里之外,地名叫圈头,预计将用去官家金钱五六万。张履端来到束鹿县,先查看义仓积粟,拿出其中已陈旧的粮食,购买木石及喂牲口的干草,同时用以供应就役的民工粮食。他丈量土地,计算日期,指定划出城周四五里地盘,因高就低,不伤地脉,根据民众方便处置。大者如学校、仓库、官舍、邮亭的规制,小者如水井、桥梁、道路、沟浍的出入,无不全面周到。开工于天启三年(公元1623年)仲冬(冬季中期,指农历十一月),到天启五年(公元1625年)正月完工。这次工役,时间不超过两年,费用不超过一万三千,而民力不疲劳,公家仓库内的钱财仍旧与原来一样,新的县署则屹然耸立,固若金汤。

第二年,他到吏部任职。当时魏忠贤擅权,选拔官员不按章程。张履端不肯屈挠,再加上朝廷重要奏议都由他起草,多与魏党抵触。魏忠贤及其党徒怨恨他,他因此被削职。

张履端重手足之情,在兄弟死后,抚养侄子,恩爱甚笃。侄子辈也多见称于世。

崇祯登极,群奸伏法,以原官召用张履端,然而他即病逝,年仅四十二岁,人们都深感惋惜。

杜开美

杜开美,字袁度,上海人,杜献璋的儿子。生来就有与众不同的才能,于书无所不览,下笔数千言立就,尤其擅长写尺牍。明神宗时授中书舍人,因母亲年老而乞求回家奉侍。

著有《秋水》、《远游》、《扣舷》、《貂裘》、《润州》、《白门》、《敝帚》、《行药》、《蜩甲》、《闲居》等稿,汇于《兰陔堂未刻稿》,藏于家中。

叶有声

叶有声,字君实,上海人,居石笋里。万历四十三年(公元1615年)应天乡试获第一,第二年成进士,授侯官县令。侯官正是省会所在地,叶有声均役省徭,不用杖罚,政事都能办成。

天启五年(公元1625年)选拔为礼科给事中,他首先倡导四事:一为勤政,二为治体(治国的纲领),三为言路,四为仕途。又说:"天下犹如一种器具,长久不去使用,就将授人以柄，希望皇上反复思考治乱的关键，将公论还给政府，将直道还给台省（泛指中央办事机关），天下幸甚。”当时魏忠贤当政，屡次扰乱边防事务，窃取封官赐爵之权。叶有声刚入值内阁，奏疏中有“疆场赤白其羽（羽，箭。赤白其羽，羽矢尽净，意谓败绩），幕府卫霍（即卫青和霍去病，都是汉代名将。意谓封功许爵）其勋”之语，魏忠贤怀恨在心。魏忠贤的党徒又宣言于朝廷，要进魏忠贤以王爵，叶有声当众呵斥，为此，他被削去官籍。

明思宗继承皇位（公元1628年），召见叶有声，他上书奏明自己离开京都的前因后果，随即奉有“劲直可嘉”这皇帝对他的赞语，出任浙江副使。崇祯六年（公元1633年），分管武昌道，当时湘阴寇东下，直逼省城。叶有声登陴（城上女墙，上有孔穴，可以窥外）捍御，贼寇退去。崇祯七年（公元1634年），升迁福建参政，不久转任河南按察使。马守应率领贼寇数万直抵大梁，叶有声与抚按协谋，派遣骁将陈永福以奇兵绕出贼后，城中出兵夹攻，贼寇溃败奔逃，叶有声带兵追击，斩敌首数百级。又经过三个月，贼寇全军攻来，叶有声采取坚壁清野的措施，双方相持一个多月。一天夜里，贼寇从隧道而入，叶有声发火炮将其歼灭，贼寇解围而去。

升迁为江西布政使，又升任左副都御史。皇帝召见咨询，他分条奏述用兵谋略、国家财政，讲说利弊，十分明白。当时御史之位空缺，叶有声代理都察院事。首辅薛国观刚执政，与叶有声友善。有个奸邪小人营求科道（明清都察院衙门，设吏、户、礼、兵、刑、工六科给事中，及京畿辽沈等各道监察御史，统称科道）不得，怪怨薛国观和叶有声，于是暗中设计陷害，捏造重大狱讼，薛国观被处以死刑，叶有声被罢免官职。到那奸邪小人被诛杀，才得以昭雪冤狱，召拜叶有声为兵部侍郎，他不去就职，随即去世。著有《绿天馆文集》，疏议四卷。

他的儿子叶映榴，另有传。

杜乔林

杜乔林，字君迁，上海人。父亲杜若芳，以儒士的品行（礼义仁爱等德行）为人称道。乔林登万历四十四年（公元1616年）进士，任刑部主事，出为湖州知府。湖州濒临太湖，所以多盗贼。当时天下混乱，大盗竹林图王会、王昆仑等作乱，自号“蛇山王”。杜乔林与邻郡合力擒捉了他们。长兴贼寇叶朗生等潜踞湖中，出没无定。杜乔林派人侦察窥探，周密谋划，以便袭击擒捉。正逢贼寇党徒从湖中归来，从而摸清了情况，随即奇袭，叶郎生等束手就擒。前后共五十余天，群盗全被征平。杜乔林论功当升迁，民众喧哗道："府君救活了我们，怎能舍弃我们而离去！"巡抚向朝廷反映民众的意愿，于是就地加官按察司副使，但仍照常担任湖州知府。

任官期满，升迁为浙江水利道副使。父亲去世，回家服丧，期满，起补福建屯盐道，转为右参政，升迁为山西按察使、浙江右布政使，分巡温州等处。上任六天，海寇刘香进犯，围困府城。杜乔林招募勇士韦古生等日夜守御，出兵奋击，三战皆捷。贼寇于是焚烧了自己的营盘而退去。事情上报朝廷，杜乔林再获褒奖和恩赐。因病请假归来，去世。

他的长子杜麟徵，字仁趾。年少就有美好的声誉，与太仓张溥齐名。登崇祯四年进士，授刑部主事。他从小跟随外出做官的父亲，因而熟悉官吏之事，尚书便让他掌管章奏。当时太监张彝宪等总理院部之事，监宣大诸镇。杜麟徵上疏极谏。不久改任兵部职方司，为尚书熊明遇所推重，他请授予各将领随机应变办事的权力，在平定云南寇盗普名声等事中，他所作谋划最多。又上书极力评论时政得失。因母亲去世，归家服丧。不久去世，年仅三十九岁。著有《浣花遗稿》。

王 陞

王陞，字超之，华亭人。万历四十四年（公元1616年）进士，授常山县令，调任山阴县。父亲去世，归来服丧。服丧毕，补固安县令。入任工部主事，正当主管修筑三殿（明以皇极殿、中极殿又名华盖殿、建极殿又名谨身殿为三大殿，节日庆典、命将出师、殿考朝考、宴待外使分别在三殿举行），这时魏忠贤独揽大权，想要会见王陞，但王陞不愿前往。铨司（吏部）缺员，朝廷商议举荐王陞，魏忠贤抑止而不用，改任兵部职方司。

当时遇到天变（天空星座发生变化），王陞偕同同僚张履端草拟奏疏，代尚书王永光请求朝廷少用刑罚，减轻赋税，这极大地触犯了魏忠贤的意图，王永光自请辞职，王陞因母丧去职而免于处罚。

崇祯改元（公元1628年），王陞官复原职，后又任太仆寺少卿，推荐卢象昇专门监督楚、豫一带以平定寇乱。国家边境地区本来没有城池，当盗寇在淮泗作乱时，王陞请用兵部所节省的江南驿站的银子筑城。

建昌人邹魁统上疏，说孟河有蛇山伪王谋反，朝廷将此事下达兵部，王陞请求前去抚按复查，果然没有这回事。杨嗣昌为尚书，父母去世不去守丧而仍任原职，进言者都获罪，王陞当面责问他道："您要想仿效李贤吗？"杨嗣昌无言以对，但从此两人意见不合。

正逢薛国观当国，怨恨王陞不附和自己，再次推选山西、湖广巡抚时，王陞都不被任用，于是托病归来，去世于家中。

王陞以清廉诚信自立，言论有风采。兄弟五人，兄王陛以明经（明清对贡生的敬称）为训导，弟王台、王坊、王稑都举乡试，友爱无间。王坊为南雄推官，多有惠政，有抗御倭寇保全城池的功劳，南雄人将他祭祀于名宦祠。王台以诗文知名于当时。

沈犹龙

沈犹龙，字云升，华亭人。家境贫寒，却自幼好学。万历四十四年（公元1616年）进士。授任鄞县知县。天启初，征授御史，出为河南副使。

崇祯元年（公元1628年）召沈犹龙入京，恢复原来的官职，进太仆少卿，拜右佥都御史，巡抚福建。江西张普薇等作乱，沈犹龙遣黄斌卿协剿，大破之。增秩赐金，沈犹龙因父去世归乡。服阕，起兵部右侍郎兼右佥都御史，总督两广军务，兼广东巡抚。

崇祯十七年（公元1644年）冬，福王朱由崧在南京即位称号，召沈犹龙负责兵部事，称号犹龙不去就任，乞葬亲归。第二年，南京失守，列城望风投降。闰六月，吴淞总兵官吴志葵自海入江，结水寨于泖湖，适逢总兵官黄蜚拥千艘战船自无锡至，与黄蜚会合。沈犹龙乃偕里人李待问、章简等，募壮士数千人组成义军守松江，与吴、黄二将相倚援，而参将侯承祖守金山。八月，清兵至，于春申浦打败吴志葵等水军，乘胜进军，松江城遂被围。不久城破，沈犹龙突围时身中乱箭而死。清兵攻金山，侯承祖与子侯世禄犹固守。城既破，巷战踰时，侯世禄中四十箭，被捕而死。侯承祖亦被捕，劝他投降，不从，遂被杀。

乾隆四十一年，赐沈犹龙谥号忠烈，并下诏将他的牌位放入忠义祠享受祭祀。

沈犹龙长子沈长昇，故荫羽林郎。沈犹龙死，甲第遭毁，家财星散，沈长昇削发为僧，改名浩然，字雪峰，弃妻子，独居禅寺，宛如枯衲。

附嘉庆《松江府志》沈犹龙传（译文）：

沈犹龙，字云升，华亭人。万历四十四年（公元1616年）进士，任鄞县知县。天启初，征召他授御史之职，出为河南副使。崇祯元年（公元1628年）召他官复原职，进任太仆寺少卿，拜授右佥都御史，巡抚福建。江西妖贼张普薇作乱，沈犹龙派遣游击将军黄斌卿与他协同征剿，大获全胜，增加俸禄赐予奖金。因父母去世而归家服丧。服丧毕，起用为兵部右侍郎兼右佥都御史，总督两广军务，兼任广东巡抚。

福王即位(公元1644年，朱由崧称福王，年号弘光)，召沈犹龙办理部事(吏、礼、兵、刑、户、工等部的政事)，他不去上任，乞求安葬双亲而归来。第二年，南京失守，各城望风而下。闰六月，吴淞总兵吴志葵自海入江，结水寨于泖湖。正逢总兵黄蜚率领千艘兵船自无锡来到，与吴志葵汇合。沈犹龙于是与同乡村的李待问、章简一起招募壮士数千人守城，联同吴、黄二将相为倚仗援助。八月，清军攻下松江，沈犹龙中箭身亡，生员戴泓等帮助沈犹龙守城者也赴水而死。

沈犹龙的儿子沈浩然逃匿为僧。

乾隆四十一年(公元1776年)，赐沈犹龙谥号忠烈，戴泓祭祀于忠义祠。沈浩然自有传。

陈所闻

陈所闻，字无声。年少时就闻名于诸生间。万历四十三年(公元1615年)乡试中举，万历四十七年(公元1619年)成进士。名声很大。韩爌依据陈所闻声望，要将他选入史馆(官修史籍的机构)，而座师(又称座主。明清科举的举人、进士，称主考官或总裁官为座师)楚地的吴黄门(官名，黄门侍郎的省称)是当时的显要人物，对陈所闻讲起这一授官的意向，陈所闻说："那是个竞争之地。"最终请假归去而不参与考试。当时人们认为他很高明。

参与候选，得任比部(明、清以比部为刑部司官的通称)。宰辅问他："您是位雄才，怎么去就任冷局(即冷官，指职位不重要、清闲冷落的官)？"陈所闻严肃地说："哪一种官职不可显现才能？"众人都很惊讶。在刑部治理狱讼之事，遇到天下大雨，牢狱墙壁损毁，囚犯惊恐喧哗，陈所闻躺着不予应对。过了一会儿，才慢慢起来，听讼断狱，一夜安全无恙。

在刑曹刚满十七日，即转任将作(官名，职掌宫室、宗庙、路寝、陵园的土木营建)佐官，掌管营建庆陵(明光宗朱常洛墓。明十三陵之一，在北京昌平县)。陵寝之事(指帝王墓地的宫殿建筑)都由中贵人(帝王所宠信的宦官)掌控，所侵吞的公私财物以数百万计，其他有关官员也无不染指。陈所闻职掌营建，丝毫必计，凡木石等细小事务，也都一一亲自查检，让人一无私利可图。中贵人对之咬牙切齿。作为尚书郎一类的官员，不得鞭打中贵人所委派的官吏，而陈所闻则重重地鞭笞了一位犯法者，中贵人为之大怒。大司空(官名,主管建筑、囚徒等)对这犯法者说:“这郎官刚直不阿,快去向他谢罪。”犯法者来谢罪,只是立着不为礼,陈所闻更加愤怒,要从严惩处,却因父亲去世回家治丧而作罢。

在陈所闻掌管营造期间,庆陵工程已完成十分之七,仅费二十余万金。陈所闻归家后至工程完成,剩余十分之三的工程量,耗费超过百余万金。

陈所闻奔丧回家,打开钱袋子,所余的助丧费只有三金而已。陈所闻事亲至孝,居丧则哀毁成病。至熹宗末年(公元1627年)太监作难之祸起,他郁郁不乐,贫病交加。后来听说中贵人与作难太监一同擅权,愈加忧愤,随即去世,年仅四十岁。贤良之人都为之痛惜。

儿子陈子龙,于崇祯三年(公元1630年)乡试中举。

赵东曦

赵东曦,字驭初,上海人。万历四十七年(公元1619年)进士。崇祯五年(公元1632年)由知县入任刑部给事中,他请兴屯垦于塞下,以充实国家财用,然而建议没有上报。

这时正好宣府边塞有私下议和之事,太监王坤监管宣府边塞军饷,且请代为和议的使者。赵东曦上书说:“宣寨处事失计,陛下赫然震怒,逮捕巡抚沈棨,罢免本兵熊明遇,而担任监视之职的王坤正会饮城楼,商榷和议,边臣依靠他庇护,欺蔽陛下日益加厉,王坤不能推卸扶持同谋之罪,反将边境战火已息据为己功,且请作为内臣代表前去议和。陛下偶然一次使用宦官,并非不易之典。如今即使尽行撤换宦官也已为时不早了。王坤却请求图谋弥合未来事宜。希望陛下严正惩办王坤之罪,撤去出使宦官让他们返回京师。”

皇帝说“宣府擅自和议,实为王坤揭发,怎能说他欺骗隐瞒?”随即将赵东曦贬谪为福建布政司都事,稍加升迁为行人司正、礼部郎中,奉命返回故里。

福王时召他为给事中,但他已去世。

董象恒

董象恒,字有仲,上海人。万历四十七年(公元1619年)进士,任开州知州,白莲教倡乱侵犯州境,董象恒率领壮丁捍卫守御。城池得以保全。

升迁为兵部郎中,出任福建右参政,分管漳南。海寇郑芝龙出没抢掠,抚按命董象恒分道征剿抗击,取得成功。又与游击将军欧阳瑞于冷羊头岩扑灭山寇,闽海得以安定。

为双亲养老送终而归家,丧期毕,补为福建屯盐右参政。屯盐向来是弊端丛集之处,董象恒悉心改革,剔除弊端,商民都称便利。升迁为右佥都御史,巡抚浙江。当时漕运紧张,浙江的船只回空(漕运粮船放空回南,例得运带土产,但不准夹带私盐、硝矿等物,这称之为回空),但返回很慢,于是董象恒扩建民船参与漕运。他熟知人们的困苦,首先捐俸,属吏也乐于捐献,造漕运船五百多艘,不动用国库钱财,不扰乱当地民众。督漕官员史可法上报他的功绩,朝廷下诏予以褒奖赞美。

流寇内逼,征兵勤王,董象恒征发援助之师四千人,护卫朝廷,居于天下之先。连年灾荒,饥民无奈在沼泽草丛之处啸聚作乱。董象恒奏请赈济,贼寇渐渐解散。当时其他地方多残破不全,而两浙得以保全。

董象恒后因流言蜚语被逮捕关押于诏狱,民众为他罢市伸冤,到宫阙上诉冤屈者达一万多人。明朝灭亡后获免罪而归。他坐卧一室,参阅内典(佛教徒称佛经为内典)。享年七十岁。

李逢申

李逢申,字延之,上海人,李伯玙的五世孙。万历四十七年(公元1619年)进士,任慈溪县令。因触犯魏忠贤党徒被降职。

母亲去世,回家服丧。服丧毕,起任上林苑监丞,升工部主事。在短短的三个月中,他九次上奏,弹劾兵部尚书梁廷栋误国。疏奏被搁置,不予上报。正逢军事兴起,验试火器,梁廷栋以有损安全中伤李逢申,将他谪戍澉浦。李逢申长子李雯到京上诉父亲的冤屈,李雯之弟又拜伏宫阙上书,真相大白,李逢申召为刑部主事,又转为工部郎。

李逢申又五次上疏论述时政,指责弊端。当时流寇已迫近秦晋(陕西、山西等地),他上疏请求组织义旅,用空名告身(空白的补官文凭。告身,委托官职的文凭),与廷臣分别招募三辅(泛指京城附近地区)、山东、两河(河南、河北等地)地区的豪杰,以卫护京师,但廷议受阻。

崇祯末年(公元1644年)三月,李自成攻陷京师,李逢申被捉,不肯屈服,身受五毒(五种酷刑:鞭、箠、灼、徽、纆。泛指四肢及身体备受楚毒),自经而死。

儿子李雯自有传。

陆从谕

陆从谕，字耳宣，华亭人。刻苦读书，深入探究濂、洛、关、闽之学（宋代理学的主要学派，指濂溪周敦颐、洛阳程颢、程颐、关中张载、闽中朱熹），旁及诸子百家，希望自己成为通儒。万历二十二年（公元1594年）以浙籍乡试中举，又经过二十五年（公元1619年）才成进士，授国子监博士，历任工部员外。晚年徙居当湖。

范文若

范文若，字更生，初名景文，上海人。万历三十四年（公元1606年）乡试中举，与常熟许士柔、孙朝肃、同郡冯明玠、昆山王焕如五人结为拂水山房社，以奇文鸣一时。万历四十七年（公元1619年）成进士，任汶上知县，以严格明断为治。

调任秀水，簿书纷集堆积，他整理得有条不紊。再调光化，他有点儿不乐意，有时二十多天不办事，扁舟往来于江汉间，以钓鱼吟诗自娱。

升迁为南京兵部主事，为考功（官名。古官制，吏部下设考功司，掌官吏考课黜陟之事）。因陈某中伤他而被降职。

稍升迁为南京大理寺评事，因父母去世而回家守丧，去世于家中，年仅四十八岁。

范文若容貌美丽，善于谈笑，仰慕晋人风度，好为乐府词章。有识之士把他比作汤显祖。

瞿桂官

瞿桂官，上海人，居三泾。幼年丧父，做卖糖生意，挑入街巷，得钱则买酒肉供母亲吃，自己只吃米糠中的粗屑，且经常不吃饱。夏天没有蚊帐，他为母亲驱赶蚊子，通宵不合眼。冬天没有棉被，他拾芦花，掺杂破絮，先卧暖然后让母亲睡，这样做达三十年之久。

一天他家大门不开，邻居掘门进去，见瞿桂官母亲已死，瞿桂官躺在尸体旁边，哭着说不出话。人们于是凑钱置办棺材给以殓葬。瞿桂官伏地拜谢，不食而死。

朱养豫

朱养豫，字立凡，上海人，朱一德的侄儿。父亲朱一让患肺痨病，朱养豫为人抄书，教育儿童，挣钱来奉养父亲，供汤药十分谨慎。父亲去世，依礼予以殡葬。

母亲孙氏患中风，朱养豫进呈饮食，侍候卧起，和衣而睡长达一个多月。母亲病愈,他杜门谢客,不离母亲身边,官府表彰了他。

蒋子良

蒋子良,金山卫城人。禀性至孝,尽力侍奉父亲。家境贫困,他为人抄书,以忠勤倍常的态度,自己亲手供奉美食。父亲年老多病,他鸡鸣即起为父亲梳洗,夏天则将父亲背负到凉爽之地,冬天准备炉火暖酒,嘱咐邻居谨慎护视,方才外出。太阳下山,他为人舂米归来,若有美味食品,就给父亲吃。

一直到父亲去世,他从未稍微懈怠。官府表彰他的居所为"孝子之门"。

陈民表

陈民表,字元望,华亭人。十七岁为诸生,教授学徒以侍奉双亲。母亲五十岁患重病,医药治疗无效。他流着泪,赤着脚,半夜起来叩拜城隍神,愿损自己寿命来增加母亲的寿命。几天后,他仍毫无懈怠地虔诚祈祷,恍惚见神灵在一块牌上书写"准延寿"三字,朱砂汁水淋漓,流注手指间。从此以后母亲病情日益好转。后来父亲寿至八十六岁,母亲寿至九十七岁,大家都说这是由陈民表诚孝所致。

张 隽

张隽,字永思,华亭人。以贡生为龙泉学博(唐制,府郡置经学博士各一人,职掌以五经教育学生。唐人贵进士,不重明经,故此职都由寒门浅学的人担任。后来也泛称考官为学博),选任为阳朔知县。

父亲患病,他割大腿肉作羹进献,父亲病愈。父亲去世后,他在坟墓旁建造了茅庐,不乐意于仕宦,只是闭户著书。知府庄毓庆在他的门上挂匾额为"孝子庐"。

庄大儒

庄大儒,字仲醇。他的祖先从大梁侨居华亭的万年泾,后来繁衍至数千人,所以称其地为庄家行。

庄大儒八岁失去父亲,侍奉继母十分孝顺。继母急躁,他长跪自责,继母为之感动。

钱肇阳讲学于松江,诘问驳辩,调和折中,庄大儒功劳最多。平湖陆光祖仰慕庄大儒的文章品行,延请他为童子师。一位亲信以得到庄大儒的一次拜访为荣耀,于是办了酒席等候他,且用好多金子向他祝寿,但他竟不前往。

当时钱肇阳的第二个儿子钱龙锡成进士，官为翰林，以兄长的礼节事奉庄大儒，有疑难之处必须向他请教后才安心，他意有未可则默然不应。钱龙锡总是降低自己的心志随从他。庄大儒平时很少言笑，喜怒不形于色，对童仆如同宾客。里人都请他来评定是非，常自觉惭愧而退居下方。

家境贫困，授徒自给，却竭力拯救宗族人员的急难。为外祖傅氏建筑坟墓。抚恤友人马文渊的丧事，且抚养他的遗孤。他的好学笃行就是如此。

著有《鞭驽知非录》。

张安丰

张安丰，字大年，华亭人。五岁丧父，哭泣拜跪如成人。长大后跟从各兄长读书，经常夜不就寝，母亲翁氏命他休息才停止。

以诸生的身份进入太学，授武康县训导。考核士人将品行放在首位，然后才讲学识，像对待自己的子弟一般谆谆教诲。

家有凌霄石，十分奇特古朴，他于石旁构筑小室，朝夕饮酒吟诗。

与弟弟张安豫相友爱。去世之年为四十八岁。

黄　椿

黄椿，字廷茂，上海人。禀性孝友，每次外出，必定预先为双亲储备美食。双亲患病，他衣不解带。双亲病危时，送给他金子说："帮你用作丧葬费。"黄椿将丧事办毕，拿出父母所给的全部金子，分给各兄弟。

兄长早年去世，他抚育孤儿，为其娶妻，合用灶头五十余年。门庭和睦。人们敬称他为长者（恭谨厚德之人）。

宋天淳

宋天淳，字伯殷，华亭人，是宋贤的曾孙。八岁丧父，第二年母亲又去世，两具灵柩待葬。稍长大后，他于干巷的阳里选择墓地。豪强徐氏有地与墓相连，说如果不以十倍的价格不肯出售。宋天淳如数给他，徐氏心意满足，而诸无赖又奇货可居，造成诉讼百端。官府传命纷繁，宋天淳以一人支撑其间，心力交瘁，于是得了肺痨病。后来讼事解决，但他已卧床不起。安葬双亲之日，他以衰麻加身，仰卧床上，悲痛号哭而气绝，年仅二十四岁。

周汝铭

周汝铭,字怀云,华亭人。秉性纯孝,幼年丧父,终身像幼童思慕父母那样思念父亲。每次祭祀,哭泣如初丧。

他高才博学,不求仕进。世代居于簳山的南边,足迹不入城市。诗文为当时人们所推重。著有《怀云山人稿》。

沈文亮

沈文亮,字星白,华亭人。父亲沈镐,因苦学成病,将危及生命。沈文亮头发才覆额,哀痛号哭,几次晚上祷告于天,愿以身代。当时碧云岩供有观音大士,病者乞求杨枝水(佛教喻称能使万物苏生的甘露)治疗。于是沈文亮上碧云岩,一步一拜,乞求神灵,似乎听到空中有人说:"你父亲病已严重,一勺水岂能救活!只有用臂血才能治愈。"于是夜藏剃发刀,刺臂血放入米粥中进献,父亲吃了病即愈。后城中居民发觉此事,啧啧称其纯孝。

又曾侍奉父亲在留都(南京)考试,回来时大风突发,几乎要将船倾覆。沈文亮拥抱父亲哭着向天叩头祷告,得以免除灾难。父亲濒临死亡而复活,濒于危急而复安,人们认为这都是由于沈文亮的孝心所致。

沈文亮作为诸生,每次考试成绩总是高等,因而成为廪生。但前后七次科举考试都失败。

沈文亮平时一直曲意供养父亲以使其愉悦。父亲所遗留的田产,六个儿子平均分配,没有稍许偏移一点。而父亲的丧葬事宜全由他一人承担。

他与亲戚宗族交往,对于败落破产之人,即倾囊析产相助。万历十六年(公元1588年)农业歉收,他首先捐献粮食救济饥民,各藏粮之家争相仿效,饥民赖以存活,他这都是为了成就先父的遗志。

奚　钦

奚钦,字圣功。有乡人向他借债一年后仍不能偿还,他前去索讨,对方坚持留他住宿,而故意打扮女儿,让她在奚钦旁边周旋。到了晚上,那家人向奚钦说:"我们财力实在不能偿还欠您的债务,愿以此女侍奉您共枕而眠。"奚钦连忙拂衣而起,打开大门出走到朋友家住宿。到半夜时分,大量呕吐,早晨起来一看,所吐出的虫如头发般有数百条。奚钦原来有病,从此以后便痊愈了。

他还曾偿还路上拾到的遗金，多有别人不知晓的善德。

王时亮

王时亮，字见素，华亭人，居七宝。为诸生，富有文才声誉。里中有位宦官的后裔倚势侵占学校的空地，人们群起而攻之，而王时亮正是首领。宦官图谋中伤他，说他败坏了绅士的正气，于是上奏诬告他。事情下达部院，首列王时亮之名。王时亮徒步到京师，拜伏宫阙上书申辩，最终将事情昭雪，所占之地全部归还学宫。士林中人都推重他。

朱恩聪

朱恩聪，字敬愚，上海人。以贸易获致素封（无官爵封邑而拥有资财的富人），喜欢交接当世贤豪。曾凿义井，置义冢，建石桥，修祠宇，施药物，舍棺柩，乐于为善，始终不倦。万历年间郡县相继表彰他。与同时之人杜启勋、高恩等都以义行为人所称道。

徐肇惠

徐肇惠，字莐夫，华亭人，徐阶的孙子。善写文章，亲手辑编先贤遗风，从宋濂到文徵明，一共录有六十五人，每人都加有颂词。他忧心世俗教化之失，著《男训》、《女训》两篇，又著《臆说》若干篇，评论者称其言近旨远。刻徐阶《世经堂续集》。捐田六百亩以赡养宗族，又捐田八百亩以助三学（唐代有国子学、太学、四门学，隶属国子监。文武三品以上官吏子孙得入国子学，五品以上子孙得入太学，七品以上子孙及平民之俊异者得入四门学。宋代以太学的外舍、内舍、上舍为三学）诸生学习津贴。王圻、范允临、洪都对此皆有记述。享年五十六岁去世。

堂弟元洁，字吉人，诸生，入太学，喜好行施其美德，宗族、乡党都称道他。万历二十七年（公元1599年），郡内饥荒，徐元诘当时才十三岁，捐献粮食以救济饥民。他的弟弟徐元讃，字解人，也以品行情义被推重于当时。兄弟相友爱，同住于鹤塘泾丙舍（正室之外的房屋）直至终老。

陈至孝

陈至孝，华亭人，临江太守陈浩的孙子。陈浩多著述，书法仿效欧、虞（唐代书法家欧阳询、虞世南）。陈至孝能传承其家学，著有《韵府摘抄》、《铭筒杂篹》、《笔耒集》、

《席门》诸稿。

弟陈至友，也以笃行为人所称道。当时同里的姚来鹤、唐文恪都是教师，包括他的弟弟姚来鹄，都能遵守法度而教授生徒，时间久了要分别，则执手流泪，白头孝友，与陈氏兄弟相仿。

顾秉礼

顾秉礼，字育宇，华亭人。磨炼意志，努力学习，深究理学要义，于书无不博览贯通。知府张九德、知县聂绍昌聘请他主持乡塾，他抑制浮华，崇尚朴实，拜他门下之人都庆幸自己得到了好老师。

顾秉礼年少时应试，被一个弟弟毁伤，因而被黜退。等到他成了诸生，一次看见弟弟的儿子到外地去读书，他喜形于色，带侄子到馆舍予以教育，他友爱诚恳、不记宿怨就是如此。

孙子顾大申，自有传。

朱　锦

朱锦，字尚絅，上海人。家境不甚富裕，但崇尚义气。万历四十年(公元1612年)秋天，海水泛滥，他收埋很多尸体。万历十九年(公元1591年)学宫毁坏，县令杨遇捐献二百金，命朱锦监督修理。朱锦返还了金子，自己尽力担当这劳役，完成学宫修理，他的产业也已用尽。杨遇一定要将这二百两金子给他，他于是用以置田百亩以助学。

他多有义行，如送还王松的妻子，返还姚宥的儿媳，保全范相的坟墓，尤为难得。两台(明清的布政使和按察使)崇尚他的义举，予以表彰。

唐汝询

唐汝询，字仲言，华亭人。五岁失明，未失明时尚未识字，失明后，父兄抱膝上授以《诗经》及唐诗，无不朗朗上口。唐汝询旁通经史，能为诸体诗。曾过佘山，酒席上诵《子虚》、《上林》诸赋，杜、白诸长篇，锵金戛玉，琅琅不遗一字。留校杜诗，时有新义。如解"沟壑疏放"之句云:"出于向秀赋'嵇意远而疏，吕心旷而放'。"前人所未及。曾撰《唐诗解》、《唐诗十集》等书，援据赅博，当时目以异人。有《编蓬集》十卷,《编蓬后集》十五卷及《姑蔑集》等，并传于世。

施蛰存曾于《云间语小录》中称"云间有'诗窠'之称，风雅所钟，解颐匡鼎，不乏其人”，其中尤其提到了唐汝询，认为他的《唐诗解》是畸人之杰著，“盖其学问皆成于耳受神识，心解冥悟，其性分之灵慧，古今罕有”。据施蛰存说，陈继儒曾作《十异人传》，其中就有唐汝询。《唐诗解》凡五十卷，取高棅《唐诗品汇》、李于麟《唐诗选》所选而“稍益之”(陈继儒语)，为之注解。据施蛰存称，此书“致力二十年，晚岁始成”，但“力不能授梓”；一日，郡中失火，唐汝询怕书稿被烧毁，让人共同抬着装有书稿的大箱子，放在大路中，蹲着而拖长了声音大叫，郡守许周翰问明后，十分惊奇，清晨，就将他请入官署，用古诗“枯桑海水”问他，他举李善(唐代文人，学问博洽，曾注《文选》)所注答之，许周翰再问数事，他声音洪亮，应对如流，令许周翰大为惊奇。据《乡评录》，许周翰还向他“赠粟帛”。施蛰存说，明代人学术肤浅，但唐汝询“此书出而唐诗之精神面目大显，可谓解唐诗之功臣”。

陈田《明诗纪事》收唐汝询诗二首(《八月二六日携诸儿过吴逸一山斋夜集》、《折杨柳》)。《折杨柳》:“昔攀垂柳唱阳关，柳复垂丝君未还。惟有杨花易飘荡，随风吹得到阴山。”

附嘉庆《松江府志》唐汝询传(译文):

唐汝询，字仲言，华亭人，居白沙里。五岁而盲，以耳受书，博通群籍。弱冠，著《唐诗解》，交游日广。万历年间御史杨鹤、骆骎闻唐汝询之名，以礼接见，对他十分敬佩。唐汝询认为竟陵派《诗归》有违高雅之调，另外作《唐诗汇编》十集，被学者奉为治学依据。

他的兄长唐汝谔，字士雅，博学好古，为青浦知县屠隆所推重，以贡举历任常熟、宿迁教谕，升安庆府教授，因年老不赴任。也善作诗。

陆维埏

陆维埏，字际卿，上海人。早慧，尽力于古文，以文章称名于世。在北京游学五年，与太仆陈所蕴交情最厚。归来后学业更加进步，与他交游的人越来越多。当时里中碑文墓记，很少不是出于其手。县令吕濬曾聘请他修撰县志，他没有赴任。他身体力行，端方恭谨，颇受士林推重。

他的侄子陆铣，字元美，是陆堣之子，作诗和古文辞都擅长，尤其勤于研究探索，见闻所及，立即在笔记中记下，著有《百一集》。

叔侄俩都以诸生终其一生。

戴士鳌

戴士鳌，字稺龙，后更名畹芬。上海人，是大参戴邦正的孙子。特别爱好典籍。年少时跟从父亲宦游京师，十五岁就以知识广博闻名，其学长于经术，尤精三礼（儒家经典《周礼》、《仪礼》、《礼记》的合称），郡县研究礼学之人必听从他的讲授，至今曲台（秦汉宫殿名，自汉代以来，有关礼制的著作，都出自曲台。此指礼学）授业还是宗法戴氏。

然而他科举不第，年四十余，才贡入太学，为庐州府训导，很有声望。屡次被推荐，应当升迁，正逢崔呈秀巡按江北，索要馈金，戴士鳌不给，崔呈秀于是遏制住他，不让他升迁。他转任湖广汉阳府教授，弃官而归。

崇祯二年（公元1629年），起用戴士鳌为衡府教授，他因年老而辞绝。长史三次发牒（授官的簿录）征召他，于是才赴任，以年高德隆、老成博学深受礼遇和推重。一年后，因病而归来，七十三岁去世。著有《礼记笺说》等。

宋启明

宋启明，字天云，华亭人，是宋贤的曾孙。工于诗歌，八岁咏新柳，有“梅花未落怜同调，黄鸟初来问主人”之句，为王世贞所赞赏，人们都以“宋新柳”称呼他。长游南京，《旅吟》诗有“家贫梦亦寒”之句。《咏边塞》诗有“路遥归梦短，霜重铁衣轻”之句。《旅舍闻钟》诗有“不向高楼惊醉梦，偏来孤馆促愁心”之句。人们又以“宋三梦”称呼他。

后来游学北京，以太学生的身份进入志馆参与修撰吏部志。志书修撰完成，授翰林院待诏。在北京十余年，所作诗尤多名句，传诵人口。因不阿附奉承而引魏忠贤发怒，于是他弃官而归，随即去世。

曹　诚

曹诚，字守愚，上海人。世代为医，曹诚尤精。为人敦厚，朴实自守。兵乱时避走五里村，有川沙人遗失了所携带的金子，惶恐欲死。曹诚拾得这些金子，立即予以归还，毫无骄矜之色。一天晚上命他的儿子同宿药店中，指一布囊说：“这是刚才从路旁拾到的东西，如果我进入内室睡觉，万一遗失之人前来，如何得知啊？”他守到凌晨，果然有诸暨的纸商哭着来寻找，曹诚像以前那样立即归还。

曹诚小时候就有在广福寺前归还遗金之事，人们都称他为长者（恭谨厚道之人），陈所蕴为他作《守愚先生还金传》。享年九十一岁。

他的孙子曹垂燦，顺治四年（公元1647年）进士。

徐 炯

徐炯，字继山，华亭人，居南桥。洒脱豪迈，乐善好施，每年收债时遇有无力归还者，即拿出债券把它烧掉。从南桥到庄行，有十二座桥，年久毁伤，行人苦于过桥。于是他捐资全部建成石桥。

街北有佛庐，徐炯在其原地建造高楼，佛殿僧舍都进行修葺，一镇赖以得到平安。享年八十六岁。

周 规

周规，字象圜，上海人，后迁徙至淀湖，再迁徙到嘉定。没有妻子儿女。年少时有膂力，学击剑骑射。万历末年，上书数万言议论边防之事，未被上报。一日出门归来，拍案数四下，家人觉得奇怪，他说："士绅都是木偶，内外交讧（争乱），死期就要来临了。" 他诗风豪迈，切中时政，有清新超脱的风格。家境贫困，喜欢饮酒，爱好结交宾客，遇山水则逗留其间，经常仰天悲呼，举世莫测其心意。著有《醉余草》，莫秉清为其作序。

许 经

许经，字令则，华亭人。跟从陈继儒游学，才能高超，学识奇绝，所作行卷（应举诗文）遍满数郡，而《毛竹谣》、《义田歌》、《开河行》诸诗感时触事，是直言时事的长歌谣，人们称之为诗史。

盛 鈇

盛鈇，上海人，居洋泾。有朋友的妻子守寡而贫困，前来依靠他。盛鈇收留她，对她关怀备至，时间久了那妇人有亲近、轻薄之意，盛鈇严肃拒绝，以礼遣送她回去。后来盛鈇被倭寇追逐，跌入黄浦，漂浮一天多，遇渔船救起，人们以为这是不淫的回报。

董仲隆

董仲隆，华亭人。慷慨好义。北关有居民名叫昌留，借了人家钱，年底逼迫无计，卖妻得五十金用以偿还债务。夫妻分别,路过董仲隆的屋子,携手哭送。正逢董仲隆送客,出来看见,叩问缘故,即邀他们进门,如数送给他金子,说:“用此偿还欠债。”又赠五金,说:“你夫妇可用此过年,不要产生其他意图。”昌留与妻子都感动得哭泣,感谢而去。乡里人们称道他的义举。

后十余年,昌留以捕捉海盗之功被授予总兵职衔,归到乡里,此时董仲隆还在世,与他往来亲密无间。

顾元启

顾元启,字子贤,上海人。诸生,以端士(正直之士)称道于当时。曾于外舍读书,有邻女要进来,顾元启拒绝不纳。里中有告急者,他倾囊借贷;贫困不能偿还,即焚烧其债券。即使以前欠他债务无力偿还而再向他告急,他仍如当初那样予以相助。

陈　理

陈理,字良玉,上海人。少年时向潘恩学习《诗经》,有文才声誉。禀性坦率平易,不设城府心机。家境一向富裕,贮藏的金子全部归予两位异母兄弟。两兄弟经常挟持母亲中伤他,他到老没有怨言。乡饮酒礼邀他为宾客,他不去参与,当时人们推重他。

沈绍曾

沈绍曾,字复之,华亭人。是苦节先生沈易的后代。禀性至孝。博览经书史籍。家境贫困,授徒自给。操行端正诚实,一言一动都讲究诚信。家居泖滨,前有五洲(水中陆地),中洲较大,曾说:“德有五常(父义、母慈、兄友、弟恭、子孝),非信莫载(不讲诚信就不能承载这五种品德),殆如是夫(大概就像眼前的这五洲吧)。”因而自号四一天民,作传以表明自己的心志。

他科举场中屡试不第,直至去世。朱绍尧总是对人说:“沈子清德值得学习,苦节家风至此仍未坠落。”后因儿子沈荃做了高官,因而赠他为中宪大夫。

王　檄

王檄,上海人。禀性宽恕仁爱,急公好义。县内有重大劳役,人们争着想摆脱,王檄则挺身而出,说:“前往参加劳役,这是义,岂可拖累贫弱之人啊!”于是他亲自担当下来。他又捐资疏浚吴淞江。年岁饥荒,出米助赈。受到县令表彰。

他的儿子王憺,顺治十七年(公元1660年)举人。孙子王明允,有学识品行。

陈 懽

陈懽,字侍诚,陈仁锡的孙子。以祖荫补光禄寺丞。弃官归隐,享年九十岁。

他的侄子陈球,字贡玉,以孝友为人所称道,享年也是九十岁。

陈球的儿子陈大经,字子常,通晓经术,修养德行,教授于乡里,其门生后来都登科举高第,或成名儒。所著有《通鉴便蒙》、《五经摘要》、《芦溪草》等书,高龄如同父亲和从祖父。

陈大经的儿子陈应祈,字遂卿,谨慎于言笑取予,乡里称他为善士,八十三岁去世,人称四代耄耋。

徐 琳

徐琳,字雍卿,刑部侍郎徐陟之子,以福荫授太常典簿,历官楚雄府知府,有政绩声誉。居乡间继承父亲志向,捐田一百八十亩给府学,一百五十亩给县学,以资助诸生津贴。董其昌、冯时可刻石以纪此义举。他建义庄赡养宗族;亲戚知交,若有贫困,有求必应。有人因母亲去世乞求棺材,徐琳给他金钱。这人实际上没有母亲,家人告诉了徐琳,他说:“施予棺材以惠及死者,施予金子以惠及生者,这事理是一样的。”搁置此事不予追问。晚年戒杀放生,施人药物,埋葬荒骨。享年七十一岁。

侄子徐尔铉,副贡生(副榜录取的贡生),工于诗词古文,也曾捐田百亩给青浦县学。

焦正藩

焦正藩,字彦纮,华亭人。万历四十六年(公元1618年)副榜(副榜录取的贡生)。富有出众的才能,读书过目能诵。曾在书坊间购买一本新刊行的书,登上船,开卷看一页则弃一页于河水中。船到岸时,纸已丢尽。后来记录出来,一字不漏。他尤其善于鉴别选拔,华亭人章旷文笔简洁挺秀,多四字句,人们以“千字文”(因《千字文》都是四字句)笑他,唯独焦正藩赏识他的出众,说:“此岂是世俗中的人啊!”武林黄澍,才气卓越,世俗之人尤其觉得怪异惊骇。黄澍携带所写的文章给焦正藩看,焦正藩大为推重佩服,说:“你将以功业显耀于世间,哪里只是科举登第而已!”黄澍于是邀请焦正藩住到他家里去,以便随时请教。不久,章旷与黄澍都成为有名的进士。

进入清朝,焦正藩早已去世,黄澍还亲自到他的居所,访问他的后人,恳切抚慰,久之才去。著有《四子昙花》、《露花斋文集》、《千顷堂文集》等。

陆 郯

陆郯,字承道,上海人。是陆深的后嗣子孙,补父荫为南京都察院,由照磨(官名,以照对磨勘为职,为主管文书、照刷卷宗之官吏)转为都事,升迁为宗人府经历,授任石阡府知府。石阡,古属夜郎,苗族等少数民族杂居,徭役繁多。陆郯仿效吴郡的条鞭法制定为法令,民众称便。该地偏僻荒野,没有书籍,陆郯用从家里运送来的经史书籍开展教育,士人才开始爱好学习。流荡迁徙的盗寇首领总想捣乱,陆郯设法翦灭其头目,边境获得安定。他被推荐为苑马寺少卿,极力推辞而归来。

他侍奉母亲十分孝顺。对待族人有恩情。家门庄敬和睦,不辱没祖先遗训。

儿子陆堣,字舜封,有美好的品德,传承了他的家风。

朱 璘

朱璘,字文玉,松江人。祖父朱南雍,明隆庆二年(公元1568年)进士,万历八年(公元1580年)为太仆寺卿,工画,山水木石,法沈周、倪瓒,清劲绝俗。朱璘也善画,山水人物,不失祖法。曾补陈洪绶《三星图》,尤具其妙。观者谓其点染之妙,栩栩欲活,神气畅朗,若从蓬、瀛中来。朱璘以画维生达六十余年。

明(5)

(泰昌、天启、崇祯朝)

吴之贤

吴之贤，字佑甫。父亲吴潮，嘉靖二十八年(公元1549年)顺天府乡试中举。吴之贤有不凡的天赋，端庄安静，不苟言笑。年少时娶宋孺人，财礼十分丰厚，夜里有人撬开箱子偷窃而离去，他告诫左右人员不要说起此事，因担忧伤父母之心。

随后补为博士弟子，闻名于学校，但他仍严格约束自己，生活俭朴。父亲命他自营资金，他说："儿子荣幸有稠粥可喝，立志不存细微财物。"父亲因此更加爱怜他。

不久，父亲一病不起而亡，吴之贤捶胸顿足，痛不欲生。竭力治丧，不问箱中有无金钱。

当时践更(贫者得钱，代当值应征者为卒，称践更)之累令人不胜困顿。有人说他第二个弟弟较壮健，何不调剂一下，让弟弟多分担一些徭役，他说："兄弟是左右手，割左肥右，本是一体，这样做有何好处！"最终两人平均分任。他禀性孝友，不但不要享受财富，也不想在乡党中闻名，尤其不想在家院兄弟之间争高低。他笃实的品行就是如此。

享年八十。儿子吴嘉胤，天启四年(公元1624年)顺天府乡试中举。

方岳贡

方岳贡，字四长，穀城人。天启二年(公元1622年)进士，官户部主事(户部，朝廷掌管户口、财赋的官署。主事，原为中书省属官；明废中书省，中央各部均设主事，职位次于员外郎)，提升为郎中(官名，原为郎中令下的属官，后于六部皆设郎中，为各司之长)。历任主管仓库，查检永平粮储，都以廉洁谨慎闻名。

崇祯元年(公元1628年)出任松江知府。松江府东南面临大海，飓风海浪冲击，成为民众灾害。方岳贡组织民工筑石堤二十里左右，给海滨民众带来长远利益。松江府漕运京师数十万石粮食，各粮仓相距五里，分别筑城墙保护，名为“仓城”。他救济灾民、辅助工役、兴办学校、考核士人，都有成绩，屡次因成绩卓异被举荐。薛国观败落，他的家臣上海人王陛彦被法官审讯，王陛彦平素与方岳贡有怨隙，于是诬陷方岳贡曾馈送薛国观三千两金子，方岳贡被逮捕。士人民众纷纷到京城为其诉怨，巡抚黄希也说方岳贡受到诬害，要求法司上奏皇帝重新评议此案。一天，皇帝在宫中接见大臣，问道：“有一位知府当了十多年官，屡次政绩卓异，他是谁啊？”蒋德璟回答说是方岳贡。皇帝问：“现在他在哪里？”蒋德璟又说他受到王陛彦一案的牵连，皇帝点了点头。这时，法司将审讯结果献上，说方岳贡行贿查无实据，应当恢复官职。皇帝嘉奖方岳贡操守清正，批准了法司的奏章。

不久，给事中（官名，掌侍从规谏、稽察六部之弊误，有驳正制敕之违失、封还章奏之权）方士亮推荐方岳贡及苏州知府陈洪谧，于是选任方岳贡为山东副使兼右参议（副使，官名，是节度使、观察使、团练防御使的属官。右参议，官名，中书省属官），总理江南粮食储备事宜。所管理的漕运船只，能按期抵达通州，皇帝非常高兴。吏部尚书郑三俊荐举天下廉能监司（官名，监察地方属吏之官）五人，方岳贡是这五人之一。皇帝召问，在平台接见他，问为政应以什么为先，方岳贡回答说：“欲使天下治理得好，在于选择地方长官。考察地方长官贤否，在于监司。考察监司贤否，在于巡方（巡视地方的官员，如巡抚、巡按等）。考察巡方贤否，在于总宪（监察地方之官，如监察御史、巡查御史等）。总宪人选得当，掌管官吏的御史怎敢以身试法？”皇帝认为他讲得对，请他吃饭，到日晡（即申时，下午3—5点）才出来。六天后，就破格提拔他为左副都御史（是明代都察院长官的属官，也称都堂）。一次朝廷召他问对，皇帝正好有事在询问吏部尚书李遇知，李遇知回答道：“我正在纠错批驳。”方岳贡说：“为何不立即题奏弹劾他？”方岳贡的说法十分符合皇帝的心意。第二天就命他以原来的官职兼任东阁大学士，这时是崇祯十六年（公元1643年）十一月。内阁之臣不带都御史官衔，方岳贡开了先例。

方岳贡本是做官的人才，等到做了宰相，忙于检察簿书，请查核赦免以前的赋税，意在征掠财物，实际为国家，但他个人声名受到很大的损害。崇祯十七年（公元1644年）二月皇帝命他以户、兵两部尚书兼文渊阁大学士的身份总督漕运、屯田、练兵等各种事务，驻守济宁。随后没有成行。

李自成攻陷京都，方岳贡及丘瑜被捉拿，幽禁在刘宗敏家。要他拿出银钱，方岳贡一向廉洁，无钱可拿，因而受拷打。搜查他的住所，也一无所有，松江商人为他代交银子一千两。当年四月初一，方岳贡与丘瑜都获释。四月十二日，李自成部队杀了陈演等，命监守人员将方、丘二人都处死。监守人员给他们绳环，二人都自缢而死。

莫天淳

莫天淳，字还甫，华亭人。幼年丧父，事母至孝。母亲患病，割右臂肉煮羹进献。母亲痊愈，而他手腕伤痛不能举笔，于是学习用左手写字。

天启元年（公元1621年）乡试中举，授泾县教谕，升为仙游县知县。县南枫亭驿介于漳泉间，地势险阻，奸民林缵元等聚众图谋造反，进犯城邑，督抚调兵千人征剿。莫天淳身先士卒，民众获悉县官出动，都拿起棍棒竞前奋击，大破盗寇，生擒林缵元，烧其七寨，余众溃散，闽南获得安宁。考核政绩完满，提升南刑部主事，不久去世。

王国材

王国材，字达甫，上海人。天启元年（公元1621年）举人，授黄岩县令，调任临海县，以廉洁公平著称。海门卫兵变，王国材单骑抚按，使其降服。遇到夏旱，他踏步祈祷，雨即下降，而他就在这天去世。当时已升迁为南台御史，未及上任，士民深感惋惜，建祠堂于方山南边，与莫天淳并称循吏（奉职守法的官吏）。

吴家瑞

吴家瑞，字世祯。幼年丧父，兄长由前母所生，爱护吴家瑞无微不至，嫂沈氏抚养他，也有恩德，里人称道他们。

吴家瑞年少就有孝亲之情。他不知道自己的亲生父母，长大后哀伤思慕，终日闭目凝思。如此数年，恍惚间如有所见，于是拿笔描绘，状貌如生，看到这画像的人都为之感叹。

天启元年（公元1621年）乡试中举，任当涂县教谕，提升为延平府推官，不久调任雷州府同知。他所到之处都被人称道。

辞职归来，结草庐于双亲坟墓旁边，住在里面，直到年老而寿终。

李之楠

李之楠，字仙植，上海人，是李伯春的从孙。天启元年（公元1621年）举人。曾买回一位侍妾,经询问获悉是自己母族之人,随即召来她父亲,准备礼金将她出嫁。

他专研佛经。病重,割家产先施与宗族之人,然后才是自己的二位儿子。事情办毕,于外室双腿盘坐而逝。

孙士美

孙士美,字公粲,华亭人。本姓朱,是太常卿奎的后代,因祖父出继于孙氏,于是姓孙。天启元年(公元1621年)乡试中举,授舒城县学教谕。崇祯八年(公元1635年),流寇来到舒城,县令因事外出,孙士美代守七十余日,城赖以保全。

提升为深州知州。崇祯十一年(公元1638年)冬,城被攻破,他向着京师宫阙拜了两拜,题诗芫蒌亭,然后提刀自刎于城上。朝廷抚恤,追赠为太仆少卿。

父亲孙讷,字敏甫,任天策卫经历,就在深州官署养老,城破时年已七十多岁,也上吊自尽,一家随从自尽者有十三人。

儿子孙芝秀,字止文;孙芝玉,字方质。都是诸生。安葬父亲、祖父于邓尉山后,闭户读书,发誓终生信守节义,人称孙氏二孝子。

乾隆四十一年(公元1776年),清朝赐孙士美谥忠烈,将他的父亲孙讷祭祀于忠义祠。

王　域

王域,字元寿,华亭人。天启元年(公元1621年)举人,授宿州学正。流寇来到,他帮助有司捍卫守御有功,升迁为工部郎中。唐王时(公元1645年—1646年)以江西按察副使管理建昌府事。清兵围困建昌,他守南门,城被攻破,他被抓获,押至武昌,不屈而死。

儿子王錀、王铮都是诸生,获悉父亲死难,王铮单身奔到建昌,寻求父亲埋葬之处,刺血遍沥各坟墓(刺血滴沥尸骨,是古代求证生身父亲的方法),终究得不到父亲的尸骸。痛哭而返回,终身吃素悲泣,从未有过笑容。王域的弟弟王垌,字襄城,也以孝友闻名。

乾隆四十一年(公元1776年),清朝给王域赐谥烈愍。

李世祺

李世祺,字寿生,青浦人。天启二年(公元1622年)进士。崇祯(公元1628年—1644

年）初选拔为刑科给事中，上陈两条大计，一是兵食之计，二是民生之计。指出三点应当整治改正的大弊，一是六曹之弊在于吏胥（地方官府的小吏），二是边吏之弊在于欺隐，三是贪墨（贪财好贿）之弊在于奢靡。

发生夏旱之灾，皇帝祈祷求雨不应，他上疏请求抚恤京城地区，缓解赋税徭役，预先做好储备。这三点皇帝都予以采纳。

皇帝派遣中官监视诸镇，李世祺上书说，内官入内侍奉皇帝，出外管理兵食，既能获得内廷意旨，又能操纵外廷事权。魏忠贤窃取军国大权，怎么皇上亲自翦灭它，又要再次实行它？皇帝没有采纳他的进谏。

当时进言者多获谴责，皇帝又每日亲自办理细小事务，任察为明，李世祺上书道："诸臣所言如果不当应给以批评指责，如果经批评指责仍不改正，就给以贬谪黜退。言者前瞻后顾，恐遭严厉的谴责，因而随声附和胸无主见之人受到册封，敢于直谏不顾个人安危的人反倒默默无闻。况且天子一日万几，神太费则疲劳，精太用则竭尽。圣人使公孤（古代高级官员，称太师、太傅、太保为三公；少师、少傅、少保是为孤卿）百职环列承办政事，只督促他办成而不去干扰他办事，考核他的绩效而不打乱他的权职，何必去仿效后世帝王事必躬亲的治理方法？"皇帝仍不采用他的这一进言。

崇祯五年（公元1632年）八月，大雨倾盆损毁山陵，昌平发生地震。他又上书请求采取公论以任免大臣，考虑事情实际以衡量小臣，消释疑忌之根源，开通功名之大路，这样可使天变无碍于事，使艰难的时局转危为安。皇帝认为他借端妄奏，严厉指责他。

崇祯七年（公元1634年），他上疏弹劾大学士温体仁、吴宗达及兵部尚书张凤翼失职情况，皇帝大怒，将他贬谪为福建按察使检校，且追究文选郎吴鸣虞考选不当，也下降三级。御史龚廷献进言相救，皇帝不听。过了一段时间，才起用为行人司副。崇祯十五年（公元1642年）升迁为太常寺卿。明朝灭亡后他闭门不出，以得善终。

何万化

何万化，字宗元，上海人。天启二年（公元1622年）进士，授吏部主事。升郎中，选拔为福建提学副使。所至之处，很得人心。福宁州在海中，参与考试的人担忧风涛。何万化捐资建馆于州学，使人们就在州内考试校核，州人十分感激他。

崇祯四年(公元1631年),他以本省参政的身份备兵于建宁。因母亲去世,回家守丧。守丧期毕,于崇祯十年(公元1637年)起用为江西湖东参政。当时张普薇以妖教聚徒成千上万,接连攻破城邑。何万化招募兵丁,筹集粮饷,广施方略,于杨坊神冈将其击败,攻破其十二座山寨,开列"五不杀"之条令,率军进剿,连续捣毁其十一个巢穴,于是给予"免死牌",招收其胁从贼众,都放下武器,散伙而去,抓获张普薇处斩,湖广得以平定。

何万化劳苦于军中,因病告归。崇祯十二年(公元1639年),升迁为广东按察使,未赴任,随即去世,终年七十五岁。

何万化宦囊萧然,而对于亲戚故交能慷慨周济。去世之日,箱中只有遗稿数卷,人们赞叹他的贤良。

张昂之

张昂之,字匪石,华亭人。天启二年(公元1622年)进士,任庐陵知县。城外白鹭洲原有书院,祭祀文天祥。这时有附和魏忠贤的郡绅,打算将其改建为魏忠贤生祠,张昂之极力抗争,建生祠之事才得以中止,然而终于因此而受人中伤,削职归乡。

崇祯初,起用为兵部主事,出任保宁知府。张献忠侵掠西蜀,张昂之招募壮勇之士,极力抗御,斩其头领。筹措军饷,供给军队。边疆得以安固,以功勋迁任川东道。不久请假归来,晚年居白龙潭,以寿善终。

朱长世

朱长世,字子久,上海人。天启二年(公元1622年)进士,官授工部虞衡司主事。这时正在用兵,军械都取给于部。朱长世索性睡到官舍里,以便日夜办事。尚书张凤翔知道他忠诚勤奋,引荐为正郎。正逢六军守城,需要悬帘十万幅,一名当权的太监深夜到部中说:"给我十万金,可以立即办成。"因为当时内库有储备的悬帘。张凤翔与朱长世商议,朱长世拒绝不与,连续苦干十昼夜,办全了十万悬帘,这名太监为此十分恨他。

崇祯皇帝出巡军垒,这太监便指其一二不足之处,中间还夹杂一些危言耸听的话来中伤朱长世。皇帝大怒,张凤翔被丢入监狱,朱长世被当廷打死。

朱长世禀性孝友,爱护士卒。他被处死,士大夫深为悲痛惋惜。

儿子朱在镐,崇祯十五年(公元1642年)举人。

张元玘

张元玘,字采初,上海人。天启二年(公元1622年)进士,授刑部主事,奉命运送军饷到宁夏。所过之处有人馈赠及王国赐予,都拒绝不受。

升迁为员外郎,转为郎中,出任严州知州,调任建宁知府。该府处冲要之地,山势险要,驿站邮车转送十分疲困。张元玘为之裁减事务,订立条约,请台使刻之于石,从此供输不乱。又改革盐政及钱法,民皆称便。后告假而归。

所著有《广史》及杂著诗文数十卷。

孙子张锡怿,顺治十二年(公元1655年)进士。

李世迈

李世迈,字怀古,华亭人。年少时仰慕高义,喜欢读书。明末与其朋友沈莲台相约不结婚,被父兄劝说逼迫,娶妻未超过一年,妻子去世,从此他独居一室。高槐古梅,竹炉茶铫(茶吊子),兴至弹琴,听到雨滴芭蕉声则喜而不寐,人们称他为喜雨翁。

授徒自给,吴骐便是他的高足。

中年预作生圹,题词道:“多寿多辱,无荣无忧。不满甲子,我将归休。”崇祯十一年(公元1638年),他五十九岁,果然去世。

他的好友沈莲台始终不娶,读书不求人知,以医治眼睛谋生计,不随便收取一钱。为顾元庆治愈了眼病,不收钱,顾元庆请问缘故,他说:“你的祖父以田数万助徭役,这是位义士啊。治疗义士的孙子而收取酬谢之金,难道贫困者就不能作义举吗?”

一天与人共同吃饭,忽然丢失了筷子,即说:“与您分别了。”于是双腿盘坐而逝。

庄宇琦

庄宇琦,字连璧,华亭人,居庄行。豪迈洒脱有才略。崇祯年间到京师上书,召对符合皇帝旨意,授太常寺博士。庄宇琦说:“哎,这哪里是我当初的志向啊!”于是拒绝而离开。

兄长庄启元,字志和,万历(公元1573年—1619年)末,向朝廷献策,授守备,防御边防有功,升为密云参将,后来不知所终。庄宇琦到塞下寻访其兄战斗处,招魂无地,痛哭而归。于是闭门谢客,不再出来。七十二岁去世。

章 简

章简，字次弓，号坤能，华亭人。天启四年(公元1624年)举人。官任罗源知县。清军攻下南京，列城望风下。章简与沈犹龙、李待问等募壮士守松江城。李待问守东门，章简守南门。城被攻破，以身殉职。世传南明绍宗夜梦一人拜见他说："我是罗源县知县章简。"随即陈述死节情状。绍宗醒来询问左右侍臣，确有此事。绍宗为之叹息，遥赠以官职。

他的堂弟章旭，字昇东，为诸生，章简殉节后放弃举子业，专门学习医药，为人治疗有神奇的效果。

章简有女章有淑、章有湘、章有渭、章有泓，或擅诗名，或以文章显。

乾隆四十一年(公元1776年)，清朝赐章简谥节愍。

朱永佑

朱永佑，字爰启，上海人，居闵行镇。崇祯七年(公元1634年)进士，授刑部主事，改为吏部，被罢免而归。南明绍宗(公元1645年—1646年)时张肯堂请招募水军、倡导义旅，由海道抵江南，选拔朱永佑为吏部右侍郎。不久，绍宗战败而死，朱永佑到舟山，事奉鲁王。清兵攻破舟山城，鲁王航海而去，朱永佑被擒，乞求为僧，不许，于是被杀害。

乾隆四十一年(公元1776年)，清朝赐朱永佑谥节愍。

吴嘉允

吴嘉允，字绳如，华亭人。天启四年(公元1624年)乡试中举。崇尚气节情谊，有才干谋略。居乡间，看到海水侵蚀塘岸，为害日益严重，献议知府方岳贡改筑石塘，他亲自担当其事，不避劳苦怨恨。正遇飓风大作，惊涛震撼，吴嘉允为文以告海神，拜伏风雨中，随即风止雨息，石塘赖以保全。共经二百日而竣工。

南明安宗时(公元1645年)荐为户部山西司主事，当南都陷落时，吴嘉允已奉使出都，闻变立即返回，在方孝孺祠内上吊而死。

侄儿吴永孚，崇祯十三年(公元1640年)进士，选授南安府推官，明朝灭亡后留赣州。顺治三年(公元1646年)与杨廷麟等守赣州，城被攻破，以身殉职。

乾隆四十一年(公元1776年)，清朝赐吴嘉允谥节愍。

黄德遴

黄德遴，青浦人，天启四年（公元1624年）举人，授四川东乡县知县。公元1645年，张献忠派遣刘文秀掳掠川东。六月，贼寇来到，黄德遴预先训练乡勇抗拒、守卫一个多月。七月十二日，县差役童二麻做贼寇的内应，城被攻破，黄德遴一家八口投井死。

姚世勋

姚世勋，字元仲，华亭人。天启四年（公元1624年）举人。淡于仕进，尽心于易理，著有《易塍讲义》。

计安邦

计安邦，字伯怀，上海人。天启四年（公元1624年）举人，知余干县。当时盗贼四起，邻境张六瑚等聚众焚烧抢劫，余干县不设防备，盗贼冲入官署，迫令助饷。计安邦不为所动，恰逢总兵王得仁驱兵前来解救。

提升为吉安推官。土寇潜居境内，计安邦招募余干壮士章才、章奇等百余人从小道前来援助征剿，焚烧其木城，贼寇溃逃，夺其所掳男女六百余人，民众庆幸再生。

后选拔为御史。辞职归乡。

唐昌世

唐昌世，字兴公，华亭人，唐文献从孙。父亲唐允振，诸生，以孝友闻名。有拒绝私奔之女、返还遗金等事。生平常挂“寻方便、学吃亏”六字于座位旁边。

唐昌世幼年时侍奉祖母十分孝顺。到长大后，善于作文，成天启五年（公元1625年）进士，补工部营缮司主事。当时阉党（魏忠贤及其党徒）掌权，有乡人通过关系认识了唐昌世的差役，想谋取大木厂的职务，他怀藏金子深夜见唐昌世，说：“希望能得到您的一个名帖给崔尚书，事情就能顺利办成。”唐昌世严厉拒绝。当时崔呈秀以都御史兼工部事，后来以司礼监总户工事，建立官署，唐昌世题写牌额没有称颂之意，因而更不受权臣的喜欢，将他看作小东林（明万历间，吏部郎中，无锡人顾宪成被革职还乡，倡议重修东林书院，与高攀龙等讲学其中，评议朝政。天启时，魏忠贤专权，东林诸人与之相抗，被目为党人）。

崇祯元年（公元1628年），崔呈秀败落，唐昌世监管德陵工程，木商馈送金子，唐昌世发怒，要将他抓起来送往法司严办，木商恳切哀求，才得以离去，而台省先已受商人的贿赂。

按照惯例,木分三等估量价值,台省命一概以上等计算。唐昌世争辩之,台省官吏笑道:“这是商人不识时务罢了。”唐昌世勃然大怒,说:“您不要小看天下士人,我并非想借此粗官以便为我考虑租赁车马计议。如果一定要这样做,那宁可让我们到朝廷上奏对争辩。”台省心虚,诸商也窃窃私语不久前被拒绝馈金事,于是内心折服,语气缓和,传命减少木材价格十余万金。而他的强项(指性格刚强不肯低首下人。项,颈后部)声誉更加传扬。

崇祯二年(公元1629年),清兵迫近都城,唐昌世为广宁门监督,帮助守御。起先,他与中官共事,语气脸色毫无讨好阿媚之意。到因争论陵木价格与台省疏远,他目光更显严厉,中官几乎不敢与他并起并坐。到守城时,司礼大太监王希忠统军来到,唐昌世与其争论说由太监带兵不合体统,正逢盔甲厂运到一炮,即借端题奏。这时尚书张凤翔刚以悬帘事件冒犯圣旨而下狱,而司官同郡朱长世等受廷杖而死,于是剥夺了唐昌世的官职,而唐昌世也以双亲年老需回家奉养而归来。

崇祯十五年(公元1642年),工部尚书范景文上疏举荐他,没有上报。南明弘光时(公元1645年),张凤翔起任巡抚,又推荐他,这时他已六十岁,连丧二亲,哀毁骨立,久跪于席上,足印隐然可见。等到丧期毕,南都已被攻破。于是闭门不出,享年八十九岁去世。

弟唐昌龄,字吾修,崇祯十年(公元1637年)进士,任南京兵部主事。

儿子唐子锵,自有传。

张肯堂

张肯堂,字载宁,华亭人。天启五年(公元1625年)进士,授浚县知县,消灭寇盗,安定民众,大显声威政绩。崇祯七年(公元1634年)选拔为御史,第二年(公元1635年)春,贼寇攻陷凤阳,他上奏分条陈述灭贼五事,不全部采用。出任巡按福建,屡次以平定寇盗之功受到奖赏。

返回朝廷,说监司竞相营办,紊乱不规,心里想亲近的就保留原任,心里想远避的就易地借才,加一番更改,就增加一番扰乱。皇帝肯定他的看法。

崇祯十二年(公元1639年),杨嗣昌出任督师。张肯堂说诸臣以督抚自愚,一误再误,至于三四,如今希望掩盖败局,必定仍是前去督抚。提议请特申一令,专门致力于剿除。皇帝以为他的看法偏颇而指责他。

崇祯十四年(公元1641年),他说杨嗣昌丧师殆尽,欺骗掩饰不符常理,其一日不撤,则边防之祸一日不停。他上奏条陈时嗣昌已死。

又上疏说如今讨伐贼寇不能说无人,巡抚之外更有抚治,总督之上又有督师,地位与名号虽然不同,但办事的权力没有差别。兵部决策不明,诸臣昏昏而任,从而导致失地丧师。兵部无法纠正督抚,督抚又互相推诿以逃避责任,而边疆防守之事已不可收拾了。皇帝采纳了他的进言,下达有司予以详细议论。

张肯堂所分条上奏切中事情要害,大概就如上述。

选拔为大理寺丞,不久以右佥都御史的身份巡抚福建。

福王立(公元1645年),他派人保卫。南都败落,总兵郑鸿逵拥唐王朱聿键进入闽地。与其兄南安伯郑芝龙及张肯堂进献尊号,于是加太子少保,吏部尚书。

不久改张肯堂掌管都察院。他请求出去招募水军,由海道抵达江南,倡导义旅,与浙东相互倚靠援助。于是进任少保,给诏命印章,可便宜行事,以吏部侍郎朱永佑、兵科给事中徐孚远为相从,他们都是张肯堂同乡,郑芝龙对此心怀异心,暗中毁坏,但没有成功。

顺治三年(公元1646年),唐王失败,张肯堂飘泊海外。

顺治六年(公元1649年),张肯堂到舟山,鲁王用他为东阁大学士。

顺治八年(公元1651年),清兵乘天雾集结螺头门,鲁王航海离去,嘱张肯堂守城。城中兵六千,居民万余,坚壁清野十余日,城被攻破。张肯堂穿上蟒玉之衣,南向而坐,命四妾周氏、方氏、姜氏、毕氏,儿媳沈氏,孙女张茂漪先死,于是从容作绝命辞:"虚名廿载著人间,晚节空劳学圃闲。漫赋《归来》惭靖节,聊歌《正气》续文山。君恩未报徒忧瘁,臣道无亏在克艰。寄语千秋青史笔,衣冠二字莫轻删。"随即北向叩首,自经于雪交亭。

部将汝应元削发为僧,法名无凡。葬张肯堂于普陀山。奉其孤孙归乡。

乾隆四十一年(公元1776年),清朝赐张肯堂谥忠穆。

张安磐

张安磐,字子石,华亭人。父亲张以诫,任广西桂林通判。张安磐中天启七年(公元1627年)举人,知眉州,修缮三苏祠。颁布条约,恩威并用。

选任霸州知州。当时京城地区戒严,张安磐训练乡兵,修固城墙,巡查军情。勤劳困苦,废寝忘食,三月而病,但仍每日坐于堂皇(官吏办事的大厅)办事,不稍加休息。

病危之时,他将数事上报给大府(即太府,官名,掌库藏),随即去世。

儿子张世雍,自有传。

沈文系

沈文系,字幼鱼,华亭人。知新宁县,工于诗赋,尤精书画。修撰县志,增科举士,民众爱戴他。

宋徵璧

宋徵璧,原名存楠,字尚木,又字让木,号幽谷朽生,别署歇浦村农。宋徵舆从兄。华亭人。天启七年(1627年)举人,崇祯十六年(公元1643年)进士。入清,官秘书院撰文中书,转礼部员外郎,广东潮州知府。

宋徵璧少负隽才,工诗古文词。陈子龙《宋尚木诗稿序》:“尚木之为诗者凡三变矣。始则年少气盛,世方饶乐,盖多芳泽绮艳之词焉……既当先朝兵数起,无宁岁,慨然有经世之志,盖多感慨闵激之旨焉……今王气再见春陵,天下想望太平,故其为诗也,深婉和平,归于忠爱。”也善词及散曲。系云间词派主要成员。其《满庭芳·寒食》等作品,透示出为明进士而仕清的复杂心情。其散曲风骨高秀,沉思悽惋。有《抱真堂诗稿》八卷,又有《三秋词》、《歇浦倡和香词》等。

附嘉庆《松江府志》宋徵璧传(译文):

宋徵璧,字尚木,华亭人,是宋懋澄的儿子。起初,在幾社中名存楠。崇祯十六年(公元1643年)进士,授中书舍人,充当翰林院经筵展书官,奉命监督苏松四府。征收柴薪银两的情况尚未回来汇报,因明朝灭亡而归于故里。

进入清朝后荐授为秘书院撰文、中书舍人。舟山之役随从征战有功,转任礼部祠祭司员外,升本部精膳司郎中,出知潮州府,去世。

宋徵璧才高文美,与从弟宋徵舆有“大小宋”之称。在明朝崇祯年间与宛平王崇简诸人互相唱和,同里夏允彝、陈子龙都推重他。

著有《抱真堂集》,吴伟业为此书作序。

宋之璧

宋之璧,别署智月居士,华亭人,宋徵璧之弟,幾社成员。擅词及散曲。散曲四套，见《棣萼香词》。其《南仙吕·春闺》，宋徵璧评为“高秀如芙蓉千仞，而情致绵渺，则大珠小珠落玉盘”。《南商调·新柳》，宋徵璧评为“此作灵和殿中物色”。《南商调·咏絮》，宋徵璧评为“体格超峻，神态横出，不受羁束”。《南仙吕入双调·美人笑》，宋存标评为“回眸掩扇，无限羞涩，写得入情入景”。其作品被辑入凌景埏、谢伯阳编《全清散曲》。

徐益孙

徐益孙，字孟孺，华亭人。年少时与方应选齐名。自华庠游南雍（南京国子监），祭酒许国、司业张位推重他为“国士无双”。王世贞父子赏识他，屠隆请他为《由拳集》作序，序文作成，具有六朝风致，名声更为响亮，名列弇州四才子之一。

事寡母极孝，母亲去世，他焚烧路引（通行凭证），结庐墓侧，作文誓墓，不愿应举，而当政者意欲举荐他为孝廉。他引辞真切，读之令人酸鼻。

现将其引辞呈文附录于下：

又呈：益孙命本蹇薄，遇更艰危。父死仓皇，丧羁异土。痛母陆氏，孑然孤嫠。遘兹凶祸，恸寄棺而殒绝（昏厥）寺外，跣送葬而两死（两次昏迷）雪中。只缘姑老在堂，儿幼在膝。千百般备尝人间之苦楚，四十年受尽一世之孤穷。向非母氏此身，谁活徐门三代？益孙报刘（出自晋李密《陈情表》：“臣密今年四十有四，祖母今年九十有六，是臣尽节于陛下之日长，报刘之日短也。”后因以“报刘”指侍养长辈亲人）无日，抱恨终天，是用焚引柩前，结庐墓下。讵意匹夫之细行，猥辱天台（指朝廷）之宠褒，被以孝名，实滋厚惧。盖益孙既赖母以成身，本当立身以报母；不能扬名以慰母，何忍借母以窃名？况弃彼不可必之仕进，岂曰逃荣；反冒此不易得之美名，宛同捷径。反复三思，只欠一死。伏望天台停寝表闾（刻石于里门，以表彰功德。当时朝廷要以孝子的名誉表彰徐益孙，而徐益孙推辞拒绝，故要求天台停寝表闾，即希望朝廷停息刻石里门以表彰他的举措），成我之恩与生我等矣。

陈田曾遍检诸集，无有录徐益孙诗者，后于《松风余韵》获《春日登潮音阁》一诗：“崇阁俯沧洲，乘春献岁游。鸣榔鱼网集，倚槛水云流。龙藏涵虚迥，禅扉入定幽。锡飞逢惠远，相对狎沙鸥。”

赵原性

赵原性，华亭人，宋代荆王赵元俨十九代孙。母亲患病，他刺血书疏上告天神，愿以身代,于是母病痊愈。屋火延及宗祠,赵原性怀抱木主,得以不毁。父亲生病,他再次虔诚地祈祷,父病也痊愈。

他修撰谱牒,以先朝诏告图像、人物生平事迹汇编成十四册。在赵原性游学京师时,巡按祁御史给以匾额奖赏。

儿子赵初曙,敬事祖母,人称顺孙。到赵原性病重,他刺血书疏呼喊天神,梦得神方,使父亲之病得治愈。母病痢疾,他亲自洗涤母亲沾染粪便的内衣,谨慎供给药物,母病也愈。事情上报,有司给匾额表彰。

顾允升

顾允升,字华宇,上海人,是顾允贞的堂弟。幼年丧父。母亲患病,刺血书疏,呼天请代。居丧三年,不饮酒食肉,不居内室。庐舍失火,几及棺柩。他呼天号哭,忽降大雨,火被浇灭。

崇祯三年(公元1630年),赐八品冠带,以表彰其孝。

李嘉言

李嘉言,字圣达,由新安迁徙至青龙镇居住。禀性豪放,才智出众,笃于孝友。母亲汪氏失明,他偕同妻子程氏夜里焚香告天,天亮后夫妻轮流舔目,母亲得以复明。

伯父李士彦去世,贫困不能安葬,李嘉言抬了灵柩,归葬新安。

有汪某者,曾向李嘉言借贷了金子,将到闽、浙间做生意。渡曹娥江,航船倾覆,所借金子全部落入江中。他归来,要想上吊自尽,李嘉言又借给他数十缗,且不断安慰他。他的急人所难、好为义举就是如此。

儿子李焕,字雒文;李燧,字先五。两人都工于诗赋古文,为名流所推重。

何孝童

何孝童,名万京,字叔鸿,上海人。禀性孝友。父亲病重,何孝童告诉母亲道:"儿将随从父亲了。供养之责,有两兄在。"母亲劝阻他,但没想到他会死。到父亲去世,何孝童号哭出门,到晚上仍不归来,母亲回忆他以前的话,内心震动,寻到溪边,在岸上看到他的鞋子,于是知道他投水死了。同族之人万化为其立传,嘉定黄淳耀(崇祯进士,家居城陷,自缢于清凉庵,乾隆中赐谥忠节。有《陶庵集》二十二卷)有诗哀之,并作序评价了他的节操。

汪联芳

汪联芳，字瑞卿，祖籍新安，后迁华亭。幼年丧父，侍奉继母尽孝，乡里人们都称赞他。兄长早年去世，他抚育侄儿如同自己儿子。

同时以孝闻名的还有沈季友、李承恭、蔡象春、董振、曹世禄、诸从礼、陈韶、曹恕、徐诰，乡里都称道他们。

孙士范

孙士范，字洪修，上海人。性格宽和，慷慨好义，侍奉母亲五十多年，孝养丧葬尽礼，抚育侄儿如同自己儿子。遇到饥荒，捐粮赈济，疏通义渠，修筑学宫，三党（父族、母族、妻族）贫困者都靠他周济。

崇祯十七年（公元1644年），御史周元泰题奏赐他冠带（官服），推荐他为乡饮酒礼的宾客。他去世后，作为乡贤享有祭祀。

儿子孙大经，国子博士。

张元始

张元始，字贞起，上海人，居石笋里。崇祯元年（公元1628年）进士。禀性方公严肃，不随便与人交游，留意于经邦济世之事。当时濒海盐民旧有总催一役，土地已放弃而赋役却仍存在。民众为此十分困苦。张元始极力向鹾使陈述，从而整刷一清。

他由行人提升为给事中，上疏直言论边防失事，用人不当，语气激昂，不畏权势，诏命嘉奖，采纳他的进言。

东南重役，尤其苦于向北解送，耗尽家产者达十分之九。张元始分条上奏，请求北运由官方组织，民户解送附于漕运之船，朝廷同意。民力为此稍有苏息。

崇祯十四年（公元1641年），天大旱，米价腾贵，斗米千钱，上海漕运数万吏民惶惶无措。张元始建议以麦代米，得圣旨准许代替十分之三。以麦价征折色（明清漕粮，多征实物，有时折价改征银钞，谓之折色），先行河南地区，再到江南，公私俱利。

奉命催督漕运及积年欠饷，运送粮食无阻，征收到欠赋达九十万，国家财用得以充足。

张元始在谏垣（谏官官署）八年，忠诚清廉，熟习干练，朝廷将大用，遭母丧去职。服丧毕，起任太常卿，尚未拜授，归来去世。享年六十九岁。

曹勋

曹勋，字允大，华亭人，居干溪，隶于嘉善籍。崇祯元年（公元1628年）会试第一，廷试选庶吉士，历官翰林学士、礼部侍郎之职。曹勋年少就有出众禀赋，研讨古今，随从高忠宪讲学有得。魏大中触犯太监被逮捕，他凑钱赋诗，愤泣追送，毫不顾忌奸谍在旁。在经筵（古代帝王为研读经史而特设的御前讲席）讲授，每天为皇帝所垂爱关注。

当时门户对立，言官交恶不和，曹勋持之以正，不乐于与其共事，请假归来奉养年老的双亲以终其天年。他闭户著述，自号东干钓叟。著文集十二卷，诗集十卷。

弟曹炯，字澹弓，博闻强记，下笔千言立就。工于书法。科举屡试不第，更加奋力于古文，徜徉于山水，淡泊于名利。曾与曹勋倡办小兰亭社，著有《岭云唱和集》。

陈正中

陈正中，字宗尼，上海人。崇祯元年（公元1628年）进士，任上杭县令。上杭县介于虔（赣州）、粤（广东）之间，流寇侵扰，到处啸聚。陈正中上任，抚恤疾苦，招收流亡，足备兵食，训练乡勇，屡次挫败贼寇锋芒。抓获贼首张日昇，降服其余党五百多人。捕杀大盗何柏等三十余人。所辖之部于是肃清寇盗。

他革除桥税，以利商旅；积粟备荒，灾年无害。

流贼又侵犯武平。陈正中担忧贼势滋蔓，率众带五日粮，追击三百里歼击之。斩获甚多，贼寇望风而逃，邻县得以保全。

陈正中本来患有风痺之症，积劳转重，不久死于官任上。

他在县五年，正逢军务繁忙，大帅驻扎会集，供应军需繁重，他都能尽心办理好；爱护民众，民不知有兵。所积官谷七千余石，羡余（正税之外的加额税收）与赎金，都归于国库，公私充实，而他的妻子儿女却缺衣少食。去世之日，民众罢市而哭悼。巡抚邹维琏上书说："陈正中抚顺讨逆，鞠躬尽瘁，清白励操，遗爱在人。请赠官赐祭祀以激励后人。"朝廷诏命赐赠兵部主事，追论平寇功绩，再赠太仆寺少卿。

张世雍

张世雍，字成之，华亭人，是张安磐之子。年少时就聪明异常。工于古文词，作《帝京赋》五千余言。祖父张以诚十分喜爱他。

崇祯四年（公元1631年）中进士，授刑部湖广司主事。崇祯六年（公元1633年），任贵州乡试正考官。世雍自中进士不到三年即进入科考试场中执掌考选文士的职权，因而与同考官共同发誓要公正谨慎地考选士人，选得赵国祐等人，朝议都认为得到了人才。

第二年他即去世，年仅三十岁。

徐天麟

徐天麟，字退谷，上海人。崇祯四年（公元1631年）进士。幼年丧父，爱好学习，三十多岁才成为诸生。到官任南京兵部郎中时，仍清苦如同寒士。

为要奉养年老的双亲而请假归来，只与两三位老朋友饮酒长啸。诗文高亢豪爽有奇气。所著有《西郊草堂集》、《广荫轩杂咏》刊行于世。

陆　炫

陆炫，字汝晦，上海人，授宜春县丞。以正道取人断事。宜春县一度缺官，陆炫代理县署政事，请求监司减少积谷，民众受其恩惠。

管理萍乡国库。原先吏役另贮私库，说库内有鼠为害，伤它们则会失去金子，所以不可贮藏，他们从中得以侵吞钱财。陆炫为文告神，能杀鼠者给以重赏，于是损害之事平息。

升迁宛平县令，选拔为大宁都司主事，代理深泽县事，纠正杀兄狱案，政绩名声更加卓著。

从孙陆钟，字君声，官任北城兵马司指挥。当时辽东战争正紧急，陆钟以廉洁干练著称，出任潼川州同知。正逢奢酋（土司头目）诬害诸吏以叛乱，在蜀境煽动闹事，州守书生，畏惧尤甚。陆钟抚按士卒，极力抗御，城赖以保全。

又有陆晋锡者，字康叔，光禄寺典簿陆壁的儿子。陆壁曾以福邸（福王府邸）供应过量，请当政者上奏定其岁额，人们认为他通达国体。陆晋锡中崇祯六年（公元1633年）副榜，充为恩贡，特试任中书舍人。弘光（公元1645年）时补为麻城知县。正当明清鼎革之际，士民不安，许多人凭他得以保全。迁任辰州府推官，因战乱所阻未去上任。

陆志孝

陆志孝，华亭人，家境贫困，事亲孝顺。父亲去世，泣血失明，遇异人治疗，一日复明。将父亲营葬凤山左麓，庐墓三年。侍奉生母，极尽仰望敬爱之意。

巡按路振飞上报其事，崇祯十二年（公元1639年），官府表彰其门庭。

周裕度

周裕度，字公远，号晚山，华亭人，莱峰先生的孙子。为诸生，以道谊风雅推重于当时。书法学习米芾、颜真卿，兼工篆隶。善画山水，写生学习陈白阳，得其三昧，其作品为世人所珍重。

侍奉父母以孝顺闻名，与人交往心田坦荡，每次讲述古今事则滔滔不绝，而且条理清楚，内容详明，使听者忘记疲劳。

郡中署书（用于封检题字的字体，汉字八体之一）继董思白之后，独推重周裕度。有一位副将军仰慕其名，托相识之人乞请题额，以白金为润笔费。这人侵吞了白金，知情者相告，周裕度说："笔墨之事本不为劳，白金的价值与友谊孰轻孰重是显而易见的，您不要说，否则会败此友人名节。"其高尚的品德大致如此。享年八十二年。

儿子周咏、周昭、周玟都工于隶楷及画，以文章品行著称。

孙得原

孙得原，字本卿，华亭人。有美好的才能。二十岁患风痺之病，于是放弃举子业，卜居东郊空地，半亩全种花药，吟咏不辍。又得腿病，行走不便，每次出外，乘一头驴子，市集少年群相戏弄侮辱，孙得原假作不听见。回到家中，他的儿子孙士高扶他下来。晚年不能骑驴，儿子则背他回家。宋旭画背父图相赠。

孙得原工于篆隶，潇洒有情趣。

孙子孙孟芳，传承其学。

郭开泰

郭开泰，字宗林，号蠱耻，上海人。岁贡生，隐居不仕，著《五经指训》、《味谏轩双玉楼诗稿》。

乔凤将

乔凤将，字子翔，上海人，诸生。博学能文，名满一郡，记录在册的弟子达数百人，受士林推重。

华鹤鸣

华鹤鸣，字迥闻，上海人。是华秉中的曾孙。世代专习《诗经》，到华鹤鸣尤其得其精髓。江右陈怀莪以《诗经》考查士人，入选者华鹤鸣居其半数（意为多次考试在入选人员中，华鹤鸣的名字重复出现，占了入选总数的一半）。同社孙士美说："国家明经取士，像迥闻这样的入选实在是当之无愧。"

孙子华谦复，以《诗经》乡试夺魁。

鞠时龙

鞠时龙，字君御，华亭人。崇祯年间以岁贡授吴县教谕，升迁为太仓州学正。能诗，多佳句。《松风余韵》载其诗数首。

孙子鞠让，字秉谦，诸生，能传承家学。曾客居都门，与诸名流唱和，诗名盛传一时。

王　铣

王铣，字文彦，华亭人。弱冠即名显学校。为文沉静深刻，古朴淡雅，入理恢宏，浩然无际。禀性尤为孝顺，侍奉父亲，极尽色养（承顺父母颜色，孝养侍奉父母为色养）之道。

晚年以著书终老。

何　刚

何刚，字慤人，上海人，初名厚。崇祯三年（公元1630年）乡试中举。见天下大乱，慨然有济世之志。于是结交天下豪杰俊士，与东阳许都友善，对他说："你所居住的地方，是天下精兵驻扎的处所，何不训练一支军队以待用？"许都应允而去。

崇祯十七年（公元1644年）正月入京，上书说："国家设置科举、立资格（官吏据年资升迁之制）以约束天下豪杰俊士，这是用以止息紊乱，不是用以平定叛乱的。今日救护生民，匡正君国，莫急于治兵。陛下如能挑选强壮机智之士，命识兵法的大臣教育训练他们，研读兵法，训练筋骨，开拓胆略，及时招募考试，学成后则提高他们的俸禄，托付用兵之权，必能建立奇功。我读戚继光的书，多次言及义乌、东阳兵可用，如能招募几千人，加以训练，按戚继光遗法，分布黄河以南各郡县，平定贼寇将不是难事。"于是推荐许都及钱塘进士姚奇光、桐城生员周岐、陕西生员刘湘客、绛州举人韩霖等。

崇祯皇帝认为他的言论豪壮有谋略，即提拔他为职方主事，到金华招募兵士。而许都在贼寇作乱之前已死，韩霖也为贼所用，何刚不知道，所以一并推荐了他们。

何刚出京城，京城即陷落，他连忙赶赴南京。

起先，贼寇逼近京师，何刚之友陈子龙、夏允彝将联合海船到天津以备急用，曾招募士卒二千人，这时请何刚统领他们。陈子龙入任兵科，说："防卫之兵以水师最为重要，再请广行招募，委托何刚训练。"有司同意。

何刚于是上疏说："臣请陛下三年之内宫室不必修建，百官礼乐不必完备，只是每日寻求天下奇才异能，使智者决策，廉者理财，勇者御敌，则国富兵强，大敌可服。若以骄悍无谋之将驾驭无制度约束之兵，空言恢复，这是退行却求往前。优游岁月（犹豫不决，虚度岁月），只求虚荣，偏安一方，禁锢豪杰于草野间，逼迫枭雄成为盗贼，这是徒劳而有害之举。希望朝廷不以浮文取士而以实绩选人，则真才都为国用而议论也省却了。分派使者收罗草泽英豪，多得人才受上赏，则枭雄都效命守边而盗魁也自然减少了。东南人士都迁徙到江北，或赐爵，或赎罪，则豪门大户都尽力耕种而军饷也充足了。"朝廷不能采用他的这一进言。

不久，何刚进任兵部员外郎，以其兵隶于史可法。史可法为得到何刚而大喜，何刚也因遇到史可法而高兴。但马士英厌恶他，让他出任遵义知府，史可法流着泪道："您去后，我依靠谁啊？"何刚也哭泣，愿死生不相背。

一个月后，扬州被围，何刚帮助史可法守卫。城破，投井而死。

乾隆四十年（公元1775年），清朝赐何刚谥忠节。

张锡眉

张锡眉，字介兹，上海人，居石笋里。崇祯三年（公元1630年），与侯峒曾同守嘉定城，城被攻破，先令妻黄氏及妾与女儿都投水死，遍身自书姓名，登城楼上吊自尽。

乾隆四十年（公元1775年）诏命入忠义祠祭祀。

彭　宾

彭宾，字燕又，一字穆如，华亭人。崇祯三年（公元1630年）举人。进入清朝，选授汝宁府推官，是周端臣属吏，仍以明朝名纸投送给他，周端臣发怒，因而被免职归乡。

彭宾在幾社中是《壬申文选》六子之一。杜乔林请他教育自己的儿子杜骐徵、杜骏徵。晚年他授徒教学，与门下议论文艺，不知疲倦，颇显先代贤人风范。

当初，彭宾的祖父彭汝让居于城西金沙滩，筑有春藻堂。隆庆、万历间与同仁结文会。明末陈、夏主盟，风流儒雅。彭宾与兄长彭彦昭定居于披云门外濯锦巷，将原来旧的匾额移来挂在新居上，成为쬻社诸君子汇聚之处。

彭宾文章自成一格。去世后遗稿散佚，康熙末，其孙彭士超始从乱帙中掇拾残剩，辑为《搜遗稿》四卷。另有《偶存草》二卷。

儿子彭师度，字古晋，年方十五即席写成《虎丘夜宴序》，吴伟业称他与吴兆骞、陈维崧是“江左三凤”。

张其威

张其威，字子余，华亭人。崇祯三年（公元1630年）中武举。妻叔钱龙锡这时执政，他为防嫌疑，不参与会试。

初任吴淞把总（官名，为低级武官），勤王有功，升长河营参将。

张献忠攻陷长河，张其威殉难，赠怀远将军，以衣冠安葬。

福荫一位儿子张秉芳，官至湖南抚标中军参将。

周立勋

周立勋，字勒卣，华亭人。以高才享有盛名。当时，娄江张采、张溥，吴门顾梦麟，虞山杨彝，金坛张明弼、周钟，江右陈际泰、艾南英等人，声望相当，周立勋与同郡夏允彝、徐孚远、彭宾、陈子龙、杜麟徵六子联合结社以响应。商丘侯方域千里聘请而致，于是北游中州，受到各名士推重，然而周立勋与徐孚远都困于诸生，不得高中。徐孚远以正直诚信为人称道，而周立勋则不说危言激论，有东汉郭林宗的风度。徐孚远有时候慷慨激昂地发一通牢骚后，即胸怀洒脱；周立勋酒酣而往，有时胸怀压抑，闲室而居，但总是壮心不已，以酒色陶冶性情，排遣忧闷。四十三岁便去世了。陈子龙哭悼他，有“酒狂如仆射，情死是瑯琊”之句。

当时同郡诸贤相叙会。朱灏（字宗远）最为年长，次即周立勋。而社事之盛，六子最先投入，所以诸君子都将周立勋看作兄长。

周立勋去世数年后，徐孚远在崇祯十五年（公元1642年）乡试中举。

李　蒸

李蒸，字竹西，原名长苞，华亭人。崇祯九年（公元1636年）举人。朱履升赠以诗，有“同榜人何在，辞官誓已坚”之句，意为他是当时的隐居之人。

夏允彝（1596—1645）

夏允彝，字彝仲，号瑗公，华亭人。《明史》称其“好古博学，工属文”。夏允彝是东林党人，讲求气节，与王元玄、徐孚远、周立勋、陈子龙，都以古学相励，后人称之“五先生”。据《明史》，当时“东林讲席盛，苏州高才生张溥、杨廷枢等慕之，结文会名复社。夏允彝与同邑陈子龙、徐孚远、王光承等亦结幾社相应和”。万历四十六年（公元1618年），夏允彝举孝廉，崇祯十年（公元1637年）中进士，授福建长乐知县。七年后，李自成攻陷北京，明室福王在南京监国，任命他为吏部考功司主事。次年（公元1645年），清兵进攻江南，他与陈子龙等起兵抗清，兵败，便在这年九月十七日投水殉节，时年五十岁，谥号忠节。

夏允彝孝友淳至，为人谦逊，喜提携后辈。当陈子龙还是童子的时候，夏允彝已是孝廉，但是他折节友之，和陈子龙成为忘年交，世人称二人为“夏陈”。陈子龙后评价夏允彝“少读书，日积寸，为文章如不经思，对客操简，数千言立成”。夏允彝也在《幸存录》里说自己“久困公车”，虽然很长时间未中进士，却已名满天下，被认为是海内文坛领袖了。

当时郑成功的军队控制海上，军士在海上谋求私利，而当时的知县和巡抚都慑于军威而不敢将他们绳之以法。夏允彝到任后，公正无私处理案件，有些将帅有意想要掩盖，他严词拒绝，说“以守澳之人，利入海之货，又假郑镇之名，而没其利，非天意章露，则郑镇长为其冒托，不惟污朝廷之法纲，又亏郑镇之清节”（侯玄涵《吏部夏瑗公传》）。他在长乐五年，为官清廉，断案如神。当时有几代人因争风水互相仇视，案情复杂，前后换了好几任的官员也没有审断清楚。但是他一到任，“斋戒而后听之，一鞫得实”，这“事连八年，积牒盈车，且牵连死者又数人矣”的案子终于告破（侯玄涵《吏部夏瑗公传》）。于是他不仅在福建名气很大，甚至“他郡邑不能决者，上官多下长乐”（《明史》）。在任五年，政绩卓著，他被举为“天下廉卓第一”。他的才能受到大学士方岳贡的赏识，举荐给皇帝，正当皇帝想要重用的时候，他母亲去世，回乡丁忧。这一段时间，他虽然远在福建，但是与陈子龙书信来往频频，“足下握符闽表，仆则备员会稽，相去二千余里，岁月之间，邮传不绝，互相警勖，立德立功”（陈子龙《披夏考功书》）。

清军攻陷北京，夏允彝听说后誓死报国。他在长乐为官清廉，两袖清风，回归故里，家中也并无多少资产，可是他毅然尽籍其产，归之有司，还亲自来往于江、浙之间，甚至去与史可法商量复国大业。弘光元年（公元1645年），当时的江南总兵吴志葵联合陈子龙、徐孚远等人起兵，陈子龙写信给夏允彝，一起起事。“允彝出入军中，飞书檄联络士大夫，四方闻之，争为响应。”（《南疆逸史》）但是这次起事还是失败了，夏允彝在曹溪家中得知好友侯峒曾、黄淳耀等皆殉难，又得知吴志葵军队全灭，便说：“谋人之军，师败，则死之。”留下绝命辞，投水殉国。其绝命辞曰：“少受父训，长荷国恩。以身殉国，无愧忠贞。南都继没，犹望中兴。中兴望杳，安忍长存！……人谁无死，不泯者心。修身俟命，敬励后人。”

夏允彝的这些品质对其子夏完淳的影响很大，夏允彝去福建当官时，也一直把夏完淳带在身边，谆谆教导，并且让他接触到各种各样的人物。夏完淳十五岁的时候，便跟从夏允彝起义，辅佐吴志葵。夏允彝死后，夏完淳更加坚定信念，报效国家，亦成为抗清烈士。

根据侯玄涵的《吏部夏瑗公传》，夏允彝“尝著《四传合论》一卷，《私制策》一卷，《禹贡合注》十卷。修《长乐志》，并梓《保甲》及《同善会征粮法》等书，世传之。及乙酉八月，著《幸存录》”。

《幸存录》是夏允彝的绝笔之作。书中分别写了关于明王朝国运、辽东之事、门户之争和流寇情况的文章。在《辽事杂志》中，他历数李如柏、熊廷弼、袁崇焕、孙承宗、刘廷、杜松、吴三桂等明朝镇守边关的将领的优劣，如他说李如柏“既弱且蠢，与言皆溃”，指出其必败无疑的迹象。

附嘉庆《松江府志》夏允彝传（译文）：

夏允彝，字彝仲，华亭人。弱冠中举。好古博学，善于作文。当时东林党人于苏州讲学，高才生张溥、杨廷枢等仰慕他们，倡导结文会名为复社，夏允彝与同郡陈子龙、杜麟徵、徐孚远、李雯、周立勋等人也结幾社相为应和，名动海内。

崇祯十年（公元1637年），与陈子龙同登进士，授长乐知县，善于决断疑狱，他县有不能平反者，上官辄下达夏允彝，请他决断。在任五年，全县大治。吏部尚书郑三俊推举天下贤能知县七人，以夏允彝为首。皇帝召见他。大学士方岳贡极力称赞他的贤能，将提拔重用时，母亲去世，归家服丧。

北都陷落，夏允彝恸哭多日，毁家招募义兵，走访尚书史可法，与他一起谋划兴复之事。

南明政权建立(公元1645年),夏允彝才回来。这年五月,选任吏部考功司主事,他上疏请求终制(父母去世,服满三年之丧,称终制),未去赴任。

不久,南都也陷落,他徬惶于山泽间,想要有所作为。获悉友人徐石麒、黄淳耀、徐汧等人殉国的消息,于是在八月中作绝命辞,自投深渊以殉。

夏允彝学务经术,洞晓世务,独处一室,志在天下,地位声望既高,四方人士争附其门。他喜好奖励后进,经他奖励之人,多因而成才。

兄夏之旭,字元初,以诸生贡成均(太学)。明朝灭亡,要与夏允彝一同赴死,夏允彝托以妻子儿女,因而没有自尽。后因陈子龙狱讼牵连,作绝命辞,从容拜谒文庙,自缢于复圣(颜回)位旁。

儿子夏完淳,字存古,以诸生授中书舍人。七岁能诗文,十三岁作《大哀赋》(又说夏完淳作《大哀赋》为十六岁),文采奔放超绝。也因陈子龙狱辞牵连而被逮捕。他谈笑自若,作乐府数十阕。临刑神色不变,当时年仅十七岁。

乾隆四十一年(公元1776年),清朝赐夏允彝谥忠节,夏完淳谥节愍,夏之旭入祀忠义祠。

夏完淳(1631—1647)

夏完淳,原名复,乳名端哥,号存古,别号小隐,又号灵首,华亭人。夏允彝之子,夏淑吉之弟。五岁知《论语》,六岁熟经史,能诗文,时人许为“神童”,钱默特为他作《神童赋》。陈继儒在《夏童子赞》里曾称许他:“包身胆,过眼眉,谈精义,五岁儿。”又说:“矢口发,下笔灵,小叩应,大叩鸣。”他八岁跟随父亲到北京拜见钱谦益时,钱谦益惊异他的夙慧,写诗送他:“背诵随人诘,身书等厥躬;倒怀常论日,信口欲生风。”甚至说他“若令酬圣主,便可压群公”。十二岁时,已“博极群书,为文千言立就,如风发泉涌;谈军国事,凿凿奇中”(王弘《夏孝子传》)。他随父到福建长乐,途经嘉善拜见未来的岳父钱栴时,问道:“今日世局如此,不知丈人所重何事?所读何书?”钱栴一时不知如何回答,只好含糊其词:“我的所重所学,与令尊差不多。”从福建回故乡后,与同年辈的杜登春及少年英俊之士组织“西南得朋会”,成为幾社的后继。在“公私倾覆,天地崩离”之际,夏完淳与父亲义愤填膺,奋起参加抗清复国的民族斗争,时年十五岁。他从军后屡献家产以助义军。刚从军时,随父亲与老师到明吴淞副总兵吴志葵军中,参与制订恢复江南的大计;后在吴易军中受礼遇,居宾幕,协助吴易指挥战斗,并直接参与攻克海盐之战。后因上表鲁监国谢恩之事被发现而被捕，被押解到南京。审讯他的洪承畴说：“童子何知，岂能称兵叛逆？误堕贼中耳，归顺当不失官。”夏完淳故意说：“我常闻亨九先生本朝人杰，松山、杏山之战，血溅章渠。先皇帝震悼褒恤，感动华、夷。吾常慕其忠烈，年虽少，杀身报国，岂可以让之！”及左右告知座上就是洪承畴后，夏完淳说：“亨九先生死王事已久，天下莫不闻之，曾经御祭七坛，天子亲临，泪满龙颜，群臣呜咽。汝何等逆徒，敢伪托其名，以污忠魄！”因跃起奋骂不已。洪承畴色沮，无以应。公元1647年9月19日，十七岁的夏完淳在南京就义。当时他才十七岁，临刑意气从容，一如平时。一同赴刑的钱栴回头问他：“子年少，何为亦死？”他笑道：“宁为袁粲死，不作褚渊生。丈人何相待之薄耶！”争先就义。（《自靖录考略》）

“历史上为了反抗外族侵略，坚持民族立场，战斗到最后一息的英雄人物，固然历代都有，但像夏完淳那样英才早熟，那样志节坚贞，而又能在文学方面有比较卓越成就的人却是旷古少见的。”（中华书局《夏完淳集·前言》）与夏完淳同时代的诗人、学者屈大均甚至说：“天地之所赖以长存，日月之所赖以不坠，江河之所赖以无穷，乃在一成童之力。”（《翁山文外·周秋驾六十寿序》）

夏完淳作品以诗为首。他曾师事陈子龙，受陈子龙和幾社士子影响，前期所作，摹拟汉、魏、六朝古诗较多；后期所作，则转向主要表现抗清复国的心志，抒写兴亡之恨、山河之泪，歌颂英烈、哀悼师友。当代学者白坚认为：“完淳的诗，并非以年少而见称，因殉国而得传，就诗论诗，亦足以睥睨一代，辉耀千秋，屹立于古今爱国诗人之林。”（《夏完淳集笺校·前言》）

在被捕后的途中、狱中，夏完淳作《南冠草》，计五律十首（《别云间》、《拜辞家恭人》、《寄内》、《寄荆隐女兄兼武功侯甥》、《柬半村先生》、《七夕步蠡水先生韵》、《闻大鸿仲熊讣》、《毗陵遇辕文》、《被羁待鞫在皇城故内珰宅》、《御用监被鞫拜瞻孝陵恭纪》），七律三首（《虎丘遇九高》、《由丹阳入京》、《西华门与同难诸公待鞫》），七古二首（《细林夜哭》、《吴江野哭》）。诗作充满浓烈的战斗生活气息，表现出悲壮激越的风格，“此夏子绝笔也。余读而叹曰：‘忠孝也，经济也，文章也，至夏子而观止矣。’”（陆宇熼《南冠草序》）《别云间》：“三年羁旅客，今日又南冠。无限河山泪，谁言天地宽！已知泉路近，欲别故乡难。毅魄归来日，灵旗空际看。”汪辟疆曾云：此诗及以下诸诗，“慷慨激昂，真情流露，不当以字句求之，皆字字血泪也”。途经细林山时完淳有《细林夜哭》哭陈子龙，过吴江时有《吴江野哭》哭吴易，被推为绝唱，是情文兼至的名篇。“呜呼，抚膺一声江云开，身在罗网且莫哀。公乎，公乎！为我筑室傍夜台，霜寒月苦行当来!”“茫茫沧海填精卫,寂寂空山哭杜鹃。梦中细语曾闻得,苍黄不辨公颜色。”其情至真,其辞至苦,“谁能读之不为之凛然生感耶!”(郭沫若语)汪端也认为此“二诗羽声慷慨,读之生气凛然”(《明三十家诗选》)。

《大哀赋》是夏完淳的力作。在赋中,夏完淳自陈作赋的心情和意旨。他痛感国家遭难,山河变色,“劳者言以达其诗,穷人歌以志其事”。此赋总结了万历以来的历史教训,特别是魏忠贤的乱政,弘光君臣的误国,直斥朱由崧“如东昏侯之失德,苍梧王之不君”;赋中还铺陈了山河残破的惨景和民族压迫的暴行,字里行间,含有斑斑血泪。夏完淳的《狱中上母书》和《遗夫人书》,不假修饰,质朴无华,娓娓道来,如叙家常,和血含泪,情真语挚,被认为是天地间的至文。《土室余论》作于南京狱中,概述生平志事,与上述二《书》同为烈士遗言、英雄誓词。《续幸存录》是继父亲之《幸存录》而撰的南明历史专著,夏完淳以良史、信史自期,在自序中提出“不敢苛,不敢私,不敢以己意曲直”的治史原则。在该著中,夏完淳指出:“南都之政,幅员愈小则官愈大,郡县愈少则官愈多,财富愈贫则官愈富,斯之谓三反。三反之政,又乌乎不亡!”

夏完淳的生平和作品古今罕匹。柳亚子曾写下“悲歌慷慨千秋血,文采风流一世宗。我亦年华垂二九,头颅如许负英雄”的诗句。郭沫若曾作《夏完淳》、《少年爱国诗人夏完淳》二文,并据夏完淳生平创作历史剧《南冠草》,在弘扬爱国主义、振奋民族精神等方面产生重大影响。辛亥革命元勋熊克武也曾说:“我在家念私塾时……特别喜欢明末夏完淳的诗文,一面抄写,一面熟读,至今还可背诵一二,由此我获得了不少关于反抗异族的历史知识,启发了我的民族意识和爱国思想。”(《辛亥革命前我参加的四川几次武装起义》)

徐孚远(1599—1665)

徐孚远,字闇公,晚号复斋,华亭人。徐阶族孙。崇祯十五年(公元1642年)举人。唐王立,授福州推官,进兵科给事中。鲁王监国,授左佥都御史。桂王至滇,遥授左副都御史。后至台湾,追随郑成功。“明季海外诸公,流离穷岛,不食周粟以死”,“台人语及公,辄加额曰:‘伟人也!’”(全祖望《鲒埼亭集》)。

徐孚远与陈子龙、夏允彝等六人,倡幾社于云间,切劘今古文词,倾动海内。在台湾,与陈士东等人,成立海外幾社。陈田《明诗纪事》收其诗二首(《梅南草庐》、《舟行诸大泽书所见》),钱仲联《清诗纪事》也收其诗二首(《闻沈昆铜变感赋》、《重哭蒙难诸贤》)。朱彝尊称他“类有身世之感”(《明诗综》)。著有《钓璜堂集》二十卷,《交行摘稿》一卷。

附嘉庆《松江府志》徐孚远传(译文):

徐孚远,字闇公,华亭人。徐陟的曾孙。崇祯十五年(公元1642年)乡试中举,第二年(公元1643年)会试失利。当时陈子龙为绍兴推官,徐孚远把东阳许都引见给他,使其招募义勇,而东阳激变之事(指许都造反事)起,陈子龙招降之,许以不死。因长官持不同意见,最终杀了许都。徐孚远写信给陈子龙,信中有遗憾之辞。为此徐子龙虽以功劳将他升迁,但他坚决推辞不赴任。

崇祯末年(公元1645年)京师失守,徐孚远跳城而脱险,进入南闽,授福州推官,由张肯堂推荐升迁为兵科给事中。闽事不支,浮海入浙,浙亡又奔闽,会监国再出师,徐孚远周旋义旅间,以便协和共事,而悍帅郑彩等不听,复返浙东,入蛟关,结寨于定海的柴楼。

适逢监国从长垣到舟山,徐孚远从之,升迁为左佥都御史。永历五年(公元1651年),跟从监国进入南闽。永历十二年(公元1658年),滇中派遣使者来到,升迁为左副都御史。冬天,随使者入滇,走错道路而来到安南国,国王遣送他回国。

第二年(公元1659年),郑芝龙侵犯金陵,失败后进入台湾而死。徐孚远于是流寓潮州,居住一年后病死。他的第二个儿子徐永贞扶柩归乡。所著诗文散佚殆尽,只有在幾社刻印的诗篇刊行于世。

徐孚远少年时曾与陈子龙、夏允彝言志,他慨然流涕道:“百折不回,死而后已。”夏允彝道:“我只安于无用,守其不夺之志。”陈子龙说:“我无闇公之才,而志则过于彝仲。对成败则不予计较。”后来三人都如其所言。

徐孚远之弟徐凤彩,字圣期,诸生,入太学,学法程朱理学,对六经都有著述,尤其精于诗;弟徐致远,字武静,徐孚远入闽后,他奔走急难,屡濒于危,高士吴骐极其称道他。

朱舜水(1600—1682)

朱舜水,浙江余姚人,名之瑜,乃美玉之意,字鲁屿,寓居日本后取号舜水。他儒学造诣精深,是我国明清之际的民间文化人、在日本热衷推行儒学的教育者、中日文化交流的先驱。梁启超先生在《清代学术概论》中高度评价朱舜水:“他在日本,前后十几年，人格感化力大，方面又多，可以说自遣唐留学以后，与中国文化真正接触，就是这一回……把朱学由中国传到日本，就是靠他。”他与黄宗羲、王夫之、顾炎武、方以智一起被称为“明末清初五大师”。有《朱舜水集》。

朱舜水的祖辈父辈生前官职显赫，据《余姚朱氏宗谱·明遗民族祖楚屿先生家传》:“曾祖诏，以公兄启明贵，赠荣禄大夫；祖孔孟；父正，癸卯举人，均赠光禄大夫。”万历三十五年(公元1607年)，父亲朱正病故，朱舜水时年八岁。朱舜水后来在回答日本学生安东省庵时曾说道:“不幸幼龄丧父，不知为学之道，遂昧昧至此。”(《朱舜水集·问答三》)

据朱舜水第十二世孙朱力行在《朱舜水的一生》一书中所说，在朱舜水的家乡余姚，万历年间也是灾荒连年，干旱、海啸、霍乱、地震、台风等自然灾害不断，甚至出现了“双雁民杀子而食”的现象。但朱舜水“幼而颖悟绝伦，殆若成人”。他的第一位启蒙老师是浙江慈溪的李契玄，曾教授他《诗经》。后来朱舜水依附于兄长朱启明，在生活、学习诸多方面得到方便，便寄籍松江府长达二十多年。按《松江县志》载:“朱之瑜原籍浙江余姚，明万历四十七年(公元1619年)客寓松江，入松江籍。”朱舜水到松江后，即拜松江府吏部左侍郎朱永佑(一作“祐”)、东阁大学士兼吏户工三部尚书张肯堂、礼部尚书吴钟峦为师。他们都是江浙之人，皆“研古学，特明诗书”。在诸位大学问家的指点下，朱舜水很快从丧父的阴影中走出来，虽处贫寒之境，却在学问和教养上打下了坚实的基础。少年时代的朱舜水已成为松江府儒学生。

朱舜水秉性刚毅，怀抱经世济民之志，在诸生中颇有声望。崇祯十一年(公元1638年)，因其才学出众，被学政举荐为“文武全才第一”，以“恩贡生”推荐于礼部，又被礼部推荐为“开国以来第一”人才。此时，明朝社会的衰败日趋加快。熹宗朱由校继位后，魏忠贤等奸臣独揽朝廷大权，淫威滥施，横行无道。此时已是国势衰微，政理废弛，整个官场之内道德沦丧，一片乌烟瘴气。因此朱舜水抱定决不与之同流合污的态度，绝意仕进，先后十几次拒绝朝廷授予的各种官职。朱舜水的兄长朱之琦也遭朝廷中阉宦奸臣诬陷迫害，仕途坎坷。

崇祯十七年(公元1644年)，李自成攻破北京，明朝灭亡。在朱舜水长兄朱启明之友、江南总兵官方国安的推荐下，南京福王小朝廷于弘光元年(公元1645年)正月特征朱舜水，但被朱舜水拒绝。之后，南明小朝廷多次授予他官职，并派他的亲家何东平上门劝勉，均被拒绝。对此，朱舜水在《答安东守约问八条》中说道:“若不佞一受其官，必膺异数。既膺异数，自当感恩图报。若与相首尾，是奸臣同党也。若直行无私，是背义忘恩也……”朱舜水也因此被人称“徵君”。

公元1645年，清军占领南京。朱舜水在舟山数月，义不食清粟，听说此消息，首次东渡日本，寻求救国良策，但当时日本实行海禁，朱舜水只能离开。当清军南下屠城，南明小王朝摇摇欲坠时，大批士大夫纷纷屈膝归顺。但朱舜水和正义之士毅然走上抗清道路，历时十五年之久。抗清期间，朱舜水先后六次东渡日本。顺治十六年（公元1659年），北伐军在南京城外被击败。郑成功转而退驻福建沿海，后行师海上，不得已而趋兵台湾。朱舜水鉴于复明无望，认定“壤地不可复，败将不可振”，又不愿随从满清习俗，并誓死不剃发易服，乃决计蹈海以保全气节，学鲁仲连不帝秦，再次渡日，永不回到故国了。遂于这年冬天最后一次东渡日本。当时日本施行锁国政策、“三四十年不留一唐人”。朱舜水的第一名日本学生安东守约已在日定居，以手书向朱舜水问学，执弟子礼。朱舜水为安东守约“执礼过谦”的恭敬、“见解超卓”的学问所动，向其复信。信中，朱氏悲喜交集，悲则国破家亡，故国“学术之不明、师道之废坏亦已久矣”；喜则“岂孔颜之独在中华，而尧舜之不绝于异域”，表达了他有意将圣贤践履之学传于这位异国弟子的心情。安东守约等人为朱舜水在日定居奔走。最后得日本政府批准，破四十年来日本幕府之国禁，让他在长崎租屋定居下来，朱舜水就此结束了海上的漂泊生活。

朱舜水客居日本，视日本弟子“如一家昆弟父子”，“恳恳宣教，谆谆诲人”。自己“虽老而有疾，手不释卷”，对异国学生“抚之如慈母，督之如严父”，学生们都崇敬地说：“先生喜宾不择贵贱，非有疾病事故未尝不应接。”正如梁启超所说：“此为先生讲学之发轫。”朱舜水就此开始了持续二十二年的寓居日本的教育生涯。康熙三年（公元1663年），幕府将军德川光国听说朱舜水在长崎讲学，学识渊博、品德高尚，便备了厚礼，派儒臣小宅生顺到长崎请朱舜水去江户讲学。是年七月，朱舜水到达江户。德川光国敬重朱舜水，不敢称名称字，欲得一斋号作日后称呼之便，朱舜水乃以故乡一水之名应之：“今已将舜水为号。舜水者，敝邑之水名，古来大名公多有此等，如瞿昆湖、冯巨区、王阳明皆本乡山水也。”“舜水”一号便始于此时。

朱舜水在其著述和书简中，有大量篇章反复阐明儒学的基本理论和国家民族兴衰存亡之关系。尤其重视儒家的孝道，认为提倡孝道有利治国。他在文学理论方面也有独到的见解，主张文学有用于现实，反对“剿袭他人唾余”的落套之作，在文学创作方面也是论、辩、说、铭、序、记、箴、赞、赋、诗等各体具备。他的绘画理论和书法也有极高的造诣。

康熙二十一年（公元1682年），朱舜水因水土不服而致病，全身遍生疥疮，卧床不起。他自感存日无多，特于三月某日设宴召集亲友及学生等，与大家座谈、宴饮，实际是一次对众人的永诀。四月十七日，朱舜水在日本逝世，享年八十三岁，葬在历代水户藩主的墓地瑞龙山（今茨城县常陆太田市），为了纪念他不忘故国，墓特地建为明朝式样，碑文题"明徵君子朱子墓"。同年七月十二日，德川光国与群臣议，谥朱舜水曰"文恭先生"。亲诣墓门，荐以少牢。据清林慧如《明代轶闻》一书记载，朱舜水临终前写下遗书："予不得再履汉土，一睹恢复事业。予死矣，奔赴海外数十年，未求得一师与满虏战，亦无颜报明社稷。自今以往，区区对皇汉之心，绝于瞑目。见予葬地者，呼曰'故明人朱之瑜墓'，则幸矣。"

陈子龙（1608—1647）

陈子龙，原名介，字卧子，一字人中。号轶符，晚年又号大樽，别号颍川明逸、於陵孟公，华亭人。明末云间派文学的领军人物，被称为"云间绣虎"。他与复社领袖张溥交好，为复社重要成员，并参与创立幾社，为"幾社六子"之一。崇祯十四年，复社主将张溥卒后，陈子龙实际上是两社共戴的领袖。同时因与同郡李雯、宋徵舆诗文唱和，又有"云间三子"之名。

相传在陈子龙出生前，他的母亲韩宜人看到"若龙者降室之东壁，蜿蜒有光"，所以陈子龙初名介，后来改名子龙。陈子龙皇祖（已故的祖父）陈善谟，喜好读书，行为方正，但隐而不仕。直到陈子龙的父亲陈所闻，才开始做官，拜刑部郎，后来又为工部屯田郎。陈所闻"性廉直耿介，执法勤事，甚有名绩"，并在陈子龙幼年时期，替他延请名师，致力于举子业。吴伟业在《梅村诗话》中称陈子龙"奕奕眼光，意气笼罩千人，见者莫不辟易"。

天启年间，魏忠贤乱政，民众愤然而起。此时陈子龙年龄尚小，但也想要结合同辈，参与到讨伐魏忠贤的行列中。天启五年（公元1625年）结识夏允彝时，陈子龙还是一个无名小辈，但夏允彝已是江南孝廉，颇有文名。夏允彝对年轻的陈子龙十分看重，两人亦师亦友，互相商讨为官之道、国家大事，后共同成为幾社的领袖人物，他们的友谊持续将近二十年，这些在陈子龙于夏允彝逝世一年后写下的《报夏考功书》中都有完备的记述。

崇祯元年（公元1628年），陈子龙和艾南英发生了论战，轰动一时。艾南英是江西东乡人，在当时富有才名，恃才傲物。在某次聚会上，艾南英说："秦、汉文不足学，而曹、刘、李、杜之诗，皆无可取。"当时众人都唯唯诺诺，不敢开口，唯有处于末坐的陈子龙走上前去据理力争，同时又得到夏允彝的帮助，使得艾南英无言以对。

陈子龙一生立志报国，然仕途坎坷，三次会试，方于崇祯十年（公元1637年）中进士，任明绍兴推官。陈子龙为进士时，其座师为黄道周。《明史》本传称："道周学贯古今，所至学者云集。铜山在孤岛中，有石室，道周自幼坐卧其中，故学者称为石斋先生。"黄道周的思想对陈子龙产生了很大的影响，陈子龙在其《年谱》（"崇祯十年"条）中说："予又出于漳浦黄石斋先生之门，生平所君宗也。时人多举庐陵、眉山之事相誉，予深幸得良师友之助。"陈子龙任职绍兴时，《绍兴府志》云其"士以其夙有文望，争师事之，皆无峻拒。虽居官不释书史，而听讼明决，庭清如水"，可见陈子龙在绍兴为官刚正不阿、深得民心。崇祯十六年（公元1643年）发生浙东许都之变，陈子龙匆匆赶回浙江。许都，东阳人，任侠好施，由于拒绝当地知县强行索贿，被诬告结党谋逆。许都愤然举兵，以惩罚贪官之名，很快占领浙江大部分城池。陈子龙回到浙江后，主动请兵围剿。许都请降，双方谈判后，陈子龙带了许都一行归降，不料巡按却把许都一行在江边全部斩杀，这也成为陈子龙心中的遗憾。

崇祯十七年（公元1644年）"甲申之变"后，南明小朝廷建立，陈子龙因平定许都之变有功，被弘光帝提升为兵科给事中，他怀着极大的热情来到南京，并提出三疏："一劝主上勤学定志，以立中兴之基；一上经略荆、襄布置两淮之策，以为奠安南服之本；一历陈先朝致乱之由，在于上下相猜，朋党互角，以为鉴戒。"但弘光帝胸无大志、贪图享受，陈子龙众多建议并未得到采纳。弘光元年（公元1645年），清军屠江南，陈子龙与同郡沈犹龙等起兵松江，并与夏允彝谋划规复江南，后事败，隐于嘉善陶庄水月庵，法名信衷，字瓢粟，又号颖川明逸。次年，入太湖吴易义军中。隆武年间授陈子龙兵部左侍郎、左都御史，鲁监国授兵部尚书、节制七省漕务等职；十一月，返华亭广富林家居，从此"屏居丙舍，尽绝人事"。南明永历元年（公元1647年），陈子龙应友人戴之俊之请，为清松江提督吴胜兆作书潜通南明舟山守将黄斌卿反正。后吴胜兆事败，清廷借机肃清，以陈子龙为主谋。陈子龙不得已易姓李，号车公，辗转逃亡，最后于昆山被捕，系于舟中；五月十三日，在松江跨塘桥投水殉国。乾隆四十一年（公元1776年）颁布《钦定胜朝殉节诸臣录》，表彰"陈子龙学问淹博，猷为练达，贞心可谅，大节无亏，今谥忠裕”，赞扬其“崇奖忠贞”之心。沈雄亦称赞他“文高两汉，诗轶三唐，苍劲之色与节义相符”。

朱东润先生在《陈子龙及其时代》一书中对陈子龙的生命历程有着极为中肯的评价：“陈子龙的一生，我们可以分为三个阶段，从青年到三十岁，他是名士，他关心的主要是诗文，他的作品，和当时的一般名士比较，没有多大的不同，摹古的气息甚至比同时人更突出。从三十岁到现在，由于他接触到黄道周，他认清了对于国家的责任和国步的艰难，他不再是一般的名士了，他是志士，确实以国事为己任。待到这一年（南明弘光元年，公元1645年）出任兵科给事中以后，他是战士，他看到国家的艰难，决心把自己的一切献给国家，最后终于在三万六千顷的太湖边上，献出了自己的生命。”

施蛰存、马祖熙在《陈子龙诗集》的前言中说：“当时称文章者，必称两社；称两社者，必称云间；称云间者，必推陈、夏。而陈子龙的诗文，尤其著称于当时。”陈子龙幼年就喜好古文辞，他在《仿佛楼诗稿序》中提及，“盖予幼时即好秦汉间文，于诗则喜建安以前”，又在《彭燕又文稿序》中说，“予自束发而好为古文词”。《明史》则称其“生有异才，工举子业，兼治诗赋古文，取法魏、晋，骈体尤精妙”。

陈子龙的诗歌创作大体上继续了明代复古派的传统，又具有深刻的思想意义和突出的艺术风格。他的诗歌按照《白云草》可分为两个时期，前期的作品多模拟之作，如《拟古诗十九首》、《艳歌行》、《饮马长城窟行》、《子夜歌》、《行路难》等，极力推崇前后七子。而到了后期，由于社会动荡，内有农民起义，外有满清入侵，而且明王朝政治腐败，民不聊生，他的诗歌发生了很大的变化，出现了大量忧国忧民的作品。像《小车行》：“小车班班黄尘晚，夫为推，妇为挽。出门茫茫何所之？青青者榆疗我饥，愿得乐土共哺糜，风吹黄蒿，望见垣堵，中有主人当饲汝。叩门无人室无釜，踯躅空巷泪如雨。”相似的还有《卖儿行》、《韩原泣》等。在《湘真阁稿》等集中，极多兴会淋漓、尽情倾吐的作品，形成了高迈雄浑、悲壮激昂的特有风格。他的诗，无论当时或后世，都受到极高的评价。吴伟业认为他的诗足以“睥睨一世”。王士祯也认为他的七言律诗“沉雄瑰丽，近代作者未见其比，殆冠古之才”（《香祖笔记》）。

陈子龙词比北宋，属婉约一派，其词学及词作亦标举着古典主义审美理想。他在《幽兰草词序》中说：“词者，乐府之衰变，而歌曲之将启也。然就其本制，厥有盛衰。晚唐语多俊巧而意鲜深至，比之于诗，犹齐、梁对偶之开律也。自金陵二主以至靖康，代有作者：或浓纤婉丽，极哀艳之情；或流畅淡逸，穷盼倩之趣。然皆境由情生，辞随意启，天机偶发，元音自成，繁促之中尚存高浑，斯为最盛也。”他的存世词集主要有两部，一是《江蓠槛》，一是《湘真阁词》。“从《江蓠槛》到《湘真阁词》，一以贯之的都是‘风流婉丽’的婉约宗风。只是由于创作的时空不同，心境变化较大，词境内蕴显然有前后期的不同。”（刘勇刚《云间派文学研究》）他的词也大致有两种风格，一种是受到“词为艳科”传统思想的影响，词风较为绮艳，有盼倩之趣。崇祯五年（公元1632年）至崇祯八年（公元1635年），陈子龙和柳如是相识，相爱并同居。《江蓠槛》中很多词都是为她而作。两人以词为媒，互通款曲。如《少年游·春情》词云：“满庭清露浸花明，携手月中行。玉枕寒深，冰绡香浅，无计与多情。　奈他先滴离时泪，禁得梦难成。半饷欢娱，几分憔悴，重叠到三更。”邹祇谟评曰：“词不极情者，未能臻妙如此。朦胧宕折，应称独绝。”另一种则是他结合了当时的时代背景和社会现实，抒发民族危亡的悲痛和对于故国的哀思，主要体现在后期词作《湘真阁词》中。比如《点绛唇·春日风雨有感》：“满眼韶华，东风惯是吹红去。几番烟雾，只有花难护。　梦里相思，故国王孙路。春无主，杜鹃啼处，泪染胭脂雨。”近代词学家龙榆生对陈子龙有极高的评价，认为他“风力遒上，具起衰之力”，又在《近三百年名家词选·陈子龙小传》中说：“词学衰于明代，至子龙出，宗风大振，遂开三百年来词学中兴之盛，故特取冠斯编。”

陈子龙是明代最后一位复古文学的大家，被誉为明诗的光辉终结。其词成就极高，享明词“第一”之誉。其文关心社稷，经世致用，为挽救朱明国运，可谓呕心沥血。其文章气节，皆堪称后人楷模。其著述颇丰，有《岳起堂稿》、《采山堂稿》、《属玉堂稿》、《平露堂稿》、《白云草》、《安雅堂稿》、《兵垣奏议》等著作存世，并主持编辑《皇明诗选》、《皇明经世文编》、《农政全书》等书。沈德潜《明诗别裁集》卷十评云：“诗教之衰，至于钟、谭，剥极将复之候也。黄门力辟榛芜，上追先哲，厥功甚伟。而责备无已者，谓仍不离七子面目。将蜩螗齐鸣，不必有钧韶之响耶！”近人钱基博在《中国文学史》中指出：“王李道尽，公安之派寖广，竟陵之焰顿兴，一时好异者诪张为幻。而有振七子之坠绪，返俚浅于茂典者，陈子龙也。实以沉博绝丽之才，领袖幾社。”并认为陈子龙“结明三百年之诗局，而与开一代风气之高启，后先辉映”。当代学者王英志的《陈子龙全集》以《陈忠裕公全集》为主体，辑校其作品，为较齐备的陈子龙作品集。

附嘉庆《松江府志》陈子龙传（译文）：

陈子龙，字卧子，华亭人。父亲陈所闻，前有传。陈子龙生有异才，工于古文辞，卓绝于同辈。登崇祯十年（公元1637年）进士。吏部派他任惠州府推官，未曾赴任，父亲去世。守丧毕，补绍兴推官。

东阳诸生许都聚众造反，连续攻陷各郡县，然后退去。巡抚御史左光先将抚标兵交付陈子龙，请他为监军，征讨许都。监司王雄主张抚按，并告诉陈子龙，陈子龙说："许都是我的旧相识，请让我去看看他。"于是陈子龙单骑进入许都军营，指责他的几条罪状，命他赶快归降投顺，可免一死。随即带许都去见王雄，又带了许都到山中遣散同伙。许都以二百人归降。陈子龙以定乱之功提升为兵科给事中。

诏命刚下达，而京师失守。陈子龙于是事奉福王于南都。他首次提出防江之策最好是兴办水军，建造海船不可迟缓，请专门委托兵部主事何刚训练。又上书条陈防守要策。请求召回故尚书郑三俊、御史易应昌等。当政者都同意。

又上书直言诏选宫女非法。诸生涂仲吉因救黄道周而遭廷杖，举人祝渊以争刘宗周不应当罢黜而被逮捕，陈子龙都向朝廷进言。又说中兴之主都能身先士卒，故能光复旧物，如今人们语言杂沓，随声附和，无异升平清歌，漏舟中痛饮，屋内起火，后果不堪，可谓寒心。陈子龙的这番进言当政者都不愿听从。

乙酉（公元1645年）乞求回家奉养祖母终老。八月，清兵攻下松江，陈子龙因祖母年已九十，不忍割舍，隐遁于湖泖间。当政者以书信召见他，他答以拒绝，言辞严厉。不久，祖母去世，他居于坟墓旁的茅庐中。鲁王授他为兵部侍郎兼翰林院学士。命他结交太湖兵起事。

丁亥（公元1647年），因吴胜兆狱词牵连，事露被捕，乘间投水死自尽，年仅四十岁。门人王沄将其葬于皇甫林。

陈子龙妻弟张宽，字子服，是张轨端的儿子，诸生，在艺林中有盛名。与陈子龙同死。

乾隆四十一年（公元1776年），清朝赐陈子龙谥忠裕。

李　雯（1608—1647）

李雯，字舒章，华亭人。崇祯十五年（公元1628年）举人。与夏彝仲、陈子龙、周立勋、徐孚远、彭宾相唱和，时称"云间六子"。"明季云间六子，以夏考功允彝、陈黄门卧子最为擅名。而李舒章孝廉雯，亦有声于时"（俞陛云《吟边小识》）。入

清，官中书舍人，一时诏书多出其手。“《致史可法书》，其最著者也。”（邓子诚《清诗纪事初编》）

李雯才气横溢。“其五言如‘杂霞停暝色，清吹入高桐’及‘病叶堕先霜，闲久欲成翁’句，皆有宋贤诗味。”（俞陛云《吟边小识》）吴骐《书李舒章诗后》：“胡笳曲就声多怨，破镜诗成意自惭。庾信文章真健笔，可怜江北望江南。”“惜其清才，哀其遭遇，言下无限徘徊。”（沈德潜《明诗别裁集》）李雯也工词。《菩萨蛮·忆未来人》：“蔷薇未洗胭脂雨，东风不合催人去。心事两朦胧，玉箫春梦中。　斜阳芳草隔，满目伤心碧。不语问青山，青山响杜鹃。”李雯与陈子龙、宋徵舆，开云间诗派、云间词派。钱仲联《清诗纪事》收其诗三首。有《蓼斋集》四十七卷，《蓼斋后集》五卷。

附嘉庆《松江府志》李雯传（译文）：

李雯，字舒章，上海人，李逢申的儿子。为诸生，与陈子龙、夏允彝齐名。李逢申死于闯难（指李自成攻占北京事），李雯在邸舍（客舍），听说父亲去世，他泣血沾絮，行乞于市，朝夕哭不绝声，直至气息十分微弱。守住父亲灵柩，身子不移他处。

五月初一日，清朝军队进入京城。内院诸大臣怜爱李雯孝顺，且惊奇于他的才能，推荐授予宏文院撰文、中书舍人。世传清朝初年的诏令制诰都出于他之手。

乙酉（公元1645年），充任顺天府乡试同考官，丙戌（公元1646年），请求于朝廷，将父亲归乡安葬，不久去世。

他著有《蓼斋集》五十二卷。

沈　楫

沈楫，字弘济，华亭人。明沈度八世孙。弱冠补诸生。善作骈文及诗词，兼精八法。游夏允彝之门，受赏识，夏允彝命子夏完淳师事之。夏允彝任福建长乐知县，挈之同行。沈楫个性刚执，一言忤意，即拂衣去。夏允彝殉国变，沈楫也遭家难，屏居薛山祖墓之间，久而困甚。日书《千字文》，易钱千文为资。当时其侄孙沈荃秉宪大梁，迎其往任奏疏笺启，兼总刑钱。又王崇简迎其往，使佐其少子山西任。一日，将应高士奇之邀，顾室中有笺扇百余，为不使求者失望，乃穷日夜之力尽书之，忽得疾卒，年七十八。无子。所著诗文稿，门人方景高收辑之。夏完淳有《柬遗民沈师弘济》一诗云：“微风南浦暮烟通，落日西山素影同。歧路见怜青眼客，知心惟有白头翁。交情牢落乾坤外，旧业荒茫战伐中。万里行踪浑未定，水云何处不相逢。”

附嘉庆《松江府志》沈楫传(译文):

沈楫,字宏济,华亭人,明代学士沈度的后人。弱冠补为诸生,通晓经术,行为美好,夏允彝命儿子夏完淳拜他为师。

中年隐居湖桥角,家境日益贫困,于是北游燕齐,名公卿相都敬重礼遇他。

回到故里时已是耄耋之年,每天书写千字文,换钱千文,以供日常生活之需。

章　旷

章旷,字于野,号峨山,章简的弟弟,华亭人。崇祯九年(公元1636年)乡试第一,崇祯十年(公元1637年)进士,授沔阳州知州。擢湖广佥事,迁副使。福王时,进五省监军。唐王立,擢太仆卿,迁右佥都御史,巡抚江北,提督军务。桂王时,进兵部侍郎,再进尚书,加太子少保、武英殿大学士,卒于永州。谥文毅,赠华亭伯。

章旷曾屡被革削,诸军帅不知其名望。及受监军之命,带领胥隶数十人,轻舸东下;敝巾葛衫,与诸将相见,流涕握手,推心尽虑,共谋兴复之事,诸将皆感动。章旷最得将士心,朝暮与同甘苦。当时何腾蛟虽秉重权,实则倚重章旷。凡内外兵事,都由章旷决策,何腾蛟受成而已。"隆武二年……清大举从间道窥湘阴,旷……御之于潼溪。自江南用兵以来,与清兵合战仍得捷者,自旷潼溪之战始。"(王夫之《永历实录》)"明季朝廷水火。以至于亡。至章公支持残局,安辑楚北,京山杨文荐、曲周路振飞,皆一时名臣,与章为难,几误大局。"(陈田《明诗纪事》)

《南窗漫记》录有章旷一诗:"河山无地求弓剑,臣子何心饱稻秔。灭绝耳根犹有恨,破除心事倍多情。"为其守湘阴时作,见于巴陵李天玉扇头。李天玉,公门人,摄临武令,城陷殉国。章旷有诗集一卷。

附嘉庆《松江府志》章旷传(译文):

章旷,字于野,号峨山,华亭人,章简之弟。崇祯九年(公元1636年)乡试夺魁,第二年(公元1637年)成进士,授沔阳州知州。崇祯十六年(公元1643年),贼寇将领郝摇旗攻陷州城,章旷逃离,于九江拜谒总督袁继咸,任代理监纪,与方国安、毛宪文诸将收复汉阳。武昌巡按御史王澍命他任汉阳推官,代理府事。承德巡抚王杨基命他办理分巡道事。

崇祯十七年(公元1644年)四月,毛宪文偕同惠登相收复德安,命章旷前去任守令。城空无人,卫官十数人把官印送给贼将白旺,章旷将他们收捕斩杀。日夜警备。

三个月后李藻来接代他,巡抚何腾蛟命章旷掌管荆西道事。

章旷离去,李藻失将士心,德阳又陷落。

给事中熊汝霖等弹劾章旷失沔阳罪,何腾蛟极力引荐,于是命他戴罪立功。

福王立(公元1645年),南京左良玉怀有异心,将犯宫阙。何腾蛟到长沙,以章旷为监军,召黄朝宣兵于燕子窝,又召张先璧精骑于溆浦,留为亲军,调刘承允兵于武冈。

适逢李自成去世,他的下属刘体仁、郝摇旗等六大部各拥数万兵来到。何腾蛟与章旷计议,尽力按抚其众。

左良玉去世,他的将领马进忠无所归向,突至岳州,巡抚傅上瑞大惧。章旷说:"这是无主之兵,可通过抚按收编他们。"章旷进入其军营,与马进忠握手,指白水为誓。马进忠等都愿归从。

当时南京已破,张献忠等攻武昌,逼湖南,诸将皆畏惧,唯独章旷全力抵御之。

唐王(公元1645年—1646年)选拔章旷为右佥都御史,提督军务,征剿湖北。章旷颇有智略,行军不避锋镝(锋,刀刃;镝,箭镞。泛指武器),亲自扼守湘阴、平江的冲要之地,湖南赖以保全。曾战于岳州,后军不继,方才返回。又大战大荆驿有功,加兵部右侍郎。

长沙将王进才与狼兵将覃遇春争斗,大肆掠夺而去。何腾蛟奔往衡州,章旷也前往宝庆,长沙于是失守。

何腾蛟驻扎祁阳,章旷来会合,何腾蛟以兵事嘱托。章旷移驻永州,见诸将拥兵,闻警则逃,因而抑郁而死,年仅三十七岁。当时是顺治四年(公元1647年)丁亥八月。

章旷头部倾斜,面有巨痣。年少丧父,家境贫困,读书佛寺,潇洒自乐。为文简明严峻,当时很少有人赏识。自壬午(公元1642年)入楚后,崎岖戎马间,竭忠于孱弱的南明朝廷,至死没有异心,评论者认为他无愧大节。

老仆董启行护其灵柩,跋涉万里归葬。

妾陈氏为章旷殉节而死,她的事迹载于《烈女传》。

包尔庚

包尔庚,字长明,华亭人,御史包孝的孙子。崇祯十年(公元1637年)进士,以名节自励。选任广东罗定州知州。

正逢镇兵哗变,兵备道水佳颖被围。包尔庚单骑前往劝谕,众伙解散。

罗定附近有蛮族强横不法,包尔庚严于侦探,用兵出奇制胜,投降者许以自新。其魁首杨翼行来归顺,包尔庚加以抚按,地方从此安定。他又革新谷船之税,置办学田以赡养诸生,民众称他为"小龙图",建祠堂祭祀他。

升任兵科给事中,因母亲年老,乞求归家奉养。清初征访山林隐逸,巡抚土国宝(明末太湖盗,清初归降,洪承畴荐授苏州巡抚)推荐他,他拒绝不赴。一天,他端坐而朗声吟咏道:"千秋大业今家计,万里清风昔宦游。"随即合掌瞑目而逝。

包尔庚家居能任地方大事,如海塘损毁,他亲自督工修筑;遭遇水灾,他捐粮赈饥。应知府郭廷弼聘请,参与修撰府志。著有《直木居诗集》。又工于书法。

徐方广

徐方广,字思旷,华亭人。本姓黄,冒徐姓入县学为诸生,所以名与字都藏有"黄"字("广"与"旷"之繁体为"廣"、"曠",故如此说)。他专志好学,与人说某事出某书、第几页、第几行,无有差错。禀性谨慎自守,他的一位门人为贵官,对他馈赠十分丰厚,他只接受了一把剪子。

为文精微美妙,李长蘅、凌义渠极力称赞他。

朱 灏

朱灏,字宗远,华亭人,是朱应熊的儿子,监生。崇祯年间以保举(旧时大臣举荐人才,给朝廷任用,并为其作保)授延平府通判。鲁王时为待诏(等待诏命,未有正官者),知画理,工诗,有自题《秋山叠嶂图》。清才誉满天下,后随侍晋王,卒于海外,人称忠义。

陈正容

陈正容,字威玉,上海人。崇祯十二年(公元1639年)举人。为人端方诚实,学问完备广博。授徒著书,名声盛大,所著有《欲报堂全集》、《孟子合评》、《陈子说诗》刊行于世。

单 恂

单恂,字质生,号狷庵,华亭人。崇祯十三年(公元1640年)进士,授麻城县知县。上任刚两月,即乞求回家奉养父母。甲申(公元1644年)后隐居东郊白燕庵,足不入城市。巡按御史李森先将他作为地方人才推荐,他不去应就。

僧人六如居上海龙珠庵,留寓安昌王遗孽,知府张羽明将其捕捉惩办。狱词牵连单恂,实际上他并不知情。有司对他严厉审讯,刑罚拷问备至,后因无证据而予以释放。从此他葛巾布鞋,栖隐终身,去世之年为六十六岁。

单恂长身玉立,能为诗文。间或口出精微之言,四座常为之而倾倒。他生平好洁,帽子鞋子,常要拂拭,即使进入几席,也要亲自选择位置。

徐尔铉

徐尔铉,字九玉,华亭人。年少丧父,由母亲王氏教育成人。十六岁,补诸生。父亲徐炎之墓在湖州,他前去省墓,攀枝恸哭,赋《种松》、《别墓》诸诗,人们将这些诗比作《蓼莪篇》。

他所居住的西塔巷宜园,园林池沼景色清丽。他在此闭户著述。

崇祯年间中副榜。他不乐仕进,郡县屡次推举他为乡饮大宾。著有《核庵诗词集》,刊行于世。

他的儿子徐洊承,字序东,崇祯十二年(公元1639年)举人;徐汲承,字及臣,诸生。兄弟都以诗文闻名于幾社。

当时幾社中声望显著者,同郡又有郁汝持、陆亮辅、莫暨杜、林谈璘、李延椝、李淑、徐铭敬、陆广、朱积、张寿孙、唐允谐、徐期生、盛翼进、宋卓、陈梦梅、杜甲春、翁起鹗、宋家祯、李是楫、陆公枢、王有孚、王釪、金震龙、杜骏徵、杜骐徵、李苞根、李大根、何德著、徐恒鉴、彭师度、徐炜、王宗熙、顾必达、范彤弧、范鳌弧、夏鼎、张宪、赵侗如、陈尔振、章飏、高何竹、唐铉、唐镕、汤琙、郁继垣、骆金声、徐度辽、章闇、吴桢、王元一等人。有的终于明世,有的进入清朝,有人登上仕途,也有人失其事迹不能立传,所以将上述人名附记于此。

施　溥

施溥,字汝中,华亭人。父亲施大经,兄长施沛,都任松江佐官。施溥以贡生授永清卫经历。崇祯年间升迁为乐亭知县,未赴任。

流贼攻陷京师,施溥叹息道:“我父兄都受国恩,我岂可失去臣节!”于是饮药而死。

乾隆四十一年(公元1776年),清朝赐施溥谥节愍。

陈于阶

陈于阶，字仲台，上海人。父亲陈绍统，官任增城县巡检。母亲徐氏，是徐光启的女儿。陈于阶禀性淳朴厚重，爱好读书，精天文学，得西洋人火器秘传，助徐光启修正历法。通过史可法推荐，授钦天监博士。

公元1645年，福王到南京，史可法以阁臣的身份督师，荐陈于阶为兵部司务，督炼火器。陈于阶再上疏，极力陈述时务，反复数千言，不予采用。

清兵渡江，陈于阶上吊自尽于鸡鸣山的观象台。当初，陈绍统归自南京，遇盗于江中，仆人宋千秋冒刀刃捍卫，不能成功，陈绍统被害，宋千秋抬了尸体返乡报丧，陈于阶悲恸得几次死去活来。陈绍统的下属人员到江中捕得盗贼十八人，予以陈尸示众，剖心以祭。到陈于阶殉难，宋千秋扶灵柩归来，说："我江中不死，是为了收拾尸体；南都不死，是为了扶柩归葬。如今可报两位主人于地下了。"于是自缢于墓侧。

雍正三年（公元1725年），诏命祭祀明末殉节诸臣，陈于阶是其中之一。乾隆四十一年（公元1776年），清廷赐陈于阶谥节愍。

瞿　骞

瞿骞，字季叔，上海人。禀性孝友，学识渊博，乡党推重他。崇祯十二年（公元1639年）岁贡。崇祯十五年（公元1642年）赐特用进士，授滕县知县，劳绩卓著。清兵破城，他以身殉国。

乾隆四十一年（公元1776年），清朝赐瞿骞谥节愍。

他的儿子瞿縠，字式似，有诗名。

吴　易

吴易，郭沫若作"吴昜"，云"'昜'为'阳'之古字，近人书中颇多误为'易'"（《历史人物》）；白坚则云"余所见吴氏手札，署名均作'易'。日生名易，已无可疑"（《夏完淳集笺校》）。

吴易，字日生，吴江人，曾祖父吴山，有传。祖父吴邦桢，字子宁，嘉靖三十二年（公元1543年）进士，除刑部主事，进郎中，升湖广按察使。吴易少有才名，负气矜奇，兼好兵法，诗文则传诵于士林。崇祯十六年（公元1643年）中进士，史可法督师淮、扬，吴易被荐为兵部职方司主事，监纪军前，驰驱戎马，颇有劳绩。崇祯十七年（公元1644年）三月，京师沦陷，五月，南都立君。吴易与同邑举人孙兆奎、诸生沈自駉等，誓众举兵，旬日间得水师千余人，屯于五湖三泖间，出没旁近诸县，转战互有胜负。既而援绝势孤，且兵皆乌合，不堪大战。战败那夜，吴易父亲吴承绪、妻沈氏、女吴氏等赴水死，吴易仅以身免，乃收集散亡，与浙东为声援，又败，吴易乘小舟遁去，匿嘉善钱氏园中，为仇家所执，解浙江，不屈。作诗数章，意气自若，于武林草桥门就义，时年三十五岁。鲁王监国时，被追封长兴伯。乾隆中赐谥节愍。有《东湖倡和诗》。夏完淳曾作《吴江野哭》诗，中有"有客扁舟泪成血(完淳自谓)，三千珠履音尘绝。晓气平连震泽云，春风吹落吴江月"、"感激当年授命时，哭公清夜畏人知(吴易就义，夏完淳闻讯怆痛，深夜饮泣)"等句。

陆起龙

陆起龙，字吉云，上海人，陆明允之子。崇祯十五年(公元1642年)举人，任永宁知县。当时压征令刚推行，又提议助饷。永宁地区土地贫瘠，陆起龙与当事力争，不奉命征缴，民众赖以保全。

当时流寇正盛，督捕者有时牵连无辜平民。陆起龙法令严谨，防止冤枉好人，戍卒无敢蛮横。后请假归乡，随即去世。

曾编辑《行远集》表扬先烈，并刊印《片玉堂帖》行世。还著有《周易易简编》。

弟陆起凤，字云翔，崇尚志节，以济世为己任。为文能探索精微，搜求奥妙，不屑涉及生计家言，写诗力追正始之风。曾深受熊廷弼的赏识。天启元年中副榜，以岁贡告终。

张若羲

张若羲，字吴东，一字带三，华亭人。崇祯十六年(公元1643年)进士，授泉州推官，选为主事，随即归家，隐居白龙潭，号如庵，又号味闲漫樵。郡守直指(官名，朝廷直接派往地方处理问题的官员)要荐举隐逸，他坚辞不就。

他不入城市，缁衣禅笠，萧然世外。其外弟朱彝尊曾"访之郊西，适荷鉏戴笠，相揖于紫瓜白苋之间。破屋数椽，下一榻以留吴处士骐，暇相酬和。"(《明诗综·诗话》)董含言其"外虽颓唐，而内实沉照，隐约玩世，人莫能窥其际也。"(《三冈识略》)后发病呕血，自叹道："这是苌宏(又作苌弘，春秋周敬王大夫。晋公族内閧，弘助晋大夫范吉射、中行寅，因晋卿赵鞅离间而冤死，流血成石，或言成碧，不见其尸)之血，千古不化者也。"

陈田《明诗纪事》收其《杏坛》诗；钱仲联《清诗纪事》收其《答董含》诗："臆间犹记老狂生，翠醸春灯眼倍明。世事悠悠交态变，绿杨深处尽埋名。"《明诗综·诗话》评曰："诗思清厉，有亮节而无懦响。"

去世之年为七十六岁。著有《楞严经注》。

李待问

李待问，字存我，华亭人。崇祯十六年（公元1643年）进士，官中书舍人。少有才辩。据《南吴旧话录》：李待问十二岁过虎丘，遇琴川老友，老友戏诘之曰："贵地有何华，而曰华亭？"李待问曰："正犹宣宗无阙（指孔子故里并无宫阙），而称阙里。"老友曰："如子言，正乃名过其实。"李待问曰："翁独不思质有其文。"老友大为叹服，曰："此儿虽蹈袭世说，顾舌本间能别出机杼，异日必当华实并茂。"民间相传，他说话风趣，待人随和。有位朋友叫包尔庚，一次李待问打趣问他："尔庚（你的年龄）几何？"包尔庚机智回应："何必待问？"

李待问工诗文。朱彝尊《明诗综》收其《卧子招饮卧龙山蓬莱阁》："故人留牍少，酒坐亦从容。俯视湖一曲，不知花几重。澄烟天镜水，哀壑禹陵松。身在蓬莱阁，千岩第一峰。"陈田《明诗纪事》也收其《广陵同郑超宗诸子郊外宴集》："并辔出春城，春山带郭明。穿林游屐乱，隔水丽人行。有酒聊随俗，无营且乐生。眼看车马尽，丘壑几关情。"

李待问精书法。有史料云，董其昌曾泛滥于古帖，然气骨殊减，自蝇头及大额而外，便不令人嘉赏。李待问傲然为独步，与董其昌争云间，然位不及，交游寡，其为攻苦不若，要之得意处有过董家者。还有史料称：书法方面李待问"自许出董宗伯上"，大凡郡中寺院有董题款者，李待问就另书以列其旁，"欲以示己之胜董也"。董闻而往观之，曰："书果佳，但有杀气，恐不得其死耳。"史料所述，真伪难辨，陈寅恪认为："东溆（后两则史料作者）之言，即就流俗之说，亦可推知当日存我书法享有盛名，迥非云间诸社友所能及也。"（《柳如是别传》）

清军入主中原。南京失守，列城望风下。李待问偕沈犹龙等募壮士守城。据《南吴旧话录》，"当松江将失守，百户某挽之曰：'闻君读烂《四书》，今日将安之？'舍人（指待问）笑曰：'臣死忠，古人常事，第下城与家一诀，稍尽其私。'百户曰：'君能如此，我先断头待之泉下。'即拔刀自刎死。舍人凭尸而哭，仓猝抵家，少妾挽衣涕泗，众争劝之逃。舍人曰：'若一旦苟活，梦寐何以对此老兵？'引绳自经，气未绝，而追者至,遂遇害。”乾隆年间,李待问被赐谥忠节。

附嘉庆《松江府志》李待问传(译文):

李待问,字存我,华亭人。崇祯十六年(公元1643年)进士,授中书舍人。工于文章,精于书法。

沈犹龙事起,李待问守城东门。城被攻破,他将要下城,百户某挽住他说:“听说您读烂四书,今日将到哪里去?”李待问说:“臣死于忠,这是常事,我只是要与家人作一诀别罢了。”百户说:“您能如此,让我先断头以待。”说罢即拔刀自刎而死。

李待问凭尸而哭,尔后连忙到家,少妾挽住他的衣袖,泪如雨下,众人争着劝他快快出逃。李待问笑道:“死,是我分内之事,况且如果不死,怎能对得起这老兵?”随即拉开绳子自缢。气未绝而追兵至,于是遇害。

弟李之檀,诸生,也死于吴志葵之乱。

乾隆四十一年(公元1776年),清朝赐待问谥忠节。

沈　泓

沈泓,字临秋,华亭人。崇祯十六年(公元1643年)进士。他生下来刚满五月,父亲就去世了。母亲宋氏,衣食贫苦,苦守贞节,抚儿成立。沈泓遭母丧,日夜抚棺号哭,感动邻里。乡试中举,即陈述母亲苦守贞节之事,建造了完节坊。考中进士,回家葬亲。

明朝灭亡,于是他攀上墓旁柏树自缢。乡人将他救下,他随即跟从惟岑禅师削发受戒出家,更名宏忍,号无寐。小仆人阿寅为徒弟,住于会稽东山国庆寺。

后来获悉叔父去世,奔丧尽哀,于是寓居城南的梅溪,坐卧仅一庵而已。他的两个儿子沈严、沈廉哭着劝他归来,他不同意。不久病发,拒绝医药,于是去世。他著有《东山遗草》、《怀谢轩诗文集》。

从弟沈龙,字友夔,同榜进士,有文才名声。甲申之变(公元1644年)后不再出来做官。

宋天显

宋天显,字敬夫,华亭人,是御史宋贤的孙子。荐授中书舍人。崇祯末年(公元1644年)三月,李自成攻陷京师,逼迫朝臣拜见。宋天显不报名,闭门上吊。有旧役带领寇盗数人破门而入,救下了他。随即逼他为李自成书写诏令,宋天显誓死不从。贼寇将他牵拉去见李自成,到达后,他厉声骂贼,随即触阶而死。

乾隆四十一年(公元1776年),清朝赐宋天显谥节愍。

长子宋与琦,字又韩,在战乱中走小路扶其灵柩,一年多后才到达家里。次子宋瑞,字升侯,怀宁训导,以孝行著称。

王钟彦

王钟彦,字粲伯,华亭人,是王明时的孙子。弱冠乡试中举,到吏部等候选派任职,任长洲县教谕。当时发生灾荒,他自喝粥汤,余下粮食全部捐献赈济。郡县有司也仿效他,民众免于流亡。

后被征召为国子监博士,不久转为工部屯田司主事。崇祯末年(公元1644年)三月,升迁为都水司员外郎。诏命刚下达而寇贼已逼近都城,他当时分守彰义门,守将开门纳贼,他被抓获,不屈而死。

同郡中书舍人姜尔鸿将他的灵柩送归家里。

乾隆四十一年(公元1776年),清朝赐王钟彦谥忠节。

陈 浚

陈浚,字扶一,华亭人。诸生。崇祯末年(公元1644年)流寇逼京师,陈浚招募壮丁三百人仗义勤王。渡江时,听说京城失守,他向京城方向拜了两拜,随即投江自尽。

同时还有董梦金,是府学廪生,听说北都陷落,即面朝北方遥向宫阙大声痛哭,随即自刎而死。

唐 铨

唐铨,字子曹,金山卫人。明末选任为秀水县令。将赴任,逢南都失守,于是焚烧衣冠,北向叩头,自击心口,呕血而死。

卫时春

卫时春,字和宇,华亭人,世袭官爵为宣城伯。崇祯末年(公元1644年)三月,全家投井而死。

徐念祖

徐念祖，字无念，华亭人，徐阶的曾孙。诸生。顺治二年(公元1645年)，清兵攻下松江。徐念祖说："我所居，是祖先受朝廷所赐的宅第，国恩所在之处，我死得其所了。"于是当夜置酒，与家人欢饮一如既往，书写绝命辞于壁上。与妻张氏，女儿逑姑、美姑，妾陆氏、李氏，还有仆人孙汝滨、孙子徐喜、徐倪、徐采依次上吊自尽。幼女只有六岁，不能上吊，跑去投于井中。

乾隆四十一年(公元1776年)下诏，徐念祖入忠义祠祭祀。

徐念祖有从弟徐涑，听说念祖已死，即自沉黄浦中。

两年后(公元1647年)，徐涑的哥哥徐开祚又因陈子龙狱辞牵连，关押于江宁而死。

徐本高

徐本高，字维狱，华亭人，徐阶的玄孙(自身以下的第五代，即曾孙的儿子)。幼年丧父，由祖父徐元春抚育他。天启(公元1621年—1627年)初，以福荫任锦衣卫指挥佥事，当时同官某将魏忠贤生祠建于驯象所，本高以祖宗成法拒绝他这样做。又因会饮，命梨园演刘瑾故事，魏忠贤很恨他。当时杨涟、左光斗下狱，徐本高暗中送药物和食物，魏忠贤即下矫诏将他削职还乡。

崇祯帝即位(公元1628年)，召他官复原职。崇祯二年(公元1629年)，都城被围，因分守彰义门功升任都督，晋升太傅。随即辞官回家养老。

清兵下江南，他绝食而死。

顾明德

顾明德，原名检德，字文所，青浦人。补崇德县诸生。崇祯末年(公元1644年)三月，李自成攻陷京师，他痛哭绝食而死。陈子龙有《輓顾文所》诗。

李唐禧

李唐禧，字长浚，华亭人。世袭千户，能文善书，喜欢交游，有文士风。同里陈子龙、夏允彝都喜欢他。

崇祯末年(公元1644年)春，运送物资北上，听说京师陷落，他草拟文书告请各郡县起义师救援，但没有人响应。

南明弘光(公元1645年)时，有诏命将粮船运往南京。李唐禧首先到达，授指挥同知。当时马士英当国,四位将帅列居淮上,各拥兵观望。李唐禧上书请求出师,不予上报。

出任福宁副总兵。不久南京陷落,唐王(公元1645年—1646年)授他为前军都督佥事。因与郑芝龙不和,担心他图谋陷害自己,因而就随从鲁王于绍兴,被特进为右军左都督,拜镇南大将军。

西兴兵溃,鲁王出走,李唐禧被捕,主帅劝他投降,不从。同时被捕的还有总兵张廷绶、御史沈履祥,三人激昂刚烈如一。第二天又劝降,仍不从。如是者三,知其不可屈服,于是同斩于市曹。当时李唐禧年仅三十六岁。

周之逵

周之逵,以岁贡官扬州训导。清兵南下,协守城池,昼夜不怠。城被攻破,投天宁寺井死。

包洪策

包洪策,华亭人,籍贯为通海县。官任新都县知县。崇祯末年,流冠攻城,兵少食尽,城陷被执,骂贼不止,直至被害。

乾隆四十一年(公元1776年),清朝赐包洪策谥节愍。

莫是骅

莫是骅,字重卿,华亭人,方伯莫如忠的侄儿。崇祯三年(公元1630年)武举,授山东前锋营守备。随军征伐李自成,屡立战功。后于安庆鄷家店遇贼,战斗阵亡。追赠怀远将军指挥同知。

乾隆四十一年(公元1776年),清朝赐莫是骅谥节愍。

李中孚

李中孚,字士修,上海人,是李府的曾孙。工于骑射,官任刘河守备。与黄日章在同一天战死。

黄日章

黄日章,字叔闇。崇祯十六年(公元1643年)中武进士,任刘河守备。当时流寇蔓延。黄日章训练卒伍，勉励忠义，士兵都乐于为其所用。

崇祯末年（公元1644年），以松江游击的身份调赴刘河守御，所属义兵百余人，都骁勇果敢。妻王氏也能武艺，亲自擂鼓助阵。日章鏖战，力尽而死。

刘镇国

刘镇国，金山卫人。武进士，累官至游击将军。卫城被攻破，他与儿子一同殉节。

蒋若来

蒋若来，字龙江，上海人。张国维巡抚应天，以将才选拔他为前军佥事。受命救援江浦有功，官至前府都督。讨伐张献忠，死于阵上。

他的事迹详见于张行言的《御寇传》。

张凤翥

张凤翥，字圣如，上海人。武进士。官任刘河游击。崇祯末年（公元1644年），力战而死。

马元调

马元调，字巽甫，上海人。诸生，侨居嘉定。能古文词，与黄淳耀、唐全昌等人友善。

弘光（公元1645年）时与侯峒曾倡议誓死守城。清兵破城，殉难。

乾隆四十一年（公元1776年），诏命祭祀于忠义祠。

吴志葵

吴志葵，字圣嘉，华亭人。世家子弟。崇祯年间以武举的身份事奉苏松巡抚张国维。张国维重视他，由材官（低级军官）累迁至游击将军，身处要职。弘光（公元1645年）时，选授副总兵，镇守吴淞。按照明朝制度，江南不设镇，下江兵都统于吴淞，所以他名为副将，实际上是大将。

吴志葵身长肤白，富有膂力，能屈节（降低身份）事奉贤公卿，因此诸公都称道他。只是认为他成长于富贵之家，不熟悉兵事，以南人为南将，尚未遇到大敌。

是年五月，清兵南下，各城望风而归降。松江太守姚序之弃官而逃，华亭令张大年献城而降。南京已设政府，命参将洪恩炳为安抚使，与张大年一同前来。洪恩炳骄蛮，高坐大厅，命张大年匍匐拜见，松江士人见了颇有异议。而这时士大夫之辈争着出来投帖拜见，吏部左侍郎董羽宸也出来拜见洪恩柄。洪恩柄脸色傲慢，且嘱董羽宸写信以招吴志葵，命他放弃兵民，为此，舆论更喧哗。

当时吏部考功司主事夏允彝、兵科给事中陈子龙刚因国亡而奔走海外，而各忠义之士气愤于安抚使的无礼，每日说些民众的怨叹之言。举人徐孚远喜好谋划奇计，与陈子龙相友善；诸生张密曾帮助何刚训练水师，喜好言兵，是陈子龙的妻弟。徐、张二人日夜以正义之声说服陈子龙，陈子龙谋于夏允彝，夏允彝说："此事（指灭安抚使洪恩炳之事）不可为，而正义也不可停息。姑且听之任之。"

徐孚远听到夏允彝的有关言论，大喜，随即部署好事的少年，得到数百人，起兵之日就要来到了。而吴志葵正率领吴淞兵至。吴志葵之所以不肯投降，主要得力于其将领鲁之玙。后来得到松江绅士劝降的书信，他更加愤怒。于是率领水军由黄浦抵达松江城下，而洪恩柄已离去，张大年出逃。吴志葵入城，尽取府县库藏，劫得各缙绅助饷，焚烧图籍，收管漕运船只，谋划胁迫归海。

夏允彝、陈子龙及张密持不同意见，吴志葵犹豫未决，而鲁之玙则奋起说："今有万人之众，且有余粮，乘势而进足以改变当前大局，怎能退却啊？"

吴志葵此时已不得已，商议进军。而城守之中有个常寿宁，是松江人，平素是个无赖，以世袭的官职事奉吴志葵，骗取信任，漫言守城之事，吴志葵答应了他的要求，命他便宜行事，而自己与鲁之玙率领全部士卒从泖淀赶往苏州，谋划在夜里劫城。劫城失败，鲁之玙战死。

吴志葵恐惧，意欲带兵归来，正逢黄蜚到来。黄蜚约二万余人，吴志葵倚以为重，于是受其约束。

夏允彝得谢职归来。当时松江之事全部由常寿宁决断。原兵部侍郎沈犹龙在家，常寿宁以书信索讨粮饷，沈犹龙说："你以起义劫掠我家吗？我也将起义。"他召陈子龙、徐孚远等议事。大家都推荐沈犹龙主持守城和废弃常寿宁。

沈犹龙不熟悉方略，只是发檄文委托中书舍人李待问、麻城令单恂、罗源令章简、举人张寿孙等守卫四门。

八月初三日，清兵由青浦前来攻城，城破，沈犹龙、李待问、章简都死于城中，士民十个里逃脱不了一个，死者达二万余人。

八月初六日，黄蜚与吴士葵开始连营归海。清兵将他们引诱至黄浦，黄蜚等大败，都被抓获。

夏允彝听到这消息，说："为人谋划军事，军队失败则也应为其而死。"说罢投水自尽。

一个月后，吴志葵与黄蜚同被斩首于江宁。

两年后（公元1647年），陈子龙因吴胜兆的狱词牵连，被抓捕，也不屈而死。只有徐孚远因不是主谋而亡命赴海外而去。

谢 汉

谢汉，字元若，华亭人。年少时喜好武事，勇敢果断，家境素封（无官爵封邑而拥有资财的富人）。崇祯时，见国事日坏，慨然叹息，招致剑客侠士，与他们一起练习击刺，讲究阵法。

崇祯末年（公元1644年）夏，奔赴维扬，献策于高杰，高杰不能用他。拜见保国公朱某，荐授游击将军，使他率领一旅士兵守卫长江。

清军南下，马士英弃两淮于不顾。谢汉极力主张两淮应当守卫，指出守卫住两淮才能守卫住长江，这严重违背了马士英的意见，从而指责他言论不当，将他削职归乡。

金陵失守，吴淞总兵吴志葵起兵，以书信召谢汉，谢汉尽散家资，招义勇五百余人前往为军队的前锋，屡有战功。

六月二十六日战斗于桐里，谢汉率领所部奋勇先登，后师不继，深入无援，于是死于阵地，年仅三十三岁，所部士卒多战死。他们的妻子儿女一起到谢汉家哭道："将军受高爵，应该以死报国。我辈小人，如果也捐躯疆场，则由谁来抚养孤儿寡母啊？"

谢汉之弟谢沆尽力出卖田宅、服物、器用以分给士卒家属，万金之家一朝散尽，他独身一人走数十里之外，租借一间房子，为童子授课谋生，终身不言贫苦。

翁 英

翁英，字际蜚，华亭人。崇祯四年（公元1631年）武会试举第一，廷试一甲第二人，官任游击将军。后与沈犹龙同守郡城。城破，他隐居于北桥。

受吴胜兆之乱牵连，死于江宁。

戴　泓

戴泓，华亭人。诸生。同沈犹龙一起守松江。体力竭尽，与嘉定举人傅凝之投水而死。

乾隆四十一年（公元1776年），诏命入忠义祠祭祀。

徐世威

徐世威，字度辽，华亭人，是徐孚远的儿子。徐孚远与吴江举人吴易举兵太湖，徐世威也在军营中。

顺治二年（公元1645年）八月二十五日天下大雨，为吴胜兆所败，全军尽覆，徐世威死于军中。

姜君羽

姜君羽，华亭人，顺治二年（公元1645年）八月被清兵杀害。他的儿子姜七官抚摸尸体不愿离去，被杀。姜七官妻毛氏见公公与丈夫都已死，也投井自尽。一门之内自尽者达十七人。

祝俊卿为乡约长，听说侯承祖被执，自己先杀了妻子儿女，然后上吊自尽。

祝二元以木棒袭击清兵，被杀。

凤氏父子兄弟，是乡里勇士，开门收纳侯承祖。清兵来到，被杀害。

侯世禄

侯世禄，字公藩，华亭人。父亲侯承祖，字怀玉，世袭金山卫指挥使。顺治二年（公元1645年），清兵攻下金山卫城，侯承祖殉难。

侯世禄读书，有忠孝气节。战事危急，有人劝他航海出逃以保存侯氏一脉。他叹息道："父亲死于忠，儿子死于孝，这是本分之事。覆巢之下岂有完卵啊？况且名义所系，有比保全家族一脉更重要的事。"于是不听，力战而死。被清兵围攻时作诗有"身沾雨露心难死，肉委泥沙骨亦香"之句，闻者为之感动。

侯承祖次子侯世荫，字美汉，另外带领一支军队于柘林。闻父亲与兄长殉节，母亲与姐姐都已自缢，于是到军门大声说："我是侯怀玉的次子，请就刑于父亲尸体旁边。"清兵都督感到此人大义，因而释放了他。他求得父、母、兄、姐的尸体，浅葬于卫城北郊。

顺治四年(公元1647年),因谢尧文事牵连而被杀害。

顺治十二年(公元1655年),郡人募款安葬侯氏三忠骸骨,归葬于侯氏先祖坟墓。其疏文有"鸿毛易燎,白骨难埋,谁怜葛尚之忠,未表田横之墓"等句。

乾隆四十年(公元1775年),侯承祖被赐谥忠烈,侯世禄入祀忠义祠。

张昌后

张昌后,金山卫人。本姓倪,外祖张某世袭百户,抚为己子,崇祯二年(公元1629年),张昌后世袭百户之职。顺治二年(公元1645年)七月,跟从指挥使侯承祖前往松江抗清,总兵吴志葵一见就觉得他不同众人,于是将他留于帐下。八月初六,全军覆没,张昌后身上三处受伤,儿子张育背他归家,割大腿肉为他治疗,不久伤愈。

二十日城被攻破,张昌后悲恸而逝。

莫道张

莫道张,字君大,华亭人。诸生。顺治二年(公元1645年)八月,清军攻破松江城,他殉节于家祠中。卢元昌有《完三先生传》。

蔡乔枝

蔡乔枝,居于西郊延恩巷口。家境贫苦,为人雇佣。富有胆力。顺治二年(公元1645年)八月,清军攻下松江,他手持铁鞭,重八十斤,抗击清军,巷战力尽,呕血而死。

姜　超

姜超,金山卫人。身长八尺,膂力过人。听说流寇蹂躏川陕,立志从戎抗击,铸刀重四十余斤。每逢春秋,煮二斗米以及鱼肉等物祭祀,树刀而下跪祝告道:"我能用您,死而无憾。"祭祀毕,吃完米饭鱼肉。他家贫,未尝饱餐,只有祭刀后才得饱腹一顿。

清军围金山卫城,姜超守卫北门外。清军用火攻,从北水关进,姜超持刀力战,血满城河,寡不敌众。退与陈廿八会集十字街,他又挥刀斩敌二百余人,然后自刎而死。

朱家臣

朱家臣,字荩卿,世居金山卫城。禀性刚强方正,行动遵循礼仪。清军攻下金山卫城,他穿戴衣冠端坐,面临利刃,不屈而死。

诸生杨寅乐,字季垣,与其同死。郭元吉、郭长吉也都自缢而死。

张　乾

张乾,全山卫卫城人,为中军副府幕。顺治二年(公元1645年),清兵来到,他投水而死,母亲窦氏、妻子魏氏、儿子六人及婢仆辈共十九人合门殉难。

小儿子张正心刚满四岁,已经落水,似乎有老人将他携救出,被舅氏抚育,得以不死。

蔡九韶

蔡九韶,上海人,居新场。顺治二年(公元1645年),清军入松江,他投水而死。

张秉淳

张秉淳,华亭人,诸生。顺治二年(公元1645年)六月,听说清朝新令下达,于是卧床不食。有人劝阻他,说这样做没有好处,但他回答说:"古代捐躯殉义,大多在朝代破亡之际,其有益于事情的有几个人啊!"于是不食而死。

张时杰

张时杰,金山卫城人。世袭千户,掌南所印,是将军张浩然的次子。勇为多谋,曾筹划攻取作战之策数条,受备兵使者赏识。

顺治二年(公元1645年)八月,卫城被清军攻破,他招儿子张起宿及仆人曹忠协助侯世禄巷战,中流矢而亡。儿子、仆人都殉难。到收葬时,只见张时杰须眉仍全部张开。

俞积沛

俞积沛,华亭人,随从夏允彝而死,事见稽永仁《抱犊山房集》。

其弟改姓沈,名天成,别有传。

陈　回

陈回,上海人,居新场。松江城破,他见人则流泪,于是自缢而死。

张齐华

张齐华，字彦伯，华亭人。是张之象的曾孙。年幼时即聪慧能文。明朝灭亡，他悲愤无所发，都寄寓于吟咏。凡殉难诸臣他都各赋短章以吊念之。

儿子张斌臣，中崇祯六年（公元1633年）武科。后欲起兵响应鲁王朱以海，被一名嘉定人所杀，妻子杨氏自缢而死。

张谢石

张谢石，华亭人。年幼丧父，能自成立，为诸生试辄高等。

明朝灭亡后往来海上，得鲁王朱以海的来信，归来结交同志，联名上表谢尧文。事情败露，被杀害。

谢尧文，是上海的诸生。曾因事坐牢，嘉定侯峒曾救了他，他因此对侯峒曾感恩不尽，以求图报。清兵南下，谢尧文往来金山，侯峒曾命他通书信于黄斌卿，书信都出自陈子龙之手。于是苏孝廉、顾咸正与陈子龙、夏完淳等或秘密上疏鲁王，或上表给隆武，都交由谢尧文发送。

一次，谢尧文留驻漴阙尚未出行，被柘林游击陈可抓获，搜得书信、疏表，都上交给提督吴胜兆。吴胜兆本有逆谋，所以只是将他关押于松江府狱，不作进一步调查。

不久，吴胜兆事情败露，被杀害。巡抚土国宝抄没其家，将各书信、疏表全部查获，随即捕捉顾咸正、侯峒曾、夏完淳等穷究其事，先后处死了他们，谢尧文也被害。

同时有乔景星、乔世忠、董佑申、董刚、袁国楠、宋用枚等，都因邮送书、表之事而被杀害。

另据《苏州府志·顾天逵传》载，顺治四年（公元1647年），上海诸生钦浩暗中联络舟山，而被杀戮。

董佑申，是董羽宸之子。乔世忠，是乔一琦的孙子。

殷之辂

殷之辂，字元素，华亭人。以贡生授中书舍人。南明弘光（公元1645年）时选任车驾主事。后因吴胜兆狱讼辞牵连，被逮至江宁，于笪仁桥斩首。

儿子殷日夷、弟殷之琏、从弟殷葵、从侄殷璋钟都受牵连而死。

张 宽

张宽,字子服,诸生,华亭人。因吴胜兆狱辞牵连,与殷之辂同日被杀害。

吴永孚

吴永孚,字休仲,华亭人,居张溪。崇祯十三年(公元1640年)进士,授江西南安府推官,致政后留居于江西。清兵破城,他投阳江口而死。

钱友三

其人姓钱,名不详,字友三。号紫公,是钱逢申从子。崇祯十三年(公元1640年)进士,名登李绮榜(李绮是会试第一名,该榜就以他的姓名命名,称李绮榜),授琼由县令。南京陷落,人们正忙着为李成栋筹集军饷,钱友三即奏迎永历帝(桂王)于端州,授西台(中书舍人)。永历帝失败,他于广城殉难。

他的儿子早年去世,没有后代。事迹载于华复蠡《两广纪略》、方以智《两粤新书》。

朱锡麟

朱锡麟,字元序,上海新场人,诸生。顺治二年(公元1645年)偕同华亭萧宾侯渡海,寓居舟山僧舍。顺治八年(公元1651年),清兵到舟山,殉难。

林 钟

林钟,字归晓,青浦人。甲申之变(公元1644年)后绝食,当时已八十岁了。家人环绕跪拜,请稍饮茶水,后来他知道茶水中放有人参,于是不肯服用,不久去世。

王 匡

王匡,字就之,号介庵。郡学生员,善于书法,松江城陷落,他被清兵杀害。后被祭祀于忠义祠。

王稽古

王稽古,改名雄,字成博。荐授济南府同知。甲申之变(公元1644年)时殉难。

贡生徐百瑜,县学代理教谕,与其一同殉节。

朱天爵

朱天爵，字元序，上海人。甲申之变（公元1644年）后同苏兆仁渡海，寓居舟山僧舍。听说清兵来到，都自缢而死。

陆厚元

陆厚元，华亭人，是位制衣的工匠。县城陷落，他积薪于门，对妻子说："能保全自己的贞操吗？"妻子说："能。"说罢与一子一女一起自缢而死。陆厚元举火焚烧了他们的遗体，然后自缢而死。

同县的沈怀敬也带了孙女投水而死。

笪　某

笪某，不详其名，字君甫，为府胥。吴胜兆反清，他参与谋划。被捕论死，他笑道："我是一个小人物，今天能够参与士大夫行列一起为忠义而死，虽死犹生啊！"面对刑场，脸色不变。

朱　璘[注]

朱璘，字公璧，上海人。禀性淳厚朴实，有孝顺双亲的品行。洪武（公元1368年—1398年）年间以举人的身份被推荐，任赵州知州，为官清廉勤奋，深得士民之心。

同时以德才兼备被推荐的，还有吴千文，爱好学习，崇尚礼仪，官任汉中府通判。

黄良臣

黄良臣，上海人。与黄良佐为同祖兄弟。洪武四年（公元1371年），因仓储事牵连，两人一起被拘捕。黄良臣对黄良佐说："你继承宗祧，我来担当诉讼狱事。我年少丧父，不受叔父抚养，哪里会有今日！不要害怕，让我去地下报答叔父的恩德。"说罢相对痛哭。

到审讯时，黄良臣自己承认罪状，请求判刑，黄良佐得以释放。

王逢作哀辞吊念他。

注：朱璘至黄隐君，均为光绪《松江府续志》补遗人物。

李 敬

李敬，字成学，华亭人。永乐十五年(公元1417年)举人。宣德年间，乞请就近任职以奉养双亲，授上海县学训导。有空闲必乘船回家看望父母，第二天一早回到官署。孝养双亲使其欢娱达十余年。

后改任崇德教谕，成为人们学习效法的模范。

舒 敩

舒敩，字志学，上海人。居青龙镇。心志品行都崇尚古人，非圣贤书则不读。平时冠、婚、丧、祭都依据《朱子家礼》办理。有人劝他去做官，他辞谢道："我不是做官的人才。"宣德初，巡抚熊槩要引荐起用他，他以母亲年老极力推辞。后来郡县催促他应贤良方正诏举，他最终没有去应就。

曾教授于安亭沈璧家，随从交游的都是讲究实学的人。七十二岁去世。

施 谦

施谦，字云泉，华亭人。正统九年(公元1444年)举人。任定海县学训导，有廉洁清明的声誉。

行取(明制，州县官有政绩者经地方长官保举，由吏部行文调取至京，通过考选，补授科道或部属官职，或奉旨召见，均称行取)南京湖广御史，有权有势的显贵之人都惧怕他。

升任广东佥事。遇到豪强之家犯法，该家以贿赂引诱施谦的儿子，施谦发怒，按法定罪。

退休归来，教育几个儿子耕田读书。人们称他有清白官吏的风度。

姚 埙

姚埙，字以和，上海人，居周浦。官任太常寺丞。成化(公元1465年—1487年)、正德(公元1506年—1521年)间，建造积庆、永兴两座桥，开挖义井，里人称道他喜好义举。

周浦这地方本来荒僻，姚埙在这里建造南荫堂，旁边建筑廛舍(公家所建供商人存储货物的房舍)用以招引商贩，后来成为热闹的集市。

郁 侃

郁侃，字希止，上海人。弘治十五年(公元1502年)进士。从政吏部，授官御史。

刘瑾干预政局，他出任吉安通判。选任开州知州。奉母丧还乡，渡江突遇风暴，泣祷得以脱险。

服母丧期毕，迁任潮州知府。他兴办文教，拆毁淫祠(滥设的祠庙)，奖罚严明，信守承诺，豪强势族不敢为非作歹。

调任黎平知县。随即退休归乡。

王　周

王周，榜姓吴，字子南，华亭人。弘治十七年(公元1504年)举人。任罗源县知县。县内多有废田，他劝民尽力耕种。任职刚满一年，乞求归养双亲。

母亲去世，服丧期毕，补任固始知县。疏浚河道，灌田万顷。王通判放任其儿子杀人，他下令捉拿归案，依法惩办。同官王教谕临死时，将幼子托付给他，他请师教读，抚育其长大成人。

张　鶚

张鶚，字九苞，上海人。弘治十八年(公元1505年)进士。任刑部主事。曾送归外祖母灵柩于燕中，跋涉千里，不辞劳累。在刑部任职时，他捐资筑亭(停留宿食的处所)，用以供给狱囚食物。擅权的太监争霸州内民田，经张鶚判决，命其如数归还。

不久父亲去世，他悲哀过度而去世。

周　济

周济，字用楫，华亭人。弘治年间为岁贡生。任训导。他博学能文，门人多显达。禀性固执正直，自号“迂直生”。所著《迂直漫录》中的《理财用人策》有“正心术”、“谨言语”、“慎交游”、“进学业”四箴(文体名，以规诫为主题)，足以彰显其学问和经邦济世的才能。

徐阶为其书作序，惋惜他怀才不遇。

王　科

王科，字登之，华亭人。正德十四年(公元1519年)举人。选任胶州知州。上任后即修建学校，设置讲席，选拔孤苦贫寒的士人。

适逢严嵩的亲信以御史的身份来勘察黄河，监司以下都对他曲意奉承，而唯独王科不去讨好。等到去拜见严嵩时，有人献羊裘为其御寒，王科立即予以反对。

他请假回乡后，恰逢倭寇焚烧南仓场，粮长等十三人都被定为死罪，王科在同知刘敏面前极力为他们辩护，刘敏醒悟，如实向巡抚反映，于是免除了死罪。

他又捐资助役田三百亩，乡里人们感激他的恩德。

李人龙

李人龙，字云亭，华亭人。嘉靖十四年（公元1535年）进士，任济南府司李（主管狱讼的官员，又称司理）。召为御史，按察凤阳，揭发郭武定侵占屯田之事。又因风霾（大风夹尘霾而下）之事弹劾冢宰许某，正直之声震动天下。

母亲去世，服丧期毕，补四川道。权臣为旧怨报复，李人龙被谪贬为广藩都事。后来升迁为袁州太守，民众颂扬他的惠政。又因触犯严嵩，贬为闽南盐官。升迁为廉州太守。

辞职归乡，七十九岁去世。

陆从大

陆从大，字履贞，华亭人。应天司理陆应寅的儿子。年方弱冠即才智出众。嘉靖二十年（公元1541年）中进士，官任福建福清知县。年逢饥荒，捐献俸禄赈济。

转任廷评，升迁为工部主事。因诗文书法双美，命入值内阁制敕房，这是特殊礼遇。后去世于官任上。

徐　充

徐充，字道充，本姓蔡，青浦人。父亲徐晔，字世杰，闲雅文静，喜欢修行，曾书写“礼义廉耻”四字为座右铭。徐充白天有所作为，夜里必焚香告神。一日营办墓地，风水先生说某地可使富贵，只是不利于同乡之人。他惊愕不安，说：“损人利己，不是忠厚长者所作之事。”于是另外占卜选择墓地。

徐充中嘉靖三十一年（公元1552年）举人，任长宁县知县。长宁县城处于万山丛岭之中，民众愚顽不顺，难以治理。徐充上任，改建县署，修造学校，劝民种植，风教盛行。不久被罢官而归。

包 忭

包忭，字元京。他的祖先由嘉兴入赘于华亭，于是成为华亭人。他于嘉靖三十八年（公元1559年）中进士。授南京刑部主事，累迁至湖广佥事、四川参议。政务廉洁，不扰民众。在四川任职时，有都经、罗门等六乡据险抢掠，包忭向抚按大臣分条陈述抚按征剿十策，后来用其良策，荡平作乱的都蛮。

儿子包柽芳，字子柳，比父亲包忭提前三年成为进士。任礼部仪制司。出任贵州学使，选拔录用之人后来都成知名人士。

他本来与高拱有怨隙，到高拱当国执政，包忭辞官退休而调包柽芳任判运司。不久被罢职而归乡。

陆万钟

陆万钟，字元量，华亭人。应天司理陆应寅的孙子。嘉靖四十四年（公元1565年）进士。授杭州推官，断狱明智公平，民众有“青天”的赞颂。后召为刑部主事。改任御史，巡按广西，贪官污吏闻风而逃。升迁为江西布政使参政。退休而归。

陆万钟居官清正廉洁，家无余财。退休回家，不问外事，只是每日与亲朋故友宴饮而已。

唐尧宾

唐尧宾，字舜友，华亭人。年少丧父，侍奉祖父母十分孝顺。嘉靖年间以卫籍贡生分教浙江平阳县学。当时山寇内侵，县令仓皇无计，唐尧宾谋划策略，帮助县令征平山寇。

祖母去世，回家服丧。丧期完毕，补授莆阳，选任南海教谕，转为泉州，都以道学教导诸生。莆阳发生旱灾，唐尧宾劝说郡守，请富裕人家捐献钱粮，救活灾民多达万人。在泉州，看到有才能而贫困的士人，唐尧宾就出钱资助他。

升任江西上犹知县，政治清平，判狱合理。当时郡守侵占军饷，众人心怀不平，将要作乱，唐尧宾向大家告以利害关系，并按月准时发饷，局面得以稳定。

后来因病辞官归家。

张敏中

张敏中，字时用，原名梗，上海人。嘉靖三十二年（公元1553年），以明经（贡生）的身份任仁和县学教授。

当时倭寇兵临城下，长吏命各官分别把守。张敏中守卫艮山西北城。他率领生徒，监督士卒，仁和赖以保全。

后升迁为周王府教授。享年八十岁去世。

蔡 绅

蔡绅，字朝卿，上海人。嘉靖年间，以贡生教授南昌县学，贫苦士人给他束脩(生徒给教师的酬金)，他必拒收。有位名门子弟因家难陷于死罪，蔡绅极力向当事者陈述事情真相，将其释放。提升为王府教授，以严肃庄重为人所敬畏。去世后享祀乡贤祠。

弟蔡绣，字文卿，以贡生任临淄县训导。学问渊博，当时有"书橱"之称。

蔡绅的儿子蔡懋孝，字幼公，工于诗文。万历初，督学谢某是蔡绅的门下士，有人劝蔡懋孝参与考试，他笑而不应。他与莫如忠、林景旸是忘年交。

倪 淑

倪淑，字新溪，上海人。从小就有孝心。母亲失明，他焚香日夜祷告，针刺双眼眶，母亲即病愈。人们认为这是他孝心感动神灵所致。

侄子丧父，他抚育孤侄如同自己的儿子。置办田地赡养宗族。分管建筑县城，不取报酬。一位张姓同乡受到诬害，他极力营救。张家愿以儿媳作为女佣，倪淑拒绝，于是这位张姓里人刻了倪淑的像祭祀他。

地方官员将他举荐为乡饮酒礼之宾。年八十四岁去世。

董传性

董传性，字柏山，上海人。父亲董充大，字汝化。嘉靖十九年(公元1540年)举人。董充大品行端方，自重不苟，尽心时务，凡是兵刑、钱谷、礼乐，无不通晓。

董传性年少时以儒侠为人称道。隆庆年间，以贡生的身份任河南光州佐官，治理狱讼公平，冤案多有平反。兴利除弊，官吏敬畏他，民众热爱他。

遇到大旱之灾，他在烈日下跪着祈祷，十天以后才下雨，他的两膝已跪得臃肿，色如烂铁，没过几天便去世了。士民为之号哭，有"官死百姓生"的歌谣。

董传性为官清白，拒绝送礼，去世后两袋空空，民众争着送财物助丧，方才将他回乡安葬。

陆懋修

陆懋修，字道立，华亭人。是陆树声的从孙。万历元年（公元1573年）举人。任金华府推官，执法毫不宽容。

年逢旱灾，他下令平粜，减缓征收赋税，流亡之人复业，一时称为善政。

因双亲年老，辞官归家奉养。

张　恒

张恒，字伯常，上海人。万历八年（公元1580年）进士，知茶陵、兴国二州。入京为刑部员外郎，慎用刑法于浙江，许多冤狱得以昭雪。冢宰陆某以重囚得以宽免，张恒最后仍按法予以惩处。

晋升为郎中，出任建昌太守。为政清廉简洁，片言决断狱讼，民众称他为“张半升”，意为候审者不用准备隔夜的粮食。

盱江本来有桥税，宦官商议要增加税收，但张恒向巡抚表白，以太守惯例收入余金五百，归之于国库，使加桥税之事作罢。

任期满，升迁为副使，分管巡视南昌。内阁之臣的家族与民众争夺湖利。两台（明清称布政使为藩台，按察使为臬台）发出文书，张恒毅然道：“相国何必凭此得利。”判决归于民众。

晋升为参议。因母亲年老而辞官归家奉养。

他尽心探究理学、经术。去世后享祭于江西名宦祠及上海乡贤祠。

邱民贵

邱民贵，字伯畏，华亭人。以嘉兴籍中万历十九年（公元1591年）举人。任兰溪教谕，升迁为长汀知县。当地仓储多有腐朽粮食，掌管仓库的人因偿还粮食的缘故而导致破产，邱民贵于是提议以陈换新。

邻县连城有浮粮，上官意要分派各县征收，邱民贵认为不可，申辩数千言，最后使连城的额外征收也被免除，民众感恩戴德，为其建立生祠。

后因病辞官，于家中去世。

张本嘉

张本嘉，字孟瑞，华亭人。万历二十三年（公元1595年）进士。授宜春知县，兴利除害，勤于劝农。当地有位杨礼二，是商贩栖止、歇足之处的主人。正逢商人遇到盗贼，追捕者诬指杨礼二为罪人。张本嘉对此怀疑，捕获得到真盗，而将杨礼二从牢狱中予以释放。他居官数年，民众有“秀水清、逊令君”的歌谣。后来去世于任上。

儿子张汝开，字伯元，万历三十七年（公元1558年）举人。任铜陵县教谕，修葺校舍，勤教文士。累迁至怀庆府同知。抵御流寇，保卫武陟、修武、温县等地有功。

王元瑞

王元瑞，字伯祯，青浦人。万历四十一年（公元1613年）进士，授兵部主事，改任江西泰和知县，有善政，曾筑石坝以抵御赣水，铸铁牛镇之，人称“王公堤”。官至福建道御史。

蒋尔扬

蒋尔扬，字抑之，华亭人。父亲蒋日华，万历间岁贡生，官任安溪知县，有古循吏（奉职守法的官吏）风度。蒋尔扬以上海籍中万历四十三年（公元1615年）举人。崇祯七年（公元1634年）登会试副榜（科举时代会试取士分正榜、副榜。正式录取的名列正榜；在正榜之外，另取若干，名列副榜，给一些下第举人做官的机会）。官任道州知州。他的性格刚正明智，不与宦官交往。道州靠近苗疆，他极力遏制盗寇，民众感其恩德，立祠祭祀他。

从子蒋雯罽，字姬符，诸生。禀性孝友，与王光承、吴骐以诗酒相互唱和酬答。

何为霖

何为霖，字商说，上海人。万历三十二年（公元1604年）武进士。官任南京镇抚，明朝灭亡后以身殉国。

同乡张凤翥，字圣如，天启二年（公元1622年）武进士，任刘河游击。明朝灭亡后亦战死。

蒋之芳

蒋之芳，字士荣，华亭人。以选贡任昆山训导，巡按薛贞赞叹他为“文章行谊，不愧人师”。提升为尤溪知县，减少赋税，慎用刑罚，盗寇收敛，民众和乐。

正逢朝廷有关部门下令收取各县余财，以充辽饷。有司乘机增加赋税。蒋之芳则减少耗费,按季详报,以便上缴饷银,使民众免除额外征收。后去世于官任上。

朱正中

朱正中,字子建,上海人。父亲朱朝宰,为诸生,痛恨魏忠贤残虐善良正义之人,撰写疏文论其罪行,朱正中悄悄地烧毁了父亲的疏文稿件,以免灾祸。

后来跟从一位饷使到山西,代为草疏,请求免除民赋二十余万。到陕西,又献策保全华阴等县。

后来任南粤长吏的僚佐,讯察记录囚犯情况,释放许多无辜之人。曾两次被荐举,但不去应就。

他才能出众,襟怀高尚,家居时,绕屋种植梅花,用以自娱。

章台鼎

章台鼎,字青莲,华亭人。诸生。工于诗文,与董其昌、陈继儒三足鼎立词坛。姚宏绪称其诗如"云中白鹤"。

万历年间,陈继儒修撰《松江府志》,章台鼎帮助他完成了修撰工作。

张文模

张文模,字振扬,自号灌花居士,青浦人。诸生。天赋聪颖异常。早年传承家学,潜心探究经史,因而废弃举业,日以吟咏自娱。与妻子唱和,即使衣食不济,仍处之晏如。

徐石麒

徐石麒,字宝摩。本是嘉兴人,定居佘山。天启二年(公元1622年)进士。授工部主事,管理节慎库。魏忠贤从仓库调用物资,徐石麒就以法律阻止,魏忠贤为此十分恨他。恰逢御史黄尊素被关入诏狱,徐石麒仗义营救,魏忠贤发怒,诬蔑他贪赃枉法,将他削去官职。

崇祯三年(公元1630年),起用他任官于南京。他在吏部,协助尚书郑三俊主持对南都官吏的考核,提升废退,公平合理。代理应天府尹之职,革除佥报马户之弊。后郑三俊为刑部尚书,因从轻议判侯恂案违背皇帝旨意,关入监狱,徐石麒上疏援救,皇帝即释放了他。

入京任左通政，不断升迁至刑部侍郎，不久提升为尚书。当时官员治理崇尚苛刻烦细，徐石麒纠正因附会法律条文所成的谬误达数十种，好多狱讼得以平反，然而他也不是专主姑息。一时大案，都经他论定。后因争论姜埰、熊开元案狱而被罢职闲住。

福王监国（公元1644年），起用徐石麒为右都御史，改任吏部尚书。当时马士英、阮大铖乱政，徐石麒屡次以祖宗之法制裁他们。不久，局面被马士英扼制，他于是托病而去。

第二年（公元1645年），南京陷落，浙、湖义师兴起，徐石麒参与谋议。嘉兴城将被清军攻破时，徐石麒在城外，他跑到城下喊道："我是明朝大臣，不可死于城外，应当与城共存亡。"城上人喧哗道："我公来了。"连忙开门请他进来。经过一夜，城被攻破，徐石麒穿上朝服，自缢而死。

徐石麒未死时，有人劝他躲避求生，他不同意，说："我向东去，马士英、阮大铖将说我拥立潞王；西向而去，会说我与陈子龙将兴晋阳之师，只有死于此地。"

徐石麒博闻强记，尤其熟悉朝章国纪。禀性平易近人，喜欢汲引人才。乾隆四十一年（公元1776年），清朝赐徐石麒谥忠懿。

钱嘉泰

钱嘉泰，字茹侯，青浦人。本来姓陈，幼年丧父，由外祖钱氏抚育，于是承其姓氏。六岁能对偶，及其长成，更以文章品行激励自己。崇祯十二年（公元1639年）中举人。郡守县令到任后都去他，凡有益于民众之事，他必相告。当时遇到大灾害，他提议"为官捐俸，绅士输钱"，救活了好多人。

进入清朝，选授新昌知县，他不去赴任。享年七十九岁。

徐丙晋

徐丙晋，字用锡，青浦人。崇祯十六年（公元1643年）进士，任福宁州知州。为官廉洁无私，妻子儿女不免受冻挨饿。唐王朱聿键称他为"清官第一"。

南闽被清军攻破，他归乡隐居于佘山。一年以后，呕血而死。

彭彦昭

彭彦昭，字苇斋，起初名为彦臣。青浦人。中崇祯十六年（公元1643年）会试副榜。任常山县令。居官清廉谨慎。

当时军事文书络绎不绝，彭彦昭练习丁壮以备御敌。兵士贯城出入，民众为之受苦，彭彦昭另外开辟城北一条大道，专供部队来往，民众得以安宁。

又驰书阻止某帅屠杀抢掠，释放邻县被掠子女回家，善政声誉大为昭著。

选授浙江道御史。正逢浙兵溃败，鲁王浮海而去，于是他归乡隐居，居于横溪老屋以终。

罗万策

罗万策，字思孟，上海人。起先担任把总。崇祯十年（公元1637年），调他抵御流寇于宿松县酆家店，被流寇抓住，他骂贼不屈，贼寇拔其舌头而死。

赵从龙

赵从龙，字孟腾；父亲赵珍，字伯玉，同举崇祯九年（公元1636年）武科。赵珍任刘河中港事，赵从龙初任苏州六门小哨事，后来官任游击。跟从吴志葵力战，失败后投浦江而死。

傅凝之

傅凝之，字令融，嘉定籍，崇祯六年（公元1633年）举人，南明弘光（公元1645年）时殉难。清朝诏命祭祀他于忠义祠。

严兆齐

严兆齐，字振玉，上海人，诸生。品行纯朴正直。与王光承相识于童子时，成为忘年交。所居之处，曲径疏篱，名花掩映；筑土垒石，缩丘壑于几席之间。挂匾额于其室，题为“爱吾庐”。王光承曾赞叹说：“我评其经学，辕固（西汉齐人，治《诗经》，汉景帝时为博士）、高堂生（西汉鲁人，以《礼》授人，为治《礼》者所宗）不如；见其行事，陈太丘（东汉许人，字仲弓，汉桓帝时曾为太丘长，以公平正直闻名乡里。里人有云：“宁为刑罚所加，不为陈君所短。”）不能超过他。”人们认为这是实录。

黄隐君

黄隐君，不知其名。明末隐居青浦的沈港。侍奉双亲，总揣摩其心意，奉承恭顺以博取其欢心。禀性廉洁，人们不敢以私情向他请托干求。劝他做官，他就流泪，不能测得他内心的想法。喜好吟咏，每天坐于室内，舞文弄墨，终日不倦。病重时，烧毁全部文稿，说："怎能用这些来拖累我的名声。"

去世后，友人私谥为"孝靖先生"。

朱　寅[注]

朱寅，字孔阳，以字行，更字廷辉，华亭人。永乐（公元1403年—1424年）初，朝廷下诏寻求天下工于书法之人用以书写制词（皇帝的诏命），朱寅被选用，授中书舍人，官至顺天府丞。他笔力遒劲，善作方丈书（一丈见方的大字）。明成祖曾召书大善殿扁，他举笔立就，深荷嘉奖，即日授中书舍人。善书授官自朱寅始。北京宫殿建成后，都命朱寅题写牌额。升编修、春坊中允。历事四朝，皆以法书被知遇。又喜山水，所作《东里少师归田图》，人称绝笔。

儿子朱奎，字文徵，也善于写大字。成化年间由中书舍人升为大理寺卿。

相　礼

相礼，字子先，华亭人。滑稽风趣，多智谋策略；擅长写诗；善于作画，山水画学黄公望，十分逼真；谈论纵横捭阖，滔滔不绝。尤其精于棋艺，当世无双，天下无敌。洪武年间召他至京，让他进画，厚赏遣还，诚意伯刘基（明初大臣，字伯温，诚意伯是封号）曾作《赠弈棋相子先》。

刘基在此文序中说：礼、乐、射、御、书、数这六艺，君子学习训练，以广博他的学识和才能。不在这些科目内的，士人不重视。我却对于下棋有所取法。下棋是最末等的技艺，而其中含有用兵之道，可以开发人的智慧。可以使人知晓缓急、存亡、进退、取舍之方，具备乘机应变攻守之法，还有避实击虚、投间抵隙、兼弱取乱（兼并弱者，攻取内乱者）之道无所不备。我曾读《孙子》十三篇而知古人制服敌人的方法，我猜想下棋这门技艺必出于兵家教战者之手，不是其他娱目悦耳者可以相比的。下棋之所以不能附属于六艺，是因为它讲究兵家战术。兵家之事，君子不轻易言及，怎可以纳入教学的范围呢？自然被排除在六艺之外了。自从天下有相战之国，司马穰苴、孙武、吴

注：朱寅至张尔葆等人，嘉庆《松江府志》编入"艺术"类，因多数人生卒年不详，沿袭府志编法，集中在一起。后几人是增补的。

起等人就公然以兵家之术作为教学的内容，于是学习战阵不必寓于棋类等物而求之，从而下棋就单纯成为一种娱乐活动，而精于棋艺的人每天投入其中却不知道棋艺原来源于兵家之道了。陶侃（东晋寻阳人，字士行。早年孤贫，为县吏，积功渐迁至荆州刺史。遭王敦忌，转任广州刺史。苏峻叛晋，建康失守；温峤推陶侃为盟主，击杀苏峻，封长沙郡公，都督八州军事。陶侃在军队四十余年，果毅善断。在广州时，早上将一百块砖搬到屋外，到了晚上搬回屋内，以磨炼自己的意志，增强自己的体质。竹头木屑，都储以备用。常说：大禹圣人，爱惜寸阴；至于众人，当爱惜分阴）心思细密，不差纤毫，但不欢迎人们下棋，当时他的属下都不知道下棋有利于用兵，而只认为会白白地浪费时间。假使有人知道下棋有这方面的好处且告诉陶侃，陶侃必定教人下棋，而不会将棋具都丢入江中了。儒者之道在于探究事物以获取知识，贵在由此及彼，举一反三。所以观察流水而可以知道求学的方法，观察耕耘而可以知道治国的道理，无非是善于推论罢了。因此看似无用的技艺，触类旁通，可以有助于成就大事。我从中知道智者不会死板地看待一门技艺。相兄弟都精于棋艺，人们都不是他们的对手。我常惋惜他只专注于下棋，而担忧丧失了下棋的意义，因此追溯棋术的本意写成此文送给他。当今寇盗不断于暗中作乱，武夫环视如林，但想不出有效的办法。子先如能以其高超的棋艺引申出制敌奇策，使行军作战不再徒费时日、消耗粮食而加重农民的负担，不也是一桩伟业吗！

沈景旸

沈景旸，华亭人。善于占卜。永乐年间他被召至京师，命布卦卜问英国公张辅征南事，他说："此大胜之兆，今日正午当得胜利消息。"届时飞檄到达，报安南征平。皇帝十分高兴，赐予钞币。

章　瑾

章瑾，字公瑾，青龙人。庄敏公章楶的后代。迁居李墟（乡村市集名）。善于写诗，草书效法二王，尤其擅长作画。为人志趣高雅，每日登山临水，所到之处必探索其蕴含的趣味。遇到知己，则饮酒吟诗，终日不倦。作画，有时顷刻可就，有时则数日不着一笔，张可观以后无人可与他相比了。所作《寒山拾得像》、《春江送别图》皆不愧古人。

章昞如

章昞如，善于写诗，擅长楷书。官至中书舍人。

俞宗大·俞　拱

俞宗大,字养拙。他的祖先是河南人,建炎(公元1127年—1130年)时南渡,迁居嘉兴。曾祖俞彬,在元代任浙省检校,就此开始居于上海竹冈西。其从父俞仲儿工书,与宋克友善。家族盛大,人称俞庄。

俞宗大擅长楷书,被荐任中书舍人。任吏部郎中,在四品官阶上辞官退休,享年九十多岁。

俞宗大的儿子俞珙,孙子俞顺,都善于书法。俞珙在正统年间死于王事,俞顺去世于南京鸿胪寺寺丞(鸿胪寺,官署名,主要职掌朝祭礼仪之赞导。寺丞,主管寺卿之佐官)任上。

金　钝

金钝,字汝砺。金文鼎的儿子。善于画画,有其父遗风。

沈　藻

沈藻,字凝清,华亭人,学士沈度的儿子。因父亲的关系官任中书舍人,升迁为礼部员外郎,也以书法闻名。

孙子沈隆,字维昌,孝宗御笔改名世隆,因人推荐召至京师,试其《中庸》义,用正楷书写《早朝诗》。奉旨授中书舍人,主管内阁制敕(有关诏命的告示)文字。正德年间因触犯刘瑾而被罢官。刘瑾受诛,他官复原职。

张　黻

张黻,字孟著,华亭人。书法学陈文东,笔迹劲健,且遵循法度。曾任大理寺(我国古代中央刑狱审判机关)副官,累官至礼部员外郎(礼部,我国古代中央六部之一,掌礼仪、祭享,贡举等职,长官为礼部尚书。员外郎,官名,为礼部各司的次官)。

唐　熙

唐熙,字孟高,华亭人。曾遇奇异之人授予秘术,治病有特效。正统年间授太医院使。

唐氏世代为医始于唐熙。他的后裔唐时来精于妇科。

范 恩

范恩，号日河，华亭人。世代为书香门第。曾遇到一位异常的僧人，体貌奇古。范恩倡导里中之人给予布施。僧人坐檐下三个月不走，范恩给他饭吃。

一天，僧人拿出钱来，命范恩买来面粉，亲自糅成面饼，解开衣服，将饼放置腹上，入定（佛教用语。僧人静坐敛心，不起杂念，使心定于一处，叫入定）超过一个时辰，烟气蒸空，香气扑鼻，面饼焦熟。僧人对范恩说："我今天要离开了，请用此饼回报各善男信女，吃了可以得长寿。"又拿出地理书数卷，卜筮书一册，说："熟习它当可自给。"说完就走了。

范恩闭户研读僧人送给他的书籍，于是精通地理和卜筮之业。三吴、百越之人都知道有范日河这位高人。范氏以青囊（卜筮之术）世传三百年，起始于范恩。

儿子范希鲁，号玉川，生而闭口不言如哑巴，六岁发声即识字，稍长大一些，即博通群书，尤其精于《易》，为人卜筮多奇中。冯元成、袁福徵将他比作三国时代的管辂和晋代的郭璞。他还能弹琴，善于绘画，曾作《骑牛老妪图》，钱龙锡以下为之题跋者达数十家。

范希鲁之弟范鲥，号玉田；从弟范鲤，号玉池。都以占《易》闻名。范鲤尤精于堪舆术，砂、水、龙、穴（风水术语），妙会入微。曾为浦南张斗云择地葬亲，使其三子发科名，后来张履端兄弟同榜中举，他的占卜奇验就是如此。他禀性敦厚朴实，喜好施予，士大夫都乐意与他交往。七十四岁去世，远近之人都偕同前来送葬。

顾应文

顾应文，号石泉，家住松江府城谷市桥。善于画人物、山水，尤其精于画佛、道之像，脱去庸俗画匠的习气，内行都十分器重他的画法。宣德年间被征召至京。当时二沈（沈度、沈粲）专为皇帝撰写公文，特别受宠，应文以此为耻，不久假托有病而辞归，告诫子孙说："你们应当努力，不要仿效我舞文弄墨。"

莫 胜

莫胜，字景刚，又字悦清，华亭人。正统六年（公元1441年）岁贡，官至虎贲左卫经历。工于书画，其书信画稿为当时书画爱好者所珍藏，曾绘鱼进献明英宗，极蒙褒奖。

吴子璘

吴子璘,其山水画学盛子昭,也善作枯木竹石。

孙子奕

孙子奕,学问渊博,擅长写诗,尤其善于切脉和配药方,曾被举荐为松江府医学正科。

陆　宣

陆宣,字廷旬,号节庵,华亭南桥人。能诗善画,尤擅长于传神之笔。山水画不甚精巧,但清淡潇洒,毫无尘俗之气。当时名人多与他交往。

陆宣的儿子陆翰,字公藩,以太学生的身份官至知县。

刘仲理

刘仲理,以善于弹琴闻名。宣德年间应朝廷之召,奏曲颇合皇帝心意。请假回来时,皇帝向他赠诗。

他的孙子刘玉纶,曾以当初皇帝所赠书札给县令看,从而得以免除践更(徭役名)。一艺之工得以庇荫后人,成为松江美谈。

何　澂

何澂,字澂之,何天祥的孙子。宣德年间以医药闻名。一位邻人患痼疾,生命垂危,何澂将他治愈,他非常感激,命妻子侍奉何澂睡觉,何澂拒绝,夜梦神灵对他说:"你有阴德,上帝嘉奖,命赐给你三千贯钱及一个官职。"不久,朝廷召何澂治疗太子的病,且得痊愈,授官震府良医正,赐钱三千贯,如梦中神灵所言。

一直到明代结束,何澂的子孙都任官于太医院,京师称其为"何医院家"。

何　严

何严,字公谨,何天祥的曾孙,宣德四年(公元1429年)副贡。禀性温和淳厚,学识渊博,工于诗文。何氏世代为医,至何严深究其奥妙,官至太医院副使。

儿子何全,字廷用,正统十二年(公元1447年)乡试中举,特授御医,累迁至院使。因父母年老,乞求归来奉养。皇上赠诗给他。

叶 藻

叶藻,字惟洁,华亭人。善于行草。天顺年间乡试中举,历官至太仆寺寺丞。

孙 蒙

孙蒙,字以正,沉静博学,善医术,尤其精于太素脉(太素,最原始最精微之物。太素脉,中医切脉术语),能非常正确地判定人体的吉凶。屡次被征召而不去应就。临终时作《谢世词》,醒悟超脱,见解不凡。同时期还有名医沈元吉,切脉技术不及孙蒙,而能正确诊断病情,善用药物,屡次挽救病危者,这些方面与孙蒙不相上下。

陆友仁

陆友仁,名辅,以字行。华亭人,是大理卿沈粲的弟子。善于楷书,官中书舍人,升迁为礼部主事。

李 柬

李柬,字敬修,华亭人。居泗泾,年少尊孔读经,父亲去世,他放弃儒学。精于《九章》数学。弘治(公元1488年—1505年)年间曾应诏入京都,计算天下财赋。用三年计算完成,按例授予官职,他推辞不受,不久请辞归来。

徐 霖

徐霖,字子仁,华亭人。七岁能诗,人称奇童,补为诸生。禀性放任,不合世俗,被诬蔑而黜废,但他更加尽力于诗词文章。

当时书法长久衰微,自周伯琦后独推重李东阳,徐霖深入研究,真、行书都入妙境,碑帖效法颜真卿、柳公权。题额之字冠绝一时,朝鲜、日本争相购买他的书法。

武宗南巡,于出巡居所召见徐霖,赐一品官服,又亲临他的住所,命他随从至京城。后因武宗驾崩,不及授官而返回。

徐霖侍奉母亲十分孝顺。自号九峰道人,有人称他为髯仙。七十七岁去世。

璩之璞

璩之璞,字元玙,号君瑕,据《平湖县志》,原籍华亭(一说为江西人侨居上海)。与平湖陆光寅友善。人品高洁,楷法妍雅,善画山水。董其昌见之叹曰:“君瑕乃能尔耶? 五百年后必有识者。”万历三十五年(公元1607年)曾画《雪满空山图》。亦能画翎毛及水墨花卉,尤精于摹印(秦书八体之一,就小篆稍加变化,字形屈曲缜密,本用于玺文,后也用于一般印章),与文徵明相伯仲。子璩幼安,亦工刻印。

附嘉庆《松江府志》璩之璞传(译文):

璩之璞,字君瑕,上海人。人品高雅贞洁,楷法美好绝伦,善画山水,兼工鸟兽之画及水墨花竹,尤其精于摹印,名列吴门文氏(指文徵明,诗文书画皆工,而画尤为著名。最善绘山水,兼工花卉、兰竹、人物等。影响甚大,人称“吴门派”。与沈周、唐寅、仇英合称为“明四大家”)伯仲间。

沈 惠

沈惠,字民济,居白龙潭。年幼得自异人之传,为小儿医病多有奇效。有富家子患痘极其危重,家中已为他准备棺木了,经沈惠用药即病愈。有位老妇人善于治疳(也称疳积,明王肯堂《证治准绳·幼科》:“儿童二十岁以下,其病为疳;二十岁以上,其病为痨。”疳与痨,皆血气虚惫,肠胃受伤致之,同出而异名也),沈惠拜她为师,受其秘方。老妇人去世,沈惠为其办理后事。

沈惠为人谨厚谦虚,不管贵贱贫富,皆尽心力同等对待。他立身自有准则,晚年自号虚明山人,徐阶有诗相赠。他临终赋诗而逝。

同时还有王节之,与沈惠并称,两人相得甚欢。遇疑难之症必互相商议探讨。王节之儿子王一凤、王一鹏,都是名医。

陆 平

陆平,字以和,上海人。自幼学习儒家经学,通晓大义。后来经商,往来南北都市之间,熟悉人情世故,具备经邦济世之才。还善于文笔书札,真、行、草书都有晋唐风韵。

儿子陆深,自有传。

张 电

张电,字文光,号宾山,上海人。师从陆深学习书法,能通其祕,笔法宗李邕,兼摹二沈。以儒士荐于朝,经夏言推荐,供奉馆局,历中书舍人、太仆少卿、太常卿兼司经局正字,改通政司使、礼部侍郎。受明世宗专宠,凡大制作,必出其手。曾受命书古赋一篇，张电完成后欢饮大醉，明世宗遽召内侍掖之而行。视其所书，甚悦，见其醉状，连呼“酸子”（对贫寒而迂腐的读书人嘲讽性称呼，也作“酸丁”）而已，遣之归。张电书法极圆熟妍美，所取显重者，特姜氏（姜立纲，字廷宪，号东溪，浙江瑞安人，明天顺年间授中书舍人，成化初任太常少卿，法书行于天下）体耳。电为人醇谨善臧，曾获御赐“勤慎忠诚”四字。

附嘉庆《松江府志》张电传（译文）：

张电，字文光，上海人，由一介平民师从陆深入京师，夏言见而奇之，让他书写《御制集礼序》，明世宗看到后大加嘉奖，于是张电进入史馆供职。当时建造皇史宬（收藏列朝实录及玉牒之所），特命张电题写牌额，诏赐金币，授鸿胪寺序班，迁中书舍人，不断受到恩遇，朝廷典册必使张电书写。明世宗曾表上上帝玉册，张电正好请假在家，明世宗便等了他一个多月。明世宗出行游宴他都随从，以至有时派他主持大型祭祀，连诸位学士也比不上他荣耀。不断升迁至尚宝丞、太仆少卿、太常卿兼司经局正字，转通政司工部右侍郎，进礼部左侍郎，兼任官职依旧。

张电起自平民，官至卿贰（卿的佐官），恭谨俭朴，始终不渝，所以受皇恩特深。

五十一岁去世于官任上，追赠工部尚书，赐祭祀安葬。

朱 鹤

朱鹤，字松邻，从华亭迁徙至嘉定居住。高雅有才名，是陆深座上常客。精于雕镂、图绘之技。

浦 泽

浦泽，字时济，上海人。居石笋里。农家子，年少读书仰慕汉代隐士矫慎的风度，终身不娶。与张电一同跟随陆深学习书法，能穷究古人波磔（书法左撇曰波，右捺曰磔，泛指书法的笔画）之妙。喜好任侠，常游吴越、燕赵间，晚年租住于市集偏僻之地，只有法帖百卷随身携带。

浦泽嗜酒好眠，有时候一两天卧睡不起，人们称他为小痴，也叫他“晏眠人”。

顾正谊

顾正谊，字仲方（一作芳），号亭林，华亭人。万历年间任中书舍人。他为人坦夷，不设城府。善山水,初学马琬,尤得力于黄公望,又学王蒙、吴镇、倪瓒,各得神解。家多名迹,与嘉兴宋旭、同郡孙克弘友善,穷探旨趣,遂自名家。山多作方顶,层峦叠嶂,稍著林树,自然深秀,遂成华亭一派。《无声诗史》谓董思白于顾正谊之画,多所师资。顾正谊曾游长安,四方士大夫求者填委,几欲作铁门限以却之(一说正谊辟濯园,大有山林之致,他日栖迟其间,客至,款留竟日。如是,则当早年)。南京博物院藏有他的山水册页。亦能诗。著有《诗史》、《江南春》。女婿即李绍箕。

侄顾胤光,字闇生,号寄园。以孝廉官至郡丞。善画山水,法黄公望、倪瓒,参以李成、巨然。运笔萧疏秀逸,饶有气韵。顾胤光从子顾天植,字东庐,华亭人。诸生。善画山水,学于其叔,苍秀可嘉。

附嘉庆《松江府志》顾正谊传(译文):

顾正谊,字仲方,华亭人。任中书舍人,精于绘画,学王蒙、吴镇、倪瓒,各得其神韵。用墨、布景,力追大雅之人。他临摹黄公望,尤得其奥妙。

张鹤溪

张鹤溪,善于医疗奇异的疾病。嘉靖二十一年(公元1542年),侍御包节六十七岁的母亲暴病气绝连日不醒,松江府医生全部聚集,都说:“疾病邪风侵入脏腑,不可用汤药针灸治疗。”张鹤溪来到,诊断毕,挥臂说道:“这叫气虚挟痰,可灌入人参汤剂,七日后苏醒,醒来后能言鬼神之事。”其他医生都大笑他荒诞。

张鹤溪即调和人参剂,灌入后七日,包节的母亲真的醒来,既而详言鬼神事,众医才无言离开。

何　銮

何銮,字廷音,号育泉,宋代何沧第十二世孙。承袭四世祖将仕郎(文散官名)何侃医业,精于太素脉。当时龙华张宪副仰慕他,特地聘至家中,让一位面貌美好白皙的年轻僧人腕带金钏充当俗人出来请何銮试诊。何銮诊脉半晌,即快步出来对张宪副说:“刚才所诊脉息,全属无病,只是其脉清凉,如入水珠,似带孤骨之气。如是男子,即为僧道;若是女子,也必为尼,实不宜在公府中居住。”张宪副连忙起身致谢道:“真是神仙般的人物啊!”又有督学冯侍御在吴中选拔士人,他生有隐疾,众医都不能识别,特召何銮诊视。何銮经切脉诊视,对冯侍御道:“大人您出生时,您父亲是否春秋已高？”冯侍御道：“是的。”何銮又道：“因而大人您未满十五岁即真元下泄，以致精神耗损，今日之虚弱都源于此。”冯侍御听了不住地点头。何銮又说：“大人您肾囊的左边有一个小孔，其病发时年龄才十二三岁，至今这小孔未满，且不断流出秽水，偶尔触及它则痛不堪言，是这样吗？”冯侍御连声说“对”，赞叹道：“先生可真是再世的秦越人（即扁鹊，战国时名医，原名秦越人，家于卢国，又名卢医。受禁方于长桑君，历游齐赵。入秦，秦太医令李醯自知医术不如，使人刺杀之。扁鹊吸取前人经验，创造切脉医术，精通内科、妇科、五官科、儿科等）啊！”

何如曾

何如曾，字希鲁，号质斋，何沧的十六世孙。学习先世《肘后》秘书。禀性孝友，切脉能知人脏腑虚实。与举人张省廉交情深厚。一天，张省廉将进京参加会试，前来告别，何如曾送他，握住他手臂好久，知道他已病入膏肓，无法治疗，于是对他说：“会试还早，姑且稍缓几天出发如何？”张省廉不理解何如曾所说的意思。船行到毗陵而发病，抵家不到十天就去世。

何如曾与鹿城徐大参同游吴郡，正逢吴郡某太夫人有重病，名医满座，诊其六脉都隐晦不清，不知如何治疗。何如曾前往探视，随即对同事说：“诸君不读医学经典吗？这就是所谓‘双伏’（中医脉搏术语）啊。譬如天将下雨，八方昏暗，微风尽息；雨后万物复苏，这是阳气来临之前的吉兆啊。”开一剂药请太夫人服下，午后出汗而病愈。

乔　迨

乔迨，上海人。世代从医，乔迨医术尤其精湛。一年瘟疫流行，他梦见神人指示水中草说：“用它资助您救活这方土地的病人。”第二天早上，他找到了这种水草，用它治疗瘟疫，无不立即病愈，因此名声大显。

他的儿子乔士炎，字仲余，年少喜好读书，禀性谨慎正直，名声如同父亲。有富家子已死一天了，乔士炎用一汤匙药喂入，于是苏醒。其家用百金相谢，乔士炎不受。

乔士炎的儿子乔在修，字三余，是位笃实忠厚之人，其治病善用古方，精于察脉，经他治疗救活之人甚多。享年八十余岁，无疾而终。

方　钧

方钧，字范斯，号秋岩，青浦人。幼年丧父，勉力学习。山水画摹仿倪瓒、王蒙，尤工墨竹,秀劲有力。有袖珍山水画进供内府。

同时有一位袁源,字湘亭,也以画竹出名。

陆元聘

陆元聘,卫城人。善于医术,能望而决人生死。一次,看见一个男孩戏要于地,说:“唉! 这孩子要死了。”其父母求陆元聘拯救,他授予一丸药,三天后男孩忽发脑溃,敷药而愈,他告诫不要吃雀鸟,后来男孩因吃雀鸟而死。

陆　恕

陆恕,亭林镇人。陆逊的后裔。专心于《易》学,精于卜筮,尤其善于望气占星之法,所卜之事十不失一。禀性至孝,父亲病危,他在宝云寺观音大士前把香烛插于臂上燃烧祈祷,愿以身代,父亲旋即病愈。

八十四岁时,一天忽然对孙子陆庭藻说:“我将长逝了。”经过三日,结跏趺坐,瞑目而逝。同乡之人相传他是坐化。

张　懋

张懋,字勉之,号敬菴。由太学生选任为新建县丞。精于符咒(符篆与咒语的合称),祈祷晴雨,祛除魔祟,均有奇应。张懋谒选(到吏部等候选任官员)时,陶仲文受皇帝宠幸,皇帝有时拿出秘字相问,陶仲文解答不出,听说了张懋的名声而亲自去询问,张懋都能解释,皇帝十分高兴。陶仲文想推荐张懋以便共事,张懋拒绝。后来皇帝派御史到处访求异书,张懋将藏书尽献内府(王室的仓库)。

后有俞若冰,号心月,拜张懋为师,尽得其术。俞若冰天赋也很聪颖敏捷,凡是极艰难晦涩的金章科仪(金章,金质的官印,也称钟鼎文。科仪,法式,宗教仪式,这里指宗教仪式中的符号)、符咒诀语,都过目能诵。所作四六(文体名,骈文的一种,因以四字六字为对偶,故称)清新,道流醮坛奏疏悉数通晓。他习性喜欢夜饮,醉则号叫狂噪,结果病酒而死。

张德让

张德让,字士美,华亭人。居塘桥,因腿脚不方便而放弃科举之业,作《病鹤赋》以自比。向陆深学习书法,规摹李邕,很有风格。求他书法作品之人常站满门庭，他饮酒微醉，于是命两童仆相对手执纸素，不着几案，挥墨而成。他也善于绘画。

陆万里·陆万言

陆万里，字君羽，华亭人。善画，当时莫是龙早逝，董其昌而后才起，故陆万里称独步。董其昌少贫，曾作书署陆万里之名出售，被视为赝品未能售出。

陆万言，字君策，陆万里之弟。万历五年（公元1577年）中举。能书善画。山水收景甚丰，用笔极简，所绘岩岫多用轻绿染之，略皴数笔，更显明秀可贵。

陈 鲲

陈鲲，字雨化，上海人。记忆力强，正逢倭寇作乱，于是研习数学，尤精六壬（古代用阴阳五行占卜吉凶的方法之一），决策奇中。张以诚尚未发达时，陈鲲为他占卜命运，说当大魁天下。光启、姚永济都在穷困中被陈鲲识别，后来全都应验。

他的儿子陈三省、孙子陈杰，都能传承他的数术。

王一鹏

王一鹏，字启云，号碧梧，王节之子，王一风之弟。起初以小儿科行世，后来兼习成人医药。

他个性放荡不羁，好与酒徒交往。父亲有时责罚他，沈虚明却说："我看此子眼力出众，我的医术即使不传给儿子，也要全部传给他。"从此王一鹏成为沈虚明的弟子，而神奇的医术更在沈虚明之上。有孩儿生命垂危已无存活之理，他说某日会病愈必于该日病愈。有孩儿完好毫无死亡之象，他说某日会死必于该日死亡。有时有人给他许多金钱，他不开药方便离去；有时不开药方却索求许多金钱而离去。病家看他的来去可测定病人的生死；注意听他言词观他脸色可决定或忧或喜。他就是如此神异变化，古怪的行径，都不是一般医方之书所记载的。王一鹏虽然间或戏谑笑谈，可大家一致称他为神仙。他所得钱财随手而尽，有人婉言劝他积聚些，他则说："我若重视阿堵（也称"阿堵物"，指钱。《世说新语·规箴》："王夷甫雅尚玄远，常嫉其妇贪浊，口未尝言'钱'字。妇欲试之，令婢以钱绕床，不得行。夷甫晨起，见钱阂行，呼婢曰：'举却阿堵物！'"阿堵，犹言"这个"。后人遂亦称钱为"阿堵物"），即使用药也不灵验了。"他的门生多有声誉。而松江以小儿医科独称誉江南,应从王一鹏开始。

张一凤

张一凤,字隐之,华亭人。世家子弟,工于书画。嗜好饮酒,醉作跳虾蟆舞,满座为之倾倒,人们把他看作痴仙。尤其善吹洞箫,居于西塔巷,于家中挂匾,上书“容散”。孙允执、莫廷韩等人都与他交游。

陈允诚

陈允诚,字效参,华亭人。善于弹琴,其琴声和平大雅,得古人遗意。也善于下棋。晚年爱好佛教,七十五岁去世。

儿子陈诗,字君采,也能妙解琴理。琴曲《胡笳十八拍》,就是陈诗所制。陈诗先于陈允诚去世,受业弟子曹可述得其琴艺真传。

陆　塄

陆塄,字舜陟,上海人(一说华亭人),是陆深的曾孙。书法仿效李邕,也间或学习苏轼和米芾。董其昌十分看重他,说他有二陆(陆机、陆云)词翰的遗风。有《片玉堂词翰》十二册,前五册为陆深所书,后七册为陆塄所书,崇祯十三年(公元1640年)刊刻。

从孙陆济,字公谦,画法效仿李昭道,点缀人物独步一时,著有《画史竹谱》。

秦昌遇

秦昌遇,字景明,上海人。善于医术。曾行走于村落,见一位妇人在淘米,对她家人说:“这妇人的痘症将发,无法治疗,必须激其发怒,使毒素从肝部发出。”于是使一位男仆突然拥抱她,妇人大怒,秦昌遇说:“可以了。”后来她果然痘症发作,秦昌遇给她服药即愈。

有林某,正当壮年,秦昌遇见了他,说:“明年必然患病,三年后死去。”后来果然如此。

六十岁时,他预告寿终之期而去世。

他生平志趣高雅。董其昌曾绘《六逸图》,其中人物都是松江耆宿,秦景明最年轻,是六逸之一。

他著有《大方幼科》、《痘疹折衷》刊行于世。

宋懋晋

宋懋晋，字明之，华亭人。儿时见牧童驱牛，在壁上作画，十分神似。长大后，不喜研治经学，转而学画。穷尽日夜临摹古迹，师从宋旭（嘉兴人，善山水，兼长人物，名重海内），参以宋、元遗法，自成一家，富有丘壑，与赵左（与宋懋晋俱学于宋旭）抗衡。其气韵与刘珏（1410—1472，长洲人，书法学赵孟頫、李邕，山水出王蒙，各极其妙）相埒。仙山楼阁，位置得当，为时所称。兼善画松，题跋尤奕奕有风韵。万历十三年（公元1585年）作山水扇，泰昌元年（公元1620年）作山水图。其《金陵廿四景图册》，现藏南京博物院。

附嘉庆《松江府志》宋懋晋传（译文）：

宋懋晋，字明之，华亭人。参政宋尧武从子。读书爱博涉，不乐意于儒家经学，放弃而转向学画，日夜临摹古迹，师从嘉兴宋旭，再加上赵千里、黄公望遗法，胸有丘壑，自成一家，所画仙山楼阁之属，布局位置，其经营之妙，没有谁能超过他。

宋懋晋风度潇洒，心胸坦荡，善于谈论，喜欢吟咏，其题跋尤其精妙绝伦。

赵　左

赵左，字文度，华亭人。约生活于万历、崇祯年间。与宋懋晋俱受业于宋旭。宋懋晋挥洒自得；而赵左惜墨构思，不轻涉笔，其画宗董源，兼有倪瓒、黄公望之胜。画云山能以己意出之，有“似米非米”之妙。烟云生动，烘染得法，间用焦墨枯笔为之。苏松一派山水，乃其首创。

他禀性恬淡文雅。善于绘画，筑草庐于县城的西郊，茅檐瓦锅，花药满阶。与董文敏其昌、陈徵君继儒为画友。

沈士充

沈士充，字子居，华亭人。出宋懋晋之门，兼师赵左。得两家画法，当时名声最盛，松江能画者多拜他为师。所作山水，丘壑蒨葱，皴染淹润，为云间正传。陈继儒札云：“子居老兄：送去白纸一幅，润笔三星，烦画山水大堂。明日即要，不必落款，要董思老出名也。”当时伪托董其昌的画作充塞天下，若沈士充、赵左所作，已属其中上乘。万历四十六年（公元1618年）作《山水扇》、《见风雨楼扇粹》，崇祯六年（公元1633年）作《寒林浮霭图》、《四时山水卷》。

曹文炳

曹文炳，字德章，华亭人。师从孙汉阳克宏，善画花鸟；又跟从宋旭游学，受其画水法，所绘竹石，都入能品（能品，古人评论书画的三品之一。《图绘宝鉴》："故气韵生动，出于天成，人莫窥其巧者，谓之神品；笔墨超绝，傅染得宜，意趣有余者，谓之妙品；得其形似而不失其规矩者，谓之能品。"）。

享年八十余岁。

范从烈

范从烈，字豫所，范恩的孙子。见闻广博，记忆力强，凡天文地理、历数之学无不洞彻贯通。著有《二五秘旨》、《山窗杂录》、《所见水城记》诸书。

弟范从勋，字少峰，天赋聪明异常。舅氏陈应元任官于江右，范从勋随至幕中（这里指幕僚，地方军政长官衙署中参谋、书记、顾问之类的官佐），江右士大夫喜谈地理家言（旧指风水学说），见范从勋辄倾心拜服，范从勋也虚心咨询探访山头、天星、水法的奥妙，因而他的技艺日益精湛，名声日盛。他算出方伯杜梅梁母亲的墓穴应当马上迁徙，连忙跑去告诉杜梅深，杜梅深当时还是诸生（俗称秀才），岁试居三等，按照松江风俗应该延请师长视学使者，然而此时杜梅深刚失去授徒职业，无钱宴请视学使者，范从勋赠他二十金，并占卜吉日迁徙他母亲的墓穴，决断他父子在丙、辛年（指天干逢丙、逢辛之年）科举顺利，后来果然应验。又为桐庐邵士斗改变阳宅，毁掉离位（南方）的山亭，数年后双目复明。吴兴史存讱没有儿子，范从勋为他凿半月形池于祖宗坟墓的生方（八卦中生门所在之所，一般东北方为生门），使他三年中生了两个儿子。其他应验事迹不能一一尽述。

享年七十九岁。

陈　縠

陈縠，字粟余，华亭人。与曹火炳共同师从孙克弘，所绘着色花木鸟兽十分精巧美丽。

儿子陈仪，字象之，能继承父业，兼画人物，为屏幛作画最多。

朱　蔚

朱蔚，字文豹。华亭人。居泗泾。万历二十九年（公元1601年）武进士，官至闽帅。曾待诏阙下，画兰以自给。所画深得文徵明风韵。故宫博物院藏有其兰石扇（崇祯元年作）。亦工篆刻。

同时的姚裕，字启宁，善画草虫，有陈淳遗意。

李绍箕

李绍箕，字懋承，华亭人，按察副使李日章的孙子。跟从岳父顾正谊学画，以太学生的身份任南京鸿胪寺序班。历官至江西都昌主簿，游历多处山水胜景，晚年运笔更为苍劲老健。万历十七年曾作《溪山访隐图》。

朱涵光

朱涵光，字子韬，号济川，治疗痧痘有神效。尤其善于弹琴，收藏古琴甚多。

姚体伦

姚体伦，字汝明，华亭人，是参政姚体信的弟弟。官詹事府录事。喜欢吟咏，工于书法，尤其善于绘画。凡作虫鱼、花卉，随意点染，无不生动，笔意在陈淳、孙克弘之间。

儿子士骐，也善于书画。

何十翼

何十翼，字承云，是何天祥的七世孙。任景王、楚王二府良医正。隆庆四年（公元1570年）辞官归来，松江百姓将他视为司命（掌管生命之神）。馈赠之物充满家中，他都散发给贫困之人，同乡见了他都拱手相敬，称他为仁人。

曹奇珊

曹奇珊，字杏川，华亭人。精于医术，远近人们都请他医治。八十多岁时，他曾对人说："我生平救活的人有成千上万，越年老越不敢懈怠，恐怕年纪大了精神不足啊！"

万历年间，朝廷授予他寿官。

闾邱樒

闾邱樒，字慎所，上海人，居周浦。禀性孝友，善于医术，经他医疗，立即好转。董其昌、陈所蕴都有诗文称道他。

祝 悫

祝悫,字双塘,华亭人,世居古浦塘,后来迁居上洋。以相术遨游齐鲁、燕赵间,多有奇中,公卿都降低身份与他交往。钱龙锡尚未发达时,祝悫预测他科举及仕官升调年月,都有应验。上海顾斗英有诗相赠。

吴中秀

吴中秀,字端所,华亭人。精于医术。高仲阳三年失眠,其他医生都以为是虚证,吴中秀诊其脉象洪大,说:"这是阻隔上焦的顽痰所致。"服用瓜蒂散使其吐出顽痰而愈。

李某一向无病,偶然经过吴中秀家,请他诊视,吴中秀连忙问:"您有儿子吗?"李某回答说:"儿子刚满十岁。"吴中秀说:"幸运啊,你有儿子了;您于明年某时会患痨疾,无法治愈。"到期果然应验。

他的名声与秦昌遇不相上下,经其救治而存活者不计其数。世人尤其称道他孝友之德。生平贮书数万卷,筑天香阁收藏。董其昌、陈继儒经常与他来往。

明末清军入境,松江城破,吴中秀遇害。

著有《医林统宗》、《伤寒备览》。

董孝初

董孝初,字仁常,华亭人。年少时即精通书法,为诸生,科举长久不第,于是放弃举业,放浪山水间。中年作画,笔墨简远,为时人所称道。

吴 振

吴振,字振之(一作元振),号竹屿(一作竹里),又号雪鸿,华亭人。工画。山水秀润,效法黄公望等,为董其昌所赏识。其画能接云间正派,每绘一图,不满意辄投入水火。万历三十七年(公元1609年)曾作《梅花书屋扇》,现藏故宫博物院。崇祯五年(公元1632年)作《烟江叠嶂图卷》。

顾懿德

顾懿德,字原之,华亭人。顾正谊侄。仕光禄寺。绘山水仿效王蒙,行笔秀丽简洁。亦绘大士像。泰昌元年(公元1620年)作《春绮图》,董其昌、陈继儒为之题赞。崇祯六年(公元1633年)作《松溪图》。隐居东郊,很少应酬。人们得到他的绘画墨迹,都视为珍宝。

顾懿德的儿子顾善有,也著作画。

东时荣

东时荣,字颐春,华亭人。精于医术。江西张植之客游,患羸疾(类似风痺的病),东时荣诊视后说:“肺被虫侵蚀了。”服了药,大便中有虫二十余头,形如蜂蛾,羽翼都备;又泻下恶臭之血,都有虫在蠕动,百日而愈。有位老妇人去看望女儿的病,途中遇到东时荣的船,连忙呼求摆渡,因而请他一起前往,到家后她女儿将气绝,于是东时荣让她覆转身体,用布沾井水浸渍她的委中穴,刺该穴位,血如泉涌,于是苏醒。

东时荣好行其德,常施人药物以救活病人。遇危疾重症则终夜沉思,必求治愈方休。享年八十四岁。

他的第二个儿子东自道,字太古;从子东明善,字抱元。两人都是名医。东明善三岁丧父,东时荣将他抚养成人。

王承绪

王承绪,字月怀,华亭人。受业于王一鹏,博览方书,常坐肩舆中,手持一册医书,说:“每人各有事业,业儒则读儒书,业医则读医书,都不可一日停止。”

有位陈氏子患痘症且腹泻,医药书说泄泻如筒者无法治疗,王承绪则说:“如筒泻水不能治疗,是说久泄而虚极,如今痘症刚发作,只要用谷养其胃气,应当没有大害。”于是让陈氏子喝粥,泄泻不久被止住,得以病愈。他的疗治手法大多如此。

当时松江以幼科闻名的,除王承绪外还有秦昌遇、曹叔明等人,而王承绪治疗尤多奇效。

他的儿子王心月,传承了他的医业。

徐延赏

徐延赏,字元识,上海人。喜好养生家言,精于医术。常熟县令杨鼎熙患病,久治无效。徐延赏诊断为痰疾,以三剂药物治愈。总戎朱文达忽然精神异常,唱歌大笑没有节制,徐延赏说:"这是阴火侵凛肝脏。"给他服平剂(平息阴火的药物)而愈。

他行医沪渎间,人们都以礼相邀。因病家对他酬谢过于丰厚,他常吃素念佛,作戒杀文以劝勉自己。

他曾任太医院御医,董文昌推重他,赠诗道:"药倩韩康卖,门容尚子过。五茸安豹隐,万里弄鸥波。"

儿子徐霑恩,传承他的医业。

卢 金

卢金,上海人。从事医业,是沈虚明的弟子。与华亭王一鹏齐名。命运极其困窘。贫苦之家乞求医疗,他立即治愈;如受人一点钱财,病人症状就会发生变化。因此他贫困终身。

他的后人传承了他的医业。

吴 昌

吴昌,字昌伯,是画家吴振的儿子,能传承其家业。

叶 芬·赵 泂

叶芬,字清之;赵泂,字行之,都以画闻名。

奚凤鸣

奚凤鸣,上海人,善治痈疽。川沙帅蒋其仁患背疽复发,奚凤鸣说:"这是往年的积毒,所以肌理发黑。"治疗一个月而病愈。一天,蒋其仁的弟弟在座,奚凤鸣对他说:"您不出三个月将有痈疽发于背上。"到时候果然如此。

奚凤鸣曾说痈疽里面溃烂,积腐肉于四周,非吮吸不能彻底治愈。病者必须招募人以苦酒漱口再吮吸痈疽脓汁,如果是贫苦之人无钱雇人吮吸,奚凤鸣就亲自为病人吮吸。

有位姓张的人,左足拇指肿三年不能行走,奚凤鸣用刀划破患处,挑出一只蜂,此人马上能站起慢慢行走。他的神奇疗效诸如此类。

郭振生

郭振生,青浦人。居天马山。能在疽症尚未发作之前,就诊断其将在何处经络产生、先于何处治疗，以及诊断病人的死生顺逆，一点没有差错，人们都称他为“郭仙人”。

顾寿潜

顾寿潜，字旅仙，上海人，顾名世的孙子。禀性高雅正直，不求闻名发达。工于绘画，董其昌曾称道他，他尺幅片缣的画作，人们都争相推重。著有《烟波叟诗草》。

方叔毅

方叔毅，字百里，上海人。善画人物肖像，神气生动。曾游于钱塘，一个挑担的人偷了人家的行李逃走，他正好在城门口将其形状描绘下来，见到此画的人都说：“这是某坊陈二。”因而将其捕得，返还所偷窃的钱物。

他去世时年仅四十余岁。

张希骞

张希骞，字伯尊，青浦人。禀性聪明，习得青乌家言（即堪舆术，相地看风水之术）。万历末，从钱塘来到珠家里，说：“天下兵灾四起，卜地居住这里最好。”于是就居家于此。

子孙传承其青乌术。

徐彩凤

徐彩凤，字圣期，华亭人。博览群书，著有《毛诗博义》。经常以绘画为乐，禽鱼花卉，立意风雅，见者无不赞叹其精妙。

丁　远

丁远，字自迩，上海人。品格高雅纯洁，精于绘画之事，与乔一琦将军交游，曾作《俺答款关图》。乔一琦战死，丁远远归隐西城郭，描绘乔一琦肖像，崇敬供奉他。

儿子丁日章，字伯含，也以绘画闻名。

孙子丁世武、丁世禄、丁世绪，都传承了他的画艺。

朱国盛·朱　轩（1620—1690）·朱　衎

朱国盛，字叔（一作敬）韬，号云来，后以字行，华亭人。万历三十八年（公元1610年）进士，任太常寺卿。工画，山水宗法米芾，董其昌题其画云：“叔韬作米虎儿（米芾小字虎儿)墨戏,不减高尚书(高克恭,元代画家,画山水初学米氏父子,后乃用李成、董源、巨然法,造诣精绝,为一代奇作)。”崇祯四年曾作山水画册。

朱轩,字韶九,号雪田,朱国盛次子。明经。少学书于董其昌,学画于赵左。曾谓古人以画为写,必以书入画始佳。董其昌家多收藏,莫不私淑,故其画能兼众长。后又研究宋元诸家,人们说他有沈周的笔力、董其昌的名贵、赵左的天趣。有《松柏飞泉图》、《松窗高士扇》。卒年七十一。

朱衍,字椒林,一作蕉林,朱轩长子。工诗,山水仿倪瓒,历游闽、粤、燕、晋及塞外,而所作山水益进。著《交山堂集》。

叶有年

叶有年,字君山,上海人(一说南汇人,一说华亭人)。好画山水。探寻奇境,登临胜迹,足迹半天下,得江山佳丽之助,笔墨更趋精妙,董其昌、陈继儒都推重他。

晚年应肃王府聘请,至秦地,绘图筑苑,留为上客,名甲秦地八都。入清,归隐石笋里,年八十余尚吮笔不休。

曹扬廷

曹扬廷,字楚石。研习经史,精于医术,诊脉用药独有见解,救活多人,为董其昌所推重。

胡维璧

胡维璧,字国雍,上海人。工于真、草书法。神宗时(即万历年间,公元1573年—1620年)太后给高丽瓷青笺,命他书写《金刚经》,书写完成,奖赐有加。当国者要引用故尚书张电旧例荐用他,他坚决拒绝。

儿子胡训之,字无竞,传承家学,也善书法,廨庙颜额多出其手。孙子胡怀国,以医术闻名。

吴　泰

吴泰,字延之,上海人。诗文书法均精妙,为董其昌、陈继儒所推重。著有《研庐稿》,描摹董其昌真迹勒石成帖。精医,崇祯末被征入太医院为御医,后来归隐于松江的南城。

陈 裸

陈裸，初名瓒，字叔裸，后以字行，去“叔”字，改字诚将，号道樗，一号白室，松江人（一作吴县人）。喜读《离骚》、《文选》，游戏绘事，善画山水。画宗赵伯驹（宋太祖七世孙，字千里，其《江山秋色图》绢本着色，现藏故宫博物院）、赵孟頫，接轸文徵明，摹古人笔法毕肖。能诗，工楷书，晚年遁迹虎丘，以吟咏自适。万历三十六年（公元1608年）作岱岳秦宫扇，今藏故宫博物院。崇祯十一年（公元1638年）作山水扇。

冯习卿

冯习卿，华亭人，精于医学，求他医治，就有效果，人们用蔬果酬谢他。如果送以金钱，用药就不灵验。

他又工于吟咏，不轻易示现于人，所以人们很少知道他的这一技能。

吴 易

吴易，字素友，上海人，是董其昌门下士人，书画得其精髓，连董其昌看到也不能分辨是出于吴易之手还是自己所作。崇祯年间授为文渊阁中书舍人。董其昌在京师为官，率令代笔。后游四方，卒于粤地。崇祯十一年（公元1638年）曾作《硐户松涛图》。

王 仙

王仙，不知其名，华亭人。精于《易》术，人们将他看作仙人。有个无赖子弟要败坏他的《易》术名声，前来问卜道：“我有一物，想要移于其他处所，何日是好？”王仙道：“即日就可以。”无赖子弟听了王仙的回答，笑道：“我所占卜的是西林寺殿前的佛塔，您看可以将它移动吗？”王仙取卦再次查阅，回答与原来一样。当时正好有僧人募捐要将此塔移于佛殿之后，呈请当事选择吉日移建。他占卜的奇验大多类此。

宋世德

宋世德，号二怀，华亭人。精于儿科医学，他看病必定先看贫苦之人。著有《慈幼全书》。范濂为他作传。

儿子宋道昌，号如怀，也善于治疗危重病症。董其昌书“护诸童子”四字匾额赠给他。著有《幼科集要》。

宋氏子孙都传承医业。

王 清

王清，金山卫前所人。曾到泰山，遇云游道人孙道士，获授接骨秘方。回家乡试之，神奇有效。凡是跌打损伤，用其药一敷，即能治愈。如骨折，敷药后，可闻骨窸窣有声，三日康复如旧。王清去世后，其子王林、王林子王荣、王荣子王寿、王寿子王言，传承四代，人称“王接骨”。

李 蕃

李蕃（一作藩），字价人（一作介人），上海人（一作华亭人）。工于山水人物画，惜墨如金，不肯轻易作画。李待问《九歌法帖》、《东皇太一》诸像都出于李蕃之手。入清，曾于雍正二年（公元1724年）作《柳溪清话图》。

陈舜道

陈舜道，字重华，华亭人。父亲陈圣诚，诸生。陈舜道曾遇奇异之人授以治疗眼睛的药方，用此良方，治疗眼病，立即痊愈，于是传此医业。

他为人忠诚纯朴，有返还所拾遗金之事。他侍奉母亲十分孝顺，有时候还作小孩子啼哭状，以引得母亲高兴。母亲享年九十五岁。松江知府方岳贡请他担任乡饮宾，以“德寿”两字题额挂于他的堂屋。

儿子陈治典，字伯雍，名声尤其响亮。太仓王时敏眼睛患病，坐于深阁重帏中无法出来，常年请人治疗毫无效果。陈治典诊断为积寒未解，他开设药方，用火慢慢熏其双目，于是眼睛逐渐张开，三日后竟自己从帏中走出，大家都惊叹陈治典的神效。他性格磊落慷慨，子孙旺盛繁多，儒业和医业都有名声。

许实先

许实先，字名子，居西塔巷。年少时跟从史可法（史可法，1601—1646，崇祯进士，官至南京兵部尚书，后加大学士。清兵南下，他坚守扬州，严拒诱降，城破被执，不屈而死）游学。他喜欢读书，闭户著述。一天，他忽然决定放弃儒业，说：“天生我才，应当为世所用。”于是改习医学，著述医书数种，他去世后多散失而无可查考。

尤之均是他的外孙，也以医术闻名。

范 宏

范宏，字贯玉，华亭人，是范从勋的侄儿。年少读书，命运不佳，科举不利，因而放弃举业而传承堪舆家学，于是闻名江左。崇祯十一年（公元1638年），浙江提学王应华一向精于堪舆之术，特推荐他一起观察各陵墓的风水，他坚决拒绝。

他为人迁移坟墓，救济贫困，决断科名，到时都有灵验。有贫困不能安葬的人家，他百方劝勉，使人都乐意听从，安葬后他也不受酬谢，人们都称道他。

儿子范缵、孙子范甫霨，都以堪舆术闻名。

李中梓

李中梓，字士材，上海人。居南汇所城。李尚衮之子。李中梓为诸生时，有诗文名声。因多病，自学医书，于是以医术闻名于世。白下姚越甫因儿子患肺病而担忧过度，忽然得病，双目失明。李中梓诊断道："这是传尸（中医称肺结核症为传尸），可以治疗它。"用药后，姚越甫大便解下如小老鼠状虫三枚，两头尖者有数枚，身体才康复。鞠上舍患抑郁症，身体蒸热如焚，每天胡言乱语，且有幻觉，李中梓诊为肝脉沉，说："这叫离魂，因体魄虚弱，魂不能藏，于是魂离身体，飞越于外。应当急救肺金的燥热，则使魂归来不是难事。"经他用药，病即痊愈。金坛王肯堂，也精岐黄术，年八十，患脾泄，群医都以年高体衰，就投滋补，结果病势加剧。于是请李中梓诊视，李中梓诊毕，对王肯堂说："公体肥多痰，愈补则愈滞，当用迅利药荡涤之。"李中梓用巴豆霜下痰涎数升，王肯堂之疾顿愈。

中年后，他普遍探究前辈名医的医术，传承费隐老人的医学，六十八岁去世。著述丰富，有《删补颐生微论》、《雷公炮制药性解》等。

同时的金时揄，字仲材，精于医方之术，与李中梓齐名。

李中梓儿子李葵，康熙十五年（公元1676年）恩贡。

顾开熙

顾开熙，字蒙生，青浦人。祖先居于簳山。年少聪明好学，为诸生，松江知府方岳贡十分器重他。中年患病，阅读医书有心得，于是跟从李中梓交游，将他不轻易向外传扬的医术全部习得，用以治疗疾病，有神奇效用。别驾张宪仲夫人刚分娩而突然气绝，将要给以含殓（含，即含玉，古代贵族丧礼，把玉物放在死者口中叫含玉。殓，给死者穿着入棺），顾开熙命侍婢摸其胸，还有温暖之感，于是连忙抉开其口用药灌入，随即苏醒。学使胡在恪有老毛病，一旦发作则腹痛呕血，众医对此束手无策，而顾开熙投一药剂,随即痊愈。他治病神效大多类此。

顾开熙志在救济他人,从未为己谋取私利,所以远近之人都称道他。享年六十三岁,所著之书详见《艺文》中。

儿子顾衡,康熙十五年(公元1676年)恩贡,廷试第一,有文名。

傅廷彝

傅廷彝,字禹叙,上海人。居六灶。善于书法,是董其昌高足,八十余岁还能作蝇头小楷。

徐 锦

徐锦,字悦生,陆家行人。隐于医术,与莫秉清相友善。莫秉清的一位亲戚得了肺痨病,请其他医生治疗,给左肩针刺即胸闷而气绝,针也不能拔出。莫秉清叫他们赶快请徐锦治疗,徐锦拿了针,针刺右肩,于是拔去左肩之针。又拔去右肩之针,此人之病如同消失了一般。

又有一种针法堪称绝妙。若有人突然死亡,而有尚未了结之事须当面叮嘱,徐锦即用针刺某穴,使暴死之人立即苏醒,等他当面叮嘱结束,抽去针即气绝。

他临死之时将此针法授给自己选中的徒弟,说:"我死了以后请注意不要给我针刺。"等到徐锦死了以后,徒弟仓猝之间忘了戒言,急忙取针给徐锦针刺,结果徐锦没有苏醒,后来又试其他人也没有效果。

徐锦已经去世,有位邻居妇人吃鸡蛋过饱,过了一天后发病了,医药无效,她的丈夫梦见已经去世的父亲邀请徐锦来治疗,徐锦说:"这是饮食鸡蛋过度所致,应当煎淡豆豉(用豆经过蒸煮发酵制成的食品)服食。"这妇人用此法而病愈。

徐锦没有儿子,他去世以后,留下老妻独在。每当她困乏无奈之时,必有人叩门来赠送钱米,说:"徐先生看好了我的病,今天送您一点米。"

徐锦也能写诗,著有《澹轩杂咏》、《浣心草》。

王 焕

王焕,字斐公,华亭人。工于山水画,得辋川嫡派,董其昌推重他。隐居村巷,不染世尘,当事者购求他的画作则不应,说:"我不愿做侯门的画工。"

著有《自怡草》三卷,享年九十八岁。

李　绍

李绍，字承芳，华亭人。他绘画喜欢仿效黄公望，陈继儒赠诗说："诗在大痴画中，画在大痴诗外。却好二百年来，翻身出世作怪。"

周　官

周官，字伯元，上海人，是御史周洪的六世孙。幼年学习举子业，因父亲去世，家境贫困，于是放弃科举，从事医学，各医方书籍都洞彻通晓，而保婴之术尤为神妙。他禀性孝友，品格端方严肃，人们都将他看作长者（谨厚有德之人）。崇祯年间御赐札子（官员上奏所用的文本）及冠带以彰荣显。八十岁去世，著有《痘症汇纂》等书。

儿子周景荣，诸生；周景新、周景闵，传承医业。

褚士宝

褚士宝，字复生。膂力过人，家境富裕，游学四方，无艺不习，尤其专长于枪槊（戈矛一类武器）及手搏两技。与毕昆阳、武君卿齐名。

福王南渡（公元1645年），褚士宝由兵部员外郎何刚推荐授伏波营游击，尚未上任而南京陷落，于是终老于家。

所传弟子有王圣蕃、池天荣二人，池天荣又传于浙江提督乔照。

潘　铁

潘铁，浙江人，幼年时被倭寇掳掠入日本。他禀性乖巧灵活，在日本十余年后逃归，侨居松江。善为凿嵌金银倭器。同时的张肇周也以善于治银闻名于世。

王　常

王常，号烂轩，江西人。他的父亲即罗龙文。他避居上海五十年，工诗善画，尤其善于铸鼎。

张尔葆

张尔葆，初名联芳，字葆生，号二酉，松江人。任扬州司马。舅氏朱石门多收藏古画，张尔葆得以朝夕观摩，才弱冠即闻名画苑。初以写生入能品（古代把书法绘画按工拙分神品、妙品、能品三等），后工山水，与李流芳（字茂宰，又字长蘅，号擅园，歙县人，侨居嘉定，与唐时升、娄坚、程嘉燧合称“嘉定四君子”。工诗，擅书法，又能刻印。有《檀园集》）、董其昌齐名。女婿陈洪绶（清代南汇人，字息巢，工四体书、篆刻及长短句）自幼及门，颇得其画法。

胡　德

胡德，字懋修，松江人。与申韩学游滇，自号五器先生。笔墨、印章、剑戟、筝笛、牺罇、葫芦之类，莫不修整。倦游寓一真院，称苍山老客。钱用尽则仿宋、元名画，卖钱沽酒。画作间有题词，奇横峭雅，皆警世之言。

傅　清

傅清（一作傅青），字仲素；或一名汝清，字功素，华亭人。有至性，以母疾茹素终其身。好读书，每画必焚香拜其缣素而后落墨。所作花卉、禽鸟，萧森淡远，点染欲生。绘莲花多用金碧。

蒋　蔼

蒋蔼，字志和，华亭人（一说虞山人），天启、崇祯年间人。善画山水，效法沈士充（华亭人），苍劲多用渴笔。规摹唐、宋皆能神合。陈继儒题其画卷云：“自唐、宋、元名家，皆撮其精微，染于毫端，岂惟气吞时流，即董宗伯（其昌）见之，几下卫夫人（卫铄，字茂漪，汝阴太守李矩妻，工隶书。钟繇云：“碎玉壶之冰，烂瑶台之月。婉然芳树，穆若清风。”王羲之少常师之）之叹。”蒋蔼曾言，画家一要人品高，二要师法古。

胡文明

胡文明，居松江。按古式制彝鼎尊卣之属极精，价亦甚高，誓不传他姓。

孙鼎徵

孙鼎徵（一作孙鼎微），字调宰，号泖渔，松江人。崇祯间避居浙江临海。能诗，善画。儿子孙荣期、孙安期，均善诗画，人比之小米（米友仁）。

唐　醻

唐醻，字去非，南汇人。好静，居闵行玉笙楼，屏迹不出二十年。善绘花鸟，尤工水墨牡丹。

何三杰

何三杰，字士律，号忆岩居士，上海人。善山水，兴酣落笔，逸趣横生。晚年益精进。侄子何万仞，字君三，书画有心得，惜早逝。

叶竹泉

叶竹泉，流寓上海。好竹，植竹数竿，独吟哦其下，每兴发辄呵笔濡墨，胸中奇气，一于画中发之。风雨晦冥，枝叶下上，横斜纵直，鸾翔凤舞，变化百出，莫窥其妙。

沈 政[注]

沈政，字文正，上海人。永乐年间，丁文膺推荐他为太医院士。明成祖鉴定他为忠诚之人，升为御医，晋升为迪功郎。

沈 亮

沈亮，字克明，上海人。禀性孝友。精于医学，无论贫富，必真心实意地治疗，直至治愈为止。晚年须发重新变黑，又长出了新牙，脸色如孩童。享年八十九岁，无疾而终。

乔 镇

乔镇，字孟安，上海人。诸生。以医术闻名。

他偶然看见被抬着的棺材中有血从缝隙流出，经询问知道是贫苦人家的妇女，分娩时三天生不下孩子而死，便说:“可救活她。”于是打开棺材，向这妇女灌以汤药，用艾草烧灼她的肚脐，孩儿“哇”地一声生下，是个男婴，那妇女也很快苏醒过来。当时人们将他看作神仙。

他的后嗣世代为名医。

蒋传贤

蒋传贤，上海人。精于琴棋。游历天台、齐云、庐山诸名胜，他的技艺更加精湛。享年八十岁。

注：沈政至张兆元，均为光绪《松江府续志·艺术》补遗人物。

王　略

王略,字禹功。画山水,效法董源和巨然。儿子王隽,字礼石,绘画效法黄公望。

龚云鹏

龚云鹏,字扶摇,自号二痴道人,画山水师承曹知白。

龚云鹏门人施予厚,字樵峰,善于摹仿宋、元名家,间或自出新意,画艺更显精妙。他之后有顾吴颖,字圣林,黄石,字汇万,皆为岁贡生,都工于山水画。黄石尤其得到二米(指宋代书画家米芾及其儿子米友仁)、房山(高克恭)绘法。

又有诸生陆张湘,字文绮,陆崇,字书常,都善画禽鱼花鸟。

艾元美

艾元美,上海人。精于医学理论,亲手校对大量医书。

儿子艾可久,已经富贵,仍徒步为人治病,毫无倦色。

邢国美

邢国美,字东凡,上海人。善画人物,得吴小仙笔意,当时人们把他的作品看得十分珍贵。他尤其爱好吟咏,以诗闻名。

张兆元

张兆元,字完赤,上海人。世代从事儿科医学。论述阴阳五行相生相克的道理,变通精妙的医理。每时每刻有人来向他求诊。崇祯年间,推荐他任太医院吏目。

儿子张尧时,孙子张禹功,都传承他的医业。

黄　鉴[注]

黄鉴,字明夫,华亭人。从小致力于钻研经义,诗文都有精湛的造诣。学识越来越渊博,家境却越来越贫困,到三十岁尚未娶妻。进士李萱爱慕他的人品,有女儿已二十七岁,便嫁给了他。嫁奁十分丰厚,黄鉴将其全部返还,只靠妻子纺纱织布以佐助一家生活。

注:黄鉴及以下十多人为隐逸者。

晚年结茅屋于簳山，取名为“八峰小隐”，游晚栖息其中。逢百花盛开的早晨或雪花飘扬的晚上，则赋诗酌酒为乐。年届八十，有司嘉奖他的贤良，以养老的惯例供给他衣食。部使者准备了金币聘请黄鉴与其（指部使者）父母来往，黄鉴拒绝不受礼物。

从此关闭门户，静坐一室，海内名士欲求一见，皆不得应允。

黄鉴所著有《山樵传说》。九十六岁去世，门人钱福为其作传。

李　年

李年，字成之，自号一樗子。年少时不喜欢钻研古书的章节和句读，只致力于先秦两汉的文章。他开门设馆，教授生徒。明英宗被虏，李年正锄耘于园圃，闻此消息，哭泣一整天，有“沙漠无消息，山河未奠安。草茅承食养，灯下泪汍澜”之作，有见识的人称赞他隐居而不忘君王。

李年个性安静缄默，终日端坐，暑天不用蒲扇，寒天不烤火炉。待人则和悦敦厚，与诸生讲解，分析详辩，希望有所得益而后已。

享年六十八岁。去世之日，召集门生弟子示以善终无憾之意，并对儿子说：“人道以忠孝为本，这些道理，都载于经传中，平时我已十分完备地教给你了，你要努力实施，不要轻视。”他临终之际仍很宁静。

学士钱溥与门人曹云龙等商议谥号，说：“无愧身心，不妄言行，势利不能改变他的情志，诗文足以传于后人。实在是位有道的隐士。宜合东野的贞曜、渊明的静节。”因而私谥为“贞静先生”。

他所著有《一樗子集》。

顾　听

顾听，其祖先是吴郡人金粟道人阿瑛，与倪瓒诸名士在峰泖交游，在青龙的新江乡有几间别墅，到顾听就移居在那里。

中弘治十七年（公元1504年）举人，授建昌郡丞，以慈善廉洁著称。

不久弃官归来，结茅屋而居，名为“孤松小隐”，足不入城市达三十年之久。贫困无米下锅，于是集生徒数人教授，自己还亲自劳作田头。去世之日，只有破书几卷、布袍竹杖而已。

沈　耀

沈耀，字徵德，祖先是华亭人。他少年时为诸生，喜欢古文词，广泛收集各种书籍，日日购买，月月搜求，不断抄写，寒暑不辍。家境一向贫苦，花费大半用于收书。生性不喜欢与人交往，只与张世美、徐献忠、何良俊及其弟何良傅情投意合。

他筑室于松江，构建小亭，四面种植花竹，唐六如题匾为“雨兴”。每天与几位好友活动其中，讨论经史，陈说古今。遇到知己好友有不平事，则激昂奋起。喜欢下棋，善于写诗，书法也优美。

姚　章·姚　云

姚章，字尚絅，上海人。少年时轻视科举学业。作诗有陶渊明、谢灵运之风，书法仿效黄庭坚，所作草书以侧险取势，纵横奇崛。曾游学荆溪、阳羡间，爱其山水清秀幽静，于是移家于此。后来又到采石矶的红木山买地数亩，筑屋而栖息。八十四岁去世，葬于山脚。嘉靖年间，观风使者陈九德以逸民（避世隐居之人）表彰他。所著有《玉崖集》十卷。

侄子姚云，字时望。家贫仍不忘求学，言语信实。县令郑洛书兴办社学，以礼聘请他为师。郡中修撰《武宗实录》，姚云作为山林之中的渊博之士参与修撰。所著有《竹斋集》，藏于家。

陆　郊·陆应阳

陆郊，字子野，吴县人，寓居华亭。神情高朗，喜好古典，尽力学习，是陈氏女婿。陈氏临终时，命其儿子与陆郊平分田产，陆郊携带家人避居村落，即使衣食不周，也不回去。洒脱高昂，有梁鸿（梁鸿，东汉扶风平陵人。字伯鸾，家贫好学，不求仕进。娶同县孟光。后夫妇同入霸陵山中，以耕织为业。梁鸿因事过京师，作《五噫歌》。后避祸去吴，为人舂米，既归来，孟光为之备食，举案齐眉）的志趣。每天只是读书作诗，间或临摹古帖以自娱。

嘉靖三十五年（公元1556年），直指（官名，也称直指使者，是朝廷直接派往地方处理问题的官员）尚公巡视下情，向方伯莫如忠探访人才，莫如忠说：“有位陆子野，他作的诗像孟襄阳（孟浩然），写的字像颜平原（颜真卿），人品像王孺仲（王守仁），真是一位高士啊。”于是尚公谦恭问候，邀陆郊进入官署。陆郊穿着田野之人的葛布衣服，踞坐于官府上座，人们更加敬重他。

陆郊年轻时就有风痺之病，中年经历倭寇之乱，而与同辈往来唱和，不用诗筒（以竹筒盛诗，便于传递，称诗筒）。所著有《子野集》。四十四岁去世。临终时，命其儿子陆应阳歌唱王维之诗，仿佛冥冥之中两人有相合之处，而没有说及其他事。

陆应阳，字伯生，少年之时就才气出众，试补诸生，后受人牵累而去除学籍，从此绝意仕进，致力于出外交游，颇有名声。起初学士黄洪宪待陆应阳为重客，后来相国申公、许公也谦恭地与他交往，监司、都邑大夫无不登门拜访听取他的见识。陆应阳风貌清奇古朴，诗文超凡卓绝。他建议修复孔宅，又提议扩建府城，富有筹划才干。所著有《鸣雁》、《采薇》、《陆萍》、《香林》、《桃源》、《河上》、《荆门》、《白门》、《武夷》、《五茸》、《笏溪》、《问雪》、《怀旧》等各游览诗草，共二十三种；又有《广舆记》、《樵史》、《唐诗选》、《太平山房诗选》刊行于世。八十六岁去世。大司马申用懋为其撰写墓志铭。《露书》:"陆伯生作诗，首首有鸿雁字，章元礼因呼为'陆雁'。"陈田认为陆伯生善画，亦自矜其诗。《明诗纪事》收其诗二首，其《岁暮东归道中志感》有"自叹飞蓬迹，羞言志四方"之句。

张　昉

张昉，字元昃，华亭人。家贫，好学，不亲近势利。侍郎董传策爱慕他的人品，以币帛招请他，他坚决拒收礼物。董传策亲自去拜访他，但他不予回访。居于城南的破旧房子里，取名"蚊蜨巢"。儿子长大后因贫困不能娶妻，他便卖掉了自己的住房，妻子不堪凄凉，责骂不已，因而十分窘迫。雇佣一名僮仆劳作，每天所得粮食仅能供张昉早晚所食。后来僮仆去世，家庭更困苦，陈继儒为此向道院借了一间房子让他居住，大行（接待宾客的官吏）陆彦章每年供给他粮食，最终去世于道院中。

人们传颂他的题画一绝："挈罂（古代盛流质的陶制容器）坐钓秋江湍，沽酒容易得鱼难。世间好物不在速，三尺鲈鱼晚上竿。"同时有位名叫孙得原的经常与他书信来往，称为神交。孙得原居于东郊，有半亩空地都种草药，常吟咏其间。腿有毛病，常乘一匹驴子出去，市集中的少年见了他就戏弄侮辱，孙得原假装不听见。回到家，他的儿子将他从驴子背上扶下来。宋旭画《荷父图》赠送给他。他精于篆书隶书，笔画连绵不绝，有山水情趣。学宪（学官名，即学政）冯时可曾为张昉、孙得原立《二布衣传》。

张允孝

张允孝，为县学生员。有志向但命运不好，竟因病致残。改名为张初，字太初，一字子游，人称贞白先生。他年少时拜文徵仲（明代长洲人，翰林待诏，书画兼佳，独步一代）门下，精于六书，擅长诗词。也善于绘画，从薛方山游，遂得画理；璩君瑕是他的弟子。行草宗王羲之。兼精篆刻。

晚年居住于沙冈墓庐（墓旁庐舍），取名为“枫庵”。家境日益贫困，有时甚至到揭不开锅的地步，但他绝不外求，四十年不入城市。陆树声与他同窗，常称他为“云间伯夷”。他老而好学，手不释卷。年逾八十，自撰生圹（生时预筑的墓穴）墓志铭。最后因贫困而去世。

李焕然

李焕然，字子文，上海人。是长史李伯玙的曾孙。天性孝友，富有藏书，学识渊博，无所不通。石湖吴稷是他的女婿，曾推重他说:“我读的书不及岳父十分之一。”当时人称书簏。

他绝意仕进，教授同乡儿童，祠部张烈、司马蔡汝贤都是他的高足弟子，同时乡试中举，又进京考试登进士第，与周思兼结社，以道义相勉励。

孙子李逢申，嘉靖三十八年（公元1559年）中进士。

周绍元

周绍元，学宪周思兼长子，字希安。早年父亲去世，刻苦攻读，学业日进。二十岁苦于疾病，于是闭门学诗歌。因为身体多病，家业中落，贫困日甚，破窗不避风雨，短褐难御冰霜，但他豁然自得，毫不介意。年未五十而须发皓然。个性极其孤傲，又甚愤世嫉俗。曾面部发红，皮肤高低不齐如棱角相叠，令人害怕，不敢挨近。但人们谅解他的坦率忠诚，时间久了便不再害怕。

他擅长八分书（也称分书，字体似隶而体势多波磔），精于篆刻。与弟弟周绍节十分友爱，两人去世之时只相隔六日，写挽联的人有“递逾花甲将同老，并断人琴总半旬”之句。所著有《贵我编》。

周绍节

周绍节，字希允。十岁丧父，其哀伤之情感动前来吊祭的客人。补为诸生，两次于科举考试中失利。

三十岁时，得了奇怪的疾病，于是谢绝科举考试，打扫一室，住于其中读书著述。

他概述历史上的治乱规律，所著之书，论述兵农水利与救荒赈贷，分条议论利弊，观点可谓中肯。平时喜欢吟咏，唱和陶渊明之诗。常痛惜学宪（学政，教官）多为清名大儒，但不能长寿，他探讨他们的遗文，汇集成册，以便传世。又追溯理学渊源，著有《鹤城正学传》。

他念母亲张宜人教督深恩，及妻子李孺人侍奉自己病体劳瘁而过早去世，极力报恩二党（母族亲戚和妻族亲戚），坚持祭祀守坟，到老不再续娶。

他与兄长周绍元友爱，终生情谊不变。

周绍节有莱峰书屋三间，陈列祖先遗书，每日安居其中。因为多病，很少外出。于空地种植梧桐竹林，凿池构建凉亭，人称“灌园叟”。享年六十七岁。

陈继儒为他作赞道：“口无疾言，腰有傲骨。学道尊生，著述是务。言言名教，字字药石。寡悔寡尤（很少有懊悔与过失），匪朝伊夕（不止一日）。千秋孔庑，请虚公席（千秋文庙祭祀，请给周公留一席）。”

乔士琰

乔士琰，号仲余，精通医术。平生退隐田野山水之间，潇然于尘世之外。豪门大户，如不是去看病就不会涉足。他不轻易许诺。言行皆遵循礼法，志在改变末世之风俗，海上称他为中流之柱。

年轻时曾远游，途中遇到一位富家子弟死去已有一天，经他医治竟起死回生，富家子要以百金酬谢，一时拿不出这么多钱，想把田地赠给乔士琰，乔士琰说：“不能给我，我因可怜你枉死于道路旁边，所以给予医治，这难道是为了取得你的财货吗？”最终坚拒不受。

晚年手不释卷，好学不倦。在祖坟旁筑一个墓穴，生前便撰写好墓志铭。

儿子乔引法，少年好学，改注杜甫律诗，按纲目编辑宋词。推究性命事物之源，多方发挥，著述理学，共有数百卷之多。病重时仍不辍探究事物的义理。当时人们为其未酬志向而痛惜。

谢　氏[注]

谢氏，出生于泖上大户人家。明开国之初遭满门抄斩，将谢氏配给象奴（翻译役

注：谢氏及以下为贤媛，基本按崇祯《松江府志》排列，插入少数增补的。

吏)。谢氏骗象奴道:“待我祭祀亡夫后才能随从你。”象奴信以为真。谢氏携带酒饭到武定桥哭着祭奠,赋诗道:“不忍将身配象奴,自携麦饭祭亡夫。今朝武定桥头死,一剑清风满帝都。”随即自刎而死。

俞妙观(张文通妻)

张文通妻子俞氏,名妙观,是上海高昌乡俞奂昭的女儿。自幼聪明,善于女红。成年后嫁给张文通。过了五年,张文通得了肺病,俞妙观顾不上梳妆,认真操持汤药,昼夜不停,神色显得十分忧戚。一年后,丈夫病重,问道:“我将死了,你年轻无子,能寡居不嫁吗?”俞氏流着泪说:“我听说在家从父,嫁后从夫,夫死从子,这是妇女的大节。父亲命我侍奉丈夫,如有不幸,又没有子息,我将从谁呢?愿从夫于地下。”张文通半信半疑。

张文通死去,俞氏哭得昏死过去,好久才苏醒过来。这天夜里,俞氏上吊而死。公婆及族人做了个大棺材,将俞氏与张文通同殓,以实现她的志向。乡里的士人称道她的贞烈,都写诗悼念她。当时是永乐三年(公元1405年),俞氏二十六岁。张文通的弟弟张瀓将此事告诉有关官员,上报朝廷。正统三年(公元1438年),官府表彰张文通家为贞烈之门。

宋寿贞(钱岐妻)

宋寿贞,华亭萧塘人,是监察御史璪的女儿,嫁给了钱学士的第二个儿子钱岐。钱岐通经学古,但屡次科场失利。宋寿贞也知书达礼,侍奉生病的丈夫三年,毫不懈怠。丈夫去世,她丢下两个女儿上吊自杀;众人把她救活,但她誓不欲生,于是绝食而死,年仅二十五岁。有关官员上报她的事迹,诏命旌表其门曰“贞烈”。从父宋瑛为她作传。

御史陈炜作诗赞叹:“玉堂子妇台臣女,三十夫亡亦无子。花颜憔悴怨情多,自分生存不如死。忆得从前初嫁时,朱陈门地(白居易《长庆集·朱陈村》诗:“徐州古丰县,有村曰朱陈。一村唯两姓,世世为婚姻。”故“朱陈”后亦用为缔结婚姻之词)两相宜。雍雍琴瑟和鸣处,涧草池芹雨后滋。灯火辛勤过十载,夫婿尪羸(瘦弱)妾心骇。钗环不惜买良医,露祷曾祈此身代。谁料多才妒鬼工,长松一夜摧天风。丝萝(菟丝和女萝,均为蔓生,缠绕于草木,不易分开。诗文中常用以比喻男女结成婚姻)已负生前愿,鱼水还应地下同。恻恻何心向人世,水粒连朝不知味。谩道从容就义难,谁知烈妇捐生易。我昔观风淞水滨，双垣屹立为何人。君不见，东邻妇，朝着衰麻（丧服）暮歌舞。又不见，鄙丈夫，眼前富贵偷生取。他时买葬九峰巅，莫近钱家坟上土。”

彭通妻

彭通的妻子，不知道她的姓氏，是朱泾人。彭通家境贫困，是一名运输货物的兵士，成化年间去世。他妻子靠行乞借贷做了个棺材，将丈夫的遗体火化了，然后归家自缢而死，为夫殉葬。知府王衡听闻此事，用自己俸禄安葬她，且亲自撰写文章悼念祭祀，在她墓边立石碑表彰。王衡将要上报她的事迹，但适逢离任而未果。同乡士人王良佐等都写诗歌颂她。

节妇某氏

节妇某氏，上海人。出嫁后，丈夫患风癫瘫痪不起。公婆担忧儿子去世而儿媳回去，图谋将她改嫁给小儿子。某氏发觉，秘密告诉丈夫，丈夫哭泣而遣送她回娘家。她回娘家后暗中缝制丧殓衣被。

丈夫去世，父母不告诉她。因风俗忌讳恶疾，丈夫的遗体不合棺盖露置水滨。某氏听到这消息后，拿了一盂饭，煮了一只鸡，偕同自己的妹妹来到丈夫停棺之处，抱尸体洗浴，然后给尸体穿衣盖被，再合上棺盖，予以祭祀。祭毕，与妹妹诀别，即用衣巾蒙面投水而死。可惜不能传其姓氏，张汝弼撰述了她的事迹传略。

顾　氏（李宾阳妻）

顾氏，李宾阳的妻子，上海顾定芳的女儿。嫁到李家三年后丈夫去世，又经过四个月生下个遗腹子。她哭着说：“先夫已有了后代，我可以死了。”于是将这遗孤托付给兄长顾从礼，然后绝食而死，年仅二十一岁。督学赵镗、县令喻显科表彰她的门庭。

瞿　氏（胡汝任妻）

瞿氏，胡汝任的妻子，太守瞿霆的孙女。当时倭寇作乱，乡里老妇言及村落妇女受辱之事，瞿氏发誓道：“我如果不幸遇到倭寇，只有一死而已。”

后来她在奔逃中碰到倭寇，心知不免受辱，从众人中奋起跳入道旁河中，婢女拉她不起，最终溺死。

孙　氏(沈思道妻)

孙氏,孙鹗的女儿,嫁给嘉定沈思道。沈思道病重将死时,她发誓相随从于地下。沈思道尸体放入棺材,孙氏拿刀自刎,被人阻拦未死。家人日夜守护她,她暗中吞针服毒,百计自残,经过一年终于自缢而死。嘉靖九年(公元1530年)朝廷诏命表彰其门庭。

周　氏(蔡应奎妻)

周氏,蔡应奎的妻子,青浦人。丈夫犯罪而死,家庭贫困没有依靠,她的婆婆强迫她再嫁,因而她抱了女儿投河而死。

李　氏(沈默妻)

李氏,练塘名家之女。及笄(女子年满十五为及笄)之年,嫁给小蒸的秀才沈默。刚结婚三个月而丈夫去世,继婆母逼她再嫁,手段十分残酷。一天晚上沐浴后,她取衣打结自缢而死,与丈夫合葬曹坟东。

张　氏(韩洪谟妻)

张氏,文学(官名,犹如教官)韩洪谟的妻子。嘉靖三十三年(公元1554年)倭寇攻击松江进入她家,韩洪谟穿戴儒生衣冠打拱作揖迎接,意欲劝他们不要滥杀无辜,但尚未启口说话而倭寇屠刀已将他脊骨砍断了。张氏哭喊上前,也被执持,子女号哭救母,都被杀戮。

两天后,里中收殓尸体,见张氏左臂已受三刀,但仍坚持抓住下身衣服不肯解开。父老都说:"刚烈而悲惨从未有过像韩氏一门这般程度啊!"

当时东城角有一位陆野塘,他的妻子也守节不屈而死,人们歌咏道:"青血流天地,丹心照古今。野塘岩下土,一日遂知名。"

陶　氏(陶应奎女)

陶氏,南门四十保人,陶应奎的女儿。因贫苦而尚未出嫁。倭寇入犯,她与母亲一起逃跑躲避。被倭寇追及,于是就沉入河中。母亲将她拉上岸,她说:"女儿不能照顾父母了。"说罢投入深渊而死。她的邻居张氏是桶匠张经的女儿,听说陶氏死讯,叹息说:"哎!她死得其所啊!"之后倭寇进入她家,她也投河而死。

王 氏（夏世勋妻）

王氏，文学夏世勋的妻子，居于叶谢（榭）镇。嘉靖三十三（公元1554年）年夏天倭寇经过此镇，夫妻俩奉侍母亲、偕同弟妹一起乘船而逃，倭寇在浦江将他们拦截。王氏对小姑（丈夫的妹妹）说："我们两人义不可辱。"两人手挽衣袖一起投入河中。夏世勋与其弟都被杀害。

赵 氏（李之叶妻）

赵氏，泗泾居民李之叶的妻子。嘉靖三十三（公元1554年）年五月，倭寇到达，家人逃散，赵氏单独往南逃跑。抵达官泾桥，被倭寇追及，她心知无法逃脱，投入水中，水浅不能淹死。倭寇揭开她的衣服逼她顺从，赵氏闭目大骂而死。

张 氏（谭三妻）

张氏，浦南化成庵居民谭三的妻子。嘉靖三十三（公元1554年）四月，为避倭寇而出逃，倭寇追上想要奸淫她，她坚决不从，在河岸边被杀害。

朱氏二女（朱明辅妹）

浦南朱氏的两个女儿，是文学朱明辅的妹妹。倭寇临境，父兄携带她们逃跑，抵达瓜泾塘，被倭寇追及，她们与婢女秋香一起投河而死。两天后，父亲于沙冈口获得三具尸体，手都还抓住衣带没有解开。秋香姓张。

焦 氏（朱焕妻）

焦氏，文学朱焕的妻子，居于浦南。与家人一起躲避倭寇到达黄浦，被倭寇追及，朱焕独自扶持母亲逃离。焦氏被倭寇抓住，与儿媳唐氏一起投河。倭寇发怒，用刀刃将其乱刺而死。两位儿子朱懋信、朱懋谦也都遇害。

张氏妇（张仲珍妻）

张氏妇，泗泾人。倭寇来到，丈夫张仲珍逃离，她被倭寇抓住，不愿受辱而死。

陆氏妇（陆台兰妻）

陆台兰妻子，七宝镇居民。倭寇来到而出逃，被抓住而不肯受辱，投桥下而死。

史官张鼐说：我为陆氏等十位节妇作传记，使后人有所闻。当其困苦急迫而临难,抗击兵刃,伤残肢体,凛凛然处于死地不肯失节,且无暇考虑义理,哪里会留意身后名传史册啊!如果为了扬美名而死,则义理的分别太明确,而计较利害轻重之心牵制越重,又怎能在顷刻之间壮烈地就义如归呢?士人在危难之际授命上刀山下火海而不悔者,世人多乐道其事,然而千百年来不能书写其十之一二,这是什么原因呢?莫非其名声不足以维持人吗?妇人女子不依名节义理而直依其本性,故有百折不挠的完整气节,然而名声不能进入女子行列而贻误丈夫。唉!行丈夫之疑者那是女子,而弘扬女子的信义才是真正的大丈夫啊!至于能否称得上刚正不屈的节操之名,我何必去论述了。有人说,传扬她们的名声以风化世俗。

三烈女(包氏等)

三烈女,都是上海人。其中一位包氏,还有两位不知其姓氏,大概是包氏的婢女。包氏聘于钱家,到二十岁还没有出嫁。她容貌美好秀丽。正逢倭寇作乱,家人奔窜,遗留三位女子在后。倭寇追上她们,相距还有百步许,包氏先投入水中,还有两位女子也跟从投河。正沉浮之际,倭寇伸长戈柄给包氏,好言劝她上岸。包氏不顾,直往深水处。倭寇发怒,用戈刃刺她,两位女子争着以身掩护她,于是一起遭重创而死。

王　氏(何四妻)

王氏,何四的妻子,琴村浜居民,从小善于弹琴。嘉靖年间被倭寇俘获,她义不受污,被贼寇刺杀。尸体浮于河中,经过三天,父母收其尸体,两手还紧握裤带。

倪　氏(倪捕爵女)

倪氏,高桥倪捕爵女儿。倭寇侵扰上海,倪氏与嫂子一起奔逃,突然遇到倭寇。倪氏见嫂子被抓,就投水自尽。倭寇用长戈将她捞起,劝她服从,她以死抗拒。倭寇发怒,拉扯她两腿以分裂其尸体。

高　氏(谭应礼妻)

高氏,谭应礼妻子,住在华亭十保。倭寇突然入侵洋泾,捉住高氏及两位仆妇,要奸污她们。高氏骂不绝口,于是被杀害,砍断四肢。两位仆妇也赴水而死。事迹上报,奉旨旌表高氏为"贞烈之门"。

张　氏（莫隐妻）

张氏，莫隐的妻子。十九岁嫁给莫隐，过了一年莫隐病故，张氏悲不自胜。焚烧丈夫衣被时，她连忙投身烈火之中，被人拉出，又以身遮蔽棺柩，决计殉节，随即绝食。父母公婆劝慰她，她表面答应，但不肯吃药，不愿进食。家人知其终究不会改变志向，就不再勉强她。

经过十天，她暗中对侍女说："人六七天不吃食物即会死去，我绝食十天还活着，为什么呢？"侍女不理解她的意图，回答说："依赖饮水。"她随即不喝水。于是很快五脏毁裂，停止呼吸，终于死去，但脸色像活着时一样。

从叔张如忠为她作传，奉旨表彰。

陈　氏（沈槐妻）

陈氏，沈槐的妻子，琴村浜人。未出嫁而未婚夫去世，要前往祭奠，遭父母阻止，最终自缢而死。

唐　氏（唐本尧女，陈允正妻）

唐氏，大参（官名）唐本尧的女儿。嫁给太史陈懿德的儿子陈允正。生了一个儿子，陈允正去世。过了一年，儿子又夭折。此时陈懿德也故世。唐氏请示了父亲，自己营建坟墓事毕，忽然沐浴更衣，告诫女奴说："我困了，要休息一会儿。"命女奴出去。然后她关上门书写后事完毕，于是自缢而死。打开她的箱子，凡是殓葬所需的物件衣被无不齐备，衣带间写有"夫妇同葬"四个字。

万历年间朝廷建牌坊表彰她。

罗　氏（刘大章妻）

烈妇罗氏，刘大章的妻子。倭寇攻破青村被擒，她投河而死。刘大章后来娶陈氏，生下儿子刘希运。父亲生病，他割大腿肉煎汤予以治疗，母亲生病他也如此，父母都痊愈。孙子刘国翰也割自己大腿之肉治疗祖父之病。

俞思冲题字表彰他家门庭为"烈孝传家"。

陈　氏（邢应凤妻）

陈氏，十七岁嫁给刑应凤，生下两个女儿。丈夫去世，她坚志守节。

邢应凤二弟平素品行不端，想要占有陈氏，陈氏以死自誓而拒绝。二弟后来暗中接受海上某姓聘礼，谎称陈氏母亲生病骗她回去探望。夜里停船于浦口，才讲明真相，随即进献簪珥请她改嫁，陈氏痛哭不从。二弟于是唤出潜伏的轿夫，要强逼她前行。陈氏测度不可逃脱，假作温和之语道："事情既然已这样，我也无可奈何，然而从未有妇人再嫁而瞒着公婆子女的，你们前去告诉我婆母一声以作告别才可。"二弟一行人信以为真而离去，陈氏随即抱起所生幼女跳入黄浦而死。

事情上报，松江知府臧继芳同情她异常的节操，处罚了二弟的罪行，表彰了她的门庭。

邢应凤去世时，陈氏所生长女刚满十岁，朝夕悲痛号哭，两年后死去。她瞑目时还痛苦地叹息数十声。焚烧她的尸骸时，胸部都有淤血，肠胃都溃裂，见者无不流泪。黄门(黄门侍郎、给事黄门侍郎的省称)袁世荣传述她的事迹。

宋　氏(何良傅妻)

宋氏，字子羽，礼部何良傅的妻子。聪明柔雅，喜读经典史书，虔诚奉佛，娴熟佛经。何良傅一向身体虚弱，宋氏每日念诵《楞伽经》以祈祷保佑他。嘉靖七年(公元1528年)秋季乡试，何良傅晕倒昏死过去，宋氏哭泣不食，暗中想自缢而死。保姆说："你丈夫尚未真的病危，你何必这样！"后来何良傅病渐愈。到嘉靖十二年(公元1533年)何良傅旧病复发，宋氏亲侍汤药。一日，何良傅忽然气绝，宋氏不再起来，自缢于诵经室中。

她去世前一日，有农夫看见紫云如盖从宋氏居室升起而往西去，众人惊奇怪，实乃宋氏去世的征兆。

不久以后，何良傅又苏醒，原来并未死去，哭她道："悲哀啊子羽！你要随我到黄泉之下，而我又将到什么地方去啊！况且我虽木石之性，但日夜想封妻荫子，而贤妻淡泊自乐，实有古莱妇之风(春秋时，老莱子隐耕于蒙山之南，楚王派使者请他做官，妻子对他说："给你酒肉吃的人，可随时鞭笞你；给你官禄的人，也可随时杀戮你。如今你吃人家的酒肉，接受人家的官禄，就受人控制了，能够免于祸患吗？"于是一同离去，迁至江南)。不与我终老山中，竟这样快地离去啊！"于是何良傅到老不再续娶妻子。

徐献忠写悼文说："嗟嗟令人(令人，命妇的封号)，殷宗之孙(殷商的祖宗为宋氏，故称)。光启兰仪，翼训(辅助顺从)夫君。缉藻扬标(喻文采焕发)，组缋生芬。陈诗夙夜，联踟瑶琨（身佩美玉，走路时发出声音，喻诗词节奏音律优美）。乃蹇多戾，作命不辰（不得其时，谓命运不好）。缇萦孑已（缇萦，汉代太仓令淳于意的小女儿。汉文帝四年，淳于意有罪被逮，缇萦随父入长安，上书请入身为官婢，以赎父刑，使其得以自新，汉文帝可怜她的心意，淳于意得免于受刑。孑已，言其小），子道孔任（担当责任之大）。共姜（古代烈女名）痁哀，傃（向）死若临。谓耇（老，高年）非福，矢心在阍。天不胜德，制命自心。孝娥賨首（汉代传说，上虞女子曹娥，十四岁时父亲溺死于江中，曹娥沿江哭七日，后自投于江死，抱父尸而出。賨，通“殒”），撰志灵津。梁妻明素，刻面以珍。嗟嗟令人，斯义是敦。明夷（《易》卦名。卦云：“明夷，利艰贞。”）之守，苦节亦甘。冰霜并洌，玄黄（天玄地黄，指天地）可陈。嗟嗟令人，孰俦此伦。残形曰孝，从一曰贞。丽兹典义，生光昊青。幽标不逝，国命秉灵。”

曹　氏（曹定庵孙女，莫后景妻）

曹氏，副使曹定庵的孙女，举人莫是元小儿子莫后景的妻子。十四岁父母双亡，莫是元将她收为童养媳，奉侍太姑（丈夫的祖母）。历经六年，与太姑同睡同食，不随便言笑。正要打算成婚，莫后景病故。曹氏不食饭粒，不盖絮被，只求速死。听到鬼神夜哭，愿意随之而去。公婆问她病情，她放下帷幕才回答，哭泣数月而死。弥留之际，唯以夫妇在地下相遇为慰藉，以未能送葬父母为遗憾。

巡按御使何熊祥表彰其门庭为“闺秀奇节”，松江知府许维新为她撰写传记。

陈继儒写诔文追悼她说：“生非觌面（见面，相合）。死结同心。烈女贞妇，出自一人。表墓旌庐（立碑墓地，表彰门户），足风（足以风化）四境。”

康　氏（康学诗孙女，李九星妻）

康氏，司理（官名，判官）康学诗的孙女，嫁于李九星。随从在外面任官少尹的公公，公公去世于官任上，家人扶柩返回南方，途经彭蠡湖。夜半狂风骤起，断掉船缆，舟船摇撼，几乎折裂。康氏惊起，探视婆婆，失足堕水，婆婆急呼渔人救援，将她拉起。康氏立即发誓必死，哭着对婆婆说：“我早就承教母训，言语不出内房，今天竟然借助渔人之手啊！古有断臂明节（古代烈女割去被其他男子接触过的手臂以表明自己的贞节），我不愿苟且偷生以污辱丈夫。”断水绝食三天。婆婆含泪解释，家人日夜看护，等到抵达家里，康氏进入内室不到半刻，已自缢而死。时为万历三十二年（公元1604年）九月三日，她年仅二十一岁。学士冯梦祯为她撰写传记。

侯　氏(胡体晋妻)

侯氏,华亭人。胡体晋的妻子。结婚才一年丈夫便去世了,有遗腹子。当时有人想请她改嫁,改变守节的志向。她于是骗母亲出去,关门自缢而死,年仅二十二岁。因贫穷不能安葬,同乡之人凑钱帮助收殓安葬她。

金　氏(吕克忠妻)

金氏,青浦人。吕克忠的妻子。出嫁刚满一月,吕克忠去世。她屡次要自缢,被婆婆阻止。于是蓬头垢面,放弃床褥不睡,蹲卧灶灰中,有时整天不吃饭。后来回娘家守节,与吕家只隔一堵矮墙,经常用扶梯登上屋顶望丈夫棺柩哭泣,最终从屋顶坠地而死。

顾　氏(顾万里女)

顾氏,顾万里的女儿。小时候受秦家聘礼,尚未出嫁而未婚夫去世,顾氏立志守节。父母强逼改嫁,她最终自缢而死。县令鲍奇谟为她树墓碑以表彰。

曹　氏(薛继憕妻)

曹氏,南桥里人。八岁许嫁薛继憕,十九岁准备出嫁。一天晚上,她梦见薛继憕送来麻帛,她心感惊讶知道不祥。一个月后,薛继憕死亡,曹氏跳踊悲哭,几乎气绝。毁坏妆奁,焚烧丝绸,掷于楼下。父母兄弟防范劝告,曹氏说:“如果不允许我死去,那我只有终身守节,以不辜负未婚夫。”薛继憕父亲前往看望,曹氏出来拜见公公,表示誓死守节。

不久,有人以庚帖(旧时订婚帖。因写有订婚人的年庚,故称庚帖)请她改嫁,曹氏于是绝食而死。薛家随即以礼迎取她的棺柩,与薛继憕合葬于北郊外庵山之西。

杨　氏(李光初妻)

杨氏,庠生(明、清称府、州、县学的生员为庠生)李光初的妻子。二十五岁时,生下的儿子尚在襁褓中而李光初病亡。当给李光初盖棺时,杨氏斩断自己一指投于棺中说:“先割我手指以誓从丈夫于地下,姑且留下我的身子以抚育孤儿。”

安葬丈夫后,杨氏悲哀毁骨立,不能饮食而死亡。青浦县令王思任表彰她的住所为“断指奇节”。她的儿子进入兰溪庠,取名传节,号半李,表示不忘母亲。

陈　氏（张士震继妻）

陈氏，秀才张士震的继妻。她嫁给张士震仅一年多，张士震一病不起，陈氏发誓殉节，人们严防她自尽。丈夫棺柩入土，她要求砌砖龛于柩边，以便自己朝夕依傍在龛内。后来绝食二十余日而死，当时为万历三十五年（公元1607年）四月二十一日，葬于十将山。司理毛一鹭亲自祭奠，松江知府张九德题其墓为“女中夷齐”（夷齐，即伯夷、叔齐），建祠堂于学宫东边，每年春秋两季祭祀她。

陈继儒为她作祭文道：“古之节妇或剺面引镜，或劓耳握刀，或割发表心，或截鼻见旨（剺面、劓耳、割发、截鼻，均为节妇自毁容貌，以示守节之意），非外迫豪强则内迫父母耳。张茂才（即秀才）弥留之际，烈妇以节许之，父母不忍伤烈妇心，慭然亦以白头守节许烈妇矣，烈妇岂不能须臾忍而竟死耶？程婴未死，以赵氏有朔在（此处用“赵氏孤儿”之典）；张世杰、陆秀夫未死，以宋氏有帝昺在。今烈妇谁倚乎？有孤则保孤为重，孤无可立则殉夫为重。等死耳，溺死，畏死，排墙死，贼盗毒蛇猛兽死，五日不汗死，七日不谷死，讵若烈妇今日之死为快哉！村妪灶婢以缓死劝节妇，此若以苏属国、洪忠宣劝人。夫属国十九年而归汉，忠宣十八年而归宋（上述用苏武、洪皓出使敌国，受尽磨难，终于归朝的典故），要自有天幸，不当与人臣道也。籍令（即使）数年之内不幸以他故死，即不忍为逆刘豫（刘豫原为宋臣，后降金而攻宋）所留，亦将为降李陵（战败投降匈奴的李陵）所笑。文信国被执就义稍缓，太学生王炎午作生祭文以速之，誊写百篇榜（贴）之水陆通衢曰：‘公欠一死耳。’今烈妇饮毒、饮金，继之绝粒，必从张生地下而后已，既不觀苏属国、洪忠宣之生还，又不待王炎午之生祭，则烈妇之死加（超过）忠臣一等矣。一死而后不辱张氏妇，一死而后不辱陈氏女，一死而流寓之九峰若首阳，三泖若娥江，使见者心胆皆慄，谈者齿舌俱香。感激义烈，敬奠一觞，非止（只）为闺阃劝，盖将廉顽起懦（谓高尚的节操可以激励人振奋向上），告诸男子无负七尺之须眉，而蔑百代之纲常也。”

许　氏（许初女）

许氏，许初的女儿，招赘夫婿姓严。丈夫饮酒聚赌，不治生计，租居西湖庄的一个偏僻处所。众恶少一起向他说：“你的妻子面貌美丽，何不让我辈共欢，每天可得金钱买酒参赌。”丈夫即以此意诱导许氏，许氏大声呵斥，屡遭鞭笞棍棒而不肯随从。

一天，众恶少进献酒菜，许氏躲避于邻妇家，哭着对怀中的女儿说：“你父亲不成器，我又怎能忍辱活着等候你长成啊。”邻妇不理解许氏所说的意思。

不一会儿,听到关门声,邻妇前去观看,只见许氏拔刀刎颈而倒地了。邻妇大惊,呼喊人们通报许初,许初请来医生救治,取熟鸡皮封住伤口,被许氏抓脱。第二天气绝,时为万历三十年(公元1602年)二月八日,她年仅二十五岁。

县令俞思冲捐献俸禄安葬她,松江知府许维新表彰她门庭为“贞烈”,命葬于黄耳祠旁边。后祭祀于陈节妇祠堂。

杨 氏(唐嘉会聘妻)

杨氏,青浦人。受唐嘉会聘礼,十九岁时,尚未出嫁而丈夫去世。父母想让她改嫁,选择吉日,接受他人聘礼。杨氏获悉,以改嫁他姓为耻,深夜自缢,当时为万历四十一年(公元1613年)十二月初七。

陈继儒为她撰墓志铭。奉诏命表彰她,后与张士震继妻陈氏、许初女儿并祀,人称“三烈祠”。

苏 香

苏香,上海农家女子。十九岁,她的父亲接受盛万年聘礼。盛万年跟从乔一琦带兵辽东,未便婚娶。不久听说乔一琦战败,全军覆没,苏香刚上机织布,听此消息,丢下梭子叹道:“盛郎能独自保全吗?”于是饮泣不食,对自己的身影说:“你能殉死,我岂能贪恋生命!”父母再三劝慰,她才勉强进食。后来得知盛万年真的战死,第二天她就自缢而死。她家用盛万年的衣冠与她合葬于斜桥左边。学使骆骎曾立碑表彰她居住的里弄之门。

顾 氏(陈恺妻)

顾氏,华亭陈恺的妻子。二十岁时丈夫去世,育有一女。公公可怜她贫苦,让她改嫁她不肯。回去依靠父亲,父亲也与她公公一样,请她改嫁。顾氏不胜悲愤,叹息道:“我没有地方可归附了!”说罢买来酒肉祭祀丈夫,痛哭到半夜,上吊而死,时为万历三十五年(公元1607年)。

盛 氏(盛尧岑女,陆懋廉妻)

盛氏,尧岑的女儿,是陆懋廉的妻子。陆懋廉本来生有肺痨病,婚后八十天而去世。后来婆婆谋划将她改嫁,她不得已而归避父母家。居住不久,有人告诉盛氏:“你婆婆接受某人聘礼将要请你去了。”盛氏泪如雨下，打开历书自语道：“今日是重丧，死则不利活着的人。”于是缝纫鞋子直到第二日鸡鸣，自缢于居室。杨公表彰其门户为“儒门贞烈”。

金　氏（金应登女）

金氏，文学（学官名）金应登的女儿，聘于徐家。徐家原本富裕，未婚夫以荒淫邪僻败坏家业。父亲要拒绝这婚事，金氏则不愿背弃婚约，招赘为夫。后来丈夫更加放荡，投身有权势的官宦之家。一天，他意气扬扬地归来，金氏刚要诘问他，而豪奴十数人已抬轿到达，意欲将金氏抬走。金应登惶恐惊骇，想带女儿逃脱，而金氏已关门自缢而死了。

杨云芳（杨时宜女）

杨云芳，杨时宜的女儿。许嫁府学生员唐之骏的儿子。不久未婚夫夭折，杨云芳便吃素修行，自誓不再嫁人。三年以后，父母可怜她年幼，再要议婚。父母收取聘礼的那天晚上，杨云芳关上门自缢而死。于是与她未婚夫合葬，墓生连理枝（两棵树枝干连生在一起，比喻相爱的夫妻）。

施　氏（徐煦妻）

施氏，徐煦的妻子。她十八岁时，婆婆有不正当的两性关系，施氏劝婆婆坚守节义，婆婆为此深恨儿媳，且图谋败坏她的操守，施氏誓死自卫，固守节操。婆婆与奸夫十分恼怒，且担忧事情泄露，因而将她打死，暗中将她埋葬于西郊。

随即十多天雷雨交加，县令冯彬怀疑有冤，查访得知此事，将凶手捉拿归案。当时正值盛夏湿热气候，但打开施氏棺柩，面犹如生，人皆惊异，为她作《辨贞录》。

施氏虽死于冤屈，实是为坚守贞操而死。

杨　氏（王彦章妻）·倪　氏（王端妻）

杨氏，是华亭一户循守礼教之家的女子。洪武年间嫁给了同村的王彦章。五年后，王彦章去世，此时杨氏只有二十四岁，儿子王端才两岁。杨氏发誓不再改嫁。一位邻居老妇劝她改变主意，她流着泪说：“雎鸠尚且有固定的配偶，而人难道不如鸟吗？世上有些女人带了幼孩改嫁别人，丈夫去世而失去节操，这不是比猪狗都不如吗？”她奉养公婆、抚育孤子更加认真。后来公婆去世，儿子王端也早死，王端的妻子倪氏更加孝顺杨氏而不改嫁。婆媳俩都坚守节义，抚育王端的儿子王豫。待王豫稍长大，把他送进松江府学读书，婆媳俩勤奋纺织裁缝以供养他，且勉励他认真学习。乡邦称赞她们的节操，正统初松江府将其事迹上报给朝廷，立牌坊表彰婆媳二人。

沈妙兰

孝行女沈氏，名妙兰。尚未出嫁，母亲患心疾，贫苦不能请医生治疗。沈氏剖胁（从腋下到肋骨尽处）割肝煎汤进献母亲饮食，使母亲病愈。永乐十四年（公元1416年）立碑表彰其门户。

金　氏（阮文亮妻）

金氏，华亭金兴一的女儿。十九岁，嫁给同县的阮文亮。才五年而丈夫去世，她誓不改嫁，日夜勤于纺织，赡养公婆，抚育儿子，寡居四十年。天顺二年（公元1458年），她七十岁。有关官员将她事迹上报，旌表她的门户，且免去了她家的赋税和徭役。

胡淑贞（山宗海妻）

胡淑贞，上海山宗海的妻子。永乐十三年（公元1415年）山宗海去世，胡氏二十七岁。她孝顺婆婆，教养儿子，守节直至寿终。天顺初，官府旌表她为“贞节”。学士钱溥为她作墓志铭。

唐淑清（蔡伦妻）及媳侯淑润（蔡式妻）

唐淑清，上海蔡伦的妻子。丈夫去世时她三十四岁，坚定守节，勤劳纺织，奉侍公婆，以孝闻名。育养儿子蔡式、蔡坚，直至他们成家立业。蔡式娶侯昱的女儿侯淑润为妻。蔡式早死，留下一个遗腹子蔡经，后成为秀才，但也早死。唐淑清和儿媳侯淑润共同守节，保全操守，人称“双节”。成化三年（公元1467年），官府立碑表彰她家的门庭。

郁淑贞（郁文博女）

郁淑贞，上海人，按察副使郁文博的女儿。天顺五年（公元1461年）嫁给同村的孔瑜。孔瑜行商死于盗寇，郁氏当时二十五岁，不再改嫁。成化二十二年（公元1486年）知县刘琬上报她的事迹，弘治九年（公元1496年）官府立碑表彰她的门户。

胡　氏（张璿妻）·瞿　氏（张玑妻）·杨　氏（张珩妻）

张璿的妻子胡氏，字元善；张璿弟弟张玑的妻子瞿氏，字妙娴；弟弟张珩的妻子杨氏，字妙贤。妯娌三人都三十岁丧夫，同心守节。成化五年（公元1469年）有关官员上报她们的事迹，官府旌表她们的门户为“三节”。胡氏因为儿子张骏显贵而封为太孺人。

赵　氏（赵让女，张昱娉妻）

赵氏，北京人，锦衣卫指挥佥事赵让的女儿。自幼有良好的素质。刑部尚书张蓥让次子张昱与她订婚。但尚未结婚，张昱夭折。赵让夫妇想将她另嫁他人，但她说：“我已订婚于张家，就是张家的媳妇，怎能嫁给其他人家?”婆婆卫夫人爱怜她并把她接回家，她誓死守寡。弘治十五年（公元1502年）官府旌表她的门户为“贞节”，当时她五十三岁。

顾清作诗称赞道：妾面君未识，妾心君岂知。君死妾独存，谁当知妾悲。父母生我时，愿我有所归。生死向君家，终我百岁期。我非慕共姜，我非师伯姬。自怜有此心，不忍分两岐。皇天闵嫇（孤独）弱，回光照孤闱。大字表贞节，黄金铸门楣。我女谅匪妇，拜命惭恩私。悉思摧裂初，一死真如饴。余生已多祜，宁复知此为。贤者有备责，妾亡无悔辞。永抱一寸丹，千秋从是非。

李　氏（沈璠妻）

李氏，上海人，景泰年间嫁给同县沈璠，二十六岁守寡。她辛勤纺织，抚育子女直至其成家立业。操守贞洁，无毫发差错。成化末年（公元1487年）有关官员上报她的事迹，弘治四年（公元1491年）官府旌表她的门庭。

陆　莲（茅琼妻）

陆莲，上海周浦人。嫁给青龙镇人茅琼。茅琼去世，陆莲才十九岁，两个儿子幼小，而且家境败落。陆氏日夜纺织，用以奉养公婆，抚育儿子。弘治四年与沈璠之妻李氏共同受到官府表彰。

李　氏(张瑞妻)

李氏,华亭张瑞的妻子。二十六岁丈夫去世,守节三十年。弘治十年(公元1497年)冬受到官府表彰。

杨　氏(张璠妻)

杨氏,华亭张璠的妻子。二十八岁丈夫去世,守节三十二年。弘治十年冬与张瑞之妻李氏同受表彰。

张　氏(王惠妻)

张氏,华亭县学生员(俗称秀才)王惠的妻子。王惠有卓越的才智,但尚未中举而死去。张氏当时二十八岁,誓死不嫁。正德四年(公元1509年)官府表彰她的门庭。

杨　氏(黄鎣妻)

杨氏,华亭杨景春的女儿,嫁给松江卫所的军余(军事编制名称)黄鎣。黄鎣去世,杨氏坚持守节。知县张岐上报她的事迹。正德六年(公元1511年)春官府下令表彰她。

俞淑安(任仕中妻)母女

任仕中的妻子俞淑安,是上海新江乡人。二十岁丈夫去世,女儿刚二岁,儿子才五个月。她的婆婆早已去世,而公公在远方做官员的属吏,家境贫困,无依无靠。亲戚都劝她改嫁,她剪去头发表示决不再嫁。后来又强迫她再嫁,她要自杀,众人害怕,因而才停止了强迫她改嫁的行为。她勤于纺织缝纫,教养子女长大成人。女儿嫁给俞邦用,俞邦用也很早就去世。人们劝她再嫁,她说:“我再嫁,俞氏宗祠谁来奉侍?况且辱没我母亲,我宁愿饿死也要守节。”于是回来与母亲一起居住,一起守节。有关官员上报此事,官府旌表她们的门户,称为“双节之门”。

姚　氏(顾云龙妻)

姚氏,秀才顾云龙的妻子。二十三岁丧失守节。勤劳艰苦操持家务,除非大故(一般指父母去世)不出家门。侍奉庶姑(公公的妾或后妻),以孝闻名。八十一岁去世。嘉靖十一年(公元1532年)官府表彰她。

龚 氏（富钦妻）

龚氏，青浦富钦的妻子。富钦去世后，她守节抚育儿子。嘉靖十七年（公元1538年）儿子前往京城上疏陈述她的事迹，朝廷下诏旌表龚氏所居门户。

任 氏（任勉孙女，张昶妻）

任氏，华亭人。参政任勉的孙女。嫁于张昶。十九岁守寡。抚育遗腹子张思成人。她操守贞洁无污。嘉靖二十二年（公元1543年），朝廷下诏旌表其门户。

姚 氏（张德瑜妻）

姚氏，举人姚臣的女儿，举人张德瑜的妻子，二十四岁时丈夫去世。她啃咬棺柩，哀恸欲绝。因双亲年老，孤儿年幼，含悲忍死。后公公、婆婆相继去世，她经办丧葬事宜，艰辛痛苦万端。太守李多见称姚氏"守志三十八年，妻道、妇道、母道兼备焉"。万历三十四年（公元1606年），巡按马从聘将她事迹上奏，奉圣旨表彰她。

她抚育三个儿子成人，其中姚以诜、姚以诚，乡试中举；姚以讷，为廪生，为人孝友。

姚以讷妻翁氏，侍奉婆母姚氏孝顺谨慎，节俭持家，都有礼法；抚育几位儿子，后来都有文名。乡里称她为"贤母"。后来儿子姚安豫任高官，赠她"太宜人"封号。

松江知府许维新为她赋《贞桃篇》。其序云：诸生张以讷之母姚，有贞节。余守云间，为闻之当路（当政者）。以讷述其祖东海公守南安时咏刘蔡之妻为比，恳予咏之，为书数语。夫表彰孤芳（指优秀的人或事）为守臣事，况孝子为其贞母乞哀乎！《贞桃》云者，其祖咏南安人篇名也。"桃之夭夭（美盛貌），其叶弥贞。之子于归（女子出嫁），厥心允诚。抗志而嫠（寡妇），九死为轻。如彼霜陨，不替其英（不能使花朵衰败）。刘蔡幽芳，没者以生（虽死犹生）。褒德之后，允兹令名。"

沈 氏（董继资妻）

沈氏，华亭人。董继资的妻子。十九岁许婚，二十六岁丈夫去世，育有一子董宾大，刚满三岁，哥哥又去世，四顾无有依靠。家中缺柴少米，惨于流亡逃难。她含辛茹苦，勤于纺织，养家教子。

儿子长大，将出外求学。一天，她坦然说道："你从弱小的孤儿成长为可凭文才谋生的成人了，我守志二十年，现在可以随从你父亲于地下了。"于是绝食而死。

孙子董尊闻，万历三十一年（公元1603年）乡试中举。万历三十八年（公元1610年）泣血上疏沈氏事迹，获得圣旨给予表彰。

宋　氏（盛鹤妻）

节妇宋氏，是盛鹤的妻子。丈夫去世时她年仅二十一岁。抚育孤儿，安葬丈夫。她之所以不随从丈夫死去，只为侍奉婆母。纺织养家，人们十分同情她。

嘉靖二十三年（公元1544年），松江讹传倭警，人们几乎都往外逃窜。宋氏认为寡妇守节，不可出门，因而手提利刃，等待一死。幸而倭寇没有到来。

七十余岁去世。有人奏闻朝廷，得以表彰。于东门外钱明宫右边为她建立牌坊。儿子盛邦承，读书好侠，以太学生的身份任县少尹（官名，州县的副职官员）。

张　氏（宋尧俞妻）

张氏，孝廉（举人）宋尧俞的妻子。万历四十六年（公元1618年），她的儿子、孝廉宋懋澄报请官府得以挂匾表彰。

沈　氏（沈玄华女，徐有庆妻）

沈氏，嘉兴太仆卿沈玄华的女儿，嫁给徐元春的儿子徐有庆。她敬畏且不辞劳苦地侍奉婆婆朱氏，而对待徐有庆的妾梁氏最有恩惠。

徐有庆生下儿子徐本高后去世，而沈氏正当盛年。她退居一室，静默无言，年逾六十去世。后来儿子徐本高上疏，两位母亲（沈氏、梁氏）都得到旌表。董其昌题其牌坊为“相门双节”。

尹　氏（陈鸣韶妻）

尹氏，十八岁嫁给陈鸣韶。陈鸣韶早年去世时，尹氏仅二十三岁，儿子陈善道刚满六岁。公公、婆婆年老，尹氏日夜尽力劳作以供生计所需，还挑灯教子读书。公公去世后家境更为衰落，她奉侍婆婆张萍居住外家（指婆母娘家），恭敬孝奉不减。儿子陈善道后来于万历十六年（公元1588年）乡试夺魁，上报于朝廷，得圣旨旌表其门庭。

陆　氏（陆树德女，范允谦妻）

陆氏，中丞陆树德的女儿，孝廉范允谦的妻子。范允谦早年去世，她抚育孤儿范必溶，补为诸生。陆氏禀性刚正耿直，严谨地操持家务四十余年。有人上报朝廷，得以奉旨旌表。

李　氏（吴聘甫妻）

华亭李氏，青浦庠生、赠都察院司务吴聘甫的妻子，刑部郎中吴敏孝的母亲。丈夫去世时李氏年仅二十八岁，儿子吴敏孝刚半岁。她孝养公婆，训子登科，守节四十余年。六十八岁去世。万历年间上报朝廷，奉诏建立牌坊表彰她。

沈　氏（张甲妻）

沈氏，泖滨人，县令古浦的妹妹，张甲的妻子。丈夫去世时，她年仅二十岁。寡居四十年，以坚守贞节而受官府表彰。

石湖吴稷为她作传，学宪周思兼题词于该传之后，其词云："忠臣不事两君，贞女不更二夫。纲常所在，苟可出入，天下事靡不可为矣（如果可以随便变动纲常，那么天下没有不可做之事了）。延平先生曾说：'吾辈欲求寡过，且谨守格法，庶几不差。'至矣斯言（这真是至理良言啊）。因系以诗：'皮去毛安附，垣颓室自倾。比来寻物理，时欲与君评。庶守忠贞节，毋忻简易名（意要重视自己良好的名节）。纷纷诸叟论，所愿独延平（诸叟议论纷纷，但我唯独赞同延平先生之见）。'"

范　氏（徐伸妻）

范氏，青浦庠生徐伸的妻子。徐伸去世时，她二十七岁，抚育四岁孤儿徐士衡。家境贫寒，仍供儿读书。徐士衡后补为庠生。范氏守寡四十六年，万历末年（公元1620年）奉诏表彰她。

朱　氏（吴穑妻）

朱氏，朱贞晦的女儿，吴穑的妻子。吴穑三十岁去世时，儿子吴炯刚六岁。朱氏发誓守节，背负泥土成坟。连年兵灾岁荒，有时无米下锅。亲戚经常劝朱氏改嫁，她既愤怒又悲伤，几乎要刻面自毁。她尽力纺织，以供养婆婆，教子读经书。吴炯发奋求学，后成为进士。朱氏六十岁时，直指（官名，朝廷直接派往地方处理问题的官员，也称直指使）上报她的事迹，得以奉旨旌表她所居门户。

何 氏(杨允脩聘妻)

何氏,华亭杨允脩未婚妻。杨允脩去世时,她才十七岁。在家闻此噩耗,即断发毁容,发誓绝食。后前往丈夫家祭奠亡灵,随即于坟前庐舍锁门守节不回,计三十六年。万历元年(公元1573年)朝廷下诏表彰。

袁 氏(杨应祈妻)

袁氏,华亭孝子杨应祈的妻子。杨应祈为父杨允绳鸣冤而身死,当时袁氏才二十四岁。她忍死怀抱孤儿,奉侍婆婆黄氏,扶公公与丈夫两具棺柩而归来。教管孤弱之子,节义方正周全。万历三十四年(公元1606年)奉诏旌表她家为"孝子节妇之门"。

聂 氏(韩宗义妻)

聂氏,戚应贞的女儿,幼年养育于聂家,因而改姓为聂。许婚于同乡韩宗义。隆庆元年(公元1567年)冬季,谣传要挑选宫女,因而她尚未及笄(十五岁)就嫁于韩宗义。当时韩宗义有病,命她独处一室。刚满半年而韩宗义去世,聂氏年仅十七岁。家境贫苦,没有后嗣。她不辞艰辛,尽力侍奉婆婆,誓死不再改嫁。去世时年将七旬。巡按薛贞上报她的事迹,朝廷下诏建立牌坊旌表。

陆 氏(徐正礼妻)

陆氏,华亭人,徐正礼的妻子。丈夫去世时她仅二十九岁。忍死存养孤儿,尽力营办殓葬,对公公、婆婆的奉养及送终等大事都由陆氏操办。守节四十七年,孤儿徐昌贻成为诸生(州府县学生员,俗称秀才)。天启三年(公元1623年)得以奉旨旌表。

刘 氏(顾大可妻)

刘氏,顾可大的妻子,刑部主政顾国缙的母亲。芳年孀居,侍奉婆婆,教育儿子,六十岁去世。天启三年(公元1623年)得以奉旨建立牌坊表彰。

唐 氏(何三德妻)

唐氏,何三德妻子。育有两个儿子,长子何万化,次子何万仞。丈夫去世时她年仅二十多岁,即发誓教子,守节五十年。天启四年(公元1624年),她七十六岁,奉诏受到表彰。

何万化于天启二年（公元1622年）中进士，官任福建提学副使。朝廷封其母唐氏为太宜人。何万化以官禄奉养母亲。

王　氏（张永鉴妻）

王氏，封君王炜的女儿，张永鉴的妻子。丈夫去世时，王氏年仅二十，痛心于丈夫夭折，屡次寻找机会自尽，因公婆谨慎防护才得免。于是她毁容矢志守节四十余年。天启六年（公元1626年）上报她的事迹，崇祯元年（公元1628年）得以奉旨表彰。

刘　氏（李从吉妻）·李妙贞（唐文祥妻）·李妙坚（沈源仲妻）

刘氏，扬州通判刘远明女儿，嫁给上海主簿李从吉。她二十八岁时丈夫去世，矢志不渝，决不改嫁。教诲两位女儿有方。长女刘妙贞，招赘女婿唐文祥；次女刘妙坚，招赘女婿沈源仲。两婿也早亡，两位女儿当时都仅二十余岁。母女相依为命，节仪操行闻名于乡间，抚育遗孤各有成立，都享年八十余岁。西昌尹厚、瀼东黄黼、武陵顾逵都为一时之文士，为其作《三节妇》及诗歌传于世间。

倪妙真（孙思聪妻）

倪妙真，上海汉成里人，是同邑孙思聪的妻子。从小聪明，父亲教她读《烈女传》，她知晓大义，曾说："行为不如古人，难道还是个人吗？"及笄（及笄，一般指女子成年。以簪结发如成人，相当于男子的冠礼，古代女子已许婚者十五而笄，二十而嫁；未许婚者，二十则笄）之年招赘孙思聪为夫。长子孙益五岁，次子孙仿刚满周岁时，孙思聪去世，这时是洪武十八年（公元1385年），倪妙真二十五岁。她哀伤得骨瘦如柴。不久，父亲、弟弟及儿子孙益相继去世，她只与母亲及幼子孙仿、弟弟的儿子倪絅一起居住，生活更加清苦，但保存了两姓（这里指倪家与孙家）的后嗣。母亲惋惜她年少就守寡，她流着泪说："不为丈夫殉葬而死，是因为母亲年老，儿子幼小。现在如改嫁失节，去世后哪有脸面去见丈夫啊？"于是更加勤奋地纺织，侍奉母亲到其寿终，抚养儿子孙仿、侄子倪絅长大成人，人们都称道倪妙真的节义和孝顺。

黄　氏（何某继妻）

黄氏，莆溪何某继妻。何家一向经商致富，占有田产。洪武初，商贾欺隐占田者，应当没收其财产(《史记·平准书》:"贾人有市籍者,及其家属,皆无得籍名田,以便农。敢犯令,没入田僮。"《索隐》:"谓贾人有市籍,不许以名占田地。")。何某在其他州郡经商,唯独黄氏与老幼羸弱者居住家里。官吏发怒,抓住黄氏,鞭笞上百下,她体无完肤,屡次昏死过去,但苏醒后仍言语不乱。官吏接着鞭打何某兄长之妻,最后拷打何某母亲,何某母亲哭喊。黄氏正在痛苦呻吟,见此情状立即挣扎着扑过去以身庇护婆母,且哀告官吏,婆母年老,不胜鞭打,愿以身相代,语言十分哀苦。官吏心生怜悯,释放了老妇人。

第二天,黄氏扶着伤痛再次到官府,泣请何某前妻之子及何某兄长之妻的儿子和儿媳等被关押的亲属都到自己的住所稍作休养,然后挑了粮食遣送给官府。

乡里士人范公亮为黄氏作传,王逢在传记后题词道:"昔郑休妻石、郑义宗妻庐,遗事并著晋唐史。今何妇兼类之,可称述也。诗云:'江南枳花开,妾当非望灾,孝义由中心,榜楚从百回。古尝亡猿祸林木,今见青蝇憎白玉。破铛尽没气若丝,官曹尚拟夫刑赎。君不闻一鹰扬,百鸟亡;一犬走,百兔僵,驺虞麟趾周家祥(驺虞,义兽也。白虎黑文,不食生物,有至信至德则应之)。'"

杨　氏(侯贞妻)

杨氏,怀远将军侯贞的妻子。及笄之年嫁给侯贞。洪武(公元1368年—1398年)年间,侯贞戍守东昌去世,杨氏哀毁超过常礼,三年不用热水沐浴,不吃盐和奶酪。当时她年仅二十四岁,孤儿刚满四岁。她奉侍婆母,抚育儿子,勤苦自力,到八十岁寿终。

汤慧信(邓林妻)

节妇汤慧信,上海龙华人。禀性专一灵敏,读《孝经》、《烈女传》,都能通晓大义。嫁给华亭人邓林。洪武末年邓林去世,汤慧信二十五岁,生有一个女儿才七岁。邓氏族人要想占取已故的邓林的居所,迫使她回去。汤慧信说:"我活着是邓家的人,死了是邓家的鬼,叫我回到哪里去?"邓氏族人知道不可改变她的志向,于是就将这居所卖给大户人家张氏,汤慧信哭着说:"我在这块土地上守住丈夫的遗骨,应当与这居所同存亡,我怎可放弃它?"说着要自杀,张氏为她的节义感动,不要这居所了。

后来汤慧信想,族人只是想占取我的财产罢了。于是将所有家产都给了邓氏族人，尽力纺织缝纫以自给。正统八年（公元1443年）发大水，正统十年（公元1455年）又发大水，汤慧信居于荒野低湿地中，众人见了害怕。当时她女儿已出嫁给富林的曹氏，摇了船来接她，她不答应；请她暂时居住船中，也不肯。她对女儿说："我守此居所六十年，如今不幸遭水，这也是我的不幸。即使淹死而随从你父亲去了，我也心甘情愿。"最终仍不肯离开。

她九十三岁去世。看见他人种植柳树，曾说："人们种柳一心想让它生长，可为何作为一个人却不知自立？"每次吃水果，总是留下果核种下，说："我成全他物的天性，即用以成全我的天性啊。"学士钱溥详细地记载了她的事迹，说："宋伯姬不避火，节妇不避水。两人生死不同，而贞洁的志向相同。"

尹氏母

尹氏母，华亭人。她二十岁时丈夫去世，守节不变，教子成立。

管时敏作《尹母行》以歌颂她道："云间尹母年十七，嫁夫三年夫病卒。舅姑（公公、婆婆）在堂儿在褓，自分茕茕守空室。家贫无以为生理，细缝得钱奉母旨。门外春风自往来，寒心一寸如灰死。东家议姻张绮筵，西邻通媒续断弦。有山可移志不改，冰霜凛凛心愈坚。孤儿今年三十五，教养成人应门户。舅姑百岁俱寿臧，华榜旌书照乡土。九峰三泖清且奇，柏舟泛泛淞之湄。吾乡风俗有如此，终古不愧尹母诗。"

邓节妇

邓节妇，不知道她的名字，她的事迹见载于《吴文定公集》。吴宽赠给她的诗有"一水才知节妇心，眼中觉得九峰低"之句。

张善才（金复妻）

张善才，上海汉成里金复的妻子。金复二十三岁去世，张善才此时也二十三岁，她誓死不再改嫁。孝养公婆，直到两老寿终。抚育六岁的儿子至其成家立业。守节五十余年，始终不渝，乡人和族人都称赞她。

陆　氏（沈振宗妻）

陆氏，沈振宗的妻子。奉养婆母，十分孝顺，曾割大腿肉治愈婆母疾病。乡里称她为孝妇。

谈 氏（严泰妻）

谈氏，严泰的妻子。严泰客死他乡时，谈氏年仅十九，没有儿子，家境贫苦。她含辛茹苦奉养公婆。五十余年未曾见过她露出笑容。宗族成员要上报请求表彰，谈氏坚决拒绝，说：“我从不想受表彰，只是尽我心意罢了。”

邹 氏（何文祥妻）

邹氏，青龙镇人。十六岁嫁给何文祥，才半年，丈夫去世，有遗腹子，经过五个月产下。邹氏咬断孩儿脐带发誓道：“我此生若稍有所辜负苍天，将如同这脐带。”于是吃素修行，艰苦超常，至死无怨。

唐 氏（杜时官妻）

唐氏，上海杜时官的妻子。杜时官年少经商，抱病将死，唐氏年仅二十三岁，没有儿子，上有年迈的婆婆。杜时官嘱咐道：“我哥哥有儿子名宗彝，可立为后嗣，奉养婆婆。”

后来杜时官去世，商贾废止，家境日贫，又遇三次荒年，唐氏操持家务更为勤奋。五十余岁去世。

宋子南华为她作传，士大夫歌咏她，题匾为“枫闺白璧”。后来因儿子显贵，朝廷赠她“孺人”名号。

顾 氏（顾伦女，张匡妻）

顾氏，华亭白沙乡人，生员（秀才）顾伦女儿，入赘同乡村的张匡为婿。丈夫去世时，她年仅二十七岁，营办殓葬，艰辛守节，抚育孤儿成家立业。去世以后，与丈夫合葬于平家湾父亲坟墓的旁边。

张弼请有司于顾墓之门为她建造节妇桥，并作诗歌咏其事。诗云：“北溪高塚对桥门，节妇芳名万古存。瞑目终酬同穴志，苦心曲尽抚孤恩。寒烟蔓草无行迹，淡月梅花有断魂。客子往来休濯足，溪流从此不曾浑。”

郁 氏（侯权妻）

侯权妻郁氏、妾孙氏，都是唐行镇人。侯权去世，两人都还年轻，没有儿子，均截断头发，誓不改嫁。靠纺织供其嗣子（领养为继承人的儿子）侯烈读书成才。

殿撰(官名,又是状元的别称)钱福为她们写诗道:"年少何堪丧藁砧(古代处死刑,罪人席藁伏于砧上,以鈇斩之。鈇与"夫"同音,故隐语藁砧为丈夫),持身不愧柏舟吟(《诗·鄘风》有《柏舟》篇,小序谓卫国世子共伯早死,父母欲迫其妻共姜改嫁,姜作诗以自誓。后称妇丧夫为"柏舟之痛",夫死不嫁为"柏舟之节",本此)。金刀曾剪延宾发,黄卷长存教子心。镜里孤鸾无对影,琴中别鹤有哀音。伫看旌表门闾后,同被天阶宠渥深。"

后裔侯万钟,万历三十七年(公元1609年)乡试夺魁。

徐 氏(杨钺妻)

徐氏,祥泽里人。十七岁嫁给杨溥的第二个儿子杨钺。弘治十二年(公元1499年),杨钺以郡掾的身份受长吏指使而出外办事,在酷暑季节猝死于旅舍。当时徐氏刚生产,婆婆及姐姐恐伤其心,秘不以闻。徐氏从众人的脸色中察觉,昏晕倒下,所生下的女儿也未能存活,杨溥要为杨钺立后嗣,徐氏坚决拒绝,她抚养侄子以及从孙、从曾孙,都宠爱有加,而后来成为中丞的杨豫孙尤为徐氏所钟爱。

徐氏十九岁守寡,到八十三岁寿终。杨豫孙言及徐氏在杨家门庭堪称贞妇、寿母,而未能受到官府表彰,总是潸然泪下。

沈恺为徐氏撰写墓志铭。

袁真真(曹云龙妻)

袁真真,金山卫学生员曹云龙的妻子,松江中所舍人袁清的女儿。她公公生重病卧床,婆婆拿刀进入祠堂,想要割大腿肉救夫。她知晓此事,急忙前去哭泣着说:"婆婆年老且多病,不宜这样做。"说罢连忙拿过刀割下自己大腿上的肉,并和枣子一起煎汤进献给公公喝,公公的病于是痊愈了。学士钱溥曾为袁真真作传,大意是说,真真举刀割股时,心目中只有公公,只想以自己的身体伤害代替婆婆的身体伤害。她一念精诚,可贯通金石,可感动鬼神。御史薛骥赞她的遗像:"你美丽的容貌比不上你真真这个名字之美;你名字的美好比不上你孝心的美好。你的美名可比及,而你美好的心灵谁能比及!你的孝行百世流芳,如同九峰壁立,长存于世!"

庄 氏(张云鹇妻)

庄氏,华亭人,嫁士人张云鹇,以孝顺敬重公婆闻名。不久张云鹇因生肺痨病而日益消瘦疲惫,庄氏张罗汤药,昼夜不懈。张云鹏去世时,庄氏年仅二十,哀痛几绝。想到守寡的婆母孤苦无依,她亲自纺织,早晚奉侍。有人婉言劝她改嫁,她严词拒绝。安葬张云鹏时,她要求造两个相并的墓穴,以示自己守节的决心。

守节五十年,孙子文简为她立传。

彭　氏(陈童妻)

彭氏,右所千户陈童的妻子。陈童去世时,彭氏方及笄之年,抚育孤儿陈琮。陈琮成人后承袭父职。后谪戍塞外,彭氏与儿媳缪氏随从前往。陈琮逃归,缪氏弃儿改嫁。彭氏孤苦伶仃,靠为人做佣工抚育两岁的孙子陈辅。遇敌虏来到,她背着孙子逃离。

天顺改元(公元1457年),皇恩大赦,陈琮也官复原职。不久陈琮去世,陈辅(即彭氏在塞外靠做雇佣抚养的那个孙子)承袭父职。陈辅也早年去世,彭氏又抚育曾孙,后曾孙也夭折,只有陈琮继室所生幼儿(即为彭氏的孙子)陈弼在。彭氏含辛茹苦,将陈弼抚养成人,承袭陈琮之职右所千户。

彭氏八十余岁去世。一生坎坷,圆满结果。

刘　氏(张纲妻)·窦　氏(张敏妻)·陈　氏(刘熙妻)

刘氏,千户张纲的妻子;窦氏,百户张敏的妻子;陈氏,军人刘熙的妻子。三人都在二十多岁成了寡妇,没有儿子,艰苦守节,衣食贫困,都七十余岁寿终。三人严守节操,并称于时,金山卫人作《三节妇歌》赞颂她们。

孟　氏(王廉妻)

孟氏,王廉的妻子。二十六岁丈夫去世,当时婆婆尚未衰老,儿子王宸刚满五岁。孟氏孝养婆婆终身,教育儿子成立,补为卫学生员。她的事迹将要上奏而获表彰时,儿子也去世了,表彰之事没有成功。但她艰苦守节更努力,十多年后去世。

谈　氏(张伯深妻)

谈氏,推官(明代专管一府刑狱之官,俗称刑厅)谈承儒女儿。谈承儒无子,入赘张伯深为婿。二十二岁时张伯深去世,公公、婆婆授予她田产,但她都谦让给伯叔。

后来父亲去世于官任上,遗留的几亩田地被族人夺去。有人劝谈氏上告官府,她流着泪说:"未亡人(指她自己)从不稍微逾越妇德规范,现在竟因争家产之事而不顾羞耻面向公庭吗？”于是昼夜纺织以求生计。六十四岁时，督学耿定向、按院刘曰睿下达檄文表彰她。

赵　氏（秦环妻）

赵氏，秦环妻子。秦环少年时患有虚弱病症。秦环病重，当时赵氏二十二岁，嘱咐兄长秦玺说：“赵氏年轻无子，我死后只作一个墓穴（意即让赵氏改嫁）。”赵氏听到，意欲先于丈夫死去，关门自缢，家人急救。于是自己剃光头发，表示守节决心。

秦环去世。秦玺不久也去世，秦玺妻子张氏也年轻，与赵氏一同誓死守节，两妇孤单无依，始终守节不移。督学耿定向、巡按邵陛旌表其门为“贞节”。

二十多年后，族人秦锪的女儿嫁进士潘伯骈，也早年守寡，以苦守节操而死。监司（官名，即按察使）交相表彰秦家门户。

沈　氏（瞿霆女，孙继武妻）

沈氏，太守瞿霆的女儿，孙继武的妻子。二十一岁守寡，家贫无子，孝事后姑（指公公续娶的妻子），苦守节操五十五年。督学耿定向表彰她。

宋　氏（宋臣女，叶周妻）

宋氏，工部郎宋臣的女儿。天生端庄凝重，父母钟爱她，见方伯（泛指地方长官）叶萱的孙子叶周聪慧能文，于是许婚给他。三年后，叶周去世，当时宋氏刚满十七岁，悲悼以死自誓不再嫁人，父母安慰劝导她，她说：“我生为叶氏妻，死则同墓穴。”于是报告叶萱，叶萱仍行纳徵礼（古代成婚之礼），又占卜吉日，与夫人一起，与宋氏行拜见礼，礼毕，宋氏改穿丧服，迎叶周的魂旌（古代丧礼用的旗帜），归居繐帐（设于棺柩或灵台前的帐幕）中，昼夜哀哭。四十六年后去世，与叶周合葬。当时为嘉靖二十五年（公元1546年）年。郡县交相旌表其门。

杨　氏（包志妻）

杨氏父亲杨启东是曹泾里大户人家，池州太守包鼎的儿子包志，从嘉兴入赘于杨家。与杨氏育有包节、包孝两个儿子。包节五岁，包孝二岁时包志去世。杨氏管教两子十分严格，每损坏一件衣服、弄坏一个器皿，就训诫道：“小时候不知道收敛谨慎，长大了会更加荒诞放肆。”两子感动振奋，勉力学习。到了娶妻有室，每夜两位媳妇尽力做女工,侍立杨氏身旁不敢坐,等候丈夫做完功课才进入内室,这已成为常规。

包节、包孝参与科举考试,杨氏派遣老仆人随行。乡试中举归来,老仆人说:“同榜(同时中举者)曾邀请两位公子到平康里。”杨氏听了泪流满面,先责备儿子随便应邀,而后又叩拜天地。

后来包节、包孝相继成进士,杨氏训诫儿子道:“修身养德,粗粝也甘;贪婪腐败,鼎食为恶。”两人为官清廉谨慎,一时征入朝廷,为南北御史,有正直声誉。包节后来触犯楚阉,谪戍庄浪卫;包孝弹劾严嵩,辞官回来奉养母亲。

杨氏七十二岁去世。包节奉皇帝旨意不能回来守丧,穿斩丧(最重的丧服)九年。

曹泾离海塘不远,夜里有数百道鬼神火逶迤而前,到杨氏门前则隐而不见,过了杨氏之门又光芒闪耀。杨氏母子的正气竟是如此地为鬼神所畏惧。

包节的第二个儿子包杞叙述,包节和包孝任御史时,同乡吃饭,杨氏询问留哪位客人吃饭,回答说留姓陆的,杨氏发怒道:“陆绰号清水,是个游手好闲之人,怎敢坐我家席位!”随即召包孝进来,叫他跪下且批评他,脸色一直很严肃。包节听到后连忙进来说:“包孝没有儿子要买妾,邀请此人占卜吉凶。”杨氏更怒,道:“买妾不请母命而私下占卜,而你还曲意为他辩护包庇!”她发怒到流出眼泪。两子叩头流泪,承认自己过错。到半个月后杨氏才允许他俩相见。当时包杞才六岁,最受祖母钟爱,为父亲和叔父哭着叩头求请饶恕,但祖母脸上仍没有笑意。包杞六十多岁时,口述此事仍簌簌泪下。

褚　氏(杨子安妻)

褚氏,十五保杨子安的妻子。倭寇侵扰,杨子安率领义军捍卫家乡而死。褚氏说:“丈夫为正义而死,我岂能以不义而生存!”她收尸殓葬,苦守节操终身,享年七十六岁。郡县表彰其所居的里巷之门。

张　氏(陈嗣陆妻)

张氏,陈嗣陆的妻子。潘荡里人。二十一岁丈夫去世,抚养遗腹子陈孝。到了中年,儿子又夭折。与儿媳吴氏共同抚育孤孙陈济良。她享年八十四岁。

吴　氏(冯恩母)

吴氏,御史冯恩的母亲。冯恩上疏论述弹劾当权的汪鋐,被逮捕下诏狱(奉诏令关押犯人的牢狱），谣言汹汹，说要抄籍其家，家人纷纷奔窜。吴氏携带孙子冯行可入京，写血书上疏奏道："儿子憨直无礼万有余罪，但妾身（吴氏自称）年老不忍见儿子被杀戮，希望以我老身赎我儿子来延续我家的子息。"

吴氏的血疏乞求，朝廷虽然没有准许，然而冯行可最终为父申冤，后来减罪戍守雷州。

当初，冯恩经考绩，朝廷封吴氏为太孺人，得以寿终。

汪　氏（李泮妻）

汪氏，青村所人，嫁给金山卫庠生李泮。倭寇入城，李泮拒敌阵亡，官府给以安葬抚恤。汪氏当时二十八岁。她抚育孤儿，坚守节操共三十六年。都察院官员上报朝廷，得以奉旨表彰。

陆　氏（徐从教妻）

陆氏，上海人，招华亭徐从教入赘为婿。徐从教避倭于吴兴，郁郁不得志。他与陆氏育有儿子徐益孙，年少聪敏，他抚摩着儿子长久叹息，曾吟咏一首绝句，句意悲怆哀伤。一日向客交谈似欲诀别，客人离去，他面壁西向而逝。陆氏奉侍婆母，携带十岁的孤儿扶柩归乡，安葬后，将女儿嫁给太学生彭汝让，严格教育徐益孙，儿子与女婿都有名望。

陆氏守节六十六年去世。大学士王锡爵为文祭之，略云："惟母安命，不问栉束（指梳妆衣着之类）。先薪后桂（喻柴米欠缺），处之恬足。惟母成子，始终以义。命为丈夫，他无所冀。苦节而甘，居贫而安。儿也采葵，妇也授飧。静性有余，其神弥全。"

姚　氏（黄筹幼子聘妻）

贞女姚氏，孝廉姚贡的第二个女儿。十二岁接受黄筹幼子婚聘。不久，未婚夫夭折。父母要她再许配其他人家，她坚决拒绝。平湖有人强送聘礼，其族人要来夺婚，姚氏听到这消息，拿起刀自杀，众人急救之。平湖某人为此诉讼到官府，松江知府方廉、司理吴时来叹道："这是松江府的闲气（《春秋》演孔图："正气为帝，闲气为臣，宫商为姓，秀气为人。"这里的闲气指能扶持正气的纯洁之气），我辈扶植节义，岂可使他们改变志向（这里的"他们"，指姚氏一类有纯洁贞操的人）！"

从此姚氏独居一室，终身吃素念佛修行。

郑　氏（姜从谦妻）

郑氏，十七岁嫁于县学生员姜从谦。姜从谦去世时，郑氏二十七岁。从此她断发毁容，独居一室，靠纺织度日。遇到灾荒之年，婆婆缺乏送终之资，婉言劝她改嫁。郑氏悲伤怨恨，上吊自缢，经救解复苏。于是守节到老。嘉靖年间其所居的里巷之门得到旌表。

徐　氏（陆珴妻）

徐氏，七宝镇陆珴的妻子。她二十岁时陆珴去世，还没有来得及安葬，倭寇掳掠七宝，纵火焚烧庐舍。徐氏拊膺（拍击胸口，表示哀痛、悲愤）哀悼，要投火自焚，父亲将她拉住阻止。然后她乘间将陆珴骸骨装入枕套中，持枕而行，虽踉跄逃难，枕从未离手。倭寇退去后，她归来从枕中拿出骸骨予以安葬，且终身守节。

奚　氏（奚昊女，曹筠坪妻，曹嗣荣母）

奚氏，刑部郎中奚昊的女儿，嫁给曹筠坪，生子曹嗣荣。曹筠坪教子很严格，有时鞭打儿子至于流血，奚氏不予劝谏，说："好人家儿子败坏家声，往往在于母亲的姑息。"曹嗣荣曾经到天黑才归来，曹筠坪发怒，叫他跪在床下。夜半烛灭，奚氏一觉醒来，呼喊儿子，发现他还跪在床下。曹嗣荣从此发奋图强，勉力学习，考取进士，官拜虞衡郎，奚氏封为安人，七十五岁去世。

徐阶为奚氏撰写铭文道："有玉在璞世未识，磨砻雕琢不遗力。治玉弥苦爱弥极，锡封安人昭《内则》（《礼记》篇名，记载妇女在家遵循的礼则）。"

沈　氏（沈恩女，顾从仁妻）

沈氏，布政使沈恩的女儿，嫁给庠生顾从仁。二十五岁时丈夫去世，她坚守节操。正逢倭寇作乱，乱离迁徙，备尝艰苦。儿子顾九叙当时还年幼，沈氏抚养他直至成家立业。

五十岁寿终，督学耿公表彰她的门户。

康　氏（张掖妻）

康氏，张掖的妻子。张掖掌管漕运患了疾病死于毗陵道中，当时康氏二十一岁，身怀遗腹子，过了一个月后孩子出世。她痛苦万状，抚育孤儿以延续张家后嗣。嘉靖元年（公元1522年）松江人刑部郎中周珮树碑表记她的坟墓。

王妙真（庄铨妻）

王妙真，庄铨的妻子。结婚五年，庄铨去世，遗孤庄世忠三岁，公婆要王氏改嫁，王氏抱着庄世忠哭道："当年阴瑜的妻子表示自己死了以后安葬到夫家来，人们还嫌她不早决断。我应当死在庄氏大门之内。"公婆于是不再劝她改嫁。

嘉靖二十七年（公元1548年），巡按饶天民查访得王妙真的真实情况，将她与顾岳妻子秦氏、曹雷妻子陈氏、山禧妻子、姚佐妻子一起上奏于朝廷，因遇倭寇侵扰而朝廷表彰的旨意未能下达。

金　氏（张问仁妻）

金氏，张问仁的妻子。丈夫去世时，金氏还年轻，她毁容自誓守节，凄凉无援，艰辛地抚育孤儿，坚守贞操到老。

林　氏（沈懋贤聘妻）

贞女林氏，郡丞林恕的侄女。刚满周岁，就许婚给沈懋贤，沈懋贤十四岁夭折。林氏随从任教职的父亲在外地，闻此讣告，即要自尽，父母日夜防范，于是她剪下头发，寄往沈家献于亡夫灵位前。到沈懋贤殡殓时，她一定要去送行。父亲带她前去，她抚棺痛哭。随即进入内室，只留一位老女佣做伴，足不出闺门外，惟有逢年过节出来拜见公婆。

隆庆五年（公元1571年），县令张公烛题"贞孝烈女"表彰她。年届四十，自己选定日子而去世。

陈　氏（叶灼妻）

陈氏，华亭叶灼的妻子。二十四岁丈夫去世，她发誓坚守节操。晚上关门后必须巡视方才安睡，所居之处近五十年从未迁移过座位，陈家子孙看到她都肃然起敬。

她为丈夫营葬，到七十六岁去世。生前曾亲手种植橘树一株，每逢丈夫忌日总是摘一枚橘子祭献亡灵尝新，每年如此，从不间断。陈氏去世，这株橘树也枯槁而死。

王锡爵手书"贞节"二字表彰她。

孙子叶嘉林，为县学生员。

翁静简

翁静简，指挥使翁国衡侄女。年仅九岁，父亲病危，翁静简关上门向观音大士叩拜祈祷，割左大腿一块肉让母亲黄氏煮肉汤奉献父亲饮食，父亲之病不久痊愈。卫城人士要上报她的事迹，被她拒绝。父亲去世后她嫁给西嘉瑞，结婚刚半年，母亲患重病，她又割自己大腿肉进献母亲治病。

自古以来从未有像翁孝女那样割股救父，又割股救母的。

杨　氏(张云汉妻)

杨氏，华亭人，嫁于张云汉。丈夫去世时杨氏年仅二十四岁，儿子张齐羽刚一周岁。她守节二十五年，张齐羽又去世。儿媳陈氏当时年仅二十六岁，遗孤张宾臣刚三岁，她教育张宾臣，使之长大有成就。

婆媳二人生活贫寒，守节到老，人称“双节”。

张　氏(曹祺妻)

张氏，十五岁嫁给青浦人曹祺，四年后丈夫去世，儿子刚三岁，她誓不改嫁，奉养婆婆，孀居六十年，享寿八十一岁。吴门袁洪愈传述她的事迹。

叶　氏(陈轩妻)

叶氏，华亭人。钱塘县令叶宗行的孙女。二十岁嫁给陈学士长子陈轩。陈轩侍奉父亲在国子监读书，去世于京师。叶氏当时二十七岁，闻此讣告即毁容断发，去除脂粉。孝事公婆，抚养孤儿成家立业。七十六岁去世。

李　氏(陈怡妻)

李氏，华亭李贡生的女儿，嫁浦南陈怡。陈怡去世时，李氏二十六岁，生有一子，尚在襁褓之中。母子孤苦伶仃。

她守节五十八年，享寿八十四岁。

黄　氏(杨允绳妻)

黄氏，杨允绳的妻子。杨允绳以给事中的身份论述弹劾大官丞奸邪贪鄙，导致下狱论死。当时黄氏与儿子杨应祈通过抵押住于偏僻乡村的一间房子里，她日夜漂洗衣物而换得粗劣衣食，五年如一日。杨应祈有妻室，但因父亲生命垂危，他不肯入室。黄氏流着泪说："你父亲长期被拘禁，你难道不为家族考虑延续微弱一线？"说罢就迫使他进入妻室。

儿媳刚怀孕，杨应祈忧愤不食而死。儿媳生下儿子一个月后，杨允绳被处死于西市。黄氏于是强忍悲痛，携儿媳，扶两榇而归。渡江遭遇风浪，又逢宵警，黄氏毫无畏惧。到了家里，满目凄凉破败，黄氏艰难料理，操办两件丧事毕，严格教育孤孙忠裕。

明穆宗抚恤圣旨下达，杨允绳父子得以昭雪，赐谕忠裕（黄氏孙子）为国子监生。

几年后，黄氏去世，享年六十九岁。

胡　氏（高恕妻）

胡氏，华亭北俞塘人。十七岁嫁给高恕，四年后高恕去世，有一子一女，而孤儿又夭折。公婆千方百计要她改嫁，她守节意志更坚定。

公婆去世，她出嫁女儿，女婿又夭折。于是依傍外孙女的夫家，辗转流离，但坚守节操之志始终不渝。

万历六年（公元1578年），郡县表彰其门庭。

八十岁寿终，打开高恕墓穴合葬，距离建筑高恕之墓正好六十年。

曹　氏（黄文衡妻）

曹氏，华亭人。松江府学生员黄文衡的妻子。文衡三十岁病亡时，曹氏二十九岁，弱小的孤儿黄一曾刚满九岁。曹氏安葬丈夫，教育儿子，备极酸辛。

黄一曾入学，颇有才名，每次考试，总是夺冠，深受松江知府许维新器重。许维新调任，黄一曾送行，风雨之夜溺死于富林东潭。曹氏尽力支撑，收葬儿子，三个月后她也去世。

士人痛惜其子，更悲怜曹氏。她守节五十六年，直指（朝廷派往地方直接处理事情的官员）马从聘表彰她。

陈　氏（吴鉴妻）

陈氏，吴鉴的妻子，寄籍（久离原籍而用旅居地的籍贯）华亭。二十三岁时丈夫去世，她辛苦抚育仅一岁的遗孤以至成立。孝养公婆，孀居五十七年。县令俞思冲题

“贞寿”两字以表彰她。

陈氏享年八十岁。

张　氏(张烈姐,富于德妻)

张氏,华亭人,水部公张烈的姐姐。十七岁嫁于宪副富好礼的第二个儿子富于德。富于德因父亲去世哀毁过度,成病而亡,当时张氏年仅二十岁。家务困苦急迫,里役交错纷繁,更遭倭寇之扰。张氏勉力撑持,家境窘迫,历尽艰辛。

她生有一女,入赘孝廉郁伯纯为婿。抚育侄孙富永祚为后嗣。县令俞思冲赐匾表彰。

包　氏(唐自道妻)

包氏,包志的女儿。早年父亲去世,她奉侍母亲杨太孺人,家教谨严。

嫁给唐自道,生三子二女,二十七岁守寡,冰洁的操守酷似其母,有兄长包节、包孝两侍御的风骨。

长子唐世材,态度恭顺,行为惇厚,生平不知有欺骗虚伪之事,自号无怀。万寿二十年(公元1592年)包氏九十大寿,得见孙子唐之屏成为进士。第二年(公元1593年)去世。

苏　氏(沈胤嘉妻)

苏氏,华亭人,御史苏克温的女儿。嫁庠生沈胤嘉,沈胤嘉二十七岁病亡,当时苏氏也二十七岁,遗孤沈承歆刚六岁,苏氏抚养他长大成人,为府学生员。万历三十三年(公元1605年)沈承歆又去世,她再抚育几位孙子成人,其中两人为府学生员。

苏氏七十八岁去世,孀居五十二年。县令张继桂、松江知府许维新都赠绰楔(古时立于正门两旁,用以表彰孝义的木柱)表彰她的门户。

夏　氏(姜如岗妻)

夏氏,方伯夏寅的孙女,嫁府学生员姜如岗。结婚才两年,姜如岗去世,当时夏氏年仅十九岁。她孝奉公婆,抚育遗孤,艰难困苦地操持五十三年而去世。直指刑侗表彰她。

陆　氏(陈无逸妻)

陆氏,上海县学廪生陈无逸的妻子,潘荡里人。陈无逸去世时,陆氏年仅二十三岁，儿子陈世蕃尚在襁褓里。她训导儿子，才十五岁就补为诸生，但不幸夭折。她守节七十六年，勤苦孀居，从一而终。

县令屠隆表彰她，有"节并共姜(共姜，周时卫世子共伯之妻，共伯早死，她不再嫁。后常用为女子守节的典实)，贤同孟母"的褒奖之词。

刘　氏(杨舜卿妻)

刘氏，十七岁嫁给漕泾杨舜卿。六年后杨舜卿去世，没有儿子。刘氏即自缢于别室(指正室之外的居室)，经旁人抢救而获生。从此她更专志守节，别无他念。此时媵婢(随嫁的婢女)陆氏也新寡，被刘氏行为感动，也艰苦共守节操，相依六十年。

刘氏八十四岁去世，去世之日陆氏悲痛号哭，随即也去世，远近人们都感到奇异。

知府许公赞扬刘氏的节义，且为其安置后嗣，选立其侄孙应聘奉行祭祀；表彰她的门户为"节寿双全"。

林　氏(杨道立聘妻)

林氏，郡丞林恕的女儿。她端庄文静，聪颖异常，通晓诸书义理，且善于写作。二十岁接受杨道立聘礼。杨道立去世，林氏获悉，即毁容食素，患病几乎丧生。

经过一段时期后，家人商议将她改嫁，林氏断发自誓守节。父兄哭着劝她，她即引述古人节义之事理直气壮地予以回答，家人终究不能改变她的志向。莫如忠传述她的事迹。

据《杨氏家乘》记载，林氏守节三十余载。晚年长出髭须，人称"女胡子"。兄长林士博，以其事上报郡邑，遂旌其庐。林氏有《劝贞录》行于世。

沈　氏(钱福外孙女，李人麟继妻)

沈氏，钱福的外孙女，鸿胪(官名，掌朝贺庆吊之赞导相礼)李人麟继室。年少即端庄严肃，众姐妹不敢随便对她开玩笑。成年后嫁给李人麟，生子名耆卿。儿子刚四岁，李人麟去世，沈氏哀伤致病，生命垂危。不久，有一位杭州女医前来，自请治疗沈氏。当夜病症消失，即可起床，女医离去时分文不受，说："我是碉仙。"只闻得满室旃檀香。沈氏于是一心一意地教子。

万历年间，李人麟前妻所生的儿子为恶致祸，李家立即衰败，沈氏无立锥之地。颠沛流离，备尝艰辛，但她勤苦操作，教子更严。后来李耆卿以才德为人称道，万历二十五年(公元1597年)乡试中举,而沈氏先已去世,年仅四十。未及报请朝廷予以表彰,人们都感到伤心惋惜。

太史焦竑为她撰写墓志铭道:"谓天有知,贤如孺人,逢此百罹。谓天无知,孺人生子,特达魁奇。如木之乔,干霄耸秀。雪虐风飧,其材乃就。就蛰必奋,有沉必晖。恢恢天道,孰测其微。我为铭词,与璧偕瘗(埋葬)。万古千秋,佳城(指墓地)荟荟。"

封 氏

封氏,王相、王桓的母亲。她二十九岁时,丈夫病危,指着孤儿嘱咐封氏,言讫而去世。封氏悲哀痛绝而复苏。她劳苦养育孤儿,延请老师教读经文。当时王家孤独贫弱,又遇倭警,备尝忧患。她从弘治十二年(公元1499年)到嘉靖年间(公元1522年—1566年),秉持操守二十余年。

松江知府史直臣表彰她为"贞育"。孙承恩道:"贞以存节,育以抚孤,天地仁义之气备于妇道矣。"作诗歌颂她,一时唱和的诗篇汇成《贞育篇》刊行于世。

朱 氏(陈治功妻)

朱氏,县学诸生朱伯缙的女儿。十五岁嫁给陈治功。陈治功已患疾,经朱氏护理稍有好转。生一女,将满周岁,陈治功去世,朱氏只有十七岁,意要以死殉夫,父母及公公不断劝阻她。不久女儿也夭折,公公命她喂养侧室赵氏的儿子,作为子嗣。到公公去世,她所喂养的儿子品行不端,导致倾家丧身。朱氏与赵氏更加没有依靠,只有两三位婢女做饭,一名童仆看门。丈夫的亲属人员不是逢年过节不得相见。乡人称她们为"两节妇"。

张 氏(沈斌山妻)

张氏,沈斌山的妻子。丈夫去世之年她仅二十四岁,永别之日哀号绝食,屡次要自尽殉夫,公婆尽力劝解才得以阻止。儿子沈汝骏也过早去世,遗孙沈天禧,她尽力抚养教诲。通宵达旦纺织,点亮灯笼教读。贫苦守节,孝事公婆,嬉笑之声不闻于户外,达六十年之久。八十四岁去世。

袁 氏(聂士濂聘妻)

贞女袁氏,袁元徵的女儿。出生当月即受聂士濂聘礼。尚未结婚,聂士濂病夭,袁氏坚决守节，父母不能移改其志。家产微薄，生活艰苦。婆婆生病，她奉持汤药，三个月后婆婆去世。亲戚可怜她无依无靠，劝她改嫁，她守节之志更坚，终于保全操守，士人都称道她。

顾　氏（钱云川妻）

顾氏，青浦钱云川的妻子。丈夫去世，她抚育儿子钱若珍成人，为他娶妻谢氏。钱若珍又夭折，婆媳相守。儿媳谢氏先守节而死，顾氏独身礼佛修行，发誓守节至寿终。士大夫制匾挂其居称“冰玉庵”。

黄　氏（西昌言妻）

黄氏，金山卫指挥使西昌言的妻子，西承勋的母亲。二十六岁时丈夫去世，她哀毁几乎气绝，誓志苦守贞节。她慈爱儿女，孝顺公婆。孀居七十年，享年九十五岁。

张　氏（杨玉山妾）

张氏，杨玉山的妾，南京人。成化年间杨玉山经商于南都，娶了她。结婚一个月后，杨玉山因妻子嫉妒而休了张氏，张氏于是独居一室，自守节操。杨玉山也多次与她往来，所赠之钱物数以千计。

二十多年后，杨玉山因徭役累尽家产，至于赤贫，无法嫁女娶媳，怏怏不乐，以至失明。张氏获悉此事，径直到杨玉山所居屋舍，拜见正妻，捧住杨玉山头脸大哭。随即她拿出杨所赠全部金珠，置办妆奁嫁其两位女儿，并为其两位儿子娶妻成室。又留下来侍奉汤药一年，杨玉山去世，守其棺柩不忍离去。丧期已满，父母催她归去她不肯，决心至死守节，终身不见他人。

黄　氏（陈讲聘妻）

黄氏，青浦人。她尚为童养媳时，未婚夫陈讲夭折。她发誓至死不嫁。孀居三十七年去世。

周　氏（张天恩妻）

周氏，张天恩妻子。十九岁时丈夫去世，没有儿子。正逢倭寇作乱，宗族众人都逃窜，周氏日夜号哭不忍离去，于是撤去屋板制造棺柩，收殓亡夫，棺柩暂时停放室中,这都由她亲自经营。又日夜纺织,营葬丈夫,各种费用都不连累丈夫亲属。

她一生未曾解衣而睡,即使宗族子孙也难得见她一面。享年九十六岁,端坐而逝。

陆 氏(乔懋续妻)

陆氏,县学生员乔懋续娶之妻。二十七岁时乔懋亡故,她奔跳号哭几乎昏绝,因婆婆尚在而不忍死去,尽力孝养。婆婆去世,殡葬之费都从陆氏双手辛勤劳作所得。六十二岁去世。辛苦劳作一生,兼有子妇之道(《礼·内则》:"子妇孝者敬者,父母舅姑之命,勿逆勿怠。")。

宋 氏(沈文诏妻)

宋氏,华亭萧塘人。明朝初年孝子沈得四后裔沈文诏的妻子。年少读书,明白礼义大节。二十岁嫁给沈文诏。沈文诏衣食贫困,但勉力勤奋学习,宋氏脱下发簪出卖,资助丈夫读书。互相商榷订正,夫妇如同师友。

宋氏二十三岁时沈文诏去世,留下五个月的遗孤。她几度绝粒誓死,经家人极力劝解方止。纺织彻夜,十指出血。公婆可怜她,意要请她再婚。宋氏手书告母亲道:"女蒙父母择配沈君,可谓得人。岂意遽然一疾,三载夫妻,天促其算(促,缩减。算,寿数),言念及此五内寸裂。幸已生儿,抚令成大,终身所倚,此素志也,敢更生他心哉!昨有人来求帖(订婚庚帖),女则坚志不允。盖闻臣之事君有死无二,妇之从夫终身不改,此人之大伦、女之大节也。今公公特来商议,幸父母再三却之。傥(倘若)四大人(这里指父母公婆)之意俱然,宁蹈东海而死耳,否则有何面目见沈君于地下乎!"从此公婆父母不敢再说改嫁之言。

孤儿稍长,宋氏监督课程,讲解不辍,甚则继以夏楚(古代师长体罚学生的工具,即木棒、荆条之类),即使严父也不过如此。孤儿名泓,崇祯元年(公元1628年)选贡(挑选优秀生员为贡生进入国子监肄业),闻名于当时。

宋氏患病,沈泓进药她便摇手道:"到我见你父亲的时候了,怎能治愈?"更加伤感而泪下,一个多月后去世,享年五十四岁。

她孀居三十二年,孝事公婆,礼待伯叔,逢年过节带领儿子祭祀其夫,哀感邻里左右。禀性甘于艰苦,所食惟熟油苦菜而已。鹑衣百结(喻衣衫褴褛),寒暑皆然。沈泓语及此事,泪溢眼眶,以至泣不成声,亦为孝子。

松江知府方岳贡挂匾表彰其门庭，题为“风高孟母”。

葛　氏（张积基妻）

葛氏，松江府文学（文学，官名，汉州郡及王国皆置文学，略如后世的教官）张积基的妻子。十九岁成婚，两年后丈夫去世，她哭着发誓守节。抚育刚满一岁的孤儿张天彝，艰苦万状，终使其成长自立，乡党族人都推重她。

顾　氏（殷尚才妻）

顾氏，华亭上横泾殷尚才的妻子。二十四岁时丈夫去世，她即吃素拜佛，孝事婆母，享年八十五岁。

苏　氏（徐奉常妻）

苏氏，华亭人，嫁徐奉常。刚生一子，丈夫去世。她抚育孤儿成立婚娶，有了两个孙子。不久儿子与儿媳相继去世，遗孤幼小，她亲自教养，稍有不率就痛哭训诫。孀居四十年，足不出户。郡县议请表彰，苏氏推辞说：“老妪自守节操，何足向上烦劳官府！”

李　氏（李昭祥女，莫是卿妻）

李氏，水部李昭祥的女儿，嫁方伯莫如忠第六子、生员（秀才）莫是卿。成婚一年，莫是卿病夭，李氏年仅十八岁。守节六十一年，从万历二十年（公元1572年）开始守寡，到崇祯五年（公元1632年）寿终，一生苦守铮铮节操。郡中推选应受表彰者，以李氏为首。

嗣子莫维盛后来光宗耀祖。莫维盛，嘉善廪生。

姚　氏（冯衍可妻）

姚氏，嫁给大理丞冯恩的儿子廪生冯衍可。成婚七年，冯衍可去世，姚氏二十七岁。她守节五十年。教育儿子冯大登入太学，以孝友称誉一时。姚氏享年七十五岁。有婢女缪氏，冯衍可去世时她仅十三岁，依主母姚氏共守贞操，寿至七十岁，姚氏与缪氏同被院道（都察院）表彰奖励，每年给予粟帛。

姚氏与张德瑜之妻为姐妹，人称“姚氏双节”。

张　氏（李茂叔妻）

张氏，庠生张重熙的女儿，嫁泗泾李茂叔。李茂叔早年去世时，张氏才二十三岁。她苦守贞节，父母逼她改嫁，她剪发自誓。素食终身，抚育两位女儿。六十岁去世。

张　氏（黄玉洁母）

张氏，葵阳张启的女儿，华亭庠生黄玉洁的母亲。她侍奉父亲朝夕不离左右。父亲穷困，她则尽力做女红补助。

到出嫁时，她不愿前行，勉强到半路，痛哭得昏迷过去。正好有个老妇人用水浆灌入她口中，她才得以苏醒，但老妇随即不见踪影，人们都感到惊异之。

嫁到夫家后，她敬奉公婆，人称孝妇。

王　氏（李联芳继妻）

王氏，李联芳继室。生育四个儿子，第二个儿子为庠生，第三个儿子乔枝终身不娶，朝夕服侍王氏，年至七十二岁。王氏生于嘉靖十一年（公元1532年），到崇祯五年（公元1632年）已满一百周岁了，人称“寿母”。松江知府方岳贡特赐优厚的礼物，捐献俸禄以倡孝道，乡士大夫每月向她赠粮。

缪　氏·韩希孟·顾兰玉

缪氏，上海露香园顾名世（明嘉靖三十八年进士，官至尚宝司丞，晚年筑露香园于郡治西北隅，擅一邑之胜）之子顾会海的妾，顾绣创始人。刺绣人物，气韵生动，字亦有法。戴有祺《寻乐斋诗集》中有《露香园缪氏绣佛》诗：“鬓眉老少各不同，笑语欢然并超忽……青莲花下扬灵胜，微风过处欲飘举。”

韩希孟，顾寿潜（顾名世之孙，字旅仙，别号绣佛主人，能书善画，师从董其昌）的妻子，武林人。精通六法，工画花卉，擅刺绣。早期绣作，只为家藏或馈赠亲友。后有独得之秘，摹绣古今名人书画，将闺阁绣法与绘画艺术结合，作品气韵天然。韩希孟在丈夫支持下，覃精运巧，寝寐经营，一件作品往往穷数年心血而成。流传下来的作品，均有朱绣方印，曰“希孟手制”、“韩氏女红”、“武陵绣史”、“韩氏希孟”等。董其昌曾为她的绣册对题。陈子龙在她崇祯十二年所绣作品上题跋说：“……若韩媛花鸟草虫，生气回动，五色斓发，即薛夜来、苏惠兰未能妙诣至此，或天孙织锦手出现人间耶？”直到清代，仍受到名人赞誉。康熙年间的内阁学士、书法家郭棻在八幅韩希孟的花鸟绣上题咏，赞其《牡丹》“不用画胭脂，只索瑶匡拣色丝”，赞其《萱花》“离离朱蕊傍雕栏，三秋同拟百年看”，赞其《罂粟花》“有艳无香蝶翅斜”。清代学者郭棻还题有“近世有苏郡顾氏出，始作画幅，凡人物、翎毛、花木、虫鱼之类，浅深浓淡，无不如意，并无针痕缕迹，使人不辨为绣为画也……凡八页，虽具折枝小景，而枝叶翻正，花蕊向背，真得写生三昧，又无烟火气，信非顾氏不能，益征天生奇才”。韩希孟传世绣作，有沈阳故宫博物馆藏册页八幅，上海博物馆藏册页四幅，北京故宫博物院藏册页八幅，皆为世所珍。

顾兰玉，顾名世孙女，嘉庆《松江府志》将她列为才女，说她“工针黹，设幔授徒，女弟子咸来就学，时人亦目为顾绣”。毛祥麟《墨余录》也有“尚宝公有曾孙女，适廪生张来，年二十四而寡……守节抚孤，出家传针黹以营食”之句。顾兰玉以家传针黹谋食，而其神化更妙于前。顾绣之名，遂以大噪。有人就“时人亦目为顾绣”，论顾兰玉非顾名世孙女。“亦目”云者，实指顾兰玉“女弟子”绣作。顾家至顾兰玉时，家道中落，顾兰玉为生计，设刺绣作坊，广收学徒，凡三十余年，使顾氏家传特技传布于世，起到了推广作用。

陆　娟（陆德蕴女）

陆娟，自少颖异，授以书史，辄记忆不忘。有《代父送人之新安》诗：“津亭杨柳碧毵毵，人立东风酒半酣。万点落花舟一叶，载将春色过江南。”据《淞故述》：“有索其父送行诗者，父不在，为代作云。”《云间杂识》云，陆娟代作此诗后，“父归责之，自是吟咏绝不及门外事”。

徐　媛

徐媛，字小淑，徐时泰的女儿，范允临的妻子。范允临是北宋范仲淹十七世孙，自幼父母双亡，随伯父范启晔生活。嘉靖年间，范启晔从苏州迁居松江，范允临随之。

徐媛喜读书，好吟咏，号多才女。与寒山陆卿子（名服常，尚宝卿陆师道之女，太仓赵宦光之妻）相唱和，吴中士大夫交口称誉。其诗流传海内，时称“吴门二大家”。有《络纬吟》十二卷、《倡和集》。清朱彝尊《明诗综》引姚园客之语：“小淑诗文与陆卿子齐名，然徐以绮丽胜，才情稍逊于陆。”《玉镜阳秋》曰：“徐陆齐名，徐非陆匹。陆诗拟汉魏六朝三唐，苦肤省耳。徐为长吉，乃饾饤可憎，佳者什不得一也。绝句往往得唐人音格，故可采为多。杂文多有可观，亦间伤掩沓。”

范壶贞(胡畹生妻)

范壶贞,字蓉裳,号淑英,华亭人。有《胡绳集》,范允临、陈继儒作序。朱彝尊《明诗综》录其诗《题烟雨楼图》:"烟岚无限水中情,远近楼台一望平。吴苑草荒麋鹿走,越江春尽鹧鸪鸣。长堤柳树迷春渚,白水菰茭绕郡城。最是晚来新月下,万家灯火隔湖明。"

王凤娴(张本嘉妻)

王凤娴,字瑞卿,号文如子,华亭人。万历进士张本嘉之妻。起初,张本嘉贫不能治生,灶突时生寒烟,王凤娴身自操作,以奉晨昏;凡女红缉纴井臼之事,无不工办;而感时遇景,辄相赓唱,四壁书史,处之晏如。王本嘉中进士后,她泊然不以动意,闲暇时则教授子女,吟咏自如。当初垂髫时,大父以"秀眉新月小"命她试对,她即对以"鬓发片云浓"。生有二女,王本嘉去世后,她持家政又兼课艺。二女皆工翰藻,母女时相唱和。她享年七十。有《贯珠集》、《焚余草》、《双燕遗音》、《东归记事》等行世。

王　微

王微,字修微,原籍广陵,后嫁华亭人许誉卿。许誉卿,万历四十四年(公元1616年)进士,官任工科都给事中。政乱国危之日,多有建白,王微有助。

王微自幼有洁癖、书癖、山水癖。七岁失父,致飘落无所依,流落青楼。她才情殊众,常扁舟载书,往来于江浙一带。交游皆为胜流名士。后忽有警悟,成为道士。从此,布袍竹杖,遨游楚粤,跋大别山,眺黄鹤楼、鹦鹉洲诸胜,登武当山天柱峰,溯长江上庐山,访白香山草堂,参憨山大师。归而造生圹(墓穴)于武林,自号草衣道人。

王微色艺双绝。善画山水、花卉。工诗词。"其诗词娟秀幽妍,与李清照、朱淑真相上下。至于排调(意戏弄调笑)品题,颇能压倒一座客。"(陈继儒《微道人生圹记》)有《樾馆诗》数卷,自为序曰:"生非丈夫,不能扫除天下,犹事一室,参诵之余,一言一咏,或散怀花雨,或笺志水山,喟然而兴,寄意而止。妄谓世间,春之在草,秋之在叶,点缀生成,无非诗也。"又曾撰名山记数百卷,自为叙以行世。王昶《明词综》收其《忆秦娥》:"多情月,偷云出照无情别。无情别,清辉无奈,暂圆常缺。伤心好对西湖说,湖光如梦湖流咽。湖流咽,离愁灯畔,乍明还灭。"《明史·艺文志·附编》录《王微集》十卷。

陈继儒曾作《微道人生圹记》、《题王修微草》，又有《答王修微书》，其中说："昨梦秋月如规，游氛散尽。晓谓侍儿曰：'此梦奇祥。'已得手书，迫呼二三韵士（指风雅之士）视之，惊叹其奇绝。天女散花，昔闻其语，今见其人矣。梅花烂漫，度在二月初旬，能舞棹谐此清诺否？先期一报，煮雪相待衡门之下也。"

据清《华亭县志》载，有修微庵在北门外总管堂巷内。

清　濋[注]

清濋，号兰江，天台人，俗姓刘。曾经在苏州说法，僧、俗倾集，四座无有空位。后来居于天界寺，明太祖召见他，对答之言符合圣意，于是御制《清濋说》赐予他。有《应制次登钟山》等著作。

晚年休憩于松江的东禅寺。有《望云集》及《语录》、《毗卢正印》等著作行世，学士宋濂为之作序。

德　然

德然，号唯庵，华亭人，俗姓张。一生下来就有异常长相：左脚下有一颗痣，嘴巴大得能放得进拳头，舌头长得能舔到鼻子。七岁在杭州的天龙寺诵读《法华经》，起初参拜洪石屋，后来参拜长千岩。洪石屋说他与吴松有缘分，为他写了"松隐"二字。于是他来到松江府南部，造了一所小茅屋居住下来，挂匾题为"松隐"，足不出户长达三年。

他的道风日益昌盛。曾刺破手指出血，命高行僧道谦用以书写《华严经》八十一卷。洪武初，以高行僧的名义被举荐，不久又回到松隐。建塔七级，用以珍藏《华严经》。洪武二十一年（公元1388年）四月十四日，沐浴更衣，辞别众人而坐化，保全身于松隐塔内。

他有《船居诗》十首，学士宋濂为之作序。

净　慧

净慧，字古明，松江人。洪武年间诗僧，书法效仿虞世南，他题《天马图》道："曾陪八骏昆仑顶，肯逐群雄草莽间。"可见他是位有志向而隐于寺院之中的人。

注：清濋及以下人物为方外人物，基本先释后道。

如 泰

如泰,华亭人。不识字,乘一只小船到各地参拜请教。洪武二十八年(公元1395年)四月,来到珍敬庵,身患微疾。四月二十六日,他对众人说:“我将于五月初三日去世,大家来送我。”到了初三日,他将自己原来所乘的小船置于陆地,沐浴更衣,对佛说偈道:“山僧新圆寂,诸人皆不识。乘驾白牛车,亲到乐邦国。”众人在小船安放之处送行,如泰又说偈道:“五十九年世间嬉,涅槃一日到来催。忽然踏着虚空路,一去乐邦永不回。一枝红焰起,四色藕花香。”说罢进入小船自焚。

绍 宗

绍宗,字一原,号遂初,上海人,俗姓陈。十三岁在家乡的安国寺出家,师从静庵镇法师。天赋聪明,戒行精严。

他起初在杭州的长庆寺说法,僧、俗纷纷归向,受到教化。后来到吴兴慈感寺说法。当时右讲经(说法之职)守仁住持请他前去,居说法首座。

洪武二十六年(公元1393年),他应召到庐山,奏请答对符合明太祖圣意,得赐金缕袈裟,选为右讲经,升任右善世(当时寺院僧人之职)。

洪武三十年(公元1397年)正月五日,显现微疾,端坐而去世。明太祖派遣中使(帝王宫廷使者,多由宦官担任)致祭。火化之日,聚会数千人。他的弟子将他的舍利遗骨放于安国寺的塔下。

志 常

志常,号梅隐,华亭人,俗姓朱。年幼时就有超脱红尘之志。拜华亭本一院善实大师为师,剃度出家,修禅诵经,勤服劳役。接受了具足戒后,又去参拜南堂了庵、西斋楚石两位大师,学得要旨而归。于是继承师席,迎接天下走脚僧。华亭人士,无论贤愚,都深受其化导。平时以诵读《华严经》、《楞严经》等作为每日功课。临终告诫众人勉力进修,合掌恬淡而逝。

善 信

善信,号无疑,苏州嘉定人,俗姓吴。二十九岁出家,拜上海施水庵僧智德为师接受禅教,又参拜苏州城里的万峰和尚。不识字,只一味修禅。

建文三年(公元1401年),他五十九岁,十月二十八日显现微疾,于是对众人说:

“我从出家以来，肋骨从不碰到席子，修炼今天结束了，应当从此告辞。”说罢沐浴更衣，进入神龛，顷刻火起，自焚其身。

寺院僧人为他造塔画像，供奉香火。住持勇禅师写偈悼念说：“一念才空万境忘，更无余事可商量。翻身永入火光定，惊倒灵山老药王。”“出轮回又入轮回，究竟何曾有去来。昨夜冰河中火发，虚空烧作一堆灰。”

僧　敬

僧敬，陕西人，俗姓杜。原有妻妾三人，妾皆怀孕。因长子夭折，愤然弃家南游。到了松江，其土山水木的优美景色吸引住了他，于是就地结庐以居。说袁将军有功于此地，非托佛寺则不能长久祭祀他，于是扩建旧庵为佛舍，名为“东济”。

经过了十九年，妾所生二子一为吴会太守，一为镇令，皆前来认他为父。他终究不依靠已经富贵的两个儿子的奉养，终老佛门，静修一生。

敬　公

敬公，七宝寺僧人，人们称他为敬讲主。平时诵读佛经，坐榻都已坐穿。善作诗，有《青松集》刊行于世。洪武年间召见天下高僧，敬公也是其中之一。

一　如

一如，字一庵，又号退翁，是上虞孙氏的儿子。十三岁出家长庆寺为僧。是在洪武十八年（公元1385年），主持松江崇庆寺。洪武二十七年（公元1394年），南洲溥洽主持大报恩寺，一如为都讲。永乐初，注《法华经》，姚少师为之作序。被朝廷召修《大藏经》，授右阐教。

不久去世，火化后，其舌根不坏。

普　智

普智，字无碍，号一枝叟，浙江临平人，俗姓褚。于天竺龙井寺出家，东溟日法师传授给他天台宗性具之学。

普智擅长讲说，历经四大道场，结束于松江延庆寺。平时恭谨诵经，寒暑不辍。暮年专修净业。洪武二十六年（公元1393年）授予他为副都纲（念经僧的职称）。

永乐六年（公元1408年）正月二日有微疾，他会集众人，面西端坐，念佛而逝。

他曾集注《弥陀经》。

道 安

道安，字静中，华亭人，俗姓朱。在兴圣寺出家，参拜松隐德然大师，建宝塔七层，造佛像千尊。

后返回兴圣寺，重修宝塔，建般舟三昧道场，每期九十日。

永乐十四年（公元1416年），七十七岁，坐化长逝。作偈道："不会掘地讨天，也解虚空打橛。惊起须弥倒舞，海底虾蟆吞月，踏翻生死大洋，说甚沤（水中气泡）兴沤灭。"

善 启

善启，字东白，号晓菴，出生于长州杨姓的一户官宦之家。刚能说话，就通晓佛典，父母觉得奇怪，命他拜永茂院主为师，隐居龙山，日夜不停地研读百家经典，名声大振。永乐六年（公元1408年），主持延庆寺，一年后任副纲（讲授佛典之人的职称）。

朝廷召他去参与修撰《永乐大典》，校对《大藏经》，赐赠金缕袈裟。一时名人如沈粲、王汝玉、钱溥等都与他结成方外之友。

曾论儒、释之辩说："应各以自己的教义教育世人。"又说："东鲁（孔子家乡）传授儒家道理，西竺显示人的本性，都以孝顺父母为本。"所以即使远离父母，而养生送死都要重视，与兄弟应该友爱。

正统八年（公元1443年）去世，葬于龙山。钱溥为其塔作记，称善启说法有儒家的特色。

辨如海

辨如海，金泽寺僧人。淳朴正直，戒行精严。佛氏经典，都能读诵讲解。禅行深厚，还特别善于作诗。正德年间，与钱福结诗社，乡里士大夫都十分推崇他。

年九十余，无疾端坐而逝。副宪（官名，御史的佐官）曹时中赠以诗道："云间惟爱此僧闲，锡杖芒鞋懒出山。瓦钵盂中清净水，布袈裟上木连环。无声无色诗千首，听雨听风屋半间。春满土床谁是伴，白云飞去又飞还。"

朱道人

朱道人，名松，唐行镇人。有妻室，生有三子二女，皆务耕织。他自万历四十二年

（公元1614年）倭寇扰乱后，开始吃素，皈依净土宗。曾于五台山遇到高人，得密语付嘱而归，冥修默坐，不问人生俗事。看见儿子养了几头猪，就全都放生，并陈述六道轮回和因果报应的佛教道理，全家都醒悟，从此持斋吃素。

后忽于天启二年（公元1622年）四月纺纱时开悟，到九月有童子来报告，说他圆寂之期在次年七月五日。到天启三年（公元1623年）正月七日，他投拜无尘长老，到佘山宣妙寺，摒弃一切杂念，面壁修行。四月间开始向人们透露自己将要圆寂的消息。七月一日，僧俗纷集，周思兼、夏时、高士前来探访朱道人，这时朱道人已三日不吃东西了。七月四日正值朱道人生日，众人都叩头祝贺，聚集有一千多人，有跪的，有拜的，还有踮起脚来瞻望的，有靠近细看的，有用丝帛包着香焚烧的，还有半信半疑的，朱道人神态自若，对纷拥而来的众人全然不顾。在池中洗浴后，盘腿而坐，到晚上即安然而卧。到第二天辰时（上午七时到九时），他忽然说："可以了。"先命人将神龛抬到山上，他穿好衣服，登山迅速如飞，向神龛拜三下，进入神龛稍坐复出，向北拜天三下，向东、西拜众人两下，然后进入神龛。到了正午，举手向东、西作辞别众人状，一会儿放火，烧及须发，但朱道人仍坦然地摩面合掌。

白　云

白云，出家于南禅禅寺。二十四五岁时遇到一位道者，授以定静之法，他专注虔诚地学习践行，有所收获。后又遇到这位道人，道人高兴地对他说："你已小定了，但尚未大定。"就是说，在安静时虽已小定，但在应对外物时未免动摇，须于日常活动中努力修持，向静中追求境界，如宝月当空，其形态容貌难以尽说。夏阳衢先生曾将静中所见告诉白云，白云回答说："船已到张家湾，只是尚缺少系船的橛子（意谓目标已到，但尚未最后获取）。"说偈道："一坐焚香甚寂寥，不知海阔与山高。个中流出无穷影，尽世丹青难画描。"问如何用功，他答道："以一切诸相为宾，以太阳（指主宰人体的灵魂）为主，这就是关键。"又说："性如天，清明广大；性如地，包容遍覆；性如水，周流无滞。"

平时常持陀罗尼咒（佛教的一种咒语名，说念此咒，可以持善去恶）而得力。一天，他向观音大士跪拜祈祷，恳请赐给灵验，忽见所供的净瓶之水涌沸尺余，他感激得热泪洒落。后来用此供奉观音大士的净瓶水治疗病人，疗效神奇。当时人们将他比作钱喜菩萨。

隆庆二年（公元1568年）圆寂。所著有《白云心法》，周莱峰先生为之作序。

西 照

西照，俗姓严，名塘，起先号天育，云南杨林人，已婚。他禀性庄重，一天偶尔读到《金刚偈》(金刚偈，《金刚经》中的重要偈语，即：一切有为法，如梦幻泡影，如露亦如电，应作如是观)中的偈语有感，因而说："割爱父母妻子，出离尘世，不论今世他生，誓要证得大道。"家人听了，都感惊骇，且怨尤叹息。他又说："从前我佛世尊身为悉达太子，不遵从净饭王之命，尽弃妃嫔，潜入雪山修行。依俗世眼光看来，多么不通人情！但他为三界(佛教用语，即欲界、色界、无色界)教化，指明方向，从而不但更好地恩报今世，而且使往昔无数世的眷族都得善果。况且人世肉身虚幻不实，真性易迷，一旦改头换面(指六道轮回之说)便无从相认，不如一人修成大道，使眷族他人都沾甘露利益。"

于是他投拜永泉寺月空主持，削发出家，改名为慧才。不久又往安宁州参拜普通和尚，阐明极乐宗旨。又偕同行，结交云游僧人，每天只吃一顿饭。遍游吴越之地，请教于天如老人，又于佛慧讲肄(讲解佛家经典的场所)遍闻诸经奥义。

最后依从双径禅师万松。万松门风高峻，不轻易许可，日日磨炼，岁岁淘汰，言语不多，心意相通，耳提面命，得受记莂(佛家文体，诗称偈，文称莂)。万松曾指着西方天空暗示，于是他号为天育，又称西照。

不久万松圆寂，从此他更隐匿声迹。当时陆树声手抄《陀罗尼经》，进入浙江，知道西照贤能，请他到马嶓寺念诵此经，一周年结束。第二年移居龙潭寺。又过两年迎还故寮(僧舍)，专修净业(佛家指清净之善业，种善业者得往生西方净土)，每天一食，一无私好。隆庆四年(公元1570年)十一月十三日午时，沐浴更衣，端坐而化。为他建塔(塔下藏有他的遗骨，称舍利)于佘山。

当时苍山禅师智空、无著禅师善爱都来到松江，与慧才三足鼎立于法席，僧俗之众，都归心敬仰，人称"云间三禅"。

知 明

知明，号无相，昆山人。出家于长水塔院，学习禅定。万历三年(公元1575年)除夕，他持戒沐浴，留下偈言，告别众僧，结跏趺坐，与世长辞。其尸体留存二十天，打开神龛，仍如活着时一样。

陆树声以下的官员都来送行。他的徒弟心镜更加严于戒行。

异　僧

异僧，其名失传。万历二十三年（公元1595年）从普陀来，挂锡（悬挂锡杖。僧人远出，必持锡杖，故僧人游方叫飞锡，止宿称挂锡）于妙严寺，每日趺坐蒲团诵经。佛座下忽然长出几茎白莲，过了八天才萎谢。

一年后他坐于神龛中，合掌向西、向南拜了两拜，于是瞑目吐火自焚。

洪　恩

洪恩，字怀三，号雪浪，金陵黄氏的儿子。事奉无极法师，无论读儒家经典或佛经，都快速如同奔马，且全得法理精髓。他示现于人的全是事物的根本，而不重视枝叶末节。曾讲经于小昆山，听者如潮涌，皆衷心拜服。有《谷响集》记其盛况。传承他学说的弟子以千计。

他著有《雨花》等集。

袾　宏

袾宏，字佛慧，号莲池。俗姓沈，原为仁和县学诸生，投奔西山性天理和尚削发为僧。经过东昌，忽然大悟，于是建筑云栖道场。

万历十六年（公元1587年），寓居松江万竹庵，一时名流都来听法，听后潇洒脱俗，意气尽消。

真　可

真可，字达观，晚年号紫柏老人。俗姓沈，他的祖先是句曲人，后居吴江。他专以毗舍俘佛偈示人。有人问道："大师您也持这佛偈吗？"他回答道："我持此偈已二十余年，已熟通一句半，如果熟通两句半，或死或生都没有忧虑与遗憾了。"

真可念及大藏梵本佛经繁多，难以随身携带，于是刻印单行本，以便携带，这是一个首创。他北游至石经山探访琬师行迹，得佛舍利若干，若有所悟。慈圣太后听说真可来到，命近侍陈儒致斋供（原指供奉神佛所用的食品，这里指招待真可大师），赐予紫袈裟，真可辞谢说："我自惭骨相卑贱难以披紫，施与高人更可增福。"于是请求将舍利放入内殿供奉三日。此时朝廷公卿高官无不自愿降低身份礼待真可，他的学识与名声越来越受人推重。

真可想要续编《传灯录》，因而逗留京师。至万历三十一年（公元1603年）冬竟遭妖书冤狱，成为一大屈辱。临终沐浴端坐，安然长逝，时为三十一年（公元1603年）十二月二十七日，享年六十一岁。

当初真可曾光顾坐化庵、南禅寺、泖塔，大力宣扬佛家宗旨，名流士人纷纷响应。他相貌堂堂，神采奕奕。晚年留蓄长须，议论机敏精辟，令人敬畏。而随机引导又使人如沐浴春风，人们无不折服。当他趺坐（双足交叠而坐）泖塔时，远近居民见神火隐隐起于练塘或树梢，似萤火而较大，围绕塔院，烨烨生辉。大师离去而神火泯灭不再显现。

雪庵昺禅师

雪庵昺禅师，四川铜梁人，俗姓曹。刚生下来，闻到荤腥气味，就恶心呕吐不止，见神像必依礼叩拜。年方八岁，就削发为佛门弟子，法名昌昺。师父认为他与雷峰禅师同姓，况且暗合出世的征兆，于是为他取号雪庵。

雪庵禅师下巫峡顺流东进，到达松江停留，投宿于坐化庵中，为陆树声所赏识。居于云间马嶅寺，不少士大夫与他交往，共建禅堂五间让他居住。当初他将到马嶅寺时，飞鸟忽然都离去。不久，有位郡官下令伐取该寺殿前银杏，陆树声因雪庵禅师要居住的缘故，请于郡府，免于伐取。他日陆树声再次经过，见两棵银杏，枝叶繁茂，飞鸟咸集，则喜而赋诗。

起先张佳胤按抚吴郡，几次巡视松江，雪庵禅师竟匿迹不得听闻。张佳胤又于巴岳山中构建赤松、招隐二庵请他居住，但他没有一句以示感谢的言语。

张佳胤携家南迁，寄信招雪庵禅师到天界寺，雪庵禅师只说："此皮囊（佛家称人体）何地不可放置？您境遇昌明时尚且未能归（这里指僧人圆寂，魂归西方净土），恐怕老僧我先归而您尚未能归啊。"不久，泰公陈太史也寄信至，说："希望您不要远去，迫使我与您拉开距离。"诸大夫对他竟如此敬重。

雪庵大师将要圆寂时，弟子明礼朝夕相侍，默默无语。一天他忽然要求沐浴，浴罢即盘腿而坐，身子端然而圆寂。唉！他能将生死齐一，而追想当年天界寺中关于先归之语，至此时果然应验，也使人醒悟他当时这样说的含义了。

苍山禅师

苍山禅师，滇南人，名智空，字妙有，俗姓葛。他生于点苍山的南边，身高眉长，两颧骨高耸，自号苍山野衲。十三岁拜曹溪普通和尚为师。成年后，遍游南岳、匡庐，东至径山，在万松大师下面传扬佛法。

隆庆元年（公元1567年），来到松江，居于城西超果寺。陆树声、徐阶与他结为方外友，苍山禅师授他二人《楞严咒心》及《法界图》，说：“佛的宗旨都在这里面，如果努力修行，那么，这宗旨就在修行之人的心中了。”苍山禅师对于财物淡然无所好，常常缩减自己的衣食来赡养各方僧人，因而各方僧人赴之如归。

苍山禅师艰苦修行而礼仪恭敬，态度和气而言语庄重。为人祈祷，无不立应，士人庶民都十分感激他。

万历五年（公元1577年）圆寂，徐阶为他撰写塔铭，作《苍山传》。

明诚子

明诚子，姓汪，名显微，号明诚，是新安郡的富家子弟。他抛弃家室，探访道人，久而受益匪浅。万历二十三年（分别为公元1595年）、万历二十四年（公元1596年）两次路过松江，寓居于佥宪俞汝为家。他冥思默坐，不与人交接应酬，有人叩问他，他偶尔回答一二句，但以书面答复为主。上海县令许汝魁、青浦县令卓钿同时登门拜访，他说许县令大有婆子之气，说卓县令目无光彩，办完事恐怕不能闭目。当时卓县令正好有眼疾，所以不体会他的言外之意；第二年他朝觐（古氏称臣子于秋天朝拜天子）回来，刚到青浦县境就去世。许县令后来官至京卿三品。明诚子曾登楼四望，说：“郡中气旺甚，西城尤异。元魁鼎甲（指科举夺魁），兆应不远。”万历二十五年（公元1597年）两位松江人于南北（指南京、北京，分别为应天府和顺天府）乡试夺魁，分别是徐光启、吕克孝，万历二十九年（公元1601年）松江人张以诚殿试第一。明诚子的预言应验往往是如此神奇。

高峰大师

高峰大师，名性常，云南人，于伏牛山出家，居于松江马嵴禅寺，与天育、苍山、无著等禅师往来参究商讨佛法。

周思兼曾拜访他，他神态昂扬，若对方违背礼仪，他则举蒲扇轻摇，坦然坐定，闭目不语。周思兼问道：“不能过名利关则如何？”高峰大师说：“这事是大丈夫所为，须果断坚决地抛弃。如果态度不坚决，终是解脱不了名利束缚。”周思兼又问道：“放不下名利为什么？”高峰大师回答道：“这是因为沾染恶业深重所致。”周思兼问道：“既然如此，要常常参究名利二字，要看到它无用处，这是工夫吗？”高峰大师回答道：“如果这样终究放不下。”又问道:“假如有人要打你,要杀你,这心会动吗?”高峰大师说:“此时正是看你工夫处。现在居士您对人谈论心动吗?”周思兼说:“心中正有两相对应的意思在(意谓自己之心意起自于对方的言行)。”高峰大师说:“除却眼前便无工夫,关键时刻不要问人只问自己。”

士大夫们纷纷前来向高峰大师请教,无不满意而离去。后来圆寂于马嵛禅寺,后世祖堂奉高峰大师为宗主。

夜台禅师

夜台禅师,西蜀人。年轻时学习导引辟谷(导引,古医家的一种养生术,指呼吸俯仰,屈伸手足,使血气流通,促进身体健康。辟谷,古称行导引之术,不食五谷,可以长生。道家方士,乃附会为神仙入道之术),遇大智禅师于峨眉,剃发受戒。辞别师父到终南山、伏牛山,又到五台山,多服冰洁食品,修炼劳作不辍。山中有虎害,夜台禅师对众人说:“这业畜啰嗥,为何不将它赶走?”众人笑了笑,不作回答。大师白天静坐,夜晚则游五台山,有人怀疑他为人孟浪,试以一件细小物品,放置在岩岫间,对他说:“我遗失某物在某所,你经过时为我寻觅。”到了天亮,大师果然将这小物品拿回,众人才信服。

五台山方圆五百里,狂风怒号,吹走大石、骡马,如秋风扫落叶般轻而易举。夜台禅师棕衣棕帽,手握铁杖挂十二环。每遇大风起,则凭杖挺立,风止即行。有时昏黑,坠入坑谷中,铁杖弯折而他毫无损伤。遇到老虎则上前说:“你咬我一口,结下小小的缘分。”老虎不敢咬。遇到山野盗贼,他摇动锡杖,铁环振响,盗贼在远处呼喊“夜台师来了”,慑服不敢动。大雪满山,众人手持铁锹,在雪中找寻夜台禅师踪迹,发现他已被冻僵,雪埋到他腰膝间。众人将他抬回,用热火烤,汤水洗,不久即苏醒,然而仍喜夜行如前。夜台禅师夜行中经常见到灯光、野火、猛兽、鬼怪,有时又亲见文殊菩萨,有时变为老比丘,变为美女,抱婴儿赤裸下体,但又顷刻消失。如此,他夜行二十余年,天下僧徒都叫他“夜台和尚”。

万历三十一年(公元1603年)进入京师,中官(朝内的官;太监。此处疑为后者)想要将夜台禅师的形象画下来,他坚决不允许。中官硬是将他平时穿的破旧僧衣送入宫内,太后赐给他钵杖及紫斓袈裟一套,他不愿穿,将它送入清凉山紫府院中,平时仍穿旧衲衣,形态蒙茸(蓬松貌)。

夜台禅师往返四大名山(指九华山、普陀山、五台山、峨眉山,四山分别为地藏菩萨、观音菩萨、文殊菩萨、普贤菩萨的道场),精神衰倦困顿,由西蜀至广陵,此时已病愈,买一巨舫，设水陆道场（也称水陆斋，佛教谓设斋供奉，以超度水陆众鬼的法会为水陆道场），放焰火不绝。有新安的两位商人恳切要求乘船，夜台禅师说："这两位是有缘人。"答应他们乘上此巨舫。扬帆快驶，夜台禅师问道："中午了吗？"船上人道："已中午了。"大师命做饭给两位商客吃，又拿出钱来施舍他们，随即礼拜十方诸佛道："我要归海。"众人十分吃惊，说："现在已在海中，再归到哪里去？"夜台禅师说："我幼年时听说解脱菩萨临近命终时，告诫其弟子要将身子一分为三，一施鸟兽，一施鱼鳖，一施蝼蚁。我今天也这样。"众人皆哀哭挽留，夜台禅师即拿出一纸给客商，上面写的就是解脱菩萨的语言。众人仍哀哭挽留不已，夜台禅师说："你们为我礼拜诸佛。"众人皆拜佛，夜台禅师一跃入海。众人要收帆援救，夜台禅师端坐水浪上摇手说："船帆一收下，你们都将掉入大海了。"一会儿，白云黄雾都围拥夜台禅师而去。这天是万历三十八年（公元1610年）十月二十五日。

陈继儒礼赞夜台禅师道："铁杖瘦如骨，衲衣不遮膝。人间茫茫梦未醒，吾师夜行到日出。"

董其昌礼赞夜台禅师道："普化摇铎而入云，吾师舍筏而蹈海。末后一句，希奇精彩。龙王顺风而迎象，众望洋而骇。沧溟之水皆立，金刚之体不坏。清凉山上脚头禅，寂灭海中得自在。"

杜兰香

杜兰香者，自称南阳人。当初一位渔父在松江打渔，停船于芦苇深处。四顾无人，忽闻孩儿啼哭声，循声找寻，发现一个约三岁的女孩在岸边，渔父觉得她可怜，抱回了家。十余岁时已长得天姿国色，奇伟不凡，充满灵气，亮丽鲜艳，几乎是天人一般。

一天，忽有仙童自空而下，来到渔父家，携带女孩而去。女孩临升天时对父亲说："我本是仙女杜兰香，因有过失而被贬谪于人间，仙界所定的时期有限，今天要离去了。"以后有时也回家来。

她在洞庭包山降落于张硕家，张硕是位修道之人。杜兰香降到他家三年，将腾空飞升之道传给张硕，张硕于是也得了仙道。初次降落时她留下玉简（道家所用通神信物，玉制之简，上刻文书）、玉唾盂、红火浣布等作为登临仙界的信物。又一天晚上，她命侍女带着黄麟羽披、绛履、玄冠、鹤氅之服，还有丹玉珮挥剑，授予张硕道："这是上界仙人的服饰，不是洞天仙人所能具有的。"不知张硕成仙后定为何等级别。渔父年老后返老还童，往往不食人间烟火，也学道江湖间，不知其去向。

淡斋僧

淡斋僧,每天吃一盂饭,不用菜,不用盐酪等调味品。披一件百衲衣,数十年来寒暑不换。有人供给他钱粮,他接受后即送给别人,不留片刻。有人问他佛家的经典和戒律,他说:"我愚昧,未能学得。"有人硬是喧谈佛法不止,他则说:"我只知有佛一字,又知有善一字,此外无知。你们也只须如此。"

他居超果寺数十年,一日对他的弟子说:"我要走了。"说罢取一浴具盘坐其中,数次命人往里灌水,水沾其皮肤,气味如兰芷般香郁。经过一个月,灌水完毕,他即合掌而坐化。

张道人

张道人,嘉兴人。垂髫之年出家马嵴寺作杂务。早晚做毕功课后即到厨房忙炊事,一切烦劳杂务都能欣然接受,从不厌烦。稍得空闲,即拜诵《药师》、《法华》、《华严》三经。沿街手拾字纸放在行篮里拿回投之于水火。经常对天叩拜。身体又瘦又黑,一日三顿粥饭,取自锅底残余饭粒,说:"清洁茶饭不是薄福人所能享用的。"淘米时必拣虫蚁放生,驯养的鸟儿围绕待哺。有人给钱他不受,众人称他为小菩萨。

万历二十三年(公元1595年)春正月十三日,他忽于厨房打坐,停止饮食。十四日夜里,见有七八个小孩在灶角嬉戏打哄,他勉强起立。到五更坐化。

清　源

清源,字雪泉,华亭陆氏的儿子。七岁诵读佛经,誓愿出家为僧。投拜北禅寺坎峰荣禅师削发出家。常手持《金刚》、《般若》佛经,当念到"若见诸相非相,即见如来"时,一下子彻悟万物皆空,觉得多年习气顿断。高峰、天育两位禅师都许诺,愿将自己的衣钵传授给他。他遍参无极、东岩、辨融、沧溟各高僧的旨意,他们都为他指示不二法门。享年六十余岁而坐化。

性　一

性一,字觉虚,江右安福人。十五岁辞别父亲进入九嶷山石溪庵,皈依三际通禅师削发出家,受戒律于无际禅师,受法理于雪浪禅师。

万历二十一年(公元1593年)来到华亭,于本一禅院讲《楞严》。前往少林寺为无言禅师立碑。返回后刻印《禅宗四家语录》。移住超果寺,修建西来堂作为自己老年休息之处。万历四十三年（公元1615年）去世，葬于西来堂后塔中。

麻衣僧

麻衣僧，不知是什么地方人。万历年间游至松江，冬、夏常披麻衣，人们因此称他为麻衣僧。形貌十分奇异，出语常有奇验。善于吃喝，若有人相召，他即使在市集之中，或与妓女杂坐，仍谈笑自若。有人乘他醉酒而诱惑他，他却酣睡三个昼夜不醒，只得作罢。

崇祯八年（公元1635年）到善应庵，端坐而与世长逝。经过三日，脸色如同活着时一样。焚烧三日，得舍利无数。

当时正好有人从江北来，与麻衣僧相遇于京口，相互握手慰劳。计算其时间，正好是麻衣僧坐化的日子。

梅谷禅师

梅谷禅师，名含辉，华亭人。住径山寂照庵，善于写诗。后来到嘉兴本觉寺，于三过堂看苏轼赠文长老诗，豁然有所省悟而坐化。

通　洽

通洽，字履三，是华亭超果寺僧人。参究一雨、汰如等大师讲席的旨意，有诗文名声。

广　来

广来，号无从，华亭人。天启初住余杭大安禅寺，兴建修复殿宇，与诸名流结诗社，著有《径山草》一卷。有《礼紫柏大师塔》诗："云龙风虎及时雄，一种心肝绝不同。佛祖顶门都抹煞，棒头流血至今红。"观其诗语，确实不凡。社中诗友如断峰、念空两僧都是华亭人。

通　灯

通灯，字印林，溧阳人。俗姓司徒，名辅圣。天启元年（公元1621年）到松江，跟从了心和尚受戒。不久削发于云栖，法名大会，住永思庵，勤修苦行。崇祯初于东郊修建永生庵，刺血写经。后来礼拜磬山为师，改名通灯，磬山告诉他道："若不穷究心源，终究没有好处，必须闭关参悟后为你印证。"于是归来，坐禅三年。一天晚上，听到灯花坠地之声,忽有醒悟,再去参拜磬山,磬山愿意传授衣钵。

不久进入京都祈请法藏。当时《楞严》没有书写完成,通灯于长椿寺写成。中使见而惊异,名声响彻宫禁,于是赐给他藏经及紫绿袈裟各一件而回来。

崇祯十四年(公元1641年)五月坐化,葬于方山南边塔中。

圆 信

圆信,号雪峤,宁波人。与天童圆悟共同得法于龙池正传。

圆悟法门十分兴旺,传衣钵者有十二人;而圆信终身不传衣钵于一个弟子,崇祯十六年(公元1643年)去世于云门。

圆信从径山来到松江,先主持佘山古浴堂,后来主持颐浩寺。他风度孤傲,潇洒自如,当时人们将他看作散圣禅。

行 诚

行诚,字无凡,华亭人。俗姓汝,名应元,字善长。年少时读书,通晓诗文书画。有勇气胆略,隶于张肯堂麾下。舟山被清军攻破,张肯堂与二十七人激战而殉职。当时行诚为僧于普陀的茶山,他来到清军营门要求安葬故主。清军将领要将他处斩,其中有一位将领同情他是位僧人,对他说:“你不怕死吗?”行诚说:“希望能安葬故主而后领死,死了没遗憾。”那将领于是说:“我今天允许你安葬故主,葬毕来我这里。”行诚答应。

他回去安葬张肯堂,合并遗骨装入大龛。安葬完毕以后,他又来到清军军营,诸将都十分惊讶,于是下令将他安置山中。

又探知张肯堂的儿子张茂滋被关押在鄞县狱中,正好有人推荐行诚禅学造诣,可以进入帅府,他乘机进言:“张茂滋是忠臣后代,值得同情,况且小孩子不足为虑。”于是他求见当权者,乞请放出张茂滋,未获准许。他请求以自己代替坐牢,也不获许可。这时正好有鄞县的义士陆宇爆请求以全家的成员保释张茂滋,闽中刘凤翥也为张茂滋乞求,张茂滋才得以释放。行诚又极力请求,张茂滋得以放归华亭。几年后张茂滋病死,行诚为他守墓终身,最后去世于普陀。

遇 贤

遇贤,俗姓林氏。母亲刚怀孕,梦中吞入大珠;生他时祥光满室。他曾经居于东禅寺，不事念经拜忏，只是嗜酒不已，人们称他为“林酒仙”。饮了美酒则作诗，还能预知人的祸福，书写符箓给生病的人，其病立刻痊愈。一日渡江，风浪大作，遇贤解衣为帆，风浪便止。

遇贤面貌奇怪，口大可容双拳，手垂过膝。白天在路上行走，手拿一把铁锥，看到瓦壁就把它打碎。人问其故，他答道：“因为瓦壁使世路不平。”

全松江的酒家只要获得遇贤光顾，就获利十倍。有一爿酒家事奉遇贤颇为殷勤，遇贤将要圆寂，到这酒家说：“我今天要报答你们。”于是大吐石臼中，然后嘱咐用纸封存。三天以后打开一看，所吐之物都已结成鸡蛋状的东西。不久痢疫大流行，患者服其一匙即痊愈。

文　石

文石，字介如，松江人。结庵黄山白岳间。山水宗法宋旭，兼文徵明之趣；花禽亦工。《画髓元诠》又有僧文谷，字介如，丹青摹元人，复善花卉翎毛，疑与文石为同一人重载。

郭得全

郭得全，义士夏椿的外甥，学识渊博，志向高远。因母族夏氏的坟墓在辰山，他即于辰山度为道士。遇到彭真人（彭素云），邀他入草堂，于是他准备香烛，禀告山灵，以师礼事奉彭真人。

彭真人羽化后，郭得全守其坟墓且承奉香火。

白鹤仙

白鹤仙，不知是哪个朝代人，洪武初年住在华亭俞显之家。俞显的儿子俞允年少喜好道家方术，看到白鹤仙，觉得他奇异不凡。曾以数百银钱邀白鹤仙饮酒，不让自己的父亲知道。掌柜用美好的器皿进酒，痛饮欢甚。随即俞允起身解手，白鹤仙却将酒盏打碎于地，酒家吵着向前，白鹤仙笑道：“请让我到市集中去找寻。”到了市集，看到赌博者有器皿非常相像，白鹤仙只赌一局就得到了它。而赌徒十分气愤，聚集十多个年轻人要求再赌，以图取回，然而白鹤仙每赌必胜，众徒大哗。白鹤仙于是提起一担水，取百钱，喝道：“你们要将钱正面放还是反面放？”说罢随手撒去，百钱如鱼鳞般排列在担子上。又以一锥插立在墙外，隔墙投钱，钱眼无不贯套于锥上，众徒于是惊讶而散去。

少年俞允心中更觉白鹤仙奇异,要求向他学习技术。白鹤仙说:“您长相不凡,应该学习朝廷对策,成为天子命官,此等小技不值得您学。”

于是俞允立志读书,以通晓《春秋》第三人荣登进士第,官拜礼部主事,后又贬谪为长沙判官,尚未到达而突然去世。已去世七天了,忽然有一位医者背了药物来到,有人戏弄他说:“我们官舍里有一位死者,可以使他复生吗?”那医者回答“可以”,并从药袋里取出一粒药放入俞允口中,过了一会儿,死去已七日的俞允竟真的活了过来,家人大喜,定要以金帛酬谢,医者不受,并说:“我曾借住于他家,是他的老朋友啊。”再问其姓名,只是说:“长沙有白鹤大仙庙,你们去将它修葺一下。”于是才知道他就是白鹤仙。

终南山人

正德初年有位叫马二的游学松江,遇到一位方士,相互交往,逗留好久。此方士自称终南山人,叩问山中之事,则答道:“山内自有一番天地,所居之人的衣食与世上没有什么两样,相互和睦,不争是非,寿命都在一百几十岁,一切生活器皿皆齐备,真是个独一无二的美好之地。山西南有一洞,属于四川境地。流水奔涌,人们难以进入,如欲进入,必须飞石于洞顶,要问其缘由,则是用石闸住水流使人进入。山中有一位至人(道家指超凡脱俗,达到无我境界的人),能预知天地国家之灾祥,他说当今朝廷有不祥之事,命我辈十几人出游,找寻并带领好人去洞内。您心地善良,进入洞内可享受最大的快乐且长寿,那边的境况如同明朝之初大学士宋濂刚去世后几十年的状态。”马二不愿随从进入终南山洞天福地,那方士即隐没不见。

贫极道人

贫极道人,面有赭红色。年三十余,每天在市中披发行走。能用稻柴心作笔,书写大字匾额。人们都惊讶于他的痴态。

适逢府学博士某因离家很远,平时愁闷不乐,想到离家不远的地方做官以便侍奉母亲。一天乘车出去,贫极道人在街头碰到他,抚其肩道:“佳音将要来到了。”府学博士很吃惊,坚持请道人到官署去,贫极道人说:“今天我不去,待信史来到我自会来贵署。”一天早上,贫极道人前往告诉说:“报告喜讯的人已在西关外。”博士连忙派人前往西关探视,果然如其所说,博士大喜,向贫极道人跪拜道:“不知应以什么来酬谢你。”贫极道人说:“你只要取好酒来。”博士即请两位酒量大的朋友一起与贫极道人酣饮美酒。博士进献三尊酒,估计一人一尊足够了。已喝尽三尊,两友俱醉,贫极道人却毫无醉意,再要酒独自饮,连续饮尽七尊,才神情大变。博士赠以金帛皆不受,只受取一件短袄、一双靴子。众人观其举止行动,只见贫极道人不时往隐僻之处去,身旁如有师弟相坐状,喃喃低语不绝,到太阳偏西才离去,后不知所踪。

朱蒲包

朱蒲包,是上海界浜沈氏的一位仆人。母亲生下他十几岁后即改嫁他姓,他则从不去母亲家。

十八岁那年被宝山招募兵壮,随而娶妻。一天他与兵壮同伙出行市场中,遇异人授药一丸,吃了以后觉得腹中热气四涌,从此不觉得寒暑饥渴。平时身穿破衲衣,戴着一只蒲包。人们给他酒,喝了就醉,醉后则又笑又喊,倦即当街而卧。人们惊骇于他的行迹滑稽诡秘,于是都称他为“蒲包仙”。

朱蒲包出行必挟带四根竹竿,夜卧则将竹竿插于路上,不用遮盖,露卧四竹竿之间。天下大雨,他身无沾湿;霜雪严寒,酣睡于道,鼻息如雷。市人酿酒而酸,朱蒲包手挟竹竿搅其瓮中,酒即由酸变甜。因此各酒家争相邀请朱蒲包,并且供他吃喝,他便坐地大嚼。有人请他的母亲前来供她饮食,朱蒲包即推开食物发怒而去。夏日裸坐赤日中,不用洗浴身体会自然变得干净。冬月河流结冰,他用竹竿敲冰,冰被敲开,他则钻入冰洞坐到河底,过了一会儿,振衣而出。

他平时不与人谈祸福;如无意中吐露一语,后必被言中。有兄弟争吵不和,做哥哥的隐藏身份前来探访朱蒲包,约为方外兄弟,他注目来访者好久,说:“自家兄弟在哪里?还想与别人结为兄弟吗?”做哥哥的又问自己的寿命还有多少,朱蒲包说:“来日便是去日。”到了家里,竟于当日无疾而终。

刘黑黑

刘黑黑,山东人。万历三十年(公元1602年)从泰州来到苏郡,衣冠极其破旧,经常吃生鱼,状如疯狂,人们因而把他看作“垢仙”。坐华阳香花桥八年,不管寒暑风雪,夜来睡卧,气蒸汗流。

华亭朱国盛中年无子,持信香向刘黑黑祈求后嗣。刘黑黑赠他两枚橘子,后来果然生了两个儿子。

一天，他坐于泖滩上，不顾众人挽留，折芦苇漂浮水面而去。

徐昆玑

徐昆玑，字完玉，华亭南桥人。膂力过人，喜欢骑射击剑。明朝末年，他辞别母亲前往京师，所乘的船是太监的。见一鸟突然飞起，他一箭将它射落，太监十分惊奇，想要将他招致门下。徐昆玑觉得附于太监可耻，到达都城即辞别而去。

他听说毛文龙广纳士人，因而前往投靠。毛文龙试查他的技能，十分器重徐昆玑，然而毛文龙不愿降低身份礼待士人，徐昆玑心里不敬崇他，推托母亲年老而告辞归来。这年督学宗公以骑射、论策的才能将徐昆玑选拔为全军第一。

他曾有出世之志，正好遇到异人授以方书及吐纳修炼之法，有时用丹药为人治病，药到病除。于是住到真武祠，改名元屿，自号断山，八十九岁，端坐说偈而逝。

鲁志刚

鲁志刚，字云阳，是鲁宗道的后裔。善于饮酒。有时盛暑穿上棉衣，遇霜雪却赤身裸体。到人家中讨酒，说祸福则常奇中。请他入座，辄倒挂椅间。有时手抱两膝旋滚地上，迅疾如风。倒挂大树枝上，以风吹摇摆为乐。又能在城墙上耸身跳下跳上，飞走城墙，顷刻周遍四城门，人们都称他为鲁痴。

一天，他将头发绾成双髻，嬉游朱泾市中，多名儿童跟随，相互嬉笑，都不知道他究竟是位怎样的人物。

跛道人

跛道人，姓谢，不知其名。住于松江东岳庙。善于咒水术，凡患疮疥者前去叩拜，他取池水念咒语，然后将此水敷于患处，患者立即病愈。他去世后人们于泉水边为他塑像，称之为“水仙祠”。

福田庵头陀[注]

福田庵头陀，蜀人。七岁流入吴中，后入上海高昌乡福田庵。曾得异人法术，能吞碗碟。遇大风雪，他居住之处却没有雪。因他短发蒙头，所以叫他头陀。能先知先

注：福田庵头陀及以下三人为光绪《松江府续志》补遗人物。

觉。侍御王圻当年中举时，尚未报信前几天，他常呼唤城隍土地神可以前去祝贺，人们认为他癫狂。不久，果然报捷。后来他无疾而终，给以火葬，心不能烧毁，质地坚硬而色白。

拙 猊

拙猊，上海人。年幼读书，通晓音律，善于象纬（指通过日月五星预测吉凶）、岐黄（医学）之术。成年后遇到高僧，削发居龙华寺。

有一天，一位僧人忽然到拙猊家里，报告说他已去世，需要一千钱造神龛。家人前去，见拙猊面壁独坐，合掌说偈道："去得干净，去得干净，莫辜负山僧忙报信。悬崖撒手踏虚空，哪有人我尘缘些子（一丁点儿）剩。来得好，来得好，前日是前生，今日是今生，大地一轮红日晓。和尚们吃饭饱，休论闲是闲非，却把光阴错过了。"说毕瞑目而逝。

善 爱

善爱，号无着，又号岩谷老人。俗姓刘，山西人。童年削发出家，持戒十分严格，每日只吃一顿饭。遍游普陀、五台、峨眉诸山。晚年居于凤凰山，闭门谢客三年。又修净业于佘山塔院。嘉靖（公元1522年—1566年）年间，陆树声请他主持龙潭禅寺。

张 痴

张痴，华亭人。排行为六。黄面碧眼，齿平如砺（磨刀石）。经常蓬首垢面，不予盥洗修饰。人们给他酒喝他不推辞，整天不吃饭也不觉得饿。

夜宿蒋泾桥神庙中。有时候庙已关门，他就睡在桥上，即使下大雨也不会沾湿衣服。凝霜的早晨和下雪的晚上，一股热气总在他身上升腾。

与人说话都任意随心，大多不可理解，然而最后往往奇异地应验。人们称呼他为"痴六"。

后来醉卧桥上而终。

李 暲[注]

李暲，字叔如，父亲李可壬于元末任华亭知县，于是他入籍华亭。通医学，曾著医

注：李暲及以下人物为寓贤。

学书《汤液本草》。

孙 作

孙作，字大雅，以字行，一字次知，号东家子，江阴人。从曾祖澂川先生开始注重学业，到孙作这一代，学问更加博大精深，门人弟子敬称他为尚清先生。文风纯正典雅，讲究依据出处。曾著书十二篇，名为《东家子》，宋濂为其作《东家子传》。元末，携家眷避乱于吴地。搬迁时尽弃他物，只装载两竹箱书，凡数百卷。张士诚给他粮饷俸禄，他不久推托母病而谢绝离去，客居松江，众人给他买田造屋让他定居。

洪武六年（公元1373年），南京设局修撰《大明日历》（宋濂、詹同为总裁官），征召孙作参与，授翰林编修（编修，翰林院内史官），他要求改任太平府教授（学官名）。朝廷召他任国子助教（国子，公卿大夫的子弟。助教，官名，帮助教授等人教育生徒），不久分教中都。一年后，返回南京国子监，提升为国子司业（原为乐官，后为国子监学官，帮助祭酒即学长教授生徒）。洪武十三年（公元1380年），因事废为民，复任长乐教谕。后辞归故世于家中。

"孙次知五言古实近东坡，七言律绝气味淳厚"（《澄江诗选》）。陈田《明诗纪事》选其诗二首（《谢马善卿送菜》、《酬蒋逸人连日观花之会》）。《酬蒋逸人连日观花之会》："照坐金沙笛里开，青春两度为花来。红妆初见三千指，锦绣重添一万堆。细雨流霞移曲槛，东风落日坐平台。深红浅白俱情称，醉后题诗记此迴。"有《沧螺集》六卷行世。《四库全书》馆臣称"其诗力追黄庭坚，在元末自为别调"。

王 暇

王暇，字伯纯，河东人。由州县选送考中进士，升任松江府学训导，因而寓居华亭。张士诚让他任常熟州教授，被他辞去。曾护祖父、父亲、母亲的灵柩，自维扬还葬洪霍山安葬，其孝行被乡里所推重。

曹 睿

曹睿，字新民，温州人。为松江府学训导，后占籍华亭。他通晓《诗经》、《尚书》两部经典，有诗文集《独叟集》。钱谦益认为其诗文皆清新。

俞从隆

俞从隆，字在明，钱塘人。洪武初成乡贡（由州、府选拔贡生进京考试称乡贡）进士，累官至河南行省郎中（行省，地方行政单位，是中央尚书省等的派出机构。郎中，官名，诸司之长，即分管部门的长官），因病辞职，寓居松江。通晓《春秋》，善于诗文，后以寿终。

杨　基

杨基，字孟载。他的祖先是西蜀人，后迁居苏州。他文采秀丽，为名流所称道。洪武初，游学松江，任府学训导，与邱克庄、全希贤同官。当时的各位教官，都是从州里的佼佼者中聘请来的。后来这些人都升任大官。其中邱克庄任礼部侍郎，全希贤为文华大学士，基也升至山西按察使，一时成为乡人的美谈。

余学夔

余学夔，台州人。方孝孺被拘捕时，宁海尉魏泽藏匿他的幼子方德宗，余学夔暗中获悉此事，便改变形貌，假作痴狂，迎魏泽于城中，作狂歌道："当年豫让岂纯臣，犹肯吞炭并漆身。堪笑今来从政者，叩头新主（指明成祖朱棣）乞恩纶。""不惭周粟可偷生，首阳节义如飘萍。向日都俞（都俞，感叹词。《尚书·益稷》："禹曰：'都！帝，慎乃在位。'帝曰：'俞！'"引申为君臣问答情景）今反目，区区尚愿效程婴。"

魏泽心中领会，表面呵叱他出城。两日后又在市集相遇，又这样作狂歌。魏泽于是秘密给他书信，将方孝孺文稿及其幼子方德宗都托付给他。余学夔于是到松江青村，学习制作缯网，用以调换粮食供自己生活。潜入城里探访进士俞允，俞允因是方孝孺门人，所以家居不仕，三次叩访才得以见面。余学夔呈上魏泽手稿，俞允大惊，随即将方德宗藏匿家中。

长史任勉送金子给余学夔，余学夔不受，且想要迁徙其他地方，任勉出示试录（旧制，将乡试、会试中式者姓名、籍贯、名次及优等文章，刊刻进呈，名曰试录），他才知道任勉也是方孝孺门人，于是安然绝迹城市，但终究不去任家。

方德宗冒姓俞，后来担忧祸及俞允，又改姓余，迁居白沙里。而余学夔也有子孙，世代居于白沙里。

方德宗

方德宗，字必昌，方孝孺幼子。靖难（明建文帝用齐泰、黄子澄之谋，削夺诸藩。燕王棣反，指齐、黄为奸臣，起兵入清君侧，号曰靖难。建文四年即公元1402年六月，靖难兵入京师，帝不知所终。燕王称帝，大杀建文诸臣，发其妇女于教坊）兵进入南京，方孝孺壮烈牺牲，当时方德宗仅九岁，尚书魏泽谪贬宁海尉，尽力保护藏匿他。

台人余学夔秘密闻悉此事，于是改变形貌假装痴狂在市集中讨饭。一天在城角碰到宁海尉魏泽，作狂歌道："当年豫让岂纯臣，犹肯吞炭并漆身。堪笑今来执政者，叩头新主乞恩纶。""不惭周粟可偷生，首阳节义如飘萍。向日都俞（感叹词，引申为君臣问答相得情景）今反目，区区尚愿效程婴。"魏泽内心领会了意思，随即大声呵斥道："快扶颠子出城去！"

两天后，又在市场上相遇，余学夔仍作狂歌。魏泽于是秘密地给他书信，将方孝孺的文稿及方德宗托付给他。余学夔逃往海岛一个多月，到松江青村学习制造缯网，换取粮食过日子。后潜入城中拜访进士俞允，俞允是方孝孺的门人，因而居于家中，不肯出来做官，三次上门才得一见。余学夔呈上魏泽的亲笔信，俞允大惊，于是将方德宗藏匿在自己家中。

长史任勉之也是方孝孺门人，送金钱给俞允，俞允恐怕是诱惑而不受，并打算迁徙住所，后来稍安，但不进入城市，始终不登任氏之家门。

十四年后，俞允将自己的养女嫁给方德宗，将他招为女婿，随即改姓俞。俞氏宗族心存疑惧，怕出事，方德宗又改为余姓，迁往白沙里。白天耕种，晚上读书，寒暑不辍。生平行为端方，待人谦和，不参与乡里之事。后来自号忆椿，在乡里教授子弟，直至老年。他训导子孙说："勿残害生命，违背天和；勿妄为不义，羞辱先人；勿涉足教坊，睹物丧志；勿轻发蛇蚁，歼灭物种。"皆由身世有感而发。

万历三十七年（公元1609年），提学御史杨廷筠查访此事，方德宗后代得以恢复原姓，建祀堂祭祀方孝孺，而以俞允作为配祀。然而此时已与方孝孺去世相隔二百多年了。

陶　振

陶振，字子昌，自号钓鳌生，一号癯叟，吴江（今属江苏省）人，徙居华亭。其父依金泽林青居，陶振出其家塾，又师从杨维桢，通晓《诗经》、《尚书》、《春秋》三部经典。洪武年间，被荐任吴江训导。曾犯事被逮至京师，他进献《紫金山》、《金水河》、《飞龙在天》三赋，得以获释，改任安化教谕。后归隐于九峰，授徒自给。一天晚上，被老虎咬死。王达善挽诗云："昔为海上钓鳌客，今作山中饲虎人。"

陶振天才超拔，吐语豪俊，少有神童之名。所著词赋歌行，雄拔豪壮，有追风逐电燕云剑侠之气。有《钓鳌海客》、《云间清啸》两集，今不存。陈田《明诗纪事》收其《题梅道人画》诗："江南春尽雨涔涔，绕树篔筜含积阴。园曲疏泉石苔滑，篱根系艇涨痕深。山寒翡翠巢密叶，日暮鹧鸪啼远林。此时世虑淡如水，联床灯火百年心。"

赵友同

赵友同，字彦如，金华人。父亲赵良仁，学问渊博，医术深邃。游学吴县，赵友同随从。于是迁居长洲，安家华亭。他刻苦读书，曾师从翰林学士宋濂，攻读古文辞，终于中举入仕，任县学训导。姚广孝说他精于医术，于是授为太医(原为医官，掌医之政令；后泛指为皇帝看病的医生)。又有人说他懂水利，于是就诏令他随从夏原吉治水。后来大臣们屡次推荐他从事文学。到修撰《永乐大典》时，以原官的身份领受副总裁之职；还参与修撰《性理大全》。书修撰成功，应当升迁翰林，因母亲去世需守丧而辞官，尔后去世。

沈 椿

沈椿，字元龄，号春江。钱塘人，寓居华亭，喜欢这里民风质朴淳厚，于是携带妻子儿女来定居。为人耿直，遇人有不平事则为之面红耳赤地争辩，然而往往与其没有利害关系，因此人们称他为"沈义气"。

沈椿尽心钻研医学，熟悉《神农本草经》。诊断脉搏，设立药方，多能取得奇效。虽擅长幼科，博通医道，但他说："医道难进，如能使众人避免因病死于非命已很幸运了，岂敢以此获利啊！"

平时喜欢吟咏短句，曾书写一副对联挂于座旁："惭无文学承先世，幸有阴功积后昆。"当时双江方公是松江太守，是沈椿的内弟。然而他三年从未进入官舍，说话中也从未提到方公，从中可看出他的操守了。

沈 炼

沈炼，字刚夫，平湖人。寓居璜溪，弘治十二年(公元1499年)进士，曾任江西参议，使豪门大户行为收敛，贪官污吏望风而退。他始终以耿介(光明正大，正直)被人称道。

陆 集

陆集，字元成，平湖人。父亲陆淞，由解元(乡试第一名)成进士。有别墅在陆桥之左，陆集因而居住在里面。他博学明道，嘉靖二十二年(公元1543年)乡试中举。

晚年号胥泾，以所居之地为号。官至吏部郎。

孙 镗

孙镗，莒州人。在吴越间经商。嘉靖年间，倭寇侵掠松江，郡守任环征调兵饷不继，孙镗自请输送资财以援助军队。任环听说孙镗有勇力且善于刀法，于是请于督师委命任用。孙镗又捐献家财，招收里中亲族为部伍，不费公饷。

一天，倭寇船只停泊泖浒，孙镗出兵激战，到石湖桥遭倭寇伏击，堕水而死。朝廷诏命追赠光禄丞，福荫一个儿子。

宋 旭

宋旭，字初旸，号石门。居于崇德县的御儿乡，以画闻名海内。嘉靖年间为躲避倭寇骚扰，移家松江，随从陆树声、莫如忠、周思兼诸公结社赋诗，直追大历(唐代宗李豫年号，公元766年—779年)诗风。向他乞求诗画者站满门外。

曾往来西郊，居超果四贤祠，禅灯孤榻，皈依佛教，世人以发僧(没有削发的和尚)推崇他。他喜好施予，囊中没有多余之物。与新安方道成是莫逆之交。方道成的小儿子方普明，年届三十，因贫困不能成婚，又是跛足，宋旭十分哀怜他。把小女儿嫁给他，更是人情所难。

宋旭年届八十，还精神矍铄，食欲旺盛。寻访吴兴旧友，画白鹊寺九大壁，气吞古人。曾与各僧侣以蔬食供奉，忽辞入室小憩，就榻神态安然，无疾而终。

吴孺子

吴孺子，字少君，号玄铁，兰溪人。平时不问家中生计，妻子儿女去世，于是无家可归，寄寓漂泊于野店僧庐。喜欢出游，即使悬崖绝壁，也能够轻易上下如同鼪鼯(鼪，兽名，俗称黄鼠狼。鼯，鼠名，俗称飞鼠，形似蝙蝠，因其前后肢间有飞膜，能在树林间滑翔，古人误以为鸟类)。曾游雁荡山，喜其地势奇异高峻，在山中断绝粮食后即吃萝卜四十多天仍不返回。

与王元美兄弟、何元朗、沈嘉则辈相友善，经常相互来往。经过松江南禅寺后，即移居东佘山白石山房，在章公觐旁边居住下来。常携带生有树瘤的枝干、枯槁的树根、竹制的拐杖、瓦制的酒罇、古怪的宝剑、奇异的石头，头戴葫芦帽，身穿道士服，终日烹茶焚香。有一张弯曲的几案，用万岁藤制作，手自摩挲，光泽可以照人。又喜为诗，学杜甫；又善画鸡鹜、水鸟，间作山水画，幽峭闲适。

他曾过谷亭道中，见有葫芦奇甚，买下后作瓢，至荆溪时遇盗，瓢被击破，他抱着哭了数日，王世贞为此作《破瓢歌》唁之，因此他又号“破瓢道人”。

一天他想迁徙别处，向章公觐自诵其诗，有“老骨不知何处白，好山端为阿谁青”之句。章公觐坚持挽留他，许诺划分佘山翠微（轻淡青葱的山色，也称青山）给他作为将来葬地。他说：“我前往告别郁伯承而他游，可以说虽老还展现风烛，此去不知吹灭何处，死后希望能与钱懋谷一样焚烧骸骨盛以陶器，沉于严陵滩下，因为我生平喜爱滩水清洁，且使魂魄能时时望见家乡。”许久之后前往梁溪，当时他已八十一岁了。一年后去世，学宪邹迪光记载他的事迹。

彭　龄

彭龄，字幼朔。万历十八年（公元1590年）曾寓居松江，有人称他为江鹤，号甗甄子；有人称他为祝会海，还有人称他为邹长春，谁也不清楚他的确切姓氏与籍贯。

他开始与董其昌交游时，年龄已七十岁左右；经过三十多年后又来到松江，携带了一位侍妾、两位丫鬟，董其昌留他住下来将近半年。他喜欢饮酒，善于养生，也能写诗，一天可书写上百张纸。

一日忽然要南游，又移家而去，出发时带了两个棺材，于广陵坐化。

也有人说他曾考取举人，做过某县的县令；又有人说他是贵筑县人。

董中行

董中行，号念龙。由吴县迁至华亭。上海陆完龙将自己的女儿嫁给了他，于是定居下来。天启二年（公元1622年）中进士，授工部主事，掌管节慎库，多年宿弊顿时肃清。后来改任营缮，屏绝虚假，众人怨恨他，于是拂袖而归。

周顺昌（号蓼洲，江苏吴县人，明熹宗时任吏部员外郎，因得罪魏忠贤，被捕下狱，死在狱中）被逮捕，因为颜佩韦、杨念如、马杰、沈扬、周文元五人击死缇骑（逮治犯人的官役），人们都不敢为周顺昌送行，而董中行则慷慨登舟，解囊资助以别。

他不断升迁，官至郎中，监督疏通惠河三百余里，漕运畅通无阻。

宦官张彝宪总督户、工二部，尚书让位正堂以待其上座，董中行挺身而出，对张彝宪说道："此正堂是祖宗所设，应由尚书入坐，你怎能占据此位？"张彝宪十分惭愧，神情沮丧。

一年后，董中行出任浙江臬副(提刑按察司副官)。恰逢通江闸损坏，张彝宪因以前怨恨而移罪于董中行，过了很长时间才将其释放。不久去世，返葬于吴县。

儿子董宏度，苏州府学生员，曾设教于浦东，以文章品行著称。县令聘任他修撰县志。著有《村居杂咏》、《正谊堂文稿》、《周易纂要》。

黄淳耀

黄淳耀，字蕴生，嘉定人。崇祯十六年(公元1643年)进士。曾寓宿中书宋天显家，以忠义相互勉励。后京师陷落，宋天显殉职，黄淳耀奔至宋天显家自己曾住宿之处，设置宋天显神位哭悼。不久，与其弟黄渊耀(字伟恭，诸生，有诗一卷。陈田《明诗纪事》收其《秋水》："交秋溪水清，历历见其底。木叶何纷纷，白石复齿齿。静言寻其幽，萧萧杂葭苇。水鸟冲人飞，游鱼衔藻起。遥闻渔者歌，前溪暮霞紫。")一起为明朝殉节而死。乾隆年间赐谥忠节。有《陶庵集》二十二卷。《四库全书总目提要》："淳耀湛深经术，刻意学古，能以躬行实践为务，毅然不为荣利所挠。"

陈廿八

陈廿八，浙江余姚人。侨居卫城，卖竹为生。膂力过人，可以拿一百斤的大刀运转，呼呼作响。

顺治二年(公元1645年)卫城被清兵攻破，陈廿八极力巷战，杀死无数清兵，对方不敢与他对抗。后来侯承祖父子被执，陈廿八寡不敌众，终于战死，头已断而双脚犹僵立，过了一个时辰才倒下。

庞迪我

西洋儒人庞迪我，是利玛窦的门人。精于天文、地理、技术，皈依天主教。由海外来到香山嶴，又至南京，于是游历松江，士大夫都以崇高的礼节对待他，而徐光启尤其恭敬地事奉他。他制作的器械十分精巧，所造西洋炮试之辽地有奇效，敌虏闻之心惊胆裂。

庞迪我凹眼长须，平易近人，非礼不行，有中华大儒之风。他著述丰富，不胜枚举。凡用物名目种类特创，都用外文记述，形象各异，不能尽述，详载于其门下西海耶稣会士邓玉函口授《图说录最》一书，该书由关西王徵作序。

唐顺之注

唐顺之，字荆川，武进人。嘉靖八年（公元1529年）进士，官任都御史。谥襄文。尚未登第入仕时，侨居青浦的金泽，于宜静院读书，题诗满壁，有《寓斋偶占》四首律诗流传于当时。

王嘉会

王嘉会，字原礼，嘉兴人。知识广博，才智出众，闻名于时。被举荐为明经（明清时代对贡生的敬称），官任国子监司业。客居松江，与孙作相善，人称“海滨二老”。

上海知县康伯愚看到他的诗词，对他敬重礼遇，经常登门拜访，向他请教，说：“非此不能饬（整顿）吏治，非公不能洗发（洗涤启发）我心”。

周南冈

周南冈，余姚人。嘉靖初中进士。寓居上海，教授生徒，造就不少人才。云南副使乔木出其门下。

骆仁恪

骆仁恪，字澹山，义乌人。徐阶请他教育自己的儿子，于松江城外芰荷泽为他筑住宅。骆仁恪禀性端方谨慎，善于写文章。以明经（贡生）官任陕西咸阳县令。告假归来，于是定居于松江。去世后安葬于褚庵港，人们称之为“先生坟”。

周象成

周象成，字默而，豫章人。年少时游学于松江，与诸名士相友善。结识周立勋于未知名时。工于诗，体格遒劲有力。喜欢谈论清流（指负有时望的清高的士大夫）遗事。后来华亭教谕杨文骢请他教育自己的儿子。

注：唐顺之至顾景星为崇祯《松江府续志》补遗人物。

倪长圩

倪长圩，字百屏，平湖人。年少时喜欢读书。遇到灾荒之年，流离到上海，雇佣于十七保陈仲升之仆家。有空闲时间即吟诵，陈仲升听到，请他到家中，使他专心于科举之业，终于成为崇祯十年（公元1637年）进士，官任兵部主事。

范应龙

范应龙，兰溪人。有孝顺双亲的品行，当时人们称他为范孝子。万历初，长期寓居青浦，为人占卜为生。有余钱，即给贫苦者。与知县屠隆相善。屠隆后来升迁为主事，被人诬害，范应龙进入京都击登闻鼓（古代帝王为了表示听取臣下谏议或冤情，悬鼓于朝堂外，许击鼓上闻，谓之登闻鼓。明代以后置登闻鼓于通政院）为屠隆鸣冤，当时人们称他为义士。

张 溥

张溥，字天如，太仓人。青浦珠里陆氏的女婿。读书于甥馆（女婿在丈人家所居之屋），亲手抄录文章多达六七遍，挂匾于书房，题为“七录”。崇祯四年（公元1631年）成进士。告假归来，与同乡张采创建复社。

史 醇

史醇，字子厚，溧阳人。由福荫授锦衣卫指挥。崇祯（公元1628年—1644年）末，流贼（统治者指李自成）攻破北京，史醇往南奔至从父史可法军队，史可法托付给他家谱及家中人员，命他渡江躲避，于是通过其亲戚上海潘氏定居于十七保十三图。

清朝初年，曾去北京，摄政王看到他，惊奇于他的才能，将要录用，因母亲年老而告辞归来。

张 敬

张敬，字简卿，江都人，诸生。崇祯十六年（公元1643年），避兵火于嘉定，到达松江。与陈子龙定交，一起倡导义社。兵败被收捕，死于狱中。子孙从此居于浦东。

汪日省

汪日省，字思钦，休宁人。寓居上海诸翟镇。闲居吟咏，教子严格，被推举为乡饮宾，他不去应就。归乡去世。

儿子汪元桢，崇祯三年（公元1630年）举人。常居青龙江。清朝初年，任万年县知县，有惠政。

顾景星

顾景星，字黄公，蕲州人。记诵书籍广博，诗文雄健富赡，人称“霸才”。曾因避乱，移家于淞泖间，与周茂源、宋徵舆诸人交游，友谊十分深厚。

清(1)

(明遗民)

吴履震

吴履震，字长公，号退庵道人，金山人。明亡不仕，居璜溪。伯父吴炯，遗书不下万卷。吴履震性癖嗜书及墨迹名画金石彝鼎之属，每日徜徉于纸上云山、图中丘壑，不问户外之事，几十日如一日。曾精构一室，庭前累石为峰岚洞壑，淡然有黄公望、倪瓒笔意。

吴履震以著述终老，著有《五茸志逸》。凡八卷，前有四篇序，一篇“小引”，一篇“题词”，一篇“补引”，另有“吴履震自叙”，后有两篇跋。“取吾乡故老传闻及身所经历、一切可劝可惩之事，秩秩然书之”(《五茸志逸·跋一》)；“四方名贤，仕宦吾地，其政绩可传与诗文可采者，一一载入”，“往哲嘉言懿言，或散见典帙，或得之旧闻，亦必具录”，“间有白璧微瑕、一眚掩德者，亦附见一二”(《五茸志逸·凡例》)。

吴　骐(1620—1696)

吴骐，字日千，号铠龙，又号九峰遗黎，华亭人，居吴家阁。幼有神童之誉，读书过目成诵，以诗文受知于陈子龙、夏允彝。曾与周茂源等成立雅似堂社。筑颙颔庐，与沙次、张安世等朝夕论诗。“为人清介绝俗，汤文正抚吴时，闻骐贤，招之入幕府，骐著《凤凰说》以辞之。”(胡思敬《九朝新语》)徐乾学欲招之入《一统志》局，亦力辞。父遇兵，左臂严重受伤，吴骐杜门奉侍。明亡，绝意进取。康熙年间，同乡某分修《明史》，吴骐贻书给某。吴骐诗“于苍凉古直之中，极沈郁顿挫之致”(汪端明《三十家诗选》)。吴骐也善作戏曲传奇。清陈田《明诗纪事》录收吴骐诗十首，认为：“日千诗音节抗亮，与陈黄门(子龙)、李舒章结社。厥后黄门殉国，舒章仕本朝。日千悼黄门诗云：‘寒食东风草树稠，富林夙昔想同游。衔杯昼永花临户，论《易》宵分月上楼。

四海无人藏复壁，千秋遗恨托江流。生刍麦饭俱寂寥，落日荒原哭太丘。'”陈田誉此诗“可称诗史”。钱仲联《清诗纪事》录收吴骐诗七首。清沈德潜《明诗别裁集》也录收吴骐诗七首，其中《书李舒章诗后》:“胡笳曲就声多怨，破镜诗成意自惭。庾信文章真健笔，可怜江北望江南。”沈德潜认为吴骐此诗“惜其清才，哀其遭遇，言下无限徘徊”。吴骐亦能词，长于艳体，为云间词派一脉。《踏莎行》:“花堕红绡，柳飞香絮，流莺百啭催天曙。人言满院是春光，春光毕竟今何处？　悄语传来，新诗寄去，玉郎颠倒无情绪。相思总在不言中，何须更觅相思句。”

吴骐有《颟颔集》八卷、《铠龙文集》、《芝田词》、《杜鹃楼词》、《吴日千先生集》、《金钱记》、《蓝桥月》、《碧霞》、《天台梦》等。

附嘉庆《松江府志》吴骐传（译文）:

吴骐，字日千，华亭人，居望湖泾。明代诸生，有极大的名声。与同县王光承交往如同兄弟，以名节相互砥砺。家徒四壁，不随便获取和给予财物。留客一顿饭就要与家人吃一天粥以作补偿。其苦守节操的情况就是如此。

明清易代后他丢弃诸生服装，隐居山中。王光承称他苦守志节，三旬九食，五月披裘（晋皇甫谧《高士传》上《披裘公》:“披裘公者，吴人也。延陵季子出游，见道中有遗金，顾披裘公曰：'取彼金。'公投镰瞋目，拂手而言曰：'何子处之高而视人之卑？五月披裘而负薪，岂取金者哉！'”后以五月披裘比喻清廉，孤高自赏。也作“披裘负薪”，或省作“披裘”），侮之不怒，周（周济）之不受。古称石隐，庶几无愧。

为诗一往而深，不拘一格。光承称其悲忧慷慨，百感积中，而诗益工。如龙之变化，如虎之雄健，如鸾之华丽，如鹤之高翔。

著有《颟颔集》八卷。

蒋平阶

蒋平阶，字大鸿，又字斧山，号杜陵生，原名雯阶，字驭闳，华亭人。明诸生。少游陈子龙之门，参加幾社。崇祯末与同仁组织雅似堂文会。清军下江南，蒋平阶入闽投南明隆武帝，授兵部司务，擢御史。隆武朝覆灭，易道士服漫游各地。后徙居越中，“乐会稽有佳山水”（杨钟羲《雪桥诗话余集》），遂寓，卒于绍兴。精堪舆术，为一代大宗，所造罗经，后人多用之，称为“蒋盘”；曾以此谋生。他以诗鸣世，其诗宗唐人，才力富健；工词，其词直接唐人，专意小令。叶恭绰《全清词钞》录收其词六首，其中《虞美人》:"白榆关外吹芦叶,千里长安月。新妆马工内家人,犹记琵琶学唱《汉宫春》。　　飞花又逐江南路,日晚桑乾渡。天津河水接天流,回首十三陵上暮云愁。"有《地理辨正》及与人倡和之词集《支机集》。

附嘉庆《松江府志》蒋平阶传(译文):

蒋平阶,字大鸿,明代诸生。十八岁跟从陈黄门游学,诗文日益有名。禀性豪放不凡,有古代义侠风度。晚年从事堪舆(相地看风水),精通其术,后人说三元法者(术数家以六十甲子配九宫,一百八十年一周始,第一甲子为上元,第二甲子为中元,第三甲子为下元,合称三元)都依据平阶之说。

金是瀛

金是瀛,字天石,华亭人。明诸生,以诗文名一时,与王光承、吴骐倡东皋诗社,引掖后进甚众。顺治(清世祖年号,公元1644年—1662年)年间,以隐逸被征,不起。这时松郡人文最盛,奉钱谦益为盟主,钱也屡至松江,"一日,舟次白龙潭,诸名士方趋迓钱,天石忽投以一诗云云。钱得诗默然,即日解维去"(徐珂《清稗类钞》)。杨钟羲《雪桥诗话续集》中也有类似记载:"松江金天石,名是瀛,望重四方,知名之士争求见之。钱牧斋往谒,匿不见。伺钱他出,往答之,贻诗三章云云。钱归,见之,惭默竟夕,命舟急归。终君世不复至松。"但钱仲联《清诗纪事》按:"钱在清代屡至松江,策动马进宝反清,顺治十六年,钱年已七十八,尚至松江,金鹤冲《钱牧斋年谱》详记之。所谓'终君世不复至松',非事实。"《清诗纪事》录收是瀛《贻钱牧斋诗》:"画舫青谿(一作沧江)载酒行,山川满目不胜情。汉宫(一作朝元)一闭千官散,无复尚书旧履声。"

附嘉庆《松江府志》金是瀛传(译文):

金是瀛,字天石,华亭人,居高桥里。明代诸生,负气仗义,有志节气概。甲申、乙酉(分别为崇祯十七年、顺治二年,即公元1644年、1645年),远近村落集兵自卫,随之相互劫掠仇杀,高桥推是瀛主持兵卒,安稳如故。

松江兵起,以指挥常騊为参将,材官蔡长为游击守卫郡城。城被攻破,騊与长投奔是瀛,是瀛将他俩都送往南闽。战事平息后,点名捕捉是瀛,审讯他,经申辩而放脱。

当初，是瀛以诗拜见陈黄门，黄门称赞他的诗文。可惜他入元白后（唐代元稹、白居易同时能诗，人称元白。“入元白后”，意谓他的诗歌逐步进入“元白”诗的境界）全部焚毁少年时的作品，而以苍老平淡作为后来诗作的风格和宗旨。

尝北游燕齐，归来后与王光承兄弟、吴骐结东皋诗社。著有《蓬山集》八卷。

弟是昆，字黄石，著有诗一卷，王光承为其作序。

王懋忠

王懋忠，字思冈，娄县人。明诸生，入清不仕。“先生以学行重幾社，述庵司寇之高祖也。”（王豫《江苏诗徵》引《江苏诗事》）钱仲联《清诗纪事》录收其《和宋既庭顾茂伦刘西翰沈石均沧浪亭诗》，开头有“烟外吴山数点青，寒波渺渺抱空亭”句。有《樊圃集》。

萧　诗

萧诗，字中素，一字芷崖，华亭人，居庄行镇。明诸生。明亡后隐为木工。“仆尝谓松江有二异人，一为明末之唐仲言……一为国初之萧芷涯，家贫落魄，为梓匠以自活。运斤之暇，每言读书，清夜篝镫，讽咏不辍。文人学士，有造之者，未尝一见，见则必操斧斤，因名其集为《释柯》。”（宋咸熙《耐冷谭》）

萧诗博学能文，尤长于诗。王士禛《渔洋诗话》：“其警句云：‘辽海吞边月，长城锁乱山。’‘山寺落梅伤别易，天涯芳香寄愁难。’从学者甚众，而执艺事如故。”徐世昌《晚晴簃诗汇诗话》：“观集中《冬日南村偶成》云‘几家橘柚垂秋露，万里河山徧朔风’，《秋日有怀寄顾冰庵》云‘绝塞晓霜来白雁，空山秋雨病黄花’，《秋怀和陈大樽韵》云‘舳舻夜月悲横槊，疆场秋霖未洗兵’，《秋居杂兴》云‘青山蹊路烟云隔，沧海波涛日夕深’，皆不类乡曲末艺语。”钱仲联《清诗纪事》录收其诗六首，其中《赠妓》二首：“我年八十君十八，相隔戊申一花甲。颠之倒之是同庚，好把红颜对白发。”“我年九九君十九，配成百岁真佳偶。天孙恰与长庚对，千古风流一杯酒。”王应奎《柳南续笔》：“《赠妓》二首，虽游戏弄笔，而有运斤成风之妙，因录之。”有《释柯集》。

范　超

范超，字同叔，上海人。明遗民诗人。钱仲联《清诗纪事》录收其《雪滩钓叟歌》（此诗一作顾茂伦作），中有“雪滩钓叟人不识，持竿日坐滩头石。渭水遭逢事有无，英雄老作江湖客。问尔垂纶定几年,笑而不答飘飘然。知君原乏求鱼志,击楫还吟秋水篇”句。

附嘉庆《松江府志》范超传(译文):

范超,字同叔,青浦人,居黄渡。工诗,善于隶书,又精于医药,借以自给。尝作《秋柳》八首,最为精美,人们称他为“范秋柳”,尚书徐乾学、韩菼都欣赏之。

为人平易洒脱,招饮辄往,酒到半酣,吟其所作,撚须作声,旁若无人,人们也不以为他傲慢。后因醉酒而暴亡。

著有《同叔诗草》。

张彦之

张彦之,一名悫,字洮侯,华亭人。王晫认为“彦之卓荦知大节,深沈好书。……尤喜自负,使酒善侵人,然实无他肠,人以是原之”(《今世说》)。有《揽秀阁集》,自序云:“先王父岱渊公著《传砚斋集》,先伯父蓝田公著《书连屋稿》,先大人又仲公著《此云居粤吟诗刻》。”

附嘉庆《松江府志》张彦之传(译文):

张彦之,字洮侯,华亭人。起初名悫之,他是象元的孙子,年幼时与弟汉度、九荀被人称为“三张”。读书细林山中,后来放弃全部田宅,连细林别业也让给他的弟弟,他自己隐居穷巷,取遗书阅读,寄托于酒狂以自我废弃。著有《浴日楼诗稿》。

莫秉清

莫秉清,字紫仙,号葭士,自称月下五湖人,华亭人。诸生,明遗民,莫是龙之孙。与王光承、吴骐共称高士。善诗古文辞。钱仲联《清诗纪事》录收其《甲申四月晤陈卧子》一诗,中有“不谓今逢板荡时,千秋血泪海棠枝”句。作此诗时,北京已为李自成破,崇祯自缢于煤山海棠树上,陈子龙以兵科给事中事福王于南京。秉清又工书及篆刻,并能画。门人吴徵棐认为他孤梅铁干,猗兰芬芳,雪淡风高,与俗径庭,为得其概。明季避兵浦东,易道士装,隐居。有《采隐草》、《傍秋轩文集》。

莫汝涛,字南怀,号芷崖,华亭人。莫是龙之裔孙。由绘图馆议叙广西候补司首领。善写生,能合白阳(陈道复)、包山(陆治)两家法而斟酌出之。骨秀思沉,可称后来之隽。华亭写生家，自叶雪翁（舟）、童原山（原）、瞿又涛（潜）、邹春谷（元斗）诸人后，久已绝响矣。

附嘉庆《松江府志》莫秉清传（译文）：

莫秉清，字紫仙，华亭人，中江曾孙。明代诸生。国变后迁居上海，幅巾道服，绝意进取，当官的人要见他，他都推辞不许。著有《采隐集》，书法学习晋代王羲之等人，得到他们的家法（这里指晋人书法的风格特点）。

钱柏龄

钱柏龄，字介维，一字立山，号鹿窗，华亭人，诸生，机山相国龙锡之孙。"相国旧宅在王家湾者，为日新书院，是相国父大复孝廉讲学处。甲申后，立山隐居荒江，后裔莫考。蒋天襄诗云：'遨游海内才名盛，归老湖滨天地宽。郁郁先朝丞相柏，于今那得一枝看。'"（王豫《江苏诗徵》引《江苏诗事》）柏龄初与宋牧仲、朱竹垞投契，晚与高淡人善。卒年八十四。尝收其祖父朋友僚属的书简，装池（装裱古籍或书画）成册，朱彝尊题为《十五完人墨宝》。钱仲联《清诗纪事》录收其诗《上方山》。

吴懋谦

吴懋谦，字六益，别号华苹山人，华亭人，是名医吴中秀的儿子。吴中秀，字端所，家居净土桥，与董宗伯、陈徵君交往。顺治二年乙酉（公元1645年），已八十余岁，遭杀害。懋谦背负尸体奔往城北，洗去血迹安葬，住墓旁草庐守丧三年，栖迟（淹留、隐遁）养德。

早从陈子龙、李雯等游。明亡，托迹林皋，泥水自蔽。顺治年间（公元1644年—1661年），海内平定，风雅道（文章教化之道）兴，于是懋谦提琴负书，漫游荆、豫、齐、晋、岭南、蓟北间，所到之处，与名公巨卿交往，人们以七子（指明代嘉靖年间的后七子李攀龙、谢臻、梁有誉、宗臣、王世贞、徐中行、吴国伦）中的谢茂秦（即谢臻，临清人，字茂秦，自号四溟山人，又号脱屣山人）与他相比。又与北部地区申凫盟齐名，号称南吴北申。

"年届古稀，才丧妾，复买一姬，膏面染髭，以博如皋一笑（春秋时祁国大夫贾辛貌丑，娶妻很美，妻嫌夫丑，三年不言不笑。后贾为妻驾车外出，射中一只雉鸡，妻见他有本事，才开笑口讲话。见《左传·昭公二十八年》。后人称此典为"如皋一笑"）。予戏贻一诗云：'骚人春晚爱幽居，老去风情尚未除。旧赋《白头》怜薄倖，新题红叶怕

生疏。炉薰翠被迎欢夜,髻拥寒灯见面初。莫倚巫山行雨惯,襄王今是病相知。' ”(《三冈识略》)

懋谦作诗力追明七子,论诗多以汉魏盛唐为宗。陈田认为“六益才情烂漫,读其诗,有萧瑟兰成之感”(见《明诗纪事》)。汪琬《说铃》:“吴懋谦访余邸舍,每被酒,自诵其所作《游五岳》诗,音响琅琅,若出金石。”《明诗纪事》录收其诗十三首,其中有《昆山怀二陆》。钱仲联《清诗纪事》录收《闻舟中吹笛》诗,该诗“可云鲍参军”(杨际昌《国朝诗话》)。

晚年回到郡城,筑独树园于东郊,与白燕庵相邻,自称独树老夫家。七十三岁去世,门人私谥“贞硕先生”。著有《华苹初集》、《苧庵二集》及《豫章》、《虔州》诸稿。

苏 遯

苏遯,初名霖,字泽民,后改名遯,字遗民,华亭人。性迂僻,不婚不宦,崇祯初寄食西林寺。善画道释像,得道子、云鹏笔意。间写山水,成即毁弃之,人莫测其意。吴骐题其画曰:“其人必传,其艺必传。”

周维熊

周维熊,字开武,华亭人。诸生,遭明末丧乱,于是不想仕进,隐于饮酒,自号酒人。绘酌酒图以表明自己的心志,董得仲题诗道:“谷中逃名绝往来,青松白石拥高台。酒场旧侣知无几,日向尊前独举杯。”

有手批《通鉴》一书,对忠奸评点不稍加原谅。

陈 谟[注]

陈谟,字逊钦,青浦人。甲申(公元1644年)明清易代后闭户读书,有人劝他进取入仕,就连忙辞谢道:“国破家亡,我归于何处?”从城中移居北亭乡的小岑溪,终生不入城市官府。张诚庵题其居所道:“地僻真难到,人高岂易逢。”这是纪实之句。

注:其余遗民散置于后。

清(2)

(顺治朝)

周茂源(1613—1672)

周茂源,字宿来,号釜山,华亭人。顺治(清世祖年号,公元1644年—1662年)六年(公元1649年)进士,初任刑部主事,升刑部郎中,官至处州(今属浙江)知府。处州地处群山之中,盗贼据山之险,藏林之密,追捕甚难。茂源招募百姓,将境内自括苍至东瓯三百五十里辟为坦途;又招流亡之民,开垦荒地一千八百顷。

茂源早年入幾社,崇祯(明思宗年号,公元1628年—1644年)十五年(公元1642年),与吴骐、陶怮(冰修)在家乡别立雅似堂社。官刑部时,与宋徵舆、施闰章最为友善,时相唱和。“饮酒赋诗为乐,虽大风雪弗辍,一时都下盛传,谓复见先辈风流。”(王晫《今世说》)晚岁葬夏允彝、夏完淳父子之丧,厚恤其女及嗣孙,尤为人所称。

茂源“诗善比附,字字工切,才不及卧子而深隐过之”(邓子诚《清诗纪事初编》)。杨际昌认为其律句,皆刻意烹炼。如《舟泊钱塘》:“隔岸青山神禹庙,中流白浪伍胥潮。”《雨中诸子集机山别业》:“何当花月春江夜,共此蒹葭秋水心。”《城隅晚眺》:“燕子初归春雨后,桃花半老夕阳中。”(见《国朝诗话》)钱仲联《清诗纪事》录收其诗两句,其一为《赠童子》句:“家风师旷远,诗学卜商贤。”王士禛《池北偶谈》有云:“松江唐童子勋五岁而瞽,年十二,诗多可诵。其先有汝询字仲言者,亦瞽而能诗。”有《鹤静堂集》十九卷。

附嘉庆《松江府志》周茂源传(译文):

周茂源,字宿来,华亭人。顺治六年(公元1649年)进士,授刑部主事,转为郎中,慎用刑法于河南,平反冤狱达千计。

出任处州府知府。处州在万山之中,道路险阻,亡命之徒深匿其中,官兵难以进入。茂源招募民工开凿从括苍到东瓯长达三百五十余里的道路,都成平坦通途。当时户口凋零,民众精疲力尽,茂源召集流移之人,供给耕牛和粮棉种子,开垦荒田一千八百多顷。

贼寇进入缙云县,茂源率领一千多乡兵奋勇抗击,贼寇连夜逃遁。十五年(公元1658年),海寇船队进犯东瓯(浙江温州),茂源率兵固守青田县(即上文的"括苍"),贼寇无法侵入。

后因受拖欠赋税之事牵连而被罢官归乡。六十岁去世。

茂源在幾社中与其侄子立勋一起为人所推重,他的文章深沉博雅又极其华丽,诗词清奇脱俗,有大历年间唐诗的风格,著有《鹤静堂文集》。

张 宸(?—1678)

张宸,字青琱,号平圃,上海人。顺治中以诸生考授内阁撰文中书。康熙三年(公元1664年),迁兵部主事,后告归。

宸曾从陈子龙学。素负才名。以所著《长平公主诔》等得盛誉。诗不尽规摹七子,沈德潜以为"工稳者偏在愁苦之言"(《国朝诗别裁集》)。著《平圃遗稿》十五卷、《张青琱文集》三十卷、《使粤草》八卷。

附嘉庆《松江府志》张宸传(译文):

张宸,字青琱,上海人。学识渊博,工于诗文,由诸生入太学,选任中书舍人。当时端敬皇后升遐(称帝后的去世为升遐),皇上命词臣拟撰祭文,三次送上草稿而皇上都不满意,最后叫张宸撰写,其中有"渺兹五夜之箴(五夜,指一夜五更,每更两个小时。箴,规谏告诫之言),永巷(皇宫中妃嫔住地,即后宫)之闻何日。去吾十臣之佐,邑姜(周武王之妻,吕尚之女,周成王之母)之后谁人"之句,皇上阅览后,流泪称好。

不久升迁兵部督捕主事。康熙六年(公元1667年)朝廷求取正直进言,张宸上疏请求撤去本邑客兵(指京城客籍军士)二千四百人,精简巡海章京(清代凡都统、副都统以至各衙门办理文书的人员都称章京),以缓解民众的困苦。人们于是得以相安。

不久,被罢官归乡,因病去世。

著有《芦浦庄诗》、《北征使粤草》刊行于世。

曹尔堪（1617—1679）

曹尔堪，字子顾，娄县人，嘉善籍，是曹勋的儿子。顺治九年（公元1652年）进士，选为庶吉士，阅读广博，记忆力强，且能讲出事情的来龙去脉。地理要害，山川形势，指画纤毫不漏，听者神往专注。

升任侍讲学士，屡蒙康熙皇帝嘉奖，有“学问最优”之语。

罢官归乡，偕同二三老友游览胜景，吟诵诗赋，与宋琬、施闰章、王士禛、王士禄、汪琬、程可则、同郡沈荃称海内八家。有《南溪集》、《词略》刊行于世。

尔堪弟曹尔坊，字子闲，力学，工书、画，与兄有元方、季方之誉。

儿子鉴平、鉴临，都有传。

宋徵舆（1618—1667）

宋徵舆，字辕文，一字直方，号林屋，别号佩月主人、佩月骚人，华亭人。宋徵璧从弟。明代举人。顺治四年（公元1647年）进士，官刑部主事、刑部员外郎，至都察院副都察御史。

徵舆为诸生时，与陈子龙、李雯等倡立幾社，负盛名，为云间诗派主要成员。“往余在京师，与陈大樽游，休沐之暇，相与论诗，大樽必取直方为称首，且索余言为之序。当是时大樽已成进士，负盛名，凡海内骚坛主盟，大樽睥睨其间无所让，而独推重直方，不惜以身下之。余乃以知直方之才，而大樽友道为不可及也已。”（吴伟业《宋直方林屋诗草序》）徵舆有《下滩》诗：“孤舟泻石滩，双桨下云端。浪涌分花落，涛惊溅雪寒。乱山皆曲向，飞渡怯回看。千里无诸国，天南自郁盘。”沈归愚评曰：“一起如睹巴船出峡图。”（见徐祚永《闽游诗话》）《四库全书总目提要》：徵舆与陈子龙、李雯，“以古学相砥砺”，“所作以博赡见长，其才气睥睨一世，而精炼不及子龙”。徵舆也工词，宗北宋诸家，新警而蕴藉。《蝶恋花·宝枕轻风秋梦薄》中，有“新样罗衣浑弃却，犹寻旧日春衫着”句，王国维认为“寄兴深微”。“李雯在给陈子龙的信中说：‘春令之作，始于辕文，此是少年之事。’在经历了国难的深悲沉恨以后，在无意之中，他们忽然间失而复得找到了小词的那种意内言外的美学特质。”（叶嘉莹）

宋徵舆曾迷恋柳如是。柳如是答应徵舆在白龙潭相会，徵舆到潭后，让人传话：“宋郎如真对我有情，就入潭水中等我。”徵舆于是跳入潭中，时值寒冬，如是被感动，于是相爱。但为徵舆母施氏所怒，令跪而责之。宋徵舆说：“渠不费儿财。”施氏说：

"财亦何妨。渠不要汝财，正要汝命耳。"宋徵舆逐渐疏远如是。时松江知府方岳贡欲逐如是出境，如是与徵舆商决，宋徵舆徐应之："姑避其锋。"如是大怒："他人为此言，无足怪。君不应尔，我与君自此绝矣。"（钱肇鳌《质直谈耳·柳如是轶事》）如是以倭刀砍断古琴七弦，以示与之决裂。

著有《林屋文稿》、《林屋诗草》、《海闾香词》等。

附嘉庆《松江府志》宋徵舆传（译文）：

宋徵舆，字辕文，华亭人。顺治四年（公元1647年）进士，授刑部江西司主事，晋升为员外郎中，出任福建布政使右参议兼按察使佥事，提督学政，内迁尚宝卿，又任宗人府府丞。过了一段时期后，晋升为左副都御史。五十岁去世。

宋徵舆，人称雅才，工于诗赋，与同里陈子龙、李雯称为云间三子。子龙负有盛名，当时称道他的诗无人能抵得上，但子龙推重宋徵舆，认为他在自己之上。宋徵舆尝与大家一起，选择明诗刊行于世，学者仿效之。著有《林屋诗抄》，祭酒吴伟业为其作序。

儿子祖年，才学出众，早年去世。

王　沄（1619—？）

王沄，原名溥，字胜时，号僧士。华亭人。明贡生。入清，历佐大吏幕。为陈子龙门人。曾参与抗清活动。顺治三年（公元1646年），吴易等再起兵太湖，沄与子龙到军中誓师。四年（公元1647年），子龙被执，在押解南京途经云间第一桥时，跨塘自尽。王沄和吴易等秘密收葬之。子龙殉难后，夫人张氏等居于乡，贫不能自给，王沄常周恤之。康熙二十七年（公元1688年），作《皇甫林》，追念子龙。子龙曾自编年谱，从万历三十六年（公元1608年）始至崇祯十七年（即清世祖顺治元年，公元1644年）；从顺治二年到四年（公元1645年—1647年），由沄续编。"《续谱》起草于戊子（顺治五年，公元1648年），书未及半，伤心辍笔。藏之箧中，忽忽四十六载；而犬马之齿，已七十有五矣。今春始订两姓之盟。至秋，而孺人旋以寿终；乃简旧章，疏所记忆，补录成编，焚于先生之墓，以报宿诺。"（见《陈子龙全集》）

沄诗"风华蕴藉，具体卧子"（王豫《江苏诗徵》引《江苏诗事》）。钱仲联《清诗纪事》录收其诗三首（《镇南将军李公唐禧诗》、《二孝子诗》、《虞山行》）。有《辋川诗钞》六卷等。

附嘉庆《松江府志》王沄传(译文):

王沄,字胜时,原名溥,字大来,娄县人。幼年时为陈子龙的弟子,处师生患难时卓然有东汉节义风。

以诸生贡入国子监,不得志,纵情游览齐、梁、楚、粤,晚年归于康园。著有《辋川稿》。

儿子世稷,字有相,以贡生为安东县训导;移,字蕚华,诸生。都传承父亲的学业。

计南阳(1620—1686后)

计南阳,原名安,字子山,华亭人。明诸生,天才俊逸。明崇祯年间,与周茂源、蒋平阶同为幾社分支景风社主要成员。曾为夏完淳师。入清弃诸生,以景风社为帜志。康熙十七年(公元1678年)荐试博学鸿词,力辞,放浪山水间,以遗民终。平生多贵交,而绝不奄阿依倚。诗文涉笔即工。诗宗二谢,后期转为悲歌慷慨。工词,词属云间词派,婉丽中有秀爽韵味。国变后,语多悲慨。叶恭绰《全清词钞》录收其词六首,其中《玉楼春·闺思》被评为“雅令”(叶恭绰《广箧中词》)。计南阳又工行楷。“顺治初,云间幾社诸子多有存者,后进领袖,诗称吴懋谦,六书称计南阳子山。”(朱彝尊语)著有《负灯草》、《红枫草》。

附嘉庆《松江府志》计南阳传(译文):

计南阳,字子山,华亭人。明代诸生,天才俊逸(俊美洒脱,不同凡俗),工于诗文,善于书法。年少时将其诗文进献何职方刚(“职方”为官职名,“刚”为人名),何刚看了十分惊异,称他为小友。又拜见夏考功允彝,允彝命其儿子完淳拜他为师。当时完淳已才名卓著,但南阳仍严肃地考查他的学业,没有半点宽松。

明朝灭亡后,他放弃诸生身份,放浪山水之间,为诗日益悲壮慷慨。既出游为诸侯宾客,但仍高昂旷达不慕荣利。麻司马总督两江,招引他来,两人十分投合;他回归家乡后,麻司马想念他,但不能再招引他了。省中尝荐举海内名士十人,将子山列为第一。子山撕裂排列名士的文稿,声色俱厉。沈文恪、施清惠相顾而惊,说想不到他的刚直耿介竟到这个地步。

他天性孝友,娶了三房仍没有儿子,到外地交游所得的钱财都散发给亲戚朋友,对待外甥侄儿如同自己的儿子。

去世后,外甥侄儿都以儿子的礼节安葬他。

沈 荃(1624—1684)

沈荃,字贞蕤,号绎堂,一号位荠,别号充斋,华亭人,青浦籍。幼年丧父,事母至孝。顺治九年(公元1652年)进士,赐第三人及第(明清时,举人会试中式,殿试一甲三名,赐进士及第;二甲赐进士出身,三甲赐同进士出身,通称进士),授国史院编修,出任河南按察副使。这时群盗董添禄、牛光天聚众千余,抢掠许、颖一带,气焰十分嚣张。沈荃整顿士卒,高悬赏赐,严明军令,派遣中军王福为前锋而自己率领劲兵继之,歼其首领,而余贼解散。禹州盗贼众多,荃遣吏卒收捕,招安诛杀,区别对待。以监司身份,入见皇帝,上疏称彰德养马害民,以及禹州征粮,应分上下等级,都切中利弊,朝廷认可。

康熙元年(公元1662年)遭父母丧事,守丧期毕补通蓟道,因事连累,遭受谴责,贬谪为宁波同知。未去赴任。皇帝召见,特下达圣旨,恢复正四品,仍入翰林补侍讲。

十一年(公元1672年),主持两浙乡试。尚未返回,转为侍读,选任国子监祭酒,晋升詹事,加礼部侍郎。上疏进言太子必须预先培养,连同霍光、霍去病韬略圣功十三图进献。不久又上疏陈述出阁(皇子离开朝廷到自己的封地做藩王称出阁)四事,都上报皇帝。

按照惯例,詹事应当参与重大决策的商议。沈荃对民生利弊时政得失都有切实详细的进言,略无迎合徇私之意。

十八年(公元1679年),逢旱灾,朝廷下诏求取直言。当时定下新规,流放者迁徙至乌喇极北之地以充实边疆。廷臣集中商议,沈荃说乌喇距离蒙古三四千里,称为不毛之地,极其寒冷,牛羊骆驼受冻辄死,不判处死刑的人不应驱之于死地。廷臣将此议上报,诏令继续商议,以取得一致意见。沈荃坚持前议(反对将流放者徙至乌喇极北之地),说:“此议实行(即不实行流放者徙至乌喇极北之地),三日不下雨,我愿受欺罔之罪。”皇上为之动容,采纳了他的意见。经过两天,大雨达到一尺,于是原规定取消。

沈荃在大梁修《河南通志》,修成,献上。十几年后,诏令天下郡县修志,都须效法河南。

康熙二十三年(公元1684年)去世,享年六十一岁。谥“文恪”。

沈荃以书法闻名海内,受到康熙皇帝特达的礼遇(《礼·聘义》:“圭璋特达,德也。”《疏》:“以聘享之礼,有圭、璋、璧、琮。璧、琮则有束帛加之乃得达,圭、璋则不用束帛,故云特达。”引文中的“达”,意为送达)。“明宣德(明宣宗年号,公元1426年—1435年)时,云间有二沈学士，大学士名度，小学士名粲，皆以善书得名。文恪，小学士后也。”（沈德潜《国朝诗别裁集》）圣祖曾召入内殿赐坐，论古今书法。凡制碑版及殿廷屏障、御座箴铭，辄命荃书之。或自作大书，命题其后。每侍圣祖书，下笔即指其弊，兼析其由，圣祖深嘉其忠义。所赐御书、凤管、褭蹄、貂裘、文绮、茗馔之类，至不可胜记。其以是名动天下，与赵孟頫、董其昌相埒。圣祖命荃子宗敬作大小行、楷时，犹忆及前事，使内侍传谕安溪李公曰：“朕初学书，宗敬之父荃实侍，屡指陈得失，至今每作书，未尝不思荃之功也。”

沈荃也善诗。杨际昌《国朝诗话》：“华亭沈公绎堂《潞河道中》句云：‘夜气临关紫，河流倒日黄。’《返照》句云：‘颓云千里黑，返照半天黄。’押‘黄’字皆入神。”徐世昌《晚晴簃诗汇诗话》：“（沈荃）诗春容安雅，盛世之音沨沨如也。”有《一研斋诗集》十六卷。

沈荃弟沈白，字涛思（一作思涛），号赍园，又号天傭（一作庸），华亭布衣。工真、行、草书。山水纵横疏快，笔有别趣。工诗歌，有《赍园文存》，吴伟业称其所撰《均役碑》、《吴淞江考略》，皆经世之业。卒年八十。

彭师度（1624—？）

彭师度，字古晋，号省庐，华亭人。彭宾子。崇祯十一年（公元1638年），吴下文士举千英之会，聚于虎丘，师度年十五，即席成《虎丘夜宴同人序》，开始崭露头角。吴伟业以其与吴兆骞、陈维崧同目为江左三凤凰。顺治十年（公元1653年）春，与十郡大社于虎丘，并大会松江文人于洊友堂中。工诗古文，《四库全书总目提要》谓其“集中兵谋十余篇，颇见用世之志。诗格沿云间之派，富艳有余”。著有《省庐文集》七卷、《诗集》十卷。

张安茂

张安茂，字子业，青浦人，张以诚的第三个儿子。顺治四年（公元1647年）进士，授工部主事。顺治五年戊子（公元1648年）分校（科举时代校阅试卷的各房官，称分校）北闱（清代沿袭明制，乡举考试名乡试。顺天府即今北京市乡试，称为北闱），经其手录取的举人后来都成知名士人，钟陵、熊伯龙就是其中的例子。

出来管理清江闸门，不久兼管七省漕粮（漕运至北京的粮食）的储备。当时漕政积有弊端，军弁（清代称低级武官为弁）互为牟利。安茂革除一切陈规陋矩。

顺治八年(公元1651年)春,兼理盐政,晋级为工部员外郎,升任浙江按察司佥事,提督学政(清代官职名),与诸生约法六条,刻前代贤人和专家名人的文章颁布为规程法式。

转为陕西布政司议,对官吏的错误处分、定罪得以昭雪。授西宁道,夷民对他既敬畏又信服。

康熙四年(公元1665年)辞官回乡。将湖滨渔荡捐献给青浦县学校。

安茂洒脱豪爽有才略,辞藻极其精美,下笔立就数千言。又能骑马击剑、射箭,堪称文武全才。

尝感慨县学礼制不完备,亲自为之考订,凡牺尊(古代酒器。作牺牛形,也有于尊腹刻画牛形者。尊,也作"樽")、籥舞(籥,古代管乐器,有吹籥、舞籥两种:吹籥似笛而短小,三孔;舞籥长而六孔,可执作舞具)、释菜(谓以芹藻之属礼先师。古始入学,行释菜礼。春秋二祭,皆用释奠礼。释菜,不用牲牢币帛,礼之轻者。至释奠则有牲牢币帛,独无迎尸以下之礼)、登降的礼仪,都绘画刻成,名为《判官礼学全书》。去世之年为六十二岁。

曹垂灿

曹垂灿,字天祺,松江上海人。顺治四年(公元1647年)进士,官遂安知县。

顺治间,海岛张名振犯县境,总兵王燝畏缩,转诬邑中通洋,祸且不测,早已归田的垂灿泣告县令,愿以百口保邑境,又率邑绅跪请于抚军,乃得免。(见王豫《江苏诗徵》引《松江诗钞》)

垂灿善诗。钱仲联《清诗纪事》录收其句。《江苏诗徵》:"王屋云:大令诗多佳语,'一竿秋老桐江月,半榻云开处士星',《漱芳斋诗话》称之。"

附嘉庆《松江府志》曹垂灿传(译文):

曹垂灿,字天祺,上海人。顺治四年(公元1647年)进士,出任稿城、遂安县令,有惠政。辞官归田后,手不释卷。

顺治十年(公元1653年),海岛张名振侵犯上海,总兵王某说县内有人串通寇盗,祸将不测。垂灿率领众绅士请求于抚军,愿以百口之人担保良善,全县人士赖以安全。

康熙二十二年(公元1683年)参与修撰县志。著有《明志堂全集》。

诸舜发

诸舜发，字元升，青浦人。顺治四年（公元1647年）进士，授户部主事，监管芦政（清代因江南、湖广、江西沿江海河湖州县，两岸产芦，称为芦州，亦名芦田。民纳税产芦，由工部专差部员，设江宁芦政衙门。中叶后改由州县征收，上缴藩司），以廉洁干练闻名。提升为陕西提学佥事。因病去世于绥德州官署。

徐　鼎

徐鼎，字子久，华亭人。顺治四年（公元1647年）进士，授麻城县令。当时姜瓖、金声桓一起造反，全楚震动，奸民乘机捣乱，攻击麻城。鼎命兵士持武器登陴（城上女墙，上有孔穴，可以窥外）。城中多和尚道士，上官怀疑他们串通贼寇，下令除掉，鼎力争不可，且命他们守城。和尚道士感激县令徐鼎的保护，奋力用命，昼夜巡查敌情，贼寇屡次攻城都被打退。当时黄州府所属五城都被攻破而唯独麻城得以保全，这是徐鼎的功劳。

正要以功绩卓越而被推荐重用，不久却因支付国库银钱以充军饷而被降职调用。于是他不再出来任官。

田茂遇

田茂遇，字髴渊，号楫公，又号乐饥处士，华亭人。顺治五年（公元1648年）举人，被授山东新城知县，不赴。康熙十八年（公元1679年），举博学鸿儒，不遇而归。

茂遇少负时名，善诗文，落笔滔滔不能自休。师夏允彝，陈子龙对夏允彝说，此子才气卓荦，他日必成伟器。陈子龙跨塘后，其子幼贫，墓旁荒田数十亩，茂遇代纳官租二十年；又与友人梓其遗集，对客说："无以偿黄门（陈子龙）大德，生平每以为愧。"茂遇家贫而能好客，才富而能好善。其妻孥，终年布衣粝食，客到，治具甚盛，留累月不厌；后生以诗文就正，有小好，必极口称许。（见王晫《今世说》）晚年筑水西草堂，觞咏以老。又与张渊懿、董俞选当代名人诗，名《十五国风》，又选《高言集》、《清平词》等。钱仲联《清诗纪事》录收其《孤儿行》一诗，沈德潜云此诗"音节全从古乐府出。乞食路间，后复望见大吏巡边，痛绝在此，警绝亦在此"（《国朝诗别裁集》）。有《水西草堂集》。

附嘉庆《松江府志》田茂遇传（译文）：

田茂遇，字楫公，青浦人。顺治五年（公元1648年）举人，授新城县令，不去赴任。

后来以博学鸿儒征召,没有任用,于是归来。

茂遇年少时游学于夏瑗公(夏允彝)之门,诗文为当世所推重,有侠义气概,重朋友意气。与本郡的顾开雍交游,开雍因病而误约期,有司除去他的官籍,留于燕市。茂遇听到这一消息,单骑奔走淮上,请求于学使,说明开雍确实因生病而导致失期,得到上官谅解后请求给开雍旅费粮食,往返不远千里,人们推崇他的义举。

晚年移居泖滨,访求赵松雪、杨铁崖故址,筑水西草堂,每日与名流饮酒赋诗,重现前辈的高雅情趣。著有《大雅堂集》、《水西四十九种》刊行于世。

袁国梓

袁国梓,字丹叔,华亭人。顺治六年(公元1649年)进士,授刑部主事,升员外郎中,出任衢州知府。当时势力强大的盗贼啸聚山谷,上官命他带兵追剿,歼灭其首领,余党都接受招抚。不久因母亲年老,乞求归来奉养。母亲去世,服丧期毕后补授平阳府知府。国梓勤于吏治,批阅文书,片语裁决,都切中关键之处。

他查出绛州无产之税,申请免除。代替太平令何炜然偿还拖欠的库银,平反乡宁诸生任宏赞一案,查明且释放好多死罪犯者。

因事解除现职,起补嘉兴知府,刚上任就捐献俸禄修辑府志。当时有编纂修撰大清一统志的任务,上官命令各府州县将其志书送交中央部门,时间紧迫而嘉兴志最早修成,上官嘉奖赞赏他。因病去世于官任上。

董　含(1626—?)

董含,字阆石,一字蓉城,号榕庵,别号赘客、莼乡赘客,华亭人。顺治十八年(公元1661年)进士。其文本可置二甲第一名,因人反对,屈居第二名。观政吏部,以奏销案(一钱粮案子,此案使江南近二万名士绅学人受牵连)被黜,削籍归里。康熙三十七年(公元1698年),曾作《筑塘谣》。与弟董俞并以才名显,时称“二董”。枫江渔父曰:“苍水(董俞)与阆石读书昆山,词藻翩然,并擅机、云之目。”(徐釚《本事诗后集》)钱仲联《清诗纪事》录收其诗三首(《将军行》、《贻华苹山人》、《题壁诗》)《题壁诗》:“老死寒山古寺东,诗人飘泊叹途穷。故交万里收遗骨,薄俗犹存挂剑风。”董含《三冈识略》有云:“诗人殳山夫垂老落魄,往来吴、越间,晚寓家枫桥。受知于锡山令吴公兴祚。后以贫死。公时开府七闽,闻之恻然,遣人葬之寒山寺侧。予偶过其居,题诗壁间云云。”《四库全书总目提要》评为诗:“诗名不及其兄,而诗格高雅过其兄。……

大抵苍凉幽咽，有骚人哀怨之遗。而惝怳其词，知其意有所寓，而莫名其寓意之所在焉。”“诗名不及其兄”中之“兄”，显然指董俞；按，董含生年公元1626年，董俞生年公元1631年，含应为俞兄。引文中之“兄”应为“弟”。且有其传记为证。有《安蔬堂集》二十八卷、《艺葵草堂诗稿》、《闵离草》、《闲居草》等。

附嘉庆《松江府志》董含传（译文）：

董含，字阆石，华亭人。顺治十八年（公元1661年）进士。年少喜好学习，以至废寝忘食。长成后，有文才名声，尝与海内名流扁舟车笠（扁舟，小船，也作偏舟。车笠，即“车笠交”，俗称不因贵贱而改变的好友为“车笠交”）往来于吴山越水间。

从政于吏部，因奏销案被罢黜，从此更加放情诗酒。著有古乐府《闵离草》、《闲居稿》。

弟俞，字苍水，顺治十七年（公元1660年）举人，诗文与含齐名，当时称为“两董”。尝荐举博学鸿儒，没有中式。著有《樗亭稿》。

俞的儿子溶，字晴川，诸生，有才名，早年去世。

许缵曾（1627—1700）

许缵曾，字孝修，一字孝达，号鹤沙，别号悟西，华亭人。顺治六年（公元1649年）进士，官至云南按察使。

缵曾早年与杜同春、杜登春、夏完淳、徐度辽、王奭、沈荃等在松江组织西南得朋会。曾师徐孚远。能诗文。蒋士超《清朝论诗绝句》：“庸中皎皎华亭鹤，继武黄门孰比肩。二妙高阳称合璧，太康时代语尧年。”自注：“华亭顾大申、许缵曾。顾著《鹤巢诗存》，许字鹤沙，故云。”钱仲联《清诗纪事》录收其诗两首（《睢阳行》〈赞汤斌在苏州上方山捣毁五通神祠之举〉、《癸酉中秋奉和秦望山庄耆年燕集诗原韵》〈叙与钱湘灵等十余人首次于秦望山庄作耆年之会〉），另《游峨眉山歌》诗句。《四库全书总目提要》：“（缵曾）乐府规仿旧文，七言古诗多学初唐四杰之体，皆拟议而未能变化。”有《宝伦堂集》五卷等。

附嘉庆《松江府志》许缵曾传（译文）：

许缵曾，字孝修，娄县人，是乐善的曾孙。顺治六年（公元1649年）进士，由庶吉士升迁为中允，因其才能担当外任，转为江西驿盐道，管理邮政，革除盐业奸商，民众为之便利。改任川东道，当时寇盗余孽尚未肃清，跟从征剿万川，及取大冒，都有战功，提升为河南按察使，因事被罢免。

又起用为云南按察使，乞求终养（指旧时辞官归家以奉养年老的双亲以终其天年）而归，著有《宝伦堂集》。

王釪

王釪，字含章，松江人。顺治二年（公元1645年）副榜。杜登春《社事本末》："甲午时社局复起，釪与顾伟南、陶冰修辈皆赴原社之约。晚年以事入都，卒于途次。"有《赠盛香樾叔丈》一诗，记香樾以甲申春建言入都，遇变南旋之实，中有"自是壮心中尚热，蓟邱北望重悲凉"句。

杜登春（1629—1705）

杜登春，字九高，一字九皋，号讧水，一号薑翁，娄县（一作华亭）人。杜麟徵子。幼敏慧，与夏完淳、徐度辽、顾子韶、王后张均有圣童之目。为给事中张王治婿，遂家居江苏太仓。顺治八年（公元1651年）选贡，由翰林院孔目授山西广昌知县，陞浙江处州同知。年七十，遇瘴，卒于官。

吴梅村曾云："九皋才致奔轶，轨于法度"（见王豫《江苏诗徵》）。所著《社事本末》，详叙幾社承流复社。《社事本末》云："予时年甫十三，……留意人物，以社事为己任。""与夏存古有'西南得朋'之会，为幾社后起。"

登春《童心犯难集》云：洪经略密行土抚军，索存古甚急，时余读书虎丘石佛寺，不知也。一日，乘凉散步，将至憨憨泉，见一小沙弥同青衣数人汲水而饮，遥望沙弥有似存古，趋视之，则竟是也。问之，则曰："我已就缚上道，无资斧，其为我谋之！"余急索囊中所有倾付之，送其登舟。存古口占一律赠余。又寄遗嘱数纸而别，余泣数行下，而存古并无一点泪。存古七律《虎丘遇九高》："竹马交情十七年，飘流湖海竟谁怜！知心独吊要离墓，亡命难寻少伯船。山鬼未回江上梦，楚囚一去草如烟。姑苏明月愁人醉，翦烛无言更惘然。"后存古在南京被害，杜登春和沈羽霄收敛其遗体，把灵柩运回松江，安葬在曹溪附近荡弯村他父亲的墓旁。

有《尺五楼诗集》。

附嘉庆《松江府志》杜登春传（译文）：

杜登春，字九高，娄县人，青浦籍，是麟徵的儿子。顺治八年（公元1651年）选贡由翰林院孔目(官名,掌管文书档案,收贮图书。明清只有翰林院置孔目)授山西广昌县知县。按照旧例每县五年审查一次丁口(指成年的男女,一般男称丁,女称口),官员将其看作获取利益的机会。登春廉洁从事,民众大悦,升任浙江处州同知,死于官任上。

登春年少时与夏完淳、徐度辽、顾子韶、王后张,均被人称作圣童(旧言智力特异的儿童,犹言神童)。所著《社事本末》及《江东耆旧传》都可称作郡中掌故。

兄同春,字子旷;甲春,字端成。两人都有声誉于幾社中。

董 俞(1631—1688)

董俞,字苍水,一字樗亭,华亭人,董含弟。顺治十七年(公元1660年)举人。幼聪颖,喜读古人诗,略上口,即能为声偶(指诗文中字词音节的对偶)之言。少与钱芳标齐名,人称“钱董”。康熙初,江南奏销案起,绅士同日除名者万余人,俞与其列,于是弃举子业,悉心于诗词。在都时,与王士禛相唱和。晚年卜筑南村,灌园种菜,啸歌自如。

俞善诗。有《送客人入都》诗:“萧条易水逝,驱马向空台。岸柳春前放,江鸿雪后来。”雅淡而有自然之致。(见汪琬《说铃》)钱仲联《清诗纪事》录收其《将军篇》。其诗“闳深涵演,非复专家小乘之所敢望”(宋琬《董苍水诗序》)。董俞又工词。叶恭绰《全清词钞》录收其词两首(《南乡子·月夜》、《满江红·重到西湖忆旧》)。汪森评其词“婉丽之什,源于清商诸曲”,“矫健疏宕处,则又歌行佳境,非学步辛、陆”。(沈雄《古今词话》)尤善赋,曾作《镜赋》、《燕赋》、《采桑赋》,清婉流丽,人比之吴绮。

王晫《今世说》载:董俞渡洞庭至鹿角,山风大作,波翻浪涌,上流覆舟,蔽湖而下。僮仆震慴无人色,俞坦然危坐,赋二诗投湖中,竟得无恙。数时辄行三百余里,见者疑有神助。阮亭云:董俞召试宏词,至山左遇盗劫,诗文在笥中,追盗,被刃伤而返。(见王豫《江苏诗徵》)

有《玉凫词》、《浮湘》、《度岭》、《樗亭》等集。

范必英(1631—1692)

范必英,初名云威,字秀实,一字龙仙,号秋涛,一号伏庵,别号野野翁、杜圻山人,华亭人,入长洲(今苏州)籍。顺治十四年(公元1657年)举人。康熙十八年(公元1679年),召试博学鸿儒,官翰林院检讨,与修《明史》。告归后,储书万卷,日诵读其中。凡古今经世大典及诗文源流,历历能指数。诗古文词绮丽雅驯。晚年尤喜汲引后进,游从者多名隽之士。有《寤言集》。

周金然(1631—?)

周金然,字砺岩,一字广居,号广庵,华亭人。康熙二十一年(公元1682年)进士,改庶吉士,授翰林院编修,官至洗马。与施闰章、宋琬游,其才思格力,介于两人之间(《四库全书总目提要》)。康熙三十三年(公元1694年),参加徐乾学举行的遂园禊饮,与江南士子钱陆灿、尤侗、盛符升、王日藻、秦松龄、黄与坚、许缵曾等会。晚居洞庭之石公山,与韩文懿往还最密,自号七十二峰主人。(见王豫《江苏诗徵》引《江苏诗事》)周金然诗长于七言。李容斋说他"不喜为华缛之体,天才特高,无所不规模。能自辟堂户,潇洒清拔,不减初日芙蓉"(徐世昌《晚晴簃诗汇》)。也能词,叶恭绰《全清词钞》录收其词两首(《御街行·江上作》、《江南春·追和倪元镇韵》)。清代松江书画家中有两个周金然,一工书,一善画。广庵工书,告归时以平日所书进呈,圣祖制五言十二韵褒之。有《娱晖草》、《西山纪游》、《和靖节集》、《和昌谷集》。

附嘉庆《松江府志》周金然传(译文):

周金然,字砺岩,上海人。康熙二十一年(公元1682年)进士,进入翰林院,又官任洗马。学问广博,兼工书法。尝参与撰修国史《一统志》,一起参与撰写的人若有查考,则告以某义某辞出于某史某传,清楚明了,如同本来背诵过似的。参与主持湖广、山西乡试,称道他善于选择人才。奉圣旨校辑《古文戴记》,受到称赞。

患病告归,将平日所书字幅进呈圣祖仁皇帝,御制五言诗十二韵(首)以示嘉奖。著有《饮醇堂文集》。

叶　欣

叶欣,字荣木,华亭人,一作江苏无锡人。流寓金陵(今南京),为金陵八家之一。山水画学赵令穰,复参以姚允在。曾为周亮工(1612—1672,字元亮,一字减斋,一作缄斋,号陶庵,清代河南祥符即今开封人,移家金陵即今南京,崇祯十三年[公元1640年]进士,官御史。著《栎园读书录》等作品多部)摘陶诗作小景百幅。亮工为作《百陶舫》于闽署藏之。叶欣所作断草荒烟,孤城古渡,辄令人动秦月汉关之思。康熙八年(公元1669年),吴期远(字子远,清代丹徒即今江苏镇江人。与贵人贫士杂处无不得)至金陵慰问亮工罢官,亮工大宴辞人高士,叶欣参与会宴。

叶梦珠

叶梦珠，字滨江，号梅亭，上海人而著籍娄县学。生于明崇祯时，康熙中叶尚在世。博学多闻，尤留心世务。著有《续编绥寇纪略》五卷（收刊于《申报馆小丛书》，书前有康熙二十七年［公元1688年］时所撰自序，言撰述缘起乃吴伟业《绥寇纪略》终于李、张之败，于是续编孙可望、李定国以后及永历入缅、被杀诸史事及传闻），另有《阅世编》十卷。

《阅世编》分天象、历法、水利、灾祥、田产、学校、礼乐、科举、建设、士风、宦绩、名节、门祚、赋税、徭役、食货、种植、钱法、冠服、内装、文章、交际、宴会、师长、及门、释道、居第、纪闻等二十八门。“大而郡国政要，世风升降；小而门祚兴替，里巷琐闻。旁及水旱天灾，物价低昂。举凡涉世六十余年间，阅历之所及，无事不书，有闻必录，而于松江一郡之沿革创置为特详。”（《墨余录·跋》）其中“赋税”一门中说：“吾乡赋税，甲于天下。苏州一府，赢于浙江全省；松属地方，抵苏十分之三，而赋额乃半于苏，则是江南之赋税，莫重于苏、松，而松为尤甚矣。”在记奏销一案后，作者说：“阅世至此，为之兴慨。”书中所记，皆作者亲所阅历的世务，语有所据，而所加褒贬也自可信。正为此，昔修辑府志及华亭、上海、南汇等县志，无不取材于此书。

《阅世编》向无刊本，传抄也少。1934年，上海通社从松江图书馆借阅此书抄本，排印收入《上海掌故丛书》。1981年6月，上海古籍出版社出版由来新夏点校的本子，列入“明清笔记丛书”。

彭可谦

彭可谦，字益甫，辽东杏山（今辽宁锦县西）人，康熙初官松江同知、大名通判。好书，至废百事。吴梅村赠诗云：“龙蛇绢素争摇笔（意善书），松杏山河已息兵（彭可谦为杏山人）。慷慨与君谈旧事，夜深欣共酒杯倾。”（《赠彭郡丞益甫》）其书绝似符篆，大醉乃书，及醒，自亦不识。名胜如虎丘、西湖，皆制扁往悬。虎丘僧毁之，闻其至，则迎而告之曰：“公扁为人盗去，请再书之。”彭笑而不问。松江郡斋故有赵孟𫖯书《赤壁赋》，中断二石，彭补而刻之。

吴　历（1632—1718）

吴历，本名启历（一作子历），字渔山，自号墨井道人，别号桃溪居士，江苏常熟人。明都察御史吴讷十一世孙。早岁失怙，家道中落。甲申（崇祯十七年，顺治元年，公元1644年）明亡，痛心国难，又母殁妻丧，遂弃其二子，五十一岁时入天主教耶稣会为修士,后升司铎,取名西满。曾居澳门,越七年而归,传教于上海等地,后客死上海,葬沪郊耶稣会墓。

吴历曾问学于孝廉陈确,问诗于宗伯钱谦益,学画于太常王时敏,学琴于高士陈砥阮,各方面均有深厚修养。念无以给母氏之养,因专意于画。王时敏亟称之,尽发所藏宋、元人真迹,使之日夜临摹,缩为小本,渲染皴皴,得其神髓。由是画名日著。然不肯轻意为人作,度可以奉高堂之养而已。吴历作画风格高峻,为四王所不及,因有“四王、吴、恽六大家”之称。历山水以黄公望为基而尤得力于王蒙,苍浑厚重,更兼有吴镇(1280—1354,与黄〈公望〉、王〈蒙〉、倪〈瓒〉并称元四大家)之长。作品以《溢口送别图》(藏上海博物馆)为最佳。

吴历工书,书法苏轼。又兼工刻竹。褚德彝曾见一竹秘阁,长四寸,刻山水,画法缜密,似王蒙,款署墨井道人书并刻。竹色黝黑。另画松石镌于笔筒,注有壬子残腊王时敏题。

吴历又善诗。诗虽为画名所掩,但画家之诗,意境突出。钱谦益赞其“诗清格老,命笔造微”。早期作品有不满清朝统治的悲愤哀痛之思,中年以后之诗作,透出简淡闲适之情。

著有《桃溪集》、《三巴集》(在澳所作诗汇)、《墨井画跋》等。

高层云(1634—1690)

高层云,字二鲍,华亭人,是明代检讨高承祚的孙子。头枕上放着经史书籍,刻苦专心为诗和古文词。尝入京,恭遇圣祖仁皇帝临雍(天子亲至辟雍。雍,辟雍,周代天子所设大学,后代亦为讲习礼仪之所),高层云作赋以纪其盛,文辞十分工整,士大夫交口称赞。又尝与嘉禾朱彝尊、李良年会聚梅园作联句诗,朱、李名声一向很高,这天联句诗成,高层云竟超过了他们俩,从此他更加闻名于京师。

康熙十五年(公元1676年)登进士第。起先,高层云专修古文词,不从事举子业。到康熙十四年乙卯(公元1675年)才开始极力钻研,闭门共四五个月,于是连续科举中式,人们都为之而惊奇。登进士第后二年,授大理寺左评事。康熙二十三年甲子(公元1684年)主持广西乡试。回朝后参与修撰《一统志》,不久,提升为吏科给事中。刚受任,逢文皇后去世,皇帝诏命诸王大臣集议丧礼。集议完毕,阁臣向诸王长跪(直身而跪。古人席地而坐,坐时两膝据地以臀部著足跟。跪则伸直腰股,以示庄重)禀告,而诸王仍安坐而不稍动。高层云以为这不符合国家的典章制度,即日上疏直言论述此事。

当宁(皇帝称为"当宁")采用了他的进言,且写成法令。

国家正有事于俄罗斯,商议选台省(中央办事机构。唐时尚书省为中台,门下省为东台,中书省为西台,统称台省)汉官两人将命以往。同僚都唯恐被遣前行,而高层云却慷慨请求前往,事情虽然没有成功,但全朝臣子都称赞他有勇气。

居于垣中(吏科给事中)一年,迁任通政使右参议,不久转为左参议,又迁任太常寺少卿,去世于任上,享年五十七岁。

著有《改虫斋集》若干卷。

儿子不骞,自有传。

王广心

王广心,字伊人,号农山,华亭人,居横云山。顺治六年(公元1649年)进士。十一年(公元1654年),受命分校顺天乡试,后升任兵部武选司主事,继升御史,巡视京通二仓漕运。一次出使湖北,谢绝其他馈送,只带了九领竹席回家供父母使用,人因以称其为"竹簟行人"。

王广心曾加入幾社。崇祯十五年(公元1642年),与同里彭宾、卢元昌、顾大申等,别立赠言社。康熙二年(公元1663年),与朱锦、宋徵舆等共纂《松江府志》四十卷,任田赋、徭役部分。二十二年(公元1683年),与邓汉仪、宗元鼎等在南京共纂《江南通志》。

王广心诗文,宏丽有度。"长篇如《大梁行送林平子》,韵致仿佛梅村(吴伟业以其号梅村著名于世)。七言近体佳句,如《冬至》:'东堂宦兴销残雪,南国乡心散早梅。'《送向西崑奉使还蜀》:'乱后草堂江燕在,春来剑阁杜鹃鸣。'《挂剑台》:'交情生死精灵在,剑气山川日夜浮。'《夏日集双寿堂酬魏惟度》:'海角断虹残雨后,城阴洗马晚凉时。'《春寒》:'新绿市桥杨叶短,乱红山寺杏花残。'可换风骨。"(杨际昌《国朝诗话》)沈德潜《国朝诗别裁集》:"先生经义雕镂襞绩,时作骈体;而韵语疏畅条达,不以一律拘,览者故不可测也。"有《兰雪斋诗稿》七卷。

附嘉庆《松江府志》王广心传(译文):

王广心,字伊人,华亭人,是王嗣响的曾孙。刚总丱(古时童年束发成两角的样子,"总丱"也称"总角",借指童年)即发愤读书,经史之学无不贯通熟悉,夏考功允彝赞赏他的文章道:"完美空前,我辈不及。"

顺治六年(公元1649年)成进士,授行人,改任兵部武选司主事,授御史印篆,巡视京东二仓漕政。从明末以来,官吏役卒藏身匿居其中,虚浮、假冒、侵夺、欺诈之弊积久难除。广心上书说水运多一人,则地方上多一份需索交纳;多一劳役,则兵弁多一种行贿托情的渠道。必须严行裁减淘汰,朝廷每年节省薪俸工食以万计,南北军民每年减少勒索欺诈、侵占渔利不知几十万。他前后上奏三十多次,从此漕政中的欺诈勒索宿弊得以肃清,漕运兵弁都有余钱交纳以往积欠的税赋。又修筑通会河运输河道,漕运往来通畅无阻。

因双亲年老乞求回家奉养。八十一岁去世。累赠大学士、光禄大夫。以乡贤隆重予以祭祀。

陆振芬

陆振芬,字令远,青浦人。年少时与兄长振英都已闻名。振英由拔贡生官任英德县知县。振芬顺治六年(公元1649年)进士,当时两粤尚未平定,朝廷破格用才,选拔他为广东惠潮道佥事,随大军进军征讨各郡县,以次削平。他到任后招收流亡,减省徭役,民众安定和睦。

顺治十年癸巳(公元1653年)四月,潮州总兵郝尚久作乱,围攻道署(惠潮道官署),振芬秘密派遣家人带了藏在蜡丸中的书信给有司,请兵剿贼,郝尚久被抓获诛杀。振芬不久因病归乡,随即去世。

朱绍凤

朱绍凤,字义圣,上海人。父亲云昇,纯朴谨慎,忠厚老实。绍凤中顺治六年(公元1649年)进士,授山西临县令,选拔为吏科给事中,再升迁为礼科都给事。

当时江南漕运事大坏。当初,巡按大臣秦世祯奏请官府收取官兑(指官方代替民众运送粮食收取的费用),每一百石米加收五石、银五两以为兑军之费(军队代为运输的费用)。但后来成为虚设(即不按原规定办理),民间运送百石米所费达数十金。绍凤上疏极力说明它的弊端,请求申明原来的规定,而于五两之外再加五两定为常规,以外还有军队的勒索、官府的额外征收赋税,都以法律惩之,不予原谅。恰逢御史马腾升也极力清除漕运弊端,因而圣旨下达,允许实行。

绍凤又请求制订主将连坐之法,以整肃军政。请求恢复两试(乡试、会试)以弘扬乐于培育人才的制度,他所建言都关涉政体。

十六年（公元1659年），正逢大家推举某人总理漕运，绍凤直言反对。又上疏说周亮工保障闽疆有功，这案子应当迅速了结，贬谪为建宁司狱。又以其他案子被诬害而逮捕，等到弄明事实真相，给以昭雪，他却随即去世。

遗存有疏稿、《浣花窝诗集》。

王铿

王铿，字钱寿，华亭人，进士初及第后恢复姓何。顺治六年（公元1649年）进士，任雩都知县。当时峒寇（指我国西南地区居于山地的少数民族作乱者）强横不驯，王铿按抚控制有方，民众无兵扰之苦。捐献俸禄修建文庙，学使者赵函乙撰记刻于石碑。

母亲去世，回家守丧毕，补授博兴县令。上任刚三天，逢小清河决口，他纠合民工予以埽筑（埽，古代治河工程中用以护岸和堵口的器材，旧时多以柳七草三捆扎而成，后多代以秫秸，预储以为抢险之用。埽筑，即以埽修筑河堤，堵塞缺口），只用七天修筑河堤竣工，农户房屋田地毫无受损。

这年分校秋闱（担任校阅乡试试卷的房官），因事牵连，免官回乡。康熙十四年（公元1675年），诏命官复原职，以父亲年老需要奉养为由推辞赴任。享年七十四岁。

李愫

李愫，字素心，华亭人。父亲沾，官任左都御史。愫年幼时聪明超过一般儿童，弱冠乡试中举。尝跟从父亲做官到闽中，有人投递文书要向邻县籴米，李沾允许给以照牒（凭证），李愫持不同意见，说："这奸民要想勾通番商，如果得到照牒就可公然与番商相通了。"李沾不听，要索取印板印刷照牒，李愫藏匿印板，李沾发怒，然而印照牒之事终究无法实行。不久其他县有通番之事败露，县令因提供照牒而被议罪，于是人们都佩服李愫的远见卓识。

顺治九年（公元1652年）中进士，殿试二甲第一（明清时，举人会试中式，殿试一甲三名，赐进士及第；二甲赐进士出身若干名，三甲赐同进士出身若干名），授吏部主事，以佥事的身份主管河南乡试。汝宁一县令想要有所关说（通关节以进说请托），怀藏金子以进献，李愫拒绝。

尝在同官处看到某书生文章，惊叹道："有这样的才能，为什么考试时不见他来啊？"同官回答道："这书生遇到父母丧事，今年的考试也不能参加了。"李愫询问他服丧期毕的月日，回答道："八月初七。"李愫道："可告诉他于初五、初六到省，我一定送他进入试场。"后来这书生进入试场，于是接连报捷。

遭母亲丧事，服丧期毕，补授湖广上江防道，驻任岳州。刚来到城中，只茅屋几间。一个多月后，登楼看见有造瓦房的人，李愫脸呈喜色。

一天，有人在文庙之后挖土，诸生为之诉讼，挖土者就是瓦房中的人。李愫说："今天这一诉状一下府县，县则委派衙役追查而推倒这瓦房。阻止挖土之事而不应接纳此案，如果接纳此案，加以审理，那瓦房将无法保住了。"于是出一告示，从此以后不许在文庙之后挖取泥土，而追查挖土者倾覆推倒这瓦房的事也得以平息。

他爱护文士爱惜民众的情况就是像这样。

因病去世于官任上。

顾大申

顾大申，初名镛，字震雉，号鹤巢，一号见山，华亭人。顺治九年(公元1652年)进士，授工部主事，监督江宁芦政，分管夏镇河道。夏镇原来没有城墙，大申用公费为砖砌筑土之需，不向民众增收赋税，城墙筑成，屹然有利于镇。建两湖书院，捐献俸禄，延请教师，弦歌吟诵，日以广泛。

顺治十六年己亥(公元1659年)，海寇进犯金陵，清朝大兵南下，从德州东昌以南纤夫拉至董家口才停歇。当时正逢水荒，人烟断绝，饿殍遍野。顾大申捐献俸禄，每三十人给一只船及路费，赖以成活者有数千人。

因奏销(清制，各省每年将钱粮征收解拨的实数报部奏闻，叫奏销)案而受到谴责，降职为顺天府通判。遭母亲丧事，守丧期毕，上书申辩，朝廷诏命，官复原职。康熙九年庚戌(公元1670年)，吴越地区水灾，顾大申建议疏浚三江故道，提出十二条准则。后来疏浚娄江、吴淞江也都采用了他的方法。

康熙十二年癸丑(公元1673年)，出任陕西洮岷道佥事，去世于官任上。著有《鹤巢诗》、《河渠书》十八卷、《昼尘》八卷。

明崇祯(明世宗年号，公元1628年—1644年)年间，与同郡王广心、周茂源、宋徵舆诸人唱和。入清，又与宋琬、张宪、吴懋谦等作社集。嗜诗，与施闰章、王士禛等诗坛名家交往，相酬答。沈德潜《国朝诗别裁集》："云间自陈卧子后，诗格渐衰。鹤巢古今体气足神完，可以接武。""陈伯玑撰《国雅集》，称其乐府与古人可谓毫发无遗憾，七律高华，可追王(世贞)李(攀龙)。今观是集，大抵袭明七子之余风，可追王李，庶乎近之。至于乐府，则谈何容易也。”（《四库全书总目提要》）钱仲联《清诗纪事》录收其诗《赋谢李山人天然砚诗》，其砚上有宋仁宗御书玺文，米南宫、黄山谷诸题识，前后凡三十字。另有《堪斋诗存》八卷（由《鹤巢集》、《燕京唱和集》、《泗亭集》自删并而成）。

顾大申也善书、画。山水远师董（源，五代南唐人）、巨（然，宋人，僧），近法董其昌，尤善设色，高出时流，萧然远俗。

顺治、康熙（清圣祖年号，公元1662年—1722年）年间，大申在松江一被毁的私家园林遗址上建一别墅，名“醉白池”。传唐白居易晚年在洛阳筑堂池畔，宋代韩琦慕名仿效，命堂为“醉白堂”，大申则效韩。

儿子辅之，中书舍人。

施维翰

施维翰，字及甫，上海人。顺治九年（公元1652年）进士，授临江推官，升兵部主事，后来官任御史。前后章奏如恢复耕籍、削减浮粮、缓解开征、确定编审、除去塘长旷工、禁止漕米耗羡、惩处监司之贪、严防大帅之纵、区别投诚之兵、申长言路之气、整治官吏侵夺贪利、警戒营弁罗织罪名，皆事关大局，多采纳施行。

康熙八年（公元1669年）掌管京畿道，请求削减苏松浮粮，弹劾偏沅巡抚周召南、南闽总督刘斗、浙江巡抚陈秉直，罢之为副都御史，请求严惩总督巡抚荐举行为不端之人，要按惯例下降其职，不准抵消。

康熙十八年（公元1679年），巡抚山东，罢黜贪官污吏，控制凶悍兵卒，勤于开垦荒地，禁止额外赋税。碰到饥荒之年，亲自察看所属地区，设法赈济饥寒之民。上书存留漕米五万石，大量饥民赖以存活。举荐廉吏陈文学、周根部等都选拔为台谏（御史）。案牍（官府文书）都亲自裁决，不请他人批阅。

康熙二十一年（公元1682年），总督浙江，前任总督参酌处理满军喧闹事株连二百余人，维翰上任，即日会审，大多平反。

第二年（公元1683年），调任福建总督，越过南岭即去世。官府予以祭祀安葬，赐谥“清惠”，作为乡贤隆重祭祀，并建特祠。

季延櫱

季延櫱，字方思，华亭人。顺治九年（公元1652年）进士，授南宁府推官。用法称道公平,因奏销案连累遭谴责,降为香山县丞。香山官吏多受海舶贿赂,事情败露,尽被罢免斥退,唯独延棨留任,屡次代理县令,不受请托,贫穷得身无分文。因病死于官任上。

张渊懿

张渊懿,字砚铭,一字元清,号蛰园,青浦人。顺治十一年(公元1654年)举人。同年,与杜登春、顾开雍、陶愫、王鈃等结原社;康熙十二年(公元1673年),与陆纬、陶尔穟、姜遴、顾开雍、顾衡、钱金甫等结春藻堂社。三十年(公元1691年),长洲陆漻为曹寅绘《楝亭图》,渊懿为作诗跋。工词。叶恭绰《全清词钞》录收其词两首(《临江仙·即事》、《渔家傲·东昌道上》)。沈雄评其词"独能删削靡曼之词,咸归雅洁,而出以工致"(《古今词话》)。有《临流诗》、《月听轩诗余》,与田茂遇同选《词坛妙品》十卷,与董俞等合选《十五国风》。

附嘉庆《松江府志》张渊懿传(译文):

张渊懿,字砚铭,华亭人。顺治十一年(公元1654年)顺天府乡试中举。因奏销案牵连而被罢黜。与田茂遇、冯个臣辈为忘形交(脱略形迹,不分你我的好友)。著有《临流诗》、《雒鹃初集》。

陶 愫

陶愫,字冰修,松江人。顺治十一年(公元1654年)举人,官天台教谕。顺治间于里中创诗会,刻《棠溪诗选》(棠溪在府署南),收三十余人诗(凡已仕者不与)。宗法陈子龙。钱仲联《清诗纪事》录收其《集徐文在山园》:"草堂倚绝巘,山色映朝晖。晴日凝花气,香风到客衣。霜崖丹树迴,竹径碧云飞。况乃登高节,长吟坐翠微。"文在,字学曾,文贞公孙;园即董文敏所书中美堂。

附嘉庆《松江府志》陶愫传(译文):

陶愫,字冰修,华亭人,嘉善籍。顺治十一年(公元1654年)举人,官任天台教谕,去世于任上。禀性高傲,不随世俗,后学日益进步,他则更加谦退。他在里中倡建兴诗会,刊有《堂溪诗选》行世。

兄监之,字圣从,与愫齐名,先愫而去世。

王日藻

王日藻，字印周，号闲敕，一号无住道人，华亭人，王陞的孙子。幼年丧父，母亲徐氏抚育他。顺治十二年（公元1655年）进士，授工部主事，出掌江宁芦政，分管吕梁。从彭城下到安东河流的政绩列为第一。迁任员外郎，升为郎中，不久为江西提学佥事。

遭母亲丧事，服丧期毕，补为河南河道。以转饷功升任浙江按察使，不久升任江西布政使，晋升为副都御史，巡抚河南。先后上疏论改折捐粮、赈饥平狱、定盐引（商人运销官盐的凭证）、免堡课（堡，小土城；课，赋税，抽税）诸事，都一一施行。又请开垦荒田四十四万余顷，都成良田，至今赖以得利。

不久选拔为刑、户两部侍郎，拜工部尚书，改为户部尚书，充任纂修《赋役全书》总裁，因事牵连而免职。康熙三十八年（公元1699年）皇上南巡，召见他，予以慰劳问候，赐以御书，褒赏有加。不久以永定河工起用，去世于工所。朝廷下诏恢复原来官级。

日藻书法超妙，也工诗文。著《秦望山庄集》。

张锡怿

张锡怿，字越（一作悦）九，号弘轩，上海人，张元玘的孙子。顺治十二年（公元1655年）进士，授泰安州牧州（州的长官），有舍生崖，愚民受人欺骗，说为了报答母亲的恩惠，则投入这崖中。锡怿刚上任就禁止。他扩建学校，减免香税，清理逃人，恢复四氏学（封建帝王崇儒尊孔，专为孔（孔子）、颜（颜回）、孟（孟子）、曾（曾子）四姓别立学馆，称为四氏学）。任批阅乡试试卷的房官，后被谴责而归乡。

顺治十年癸巳（公元1653年），发生海警，有人传布谣言，说全县将遭不测之祸，因张锡怿上书直言争辩才得以免除这谣言。这事收在《曹垂灿传》中。

康熙七年（公元1668年）商议堵塞界河之处以防海潮延及支河，锡怿极力陈述这样做的危害。

川沙、南汇每年派人修城，费用巨大，民众为之受苦。他查访得知守卫官兵从中牟利，告诉当事者，得以免除。

他病重，故人（旧友）大名府推官陈朗哭道："我贫苦，依靠您而活命，您去世，谁来安葬我啊？"张锡怿当即命孙子张家爽拿出箱子中的金银送给他。

他的诗词为当世所推重。锡怿"慷慨激发，放情山水"（王豫《江苏诗徵》引侯纪原语)。王寿胥云:“越九古体胸情泉涌,笔采葩繁。”(见《江苏诗徵》)钱仲联《清诗纪事》录收其诗三首(《娄东吊吴梅村先生》、《旅夜闻歌》)。锡怿也工词,叶恭绰《全清词钞》录收其词两首(《苏幕遮·梅》、《烛影摇红·旅夜闻笛》)。又工书法。有《啸阁余声》一卷、《南归》、《涉江》、《漫游》诸集。

孙子张家爽,字荀六,康熙四十四年乙酉(公元1705年)中副榜,官任萧县教谕,以正直的品行闻名于世。

陆鸣珂

陆鸣珂,字曾庵,上海人,陆起凤的儿子。顺治十二年(公元1655年)进士,初任扬州教授,以奏销案罢官,后来起用补任常州。反对以意气相合、声气相投而交游,训诫士人应以器度见识为先。转任国子监监丞,不断升迁至户部郎中。一次主持四川乡试,三次充当会试同考官。出任山东按察司佥事,提督学道,都称道他善于选择人才。分担修筑高堰河工,一年后,以布政司参议辞官退休。

陆鸣珂天赋超常,写文章不打草稿。禀性恬淡,与世无所争斗。

弟陆鸣球,字文中,尤以儒者宗师自任,极力排除释道二氏。辩驳宏辞阔论,每日从事编纂,如若有所感触启发,一并寄托于诗。平生以抚养孤儿、扶植寡弱为志,尝有诗句道:“欲了一生难了事,先完三族未完姻。”与兄陆鸣珂一起被称为两位难能可贵的人。

夏长泰

夏长泰,字季保,华亭人。父亲嘉遇,前已有传。长泰于顺治十二年(公元1655年)中进士,授文水县令,轻用刑罚,缓征赋税,深得士民之心。

选拔为刑部主事,请假归乡,身穿布质素衣,生活俭朴清苦。适逢苏松抚臣提议筑堤捍海,推重夏长泰廉洁干练,请他掌管工事,因劳累过度而去世。

张有光

张有光,字星灿,青浦人。父亲张骅,以恩贡授新宁县令,不去赴任,随即去世。张有光刻苦立志,勉力学习,于顺治十二年(公元1655年)中进士,授工部营缮司主事。当时隆重建造奉先殿,有光为监督,他朝夕恭敬谨慎,工匠中凡老弱病弱者都让他们回去休息。工食亲自发放。建造大殿竣工,赐予缎丝马匹,奖励有加。

出任荆州钞关(收取税务的机关)主管,商船随到随报,命自己填写流水簿以杜绝包揽壅滞(阻滞,不通畅)的弊病。

升任都水司员外郎,授山东南旺河道。因奏销案被罢免而归。徜徉山水二十余年。七十五岁去世。

王之明

王之明,字弢章。本姓程,青浦人。顺治十二年(公元1655年)中进士,选为县令,不去赴任。十七年(公元1660年),任安庆府教授,去世于官任上。

王之明家境极其贫困,弱冠即为童子师以自给。当时正逢战乱之后,人们大多废弃学业,但王之明刻苦攻读,为文自成一家。

张一鹄

张一鹄,字友鸿,号忍斋,又号钓滩逸人、金谷叟,娄县人。顺治十五年(公元1658年)进士,十八年(公元1661年)官云南推官。居官时抚恤除弊,捐奉修学宫,民有冤,必为之申雪,滇人称之。

张一鹄工画、诗,也能写戏曲。山水得元人笔意,其写意者颇佳。曾与黄石斋(道周)、杨机部(廷麟)唱和于半山会,作《半山图》,名动一时。在云南时,与中州彭而述相唱和,合刻为《滇黔二客集》,多有奇警之篇(见王豫《江苏诗徵》)。康熙元年(公元1662年)自云南归,在京口赠王士禛山水卷,自题诗云:“别一山川气候更,迢迢万里不胜情。归来萧瑟余诗卷,画得烟霞记远行。”王士禛览之怆然。(见《渔洋前集》)张一鹄又有怀人绝句:“西南诸国滇为大,六诏新开僰道平。应忆松江莼菜好,却将老眼看昆明。”有《滇黔诗》、《野庐集》。

附嘉庆《松江府志》张一鹄传(译文):

张一鹄,字友鸿,娄县人,居朱泾。顺治十五年(公元1658年)中进士,授云南推官,有良好的政绩。

归乡后建造宗祠,教育子弟,以品学为重。诗文雄深壮健,有磨盾横槊(军中将士以盾作砚台,磨盾以作文;槊,即古代武器长矛,横槊,即持槊上战场征战。磨盾横槊,借指军营将士的活动)之风,与新城王阮亭、中州彭而述唱和。尤其工于山水,深得宋元人笔意。

儿子起麟,自有传。

朱 锦

朱锦，字天襄，上海人，居周浦，是永泰的孙子。顺治十六年（公元1659年）会元（会试夺魁），选为庶吉士。为诸生时，以文章称雄同辈。顺治十八年辛丑（公元1661年）充任会试官员，同考官（清代科举制度，乡、会试时，在正副主考官下有同考官。同考官分房阅卷，所以又称房官）中他得到人才最多。不久，因母亲年老而乞求归来奉养。

当初，朱锦将要北上京师参加会试，里中有一位贫民要将他的未婚妻卖给妓院，朱锦连忙赠送金子将她赎回来，有人问他："您送掉金钱，北上赴试的行旅之费怎么办？"朱锦说："我出行可稍缓，这女子一进妓院即堕落风尘了。"

他生平淡于进取，而砥砺名节从不敢松，远近人们为之敬仰他。著有《藜照堂集》。五十四岁去世。

弟朱铮，字拂钟，资质敏捷，尤其喜欢深究古籍，喜宾客，好吟咏，先于朱锦去世。

宋庆远

宋庆远，字源余，娄县人。顺治十八年（公元1661年）进士，授大理寺评事。尚未登第时尝与同仁结振幾、振雅两社，诗文为一时之冠。后来因奏销案免去官职。康熙四十九年（公元1710年）特恩复原官，当时他七十四岁，第二年去世。

王又汧

王又汧，字孝西，娄县人。顺治十八年（公元1661年）进士，授福建平和县令。当时海上纠纷尚未平定，县在万山之中，多有盗寇，王又汧严于屯军，设置守备，整顿保甲，盗寇不敢侵犯。

后来官至德安府知府，因病告假归乡。

赵子瞻

赵子瞻，字半眉，上海人。幼年丧父，有成人的度量。长成后，努力学习，通晓经史，旁及天文地理诸书。顺治十四年（公元1657年）乡试中举，因主试涉嫌被人谴责。戊戌（公元1658年）、己亥（公元1659年）春两度蒙受世祖顺治皇帝亲临覆试，除八股文，杂试诗赋、论序、表策、颂记、辨说数篇，拔置上卷（上等试卷）。

十八年（公元1661年）中进士，殿试二甲四名，援例授任推官，因公事牵连被罢免。从此闭门教子，以诗画自娱。著有诗集四卷、词一卷，刊行于世。

诸嗣郢

诸嗣郢，字乾一，青浦人。师事徐方广，接受攻制举业（封建王朝考试取士的制度和学业）。陈继儒、董其昌见了他，将他看作一匹神驹。顺治十八年（公元1661年）会试中式，尚未殿试，逋粮案起，被斥退。

诸嗣郢禀性崇尚幽闲贞洁，早有隐居之愿，既被禁锢废退，更加沉迷于山水。九峰间各有营建，每年于三月初三、九月初九招引贤士大夫游玩，而且以此祭祀张翰、二陆、顾野王、张之象诸贤，参与他的聚会的人们以为是登仙。当时陆振芬、周茂源谢官归，都筑室于山中，往来拜访，饮酒吟咏，无有间断。

又尝与昆山叶方蔼友善，相互约定，共同隐居。叶方蔼字子吉，号讱庵。诸嗣郢筑吉亭、讱斋用以招引他（“吉亭”含其字中的“吉”，“讱斋”含其号中的“讱”，所以这亭和斋都是为招引好友叶方蔼而建），又缄寄（包装寄送）当归（药物名，这里借指“应当归隐”之意）以践行双方的约定。

康熙二十一年（公元1682年），叶方蔼去世于京师。不久，诸嗣郢也去世，享年五十九岁。

诸嗣郢尝与嘉兴殳丹生修撰《九峰志》没有成功，修《青浦志》又被他人捣乱中断。

张安豫

张安豫，字子建，华亭人。父亲张以讷。安豫，在明末由恩贡生选为齐河县丞，因平定龙山贼有功，提升为齐河县令，升迁为保定府同知。当时连日燃放烽烟，关防城邑戒严，张安豫全力予以固守。蓟辽经略王永吉了解他的才能，举荐他用以跟随自己。题奏授兵部职方司员外郎，兼户部事督理军饷。蓟镇兵变，张安豫告谕以大义，大家都叩拜归顺。

王师（清军）入关，他随军征战杀敌。顺治二年乙酉（公元1645年），诏命兵部尚书王鳌永招抚山东，因张安豫威信一向卓著，荐授清军右布政兼理监军事。投降之人又造反，张安豫诛杀其首领。

降职为金华府知府，当时金华城刚被攻下，民心不稳定，张安豫设法招徕，止息暴兵，严禁揭人阴私，减免劳役，民获休养生息。第二年发生大饥荒，他多方赈济，无数民众得以存活。州郡学校毁于兵火，他纠集民工予以重建。通济桥是括苍太末（龙游）之间的重要通道，废于兵灾，他设法予以修复。又造营房，筑石坝，整肃保甲，加强储备,用以支援征讨南闽。

治理大军的成绩称第一,选拔他分管嘉湖道。因违反上官意图,遭受谴责。士民奔赴三衢(地名,在今浙江衢州)为他申冤。事情清楚后,补为长芦盐运分司,因触犯盐运使,他拂袖而归。五十六岁去世。

莫 琛

莫琛,字人玉,华亭人,莫天洪的孙子。明代诸生,工诗善书,尤其熟悉掌故(国家的典章制度)。遍游四方,为幕府司奏议(为地方长官的幕僚,任参谋、书记、顾问之类),多方延请,没有闲暇之日,然而这些都不是他所喜欢做的事。洪承畴经略特上疏推荐他,他坚决推辞。后来以功绩任辰州府教授。随即去世。

张世荣

张世荣,字岂名,娄县人,张安恭的儿子。顺治元年(公元1644年)以诸生贡入太学,授山东济南府推官,后任同知,任地方长官主管文书的佐僚之职,成绩最为显著,所到之处,都受称道。

选拔为兵马司指挥,升迁为刑部主事,晋升为员外郎,主管秋审死罪囚犯,多有平反。刑部十分推重他。

转户部浙江司,授山西布政司参议,整顿雁平道,约束自己,爱护民众,革除馈赠,杜绝迎送,持法详备谨慎,为守令的楷模。不久请假归乡,随即去世。

王钟毅

王钟毅,字远生,娄县人。幼年时为徐比部鸿洲所器重,将孙女嫁给他。尚未成年,即为诸生,官府供给粮食。他力求有用之学。读书勤奋,品行敦厚。与他交游的如张安茂起麟,先后乡试中式,礼闱登第,而王钟毅屡荐不售,后以恩贡需次(旧时候补官吏,等待依次补缺,称为需次)为学官。

陆 璘

陆璘,字公叔,华亭人,陆应寅曾孙。年少时与侄子陆亮辅齐名,陆亮辅中进士而陆璘两次中乡试副榜,竟始终不予任用,后来以贡生选授广东四会县知县。四会依山阻水,剧盗李春光等据此为巢穴,统领众徒,侵犯县境。陆璘乘其倾巢而出,派遣士兵从小道深入，扼住其退路，贼寇归路断绝，于是溃散。

不久，土寇罗胜抢劫阳春、新兴两县仓库，遁逃入清远县的秦王山，凭借险阻，横行作乱，白昼焚掠。上官命镇将协助征剿，因陆璘在四会有讨贼之功，命他为监军，镇将用陆璘的计策征平定贼寇。

不久因奏销案牵连被罢官。著有《遗安堂集》。

乔世埴

乔世埴，字子方，上海人。十三岁补博士弟子员，当湖吕浚、襄阳方岳贡都觉得他禀赋优异。喜欢诗文，友好宾客，在幾社中声望日益提高。然而九次考试没有中式，定居于西郊，命名其园为“秋爽”。

顺治（公元1644年—1661年）年间由明经（明清对贡生的敬称）廷对未授官，去世。

著有《玉版阳秋》十卷，《燕喜堂稿》、《纫兰草》刊行于世。

沈绍宾

沈绍宾，字廷作，华亭人，学士沈粲的九世孙。由明经官任青阳县训导，学识渊博，工诗古文，藏书五万卷，都加以评阅。青阳人士朴实少文，沈绍宾来到后，定期会集讲学，士人于是讲究文采，爱好学习。

七十四岁去世，著有《月滟山房稿》。

周心屺

周心屺，字永瞻，娄县人。顺治十四年（公元1657年）岁贡。留心性命（《易·乾》：“乾道变化，各正性命。”《疏》：“性者天生之质，若刚柔迟速之别；命者人所禀受，若贵贱夭寿之属是也。”后统称人的生命为性命）之学。与平湖陆赠公（名标锡，陆清献公陇其之父）交情最厚。清献还在儿童时，周心屺知道他是位人才，后来因事连累侨居嘉善，县内之人争着拜他为师。心屺著《四书断》，清献为之作序。《读易断疑》藏于家中。

儿子周梁，字好生，年少聪明异常，以五经补博士弟子员，磨砺意志，勤于学习，注重品行，与清献往复辨疑，多有所发明（阐明，推陈出新）。

吴 定

吴定，字澹庵，上海人。顺治五年（公元1648年）贡生，授澄江县令。当时县内盗贼充斥,积欠的赋税多如山积,九年十易官员。吴定以德教化民众,设计擒获贼首,勉励农夫垦荒,建造水东书院,延请教师育人。代理韩城、郃阳县政,都有良好政绩。在澄江十一年,迁为行人,四任诏使。提升为刑部主事,校正法律制度。出去督理夏镇河道,增筑河堤三百余里,上官称赞他廉洁干练。

请假归乡,闭门著书,周济贫苦,设置义渡,人们都感激他。编辑有《河渠志》。

儿子吴开,封大理府同知,赐予瓛(即桓圭,一种玉器),官任知县。

顾开雍

顾开雍,字伟南,娄县人,诸生。顺治八年(公元1651年)贡入太学。顾开雍身躯高大,须髯美好,禀性谦和平易,诗文险峻严正,尤其擅长五言古诗及汉魏乐府,在幾社中推为祭酒(学长)。

同时代各名流都以次荣登科第,唯独顾开雍以从事文学终其一生。尝游学燕市一次,不久因病而归。结庐于谷水之阳(北岸),闭门谢客,以著述自娱。书法古朴遒劲,为当时人们所推重。

闵 峻

闵峻,字山纡。他的祖先是乌程人,十世祖迁居东海上,于是成为筍里望族。闵峻年少丧父,母亲徐氏教育抚养他。他才能高超,学问渊博,文采秀丽,无与匹敌。同郡周立勋、太仓张溥都降下自己的辈分和地位与他相交往。

进入清朝,以贡生选授卢龙县令,廉洁明智,仁政爱民,五年有十件异政,县内士民树碑颂德。选任职方司主事,不久主管岭南税务,以廉洁谨慎为人称道。使命完毕返回,便告假回乡。不受世俗事务束缚,不以片纸(书札)拜谒当权者。抚恤宗族,都有恩德。

著有《照海堂集》、《兵法观略》、《东华集》,评选吴越二十家共若干卷刊行于世。六十七岁去世。

儿子闵璐,贡生;闵玮,康熙十四年乙卯(公元1675年)举人。

张天培

张天培,其字失传,上海人。顺治八年(公元1651年)恩贡,选为韩城县丞。康熙乙卯(公元1675年)二月,守将李师膺杀害县令翟世琪,占据县城叛变。

张天培当时正解送蜀饷而归，闻此事变，加速奔驰，到达县城，贼寇拔刀威胁，他不肯屈服，且用计骗贼出城，乘机请救兵来到，于是解除了这场兵变。韩城士民十分感激他。后来他升迁为平远县令。

他的从父（伯父、叔父的通称）张积祥，字芥舟，才气恢宏奇特，著述十分丰富，八十余岁去世。瞿榖用诗悼念他说："雄视八十载，著述谁云匹。观其摇笔时，后进皆惕息（形容十分恐惧，不敢喘息）。"

胡　竹

胡竹，字椀珠，华亭人。与幾社诸人交游，有盛名。中顺天府（今北京市）乡试副榜。

他坚守清白情操，日以诗酒自娱，古今体诗歌都超出同辈，与侍御王广心为文字交，人们认为他们两人才学人品相互等同。

茅起翔

茅起翔，字旦弋，金山卫人，在幾社中有声誉。与卢元昌等掌管选举之政达四十年，一时知名人士竞相引以为重。

晚年筑奇松阁读书其中以终其生。当时文社中有茅、沈、胡、卢之称。沈为子风，胡为椀珠，卢为文子，茅则旦弋。

宋　弼

宋弼，字采臣，华亭人。居青村港，高才饱学，以岁贡生授高苑县令。县多奸民，为害地方。宋弼抓其桀骜者当场杖击至死，其余都敛迹，不敢逞凶。民众贫苦，欠税累累，敲打至死也不能偿还。宋弼同情他们，捐献俸禄，代为缴纳欠赋。

命他代理益都县令，又以政绩最优闻名。因父母去世而归来。

弟宋际，字峨脩，金是瀛是他的岳父。工于诗文。孔上公代理司业（学官），命他与其弟宋庆长（字简臣）编纂《阙里广志》，以呈龚尚书芝麓，受到赞赏，这志书于是刊行于世。王光承尤其称赞他的诗。

张世维

张世维，字我持，娄县人，是张安豫的儿子。尝帮助张安豫平定龙山贼寇，随从往山东招抚,驻扎济南。当时士大夫家属及商贾聚集济上,不得进退者有数万人,而且严重缺乏粮食。张世维急请下令保卫,于是他率领步、骑兵三百,从贼寇中防护,且全部降服淮泗,齐鲁间人为之惊奇,称他为铁胆公子。后来他在京口王将军之鼎幕府,郑成功进犯,王之鼎依靠他谋划对付。积劳成病,辞职归来。

张世维天性孝友,热心于见义勇为。工于诗及古文词,以岁贡选任训导,五十六岁去世。

弟张士绅,字临武。初名世绅,游学北雍(即辟雍,指太学),改为今名。顺治十四年(公元1657年)举人,潇洒豪爽,富有才学。张安豫守齐河,士绅相随捍卫抵御。进入清朝,又帮助父亲监管东省军。后来屡次受挫于会试。补为知县,未及上任而去世。

沈 沐

沈沐,字雨臣,上海人。顺治十七年(公元1660年)中乡试副榜。他穷究经书,钻研古典,教授学徒,借此自给。他予以记录的弟子如朱鉴、高廷亮、赵炎等有一百多人都为知名人士。去世后私谥"贞素先生"。

焦徵士袁熹赞其画像道:"貌之臞(消瘦),神之腴(丰美),文之富,道之余,无营无欲乘太虚,嗜义奋勇贲育(指古代孟贲、夏育两勇士)诸,人世富贵浮云如。"谥以"贞素",看来符合他人品的实际。

杨王犹

杨王犹,字成侯,娄县人。岁贡生,与兄桓互为师友。陈黄门、夏考功都器重他。闭户著书立说,享年八十一岁。

儿子斗芬,字南楚,华亭县学廪生(官府每月供给粮食的生员)。

张安泰

张安泰,字康侯,娄县人。孝子张以讷第三子。善于作文,中年以诸生进入太学,于是放弃科举学业,刻意为诗,兼工山水画,筑室于皇甫林南,名为鷃室。内行(平日家居的操行)纯朴忠厚,郡府举荐他为乡饮宾客。第二个儿子张世璘,任关中令,他接受奉养于官舍,一年后即回来,张安泰说:"不要因侍养双亲而妨碍吏治,或者可能导致为官不廉正。"

张世璘，字孝鄘，顺治六年（公元1549年）选贡，授陕西灵台县令。治政崇尚宽和安静不扰民，以廉洁闻名。父亲去世，他回来守丧，从此不再出来做官。

王承庚

王承庚，字丕祐，上海人，居航头。顺治五年（公元1548年）中乡试副榜，授朝邑县令，有良好的政绩，不久升迁为沧州知州。禀性耿介（光明正大，正直），不欺暗室（即慎独，在独处时也能谨慎不苟），事奉双亲能色养（承顺父母脸色，孝养侍奉父母为色养）。兄弟之间到老和睦。去世后作为乡贤祭祀。

儿子王辂，岁贡生，官任望江县教谕。

顾其言

顾其言，字公纶，上海人，居所城。前明崇祯（公元1628年—1644年）进士，任香山县令，代理顺德县事。当时流寇震惊韶州、连江等地，群情不稳。贼寇驾百余艘船出入香山顺德间掳掠，顾其言侦察到他们围攻城市的日期，暗中部署，对父老说："贼寇攻城必定先要窥探，窥探城市的是某贼，出其不意，将他擒获，贼寇就不敢盲动了。"这里的"某贼"指大侠梁硕卿，贼寇奉他为首领。

果然在城下将这贼寇抓获，于是带兵急奔至古镇，民众都披甲而出，顾其言说："今天所要抓的是何、礼、孟诸人，其余都不要恐慌。"民众大喜，放下武器，绑缚其首领献上。顾其言又带兵赶往旗纛澳，贼寇正在声援顺德，没想到官兵会突然来到，都惊慌逃窜。斩获五百余人，贼寇于是被平定。

这次战役，顾其言查访知贼寇姓名分别登记，所以没有错杀一人。

提升为工科给事中。以双亲去世而归家。

进入清朝，荐授陕西布政司都事。不久乞求退休。七十八岁去世。

朱在镐

朱在镐，字周望，上海人，明朝工部主事朱长世的儿子。以举人任广信府推官。人称贤惠能干。尝以金三千分别赠予在贫贱时结交的无钱安葬双亲的朋友。他官囊（指做官时所得的财物）空空，每天与曹垂璨、张锡怿诸人以诗酒唱酬。

女婿王颢，有文才名声。

吴钦章

吴钦章，字含文，华亭人，前明崇祯(公元1628年—1644年)举人。父亲吴嘉允，为抗清保明而殉节于金陵。吴钦章扶柩渡江，半夜风雨大作，邻近船只覆没溺水，吴钦章所乘之船漂到一洲(水中陆地)脱险，人们说这是他孝心感动神灵所致。

年少时就有经邦济世之才，山东李侯复兴为娄县知县，建议均田均役，吴钦章帮助他实现了这一建议。后来李复兴去世于官任上，吴钦章经办了他的丧事。

八十二岁去世，乡人私谥“贞定先生”，附祭于白龙潭李公祠。

钱世贵

钱世贵，字圣旃，华亭人，居高桥。前明崇祯(公元1628年—1644年)进士，任诸暨县令，有政绩声誉，改任国子监博士。

进入清朝，闭门不出。

起先，沿海灶户(自宋以来经官府准许设灶煮盐、户籍属盐场的人家)每人给柴荡(海边长满柴草的沼泽地)二亩半，不收税，只交纳丁银(按人口交纳的税银)若干。后来海滩不断向外扩展，本来的一二亩田扩展至数十百亩，垦为良田，都蒙原来柴荡之名，而不入县籍(指县的田亩登记簿籍)，不收赋税；灶户上下消长不一，上者买柴荡数千亩，最下者无立锥之地。然而丁银仍按旧籍无所增减。欠税之人或逃窜远去，官府无法收取其税。康熙(公元1662年—1722年)年间，钱世贵言于巡抚冯某按田亩数收税以抵当丁银。于是民众无人逃亡，丁口不再补交赋税，各盐场为之而便利，前明的秕政(不善之政)于是消失。

儿子钱恺，诸生，有名声，吴骐为其立传。

陆庆臻

陆庆臻，字集生，青浦人，陆文定公树声曾孙。前明崇祯(公元1628年—1644年)举人，有声誉于幾社中。

进入清朝，以诗文称霸于东南。家境贫困，两亲尚未安葬，尝流着泪道：“我从哪里能得到一笏之田(喻一小块土地，如笏大小)来安葬我双亲的体魄啊?”莱阳宋琬为之赋《笏田行》，学者称他为“笏田先生”。

当时陆氏多才，有庆衍、庆滋、庆绍、庆源、庆恒、庆裕、庆曾、庆臻，其中最著名的，要数陆庆臻。

林希灏

林希灏，字式斋，华亭人。明代贡生，学识渊博，品行敦厚。前明崇祯三年庚午（公元1630年）姚文襄主持顺天府乡试，意要将林希灏列为首，希灏于是不愿参与这次乡试。机山相国被捕，有人说他与东江之间有私人恩怨，要杀掉他。以此事诱取林希灏来证实，希灏严词拒绝。相国文震孟听到这事，说："他可称之为君子了。"

他对学问无所不予研究，抄录经史要略、朝章典故，又尽情查考天地及星纬乐律，著文五百余篇。

晚年经历局世变更，静默自守贞操。尝以理数推选日辰，铸成一面镜子，落入渔人之手，出卖于张泽市中，市人将它放在室内，夜晚发出光芒，认为里面有宝，搥击致碎，只有水而已。张宪副安茂到一所寺院中，见一悬镜光彩夺目，询问镜子来历，人们说："这境为希灏所铸造，每日还发出声音。"大家才佩服他的学问。

顺治八年（公元1651年）去世，门人私谥"贞文先生"。

王元一

王元一，字默公，华亭人。明代诸生，年少时与杜麟徵师事张宗伯鼐，为入室弟子。王元一行为淳朴，器度恢宏，精通古文词，陈黄门子龙出其门下。《壬申文选》的刊刻，与宋存标共事。郡人古学复兴，由王元一发起和推动。

宋存标

宋存标，字子建，号秋士，别署蒹葭秋士，华亭人。明崇祯贡生，候补翰林院孔目。工诗文，诗尚华缛，然自有丰致，陈子龙誉其与徵璧、徵舆兄弟为"三宋"。亦善戏曲。著有《翠娱阁集》、《秋士香词》、《棣萼集》（三集：诗余、南曲、北剧）、杂剧《兰台嗣响》以及《墨妙法式论注》、《秋士史疑》等。参与编刻幾社古文《壬申文选》。

次子宋思玉，字楚鸿，诸生。幼聪慧，十三岁能诗文，为吴伟业所赏识，时号神童。亦工散曲，宋徵璧极称其缠绵悽惋，"节短而情长，言简而旨永"，极"激越悲凉"之致。著有《棣萼轩词》一卷。

附嘉庆《松江府志》宋存标传（译文）：

宋存标，字子建，华亭人，宋尧武的孙子。明朝崇祯十五年（公元1642年）副贡（明代嘉靖中有乡试副榜，名列副榜的，准作贡生，称为副贡），选任为翰林孔目。甲申（崇祯十七年,顺治元年,公元1644年)后隐居东田,尝作西北祠以祭祀历代忠烈。

生平以发扬风雅为事,刻印幾社古文,编辑《壬申文选》。著有《棣萼新词》、《国策本论》十六卷。

儿子宋思玉,字楚鸿;宋思宏,字汉鹭。都聪颖绝人,以诸生终。

张　密

张密,字子退,华亭人。明代贡生,官任兵部司务,因兄张宽先于陈子龙殉节,于是他终身隐居。后来游滇中,送徐闇公的儿子孝先扶柩归乡。生平著述,今多散失不存。

邵梅芬

邵梅芬,字景悦,青浦人。工诗,受到知府方岳贡的赏识。为诸生时,与张宫、王沄共同受业于陈大樽(子龙)之门,诗文更加上进。

顺治二年(公元1645年)去世,夏存古有诗哭悼他。著有《青门集》。

王廷宰

王廷宰,字鹿柴,华亭人,嘉兴籍。贡生,官任六安教谕,升迁为沅江令。福王立(公元1645年),曾一度到金陵,见局势不可挽回,随即归来。

后来隐居张堰,自号毗翁。著有《画镜》及《纬萧斋集》。

朱彝尊《明诗综》引《诗话》:鹿柴先生占籍嘉兴。乙酉(顺治二年,公元1645年)之春,过余外舅冯翁小饮,余陪末座。忽问曰:"曾学诗否?"对曰:"未也。"先生乃言曰:"诗有一学而能者,有终身学之而不能者,洵有别才焉。"余问:"学诗何从?"曰:"试作对句。"酒至,先生举古人名俾属对。偶记忆顾野王对沈田子,郑虎臣对沈麟士,蔡兴宗对崔慰祖,萧子云对任伯雨,魏知古对颜相时,吉中孚对温大有,杨完者对晁补之,杜审言对萧思话,贡师泰对齐履谦……《明诗综》录收王廷宰诗两首(《郲园》、《送高明水工部营桂府于衡州》)。

孙　逸

孙逸,字中麓,青浦人。读书不求仕进,喜欢作诗。顺治庚子(十七年,公元1660年)去世。缪侍讲彤撰写其墓碑文道:"青溪有隐君子,其志立而正,其言确而厉(严肃），其书无所不读而风致豪爽，望若神仙。”

儿子孙彦朝，字元宾，明代诸生，先于孙逸去世，包尔庚尝为其集作序，也是学识广博、喜欢古典之人。

萧中素

萧中素，名诗，人们都称呼他的字。又号芷崖，华亭人。工于诗文，善于书画，精于音律，隐于匠工。尝说：“我是匠氏，衣食足以自给，诗酒足以自娱，丝竹丹青足以悦耳目。高贤良友不远千里而至，人生之乐无过于此了。”达官长者投以诗篇，他都不予回复。他是吕徽之、朱百年之流的人物。著有《释柯集》、《南村诗稿》。

王应骐

王应骐，字允锡，华亭人。父亲王嗣响，前有他的传。王应骐，前明天启四年甲子（公元1624年）武举，工于诗。

进入清朝，隐居于亭林宝云寺。尝以纱头巾遮头，用瓦罐煮食，人们都称他为纱裹头老人。晚年与萧芷崖（中素）谈诗互相投合，芷崖以诗怀念他，有“一褐（粗劣的短衣）常露肘，十年常病酲（病于酒为酲）”之句。

康熙十五年丙辰（公元1676年）去世。

盛国芳

盛国芳，字香樾，华亭人。明代诸生。甲申（崇祯十七年、顺治元年，公元1644年）正月入京献策，不予采纳。随即遇到国变，南归，隐居于农圃。曾仿效宋时王鸿渐的《野菜谱》作《老圃志》。

王景曦

王景曦，字子万，上海人，与余姚王氏是远族，以勋戚子侄进入锦衣卫，经考试中崇祯十五年（公元1642年）武举，选任左所千户。当时边境形势日益紧迫，他与御史时敏一起，请开垦海中大瞿山为屯田，因遇到明朝灭亡而作罢，奉养母亲终其身。

儿子贞儒，诸生。

弟某，字子实，母亲患病，他割自己乳旁肉煎汤治疗母病。早年去世。

顾在观

顾在观,字观生,华亭人。明代诸生,博览经史。陈继儒看到他的《史选》,说,神明般的见识和度量,他人不可及啊。因而推让凤凰山来仪堂请他居住。当时杨文骢为府学教授,命自己的儿子拜他为师。后来马士英辟置幕府,他尝以"近昵怀宁,群情致憾"说马士英。及马士英辅政,正要起用老成之臣,而阮大铖意欲一网打尽他们。顾在观又说马士英道:"像大铖那样的才智,加以十七年伤心入骨的怨恨,使其一旦得志,为所欲为,必不顾其后果。这事关系到您的门户(树朋党者谓之立门户;又私其一家言者,谓之门户之风),也是千万世公正评论的对象。"且将这些看法告诉马士英儿子马銮,马銮几次劝谏以至哭泣不舍。当时不致引起同文党锢之祸者(东汉桓帝时,宦官势盛,士大夫李膺等疾之,捕杀其党,宦官乃言李膺等与太学游士为朋党,诽谤朝廷,牵连二百余人,禁锢终身。灵帝时,李膺等复起用,与大将军窦武谋诛宦官,事败,李膺等百余人皆被杀,死徙废禁者六七百人),应归功于在观。

后来他知道国事不可为,即请假归来。硗田(多石瘠薄之田)二顷,力耕自给,因欠赋税而失去田产,最后穷困而死。

赵　洞

赵洞,字希远,华亭人。明代诸生,博学能文。董其昌、王时敏都降低自己的身份与他交往。福王时(公元1645年),杨文骢写信招引赵洞,赵洞说:"国事有累卵之危,而君相仍苟且为乐,这是亡国的征兆啊。"随即回信拒绝。

晚年以书画自娱。移居梅花源,与沈求为友,绝意进取。著有《盟鸥》、《惺园》诸稿及《题画录》。

倪允中

倪允中,字端甫,青浦人。幼年聪明异常,读书通晓大义。长成后,有膂力,能用两手各握五百斤物体行走数百步,里中恶少都惧怕他。他禀性孝顺,放弃儒业而学习经商,积累千金,奉养父母。仗义轻财,与蔡长为莫逆之交。

顺治二年乙酉(公元1645年)守城,倪允中与蔡长所率的部队一起巷战,突围出东门,蔡长于是要下海,招倪允中一起前往,倪允中叹息道:"我力气用尽了。我有双亲在,不敢现在就以身殉职。"于是他不跟随蔡长下海。隐居青浦的斜径,幅巾方袍,教授生徒以终。

李延昰

李延昰，字辰山，上海人，居所城。起初名彦贞，字我生，是大理评事李中立的儿子。为同郡举人徐孚远的高才弟子。尝跟从徐孚远进入浙、闽，后来以医学为职业，有延其治疾者，虽远必往。居平湖祐圣观中为道士。他临终前，将二千五百卷书籍赠给秀水朱彝尊，朱彝尊为他撰写墓志铭，叙述完备详细。

著有《放鸥斋集》、《南吴旧话录》。《南吴旧话录》凡二十四卷，录明代一朝松江一郡人物之遗闻逸事。李延昰另有《痘疹全书》等医书多种。

张在宥

张在宥，字虎侯，上海人。明代诸生，国变（明朝灭亡）后尝浮海入闽，侍奉唐王于福州，后又在鲁藩处任中书舍人。清兵破舟山，张在宥在前一天奉使于普陀，于是得以归来。居舟山时著有杂记数册，如今已不存。

顾章甫

顾章甫，字鲁斐，上海人，顾允贞的儿子。明代贡生，授官县丞，看到天下混乱，于是不想进取，以培育后人、改善风俗教化为己任。史可法推荐他进入国子监，他坚决推辞。顺治（公元1644年—1661年）初年诏命推荐山林隐逸，省臣命府征召他，他不去赴就。当时推他为东南隐士之冠。

董　黄

董黄，字律始，号得仲，华亭人。隐居不仕。著《白谷山人集》，陈维崧为其集作序道："托泉石以终身，殉烟霞而不返。"从中可以看到他的大体形象了。

沈　求

沈求，字与可，上海人。明代诸生，顺治二年乙酉（公元1645年）后隐居梅花源，以诗文自娱。享年七十五岁。私谥"贞愍先生"。著有《箴言》、《杜诗肆考》、《梅花集句》。

儿子沈白，字贲园，一作涛思，号天傭子。在父亲居所筑"结绳书屋"，中间悬挂父亲画像，早晨起来必叩拜，每顿饭前必祝告，终身如同一日。善于山水画，纵横疏快，别有趣味。诗词与书法也挥洒自如。吴伟业称其所撰《均役碑》、《吴淞江考略》，皆经世之业。享年七十八岁（一说八十）。著有《樗亭稿》。嘉定张云章为他父子俩的隐居撰铭言道:“孰胶其口？孰韬其光？两世之隐，百世之芳。”

王光承

王光承，字玠右，华亭人。弱冠补上海诸生，勤奋学习，喜好古文，博览群书。自陈、夏倡立幾社后，光承兄弟又创办求社，发展很快，有并立之势。

福王时（公元1645年）贡入太学，呈上江南时务五策，不予采用。

随父亲任官于新昌属下。鲁王监国，征召他的书信屡次下达，他上书极力推辞。浙东溃败，父子赤脚奔走万山之中。

不久，清朝建立，天下大定。他与弟王烈隐居石笋里，辛劳耕种，奉养父亲，不入城市达三十年之久。

他没有儿子，只生一位女儿，嫁于中书舍人杨蟾。

享年七十二岁。著有《鎌山堂集》。

弟王烈，字名世，明代金山卫学生，先于王光承去世。著有《鎌山堂别集》。

女儿名王双凤，著有《玉荣草》。

韩　范

韩范，字友一，华亭人。明代诸生，工于制艺（科举应试文章，即八股文），尤擅长于诗。尝与闵山纡选刻《东华集》，后与王玠右兄弟、金天石、吴日千、何次张、吴懋谦结成诗社，称云间七子。著《云顷堂诗集》，玠右为之作序，称道他的学问、性情、意气，其学问博闻强记，性情仁孝忠爱，意气则与朋友族党为死生患难之交，说这些都无关乎写诗方法，但诗却凭此而显得精美工巧。

又著《左传测要》，它是谈兵之书，而因推测其事迹，不仅仅在文义字句之间。可惜这书已不再存在。

何安世

何安世，字次张，华亭人。明代诸生，是河东副使何万化的儿子。默默修行著述，尤其精于诗的格律。著有《畹兰堂集》。

卢元昌

卢元昌，字文子，华亭人。沈德潜认为其“为诗少欢娱之词，多愁苦之言，由生平遭际使然”(《国朝诗别裁集》)。许起《珊瑚舌雕谈初笔》载:“松郡于乾隆二十八年七月二十七至二十九连日暴风,禾偃花落,旋又天气郁蒸,不云而雷,于是四乡田有全荒者,有及半者,有亩收一二斗者。”卢元昌有《岁荒志慨》诗,中有“我粟无升斗,开门亦不妨”句。王豫《江苏诗徵·江苏诗事》:“文子曾梦至一处,高绝云表,榜曰‘离尘楼’。因咏曰:‘草花喧昼梦,萤火暗秋灯。’醉而感悼,恐为濩落之谶。已而果以诸生终,年八十卒。”有《思美庐半林集》等。

附嘉庆《松江府志》卢元昌传(译文):

卢元昌,字文子,华亭人,居东郊。明代诸生。起初在里中与王广心、顾大申齐名。操持选举,风行远近。

进入清朝,因欠赋税而被削去官籍,以著述终老于乡。

孙子卢畏盈,字广涵,雍正七年己酉(公元1729年)举人。

陆起城

陆起城,字宗维,上海人。明代扬子诸生,为文注重实理,自成一家之言。尝厌恶俗儒奔走营求,脱离正道,因而作《西林辟释者说》、《群害说》。

于前明王朝政局变乱之秋,目睹时势艰难,作《求贤》、《弭党》诸策。关切家乡,有“捆束”、“均役”、“水利”三答问,所说都有关于世道人心。又校定家属先人各集、收罗父祖的言论和品行,刻成家传一编。

从孙陆景淳,字师古,也以诗文闻名。

沈　麟

沈麟,字友圣,华亭人。父亲沈坤仙,著有《编年考》,其书凡历代名人事迹,自初生以至去世,只要可以考查,都随年记之,极其广博。沈麟道德风度优异超世,才学高明而困窘不遇。他起初躬耕松江之滨,不避凄风苦雨,屏绝人世之事。后来又拄杖远游,攀山登谷,其诗更为豪壮。

夫人彭少君,是燕又先生的女儿,工于吟咏,有《鹿门倡和集》,王庭赠以诗道:“名尊高士传,乐咏少君诗。”

他又尝入京都与顾侍御如华友好相交,侍御去世于楚地,他不远千里奔赴其丧,其笃厚于友谊又如此。

唐　醇

唐醇，字复西，华亭人。明代诸生，有声誉于幾社。后改名景真，不再参与科举考试。幅巾布袍，隐居一室。

同时有其他家属的唐铉，字玉汝；其弟唐镕，字欧冶。都有声誉于幾社，改朝换代后都以布衣终其一生。

唐醇著有《马迹堂稿》。唐铉和唐镕的诗都已失传。

冯鼎位

冯鼎位，字素人，娄县人，冯时可的孙子。明代诸生，参与纂修，贡入太学，授翰林院待诏。冯氏自从南江先生以后，子孙蕃衍，贫富不一。冯鼎位分别情况，尽力周济，处心行事，不愧世德（世代留传的美德）。

甲申（崇祯十七年、顺治元年，公元1644年）后隐居乡村，以画水竹自娱，与诸名流往来交游，还涉足于僧舍道观，以陶冶性情，寄托志向。顺治十五年（公元1658年）去世。

从弟冯鼎学，字习甫，尝随从山阴刘念台先生讲学。父亲去世，住墓旁草庐守丧三年，墓地上长出灵芝二株，同社（即“里”，民户居处）陈民表作《瑞芝诗》。顺治（公元1644年—1661年）中巡按任濬与学使某先后都表彰他的孝行。

冯鼎位的儿子冯黨，精于星纬象数之学，他的著述尤其多。

曹　溪

曹溪，字谿仙，华亭人，居于干溪。明代嘉善诸生，幼年时人称才子，事奉双亲能做到色养（承顺父母脸色，孝养侍奉父母为色养），尽力周济贫苦族人，对自己十分严格，厌恶听到别人的过失。尝说：“小人不可与他结交，也不可与他结怨。”

后来放弃诸生及举业，与从兄峨雪创小兰亭诗社。著有《谷音花啸集》。

袁　龢

袁龢，字介人，华亭人，居萧塘。明代诸生，著有《雪皋草堂集》，王光承称其“闭门键户，风雅自娱，日吟数章，以当薇蕨（均是野菜名，可食用）。”

起先，同里宋徵舆作《放陵孟公传》，宋徵舆与陈子龙虽然是旧交而仕进之路不同，辞多失实，袁龢写文章予以驳斥，这尤其可见他能持公论。

施世则

施世则，字仲伦，青浦人，明代诸生。甲申（崇祯十七年、顺治元年，公元1644年）后放情诗酒，自号山樵子，居七宝镇，坐卧一小阁，拥书千卷，时而满饮一杯酒。著有《酡颜阁集》。

陈　曼

陈曼，字长倩，上海人，居川沙。明代诸生，有声誉于幾社，甲申（公元1644年）后林间寂处。绘画效法二米（宋代米芾、米友仁父子），禀性好洁，有傲慢的高士风度。

夏　治

夏治，字再我，娄县人，居干巷，诸生，与同里蒋渔山友善，焚烧儒衣冠，一起隐居。他的学问深研于古典，尤其擅长于诗。当时人为之说："渔山肃肃如寒风振松，再我凛凛如霜台笼日。"

曹　棻

曹棻，字叔芳，华亭人，世居东干里，荆州通守曹蕃的儿子。曹蕃辞去官职后，顺承双亲的心意予以色养，不再应试。

当湖陆陇其，是曹棻的外孙。陆陇其小时候，他每次将其抱至膝上说："这孩儿举止不凡，今后必成国器（具有治国才能的人）。"人们佩服他有见识。

周　桢

周桢，字香岩，华亭人。有《问难俚言稿》，因为于顺治丁亥（四年，公元1647年）五月出行隐遁于武林集庆寺，与省南、玉衡两位僧人交游，所以说"问难"。后来回到家乡，以进行启蒙教育终其一生。

朱履升

朱履升，字贞阶，华亭人，义士朱壁的八世孙。明代诸生。他的《告家庙文》说："乙酉（顺治二年，公元1645年）春，我年纪三十三岁，即脱下秀才服装，操持耒耜耕田。"后来因贫困而去世。

著有《樵隐》、《蘧庐》二稿。

翁　历

翁历,字纪长,华亭人。诸生,有声誉于幾社中。清朝初年,为沈犹龙留守,失败后赶往当湖,与沈季友为忘年交。吟咏饮酒,几无虚日。文有超脱之气,诗则尊唐贬宋。他在东湖以诗学授予借山和尚,也将贤者所坚守的优良风气广为传布。

家仆某在主人翁历亡命异乡时为他安葬父母。

龚志楷

龚志楷,字宛楞,华亭人。明代诸生。崇祯(公元1628年—1644年)末年尝草拟《救时疏》,意欲入京上献,他的兄长担忧招致祸害,以母命制止他。他看到这一篇尚未呈上的疏文就流泪,于是不再参加科举考试。有人劝他浮沉于诸生之中,可免践更之累,他不听,最终因徭役而废了家产。浦南大盗横行,其首领相互告诫道:"龚高士家不可侵犯。"

晚年遁入空门,种头陀草一钵,行必自随。一天忽然枯死,叹息道:"我大概要死了。"病了几天而去世。

他的儿子龚震,也是奇士。游学京师,与尚书龚鼎孳相遇,交谈好久。后来尚书对龚震的乡人姜于逵说:"龚生才学很好,什么时候来叙谈一下辈分(因为他们都姓龚)?"姜于逵将尚书的愿望告诉龚震,龚震流着泪说:"这不是我先人的志向啊。"最终没有再去尚书那里。人们以此认为他品德高尚。

金琼阶

金琼阶,字德宏,华亭人,自称"终去逸叟"。他的祖先本是凤阳人,始祖黑儿,明朝初年以战功赐予官爵,世袭金山卫千户,所以金氏就成为本郡之人。

琼阶本姓纯厚,甲申(崇祯十七年、顺治元年,公元1644年)后居东郊北俞塘,喜欢弹琴,兼种花药。知府某获悉金琼阶有盆栽之树,派人带了金子要买。金琼阶请使者进入,为之买来了酒,遍洒各盆钵而祭,长揖而拜,剌剌不休地与盆树作惜别语,然后全部毁除其盆树花石。使者惊骇发怒,随即离去,而金琼阶却泰然自若。

听说他的琴学得于异人传授,琴声孤愤凄怨,听者莫测其意。得到他的传授的有袁子彝、沈维存、王汝德。金琼阶尝评价三人的琴技,说袁能卖艺,沈为夭折,王则隐没。后来袁子彝以琴技交游于公卿间,名声卓著;沈维存早年去世;王汝德将琴学传于他的儿子王端,王端去世后,金琼阶的琴学就无人可传了。

金琼阶八十多岁去世。

王汝德,字成邻。王端,字师吕。

陆景俊

陆景俊,字尔明,青浦人。明代诸生,崇尚气节和情谊,不以盛衰改变节操。外甥李待问殉于国难,他冒险入城得其棺柩而出。福宁州知州徐丙晋也是他的外甥,远宦而归,隐居神山,到去世后,贫穷不能收殓,他前往办理丧事,为其安葬。

从子陆庆,曾谪戍沈阳,他护送其家眷出关。

所著有《辨亡论》、《驳石塘议》、《陆氏世谱》,藏于家中。

范彤弧

范彤弧,字树鋋,上海人。起初是周勒卣门人,周勒卣去世,范彤弧心丧(旧时师死,弟子守丧,不穿丧服,只在心中悼念,称为心丧)至于废食。后来浪游江河,不图仕进,跟从范文肃、范文程游,尝到沈阳。著有《绣江集》。

王　廓

王廓,字遥集,华亭人,是王嗣响的第二个孙子。为郡学生员,七岁通四子书(《四书》)、毛郑诗解。长成以后,通晓历史,潜心理学,不求仕进,所著之书都以朱熹的学说为宗旨。

去世后赠光禄大夫,祭祀于乡贤祠。

胡元谅

胡元谅,字凤山,华亭人,居松隐。周济乡党,恒无虚日。弱冠之年已名闻文坛。崇祯(公元1628年—1644年)末年即放弃举业,放浪烟波葭苇间,以琴弦小舟自随。

后来县令李瑞和举荐他为乡饮酒礼嘉宾,他不愿赴席。八十九岁去世。

张　淇

张淇,字尔瞻,娄县人,从上海移居包家桥。父亲张尚文,重视义举,喜好施予。淇继承先人之志,置义田千亩以赡养宗族贫苦者。

儿子张汇又仿效范庄规条(似为宋代范仲淹置义田庄院以赡养族人之事),经划十分详细具体。

孙子张照，将此事报告给朝廷，请求记载于官方文书，以便永久流传。皇上嘉奖他喜好义举，特使其儿子为官，追授吏部左侍郎。

孙云鹏

孙云鹏，字扶云，青浦人。诸生，年少能诗。长成以后，南游越州，北至京师，寄寓青州，进入西安，攀登太行，经由中州，直上嵩少（嵩山的别称），探求奇迹，收揽胜景，每到一处，吟诗多篇。又善绘画。工山水，于关、荆、王、董各家摹仿入神。侯宏、曹尔堪、施闰章、柴绍炳都与他论述诗文，而沈荃受业于他门下最久。吴懋谦编定他的诗稿。

同时的王璐，字尔公，由吴县洞庭（太湖的别名）迁居朱家角，为县学生员，也以能诗闻名，著有《东皋诗草》。

陈　廖

陈廖，字机来，青浦人。父亲陈功，县名士。陈廖才气卓越，擅长写诗，通晓古文，书画兼优，尤其重视友谊。以诸生高等参与南闱（南京乡试），没有中式，气愤而死。以前还有许岳允，字文伯；瞿一潢，字贞子；曹凤苞，字授章。他们都以高才而科场失利，郁郁而死。

范　箴

范箴，字莘尹，上海人，明代职方郎中范景文的孙子。禀性聪明灵活，风度仪表美好，十余岁就成为县学廪生，诸生中被推为才能出众，然而七次进入试场，因数奇（命运不好）屡次失利。他更尽力学习经史，学问日益渊博，赴京师与台馆诸公互相酬唱。有的诗文传到有高超鉴赏能力的人手中。倪永清尝刻其古今体诗数十首刊行于世，称他为陈大樽（子龙）之后第一人。

李之驹

李之驹，字昂若，华亭人。明代诸生，读阳明（明代学者王守仁）书，潜心探究理学，与王玠右兄弟相友善。当权者闻到他的名声，经常登门拜访，山阴鲁超谦庵、总督靳文襄公辅都以礼招致他，他都辞谢不赴。

起先，父亲命他收债于乡间，拿出债券一一相对照核实，有贫困不能偿还债务的人，他就将这债券当场焚烧，以勾销这笔债务。父亲听到此事，欣然赞叹他志趣不凡。

方世求

方世求，字世莘，华亭人。居金汇塘，是正学（方孝孺）的第十二代孙子。读书勤奋，品行敦厚，为诸生，与李之驹讲明代理学。诗文为王玠右、吴日千等人所称道。

康熙二十二年（公元1683年）撰写呈文给知府鲁超兴恢复求忠书院，虔诚祝告祭祀，始终赖其鼎力。

教授于客地济宁，请求于当事者，祭祀正学方孝孺、父亲方克勤于名宦祠中，表彰先烈，人们争相推重他。

康熙三十七年戊寅（公元1698年）去世于彭城道官署。

著有《愿学堂诗文集》，还有杂著若干卷。

儿子方景高。

顾用楫

顾用楫，字蔚若，上海人。明代诸生。博闻强记，有声誉于幾社。与李佥事愫及计南阳、曹鲁元交往。

进入清朝以后，李愫治学中州，招他前往辅佐学校。后来设馆授徒于张溪王氏家，文恭王顼龄及两位弟弟都出其门下。

著有《还素堂集》。

曹　重

曹重，初名尔垓，字十经，号南垓，别号千里、千里生、绳索千里生，娄县人。顺治二年（公元1645年），以父曹烺乙酉（公元1645年）遇害，绝意进取，弃举子业。曹重才华溢发，诗文绚烂，喜度曲，善绘事。康熙间，与尤侗、徐釚、周纶、卢元昌等相往来，为文字之交。又曾与朱轩诸子起“墨林诗画社”。曹重画花远视作凹凸状，近看却平，所谓张僧繇画也。其母吴朏、妻李玉燕、女儿曹鉴冰，并能诗善画，合编《三秀集》，一门风雅，可谓盛事。有《濯锦词》十卷、《双鱼谱》（传奇）。

附嘉庆《松江府志》曹重传(译文):

曹重,字十经,华亭人,起初名叫尔陔。因为父亲诸生曹烺于顺治二年乙酉(公元1645年)遇害,于是放弃举子业。生平博学工诗,善于绘画,尤其擅长于词。著《濯锦词》十卷。

弟曹埈,字上衡,也不求闻达。著有《无聊吟》、《听嘤轩稿》。

孔 蘅

孔蘅,字崖秋,华亭人。明代诸生。隐居深山幽谷,吴骐赠以诗道:"不羡应刘贵,惟知沮溺贤。家临沧海曲,身寄豆苗田。"其风度节气可想而知。

何 涧

何涧,字一寤,原名汝闾,华亭人。明代诸生,工于诗文,曾为张肯堂记室。张肯堂对他说:"我在此义不可辞,您没有民众和社稷的责任,况且有老母,您可以离去了。"于是归来,放弃举子业,改为今名,教授生徒,奉养母亲。

儿子何寿世,读书而不参加科举考试,以九章法(古代算术)得到财货以供奉双亲。双亲去世,丧祭诚敬,六十年如一日。

王大授

王大授,字圣佩,上海人,居鹤沙。早年才智出众,尤其工于诗词。后来放弃举业,闭户潜心著书。著有《写心集》二卷,吴骐为之作序,称其"原本忠孝,抒写性情,允(确实)为东皋的隐君子"。

张三秀

张三秀,字畹史,青浦人。著有《醉墨堂集》。宋克岐说:"畹史,云间高士,少年勤奋学习,后来博极群书,而其诗尤为高雅古老。"

董而中

董而中,字霞篆,是董文敏的族孙(同族兄弟的孙子)。诸生,入赘居住于洛北村,因而在那里居家落户。泛览博涉经史,随意持笔写作,文章意境浩瀚,诗亦脱落凡近,出入香山玉局(香山,指唐代白居易;玉局,指宋代苏轼)之间。阁学杨瑄年幼时曾拜他为师。所著诗赋杂文三百余卷。

李价莹

李价莹，字存素，上海人。诸生，年少丧父，禀性纯厚，由养母训导，通晓经史，恭诚自警，不以贤良自居。知先人尝议论狂狷乡愿，他说："狂者得圣人之神，狷者得圣人之骨，乡愿者（老好人）得圣人的皮毛。"有见识的人说他体会贴切深刻。

儿子李恒，岁贡，句容训导。

申 浦

申浦，名茗清，字自然，华亭人。明季诸生。明亡，散家财，结客起义兵。事泄被捕，将斩，忽有一人易之，于是脱难。后居无定所，尝住野店僧舍，除了床铺布被之外，别无长物（多余之物）。平生善哭，以画闻名于当时。山水画仿黄公望，树木疏秀，丘壑亦深，但觉其碎小无大概。黄太冲曾言："自然好哭似皋羽，无家似思肖。"

黄中理

黄中理，字茗隐，号月桓主人，上海人。十分崇尚高雅旷达。顺治时诸生。家境贫困，所用器具都以匏瓜做成，又自号"九匏老人"。善于画水墨牡丹，画兰、杂卉更精。与兄弟白首同居。享年八十余岁。

同县的叶正源，字星槎，也被人称为"高隐"，门人私谥"贞介先生"。

陶 独

陶独，无名字，金山卫城凝霞门外人。明朝末年，他的父母死于兵火，于是不肯娶妻，戒绝荤酒，打柴之余就借书阅读。通晓地理，喜欢吟咏。经常身披草衣，用青布裹额头，人们都称他为"独"。后来筹办安葬父母于凝霞门外月牙池上，完成以后，随即隐遁而去，不知所终。

沈浩然

沈浩然，字雪峰，华亭人。本来名明初，字东生，忠烈沈犹龙的儿子。年少时是位有名的诸生，能书善射，福荫为锦衣卫千户。顺治二年乙酉（公元1645年）沈犹龙殉节，他隐居海上，又依傍旧友黄斌卿于舟山。黄斌卿被阮进杀害，他归于鲁藩，授予侍从。顺治八年辛卯(公元1651年),昌国(即清代的定海县)被攻破,他于是削发为僧,归于吴郡,改名为浩然。晚年居于善应书院,五十一岁去世。著有《雪峰诗稿》。

谢球孙

谢球孙,字稚荆,华亭人。家境富裕。喜好义举,明末曾建造斜塘两桥,各先达(前辈知名人士)都为之而拜服他。

后来郡守李日华举行乡饮,延请他为介宾(宾客中随从通传之人),谢球孙高声说:"我是二十年老寡妇(意谓为明朝守节二十年的人士),为什么一定要叫我改嫁(意谓一定要叫我放弃为明朝守节的志向而归顺清朝)?如果我参与乡饮酒礼,怎能去见各前辈于地下?"当天即削发为僧。

王 侯

王侯,字简公,华亭人,居卫城。明代诸生,贫而好学,事事取法古人,喜欢谈论忠孝大节,以阐明古圣先贤的微言大义为己任。隐居不仕,诗文集大多已散失,仅存杂记一卷。

陆从龙

陆从龙,字五云,华亭人。弱冠为诸生,每次考试总是高等。父亲陆秉道以隐德(隐藏不显的德行)闻名于乡。家境一向贫困,陆从龙力耕砚田(即砚台。力耕砚田,指文人尽力为文)以供养双亲。父亲患病,他亲自调理汤药,衣不解带者达三年之久。父亲去世,事奉祖母居氏,竭诚奉养十五年,毫不推托给诸叔父。抚育幼弟尤极友爱。弟弟去世,三个儿子都还是幼童,他对之恩育教诲,使其长大成人。妹妹年轻丧夫守寡,他予以抚养直至其终身。叔父陆怡溪夫妇与其儿子相继患疫病而死,亲戚族党相戒不敢靠近,而从龙赤足步行雨雪中,尽力营筹丧葬后事,一百天里办了四件丧事。有小叔父某听信谗言设计作难他,后来这小叔父被人陷害,拘押于官府,陆从龙为他尽力哀求。长官说:"此人过去不是设计作难你吗?你何必为他请求?"陆从龙说:"记仇怀怨于心中,对弟也不可以,何况对于叔父啊?"长官为他的义气所感动,于是释放了其小叔父某。

他生平喜好施予,急人之难。尝有旧友去世,贫苦不能备办一具简陋的棺材,陆从龙倡义殡葬他,而且又收育他的儿子。他交友纯厚于古道就是如此。

陆从龙学术纯厚正派，言行从不苟且，一以圣贤为法。居乡教授生徒，进入他门下的有数百人，成为知名人士及进士登第者不一而足。为文极力以先贤为榜样，诗词超凡脱俗，兼工行书草书。

六十五岁去世，门人私谥“怡靖先生”。

儿子陆祖修。

陈梦梅

陈梦梅，字商羹，华亭人。工于经学专业，成为有名诸生。康熙二十九年庚午（公元1690年）、四十四年乙酉（公元1705年），两中副榜。五十三年甲午（公元1714年）恩选入试，授官知县，因父亲年老，远任不便奉养，愿改教职，后为高邮州学正，执经问难者，站满帐下。考功孙宗彝命儿子拜他为师。学使要他将巡查部属搜索所得诸生品行鄙劣的情况写成状书上报，陈梦梅坚决不同意，他说：“秦邮水灾，诸生受饥挨饿，四散逃离，岂能说他们品行不好，又绳之以法？”学使夸奖他的仁义，答应了他的要求。

上任三年，因年老而乞求致仕，奉获准许，他脱下衣冠，辞别文庙。知州庄振徽赞叹他的高风亮节为近世所罕见。禀性至孝，仰望敬爱之情至老不衰。待弟侄有恩，四代同堂。享年八十三岁。

儿子陈飘、孙子陈翼邻，都操行美好，善于诗文。

李思贞

李思贞，字怡慎，华亭人。禀性纯朴仁厚，有位邻人要侵夺他的宗族财产，讼词牵连他的父亲，他的父亲急奔郡城，母亲命他出卖田产以供费用。李思贞连夜而行，拾到一个包裹，解开一看，有银子五封及网巾（网状头巾，用以束发）十余顶。他想，这必是有人通过买卖艰苦积累所致，我岂可侥幸得到而令他人陷入危险境地？他坐在原地，等了好久，见一人往返寻觅，跺足而号哭，询问他，他说：“我是浙江人，以网巾（编织头巾）为业，离家十年，积银五十两，以为养老所用。刚才到厕所去，遗失掉了。因而不想活了。”经查核，情况属实，于是全部归还，随即继续前行。

到了郡城，见到父亲，说讼事已解除，于是归来。

从此家境日益发展，两个儿子相继入学，自己以寿而终。孙子李扶云，康熙十五年丙辰（公元1676年）岁贡。

王 湑

王湑，字靖公，娄县人，王升的孙子。少年丧父，与母亲、兄长相依为命。兄王日藻，虽然富贵但没有弟弟的习性。康熙十四年乙卯(公元1675年)任田监，贡授知县。十五年丙辰(公元1676年)进入京都，正逢实施新的条例，加授他为兵马司正指挥。各卿大夫邀他商讨经邦济世之策，他直抒己见，从容筹划，人们莫不钦服。劝他留任，再予补授官职，他拒绝。

回来后，喜好行施美德，凡是救荒赈恤，他都捐资相助。他祖父同年(科举考试同榜的人称同年)的儿子，贫穷且瞎眼，他给以衣食，每月必派人送到他家。听说戍守之兵北返，温、台两州间妇女流离很多，他拿出数百金，命仆人到金陵赎回归还其丈夫。有士子五人带了他们的妻子到松江来登门相谢，他又送旅费遣送他们回去。至于赎回卖妻和卖身券、代缴欠税，不计其数。他去世之日，好多不知姓名的人接踵而来哭悼。

有两位儿子：王桢，以岁贡授内阁中书，后成进士；王廷(疑为衍字)机，由内阁中书升职方主事。

王允锷

王允锷，字剑如，华亭人。为道舍人。中年无子，忽自悔失身(丧失操守)，于是弃官而归，尽力为善事，凡鳏寡孤独、疾痛死丧，他所保全和救济者不可胜数。

康熙乙卯丙辰(十四年、十五年，公元1675年—1676年)间，温、台两州山寇扰乱，官兵追捕征剿，被抢妇女以千计。武林义士郭某、尚某等倾其家资将她们赎出以送还家中。王允锷在武林，急忙归来，变卖家产及借贷数百金，又与举人张喆、贡生吴三省、高懿悫等募集于志同道合之人，共得千余金送到武林，所赎的妇女有好多。浙中各御史都称赞了他们。丁巳(十六年，公元1677年)，听说流离失所的妇女在松郡各军营中有七十多人，他查访得具体情况，独自拿出资金，呼吁上司，各军营也被感动，使这些妇女一一回家团聚，抚军慕天颜也赞扬了他。

于是王允锷善士的声誉日益卓著。他居住在城东，困顿苦难走投无路的人不断来上门求助。王允锷占有的田地不过五顷而他的材质(品质)足以与他的心相称。后来有了儿子，欣欣自喜。援助他人不以为烦，又有天佑，正当水旱之灾，他的田仍丰收如故。辛酉(二十年，公元1681年)，耕耘在乡，乡间多疫病，唯独他所居之村安好无恙。乡村生病的人有鬼附在其身上，这些病疫之鬼说：“我辈谨慎地避开王善人。”王允锷更加充满自信，为善更加尽力。他去世后，有来往的乡人都十分悲伤。

张国祚

张国祚，华亭人。家境贫困，他刻意勤俭艰苦，孝养父母。其父母担忧自己死后儿子无力安葬，他即尽力营办以安父母之心。母亲病重，他亲尝粪便来判断病情。双亲去世后，哀痛不已，又塑造了双亲的像，对之侍奉，无异生前。

里党陆绍宏等人共同推举他的孝行。康熙十四年（公元1675年）代理府事通判孟宪孔给予匾额表彰他，称为“笃孝可风”。

徐　冕

徐冕，字表圣，华亭人。幼年丧父，遵循母亲教育十分谨慎。稍微长大一些，就奋发志向，努力学习，诚实恭敬，端庄严谨，坚守颜子“四勿”（颜回的“非礼勿视，非礼勿听，非礼勿言，非礼勿动”）之戒。

进入清朝后，奉侍母亲居于乡间，不求荣利。尝设馆授徒于唐氏家中，贼寇来到，连忙躲避，稍后被抓，问主人在哪里，举刀架在脖子上，他终究不肯说。贼寇感动，说：“这是位义士。”放掉了他。他对众人说：“我观察贼寇虽人多而嚣张，但外乱而内怯，大声鼓噪驱逐，可使他们离开。”果如他所料，唐氏家获得保全。

家境贫苦，与弟徐晟十分友爱，所积馆谷（授徒所积累的粮食）为弟聘娶。平生周济危急之人，不遗余力。

能古文词，善于隶书，喜欢古名画法书，当场能够分辨出真假。

母亲去世，哀毁骨立，弟徐晟又去世，痛悼不已，竟一病不起。临终对三个儿子说：“我一生恭谨厚道，无一件事不可面对天日。常看到世间刻薄残忍之徒，子孙孤零败落。要时时告诫自己啊！”五十二岁去世，所著载于《艺文志》中。

长子徐宾，康熙二十七年（公元1688年）进士。第二个儿子名徐子，第三个名徐宣，都是县学生员。

沈原宗

沈原宗，字慰宇，华亭人。父亲尊孔读经，有祖先遗留下来的欠款数百金，积忧目瞎。沈原宗童年就能体会父亲的忧虑，随即放弃读书，从事贸易，谋生之计日益宽广，遗留下来的旧债全部还清。父亲去世后营办殓葬，然后自己娶妻成室。父亲生有四个女儿，还有两个弟弟，原宗尽力为他们婚嫁。遭母亲丧事，他哀毁骨立，吃斋守孝者达三年之久。

他多做善事。姊妹四人都早年守寡，沈原宗对她们关爱有加，对待外甥如同儿子。他两次娶妻都没有生育儿子，于是以弟弟的长子沈兆龙为后嗣。

他生平好善乐施，知县王协为其题匾额“忠厚存心”。

沈兆龙事奉母亲尤为孝顺，郡博杨才瑰称他为“孝德绍衣”(绍衣，意为继承旧闻善事，被服奉行先人的德化和教言。因《书·康诰》有“绍闻衣德言”之句)。

王昌纪

王昌纪，字永侯，上海人。诸生，是王圻的孙子。禀性孝友，为人纯朴诚实，收聚良言，勉力践行。王圻收藏群籍，而王昌纪亲自辑录藏书万余卷，蝇头小楷，至老不倦。抚爱梅花，栽种竹子，训导儿子。

申酉(申即崇祯十七年甲申，公元1644年；酉即顺治二年乙酉，公元1645年)以后，足迹未尝一入城市。享年八十六岁。

所著《读史抡珠》十卷、《阅古抡珠》十二卷、《类海》一百卷、《增补甲子会纪》一卷、《易经大全注疏合参》二十卷、《诗经大全注疏合参》三十卷，都藏于家中。

王日旭

王日旭，字东自，上海人。诸生，父亲王观光，前宁波通判，慷慨好施。顺治(公元1644年—1661年)初因受华亭陈子龙狱案牵连被关押于江宁。王日旭草行露宿，悲号乞食，求得进入狱中，昼夜不离奉侍。后逢省察获释放，他背父而归，孝养终老。

孙子王大经，字理绪，孝奉守节之母，多有义举行为。

张　勃

张勃，字伯涵，上海人。禀性孝友，方正耿介，通晓经史。遇到土寇作乱，父亲年逾九十，卧床不能起来。贼寇来到，要加杀害，张勃以身捍卫父亲，宛转白刃之间，贼寇感其孝心，不予加害。

起先，董象恒开府(高官开建府署，辟置僚属。后世称督抚为开府)两浙，以礼邀请张勃。董象恒的政绩，大多由张勃策划而成。

儿子张天臣，也是知名人士。

席本久

席本久，字仲远，青浦人。岁贡生，与太仓张采、吴江徐汧、同郡陈子龙、夏允彝周旋切磋，都以道义为归向。居父母之丧，哀毁骨立、麻衣蔬食者达六年之久。又赈济饥民，收养族人，建立祠堂，设置义塾，惠爱亲戚，周济贫困之交，捐款修葺学舍，修治河塘堤岸，救护生灵，收殓朽骨，行之终身而不倦。

晚年编辑《朱子近思录》及《张无垢、邹南皋、李龙湖会语》诸书。八十岁去世。

马是骐

马是骐，字孟损，华亭人。善于撰文。明朝灭亡，弃举子业，写作诗文，与王玠右、唐虞逸诸人结诗社唱和，道德文章为一乡师表。地方上若有大兴建之事，当权者都要咨询他，如筑漴阙石塘、开运河，他都有议略。被举荐为乡饮酒礼宾客。著有《蒹葭草堂诗集》，享年八十六岁。

儿子马昌禧、马昌言能传承他的学问。马昌言，字舜俞，禀性纯厚笃实，双亲去世后哀思到老不忘。工诗，有《对碧轩诗集》六卷。七十三岁去世。

唐侯兴

唐侯兴，字公武，华亭人，唐仲言的孙子。崇祯（公元1628年—1644年）年间他的岳父黄茂宏以儒士的身份选任为福州府检校，唐侯兴前去看望他。离开福州还有百余里，在旅舍中灯下看到床头有一只箱子，打开一看，都是金珠。唐侯兴知道这必是往来之人所遗失，于是假托有病逗留二日以等待，失主竟不来。因而询问寓舍主人，前天晚上寄宿这里的是怎样的人，寓舍主人说："前天晚上有男女数人，不知他们为何事经过这里。"唐侯兴说："三四日间若有人来寻找所遗失之物，你只要叫他们到福州检校署中，我在那边等候。"于是离去。

唐侯兴到达岳父黄茂宏处，过了三天，这些人果然来了，叩问金珠之数与实际符合，于是全部给了他们，失主流泪感谢而去。

张起鹏

张起鹏，字汤问，金山卫人，世袭千户，到张起鹏开始读书习文为华亭县学生员。乙酉（顺治二年，公元1645年），清兵南下，张起鹏奉母出城避兵，又入城奉侍父亲。城被攻破，父亲张时杰、弟张起宿都巷战而死。他寻觅父亲尸体，收殓后藏匿起来。又找寻其弟尸体,找不到。遇到第二个弟弟张森,身负重伤,从尸堆中扶他归家,藏匿保护。

战事平息,营办殓葬,将田亩和住房的一半给予张森,而他则到秦山孙氏家设馆授徒。第二年,吴圣北狱讼事起,将牵连孙氏,张起鹏挺身而出,冒险为其辩护,于是得以昭雪。其他抚恤孤寡、赡养亲族之事大多类此。

七十余岁去世。

马晟

马晟,字景良,娄县人。诸生,按例授训导。尝将田宅授予兄长。后来马晟去世,儿子还在襁褓之中。兄长将他抚育成人,里党交相称赞。同时钱继善也以抚养侄儿有恩义而闻名。

吴中毅

吴中毅,字远公,上海人,居周浦。曾拿出自己的一部分家产分给兄弟。

同里的程亦宜订婚连氏,年已四十多了,但贫困不能娶,吴中毅帮他完婚。邱三将要卖妻,夫妇哭别,吴中毅也给他金钱,使他不再卖掉妻子。友人冯方奕以田出售得一百五十金,顾念他贫困,拿出田契将田仍还给他。吴中毅去世后,作为乡贤祭祀。

同县的还有姚继礼,字君和,急公好义,三党(父族、母族、妻族)之人赖以生存。顺治(公元1644年—1661年)年间捐谷五百余石煮粥济荒,人们称颂他的恩德。

何远

何远,字履芳,娄县人。禀性诚厚朴实,心存志向操守。工诗画,山水人物,运笔苍古,而临摹益精。以他的画艺知名于时。母亲曹氏病重,何远割右股(腿)之肉煮羹献上,中书李雯有《何孝子诗》纪其事。

后有汪成章,禀性也至孝,父亲汪孝祥患病,他割股和药一起煎煮献上,父亲病渐愈。母亲赵氏患疟疾,她担心儿子又自残肢体,告诫家人藏匿剪刀。汪成章暗中窃取剪刀割左股,血流不住,痛昏过去,然而母亲的病得以痊愈。一年以后他也去世。

又有范安炅,字以方,宋范文正公二十世孙。父亲患病,他割股煮羹进献,父亲病愈。二十年后,范安炅的侄子范君乐也以割股疗亲闻名。

蔡象春

蔡象春，字震阳，青浦人。禀性孝友，父亲去世，适逢邻居失火，逼近父亲灵柩，蔡象春蹈火救出父亲灵柩。有人贫困不能安葬，他让地以埋葬。受人所寄之财，不忘久约之期。举荐他为乡饮酒礼宾客。

又有义士张畦、夏玑、张嗣、张溪、唐琛、吴鼎、吴文英、沈谦、诸真孙、徐寿、曹慈、朱万邦、陈区、诸臣、蔡伦、李树德、诸懋敏、方正范、蔡简、蔡宣、程大任等及乡饮酒礼宾客张仲仙、何銮、曹慧、潘寰、潘可贤、黄崇道、潘可教、王佐、沈大章、张延年、李世允、潘廷扬、陈一德、赵尚忠、诸慎、胡交文、任文煃、胡方启、施元亮、吴绍夔、瞿一淳、潘衷旸、胡先锡、蔡天槎、吴钦章、任文炳、叶正旸、吴乃等共四十九人，都以孝友闻名于时。

王明智

王明智，字伯超，上海人，居于航头镇。淳朴而没有其他能力，人说他多阴德。有五个儿子，二十四个孙子，曾孙、玄孙罗列，五代共居一堂。县令史彩题写匾额，命其堂为“耆寿”。享年八十四岁。

杨　弘

杨弘，字景夏，号脉望子，青浦人。工词、曲。凌景埏、谢伯阳编的《全清散曲》，录收其小令《南羽调金钗十二行・华堂歌舞》、套数《南南吕香满绣窗・咏杨卯君墨绣》。另，弘著有《认毡笠》、《后精英》传奇。

杨陆荣

杨陆荣，字采南，号潭西，青浦人。诸生。平生致力于史，也能诗。王昶称其诗“排奡（意文笔矫健）中往往蛟螭杂蝼蚓”（《蒲褐山房诗话》）。有《潭西诗集》二十一卷、《易互》六卷、《禹贡臆参》二卷、《经学臆参》二卷、《五代史志疑》四卷、《殷顽录》六卷、《三藩纪事本末》四卷。

清(3)

(康熙朝)

叶映榴(1638—1688)

叶映榴,字丙霞,一字苍岩,上海人,是叶有声的儿子。顺治十八年(公元1661年)进士,授庶吉士,转礼部郎。康熙十四年(公元1675年)掌管赣关专卖税赋。正逢吴三桂作乱,他扼守险道,按抚流民,虔南(赣州)赖以得到保障。

康熙二十四年(公元1685年),授湖北粮道。恰逢裁剪总督的职位并裁剪督标兵(清军制,督抚等管辖的绿营兵,称标;副将所管辖者称协。如总督所统率的称督标,巡抚统率的称抚标,提督管辖的称提标,总兵所属为镇标,将军所属为军标,河道总管所属为河标,漕运总管所属为漕标。一标有三营)。楚兵一向骁勇强悍,有夏逢龙者,尤为桀骜狡黠,军中号称为夏包子,众人都推奉他。裁剪的檄文下达,兵卒汹汹无所归向,求巡抚给月粮不得,于是聚众谋划,将于山中作乱。武昌同知某倡议捕捉赋寇,众人愈怒,露出刀刃出入辕门。叶映榴急忙进去请巡抚好言按抚他们。巡抚出来,众人不肯退让,巡抚骂道:"你们要造反吗?"众人高声道:"造反了,又怎么样?"于是驱逐巡抚,巡抚逃逸,叶映榴冒着刀刃前去告谕朝廷的威武和恩德,众人不肯答应,且逼他服从督标兵,叶映榴怒目叱骂,要夺刀自刎。贼寇大喊道:"杀死好官不吉祥。"随即以军队包围了官署。

此时巡抚已经逃遁,其余人员有的逃亡,有的投降,贼寇声势大振。叶映榴困于孤城,发誓一死殉节,但想到老母无所依托,回头对妻子陈淑人(封建王朝命妇的封号。明清制,三品及宗室奉国将军之妻为淑人)说:"将我老母托付给您。"于是命陈氏奉持母亲改换服装从水关逃出,这时,他说:"我现在可以死了。"随即缮写遗疏,北向九叩,南向两拜,升上公座,骂贼自刎。张目好久,然后闭眼。赋寇见了,十分惊讶,罗拜(四面回拜)而去。

他的遗疏上闻，皇帝震惊哀悼，赠工部右侍郎，予以祭祀安葬。福荫一子。第二年，皇帝南巡，御书“忠节”作为他的谥号，命祭祀于忠义祠。

叶映榴善诗，与梅崖（李基）为儿女姻亲，常相唱和，后合刻诗集《叶李合刻集》，朱彝尊为之序。卒后，其子叶敷等刻《遗稿》，朱彝尊又序之。钱仲联《清诗纪事》录收其诗《双瓜灯》。该诗有叶映榴自序：“丙辰秋七月，余客虔州时，差期已满。会粤东告变，庐陵失守，归路中梗，羁栖官舍者四阅月矣。风鹤频惊，梦断围城之柝；家山在望，眼穿子舍云云。胸结千愁，闲无一事。是夕，余仆刳瓜作灯，镂以诗画，悬之亦苏堂柱上，颇为可观，因戏占一律。”

有《苍岩山房遗稿》十六卷、《叶忠节公遗稿》十二卷等。

儿子叶敷，孙子叶凤毛，各自有传。

周　篆（1642—1706）

周篆，字籀书，号草亭，青浦人，徙南浔、华亭、吴江，最后侨丹徒。其父周澧，字禹功，号天顽，与顾炎武交好，周篆因以文请益。袁景辂《国朝松陵诗徵》：“朴村云：（草亭）弱冠后，问道于昆山顾宁人（顾炎武）先生。先生以务本导之。遂博究经史，已而遍游四方，参文武幕府，于河渠兵农钱谷之事，益加谙练。悉以所得发为文章，皆有关于治体，不独诗也。”邓之诚《清诗纪事初编》则认为：顾炎武确与周篆父交好，周篆因以文请益，炎武却“婉谢之”，“年谱谓与炎武订交，非也”，周篆“实私淑（意私自向所敬仰的人学习而未直接受教）炎武，得其微旨”。《清诗纪事初编》还记：嘉庆年间，吴江翁广平先后得周篆诗三百七十三篇，文六十三篇，为刻成《草亭先生诗集》四卷、《文集》二卷。王士禛认为：草亭以经天纬地之学寓诸吟咏，可谓博识闻道，怀才自淑之隐君子，其诗取法唐人，而以沉郁顿挫出之。（见袁景辂《国朝松陵诗徵》）钱仲联《清诗纪事》录收其诗三首（《熟西北》、《稣东南》、《可怜》）。周篆又著《蜀汉书》八十卷、《杜诗集说》二十卷，反映其于史学、诗学均有成就。

附嘉庆《松江府志》周篆传（译文）：

周篆，字籀书，青浦人。师事昆山顾炎武，广泛研究经史，遍游大江南北。尝任幕府僚佐，对河渠、兵农、钱谷等大事，洞悉古今。所著述切中当时利弊。享年六十五岁。著有《草亭集》、《蜀汉书》、《杜诗集说》。

儿子周廉，字来叔，善于写诗。著有《匏园集》。

王顼龄(1642—1725)

王顼龄,字颛士,一字容士,号瑁瑚,晚号松乔老人。华亭人,王广心的儿子。康熙二年(公元1663年)乡试中举,十五年(公元1676年)中进士,官任太常博士;十八年(公元1679年),中博学宏儒科,召试一等,任翰林院编修,参与编纂《明史》,每天与汪琬、朱彝尊、陈维崧等人上下议论,一时称之为“良史才”。辛酉(二十年,公元1681年),充任日讲官、起居注,主持顺天武科乡试,不久升为春坊赞善。甲子(二十三年,公元1684年),升为侍讲,主持福建乡试。回来后,任顺天府督学。

遭母亲丧事。服丧毕,起任侍读,升侍讲学士。当时,圣祖仁皇帝(康熙爱新觉罗・玄烨)下令要深入学业,每天来到讲筵命讲臣进讲《通鉴》一章。王顼龄早就熟悉史学,于是他融会纲目,博衍旁通,每讲一篇辄蒙皇上奖赏。

康熙二十九年庚午(公元1690年),主持陕西乡试。三十年辛未(公元1691年),转为侍读学士。遭父亲丧事,守丧期毕,补任原官。三十八年己卯(公元1699年),迁任少詹事。三十九年庚辰(公元1700年)选为宗人府丞。四十二年癸未(公元1703年),升任礼部侍郎。在容台(礼部)十年,凡郊祭天地、朝会宴享、封赏凯捷各大典,礼仪繁密华茂,王顼龄熟悉制度,他参考古代,权衡当今,酌情裁断,极尽恭谨清正的礼官之职。五十一年壬辰(公元1712年),迁任吏部右侍郎,他整治剔除弊端,官员清廉循矩,胥吏不得相援而奸。不久充任经筵讲官,拜授工部尚书。五十二年癸巳(公元1713年)、五十四年乙未(公元1715年)两次主持会试,尽力公正谨慎,选得优秀人才。五十七年戊戌(公元1718年),进任武英殿大学士。赐御制诗有“迹与松乔合,心缘启沃(竭诚忠告。旧指以治国的道理开导帝王。《书・说命》上:“启乃心,沃朕心。”《疏》:“当开汝心所有以灌沃我心。”)留”之句,于是他自号“松乔老人”。世宗宪皇帝(雍正爱新觉罗・胤禛)继位,晋升为太子太傅,福荫一个儿子。

王顼龄年龄已进入高龄,两次上疏乞求退休。皇上恳切慰留,备极垂爱关顾。八十四岁去世于官位上。雍正皇帝下诏书哀悼,停止朝事一天,并下令凡出于他门下的官员,都素服持丧,各部院汉人官员都要祭送,雍正皇帝还赐祭葬,谥号“文恭”。

王顼龄天性淳厚恭敬,谨慎端肃,朝夕议论思考,竭虑谋划国事,夙夜恪尽职守。凡所提拔引进,勿使受恩者知晓。处理大事未尝争论异同,婉言旋转,归于公允。议定符合圣旨,又未尝自夸其功。在内阁八年,宁静平和,恭谨纯一,朝野称赞他。

《清史列传》云王顼龄“诗词风雅,品谊端醇”。朱彝尊谓其诗“春容和雅,一以唐为师,而无一字流于鄙俚谈笑嬉戏之习”(王豫《江苏诗徵》)。《四库全书总目提要》:“项龄值文治昌明之日，奏太平黼黻之音。故一时台阁文章，迥异乎郊寒岛瘦，即早年未达时作，亦无衰飒哀怨之意，足以见其襟抱矣。”徐世昌《晚晴簃诗汇·诗话》认为王顼龄“侍从经筵，垂三十年，故集中多感遇纪恩之作”。有《世恩堂诗集》三十卷。

王顼龄有儿子五人：王图炳自有传；王图焯，康熙五十年（公元1711年）乡试解元；王图烺，康熙四十四年（公元1705年）举人，候补内阁中书；王图新，一品荫生（清制，因祖先的官职、功劳而得进国子监读书的叫荫生），候补员外郎；王图寿，候选主事。

吴元龙

吴元龙，字长仁，娄县人。康熙三年（公元1664年）进士。选为宏文院清书庶吉士，改工部主事，升郎中。

乞求回来侍养双亲，深思著述。又以博学宏儒征召，授翰林院侍讲，参与选撰《明史》。刚满三个月，又请求奉养双亲终身，得以归来。

吴元龙文章道德受当时人们推重，有人将他比作李元礼。去世后作为乡贤祭祀。所著有《问月堂诗稿》、《乐闲馆文集》二十四卷、《史论》十六卷、《屯政要览》二卷、《补水经注》八卷。

儿子吴廷摸，自有传。

张世绶

张世绶，字紫垂，娄县人，是张安豫的儿子。康熙二年（公元1663年）举人，选授河南洧川县令。县有疑难狱案，长久不决，他上任就将它审理清楚。发生旱灾，他祈祷于神灵就有应验。建立常平仓，疏浚城河，革除耗羡（旧时官吏征收赋税，为弥补损耗，于正额钱粮外多收若干，谓之耗羡。清代田赋一切附加税统称耗羡）。每逢初一日、十五日，集诸生于明伦堂，考查他们的写作知识，而到了春季则前往村落咨询民间疾苦。

代理颍县令，兴利除弊，一反前任县令所为。为同考官（清代科举制度，乡试、会试时，在正副主考官下有同考官。同考官分房阅卷，所以又称房官。会试同考官，康熙后额定十八人，为十八房；乾、嘉后，例用翰林院编修、检讨及进士出身的京官。乡试同考官自乾隆后，专用在本省服官科甲出身的州县官），所录取引进的人后来大多成为知名人士。又任洧川县令，去世于官任上，洧川之人都哀悼他。人们曾建培风书院，建成后，把他的画像挂在其中，逢年过节供奉祭祀他。颍县也筑德邻祠以祭祀他。

弟张世绍，字衣闻，以贡授邓州同知，遵守法纪，谨慎修整吏事。上官命散发救济粮，他徒步村落检查，吏役不敢胡作非为，从中侵吞。后来他呈递引罪自责的辞呈而归乡。

程化龙

程化龙，字禹门，号念蒿，休宁籍，原籍娄县。父亲程大任，以侠义节气闻名。程化龙年少丧父，事母孝顺。受业于王九徵门下。康熙九年(公元1670年)中进士，经考核授内阁中书，不久因事牵连贬谪而归。

起先，兄长程含文去世于旅途中寄居之所，程化龙前往寻求骸骨于荒烟瘴雨之中，无法找到，他招魂设祭，听闻之人为之哀伤。邓孝威赠以诗云："若忆干戈兄弟变，不辞岭海瘴烟浓。"从叔(父亲的堂兄弟，年幼于父亲的称从叔)程周量外任，遭兵乱，去世于官任上，贫无以葬，他尽力经营操办，使从叔得以归葬，时人高其义。

邓汉仪称他质朴高雅，恬淡秀异，妙中规矩，是山巨源、刘真长一流的人物。王屋云："中书(指化龙)以族人累去官后，遂矢志泉石，刻意诗古文词。"(见王豫《江苏诗徵》)有《粤游草》、《开卷楼什》。

钱芳标

钱芳标，原名鼎瑞，字葆芬，号莼甗，华亭人，居高桥里，是钱士贵的儿子。生有异征，博闻宏览，才能出众，体貌俊丽，与同里董俞齐名，人称"钱董"。另外，他的宗族还有钱金甫，与芳标差不多优秀，人们又称"二钱"。康熙五年(公元1666年)中顺天府乡试，授中书舍人，与王士禛、朱彝尊等人日日唱和。

正逢朝廷要举选博学宏儒，巡抚将钱芳标的名字送上。遭母亲去世，因而不去赴任。

朱彝尊《钱舍人诗序》："中书舍人华亭钱君芳标，字葆芬，于学无不传，尤工于诗。集平居所作，镂板以行，而属予为序。予反复诵之，其辞雅以醇，其志廉以洁，其言情也，绮丽而不佻，信夫情之挚而一本乎自得者欤。华亭自陈先生子龙倡为华缛之体，海内称焉。二十年来，乡曲效之者往往模其形似而遗其神明，善言诗者从而厌薄之，以为不足传，由其言之无情，而非自得者也。若君者，庶其可传于后矣。"沈德潜《国朝诗别裁集》也认为"云间诗派陈黄门后……诗格又为之一变矣"。钱芳标也工词，叶恭绰《全清词钞》录收其词六首。朱彝尊称其词"可方驾南北宋"。

钱仲联《清诗纪事》所录收之《临终偈》:“来从白云来,去从白云去。笑指天童山,是我旧游处。”王士禛曾云:芳标曾与夫人往天童祈子,后果得子,名鼎瑞。一日,芳标方与客坐斋中,有僧至,云自天童来,芳标启视僧所持之书,殊不骇讶,只是说,仓卒奈何?明日晨起,遍召亲故与诀,索笔书此一偈,微笑而逝。(见《池北偶谈》)

有《湘瑟词》四卷、《金门稿》等。

金维宁

金维宁,字德藩,娄县人,上海籍。康熙五年(公元1666年)举人。官任寿州学正,与军营争学校地盘而被罢归。著有《秋谷文集》。

王鸿绪(1645—1723)

王鸿绪,初名度心,字季友,号伊斋,又号横云山人。娄县人,是王广心的小儿子,王顼龄弟、王九龄兄。康熙十二年(公元1673年)进士一甲第二人(明清时,举人会试中式,殿试一甲三名,赐进士及第,二甲赐进士出身,三甲赐同进士出身,通称进士。一甲第二人为榜眼),授翰林院编修。乙卯(康熙十四年,公元1675年),充任日讲官、起居注,主持顺天乡试,不久升赞善。己未(十八年,公元1679年),转任侍讲。庚申(十九年,公元1680年),以讲筵慰劳加授侍读学士衔。

当时湖广的朱方旦,自号二眉山人,聚徒肆意妄议,捏造《中说补》,说中道在两眉之间、山根(鼻梁)之上,又自称先知先觉,给人决断吉凶。逆藩吴三桂造反,顺承郡王率领军队驻扎荆州,朱方旦尝以占卜应验而出入军营,不久又往江南、浙江,所至之处,蛊惑人心。这时,王鸿绪得到朱方旦所刻的《中质秘书》,于是上疏弹劾他欺罔君上、悖逆圣道、惑乱民心三大罪状,又说朱方旦拥有妻妾,广置田宅,为子纳取官衔,交结权势要人,所捏造的《中说补》不外是凭功炼气之术,而妖党却互相标榜,说如今的眉山(四川山名),就是古代的尼山(山东山名),朱方旦也持之不疑,刊刻书籍,广泛流播。遍游江浙。乘舆(车子)张盖,徒党如云,远近奔走,祈问吉凶,常聚集数千人,以小恩小惠,诱惑入教,即使汉代的张角、元代的刘福通,他们以旁门左道疑惑民众也不过如此。奏疏送上,皇帝传下圣旨,将朱方旦等人捉拿归案,以法严惩。

壬戌(康熙二十一年,公元1682年),转为侍读,充任《明史》总裁官。癸亥(二十二年,公元1683年),转右庶子,不久选任内阁学士兼礼部侍郎。甲子(二十三年,公元1684年),选任户部侍郎。乙丑(二十四年,公元1685年),充当会试总裁官。丁卯(二十六年,公元1687年),选任左都御史。

潮州知府林杭学尝随从吴逆(吴三桂),广东巡抚李士桢举荐林杭学为清廉官员,王鸿绪上疏弹劾他。有诏命令李士桢回奏(作出回答),士桢承认过错,于是被罢免,剥夺了林杭学的官职。

灵台(观察天象之所)郎董汉臣上疏论时政,御史陶式玉弹劾董汉臣拾取浮词,欺世盗名,请逮捕审讯治罪。疏文下发给九卿集中议论,未能决断,奉特旨免议。王鸿绪因而上疏说钦天监、灵台郎、博士等官,他们开始时不予严格选择,星卜屠沽之徒粗识数字便得滥竽充数,授以官职,以后又不专心学习以克勤尽职,只是冒险侥幸,希图升迁选拔。请下令进行考试,分别予以去留。疏文下达礼部商议施行。经考试,董汉臣及博士贾文然等十五人都被罢黜。

王鸿绪不久遭父亲丧事,守丧期毕,起复没有补官,奉命休致(即因年老而辞官退休)。

甲戌(三十三年,公元1694年),征召他进京修书,享受二品俸禄。己卯(三十八年,公元1699年),转工部尚书,督管修高堰堤工,因与河道总督张鹏翮意见不合,召他回京。戊子(四十七年,公元1708年),调任户部尚书。己丑(四十八年,公元1709年),又以原品位退休归乡。甲午(五十三年,公元1714年),将所修撰的《明史稿》上疏献上,诏命付予史馆。乙未(五十四年,公元1715年),又召他入京修书,任《诗经传说汇纂》及《省方盛典》总裁官。雍正元年(公元1723年)去世,年七十九。

王鸿绪才学敏赡,以词翰擅盛名。龚鼎孳序其诗集,谓其原本《风》、《骚》,诗学杜甫,为徐乾学门生。邓之诚称其诗"不脱云间之习,以藻绩胜"(《清诗纪事初编》)。有《献县(今属河北省)》诗:"客久驰驱惯,凌晨献县过。黄云连巨鹿,红日散滹沱。地势迎关壮,山形入冀多。无边临眺意,俯仰一高歌。"王鸿绪也善词。叶恭绰《全清词钞》录收其《画堂春》词。鸿绪又精鉴赏,收藏书、画甚富。书仿米芾而失其秀润之气,学董其昌腴润有致,但不免弱。又精通中医药,有"王鸿绪外科"流传当时。有《横云山人集》二十六卷。

王鸿绪有儿子二人:王图炜,康熙四十七年(公元1708年)举人,官至户部贵州司郎中;王图炯,康熙五十六年(公元1717年)举人,官任长芦盐道。

王鸿绪孙王震旭,字丽初,号宾谷。候补郎中。工设色花卉,尤长牡丹。

顾昌祚

顾昌祚，字受周，上海人。康熙八年（公元1669年）顺天乡试中举，任广西江华县令。县境苗猺（少数民族名，今作瑶）杂处，而苗民作乱为害只有猺人能制止住，前县令克减对猺民的岁赏，于是他们不再尽力效命。顾昌祚如额给以岁赏。审理狱讼公正，贿赂不行，民皆悦服。

因为触犯上官意愿，降为莱州府经历。

辞职归来。著有《衍象》五十卷，今存《衍范》二卷。

儿子顾成天，自有传。

沈　蕖

沈蕖，字邵六，原名朝栋，华亭人，是绍宾的儿子。康熙八年（公元1669年）顺天举人，选为嘉定教谕，尚未上任，去世。

沈蕖博闻强记，经史百家亲自点评校核。尚未成年时，陈黄门、夏考功引他加入幾社，每著一篇诗文，腴美之辞蜂起。尝偕同郡卢元昌、茅起翔共同操持选贡四十余年，尤其喜欢奖掖后进，远近知名，士人载酒问字（《汉书》卷八七下《扬雄传·赞》："家素贫，耆酒，人希至其门，时有好事者载酒肴从游学。"又："刘棻尝从雄学作奇字。"后世传为博学高名的典故）不断前来。所著有《尚书讲义》、《琴清堂诗文集》、《经济草》若干卷。

儿子沈烈，字武承，谨慎孝友，能传承家学，早年去世。

蔡　湘（1647—1672）

蔡湘，字竹涛。上海人。诸生。生有异姿，书过目成诵，奇才天授，夙慧早成。好作古今体诗。年二十入都，诗继云间遗响，为一时名流所推。与朱彝尊、李良、潘耒友善；较朱、李年轻二十岁。"先生以一少年出其诗，与诸公角，诸公莫不折节下之。"（见王豫《江苏诗徵》引王迺敏言）康熙十年（公元1671年），与华亭陆庆臻同客山西交城，顾炎武拒不应史职之荐，至交城与之相会。两年（一说一年）后，因纵酒卒，年仅二十五岁（一说二十四岁）。有《竹涛先生遗稿》四卷。

附嘉庆《松江府志》蔡湘传（译文）：

蔡湘，字竹涛，上海人。国学生（国子监学生），天赋出众，工于诗文。未冠之年游学京师，尝在合肥龚尚书席上听柳敬亭说隋唐故事，座客限韵赋诗，蔡湘先吟成，众人相视搁笔，名声盛传于当时。海内鸿儒巨生如新城王阮亭、宣城施愚山、南海程周量、秀水朱锡鬯皆以宏博绝丽之才雄视当世，而蔡湘以年少布衣与诸公周旋坛坫(盟会的场所)间，一起按韵作诗，登高题名，其才学天分别人实在不可及。

二十五岁，客死交城，闻者无不为之惋惜。遗诗一编，大理卿陆锡熊为之作序而刻印。

潘钟麟

潘钟麟，字霄客，号层峰，华亭人。曾官县丞。工诗，所居曰“留诗草堂”，刻小像于堂壁，自以杜甫句“诗卷长留天地间”题其上。著有《深秀亭近草》五卷，皆七言律诗一体，且尽为投赠之作，前四卷为乞酒之作，后一卷为客怀之作。有小序云：“偶思小饮，岂望酒泉；不意微吟，遂成诗卷。”《毕上舍雨稼》中有句云：“绿酒红尘堪寄兴，青山白鹤欲离群。”《四库全书总目提要》以为“乞酒、客怀，特假托之词耳”。

曹煜曾

曹煜曾，字麓嵩(一作号麓嵩)，上海人。康熙末贡生。与从弟曹炳曾、曹烘曾齐名。曾从董俞学诗，其声律格调有师法。所作不自惜，多散佚，其孙曹锡宝以所记，编成《道腴堂诗集》四卷，凡近体一百五十五首，王延年作序。

曹炳曾(1660—1733)

曹炳曾，字为章，号南巢，上海人。诸生。有至行，乐为义举。曾于康熙五十二年(公元1713年)编刊元代倪瓒《清閟阁集》十二卷；五十五年(公元1716年)，以“城书室”名，辑明莫是龙、顾斗英两家诗为《云间二韩诗》十八卷刊行。雍正四年(公元1726年)，又以“城书室”名重刻《山中白云词》(南宋张炎词集，陶宗仪曾有刻本)。曹炳曾工书法，工诗，与从兄曹煜曾、弟曹烘曾三昆齐名，诗品亦复相当。有《放言居诗集》六卷。曹一士曾为其撰《墓志铭》。

附嘉庆《松江府志》曹炳曾传(译文)：

曹炳曾，字为章，上海人，注重伦理情义，三党(父族、母族、妻族)贫苦者，总是加以赈济救援。为族侄两次娶妻子，族侄妻子死了又抚养其婴儿。旧友丧亲、丧偶、丧子之事无力办理，他帮助其安葬。有名家子沦落不起，他供其衣食三十年，去世后，又给以安葬。他捐资养育孤婴，夏天施帷帐。晚年创置义田，又赡养族人。聚书万卷，吟啸其中以自娱。编辑族谱。著有《放言居集》，孙曹锡黼予以刊刻而传世。

焦袁熹（1660—1735）

焦袁熹，字广期，娄县人。居浦南焦家村，学者称其为南浦先生。康熙三十五年（公元1696年）乡试中举，念祖母鞠氏、母亲唐氏年寿已高，因而绝意进取。癸巳（五十二年，公元1713年）朝廷诏命寻求实学之士，华亭王文恭、安溪李文贞都推荐他，且奉旨召见，因祖母、母亲年老而坚决推辞。后来选为山阳教谕，仍乞求回来奉养。乙巳（雍正三年，公元1725年）母亲患病，焦袁熹年已六十六岁了，但仍亲自服侍、进奉饮食，连续三四个月毫不懈怠。母亲去世，他勺水不入口者达十日，其至性纯孝到如此程度。康熙五十三年（公元1714年），王鸿绪纂修《明史》，招其参与其事，月余，因持论不合，辞去。

他生平坚守清苦，所居不蔽风雨，专注先儒之学。时当湖陆清献于东南提倡道学，焦袁熹仰慕而拜他为师，钻研崇尚程朱，默契中断之学，所著各经说、《太极图述》等书数十卷，都与宋儒吻合，间或出现自己新意，都能发挥前人所未发。其他杂著也有数十卷，如兵、刑、钱谷、水利、狱讼等各有关大政之事，都指陈利害，有益实际。诗古文及制义（明清科举考试的文字程式，又称制艺，即八股文），凡所自己编创与所评定的文章，一时风行远近。四言短歌，字字从肺腑中出，摆脱三曹面目，而声调激昂，仍不失乐府体。沈德潜称其“穿穴经学，工制艺诗，亦孑孑独造，不侪流俗”（《国朝诗别裁》）焦袁熹自己说每年读书必达丈许，自幼至老从未间断。尤其喜欢奖掖帮助后进，每以齿牙余论（谓口头随意褒美之辞），滋润寒畯（出身寒微而才能杰出之人）。

有《此木轩诗集》十六卷、《读四书注疏》八卷、《太玄经解》一卷等著作多种。

七十六岁去世，门人私谥“孝文”。

王九龄（1662—1709）

王九龄，字子武，号薛淀，娄县人，是王广心的儿子。康熙二十一年（公元1682年）进士，改庶吉士，授编修。戊辰（二十七年，公元1688年）选为通政司左参议。遭父母之丧，起复补右参议。甲戌（三十三年，公元1694年），转翰林院侍讲学士。丁丑（三十六年，公元1697年），晋升为詹事府少詹事，转任都察院右佥都御史。庚辰（三十九年，公元

1700年),升任内阁学士。甲申(四十三年,公元1704年),升迁礼部右侍郎兼翰林学士,调兵部,不久改为吏部。丁亥(四十六年,公元1707年),选任左都御史,戊子(四十七年,公元1708年)去世于官任上。

王九龄为人持重谨慎,辅佐吏部,升登总宪,向朝廷进呈建议。他面临事件、决断疑难,主要在于持正不阿。在家时绝口不言国事,即使亲朋好友、同年知己来访也如此。

王九龄喜吟咏,未第时即以诗词擅名。先后参加幾社、赠言社。《四库全书总目提要》认为其"才思富艳",列举其《金陵杂感》句:"十里青楼原上草,六朝红粉路旁花。"(后两句为"世间何物催人老,半是鸡声半马蹄")康熙三十年(公元1691年),王九龄奉使致祭商陵,馆于明代黄少京兆故第,"夜有妖侵焉",王九龄有题壁诗云:"劝君不必相惊扰,信宿书斋合让人。"(见陈琰《艺苑丛话》)王九龄曾参与修纂《松江府志》、《江南通志》。有《嫩云书屋诗稿》七卷。《四库全书总目提要》存目著录其《艾纳山房集》五卷。

儿子王图熹,康熙四十四年(公元1705年)举人。

杨　瑄

杨瑄,字玉符,华亭人。父亲杨枝,前明崇祯七年(公元1634年)进士,授户科给事中。上疏请任用黄道周,荐举吴嘉允等,有正直的声誉。杨瑄继承家学,康熙十五年(公元1676年)进士,改庶吉士,授编修,主持顺天府乡试。遭父母丧事,服丧毕起复,因撰文失误,贬戍沈阳。不久放回,官复原职,升内阁学士。己丑(四十八年,公元1709年)辞官退休。癸卯(雍正元年,公元1723年)再次谪戍黑龙江,去世于贬职之所。

杨瑄经术造诣深厚,又精研史学。骈体文工整华丽,古文直达宋人境界。诗词格律稳当细致,书法行、楷都进入妙境。

朱　衮

朱衮,字秩公,青浦人。父亲朱天瑛,有声誉于幾社。朱衮为康熙十五年(公元1676年)进士,考取内阁中书,改授江西乐平知县。乐平人生下女孩即将她溺死,朱衮告之以天性(天然的品质或特性。此处天性,意为生男生女,都为天成的,人们不可违背),民众感动,风俗顿改。征收赋税原来有县总都头、乡约等名目,民众为之受累。朱衮知道它的弊端,当即下令禁止,并革除各种超出正额之外收取税赋的陋规。修建学校，重建慈湖、鹅湖两书院。任乡试同考官。

朱衮在乐平任职时间较长，吏民都亲近他，巡抚宋荦将要上疏推荐他，却因漕船搬运费追赔牵连，部议将他降职调任，补任山西大同县令。当时厄鲁特叛逆，圣祖仁皇帝出塞亲征，前后屯兵大同超过半年，朱衮张罗供应、蓄聚存备未尝缺乏。

因巡抚新旧倾轧，致被弹劾而归，当政者为之深感惋惜。

彭开祜

彭开祜，字孝绪，号椒岩，华亭人。父亲彭彦昭，字韦斋，明代万历四十六年（公元1618年）举人，任常山知县，有清廉声誉。彭开祜年少即嗜好学习，工于诗词古文，与钱金甫等人读书春藻堂，交游日益广泛。春藻堂之名，传扬遐迩。

以拔贡中康熙十四年（公元1675年）乡试，第二年中进士。历任河间知县、武冈州知州，都有政绩。

彭开祜工诗，归田后以著述自娱，享年七十九岁。著有《彭椒岩诗稿》二十二卷，凡四种，计《游琴稿》六卷，《一螺稿》六卷，《橐丸稿》四卷，《瞻云稿》六卷。

唐子锵

唐子锵，字依在，华亭人，是唐昌世的儿子。读书过目成诵，为诸生，考试总是高等。因奏销案被罢黜，但他更认真地学习经史及六官典要，抄录成书。康熙十一年（公元1672年），按照惯例入北雍（太学），乡试中举。十五年（公元1676年）中进士，授内阁中书，因父亲年老乞求归来奉养。

于是他不再出来做官，延请高年老师宿儒组成“尚齿会”（尚齿，尊崇老年人）以使父亲高兴，每月聚集为常事。宗族朋友有急难，他会奋不顾身予以捍卫。文章美誉传扬，由他点评的书籍，塾师奉为准则。甲子（二十三年，公元1684年），父亲唐昌世病重，唐子锵十分忧虑，侍奉药饵过分劳累，竟先唐昌世二十日去世。

孙子唐用烜，字素原，年少丧父，由母亲冯氏抚养他。唐用烜正直恭谨，严于律己，事奉母亲以孝顺闻名，对待弟唐用禄更是友爱。当时童试要求不高，但唐用烜四学（儒、道、史、文）成绩都优秀。他隶于府学，进入成均（古之大学，后来泛指官方所办的学校，这里指后者），与子姓（同姓）学生迁居谷阳门外，聚集奎里，闭户读书，淡然没有其他所好，里中的几位善士必去拜访。晚年与冯勤忠等人仿效祖先成立“尚齿会”。冯勤忠字立山，也是位品德高尚的人，沈大成有文章提到他。唐用烜享年八十二岁。

唐子锵的另外一个孙子唐用禄，后改名式南，字吕铮，金山卫廪贡生，任阜阳训导。

张　集

张集，字殿英，娄县人。是张淇的儿子。康熙十五年（公元1676年）进士，授行人，选拔为御史，上疏请免除漕田丈量以除去民众的苦累。又请整治军政，严格州县保题（举荐的一种方式），疏通铨选壅滞，又慎用学臣等事，都有关政体。历次升迁为左佥都御史，总督户部仓场左侍郎，转吏部左侍郎。

接连遭父亲母亲丧事。守丧期毕起用为兵部左侍郎。不久因病归乡家居，与诸名士于南园饮酒吟咏，对人大力劝勉，对己则谦虚退让。禀性俭朴，自奉如同贫寒之人。喜好赈济饥民，抚恤贫困，尝于上海的筠溪建造义塾。享年六十岁，官府予以祭祀殓葬。

儿子张棠，自有传。

曹鉴伦

曹鉴伦，字彝士，娄县人，嘉兴籍，曹勋的孙子。康熙十八年（公元1679年）进士，升为庶吉士，改为编修，主持山东乡试，所选拔的士人如何世璂、颜光敩等后来都成为名士。又主持北闱试（顺天府乡试），升任内阁学士，参与修撰国史《典训方略》，充当《一统志》副总裁，赐“锡类堂”匾额以示优异荣耀。升任吏部左侍郎。

享年六十三岁，赐祭祀安葬。

钱金甫

钱金甫，字越江，华亭人，居高桥里。父亲钱袇，有义行，吴骐为其作传。钱金甫年少富有文才，除学习举子业外兼工诗古文词。康熙十七年（公元1678年）举荐为博学宏儒，钱金甫名在荐牍（记录举荐人员的文书），仍入北闱乡试中式。第二年春应御试（皇帝主持的考试），又应礼部试，中式发榜，选庶吉士，不久中宏博，授编修。这时两榜并登，只有浙江沈筠与钱金甫两人，以是名重一时。甲子（二十三年，公元1684年），主持江西乡试，称道他善于选拔人才。不断升迁为侍讲学士，去世于任上。

钱金甫为人不畏权贵，好行善事，尤笃师友之谊。他尚未登第时，从兄钱承吉因劳役繁重而逃亡，有司责成钱金甫代役，他对从兄未尝有一句怨恨之言。伯父钱旭客死他乡，他抚育遗孤，抚养教育，成年后给以娶妻成室。他在京师，友人谪戍塞外，他急忙借债得银，奔驰两天两夜追到而赠送友人。授业老师某去世于官任上，他用自己的俸钱办理老师的丧事，正逢邻居失火延及，他急命抬离灵柩，自己呼喊助力，即使火焰烧及胡须也不顾。他的品行事迹就是如此。

著有《保素堂诗文集》，秀水朱彝尊为之作序。

陆祖修

陆祖修，字孝武，青浦人。父亲陆从龙，前有传。陆祖修康熙十八年（公元1679年）进士，选庶吉士，改任山东道监察御史。他上疏，总河（河臣）靳辅身虽在外，与九卿呼应甚灵。会议之时尚书佛伦科尔堪不顾公议，偏袒河臣。陆祖修私下里想河工、屯田二事待于成龙（清汉军镶黄旗人，字振甲，曾任直隶巡抚、河道总督）到京后面奏加以裁断，因而不再争论。但后来他言事触犯权贵而被罢官，筑“老是庵”于佘山。

陆祖修起先崇尚意气，敢作敢为，反对释道。晚年却自称“老是头陀”（老是头陀，意为老是庵僧人）。

王师旦

王师旦，字致平，娄县人。康熙十八年（公元1679年）进士，授榖城知县。这县本是险要的都邑，王师旦上任，宽猛相济，民众得以治理。

他乞求奉养年老的双亲而归来，与子弟及里中后学砥砺诗文，诗格清奇超逸，文体醇厚丰茂，学者以之为榜样。

堂弟王师植，字鄴园，禀赋聪明，学习勤奋，是吴骐的高足。吴骐去世，没有儿子，他占卜选择墓地而安葬老师。他抚育弟王师导的遗孤长大成人。又尝到金陵应试，在旅店中拾到遗金，归还失主。享年八十九岁。弟王师曾，字介然，康熙五十三年（公元1714年）顺天举人。

曹泰曾

曹泰曾，字汇初，上海人。康熙十七年（公元1678年）举人，授莆田县令。莆田民众喜好争斗诉讼，官吏舞文弄墨，从中牟利。赋役不均。曹泰曾到任，治以清廉，不扰民众。吏役畏服，民众怀恩。

县内有位姓陈的年轻人，将曾氏的儿子打死，屡次行贿，以求免罪。曹泰曾坚决反对，将他依法严惩。又有郑元振打死人命，以前的县令判以绞刑，但郑元振与死者的儿子都改变起初的讼辞，说是病死的。曹泰曾与巡抚争辩说："打伤有证据在，诉讼着重起初的供辞，我并非担忧失入（判案错误，罪轻罚重）之罪，失去一个官职事轻，冤枉一条人命事重。"巡抚不听从，最后仍以失入之罪弹劾他。

当初，曹泰曾条陈六事献上台省，尤其以清理赋役看作为政之本，如盐田赋重，民田赋轻，有产业已消失而重额赋税仍在，辗转告发别人阴私者。立法禁止田地早已沦丧而征粮不除均摊给地方上其他各户，将现在开垦之田以次抵消有名无实的田地，并除去征民代匠之弊。他被罢免官职，不能实施上述建议。莆田县人民思念他，将他作为名宦祭祀。

从弟曹炯曾，任赣县令，也政绩卓著，赣人歌颂他。

路　垓

路垓，字苍霖，华亭人。康熙二十年（公元1681年）举人，设馆授徒于北平黄氏家，侍郎黄叔琳、副使黄叔琬都是他的高足弟子。三次参加会试而不中，于是绝意仕进。著有《鸥村集》。

儿子路徐来，号舒驭，娄县学诸生，尝与黄中允之隽、钟文学长泳唱和，后来黄中允前往闽中检校士人，邀请他同行，归来刊刻《闽游诗稿》，海上曹给事一士为之作序。

从子路瑶林，字湘三，卫学诸生，工诗，著有《续和陶诗》及《问山草》，青田刘玮泽为之作序。

倪景元

倪景元，字万贞，上海人。康熙二十年（公元1681年）武举人。有旧友拖欠盐税百余两，身后其儿子无力偿还，倪景元请求于有司分三次代为偿还。海滨芦柴多用牛车装卖，地头恶霸拦截，每车勒钱若干，倪景元为之告诉监司，监司派人刻文于石碑，永禁此类敲诈。康熙三十二年（公元1693年），发生大旱灾，护塘港干涸，众议开七灶港，倪景元认为急则治标，不如疏浚一灶港，堵塞水口，一旦东北风起，潮汛到达浦江而舟楫也能通航。依从了他的建议，不几天就竣工，东北风果然大作，人们以为是上天保佑。

徐　浩

徐浩，字雪轩，松江人。善画，兼精刻印。康熙二十二年（公元1683年）曾作蔬菜册十二页，又有《扶清阁印谱》。

据光绪《松江府续志》记载，清代还有一个徐浩，他字友苍，奉贤人，岁贡生，家境贫困，远游求学。回来设教授徒于乡，跟从他学习的人日益增多。尤其尽心于善举。去世后，知县王锡九在他家祠堂上题写“可祭于社”。又有戴祖源，字芑孙，诸生。禀性淡泊，不入城市。范兼三，字约门，好学博览，绝意仕进，享年九十去世。杨国桢，诸生，为人方正，勤学不倦。这三人也以设教授徒于乡而被人称道。

车以载

车以载，字积中，华亭人。以医名于时。善画，有《秋山风月图》。康熙二十三年（公元1684年）为《高江村仿黄公望山水图》。

张　涟·张　然

张涟，字南垣，浙江秀水人，原籍江南华亭。年少学绘画，拜见董其昌。通其方法，移用于叠石堆土，以作假山。他说世人聚集奇石，构作洞壑，往往显得局促，缺乏舒展之态，所以如此，由于不通画理。而张涟所作，平冈倚接小坡，丘陵逶迤延伸，中间错之怪石，其奔注起伏之势，皆充满画意。而取石并非难事，随地材用充足，点缀景象灵动，变化堪称无穷。他长久深入其中，对土石草树之物，都能识其性情，因而各得恰当用途。每欲创制假山，面对林立乱石，从容来往回顾，件件默记于心。然后他怡然高坐，与客谈笑。只是呼唤役夫，说某树下某石置何处，不用斧凿，自然贴合。待到完成，一方假山，结构天然，奇正无不入妙。

张涟凭此术（以画理垒石制作园景）游江南数十年，凡大家名园，多出其手，东到越，北至燕，人们都慕其名来邀请他，他的四位儿子也靠此行业生活。

晚年，大学生冯铨聘他去京师，因年老而推辞，派遣第二个儿子前往。康熙（公元1662年—1722年）年间去世。

后来，京师也传其法，人称“山石张”，世代传承其业百余年而尚未废止。吴伟业、黄宗羲都为张涟作传，黄宗羲说其“移山水画法为石工，比（如同）元（元代）刘元之塑人物像，同为绝技”。

张然，字铨侯，号陶庵，张涟次子。父子早年修建一宅园时，“南垣治其高而大者，陶庵治其卑而小者”（陆燕喆《张陶庵传》）。“云间张铨侯工于叠石，畅春园假山皆出其手。”（顾图河《雄雉斋选集》）张然人称“山石张”、“山子张”。顾图河有七绝四首赞张然:“熟读柳州山水记,才能幻出此峰峦。旁人指点夸皴法,犹作寻常画手看。”“马鞍山骨最玲珑,十仞摩天一线通。想到天工施手处,将无巧思与君同。”“巉岩合是文章骨,瘦劲还同翰墨姿。大抵才人皆酷爱,米颠一揖亦为奇。”“芭蕉叶拥碧江幢,正对疏明六扇窗。苔藓满身偏作势,怒猊吻渴饮秋江。”

邹元斗

邹元斗(《中国美术家人名辞典》作“郑元斗”),字少微,号春谷,自号林屋山人,娄县人。赘周氏,居常熟。康熙(公元1662年—1722年)中,供奉内廷,官中书舍人。写生为蒋廷锡(1669—1732,字扬孙,一字酉君,号西谷,一号南沙,又号青桐居士,清代江苏常熟人。官至大学士。工书,善画。流传真迹少,间有之,多为马元驭、马逸父子代笔。有《青桐轩秋风》、《片云》诸集)高弟。妙擅写生,天趣物趣,能两有之。尤长设色桃花,间作山水。工书,善诗。康熙五十八年(公元1719年)作菊花扇。有《鸜鸲枫柳图》。

朱 霞

朱霞,字耕方,一作赓方,又作更芳,号初晴,娄县(一说南汇)人。廪贡生。学问渊博,曾应鄂尔泰(康熙三十八年[公元1699年]举人,授侍卫)聘订《南邦黎献集》,后选高邮训导,以老乞归,与诸名士唱和,主坛坫(文士集会或集会之所)前后四十年。善篆书,尤工绘事,着色写生,得徐熙(五代南唐名画家,为历代所宗)笔意。间作墨戏(随兴而成的写意画)亦超绝,尤以画鸡为长。著《鹤松堂集》、《一拂楼集》、《星研斋吟草》。

张 渊

张渊,字起田,娄县诸生。工于制举业,与他交往的人很多。康熙二十三年(公元1684年)乡试中举,第二年会试中式,因两位主考争会元不相上下,他竟遭落榜。

座师(明清举人、进士称主考官或总裁官为座师)徐尚书潮延请他训导自己的儿子徐本。他记录在簿籍上的弟子如北平黄叔琳、同郡戴有祺及从孙张昺,得到他的指教,后来都成名人。著有《燕台杂录》及诗文等集,没有刊印,大多散佚。

孙子张星,诸生,屡次考试都为高等,学使者将他看作云间一宝。最后却怀才不遇,以岁贡告终,士人议论为之惋惜。

沈 藻

沈藻，字火先，娄县人。康熙二十四年（公元1685年）进士，授永康县令。永康当温、处两州交接之处，为浙东贫瘠之地，兵火后民力凋敝。沈藻上任，免除供奉，禁绝火耗（除正税之外的额外赋税），一应补贴之费他都捐俸以代偿。每年役使民夫动以千计，沈藻深表同情，为作《兜夫行》。他出资招募役夫，民气渐为复苏。这县风俗，产下女婴大多溺死，富豪之家的婢女到老不予婚配，沈藻下令严禁这类现象。因常代偿拖欠赋税，他宦囊空空，生活清苦，去世于永康行寓。作为名宦祭祀。著有《古处堂诗文》等集。

儿子沈中黄，诸生。博学，工真、草书法。

李登瀛

李登瀛，字宾王，华亭人。康熙二十四年（公元1685年）进士。授新乡县令，有惠民政绩，升任监察御史。在职期间多有建议。禀性质朴，退休归乡后萧然如贫寒之人。

儿子李廷友，雍正癸卯（元年，公元1723年）举人，官任临川县令。

王 奭

王奭，字后张，华亭人，祖先居后冈。康熙二十七年（公元1688年）进士。当初与夏存古、杜让水都被人们称为神童，又尝与杜让水一起居于西郊，立西南得朋社。

登第时年逾六十，久在京都，与汤西崖、查慎余诸人相唱和。

退休归来后居金沙滩董俞旧宅。所著诗文稿如今都已散佚。

王 原

王原，字令诒，青浦人。父亲王梦求，岁贡生，以学识和品行为陈子龙所知。王原登康熙二十七年（公元1688年）进士，未及任职，跟从刑部尚书徐乾学于包山修撰《一统志》。三十三年（公元1694年），选任广东茂名县令。原来征收粮赋责成里长，私派民户一石至二三十两，民众弃田而逃，王原令编造业主实名，从而革除了里长的弊端；本来业主弃田遗税摊派给各邻户，现在王原代为缴纳，不许摊派拖累，逃亡的民户从而逐渐归来。县里本来有人市，买卖妻子儿女，王原下令严禁，若有犯禁，绳之以法。他开设义学，禁止巫术，铲除强横之徒，昭雪陈年冤狱，颁布婚葬仪式，赞颂之声不断。

调任信化县令,因解送囚犯脱逃而被免职,后追获逃犯而复官。补任贵州铜仁县。该县本是苗民居地,王原建办学校以训导子弟,教导用麻葛搓线以织成布匹,烘焙茶叶、榨油以增加收入。溪水湍急,教他们造船以兴办贩运。设保正、保副以管理基层,训练乡勇以抵御苗患。设苗寨长、贰以约束郡苗。王原一连串的措施使铜仁获得大治。

四十一年(公元1702年),授工科给事中。当时平阳知府马思赞请以天下钱粮加以火耗(名义上为弥补损耗而另外增收的赋税,实际上则是巧立名目,收括民脂民膏)作为正常的供奉。王原上奏说其不可行,马思赞的这一提议于是被搁置。不久因弹劾文选司郎中陈汝弼奸贪状而被降级,随即归来。

王原学有根底,跟从陆陇其、汤斌讲学,一以濂洛(濂洛关闽的省称,指濂溪周敦颐,洛阳程颢、程颐,关中张载,闽中朱熹)为宗。八十四岁去世。

著有《学庸正讹》、《论孟释义》、《春秋偲闻》、《周易偲闻》、《历代宗庙图考》、《明食货志》,诗文若干卷。

徐 宾

徐宾,字虞门,华亭人,居南桥。康熙二十七年(公元1688年)进士,授临城县令。县有山名紫河套,奸民凭其险峻,往往啸聚作乱。徐宾单骑深入,以祸福告谕,奸民于是请降。

不久,他奉御史之命监管宣城牧马事。当时牧马者因挨饿受冻而死,一日多达六十余人。徐宾查明缘故,每日早晨煮粥给牧马者喝,使他们吃饱,然后执行差役,牧人为之感动,精神振奋,所养之马多至一万三千多匹,且都膘肥腿壮,远超往日。继而又奉命于桃花口牧养御马,成绩依然卓著。于是内调户部主事,升任吏科给事中,转刑科掌印,在职期间,多有建议进言,至于详细陈述米谷亏空都因州县辗转侵吞挪用一疏,尤其为皇上所嘉奖采纳。山东饥荒,朝廷诏命发放通仓米赈饥,徐宾说从通州到山东水逆路远,不如将南来粮船经过山东截留一部分用以赈济,则诏命下达而米也来到。此疏送上,朝廷准许施行。

康熙帝曾问钱粮火耗、节礼应酬及羡余养廉之费,各就履任所历开载,毋讳毋欺,少顷,逐一对完。圣祖览之云:"好,开得明白,不欺朕,赐茶两次。"徐宾曾有《乾清门召对恭纪》二首,中有"养廉原是寻常事,细叙应分似列眉"、"不尤大吏执成规,不咎而曹有所私"等句。

不久因病乞求归去，随即去世。

著有《芝云堂杂言》、《芝云堂诗稿》。

陆秉绍

陆秉绍，字丽廷，上海人。康熙二十九年（公元1690年）副榜。赵翼《簷曝杂记续》："按历科以来，惟庚午乡试多有重赴鹿鸣（古代宴群臣嘉宾所用的乐歌，后科举时代，以举人中式为赋鹿鸣，也指鹿鸣宴，借指科举考试）者。姜孺山《松江诗抄》云：'康熙庚午，上海人陆秉绍中副榜，有《和黄宫詹会先后同年诗》。'"

曹煐曾（1664—1730）

曹煐曾，字祖望，号春浦，别号野鹤道人，上海人。康熙末贡生。"其生平所注意者在于诗余骈体。其诗亦专学晚唐，以纤丽自喜。"（《四库全书总目提要》）王豫《江苏诗徵》引《漱芳斋诗话》："春浦工琢句，如'残岁斜阳促，轻寒落叶知'，为时所赏。"与兄曹炳曾、从兄曹煜曾三昆齐名。钱仲联《清诗纪事》录收其《病中雨夜》："炉烟浓欲篆，夜色淡生阴。病骨秋花瘦，愁怀暮雨深。疏灯孤榻影，衰草乱虫吟。无限关心事，朦胧梦里寻。"沈德潜认为其"工于琢句"。有《长啸轩诗集》六卷。

姜　遴

姜遴，字万青，青浦人。康熙三十年（公元1691年）进士。钱仲联《清诗纪事》录收其《无题》诗句："王家舞女名原碧，杜氏歌儿唤小红。"姜遴《无题》诗三十首，和者甚众，如上引"王家舞女"句，时叹其工巧。（见王豫《江苏诗徵》引《江苏诗事》）

王图炳（1664—1738）

王图炳，字麟照，号澄川，华亭人。王顼龄子。康熙三十八年（公元1699年）举于乡，补内阁中书舍人。四十六年公元1707年圣祖南巡，王图炳献诗，圣祖颇为欣赏，命随入京，供奉内廷。五十一年公元1712年赐进士，授编修，升右中允。雍正初年，擢国子监祭酒；后授都察院左副都御史，擢礼部右侍郎，以条奏失误被削职。乾隆二年公元1724年起补编修，旋进侍读，加詹事衔。

王图炳文章有根柢，诗词清绝。钱仲联《清诗纪事》录收其《游仙》诗两首。又工书，书得董其昌笔意。曾参与《佩文韵府》、《子史精华》编纂。有《樱香书屋诗》。

王图炳子王贻燕(一作诒燕),字翼安,号扶斋,一作掞斋,又号香雪,精篆刻,写兰竹极佳。工诗,能书,著《香雪山房遗稿》。

王图炳孙、王贻燕子王宪曾,字世纶,号定庵,乾隆二十四年(公元1759年)举人。善写墨梅,亦工山水、杂卉,以吟诗作字寄其幽寂之致。

附嘉庆《松江府志》王图炳传(译文):

王图炳,字麟照,娄县人,相国王文恭的儿子。工诗文,精八法(指书法),商邱宋荦开府(高级官吏开建府署,辟置僚属为开府。后世称督抚为开府)吴中,提倡风雅,选编《江左十五子诗》,王图炳的诗入选。康熙三十八年(公元1699年)乡试中举,补为内阁撰文中书舍人。四十六年(公元1707年)圣祖仁皇帝(康熙)南巡,图炳献诗称旨,被命随入京供奉内廷。五十一年(公元1712年)钦赐进士,选为庶吉士,授编修,升右中允,历任侍讲右庶子,充当日讲起居注官。雍正元年(公元1723年)选任国子监祭酒,不久升詹事府正詹事。因父亲去世而回家守丧,守丧期毕,起复回朝,补授都察院左副都御史。前后屡次呈上封章,都有补于民生吏治之言。选拔为礼部右侍郎,转左侍郎。因上奏受谴责而被削职。乾隆二年(公元1724年)起用,补授编修,不久进任侍读,因年老多病而乞求退休,诏命给詹事府詹事衔。去世之年为七十五岁。

王图炳禀性忠孝,写文章有根柢,诗词清丽绝俗。其书法出入赵、董两文敏(赵孟頫与董其昌的谥号都是"文敏")间。平生无他嗜好,只是赏识奇绝吸取古典,如恐不及。

儿子有二位:王贻燕,候选郎中,工于诗画,为当时人们所推重;王贻谷,候选国子监典簿。

孙子有六个,长孙王宪曾,乾隆二十四年(公元1759年)举人,工书善画。第二个孙子王嘉曾。

黄之隽(1668—1748)

黄之隽,字石牧,号唐堂,华亭人。

父亲黄文远,字尔先,华亭人。祖先是休宁籍,所居村名高仓,明末遭乱兵,绑缚了黄文远的母亲以索要金钱,黄文远乞求以身代母,贼寇被他的孝心感动,母子都获释放。进入清朝,偕同他的哥哥从高仓迁到华亭陶宅。母亲去世,他哀伤得几乎没命,丧葬事宜独自担当。哥哥去世,抚育其两代孤儿,为他们经营家产,娶妻成室。生平喜欢周济危急之人，贫困不能偿还债务，就烧毁债券。七十七岁去世，因为儿子黄之隽贵而赠翰林院编修。

兄长黄兆长，字体仁，居华亭的陶宅，今属奉贤。他禀性仁厚，行善不倦。里人袁某因欠交赋税而将要遭受鞭打，黄兆长解囊相助，使袁某免遭鞭打之苦。王某用提筐放置食盐，将他捕捉，诬蔑他私贩，捆缚送入牢狱，黄兆长尽力将他救出。宋某为弟婚娶，没有资金，黄兆长按其需要送给他。里人说他道："有无相通黄长公。"享年七十二岁。

黄之隽自幼聪颖，读书过目能诵。康熙六十年（公元1721年）进士，改翰林院庶吉士。雍正元年（公元1723年），授编修，参与修纂《明史》，充日讲起居注官，奉命提督福建学政。雍正二年（公元1724年），迁中允。乾隆元年（公元1736年），徐文穆荐举博学鸿词。"先生年过七旬，神明衰矣，以不完卷。"（袁枚《随园诗话》）罢归。

黄之隽综览浩博，才华富赡，兴之所至，下笔不能自休，人称为才子。为学持论甚正，撰述甚富。袁枚认为其诗"生新超隽，美不胜收"。李调元认为其诗"巧不伤雅，丽不伤淫"，"诗中每用晴丝游丝，多习而不察，偶阅《唐堂集》，言太湖滨人云：春晴有鸟送风而上，高入云际，罡风一吹，羽毛骨肉化为丝飘下，所谓晴丝游丝是也"（见《雨村诗话》）。李调元记：雍正元年（公元1723年）七月九日，掌院奏呈中元祭仁庙文，上传旨云：很好。问谁撰，掌院以上科庶吉士黄之隽对。即于明日召见，奏对移时，奉旨即以编修用，并赐紫貂一张。（见《雨村诗话》）

黄之隽又能作杂剧，著有《郁轮袍》、《梦扬州》、《饮中仙》、《蓝桥驿》等，由陈元龙于康熙五十五年（公元1716年）刊刻。又善词，叶恭绰《全清词钞》录收其词六首。

黄之隽曾绘《行乐》四图：曰渔、樵、农、牧，其时春、夏、秋、冬，其景风、花、雪、月，其境林、田、山、水，其体行、立、坐、卧，经一而纬四，曰："牧卧春林花。"曰："渔行秋水月。"曰："农坐夏田风。"曰："樵立冬山雪。"

著有《唐堂集》五十卷、《补遗》二卷、《续集》八卷、《冬录》一卷、《唐堂词》二卷、《补遗》一卷等。

附嘉庆《松江府志》黄之隽传（译文）：

黄之隽，字石牧，先代是休宁人，迁居华亭的陶宅，如今属于奉贤。读书过目成诵。登康熙六十年（公元1721年）进士第，选为庶吉士。雍正元年（公元1723年），奏呈

《中元祭圣祖仁皇帝文》,非常符合雍正皇帝旨意,第二天在养心殿召见,授编修。不久,充当日讲起居注官,纂修《明史》。随即视学福建。一年之内,连续蒙受特殊恩惠,这是罕见的礼遇。他上任后教令一新,众多士子争相勤学奋进。自将军、制府以下,都不敢请托干求私事。

二年(公元1724年)升任右春坊右中允,第二年(公元1725年)转为左春坊左中允。逢巡抚毛文铨奏说黄之隽庇护生员,将他调回京师。四年(公元1726年)六月下令削去其中允之职,仍在编修行走。五年(公元1727年)又说他在闽南时虚报廪生名额,部议将他革职,然而实际没有超过实际名额、浪费国库粮食之事。乾隆元年(公元1736年)获得博学鸿词荐举,但因年老多病而报罢。

当时允许废退官员陈诉,经部院检查核实引见录用。然而黄之隽淡于宦情,径自南归,闭门谢客。州郡交相聘请,一概谢绝不赴。享年八十余岁。

著有《香屑集》、《唐堂集》。

沈宗敬(1669—1735)

沈宗敬,字南季,又字悫庭,号狮峰,也作狮峰道人,又号卧虚山人,华亭人。沈荃之子。康熙二十七年(公元1688年)进士,特授编修,官至太仆寺卿,提督四译馆。以画名世,画传家学。山水师倪(瓒)、黄(公望),兼用巨然法。笔力古健,思致高远,水墨居多,青绿亦偶为之。小景小幅尤佳。圣祖南巡,沈宗敬献画称旨,赐题“清风兰雪”额。又进《琴辨》、《画品》二说,帝赐“烟岚高旷”额。一时荣之。康熙六十年(公元1721年),宫中举行千叟宴,六十四岁的沈宗敬在宴会上赋诗相贺,又为时一荣。传有一相国家人,依仗相国权势,索要沈宗敬之画,沈宗敬未给,又托沈宗敬好友说情,沈宗敬依然未给。沈宗敬又工诗。雍正五年(公元1727年),与常熟蒋廷锡、溧阳史贻直、吴县吴士玉、金坛于振、上元戴瀚、武进赵侗敩、娄县张照、同里王图炳及张梦征、安徽方苞等,分任《子史精华》的修纂工作。沈宗敬又精音律,喜吹箫、鼓琴,工诗、书。著有《双杏草堂诗稿》。

沈宗敬曾孙沈荧,字殿秋,号瘦沈,工书,善篆刻,写山水笔意挺秀。性疏冷,不耐治生产,亦不喜通宾客。相识者或投以尺缣片石,往往庋阁多时,难得其奏刀挥翰,故其艺之精,即在同郡人知之者亦罕。

沈宗敬族孙沈秉霖,字怀周,娄县人。工画,人物得古法,家贫游金阊,藉笔墨以糊口。

附嘉庆《松江府志》沈宗敬传(译文):

沈宗敬,字南季,华亭人,荃的第四个儿子。康熙二十七年(公元1688年)进士,选庶吉士,改编修,尝官太常寺少卿。在文坛中有清望,供奉内廷最久,荣宠赏赐优厚。康熙六十年(公元1721年),举行千叟宴,崇敬六十四岁,参与宴会,即席赋诗,受人赞颂。家族世代工于书法,他又善于绘画,献上图幅都蒙皇帝赞赏,名公巨卿争着购买他的手迹以为珍宝。相国家人某很会参与政事,他乞讨画作而宗敬不肯给予,又托与宗敬关系密切的人打招呼,终究没有得到,宗敬坚持正义就是如此。

他崇尚古代道义,诚朴不喜浮华,更能奖掖后进,常人难以做到。

楼　俨(1669—?)

楼俨,字敬思,号西浦,余姚人,迁家云间。少颖异,究心四声二十八调之沿革,辨析宋以下词家原委派别,折衷于朱彝尊。以词学鸣于时。康熙四十六年(公元1707年),清圣祖玄烨南巡,楼俨献《织具图》诗词,特擢第一。四十八年(公元1709年),奉诏修《词谱》,参与分纂之役,与杜诏同馆,辨析体制,考订源流。书成,选广西灵川县知县,以平乱功,迁广州理瑶同知。升按察使,调江西,改京卿,告归。执掌法令二十余年,书籍数十箧外无长物。有《群雅集》,以四声二十八调为经,以词之有宫调者为纬,并以词之无宫调者,依时代先后附于其下,朱彝尊为之序。还著有《蓑笠轩》等稿。

张豫章

张豫章,原名翼,自号九峰散人,华亭人,与弟嘉树、玉树人称“三张”。康熙二十七年(公元1688年)进士第三人及第,授编修,历官左中允、贵州学政,入京师为国子监司业,随即去世。

张豫章在文坛以温文尔雅见称,年轻时游历大江南北,诗文得江山之助。著有《南帆》、《寄亭》等集,宋琬、周亮工都称赞他。

程　珣

程珣,字洁文,祖先从休宁迁徙到松江,居朱溪。康熙二十七年(公元1688年)进士,官任内阁中书,因母亲老毛病心疾复发而急忙归来。家境一向富裕,有园林之胜。工于吟咏,喜迎宾客,慷慨好义,与高谡园、沈狮峰、曹次典诸人唱和。著有《河干草堂集》。

张 昺

张昺,字长史,华亭人。康熙三十年(公元1691年)进士,选为庶吉士,改任编修。天性恬淡,研究理学,是陆清献公陇其的弟子。安溪相国是他的座师,相国在试场中批阅三策(文体名),极其赞赏他的《西铭》之对,说它阐发了先儒未尝阐发过的道理。进入史馆,后来每次与他议论,总有启发,尝说门弟子中无人能及张昺的聪颖敏悟。不久去世。

著有《西铭图论》、《中庸精义》,安溪都将它们辑录保存。

陶尔穟

陶尔穟,字颖儒,青浦人。父亲名陶龙徵,诸生。陶尔穟康熙三十年(公元1691年)进士,官至葭州知州。

康熙十二年(公元1673年),与青浦陆纬、姜遴,华亭顾开雍、顾衡、张渊懿,上海钱金甫等,结春藻堂社;十六年(公元1677年),与青浦姜遴,华亭庄永言、戴有祺、张棠等,在松江结大雅堂社。陶尔穟工诗词,以才思擅长。颜光敏称其"七古似青莲、长吉,近体不专一家,而各尽其妙"(见《四库全书总目提要》)。《雪美人》二首,世所艳称。陶尔穟乞归后,圣祖南巡至吴,闻其名,召见之,试以诗文称旨,令扈从回京从直内苑,陶尔穟以亲丧未葬,乞假归。在都中,与顾书升、汤右曾、史申义唱和,高文恪尤爱其才,文恪被谤,陶尔穟方在太学,舍其业从之南归,世高其谊。(见王豫《江苏诗徵》引《荻汀录》)

有《遵渚集》、《息庐诗》等。

附嘉庆《松江府志》陶尔穟传(译文):

陶尔穟,字颖儒,娄县人。康熙三十年(公元1691年)进士,授上虞县令,选拔为葭州知州。陶尔穟年少时以诗文受人推重,为高文恪士奇所赏识,与同郡姜遴齐名。郡中自从陈子龙、夏允彝倡导兴建幾社,发扬风骚(指吟咏诗赋),余音不绝,文章彪炳,社事(乡里文教、祭祀等事)中兴,而主导者必推颖儒与姜万青等人。

姚宏绪

姚宏绪,字起陶,娄县人。康熙三十年(公元1691年)进士,改庶吉士,授编修,充任《明史》纂修官。任期满后请假归乡,不再复出。本性嗜好吟咏,收集松郡自晋魏以来先达(先辈名人)及山人(方外人士)逸士(隐士)诗文,编辑《松风余韵》、《谷水文勺》为一郡文献。他自己著有《迟就草》、《胥浦类稿》、《十如塾杂抄》诸编。

林子卿

林子卿,字安国,华亭人,是林景旸的曾孙。年少时跟从包尔庚、李雯交游,读书每日达到一寸厚,对天文地理、律吕典章以及名物(名称和事物及其关系)象数(象,龟象;数,筮数。象数,指古代以龟甲、筮草占卜定吉凶的学问)之学无不贯通知晓。三十岁丧偶,不再续娶。所居一室,凝尘满榻,图书杂陈。同郡高待诏不骞与晚辈求学者说先辈善于读书者就举林子卿兄弟。他在蔡毓荣幕府为其编撰《通鉴纪事本末》一百卷。归到家乡后,太守鲁超聘请修撰《松江府志》,著有《素园稿》。

弟林子襄,字平子;林子威,字武宣;林子宁,字定远;林子仪,字元度。都以学识品行知名于当时。

沈　迴

沈迴,字子凡,娄县人。岁贡生,博涉经史,工于诗文,年轻时与司农王日藻、明经曹伟谟及王文恭兄弟同倡文社。晚年教授于朱泾。殿撰戴有祺、进士陶尔穟都与他交游。著有《潜积堂尺牍》、《诗稿》。

顾　衡

顾衡,字藿南,华亭人。父亲顾开禧,记载于《艺术志》中。顾衡嗜好学习,工诗古文词,与王文恭兄弟读书于西园,又与钱金甫、彭开祜等人举办春藻堂文会,名噪一时。康熙十八年(公元1679年),以贡生任临淮训导,不久去世。著有《鹤巢诗抄》、《盘谷诗抄》。

张泽莱

张泽莱,字敕和,娄县人。年少时与焦徵士袁熹同学,相互切磋为文,日益有名。以岁贡注选(注册后考核选任)训导,绝意进取。生平注重根本,务求实效,见义必为。晚年置备田三百亩以周济宗族中的贫困者。自己制定了详细具体的条约以规范行为。七十六岁去世。

郁 耀

郁耀，字宣夏，华亭人。父亲郁汝持，前明崇祯(公元1628年—1644年)进士，官评事，有文行(文章德行)。耀继承家学，为诸生，仅以年资贡入太学。生平善于鉴别人才，尝于诸生中赏识黄中允的优异，将他看作国士。同里王尚书鸿绪延请他教导自己的几个儿子。《横云史稿》的修订大多出其手。享年七十余岁。诗稿散佚很多，如今所存《无题》诗三十首、《东举咏物诗》五十首、《竹冈景物诗》十二首刊行于当时。

何世澄

何世澄，字遇清，娄县人，居泗泾。康熙二十九年庚午(公元1690年)乡试副榜，为人洒脱豪放，足迹遍及海内。总督蔡毓荣要推荐他，他坚决拒绝。后来蔡毓荣因事牵连被关押于刑部狱，何世澄精于易学，占卜他必为免罪，后来果然减刑流徙到艾浑。何世澄请求随从，蔡毓荣辞谢不许。何世澄说："据我预测，您不久将会赦罪召还，我随行正可增加我的见闻；再入都城当会分别了。"后来又果然如他所说。

归乡后闭门谢客，读书自娱。

儿子何德振，字钦文，康熙五十年(公元1711年)举人。

钱 茗

钱茗，字尚如，华亭人。为诸生，每次考试总是高等。康熙五十九年庚子(公元1720年)贡入太学。他注重根本，崇尚义行，有古人的风格。享年七十三岁。

曹伟谟

曹伟谟，字次典，号南陔，金山人。金香泾云：曹次典幼慧，年十一随父谒陈继儒，继儒大书"英才"两字与之。稍长，游夏允彝之门。(王豫《江苏诗徵》)徐世昌《晚晴簃诗汇·诗话》：曹次典生当明季，有声幾社。康熙中贡入成均(古代大学名，泛称官设学校)，忽忆故乡菱角而归，与从兄曹顾庵续举小兰亭诗社。钱仲联《清诗纪事》录收其《秦淮竹枝词》两首："戏演鱼龙夜不眠，梨园牌号阮家编。轻轻断送南朝事，一曲春镫燕子笺。"(此咏阮大铖事)"藩邸初来乐府奢，中官四出选良家。一朝马上琵琶去，井底曾无张丽华。"(此咏福王选美大事)有《南陔集》。

附嘉庆《松江府志》曹伟谟传(译文):

曹伟谟,字次典,华亭人,居干巷。岁贡生,尝游学于夏考功之门,名声很大。他的学识擅长于《春秋》内外传,尤其熟悉《史记》、《汉书》。向刘宾客学习写诗,晚年亲自考订《南陔集》。

儿子曹汉礼,诸生,善于写诗。

曹　绅

曹绅,字颛书,青浦人。父亲际飞,官任临城县令,有政绩声誉。曹绅由贡生等候吏部选任,授泰顺县令。这县以前审查丁口,官吏从中牟利,曹绅令民众以实自报,不得藏匿隐瞒,且置举首法,查出伪情五家连坐,因此没有脱漏,丁口比过去增加三倍而赋税不加,三个丁口缴纳一丁的赋税容易办理,上官称赞他有才能。因父母丧事而归家,不再出来做官。

弟曹国维,字四张。康熙二十一年(公元1682年)进士,官任内阁中书舍人。工于诗词。早年去世。

张　慧

张慧,字迪吉,娄县人。岁贡生,父亲张浚远得风疾,他日夜侍奉汤药,衣不解带者达三年之久。父亲去世,母亲周氏又卧病,他侍奉二十年,一日母亲突然病愈起床,士大夫都作诗称赞他的孝顺。

兄弟五人,同食递衣(几个人交替服用一套衣服),终身不分灶(“分灶”指弟兄分家)。弟张荀八得了肺病,家人不敢靠近,而张慧不离左右。

受业于清献公陆陇其之门,清献公陆陇其看重他,授《周易》、《毛诗》,于是他著《周易探微》、《毛诗会意》、《四书质疑》各若干卷。后来他选任繁昌县训导,讲授学问,考查士人,都依清献为榜样。享年七十四岁,学者称他为“胥浦先生”。

儿子张敦宗,字调一,岁贡生,钻研精通《周易》,性理诸书及天文、地理、刑法、赋役、音律无不穷究;兼工书画,文敏公张照推重他。

著有《静敬山斋古文葩经心得》(葩经即《诗经》代称)刊行于世。

邵式诰

邵式诰,字镜臣,青浦人。岁贡生,游学高士奇、徐文元之门,与陆祖修、陶尔燧等人为诗友。晚年自营生圹(生时自造的墓穴称为生圹),并筑东圃草堂。享年七十八岁。著有《东圃诗草》。

从孙邵炎,字珉高,廪生,年少丧父。事母至孝。有诗文名声。妻子去世,不再续娶,年未三十而去世。

陆闳

陆闳,字武佳,华亭人,居集仙街。诗作效法选体(仿南朝梁萧统《文选》著录古诗体所作的诗,称"选体",与唐以后近体诗相对),文章工于骈俪。以岁贡任兴化县训导,去世于官任上。

从子陆昆曾,字圃玉,康熙五十年辛卯(公元1711年)举人,以诗闻名。

邹允飏

邹允飏,字彦康,青浦人。以岁贡选任宝应县教谕。康熙二十一年(公元1682年),选任湖北当阳县令。该县流寇自从残破后其余孽仍占据竹房等处,军费纷繁,都取于民众,且经常有红船(运送囚犯之船及救生船称红船)之役。众官吏要按惯例摊派于民,邹允飏说:"这先例一开,会给民众带来无穷之累。"于是他自己拿出银钱五百派人去汉口修造船只,民众十分感激他。

二十八年(公元1689年),发生旱灾,他绘制灾区地图送上,全部免除本年度地丁钱粮,第二年又进行赈济抚恤。当时户口逃散,田地如同边境之地一样无人耕种,邹允飏勉励民众垦荒,于是归者如市。

夏包子因裁兵倡乱武汉、黄德间,距当阳二百里,旧裁之兵杂处其中,人心不安。众议练习乡兵,禁民出城;有人又劝修山寨为避兵之地。邹允飏不为众议所动,密约县中士大夫纠集家僮及村中勇悍者入城,并挑选役隶中有才能、办事干练者练习武艺,又召远近裁兵告诉道:"若能为我守卫,就给以粮食。"大家都踊跃听命。城外村落设置木栅,团聚什伍(古代户籍和军队的基层编制。户籍以五家为伍,互相担保;十家相连,叫什伍。军队以五人为伍,二伍为什),扼守险要,人们都意志坚定。贼寇倡乱被平定,撤走。

三十二年(公元1693年),以才能卓越被举荐,诏命以主事同知任用。他离任而去,民众描绘了他的画像供奉。

三十七年(公元1698年),听说姐姐去世,悲伤痛悼而去世。

王士瀛

王士瀛，字浩东，华亭人。读书过目不忘。刚满弱冠之年，诗文即脍炙人口。康熙二十九年（公元1690年），以礼经第一人荐举，主司抑置乙科（明清称举人为乙科，进士为甲科），后来竟不获录用。

王士瀛学问渊博，上自坟典（即《三坟》、《五典》，皆古书名。《左传》昭十二年："是能读《三坟》、《五典》、《八索》、《九丘》。后人附会称三坟为伏羲、神农、黄帝之书，五典为少昊、颛顼、高辛、尧、舜之书"），下至歌曲，无不研究。著有《自怡诗草》十卷，《词草》一卷。

姜蓥如

姜蓥如，字晖发，华亭人。九岁能写文章，祖父姜云龙极其赞赏。与兄姜翼威十分友爱。异母姐嫁于殷，殷因家难遭遇不测之祸，姜蓥极力营救，且以故居给她。

以贡生授太湖训导，修建学校，添置祭器，编辑县志。任满归家，去世。

著有《敬和堂稿》、《晋熙自在吟草》。

毕大生

毕大生，字雨稼，青浦人。贡生。诗在石湖（宋代范成大，自号"石湖居士"）、放翁（陆游，号放翁）间；书法学李北海、苏灵芝；工词，所作《帆影》、《帘影》诸阕为当时名家极力赞许。秀水朱彝真、海宁查慎行、嘉善魏坤、同郡高不骞都与他友善。游学京师，无人赏识，最后客死山东。著有《秋兰介雅堂诗》。蒋景祁选其诗入《辇下和鸣集》。

弟毕大启，字载积，工于画竹。

周　渭

周渭，字丹壑，华亭人。诸生，居望湖泾，与萧芷厓、吴日千、计子山、董樗亭相唱和，其诗扫除污垢，独标清新。著有《秋堂诗集》及《百幻诗》一卷。

冯　樾

冯樾，字个臣，华亭人，明代廷尉冯恩的玄孙。诸生，工于诗文，善于书法，与张若羲、王光承等人结吟社于西郊。贾中丞汉又聘请他修撰《通志》，详实得体。

弟冯镃，字天垂，诸生，有诗名，并工书法，年尚未五十而去世。

袁天麟

袁天麟，字振公，金山卫人。与侯指挥承祖的儿子侯功藩、侯美汉友善，经常以诗文相砥砺。顺治二年乙酉(公元1645年)，守卫城，袁天麟参与侯指挥军事。城被攻破，侯承祖父子都殉职，袁天麟侍奉母亲逃脱。后来归卫城，浇灌园圃奉养母亲以终。熊曰兰记载了他的传略。

张 宪

张宪，字汉度，上海人，是张彦的弟弟。诸生。父亲官比部(官名。明、清以比部为刑部司官的通称)，因受人诬害而下狱。宪当时还年少，拜伏宫阙诉讼冤屈，得以昭雪，人们将他比作吉翂。父亲去世，哀毁骨立，三年中未尝以墨绖(黑色丧服。古代礼制，在家守制，丧服用白色。如果有战争或其他重大事件不能守制，服黑以代丧服)见客。吴梅村、宋荔裳叹为真孝子。诗词文笔超凡脱俗。

享年八十二岁。著有《传砚斋丽瞩轩诗集》。

唐汝玫

唐汝玫，字次仲，上海人，是唐继禄的从孙。为诸生，以经邦济世为己任。崇祯十二年己卯(公元1639年)乡试中举，屡次参与会试不第，从此徜徉山水间，嗜酒好客，有田二顷，所入都用于宴饮。客人若谈及名利，就让他饮美酒不让他再谈下去。

康熙二年癸卯(公元1663年)授常宁县令，尚未赴任就去世。

儿子唐士龙，禀性孝友，善于诗文，闻名于时。

李 霞

李霞，字澹山。本姓沈，华亭人。诸生。父亲去世后不再应试，说："官禄用以侍养双亲罢了，我现在还有什么要求？"他闭门自修，一丝不苟，积授徒收入以营办安葬之事。穿戴方袍皂帽，虽贫安然无求，当时人们称他为"闲静先生"。

王 肃

王肃，字来雍，上海人，以例贡授泰宁县令。兵火以后，又发生大水，田地庐舍尽坏。王肃上任，招收流亡之民，劝勉开垦荒地，修筑城墙，减轻赋役，凋敝黎民重又复业。

因积劳成疾，去世于官任上。士民悲悼，将他作为名宦祭祀，并建立报德祠。

叶永年

叶永年，字丹书，上海人，是叶映榴的从子。年少时以自己的学业请王光承评议，王一见就惊异。游学京师，正逢开博学鸿儒科，平湖邵静山要推荐他，叶永年推辞，邵静山不同意，因而请同学钱金甫代替自己。

以前，商丘宋荦以诗文与永年相互契合，后来宋荦巡抚江南，招他而不往，选为赣榆训导也不赴任。著有《玉壶诗抄》。

曹家驹

曹家驹，字千里，华亭人。诸生，不求仕进，为人刚直，有经邦济世之才。同里夏允彝为幾社主盟，俯视众人，唯独与曹家驹为忘年交。遇事敢前，不畏权势，如白粮（明初都南京，就近向苏、松、常、嘉、湖五府，输运内府白熟粳糯米十七万四十余石，各府部糙粳米四万四千余石，称为白粮，令民自运。清代向江浙额征白粮，额九万九千石，分运京、通二仓，备分交内仓并酒醋面局、光禄寺及支发王公百官廪禄之用）的官收官解（解送、运输）、漕米的官收官兑、里甲的均田均役，都功在家乡。而石塘的成功修筑更是赖其大力。

享年八十余岁，与同里宋际、庄征骐一起祭祀于漴阙报功祠。

庄征骐

庄征骐，守武秋，华亭人。诸生，入太学，有经邦济世之才。先是松郡民众困于赋役、军兴（朝廷征集财物以供军用），多方供应，没有限度。凡机户、塘长、漕粮、赋役，应付它们，将使民众破家荡产。其后赋役改为均田均役，漕粮改为官收官兑，机户改属工匠，塘长改为民输官董，虽然这是李侯之功，但赞助促成其事者征骐之力为多。至于护塘一事，尤其关系到松郡民众的生命财产，征骐担任五十余年，最后改土为石，这功劳最为巨大，其他善事与之相比，显得小之又小。

娄令某罢官，因拖欠赋税牵累，长久不得解决。庄征骐首倡代为输纳，娄令某得以回籍，远近之人听说，都称他为义士。

马天麒

马天麒，字石来，娄县人。是县衙胥吏。李侯复兴提议实施均田均役法，群蠹（喻侵夺和损耗财物的人）争着用浮言虚语加以反对，唯独马天麒极力坚持此议。所以李复兴到朝廷主管刑狱,因为马天麒支持均田均役法,所以将他留下,且把查核田亩编审账册之事都委托给他。李复兴被罢官,想变更法制的人都攻击马天麒,郡人呼吁御史乞求留任马天麒,于是得以实施均田均役法,而且开始写成官府文书。

李复兴去世,郡人要买地将他安葬于钟贾山,但没有成功。后来郡人将马天麒安葬在这山上,立石作表志,祔祭于李公祠。

朱绍谟

朱绍谟,字铭范,上海人。事奉后母以孝顺闻名。父母去世,家境更加贫困,放弃读书而学种庄稼,筑梅花别坞居住。同祖弟朱绍凤当时在谏垣(谏官官署),朱绍谟整治家仆不许参与外事。

长子朱廷献,庚子(康熙五十九年,公元1720年)乡试中举,学习更加勤奋。到己未(乾隆四年,公元1739年)登进士第,衣锦回乡,正逢朱绍谟八十寿诞,锦衣奉杯祝寿,乡里为之荣耀。两次请朱绍谟参加乡饮酒礼,他不去参与。

殷鸿逵

殷鸿逵,字翮冲,华亭人。明代诸生。吴胜兆之乱,父亲殷之辂死于江宁。母亲是徐文贞孙女,兵乱后流离失所,进入燕地。殷鸿逵千里寻找,遇乔生说所居附近有像他母亲的人,殷鸿逵赤脚徒步前往,竟见到母亲,奉侍而归。御史王广心作《呜啼曲》以记其事。

徐　佺

徐佺,字霄宾,娄县人。诸生。是徐文贞的第五代孙。诗文豪放高雅,名震幾、求两社。

进入清朝,安贫乐道,严于自律。康熙(公元1662年—1722年)初,太守鲁超推重他的品行,登门拜访于他所居之地白洋庄,向他咨询地方利弊。徐佺说松江本是泽国,水利久废,应当疏浚。他说得十分详尽,鲁超深为赞许,但不久鲁超调离松江,没有实施他的建议。后人讲水利都遵照他的说法。

夏之夔

夏之夔,字西球,华亭人。诸生。博闻强记,写诗效法唐代大历年间的风格,与顾伟南、蒋大鸿诸人唱和。著有《复堂稿》。

从子夏鸣，字苹野，诸生，喜欢古文词，兼工于诗，著有《寄苹草》。

沈大至

沈大至，字伯雍，上海人。诸生，潜心濂洛（是濂洛关闽的简称，宋代理学的主要学派，其中“濂”指濂溪周敦颐，“洛”指洛阳程颢、程颐，“关”指关中张载，“闽”指闽中朱熹）之学，尤其深研于《易》，著有《四书贯》、《易经原》、《系辞津》、《纲鉴要》及文集数十卷，旁及天文、地理、医学诸书，都探究其奥秘。操守方正，讲学数十年，不愧为经师。康熙四年（公元1665年）举荐为乡饮酒礼宾客。去世后门人私谥为“敬修先生”。

张　恒

张恒，字北山，华亭人，秀水朱彝尊中表弟（父亲姊妹的儿女叫外表，母亲兄弟姊妹的儿女叫内表，外为表，内为中，合称中表）。壮年时喜好游历苏门（山名，太行山支脉，晋孙登、宋邵雍、元姚枢皆曾栖隐于此），探求孙征君、钟元遗书，拜见耿詹事逸庵于嵩阳，访问李中孚、王元异二征君（为“征士”的敬称。征士，不就朝廷征聘之士）于关内。久之，著《道传录》若干卷。后来移家林屋，藏书万卷，不再追求荣华利禄了。

陆承勋

陆承勋，原名坦，字履平，娄县人，居干巷，是陆清献胞弟，幼年出嗣于舅父曹默，随从其姓氏，事奉嗣父母，生养死葬，极尽礼仪和诚意。嗣父母去世后，有人请他恢复姓氏，却说：“我想到他们的抚育之恩，不忍心复姓啊。”

他临终的时候，才命儿子陆文炯辈归于陆氏宗族，立曹氏中贤良的人继承其祭祀。人们评论他恩义两尽。

他生平严于取与，一丝不苟，不失清献家法。

陈嘉绶

陈嘉绶，字彭年，娄县人，当湖陆清献妹夫。他积德不显露，好学不倦，藏书很多，清献为之题匾额挂其堂为“万卷”。

儿子陈济,字简庭,奉送舅父杂录一册,藏书篇目增多,重新加以编排,各以类分,共十二卷,名为《三鱼堂剩言》,海宁陈世倌作序而刊印。

还有清献公陆陇其的女婿李铉,字枚吉,金山卫学生,品学全优,陆陇其的美好言行他都记在心里,张伯行所刊刻的《读礼志疑》、《问学录》他都亲手抄录,选编年谱一部。当时人们把他的行为比作李汉对待韩昌黎(韩愈)、黄榦对待朱熹。

屠 旭

屠旭,字初生,青浦人。诸生,工诗。

儿子屠文漪,字涟水,娄县学生;屠宸桢,字周士,国子监学生。兄弟俩都以诗闻名,屠文漪还精于算学。

屠旭父子的著述,都被详细地记载在《艺文志》中。

陆 纬

陆纬,字星聚,青浦人。诸生。工诗古文,在春藻会中声誉蔚然。然而科举屡试不中,于是于佘山之麓修葺茅屋,行吟终老。

儿子陆晟,字临潭,康熙五十三年(公元1714年)举人,官任宿州教谕;陆聂,字扶桑,贡生;陆秉枢,字恪棐,县学生。都以诗文为人称道,陆晟的名誉尤为卓著。著述都记载在《艺文志》中。

孙子陆贻谷,金山卫学生,工诗,早年去世。

王宗蔚

王宗蔚,字崍文,华亭人。贡生。年少时与夏存古、顾子韶同学。

顾子韶,名家骏,是夏允彝的女婿,又与韩友一、计子山、王丽文有《四子诗余》之作。他所著有《蓉墅楼稿》。

陈 治

陈治,字山农,号泖庄,娄县人。诸生。工诗,出语惊座人。善画山水,风骨苍秀,饶幽雅之致。兼精岐黄之术。平生喜好旅游,足迹遍及天下。耿精忠闻其名,准备聘书、礼物招他,他坚决拒绝。

晚年隐居浦南,与二三知己饮酒赋诗,志意洒脱自如。著有《贞白堂稿》。

沈天成

沈天成，字上章，华亭人。康熙十三年（公元1674年）耿精忠反叛，沈天成与梁溪嵇永仁、会稽王龙光共同辅佐闽督范承谟（大学士范文程仲子，官国史院学士、浙江巡抚、福建总督等），被抓获，脚镣手铐，关押囚狱三年，坚贞不屈。获悉范承谟殉难，于是自缢而死。事迹上报，朝廷赐赠国子监学正。

范　青

范青，字筠坚，一字筑壑，号筠溪，上海人。诸生。曾为范承谟福州官署幕客。康熙十五年（公元1676年），耿精忠构乱，范承谟殉难，范青幸自拘禁中脱归。有《筠溪集》七卷、《澹秋容轩词》一卷，辑《画壁遗稿》。

附嘉庆《松江府志》范青传（译文）：

范青，字筠坚，上海人。诸生，诗才敏捷，交游浙闽制府范忠贞官署，十分投合相契。忠贞死于耿逆之乱，为之编辑《画壁记》传于世间。著有《筠坚诗稿》，其中《芙蓉影诗》三十首盛传于当时。

徐懋勋

徐懋勋，字南州，华亭人，居七宝镇。诸生，因奏销案被罢黜。初年受业于夏考功，中年百无聊赖，身心寄托于诗。后因《秋兴诗》几度陷入不测之祸，幸而中途得救获释。著有《蒲谿草堂集》。

施徵燕

施徵燕，字贻孙，自号春江钓叟，上海人，施维翰从子。学问渊博，命数不佳，怀才不遇，退居于蒲溪醉墨轩，以诗酒自娱。著有《青门草》，同郡许缵曾为其作序而刊印。

王　镠

王镠，字紫隽，华亭人，是诸生王焯的孙子。尝举办锡朋、振雅诸社。晚年闭户著书，对于史鉴之书尤多编纂，详见《艺文志》中。享年八十二岁。

儿子王用汲，字长孺，著有《容安堂集》；王宗洛，字安世，著有《澄怀轩自娱稿》。

孙子王廷和，乾隆己卯（二十四年，公元1759年）举人。

曹尔埏

曹尔埏，字彦博，娄县人，宗伯曹勋的儿子，学士曹尔堪之弟。府学生员，写作诗文如同其父兄，进士单恂把他看作邺(地名，三国时的魏都)中子建(曹植的字)。早年游学伊洛，拜访孙奇逢，讲性命之学，求学之人纷纷随从。结小兰亭诗社，尝赋《铜雀台诗》，脍炙人口。著有《道迩堂集》。

弟曹尔埴，字彦范，以贡授桃源教谕，教令详明。与陆清献公结为亲家，共相讲学。晚年家徒四壁，安然自得。儿子曹鉴如，以文章闻名。

唐于逵

唐于逵，字用仪，华亭人，唐之屏的曾孙。诸生，学识渊博，善于作文。应乡试不利，于是放弃举业，从事吟咏。尝与吴日千、孙澧有辈唱和，其诗集名《春浮室稿》。

杨　黼

杨黼，字来祉，娄县人。年少时尝受业于陈黄门。重视气节，以贡授鸿胪寺序班，选任汤阴知县。当时滇(云南)、黔(贵州)尚未安定，紧急檄文频传，民无安宁之日。杨黼除做好按需供应之外，劝勉农桑，兴办学校，办事不畏艰难。县遭雨雹灾害，庄稼严重歉收。杨黼坚决请求减免赋税，获准减征数千，民众庆幸更生。

晋升临江同知，代理知府政事。清江县令张某以漕规馈赠三千，杨黼严厉拒绝，张某内心不安，杨黼对待他如同当初，张某为之感动，悔改品行。巡抚某与粮道不相友善，要杨黼揭发他的短处，并威逼他如不服从将有灾祸，但杨黼不为所动，于是托病乞归。享年九十岁。

杨黼存利人之心，所至都有惠政。他去世后，有人不远千里前来哭拜其墓。

著有《莅汤拙牍》、《济美堂稿》。

黄朱芾

黄朱芾，字奕藻，青浦人。曾祖黄廷瑞，以孝行被人称道。祖父和父亲都早年过世，曾祖黄廷瑞抚育他长大成人，由县学生以例入贡考授光禄寺典簿，选为广西梧州府通判。当时南山贼寇数千人，四出抢掠，官兵剿捕半年，其势焰更加嚣张。黄朱芾与梧州副将某带兵深入，多有俘获，再以好言按抚，盗贼解散，境内得以安宁。

历任苍梧代理县令及掌管浔州府印，尝奉命清查各州县钱粮，尽得实情。升任镇安知府，泗州府土司互相争夺地盘，长久不得解决。命黄朱芾前往审查，有人以三千金暮夜馈赠，黄朱芾拒收。去世于官任上。

著有《崧村诗稿》、《素心》等集。

邬景超

邬景超，字旷思，上海人。有胆略，喜欢读孙吴(孙武和吴起，战国时都以善于用兵闻名，后世都孙吴并称)之书。康熙戊午(十七年，公元1678年)，闽督姚启圣进剿郑逆(清朝统治者对郑成功及其后嗣的蔑称，下同)，发檄文招募勇士以壮军威。邬景超倾其家产聚集乡兵百人，携粮前往应募，授守备之职，命他以兵隶副将蒋懋勋麾下，驻扎于赤岭。邬景超不避矢石，屡立战功。辛酉(二十年，公元1681年)提拔为左都督，与督师大臣商讨攻取要略。癸亥(二十二年，公元1683年)，姚启圣统率将士抵达厦门，与水师提督施琅密商荡平之策。六月，清兵乘风顺潮直捣澎湖，一鼓而胜，贼寇窘迫，只得投诚。邬景超奉令往台湾迁移郑逆及逆将刘国轩、冯锡范至省。十一月，海岛全部征平。邬景超在军中六年，参与机谋，身经百战，尝身不解甲立连绵大雨中十二日。流矢贯穿臂肘，拔掉它后，裹伤复战，终获全胜。

战事结束后，他弃官而归，与弟邬克非耕织以奉养双亲，有空闲则讲伦理学，拈取题目吟诗作歌以为乐。他的诗词清奇脱俗，他人不能及。

路可适

路可适，字仲登，华亭人。年高而有潜德(不为人知的美德)。康熙己巳(二十八年，公元1689年)圣祖仁皇帝南巡，可适当时年为八十五岁，以高龄接驾(迎接皇帝)，皇帝问候他，并赐高年匾额，命华亭令朱腾蛟送至其家。又经过十一年去世，享年九十六岁。

儿子路垓，自有传。

顾　名

顾名，字予宾，青浦人，以耕读为业，工于诗，每日在井臼机杼旁与子女唱和为乐，吴梅村极力称道他们。

儿子顾问，字七思，精篆刻，著有《强裁诗草》及《花果百咏》。女儿顾步，事迹见《烈女传》。

叶向春

叶向春,字完初,华亭人。父亲芳枝病重,叶向春挖右臂肉煮汤给父亲喝,病立即痊愈。母亲陈氏心疾危重,叶向春又割左大腿上的肉进献母亲,心疾也渐愈。

后来又有割股疗亲的,有诸生秦日旦,十五岁童陆阶,九岁童陈世恕,北郊人宋文恺,诸生夏纬。

丁务舆

丁务舆,上海人,是位农家子弟。尝在路上拾到书信和白金,知道是有人因父亲生病向亲戚朋友乞求借钱以急用的,如数归还了失主,且不告诉姓名。又在市南拾到数十两金子,经过十多天仍不知道失主,就将此事通告于通衢大道,遗失该金子的人终于前来领取。莫秉清为之作《还金记》。

儿子丁守安,孝顺而朴实,顺治十年(公元1653年)母亲诸氏病重,丁守安割左股作羹进献,母亲之病不久痊愈。一年以后,丁务舆患暴病,濒临死亡。丁守安又割左股疗父。后来父母寿各八十多岁。兄弟四人友爱和睦,壮年丧偶,终身不娶,乡里人们称他们为孝义之门。

姜元凯

姜元凯,华亭人,明代太仆少卿姜云龙的孙子。幼年就有纯厚的情性。父亲姜镜如客居京师,他侍奉母亲居于家中。有人引诱他出去嬉戏玩耍,他不为所动。年逢灾害,随后又流行瘟疫,姜元凯默默向天祈祷。刚开始夜读,听到空中说道:"里有孝子,勿可侵犯。"当时路上死者相枕藉,但与姜元凯相邻的人却安全无恙。

又尝随父亲渡江,到了江中,忽发暴风,船几乎要被掀翻。姜元凯抱住父亲,向天呼告,这时好像有人将他们扶持登岸。

圣祖仁皇帝(康熙)南巡,内大臣马公的车驾到达松江,住在他家,要带他前往,因父母年老而推辞。

后来父亲失明,姜元凯遍请名医治之不愈,因而悲伤过度,呕血数升而死。年四十八岁。临终时有诗道:"但愿曾参养曾皙(曾参之父),谁知颜路(颜回之父)泣颜回。"闻者为之悲伤。

沈 儒

沈儒，字稽中，青浦人，诸生。父亲沈君化，有怨家到军门诬蔑他反叛，派遣吏役捕捉。当时官府正处理反叛狱案，株连拘押每天数百人。吏役来到，全家惶恐，沈儒挺身而出说："我即是沈君化。"审讯时神色不变，言辞通畅，道理正直，得以释放。沈君化感叹道："儿子的身体是我生的，但我的身体是儿子让活下来的。"

沈儒精研《尚书》，著有《尚书说》刊行于世。

张之普

张之普，字闳祖，娄县人。父亲张宫，字处中，起初与邵梅芬、徐桓鉴、王沄游学陈大樽（陈子龙）之门，人称四子，在幾社中有声誉。

张之普遭母亲丧事，哀毁骨立，住墓旁草庐三年。康熙辛酉（二十年，公元1681年），父亲张宫客居中州卧病，张之普急忙奔驰前往看望。父亲去世，他抚棺痛哭，气绝而复苏；扶灵柩归来，气息一天天微弱；到家设祭，身居草庐，头枕土块，随即去世，事迹上报，官府予以表彰。

何友晏

何友晏，字九升，华亭人。诸生，专心求学，岁科试（清制，各省学政，周历各府州，考试欲应乡试的生员，谓之科试）九次夺冠。古今体诗及书画都擅长。尤其知晓医学，客都中，以通才为世人推重，京畿贵人争着邀请他。康熙（公元1662年—1722年）初归里，与宋辕文、周釜山诸人同修郡志。有《南北游草》。

孙子名何澍，字超宗，传承祖父的医学，且有发挥。

庄之逊

庄之逊，字志生，华亭人。年未满三十丧偶，不再续娶，鳏居长达四十年，人们称道他的义气。同里高士吴骐、沈白都赋诗赠他，吴骐诗说："南山有贞柏，不逐野花春。"沈白诗说："吉士抱幽素，贞心千载传。"

王 岐

王岐，字一凤，华亭人。禀性洒脱，富有才略。郡盐税的征收输纳都在杭州，航运旅费远超法定的赋税，盐民深为困苦。王岐同情他们。恰逢同郡王日藻任户部长官，王岐想一切课税王日藻都应当过问,因而进入都城向他陈述盐课的利害状况。王日藻上疏得到朝廷准许,从此本郡盐税收纳属本郡有司管理。另外,温、台、宁的税收有改销摊派一款,累及松江府,按户籍代偿,每年计四千二百余两。王岐又向两省反映,经会同审核,这项摊派得以免除。他有功于家乡就是如此。

沈宏烈

沈宏烈,字元功,娄县人。以孝顺闻名。尝出资建造宗祠,亲戚宗族中有人因贫困而不能婚娶丧葬,他都及时资助。里中若有义举,他都竭力担当;如果自己力量不够,则首先予以倡导。人们推崇他的义行。生平注重实际,不以文章传扬声誉。康熙十六年(公元1677年),郡守鲁超核实情况,举荐他为乡饮酒礼宾客。

张至大

张至大,字伯宏,上海人。同灶吃饭的人多达一百,人们将他看作“公艺”(家族中公认的有德有才之人)。康熙八年(公元1669年)发生饥荒,他捐租五百石以赈济饥民。里人李二出卖女儿以偿付债务,他返还了债券(意即取消了债务)。山西商人王晋客死(死于异乡),他为其备办棺柩收殓,并召见其儿子,提供路费,以便归葬。康熙十二年(公元1673年)患病,他置办酒席召集亲族,命儿子张永吉将他人欠债之券全部烧毁,然后薰香沐浴而逝。

弟张至刚,字君毅,十八岁,代兄担任北运劳役,同役胡中因船沉没而被关押,他倾囊借钱给胡中,得以释放。又因年岁饥荒,他捐献赈济粮六百石,招募饥民疏浚洋泾、海塘、新港等河,以工代赈,饥民赖以存活者达万计,人们赞颂他的高义。

同时还有顾廷铨,也以义行称颂于当时。

王怀奇

王怀奇,字玉圃,祖先居薛淀湖滨。明末盗贼蜂起,怀奇奉侍母亲避居朱泾。母亲七十三岁去世,期间他孝顺备至,以使母亲欢喜。弟去世,抚育孤侄如同自己儿子,等他长大以后,分出自己的财产给侄子。同里有节妇,与其瞎眼的儿子相依为命,王怀奇时常周济她,二十年不间断,也从不告诉别人。

儿子王丽天,乾隆十三年(公元1748年)进士。

乔 恩

乔恩，字三尹，上海人。父亲乔英魁，明代诸生。母亲陶氏，贫困年老，因病卧床，乔恩刚九岁，乞求亲戚，借贷粮食，以供奉母亲。每日奔波，脚尽红肿，但终年毫无倦色。母亲去世，在墓旁草庐中守丧三年。

侯廷观

侯廷观，字燕胥，金山卫人，是怀远将军侯端第十世孙。还年幼，母亲王氏病危，他暗中割股拌和于药进献母亲，病得痊愈。过了一天，家人才知道，事情渐渐上传，县令表彰其门庭。后来母亲去世，哀毁之状，超过成人。事奉继母如同生身母亲。待各位弟弟友爱无间。

以贡生授望江县教谕，因才能卓越，提升为本县县令，有良好的政绩声誉。

徐念肃

徐念肃，字慎斋，金山卫人。父亲嘉猷，以孝行被人称道，尝割股疗亲。徐念肃官任山西通判，迎接父亲到官署，孝顺备至。前任官员去世于任上，留有好多亏欠，临终以二妾献上，乞求代交亏欠。徐念肃不予接受，死后经办其丧事。居官清廉谨慎。因父亲年老，乞求回家奉养。

孙子徐学烜，诸生，以品行淳厚、爱好义举，承传家风。

高维岳

高维岳，上海人，居周浦镇。父亲高恩，好义乐善，明万历十六年（公元1588年）灾荒，他煮粥赈饥，赖以存活者很多。十九年（公元1591年）海潮泛滥，高恩收葬溺尸无数。又重新修订乡约，资助建造济农仓。高维岳禀性淳厚，父亲病重，呼天要求以身代父，割股和药进献。事奉母亲也同样孝顺。双亲去世后，各于墓旁草庐内守丧三年。明代巡按御史某上疏题奏，予以表彰。清朝巡按御史李某也赐予粮食布帛给予表彰。

儿子高象辰、孙子高廷亮，都是诸生。

同县还有夏汝法，母亲生病，冬天想要吃鱼，夏汝法带病冒雪去捉鱼。妻子何氏同情婆母牙齿已掉落，以自己的奶水喂养她。儿子夏廷彦尝割股治疗父亲之病，县里人们将他称为孝子。

又有杜启贤、朱养豫,台使都将他们作为孝子表彰。

丁文扬

丁文扬,字君徵,上海人。崇祯(公元1628年—1644年)间捐谷赈饥,救活好多人。旧友的儿子因家贫而将自己卖身,丁文扬捐钱将他赎回,并为他娶妻成室。族叔(同高祖兄弟之父,比自己父亲年轻的称族叔)没有后嗣,他奉养终身,去世后予以安葬。又尝担任逃亡者的赋役,且毫无责备之言。

同时又有蔡国珍,在凶灾之年,出资掩埋露骸,并筑堤岸挡水,人们赖以得利。

陈迈

陈迈,字万之,上海人。祖父陈星伯年老,没有美味佳肴就吃不下饭,陈迈夫妇尽力办到以供奉,但自己则经常挨饿。祖父喜欢临摹古帖,陈迈预先购买纸笔使其无缺。康熙七年(公元1668年),郡守以顺孙(孝顺祖父母的孙子,常和孝子并称为孝子顺孙)表彰他。

徐光祖

徐光祖,字明卿,华亭人。父亲徐可大,金山卫指挥,乙酉(顺治二年,公元1645年)殉节。徐光祖事奉母亲十分孝顺,数十年如一日。抚育幼弟成家立业,且十分友爱,到老亲密无间。禀性喜好施予。尝浇灌园圃,自食其力,足迹不入城市。康熙己亥(五十八年,公元1719年)以耆硕(年高而有德望的人)举荐为乡饮酒礼宾客。

儿子徐枉国,字圣兼,诸生。品学纯正。

孙子徐照,字赤霞,金山卫学生员,工于诗。

陆潜

陆潜,字伏庵,上海人。尝到城内店铺收纳场地租金,主计者多给二两多,到了旅舍,发觉此事,将要去改正交还,有人阻止他说:“往返数里,且有风雨,难道不可以推迟几天吗?”潜说:“店铺商贩本钱微少,亏其本有违人情。”于是冒雨前去返还。

当时同县还有张士麟,也以归还拾到的遗金并交还漕米串(即串子,明代官仓收到实物后所开的收据)四十石称道于时。

张懋信

张懋信，字咸孚，上海人，诸生。奉侍母病，衣不解带者数月。母亲去世，哀毁几乎丧生。年龄不到六十岁去世。

儿子张文龙，幼年通晓十三经，成为娄县诸生。张懋信去世，因过度哀伤而死，人们都为之惋惜。

金　铭

金铭，字名佩，上海人。贡生。亲戚秦某欠其债一万五千金而逃亡，有人劝他诉讼，他不听。康熙十三年（公元1674年），军籍黄文兆因漕运拖欠税赋，抄没其家产入官。黄文兆死于狱中，金铭很同情他，典押财产得到借贷以补其欠款，官府才释放了黄文兆的儿子。

儿子金泓，有父亲的风格。

唐　彬

唐彬，字慧武，娄县人。庠生，禀性十分孝顺。父亲唐醇病死，彬与弟唐定昌都去参与科试（清制，各省学政，周历各府州，考试欲应乡试的生员，谓之科试），不能参与含殓（含，古丧礼，放在死人嘴里的玉物，字也作“唅”、“琀”。殓，给死者穿衣入棺）。归来悲痛号哭，几次昏死过去。暗中前往投水，被船员发觉而救起。从此思念父亲不停，屡次要在学馆中投缳自尽，每次都被馆童解救。到康熙乙丑（二十四年，公元1685年）正月，一天夜里竟自缢而死。同里的奚鋐照为之作《唐孝子传》。

唐景隆

唐景隆，上海人。与周氏女订婚，后来知道这女子有癫疾，父母要退掉她，景隆说：“这是我命中注定的。”于是就成婚。生下儿子名唐廷士，成为举人。

宋士恺

宋士恺，字宣豫，华亭人。附贡生（定额之外增取的贡生）。世代有潜德。宋士恺工于文艺，且有品评鉴别的能力。漕泾范莞公勰家境贫困，尚未显达，宋士恺看到他的文章即击节叹赏道：“此子必登科第，可惜寿命不长。”随即将孙女嫁给他。后来范勰成进士，官任主事，早年去世。

宋士恺生平慷慨多大志，才能出类拔萃，足迹行遍南北。尝客居湖广，在外二十余年，娶妻生子，有庶出(非正妻所生)一支仍在襄阳。

儿子宋缘庆，孙子宋如璟，都是诸生，有名于当时。

陈莀

陈莀，字宸赤，华亭人，是明代祭酒陈询的后裔子孙。为人有纯厚品性。父亲病重，愿以身代；去世以后，则在墓旁草庐守丧三年。生平爱好读书，善于吟咏，著作很多，可惜毁于战火。流传下来的他所镌刻的《传耕堂集》五卷则是劫后余灰。中允黄之隽为之作序，称其“清拔高雅，发挥精切”。

吴燧

吴燧，字蕃宣，上海人，居下沙。为文平和淡泊，深厚美好。年届四十余岁才受到学使高裔的赏识，中庚午(康熙二十九年，公元1690年)副榜。居家孝顺父母，友爱兄弟，禀性恬淡谦退，于杭州西湖曾为尚书张照授经，张起麟、顾成天等人也经其指授。著有《存初文稿》。

周仁灏

周仁灏，字尧夭，华亭人，居大茫荡。慷慨好行义举，临财不苟取予。里中有陈氏，一向富裕，对他托以家事，历经二十余年。到陈氏去世，全部按数归还，没有丝毫私占。又操办他的后事，人们以为这是难能可贵。

曾于硖石镇卖米，商家多给他二十金。开船回来途中经检点发现，立即调转船头，返航前去归还。

周仁灏个性刚直，人有过失，不能容忍，即使尊贵之人也要当面指出，然而为人坦率，没有心计，人们为此都信服他。

张用栋

张用栋，字逸九，娄县人，寄居青浦。是位有名的诸生。家院水边有群盗，半夜进入弟弟的居室殴打，弟哀号声响彻户外。张用栋急忙披衣持棍跃入。这时盗贼有数十人，邻人都不敢上前，张用栋率领两位仆人奋勇抗击，盗贼逃走，弟弟得以获救。当抗击群盗时，他背负重伤，似乎没有感觉。张用栋本是文质彬彬的书生，因救援兄弟所以奋不顾身。

游学京师,公卿争相热情迎候,以国士礼接待。然而屡试棘闱(科举时代的试院)不得中式,士人议论为之惋惜。

曹尔垶

曹尔垶,字珣公,娄县人,是武选郎曹珏的五世孙。幼年丧父,由从父(父亲的兄弟)曹谦抚育他。曹谦去世,他尚未及冠,守丧哀毁骨立,殡葬均按礼仪。长成后为人诚朴宽厚,不是故意侵犯,他不予计较。重视伦理情义,存心有利他人。亲戚宗族中人若有困难,他赈济抚恤惟恐不及。

荆溪县的役吏王桧贫困而丧偶,客居云间,曹尔垶爱其才,为他娶名族之女,生育一位儿子。王桧去世,给他殡殓安葬。外甥沈清幼年失去父母,关怀抚育他如同自己的儿子,且始终不倦。族侄(同族兄弟的侄子)曹鉴远,年已八十,设馆授徒于外地的独子暴病身亡,他立即予以棺殓,且不让族侄曹鉴远知道;后来曹鉴远去世,又操办他的丧事。其乐善好义大多就是此类事情。

他曾著训家箴言道:"人生相感以诚,造物所忌者伪。"观此训家箴言可见他的学识和品行了。

雍正(公元1723年—1735年)初,因为儿子曹鉴临贵,封为编修。

宋俶业

宋俶业,字载南,华亭人,居青村港。父亲宋弼,前有传。宋俶业幼年丧父,事奉生母孝顺。母亲慈祥好施,宋俶业善于体察她的心志,凡是用以帮助亲族、周济贫苦者的事,无不尽心去办。旁舍失火,危及母亲,他闯入烟火,背母而出,不顾室中财物。母亲怕冷,每逢腊月则睡在母亲脚边以温暖其足,历三十年如一日。

弟宋侗,字谦佩,诸生,有名。但屡次失意于科举考试,从此绝意仕进。其言行足以作人们的规范,有人将他比作陈太丘。

施继龙

施继龙,字乘六,洞庭东山人。因贸易而居娄县西郊,尝在路上拾到遗金,等候失主来到,如数归还。

宋珩等人

宋珩,字嘉璧,华亭人,居东新市。以孝顺双亲闻名全乡。当权者表彰其所住的里弄之门。

同时还有庄廷英、路怀耕、韩以增、庄汝金、程坤、缪瀛凌、顾荣、顾缙,或生平孝顺双亲,或割股疗亲,都载入县志。其孝友品行,足可感化人心。因为他们日常的行为相同,不再一一予以说明。

陆恒颖

陆恒颖,上海人。家境贫困,十分孝顺。母亲梅氏患病,绝粒数日,陆恒颖哭祷灶神,割股肉拌和汤药进献,母病很快痊愈。

徐运泰

徐运泰,华亭人,相国徐文贞公后裔子孙。家门世代行义,徐运泰尤多阴德,与妻子朱氏都享年一百零一岁。

儿子徐昌祚,享年一百零六岁。其妻子姚氏,享年一百零三岁。徐昌祚儿子徐建章享年一百岁,其妻子罗氏享年九十一岁。

三代淡于名利,得享全天年之福。而夫妇同为长寿,尤为世所罕见。

朱龙田

朱龙田,华亭人。有《壶中天》传奇一本。

戴有祺

戴有祺,字丙章,号珑岩,娄县人,原籍休宁。居钱泾桥,以金山卫学生乡试中举。康熙二十七年(公元1688年)成进士。三十年(公元1691年)补行殿试,进呈本列第二,皇上以为书法精美,置为第一,授翰林院修撰。不久因父母丧事而归里。守丧期毕,回到翰林院。康熙四十一年(公元1702年)考试,内直诸词林官(值班翰林院处理事情的官员)。

降职为知县,乞请告假而归,于是不再出来做官。

有祺禀性方正耿直,为人超凡脱俗,写作文章奇特古朴似柳宗元,诗学林和靖、范石湖,成进士十年,未能充分施展自己的才能,尝自序诗集道:“尘封之编,时一展

(打开)焉;锋尽之笔(笔锋已磨损尽,喻文才迟钝,为自谦之词),时一试焉。其薄(才薄)也,由于读书之不多;其率(轻率)也,由于落笔之太易(轻易)。”先辈的谦虚竟为如此程度!晚年筑室蒋泾桥,累叠假山,面临流水,仿效欧阳公作一画舫,吟啸其中。后来由于贫困,又将此画舫卖掉。挂匾额其居室为“慵斋”,作《慵斋野老传》以寄托胸臆情怀。

康熙五十年(公元1711年)去世。著有《寻乐斋诗集》。

袁枚《随园诗话》:“沈存中云:‘诗徒平正,若不出色,譬如三馆楷书,不可谓不端整;求其佳处,到死无一笔。’此言是也。然求佳句,诗便难作。戴殿撰有祺句云:‘但得闲身何必隐,不躭佳句易成诗。’”

张永铨

张永铨,字宾门,上海人,张宸侄。康熙三十二年(公元1693年)举人。以《西山游记》得名。宋牧仲(宋荦)谓其“文则苏、韩,而理则程、朱”,“今文集具在,固不诬也”(王豫《江苏诗徵》引《松江诗话》)。邓子诚认为“其文雅饬,议论足观,志传之作,多有可采”(《清诗纪事初编》)。有《天文论》、《人论》、《性论》、《请复上海文庙礼乐仪》、《请实行乡约议》、《请作兴义学议》诸篇。《与汪东山书》,力论科场之害。张永铨诗也倜傥,有《河上纪事》九十六韵,叙述甚备。张诗体格近香山,有得之言居多。与宁都魏禧兄弟纳交最笃。有《闲存堂文集》十四卷、《待删诗集》五卷、《蓟门游草》一卷、《豫章游草》一卷、《西村近稿》一卷。

附嘉庆《松江府志》张永铨传(译文):

张永铨,字宾门,上海人。康熙三十二年(公元1693年)举人,授中书,改为徐州学正,尚未上任即去世,私谥闲存先生。

张永铨精研经典,学识渊博,极力推崇程朱理学。写作古文,为时人称道。宋尚书荦曾请他主持嵩山书院。著有《闲存堂文集》。

廖凤徵

廖凤徵,字樾阡,娄县人。以贡入太学。泽州相国推重其才,请他任学塾教师。康熙三十二年(公元1693年)举人,选授林县知县。该县风俗,民众剽悍,难以治理,廖凤徵恩威并用,风俗为之大变。又均平户役,民众感怀其恩德。

因为母亲去世而归来。

王　桢

王桢,字薇士,娄县人。是王升的曾孙。康熙三十三年(公元1694年)进士,进入翰林院。因母亲年老而请假归来奉养,不再出来为官。

王桢禀性仁慈宽恕,尽力施行善事。于干溪创别业(别墅),读书著述,老而不倦。

小儿子王祖晋,官任卫辉府知府,自有传。

程仪千

程仪千,字言远,娄县人。是陆清献的高足弟子。清献称其文章都传承了先儒正宗风格,这赞语记载在《困勉录》及《年谱》中。以广西籍中康熙三十五年(公元1696年)举人,改归娄县。出任泌阳县令,修缮城墙,建造学校,创办书院,筹划荒政(救荒的法令制度)。夏天干旱,发生蝗灾,他祷告于神灵,忽有鸟千百啄蝗虫,秋天获丰收。县奸民谋划开矿,啸聚鸡鸣山,将要作乱。程仪千单骑前往,晓以利害,众徒解散。政绩第一,提升为刑部主事。上奏调任国子监助教,仍享受刑部主事俸禄。因病乞求归来。

程仪千禀性孝友,守丧尽礼,与诸弟到老亲密无间。终日端正而坐,自谓没有超越别人之处,只有"恭"字,自觉做得还不差。因而以"恭寿"命名其堂。享年八十六岁。

张　棠

张棠,字南暎,一字吟樵,娄县人,是张集的儿子。康熙三十五年(公元1696年)举人,官任户部员外郎,改任刑部郎中,出任桂林知府。为政简练严正,决狱明断宽仁。审讯复杂激烈的狱案,如斧劈决断,顿时使纷繁的案情显得条理分明;看似泰然自若,不动声色,但多年的难狱都得以审清。当时各府知县盘查流民男女老少二百七十多人,分别核查,等候评定,羁留日久,饥困欲毙。张棠首捐俸廉(清制,文武官员除正俸外,另给养廉银,合称"俸廉"或"廉俸"),报告上官请求赈济,民赖以存活。僮瑶劫掠村庄,真正的凶犯往往窜匿山谷,监禁者大多为无辜而受牵累。他于是检查积案,全部予以开监释放。其他因受牵累而被关押的狱案也都这样予以清理,监狱顿时空无一人了。

开设华掌书院，对广东生徒，资助学习津贴。修筑城东南顺成桥，以方便行旅之人。

出任桂林知府三年，朝廷诏命允许他的乞求，回家奉养双亲终老。

张棠家本来富裕，他居乡间，每逢旱涝灾害，米贵，则设法济贫，前后减价平粜，动辄以数千石，乡人尸祝（立尸而祝祷。尸，代表鬼神受享祭的人）之。西部边境用兵，他请求拿出农产资助军饷。雍正八年（公元1730年），朝廷因苏松水道淤塞，大开国库拿出资金用以疏浚吴淞江故道，他又请资助银两三万。世宗宪皇帝（雍正）予以嘉奖，特授太仆寺少卿。七十三岁去世。

康熙十六年（公元1677年），与陶尔燧、姜遴、庄永言、戴有祺等，在松江结大雅堂社，互相酬唱。“其诗欲以风调胜，而骨干未遒”（《四库全书总目提要》）。有《赋清草堂诗钞》五集（《白云吟》、《一肩吟》、《独宜行》、《江上吟》及《雪蓬吟》）。

儿子张卿云，字庆初，以诸生贡入国子监，后来他由于先人的功绩和捐献可以授官，但因母亲年老而不去吏部等候派选授官而回来，与弟张景星友爱无间。抚育外甥，安葬老师，乡里推他为长者（品德高尚、恭谨厚道之人）。张景星字二铭，候补主事，禀性谨慎忠厚，喜欢接待宾客，通过占卜选择在城南修筑梅园，名流宴集，以吟咏歌舞为自豪，有孔北海、刘道和的风度。享年七十六岁。

周 彝

周彝，字策铭，号寒谿，上海人，后迁居松江城里。康熙三十六年（公元1697年）进士，选庶吉士，散馆后任编修，纂修御书，屡得嘉奖。在国子监时，祭酒王士禛奇其才，谈论诗古文，有水乳之契。虽名声日盛，却更谦和浑厚。曾充云南乡试考官。后授浙江督学，未任卒。周彝性真挚，其房师熊开初卒于新安知县任上，周彝自京驰赴，为之料理身后一切。又性好游，曾渡钱塘江，涉严子陵濑，登孤屿，仿佛谢灵运之游踪，故其诗颇得山水清音。馆选后因丁忧归里，服阕（古代服丧三年后脱掉丧服谓之“服阕”），又游于诸暨，溯九溪，寻五泄之胜。其诗尽崖谷，状其情形。才力雄怪，凿险缒幽，令人骇怖。（见《江苏诗徵》）四库馆臣认为其诗“皆洒洒千言，才锋横溢”。有《华锷堂诗集》、《侍疾日记》。

附嘉庆《松江府志》周彝传（译文）：

周彝，字策铭，娄县人。康熙三十六年（公元1697年）进士，改庶吉士，授编修，主持云南乡试。当初在太学，祭酒王士禛觉得他的才能出众，授以诗古文，于是有名。本性推崇古道，曾徒步安葬老师于石首。

弟周鼎，诸生，也是知名人士。

吕 樾

吕樾，字开藩，青浦人。康熙三十八年（公元1699年）顺天举人。喜欢出游，足迹半天下，所到之处，当权者以师礼接待他，登上他门庭的大多是显贵要人，大学士高斌是其中最著名的一个。

出任陕西盩厔县令，有良好政绩，因年老而乞求回家。

家居二十年去世，享年九十一岁。著有《环溪集》。

张德纯

张德纯，字能一。祖先本姓郏，是晋大夫郏张的后裔，由昆山迁到青浦。康熙三十九年（公元1700年）进士，授中书，改授常山县令。遭遇饥荒，张德纯于捐赠赈济外又请发放国库粮食数千石，分置城乡各地平价出粜，而且按贫民人数贷食，到秋熟归还国家粮仓。五十四年（公元1715年）再次发生饥荒，他又请求供应粮食，借贷平粜如同前述。饥民赖以存活。县内征收地丁赋税，分别缴纳，丁赋不足，往往摊派到贫苦的民户。张德纯在编审时请求以土地数量来均平丁赋，民众的困苦得以解除。江西、福建的农夫，春天种植大麻，秋天则常有掠夺成熟的大麻之事，为此一向多有纠纷，德纯设立户长以查考，人们不敢侵犯。后来因失察（疏于检查督察）旗人（清朝将满人分为八旗，分别为正黄、正白、正红、正蓝、镶黄、镶白、镶红、镶蓝。后来又将蒙古、汉军各分为八旗，共二十四旗。凡被编入旗籍的人称为旗人。后来一般作为对满族人的泛称）而被解除职务。

张德纯年少工诗，著有《松南诗抄》。晚年钻研经书，对《仪礼》、《周礼》都有注释。他的《诗经解颐》、《孔门易绪》、《离骚节解》更是竭尽精力而成。六十九岁去世。

儿子张之顼，以岁贡选任印江县令。孙子张凤孙，自有传。

施惟讷

施惟讷，字予宪，上海人，是施维翰的从孙。康熙三十九年（公元1700年）进士，授兰溪县令，多有惠政，因父母丧事而辞去官职回家守丧。守丧期满，补授山西荣河县令。遇到特大灾荒，不待报告请求即开国库赈济饥民，有人阻止，施惟讷说："为民请命，即使获谴责有何可惜?"当时朱文端巡抚山西，特别推重他，以政绩卓著推荐他升任大同知府。

儿子施念祖，官任杭州府通判。

张维煦

张维煦，字和叔，娄县人。是张集之弟。康熙四十一年(公元1702年)乡试中举，与弟张梁同榜。工于诗文，待人诚恳，有过失就当面批评，不稍宽恕，尤其重视气节和情谊。座主(主考官)陈时弼因公受谴责，张维煦竭力维护，几乎破产。亲戚朋友有贫困者，解囊相助，不存德色(自以为有恩于人而形于脸色)。弟兄分家析产时，他推多就少，人们推重他重视兄弟情谊。两次选为中书舍人，都不去就任。每日以文史自娱。八十三岁去世。

儿子张梦徵，另有传。

华　谦

华谦，字履光，上海人，华鹤鸣的孙子。康熙四十四年(公元1705年)举人，代理山东巨野县令。逢到饥荒，宪司(按察司)酌情调拨嘉祥县粮食赈济，命令民众到嘉祥领取，嘉祥县有人暗中拿取，后来更公然抢夺，无法禁止。华谦请将本县的粮食平粜给饥民，再将嘉祥调拨的米平价买进以补充本县所粜之米，情势赖以安稳。

调任高苑县令，该县风俗喜好仇杀倾轧，辗转株连。华谦痛革其弊。

不久请求改任教职，补丹徒教谕，去世。

钱　珂

钱珂，字以朝，青浦人，本姓陈。康熙四十五年(公元1706年)进士，选授山东莱芜县令。禁止里长包纳税粮，惩治妖徒邪说惑众。

邻县盐徒孔振功等放肆横行，巡抚李某认为招致其首领，则余党无能为力，因而招安孔振功，授以材官之职。盐徒也苦于没有主宰，不相统一，假说孔振功前来愿意投诚。巡抚信以为真，令孔振功前往。孔振功去而不回，部署其党，分为三十六邦，每邦二百人,以徂来山为巢穴,横行兖、济之间,州县告急。巡抚意在招抚,无人敢说剿捕,唯独钱珂主张擒贼。巡抚觉得他不同一般,因而以剿、抚两说与钱珂秘密商议。钱珂说:"盐徒聚众生事,这不值得去征讨。若放纵而蔓延开来,那责任谁来担当?不如假作招抚,暗中发兵进剿,旦夕之间可以平定。"巡抚赞成他的主张,发兵擒获孔振功等人,远近得以安宁。

雍正三年(公元1725年),乞求归来,去世。

诸　晋

诸晋,字瞻宸,青浦人,居珠街镇。康熙四十五年(公元1706年)进士,任河南夏县知县。修缮学校,兴建书院,为政严肃,豪强敛迹。

不久,去世于官任上。无钱运送棺柩,士民凑集资金,才得归乡安葬。

诸晋被祭祀于中州名宦祠。

袁载锡

袁载锡,字心友,青浦人。生性颖悟异常。父亲去世,守丧三年,未尝露齿。丧母也如此。冬日营葬细林山,风雪肆虐,舟随风横,无法牵挽,袁载锡仰天号哭,舟得以抵岸,人们认为这是诚孝所致。汤文正斌、于清端成龙、靳文襄辅都以国士看待他。康熙四十七年(公元1708年)乡试中举,第二年中进士,任内阁中书,改江都教谕。训戒诸生罢黜浮华,崇尚实学。扬州风俗,婚丧奢靡,因而制定条约,累计数万余言,呈上学使者,令郡县刻石,以作训诫后人之言。因病去世,享年七十九岁。袁载锡后人徙家扬州。

第二个儿子袁涵,雍正四年(公元1726年)举人。孙子袁世焘,乾隆十七年(公元1752年)举人,任广西北流县知县。

周稚廉

周稚廉(一作汝廉),字冰持,号可笑人,华亭人。祖父周茂源,父亲周纶。国子监生,屡试不第,但天分绝人,又受家学,日读书以寸许,为文下笔千言。曾游浙中,适遇文会,与会千余人,题为"浙江潮赋",周稚廉伸纸疾书,顷刻立就,合座愕然。明日有人寻访,他已乘船离去。周稚廉生性放浪不羁,舅氏王文恭欲绳以礼法,携之入京。曾一夕,台省诸公毕集,均愿一识周郎。周稚廉出,踞高坐,引刀割肉,旁若无人，众皆目以狂士。周稚廉虽才倾一时，但不胜杯杓，不精翰，曾自赞云："假使能书善饮，便鲥鱼无骨，金橘不酸。"一日作书与友，满纸狂草，书毕自视，不能通一语，大笑乃止。康熙二十八年（公元1689年），与洪昇（1645—1704，钱塘人，国子监生，王士禛门人。工诗。著有杂剧《四婵娟》、《回文锦》和传奇《长生殿》等。时与孔尚任齐名，有"南洪北孔"之称）于扬州相遇，洪昇酬之以诗。与同郡范缵齐名，人称"周范"。除夕曾自撰门联："论家世如阁帖官窑，可称旧矣；问文章似谈笺顾绣，换得钱无？"周稚廉也作传奇，有《元宝媒》、《双忠庙》、《珊瑚玦》。周稚廉后愤懑以死，年二十九。王渔洋称其"下笔千言，悠悠忽忽，迹类清狂"（见《江苏诗徵》引），也有人称其"夏完淳后世"。

附嘉庆《松江府志》周稚廉传（译文）：

周稚廉，字冰持，华亭人，是周茂源的孙子。禀赋聪明，读书日以寸计（每日读书量达一寸厚），为文挥笔千言，文才之名卓著。尝游学浙中，正逢西湖大办文社，参与者有一千多人，题为《钱塘江赋》。周稚廉铺纸疾书，顷刻而就，四座之人，无不惊视。第二天大家都争着找寻他，他早已扬帆而归了。

为人恃才傲物，尤其藐视富贵之人，不轻易与他们交往。以国子生参与科举考试，屡不中式，于是愤懑而死。

当初周稚廉出生，有异常征象，人们说他是夏完淳投胎，所以文笔精妙绝伦，也如夏完淳一般。夏完淳，是同里夏考功的儿子，是一位杰出的才子。

他著有《容居堂集杂著》若干卷。

缪　谟

缪谟，一作缪模，字丕文，一字虞皋，号云章，又号云庄、雪庄，娄县人。幼贫，无力多读书，焦袁熹见其诗，极赏之，劝之学。遂从焦袁熹游。补诸生。乾隆六年（公元1741年），张照荐之入《律吕正义》馆，时缪谟年已暮。未几，告归。能诗古文词，又能曲。诗文清丽，尤长乐府，论者比之姜白石（字尧章，一字石帚，别号白石道人。鄱阳即今江西波阳人。南宋著名词人，宋代首屈一指的音乐家。中华书局有陈书良《姜白石词笺注》）。杂剧《银河曲》演牛郎织女故事。缪谟又善山水。有《缪雪庄诗集》八卷、《雪庄词》二卷等著作。

又有周本，字莘贤，娄县人，也受业焦袁熹，与缪谟并以诗文闻名。

周士彬

周士彬，字介文，号爱莲，娄县人（一作青浦人）。康熙三十五年（公元1696年）副贡生，曾入山东巡抚施维翰幕府。世居簳山，家有山舟堂，其题额为赵孟頫之手书。幼诵四书诸经，及长，潜心研究宋儒语录，以身体之，期于实践。平生淡泊，以静敬为功。论诗以真朴为主，四库馆臣以为："所作如'存心养性须常静，莫负吾家太极翁（周敦颐）'之类，皆白沙（江声）、定山（庄杲）派也。"（《四库全书总目提要》）享年七十八岁。有《增订韵瑞》八十卷、《文集》二卷、《山舟堂诗草》（《四库全书总目提要》作《山舟堂集》）十二卷。

附嘉庆《松江府志》周士彬传（译文）：

周士彬，字介文，娄县人，世居簳山。父亲周郇若，参与践更（古代徭役制度，贫者得钱，代当应征者为卒，称践更），家境已经贫困。周士彬侍奉继母以孝顺闻名，刚为成童（指年龄稍大的儿童，有二说：一指八岁以上的儿童，一指十五岁以上的儿童），日夜编织帘席，以供母亲衣食。一有空暇时间，即记诵经史，长大以后，已有文名。

尝应山东巡抚施维翰聘请，当时裁革东省提标兵，忽起兵变，周士彬辅佐维翰招抚安定之。后来要将他推荐给朝廷，因双亲年老而推辞归来。

康熙三十五年（公元1696年）中本省副榜。七十八岁去世。著有《山舟堂诗集》。

顾成天（1671—1752）

顾成天，字良哉，南汇人，是顾昌祚的儿子。康熙五十六年（公元1717年）举人，潜心濂洛关闽（宋代理学的主要学派，指濂溪周敦颐、洛阳程颢程颐、关中张载、闽中朱熹）之旨。然而会试屡次受挫。年将六十，正逢圣祖仁皇帝（康熙）去世，顾成天作挽诗六章，哀痛恳切。世宗宪皇帝（雍正）以为居心仁厚，禀性善良，特地召见，奏对良久，赐居澄怀园的花语山房，为皇子讲读。雍正八年庚戌（公元1730年）钦赐进士，授编修，不久告假而归。

高宗纯皇帝（乾隆）登极，顾成天进见供职，晋升侍讲，以老乞休。

居东浦草堂，潜思著述，博涉唐宋诸人边际，而清高脱俗，自成一家。有请教者，他教诲启迪无倦息。享年八十二岁。

当初，顾成天为皇子（即后来的乾隆皇帝）讲读时，呈上所著《东浦草堂文集》，蒙恩赐序，言其忠孝之心存于中，诚敬之心积于内，所以为文以至性为衷情，以圣道为准绳，以规矩为约束，字里行间融注经史之旨。言理言事皆朴实，而光彩自不可遏。又赐题镜容诗（镜，照镜；容，容貌。镜容诗，照见其容貌的诗）一律，宸衷（帝王的心意）契合，奎文（皇帝的文采）灿然，尤其不是寻常稽古之荣所能及。

儿子三位，依次为顾宾日、顾宾鸿、顾宾臣。幼子顾宾臣，是顾成天七十三岁时所生，后来官至霸州知州。

高不骞（1678—1764）

高不骞，字查客（一作槎客），号小湖，晚号莼乡钓师，华亭人，是高层云的儿子。讲究古学，轻视举子业，五十岁仍是平民。圣祖仁皇帝（康熙）南巡，召试诗赋，赐予库藏的金子百两，进入京都，授翰林院待诏，请求行释褐礼（脱去粗布衣服，换上官服的礼仪）。朱彝尊、高士奇都推举之。与何焯、张大受辈为莫逆交。工诗赋，善书画，山水法倪、黄，求者甚众。著《商榷集》。充任国史馆收掌官。编纂《方舆考略》、《月令辑要》，分校《御选唐诗》。完成后，乞求告假归乡安葬母亲，于是不再出来。

家在披云门外，旁边有白鸥池。八十七岁去世。

从子高曜，康熙二十四年（公元1685年）进士，授翰林院编修，儿子高奋生，乾隆二十五年（公元1760年）进士，任内阁中书。

张　照（1691—1745）

张照，字得天，号泾南，别号梧囱，又号天瓶居士。娄县人。生于上海浦东三林塘，后迁松江城郊。父亲张汇，历官至刑部郎中。张照禀性出众，读书日诵千言。八九岁能临摹历代名家碑帖，作擘窠书（大字）。十三岁补诸生，随父亲到京师，进入国子监，当时祭酒孙岳颁以擅长书法而闻名，见到张照所写的字，击节赞赏，说："华亭又得思翁了。"康熙四十七年（公元1708年）中顺天乡试，第二年中进士，选为庶吉士，授检讨之职。圣祖仁皇帝（康熙）命大学士李光地编辑诸经，开馆于府第，张照参与排版校对。不久，入直南书房，圣祖仁皇帝见其书法类似孙岳颁，召问年齿，又命讲《尚书》二典、《中庸》，张照一一奏对，皇上予以抚慰嘉奖。不久考查各词臣（文学侍从之臣，如翰林之类）于保和殿，张照列为上等。雍正元年（公元1723年）领武英殿书局，《子史精华》编成，累迁翰林院侍讲学士。甲辰（雍正二年，公元1724年）、丙午（四年，公元1726年）两次主持福建、云南乡试。世宗宪皇帝（雍正）知道张照之才可用，自少詹事选授为内阁学士，兼礼部侍郎，晋升为刑部左侍郎，代理顺天府尹，仍兼内阁学士里行(散官名)。

张照在刑部,审理狱讼谨慎,阅案牍一目数行,改定爰书(记录囚犯口供的文书)文法,老吏莫敢变更。掌管京畿,致力于稳定安宁,不赞成反复调查。属吏惧怕其威严,人人奋竞自效。

癸丑(十一年,公元1733年)会试,奉命选择通晓性理之学的士人,礼部登记有一百零三人应诏。张照将他们全部招至邸舍,与其对话,选拔优秀者,复试以文章,最后得到任启运、于开泰、焦以敬、刘学祖、桑调元、李光型、吴超、邵祥云等八人上报。其中任启运已成进士,邵祥云以教职录用,其余六人补殿试,赐进士出身,这是制科以来从未有过的事。

升都察院左都御史,授刑部尚书。屡次审理大案,积累且参与的罚金很多,有人怀疑他挪用,世宗宪皇帝(雍正)信任他忠直,全部为他开脱。

贵州诸苗深阻溪洞,相率作乱,围困古州六十余日,所到之处,掳掠焚烧,朝廷商议剿抚,张照请缨前往。诏命偕同副都御史德希寿一起总理苗疆事务。当时贵州逢大灾荒,且战火方停,饥民僵仆布满山谷。张照到任,立即大开国库,予以赈济。另外,川广楚南,应调兵聚集,因而粮草腾贵,但有司按照成例,夫马(夫役和车马等。清代官员供差者,在官俸之外,另给夫马费,专供雇夫役和车马之用)价不敢增发,因此运输物资经常失期。古州的救援断绝,几度陷入困境。张照下令加倍给予夫马费,馈送粮草才得以通畅。官军分道斩击,苗寇或投降或逃窜,古州终于得以解围。

高宗纯皇帝(乾隆)即位,召他回朝。尚未到达,被弹劾,逮捕关入刑部狱。而代替他职务的人弹劾张照浪费粮饷百万,案狱判定,皇上予以宽宥。第二年(公元1737年)释放他,补为内阁学士。上疏乞求回家奉养双亲终老,朝廷不允,选拔任刑部左侍郎。请假回来探望双亲。回朝,复任刑部尚书,充任经筵讲官,总理乐部大臣。

张照学识渊博,才思敏捷,早为皇上所知。起用复官后,恩眷更深,凡是皇上的诗文词章,他首先唱和,且获赞誉。书法称雄当代,尤被皇上褒奖。御制及廷臣之作,必命他缮写记录成册,藏之内府。屡次任刑部长官,精晓法律,引经判案。外省幕吏奉部批驳出于意料之外,必惊诧地说:"这是张尚书的手笔,怎能有错?"按其所指点,进行复审,往往能得到真实情况。

乾隆九年(公元1744年)二月,迎驾南海,儿子从马背上掉下来伤了手臂。十月随驾回翰林院。他忽然呕血,父子都蒙慰问,赐医药调理。第二年(公元1745年)正月张照因父亲去世而归来服丧，去世于宿迁县途中，享年五十五岁。皇上闻讯，怜悯哀悼，赠太子太保、吏部尚书，赐以祭祀安葬，谥“文敏”。

张照书法初从董其昌入手，继乃出入颜、米，天骨开张，气魄浑厚。书法刻有《玉虹楼》、《瀛海》、《仙班》诸帖行世。其书法，虽片纸短缄，人皆奉为墨宝。乾隆帝也极为推崇，所作《怀旧诗》有云：“书有米之雄，而无米之略。复有董之整，而无董之弱。羲之后一人，舍照谁能若？”张照兼能画兰，间写墨梅，疏花细蕊，极其秀雅。曾作白描大士像，寥寥数笔，而法相自佳。

张照又通法律，精音乐，熟悉佛学。乾隆时，命张照制诸院本进呈，以备乐部演习。有《九九大庆》四十余种，每种一出至十余曲不等；《月令承应》二十种，每种一出至十余曲不等；《法官雅奏》三十余种，每种一出至四出不等；《升平宝筏》（一名《莲花会》）十本，每本二十四出；《劝善金科》十本，二百四十出。“词藻奇丽，引用内典经卷，大为超妙。”（《国朝耆献类征》）昭曾为《律吕正义》作疏，后又修订《正义后编》，和前书一起留传后世。

张照学问充裕，词藻清新，诗多禅语。《国朝先正事略》云：“论者谓自明及今，华亭两文敏，董公（其昌）文采与公（指照）相埒，而勋业较逊。”钱仲联《清诗纪事》录收其《题横山西庐》诗：“壶中长日静中缘，我也曾经四小年。不及苍髯墙外叟，梅花看到菊花天。”又录收其《折骨诗》句，中有“乃知圣人心，能补天所穷”。《清朝野史大观》记：公供奉行营时，堕马断臂。上命蒙古医急治。其法先裹以冰，初不知痛楚，割开敷药，旋以热羊裹暖，三日不寐，则气血流而不滞，碎骨复完，数十日后复能作书。《折骨诗》叙君恩之重，赐医之奇，为纪实。

有《天瓶斋书画题跋》、《得天居士集》、《天瓶斋帖》等。

沈映辉·沈承焕

沈映辉，字朗乾，号庚斋，又号雅堂，娄县人。沈荃侄孙，沈宗敬族子。以明经官司库。工诗画，山水清矫拔俗，传沈宗敬一脉，别有会心，得宋、元风度。高宗乾隆皇帝南巡，沈映晖献诗画，擢第一，给事禁中。曾画《避暑山庄图》三十六幅。有《庚斋俟删存稿》。

沈承焕，字炳君，沈映辉弟。花鸟古雅秀润，又工诗及诗余。《枫泾小志》载：（清）沈承焕，字文涛，号炳君，年十四能文，专心诗学，尤好填词，工书，善抚晋唐诸碑，间放笔为兰竹，殊古雅。有《虚白集》。疑为一人。

黄图珌(1700—1771以后)

黄图珌,字客之,号守真子,别署蕉窗居士,华亭人。荫生。雍正六年(公元1728年)春,服阕,入都谒选,分守杭州。乾隆五年(公元1740年),改官衢州。旋迁河南卫辉府知府。工诗词,尤擅作曲。乾隆十一年(公元1746年),撰《看山阁闲笔》,对文章、诗赋、词曲、书法、图画等作了理论探索。另有《看山阁南曲》、《看山阁诗余》及传奇集《排闷斋传奇》。叶恭绰《全清词钞》录收其词《百尺楼》三首,其一中有"身同一粟浮,月共千江照。好梦安能夜夜来,不在眠迟早"句。

李郁芬

李郁芬,字元音,题署用名姓郁。康熙四十八年(公元1709年)进士,选任内阁中书,改任河南商城县令。县大路官用夫马(役夫马车),其费用摊派,给民众带来困苦。李郁芬上任,则上报长吏,严禁此类摊派,且立碑刻石,永杜后患。学校久废,他予以振兴。因父亲去世而归去,士民刻石立碑以永记其恩德。

守丧期满,选任信丰县令。引见(古代礼制,皇帝接见下臣、少数民族首领和宾客,由有关大臣引导入见,称引见),遵旨分条陈述,一请恢复易知由单(缴纳田赋的通知书,也称由帖、由单。单上刊明田地等级、人口多少、应征款额和起交存留各项,发给纳户。起于明正德初,清代因之),以方便民众缴纳田赋;一请鼓励强盗自首,以允许民众改过自新。当时粤西事件多发,需要办事人才,他得到圣旨,改革弊端,发布新令。

代理柳州来宾县令,一年后调任藤县。该县有豪强仗势占夺民田,他查明情况,分项上报,将这豪强置之以法,抄没家产。归还民众,人们喜悦万分,立石碑歌颂他。

在粤三年,积劳患病,去世于官任上。

张起麟

张起麟,字趾肇,娄县人,是张一鹄的儿子。康熙四十八年(公元1709年)进士,选任庶常,授为编修。癸巳(五十二年,公元1713年)充当武英殿纂修官。丁酉(五十六年,公元1717年)主持云南乡试,所选得的人员后来都成为名士。第三年(公元1719年),罢官而归,随即去世。

张起麟天赋出众,深究经史,旁涉百家。弱冠工诗古文,名誉传扬,与焦徵士袁熹称为文章知己。出于安溪李文贞之门,与长洲何焯、宜兴储在文、宿迁徐用锡并推为李文贞的高第弟子。在学馆著述,都推重实学而不为空言。诗摆脱凡俗,力追三唐

（初唐、盛唐、晚唐）风格，秀水朱彝尊为其诗集作序，极力称道他。著有《学古斋集》。

儿子张泽棨，字文五，康熙四十一年（公元1702年）乡试中举，时年十七，后来官任盐城教谕，罢免而归。能文，工诗画，自评画第一，诗第二。世宗宪皇帝（雍正）有意引用文学之士，将推举他为博学鸿词科。有人问焦徵君谁足以当选。徵君说："大概是虞皋、文五吧？"虞皋是清才，而文五是位大才，可惜后来没有人去荐举他。著有《芳草斋集》。

路鸣夏

路鸣夏，字西驾，华亭人，居陶宅。弟被人诬陷遭不测之祸，路鸣夏奋不顾身予以营救，终于得解脱。富有才智，试辄高等。为一校之佼佼者。康熙五十年（公元1711年）举人，两次参与会试不第，于是绝意仕进。其诗文卓著，足可留传。

王时鸿

王时鸿，字霄羽，号云冈，娄县人。是王坊的孙子。康熙四十四年（公元1705年）以诸生献诗于行在所（这里指帝王所至之地），拜授御书白金之赐，入武英殿任纂书。五十年（公元1711年）中顺天府乡试，第二年特赐进士，改庶吉士，授编修。长久值勤于内廷，参与修撰《方舆考略》、《春秋传说汇纂》、《省方盛典》诸书，当时人们佩服其学识渊博。

王豫《江苏诗徵》引《江苏诗事》载：圣祖南巡，王时鸿献诗，钦取入内廷纂书，奉旨搜阅遗卷，得十有一人，而王时鸿与王图炳皆钦赐进士。有《半乐轩诗钞》。

第二个兄长王时济，字用舟，康熙五十二年（公元1713年）举人，也以修书议叙（清制：官员有功而交吏部核议，以定功赏的等级，称之为议叙），授内阁中书。

陆箕永

陆箕永，字二水，青浦人，是庆臻的第五个儿子，县学生员。年幼即聪颖，能诗善文。圣祖仁皇帝（康熙）南巡，献上《九峰赋》，召试行在所，命他赴京，再试于畅春苑，赐御书《孝经》及衣服笔砚，给予路费，令归家读书应试。四十四年（公元1705年）又遇皇上于南巡，献《庐山赋》，奉旨赐监生，入直武英殿，享受七品俸禄，在翰林院行走（凡有本来官职而受派到其他机关办事，称行走。清制：凡不设专官的机关和非专任的官职，均叫行走），参与修纂《佩文韵府》，赐邸宅于旃檀寺。庚寅（四十九年，公元1710年）选授绵竹县令,以廉明爱民著称。雍正二年(公元1724年)选拔为直隶古北同知,调厦门同知,代理兴泉道事。

六十四岁去世。著有《赐书堂存稿》。

冯守礼

冯守礼,字惕存,娄县人,是冯恩的六世孙。祖父冯鼎如,字孝杓,诸生,工于二王小楷,为董其昌的入室弟子(能得到老师学问或技艺精奥的为入室弟子)。从父(父亲的兄弟。比父亲年长的称伯父,比父亲年少的称叔父)冯鐩,字天垂,也以工书为知名诸生。冯守礼继承家学,研精八法,由太学生考授为州同知。皇帝南巡,献所书字册,奉旨入直武英殿,修纂《佩文韵府》。辛卯(康熙五十年,公元1711年)书成,吏部评议,以知县任用,授为无极县令。兴利除弊,在任九年,名誉远扬。去世于官任上,享年五十九岁。

从弟冯守真,字宝初,也以工诗善书,受到沈文恪荃的赏识。

从子冯敦忠,字方山,县学诸生。本性好义,遇到有关一郡利害事,就倡导为之。著《海塘条议》、《石工利害说》,都献于当权者,予以采用施行。

吴光睿

吴光睿,字景略,娄县人,诸生。圣祖仁皇帝(康熙)南巡,召对僧元珑,知道吴光睿的名声。吴光睿献诗称旨,随驾入京,得以参与修纂之事。经过三年,乞求归来。前后蒙恩赏赐优厚,布衣获此殊荣,实为前所未有。

吴光睿本性朴实,工诗古文辞,下笔千言立就,然而疏略于制举业。去世后其诗文散佚无传。

同时还有彭辑瑞,字觐颜;彭辑珩,字佩山。两人也因南巡迎驾,蒙恩赏赐御书《千字文》一部。

蒋　麟

蒋麟,字健修,娄县人,是蒋尔扬的族侄(同族兄弟的侄子)。康熙三十八年(公元1699年)举人,四十八年(公元1709年)进士,选任中翰(清代称内阁中书为中翰,也称内翰),尚未上任就去世了。

蒋麟早年继承祖先遗志,博览群书,心存孝友,常以名节自励。

董　洪

董洪，字育万，题署用名姓胡。十八岁补县学生，尚书张照的父亲张汇觉得他不平凡，留他与张照一起学习。康熙五十一年（公元1712年）中进士，改为庶吉士，授检讨。六十年（公元1721年）充当会试同考官。降职为助教，改任行人。行人是京官中的闲职，居职者有人一个多月不上班。董洪约僚友每天在一起，焚香煮茗，手拿《周易》、《老子》，质问疑义，闻者叹服。

雍正七年（公元1729年）充当顺天府乡试同考官。乾隆六年（公元1741年）升刑部员外郎，十二月充任律吕正义馆分修官，第二年（公元1742年）去世。

儿子董椿，字赓云，由四库馆议叙，代理陕西盩厔县县丞。工于画山水，董富阳极力称赞他。

吴廷揆

吴廷揆，字宾门，娄县人，是吴元龙的儿子。康熙五十二年（公元1713年）进士，授户部主事，转员外郎，郎中大司农武进赵恭毅公常推重他。丁酉（五十六年，公元1717年）选拔为吏科给事中，己亥（五十八年，公元1719年）转任礼科掌印给事中，庚子（五十九年，公元1720年）掌管登闻鼓，辛丑（六十年，公元1721年）晋升为太常寺少卿，提督四译馆。雍正元年（公元1723年）奉命祭告南镇，第二年于役（出差）于山陵，驰驱劳瘁，去世于官任上。

吴廷揆前后服官，总是严于律己，宽于待人，敏于办事，不激怒别人也不阿谀别人，所以能公正忠诚，取信于当时。

儿子吴澄，字蓉川，禀性聪明，谦虚好学，为焦徵君袁熹、曹黄门一士所器重。屡次参与南北乡试，都没有中式。逢生母钱氏年老，他尽心孝顺，使其欢喜，年未四十即绝意仕进。生平居心仁慈，勇于行义，远近之人，都称他为德高望重之人。著有《鸣春村居》诸稿。

吴澄的儿子吴树本，自有传。

曹鉴临

曹鉴临，字咸蕤，娄县人。九岁能写文章，十一岁补博士弟子，为邵学使嗣尧所赏识。弱冠以五经中举。康熙五十二年（公元1713年）中进士，选为庶常，乙未（五十四年，公元1715年）授编修，充任《大清会典》纂修官。雍正元年（公元1723年）应诏陈言,上疏请求停止捐纳(卖官)、限止官制、开复五经科,凡上疏所奏,都是当世必须要办的事务。

曹鉴临每天诵读数千言,对各经传注及纲目等书尤为精熟。为文下笔立就,其诗古文词为同馆人员所推重。

甲辰(雍正二年,公元1724年)父亲去世,他哀毁骨立,得病而死,焦徵士作文哀悼他。

著有《吹剑集》、《寒蛩草》。

蔡 嵩

蔡嵩,字宣问,上海人,居川沙。是蔡之笔的儿子。康熙五十二年(公元1713年)进士,选庶吉士,改任编修。雍正元年(公元1723年)恭修《圣祖仁皇帝实录》,充当纂修官。不久命他直南书房行走。督学于云南,以清廉勤政自持,著《四书题解》以示现法程。选拔为祭酒,晋升为宗人府丞,去世。

儿子蔡鸣殷,任盱眙训导。

姚培和

姚培和,字钧风,娄县人,居五保。康熙五十二年(公元1713年)进士,由太常博士任河东盐运使,逢关陕军兴(朝廷征集财物以供军用,谓之军兴),改调汉兴道,命他治理瓜沙屯田事务。姚培和招抚流民,修盖房屋,供给田亩,建造粮仓,设立学校,四年以后,边地成为乐土。又回汉兴道,汉兴民风凶悍,盗贼众多,姚培和宽猛兼济,人们都得以教化。

因父母丧事而归,去世。

著有《斗室调圩集》。

王奕仁

王奕仁,字鲁公,华亭人。康熙五十二年(公元1713年)中进士,授编修,充当《尚书》馆、《三朝国史》馆、《省方盛典》纂修官。

提督贵州学政,上疏请求添设苗童进学额,以示鼓励。黔属黎平府,治所在五开卫中,卫隶于楚,上疏请求将五开卫隶属于黔,参与考试不得占两籍。

升左春坊左赞善,任期结束,乞求回家侍养双亲终老。随即去世。

张 梁

张梁，字大木，一字奕山，号幻花，娄县籍，青浦人。康熙五十二年（公元1713年）进士，充任武英殿纂修官。

后来告假而归，绝意仕进，择地居住于珠街阁。经常与黄之隽、缪谟等人吟诗饮酒。本性喜爱山水，兄长张汇的别墅在杭州的西溪，每到春秋季节，前去游玩。晚年专修净业（佛家的净宗，主张修善业，往生西方净土），自号幻花居士，七十四岁去世，著有《澹吟楼诗词抄》。

张梁工词。叶恭绰《全清词钞》录收其词五首，谭献评其中《西子妆·和珠岩兄听雨，次倚平韵，兼忆秋田紫纶之作》："徘徊婉约，一往而深。"有《幻花庵词钞》八卷、《淡吟楼诗》十六卷。

儿子张梦鳌，字巨来，工诗文，著有《乃吾庐诗词抄》；第二个儿子张三变，任贵州罗斛州通判，去世于贵阳，其子孙于是居家于那边；第三个儿子张继昺，任安徽宿州知州。

姚培益

姚培益，字苞延，娄县人。康熙五十三年（公元1714年）乡试中举。雍正八年（公元1730年）考取内阁中书，军机处行走。在职聪敏通达，勤奋恭谨，有温树不言之风（西汉孔光官至御史大夫，谨慎守法度，对家人亦绝口不言朝堂政事。家人或问宫内温室树皆何木，孔光嘿然不应。后人因以"温树"作为居官谨慎的赞语）。乾隆（公元1736年—1795年）初，授翰林院起居注主事。

因父亲丧事而归。服丧期毕，补原官，选任刑部江西司员外郎。

告假回乡，闭户教子，以诗古文词引导扶助后进。著有《迪惠堂诗文集》。

王俊臣

王俊臣，字日初，初名昀，上海人。康熙五十三年（公元1714年）顺天举人。祖父陆良，博览群书，名重当世。王俊臣继承祖父之学，诗文卓越可传。副使王澄慧闻其名声，首举他为博学宏词科，因病不赴。著有《寒碧斋诗文集》。

陈志道

陈志道，字鹤西，题署用名姓宋。康熙五十三年（公元1714年）举人。以经师客授四方。同郡黄之隽、王兴吾及上元方望溪的儿子方道章,都是他的高第弟子。通晓制义外兼能诗古文词,著有《拾香草堂集》。

杨 城

杨城,字薇中,华亭人。康熙五十三年(公元1714年)举人,官任儋州知州,又任崖、万两州抚黎(少数民族名)同知。他在儋州,摒弃胥吏馈赠,免除加征税赋,士民十分欢迎。治理崖州,又除去额外征赋之害,困苦的民众得以复苏。发配到崖州的囚犯,因为水土不服,多有死去。杨城为之请求于上官,申报改发他方,得以全活者众多。并且建造学校,培养文士,教化大行。

在任数年后去世,享年六十八岁。

王珠渊

王珠渊,字长源,青浦人,是王文恪公鏊的后裔。父亲王璐,字尔公,由吴县洞庭迁居珠街镇,为青浦县学岁贡生,以诗闻名,著有《东皋集》。王珠渊康熙五十三年(公元1714年)举人。起初研究《尚书》,再研究《周易》,听说金泽有张璠字鲁传者,年少时跟从何焯游学,深通群经,尤其精通于《易》,常为之拜服他。后来张璠来县,路过珠里,王珠渊将他邀请至家,纵情谈论心得,互为讲述解释,于是订为金石交(言交情坚如金石)。

家境一向贫困,靠教授门徒自给。所居破屋两间,并排污、厨房、洗浴为一室,下雨则撑伞遮蔽。客人来到,往往靠门而谈。

晚年选授全椒县教谕,任职三年而归,去世。

凌如焕

凌如焕,字琢成,一字榆山,号新斋,上海人。康熙五十四年(公元1715年)进士,进入翰林院,晋升为侍讲。以清廉、谨慎、勤奋自持。雍正中,由编修督学湖北,禁绝陋规,选拔前明杨忠烈涟的曾孙可镜贡于朝,因廷试文违反格式被非议,奉旨褒奖杨氏忠议,于是得以免除非议。

授内阁学士。从楚地(湖北)回来复命(汇报使命),见到水路险恶,常有覆舟淹溺之灾,奏请川广险阻处多设救生船,以护行旅,并上疏陈述直省开垦利弊,部议准行。浑河泛滥,诏命调查民房因灾倒塌的情况,并给库藏粮食予以赈济。凌如焕上疏奏请,以后遭灾之处,允许地方官动用国库粮仓救济灾民,按实际数量予以报销,且著为定令。又请施行保甲制度，让老弱病残者得到给养，强壮者避免成为无业流民。

晋升为兵部侍郎。主持江西乡试，经过北新关，奏请除去纳税照票之繁，以方便民众。己未（乾隆四年，公元1739年）主持会试，转任左侍郎。乞求回家侍养父母终老。

戊辰（乾隆十三年，公元1748年）主持申江书院。

凌如焕清和正直，尚实学，性孝友，工草书，喜为诗。著作甚富，有《应制》、《楚游》、《读史》、《皇华》、《黄海纪游》等集多部，晚年又著《礼记节萃》，完稿而去世。

徐学柄

徐学柄，字王驭，上海人。康熙五十四年（公元1715年）进士，改庶吉士，授检讨，充任《实录》纂修官。

居于京师十余年，闭户著书，有的同官竟不认识，时论推崇他。

徐　宁

徐宁，字学培，上海人。康熙五十六年（公元1717年）顺天举人。荐入史馆，参与修撰《古今图书集成》。五十九年庚子（公元1720年）乡试，以纂修举人充任同考官。雍正元年癸卯（公元1723年）会试，命将没有登第之人的试卷送上予以复核，钦赐二十四人登第，徐宁也在其中。

出任郓城县令，不久被罢免而归。从此居乡教授生徒，以著书自乐。大学士尹文端继善，是同榜好友，到松江特地登门拜访，整个一天没有一句话讲到私人利益，当时人们称颂他的高洁节操。

张忠晸

张忠晸，字晴岩，娄县人，占有天津籍。康熙五十六年（公元1717年）举人，授福建平和县令。该县民风喜好诉讼，张忠晸都以诚意对待，讼牒送到，当即判定，分清真伪，民众畏服。

调任顺昌县令，判断狱案快捷正确，与任平和县令时一样。上级官员查访得知他的能干，将举荐他为政绩第一，却因病辞官，随即去世。

林　鹤

林鹤，字健羽，娄县人。康熙五十六年（公元1717年）举人。跟从焦袁熹游学，所著诗古文词不抄袭模拟前人，且正好符合规范。

癸丑（雍正十一年，公元1733年）会试下第，去世于京都邸舍。同人（志同道合的友人）打开他的箱子，发现有一封信，是他的弟子写给当权者的，乞求善视他的老师。然而林鹤不去拜访这位当权者，也不说起这件事，他的耿介节操就是如此。

在京的当年登进士第者，凑钱殡殓，且送归他的灵柩。

张泽绪

张泽绪，字绣百，娄县人，是张安丰的孙子。事奉双亲致力于孝顺使其欢悦。居丧期间，三年不入内室，不吃肉食，不修容颜。弟张泽朔早年去世，遗留两个孤儿，他给以饮食教诲，直至成家立业。

康熙丁酉（五十六年，公元1717年）乡试中举，候补国子监学正，去世。著有《尚志居诗文稿》。

张　钺

张钺，字南吕，上海籍，华亭人，居张泽。康熙五十七年（公元1718年）中进士。充任景山教习（学官名，掌课试之事），授内阁中书。因母亲丧事而归，守丧期毕，升宗人府主事。己酉（雍正七年，公元1729年）主持山东乡试，不久选拔为御史。分条陈述利弊，多次上疏进言。巡查万安仓，剔除积弊。

转任户科给事中。巡查直隶保定、真定、河间三府，平反重案，无一徇私放纵。又于定兴县北河设立义渡，长久赖以方便行人。

因父亲丧事而辞职，守丧期毕，起复补为吏科给事中。因病而归，去世。

毕　谊

毕谊，字元复，娄县人，寄籍（久离原籍而用旅居地的籍贯）天津。康熙五十七年（公元1718年）进士。由咸安宫教习授内阁中书，选拔为刑部主事，以荐授内阁侍读，改任户部郎中。壬子（雍正十年，公元1732年）主持贵州乡试，选拔为御史，转为礼、兵两科给事中。两次校核会试，毕称道他选得人才。乾隆元年（公元1736年）设总理事务处，满、汉四人入直，毕谊也参与。数次议论国家大典之礼及大政事务，渊博高雅，精深确切，政府依重他。

在谏臣职上前后章奏二十余次，如放宽铜禁，收查赌具，条奏科场事宜，都一一施行。又奏请条陈经史，用以补益圣学，及江南河工两疏，都明确地切中机要。鄂文端尔泰尝论当世人才，称毕某奏议，是当今的陆敬舆。在军机多年，谨慎练达，号为称职。金川之役，傅忠勇恒欲奏授参赞，毕谊因年老而拒绝。出任凤阳道，颇有名声和政绩。因事被削职降级，后来事情弄清楚，以主事衔充当《平定金川方略》馆纂修官。六十五岁，去世于京师官邸。

儿子毕应辰，乾隆十五年（公元1750年）顺天举人，任太湖县教谕。

杨尔德

杨尔德，字质为，娄县人。康熙五十三年（公元1714年），与从父杨恒以嘉善籍应试，登顺天乡试榜，五十七年（公元1718年）会试第一，授翰林院编修，充任《明史》纂修官。大将军年羹尧入朝，朝臣出迎，唯独杨尔德不前往迎接，后来年羹尧败落。世宗宪皇帝（雍正）知道这件事，挑选他任吏科掌印给事中，有正直的声誉。

督学广东，去世，享年五十七岁。朝廷传下圣旨：杨尔德还有年老的母亲在，责成浙江巡抚留意照看。当时的人觉得他受到非常荣耀的待遇。

从父杨恒，字以方，官任柳州知州。

张梦徵

张梦徵，字鹤来，华亭人，是张维煦的长子。十七岁乡试中举，康熙五十七年（公元1718年）进士，进入翰林院，授编修，直武英殿，充任纂修《子史精华》（工具书。凡一百六十卷。分三十类，二百八十子目。摘录子史中的名言名句，分类排比而成。供采掇辞章者使用）、《骈字类编》（专收由两字组成的词语，凡二百四十卷，按名物析为十三门，以上一字类从，分隶于一千六百零四字。所收词采自古代典籍，专为提供词藻、词章对偶之用）等书。雍正四年（公元1726年）献《河清颂》。己酉（雍正七年，公元1729年）主持粤东乡试。返回朝廷，以不经由驿站回来而被弹劾，降补行人司司副，称病而告假归来。因双亲年老，不再赴任所补之官职。

在侍奉父母的余暇时间，从事诗词创作，其书法尤为精美。

邵成桢

邵成桢，字树百，青浦人，是邵璘的儿子。康熙六十年（公元1721年）中进士，授广东开建县令。县界连接广西，瑶、僮杂处，盗矿者四出掳掠，成为民众之祸害。邵成桢督捕严厉,盗贼全都远遁。当时有盗案三十余人,前县令巴结上司,草率结案。邵成桢查阅案牍,发现其中有冤屈,于是亲自审理,将无辜者释放。

调任徐闻县令。该县地广民贫,他上任即首务垦荒种植,数年后田赋充足。有豪民张某,与相邻之妇通奸,杀死她的丈夫。邵成桢按律定案,张某托人打关节,馈银五千两,邵成桢严厉拒绝。邵成桢将定案情况申报府署,却屡次驳回,邵成桢坚执不从,终将张某绳之以法,全县士民,拍手称快。他修葺学校,创建义塾,文风日起。不久因病乞求归家。

邵成桢学问渊博,赋才清丽,诗效法中晚唐风格及剑南、石湖诸家,松郡能诗者,一时未有人可居他之上。

王会图

王会图,字昭令,青浦人,是王懋忠的孙子。师事陆从龙,而与陆从龙的儿子陆祖脩、陆祖彬及唐士恂为友,人称"东郭四子"。当时青溪有人举办寅社,有成员三十余人,王会图也参与了寅社。年届三十补博士弟子员。当时徐尚书乾学正家居,招致名士,闻王会图名声,托陆祖脩招他,不愿前往。屡次参与科举考试而不中式,以岁贡终其一生。

王会图研究理学,以乐天知命为人生宗旨。将吟诗作文看作次要的事情。

儿子王士翰、王士翼、王士倬,都以文学为人所称道。

汪廷炤

汪廷炤,字宸光,青浦人,居沈巷,岁贡生。勤于学业,工于诗文,人品严谨坚毅。家有敬业园,池塘幽静美好,花药郁郁葱葱。经常与子弟弹琴吟诵其中。每逢春秋佳日,招致名流,饮酒吟诗,以娱心志。

弟汪廷燧,字龙光,年少气概不凡。兄弟自为师友,专事古学,取《左传》、《国语》、《史记》、《汉书》、唐宋八大家之文而放置案头卧榻,随时学习。

晚年编辑《万姓谱》(明有《古今万姓统谱》一书,由凌迪知撰,一百四十六卷),文稿装满箱柜,尚未完成,去世。

唐时琳

唐时琳,字宸枚,上海人,岁贡生。操行诚实,潜心理学,尤工诗文。选任江宁训导。著有《学庸集说》、《诗经正义》。

当时同县的唐声传，字廷一，也是岁贡生，深研理学，当湖陆清献推重他。

顾思照

顾思照，字藻文，娄县人，廪贡生。任丹徒县训导，性格行为古朴，博学并工于诗文。所居醉白池，在谷阳门外，富有流泉翠竹之胜景。乾隆（公元1736年—1795年）初年与黄之隽、周吉士诸人结诗社于此。

著有《西村唱和集》，自己编订《醉白池诗抄》。

周 纁

周纁，字我园，娄县人，分县后属于金山。父亲孟韬，品行端正，注重道义，尝捐资修筑海塘，韩中丞世琦表彰他的义举。

周纁尝师事陆清献，陆清献命他朝夕讨论，身体力行，因此周纁在当湖诸弟子中为长。

周纁以岁贡官任崇明训导。他推崇实际，蔑视虚浮，士风为之大变。其律己尤严，不失父师之教。七十四岁去世于官任上。著有《遥集斋集》。

徐允哲

徐允哲，字西崖，上海人，徐汝翼的曾孙。诸生。工诗古文。新城王阮亭、如皋冒襄（1611—1693，字辟疆，自号巢民，又号朴巢。少有文名，与方以智、陈贞慧、侯方域并称四公子。明亡，隐居不仕。诗文清丽。有著作多种）、同郡钱金甫、周金然都将他看作畏友（古人将品格端重、使人敬畏的朋友称为“畏友”），四方仰慕其名声购买其诗文者，每天接连不断。

他工于书法，以晋人为宗；兼善绘画，得元代四家法。与毛奇龄（1623—1716，字大可，浙江萧山人，翰林院检讨，史馆纂修，有《西河集》）、王士禛、冒襄辈为诗画友。著有《申江集》，毛奇龄为之作序，极其赞许之。

吴昌祺

吴昌祺，字绥眉，华亭人，居朱泾。年幼时与宋思玉同学，参与科举考试，屡遭失利。康熙二十六年丁卯（公元1687年）参与乡试，正逢目疾发作，因而大书十首绝句于卷末而出,批阅试卷的考官们都为其惋惜。

生平对于百家诸子无不通晓,尤其潜心于诗,晚年独居一楼,将唐汝询所选的《唐诗解》悉心批改删汰,评论者说这是接引晚学者通过学业的渡口和桥梁。

周 纶

周纶,字鹰垂,华亭人。为釜山(茂源)之子,王渔洋(王士禛)门人。少有隽才,即工诗。曾以其诗杂《釜山集》中,读者竟无以辨,后知之,惊顾叹服。周纶因此知名于京师。但十年秋试不第,以贡生廷试,后补国子监学正。周纶以经世为志,曾上书汤公斌,为松江士民陈浮粮之弊。有《不碍云山楼稿》二十四卷,凡诗十卷,词二卷,文十二卷。文多序记之作。不碍云山楼,元张溪杨谦的居所,杨维桢为作记,贝清江有赋。"纶以之名集,或得其遗址欤。"(邓子诚《清诗纪事初编》)

附嘉庆《松江府志》周纶传(译文):

周纶,字鹰垂,华亭人,是周茂源的儿子。随父亲客居京师邸舍,董苍水、田髴渊等人都推重他。由岁贡授国子监学正,为新城王阮亭先生所赏识。汤文正巡抚江苏,周纶上书,极力陈述赋役利弊,洋洋数万言。事情虽然没有实行,但当时舆论认为他了不起。

著有《芝石堂文稿》、《不碍云山楼稿》、《石楼臆编》等书。

范 缵

范缵,字武功,又字武曾,号笏溪,也号笏侯,晚号鸡窠老人,华亭人。监生。

范缵诗词早工,年十五,曾谒吴伟业,吴命赋《桃花篇》,得千三百言,吴大为激赏。《四库全书总目提要》认为其诗"源出晚唐,而参以南宋",列举"蜂憎绿蚁晴偷蜜,燕觅青虫昼哺雏"、"一潭水聚三更月,四野山围小阁灯"、"三秋树老蝉声尽,八月江寒雁影迟"、"蝉声送过秋多少,鹤梦凭他夜短长"等,认为"皆绰有思致,而格调未高"。范缵于书无所不读,博闻强记。曾馆浙江陈元龙家,助纂《格致镜源》(一作《格致镜原》,清陈元龙撰,一百卷,分三十类,均为博物源流和内容的记述)一〇〇卷,雍正十三年(公元1735年),书成并序以文,时称"博洽之士"。范缵善书画。凡乞画者例酬一棉衣,岁积数十袭,待冬月施贫者。

有《四香楼集》、《四香楼词钞》,另编《词渹》六十卷。

附嘉庆《松江府志》范缵传(译文):

范缵,字武功,娄县人,太学生。年方十五,侍奉其父亲范宏曾,在吴梅村先生席上赋《桃花篇》千余言,顷刻立就。吴梅村见了,觉得这孩子不平凡。长成以后,博闻强记,于书无所不读,搜择秘奥,有问即能回答。诗文与周稚廉齐名,又与钱葆芬诸人倡兴诗余(词,又称长短句),专工小令。能书善画,乞求画者照例每人交给他一件棉衣,每年积数十套,以待寒冬腊月施予贫困之人。

中允黄之隽为诸生,尚未出名,在泖东盛氏家设馆授徒,范缵三次拜访他。后来海昌陈文简在松郡寻求士人,范缵推荐黄之隽,从此显名。

晚年修葺几间小屋读书,挂匾名叫"鸡窠",自称"鸡窠老人"。著有《四香楼集》。

儿子范甫霑,号畊南;范仁霑,号春江。都以诸生为人推重。

孙子范棫士,自有传。

张李定

张李定,字慧晓,华亭人。诸生。钱仲联《清诗纪事》录收其《读吴梅村太史集中赠陆生歌行有感》一诗,中有"边塞日高沉鼓角,墓田风冷泣松楸"句。陆生,即陆庆曾,顺治举人,以科场牵连得罪,戍辽东,后因事至京师,酒阑长歌梅村赠诗,慷慨泣数行下。(袁枚《随园诗话》)

孙　芑

孙芑,字澧有,华亭人,布衣(平民)。文才卓绝,为人豪放不羁,羞与俗人为伍。工诗,为吴高士日千所称道,著有《吟台诗草》一卷。

孙芑是职方司何刚的外甥,何刚殉国难,孙芑著《阐忠录》一卷,又编撰《关圣帝君文献会要》四卷。

享年八十五岁。

陶南望

陶南望,字逊亭,号一篑山人,上海人。工诗文,书宗颜柳。遍摹古人法帖,集《草韵汇编》未成而殁,子陶锟续成之。《书画书录》解题云:"至入声一韵,刻未竣而卒,乃由其友人侯昌言等补订成之。有庄有恭(1713—1767,字容可,号滋圃,清番禺人,乾隆四年(公元1739年)廷试第一,授修撰,累官江苏、福建巡抚。高宗幸嘉兴之烟雨楼,召其至行营,给札联句,诗成书以勒石,群臣莫及)、沈德潜(1673—1769)两序,及乾隆十五年(公元1750年)自序。"《四库全书总目提要》云:"是书成于康熙中。"

附嘉庆《松江府志》陶南望传(译文):

陶南望,字逊亭,上海人,布衣。诗文超凡脱俗,书法出入颜柳。遍阅古人法帖,集《草韵汇编》若干卷,尚未完稿而去世,他的儿子陶锟将它编成。

从孙陶步蟾,诸生,也工诗善书。

鲍　历

鲍历,字思远,上海人,诸生。年少丧父,设馆授徒,以养母亲。他深入研究理学,当时有主张王阳明学说者王铸,写文章与他辩驳,鲍历又引伸理学宗旨,于是海上的学者都效法程朱理学,而姚江学派(其创立者是王阳明守仁。因为王阳明是浙江余姚人,姚江是余姚水名,故称他的学说为"姚江学派")的闭塞之处则借此得以排除。

写诗方面,他也是位认真严肃的作者,而从不苟且。

钱长涵

钱长涵,字昆河,华亭人,是钱金甫的嗣子(旧时无子而以他人之子为嗣,称嗣子),郡学生员。幼年天赋出众,文辞畅达富丽,朱检讨彝尊尝称赞他的诗,说"雏凤清于老凤声"(唐李商隐《韩冬郎即席为诗相送因成二绝》之一中的诗句,全诗为:"十载裁诗走马成,冷灰残烛动离情。桐花万里丹山路,雏凤清于老凤声。")。

他生平寄情诗酒,不事进取。去世之年七十岁,临终不讲自己的私事,只是因学士(金甫)遗稿尚未刊刻为憾。他的后代族人钱树本捐资刊刻,今天的《宝素堂全集》就是。

倪匡世

倪匡世,字永清,娄县人,居张管山。后来迁移居家于泗泾。他放情山水之间,忙于著书立说。都督某一见奇之,携带至京,名誉甚重。过了一年后游览楚地,为叶忠节映榴座上客。叶映榴也倚重他。

著有《诗最》。

徐　基

徐基,字宗顼,华亭人。由贡生官任萧县训导。

归田后闭户读书,足迹不入城市,作诗古文词喜欢集前、后《赤壁赋》中的字,能随题拈合,触手成文。松郡本来有赵文敏的《赤壁前赋》石刻,徐基又购得《后赋》真本,一起刻之于石,如今放在府署。著有《十峰集》、《景苏阁集》。《十峰集》入《四库全书总目提要》存目中。

儿子徐湄,字葭州,上海附贡生(额外增取的贡生)。雍正八年(公元1730年)保举贤良方正,分发甘肃,办理军需,授巩昌府宁远县令。

周　铨·周其永

周铨,字纬苍,康熙时上海诸生。博学工诗文,为姜宸英(1628—1699,字西溟,号湛园,又号苇间,浙江慈溪人,康熙三十六年(公元1697年)探花,与朱彝尊、严绳孙称"三布衣"。名重一时)入室弟子。姜宸英有欲荐之意,周铨以母老辞。书法王献之,名重于时。有小周郎之目。晚年生活困窘。著《映古堂诗文集》。

周其永,字涵千,周铨子。工真、草书,稍变父法,能诗。善画山水、人物、花卉、石竹,小笔风流,楚楚可爱。水墨尤佳。性怪僻,书、画不轻予人,曾扃(意关闭)户以绝求者,而令邻妪锁之,仍自握其钥。客来欲纳者,从门隙出钥,俾其人自启,否则以司钥者不在辞。著《二云山人稿》。

周其大,字涵百,周铨侄。书法酷似其叔。惜早卒。

附嘉庆《松江府志》周铨传(译文):

周铨,字纬苍,上海人。诸生。学识渊博,工于诗文。年方弱冠,父亲周平儒去世于秦中,他奔丧扶柩而归葬。后来游学京师,师事姜西溟,为入室弟子。与韩大参九荀尤其亲密。当时有人要将他举荐为三殿编纂者,周铨以母亲年老不赴就而归。

晚年更加困窘,以卖文为生,供养母亲。与兄一起居住,到老和睦相处。

六十七岁去世,张进士梁为其作传。

潘肇振

潘肇振,字文起,青浦人,是潘衷昉的从孙。他的潘伯父潘恪如字孩士,潘懿字恺容,都以文学著名。潘肇振年少时为县学生,继承家学,潜心读书,嗜好古文。日常操行纯朴笃实。科举考试,屡次受挫,胸中郁闷,不能释然,遇到庸俗之人则掉头不与言语,因此人们将他看作狂夫。

今存《遗安堂稿》二卷。

刘梦金

刘梦金,字甹来,上海人。为人质朴正直,持有气节,游览京师,长安贵人争相招引他,他婉言谢绝不与交往。以明经(通晓经术;也是古代科举制度中科目之一,与进士科并列,主要考试经义。明清时代用作贡生的别称)终其一生。写作诗古文词,挥笔立就,风格与韩愈、苏轼、李白、杜甫相似。讲究高雅,不谋生计。工于书法,善于医术,下棋有国手之誉。

庄永言

庄永言,字祉如,娄县人。工诗古文词,所居大雅堂,与姜遴等二十余人结社写作时文(科举应试之文。明清称八股文为时文)。当时张棠、张昺年龄最小,后来又得戴有祺等十余人。焦袁熹称郡中文会,要数大雅堂为最盛。

潘　牧

潘牧,字甸君,号牧园。松江上海人。少负异才,工诗,有奇致。司寇徐健庵知其名,欲以鸿博荐,不就。后焦徵君南浦见其诗稿,深加叹誉。招之至村,则已年近古稀矣。与陆香林、张大木、叶召南定交,相唱和。后贫老以殁。有《声香外集》。

附嘉庆《松江府志》潘牧传(译文):

潘牧,字牧园,上海人,明代潘恭定公恩后裔。禀赋出众,负有异才,尚书徐乾学知其名声,要以博学宏词科荐举,他推辞不就。每日从事诗古文词,著述甚富,进士张梁将之编辑收藏。

施于民

施于民,字渔帆,娄县人,诸生。工诗,尤其擅长五言。提督总兵官师懿德尝请他教自己的儿子。

儿子施礼潼,字竹田,也能写诗。

高 集

高集，字文越，初名懿坚，华亭人，是高承祚的孙子。禀赋高超，个性豪放。游学京师，因无人赏识，于是归来。与黄之隽交往，为同窗好友，纵酒论文，无有虚日。农历七月初七之夜欢饮，忽然脚趾疼痛，既而成为跛足，后来病卧四年去世。年仅四十七岁。所著《学庸观理》、《观复堂古今文》若干卷，藏门人魏太学家。

唐子遴，字楚材，是唐允振的孙子，诸生。工诗。家境很贫苦，寄食兄弟家，处境更为窘迫，而诗却越来越完美。后来因胸膈有病无法进食而死。他所保存的一百六十篇诗稿都散佚。

汪景洙

汪景洙，字鲁士，华亭人。七岁能诗，吴门尤太史侗见而称异，学士曹峨雪将女儿嫁给他。十五岁补诸生，建造潭西草堂，与名流题襟赋诗。尝选编制艺（八股文）名《因是集》，京江张相国为之作序而刊行于世。平生多善举，官府要表彰其门庭，他笑着推辞。以贡生候选训导，尚未上任而去世。

周 洽

周洽，字再熙，一作载熙，号竹冈，娄县人，居白龙潭。幼敏慧，博学宏文。工于文章，精于汉隶，为时所重。画学赵孟頫，不数月尽得其技。游扬州，得纵观前人名迹，而泰兴季氏所藏尤富，周洽日夜临摹，学益进。山水、人物、花鸟、虫鱼，无不力追古人。写真尤推独步。后来作靳文襄（靳辅，1633—1692，时为河道总督）的幕僚，当时河工告成，将黄河图托他绘制，于是历览兖、豫、雍、冀四州之地，经过四个月，相度河势，描摹绘制，图成进呈。皇上览之称善，下诏褒奖。又另外编写《看河纪程》三卷。后来河道傅泽洪修撰《行水金鉴》，全部记载了他的说法。在绘图时，沿河守令多致馈赠，他一无所受，且告诫随从者不可损坏民间一草一木，靳文襄获悉后觉得他贤良。当时屯政方兴，想要叫他主管出纳，他以不熟悉钱谷之事而辞谢。不久以后，靳文襄因被流言蜚语中伤而罢免，屯政中止，参与屯政的官员多遭非议谴责，唯独周洽超然事外，毫无牵连。

尝游览嵩山中岳庙，居住之人说庙多火灾，于是绘《中流砥柱图》于北壁，从此火患不再发生，世人惊奇地将他看作神灵。

晚年归里，七十五岁去世。著有《拥书阁诗文集》。

儿子有三个,第二个儿子周棅学习二王书法极其成功。孙子周煌,拔贡生,官任繁昌县教谕。

王 铸

王铸,字范之,上海人。居周浦,诸生。兄王镐,字王在,为文起初豪放,后来以安溪为宗,于是都归于雅正。以进士候补内阁中书教授,后进(后辈)张文敏照、董庶常洪、襄平刘之琏、刘之珏都是他的门生。王铸以兄长王镐为师,潜心勤学,文有根柢。每逢学使者来到,都赞叹赏识他。滏阳张公榕端尤其敬重礼遇他,延请他校核试卷文牍,有人诬蔑中伤他,但张公对他的信任更加专注。

王铸对于四书(《论语》、《孟子》、《大学》、《中庸》)恪守朱熹的旨意,体会入微。教授生徒,严立课程,不稍宽假。朋友有过错,必尽力规劝。对于当权者,未尝轻易投递名片,然而遇到有关地方大利弊的事情,必正襟危坐而告之。郡守周中鋐拜访王铸,王铸告以"兴修水利、编撰府志、建办义学"之事,可惜尚未全部实施而周中鋐被调离。雍正二年甲辰(公元1724年)海水泛滥,塘内外尸骸狼藉,王铸年老有病,仍亲自前往掩埋,其喜好义举就是如此。

以年资(年龄和资历)贡入太学,去世,享年七十一岁。

到他门下受教者很多,尤其是同里的李琮得到了他的学问真传。

所著的《叩囊》、《间存》、《虑得》诸集都散佚,只有《四书绎义》由他儿子王泽深刊刻以行世。王泽深字质夫,诸生,有文名。

陈 崿

陈崿,字咸京,号岞岚,晚号慧香,华亭人。贡生。陈崿数岁,人口授经史,遂能通晓。康熙五十二年(公元1713年),荐充纂修《诗经》馆分校事,又助王鸿绪纂《明史》;既而与修《子史精华》。事竣,例授知县,以老辞归,杜门著述。善文辞。古文法欧阳修。也工诗词。叶恭绰《全清词钞》录收其词三首。有《祖砚堂集》、《呵壁词》。

附嘉庆《松江府志》陈崿传(译文):

陈崿,字咸京,娄县人。三岁丧父,祖父于逵口授经史,年幼就工于古诗文。由诸生贡入太学。康熙五十二年癸巳(公元1713年)诏求实学通经之士,因李文贞、王文恭荐举，他奉召入京，充当纂修《诗经》馆分校，又留《子史精华》馆，任期满，吏部议叙他任知县，但他乞求归家，杜门著述，精通内典（佛经）。

八十岁去世。著有《祖砚堂集》。

陆瀛龄

陆瀛龄，字景房，上海人，陆鸣球子。与曹给事一士都以古学闻名于当时，江南学者都尊崇他。尝入春风亭为座上客。春风亭者，是鄂文贞公在吴中任长官时所建造，用以招待名士。雍正初元（公元1723年）充任拔贡，进入京师，公卿都以馆阁（宋时有昭文馆、史馆、集贤院，称为三馆，分掌图书、经籍、修史等事。又有秘阁、龙图阁、天章阁，主要是藏经籍、图书及历代御制典籍。明清两代并入翰林院。故翰林院亦称馆阁。馆阁文臣应诏撰写文章，其文体、书体都力求典雅工整，自成一体，世称馆阁体）文臣推许。然而其为文效法诸大家，不肯委曲宛转屈从时势所好，所以屡次困顿于科举之场所。

他善于撰写章奏，大学士文靖公史贻直在两湖，应公复和那公苏图在两浙，都邀请他相助。他数次陈说郡县利弊之事，总督、巡抚下达其旨意于有司，民众受其恩德。

任石埭县教谕。石埭僻居山谷，风气质朴鄙陋，陆瀛龄拿出自己的俸钱修葺校舍，广收学生，教以读书、品行、道义，当地风气大变。知县缺位，他代理县政，免除烦苛赋税，谨慎出纳钱粮，自食其粮的囚犯，他们的诉讼，到庭立即审理处分。刚三个月，全县大治。

因任期已满而乞求归来，闭户著书，不向官府投一名片。举荐为乡饮酒礼大宾。享年八十岁。

陆瀛龄禀性平易和气，于学问无所不晓。写诗主张唐代大历年间的风格，晚年则爱好苏东坡、陆放翁的诗词。尤其善于书法。所著诗文命名为《赘翁賸语》，其他著述也很丰富。自其先人陆文裕公深之后，虽然多有学行兼优之士，但都逊色于陆瀛龄。

儿子陆秉笏，自有传。

朱　溶

朱溶，字若始，华亭人，刑部郎中朱鼐的后裔。博览群书，十四丧父，哀毁骨立。补县诸生。因父亲尚未安葬、母亲已经年老，于是学习青乌（相地术）、岐俞（医学）之术,后来又放弃举子业,尽力于古文词,名声大振。母亲去世,守丧尽哀,须发顿白。

守丧期毕,游学京师。正要纂修《明史》,聘朱溶入馆。当时海内名士争工诗词,而史才绝少,而朱溶深入研究史书的结构体裁,说"子长司马迁天才纵逸,未易涉笔;范史(范晔)工练,渐近华美;惟班史(班固)谨严精洁,宜奉为程式",馆臣都依重他。有闲暇时间就编纂明代殉难者的遗迹为《忠义录》、《表忠录》及《隐逸录》,自著则有《蘧庐集》、《汉诗解》及《列仙医术》等书。

顾用烈

顾用烈,字承哉,南汇人,是顾昌祚的长子,诸生。文名远扬,学识博洽。读书过目即能明白,通晓大义。下笔数千言立就。学使者张泊谷称道他说:"江南的文章德行无人可超过他了。"

弟顾成天,也自认为不及兄长。

闵为轮·黄知彰

闵为轮,字莩池,上海人。居石笋里。少年时侍奉其父亲闵玮游学京师,即以诗文誉于公聊间。为人宽容,仪表美好,与人交往不加评论,而心中则十分清楚,类似古代的慎言者。深思细虑,诗律工整。所作不下千余篇,黄之隽、顾成天为其作序,他的外甥黄知彰编辑刊刻行于世间。

黄知彰字贯芬,居黄家阁,父亲黄素,有传。黄知彰以诸生入太学,应南北乡试,皆不中式,于是潜心著述,修葺先世烟霞阁以居之。吟诗作画,晚年更为精进,著有诗集八卷。

王云瞻

王云瞻,字卓士,上海人,诸生。有文章德行,尤其精于经学,著有《周易纂要》。

儿子王洪范,为文奇特古雅,学使郑以钥将他作为国士看待。早年去世。

曾孙王春元,英俊机敏,勤奋学习,著有《桂一山房存稿》。

闾邱铭

闾邱铭,字尹节,上海人。居周浦,诸生。专志于孝行。研究四书,汇集众说而折衷之,著有《讲义汇参》十五卷。兼通医理。

儿子闾一士，字传九。尝拜托朋友储积货物，待价出售，朋友辜负了他，不与计较。年底抓获一个小偷，竟是向来就相识的，他赠送钱米令其回去，嘱托家人不要对外人说，这小偷受感动而改变品行。

孙子闾王言，字纶宣，岁贡生，工诗能书，尤其善于弹琴。

曾孙闾廷宪，高才生，也以贡生告终。

唐惟懋

唐惟懋，字太初，华亭人，诸生。工于制义（八股文），兼工诗。尝选拔各类小学题为《发蒙小品》，最有利于初学，风行一时。

后来，有沈钧德，字耐庵，诸生，娄县人。嗜好古物，尝取乡、会试以往中式的试卷选刻《国朝文揽胜》，理法清真，足继《行远》诸集，后来的操持选政者（担任选择贡生等事务的人）都不及。

嵇庆淳

嵇庆淳，字文高，上海人。襟怀高远，文如其人，诗也清远绝俗。工于书法，学《黄庭经》（法帖名，相传晋代王羲之书道经《黄庭经》），片纸只字，人们争相购之。

曹　熗

曹熗，字舒光，娄县人，诸生。弃举业为诗，工古今体。幼年苦于践更，田亩都写了白券（即白契。旧时买卖田宅未经地方官盖印的文契，即指未纳税的契据）给人。李侯复兴任娄县令，曹熗作诗并写信投呈，宛然是郑监门的《流民图》（郑监门，似指宋代的郑侠，时遇大旱，侠以所见居民流离困苦之状，令画工为《流民图》上奏）。到上报制定均赋后，于是将全部田籍取出焚烧，说让后代子孙勿作汶阳（春秋时鲁国地。《左传》僖元年载，鲁僖公赐季友汶阳之田，又成二年载，鲁成公时“齐人归我汶阳之田”）想。

有族兄抚养外甥为嗣，打算为养生父母服丧，曹熗依据恩义，写了数百字给他，意为不可忘了领养父母的恩义，陆清献十分赞同他的意见。

尝在风雪中出钱抢救覆舟夫妇的生命，最后不告诉姓名给他们。

著有《钝留斋集》。祭祀于孝义祠。

儿子曹奕霞，字皙庭，工诗，著有《白村集》。

唐士恂

唐士恂，字子恪，青浦人，县学生，是唐锦元的孙子，青溪东郭四子之一。他与叶忠节映榴交情最好，叶忠节去世，归柩其家；要借用馆舍接受吊唁，唐士恂以不符合礼义写信阻止。他博引礼经诸史，劝说精辟有力。

晚年更加贫困窘迫，所以他的诗大多是由清寒凄苍而生感慨所引发的。

施士恺

施士恺，字澄如，娄县人，国子监学生。禀性诚朴，好学不倦，工诗，善写大字。赏识尚未显贵之楼俨，请他到家拜他为师，学业更上进。著有《咀华斋诗草》四卷、词一卷，县令王道为之作序而刊印。

唐敬烈

唐敬烈，字又方，华亭人。三岁失明，听弟唐敬涛读书，入耳即明白且能朗诵。时间久了，五经三史无不通晓，学诗多有佳句。

当初，唐敬烈曾叔祖唐汝询号酉阳，目盲而博学，能诗，艺林推重他。唐敬烈能继承家学，而两目也盲，人称之为“小酉阳”。

赵凤翔

赵凤翔，字鱼裳，娄县人，诸生。与弟赵慎徽一起游学陆清献之门，称为高第弟子。赵凤翔自幼喜欢读书，刻苦钻研，坚持不懈，文名远扬。当湖(陆清献)勉励他注重实际，于是收敛浮华归于实学，深切体会恭敬处世穷究道理的旨意。他以自己所学教授生徒，一经指点，就都条理清楚。

弟赵慎徽安于道义，蔑视求情拜托。禀性宽厚，遇有侵犯者不与计较。喜好周济他人急难。有识之士说他是位根基深厚之人。写作文章以六经为宗，工诗，与凤翔有“二赵”之称。

故国桢

故国桢，字嵎宾，华亭人，诸生，有文名。禀性至孝，年四十因母亲年老不赴省试。当权者请他主持师席，也辞谢不赴。生平信仰理学，常与当湖陆清献书信往来。当湖赠以诗，有“招鹤云间秋唳迥，卧龙海上晚吟高”之句(言他胸怀高远，如鹤如龙)。

夏 嘉

夏嘉，字湄在，华亭人，是夏之夔的儿子。诸生。年少时跟从陆清献游学，讲究实际行动，称为入室弟子。尤其专长于诗，蒋大鸿赏识他，以为他不失家学。

当时与夏嘉同里的程诠，入金山卫学，文章品行都卓绝出众，也是陆清献的高第弟子。

嵇尔瑛

嵇尔瑛，字脩五，上海人。品行端恭谨慎，重视然诺之言，喜好施予周济。郡守龚嵘举行旌善之典，登门请至公堂，历数善行，酌酒祝寿。又以鼓吹导行，命吏卒环城呼喊道："为善者效法此人。"表彰其门为"善椝型方"（意为善人之榜样）。

儿子嵇庆立，守家法，为士林楷模。

叶之奇

叶之奇，字汝正，青浦人，孝子，是叶瀛的曾孙。五岁丧母，哭泣如成人；十三岁丧父，悲痛昏绝，继而复苏。由祖母保护抚养，得以成家立业。事奉祖母以孝闻名。奉养叔父母如亲生父母。

补县学生。康熙九年（公元1670年）发生大灾害，他出米煮粥及做糕饼给老人孩子吃。十九年（公元1680年）水灾，他又捐米赈济，无数饥民赖以存活。见到有人卖布换银以缴纳紧急军饷，却遭盗贼撬开箱子窃取银子，因而走投无路痛不欲生，他拿出金子救助此人。又倡议建造启圣祠于孔宅衣冠墓左，为文勒石。

康熙八年（公元1669年）学政与巡按表彰他的门庭。

儿子叶承谟，字陆陈，岁贡生，也勇于为善，因为儿子显贵而诰封为奉直大夫，举荐为乡饮酒礼宾客。享年八十四岁。

孙子叶本，别有传。

杨朝藩

杨朝藩，字涤山，娄县人，岁贡生，临江守杨黼的长子。以仁孝闻名，与弟升友爱，终生融洽相处。著有《未庵集》。

儿子杨开郧，字簃堂。禀性至孝，母亲去世，守丧尽礼。奉侍父病，五年不离父亲寝处。父亲去世，哀伤过度而死。

弟杨升,字阶六,诸生,也以孝友为人称道。平生多有著述。

岑 泓

岑泓,字诗涛,青浦人。由太学生的身份选任山西永宁州判。当时滇寇扰乱西蜀,自三峡窥探荆岳。总兵徐治都镇守彝陵,命岑泓辅佐戎幕,办理军需,积久毫无差错。康熙二十七年(公元1688年)夏,夏逢龙反叛,岑泓随徐治都自常德带兵剿捕,贼寇被征平,经议叙命他代理永宁州知州。他抚邮爱护民众,依法征收赋税;常道、权变,两者兼济,民众都对他感恩戴德。

三十八年(公元1699年),交州贼寇作乱。交州在万山之中,凭借险固,散则为民,聚则为寇;地近大宁,多产马匹,绝为有力。当时上官不许民间牧养马,废止南堡村木厂,交人陷入重重困境,无奈之下,出去为盗,旁掠清源、汾县、邢台三县。巡抚要歼灭他们,岑泓说:"盗由民贫而发,当先招抚。"巡抚同意他的说法,当即委派他主持招抚之事。岑泓单骑进入深山,告以祸福利害,为盗之民都喜悦,当即解散。

将要以功绩卓越优异荐举,却因病而告归,去世于家。

徐 球

徐球,字端临,华亭人,给谏徐宾("给谏"为官名,"宾"为人名)的次子。康熙四十四年乙酉(公元1705年)圣驾南巡,徐球以诸生身份献诗行在(皇帝巡行所到之处),召见答试,符合旨意,命他进入南薰殿纂书,又优先提拔他为福建浦城县令。县有赤脚光丁银,苦累平民,为时已久。赤脚光丁者,言其无产而穷困也。徐球上任,报告上官,予以革除,所有上缴税额都按田均派,民称便利。又有朱紫阳(朱熹)祠年久毁坏,他捐俸修葺,且置田百亩,永给祠中香火。

他在任九年,因病告归,享年八十岁。著有《建草堂诗稿》。

徐钦畴

徐钦畴,字素脩,娄县人,是徐阶的六世孙。父亲徐佺去世,安葬之后,徐钦畴到丙舍(墓地旁边的屋子)之外一里左右的地方租廊屋居住,二十年不回来,说:"两位兄长刚外出宦游(求官),我不敢以在墓旁草庐守丧而获得孝子美名啊。"宗族中有人因贫困而出卖祭田,他即以私产帮他赎回。岳父陈某无子,他临终时嘱咐子孙奉其祭祀。

儿子徐昺，也以孝友和义行为当时人们所称道。

莫之玫

莫之玫，华亭人，太学生。有才智。见善必为。松江府城本来没有考棚（考生考试之场所），每逢岁试科试前往澄江或附于昆山考校，水程来往，生童苦于旅费缺乏。为此，莫之玫请求将府东察院改为试院，愿捐资改建。知府祝钟俊通报各宪署，总督陶公先捐俸，买院后顾大申旧宅，扩充刷新，规制大备。莫之玫独自捐资千金，始终操办此事，经过一年落成。康熙三十九年（公元1700年），督学使者张泰交首次亲临岁试考院，使者都表彰他的义行，整个松江府一直赖以得利。

张风雍

张风雍，字履中，青浦人。十六岁，祖父、祖母、父亲、母亲都相继去世。张风雍与长兄执持丧事，尽按礼仪。尔后补为县学生，尚未娶妻，有人劝他完娶，他以未安葬不除丧服为由拒绝，与兄一起营办安葬之事然后娶妻。宗族有无力安葬者，他帮助葬埋。有位姑母丧其夫，他代交岁赋。所居之乡田地瘠薄，再加劳役之困，正逢大吏（上级长官）巡行清理欠赋，张风雍独任其费，以后田赋得以减免。遇到灾荒之年，他尽力捐粮赈济。享年六十八岁。

孙子张宏燧，乾隆十五年（公元1750年）举人，官任湖南桂阳州知州。

林企俊

林企俊，字宫声，娄县人。居浦南，为诸生，不专遵循章句，讲求经世之略。壮年宦游幕府，晚年始居乡里。黄太史之隽为其作传，说他不仕而仕，因为他能辅佐当世，利济及人。他归乡后，恢复祖父太仆林景暘所置办的赡养族人和祭祀用田各三百亩。他的老师吴骐没有后嗣，将他葬于细林山，奉其神主于点易台，置办田地给道院以供祭祀。

儿子林令旭显贵，朝廷赐其官职，其级别与儿子为官相应。

曹鉴仁

曹鉴仁，字驭先，娄县人，是曹勋的孙子。以国学生考授州同知。本性恬静谦退，不乐仕宦进竞。潜虚守寂，杜门著述，以文自娱。暇时从田夫野老话桑麻，课晴雨，葛巾野服，风致洒然。久之，成《田家诗》二十四首，自锄种以至获输，分题各咏，能状农家劳作之苦。另著有《海棠杂咏》两卷，意境闲逸，不减储、王，杨阁学瑄为其作序而付印。

曹鉴昊

曹鉴昊，字钦臣，娄县人，是曹勋的孙子。由岁贡教习候选知县。年幼时父母去世，哭踊不失礼仪，俨然如同老成。长兄生病，侍奉汤药，衣不解带者数月。季兄（最小的兄长）夫妇都去世，一切丧葬事宜，竭力经营操办。从兄曹其武早年去世，抚育孤侄，如同亲生。平时爱好学习，富有文才，为士林所推重。

杨锡履

杨锡履，字葆素，娄县人。诸生，是阁学杨瑄的长子。经史百家无不深究，为文力追先正（先代的贤人，这里当然包括其父杨瑄）。雍正元年（公元1723年），随父亲谪戍黑龙江，险阻艰难，不离左右。遇恩赦归，杜门著述，至老不衰。著有《自适文稿》八卷、《口外山川纪略》六卷。

弟杨锡恒，字涵贞，康熙四十八年己丑（公元1709年）进士。禀性至孝，依依色养（承顺父母脸色，孝养侍奉父母为色养），不思就选官职。也尝侍奉父亲谪戍，父亲去世，极哀尽礼。母亲生病，呼天祷告，愿减自己寿命以使母亲增寿，不久母病痊愈。生平好古博学，著有《冰天草》、《生还草》、《听雨轩诗文》等集。

叶　萼（一作叶敷）

叶萼，字来青，号南田，又号云巢散人，上海人。是叶映榴的长子，诸生。以难荫（官员死于王事，例皆录用其子，谓之难荫）补荆门州知州。祖母去世，回来守丧，服丧期毕，补郁林州知州。调往永康，当时境内大容山土贼窃发，劫掠村落，叶萼遣兵讨伐捕捉，抓获其头领，余党都被平定。居民失火，烧毁官舍仓库，属吏请按惯例增收耗银，叶萼不许，以家财修葺，且易茅草为砖瓦。

叶萼内迁（指到京师做官）员外郎，又出任沂州府知府，罢免而归。八十一岁去世。

工诗、画，其山水、人物、草木、鸟兽俱佳。

叶自尧，字偕来，诸生，叶萼从弟。山水画真率有致，得倪瓒笔意。

叶　芳

叶芳，字洲若，上海人，叶映榴次子，诸生。以难荫授蔚州知州，请求内调，授员外郎，尚未补授，因病而归。养病于园林，读书静坐，以“必信必果”（言必信行必果）自律，挂匾其书房为“硁小”。

弟子房，字沛臣，诸生，是叶凤毛的生身父亲。言行纯朴谨慎，也工于文墨。因叶凤毛显贵，赠予官爵，级别与叶凤毛官级相应。

蔡之笏

蔡之笏，字钦葵，上海人，蔡国珍的儿子。为人淳朴端恭，乐善好施不倦，县令李发枝举荐他为乡饮酒礼宾客。

从弟蔡之笔，字圣持，勇于为义，临终时，捐出遗金助兴义塾。因为其儿子蔡嵩显贵，赠给他相应的官爵。

吴启秀

吴启秀，字禹畴，上海人。居鹤沙里，嗣父吴燧，生身父亲吴宗亨。吴启秀弱冠入金山卫学，学使张鹏翮、郑任钥、邓钟岳都器重他。家境贫困，卖屋安葬七丧（七丧，七族之丧，七族，有两说，一为上至曾祖，下至曾孙。一为父之族、姑之子、姊妹之子、女子之子、母之族、从子、妻父母，凡七）。教授里中，其讲学提要钩玄，不随时局变化。平时写作文章，汪洋恣肆（喻其挥洒自如），但与规矩不相差错。平生不欺暗室（在暗室中也谨守规矩，不为坏事），屡次科举应试失利也毫无愠色。

儿子吴成栋，诸生，为文深远美好，书法秀丽脱俗。还有儿子成九、世贤，世贤自有传。

王鹤江

王鹤江，字岷始，娄县人。居璜溪，岁贡生。禀性至孝，晨昏定省（即“昏定晨省”，指旧时子女侍奉父母朝夕问定的礼节。昏定，谓昏时为父母安定床衽；晨省，谓晨起省问安否），先意承志（揣摩上级或长辈的意志，奉承恭顺，以博取其欢心），从不稍有懈怠。居丧之时，擗踊（捶胸顿足）哭泣，几乎痛不欲生。宗族之人有贫苦而不能安葬双亲的，就赠送给土地，借贷给资金，以办理其丧事。凡族人中坟地的粮赋及祭扫费用，其子孙不能承担者，他勇于承担，且从未有德色（自以为有恩于人而形之于脸色）。所著有《学庸撮要》、《粤游草》、《读杜心知》等书。

儿子王寿樟,字问亭,诸生。著有《石笋诗稿》。

杨锡观

杨锡观,字禹若,娄县人,是杨瑄的侄子。工于诗文书画,尤其精于隶篆,著成《六书辨通》等书共八种。幼年丧父,事母孝顺,到老仍像婴儿般仰望敬爱双亲。禀性和气而正直,行为方正而通融,尝著《清夜录》以自我告诫。

王祖慎

王祖慎,字徽五,华亭人。入县学,贡入国子监,候补中书。大学士王掞举荐他进入《诗经》纂修馆,充当纂修之职。王祖慎对《春秋》钻研得更为深透,阐发其蕴含的奥秘之义十分精当,研究《春秋》的书著成,授中书科中书,因要安葬双亲而乞求归来。

他告假归乡后,筑别业于东郊,疏浚白鸥池,平章(品评,品味)花月,简校(检查、管理)农桑,以终其身。

徐荣畴

徐荣畴,字武三,娄县人,是徐阶的六世孙。康熙三十八年(公元1699年)按例贡补镶黄旗教习,又充当《春秋》传说汇纂馆纂修,经吏部议叙授昌黎知县,以治绩和品行闻名。雍正五年(公元1727年)升任朔平知府,内补刑部员外郎,升任郎中。乾隆五年(公元1740年)致仕归,去世之年八十五岁。

徐荣畴担任昌黎县令,检查农桑,注重礼仪,代民偿还欠粮一千七百石,说:"不要让后任县令鞭打欠赋之民。"他后来又担任朔平知府,朔平是大同右卫之地,当时正逢军需繁多,徐荣畴规划自如,举重若轻,缉巨盗,决疑狱,有古循吏的风度,办事也称平允(公正适当)。

儿子徐王昱,考授州同知。为善于乡,勤勉不怠。里党人士都推重他。

王祖晋

王祖晋,字笙客,华亭人,是王桢的儿子。幼年丧父,悲号恸哭如成人。长成后,发愤从事举子业,考授州判。雍正庚戌(八年,公元1730年),以保举赴南河效力,为嵇文敏曾筠属吏，功绩卓著，经议叙得授灵璧县令。乾隆辛酉（六年，公元1741年），提升为六安州守，因事牵连，仍以知州任用，补河南汝州，选任卫辉知府。请假归乡奉养双亲。母亲去世，于是不再出来为官。

他在任灵璧县令时，蝗虫成灾，出私钱捕杀焚烧之，又帮助灾民建筑房屋。在六安任州守时，正逢邻境河水泛滥，上官命他勘查，他悉心措置，民无流亡。在汝州任上，适逢金川士司作乱，禁旅（皇帝的亲兵）西征，他忙于办理军需运输，恭遇天子，侍奉尽礼，在少林嵩阳、百泉、白云书院，依次受命督办，处事果断有力，于是才有卫辉知府之授。在郡数年，复修崇本书院，疏浚孟姜河流，劝勉农艺水田，审理冤狱，拒绝请托，严于举劾（举荐和弹劾）。

归乡后，修葺祖宗遗留下来的佘山山庄，居住其中，题匾额为“知止”。兴致来潮，辄成篇章，编为《碧涵堂诗草》。去世于河北官署，享年七十一岁。

儿子王兴尧，字澄宇，年少英俊聪慧，按例授予通判。正逢山东省大兴工役，大吏荐授东昌下河通判，迁任兖州洳河通判，建筑韩庄滚水坝到出口，大闸河道。总督张师载知道他勤劳能干，选拔他为兖州运河同知，随即授陕西西安府。不到一年又以讲习河务特选为山东运河道。当时工部正议大挖运河，命大学士诸城刘文正复查河道，王兴尧说储蓄诸水、严格开闭、禁止偏漕，则不劳民、不浪费，无浅阻之害。刘文正采纳他的建议，此事才不至扰民。因母亲年老乞请归养。

回来后居佘山，修葺“皆山阁”楼，独擅园林之胜，平日耽玩（专心研习、赏玩）诗文。晚年手病，仍吟咏不休。七十九岁去世。

儿子王锡奎，自有传；王如金，字式二，以议叙授通判，历官山东兖沂曹济道，调河北道，保住将垮塌的河堤，叙功论赏，加授按察使衔，去世于官任上。

莫逊田

莫逊田，字薛封，金山人，官广东潮州府通判。洒脱多才，好行善事。县令常琬上报其善行，御史尹文端给匾额表彰他，乙亥（乾隆二十年，公元1755年）灾荒，首倡捐粟，设粥厂以赈济远近饥民，赖以存活者甚众。抚军庄有恭题奏请予表彰，并给匾额为“义风足式”。

黄　素

黄素，字采受，上海人，贡生。康熙四十八年（公元1709年）发生饥荒，于福泉寺煮粥赈济饥民，捐献棺材，埋葬疫病死者。巡抚某给匾额表彰他。

庄时遴

庄时遴，字万甸，华亭人，例贡生。禀性坦荡，不设城府。喜好施予，向他告急求援，从未拒绝。长久无力还贷，即焚券取消债务。夏无蚊帐，冬无棉絮，死无棺木者，辄赠送之。同堂兄弟、叔侄，有棺材久淹浅土，无力下葬，他都予以安置。里中有无主骸骨暴露田间，他只要一看见，就捐资掩埋。远近桥梁修建，他极力资助使其建成。他好义就是如此。七十八岁去世。

金　鹤

金鹤，字鸣九，上海人。妻子施氏，生下儿子刚满月，逢继母因生儿子而死亡，遗下一位弟弟，金鹤命妻子一起予以喂养。父亲脾气暴躁，有不如意事即杖罚金鹤，金鹤夜卧石桥，等父亲怒气消释后才敢归来，夫妇俩相勉以孝，哺乳婴幼之弟赛过亲生，且随时护其冷暖。

他还精于岐黄之术，著有《医药传心》。

张士正

张士正，字子静，华亭人。豪放潇洒，有济世之才。松江风俗，一向推崇阻葬(安葬于背山阻水的险要之地)，相互沿习成风，张士正反对这样做。凡亲族朋友有事，他尽力帮助解决。五图东南地高缺水，他倡议开河引水，灌溉田地数百顷，长期赖以得利。年岁连续饥荒，死者枕藉，他遍请绅士设厂施粥，但无人响应，他奋然独自担当赈济饥民。五图向来缺少义冢(公墓之地)，他捐田数亩，任人掩埋死者，并在旁边建造福善庵，以永远便于祭祀。

他子孙繁衍众多，都能读书传承其家业。七十三岁去世。

夏起麟

夏起麟，字肇周，娄县人，性格谨慎厚道。父亲块然(孤独貌)鳏居，家境贫困，他设馆授徒以供养父亲。每到黎明，他上堂向父亲问安；晚上为父亲整理床铺被褥，待睡稳后才离开。出必告诉，回必面见，三十年从无间断。田亩每年收成都任由两位兄长安排，相互和睦友爱，人们无法离间他们亲密的关系。有位女子已与良家子弟订婚，其父亲想悔约，夏起麟想尽办法使她归于其夫。又有旧友家产富裕，临终将儿子托付给他，夏起麟经营其家计数年，待这孩子长大，将家产如数归于旧友之子，分文不少。他的乐善慕义就是如此。

归 鸿

归鸿，榜姓张，复姓归，字既垣，号于盘，常熟人，原籍上海。康熙四十二年（公元1703年）进士，历官西华知县。少贫，仕后如故，性尤坦直，人皆称为长者。有《赠王石谷》诗："北苑南宫迹已陈，石田文敏笔须真。天遗王老非无意，欲使山川景一新。"单学傅认为"恰得石谷身份"（《海虞诗话》）。

吴亮斌

吴亮斌，华亭人。居沙西八图，今为奉贤地。康熙四十四年（公元1705年）三月，圣祖仁皇帝（康熙）南巡来到松江，吴亮斌以漴阙海塘冲溃，还有苏松浮粮，历奉恩旨，但未能按照江西南昌、袁、瑞三府一起核查减免，以致使松属田赋三乡科则（征收田赋的条款细则）除征平米外每石折色（明清漕粮，多收实物，有时折价改征银钞，谓之折色）地丁银数一浮再浮，呼吁皇上赐恩整顿查究，以解除民众困苦。于是朝廷传下圣旨："著交地方官查勘，钦此。"其后屡次蒙恩减免。改筑石塘，虽事隔多年，而松江民众获利，这实肇端于吴亮斌勇于向皇上陈述请求。

起先，康熙四年（公元1665年），吴亮斌协助修筑海塘，巡抚韩给"天池永障"匾。这时以三老（相传古代设三老五更之位，以养老人。《注》："三老五更，各一人也，皆年老更事致事者也，天子以父兄养之，示天下之孝悌也。"此处"三老"，指德高望重，受人崇敬之人）叩请皇上，宪司（御史）又书写楹帖道："天子巡行三顾问，老农奏对独沾恩"。

九十余岁去世。

儿子吴鹤翔，诸生。

陆大痴

陆大痴，名已失传，字云龙，娄县人，唐忠宣公后裔。不事举业，工于诗，善于写大字。家徒四壁，而意气自豪。圣祖仁皇帝（康熙）南巡，献策于行在所，人们看作痴狂，因以自号为"大痴"。凡是书写匾额对联，末尾辄署为"大痴"。与同里张云荪竹友善。张为诸生，能诗善画，五十岁后弃举业。一个除夕之夜造访陆大痴，陆大痴正在拥炉高吟,大年之夜应办之物一无所有。张为他画《除夕拥炉图》。大家将他俩都看作高人。

汤 俊

汤俊,字熙臣,娄县人。居朱泾。事奉继母尽孝,孩子般敬崇思念父母之情终身未断。母亲生痈疮,为之吮吸毒液而愈。母亲去世,哀毁骨立。尝因没有儿子而买妾,询问知悉她是良家女子,即厚赠而遣还。第二年后,儿子汤柱出生。有位安徽人叫黄会贤的,拿了巨资孤身客居苏州,正好与汤俊的寄寓之所相邻,黄患重病,汤俊为他调理汤药;去世后,为其收殓,且守护其巨资,等其儿子来到而归还之。其儿子要将一半资金酬谢他,他笑而不纳。

庄有奇

庄有奇,字问云,娄县人。先世由歙浦迁徙至朱泾。年少已有文名,受学于嘉定张匠门大受,共同游学者多为知名士人,他重于友谊,有同志(志同道合之人)贫苦而正直,庄有奇周济他,数十年不倦。尤其乐于周济关怀宗族亲戚,凡有贫困者,无不给以赈济。

由岁贡选授潜山训导,潜山士人都说喜得师表。

陈安仁

陈安仁,字跃江,奉贤人,国子监学生。本性恬淡,乐于为善。乾隆十三年(公元1748年)米价昂贵,民众买不起粮食,陈安仁率先平粜,成为乡里倡导者。二十年(公元1755年)发生饥荒,巡抚命所在地区捐赈救灾,陈安仁率领从子陈遇清、陈文锦出米煮粥,救活饥民以千计。又捐田三百余亩为义田,以赡养五代以内(高祖以下)的族人。巡抚庄有恭奏经皇帝批准由有关部门注册,送给他“仁风可式”匾额以示表彰。至于修撰族谱,建造宗祠,及里中桥梁,他都尽力相助使之成功。

吴祖雍

吴祖雍,字遇文,华亭人。七岁时,生身母亲朱氏被父亲遣返娘家,临走时,他牵着母亲衣服说:“儿长大当会寻母亲。”

有兄长为嫡母(父亲的正妻)所生,嫡母抚育他如同只一个儿子(意为不重视庶母所生的吴祖雍)。父亲去世,兄长也相继去世,他事奉嫡母毫不懈怠。

嫡母去世,服丧期毕,他到吴门探访舅家,询问母亲消息,舅也仅知她在京师李姓人家而已。于是他入京都,遍问李姓,终无踪迹。有人告诉他在永定门外十六庄有李氏茔,有位老奶妈是苏州人。祖雍急忙前去叩问,果然有位老妇人,即详细诉说以往情况,包括父亲遣返自己生母之事。老妇人刚一听到就惊讶,于是验看他的左耳,有线痕;又查看其眼睛,微有瘢痕,方知是自己的亲生儿子,方失声抱头痛哭不已。当时李家主人在梧州做官,要奉母而归,不能办到。有人同情他的孝心,商议凑钱来赎她,南康别驾田惟扬首为资助,而湖州严太史西武与李氏交情最厚,把情况详细告知,于是归还其母,当时是康熙五十三年甲午(公元1714年)五月二十七日,平湖卢生甫作文以记其事。

吴祖雍后来游粤西,道中去世,其儿子吴亮揆刚为弱冠之年,闻讣哀号,竭力前往,最后背负骸骨而归。人们说孝子之后又有孝子啊。

方景高

方景高,字开远,奉贤人,诸生,正学(方孝孺)十三世孙。诗文出众,学使滏阳张榕端以方景高所作《泖湖櫂歌》四首具有仙骨,载入《采芳集》中。他还研究理学,李之驹引为忘年交。

弟方景文,字继逢,诸生,能诗,多著述。

景高的孙子闻美,字充之。敬奉祭祀,生性忠厚切直。乾隆五十二年(公元1787年),呈文请求官府修葺郡城方正学祠。后以正学遗孤墓年久圮毁,无力独修,遍告族人,很少有人响应,结果抑郁而死。

金　杲

金杲,字澹民,青浦人。沉静寡言,手不释卷。工于草书,耽于吟咏,著有《选幽居稿》。

同里王心,字载宁,与金杲为名士交,也喜欢写诗,著有《十友庐稿》。

顾　棨

顾棨,字钦公,上海人。居六灶。读书稽古,务求实用。担任塾师,学徒甚众。

其后有黄河,字詹吉,居张江栅。由诸生入太学,工诗善书,屡试不售。教从子顾槐成进士、顾楼成名诸生。其女婿艾辰乡试中举,著有《任庐诗稿》。

张复初

张复初,青浦人。年少丧父。兄夺其家产,迁徙他郡,为人作佣。长成后,寻求双亲骸骨,无法找到,号泣而去,刻木像事奉,如同生时。后来租房居住常熟,为某观察侍从,因办事谨慎诚实而生活小康,随即安葬木像于虞山。王原为其作传。

顾世荣

顾世荣,字天贤,娄县人。居朱泾。事奉双亲孝顺,生养死葬尽礼。有佃农某欠他租米,见顾世荣尚未有子,愿以女儿作顾世荣之妾以抵偿欠租,顾世荣拒绝,免除其欠租,助资嫁其女儿。亲友有贫困者,必为周济救援,其生平仗义就是如此。

孟养大

孟养大,字直夫,失传其名。事母孝顺,生养和死葬,虽贫必尽礼。徐泽夫同情他贫困,制一件麻布袍送给他,他流着泪说:"我母亲入殓只穿了一件緼衣(用乱麻塞于其中的棉衣,是贫苦者所穿的衣服),我哪里忍心穿这样华丽的衣服啊?"坚决推辞接受。

张　燧

张燧,字景明,上海人。侍奉双亲以孝顺闻名,曾割股疗母,不求仕进。文艺风雅,著有《千秋一览》、《艺苑英华》、《万竹山居词》、《三影集》、《梅花诗》行世。

孔贞民

孔贞民,上海人,至圣(孔子)六十三代孙。侍奉父母及后母都孝。父母丧事,庐墓(居墓旁茅庐中守丧)三年,人们都称他为孔孝子。

儿子孔尚赟、孙子孔允贞,世代坚守家法,孝顺品行不衰。

费明啓

费明啓,字开夫,上海人。父亲九十五岁,明启七十余,仍依依孺慕(《礼·檀弓》下:"有子与子游立,见孺子慕者。"此指幼童对亲人的思慕。后喻为仰望敬爱之意),县令史彩给匾额表彰他。

沈裔堂

沈裔堂，字邗城，青浦人。沈匡济曾孙。岁贡生，选为六合教谕，文庙颓圮，学田被豪强劣绅侵占。他言于学使者，经营八年，各复其旧。

康熙五十三年（公元1714年），代理县政，恰逢大旱，民众受饥，他如实上报给中丞仪封张公伯行，得截留岁漕五十万石，且分赈江南被灾州县，赖以存活者不下十万。

随即以父母丧事而归。守丧期毕，赴远担任青县知县，又因旱灾请求抚恤，为上官挫辱，愤激自经而死。青县人思念他，作为名宦祭祀。

儿子沈大成，自有传。

郭嗣龄

郭嗣龄，字玉山，号引年，江苏江都人。康熙五十四年（公元1715年）进士。官松江府教授。

阮元《广陵诗事》载：郭嗣龄父郭自瞻，与范荃为邻，郭自瞻让郭嗣龄从范荃学，月余，范荃曰：子可以成进士，诗古文非所能也。郭嗣龄既通籍，稍稍自为诗。高邮王子年，诗人，郭嗣龄将自己所写的诗请其正之，王皆摇首不置一词。最后举一五律，起句云："庭空坐晚晴。"王颔之曰："'坐'字是诗。"这个"坐"，其实正是郭嗣龄师范荃所改。郭嗣龄于是终身不复言诗。钱仲联《清诗纪事》录收此句。

陈　祐

陈祐，字君祚，号咸元，青浦人。著有《遇仙姝记》、《仙闺集曲》。《仙闺集曲》为散曲集，收有《南南吕梁州序·漫成》、《南南吕·落花》、《南商调·悲秋》、《南商调·答王生》、《南杂调·寒食漫成》、《南杂调·寄陈君夫人》、《南北双调合套·与陈君话旧事感赋》、《南北双调合套·秋夜述怀》、《南北双调合套·寿陶浩存先生六十》等套曲九套。被录收于凌景埏、谢伯阳所编之《全清散曲》。

刘惟谦

刘惟谦，字让宗，号友萍，娄县（一作华亭）人。为明代黄州统领刘亭叔裔，曾录其上世十一人之诗，让姚听岩收入《松风余韵》中。刘惟谦所居左右有二桥，他挂匾额其室为"双虹小圃"。工诗，风雅一脉。法式善《梧门诗话》记：刘惟谦闻桑弢甫先生名，前往叩访，舟行秀州道中，过塘栖，坐船头，快吟得句云："客醉孤舟月，蛩吟两岸秋。”不觉堕水，榜人救之登舟。先生为足其诗赠之。诗题为“秀州道中”，云:“西风何太早，每至夜方休。犬吠孤村月，蛩吟两岸秋。枯肠迴客枕，清梦到渔舟。老健谁如我，翩然作远游。”自序中有“舟行秀州道中，偶成一篇。越日塘栖早发，复推敲三四一联，兀坐船头，不觉堕水”之句。好事者为作《月夜堕水图》，题咏甚多。著有《诗经叶音辨讹》。

倪 羽

倪羽，一名鹏，字振九，晚年慕刘蜕之为人，易名蜕，号蜕翁。华亭人。雍正初游滇，卜居不归。营“蜕园”于会城西之十七里山中，隐居其间，足迹不入城市。人皆以高士称之。著诗集六卷、文集二卷，梓于昆明。晚岁时动乡思，故诗有“八千里路怀乡井，菱藕西风一样秋”之句。倪羽又善画，山水仿王蒙。擅长画梅，自题《梅花纸帐诗》小引云:“偶得佳纸制为帐，粗染梅花一枝，便觉清韵可喜。”又精书法，清健有别趣。

吴 璋

吴璋，字天章，号汉田，娄县人。工花鸟，其点染一种，尤有逸致。供奉画院，与陈枚、陈桐等价。

吴棫，字伟山。吴璋子。花鸟世其父学，尤工院体。康熙时供奉内廷，名重一时。

清(4)

(雍正、乾隆朝)

胡宝瑔[注]

胡宝瑔,字泰舒。世代籍贯在徽州府歙县。父亲胡廷对,为娄县教谕,胡宝瑔随从父亲宦游学习,于是家居于此。雍正元年(公元1723年)乡试中举,乾隆二年(公元1737年)考授内阁中书,入军机里行(散官名)。胡宝瑔知识广博,通晓世务,凡直省土俗、官职、兵制因革利弊,无不详细查验核实,鄂文端尔泰十分倚重他。当时有旨度地奉天三省,奏请让胡宝瑔同往,自土默特、噶尔沁诸部落经医无闾(山名)、松花、黑龙二江,行二万二千余里,审其山川形势,辨其事物所宜,无不了如指掌。还朝回报,升任内阁侍读,奉特旨选拔为福建道监察御史。在谏垣四年,遇事侃侃而谈,知无不言。

转户科给事中,选任顺天府丞。当时金川土番强横,皇上命大学士傅恒经略军务,胡宝瑔随从前行,紧急军事文书频发,瘴毒不断侵袭,有时候三昼夜只能吃一顿饭,他竭力奉公,不辞劳苦。胜利归来,以军功升为府尹,转宗人府丞,不久选任都察院左副都御史。

奉命审理中州狱案,释放无辜,有神明之称。晋升兵部右侍郎,仍管府尹事。不久选拔为山西巡抚,历调湖南、江西、河南诸省。所至之处,审理冤狱,整顿军队,救济饥民,纠弹贪官。谨守关隘,清除奸豪。尤其值得称道的是,在江西两任,编派湖船以救援行旅之患难,疏通商贩以济助江浙之饥荒,严禁广信非法开采,杜绝奸宄钻营牟利。两次巡抚豫省(河南),则筹划赈恤以拯救被涝之民,抓紧疏浚以改善防河之策,

---

注:胡宝瑔及以下人物,按嘉庆《松江府志》排列(能查到生卒年的,标明之;府志排列顺序不变),并插入了部分增补的人物。

一下子使干支诸河六十七道得以疏通畅流，增加良田数万顷。最后堵塞杨桥决口，拯救五十余州县之民，速告河坝合拢。大工告成，因积劳成疾去世于官任上，享年七十岁。赠太子太保、兵部尚书，予以祭葬，谥"恪靖"。

兄胡宝瑔，号象虚，后改名二乐。乾隆丙辰(元年，公元1736年)举荐鸿博(清代称博学鸿词科为鸿博)，十二年(公元1747年)举人，三十六年(公元1771年)会试登第，特恩赐翰林院检讨。

弟胡宝琳，山东盐法道。

子胡鼎蓉，自有传。

胡宝瑔子胡鼎臣，与胡宝瑔同榜举人，广东试用盐大使。

张仕遇

张仕遇，字秉均，华亭人。张轨端曾孙。祖父宫，父亲之普。仕遇雍正元年(公元1723年)进士，选为庶吉士，改礼部主事，升员外郎，授云南曲靖知府，以熟练部务上奏留任吏部，不久升任郎中，兼文选、考功二司。奸弊一概剔除，吏胥无机可乘。不久选拔为御史，其一连串的条奏如：接任州县缉凶应分别处分；讳避寇盗不遵命令的道府等官徇私枉法，应分别议处；举人候选截取(清制，根据官员食俸年限及科分名次，按其截止日期，由吏部核定选用，称截取。又凡举人于中式后经三科，由本省督抚咨赴吏部候选也称截取)仍令该抚验看；吏员考职弊窦滋多，请改本省巡抚就近考试。数事都下达部议，允许施行。

乙卯(雍正十三年，公元1735年)主持江右乡试。张仕遇一向为高安朱文端轼所器重，朱文端有五位孙子参与这次乡试，张仕遇都不予录取，后来去拜见朱文端，朱文端给以更高的礼节，张仕遇也不作道歉，当时的人们认为他们俩都十分贤良。提学湖南，有老交情的人以婉转的口气来探听他的意图，张仕遇指洞庭湖为誓，来者惭愧而退。

任期满，调任四川学政，选择古今文若干卷刊刻发布，蜀中文风大变。

后因在楚地任官期间，苗民肇事，受到吏部谴责，罢官而归。去世，享年七十一岁。

吴王坦

吴王坦，字衷平，娄县人。雍正元年(公元1723年)进士，由庶吉士改为行人，出任广西永福县令。永福县瑶、壮杂处，穷困难治。他上任后，劝勉开垦荒地，崇尚教化，民众大悦。

权知（即替代之意。暂代者称权知）义宁县。前任县令因苗乱入山招抚，被杀害。吴王坦来到，集合吏民告以大义，分门守御。贼寇知道有备，窜逃他处。

荐举博学宏词，行取（明制，州县官有政绩者经地方长官保举，由吏部行文调取至京，通过考选，补授科道或部属官职，或奉旨召见，均称行取。清初沿袭，乾隆十六年废）选拔为平乐府同知。

不久因病告假而归，享年六十七岁。

朱　鉴

朱鉴，字旦平，上海人，居周浦。熟读经书史籍，为文高雅正道，孙学士勷称其为“寒碧后一人”。雍正元年（公元1723年）中进士，年已六十一岁，选任宁国府教授，士人手持经书向他请教学业，他郡来的学者也奉他为导师。

儿子朱良裘，字冶之，雍正二年（公元1724年）进士，选为庶吉士，改编修，朱文端轼、方学士苞都器重他。尝奉命校刊十三经，进呈《周易注疏》折子（臣下进本，例由通政司转递，称为题本。其直接达皇帝前者，用折子，称折奏），奉圣旨附于编末。乾隆六年（公元1741年），充当四川正考官，历官少詹事。

钦　琏

钦琏，字宝先，号幼畹，浙江长兴人。雍正元年（公元1723年）进士，历官南汇、上海、高淳、江浦、江宁诸县知县，所至皆有能声。筑海塘，指陈利弊，卓卓可传。徐世昌《晚晴簃诗汇·诗话》：“幼畹宰南汇，有惠政。捍海筑石塘，自奉贤柘林城北起，至宝山吴淞口，二万九千八百余丈。民号钦公塘，至今犹恃为保障焉。”钦琏有《重筑云间捍海塘纪事》一诗，其中写到“壬子七月十五夜，鲸嘘蛟噫龙战血。移山撼岳声震惊，倒峡滔天势奔突。可怜海滨千万户，梦中齐赴龙君宅”，写到筑塘时，有“吾民奉令踊跃趋，奋力争先如赴敌。汗日蒸云肯少休，群工次第胥底绩”之句。有《虚白斋诗集》八卷、《幼畹游草》六卷，另有《吴中水利记》、《南汇县志》。

沈于鹏

沈于鹏，字文在，华亭人，是沈葉的孙子。雍正元年（公元1723年）举人，官任石堰场大使，以廉洁正直自持。

儿子沈维镛，字荆范，乾隆二十五年（公元1760年）举人，授陕西凤翔县令，有政绩声誉。尝收集坡公书刻《凤翔八观诗》。因父母丧事而归。自号“石村山人”，工于篆隶，著有《石村诗抄》。

金应元

金应元，字霖舒，上海人。弱冠工于文词，以岁贡荐入武英殿纂修《古今图书集成》。登雍正二年（公元1724年）顺天乡荐（中举），授两淮运判，好以文章奖励后学。贫苦的士人来官办学校读书，都供给津贴。以工代赈，抚恤盐民，政绩声誉远扬。

不久转任运同，因病归里，与同县凌侍郎如焕经常相互唱和。七十五岁去世。著有《种书圃诗文集》。

周吉士

周吉士，字蔼公，娄县人，是周思兼的六世孙。雍正二年（公元1724年）进士，由庶吉士授刑部员外郎，升郎中，兼提军厅事。严格约束狱卒，不可虐待罪囚，亲自给他们衣食，遍察囚犯镣铐。寒冬腊月，身披破裘，深夜巡行监狱中，听到晓钟才返回，冰霜索索满身。议罪文书，符合法律。

因念母亲年老，请假归来，四围土墙，依然如故。每日稠粥，也难以为继。海上富人有丧事，拿了五百金请他前往护理，以便依礼行事，周吉士笑而不应，没有接受，那人只得拿了金子回去。周吉士向家人说明道：“我岂不知留下金子可使自己衣食充裕些，然而三百年来世代严守祖先遗训，不可一日废于我手而玷辱先人之名啊。”他的操行就是如此。

他本性孝友，母亲患病，露天祷告于北辰。兄弟一起生活，到老亲密无间。学生称他为“孝洁先生”。

唐　班

唐班，字晚野，上海人，居四灶。雍正二年（公元1724年）进士，选任山东邹平县令，因母亲年老呈书请改教职，于是选为凤阳教授。当时泰安相国赵公巡抚安徽，请他主持敬敷书院，他遵循朱子白鹿遗规训导士人，士风迅速变好。

父母丧事办毕，守丧期满，补为池州教授，两届考核，成绩卓越，举荐任用，他极力推辞，随即告假归来。挂匾额“诵耘处”于书斋，他关门授经，向他学习者不下四五百人。学者称他为“柴溪先生”。享年八十一岁。

儿子唐日驭，字羲伯，县增廪生。其次还有唐承华、唐季芬，各自有传。

马　严

马严，字敬六，上海人。雍正二年（公元1724年）进士。自幼聪颖敏悟，读书过目成诵，执持亲丧，极尽哀毁。祖父年寿已高，他日夜护持衣食，冬夜必同寝而温暖之。

他尚未授官即去世。

张忠震

张忠震，字虎臣，娄县人。父亲张道孔，任归安令，有政绩声誉。张忠震三岁丧父，家境贫苦简陋，生母俞氏携带他改嫁。稍长大些，即不愿居住，去依附从祖某晋州官署，加入宛平籍，补为诸生，于是居京师。一天有时吃不上两顿饭，但日夜读书从未间断。有人送给他十铤金子，夜里听到悲哀哭声，第二天早上知道邻居有人丧母不能殓葬，他即把金子送给了这家邻居。

雍正元年（公元1723年）乡试中举，第二年会试以《春秋》夺冠于试房，授湖广石门县知县。在职十年，恩威并用，以政绩第一选任礼部主事，晋升员外郎。奉命赈济江南，事毕还京，特授抚州府知府。不久被弹劾，奉旨回部，补户部员外，升工部郎中，调制造库兼管宝钱局，充任会典馆纂修官。

张忠震本性刚直，不能事奉上官。迁转朝野历经三十年，然而囊中不名一钱。

享年八十一岁。

王兴吾

王兴吾，字宗之，华亭人。父亲王图炜，曾任户部郎中。王兴吾自幼聪颖敏捷，祖父王鸿绪觉得这孩子不同寻常，给以上述名与字，意为“兴吾宗者，就是这个孩子啊”。

中雍正五年（公元1727年）进士，改庶吉士，授编修。乾隆三年（公元1738年）选拔为广西道监察御史，巡视西城，陈述奏进，皆极切直。出视南漕，漕政自明宣德间以长运为定法，然而余耗（余，即余米。清制，漕运兑米麦豆，每石交纳仓耗若干，除运耗外，余给运军回空食米，称为余米。耗，即耗米。历代从水道运输，每石另加米数斗，随漕起运，作为沿途耗折之用，对定额而收的正米而言，名曰耗米）并载，往往因约束装载、价钱不足而赔钱。王兴吾悉除其弊。又上言“与其临时捞浅起拨，不如预先图谋，凡是可蓄之水，可引之泉，预为疏理而设堰闸之，使得常留五尺许深水，不仅使运夫不再忧虑起拨，而漕运也加快进行”。这些进言都予以采纳施行。

召他回来，迁任吏科给事中，不久改为户科掌印给事中，出任河南按察使，这里风俗有推崇拳勇搏击的习气。王兴吾将豪猾之徒绳之以法，境内得以安稳。

不久选拔为布政使，当时开、归、陈、许诸州郡发大水，王兴吾悉心赈恤，民众得到实惠。

父亲去世，回家服丧。守丧将毕，就在家中奉命起复江西布政使。在豫章七年，多有善政，两遇官兵过省，民无骚扰之苦。年岁逢饥荒，拨运赈米数万，民无断粮之危。瑞州、新昌、宁州棚民杂处，他秘密侦察，贪婪凶残、邪恶不正之人都被征服。

二十二年（公元1757年），召为吏部侍郎，进入朝廷，抵达东昌，感染暑疫去世于舟船停泊之处，时年五十五岁。

王叶滋

王叶滋，字槐青，娄县人，是王钟彦的孙子。年少父母双亡，以兄王师旦为师，弱冠成为诸生。家境贫困，授徒自给，致力于实用之学。大学士朱轼当时为浙江巡抚，请他教子，深为器重。后来朱轼升任京官，又出镇山西、陕西，都请他同行。雍正元年（公元1723年）《明史》馆开，诏命举荐具备文章德行的诸生入馆纂修，朱轼首先推荐他且被录用。顺天乡试中式。正逢福敏自浙江巡抚迁任湖广总督，奉命前去担任幕僚。雍正五年（公元1727年）参与会试毕，召问全楚吏治，民生利弊，奏对详细清晰，世宗（雍正）大悦，因幕府需人，复令乘传车赴任。会试榜上有名，尚未参与殿试，就特赐二甲第十名进士，即授湖广常德知府。

常德是冲繁大郡（清代把全国州县分为冲、繁、疲、难四类，以便根据具体情况选用官吏）。按往昔惯例，新知府到来，都要调换户照（户口本），收入四千金。王叶滋拒绝不受，仍令用前照。有人说“何不开启台司（府署）将此充作公费”，叶滋说“归公必按岁征纳，这必会使民众多一份赋税了”，于是刻石定为法令。

遇到水灾，冲溃河堤。他亲自参与修筑，使河堤完整坚固。

辰州有关卡征收木材税收，当时有人建议移关常德，可网罗七百里木材税收。叶滋担忧这样做会拖累民众，请仍按旧制。

至于施行法律，即使豪贵之人触犯也毫不宽恕。沅江民谯氏八代共同生活，为之请求表彰。举荐诸生陈悌为武平令、贵金马为上蔡令、刘樵为清平令，这些人都有循吏（奉职守法的官吏）的声誉。武陵县役侵占公款三千两银，株连六十余人，关押入狱，责成抵偿，死者近半。王叶滋捐俸以免之。

接连代理岳、辰二府，掌岳常道篆（官印），选拔分巡辰永靖道。当时苗疆初辟，他上任后则清理林箐，增设泛堠（军队戍守的土堡），规模严正。所辖绥宁之地，城墙小道交叉和黔省相接，凶苗屡相仇杀，他于是率领数骑循行苗寨，苗人欢迎，说上官亲近我；他随即召集诸头目集合教场行赏，宣告皇上恩德之意，劝以德义，并一起检阅武备，大耀军容，群苗服帖。

代理按察使，审判狱讼，公平严正。不久授粮储道，各属解送漕费，按例全部归公。黔苗又蠢蠢欲动，大军予以进剿，军用粮草，按时供应。绥宁苗民呼应黔苗为逆，王叶滋条陈抚民事宜，都符合上级旨意，上级把按抚事宜都托付给他，因触岚雾致疾，去世于任上，享年五十五岁。

王叶滋学识渊博，工古文辞。所著多为艺林传诵。

儿子王永椿，字方千，乾隆十二年（公元1747年）举人，选为无为州学正，调任婺源教谕。以江永（清代婺源人，字慎修，精研音韵及三《礼》，兼通历算地理，著述甚多，考释古代名物制度，多有创见）有功经学，请求学使者让他从祀于朱紫阳祠。前后司铎（相传古代颁布新令，必奋木铎以警众，故后来称主持教化者为司铎）十年，与诸生讲学论文，不妄涉无关紧要之事。享年五十九岁。著有《古巢知非》诸稿。

王丕烈

王丕烈，字述文，娄县人。王鼒弟。王鼒，字茗源，号及峰，邑中贡生。工画，山水宗沈宗敬；能诗，著《斫歌集》。王丕烈，雍正五年（公元1727年）进士，由庶吉士授编修，不久升迁为御史，巡视通州漕务，凡所建议进言，都被采纳施行。

雍正十一年癸丑（公元1733年）会试担任同考官，转吏科给事中，视察广韶学政，于诸生中识别后为刑部尚书的庄有恭。转户科，补福建泉永道。

乾隆六年（公元1741年）选任福建按察使，当时有诏安县民人聚党煽动及漳浦奸民戕害县令两桩大案，王丕烈来到，刚一个月，尽获渠魁（头令）。闽地多高原，雨泽失期，田禾焦卷，王丕烈组织人们立即补种杂粮，并实施平粜之法，奏请颁行。

七年（公元1742年），调任河南按察使，禁止重刑，严控囤户，开筑沟渠堤堰，又酌情制定小盐禁例以补益穷困,民众赖以得利。

十年(公元1745年),因母亲丧事归来,去世于家中。

王丕烈工画,六法不由师授,直逼古人。烟云活泼,趣从天分中来。工诗,有《春晖堂集》。

长子王芳,字吹和,乾隆九年(公元1744年)举人,任荆溪县教谕。

叶 承

叶承,字子敬,号松亭,上海人。叶映榴曾孙(一作曾侄孙)。雍正五年(公元1727年)进士。官常山知县。品性敦朴,学问博雅。工书,尤善小楷。写山水极韵秀。善刻印,遒劲古茂,然不苟作。工诗,著《松亭集》。

叶氏一门,四代擅画,自叶映榴以下均为《清代画史》误改姓翁,独叶承未经此厄。

附嘉庆《松江府志》叶承传(译文):

叶承,字子敬,南汇人,是叶棠的儿子。雍正五年(公元1727年)进士,授常山县令,改授贵池教谕。一向嗜好学习,考查诸生孜孜不倦。罢官而归,设教里中,多所成就。工于小楷书法,善为山水之画。著有《松亭诗文抄》若干卷。

儿子叶抱崧,字方宣,诸生。天赋卓异,文笔出众,四方名士多与他交往。乾隆三十年乙酉(公元1765年)春皇帝南巡召试,获第二等。梁阶平学使将以拔萃科待之,而叶抱崧已患肺痨病而死。

王祖庚

王祖庚,字孙同,金山人,是王文恭顼龄的孙子。雍正五年(公元1727年)进士,授山西兴县令。乾隆二年丙辰(公元1736年)荐举鸿博,充任武英殿经史馆校书,不久出知隰州,迁任保定府知府。最后任宁国府知府。著有《励斋诗抄》。

陆瀛亮

陆瀛亮,字熙载,上海人,陆鸣珂从子。幼年天赋出众,长成善于文词。仪封大宗伯张伯行巡抚吴郡时品题佳士,选拔进入紫阳书院学习,名声盛传一时。雍正七年(公元1729年)北雍乡试中举,京畿巨公(高官)争欲得之。会试不售,回家等待授官。

以诗文自娱，人们奉之为文坛尊宿。

儿子陆秉绍，字绳山，也有文名。乾隆十五年庚午（公元1750年）中乡试副榜。

陈 钟

陈钟，字玉廷，娄县人。雍正七年（公元1729年）举人，考授内阁中书。工于诗文，师事焦徵君袁熹，而与曹黄门一士为友。《四焉斋会课》选刻陈钟之文最多。所居不蔽风雨，厉节更为坚劲。享年六十余岁。

同时还有陈岳，字怀峰。雍正二年（公元1724年）举人，才名与陈钟相当，所居又是同巷，人称“小塔前二陈”。

林令旭（1678—1743）

林令旭，字豫仲（一作豫中），一字晴江，金山人（一作娄县人）。晚年居住谷阳门芰荷潭，是林景旸五世孙。父亲林企俊，有阴德，林令旭中雍正八年（公元1730年）进士，由庶吉士授编修。不断升迁至太常寺卿。督学顺天，去世于深州试院。

林令旭器度宏大，识见高远，怀抱经邦济世之才。在未做官时，怡贤亲王奉世宗（雍正）之命邀请他到官邸。已经中进士，进入翰林，仍教读嗣王有成。任编修时，请假看望父亲，蒙恩特赐人参、文绮（华美的丝织品）以优待高年，朝士觉得他十分荣耀。他为视学，单车巡查部属，士心愉悦拜服，谆谆以朱子小学（一般指礼、乐、射、御、书、数的六艺教学，也指训诂、字义、音韵等方面的教学）为多士训。所到之处，留意关心照顾，书院及古贤祠宇倾塌毁坏者，就捐俸整修。

平生喜好经史。兼善绘画。写花鸟如生，善墨梅。乾隆六年（公元1741年）作《墨梅图》。擅长诗歌。诗古文纯厚恣纵有法。有《墨花楼集》、《锦城记》。

儿子有五位，第四位名林德堦，乾隆元年（公元1736年）举人，早年去世。从子林见龙，乾隆六年（公元1741年）举人，广东花县知县。

曹一士（1678—1736）

曹一士，字谔廷，一作谔庭，号济寰，别号沔浦生，曹煜曾从子。上海人。十五岁补青浦县诸生，留心于十四经、廿一史；尤潜心洛闽诸书，旁搜曲证，以求会通；诗文温润雅洁，见者无不心折。所以他为诸生时，就“名满大江南北”（沈德潜《国朝诗别裁集》）。雍正元年（公元1723年）拔贡，四年（公元1726年）顺天乡试中举，五年（公元

1727年)授如皋教谕,八年(公元1730年)中进士,改庶吉士,不久充任顺天雍正十年壬子(公元1732年)乡试同考官。雍正十一年癸丑(公元1733年)散馆(清时翰林院设庶常馆,新进士朝考得庶吉士资格者入馆学习,三年期满举行考试后,成绩优良者留馆,授以编修、检讨之职,其余分发各部为给事中、御史、主事,或出为州县官,谓之散馆),他考试成绩优良,授以编修,充任《一统志》纂修官。雍正十三年乙卯(公元1735年),充当文颖馆纂修官,五月改任山东道监察御史。他首先进言:“督抚是守令的引导者,但其中有贤有能,贤能兼备者是第一等,有贤而能不足者为第二等,能有余而贤不足者为第三等。督抚的贤和能,只要看其所举荐的人才就可以了如指掌。如今督抚的保举题奏守令,约有数端,为年富力强,办事勤慎,不避嫌怨;考察其业绩则为钱粮无欠,开垦多方,善捕盗贼。如果真的如其所言,那实在是位能吏(能干的官吏)。于是不久以后,这些人中出现了贪官污吏,或残酷苛刻的官吏。凡是贪吏、酷吏,无不出于能吏之中。那贤惠的官吏,极其诚实,没有浮华,同情关爱他人,对上不作欺诈,吏民同声说他不烦琐、不扰民,考量当世也不乏其人,然而督抚举荐却遗忘了他们,难道反将贤吏看作无能吗?还是将能吏当作贤吏啊?我想所谓能者并非是真能,而将求情请托称之为能,那老成者(年高有德者)在这方面显得迟钝了;将善于应对称之为能,那不善言谈者则显得迂阔笨拙了;将逞能好事称之为能,那镇定安稳者则显得懈怠缓慢了;将凶狠残酷、不恤人言者称之为能,那忙于抚恤民众、拙于罗织罪名的人则显得不会沽名钓誉才力不足,而抓住一些细小过错将他罢黜了。我以为今天的督抚有建功立业想法的多,而明白敦厚宽大有使民众富裕办法的少;损下益上之事多,而损上益下之举少。这关系到治理的体制。皇上对于丈量开垦之地、调整州县区划、改调牧令任职等一切纷繁更改之事都进行罢革,在督抚方面,应该想到他们有人处心积虑,饰非自护,曲意迎合,以姑息以自安。我敢请皇上特颁谕旨,在精明严肃之中施行优游(悠闲自得)宽大之政,使能者注重于贤德,而有贤德之人注重于增长才能,这是知人的哲理,也是安民的恩惠啊。”这疏奏一送入,皇上就将曹一士的主张通告到各省。

曹一士又请从宽处理附从妖言之狱,说:“从前散播言论明显有叛逆之意,如戴名世、汪景祺等人。圣祖(康熙)世宗(雍正)因其自蹈大逆之道而诛杀之,这也是不得已而为之。如果语言涉及疑似,如陈鹏年游虎丘诗一案,圣祖(康熙)特示九卿,以为自古以来诬陷善类一般都是如此,如神灵般的明哲,洞察隐微,可为万世法则。近年以来,小人往往挟持睚眦之怨,凭借不实之词,捏造罪名;有司见事生风,多方穷审，定下冤案，这实在不是国家坚持正义、推行仁政的意向。恭读皇上谕旨，凡奏疏中从前避忌之事一概扫除，仰见圣明廓然大度。我想朝廷的章奏尚且捐弃忌讳，那在野的笔札（公文、书信之类文字）怎能吹毛求疵！请命各直省，今后凡有举报文字，如无确凿证据，将所告的罪名反加到诬告者头上，以此作为挟私仇陷害他人者之戒。这样，因文字而产生的拖累可以免除，告发别人隐私的风气也可止息。”皇上也同意他的请求。

转任工科给事中，又进言两浙的场税应该捐弃，带征（明清征取钱粮，另立名目加收或将累年积欠一并征收叫带征）的漕米应当免除，工料的价值应当公平。凡所建议进言，都有益于世事民生，朝野仰慕其风采，以为行将大用，然而不多久，得哽噎症，去世于官任上，享年五十九岁。

“晚达官谏垣，多所建白，其《请宽文字之狱禁诬告株连》一疏，最为时称。”（徐世昌《晚晴簃诗汇·诗话》）曹一士所上封事，皆有益于世道民生，朝野传诵。

曹一士诗“不肯随俗，时露奇警”（《清诗别裁集》）。钱仲联《清诗纪事》录收其诗《赠夫人》:“幽意闲情不自知，碧窗吟遍楚人词。添香侍女听来惯，笑说书声似旧时。”袁牧《随园诗话》云，夫人姓陆，归曹一士时，才十七岁，“奁具旁，皆文史也。尤爱《楚辞》，针黹暇，必朗诵之”。《清诗纪事》又录收《采荇诗》句:“谁言生女不如儿?”“休向谢庭夸咏絮，滞人福命是才名。”曹一士有《四焉斋文集》八卷、《四焉斋诗集》六卷等。

徐　良

徐良，字乘万，初名观光，娄县人。雍正十年（公元1732年）乡试中举，考授内阁中书，改任广西庆远同知，历任四川夔州府知府，所在都有显著政绩为人称道。本性纯真朴实，与人交往，背后不论人是非。学识渊博，尤精书法，辞官退休后客居都门法源寺，四方求其书法作品者堵塞门口，云间董、张两文敏后很少有人能与他匹敌。

晚年居于笏水之阳（北岸），享年七十余岁。

焦以敬

焦以敬，字惺持，金山人，是焦袁熹的儿子。康熙五十六年（公元1717年）举人。雍正十一年（公元1733年）诏求通晓性理学问的士人。同时张文敏公照上疏举荐他，召对称旨，钦赐进士，选庶吉士。乾隆四年（公元1739年）改授山西洪洞县知县，三年后改任屯留县令。洪洞久旱,半年多不下雨;焦以敬刚上任,徒步祈祷求雨,辄有应验,全县士民称道他以诚意感动天神。山西省丁口税收应征数额,一向对地方上体面人士优免,导致轻重失均,加重平民负担。焦以敬体察民情,报告上司,请求均摊田亩,尽心立法,不为权贵所干扰。民众积年重困,一旦豁免除去,邻县以为榜样。建办慎交书院,捐俸请师教导,士风为之大变。

他在屯留县,办事公正,深得民心。因病乞求归来,随即去世。

生平研究性理之学,深探其中奥秘。诗古文崇尚庐陵欧阳公。著有文集《舆中草》等十卷。

吴永雯

吴永雯,字季青,娄县人。父亲吴宗煐,由岁贡生考教习,候补知县。吴永雯为雍正十三年(公元1735年)举人。后以中式明通榜(清顺治初年定举人中副榜者,免其廷试,由礼部咨送吏部授职。至雍正乾隆年间,因云南、贵州、广东、广西、四川、福建路远,特于会试落榜考卷中选文理明通者,于正榜外别出一榜,以学正、教谕任用,称为明通榜。但有时也不限于以上六省)官任太湖县教谕,训导士子,先德行后文艺,任职十余年,文风日进。

儿子吴志远,字毅哉,金山卫学生,岁科试辄高等,尝客居岭外三十余年,品行淳厚恭谨,工于诗词,著有《湛溪绮语》及《粤游词草》行世。

曹复元

曹复元,字兴门,娄县人,金山籍。乾隆元年(公元1736年)举人,屡次会试不第,选授河南林县,改溧阳教谕。岁逢饥荒,查检赈济,作五言古风十九首,以代郑侠《流民》之图(郑侠,宋代福清人,字介夫,初从学于王安石,后极力反对新法。时遇大旱,郑侠以所见居民流离困苦之状,令画工为《流民图》上奏),当权者为之生恻悯之心,他造就门生很多。享年八十九岁。

儿子曹汤鼐,字念之,国子监生,博学工诗,著有《笔耕杂志》、《齐物类抄》、《愢闻暇录》诸书。

黄　槐

黄槐,字晋望,上海人。乾隆元年(公元1736年)乡试中举,第二年中进士,授松阳县令。遇到饥荒，赈粥平粜，民赖以生。创建书院，延请名师，决断疑狱，执法公正。父母丧事期满后补河源县令。三年后因病告退。御史推重其学识，上奏改为教职，选任徐州教授，去世于官任之上。

乔光烈（？—1765）

乔光烈，字敬亭，号润斋，上海人。明代忠烈公乔一琦的从曾孙（兄弟的曾孙）。乾隆二年（公元1737年）进士，由榕门相国荐拔，即任陕西宝鸡县知县。他一上任，查阅狱囚四百余人，分别予以减罪或释放，久受压抑，顿获疏通。编法律条令为便民约定，家喻户晓，犯法者于是减少。原来要求商人赞助公费，民户置办官餐，现在一概消除。李村多田无水，他捐资凿石穿土引汧水成渠，人称“惠民渠”。劝勉民众垦荒，不宜种庄稼者种药草，民获大利。教民养蚕缫丝，郊原旷野种植桑树万株，人们称之为“乔公桑”。取江南木棉花子，教以植棉纺织。子午谷居民数千家，皆鲁钝不学，他建校舍，请老师，教他们读书。秦州、巩州流亡之民进入境内，给他们粥喝，给他们治病，到麦熟时（农历四月）让他们回去。建筑陈仓栈道，偏桥（地名，在今贵州黄平县西北）都夹以石，修造石阑马墙，使过往行旅得以安全通过。

调往渭南，选任乾州知州，不久升任同州府知府。他所到之处，都有声誉，如创办冯翊书院，稳定夹沙滩界，免除潼关杂役，修造津河堤岸，疏通华州渠道，减少唐陵地租，政绩尤为显著。

巡抚陈宏谋屡次上疏荐举他，选拔为山西河东道，所属地区碰到灾荒，他上报乞请动用平绛溢米十六万、豫米二万，救活无数饥民。又请疏浚涑水、姚暹、五姓诸河，变汙莱（积水的洼地与草莽丛生的高地）为沃壤良田者有四百里。

选为长芦盐运使，改授直隶按察使，数月积案顿时得以清理。勘查漳卫决河，陈奏“分消”、“零消”两法；又上奏赈恤急务十六条，都奉旨允许施行。

选拔为河南布政使，当时黄河杨桥口溃决，水浸开封城，十分危急。乔光烈亲自率领官兵涉水驻扎河堤，捞救难民以万计。总理以工代赈，动用库藏金帛至二百三十万。

升为贵州巡抚，加兵部侍郎，调任湖南，整顿吏治，惦念民众疾苦。有凶苗仇杀三条人命，乔光烈奏请依法诛戮，定为法令。奏请动用国库修葺岳麓书院，奏请治理洞庭湖边上的私家堤堰，以抚恤平民，以平息水患。当时宝庆知府某有罪自缢，部议罢免。仍起用乔光烈为甘肃布政使，履任两月，带病清理赈济事宜，手批公文，端坐而逝。

乔光烈居官三十年,忠勤自持,唯以民事为急。由牧令(州县长官)至封疆大臣(布政使),依然儒雅朴素;廉洁声誉,上达圣听(皇上听闻)。著有《最乐堂文集》。

乔光烈善诗。徐世昌认为其诗“气格老健,多记事之作”(《晚晴簃诗汇·诗话》)。

儿子乔钟沂,候选光禄寺典簿;乔钟吴,癸未(乾隆二十八年,公元1763年)进士,任岷州知州;乔钟霍,西城兵马司副指挥,早年去世。

乔 照

乔照,字书田,上海人,乔光烈从弟。年少丧父,家境贫困,读书不倦,长成英俊伟岸,熟娴骑马射箭,举乾隆二年(公元1737年)武科进士。历任山西靖安营都司。遇到灾年,助理赈务。不断升迁至甘肃金塔营副将,赴伊犁屯田,升凉州镇总兵,仍留伊犁管辖屯务。前后十五年,赐戴花翎,提升为安西提督。调至浙江,去世于官任上,享年七十三岁。

乔照练达(阅历多而通晓人情世故)军事,效劳万里之远,有闲暇即吟咏,有古儒将风度。

杨梦元

杨梦元,字鹤江,娄县人。乾隆元年(公元1736年)进士,授陵县知县。因父母丧事而归,丧期毕,补授乐昌县令。诗文为时人的典范。前后居官数十余年,去世后旅榇(在旅居之地停放的灵柩)萧条,同官经纪其丧事。

儿子杨丽正、杨丽黄,都以诸生传承其家学。

金 浚

金浚,字钝余,青浦人。父亲金世祺,以孝义被人推重。金浚于乾隆三年(公元1738年)乡试中举,十四年(公元1749年)中明通榜,选任建德县教谕,因事受牵连而遭谴责罢归。

他专心于诗古文,而古文的造诣更深,以清丽挺拔简练纯洁为宗(归向和主旨)。

戴骏庞

戴骏庞,字轶伦,娄县人。雍正十三年(公元1735年)拔贡,乾隆三年(公元1738年)举人。工于制举业,专心研究理法,不为细微浮夸之习。有人来向他请教文艺,他会直言指摘其优劣利弊。有道之气，令人望而生畏。居乡教授，跟他交往的人都是当时名士。

享年七十八岁。

张孝源

张孝源，字俨恩，娄县人，迁居宛平。父亲张忠仁，字元长，以孝友称道于乡里。张孝源于乾隆三年(公元1738年)乡试中举，选任永年县教谕，七年(公元1742年)中明通榜，仍回永年任职，屡次代理县事，以能干为人称道。任期已满，因成绩卓越而被人荐举，奉旨以知县任用。不久遭遇父亲丧事，守丧期毕，不去赴任，随即去世，年仅四十五岁。

张孝源本性宽厚，工于制艺。任教谕十年，训士有方，向他求教的士子很多。某生因拖欠官租，县令命他动用夏楚(古时教学用的体罚刑具)，张孝源对县令说："这生员贫穷，鞭打宁越(战国时赵国人，原为中牟农民，因努力求学，十五年而成为周威公之师)而立威名，我不愿意做。"于是捐资代偿欠赋，士人更加亲近他。

工于书法，张尚书照极力称道他。

谢颖元

谢颖元，字霞轩，娄县人。乾隆四年(公元1739年)进士。选任嘉鱼县令，调任江夏令，选拔为霑益州知州。历官景东府同知。在嘉鱼县，创办书院，捕捉石塘积匪，擒获莲子湫巨盗。在江夏县，审办马朝柱逆案。廉洁能干闻名于荆楚间。霑益州米物上市买卖，市侩随意升降行情。谢颖元将斗斛予以校准，卖铺不得欺诈。最后在景东恢复书院，增建学校，请停土练调发(土练调发，似一种兵役制度，具体不详)，所到之处，都受赞誉。

著有《春草堂诗集》。

许　椿

许椿，字董园，娄县人，嘉善籍。个性洒脱，喜好读书，敏悟出众。乾隆六年(公元1741年)于浙江乡试中举，授四川内江县令，有惠政。逢金苗骚乱，大军进剿，军务纷繁，宪司(按察使)命他办理登春粮站，死于木果木之难。事情上报，特恩加赠道衔，赐祭葬，入祀昭忠祠。

儿子许煌,以难荫(官员死于王事,例皆录用其子,谓之“难荫”)历仕山西武乡、安邑知县。

林见龙

林见龙,字乾符,金山人,林令旭从子。乾隆六年(公元1741年)顺天举人。本性孝友,逢父亲丧事,他哀毁骨立;事奉祖父,如同父亲;奉侍母亲,极尽孝顺。庚午(乾隆十五年,公元1750年)赴吏部谒选,得花县单车(单独一辆车,含有单枪匹马、勇往直前的意思)之任。以经术辅佐吏治,骆某殴杀人嫁祸于族人,他明察其冤,释放了这位族人。壬申(乾隆十七年,公元1752年)母亲生病,告假而归;过了四年,母亲去世,哀伤成疾,尚未守毕丧期就去世,人们以为他死于孝心。

儿子克铨,字掌平,中允黄之隽将孙女嫁给他,为诸生,有名声。

陆秉笏

陆秉笏,字长卿,上海人,陆瀛龄的儿子。幼承家学,弱冠即有声誉于学校。乾隆六年(公元1741年)顺天举人。律己严正,待人宽和,以人们都为善事而高兴,不惜反复劝导众人,里党都钦佩敬重他。

晚年个性更加恬淡,不就举荐,因为儿子陆锡熊显贵,封他相应的官衔。闭户静居,安贫乐道。既以年齿道德推重于乡间,又配以诗文的声望,远近之人奉他为老尊宿(对前辈有重望之人的敬称)。著有《云间殉节诸臣传赞传》、《传经书屋诗文稿》。

乾隆癸卯(四十八年,公元1783年)重修邑志,当事者请他为总修,纠正错讹,补充缺漏,指示居多。可惜尚未完稿,去世,享年七十八岁。

儿子陆锡熊。

张端木

张端木,字昆乔,上海人,是张煜的儿子。能写文章,善于书法,乾隆七年(公元1742年)进士,历任浙江金华、镇海、常山、临海等县,以明哲干练著称。乙酉(乾隆三十年,公元1765年)充任同考官,所选之士,后多知名。罢官而归,身无分文,只是积蓄古币很多。

著有《钱录》十二卷、《西林杂记》、《芙蓉亭剿说》、《东湖缀笔》、《千字文诂》、《陶朱山馆诗文集》,共六十余种,藏于家。

夏益万

夏益万，字遣尘，金山人。乾隆九年（公元1744年）举人。侍奉双亲，以孝闻名。淡于仕进。生平著作甚多，有《古诗注》、《恖闻集》、《玩意楼稿》各若干卷。

乔　龙

乔龙，字敷在，上海人。乾隆九年（公元1744年）举人。品行端恭谨慎，学术深邃严正，出其门者后多知名。

晚年深于禅学，屡以果报劝人。

著有《传经堂文集》。

赵　颐

赵颐，字百期，青浦人。五岁遭祖母丧事，即能依礼而行。以背诵十三经补县学生，乾隆十年（公元1745年）中进士，代理江西上高县令。执法公平适当，境内民心愉悦。

过了一年后调任分宜县，办事公廉明断，有闲暇之日则延请诸生讲道论学，移晷（日影已移动，说明时间之长）忘倦。巡抚晏斯盛称为“爱民如子，爱才如命”。

因事连累，离职。民众怀念他，祭祀于袁州名宦祠。

著有《诗文合草》。

蔡鸿业

蔡鸿业，字广勤，谱系出自西山先生之后。先世从闽中迁居华亭，于是成为华亭人。父亲蔡灿，以医术闻名。蔡鸿业登乾隆十三年（公元1748年）进士，授刑部主事，晋升为员外郎中，在秋曹（刑部）十三年，持法称为公平。他悉心探究案情律令，决疑雪冤如同神明。

选任广东粮道，未满一年，召拜代理刑部侍郎。那是因为皇上早已知晓蔡鸿业治狱公正适当，且资格无出其右，所以有这个诏命，不久授副都御史，仍代理刑部事，补授本部右侍郎。

恰逢因为粤省粮驿事被非议，连累到前任官员，他与梁文定公国治一起前往粤省，将此事调查核实清楚，吏部商议革去蔡鸿业的官职，特恩授巩秦阶道，一年后选任甘肃按察使，不久升任布政使。因母亲丧事而归，随即去世，享年六十余岁。

蔡鸿业宅心仁厚,历官中央和地方二十余年,而老屋萧然,无异于寒畯(有才能的穷苦平民)。与人交往,诚信无欺,尤为远近推重。任郎官时,纂修律例(刑法的正条及其成例。律是法律的本文,例是补充律文不足而设的条例或例案)。任丙子(乾隆二十一年,公元1756年)、丁丑(乾隆二十二年,公元1757年)乡、会试同考官,庚辰(乾隆二十五年,公元1760年)主持湖北乡试,善于选拔人才。

晚年修葺陋室于皇甫林,不入城市拜见权贵,自号“林西老人”。著有《西林诗稿》。

钮思恪

钮思恪,字作宾,上海人。

他的祖先有叫钮正炳的,十七岁丧父,里豪某认为小孩子可欺乘机落井下石,然而钮正炳挺身而出,进行诉讼,将其陷害排除。过了一段时间,有人出卖女子,原来她正是里豪某的孙女,钮正炳道:“我不忍再修怨。”最后将这女孩护送回去。抚爱弟妹有恩,亲戚朋友有终身受其恩惠的。

钮思恪本性方正耿直,沉默寡言。不随流俗。以举人中礼部明通榜,授霍山县教谕。乾隆十三年(公元1748年)中进士,改任内阁中书,因母亲年老不去就任,去世于家。著有《晚香堂文稿》。

从孙(兄弟的孙子)钮芬,字竟芳,诸生,诗文俱超凡脱俗。

钮氏所居为前塘,在马桥西,明万历(公元1573年—1619年)间从归安迁来,支派繁衍不断,称诗礼之家。

吴世贤

吴世贤,字掌平,南汇人。乾隆六年(公元1741年)拔贡,乡试中举,十年(公元1745年)登明通榜,十三年(公元1748年)中进士,选任安化县令,调任沅江县令,屡次办理极其繁重的事务。题奏靖州牧,被非议。复职,发往湖北命他代理州县政务。鹤峰地本是土司旧治,他向学使周绍南请求增设学额,以利教化。补为武昌令,代理咸宁县、兴国州政务,不久因杖罚悍吏而受谴责。高宗纯皇帝(乾隆)东巡,他恭进诗册,蒙恩恢复原官,授密县令。因母亲丧事而归乡,丧期毕,补授乐昌令,因年迈乞求退休,将要归去,去世于粤。

吴世贤工诗古文辞,制艺尤为精通。任官所至,考查文士如自己的子弟。本性刚直，不阿奉上官。在粤时曾办理大狱，释放株连者四十余人，不少人在李中丞湖面前非议他是为沽名钓誉，经复查，他所审议定案的全都正确。

沈　湖

沈湖，字镜涵，华亭人，居漕泾。父亲沈日赞，擅长书法，工画山水。沈湖雍正十年（公元1732年）举人，真、草、隶、篆各体书法皆擅长，沈尚书德潜极其推重他。乾隆十三年（公元1748年）进士，因一目失明，经过需次而补颍州府教授。归田后，广西巡抚李锡泰聘请他前赴黔中主讲秀峰书院。归来后，仍设馆于张溪汪氏家中授徒，前来受教者很多。操办选举诸生，声誉传播远近。去世之年为七十七岁。所著《矜细斋文集》由海盐吴懋政作序而刊行于世。

儿子沈然乙，华亭县学生员，也以隶书闻名。

黄文莲

黄文莲，字芳亭，上海人。九岁能诗，与王昶、赵文哲等人唱和，为吴中七子之一。乾隆十五年（公元1750年）举人，授安徽歙县教谕。因母亲丧而归，守丧毕起补全椒县令，与他交往者多为显贵达人。后为泌阳令，刚上任，发誓于神灵，不欲占一钱。人称“黄青天”。移任唐县，泌阳民众争取他，于是回任，又一年，去世于官任上。

黄文莲廉洁勤敏，尝推让家产于弟，樵苏不爨（有柴有草，无食为炊。比喻贫困），安于淡泊。著有《书传盐梅》、《道德经注》、《听雨楼诗稿》。妻子曹氏也工诗，著有《玉映楼吟稿》。

从弟黄熙，乾隆五十九年（公元1720年）副贡，进入国子监。嘉庆甲子（九年，公元1804年）皇帝驾临翰林院，他献上颂诗，皇帝册命将之陈设斋宫。

从子黄炳章，字豹人，诸生。随从妻兄赵秉渊入川。当时剿捕逆匪，赵秉渊为成都太守，奉命审讯逆党，与黄炳章再三请求宽宥，好多人赖以免遭杀戮。兵民有病疾者，出医药治疗。不久归来，随即去世。

单乾元

单乾元，字遇春，华亭人。乾隆十五年（公元1750年）举人，任云南宁洱县令。县境南邻阿瓦，苗夷杂处，易生纠纷。单乾元上任，恩抚善良，威御凶暴狡诈之人，四境安定，无人再敢捣乱。

因母亲年老,乞求回来奉养终老。去世于家中。著有《世滋堂集》。

徐 恕

徐恕,字心如,青浦人。父亲徐葵,县学生。徐恕出世刚满百日,母亲死亡。徐葵抚养他。五岁能识字,乾隆十六年(公元1751年)成进士,选任浦江令,补海宁县,调平阳令。四入乡、会试试场任考官,他所选拔录用的人员后来都成为两浙名士。选任太常寺博士,升迁为宗人府主事,充任玉牒馆纂修,主持河南、广西乡试,改任吏部稽勋司员外郎,授湖州知府,调任杭州,晋升为浙江粮道。萧山被水,徐恕亲自勘察,发赈救济,贫苦百姓赖以存活。收集、埋葬浮棺数千,立义冢,置田以供岁祭。转任浙江盐道,不久升为浙江按察使。六月飞蝗自海外入钱塘,徐恕奔驰至海滨,教民夫掘沟捕掩的方法,两昼夜蝗虫捕尽,境内得以安宁。

不久遭母亲丧事,丧期毕,起任代理山东布政使。遇到旱灾,徐恕布衣草鞋,徒步登泰山祈祷,甘雨如注,百姓拦道欢呼,这年获得丰收。调任代理浙江布政使。

乾隆四十四年(公元1779年),调任山东布政使,冬天官署失火,徐恕入内取印,被烧伤而去世。事情上报,皇帝怜悯他,赠副都御史,恩荫一位儿子徐逢豫为主事。

徐逢豫字簪斋,由兵部武选司历官为长芦盐运使,去世于官任上。他先任大顺广兵备道,以清廉谨慎著称。

张孝泉

张孝泉,字述思,娄县人。县学生。弱冠交游幕府,织造图拉延请他主持章奏事宜,图拉器重他,劝他参与京兆考试,于是入了宛平籍,乾隆十五年(公元1750年)乡试中举,第二年中进士,试任户部主事。父亲去世,归家守丧期毕,补陕西司主事,转员外郎,京察(明清两代,对在京官吏定期进行考绩。清代吏部设考功清吏司,对文武官员三年考绩一次,在京的称京察,在外地的称大计。京察三品以上,由部开列事实,具奏裁定;四五品特简王大臣验看;余官由长官考察)一等,引见记名,以繁缺(频繁出现缺损)知府任用监督大通仓。母亲去世,丧期毕起复原官。选任刑部安徽司郎中,出任广东南雄知府,历任代理韶州、肇庆两府,暂时管理肇罗道、南韶连道。因病而归家。

张孝泉外表和气,内心耿介,无疾言厉色,事关民生利弊,就侃侃而谈,不达目的不罢休。在京师部曹为官时,十年不得升迁,仍勤慎供职,毫无怨言。出任郡守,更是自勉清节。广东省一向被称为十分富饶之地,为官不几年就能积累大量资财。然而张孝泉在职二十年，囊橐空空，生活并不滋润。晚年主持上洋书院，粥食难以维系，租屋而居仅能遮风避雨。

著有《退圃诗文抄》、《冷香集》，少詹钱大昕为之作序。

去世之年为八十一岁。

儿子张崇钧，国子监学生，能文，工诗词。庚寅（乾隆三十五年，公元1770年）顺天乡试中式，首次荐举受挫。本性豪迈洒脱。著有《珠江竹枝词》及诗文稿。

杜昌丁

杜昌丁，字望之，娄县人，是杜麟徵的孙子。父亲杜登春，为广昌县令，免除拖累民众的丁粮。五十九岁才生儿子，泽州相国陈廷敬给他写信说“为广昌免除千丁（赋税），才为杜氏增一丁（一个男孩子）”，所以取名杜昌丁。中雍正四年（公元1726年）顺天乡试副榜，被大臣保举得以选任浦城县令，礼待贤人，考核士子，免除无名科敛，政绩列为第一，选任永春州知州。筑建护城的堤坝，创建书院和学校。正逢泉州奸民拒捕，上级打算予以屠杀追剿，杜昌丁劝谏阻止，命他代理府尹，于是单骑前往告谕，诛戮首恶，宽恕其余，使千余人免遭杀戮。

因病死于官任上，贫困无力归葬，民众凑钱助丧。立祠于霸上以祭祀他。

徐　櫄

徐櫄，字圣功，娄县人，是文贞公徐阶四世孙。雍正七年（公元1729年）以诸生保举贤良方正引见，发往江西，以知县任用，代理星子县令，以廉洁干练著称，不久被弹劾而归。与中允黄之隽、侍讲顾成天唱和。著有《玉屏山人乐府诗集》刊行于世。享年七十八岁。

邵成平

邵成平，字庸济，华亭人。诸生，雍正七年（公元1729年）奉特旨，令各省学臣选举才学优良者，以备选用，邵成平被选举录用，授福建仙游县知县，升迁为汀州府同知，有政绩声誉。著有《小东文稿》藏于家中。

吴　浚

吴浚，字白沙，娄县人，是吴廷揆的儿子。于雍正七年（公元1729年）被荐举为孝友端方,官任广东新兴县令,廉明慈惠,为政有良好声誉。

弟吴猷,字晴沙,岁贡生,以好义敦行推重于乡。

陆昌龄

陆昌龄,字鲁山,华亭人。精于申不害,韩非的刑名之学。进入京师,高宫詹士奇重其才,推荐为幕僚,屡办疑难之案。逢雍正皇帝有旨,命令公卿及守令各举才干之士。平阳守樊钱倬推荐陆昌龄,雍正七年(公元1729年)引见,授广东开建县知县,调新兴,代理德庆州知州。

逢父亲去世归家守丧,丧期毕,补湖北通城县令。所到之处,都以奉公守法著称。

乾隆十一年(公元1746年)因病而归,享年七十二岁。

殷凤梧

殷凤梧,字岳峙,华亭人。诸生。雍正七年(公元1729年)诏举天下贤良方正,御史王丕烈荐举他,引见,以知县用,代理福建建阳县丞,监修县志。居官以"清、慎、勤"三字自我勉励,上官嘉奖他。

历任长乐、台湾等县令,因劳累过度而得病,去世于官任上。

张朱梅

张朱梅,南汇人,居石笋里,诸生。是张元始的孙子。雍正四年(公元1726年)诏举文章德行都优秀的诸生,督抚交相推荐他,任永康令,调任永嘉。

居官清正宽恕,离任后民众都思念他。

叶　本

叶本,字敷南,青浦人。保举为河工,筑高家堰,叙功一等,以沿河州县补用。起初代理当涂县令,授盱眙县令。当时泗州、六安、滁州等州盐徒私贩,中有贫民误为所诱,叶本奉命查究治理,开释好多被误导的贫民。重修盱眙县文庙,创建书院。

升任泗州知州,水灾赈济,积劳成疾。总督尹继善将他的事迹上报,奉旨授凤阳府知府,不久调任河南卫辉府知府,都以廉洁能干著称。

后因失察以致属员亏空,降职为山安河务同知,因父亲丧事而归。逢灾荒,施粥平粜,收育遗孩,乡党赞颂他。去世之年为五十四岁。

黄廷飏

黄廷飏，娄县人，黄元佳的儿子。黄元佳入资为令，历任福建漳州同知，尝捐俸建造可通车的大桥。漳浦令某以欠交粮赋之事拖累而去世于官任上，黄元佳派人送归灵柩，漳浦民众佩服他的高义。黄廷飏少年时就富有才干，历官广西右江道按察使佥事，有廉洁能干的名声。

儿子黄图玑，重视孝友之德，人无闲言杂语。

从子黄图珌，历官河南卫辉府知府，工于书法，善于绘画，尤其以山水画闻名于当时。

王元会

王元会，字仁山，娄县人，诸生。遵循惯例进入国子监。兄长早年去世，抚其孤儿长大成人。逢到饥荒之年，捐粟佐助有司平粜。雍正（公元1723年—1735年）年间，松江府建育婴堂，王元会独自担当其任五年。

乾隆元年（公元1736年），诏举孝廉方正，大江南北论荐者共十七人，王元会列为第一，进入京师，以年老辞归，蒙恩赏给六品顶带。享年六十九岁。

瞿衷一

瞿衷一，字贯儒，华亭人，诸生。孝顺双亲，友爱兄弟，为人淳厚，待人和气，内外无闲言碎语。

乾隆元年（公元1736年），府县保举他为孝廉方正，恰逢母亲丧事，未能入都。

平生诗稿经中允黄之隽删定，又有《惜字纸》、《五谷说》两篇传于时。

叶承点

叶承点，字子异，南汇人，是叶永年的孙子。以诸生进入太学。诗学李贺，与詹事张鹏翀、钱文端公陈群相唱和。

乾隆元年（公元1736年）荐举鸿博，不受任用而归里。单居一室，日夕赋诗，必以正楷书写之，自题为《沂川集》，其稿藏在他的族侄孙叶昌芝的绿天馆中。

张吴曼（约生活在1772年前）

张吴曼，字也倩，上海人。布衣。能诗，居地多梅花，终身惟咏此一花。有《梅花百和》一卷、《梅花集句》二卷、《梅花十咏》一卷、《集唐梅花诗》一卷、《梅花赋》一卷、《大梅歌》一卷等多种。张吴曼又通音学，有《切法指南》一卷、《无言秘诀》一卷、《按声指数法》一卷、《切法辨疑》一卷。

王　冈（1677—1770，一作1697—1770）

王冈，字南石，号旅云山人，上海人。黄本复弟子。工花卉、人物，写生入妙。水族草虫，尤觉生动。亦善山水，曾游京师，为董邦远家宾客，凡画苑供奉一类的作品，一半出自他之手。其得意处，近似倪瓒。

胡鸣玉

胡鸣玉，字廷佩，青浦人。诸生。雍正十二年（公元1734年）诏举博学鸿词，巡抚高其倬、学政张廷璐推荐他。乾隆元年（公元1736年）召试，没有录取。

归来后，弟子日日进门拜访。后以年资贡入太学，享年八十三岁。著有《订讹杂录》行世。

蔡　显

蔡显，字笠夫，一字景真，号闲渔，华亭人。举人。著有《闲渔闲闲录》，因论祀乡贤祠节孝一条，为府中乡绅所嫉，知府钟光豫也恶之。乾隆三十二年（公元1767年），府中乡绅摘其所作诗，谓为隐约怨诽，情罪严重。（其所作诗《题友袈裟小照》："莫教行化乌肠国，风雨龙王行怒嗔。"又："风雨从所好，南北杳难分。"）为此，蔡显拿了自著（《闲渔闲闲录》）到松江府呈书自首，说"此书于本年三月内刻成，并无不法语句，而其本地乡人妄生议论"。知府钟光豫即下令华亭、娄县两县查抄蔡家，又抄得蔡著《宵行杂识》等。两江总督高晋、江苏巡抚明德拟定：蔡显凌迟，十七岁儿子蔡必照斩立决，次子、三子及妾朱氏，未出嫁的三个女儿，皆给功臣之家为奴，其门下士人闻人卓、刘素菴等二十四人发配充边。此议定报上后，乾隆改蔡显斩立决，蔡必照斩监候。

为蔡显著作序的，除闻人卓（松江人，曾以二十余年之力，据王士禛《古诗选》作了笺注，名为《古诗笺》），还有胡鸣玉（时年已八十三）。他们自然也难免受连累。徐珂《清稗类钞》记：县令褚启宗见蔡显曰："尊集序文刊名为胡某，察笔意，似出先生手。"蔡悟曰："然。"褚曰："如此，当不必累胡。"蔡颔之。褚启宗就嘱咐胡鸣玉坚决推辞不承认。及案子审讯，蔡显坚决认为是自己作的序，胡鸣玉因此得以释放。

陆荣秬

陆荣秬，字锡山，青浦人，太学生，是陆振芳的孙子。编修高舆以陆荣秬品学兼优荐他参与纂修《骈字类编》。书编成，逢父亲丧事，不及议叙而归。

乾隆元年（公元1736年）副都御史陈世倌上疏举荐他为博学鸿词，不予赴就。

著有《香林诗文集》。

黄知彰（1704—1768）

黄知彰，字贯芬，号秋圃，南汇人。贡生。山水画自写性灵。精于鉴别古董，搜罗甚富。卒年六十五。著有《烟霞阁集》、《百幅庵画寄》、《得得龛诗稿》。

黄知彰妻闵半霞，南汇人，是闵钰之女，工诗善画，偶然弄笔，一洗脂粉气，尤擅墨菊。

徐　良（1704—1774）

徐良，字邻哉，号间存，又号又次居士。华亭人。乾隆十七年（公元1752年）举人，官夔州知府。工书，小楷法钟繇、王羲之，行、楷书似董其昌。乾隆三十四年（公元1769年）至京后不复书。

张凤孙（1706—1783）

张凤孙，字少仪，华亭人。雍正十年（公元1732年）副贡生，乾隆元年（公元1736年）举博学鸿词，十六年（公元1751年）举经学。先由兵部尚书江苏巡抚高其倬举荐，任贵州贵定知县，后历官云南粮储道，改刑部郎中。

张凤孙醇谨朴厚，为人真挚。为诸生时，父亲张之顼任贵州印江（一作印江县）县令，以事被牵连下狱，祸且不测。张凤孙奔走四方，衣履俱敝，遍借款于所亲戚朋友，尚缺五百余金。一日于李玉洲席上，言及此事，伶人刘三慨然相助，设席演剧于江南会馆，满座倾倒，得五百余金，尽给张凤孙。张凤孙持金徒步入京为父赎罪。一时有“三子”（公子、才子、孝子）之称。

张凤孙“著作等身，诗才如海”（潘英、高岑《国朝诗萃·初集》）。荐举鸿博与试不取，再应京兆试又复报罢时，曾作《落叶》诗六首以自伤，一时传诵都下，下第举子读其诗时，齐声痛哭。官云南时，曾作《金沙厂记》、《汤丹厂记》，“其文杰出一时，所至倾倒，名闻天下”（沈萩林《隐拙斋文钞》）。有《柏香书屋诗钞》等。

附嘉庆《松江府志》张凤孙传（译文）：

张凤孙，字少仪，青浦人。祖父张德纯。父亲张之顼，官印江县。张凤孙年少时英俊敏悟，母亲顾氏要了解他的志向，问他应当向先儒学习谁，张凤孙应声而答道："学韩昌黎。"

弱冠之年，父亲因事连累而被捕，他奔走京师，刺臂写血书，呼告皇上，乞请开恩，当时人们将他称为“三子”，即“孝子、君子、才子”。

雍正十年（公元1732年）中顺天乡试副榜，乾隆元年（公元1736年）召试宏博，不久举荐为经学，乾隆九年甲子（公元1744年）又中副榜，充任正黄旗教习，得官州同知，改直隶州判，任洧川经历掌出纳文移，福建邵武府尹，云南粮道，后来选为四川永宁州知州，因年老补为刑部郎中。

他居官经历中央和地方四十年，廉洁干练，所到之处，政绩卓异。居家以恭谨俭朴自持，以忠孝训导子弟，书法学习欧阳询、颜真卿，诗文若干卷，藏于家中。享年七十八岁。

儿子张庆曾，官任怀庆县令。

曹培廉

曹培廉，字敬三，上海人，诸生。年少即已知名。中年放弃举业，十分孝顺母亲。胞妹丧夫，贫困无依，他迎养于家，经久不怠。有原地方长官的孙子，贫困无奈，要卖女儿，他慷慨解囊，将她赎回，为之置办妆奁婚配其族子某。于宗祠祭田外又增置义田，并建本族义冢用以埋葬那些没有后代者。每年资助育婴堂医药乳食，以继承先人遗志。按例授中书，尚未上任而去世。

生平好客，沉醉于书法，尝编辑赵孟頫的《松雪图》、倪瓒的《清閟阁全集》刊行于世。

乔廷选

乔廷选，字国士，南汇人。由诸生贡入国子监。博通经史，尤其精深于《易》，曾在浙江巡抚潘敏惠公思榘幕中辩论荀虞九家之《易》与宋元诸儒经说，阐发前人之未发，潘思榘十分器重他。精于刑名学说，远近之人争着邀请他去讲学，然而他不肯轻易前往。

著有《周易象贯》。

张 荣（1692年前后去世）

张荣，字景桓，华亭人。由贡生选授崇明训导，非常尽职尽责。进纳诸生，考查他们实际品行，考核经典义理。凡所讲习，都仿照胡安定法（指宋代胡安国的教学方法），务在通经而适于实用。常探访民间义行节烈，得二百余人，请于台使，表彰其门庭，于是海上民风士行为之一变。一年后归自崇明，士大夫都以歌诗赞颂他的德行。作为名宦祭祀于太仓祠。

张荣自谓生平得古文杂作六百余篇，诗三万多首，词一千五百余阕，歌谣三百余首。晚年亲自选编，成《空明子诗集》十卷、《文集》六卷、《杂录》一卷、《诗余》一卷等。

徐颖柔

徐颖柔，字仲嘉，华亭人，是明代主事徐三重的四世孙。师事徵君焦袁熹，从事举业外兼工诗古文，补为博士弟子员，每次考试总列高等。尝荐举博学鸿词，因兄疾而不赴，后以年资排为贡生。

家境一向贫困，但事奉双亲能曲尽欢心。当初，徐颖柔尚未出生，父亲以再从兄弟的儿子徐颖枬为嗣。徐颖枬的年龄倍长于徐颖柔，徐颖柔恭敬地侍奉他。徐颖枬早年去世，仅遗一个女儿，徐颖柔抚养她长大，且为她择婿婚嫁。

徐颖柔为人和蔼谦恭，士大夫都愿意与他交往。享年六十三岁。

徐赵昱

徐赵昱，字耕心，后改名希曾，娄县人，诸生。本性淡泊，不求显达。精熟史事，议论古代，多有卓识，尤其专志于濂洛关闽（宋代理学的主要学派，指濂溪周敦颐，洛阳程颢、程颐，关中张载，闽中朱熹）之理学，亲自编辑《朱子群书要语》，历经三十余年而成。

徐諟命

徐諟命，字葭在，南汇人，居石笋里。潜心学习。遭父母丧事，孤苦无以自立，去学商贾,又学医术。成年后,慨然叹息道:“程子六七岁即以为只要学习,必会成为圣人;大丈夫贵在立志,我舍弃儒业还有什么可学呢?”于是重操旧业,补为金山卫诸生,三年一次的岁科试(明代提学官和清代学政,对所属府、州、县学生员举行的考试。《明史·选举制》一:“提学官在任三岁,两试诸生。先以六等试诸生优劣,谓之岁考。”清时考试生员,三年一次,称岁试)列为第一,学使者临时授他为教官,于是学徒不断进来,以至于馆舍容纳不下。学生中有谦恭循礼者,不问而知此必为徐先生的弟子。

一位豪门巨室遍请诸名士,将要选择一位教师,徐諟命也在席。酒宴到中间时,命优伶劝酒,满座尽欢,徐諟命敛容拒绝,再三请他任教都遭推辞。

平生重于孝友,为学务求实际,不为虚浮标榜,既是经学之师,又是为人之师,两者都无愧色。以岁贡候选学博。著有《四书讲义》。

儿子徐周桂、徐周模、徐周炳,传承其学业。

陈麟诗

陈麟诗,字颖传,青浦人。兄陈蒋麟,字云稼,县学生,能诗赋。陈麟诗为诸生,多次岁考试获冠军,声望在黄门曹一士之上,然而曹一士登第,而陈麟诗以岁贡生终其身,享年七十八岁。

同时为经师的还有雷长发,字宸修;陆大光,字中黄;胡黄道,字序东;张宗昊,字果修;孙俊徵,字启南;张璠,字鲁儒;沈懋功,字枚臣。都以工诗文、能教授闻名,而以陈麟诗为最。

儿子陈梧冈,县学生。

沈 倓

沈倓,字次安,娄县人。在校读书时以赵为姓,父亲沈之瑊,诸生,有文名。沈倓性情和气厚道,学行纯正,跟他交游者很多,都显名于当时。

雍正己酉(七年,公元1729年)拔贡生,官如皋县学教谕,训导考查生童,务求实用之学。因年老乞求归来,享年八十一岁。

儿子沈家俊,岁贡生。

王 澄

王澄,字印川,娄县人,诸生。个性迂阔孤僻,放纵于诗文以自娱。尝设馆于某公处授徒，客人中有人讲到元代冯海粟的《梅花百咏》，王澄只用一个晚上全部予以唱和，字都用古体书写，读者惊讶得说不出话来。

没有儿子，晚年寓居湛然庵，自号“巢居子”。竹杖箬笠，超然尘外，弟子以诗文求教，辄说：“多读经书，诗文自会写好。”享年八十九岁。

著述多散失，唯有《梅花诗》郡人有抄录并收藏。

赵　和

赵和，字柳介，娄县人，诸生。不求仕进。著有《言志录》，焦袁熹作诗八百言述其大概。

同时还有周兆龙，字印武，禀性孝友，读书时每当读到古人遭逢危难之事，辄掩卷浩叹。所居在仓城西，所以用“西城”命名其稿。还有蒋天锦，字汉襄，家居西塔湾，博学能诗，与周兆龙唱和没有间断之日。

朱之朴

朱之朴，字宁周，南汇人，诸生。居石笋里东，所以自号“东郇”。喜好读古书，其文驰骋纵横，而不离法则。诗学苏东坡，书工八分书和隶书，品行端方，以道自重。享年八十二岁。

同里的唐宏，字韦弦，县学廪生，工于诗文，与朱之朴齐名。

黄令荀

黄令荀，字竹咸，金山人。雍正元年（公元1723年）岁贡。父亲黄仲昭，诸生，有奇才。黄令荀幼年丧父，家境贫困，尝雪夜背负大米于数十里之外以奉养母亲，寒冰冻裂皮肤，别人不能忍受，而他不以为苦。教育考核弟黄士英、黄万里极其严格。灯下讲授，半夜仍不停，都被教育成功。黄士英去世，弟媳妇潘氏守节，黄令荀减食来养她。兄弟所著诗文都有文集。

焦以恕

焦以恕，字心如，金山人，徵士焦袁熹次子。弱冠已为知名诸生，然而屡试不中。召试列二等，授淮安府训导。在任八年而归，享年八十二岁。

焦以恕亲承家学，以经术为先。中年后全力研读《仪礼》一书，参照古今训诂，谨遵钦定义疏,分别成编。依照内外注而随文诠释者,名为《便读》;博采众说,以自己理解来加以折衷是非者,名为《汇说》。各十七卷,经历十五年而编纂成功。其中《汇说》已经付印,且著录入《四库全书》存目。又有《砚雨斋诗古文集》,藏于家。

侄子焦绍祖,字诚一,乾隆二十四年(公元1759年)顺天举人。官任广东化州知州。焦绍祖年幼时侍奉祖父焦袁熹、父亲焦以敬,亲闻他们的讲解论述,写文章专门阐发其中的含义,著有《四书广义》二十卷,《易解》、《春秋味旨》及《二香居诗文集》各若干卷。

徐是傚(? —1742)

徐是傚,字景于,号今吾,娄县人。年少丧父,努力学习,以诸生按例进入国子监,恒(《中国美术家人名辞典》作“怡”)亲王延请他为经师。乾隆(公元1736年—1795年)初,荐举他参与鸿博考试,推辞不受。

徐是傚禀性谦和。书画似董其昌。诗宗白居易,与焦袁熹、黄之隽、陆昆曾齐名。在藩王官邸时,山东饥荒,作《悯荒》二绝句,恒亲王见之,请他前去发放赈济粮,救活好多饥民。徐是傚说:“我诗积累有万首,惟此五十六字派上了用场。”古文学习归有光。著有《古春堂诗文集》。

沈大成(1700—1771)

沈大成,字学子,号沃田,华亭人。父卒官后,家道中落,游幕异乡,由粤而闽而浙而皖,前后四十余年,虽舟车往来,仍勤读不倦。

沈大成幼有才名,皓首穷经,博学多闻,经史以外,旁通天文、地理、乐律、九章诸术。曾校订、注疏《十三经注疏》、《史记》、《两汉书》、《南北史》、《五代史》、《通典》、《文选》、《说文》诸书,尤长于音韵、历算之学。

雷国楫称沈大成为“云间风雅领袖”(《龙山诗话》)。诗风清婉,多和平安雅之音。杭堇浦太史谓其“学人而兼诗人”。作诗初学中允黄之隽,后出入唐宋,不独学一体。五言如“春灯孤照雨,高枕静闻钟”、“乱泉樵径没,清磬寺门深”、“夕阳红在树,新涨绿平堤”,七言如“微风竹外流清籁,急雨樽前送嫩凉”、“秋风一一催征雁,暮雨星星点客衣”、“名酒细倾红上颊,新梧深覆绿沾裙”等,皆耐寻讽味。

有《学福斋诗集》三十七卷、《赋》一卷、《文集》二十卷、《杂著》一卷、《近游诗钞》二卷。

附嘉庆《松江府志》沈大成传(译文):

沈大成,字学子,娄县人。父亲沈裔堂,青县知县。沈大成少年时参与童子试,学使昆明谢履厚觉得他的才能出众,列为乡学之冠,勉励他读书崇尚古学。沈大成于是研究经史,务必穷根究底。所居之室排列四部书刊本,错讹缺漏,字体正俗,用丹黄标记,五色灿然;而《十三经义疏》尤其是他一生精力的荟萃。他讲说《易经》而不废弃荀虞,讲说《诗经》而不废弃毛郑,讲说《书经》而不信伪古文而主张伏生今文,尤其衷心信服石斋黄氏《洪范明义》、《孝经集传》。其他如九宫纳甲、天文乐律、九章诸术,对这些的搜查选择融洽贯通都有依据,俨然具有汉代经师的风度。与吴门徵君惠栋、天都翰林戴震都以通晓经书闻名。学者称之为"沃田先生"。享年七十二岁。

著有《学福斋诗文集》。

曹锡黼(约1729—约1757)

曹锡黼,字诞文,号菽圃,又号旦雯,上海人。曹炳曾之孙。早岁科第,曾任员外郎。二十多岁就去世了。曹锡黼藏书甚富,晨夕披览,博学,工书,能诗,善填词曲,与族兄曹锡宝并有才名。所居为"碧藓斋"。曾于乾隆十四年(公元1749年)刻所辑《石仓世纂》六种三十三卷(《文渊阁书目》作曹锡宝辑);又仿徐渭《四声猿》,取《汉书》翟公、《晋书》王羲之、《唐书》王勃和杜甫四事为题材,谱为杂剧《四色石》一种四折,剧名分别为《张雀罗廷平感世》、《序兰亭内史吟波》、《宴滕王子安检韵》、《寓同谷老杜兴歌》。另有杂剧《桃花吟》,演崔护"人面桃花"一事,凡四折。乾隆十八年(公元1753年),游京师,诸杂剧有成稿。另著有《碧藓斋诗集》、《无町诗余》。

金思安

金思安,字子敬,娄县人。幼年工学子业,游学给谏曹一士、徵士焦袁熹之门。由诸生援例进入国子监,在京都考试受挫。

晚年专志于砥砺操行,所著诗文更加符合理学要旨。

陶远馥

陶远馥,字来雍,娄县人,岁贡生。父亲陶若舟,客居浙江的长安镇,为仇家杀害。

陶远馥当时十五岁,辞别继母陆氏外出学习武术,得异人传授,最终为父报仇,人们把他比作东汉替父报仇的孝子苏不韦。后来母亲生病,他割股肉进献。

陶远馥为文深沉有力,一考试就夺冠于同学之中。设馆授徒自给,给谏范芃野出其门下。

儿子陶保诚,号亦堂,诸生,为经师,有名声。

孙子陶庆元、陶荫元、陶康元,都以孝顺闻名。陶保诚病重,陶荫元、陶康元曾经品尝父亲的大便觉得味甘,于是相向哭,因粪便味甘则病危,味苦则病轻。陶庆元于是割左臂肉,拌和于汤药进献,父亲陶保诚病很快痊愈。

毕大椿(?—1793)

毕大椿,字涧云,号松友,娄县人。工山水画。进入京师,以富阳董诰荐举,供奉内廷。乾隆五十一年(公元1786年)八月为皇帝祝寿,毕大椿进呈设色山水轴,布置得有章法,并成"寿"字。乾隆皇帝嘉赏,收入《石渠宝笈》。有《半砚斋诗钞》。

另有沈金台,字紫环;弟沈介圭,字震藩;沈兆升,字渔三。三人都善画,当时人称"三沈"。

陈迈晴

陈迈晴,字春宇,娄县人。有出众的才能,写文章色采超常,华丽极致。乾隆九年(公元1744年)乡试,同考官钱塘袁枚看到他试卷,推荐定为第一,但随即以微疵被斥去。乡试结束后,袁枚召陈迈晴前去,两人执手而泣。回去后,不久去世。

同时还有朱宗载字孔阳、徐云凤字春谷,也以诗文闻名于当时。

顾鸿勋·陆梦野

顾鸿勋,字策名,华亭人。七岁拜师学习,端坐如同成人。稍长大些后与同里陆梦野互相促进,有志儒家学说。弱冠进入郡庠,以选拔贡入京师,想到父母年老,参加一次京师考试即归来,从此绝意仕进,与陆梦野一起更加勤奋钻研,学习经典,除了四书五经外,更加喜欢《近思录》,即使病重,仍默诵不已。当权者要以孝廉方正荐举他,坚决推辞不就。去世时年仅四十九岁。

陆梦野,字聚奎,十余岁见《功过格》就实行之,后来发觉其中有计较意,就丢弃,于是专力于《近思录》及性理诸书。二十七岁进入金山卫学,参加一次乡试就摒弃举业，与顾鸿勋潜心学习理学，认真实践。先于鸿勋三年去世，年仅三十八岁。

学使雷鋐因其友周宗濂之请，于是合两人作传并分别题匾额予以表彰，题顾鸿勋为“道范长存”，题陆梦野为“纯修足式”。

赵　翰

赵翰，字云垂，娄县人，岁贡生。官任上元训导。善于作文，搜集云间人文，刊印行世。明代万历（公元1573年—1619年）以后将要湮没的许多名家赖其文得以保存传世。文后都还载有小传，可弥补志书之不足。

儿子赵念祖、赵念慈，都是诸生，也以诗文闻名于当时。

陆学渊

陆学渊，字环川，南汇人，是陆文旺的后裔子孙。教授乡里，所到之处，必留心文献。尝因《南汇县志》缺略，编辑成副本十六卷，以补原志之所未及。

当初，尚未析县时，笋里朱之屏偕同其友黄仲若编辑《鹤沙志》十卷。析县后，蒋思永编著分县志，各人都有功于家乡，而陆学渊所著较详。

赵廷钧

赵廷钧，字尧夫，娄县人。家境贫困，夜读无灯火，他就常到邻媪纺织处夜读。成为诸生，科举考试屡次不能中式。他仿效陆清献公陇其先生的《一隅集》，亲自辑录古文以教授求学之人。

儿子赵万里，乾隆三十三年（公元1768年）举人，官任贵州天柱县令，以爱民著称。

同时还有钟文明，字郎庵。也工诗文，乡先哲朱霞、陈嵝等人都称道他。书法得钟王笔意。

李深源

李深源，字思澂，号静庵，华亭人。乾隆四十二年（公元1777年）举人。官湖北知县。适荆州府松滋县有幼孩王五子死于田野并失去耳环衣服一案，县令某传讯尸场邻舍廿余人，多日不能破案。李深源赴尸场相验，归传舍时，天寒雨雪，改装易服，率于役私出，行至卜肆中，卜者将阖户，役诡称远乡人，天晚腹饥求食。李深源遂出金，卜者欣然做饭。闲话中获此案线索，李深源率衙役寻至嫌疑人处，令衙役突呼嫌疑人名,其人即于草丛中跳出惊问。后获当铺质票,即命取赎,乃耳环衣服,令死者亲属识认,死者亲属一见即号哭。李深源对嫌疑人反复开导,穷昼夜力,乘其饥渴,以饮食诱之,罪犯才供认不讳。李深源不待案成,先释邻舍之无辜者。李深源为此案曾纪以诗云:“不是冲泥亲冒雪,无辜枉累廿三人。”

王　鼎

王鼎,字祖锡,号香浦,一号条山,华亭人。乾隆四十五年(公元1780年)举人,时年已届六十。工诗。其诗“才华辞藻,发舒有余”(王豫《江苏诗徵》引《松江诗话》)。符葆森《国朝正雅集》引王昶语云:“条山诗骀宕夷犹,和平乐易,不以才气自矜,不以词华自炫,其光油然而远,其味悠然以长。”钱仲联《清诗纪事》收其诗《答雷国楫》,其中云:“近来诗债多于酒,辜负西园树树花。”有《兰绮堂诗集》。

张　藻(1750年前后在世)

张藻,字于湘,青浦人。父张凤孙(一说印江知县张之顼。查,凤孙父曾任贵州印江县令),母顾英(字若宪,号兰谷,长洲人,为顾安女)工诗古文词,著《挹翠阁诗钞》,嫁镇洋(今太仓)毕礼。张藻幼承母教,工诗词,明经术。早年曾作《咏梅》诗,中有“出身首荷东皇赐,点额亲添帝女妆”,为人所称。

子毕沅(1730—1797),任湖广总督兼署湖北巡抚。

有《培远堂诗集》四卷。

潘钟皞

潘钟皞,字西白,上海人。是潘恩的后裔子孙。学识渊博,工于诗文,兼善书法。安于贫困,吟咏之声传于户外,尤其工于词,与周铨等人相唱和。

儿子潘采美,诸生;女儿许嫁周钧。都能诗。

冯　梲

冯梲,一作冯祝,字古浦,一字夔宣,号椆堂,娄县人。布衣。年少时混迹市肆,后来折节读书。工于诗文,为文端公鄂尔泰(时任江苏布政使)所赏识,招他致幕下,有意要给他一个官职,冯梲辞谢而去。归来筑一用椶毛盖顶的茅屋,居于城西的庄泾。享年八十四岁。

冯棿工诗文。其《马龙九日诗》有“萸菊三年惊鬓老，桑榆万里幸身强”句。又为鄂尔泰奏减苏松赋额作恭颂诗。有《一棕居诗稿》。

姚培谦

姚培谦，字平山，娄县人，诸生。喜好交游，名声传遍江东。雍正七年（公元1729年）保举，因为居丧不赴。几年后，尚书沈德潜还朝，以姚培谦闭户读书不求闻达事上奏，又以其所著《御制乐善堂赋注》四卷、《增辑左传杜注》三十卷、《经史臆见》二卷代为进呈。编修王嘉曾以为《通鉴纲目节抄》及《类腋》虽未经进呈，但却尤其是他一生心力所荟萃。

七十余岁去世。所著有《松桂堂集》。

翁　春（1736—1797）

翁春，字曙鸠，一字辨堂，号澹生，别号石瓠。华亭人。乾隆（公元1736年—1795年）时布衣。诗爱好元人的，书法爱好孙过庭（唐垂拱〈武后年号，公元685年—688年〉时人，书法家，著有书论）的。性耿介，督学刘墉闻其名，想要见他，被他拒绝，而以手书为卷赠之。

翁春小时候曾和母亲沈氏寄居在今松江的菜花泾。原籍何处，无从查考，可算是当时的新松江人。

当时的菜花泾处县北郭，属农村，沈氏与翁春同大部分农民一样，靠种菜度日。翁春小时候常挑着菜担到城里卖。途中要经过一村塾，一次经过时，见村塾中一背书的学童愣着背不下去，他从旁代为背诵。塾师见状，就请他进来。翁春放下菜担，来到塾师面前，说常从这里经过，留心听老师教读，就记住了。塾师见这孩子有心求学，就送他一册课本，说如有不认识的，可以问他。翁春于是在每天卖菜回家后认真阅读，遇有难字或不解处，就在第二天路过时向老师请教，风雨不改，不久就能通读课本。

除了读书，翁春还想学习写字，可是没有钱买纸买笔。翁春就从市场上捡被丢弃了、用秃了的毛笔，回家后将秃笔上的毛集中在一起，再扎在笔杆上，蘸了水在泥墙上练，日子久了，终于练得一手好字。

翁春刻苦读写的事很快被传了出去，贡生姚培谦（1693年—1766年，娄县北门人）听到后甚为感动，就把翁春请到自己家里。翁春见姚家有很多书，十分羡慕。姚培谦说,你想看什么书,就借去;这里的书,都可以借。华亭县学者沈大成(1700—1771),听说后觉得翁春是个可造之才,就收他为弟子,有心栽培他。在他们的培养指导下,翁春奋发努力,终于成为一个有成就的学者。

翁春有《赏雨茆屋》诗。

陈 基

陈基,字澄宇,奉贤人,诸生。贡入国子监,学识渊博,喜好古典,兼精书法。尹文端公继善奏请修撰《江南省志》,陈基是入选的人员。

尝与兄陈安仁修先世坟地,重建宗祠,增辑家谱。

生平孝顺父母,不言人过,人有急难或贫乏,必排解资助,远近称之为善人。

六十三岁去世,因为孙子陈廷庆显贵,赠其相应的官衔。

范颖士

范颖士,字仲和,娄县人。尝应童子试,知府吴节民觉得他文章出众,列为华亭第一。当时县卫的首领子弟排不到前列名次,极力制造流言蜚语,于是抚军弹劾罢免吴下有司。每次查验审讯必首及范颖士,范颖士说:“平生不知道送礼写信,只知道考试文字罢了。”巡抚徐士林当时任按察使,集中僚属,当堂面试,范颖士操笔立就,徐士林批阅其文,边看边击节赞叹,命他起来,范颖士到巡抚面前跪下道:“我等八人文章无相差别,我只是胆子大一些罢了。今天我交卷最早而得解脱,而其他人还没起来,这是因为我的长处而使人获罪,于心不忍,乞请与他们同罪。”徐士林于是也释放其他七人,狱案随即解除。这天,如果没有范颖士的义举,知府及其他七人都会陷入险境。

第二年考试,仍为第一,补为博士弟子员。范颖士从此更加勤奋,可是随即咯血,乾隆五年(公元1740年)去世,年仅二十七岁,士林人士深为惋惜。

吴成九

吴成九,字和仲,南汇人。诸生,是吴启秀的儿子。同县王铸、顾成天都爱其才,然而乡试屡次受挫,于是白天教授生徒,夜里学习经史,更加致力于根本之学。作诗法陶潜、韦应物,作词学苏轼、辛弃疾,书法李邕。

生平以孝事亲,以直交友,尝作座右铭道:“下交不难有威,而难有礼;平交不难有情，而难有义；上交不难有礼，而难有体。”去世之年为四十八岁。

儿子吴省钦、吴省兰。

张纯熙

张纯熙，字仲时，南汇人。父亲张标，岁贡生。张纯熙能诗文，并熟悉掌故。尝客游太仓王谟广东巡抚官署，王谟十分倚重他。

进入京都，怡贤亲王延请他至藩邸，梁园授简，著述甚多。随后归乡去世。

生平抚育二位侄子如同自己儿子，弟弟感激他，取字为“伯成”（意为伯父所成）、“伯生”（意为伯父所养）。两位后来都成名，与自己的儿子均分他的家产。敦厚本族，乡里推重他。

儿子张泰，字伯原，岁贡生，以文章闻名；张学功，县学生。

顾伟器

顾伟器，字成琢，上海人，布衣。禀性杰出不合群，为人洒脱开朗，孝友堪称极致。与刘少伶友善，尝学经商，亏损财物，耗费了刘少伶的资金，但刘少伶不以为意，而顾伟器更为贫困，且更为耿介，只有刘少伶周济，他才肯接受。他用蓍草占卦很有灵效，预示吉凶屡次应验。

诗极清丽，文学苏轼，画山水堪称逸品。著有《史统》，华亭陆芝为之作传。

顾伟器年少时师从其兄顾伟烈，顾伟烈字作先，拔贡生，曾任博群、迁安县令，在职时廉洁恭谨。

顾伟烈弟还有顾伟度，学识丰富，文名远扬，乾隆九年（公元1744年）、十二年（公元1747年）两中副榜。

徐谷鉴

徐谷鉴，字人表，上海人。由廪贡生授广德州训导。幼年丧母。父亲生病，割股以疗。善事庶母。抚育异母弟成立。宗族中有人死后无法安葬，他为之收殓；不能娶妻，他助其成婚。有亲戚某负债被诉讼，他代为偿还。遇到饥荒之年，他倡议赈济抚恤。重建浦西虹桥及宋家桥、徐家桥。官任广德州训导时，施药救人；代理学正，捐俸建造学校。恭敬地注释《圣谕广训》，每逢初一、十五聚众宣讲。

所著诗文由同郡凌如焕、钱塘陈兆仑作序。

唐敬涛

唐敬涛,字澄之,奉贤人。十六岁补诸生。父亲爱他,析产时分宅为三,将前屋给他,唐敬涛坚决推辞,仍居宅后。禀性慷慨,施予毫不吝啬,凡亲友有急难求助于他,他必设法予以周济,不问能否偿还。尝买一婢女,询知已许配于人,立即召其未婚夫,归还给他,不取一钱。本族中有人聘妻多年但无力完娶,商议要废除前约,唐敬涛即赠送金钱使其完婚。

以高才生贡入国子监,去世之年七十七岁。

汪宜耀

汪宜耀,字士云,上海人。父亲汪永安,工于举业,著有《翟村志》。汪宜耀潜心勤学,通晓《四书》、诸经义理,著述很多,以岁贡生官舒城训导,任期满后归来,去世。

缪孟烈

缪孟烈,字毅斋,娄县人。先世自江阴侨居云间,于是成为娄县人。年少聪明,于经史子集都能熟诵,以诸生闻名于当时,学使崔甄赏识他。进入国子监,应京兆试,不能中式,抑郁成疾而死,士林为之惋惜。

同时有朱廷琦,字又韩;陆鼎,字禹苍;奚勖谐,字掌谟;金柯秀,字书让;陈金浩,字絅文;张晃,字汉中;卫柱,字衡峰;徐南溟,字玉台;张掌丝,字绶廷,都以高才博学为后进之师,因为他们事迹遗失,不能分别一一记述。

陆元炳

陆元炳,字曙予,青浦人,诸生。以能诗为人称道。晚年学识更为深入,探索宋儒语录,尤其谨慎于君子小人之辨,同学的士子奉他为榜样。

儿子陆江藻,号石亭,金山卫学生,诗才婉约清丽,与任瀚为唱和友。金帬也降低自己的辈分礼遇他。四十七岁去世。著有《恒新堂诗稿》。

孙子陆承祖,官宝应教谕。

汪思遵

汪思遵,字建士,奉贤人,以府学生贡入国子监。禀性孝友,父亲去世,哀痛至极,几不欲生。当初,父亲在世时喜爱吴兴大观山的胜景,期望百年之后能选地安葬于此。汪思遵敬奉遗命前往选定坟墓的四界。时值盛夏，上下攀登，触冒酷暑之气，导致心力交瘁，最终以中暑而死，年仅四十五岁。深山中不能很快得到棺材，经过三日后才收殓，然而尸体不腐烂，脸面如生时。

汪思遵的儿子汪显曾，字勉哉，府学生。当汪思遵赴吴兴时，子孙数人唯独汪显曾请求随从，赤日中帮助父亲办事，不辞劳苦。汪思遵死，抱尸号哭三日不绝声，于是去世，年仅二十岁。

雍正八年（公元1730年）以父子双孝一起予以举行表彰仪式。

祝彭龄

祝彭龄，字寿殷，南汇人，援例贡生。童年时庐舍失火，母亲卧病，不能起来。祝彭龄冒火抢救，衣袖尽焦，背母出户，母得以无恙。父亲目疾，几近失明；他每日舔几次，终于复明。父亲病重，他焚祝文，祷告天神，愿减自己年岁以增加父亲寿数，经此祈求，三天后父病得愈。

他轻财尚义，人称品德敦厚之人。

儿子祝尔和，捐书院田百亩，修学宫魁星阁，建造桥梁，赈济饥民，救死扶伤，议叙授吏目之职。

汪嵩年

汪嵩年，字永祺，奉贤人。父亲病危，汪嵩年呼告上天愿以身代。父亲恍惚间听见神人对他说：“你的儿子极孝，今天赐给你灵丹妙药，即后园芭蕉上的露水。”取来饮用，果然病愈。郡守王某有“孝力回天”的表彰之语。

父亲到湖州扫墓，祖母忽得重病，要吃新鲜的地蕈，汪嵩年遍找不得，于是也像父亲生病时那样呼告上天，第二天庭中树根生三枚蕈，他连忙采摘，作羹进献，祖母吃了以后很高兴，病即痊愈。

起先，汪嵩年小时候丧母，哀痛成痼疾（积久难治之症）。后来又哭祖母，于是呕血不止，自知不起，作绝命辞，有“吾到黄泉无别恨，惟怜夜哭有高堂”之句，闻者无不哀伤。

乾隆四年（公元1739年）予以表彰。

秦秉谦

秦秉谦，字履吉，南汇人，贡生。尝捐资三千二百两银建乡约所，乾隆三年（公元

1738年)给他州判的官衔。后来又捐田入义学及书院中,县署立善人榜题写其姓名。

周　鲁

周鲁,字东山,奉贤人,国子监学生,经考核授予县丞。居乡间喜欢读书,乐于为善。看见里中路上到处有饿死的人,即捐田数百弓(旧时二百四十方弓为一亩)设为义冢。

建造静观楼,藏书很多。书法似周晚山,晚年得兰亭十八跋及襄阳米芾真迹两种,钩摹入石嵌置壁间。兼工篆刻,著有《静观楼印言》两卷。

李士达

李士达,字天英,上海人。父亲李长禄,于楚越间经商,家境逐渐富饶,以济人利物为心。李士达能继承父亲遗志,建造育婴堂,施棺柩药物,给狱囚衣食,年年如此。康熙四十七年(公元1708年),逢饥荒,他捐助赈济;雍正十年(公元1732年)洪水泛滥,他打捞浮尸掩埋;除夕之夜,他暗中观察里巷,凡烟囱不冒烟者,都将银子塞入其门缝里,但自己始终不说。编《朱子家礼辑要》、《功过格》刊行于世。

儿子李宗袁,字式凡,官刑部主事,出任广西梧州府知府,修葺书院教育士子。逢到饥荒之年,大米缺乏,抚军命粜由粤东出卖的米,李宗袁没有听从这一命令。又尝代理郁林州,凿北流道中石笋四十余里成为坦途。有循吏的称誉。因冒犯上官而被弹劾,后来又官复原职。居家举办"耆年会",在暗中做善事。弟李宗周,任江西万年县丞,代理建昌大庾县,有能臣的声誉。李宗袁遭弹劾受谴责时,李宗周跋涉于崎岖之路为兄解难。

李宗袁的儿子李心怡,字昆和,著有《竹田诗稿》;李心耕,字春圃,官任刑部郎中,最后任湖南岳州府知府,尝平反冤狱,文清公刘墉、陆郎夫曜先后巡抚湖南,都器重他。

朱之淇

朱之淇,字泉左,上海人。弟朱之灏,字苍岩。朱之淇兄弟俩年少时贫困,以经商使家境富裕。

平时家居行为纯厚,幼年丧父,事奉母亲以孝顺闻名;弟兄之间相互友爱敬重,终身不稍弛;抚育各位孤侄,分家产必是平均;营建宗祠以敦睦族属;遇人有急难,慷慨资助。乾隆二十一年(公元1756年)发生饥荒,他施粥平粜,为郡县倡导;秋天发生大瘟疫，他施舍简陋棺柩数千具。三十二年（公元1767年），他独自出力修葺尊经阁，建造敬一亭。他对于善事，知无不为，但又不想留名。尝仰慕普济堂善举，储备银子三千两，嘱托子侄待有倡导者就帮助成就这一善举。乾隆二十三年（公元1758年），推荐朱之淇为乡饮酒礼宾客。去世之年为九十岁。副宪陆锡熊为之撰墓志铭，称他为“孝义笃行，有道君子”。

朱之灏又捐资修建敬业书院，增建育婴堂房舍。他好宾客，日常满座。与人说话，谆谆以孝悌相勉励；见人为善，辄喜不自胜，远近将他弟兄俩看作（两位别人难以做到的人）。去世之年为七十八岁。

朱之淇的儿子朝源，字星发，官任工部员外郎，封朱之淇相应的官衔。朱之灏凭其儿子朱森显贵封朝议大夫。

从子朱朝栋，字殿梁，以其嗣子朱文照显贵封为奉直大夫；朱朝相，字礼臣，以其子朱文煜显贵赠朝议大夫。

朱氏累世都好礼而着力于义，是因为朱之淇、朱之灏兄弟俩教导的结果。

黄云师

黄云师，字驺书，上海人，候选布政司理问。父亲黄衡松，积有阴德。黄云师禀性孝友，抚育兄黄云章的四个孙子都长大成人。宗族贫困者他都予以周济。乾隆二十年（公元1755年）发生灾荒，有司劝导赈济，黄云师倡议给钱，浦东五十二图贫困者，大人每人每天给二十文，小孩减半，救活了好多人。母亲九十高寿时，免除全部佃租。有位亲戚朋友去世，前往吊唁，烧毁了千金债券。

建宗祠，筑桥梁，修道路，都不惜巨资。里中天赋较好的子弟学习文艺，他都想方设法助其成功。

儿子黄森，诸生，博学能文，工于楷书，著有《小涪诗抄》。

从子黄培兰，授例选任理问。幼年丧父，事奉继母、祖母都以孝顺闻名。叔父某去世，抚育其孤儿若干年，不让祖母知道，怕他伤心。主管黄氏家事三十年，不占丝毫私财。嘉定钱大昕称他为笃行君子。还有黄培镐、黄如金、黄培桂都是黄云师从子，能以善行传承其家风。

黄　炳

黄炳，字文圃，上海人。黄云师从弟，候选布政司理问。禀性品行纯厚朴实。早年放弃举业,于吴门经营商业,家事嘱托弟黄焜经理。有才干,善施舍,周济宗党的急难唯恐不及,乾隆二十年(公元1755年)发生饥荒,承继父亲黄恒松遗志,捐资救济饥民,救活好多人。

弟黄煜、黄炘都早年去世。黄煜有文章德行,副宪陆锡熊为其作传。

黄炳子黄廷瑞,黄煜子黄原泉,黄焜子黄堂、黄尚、黄瑜都是诸生。黄堂所著见《艺文志》。

夏宏时

夏宏时,字建寅,娄县人,诸生。家产不及中等人家,但他节衣缩食,每年制棉衣数十套,用以供给同里的贫困者。对待宗族和亲戚,更有恩惠,有不遵照教诲的,就婉转地加以劝导,等他悔悟而后已。

儿子夏之坚,以岁贡生任丹阳训导。

沈　宷

沈宷,字衷孚,青浦人。康熙四十六年(公元1707年)发生灾荒,他捐米煮粥给饥民喝。雍正五年(公元1727年),疏浚吴淞江,每县各派役夫五千。沈宷拿出私钱为伙食费,使得役夫不困苦。又设置义塾,请教师训导里中弟子。

儿子沈大经,以贡授清河教谕,官至江西泰和县令。

李玉如

李玉如,失传其名。行为淳朴方正,治家遵照家法规矩,门庭之内整肃如同朝廷典礼。已是耄耋之年,还可健步行走十余里。有人问他养身之道,则说:“七情(喜、怒、哀、惧、爱、恶、欲)中惟独怒难以克制,我只不过不怒而已。”乾隆十八年(公元1753年),年届一百零二岁,抚臣上报,拨给银两按照制度建造牌坊。

王　瑛

王瑛,字若愚,南汇人,诸生。文章道德,两者兼优。潜心理学,从未自我夸耀。写作文章,探索精微奥秘,又能阐发新意。著有《敬胜堂诗文集》。

儿子王诚,字伯承。诸生,每试高等。禀性恬淡高雅,学识渊深广博。纵情于诗词古文。著有《香雪园诗文抄》、《诗话》。尤其工于书法,得李邕、米芾笔意,刻有《香雪园帖》。

汪如伦

汪如伦，字珊甄，奉贤人，诸生。是孝子汪思遵的儿子。当初汪思遵的祖父汪国柱兄弟四人，在明朝初年从徽州府迁居松江已有一百多年，其宗族人员多有贫困，有三十七具棺柩草率埋葬，汪思遵常想通过占卜选择土地来安葬早世祖先，没有成功。汪如伦继承父亲遗志，捐田二十七亩作广孝阡，仿照周礼族葬的制度，大可容纳百棺。先在住宅旁边建屋以安放未葬之灵柩，以便祭祀。在墓门立石碑刻条例规定于其上，以便永久传留下去。

黄　芳

黄芳，字掌公，娄县人。十二岁，母亲生病，黄芳每夜露天祷告神灵，母感异梦，疾病痊愈。为诸生，试则高等。从游好多人，转益多师，各有所得。喜好施予，曾经倡议建造育婴堂于水云亭，知府刘尧裔表彰他为“经明行修”。

还有徐秉烈，字怡圃，端谨诚朴，力行善事。乾隆二十三年（公元1758年），知府张玉、知县周廷佐举荐他为乡饮酒礼介宾。

又有叶铿，字朴庵，太学生，经考核授予州同知。他幼年丧父，事奉母亲汪氏以孝著称。叶铿家业中落，而施予始终不倦，郡中有司以贤良方正推荐他三次，他都推辞不就。

奚　慎

奚慎，字克修，南汇人，国子监学生。乐善好义。岁逢饥荒，辄助赈济。宗族中人有不能举办丧葬者，他主持办理。尝建石桥以方便过河之人。

顾梁佐

顾梁佐，字万琳，华亭人，世代居于亭林。康熙四十七年（公元1708年）秋天发大水，民众缺粮受饥，他拿出粮食八百石平粜，以为倡导，粮价于是平稳不涨。雍正十年（公元1732年）秋季，浦南饥荒且疫病流行，他减免田租，资助赈济，且买地设置义冢。享年七十五岁。儿子顾有耀，字廷煌，经考核授给州同知。乾隆（公元1736年—1795年）初年捐粮赈济饥民；十九年（公元1754年）秋淮民遭水灾，南来讨饭，顾有耀偕同杨锡峒出钱米救济并制衣服供给难民。

还有同县的盛焕章,捐谷助赈,也以义行为人所称道。

又有张忠掌,字逸岩,娄县人。父亲张泽榕,个性刚直,工诗善书。张忠掌有三位兄长游宦幕府,他独自承担供养双亲,为人抄书还不够开支,就典当借贷,不让父母知晓。后来双亲相继去世,辄面对遗像而哭泣,一个月吃不尽一斗米,于是去世。太仓光禄沈启元为他撰写传记。

金文忠

金文忠,字君显,奉贤人。居高河堰,世代积有阴德。金文忠平日家居操行纯朴厚道,为里中所称道,周县令给以匾额。

儿子金有仁,崇尚古道。雍正十年(公元1732年)刮台风,海水泛滥,田园房屋遭损,对其宗族亲戚及邻人中的贫困者,他都捐资赡养;如果仍不够,就出卖田亩以供其费用。著有《家言集》。延请名师教育儿子,于是他家开始有后人科举中式。享年八十五岁。

张一筹

张一筹,字昭问,华亭人,居大五图。由卫学生援例进入国子监。父亲去世,他哀毁骨立。孝顺守节的母亲,能使其欢心。禀性刚直豪爽,办事必要符合道义。他有位叔父家财富饶,想要立他为后嗣,因辈分不相当,他坚决不愿意。曾建大潭各石桥。家乡有善事,无不首先倡导而躬行,而目的在于利济他人,未尝列自己的名。六十岁析家产给诸子,生前自造墓穴,并安葬其外祖父某。享年七十一岁。

他的子孙都能遵循他为人处世的训诫,都操行纯厚谨慎,爱好读书。

钱溥义

钱溥义,字景方,金山人,国子监学生。孝顺双亲,喜好施予,乡中有人要籴米,他经常降价;亲戚中有贫困者,他总是给以较多的周济和抚恤;常年施药,救死扶伤无数。告诫其子孙奉行善事,不可废止,里党至今还赖以得益。县内凡要修建文庙、桥梁,他总是首先捐助。

长子钱树本,字根堂,国子监学生。清高寡言,精研经史,然而科举考试,屡次不中。后习医药,就诊者不收取报酬而多有奇效。曾选刻《庄》、《骚》读本刊行于世。

自著《漱石轩诗草》藏于家中。

小儿子钱树立，字希成，附贡生，与长兄才名相当，藏书甚富。

胡廷相

胡廷相，字铨陆，南汇人。居周浦，重于行义，唯恐不及。乾隆二十年（公元1755年），海潮泛滥，年逢灾荒，亲戚宗族中受饥寒的人给以衣食，已死者助以殓葬。又尝节缩开支，买地一区置为义冢，用以安葬宗族及有婚姻关系的亲戚中无力安葬者。又要改建宗祠，置办祭田、义田，事情尚未完成而去世。他的儿子胡宗煜，奉母亲汪氏的遗嘱，极力完成父亲遗愿，捐良田一百二十余亩。敬奉祖先，友爱族人，制定规矩条文井井有序。嘉庆七年（公元1802年）官府予以立石碑，知县张昌运作记文。

瞿兆芳

瞿兆芳，字德纯，娄县人。父亲瞿钦仁，华亭诸生，早年去世。兄瞿馨远，母亲顾氏抚养两个儿子成立。瞿兆芳因为家境贫困放弃读书而从事经商，所得收入全用以奉养母亲且资助兄长读书。家境稍有宽裕，即用以赡养宗族和周济他人急难。

儿子瞿应咸，字衣章，乾隆二十七年（公元1762年）顺天乡试中举，不断升迁，官至兴国州知州。

徐　乾

徐乾，字天伦，金山人。入青浦县学，后改归华亭。他为人孝友，学习努力。祖母张氏艰苦守节，父亲徐有伋要上报她的事迹，没有完成而去世，徐乾请求上官予以表彰且建牌坊。乾隆二十年（公元1755年）发生饥荒，他与弟徐日煦首倡平粜，并捐助粥厂，县令黄某表彰其门庭。去世后，士林追念思慕，陈述于学使者曹秀先，赠以“善行淳修”的匾额。

儿子徐念程，附国子监生，以孝顺著称。

孙子徐祖鋆，由廪贡而捐钱授官训导，历次代理苏、常、镇三府以及昆山、丹阳的政事。

顾天柱

顾天柱，字正钟，青浦人。父亲顾志耿，诸生。顾天柱由国子监监生领授主簿，乾隆二十二年（公元1757年）春，乾隆皇帝南巡，献赋。后因父亲已年逾八十，离不开儿子的孝养，于是不去等候选任官职。父亲去世，因哀毁而去世。

他生平友爱他人，抚恤贫困，道路桥梁多所修整，又尝煮粥赈饥。著有《香蟾诗草》八卷。

宋佳谟

宋佳谟，字圣裔，奉贤人。里中有两个挡水的低坝，分别为杨家堰、严家堰，因为杨、严两姓迷信风水，坝久不开，堰内田禾屡遭旱、涝。宋佳谟出巨资买下来，开通二堰，引水灌溉千余顷。上面建两座石桥，分别叫“人和”、“时和”，既方便岸上行者，又通水中舟楫，直到如今人们仍赖以得利。

陆宏圻

陆宏圻，字敬亭，南汇人。母亲病重，陆宏圻呼天请代母而死，竟不起床，对兄陆沛苍说：“兄为嗣续先人考虑，弟将随从父母亲到地下去了。”不食三天而死。妻子赵氏也死去。学使庄有恭给“奇行同芳”匾额予以表彰。

顾德炳

顾德炳，字道源，上海人。年少丧父，家境贫困，母亲多病，弟又年幼，艰苦万状，后来他为伯父的后嗣。母亲蔡氏孀居守节，个性方正严厉，顾德炳孝顺，得其欢心。自己的生身母亲没有侍婢，顾德炳亲自洗涤便具达十年之久，从不懈怠。抚养弟顾承先，直至娶妻成室。顾承先也能尽孝双亲，恭敬兄长，全力建造宗祠，人称“顾氏二难”。

俞九思

俞九思，上海人。父亲俞允和病重，俞九思呼告天神，乞求以身代父，既而天神降示吉兆，父病得愈。又十五年后俞九思去世。

儿子俞乘御、俞乘时，刊行《孝感篇》劝世。

孙子俞存敬，十七岁时母亲病重，他呼天乞代如同祖父当年那样。他亲尝汤药以进，洗涤污秽内衣。母亲不久病愈，而俞存敬积劳成疾而年少即逝。知县刘洴表彰他为“髫孝可风”。

张 翀

张翀，字东谷，号晚翠老人，青浦人。工山水，学于张鹏翀（1688—1745，字天飞，号南华、南华散仙，嘉定人，雍正五年［公元1727年］进士，官詹事府詹事，书画诗皆佳，著《南华诗集》）。少时尚多秀色，在能、妙之间；至晚年则粗率不足观。

范棫士

范棫士，字祖年，号芃野，娄县人，华亭籍。年少时游学受教于中允黄之隽、比部周吉士之门，以文学著称。弱冠补金山卫博士弟子员。名声很大。乾隆元年（公元1736年）乡试中举，然而会试屡次受挫，寄寓于怡亲王藩邸十七年，亲王非常看重他。乾隆十七年（公元1752年）中进士，廷试策对，赐第二人进士及第，授编修。选任福建道监察御史，充任乾隆二十一年、乾隆三十三年（分别为公元1756年、1768年）顺天乡试同考官。当时顺天多有外省冒籍，范棫士上疏请求严禁。大学士蒋溥请以会试荐卷选取中书，范棫士又请于录用中书外选择其中年齿资力老成能够考核士人者用为学正、学录，他的这两条建议都下部议行。屡次受任巡城，奸猾者不得横行。转兵科给事中，调工科掌印给事中。

范棫士清望素著，为朝士所推重。三十岁丧偶，以后不复续娶。与人交往，坦然和气平易。居官虽清贫，遇故乡亲友困乏者，必尽力资助。又倡议设置云间会馆，以便使来京参加乡试、会试的人员居住。善于行楷，远近争相购买之。乾隆三十四年（公元1769年）去世，享年六十岁。

儿子范锡圭，乾隆二十四年（公元1759年）举人，任广东高明县知县，以清白闻名。

黄 达（1714—？）

黄达，字上之，华亭人。乾隆十七年（公元1752年）进士，官任淮安府教授，训导士人，谆谆不倦，不异居乡教授。平时收集足以效法的旧事，凡是忠孝节烈及优秀正直的人都为之作传，表述他们内在的精妙之处。早岁工诗，欲与吴中七子争名，刻意为之。曾集王延之诸人称诗北郭。徐世昌《晚晴簃诗汇》选其诗三首。沈粹芬、黄人《国朝文汇》选其文六篇。古文的求实验证方面不及沈大成，但空灵宁远方面却有所超过。沈大成称其诗“既自写其性情而又遵循古人的法律，也不同于剽窃模拟者”。著有《一楼诗文集》。

陈孝泳（1715—1779）

陈孝泳，字赓言，号松崖（一作枫崖），娄县人。博学高雅，工于篆、隶、金石。乾隆十年（公元1745年）诏修《西清古鉴》，汪文端公由敦将陈孝泳荐入斋宫校阅。十七年（公元1752年）乡试中举。书修撰成功后，又奏请他供奉于懋勤殿，裘文达公曰修推荐他为学正，后不断升迁至鸿胪寺少卿，特命同南书房行走，改任通政使参议，转为副使，升光禄寺卿，因病去职，赐医调治，六十五岁去世。

陈孝泳侍直内廷，凡奏御公文书信用篆隶八分者，多奉命送至内府储藏。法书、名画、钟鼎、法物，文学侍从奉命对之审查复核，最后都得由陈孝泳一言裁定，其考订之精可与郭怒（疑为“恕”之误）先、黄长睿相媲美。他中举后七次会试都不第，其《谢同南书房翰林行走表》道：“举头黄榜，昔思成进士之难；联步丹墀，今获从翰林之后。”一时称其典雅确切。

俞尔昌

俞尔昌，字麟含，号菩园，娄县人。乾隆十七年（公元1752年）进士，官仁寿知县。传俞尔昌曾梦游一处，题曰“菩园”，因以为号。入官署后，左轩题“菩园”两字，官署后面峰峦树木石磴，皆历历如旧游时那样。县北贵平故城，左边有一石观音，废弃岩洞之间，荆棘丛生。岩石前有枣树一株，周长有二三尺，生一大树瘿。忽然破裂，得一像人的像。牧童相与烧香礼拜。恰好有贩牛者经过这，牛得病不走，牛贩祈祷，牛突然病好起立。传播四乡，携老扶幼来拜祝的日有万余人。俞尔昌闻之说：“这是什么妖物，胆敢迷惑民妇！”亲自到那里，持斧破木人为两半，命人伐倒枣树，迁石像到贵平寺。妖物随即就消失了。俞尔昌兴学校，筑水堰，忙碌不停留。后病得严重，慨然说：“菩园有兆示，我大约要终老于此？”于是写下《临终诗》：“十年前此梦中游，满眼青山翠欲流。幻影忽真真亦幻，雪鸿留影记休休。”（见《听雨楼随笔》）

陈　憬

陈憬，字蟾客，娄县人。乾隆十七年（公元1752年）顺天乡试中举，考授内阁中书，升侍读，转补兵部郎中，不久选授云南道御史。条奏仓库驿站事宜，十分切合时势。升礼科给事中，巡视东城。转吏科，巡视通州漕务，随即又巡视中城，屡次以劳绩著称。本性喜欢宾客，每逢闲暇，寄情于诗酒。工于草隶。著有《薝香吟稿》。

张锡德

张锡德，字南仲，自号南垞老人，华亭人。乾隆二十七年（公元1762年）副贡，家居教授三十余年，选任青阳教谕，刚满三年，因病而归。张锡德与条山同居松江府北郊，房屋相望，才名也复相等，当时人称"张王"。张锡德诗得王永祺指授，与王鼎、史亭辈相唱和。又善山水，宗法董其昌，曾作《摄山秋色图》，苍老秀逸。有《存诚堂诗抄》。

季梦荃

季梦荃，字雪堂，太仓人，官奉贤学正。雷国楫《龙山诗话》记，王溶川曾对雷国楫言，季梦荃博学工诗，为时髦所不能及，雷国楫随即过去拜访，季梦荃即以全稿见示。雷国楫持归讽诵，琳琅满目，如同游玩在山阴道上，千岩万壑，令人应接不暇。雷国楫认为"其在奉邑诸篇，沈雄悲壮，光怪陆离，可谓善学杜陵"。钱仲联《清诗纪事》收其《风潮叹》，其中云："垣崩瓦裂门洞开，洪涛如山千丈来。纸窗夜听轰霹雳，晓报沿塘怒潮激。"

许　钟

许钟，字云裁，号朴斋，华亭人。官海州学正。钱仲联《清诗纪事》收其《留余山居（山阴陶冀所筑）》诗一首。诗云："忆昔三台寺，今成陶氏庄。玲珑芳槛设，次第翠屏张。架屋缘穹岫，飞泉界画梁。探奇转深曲，行憩小亭凉。"诗有作者自注："三台山法相寺，旧有颖秀山房，即今陶氏庄。听泉亭工有小红桥。"著有《朴斋初稿》。

沈　泰

沈泰，字杲之，华亭人。祖父沈宗叙，福州同知。家族世代是儒生，到沈泰时，尤为贫困，以笔耕收入奉养双亲。乾隆十八年（公元1753年）顺天乡试中举，留于都下。乾隆二十五年（公元1760年）获悉母亲生病，连忙归来而母亲已去世，从此终身不再参加会试。父母灵柩未葬，仍然出必告知，回必面见，如同双亲活着时一样。为人恬静自守，为文表达入微，推重江西五家风格，诗古文也有法度。

刘应壁

刘应壁，字东府，上海人。禀性敦厚纯朴，推重孝友品德。为文依据经学。乾隆十八年(公元1753年)顺天乡试中举。

弟刘应巨,豪放不群,工于诗古文词,为知名诸生。

王　昶(1725—1807,一说1724—1806)

王昶,字德甫,一字琴德,号兰泉,晚号述庵,青浦人。乾隆十九年(公元1754年)进士,二十二年(公元1757年)乾隆皇帝南巡,召试一等,钦赐内阁中书。官至刑部侍郎。

王昶以诗鸣世。少从沈德潜授诗,有"清露滴苔径,暮寒生竹楼"之句,为时传诵(《儒林琐记》)。与王鸣盛、钱大昕、吴泰来、曹仁虎、赵文哲、黄文莲称"江南七子"。诗宗杜(甫)、韩(愈)、苏(轼)、陆(游)。"七子诗出,一时纸贵。王主政(昶)尤秀骨天成。其《秦淮水榭》云:'板桥疏柳青溪埭,萧寺寒钟白下城。'《怀钱晓徵学士》云:'青山花落真娘墓,碧草烟深伍相祠。'"(《古藻堂诗话》)洪亮吉称其诗"如盛服趋朝,自矜风度"(《北江诗话》)。词拟姜夔、张炎。古文宗韩愈、苏轼,时称通儒。归三泖渔庄后,延请诸名士校勘生平撰著数十种,渐次付梓。年逾八十,凡士人之以诗文见示者,就令人高诵,一篇之善,必击节嘉奖;或不善,必为指其瑕疵。终日娓娓无倦色,而教人以砥行志节为主。王昶又嗜金石之学,工书法。

有《春融堂集》六十八卷、《湖海诗传》四十六卷、《青浦诗传》三十二卷、《金石萃编》等。《湖海诗传》为清代著名的诗歌总集。

附嘉庆《松江府志》王昶传(译文):

王昶,字琴德,青浦人。父亲王士毅,生平积有阴德。王昶乾隆十八年(公元1753年)进士。乾隆二十二年(公元1757年)乾隆皇帝南巡,召试称旨,赐内阁中书,选任主事,转员外郎,屡次充当乡、会试同考官。随从征讨缅甸、金川,以军功赏戴花翎。选任大理寺卿,晋升为右副都御史,历任直隶、江西、陕西按察使,云南、江西布政使,晋升刑部侍郎,乾隆五十七年(公元1792年)任顺天副主考,参与千叟宴,告假归来,享年八十三岁。

王昶诗文清丽富赡,著作等身。尚未登第时,才名传天下,与王鸣盛、钱大昕、吴泰来、曹仁虎、同郡赵文哲、黄文莲有"吴中七子"之称。日本使臣高棅见其诗为之叹服。自从入值中枢,参与军政,以至担任地方大臣,官秩达到卿佐这一级别,于朝廷、地方三十余年,功绩都卓著;奉使东北逾越兴桓,西南抵达滇蜀。所到之处,访求金石碑刻，招揽人才。又生平以勤奋谨慎受到上级和朝廷的赏识。

告假归乡，皇上恩遇有加，告谕以“春融就道”（春暖即起程上路），回来后即以此命名其堂。修葺宗祠，创办义塾，优游林下十余年，向他请教者连日不断。其著述详见《艺文》中。

徐秉哲

徐秉哲，字绍虞，上海人。父徐翰飞，诸生，好读书，崇尚义气情谊。旧友去世，其孤儿寡妇无以为生，则买屋使其居住，还要操办其儿女的婚事。徐秉哲穷究经学，知识渊博，乾隆十九年（公元1754年）中进士，官徐州教谕，劝导诸生学习，勉励树立优良品行，去世于官任上。曾经选择名家的文章供文士仿效学习。

儿子徐镇，太学生，抚育弟徐堂有恩。堂字秋檀，能诗文，工书法，乾隆五十四年（公元1789年）举人。

当初，贡生赵旭生有品评鉴别人才的能力，徐秉哲与其交往，赵旭生赏识他的文章，将女儿嫁给他，后来徐秉哲果然成名。

吴大勋

吴大勋，字建猷，青浦人。乾隆二十一年（公元1756年）举人，由功臣馆议叙选为江西信丰县令。该县风俗好争讼，诉状多诉告争夺坟山之事，且都迷惑于风水先生的言论，安葬了数年还发掘墓穴看骸骨，占卜吉凶。吴大勋严加禁止，立法必行，邪风才止息。

改任新建县令，正逢两广总督李侍侥经过南昌，其前驱人员勒索财物，吴大勋杖击他，李侍侥驱逐了这个仆役，且觉得吴大勋与众不同，不久以才能卓越选任寻甸州知州，升任丽江知府。丽江，是旧土司沐氏地，民九种都为么些夷人，习性柔弱愚蠢，吴大勋宽猛兼济，四境安然。

因公事牵累而遭削职，起补顺天府南路同知，随即回家居父亲之丧，丧期毕，起任原官。年逢饥荒，他请求发粮赈济，总督梁肯堂限制于从前成例不许，吴大勋身怀官印前往总督府第，坚决请求不已，梁肯堂发怒，拂衣而起，吴大勋等候在门外，时间将到傍晚，幕府给他吃饭，他大声呼喊道：“百姓受饥即将饿死，吴大勋怎能忍心独自吃饱啊！”听到这喊声，梁肯堂出来，他再次陈述民众困苦状况，声泪俱下，总督梁肯堂受感动而答应发放赈济粮，吴大勋叩头拜谢，并乞求赶快上奏朝廷，蒙恩准许，赈济工作于是普遍开展。

后又因事连累遭受谴责,改任四川保宁府同知,改为酉阳州知州。该州土地都为荒山,没有良田,天气长期干旱,水泽焦枯,饥民倒地,相互枕藉。吴大勋请拨秀山存剩军米一千七百石平粜,并免征津贴银,民众赖以存活。第二年又发生旱灾,他露天祭祀祈求下雨,连续三天三夜,果然下雨。秋天发生蝗灾,设八蜡神位于龙王庙,为文祭祀,蝗灾免除。朝廷考核,他政绩列为第一。

享年七十三岁。著有《读易枝辞》、《滇南闻见录》、《喜雨斋杂著》、《酉阳公余录》。

凌应曾

凌应曾,字祖锡,上海人,是凌如焕的侄子。由拔贡中乾隆二十一年(公元1756年)顺天榜。为古文,以经史为根本;作诗平和淡泊,没有庸俗之气。选任贵池教谕,以待选翰林院待诏。

归家去世,著有《古欢堂稿》。

唐　芬

唐芬,字驯叔,号然泽,又号竹心,南汇人。是唐班的小儿子。乾隆二十一年(公元1756年)举人,参与一次会试后即养病不出。五言诗平和淡泊,接近王维、孟浩然;近体诗学中晚唐风格。画不多作,仿佛王蒙笔意。著有《见天阁诗稿》。

儿子唐凤,嘉庆十三年(公元1808年)举人。

陆惇宗

陆惇宗,字望之,青浦人。父亲陆荣程,康熙五十二年(公元1713年)举人,孝友能文。陆惇宗于乾隆二十一年(公元1756年)乡试中举,选任福建平和县令。该县滨海,民众掘墓盗窃,相互斗殴,以致伤残。陆惇宗宽猛相济,陋俗渐改,境内趋于安定。营兵聚合赌博之徒,恣意妄为不法之事。陆惇宗派吏役整治,改造并争取胁从者,收捕其党羽绳之以法。一时邪恶之人,个个股栗。

调任闽县,当时逢饥荒,米价飞涨,他请求平粜粮食二万余石。知府某尝到他住处,见室内无一长物,因而说:“官舍竟同僧舍了!”叹息而去。

因母亲年老乞求奉养终老而归。

沈树声

沈树声，字得路。他的祖先从湖州的竹墩迁徙至华亭，于是居家在此。沈树声做八股文极工，与娄县吴士映、青浦朱位行齐名。由拔贡领乾隆二十一年（公元1756年）顺天乡荐（即乡试中式），二十二年（公元1757年）中进士，考取咸安宫教习，选为池州教授。逢滁州、凤阳间大旱，他奉命赈饥，按户给发，无有假冒，流民全部回来。

特荐授河南内黄县令，上任即兴利除弊，事情都及时办理。邻省盗贼头目未获，遣役拘捕拿得。

选拔为江西建昌府知府，不久调任湖北安陆府。安陆城外的富民河年久淤塞，他建议疏浚，正逢饥荒，以工代赈，救活好多民众。

工程尚未完成，改任山西太原，一年后，乾隆皇帝驾幸五台山，他奏对称旨，蒙恩赏宴，随即调任浙江温处道。四十九年（公元1784年）乾隆皇帝南巡，又蒙召对，赏赐丰厚。

第二年（公元1785年），选任长芦盐运使。因为在以前温处道任内失察平阳县事，部议革去官职。他恭敬地参与祭祀祈福，蒙恩官复原职，但因年老不再出任，去世之年为七十八岁。

他初名云际，改名若木，后来又改为树声。

他的儿子沈士映，字思澄，乾隆十八年（公元1753年）举人，官浙江嵊县令，两任同考官，吴一骐、景江锦都出自其，尚书彭元瑞十分推重他。沈位行，字因在，师事金坛王步青，乾隆十八年（公元1753年）拔贡，著有诗文稿。

王绍曾

王绍曾，字衣闻，金山人，王顼龄曾孙。乾隆二十二年（公元1757年）进士，改庶吉士，授编修。大学士梁诗正、少宗伯介福都器重他，荐办院事，主持南闱考试，充当功臣、通考两馆提调，不久充任方略馆纂修。

因父亲丧事而归来。丧期毕，起任宁波府知府。该处濒临海边，多有盗贼。捕盗的官吏，横行放肆，有的还从中牟利。王绍曾查得实情，予以整治，境内安定。对那些拳勇好斗者，将其姓名记于榜上，放置通衢大道，以示警惕。宁波府得以大治。

不久，因会勘事被谴责，命往云南效力，以疾病去世于腾越。

曹锡宝(1719—1792)

曹锡宝，字鸿书(一作鸣书)，号剑亭(也作检亭)，晚号容圃，上海人。祖父曹煜曾，父亲曹培谦。曹锡宝为乾隆六年(公元1741年)顺天举人，试任中书，在军机里行(散官的一种，与清代某衙门某官上行走相类)。二十二年(公元1757年)中进士，改庶吉士。因父母丧事而归。家居近十年，三十一年(公元1766年)改任刑部主事，再升任郎中，出任山东粮道，因事受谴责降为部员。《四库全书》馆开，分办黄签考证。书成，优叙以国子监司业任用。五十年(公元1785年)参与千叟宴。不久，授陕西道监察御史。

起先，大学士和珅当道，作威作福。曹锡宝上疏弹劾和珅家人刘全的衣服车马住房超越制度，希望以此能惊动和珅；和珅先已得到情报，因令刘全连夜消除迹象，等到疏奏入朝，命王公大臣一起勘查，没有证据，部议将曹锡宝降三级。乾隆皇帝不追究他的罪责，改革职为留任。又七年去世，享年七十四岁。

嘉庆四年(公元1799年)，嘉庆皇帝亲自执政，赐和珅死，抄没刘全家。圣旨褒奖曹锡宝能直言，追赠副都御史，福荫其儿子曹江任大理寺评事。

曹锡宝起初在军机时与同僚武进庄培因齐名。中进士后，连续掌管考选文士、评定文章之事，屡次担任巡城，都以清廉正直著称。老而好学，在京师邸舍每日抄写经史子集数页，以为常事。与人交往，以诚待人有古道，对家乡人的情谊更深，他去世后，乡人长久思念他。

曹锡宝工诗。所为诗嗣响唐音，流传都下。其《胥江》云："市近人声杂，船多夜火明。"被人传诵，袁枚尤"爱之"(《随园诗话》)。廖景文认为其"古体力追韦孟，以淡折取胜"，然"《忆梁瑶峰随驾木兰》云：'三秋月色临边早，万马风声出塞多。'又何雄深雅健也。"曹锡宝善书法，与族弟曹锡黼并有才名，曹锡宝书遒炼近赵孟頫、董其昌。病归时曾手抄经史、古诗文、《华严经》等，皆成部迭架。中年后，注疏校勘《尔雅》。有《古雪斋诗》八卷。

沈祖诒

沈祖诒，字芳谷，华亭人。乾隆二十四年(公元1759年)举人，由咸安宫教习任浙江缙云县令。尝为乡试同考官，所录取之人后来都成为名士。在任两年后去世。兄长沈嘉树，习刑名之学。祖诒事奉兄嫂十分恭敬，非穿戴整齐不见，每逢初一月半，必前往问候是否安好。行事接近迂阔，然而人品十分端正。

朱 宽

朱宽，字纪常，华亭人。个性豪迈，胸怀大志，年过四十仍不得志，以诗酒自娱。尝因省试经过镇江，看见一具浮尸，用尽行囊安葬他。又尝设馆授徒于乡中。看见祭坛与围墙之间有一块古碑倒在粪土中，即出钱召里人将它拉起。他好义多类此。乾隆二十四年（公元1759年）乡试中举，贫困无旅费，徒步到京师，进入考场被驱逐，侍御范芃野留他，但不得许可，于是归来。所居离城数里，陋室仅能遮风雨，敝衣破履缓步于乡村道路间，卖文所得钱全用以买酒，享年八十余岁。

为文恣肆汪洋，奇气四溢。诗学韩愈、欧阳修，五、七言古诗尤为其所长。去世后遗稿散失。

王廷和

王廷和，字璧珊，华亭人。乾隆二十四年（公元1759年）举人，授海州学正。王廷和禀性纯朴诚实，以笔墨为事，闭户著述，寒暑不辍。及为学官，专心教育。于诸生中赏识杨纯，助以旅费参加省试，果获中式。年逢灾荒，资助赈饥，自己却节衣缩食。奔走风尘中，不辞劳苦，后告假而归，随即去世。

所著有《峰泖志》、《续松风余韵》、《云间遗事》、《宝善堂诗文集》。

吴有容

吴有容，字南弧，娄县人，吴廷揆的曾孙。十九岁中乾隆二十四年（公元1759年）乡试，任河南桐柏县令，因事牵连受谴责，正逢川楚白莲教起事，桐柏为由楚入豫要道，大吏知道他有才能，仍命他代理县事。吴有容组织训练乡勇，昼夜巡逻防卫，贼寇不敢侵犯。当时将军兴岱、尚书惠龄先后领大军过境，供应粮草，张设帷幕，事务繁多，但吴有容经画自如，从容不迫。战事平息，报告请求给以赈济，民众赖以安定。巡抚景安奏请官复原职，调任汝阳鹿县令，不久病死。

王永祺

王永祺，字延之，娄县人，以岁贡中乾隆二十四年（公元1759年）顺天举人。事奉祖母吴氏以孝闻名。父亲客死河南，王永祺徒步在风雪中扶灵柩归里；旅费缺乏，道出汤阴，旧友要供给他银两，推辞不受。年近六十遭母丧，哭泣哀伤如童子；斩衰（为死者穿的丧服，是五种丧服中最重的一种）三年，未尝从俗以墨衰（古人丧服，在家为白色，出外为黑色)拜见客人。平生对书无所不读,晚年专门推崇宋儒。六十六岁去世,门人私谥"孝简先生"。

儿子王鼎,字祖锡,乾隆四十五年庚子(公元1780年)举人,工诗词;王宝序,自有传。

顾南溥

顾南溥,字泉斋,华亭人。乾隆二十四年(公元1759年)中顺天副榜,就职州判,历次代理永福等县,多有惠政,巡抚杨公将他称为老吏。不久遭母亲丧事,丧期毕,任崇安县丞兼代理县事,一如任永福县时。正逢总督伍巡抚浦在闽,于是托病告假而归,去世之年为八十七岁。

蔡　源

蔡源,字鲁山,青浦人。乾隆二十四年(公元1759年)中乡试副榜。诗文造诣精湛,教授生徒后多成名。主持选政,挑选人才,引掖后人进入成才的坦途;分纂《县志》,详细校核。工于隶书。

儿子蔡寅钟,岁贡生;蔡寅初,恩贡生。

陈　炼(1730—?)

陈炼,字在专,号西蓀,福建同安人,流寓华亭。书法怀录,学刻印,悟杜甫"书贵瘦硬通神"之语,有所得。已而得朱简(朱简字修能,号畸臣,后更名闻,安徽休宁人,精古篆,草篆别立门户,自成一家。有《印经》等著作多部)谱,师之,且穷搜博采,篆法刀法遂直造于古,而不拘一格。著《印说》、《印言》、《超然楼印谱》、《秋水园印谱》(沈大成作序)。

许宝善(1731—1803)

许宝善,字敩愚,号穆堂,青浦人。乾隆二十五年(公元1760年)进士,官福建道监察御史。工诗词。钱仲联《清诗纪事》收《吊紫骝马》诗句:"万里云霄空怅望,一生筋力尽驰驱。""朽骨漫留贤士口,敝帷应念主人恩。"袁枚《随园诗话》:"尹文端公有紫骝马,骑三十年矣,怜其老瘁,以敝帷瘗(意埋葬)之。(许)穆堂吊以诗……尹公读之泣下。"与杜纲(江南昆山人)有文字之交,杜纲曾编次小说集《娱目醒心编》,凡十六卷三十九回，每卷演一故事，许宝善为之加评、作序。明年，杜纲复著《南史演义》六十四卷、《北史演义》三十二卷，许宝善又评之。许宝善又工散曲。著有《自怡轩词》一卷、《自怡轩词谱》六卷、《自怡轩诗》十二卷、《杜诗注解》二十四卷等。

附嘉庆《松江府志》许宝善传（译文）：

许宝善，字穆堂，青浦人。乾隆二十五年（公元1760年）进士，授户部主事，历任员外郎中，选任浙江福建道监察御史，因母亲去世而归来，从此不出来为官。以诗文自娱，尤其工于词曲，著有《南北宋填词谱》，有《自怡轩诗草》及《穆堂词曲》行世。

王显曾

王显曾，字周谟，金山人，王顼龄曾孙。乾隆二十五年（公元1760年）进士，由庶常改为主事，荐任湖广道监察御史，晋升为礼科掌印给事中，巡视南漕及台湾，前后都有进言。

托病辞归。晚年修《华亭志》成，又自辑《家谱》。享年七十岁。著有《传砚堂全集》、《双峰草堂诗稿》。

王宝序

王宝序，字全初（一作璇初），号秋农，华亭人，是孝简先生王永祺的儿子。当初，王永祺居望湖泾，诸子生活贫苦，尽力从事劳作，什么活都干，但从不停止读书。后来迁居松江城北，侍奉父亲于馆塾，更加潜心勤学。领郡府案举，补博士弟子员，乾隆二十五年（公元1760年）捷登京兆（京都）试第四名，考取咸安宫教习。三十七年（公元1772年）选授湖南醴陵县令。乾隆皇帝引见，调任福建漳州府南靖县令。四十二年（公元1777年）乞求回家奉养父母终老。

王宝序居官清廉谨慎，审讯疑狱，严管积谷备荒的义仓，谨记盐民户籍册，编辑县志，而最大功绩在于南堰遭水冲毁时，发赈保护河堤一事，赖以存活百姓很多。

年未五十而乞求回家奉养母亲，不再出来为官。孝养母亲使其欢喜，潜心经史百家之学。禀性静默寡言，终日经常独坐。所居醲街堰，邻人整年很少看到他。晚年双目失明，仍将经传口授于诸外孙。八十八岁无疾说偈而终。

工于书法，远近人们争着珍藏他的字迹。山水画灵秀。著有《纪程诗》、《百草庭诗文抄》。

陆锡熊

陆锡熊，字健勇，号耳山，上海人，是陆秉笏的儿子。只数岁就通经史，能推究历代治乱得失的原因要点。侍奉祖父陆瀛龄教谕石埭，著《陵阳献徵录》、《陈寿礼志》等书，随即受到梦文子、李鹤峰两位学使的赏识。中乾隆二十四年（公元1759年）举人，中乾隆二十六年（公元1761年）进士。

乾隆二十七年（公元1762年）皇帝南巡，召试称旨，授内阁中书舍人。乾隆三十年（公元1765年）主持山西乡试，承修《通鉴纲目辑览》，入直军机处。乾隆四十七年（公元1768年）主持浙江乡试，升迁为宗人府主事。乾隆四十九年（公元1770年）主持广东乡试，再升刑部郎中。乾隆五十年（公元1771年）、乾隆五十一年（公元1772年）两次充当会试同考官。

逢乾隆皇帝要查考古典学，取《永乐大典》摘录其中不常见的，又搜求前代遗书，再加上内廷藏书，汇编为《四库全书》，命仿照刘向、曾巩之例作“提要”载于卷首，特命他偕同文达公纪昀担任此职务。于是查考卷帙篇次，参究异同是非，总述人物之生平，简括全书大概，编纂拟订，颇为称旨，于是改授翰林院侍读，充任日讲起居注官、文渊阁直阁事。累迁为侍读学士，选任光禄寺卿，晋升为大理寺卿、福建学政，补为都察院左副都御史。

当初《四库全书》编成，乾隆皇上命分写七份，收藏于中央和地方。陆锡熊职在编辑，而校对不是他的职责。后来发现盛京文溯阁本中抄录错误很多，因而请他一再前去校对，乾隆五十七年（公元1792年）春季寒冷，他到达奉天后去世，享年五十九岁。

陆锡熊渊博高雅，贯通古今，与阎若璩、顾炎武、朱彝尊不相上下。为文不假思索，在军机处时，正逢用兵金川。夜半尝传旨七道，他挥笔立就，进献校核，无一字可改。乾隆五十四年（公元1789年）春，孝圣宪皇后去世，凡重大祭奠、上尊谥典礼等严肃重要的应奉文字，无人敢为，于敏中特举荐他担任。自《四库全书》外，还有如《契丹国志》、《胜朝殉节诸臣录》、《旧五代史》、《河源纪略》、《历代职官表》、《八旗通志》，他奉命编辑者又有若干卷。其他如皇上诏命的起草，以及凡是有重大方略的文字之作，大多出其手。屡蒙嘉奖，每到岁首即召入重华宫参与小宴联句，这是儒臣的殊荣。

陆锡熊工诗。其诗“雅炼俊洁”（雷国楫《龙山诗话》）。有《篁村诗钞》、《宝奎堂文集》、《炳烛偶钞》、《陵阳献徵录》等。钱仲联《清诗纪事》收其《绣谷送春歌》诗，中有“荼蘼风起晴鸠啼，曲巷过雨生春泥。红桥四百芳草暮，落絮飞遍昌亭西。楼头花枝楼下雪,流光匆匆坐成列。名园上日罗众宾,共惜江南好时节”之句。

著作中,《提要》一编尤可见其学术之博学多识,议论之精彩纷呈。生平于读书外别无所好,不过问家人的生产,言语迟钝,如说不出口。所居日涉园方池老屋十分破旧,已不蔽风雨,海上缙绅之家要数陆锡熊为最贫困。

冯广忠

冯广忠,字古堂,娄县人。乾隆十七年(公元1752年)后游幕燕、齐、楚、豫。遇名山大川就描绘其胜景。性喜豪饮,每饮必醉。工画山水。其应酬之笔,往往草率了之,盖醉笔也。至遇良辰胜地,酒酣兴狂,挥毫洒墨。亦多合作。

钟　晋

钟晋,字康庐,华亭人。乾隆二十七年(公元1762年)举人。他北游齐、鲁、燕、晋,南及瓯、闽、楚、粤,采奇览胜,都写入诗句中。尝说写诗取材有三个方面:为人性、游览、学习,这说出了他得力的来源。著有《观香堂诗抄》、《明日看云集》、《道中歌》等。

钟晋的同年陆芝,字岳祥,也以诗文闻名,著有《大雅楼诗集》。

赵文哲(1725—1773)

赵文哲,字损之、升之,号璞函、璞庵,上海人。父亲赵绅,工诗善书法。赵文哲学识渊博,多有文词之作,尤其工于诗赋。为诸生,学使梦麟、李因培十分器重他。沈德潜刻《吴中七子诗》,赵文哲是其中之一。乾隆二十七年(公元1762年)南巡,召试称旨,钦赐举人,授内阁中书,充任方略馆纂修官,入直军机处三十三年。因事牵累论罪罢免,适逢用兵缅甸,将军阿文成桂奏令军前效力,以功绩恢复原官。升户部主事,逢小金川挑衅作乱,逆酋僧格桑窜入金川,朝廷分兵三路进讨。赵文哲随将军温福由西路进驻木果木。六月布郎郭宗失守,贼匪侵袭大营,他取军中籍册付家人乘间出逃,而自己与将军遇难,年四十九岁。事情上报,赠光禄寺少卿,福荫一位儿子。他入祭祀于昭忠祠。所著见《艺文志》。

初,赵文哲与张策时、凌祖锡、汪鞞怀、吴企晋同学。至苏州,又与王昶、凤喈、来殷互相砥砺。“吴中七子中,赵文哲损之诗笔最健。”(袁枚《随园诗话》)赵文哲诗长于古体。黔滇途中所作,尤为奇诡,多前人所未道。“赵中书文哲,《舟行苕溪》诗:‘层层露槛全临水,叶叶风帆直到门。'《泰安道中》诗:'村静远闻关市柝,峰高先见驿楼灯。'是善写客途风景者。"(俞陛云《吟边小识》)赵文哲又善词。叶恭绰《全清词钞》收其词五首。著有《媕雅堂词》、《媕雅堂集》、《娵隅集》等。

兄赵文鸣,字宸藻,诸生,好学。不追求荣华利禄。与人交往,必以诚信。能诗,工于书画。晚年专注于地理。著有《清泉诗集》、《三元地理真传》。

儿子赵秉渊,字少钝,以福荫授内阁中书军机处行走,转兵部主事,出任四川眉州知州,修葺三苏祠,抚恤其后裔。累迁至成都府知府,逢征剿川楚白莲教匪徒,随大帅征战,功勋卓著,恩赐花翎,加以道衔。禀性慷慨,喜谈国事,急公爱民,对待亲戚宗族有恩义。嘉庆十年(公元1805年)去世于官任上。

赵文哲还有儿子赵秉冲,字砚怀。由国子监生荐直懋勤殿,乾隆四十七年(公元1782年)钦赐举人,授内阁中书,以南书房供奉久历部、科、卿、寺,累官至户部右侍郎。嘉庆十九年(公元1814年)去世,奉旨道:"赵秉冲勤慎供职三十余年,兹闻溘逝,深为轸惜(痛惜),赏陀罗经被(以白缎为之,上印藏文佛经,字作金色。又称"陀罗尼衾"。清制:皇帝、皇后、皇贵妃、皇太子等丧仪均用梵字陀罗尼衾,王大臣死于京师,得钦赐陀罗经被)并银三百两,以给丧费,恤典如例。"

张熙纯(1725—1767)

张熙纯,字策时,一字少华,号敬亭,上海人。乾隆二十七年(公元1762年)举人,三十年(公元1765年)召试,授内阁中书。与吴省钦交善。曾与长洲褚廷障、青浦王昶、嘉定钱大昕及吴省钦等,在苏州紫阳书院从常熟王峻学习。工词。叶恭绰《全清词钞》收其词五首。有《华海堂集》、《昙华阁词》(一名《华海堂词》)。

附嘉庆《松江府志》张熙纯传(译文):

张熙纯,字策时,上海人。博学能文,与同县赵文哲齐名。乾隆二十七年(公元1762年)举人,召试授内阁中书,充任方略馆纂修官,供职二年后去世。

张熙纯年少时与赵文哲友善,后来相互分离,然而两人才不相掩。其诗清丽脱俗,尤其长于乐府。著有《华海堂诗集》。

许巽行

徐巽行,字子顺,华亭人。父亲许棠,字惠南,诸生。善于作文,工于书法。许巽行由选贡中乾隆二十七年(公元1762年)顺天副榜,任浙江临海县令,任期满后加通判衔。因公事牵连而降职调任,后又授广西兴安县令。因父母丧事而归,丧期毕,补为安徽南陵县令,去世于官任上。

许巽行办理政事,崇尚宽和简洁。在临海时,遇海洋命盗大案。他悉心详核,无有差错。邻境黄岩县民有念经敛钱煽惑愚民之事,上官疑为叛逆,每拘押一名就株连十多人,民众震恐,将激成变乱。许巽行奉命查验,集合乡中德高望重的士绅喻以利害,命各到城隍庙缴纳旁门左道之书付于火中焚毁即不再查问;惩罚其首领,其余数千人都予以释放,民众于是安定。当时有人为许巽行担忧风险,生怕招致危害,许巽行说:"我知道乡民愚昧无知,即使我查考不实,应当自己承担责任,不会连累同官。"

生平博览经典,购买善本,校对精审,尤其爱好《文选》、《说文》、《广韵》诸书,著有《文选笔记》八卷、《古音表》一卷、《韵通》六卷、《古韵》二卷、《考证说文》十卷、《天涯仙遇录》一卷、《医学、壬学荃蹄》四卷,《六壬课学》、《天光阁焚余杂著》二卷,《敬恕翁诗稿》一卷。

儿子许懋稼,工于篆隶。

吴省钦(1729—1803)

吴省钦,字充之,一字冲之,号白华,南汇人。乾隆二十二年(公元1757年)南巡召试,赐举人,二十八年(公元1763年)进士。历官翰林院侍读,四川、湖北、顺天学政,光禄寺卿,顺天府尹,工部侍郎,都察院左都御史等。嘉庆四年(公元1799年)因荐举人王昙能作掌心雷,诞妄不经,且为和珅引用而不加举劾,被革职。

乾隆五十一年(公元1786年)六月,吴省钦在顺天府尹任上时曾奏请将在京官员的秋俸先支十分之六,以助市场流通,缓解百姓困难。五十三年(公元1788年),吴省钦监临顺天府乡试,奏请为防止试场舞弊,将试卷用纸放长三幅,供考生打草稿,而不另带纸;另外,散馆大考之日请停止在西厢领取午饭茶点,以减少出入人员,便于管理。这些奏请,都得到乾隆皇帝的重视。

吴省钦馆试屡列前茅,御试诗赋,一时传诵,有纸贵之誉。王昶称其"著撰精必果力,不屑蹈袭前人。少日与赵损之、张少华同学渔洋、竹垞,既而别开蹊径,句必坚凝,意归清峻"(《湖海诗传·蒲褐山房诗话》)。张维屏认为其"工于言诗,其缠绵悱恻之情,婉约旖旎之态,楚楚可人"(《听松庐诗话》)。其"散文坚卓古劲,如唐之孙樵、刘蜕,宋之柳开、穆修"(《松江诗钞》)。有《白华前稿》等。

附嘉庆《松江府志》吴省钦传(译文):

吴省钦,字充之,南汇人。乾隆二十二年(公元1757年)南巡,召试钦锡举人,授内阁中书,二十八年(公元1763年)中进士,改庶吉士,授编修,大考(清制翰林、詹事的升职考试。参加考试的有翰林院讲读学士至编修、检讨、詹事府少詹事至中允、赞善。乾隆后规定:考试结果分四等,一等予以超擢,二等酌量升阶或遇缺提奏,三等降级录用或分别罚俸,四等降调休致,不入等者革职)一等,选拔为侍读,升迁为侍读学士、光禄寺正卿、顺天府尹,选任礼部右侍郎,调补工部,历任吏部右侍郎,转左侍郎,晋升为都察院左都御史。嘉庆四年(公元1799年)罢免而归,去世之年为七十五岁。

吴省钦起家于词赋文学,升迁为清高显贵的官职。七次主持乡试,四次担当学政,为同考官者三次,为副总裁者一次,词臣享受如此荣遇,实在罕有其匹。古文坚挺奇伟,主要以唐代的孙樵、刘蜕,宋代的柳开、穆修为宗,诗初学渔洋、竹垞,后来自辟蹊径。王昶说他"意必坚凝,词归清峻"。在京师时购地置松江义冢,安葬无法归葬的同乡。归田后,又置义冢,设兴善堂,施药舍棺,掩埋露骸。对待亲戚旧友有恩义。起初他没有儿子,以弟吴省兰的儿子为后嗣。七十二岁生子吴敬沐,能读父亲之书,进入县学,可惜年仅十八岁就去世。

吴省钦著有《白华前后诗文稿》。

乔钟吴

乔钟吴,字云门,上海人,是乔光烈的儿子。以官办学校的生员中乾隆二十四年(公元1759年)乡试,乾隆二十八年(公元1763年)进士,选任浙江新昌县令,改为直隶满城县令。当时金川土司作乱,大军进剿,满城为必经之路,军队行进不绝,供应粮草设营驻扎,诸事一一办理,以军功加二级。不久调任迁安县令,旗民杂处,他听讼公正无差错。建昌奸民聚众殴斗,巡检追究首恶,余皆不问。所到之处,建设书院,振奋文风,以成绩卓异赴部。当时阿文成公桂总管吏部,他对僚属说:"这是直隶第一廉吏。"不久升任岷州知州。乔钟吴在京城地区任官最久,吏民亲近他。离开之日,泣送道旁,行走三日才出境。抵达岷州正逢小山回变乱,他日夜安排守御,贼寇不敢靠近。题奏任平凉府盐茶同知,念母亲年高,乞求回家奉侍终老,归田后,不再出来为官。

家居修葺祖先祠堂,抚恤亲戚宗族,自己节俭,广施众人。以琴书自乐。著有《宜园诗文集》、《洮南随笔》、《琴谱》若干卷。享年六十四岁。

薛鼎铭

薛鼎铭，字象三，上海人。父亲薛仁本，以医术闻名。薛鼎铭工于举业，参与闱试，很有把握。操持选政，远近拜服。乾隆二十八年（公元1763年）进士，授浦江县令。两任同考官，所得之士，后来都成名。修撰县志，建造十三贤祠。著有《春余吟稿》。

胡鼎蓉

胡鼎蓉，字兆镜，娄县人，青浦籍，是胡宝瑔的儿子。师事王永祺，而与倪思宽、陆明睿为友。屡次参与科举考试不中，乾隆三十年（公元1765年）钦赐举人，授陕西汧阳县令，调任武功县，政绩卓异，升山西泽州府同知，代理河东运同，选拔为江西赣州府知府，代理吉南赣道，因公事牵累被削职而归，于是不再出来为官。

胡鼎蓉居官廉洁宽恕，所至之处无赫赫之功，然而离开后民众思念他。中丞毕沅、中丞农起推重其诚朴无华，以为类似于古代循吏。晚年主持六峰书院，六峰久无中举者，他主持一年即有乡试第一名陈鸿绪。他到书院后还有六位他所赏识的文士中举。该院留他主持十九年。生平孝友，虽自处困窘，但仍周济关怀两位异母弟，数十年如一日。著有《松溪诗文集》。

姚念曾

姚念曾，字季方，号友砚，金山人，是姚宏绪的孙子。乾隆三十年（公元1765年）拔贡，廷试一等，授知县，历任湖北孝感、应山、郧县，所到之处，成绩卓著。选任代理清军同知，被弹劾而归。

姚念曾仪表壮美，深思著述，里居二十年。能诗词，兼喜研治金石。著有《诗文全集》二十卷、《金石考》六卷、《印谱》四卷、《唐宋诗抄》三十卷。去世之年五十岁。

徐芗坡

徐芗坡，字蓍林，青浦人。生性倜傥，喜欢吟咏，与人交往，始终不倦。乾隆三十年（公元1765年）南巡，召试进入二等，命武英殿纂书处行走。入都后，文定公梁国治尤其爱他的才能，尝主持清晖等两座书院，居数年归来。后来又入京师，患肺痨病而去世。王鸣盛等人录其诗。雷国楫云“予（与芗坡）邂逅吴门，一见即相契，诗文往还，月不啻再三”（《龙山诗话》）。“布谷一声泥滑滑，插秧三寸水泱泱”、“入户时闻妻子愁，出门辄见朋侪喜”等诗句被人所赏。钱仲联《清诗纪事》收其《寄张少华》诗，中有"细雨春帆黄歇浦,淡云秋树陆机山"之句。有《梦草书堂诗》。

徐来凤

徐来凤,字小巢,娄县人。乾隆三十年(公元1765年)举人。为含山教谕,自号含山外史。能作指头墨,枯木禽鸟尤佳。工诗。

王嘉曾

王嘉曾,字汉仪,娄县人,是文恭公王的曾孙。乾隆三十一年(公元1766年)进士,选庶吉士。因父亲去世而归,丧期毕,入都授编修,分任纂修《永乐大典》,充任《四库全书》馆纂修官。全书告成,充任文渊阁校理,续编《金川方略》,又充任方略馆纂修官。乾隆四十五年庚子(公元1780年)任山西乡试副考官,乾隆四十六年辛丑(公元1781年)因病告归,去世之年为五十三岁。

王嘉曾风度平易简朴,淡泊寡欲,平时常不言静默,当谈及经史疑义、六书音韵、律算诸法,则辨析精微,终日不倦。同时的戴震、翁覃溪诸公都无法难倒他。他乐于成人之美,表扬推重他人唯恐不及。为文以于经史为根本,诗赋典雅富赡,清逸华丽,翰林院中无人能超过他。著有《闻音室诗文集》。

唐承华

唐承华,原名丕承,字旦仲,是唐班的儿子。南汇人,华亭籍。勤学能文。乾隆二十四年(公元1759年),学使李因培以优行贡朝考第一,随即考取八旗教习,因父母年老而不赴任。乾隆三十五年(公元1770年)乡试中举。他工于行书、草书,小楷学《黄庭经》。

儿子唐祖樾,字荫夫,乾隆四十二年(公元1777年)举人,由景山官学教习授任山西宁乡县令,调任乐平,改为安县,升为顺天府通判,改授云南路南州知州,代理开化府事,调补黑盐井提举。唐祖樾能继承家学,居官二十余年不占一钱。归田后,租居郡城,常吃了早餐而没有晚饭,当时人们认为他是个笨拙的官员。诗稿在川江覆舟时大多丢失,今所存仅若干卷。

姜兆翀

姜兆翀,字孺山,华亭人,是明代大仆寺少卿姜云龙的第七世孙。乾隆三十五年

（公元1770年）恩科（清代于寻常科举外，遇朝廷庆典，特开科考试，称恩科）乡试中举，考取景山官学教习，选为舒城县教谕。有文庙年久而倾颓，姜兆翀倡导修建，且大于旧制。逢旱灾，商议赈济，姜兆翀掌管此事，极力免除冒领救济粮等弊端。县境正当大道，援例起用夫役，胥吏从中舞弊，姜兆翀提议以四乡之民轮次应役，愿雇募者听其参与，县令采用了他的建议，至今民众称便。

后乞求奉养父母而归。不到一年，父母相继去世，他痛不欲生。丧期已毕，但他终身不吃肉食。禀性孝友，和易近人，学者亲近他。于诸经都能阐发新意，对《孟子》钻研更深，写成《孟子篇叙》七卷。晚年专注本郡文献，著有《松江明末忠节录》二卷，《松江诗抄》六十四卷。

吴树本・吴孝显

吴树本，字芸阁，原名昕，娄县人，是吴元龙的曾孙。年少丧父，意志坚定，沉默寡言，潜心好学。乾隆三十六年（公元1771年）中进士，改名吴敬舆，由庶常授编修，改为今名。逢大考翰林、詹事等人，他成绩优秀，选拔为侍读学士，充当日讲起居注官，教习庶吉士，历任主持陕甘、湖北乡试，充任乡、会试同考官，顺天武科乡试正考官。乾隆六十年（公元1795年）福建乡试副考官，尚未进入试场，因病去世于路途中，享年五十七岁。

吴树本诗文雅正深厚，生平对汉儒训诂及《说文》小学诸书的疏通考证，都有依据。在翰林院任职久，凡有拟定文告或侍从唱和，常邀他担当且受皇帝褒奖。说要保送御史而十年不升迁，从未去拜见一下权臣。获得特别的提升都是出自皇上的赏识，评论者认为受到荣耀的待遇。他禀性孝友，弟吴嗣宗患癫痫病，百般医治无效，吴树本每天早晨祷告神灵，因屡次叩头导致额上隆起，而弟病竟痊愈。同年桂林朱棨庭病故京邸，他竭力主持丧事来归其棺柩。中表兄弟王声中以遗孤相托，他料理婚娶，不时抚恤其家，他的风节气概高义就是如此。著有《清容堂集》。

弟吴孝显，字季扬，乾隆四十六年（公元1781年）进士，官任国子监学录，转助教，升迁为宗人府主事，充任《四库全书》馆详校官。乾隆五十七年（公元1792年）同吴树本分校（分任校勘。科举时校阅试卷的各房官，也称分校）顺天乡试，兄弟同任，本郡自康熙中王九龄、王鸿绪兄弟之后从未有过这类事。乾隆五十八年（公元1793年）充当会试同考官，所得的都是真正的人才。生平好学，与人交往谦虚退让。讲说经书依据汉儒，对其他子史金石之学则广泛涉猎深入探讨，这是因为他早年与兄吴树本一起事奉沈大成,得到他的衣钵真传。著有《清真阁集》。

徐长发

徐长发,字象乾,上海人。乾隆二十五年(公元1760年)举人,任户部司务。三十六年(公元1771年)中进士,授兵部主事,转员外郎,历任四川建昌道,以军功赏戴花翎。自乾隆五十七年(公元1792年)后勒布不安定,徐长发奉命驻扎打箭炉等处,监督守御两年。尔后廓尔喀动乱,朝廷出师征讨,他又负责运输粮饷,往来于察木多拉里各险要之处,都有卓著功绩。年逾七十告归。

著有《寒玉山房诗抄》。

姜　曦

姜曦,字心葵,号海田,华亭人。乾隆三十六年(公元1771年)举人,以教习官任怀宁县教谕。巡抚文正公朱珪觉得他的才能出众,保举为江西永新知县。县内之人许青奇图谋占据吴方谷山场,正逢胡国华与吴方谷斗殴诉讼,于是许青奇毒死胡国华,嫁祸于吴方谷。姜曦验视,发现了许的全部阴谋,许青奇以三千两银子行贿,姜曦当场斥责。许青奇又请人疏通,也达不到目的。姜曦作诗《永新狱》一首纪其实,中有"教囚翻异纵囚出,如纵虎逸放蛇奔"之句。钱仲联《清诗纪事》收其《永新狱》。

奉巡抚某命解送军粮,等到归来,逢父母丧事。一年后,他去世。所著有《条例约编》七十八卷。

施　润

施润,字泽寰,上海人,是施维翰的曾侄孙。乾隆三十七年(公元1772年)进士,因母亲年老而就近任凤阳府教授,迎养母亲到当地。后来因母亲去世而归乡,当事者延请他主持敬业书院。著有《居敬堂诗文稿》。

王春煦

王春煦,字紫宇,娄县人。父亲王心渠,字子勤,金山卫学生,乾隆九年(公元1744年)以五经中式副榜。于学问无所不晓,尤其深研经义。游学京师,名公卿争相邀请他。砥砺气节,敦厚品行,远近之人称他为长者。享年六十三岁。

王春熙年少时人称神童,为文精美而迅速。十四岁补为府学生,以拔贡中乾隆三十三年（公元1768年）顺天乡试，四十年（公元1775年）中进士二甲第一名，朝考（清代每科殿试录取者为新科进士，由礼部以名册送翰林院掌院学士，奏请皇帝，再试于保和殿，称朝考。按诗文四六各体出题，视其所能，或一篇，或二三篇，或各体皆作，悉听其便。朝考后按成绩等第分别授职，前列者用为庶吉士，次者分别用为主事、中书、知县等职。进士朝考始于雍正元年［公元1723年］）第一，改庶吉士，授编修，掌院阿文成桂、嵇文恭璜器重之，馆阁撰拟文字，大多出其手。充任乾隆四十八年（公元1783年）、乾隆五十四年（公元1789年）顺天乡试同考官，乾隆五十五年（公元1790年）会试同考官，任教习庶吉士，选拔为河南道监察御史，代理吏科给事中。授湖北宜昌府知府，请求训陛辞（皇帝训导之辞），乾隆皇帝命他和御制诗一首，王春煦赴军机处执笔马上就写成了。皇帝称赞嘉奖。大概是因为王春煦官任翰林时奏御文字每次都能称旨，皇帝早知其名，所以有这次和诗之举，这实在是殊荣啊。

宜昌为川陕门户，万山丛杂。嘉庆元年（公元1796年）川楚白莲教匪徒寻衅闹事，王春煦组织团练乡勇，或守御或进剿。贼首林之华等聚众二万屯据长阳县的榔坪，游击邱作训、知县黄应文赴援而被害，王春煦走间道捷径而疾行，至长阳率领团练乡勇守孤城经历了六个月，歼灭贼寇无数，城池最终获得保全。大帅上报他的功绩，奉旨升职重用。五年（公元1800年）四月去世于官任上，享年五十七岁，追赠道衔，恩赐祭葬，福荫一位儿子。

宜昌百姓怀念他，祭祀于黄陵庙中。

著有《延青斋诗文集》。

张　昀·张绍祖·张瑨华（1752—1823，一作1752—1822）

张昀，字友竹，号嵎寅，娄县人。善山水，与从兄张绍祖齐名。得王昱（具体何人，待考）指授，画益超诣。下笔萧散，气复沉郁。乾隆十七年（公元1752年）、二十二年（公元1757年），皇帝南巡，张昀献画，皇帝赐予绸缎。著《赐锦堂诗》。

张绍祖，字篆田，号震园。国子生。少孤贫，性孝友。工山水，与王昱相善，得其指说六法，复观其渲染，画遂造诣，苍秀中更饶沉着。有《水墨草堂读书图》，用笔沉实，以枯笔见姿态。

张瑨华，一作璇华，字查山（一作贡植，号查山）。张昀子。乾隆六十年（公元1795年）举人，任青阳县教谕。精医，工诗古文词。善山水，宗法董源、黄公望，笔意矫健。

张瑨华子张允新，字石春，画承家学，工山水，间作花草，得陈道复意。

姚令仪(1754—1809)

姚令仪,字心嘉,号一如,娄县人。乾隆四十二年(公元1777年)拔贡,廷试一等,选发到云南,试任禄丰县、易门县及寻甸州,有贤惠声誉。当时福公康安移任四川总督,上奏请他随从。自县令历官至布政使,宦绩都在川中。

他任石砫同知时,跟从将军鄂辉进讨西藏廓尔喀兵,行走于人迹不到之处,严寒冻闭岩谷,粮草储备全办,逢鄂公因罪降职,而以孙公士毅为总督,福公为大将军,都以书信召他前去,姚令仪以既已答应随从鄂公,因而仍跟他,办事更加尽力。皇上获悉此事,觉得他是个义士,赐予花翎,提拔为知府。

后来川东湖广民众相继动乱,福大将军命他前往军中,有事全与他谋划,他言无不尽。大将军的仆人于营门殴打都司徐某,姚令仪呵斥制止他不听,于是将他杖罚而死。又随从威勤侯勒保追剿达州残匪,承担审讯俘囚,开释株连者无数。大功告成,残寇消灭,全川得以安宁。知成都府时,岁逢饥荒,请求打开官仓发放赈济粮,设粥厂来让饥民饮食。后来担任按察使数月,清理积案六百余起。提拔为布政使二年,因积劳吐血而死,年为五十六岁。

姚令仪生平持身廉洁,而厚施于族党故旧。尤其善于识别选拔人才,如方公绩、傅公鼐都是由他推荐引进,成为一时之名宦。从小能文,工于书法,到老不倦。姚鼐称其"能文工书,至老不倦于学"。

吴省兰(1738—1810)

吴省兰,字泉之,南汇人,是吴省钦之弟。乾隆二十七年(公元1762年)举人,任咸安宫宫学教习,又官国子监助教。四十三年(公元1778年)会试,皇帝下旨:国子监助教吴省兰学问尚优,且在《四库全书》馆校勘群书颇为出力,钦赐进士。改庶吉士,授编修。大考一等,升任詹事府正詹事。历任工部左侍郎,降补侍讲,升侍读学士。视学湖南时,江省同知李焜依仗抚军权势,虐待生员,兴作大狱,而原籍有子弟要参与考试则要以私书请托。吴省兰入奏,李焜判处谪戍,人称其能主持公道。

他强记博学,与兄吴省钦齐名。著有《听彝堂偶存稿》二十一卷、《艺海珠尘》八卷、《河源纪略承修稿》五卷、《图说》一卷、《文字辨伪》一卷。

徐大容

徐大容,字莪沚,娄县人。乾隆四十四年(公元1779年)举人。沉静好学,工于诗文，是沈大成的入室弟子。当副宪陆锡熊纂修《娄志》时，倚重他得以修成。陆锡熊总理《四库全书》，凡是宫殿所藏之书，都由他刊定，而徐大容的学识则足以佐助他；另外，当时此书最后由徐大容裁定，不为众议所动摇，而且修撰期限充裕，所以全书典雅真实，内容丰富，较他书为胜。

著有《拾是集》四卷。

王　观

王观，字耀鸿，华亭人，是明代副使王明时的六世孙。年少丧父，学习努力；为诸生，日益有名；教授生徒以自给，奉养母亲极其孝顺。诸城刘墉相国当时为学使，深加甄别赏识。乾隆四十五年（公元1780年）乡试中举。参加一次礼部会试，不能登第，游学齐晋，登览河岳，归来杜门不出。自编其历游诗为《偶吟稿》，文章为《绮云堂稿》。去世之年为八十岁。

陆伯焜

陆伯焜，字仲辉，青浦人。乾隆三十八年（公元1773年）皇帝东巡，召试钦赐举人，四十五年（公元1780年）中进士，改庶吉士，授编修。乾隆五十年（公元1785年）大考第一，升侍读学士，乾隆五十六年（公元1791年）改任吏部员外郎，累迁至鸿胪寺少卿，选拔为江西按察使，调任浙江，不久因病而归，随即去世。

陆伯焜年少时以词赋闻名，后来进入军机处，留意于朝章典故，金坛于敏中倚重他。

著有《玉笥山房诗抄》。

赵文鸣·赵秉冲

赵文鸣，字辰藻，上海人。诗、书、画俱工。赵文鸣从弟赵文镐，字思雍，号画痴，上海人，工丹青，一时宗仰。赵文镐从弟赵文敬，字省庵，也善丹青。

文鸣侄赵秉冲，字谦士，号研怀（一作字砚怀，号谦士），上海人。乾隆四十七年（公元1782年）钦赐举人，官户部右侍郎。博雅好古，书工真、草、篆、隶，画擅梅、兰、竹、菊，能模印，尤好金石之学。其未显达时，羁旅京师，很不得志。时兄赵秉渊官中书，逢乾隆皇帝避暑热河在扈从之列。赵秉冲请与他一起去，一日皇帝坐在碧纱厨，谓阿桂相国曰："此处须书、画各四帧。"相国出，商诸赵秉渊，仓猝无以应。赵秉冲请求于兄,写真、草、隶、篆,梅、兰、竹、菊,进呈,皇帝嘉许。适懋勤殿人员出缺,相国以赵秉冲名进。皇帝问曰:"此即热河作书、画之赵秉冲吗?"立马催促召他,许以监生挂珠入直,随后赐举人。嘉庆四年(公元1799年)作《梅花图》。

赵文敬子赵秉深,字桐高,亦善画,传赵文镐衣钵。赵文镐子赵浚,字凝善,亦工丹青,能承家学。

程维岳

程维岳,字申伯,金山人,嘉善籍。乾隆四十五年(公元1780年)进士,由内阁中书到任山东道御史。前后行走军机处十余年,为文成公阿桂所倚重。批阅会试试卷,称道他善于选取人才。充任万寿盛典馆提调兼方略馆总纂,《盛京通志》、《辽、金、元史》、《南巡盛典》、萨拉尔、台湾、巴勒布等《纪略》都参与编纂。事奉嗣母钱氏、本生母张氏以孝顺著称。

因本生母去世而归,历掌大梁、娄东书院,廉俸所余,用以购书万余卷。所著有《松笠斋诗墨》、《事类撮华》、《观我阁古文》、《唐诗汇选》。

陈廷庆(1754—1813)

陈廷庆,字兆同,一字古华,号桂堂,别号非翁、耕石书佣、米舫逸史,奉贤人。是文庄公陈洵的十世孙。乾隆四十六年(公元1781年)进士,选为庶吉士,改任户部广西司主事,充任山东乡试副考官,晋升为员外郎。出任湖南辰州知府,在任期间修葺虎谿书院以培育人才,修建龙门大桥以方便行旅。亲自批阅诉讼状子等文牍,不以饮酒赋诗废公事。不久举荐他升任道员,尚未引见,因父亲去世,回乡里。丧期毕,因母亲年高而不再出来为官。

陈廷庆为人坦率,无有城府。对文墨有难以割舍的嗜好。他喜爱宾客,乐于救援孤寒之人,读书每天百套也无倦色。萧山令侯官林鸣冈为举人时客居幕府中,陈廷庆资助他进入京都;罢官后流寓武林,还经常周济他;去世后,设灵位于西湖净慈营斋进行祭奠,尽力送归其棺柩,翻山越岭送回乡安葬。同年李深源去世后,其妻子儿女无力生存,他为他们操办衣食十余年。这些都是一般人难以做到的。

他嗜好诗文,善于书法。年少时以《帘钩》诗出名,晚年所作更为精美。书法起初师法赵孟頫、董其昌，后来专学晋人，出入钟繇、皇象间，世人难辨真伪。

当初，陈廷庆喜为汗漫游（不着边际的漫游，也有解作仙游的），在西湖边有道士请他题写“元庆山房”牌额，他为其改为“圆庆”二字。嘉庆十八年（公元1813年）复游杭州，触冒暑热，连忙租居山房，随即去世，享年六十岁。

嘉庆二年（1797年），寓松江。官辰州时，曾作《前游桃花源记》、《后游桃花源记》，为时所称。与崔瑶、孙韶、蔡元春、李葖、洪亮吉等人在金陵莫愁湖结社唱和。后与舒位、阮元等交游，所至皆有诗。符葆森《国朝正雅集》引吴嵩梁《石溪舫诗话》：“桂堂诗才敏赡，下笔千言，人尤豪宕不羁，纵情于山川花月间，所得万金立尽。”钱仲联《清诗纪事》收《帘钩》句：“搴回湘水波三折，卷上扬州月二分。”陈廷庆亦善书法。

著有《谦受堂诗文集》、《法帖集古录》若干卷。

沈步垣

沈步垣，字薇轩，娄县人。乾隆三十六年（公元1771年）顺天举人，授内阁中书。四十六年（公元1781年）进士，由庶吉士充任武英殿纂修、三通馆协修。乾隆四十九年（公元1784年）改刑部主事，升员外郎，选任浙江道监察御史。稽查兴平仓，掌管京畿道，巡视南城，代理吏、礼两科给事中。

他禀性至孝，自从进入翰林院，即迎接父母入都。任官十四年，父亲去世归里，丧期毕即请求奉养母亲终老。历次主持大梁、钟山、敬敷、云间书院。工于篆、隶。享年七十四岁。

王锡奎

王锡奎，字文一，号荔亭，别号饮禅，娄县人（一说华亭人），是王兴尧的儿子。乾隆四十九年（公元1784年）进士，改庶吉士，授编修，充任武英殿提调官。乾隆五十三年（公元1788年）任顺天乡试同考官，乾隆五十七年（公元1792年）主持湖北乡试，乾隆五十八年（公元1793年）任会试同考官。这年冬出任安徽颍州知府。未满一年，因母亲去世而归来。松太道李廷敬聘请他主持敬业书院，不久去世。

王锡奎家世贵显，父亲王兴尧在时生活十分豪华，园亭、丝竹，甲于一时，然而王锡奎年少即潜心读书，不染裘马游乐之习气，人们以此器重他。他工于篆、隶，兼通乐律、音韵，善刻印，在翰林院十年，最为嵇璜所器重。著有《荔亭诗抄》。

张位中

张位中,字立人,上海人,宣化籍。祖父张成,字修已,乾隆三年(公元1738年)举人,著有《万竹居诗稿》。张位中为乾隆五十四年(公元1789年)进士,任四川射洪县令,廉洁能干为蜀中县令之最。当地风俗迷惑于邪恶的祭祀,张位中予以杖罚,此风渐息。嘉庆五年(公元1800年)白莲教匪作乱于北川,其党徒由新宁梁山窜往大竹,张位中受命代理大竹县事,刚修缮城墙,抚恤流亡,部署未毕,贼寇成群而至。当时将军魁伦所给官兵只有五百,张位中率团练兵出十里外抵御,又亲自射死对方一位头领,但终以寡不敌众而殉难。

事情上报,朝廷予以抚恤,按惯例福荫。祭祀于成都昭忠祠,特祠设在大竹,碑树东岳庙侧,即张位中殉难之处。

康 恺

康恺,字饮和,号宁斋,一号起山,上海人。父亲康绶,字镇卿,一作晋卿,书法二王,工小楷,善写照。尤其善于制作鸽铃,刻象牙为簧,嵌紫檩管或大鹅翎,曰晴雷,曰九霄、环佩,每具值钱十千。康恺乾隆五十七年(公元1792年)举人。授长子。写真得家传。仕女能以白描取肖,山水纵横恣肆,独成一家。书学欧、虞,诗宗苏、黄,有三绝称誉。与邑人褚华同为袁牧所赏。曾客游沧州李廷敬观察幕中。著《三砚斋吟草》。

康恺侄康懋,号濂溪,亦工书,亦山水。

附嘉庆《松江府志》康恺传(译文):

康恺,字饮和,上海人。乾隆五十七年(公元1792年)举人。天资高超,诗文简洁,以矫健胜,书画自辟蹊径,而绘画尤其擅长。他去世后,观察李廷敬以诗哭悼,有"忍病尚删灯下史(说其文笔之简洁),救贫惟卖画中山(说其画艺之高超)"之句。著有《三研斋诗抄》。

唐 晟

唐晟,字采江,华亭人。乾隆五十七年(公元1792年)举人,由咸安宫教习期满选授山东范县令,以廉洁谨慎著称。尝修葺闵子墓及左伯桃、羊角哀墓,收集材料编辑《县志》。

调任滕县令,因事牵连遭谴责,不久官复原职而回任。

逢曹县白莲教匪肇事作乱，唐晟招募乡勇，白天筹集军用物资，夜里严格巡逻防御。因劳累过度，去世于官任上。

张敏求

张敏求，字勗园，安徽桐城人。乾隆六十年（公元1795年）举人，曾任奉贤知县。刘开曰："高秀雄阔，跌宕生姿，而情深韵婉，盖勗园之所得也。"（陈诗《皖雅初集》）有《问花亭诗集》。

顾元龙

顾元龙，字宝光，青浦人，是顾明德的五世孙，顾天柱的儿子。弱冠补博士弟子员，浏览经史，闻名学校。禀性淳朴诚实，言行遵循于礼。屡试优等，好学不倦。嘉庆十三年（公元1808年）钦赐副榜，嘉庆十八年（公元1813年）钦赐举人。著有《晓江诗稿》。

姚伯骥

姚伯骥，字胜符，南汇人。嘉庆十二年（公元1807年）举人，潜心儒学，座右皆书格言。县内有设置育婴儿、疏浚河道、清查、建立义冢等事及亲朋故友有求援者，即使贫乏也要典押筹钱予以资助周济而后心安。著有《五经札记》。

朱　椿

朱椿，字大年，娄县人。祖父朱琦，以军功曾任凤翔府知府，有善政。朱椿幼年丧失父母，能自立。捐资选任通判，当时建筑海塘，以石工之劳议叙官职，授湖北荆州府同知，不久选任浙江金华府知府，扩建义仓，兴办社学。有人贫困不能娶妻，与妇家争讼，朱椿命于公庭成婚礼。义乌民掉入河中而死，其族子借以诬蔑其仇人杀害，朱椿上任，昭雪其冤屈。

升任温处道，被议罪。起用后授湖北驿传盐法道，裁减水驿以省劳费，疏调引盐（明清制以盐若干斤为一引，每引纳税若干，引与税之轻重，各地不同。销盐的地域称引地，经营盐业者为引商。引商纳引税后，在其地界内有专卖之权。凡已纳引税的盐为官盐，未纳者为私盐。若甲引地的盐妄入乙引地销售者为占销，其罪与私盐同。这些方面需要梳理调整）以宽商税，筑黄梅江堤以防御鄱阳水患。

升迁为广西按察使。当时上林民角里能等煽惑愚民劫掠财物,对抗官府,气焰嚣张。朱椿到任,不久将其捕获。他亲定大狱,诛其凶恶之徒,宽恕迷惑之人,好多人赖以存活,不到一个月,将此大案公正审理完毕。乾隆皇帝更相信其才能,后来上朝召见大臣屡次问及此人。

转任云南布政使。逢少数民族迁入内地,每日耗费官粮。朱椿担忧他们生息繁衍不事劳作为患,提议请借予官钱使之谋生,而编精壮者进入军营,朝廷采纳其进言。滇南多空旷荒地,朱椿著《江南农具图说》颁发给府县,以便民众学习运用。

改任广西布政使,升巡抚,严肃法纪,廉洁爱民,属吏敬服。不久以兵部侍郎内召入京,迁任都察院左都御史。八年之内从中央到地方迁转六次。乾隆四十九年(公元1784年)去世于官任上。

张国珍

张国珍,字宝廷,金山人。父亲张志英,乐善好施,多积阴德,不自炫耀。张国珍由县丞前往四川,补重庆府经历,调屏山县县丞,多次代理县事,都有政绩声誉。乾隆四十二年(公元1777年)授满城县令,百废俱兴。修葺玉川书院,疏浚大栅河道,修复汉代张苍祠。该县正当交通要道,年年徭役繁重,张国珍在援例支付之外,每日又给米一升,民众大悦,画了他的肖像放在方顺桥祝祷。四十六年(公元1781年),乾隆皇帝西巡,接驾称旨,赐予绮罗。四十八年(公元1783年),治理涞水道,乾隆皇帝派遣内庭大臣传问官职、姓名,赐绮罗如前,这都是异常的恩遇。

调任繁东治理旱蝗灾害,他为文祝祷,蝗虫不再为灾。有倪三林子者,财大气粗,横行乡里,数次以赎金逃脱罪职。张国珍上任,责打他的叔父,因其没管教好。有人出来调停请托,张国珍严词拒绝,按法律从严处罚,上官再三指责,张国珍抗争更为剧烈,最终上官将他调遣谪戍。以年逾七十辞官而归。

陈文锦

陈文锦,字彩重,奉贤人。官任四川成都通判。上级督抚知其有能力,委任他监管夔府专卖税务。夔税每年缺额,陈文锦清理积弊,税收于是盈余。不久奉命督理宝川,严加管控住炉头,匠役不敢以铅锡掺杂铸制。代理郫县事,地当交通要道,往来者借用民间骡马。陈文锦捐献俸钱,请添设马站,郫人非常感激他。

陈文锦以成绩卓异,升任打箭炉同知。其地即是明代松潘卫,为出入西藏门户。

时逢征集军用物资情势紧张，陈文锦筹划防御工事，转运军事粮饷，目不交睫者数月，积劳成疾，长吏同情他，转调于潼川，带病抵任，去世于官任上。

朱秀文·朱履吉

朱秀文，字绮逊，娄县人，诸生。官任广西柳州府通判，屡次代理州县事，所到之处，成绩卓著。归里后，倡导建造府城普济堂。

儿子朱履吉，字旦铭。十八岁探省父亲于粤西，懂得了吏事。官任贵州施秉县知县，正逢缅甸平定，操办善后事宜，往来不断，他筹备在先，民不扰而事办成。上级以优良的循吏推荐。一天晚上内心震动，连忙告假归来，父亲已去世，哭踊柩前，昏死而复苏。然后选地白牛塘，顶风冒雨营办丧事。两年后，又建祠堂，置办祭祀产业。守丧期毕，以生母年高不再出来为官。母亲去世，痛不欲生，咯血数升，去世于守丧的坟旁草庐。临终时书示诸子说："蘧（蘧伯玉）云寡过，曾（曾子）曰省身。五十五年（朱履吉享年五十五岁），勉服于膺。春朝撒手去，仍作打包僧。一片寒松里，慈乌唤我曾。"人称"孝谨先生"。儿子朱光耀、朱子鄂，都是有名的诸生。

张大金

张大金，字舜岩，南汇人。由例贡授刑部主事，迁任郎中。明白熟悉律法，遇外省题呈咨询案件，他对之悉心研究复核，有疑案力求审理清楚，有冤屈则昭雪，平反很多，刑部倚重他，委托他主持秋审。京察（明清时对在京官的定期考核）一等，被作为道、府官员任用。不久称病而归。

张大金官京师时与给事范芃野、侍御曹剑亭商议建造云间会馆，朝士大多与其交往。他平时爱好且工于文笔。归家后，好行其德。享年六十岁。

凌存淳

凌存淳，字鲲游，上海人（一作娄县人）。附贡生，充任则例馆誊录。乾隆十年（公元1745年）授广东雷州府同知。起初代理番禺县事，巡抚岳浚的属吏倚仗权势占夺民田，凌存淳立即鞭笞他，将此事告诉岳浚，岳浚也痛惩这名属吏，且说："凌君是个好官吏啊。"

后来他屡次代理各府政事，率领属吏管理严格而不虐待。善于决断疑难案件。

因母亲年老而乞求归来奉养。从此杜门谢客。喜好吟咏，工于大楷字。享年六十八岁,葬小昆山。钱大昕(1728—1804,嘉定人,乾隆时进士,一生著作等身)志其墓。

儿子凌镜心、凌松心,都是诸生,以学业和德行传承其家风。

周乘柄

周乘柄,字操文,南汇人。由例贡官任陕西通判,代理鄜县令。个性严厉,吏胥无敢欺骗,但他不为苛刻之事,民众爱戴他。县内本来有横渠书院,年久废为公房,周乘柄捐俸修复,延师讲学其中。

又代理岐山令,岐山之民爱戴他如同鄜县百姓那样。因病告假而归,去世。

杨汝琏

杨汝琏,字景商,娄县人。官任陕西布政司经历,改调河南。以成绩卓异被举荐,得圣旨等待提升,患中风疾,自免。

在河南任布政司经历时,长官厌恶自己的家奴,下经历司处置,将传以法办,杨汝琏不同意,说:"法用以治民,不应当自便于家内。"官署中有座楼房,相传有鬼,无人敢居。杨汝琏打开门锁,连续在那里住宿两夜,毫无鬼物相害。代理开封同知,监督朱仙镇的税务,宿弊一概清除。当地百姓有人聘妻将娶,妻家忽背约,杨汝琏晓以大义,最终得以成婚。将辞官而归,但缺旅费,有同官郎正达赠给金钱后才开始办理行装。

杨汝琏生平谨慎于获取而慷慨于施予,当时名流曲阜孔继涑、杭州陆飞曾寄寓于其家。晚年游玩豫章、吴越,其故旧好友相与赠送金钱,不受,只收取珍异花卉古书数种而归。嗜好书籍画卷,到了晚年更甚。著有《消寒随意录》、《豫游日记》、《石言》藏于家。

张孝煜

张孝煜,字炳南,娄县人。父亲张忠当,有济世之才。张孝煜熟悉吏事,以宛平籍进入国子监,选为县丞,需次(候补官吏,等待依次补缺)南河,补为山阳主簿,调往清河,河道总督白钟山器重他,将要荐举,坚决推辞。因事牵连而被革职,起用为砀山主簿。因为张孝煜能干,遇有要使河堤损坏来制造事端者,上司让他处理。张孝煜说河堤损坏会使数万人化为鱼鳖,怎能以数万生灵的代价而徒劳耗费数万国库款项?为此他不肯奉命。后来果如其所言,这样的事有出现而张孝煜事先以其他事情受到弹劾。在山阳，有人上告自己儿子不孝，经查实，是因为贫穷所致，张孝煜拿出俸钱给其儿子，后来这儿子以孝顺闻名。

七十一岁去世于家。著有《恒斋诗抄》二卷。

陈　韶·陈　逵

陈韶，字九仪，号花南，一作华南，青浦人。由馆学生议叙为理问(官名，掌勘核刑名)，代理台州同知。逢台湾匪徒林爽文滋衅闹事，奉命带台州兵五百名赴闽，军队行进，不扰民众。回来代理宝浙局，不贪占一钱。因病乞求归家，再次起用，代理乌镇同知，惩治土豪，审理冤狱，循吏之声鹊起。改为代理绍兴府同知，去世，年五十五岁。

陈韶年少时以《花南》诗得名，同县侍郎王昶称道他，因而取号“花南”。游迹遍齐、秦、燕、赵、楚、蔡，后居西湖梅庄，与华瑞潢、鲍廷博诸子结诗会。所写山水，亦有诗人清韵。著有《花南诗集》五卷、《梅庄小志》二卷，重编《天台山志》十二卷。善画山水，曾亲自绘制历游名胜图册百幅。

弟陈逵，原名梦鸿，字吉甫，号东桥。诸生。绘画精于六法，善写兰，韵格清绝。兼善长竹石，亦能山水。他画兰，一花一叶皆有天然趣味。夜里如果熄灭灯火，画兰能使花叶不乱。曾刻兰谱，多名流题咏。其于书法尤所究心，珍稀书画碑刻拓片，搜罗甚富。著《东桥诗钞》、《兰谱》二册。

胡传书

胡传书，字思荻，青浦人，是恪靖公胡宝瑔的长孙。由广东海阳丞历官新安县知县，转运粮饷入京师，经江右被盗窃物资，抚军某以犯罪嫌疑弹劾他，拟定要谪贬西北军台(清代西北两路传达军报及官文书的机构)，儿子胡勋尧赴部讼冤，当事者上报，复审得以昭雪。

嘉庆二年(公元1797年)从军粤西，事毕恢复原官，授山东乐昌县令，调掖县，迁东昌同知，去世于任上。

胡传书为人勉力执着，所到之处，以能干著称。

长子胡勋尧，嘉庆十四年(公元1809年)进士，任国子监学正，早年去世。

马汝良

马汝良，字载白，华亭人。善于骑马射箭，由一般军人升至贵州安笼镇守备。乾隆三十一年（公元1766年）大军征讨缅甸，随从参赞侍郎珠鲁讷进剿。马汝良遇到贼寇，亲自杀死二十人，贼寇假装败退，马汝良孤军深入，战死于阵上。朝廷恩赐祭祀安葬，入昭忠祠予以祭祀，世袭恩骑尉，福荫孙子马念椿为把总。

马世华

马世华，字蓉江，华亭人。由一般军人升至贵州安笼镇守备，马汝良从征缅甸，他酌酒送行，勉励他奋勇向前，忠勇报效国家。乾隆三十八年（公元1773年），马世华应调金川，选任为桦林营都司，随大军屯扎美卧沟，奋勇杀戮贼寇。旋即移兵木果木，贼寇蜂拥而至，战斗而死。朝廷恩赐祭祀安葬，入昭忠祠予以祭祀，世袭恩骑尉。

吴　震

吴震，字东安。弟吴光烈，字西藩。华亭人。节愍公吴嘉允六世从孙。吴震为乾隆十八年（公元1753年）武科举人，候选守备。吴光烈为县学生员。父亲吴天麟为仇家所陷害，将指名逮捕，按法惩处。兄弟俩知道事情危急，共谋以自己性命保护父亲残年，用计将吴天麟引诱到金陵游玩。吏役找不到吴天麟，就逮捕吴震，关入监狱，追问他父亲下落，颈、手、足加木制刑具，仍不肯说，以致两足溃烂。然后他说："我愿代父亲之罪，其余的就不要问了。"吏役哀怜他，同意他的要求，向上报请。

后来吴天麟自金陵投狱，吴光烈徒步奔走百余里。刺手臂血上书，愿以身代。当时制军中丞尹庄看了其血书，起了同情之心，准许他的请求，于是到狱中看望父亲。狱吏索取金钱，仓猝无以应付，解下佩刀割断左手食指两节给他，狱吏惊怕，引他进入。

第二天吴震来到，而父亲刚去世，凶讯传到家，妹吴许杨也悲痛而死。当时人称吴家两孝子又有一孝女。

吴天麟冤案后来得以昭雪，取得赠典。吴震后来官任广西都司，以功绩著称。吴光烈为大府幕僚，有声誉。

吴震的儿子吴长灏，割股疗兄。吴光烈的儿子吴时英，县学生员，也以割股救父闻名。

陈得功

陈得功，字立奇，祖先从南通州迁华亭。陈得功出身军人，从把总历官至甘肃靖逆营守备。地处边疆僻地，贼寇不时来到，陈得功严加防备。尝出巡遇到伏兵，率领部下激战，身遭数十创伤，终于得以脱险。调征金川，奋勇深入，冒着矢石仰攻，夺取碉堡关卡数座。因为任提督战死于阵上，所以不得议叙功绩。

后来乞请归来，白龙潭上破屋数间，栽花种柳。与朋友来往，酒酣谈及往事，辄解开衣服指着伤痕瘢疤。年虽老而意气慷慨，如同见到他跃马上阵时的样子。

徐延龄

徐延龄，字景遐，华亭人，甘肃宁夏籍，明代刑部侍郎陟的八世孙。乾隆四十五年（公元1780年）中武进士，历官商州游击，嘉庆六年（公元1801年）在阳平关堵截白莲教匪时阵亡。奉旨恩赐祭祀安葬，入昭忠祠予以祭祀，世袭云骑尉，翰林院立传。

同时有孟景元，上海人，江西南昌营守备。钟德，华亭人，直隶涞水营守备。叶炳铨，华亭人，陕西兴安镇游击。都在剿捕教匪中阵亡，抚恤赏典按照常例。又有雷震，华亭人，乾隆四十八年（公元1783年）武举人；姜林，上海人，提标右营千总。都在巡洋中遇到盗贼被杀害，奏准按照阵亡惯例恩赐抚恤。

杨履基（1713—1775）

杨履基，初名开基，字履德，号铁斋，金山人。博学多闻，岁科试辄高等。学使李鹤峰以优行举荐，屡试不中，去世。

杨履基解释诸经，条理贯通，没有相互攻击的门户习气；诗文也苍劲深刻。早从平湖陆奎勋游，私淑陆陇其。晚年重编陆陇其《松阳讲义》，附以自己意见。能诗。五岁授汉魏六朝诗，即能成诵。乾隆皇帝南巡，召试诗赋，取入二等，有内府文绮赏赐。同时期的王昶、陆锡熊都推重他的学问。晚年教授于浦南，学徒众多，称为“铁斋先生”。

著有《四书·易·诗·书札记》、《春秋四传传疑》、《三礼臆说》、《观理编》、《律吕指掌图》、《铁斋文集》、《兰谷诗草》刊行于世。

曹锡端

曹锡端，字松畦，上海人，给事中曹一士的儿子。由廪贡授铜山训导，尚未赴任，改为江宁。逢开《四库全书》馆，成立书局，命他总理其事，捐俸重新构建学舍，诸生刻石树碑作记此事。

著有《半泾园诗余》刊行于世。

陆友松

陆友松，字鹤俦，青浦人，是陆张湘的儿子，诸生。刻志励行，尝撰写“克、伐、怨、欲”四个字告诫自己以作自警（《论语·宪问》：“克、伐、怨、欲不行焉，可以为仁矣？”克，好胜；伐，自夸；怨，怨恨；欲，贪欲）。三十岁丧偶，不再续娶。居家严肃，即使盛夏酷热，也不解开衣襟。六十岁去世。

生平见求学的人不务实际，先求高远，或更有甚者，即崇尚奇特炫耀广博，致力于剽窃模拟之功。他认为这样做不但有害学术，而且败坏人心。这些言语切中时弊。临死时，指座右联给儿子说：“生平受用惟安命，第一工夫在谨言。”

儿子陆旭初，诸生，专心理学和八股文外兼工诗古文词。著有《敬亭诗文集》。

邵　玘

邵玘，字桷亭，一字西樵，青浦人，附贡生。未冠补博士弟子员，在紫阳书院有声誉。宗伯沈德潜当时为山长（书院主持人），极力播扬他的名气，一时名流聚首唱和。

然而他屡试不第，于是漫游河南，又客居楚中，编辑《桂阳州志》。归乡里后修葺园林，纵情于文史，四方名士登门拜访者接连不断。

自著诗文及杂著数种，详见《艺文志》中。又刻亡友遗诗二十八卷，名《怀旧集》行于世。年八十四卒。

廖景文《罨画楼诗话》引《香草草堂诗话》云：邵玘“游览所至，辄多吟咏。予曾摘其纪程佳句，以当卧游。”所摘之句中，有：“十里晴开山扑翠，一溪冷浸水拖蓝。”（《七里泷》）“我怀桑梓云千叠，卿问平安水一方。”（《萍乡寄内》）“远岸浪花千尺雪，隔江渔火一灯红。”（《风阻繁昌》）袁枚也记述邵玘家有园林，在朱家角。袁枚到松江顺道访之时，邵玘已经去世。

王坤培

王坤培，字元载，号梅屿，上海人。“诗名满大江南北”（王韬《瀛壖杂志》）。曾以诗投袁枚，袁枚非常称道也。

张梦喈

张梦喈，字凤于，娄县人。父亲张维煦，兄长张梦徵，都有传。张梦喈早年继承家学。乾隆二十七年、三十年（分别为公元1762年、1765年）两遇乾隆皇帝南巡，学使刘墉、李因培先后推举他应召试，不得志，以贡入资候选同知。张梦喈禀性和气平易，守信重然诺之言，家居品行淳厚。诗依据汉魏三唐，采集其精英，自臻于佳境。又工于词。享年七十四岁。

次子张兴载，以廪贡官任新阳训导，也工于诗赋，著有《宝褉堂诗文集》。

陆范镰

陆范镰，字季岩，青浦人，是陆庆臻的曾孙。与同里侍郎王昶以词赋相切磋。诗学三唐，骈体崇尚四杰（唐高宗时的王勃、杨炯、卢照邻、骆宾王），王昶编辑《青浦诗传》，极其称道他的诗。书法学欧阳询，画山水出于倪瓒、董源。

同时还有岑昌裘、沈金城，都有文学声誉，都以岁贡终其一生。沈金城的儿子沈曙，字宾仲，乾隆三十三年（公元1768年）举人，选授广德州学正。

顾　道

顾道，字蕚咸，华亭人。为诸生，屡试冠军。学使庄有恭审查考试，被选拔录用而召见。当时以文章优劣排名众多士子，顾道按照试题当场朗吟其文，直到终卷，一堂屏息而听。以明经补溧阳教谕，考查士子有方。归来教授里中，写作文章之士纷纷拿了纸笔向他请教，得到他传授的后来都成为名师。晚年尤其专志于著述。

同时还有盛照，字玉山，年少躬耕于田间，三十余岁才开始读书，执笔为八股文，游学乡校，以贡入国子监。教授生徒众多。著有《鸿湖诗草》。

诸　煌

诸煌，字东宿，娄县人。乾隆十八年（公元1753年）选贡生，学使者雷铉称他学行为第一。教授生徒具有规范，太史王嘉曾、孝廉宪曾都出其门下。晚年与沈大成、徐王昱、朱龙鉴诸人组成十老会，沈大成为文纪这件事。

后来有郁兆桂，字良朴，岁贡生，工于书法。金平成，字抑洪，岁贡生，工于诗，尝以《白牡丹诗》得名。钱庭桂，字粟岩，廪生，与文学（汉代官名，略如后世的教官）金汉阳都以学行为当时人们所称道。

姚昌铭

姚昌铭,字耘上,金山人,岁贡生。工于诗,风格每变愈优,性格迂阔怪僻不与时俗相融洽,后遇灾祸而死。临终自作挽联道:“住世五十九年,数(命运)尽于此;作诗一万余首,乐在其中。”可以说差不多已经解脱了。

同时还有彭金华,字撷芳,贡生,也以诗闻名,著有《艺香阁诗抄》二十卷。

姚兰泉

姚兰泉,字栽亭,南汇人,贡生。工于诗文,善于书法。尝进入京都,侍郎王昶、吴省钦都爱其才华。著有《秋塘遗稿》三卷。

后来同县的蔡文钰字书巢、朱凤洲字绍堂,都好学工诗,早年去世。

焦文达

焦文达,字少游,金山人,是焦以敬的儿子。为诸生,才气宏大,豪放不羁。著有《研溪偶存草》。焦兄绍祖,官任化州知州,因无辜而被谴责,自尽,家产被官府抄没。焦文达极力营救,请求于当权者,后来归还木轩故居。家门出了好多名士。论者认为南浦一脉,焦文达能继承下来。

汪志毅·汪腾凤

汪志毅,字健行,金山人。与弟汪腾凤都禀性孝友。尝置办祭田,倡导兴建张堰镇同善堂,为堵水筑朱家溇、高蒋泾堰。编辑有《宗友家约》、《理学粹言》、《童子登琐言汇录》。刊刻《皇极经解》、刘宗周《人谱》、《伤寒经注》行世。

汪腾凤字庚旬,岁贡生,博览群书,多所考证。早年为中丞庄有恭所赏识。著有《两汉发微》二十卷、《诗学质疑》二卷、《行素堂文集》八卷。儿子汪梦雷,字绿书,廪贡生,工于诗文,著有《寄园吟草》十卷。

倪思宽

倪思宽,原名世球,字存未,华亭人,恩贡生。师事王永祺,为高第弟子。对《十三经注疏》、子史百家,天文经纬度数、古今郡县沿革、山川形势,无不条理贯通，清楚明白，兼精律吕音韵、《九章算术》。休宁戴震、同郡沈大成、王嘉曾都推重他。诗文淳厚典雅，不赶时髦。乾隆四十四年（公元1779年）应试南闱（明代南闱，指南京乡试；清代泛指江南乡试），已中式，因为房考官力争定他为解元，引起主考官怀疑，将他撤去。后来贡入国子监，当事者要以《四库全书》馆纂校推荐他，他坚决推辞不就任。

他禀性孝友端谨。对于交往，他不在乎对方的声望和气势。同郡徐希曾潜心性理之学，人们都不了解他，倪思宽却表彰他。徐希曾没有儿子，临终时，拿出他所编辑的《朱子群书要语》托他校订，并以藏书数百种相赠，倪思宽不接受赠书，但认真完成他的所托。

晚年教授生徒于太行山麓，遵守白鹿洞书院遗规，造就很多人才。平生对于宋代理学诸书领悟精微，尤其赞赏《小学》、《近思录》，尝对门生说："工夫切要在言行，反观内省（回顾头来检查自己内心）不在多言，主要看你尽力践行道义而已。"学者称他为"二初先生"。

著有《读书记》十卷、《经籍录要》十二卷、《文选音义订正》八卷、《二初斋集》十卷、《算法》五卷。

陆明睿

陆明睿，字若璿，华亭人，诸生。沉静博学，自六书训诂以至经史百氏，旁及《通典》、《通考》诸书，无不融会贯通，深入探讨，绝不肤浅草率。与倪思宽齐名，居所都在城北。人称倪陆二先生。陆明睿纯朴端谨，不慕荣利。所著札记二十四种，评论者认为可与《容斋随笔》、《黄氏日抄》并驾前驱。尤其工于八分书和隶书。

晚年自作《无闻生传》，读者为之悲叹。

何一碧

何一碧，字涵清，奉贤人。十五岁补为博士弟子员第一，学使张公将他看作大器。他文章推崇归有光、胡天游，诗学陶渊明、韦应物。尤其潜心经义，对汉宋诸儒经说悉心研究，岁科试屡次第一，其经解、诗赋，使者将之刊刻行世。以贡入太学，著有《五桥文稿》、《五经说》前后二集、《四书汇参补遗论文》一卷。

儿子何二淳，能传承家学，乾隆五十五年（公元1790年）贡入国子监。著有《瓶城诗文稿》及诗余。

徐令衔

徐令衔，字雒笙，娄县人，岁贡生。师事蒋志说，弱冠为县学廪生，屡试得冠军，诗文潇洒。雅好棋艺，为范世勋弟子。父亲徐钦病重，日夜呼告于天，愿以身代。继母叶氏患痢疾，此时徐令衔也已年老，与妻子一起侍奉汤药、衣不解带者一个多月。母亲去世，竟以哀痛呕血而死。

他的老师蒋志说，乾隆二十一年(公元1756年)副榜，以诗文著称。

陆思诚

陆思诚，字希正，上海人，岁贡生。为文雅正纯洁，入理透彻深刻。与人交往不设城府。晚年以抄书作为自己的课程，小楷字迹放满箱子。所著见《艺文志》。

韩昭松·顾　栋

韩昭松，字雪亭，奉贤人，岁贡生。家境贫困，学习努力，屡次参与科举考试不能中式。手抄书共二十余种。著有《易义阐》，又有《续万姓通谱》及诗文若干卷。

与同里顾栋友善。顾栋字夔闻，也是岁贡生，重视气节情谊，言行品性端方不苟，诗文深厚不及韩昭松，而洒脱超逸胜出他。萧塘地区能文者必推韩、顾这两人。

毛肇烈

毛肇烈，字载扬，上海人，精深经术，尤其工于八股文。岁科试七次夺冠，学使谢金圃先生在毛肇烈拜见他时赞赏其文章达到极高的程度，说自己不及。

高才不能得志，尚未等到按次序入贡就去世，士林深为惋惜。

褚　华(1758—1804)

褚华，字秋萼，号文洲，上海人，县学廪生。才能出众，举止清狂，不拘小节。家境贫困，太阳偏西方才煮饭，但一有钱即沽酒而饮。有人请他饮酒，终日不说离去。诗依据六朝，五言乐府最擅长，近体诗也格律严谨。同时期的诗人都不及他。乾隆间，有《云间七子诗》流传日本，褚华为七子之一。与陆继辂、洪亮吉、改琦等相交往，相唱和。孙原湘称其诗“奇崛处似昌黎(韩愈)，汗漫处似东坡(苏轼)”(徐世昌《晚晴簃诗汇·诗话》)。有《宝书堂诗钞》八卷等著作多种。尝编辑《泽国纪闻》、《沪城备考》，一县的掌故都被收集在其中。

王锡范

王锡范，字叔三，奉贤人。父亲王丙熊，字淮南，乾隆二十五年（公元1760年）举人。王锡范年少聪明，为诸生，屡试高等，称一校之俊秀。生平对《十三经注疏》及宋元诸家经说摘录很多，而都以朝廷编纂的书为准，所以他不持汉宋异同之说。其诗也有高雅之作。

杜昌意

杜昌意，字载兹，娄县人，明代工部尚书杜士全五世孙。以诸生进入国子监，能写作章奏和官方文书。在幕府游宦五十余年，声望卓著。尝客居山西巡抚官署中。当时《四库全书》馆开，奉圣旨在省中采访遗书。杜昌意一有空就翻阅书籍，中丞心中不高兴，说："这难道是公事吗？"杜昌意说："这就是公事。某签（指题于竹简上的书札。以签陈述事情也叫签。这里签指后者）出数百条，都不宜进献。"中丞于是将他所书写的文字送藩司大兴朱文正公复查，文公叹服，于是与他交往。在中丞毕沅官署时，幕下士人都是通才，词藻丰富，但见杜昌意文行高尚纯洁，都退让收敛而推重他。

杜昌意生平常想要孝顺双亲，因母亲年老而到本省督署，经常回去看望。母亲去世，他办理含、殓、丧葬，都按照礼仪。设馆授徒所得收入，都用以周济宗族亲戚，而自己则常困窘。晚年设馆于上海道署。去世之年为八十岁。

杜昌意虽然熟习刑名法家之学，然而其立心行事文雅却近似儒者。在江省二十余年，从未有人以私情求托于他，这是因为他平时纯洁的品行深入上下人心。

盛灏元

盛灏元，字蔚占，华亭人。为诸生时有名，但屡试不第。游宦福建、河南幕府辅佐刑名，所到之处的长官大多贤惠，他撰文劝导他们作阴德，多所补救有关的地方行政。

晚年归来，还常到近处游玩，所到之处，寻访古迹，流连青山绿水，感慨风情物华，写作诗歌，且越写越好。

著有《宜斋诗抄》。

杨世淦

杨世淦，原名基丰，字绍曾，华亭人。十五岁进入县学，不久成为食廪生。他退让产业于兄，兄也经常周济其困乏。

有志同道合的朋友因事牵涉而戍守伊犁,他的母亲因次子势利不能送兄,孙子尚未长大,正悲痛得不想活了,这时杨世淦前往安慰,随即奋然担当,送朋友到嘉峪关而返回。

进入国子监,应南北乡试而不中,又游宦于甘肃幕府。五十一岁去世于甘凉道署。

儿子杨之灏,诸生,年仅十八岁,奔走七千里运归父亲棺柩。中丞毕沅推重其孝顺,且赞赏他的才能。著有《窈窕山房》诗稿。

次子杨枢,诸生,入国子监。尝授徒于乡,半年即归来,告诉母亲道:"这家十分贫困,不能具备先生的饮食。"既而知道他善于学习柳下惠(即春秋鲁大夫展禽。鲁僖公时人,又字季,因食邑柳下、谥惠,故称柳下惠。任士师时,三次被黜。他严守礼节,以"坐怀不乱"著称。从本文来看,杨枢不愿在这家授徒,是有非礼诱惑之事,他拒绝非礼,所以说他善于学习柳下惠。说"不能具备先生的饮食",是离开这家的假拒之辞)。

张宝镕

张宝镕,字花农,娄县人。父亲张孝瑛,诸生,著有《余斋诗抄》。张宝镕是娄县学生。母亲盛氏患病,他露天祷告北斗五年。后来父亲又生病,侍奉汤药,洗涤内衣便具达十三年。

张宝镕年少擅长诗赋,每次考试总是高等。游宦于江淮、闽越幕府,曾任管书记之职。所到之处,以诗文著称。

著有《床山堂集》,无锡杨芳灿作序;《西泠唱和诗》,钱塘吴锡麒作序。

享年六十八岁。钱塘侍讲梁同书作传哀悼他。

黄　烈

黄烈,字右方,上海人,父亲黄中松,著有《诗疑辨证》。黄烈博览群书,极力钻研古代大家的文章,学使每次到来,总将他作为第一对待。修习学业于紫阳书院,为尚书彭启丰所识别和赏识。当时正要博采遗书,彭尚书嘱托黄烈校对其家世代所研究的经书,黄烈竭力研考,经历五十个寒暑没有间断。光禄王鸣盛常将书籍请他订正。所著详见《艺文志》中。

儿子黄元吉,诸生,能够传承其家学,著有《诗经遵义》十卷。

从子黄尔金,也擅长诗文。

葛维嵩

葛维嵩，字厚卿，娄县人。家境贫困，孤独无援。壮年游览关中，经历二十余年。归来租居僧舍，惟以诗书为事。穷得揭不开锅，仍安然不以为意。七十余岁去世，友人一起安葬他。著有《芦坪诗抄》行世。

王　炘

王炘，字景炎，号子乘，上海人，诸生。作诗初学西昆体（北宋时，杨亿、刘筠、钱惟演等人以所作唱和之诗，编为一卷，名《西昆酬唱集》。其诗大抵宗奉唐李商隐、温庭筠，追求词藻，好用典故，文字绮丽，而语意轻浅，一时慕之，号西昆体，也简称昆体），后来一变为清秀苍劲，含蓄不露，钱塘袁枚、同郡王兰泉极其赞赏。吴云谓其诗“如秋山木落，刻露巉削”（《蒲褐山房诗话》）。王豫认为其诗“刻意求工，蹊径独辟”（《郡雅集》）。

年四十岁后学问更加深厚，但纵情饮酒，得病而死。著有《松南草堂诗稿》。

王嘉璧

王嘉璧，字瑶峰，原名天擎，华亭人，诸生。起初与太史张梦徵唱和，张梦徵推重其品德和学问。晚年与给事王显曾修《华亭县志》，人们说此书简洁率直，以王显曾的话来说为“府志宜详，县志宜略”。

著有《炊余诗稿》十卷、《西山臬》十卷。

吴　钧

吴钧，字陶宰，华亭人，是吴懋谦的曾孙。个性孤僻，见人无寒暄之问。穷搜秘籍，刻苦为诗文，生平从未参加一次科举考试。居住在贤游泾，名其所居为“梅花书屋”。不畏寒暑抄录编纂不停，自得情趣。诗不沿袭云间旧派，作词尤工。篆隶典雅古朴，摹刻古代名章，即使吴迥、苏宣也未能超过他。著有《独树园诗稿》、《鼠朴词》。年逾五十，突然去世。又尝搜集编辑郡人诗作名《松南清气集》，词作名《咒桃集》，今都已散佚。

同时还有翁春，居采花泾，家贫不能拜师读书，经过里塾，听村师教读即能背诵。塾师觉得他不平凡，因而教他读书。后来师事沈大成，诗古文词得其指授。孝养其母，终身不娶，与吴钧俩人称“二布衣”。去世后，门下弟子相与给以安葬。著有《赏雨茅屋诗》四卷。

庄师洛

庄师洛,字蓴川,娄县人,诸生。尝增辑《陈黄门集》,编撰成《年谱》,营建祠墓。《夏考功集》长久没有传世,得其儿子夏完淳所著诗文若干卷,一起编辑并刊行于世。所著《十国宫词》已刻印。其自定诗与《吴诗集览刊误》、《唐贤三昧集补注》、《宋诗集评》都藏于家中。

李锡勋

李锡勋,字瑞五,娄县人。生有六个指头。十二岁补为娄县学生,屡试夺得冠军。写作时文与冯大渊齐名。工于诗文,善于书法,学士吴铭茶家居时见其文章,叹为后起之秀。

年尚未三十而以羸疾(类似风痺的病)而死。同学等人收集其遗作若干首编辑为《莳花居诗存》,副宪陆锡熊为之作序而行世。

儿子李大渊,字华渚,乾隆癸卯(四十八年,公元1783年)举人。

张星会

张星会,字健行,华亭人,诸生。早年丧偶,有一个儿子,不再续娶。捐田以供祭祀,建祠以合家族。晚年于墓田建构白云庵,读书其中,吃素念佛。白云庵有八景,名流题咏甚多。

后来得病,端坐合掌而逝,几乎是位古德之人(佛教徒对教门先辈的称呼,如同儒家称先贤)。著有《住春园稿》。

顾世杰

顾世杰,字諟天,娄县人,诸生。幼年多病,三十多岁才入学。禀性仁厚,乐于赐舍。为文推崇简洁有力,朱绂有"细筋入骨"之评。注《尚书禹贡》,便于启蒙学习。著有《一斋诗抄》。

闾邱廷俊

闾邱廷俊,字克章,南汇人,岁贡生。博学能文,尤其精深于《易》,游学其门者很多。重于义行,有名家子因贫穷卖身为奴,他闻之惊愕,竭力营办,代偿其价,使其能归家,又隐秘其事。友人的女婿偷窃他家古铜器一件而去,友人知悉,返还古铜器,闾邱廷俊不受，坚决推却。其居心忠厚就是如此。

闾邱廷俊于乾隆元年（公元1736年）入南汇县学，恭逢恩诏扩大秀才名额，至嘉庆元年（公元1796年）岁试重逢加恩增加名额，再游学学宫，大家都以为这是年高优异之人的祥瑞之事，享年八十岁。

盛炆谟

盛炆谟，字周镐，华亭人，诸生。家境贫困，学习努力，砥砺节操，不苟言行，足迹不入城市。生平精研于《易》义，写诗以杜甫为宗。著有《东园梦草》。

陈遇清

陈遇清，字确士，奉贤人。洒脱超逸，有经邦济世之才。弱冠进入县学，后来贡入国子监。乐善好施，一如其父亲陈基。奉贤为华亭分县，未立校舍。陈遇清请示于县令刘伯壎，首先捐一千串钱倡导建校，亲自监督这件事，两年才建成。又想到伯父陈安仁所置义田因宗族人口繁衍，入不敷出，又为捐置。生平喜欢交游，信守诺言，训导其儿子陈廷溥、陈廷庆成名。

乾隆五十九年（公元1794年）去世。

徐自立

徐自立，字辉山，娄县人，是徐陟的后裔子孙。同祖兄徐瑾老而无子，徐自立将自己的全部家产授予他。游宦于宁夏幕府，于是居住下来。但仍常资助财物修葺宗祠，修撰家谱，人们说他不忘本。因为儿子徐与蕃而显贵，封予相应的官级。

徐与蕃，字佳培，国子监学生，援例授知州，借补（封建王朝，官多缺额，以品阶高的衔，补低品官的缺，称为借补）广东南海令，居官以慈惠著称。

侯昌朝

侯昌朝，字焕廷，上海人，国子监学生。禀性刚直豪爽，家庭状况刚能满足衣食。乾隆二十年（公元1755年）发生饥荒，昌朝捐米千石首倡救济，专门设厂煮粥以救济上海、青浦、嘉定三县饥民；捐出全部家产仍不足，乞求叔母赵氏资助完成这件事。赵氏生气，向官府诬告他，侯昌朝气愤，自刎而死。妾朱氏诉说他的冤屈，巡抚庄有恭、陈宏谋先后怜悯他，给匾额嘉奖，并题奏请求追赠，奉旨追赠主簿衔。妾朱氏后来又捐田二十亩,资助南翔镇建成育婴堂,这是侯昌朝的遗志。学使李因培赠送匾额表彰她。

宋源岷

宋源岷,字月江,奉贤人,国子监学生。闱试荐举不能中式,游宦幕府于粤东两年,归来,正逢县令刘伯壎创建文庙,命他主管其事。一年后建成,宋源岷出力为多。

生平对义利之辨十分明白,平时家居的品行尤其谨慎,四百余年远祖的墓田被族人私自出售,他捐资赎回,逢年过节都到墓地祭扫。

他善事还有好多。著有《巽峰诗草》。

庄四得

庄四得,字思谦,奉贤人。父亲庄肇龙,有阴德,尝与陈遇清倡导建造学宫。庄四得继承父亲遗志,一再予以修葺。乾隆六十年(公元1795年)发生饥荒,捐献粮食煮粥赈饥。又于南桥分建宗祠,捐田千亩赡养宗族贫困人员。吴门尚书彭启丰、同郡侍御许宝善各为之作记。其他如寺庙、桥梁、书院,无不赞助善举。去世之年为六十四岁。

儿子庄程鹍,乾隆五十四年(公元1789年)拔贡,以直隶州判代理汝州同知;程鹏,廪贡生,候选训导,先去世。

周士堂

周士堂,字樗园,奉贤人,诸生。刻苦求学,孝养父母,本性喜欢周济有急难之人。三党(父党伯叔等人,母党舅父等人,妻党岳父等人)的贫穷者赖以生存。乾隆四十四年、六十年(分别为公元1779年、1795年)遭遇饥荒,周士堂家无余米,仍竭力谋划煮粥以赈饥民。

中年患肺痨病,仍手不释卷,著有《春秋述志录》、《樗园诗草》。

乔仲余

乔仲余,上海人。与弟乔在翛能孝养父母。他的父亲有时候脸色显露出不高兴,就跪着请求父亲道:“奉养不周到,请大人明白告示,以图自新。”父亲说:“对于我来说已很满足,只是想到你的伯父穷苦。”于是迎进奉养伯父,如同自己父亲。

于公桓

于公桓，南汇人。家境富裕。有位姓沈的人为逃避债务而到于公桓家做佣工，听说债主来到，意要卖身还债，将卖身券呈予于公桓，于公桓代他偿债，返回卖身券。又尝托人拿了价值达数百两银子的布匹往衢州贸易，归来说因覆舟而损失布匹，有人对此有怀疑，于公桓坦然置之而不予追问。

儿子于世炜，也以好行善事而闻名。

弟于公祺，字鹤年，学习计然（相传为春秋末年葵丘濮上人，姓辛氏，字文子，范蠡之师，著有《万物录》。越王勾践用其计，遂成霸国）之术，家业日益发达，凡里中有善举，他都首先倡导。逢饥荒之年，煮粥以赈济饥民；年逢歉收，他贵买贱卖以救济贫困之人；遇疫病流行，他施药舍棺以拯救天行（天行，中医学名词，指流行性和传染性疾病广泛流行的过程）。郡中同善、育婴、普济诸堂，都是追随他的善行而兴办起来的。七十岁建寿安桥，八十岁又建张胜桥，去世之年为八十一岁。

李　泓

李泓，字韬文，上海人。禀性诚实厚道，于吴阊经商，有归还失主遗金之事。又尝焚烧别人欠他的债券有千金之多。

儿子李阳，字元春，诸生，举荐为乡酒礼宾客；李秉智，字事贞，有孝行，尝建立宗祠，置办良田以赡养宗族。

秉智儿子李焕，字琢明，候补员外郎，能继承先人遗志，增置田地为族人三代丧事安葬。乾隆二十年（公元1755年）岁遇饥荒，偕同兄长李炯捐米赈饥，又捐义冢、施棺柩及办育婴堂诸事。李炯字心研，附贡生，天性孝友，言行遵循礼法，生平自持俭朴，而祭祀、接待宾客必丰盛；好行善德，唯恐不及。

李炯的儿子李丙曜，字又瞻，屡试于京师不中，官任大理寺右评事。母亲去世，恨自己归来赶不上含殓，遇家祭及自己生日必哭泣。因为父亲年老而不再出来做官，孝养数年，后来父亲去世，衰麻从不去身，哀毁过度得病而死，他去世之日与李炯只差一个月。

李焕的孙子李应增，诸生，著有《静深书屋文稿》。

李朝宰

李朝宰，字梅客，上海人，国子监生。母亲高氏失明，他用舌舔，双目复明。逢到饥荒,他将预先储备的粮食捐献出来赈济饥民。风俗有火葬的,他捐田劝导埋葬,乡里称道他。

儿子李枝桂,字健林,附贡生。质朴正直有文名,平日家居行为诚恳真挚。以医术客居京师,京师公卿争相推重他。乾隆六十年(公元1795年)钦赐国子监学正。嘉庆元年(公元1796年)参与千叟宴,恩赐如例。著有《澹竹轩集》。

从弟李朝宷,字星门,贡生,个性严肃不苟。乾隆三十二年(公元1767年)捐修明伦堂。

李朝宷儿子李鹏冲,字钦斋,华亭附贡生。个性文雅宽厚,每年施舍药剂给贫困者。

还有李朝宰的从子鹏万,字海痴,贡生,工于书画。李槎源,字德载,附贡生,能诗文,工于篆书;李鹏翰,字翼天,也能文,为安义县丞,代理县事,有政绩声誉。

陆士彬

陆士彬,字楚雄,金山人。禀性敦厚朴实,平生乐善好施,里中筑路造桥之事都尽力担当。乾隆某年以五世同堂受到官府恩赐。

儿子陆天叙,也年逾七十。

孙子陆本渊,有返还债券的义举;陆洸,也好行善,尝独力修建文昌阁;陆辚,贡生。

曾孙陆瓒,县学生员,学使者彭元瑞以"泖滨耆善"之匾额表彰他。

高一桂

高一桂,字进思,青浦人,诸生。本性恬淡,崇尚情意和气概。家境不过中等,但喜欢奖励士人,所以有些人家的子弟因贫困而不能拜师就学,就将他们招致家塾,资助他们完成学业。

治家严格,与邻里相处都遵循礼规约束。晚年与邵玘、金瑜、杨敬授等人组成九老会,常会宴谈笑终日。享年七十八岁。

儿子高凤炜,县学生,才智出众,可惜早年去世。

顾世俊

顾世俊,字时英,华亭人。父亲顾文焕,诸生,以孝行著称,著有《竹庐诗草》、

《咏菊小品》、《浙游诗草》、《引玉琐言》等集。顾世俊弱冠入郡学，屡试优等。乾隆十八年（公元1753年）赴省试，路遇一位妇女携带了儿子哭得很悲哀，经询问，知道是开封人，丈夫某客死他乡不得归乡安葬，他即倾囊相助。父亲患风湿病，侍奉汤药三年。母亲去世，哀戚如父丧一样，不久他得病而死。

沈虞扬

沈虞扬，字元昆，华亭人，国子监学生。他的祖先从浙江迁居松江。沈虞扬本性乐善好施，岁遇饥荒，他煮粥赈饥，平粜济困。当权者建书院、修学校，他先后捐千金资助。管理普济堂，增加肉食，每天供应两顿饭。岁收佃租，与人家相比，他家却在不断减少，有善人之称，男女老少都交口称赞。抚育侄子沈达长大，沈达也好做善事，尝要捐田赡养宗族，试任安徽通判时去世，虞扬命儿子沈恕抚育其孤儿。享年八十二岁。

沈达的儿子夭折，沈恕以弟的儿子作为沈达的嗣子。嗣子置办义田以继承先人遗志。

袁以仁

袁以仁，字均溥，华亭人，候选布政司理问。母亲到九十岁去世，此时袁以仁年已六十四岁，哀毁骨立。县令麻城王劝以孝廉方正荐举他，他坚决推辞。喜好施与，遇公事捐献，他常是有力者的一倍。

乾隆五十七年（公元1792年），兴建华亭、娄县学宫，因某乡绅扰乱争讼。经历五年尚未竣工，依靠袁以仁才完成修建，士林推重他。

享年八十岁。

高　腾

高腾，字遇辰，华亭人。家庭中世代有名人。家境贫困，一件布袍，十年不换。但他仰慕义举，郡中乡贤祠久已倾毁，他慷慨倡导修葺，又修建试院南的文昌阁，增设三间房屋，使应试者有个休息之处。为人谋划，必定忠诚；有所请求，则竭力相助。

教育自己的儿子使之都成名。他享年七十四岁。

周　霁

周霁，字雨村，金山人，诸生，人品端正，喜好施予，授徒所得，节缩开支以周济亲族。乡党里中有节妇,每月周济粮食。儿子周蔼联已显贵,仍训导以义方,不稍宽松,这尤为难能可贵。享年七十余岁。

宋维熊

宋维熊,字渭田,金山人,诸生。敦厚友谊,重视然诺。尝应试于江宁,一同住宿的人暴亡,于是他没有完成考试,便归送其灵柩还乡。象山赖鹏飞工诗,家贫落魄,流离失所在卫城,寄寓宋维熊家,两人相唱和。后来去世于海盐通元寺,他不远数百里归送其灵柩,县内人士都赏识他。

周　焕

周焕,字倬云,南汇人。候补布政司理问,代理河南信阳州州判。乾隆六十年(公元1795年)岁遇饥荒,周焕于劝导别人赈济之外,自己捐资独自赈济一乡;凡给邻里食物、计日给钱者达两个月。南汇田亩地段四至的标记混淆不清,民众容易引起争讼,周焕呈文请求让自己亲自勘查丈量,编次清楚。嘉庆十年(公元1805年)分出南汇一部分隶属川沙,周焕又呈请县署发给民户占田凭证,子孙持有执守,全县赖此得利。其他诸如掩埋露骸、疏浚河道等事,他都见义必为,且都有才干。

陈明义

陈明义,奉贤人。禀性淳厚朴直,能够为善一乡。尝建造桥梁、施舍棺柩、给予寒衣,遇歉收年份即捐资助赈。其他行事,大多好义。

同时还有陈文畴,字昆良,也是奉贤人,经商四方,家渐殷实,但他既积累财富也能对外施舍。里中有善举,他率先倡导。初建县文庙,首捐田百亩。在南桥决议创办书院,也首捐田百亩。然而陈文畴自己拥有的田地已不多了。

他教训子孙唯以孝悌、种田为努力要做的事。七十余岁无疾而终。

沈增川

沈增川,字元正,上海人。父亲沈云秀,喜欢交游,乐于施予。沈增川事奉继母朱氏以孝顺闻名。雍正十年(公元1732年)水灾,他救济生者,收殓死者并且掩埋。乾隆十一年(公元1746年)捐田租千余石。

儿子沈朝鼎，官任贵州遵义府知府，能尽力职守。

弟沈天洽，太学生，禀性淳朴诚实。其儿子沈淞河，捐款授州同知，以孝行为乡人所称赞。乾隆二十年（公元1755年）岁遇饥荒，他开仓赈饥。沈淞河之子沈璧琮，著有《海日楼诗抄》；沈璧琏，任光禄寺典簿，著有《文咏楼诗抄》。沈天洽的曾孙沈光浴，诸生，也能诗，著有《晓珂初稿》。

杨永昌

杨永昌，字克俊，南汇人。乾隆二十年（公元1755年）发生大饥荒，他按人口给粮食，一个月下来耗费两千两银子，当权者将他的名字上报，赐八品官衔。病重，命儿子将赈济饥民的账册烧毁，说："对家乡人们应该赈济抚恤，不要将此账册留示子孙以为口实。"

儿子杨修德、杨修年都能继承父亲遗志，捐田给义学、书院、同善堂，并且做建桥施药等善事。

王发藻

王发藻，字忍庵，华亭人。幼年丧父，家境贫困，凭借授徒收入以事奉母亲。曾寄寓周浦赵某家，他家马圈里的马忽断了缰绳，到书塾前站立嘶叫，王发藻内心惊动，于是借了此马骑着归来，正逢母亲病危，于是割股肉放入药剂中进献，母亲的病得以痊愈。后来其祖父小腿上生毒疮，他又割股肉用以治疗，祖父的病也得以痊愈。乾隆二十年（公元1755年）学使李给"至性过人"匾额来表彰他。

黄　鉴

黄鉴，字骧威，华亭人。三岁时，父亲到澄江应试，从此一去不回，不知到哪里去了。黄鉴依母而居，稍长大些，遇到人们就打听父亲踪迹；到了夜里，则哭泣着祈祷上天，希望能得到父亲音讯。

乾隆十九年（公元1754年）夏天遇到一位老和尚，说："你要见父亲，我的同参（佛教徒称同事一师为同参）朴庵就是，为何不到昭阳銮水间去找寻呢？"说完就消失不见。于是渡江到仪征宝坊寺，果然找到了。但已出家为僧好久了，黄鉴恳请父亲归家，父不同意；请置设僧房，近地奉养，得到许可。

张进士、梁诸生、张梦鳌有《黄孝子诗》。

周汝梅·张　和

周汝梅,字燮廷,华亭人。九岁通读五经,十三岁进入县学,勤学能诗。母亲生病,侍奉汤药,衣不解带者达一个月。母亲去世,因哀痛过度而死,年仅二十岁。其少年之作有《碧山诗集》。未婚妻胡氏坚守贞操,不再许配于人,于第二年同月同日殉周汝梅而死。

又有张和,字骥鐘,也是华亭人。父母都已七十多岁。母亲病重,张和日夜向天祈祷,梦见神灵授予药物,不久母亲病愈。经过两年,病又复发,医疗和祷告都无效而去世,办理含殓毕,呕血数升,对兄长说:"依赖兄长侍奉老父亲,我将跟从母亲到地下去了。"于是拒绝饮食,父亲强制他喝粥,绵延数月,逢寒食朝奠,痛哭而涌血不止,于是嘱咐妻子好好侍奉父亲;并嘱咐两个儿子孝事伯父,以赎自己的过错。说完就去世了,年仅三十三岁。

宋　旦

宋旦,字旭初,奉贤人,是宋珩的从孙。幼年丧父,遗产十余亩田,仅供喝粥。想到两代先人尚未安葬,将要卖掉全部田地来完成安葬之事。有人劝阻他道:"你家曾祖兄弟还有数人,你为何要独力担当呢?"宋旦辞谢说:"必要等到兄弟同心,那么先人入土没有日期了。"最终还是卖掉十多亩田地来营办坟墓。

宋旦六岁时,有位族人想要夺走其家产,因而将他推到河里,从辰时(上午七点到九点钟)到酉时(下午五点到七点钟),脚下好像有物体支撑着,得以不死,人们为之深感诧异。

戴克嶷

戴克嶷,字吟山,娄县人,是戴骏庬的孙子,附监生。母亲俞氏守节,抚育他成立。家境贫困,他四出为人抄书,凭此收入奉养母亲。年已五十余岁,家居训教儿子。每夜携带炊具,见母亲醒来时即进奉饮食。制有寝衣,便于睡时起来。夏天晒在庭院内,打补丁的地方多至上百,亲友这才知道他的艰苦。

十年后,母亲寿八十余岁时去世,他尽力殡殓,营办安葬之事,不久,他也去世。

姚　立

姚立,字心儒,金山人,诸生。母亲杨氏病重,姚立年仅十四岁,他痛哭呼天,母病痊愈。后来母亲去世，他捶胸蹦踊而哭，几乎死去；父亲好言劝告，才停止。父亲跌伤了脚，他请医生治疗，用尽家中钱财才得以治愈。后来又在脖子后生了疽疮，还患了痢疾，都十分危险。姚立废寝忘食，割臂营救，获得痊愈。因为劳累过度而吐血，他怕给父亲带来忧虑，因此总是瞒着。父亲出去必与他相随，船停泊泖滨，父亲登岸失足掉入水中，时已黑夜，风吹浪滚，姚立情急之下连忙跳入水中救父亲，恍惚中忽然两手抱着父亲立在芦荻中，最终都得以安全。

姚立屡次使父亲摆脱危难，然而自己最终因感风寒而病死。有司上报其事，按照惯例予以表彰。

薛　章

薛章，字焕如，上海人。事奉继母以孝顺闻名。弟薛采，体质瘦弱而且跛足。父母相继去世，薛章将遗产全部给弟，而自己带领妻子亲自耕种获取食物。薛章禀性正直，不取非分之财，尝籴米八斗，对方误给一石，他当即归还二斗。去世之年为八十六岁。

儿子薛良翰、薛良臣，都能继承他的志向。

张　兴·黄　元

张兴，南汇人。兄弟五人，张兴最贫困，每天以挑水所得钱买鱼肉奉养母亲，母亲也乐于居住张兴家。

黄元，也是南汇人，靠自己灵巧的十指干活过日子，事奉母亲能尽孝。母亲去世，迎他的姐姐归家，说："姐姐，是我母亲所爱的人，奉养姐姐犹如奉养母亲。"

当时人们将张兴、黄元称为"城西二痴"。

殷士龙

殷士龙，上海人。父亲某，被族人打死，他积恨数年。后来生了两个儿子，说："今天可以复仇了。"怀藏利刃，拦截仇人将其杀死，随即向官府自首，罪行递减三等，戍守陕西鄠县。

与同戍的唐三友善，唐三去世，临终前将妻子儿女拜托给他。有校官儿子艳羡唐三的妻子，贿赂殷士龙，想要买她为妾，殷士龙严厉拒绝。然而这校官儿子向殷士龙再三强求，殷士龙发怒，上诉给大吏，大吏废弃这名校官。后来又将唐三的妻子儿女及其骨殖送归家乡。

乾隆十一年(公元1746年)遇赦免而归,又十余年去世。

孙　韫

孙韫,上海人。贫困不能娶妻,为佣工奉养母亲,母亲患风痹病,他就近做佣工以便给母亲看病和护理。雇主家有时给他肉食,他不敢尝,必怀藏起来带回给母亲吃。白天每日归来三四次,夜里衣不解带者八年。母亲去世,他悲痛得气绝昏死后又复苏。

享年九十余岁。

钱　塘

钱塘,字容声,娄县人,诸生。母亲生病,他割臂肉进献,病仍不愈,他哀伤过度,与母亲相继去世。同县胡鼎蓉、赵万里都为其立传。徐大容为作《哀辞》。

钱塘工于诗,著有《陟屺小稿》。

宋来生

宋来生,青浦农家子。乾隆二十一年(公元1756年)岁遇饥荒,设赈饥杜绝了村中的道路,宋来生刚四岁,跟随其母亲去赈饥处吃粥,在人员拥挤中与母亲失散,为某妪收养,一年多后这名老妪去世,为泗泾沈氏收养使其干活。等到长大后,找寻母亲不得。一天经过曾收养他的老妪坟墓,他默默祷告,梦见荷叶满池,有位妇人以芋头给他吃,有人告诉他说:"这位妇人就是你的母亲啊!"他梦醒后告诉人们,有人说:"这地方名为莲子泾,居民以种荷为业,你何不前去寻找一下。"

于是他到处询问,找到母亲。正在半信半疑之间,他的姐姐归来,连忙说:"弟弟小时候右足有瓦砾伤,可以验征。"赤足一看,果然有此伤疤,于是奉母而归。

陈文述

陈文述,青浦人。年少丧父,母亲岑氏迫于贫困,亲戚中有人劝她改嫁,陈文述哭着请留下,说愿意做挑肩叫卖的小商贩来奉养母亲,当时他才十一岁。母亲最终保全节操。

陈文述不怕寒暑,勤苦四十年,家渐小康,自己不娶妻,而为三位弟弟完婚。县令孙凤鸣表彰其门庭。

马良法

马良法，青浦农家子。为人做佣工，得肥甘美食必带回奉献给父母吃。后来安葬好父母亲，无力寻觅工作，于是在冬天自己划条小船，袒臂入水捞砖石用以结造小茅屋，两足踏灰沙使之坚硬，小茅屋造毕，足上肉全都脱落，于是走路也不方便了。在这小茅屋里守墓十余年后去世。

丁履豫

丁履豫，字叔安，娄县人。世代行医，两兄一弟都以其行医所得奉养母亲。又因为他不娶妻，为他买了一位妾，有了儿子，不再进入妾室，竟日夜奉侍母亲。

嘉庆二年（公元1797年）十二月母亲去世，将要大殓入棺，请画师描摹他母亲的像，他对母亲遗像仔细审视好久，忽然失声而哭，仆地而死，年仅三十。

乡里人上报，县令某赠匾额加以表彰。

戴见元

戴见元，字陵云，娄县人。事奉母亲十分孝顺，曾割手臂之肉以治疗母亲疾病。他不结婚，不参加科举考试。能诗，工书画，有《书窗遗稿》一卷。

查考下来，各县还有华士禧，南汇人；徐国城，字心声，上海人，诸生，著有《尊训楼稿》；王陈栋，字匠龙，青浦人，诸生；查泽祺，字介寿，娄县人；盛坚脩，金山人，品行方正，为善一乡；戴恩，字勉石，奉贤人；鲍纯祖，金山人；张永铉，南汇人；高崧，字维岳，川沙人，入武学，后放弃而去，年届六十而补诸生；徐尔镛，字鸣球，金山卫人；徐彰城，南汇人，诸生，禀性孝友，著有《杉泉文稿》；范来镐，娄县人，诸生，儿子范学坤；庄国华，金山人，儿子庄揆度，孙子庄麟；陆贻椒，青浦人；侯邦烈，华亭人；陈斯位，华亭人；高大观，川沙人。以上之人，或以孝义闻名，或以割股疗亲著称，虽然是家庭的日常行为，事迹相同，然而足以训导风俗，因而仿照《新唐书·孝友传》例，依类列举其姓名。

杨士玑

杨士玑，字玉阶，娄县人。乾隆十八年（公元1753年）举人，十九年（公元1754年）进士，官任吴川县知县，选任兰州府知府。乾隆四十六年（公元1781年）逆回作乱，奉命前往查究捕捉，骂贼而死。事载《钦定兰州纪略》。

陆兆鹏

陆兆鹏,字天池,号朴斋,南汇人。禀性聪颖,精通音律。工画,初写兰竹,继作山水,落笔极工。晚年多病,冯金伯(乾隆四十年主蒲阳书院)祝贺其七十大寿,有"花为浓开每早谢,人因多病得长生"之句。

盛莹字维城,也善于山水、花鸟画,尤其擅长画细竹,都仿效前贤,不轻易绘作,更能画墨龙。

雷　畹

雷畹,字蕙楼,华亭人。事奉嗣母邵氏以孝顺闻名。年少时随从翁春、吴钧交游,善于撰文,工于草书,有干练的办事能力。以贡入资为训导,去世。

著有《湘秋阁诗抄》。

张　夋

张夋,原名树芝,娄县人。兄长张桂堂,客居汉中病重,张夋疾驰数千里去看望他。兄长去世,扶柩而归。

后来游宦中州,客居滑县令强克捷官署。嘉庆十八年(公元1813年)九月,天理教匪作乱,强克捷殉难,张夋与青浦诸自涵同时被害。蒙恩优恤,附祀韩城、滑县强忠烈专祠。

金宝田

金宝田,字仲云,乾隆时上海诸生。工山水,无所师承,荒寒疏古,自成一家。学使唐云楣查考士人中能画者,亦引试,以金宝田画为第一。其画精绝处,绝似高克恭(1248年—1310年,元代人,仕至刑部尚书,山水画造诣精绝,为一代奇作)。

赵汝霖[注]

赵汝霖,字惠苍,青浦人。祖上四世皆以文章学行著名峰泖一带。赵汝霖天赋聪慧,有词以达其才,有调以显其气,所作甚多,但不自珍惜,故多散佚。王昶称"中岁以来,海内贤士大夫以诗投赠者多如束笋",其中赵汝霖之作"清新工整,声调铿锵"(《蒲褐山房诗话》)。

注:赵汝霖及以下人物是增补的,主要生活于乾隆朝,因生卒年不详,汇附于后。

李承烈

李承烈，字芑洀，号见石老农，浙江鄞县人。诸生。官松江府经历。徐世昌曾云："芑洀诗英气腾踔，蕴藉风流，长短诸篇，皆能准理命意，精神贯注。曾在吉有斋制军幕，从百色平苗。"(《晚晴簃诗汇·诗话》)钱仲联《清诗纪事》收其诗一首(《一翁行为阎家店老人作》)。有《修斋堂诗钞》。

曹锡辰

曹锡辰，字北居，上海人。诸生。曾辑《国朝诗钞》，虽仅止一邑，而上海文献，借以传世。王豫认为其诗"淡雅真朴，无非自写性情"(《松江诗话》)。有《北居诗集》。

傅为霖

傅为霖，福建晋江人。官松江府同知。在松江府任上曾作《秋泛》，其中有句云："九峰青一棹，双鬓冷三秋。"徐祚永云："吾郡城西北有九峰，在泖湖之上。傅司马为霖《秋泛》云云。"

赵秉渊

赵秉渊，字少钝，上海人。官成都府知府。赵文哲子，以父殉木果木之难，乾隆四十二年(公元1722年)以难荫改补中书。赵秉渊也曾在木果木军营，并题长篇古诗一首(《木果木军中为巴蕴辉按察题金江淬剑图长古一首》)。题中，巴蕴辉时尚官兵部郎，剑为平小金川时所得。郭则沄认为"其诗虎虎有生气"(《十朝诗乘》)。有《卯君初稿》、《小斜川丛稿》。

金裕献

金裕献，字绍虞，奉贤人。雷国楫曾经在奉贤做官，开浚金汇塘河道，"闻金广文绍虞者，品端学邃，遂造访之，并赠诗二章"。金裕献有《答雷国楫》诗两首，第二首中有"即今沾惠泽"之句。

汪　杰

汪杰，字蓉樊，娄县人。钱仲联《清诗纪事》收其《柳絮》诗："弄晴作雨最轻盈，糁入春江怨未平。纵化浮萍向流水，飘零如梦证前生。"王豫认为此诗"令人不堪卒读"(《江苏诗征》引《江苏诗事》)。有《清啸楼草》。

徐祚永

徐祚永,字介人,娄县人。年少好学,寒暑无间。雷国楫曾云:徐祚永"屡以所业质余,余见其志笃而业勤,时为点定字句。其诗词旨清丽,法度井然。倘蛾术不辍,所诣更当有进"(《龙山诗话》)。陆星卿曾送徐祚永《闽游诗序》云:"徐子学斋与予处同里,知名已十年,而从未相识,然花晨月夕,握管赋诗,未尝不欣慕也。"钱仲联《清诗纪事》收其《追悼李潜夫先生》:"谁知饿死寻常事,赋就梅花欲断魂。身世原来同海蜃,祇今何处访柴门。"李潜夫,平湖人,崇祯举人,明亡后杜门谢客,居乍浦蜃园,足不入城市,老夫妇白头相对,时时绝食,年八十二卒。徐祚永曾说:"余航海赴闽,道经乍浦,遍问蜃园,无有知者,因赋一绝追悼之。"著有《闽游诗话》。

杨景淐

杨景淐,字澹游,华亭人。能作小说。曾嫌坊刻《孙庞斗志》太俚俗,参考《列国志传》,加以增饰,著成《鬼谷四友志》(一名《孙庞演义七国志全传》)三卷,前有乾隆六十年(公元1795年)作者自序。

汪　鲲

汪鲲,字羲仲,一字墨庄,华亭人。家贫,喜壮游。诗学陆游,颇得其妙。以咏马诗得名,时目为"汪老马"。有《厦门行》,"凄凉沉郁,不减山阳(汉置县名,属河南郡,魏、晋际,嵇康、向秀等居此为竹林之游,后因以代高雅人士聚会之地)思旧之作,读之不禁泪涔涔下矣。"(廖景文《古檀诗话》)又,《即事》云:"斟酌桥边旧酒楼,楼中夜夜唱《梁州》。枣花帘外初圆月,一度销魂已白头。"饶有韵致。

何　时

何时,字质中,号啸客,松江人。少年好学,工行草,家藏书甚多,并藏古砚,风流爱客。有《西湖词》四十首。

清(5)

(嘉庆至宣统朝)

盛　麟[注]

盛麟,字问沂,娄县人。乾隆三十九年(公元1774年)举人。以大挑(清乾隆十七年[公元1752年]定制,在会试后挑选应考三次而不中的举人,由礼部分省造册,咨送吏部,派王大臣共同挑选。选取者分二等:一等以知县试用,二等以教职铨补,称为举人大挑)官任四川南川县知县。当时白莲教匪扰乱边境,盛麟督促民兵日夜守卫,城池赖以保全。大吏器重他,命他代理井研、内江二县事。通过侦察,盛麟得知贼寇聚集之所,以计擒其首领。提升为知府。遭父亲丧事,告假而归,中途遇到强盗抢掠其行李,忽然归还他,且说:"盛老爷是清官,夺他的财物,我们于心不忍。"

弟盛莲,字文周,乾隆五十三年(公元1788年)举人,任甘肃大通县知县,去世于官任上。

陈廷溥

陈廷溥,字时可,奉贤人。辰州府知府陈廷庆的兄长。乾隆四十八年(公元1783年)举人,官任大理寺丞,改为内阁中书,充任文渊阁检阅。嘉庆元年(公元1796年)荐举孝廉方正,以双亲年老而推辞。生平品行淳厚,喜好义举,置备义田以赡养宗族。道光三年(公元1823年)水灾,与鞠秋华、庄曾培诸人拿出粮食赈济饥民。享年九十二岁。去世之日,唤孙子陈光适到床边,勉励他立志读书。

陈光适,字石楠,天赋优异,读书一目数行。九岁那年,有客人来拜访陈廷溥,令

注:盛麟及以下人物,基本按光绪《松江府续志》排列,其中有些人物是增补的。

他背诵木华《海赋》，一字不错。道光八年（公元1828年）副贡生，历任宝应、宿迁训导。晚年家居，怡情吟咏。七十二岁去世。

吴士超

吴士超，字屺云，华亭人，娄县籍。乾隆四十八年（公元1783年）举人。官任山东武城县知县。县有奸民与同宗之人结怨，跑到京师告状，诬蔑为白莲教匪党徒，有司追查很急。吴士超奉命审理，力辨其冤，事情得以明白，于是惩办诬告者。巡抚某对僚属说："吴县令不怕罢官撤职，而同情关心无辜者，为之极力辩护，可以说是爱民如子了。"

孙子吴志喜，字毓峰，诸生，学识丰富，以诗闻名。

张崇柄·张崇型

张崇柄，字葵圃，娄县人。乾隆四十八年（公元1783年）举人，以大挑授南陵训导。勤奋学习，嗜好古典，尤其喜欢奖励选拔后辈。

从弟张崇型，字荇塘，嘉庆五年（公元1800年）举人，以大挑任山西左云县知县。上任后建立书院，勤于考查，士人好学成风。不到三年而去世于官任上。

从子张文斑，字春泉。岁贡生。官任如皋训导。咸丰九年（公元1859年），因寿考而钦赐举人。他性格端恭，教学谨慎，他的门生多有所成就。

雷　莹

雷莹，字存斋，华亭人。乾隆五十三年（公元1788年）举人。以大挑任知县，改为山阳教谕。年少时跟从陆明睿学习写文章，以古代大家为效法对象。官任山阳教谕时，教导士人有法，识别潘德舆于诸生中。归里后，重游学宫。

从子雷文辉，字竹泉。由拔贡生授刑部七品小京官。中道光十四年（公元1834年）举人。禀赋不凡，喜好交游，经常以饮酒赋诗为乐。有旧友的儿子在都城，十分贫困，教导他学习，考取了举人。雷文辉后来升迁为郎中，赴奉天刑部办事，去世。

另一位从子雷葑，字蕴峰。词赋清丽，有才名。道光二十七年（公元1847年）进士，官任湖南龙山县知县。任乡试阅卷同考官，善于选拔人才，受人称道。也去世于在职任上。

孙梦圭

孙梦圭，字驭寰，上海人。乾隆五十三年（公元1788年）举人。以大挑授东流训导。后以截取（清制，根据官员食俸年限及科分名次，按其截止日期，由吏部核定选用，称截取。又凡举人于中式后经三科，由本省督抚咨赴吏部候选，也称截取）授江西永丰县令，年已七十岁了。知府可怜他年老，请于大府，改授宿州学正。去世于官任上。

平生态度和气，绝无疾言厉色。修长的身躯鹤立，暮年犹神明不衰。嘉庆（公元1796年—1820年）年间，帮助李户部修撰县志。

褚一心

褚一心，字香节，华亭人。乾隆五十三年（公元1788年）举人。官任赣榆县训导。为文高深曲畅。

侄子辈的人有马德溥，字仲田，嘉庆三年（公元1798年）娄县举人。潜心研究经史，著述十分丰富。张克俭，字沧霞，嘉庆十五年（公元1810年）华亭举人。衣着打扮、行为举止，即使仓猝之间，也不违儒者风度。客居京师十余年，文名蔚然兴起。杜元照，字子山，华亭优贡生，中道光五年（公元1825年）举人。写作文章，喜好深思。应考会试，道经任丘病死，年方三十。许辰珠，字绮庭，居住娄县的枫泾。道光十七年（公元1837年）举人，官任长洲教谕，诗赋及八股文都有法度。许耀，字淞渔，道光十九年（公元1839年）举人，官任靖江教谕，诗文也为当时人们所称道。

史本泉·许嗣茅

史本泉，字蒙山，娄县人。禀性诚恳真挚，八股文精粹有正道。乾隆五十四年（公元1789年），与许嗣茅同时中举。官任安徽颍上教谕，勤于训导士人。

许嗣茅，字淡生，言论雄浑豪放。家境一向贫困，但慷慨喜好施与，尤其用心于人们所难以做到的事。尝远游粤东、粤西，归后去世。

娄县人还有雷斌，字少泉。乾隆五十九年（公元1794年）举人。他以八股文教弟子，很多人得以成名。

陈　昇

陈昇，字旭初，上海人。父亲泽泰，积有阴德。陈昇中乾隆五十四年（公元1789年）举人。事奉后母孝顺，操行端恭谨慎。里人创建同仁堂，陈昇参与其事。嘉庆十八年(公元1813年)修撰县志,采访努力,书成,唯独他不署名。道光元年(公元1821年),荐举孝廉方正,他不去应就。他不图名利就是如此。去世之年七十岁。

儿子陈炳烇,字廉石,诸生,工于八分书。诚恳孝顺,如其父亲。尝于淘沙场建陈忠愍祠,垒石以作文昌阁,费用不够,耗尽家产作抵赏。

黄　仁

黄仁,字研北,娄县人。乾隆五十七年(公元1792年)举人。以大挑授官山西稷山县知县,有惠民政绩。因病而归,稷山士民远道送行,以"甘棠遗爱"(甘棠,《诗·召南》篇名。传说周武王时,召伯奭巡行南国,曾憩甘棠树下。后人思其德,因作《甘棠》诗。后用作称颂官吏政绩之词)匾额挂置其住处门楣上。咸丰元年(公元1851年),正值他举人中举六十年,又一次参加鹿鸣宴。尝主讲金山柘湖书院。晚年嗜好诗词,与同县蔡鹏飞、叶珪诸人唱和不断。去世之年八十六岁。

蔡鹏飞,字梅茵,诸生。叶珪,字桐君,廪贡生,代理吴江教谕。都以诗闻名。而蔡鹏飞的诗,姚椿称其与陆游的诗相似。

杨城书

杨城书,原名城杞,字应芳,上海人。乾隆五十七年(公元1792年)举人。学识渊博,品行淳厚。早年丧母,事父孝顺。应礼部考试,听说父亲生病,连忙归家,想方设法治疗。病愈后,他绝意仕进,设馆授徒,以供奉父亲。论文以先贤的道理和文法为标准,一时名流都出自他的门下。晚年潜心于宋代周敦颐、程颢、程颐、张载、朱熹这五人的书。

道光元年(公元1821年),举荐为孝廉方正,没有参与考试。十八年(公元1838年),与同县人王文源、王文瑞都以孝行受到官府表彰。

马祖临

马祖临,字朴庄,奉贤人。天赋聪明出众,幼有神童之名。乾隆五十九年(公元1794年)举人。由大挑授知县,历次代理山东潍阳、高密、费县政事。大吏器重他,补为寿张县令,选拔为德州知州。

寿张县土地瘠薄,民众贫困,马祖临上任,兴利除弊,有益于百姓之事,无所不为,民众称他为"青天"。

后来因病归家，不拜见当权之人。他本性喜欢栽竹种花，诗酒自乐。六十七岁去世。

吴邦基

吴邦基，字履德，青浦人。乾隆六十年（公元1795年）进士。授工部主事，不久升迁为郎中，出任徽州知府。道光元年（公元1821年），因病归家，不久去世，享年七十四岁。

吴邦基在工部任职时，正监督宝泉局，遇到林清作乱，他坐堂上，不随便行动。有人劝他归去，他呵斥道："我死在这里，也是我的职责。"他的镇定就是如此。

诗文起初仿效韩愈，后来学习杜甫。

蔡万龄

蔡万龄，原名鉴，字心澄，上海人。沉着坚毅，有武力。中乾隆五十四年（公元1789年）武举，授福建兴化营守备。累迁至台湾总兵。当时海盗蔡牵势力猖獗，蔡万龄截获海口济匪奸民，将其歼灭，贼寇断绝粮食，终于处置困境。随即发掘蔡牵的祖坟，焚烧骸骨。又设计于云霄捕捉蔡牵的余党朱濆、施三品，海岛得以肃清。又于莲池尾捕大盗林花鼓，民众得以安居。

改授川北总兵，大吏乞求留任。不久补建宁总兵，调往台湾。行到澎湖，听说凤山县匪徒肇事，立即赶往前去平息。朝廷嘉奖其功劳。

后来因事罢归，优游林下十余年，去世。

唐祖藻

唐祖藻，字定斋；唐祖萼，字桐峰，南汇人。他俩是孪生兄弟。乾隆四十二年（公元1777年），两人同登拔萃科（唐制，选官有一定年限，限期未满，试判三条，合格入官的谓之拔萃。清代也用以代称拔贡）。唐祖藻诚恳朴实，嗜好学习，嘉庆元年（公元1796年）举荐他孝廉方正。唐祖萼授丰县教谕，深入研究经籍，书法尤工。

张应时（1751—1824）

张应时，字虚谷，华亭人。附贡生。候选直隶州知州。为人讲究风雅，喜欢收集书籍，尝刊印刘宗周《人谱》、黄淳耀《吾师录》、陆陇其《陆清献集》数百卷。享年七十四岁。

儿子张鸿卓,年少时为武康徐熊飞门下学诗弟子。尤其工于词,意味深长有似姜夔、张炎的风格。禀性和气正直,善于议论,重视交情。以娄县籍增贡生官任训导。去世之年也七十四岁。

从子张烒,字云阁。诸生。能文。喜好义举,贫困的族人赖以生活的有好几家。

两位弟弟张振凡、张振宗早年去世,抚养他们子如同自己儿子,都使他们成家立业。

王芑孙(1755—1817)

王芑孙,字念丰,号惕甫,一号铁夫,又号楞伽山人,长洲(今苏州)人。乾隆五十三年(公元1788年)召试举人,官华亭教谕。

王芑孙身材不高并且瘦弱,幼有异禀,年十二三,即能为诗文。名位不高,交游甚广,其时学人文士之知名者,皆其友。乾隆六十年(公元1795年),与孙星衍、张问陶、吴锡麟等集京师,在孙星衍的樱桃传舍相会。嘉庆二十一年(公元1816年),至松江,与钦善、改琦、梅春、高崇瑚、沈慈、姜皋等相会。钟骏声认为其七律"于峥嵘傲岸之中,有沉郁顿挫之致"(《养自然斋诗话》)。王芑孙也工书,书逼刘墉,不期而合。吴门自明末以来,书家用笔,皆以清秀俊逸见长,至王芑孙,始以遒厚浑古纠正,遂为三百年所未有。有《渊雅堂编年诗稿》二十卷(收一千四百余首)、《惕甫未定稿》二十六卷、《诗外集》四卷、《文外集》四卷等。

冯以昌(1759—1827)

冯以昌,字吟秋,娄县人。明代苦孝先生冯海的十一世孙。喜好学习,重视孝友。父亲冯孝曾病危,他哭泣着在家族祠堂里祈祷,割股以进。从父去世,家贫未能安葬,他竭力营建墓穴。葬后三天,从父家里忽然起火,他夜里梦见从父说:"依赖你安葬我,否则,我将被火烧毁了。"

禀性好行善事,置办义田,设立义塾,建立顾烈妇祠、张公祠,建造石桥三座,乡里人们称道他。

以乾隆四十八年(公元1783年)副贡生授怀远教谕。去世于官任上,享年六十九岁。门人私谥"孝惠"。

起先,华亭有叫薛泽珮的,父亲去世,灵柩停在室内,邻居失火,薛泽珮呼喊众人抬灵柩,但无人敢冒火进入室内。过了一会儿,火熄灭,人们进去一看,见薛泽珮伏着灵柩哭,柩没有烧焦损坏,人们以为这是孝心感动神灵所致。

道光十八年(公元1838年),冯以昌和薛泽珮都以孝子受到官府的表彰。

沈廷枚

沈廷枚,字惟吉,青浦人。拔贡生。由教习(学官名,掌课试之事)授旌德县令,调蒙城县令。洪泽湖泛滥,他竭力赈济抚恤,民众赖以生存。中丞姚祖同察觉他清廉正直,以政绩卓异荐举。母亲去世,归家服丧。道光三年(公元1823年),青浦发大水,他帮助县令李宗颖赈济灾民,赖以存活者很多。守丧期满,补安仁县令。

后因病归家,去世之年为八十一岁。

乔　淦·乔重祐

乔淦,字葆堂,上海人。是中丞乔光烈的孙子。乾隆五十九年(公元1794年)顺天副贡(副榜录取的贡生)。从小就有纯厚的性情,侍奉父母尽孝。生平和气而有操守,与人交往,不能曲意迁就。工于诗,清丽婉约,尤其擅长于科举应试之文。

儿子乔重祐,字申甫。诸生。品行纯厚,爱好学习。母亲患病,昼夜侍奉,毫不懈怠。精通三《礼》(《周礼》、《仪礼》、《礼记》),对郑玄、贾逵以来诸儒学说多有所批驳改正。当时姚椿正以诗古文闻名,被人推重,唯独乔重祐与他直言辩驳。晚年专注于宋、元、明诸儒之书。著有《悔言四则》。后来得心脏病而死。

袁秉直

袁秉直,字柏田,是袁国梓的曾孙,华亭人,太学生。由《四库全书》馆誊录议叙为县丞,分配到浙江。不久提升为知县。历官为江西布政使、护理巡抚,内召授太仆寺少卿、通政司参议。

袁秉直勤奋机敏,熟习吏治,知道民众的疾苦,有善于处理各种事务的能力。做州县地方官时,大吏一直依靠器重他。及至身居显要官职,各种政事无不办理妥当。他对待下属公正而宽恕,务必使他们各尽其才,所以人们都乐以为他所用。

兄长袁秉钧,字竹田。官任河南中河通判,调山东上河通判,历次都功绩卓著。因病而归,寓居嘉善。为人谦恭淳厚,淡泊名利,门无闲杂宾客。

袁秉直的孙子袁修谦,字熙叔。年少时居京师,专志学习,道光十七年(公元1837年)顺天第二名举人,由大挑授知县,发往河南,尚未赴任就去世。曾孙袁瓛,字澄甫,奉贤籍。咸丰二年(公元1852年)顺天举人。官任户部主事,升员外郎。禀性正直诚信,重视气节情义。在京师任官时,尝修葺松江会馆,扩大其规模。年少时与弟袁瓒都以诗文经学闻名。袁瓒,字廉叔,拔贡生。工于书法,嗜好饮酒,索求其书法作品者只要送给他酒,会立即答应。以府经历发派湖北,选补为来凤县令。对待民众,宽厚仁慈,大家都信服他。未满一年,去世于官任上。

姚令俞

姚令俞,字秋坪,娄县人。四川布政使姚令仪的弟弟。入资(给钱粮于官府,得以补官任职)为府经历,试用于陕西。以军功补华州知州,选拔为浙江宁波府知府。宁波海中有洲田长久废弃,姚令俞上告于大吏,说洲田百余顷,平坦广阔,垦为良田,可给养民众,资助水师,增强海防,调移宁波佐贰官吏治理它,拨派象山营卒镇守它,编以保甲,有利于缉拿海盗。大吏上报此议,得圣旨允许实行,民众至今感激他。

又有许元仲,官为兰溪知县。辞职退休归来,博采家乡掌故,用以著书自娱。

王　珪

王珪,字琨畬,金山人。本姓周。家境贫困,嗜好学习。当时京卿郑虎文为给谏王显曾师,经常来到王显曾的传砚堂讲论经义,为学者阐明要旨。王珪执晚辈礼,向他求问疑难,得以全面禀受师法。可惜他的著作都散失。

从子王�,道光十四年(公元1834年)副贡生。也以经学著称。

金鸿书

金鸿书,字宝函,青浦人。诸生。本姓尹,幼年抚育于金家,所以从其姓,博览群书,尤其工于吟咏。探究诗文的本原,从汉魏到三唐(初、中、晚唐),无不阅览。作品志向中和,音韵高雅,与众卓然不同,凸显正宗风格。王昶十分推重他,招往江西布政使官署,不满一年即归来。南安知府孙某聘请他主持大庾书院,不愿去。禀性谨慎自守,不和谐于众人,老年穷困而死。

青浦诗学自从王昶振兴后,金鸿书实际上是后来的杰出人才。

方玉台

方玉台，字诚斋，青浦人。增广生员。尽心钻研性理之学。王希伊司训在青浦时，请他教导自己的儿子。王希伊拿出其祖父王懋竑《经史疑》，嘱托方玉台编校，经过三年而完成。有年除夕，天降着雪花，王希伊造访其门，见方玉台正用红笔在校对修改，王希伊对他说："诚斋你真是超脱于世事之外啊。"他就是如此安贫乐道。

后来张国埒、方祖范都与方玉台成为忘年交。张国埒字惠周，恩贡生。年少时跟从沈求立游学，以能文著称。中年致力于实际可行之学，仿效陆清献。方祖范字养余，附贡生，精研经史。曾到西湖借阅文澜阁《四库全书》。

桂心堂

桂心堂，字一枝，上海人。诸生。与弟桂海十分友爱，到老弟兄情义更深厚。嘉庆（公元1796年—1820年）年间，参与修撰县志。古貌古心，人们将他看作书痴。

桂海，字荣光，也是诸生。禀性敦厚朴实，享年八十岁，先于兄去世。

兄弟俩都无儿子，桂心堂门人朱文煜修葺其居所，供奉神主，题额为"二桂先生祠"。

俞玉海

俞玉海，字承天，青浦人。诸生。居簳山。个性严峻，品行纯洁，不随时俗，当时人们称他为"俞怪"。与董衍大、李大绶、方玉台、陆重晖为诗友。没有儿子，有一位女儿，名俞瑛，能诗，早年夭折。

同时的金章，字克昌，诸生。古文学习孙樵，诗学黄庭坚。个性迂阔怪僻，喜好古典，不随时俗，曾邀请县令行乡饮酒礼，又为其儿子行加冠礼。

享年八十岁。

孙　峻

孙峻，字耕远，青浦人。国子监生。世代务农。嘉庆九年（公元1804年）水灾，饿死好多人。孙峻为之伤心，因而著《圩岸图说》，说圩形如釜，须有围岸、抢岸（阻挡河水之岸），高下相邻之际，尤其不可无畔岸（坚实高大的边岸）。抵御外水，无抢岸则高处之水向内泻，低处必淹；无畔岸则有水从裂缝中渗漏的危害。其关键在于预备缺口来释放上面的积水，撤除倒沟来抽取中间积水，疏通渠道来消泄下面积水。

言语切近实际,是农家不可缺少的书。知县陈其元重新刊印,请示于大吏,颁发给各州县。

在嘉庆(公元1796年—1820年)初,青浦富民受赔赋之累,倾尽家资,名叫“捆垫”(“赔赋”与“捆垫”,似为收刮欠赋的手段,具体不详)。孙峻上书大吏,屡次经历艰险,最终除去其害。

李宇治

李宇治,字循圃,南汇人。诸生。家境一向贫困,但供奉双亲则从不缺失好的食品。束脩之礼外不收取丝毫钱物。治学依据宋代五子(周敦颐、程颢、程颐、张载、朱熹),文章道德兼修。游学华亭陆明睿之门,门睿器重他。

孙子李德熙,字亮卿,诸生,能传承他的学业。

王学峻

王学峻,字峨村,诸生。与李宇治同居周浦。求学重视根本,而对品行尤其严谨,即使盛暑也不袒露胸膛。

张慕骞

张慕骞,字云槎,南汇人。工词,兼能词曲。与冯金伯友善,唱和之作很多。

方树惇

方树惇,字钦若,南汇人。是正学方孝孺的后裔子孙。府城正学祠被人侵占,乾隆五十三年(公元1788年)上告于大吏,得以归还。工诗,与叶凤毛唱和。也善于书法。

曹垂勋

曹垂勋,字莘耕,华亭人。父亲曹上林,因事牵连遣戍乌鲁木齐。曹垂勋前去探望父亲,经过九道岭,坠入悬崖几乎死去,最后终于抵达戍所。父亲去世,包裹骸骨藏于箱中,入嘉峪关,关吏怀疑他。他哭诉实情,于是允许他进来,到家须发尽白。

当时先后背负父亲骸骨的,还有吴西江、戴宝光、周芳容、朱维屏及陈瑞珍,都是华亭人。

吴西江

吴西江，字西庄。父亲吴作霖客死他乡，西江为弟娶妻，然后辞别母亲，一路行乞到澧州，寻求父亲骸骨，经过两年仍找不到。经过石门，哭祷关帝庙，忽然在庙后看到已破败的棺材，写有“松江吴作霖”字样，于是背骨而回。回到家，才娶妻。后来尽力奉养母亲，与其妻子都以孝顺著称。

戴宝光

戴宝光字春园，诸生。父亲戴鸣，死于忠州。戴宝光前去寻找父亲的棺柩。经过好长时间，到达其地，用木箱收了骸骨而归。经过乌蛮滩，船破落水，遇救而免于一死。过昭平峡，纤绳断掉，漂流数十里，船竟没有损坏。夜里睡觉，常将箱子放在身边，用绳子缚在自己头发上。经过十三年才回到家里。

周芳容

周芳容，字铁岩。父亲周文荣游宦幕府于归州，死时周芳容才十四岁。及其长成，附于漕运之船到京师卖画，稍微积了些旅费，于是进入河南，于旅店患病几乎死去。正逢滑县动乱，他孤身走小道，夜里倚树而宿，遇蛇、虎、盗贼都没有遭到伤害。抵达归州，于荒山寻得父亲棺柩，将骸骨装于袋中回乡安葬。

朱维屏

朱维屏，他的父亲游乌鲁木齐，音讯断绝，朱维屏跋涉万里侍奉父亲返回，后来又随父亲前往。父亲去世，偕同庶母弱弟扶灵柩归来。抚育其弟成家立业。

道光十八年（公元1838年），上述五人（指曹垂勋、吴西江、戴宝光、周芳容及朱维屏）都以孝行受到官府表彰。

陈瑞珍

陈瑞珍，国子监生。父亲陈高翼客死于洛下，当时陈瑞珍还年幼。乾隆五十七年（公元1792年），他哭着告别母亲道：“儿子已长大，可以寻找父亲了。”于是徒步前往河南，遍求于杂乱丛生的草木之间，看见一块石碑上刻有父亲的名字，叩请当道，打开棺材，滴血于骨，验明是自己的父亲，于是背了这具骸骨而归。道光（公元1821年—1850年）年间，知县张庆瑗以他禀性淳厚，予以表彰。

丁谷旸

丁谷旸，字吹龢，南汇人。诸生。禀性耿直执着，事奉双亲孝顺。父亲某，诸生，因事牵连，丁谷旸藏匿父亲于其他处所，挺身出来，于是他被剥夺了秀才的身份。有司严厉审查，将他加上脚镣手铐和颈锁，丁谷旸道："我确实藏匿了父亲，然而没有听说放弃父亲可免于罪责。"有司不能批驳他。

过了一段时期，事情得以弄明白，他仍为诸生。享年八十余岁。

李林松

李林松，字心庵，上海人。年少聪明，跟从王锡范学习，以神童著称。嘉庆元年(公元1796年)，首次参与会试，即考取进士，授户部主事，当时和珅掌权，以李林松能条举(逐条举出)部务而招他，他不去应就。后来迁为员外郎。督理漕运的蒋兆奎为惩戒漕运弊端，请每石加收二斗，以杜绝随便增收赋税。李林松提出异议，说尚未得到清廉漕政之实，而先蒙加赋之名。他的批驳十分有力。嘉庆六年(公元1801年)，主持广东乡试；十三年(公元1808年)，主持广西乡试。都称道他善于选拔人才。侍奉双亲孝顺。将母亲唐氏迎养京都家中，母亲病重时，割股治愈。又经过十二年，母亲去世，他回家服丧，从此不再出来做官。

当时漕政多有弊端，李林松为此向江浙大吏进言。又尝提议开通泖港，疏浚吴淞江。晚年修葺所居后圃为易园，著书其中。对群经都有论述，而用力于《易》尤其深入。他研究学问主要依据汉代经师。诗文严谨、新颖而不落俗套。嘉庆十八年(公元1813年)，主修县志，多有所考证核实。一年后又参与修撰《松江府志》。后又主持编纂《金华志》。

第二个儿子李尚暲，字竹孙，国子监生，禀性正直，博学能文。尝游宦幕府于齐、晋、燕、豫间，才名卓著。相国王鼎招他入都，觉得他的才能出众，要传扬他的名誉，然而最终仍不得志，归来。太平天国变乱，他挟持先人著述远避，而不顾惜其他物品。享年六十余岁。

孙子李金诏，咸丰十年(公元1860年)遇贼不屈而死。

秦　渊

秦渊，字珠崖，娄县人。年少聪明异常，专心致志于学问。嘉庆元年(公元1796年)进士，授庶吉士，改为户部主事。乞求告假而归，居于泗泾之滨。每天吟咏诗作，足迹不入城市。诗有雅正之音，书法学董其昌。

陆钟秀

陆钟秀，字啸楼，上海人，是陆思诚的曾孙。嘉庆三年（公元1798年）举人。禀性高雅纯洁，不乐于仕进。学识丰富，工于诗文，绘画上尤精六法（古称画有六法：一、气韵生动；二、骨法用笔；三、应物象形；四、随类赋彩；五、经营位置；六、传移模写）。

儿子陆旦华，字焕虞。嘉庆十八年（公元1813年）举人。博通今古。考查三江（“三江”说法不一，据《书·禹贡·释文》引《吴地记》以松江、娄江、东江为三江）入海处，增订《禹贡疏》，以考证今昔之不同。生平重视做善事。授庐江教谕，因病而归。

沈 瑞

沈瑞，字蕡华，娄县人。嘉庆三年（公元1798年）举人。四岁丧父。家境贫困，但爱好读书。教授生徒，以供奉母亲。又积累资金修其曾祖父文恪公沈荃祠堂及钱士贵祠堂，说：“这是我母亲的志愿。”母亲年老失明，百治不效，沈瑞焚香祈求于天，双目复明。兄长早年去世，奉养寡嫂四十余年毫不懈怠。并且又奉养寡姐，直到她去世。道光十八年（公元1838年），以孝悌受到官府表彰。

同县的李谨，字用五，与沈瑞同时中举。家居品行淳厚，侍奉寡嫂如母。聘定某氏，尚未结婚而死，于是不再娶妻，只置妾，生了两个儿子。禀性豪迈，善于饮酒，尝凭学术游历晋、楚、燕、赵间，兼通医术，熟习风水学说。

屈培基

屈培基，字子载，号元安，娄县人。一作昭文（今江苏常熟）人，又作常州人。嘉庆三年（公元1798年）副榜贡生。性高洁，博雅能文，有古代志行独特之士的风范。工篆、隶、楷书，精于雕刻。乾隆间，曾代上海赵秉冲（钦赐举人，官户部右侍郎）镌刻乾隆御宝，又书国子监石鼓文，并称旨，名动京师。画山水竹石无所师承，匠心为之，皆合规矩。对自己书、画特别欣赏满意，不轻易给人，诗文成稿亦自焚去，绝少流传。

倪 倬

倪倬，字云庄，青浦人。年少丧父，家庭贫苦，刻苦求学。工于古文。嘉庆五年

(公元1800年)举人。任长洲教谕,训导士人以克尽人伦、淳厚品行为先。大吏推重他的人品,请他主持紫阳书院。倪倬立志恢复古道,竭力指斥僧道。俗传家里有人死亡,灾害之神携带亡魂归来,这时应当念诵经书准备酒食,否则有祸。倪倬只是坚守礼节而不信俗传,人们佩服他的胆识。

儿子倪皋,字九方,道光二年(公元1822年)举人,任溧阳训导。重视文章道德,居官时,表彰节孝之事,十分尽力。

郑 槱

郑槱,字棫亭,上海人。父亲郑淳,县增生,以学识丰富著称。郑槱重视品行,嗜好学习,中嘉庆五年(公元1800年)举人,授如皋训导。因父母丧事而归。守丧期毕,代理昭文县训导。

晚年归里,主持文社多年。

胡廷仪

胡廷仪,字向山,金山人。世代居住朱泾,到胡廷仪,才迁到府城。父亲胡日升为县吏时,金山有盐枭(清代官府称结帮贩运私盐的人)案牵连一百多人,胡日升察觉当中有冤枉,于是毁弃簿册,请求自承罪责,县令采纳他的意见,只诛杀为首者数人,其余都获免罪。胡廷仪嘉庆六年(公元1801年)进士,授河南阌乡县令,为政以廉洁清明著称。选拔为代理湖南永顺府事。他管辖下的龙山县有诉讼妻子杀丈夫的案子,此案数年未决,胡廷仪检验尸体,没有伤痕,冤案才得以昭雪。随即暂时代理靖州知府,他让苗族士人进入官署,每月教育考查其文化。赵金龙作乱,胡廷仪办理军饷有功,补长沙同知。辞官退休而归,不久去世,享年七十九岁。

张莒,字秋塘。嘉庆十四年(公元1809年)进士。任宁国府教授,待士人有恩。张莒去世后,诸生有不远千里来吊唁者,其教育的恩泽可以想见。

赵逢源

赵逢源,字宗远,青浦人。父亲赵汝霖,字惠苍,通才博学,为时人所称道。赵逢源嘉庆六年(公元1801年)进士,授国子监学正,改为知县,又升为高州府知府,代理高廉道。幼年继承家学,精心研究经史。尤其擅长于诗。他为地方长官时,其善政大多得益于父亲良好的教导。

张兴镛

张兴镛，字远春，为文敏公张照之从子，华亭人。嘉庆六年（公元1801年）举人。年少时游学青浦王昶门下，王昶尝说他的诗接近六朝王谢诸家，又说张兴镛风神洒脱飒爽，谢幼舆、许元度不及。王昶有序文曰："松江张氏以科第文学世其家，其间或以爵秩显，或以清望重，或以高节称。"（符葆森《国朝正雅集》）乾隆五十五年（公元1790年），乾隆皇帝东巡，他献呈赋，赐赠缎匹。官任太仓州学正，调无为州，保升（由大吏作保而升任）知县，不久因病而归。华亭姜怀权之后裔姜熙（号云亭）捐华亭、娄县两县上等田地百亩，张兴镛有《华亭姜氏捐田诗》一首。有《红椒山馆诗钞》。

儿子张祥河，自有传。

弟张兴炜，字砚庄。诸生。教授生徒，严谨有法。

张兴炜的儿子张祥溎，原名张祥荣，字云舲。也嗜好诗。道光十四年（公元1834年）娄县举人。由仪征县教谕累官至同知，代理浙江石浦、台州同知。

朱　鼒

朱鼒，字毅亭，华亭人。父亲朱必达，诸生，为里塾师，教授有法。朱鼒一目失明，禀性诚恳厚道，侍奉双亲以孝顺闻名。五十六岁，中嘉庆六年（公元1801年）举人。有记录的弟子很多。晚年主讲海门书院，不久去世。

同县的朱钰，字二如，嘉庆五年（公元1800年）举人。与朱鼒结泖东文社。朱鼒诗文醇厚优美，朱钰诗文精雕细刻，时称大小朱。朱鼒为大，朱钰为小。朱钰后来官任贵州县丞。

胡勋裕

胡勋裕，字苕原，青浦人，是胡传书的儿子。嘉庆六年（公元1801年）举人，任广东始兴县令。县内多盗贼，他严加缉捕，四境得以肃清。有诉讼者给他贿赂，胡勋裕假装接受，到审理案子时，却持以公平；审讯议罪完毕，他返还金钱，令其拿去，说："我并非要沽名钓誉，而是要断绝吏胥的弊端。"他在任七年，深受民众爱戴。

调任澄海县，平息沙田械斗纠纷。一年后，又任始兴县令。随即代理广州通判，因事牵连，削职归乡。

王庆麟

王庆麟，字澹渊（一作时祥），号希仲，华亭人。父亲王蔚宗，字春野。王庆麟诗文高雅纯洁，名重大江南北。以优贡生官任安徽宣城县主簿。品行淳厚，学习勤奋，以古代作者作为自己的人生目标。在宣城为官时，他攀登敬亭山，叩拜七贤祠，放笔抒怀，似乎在与古人李白、谢朓共席相互纵情谈论。同里姚椿称其“人非世俗之人，文亦非世俗之文”。王庆麟嘉庆十二年（公元1807年）举人。由大挑授知县，分发河南。大吏推重他的学识，命修省志。尚未完毕而去世。有《洞庭诗文集》。

儿子王友光，字海客。增生。诗文也俊秀出众，无与伦比。

梅　春

梅春，字小庾，华亭人。年少嗜好学习，与时俗很少和合。长洲王芑孙官任教谕，惊奇于他的才能，授以文章本原，他更加奋发努力。与姚椿、钦善、王庆麟诸人以古学相互切磋，为文特别喜好宏大华丽。中嘉庆十二年（公元1807年）举人。尝倡导修建学宫，整饬书院规矩而且增加学田。岁遇灾荒，提议赈济。抚恤周全而又不滥发钱粮。将所余资金谋划置田以备荒年，与娄县岁贡生顾鸿声等办成此事，置备了义仓田。

顾鸿声字浦渔，凡有益乡里之事，往往尽力担当。学识丰富，很有才气。骈体文仿效宋人，诗也写得和婉，如其为人。

金祖锡

金祖锡，字蕙堂，奉贤人。嘉庆十二年（公元1807年）举人。由大挑授知县，改国子监学正。淡于仕进。居乡建造书院，筹集士人参加乡试的资金，佐助救荒的政事，修筑县城外石岸，人们多称道他。嘉庆时修撰《松江府志》，采访特别详细。

同时采访者还有宋玉诏，字雪庄，诸生。人品端正谨严，侍奉双亲孝顺。与陈廷庆相互友善，经常以经史相互讨论，解决疑难问题。尤其工于书法。去世后门人私谥“贞简先生”。

马金铭

马金铭，字佩箴，奉贤人。嘉庆十二年（公元1807年）举人，官任溧水县训导。当时溧水县发生大灾荒,他奉命办理赈济事务,秉公办理,民心感悦。积劳成疾,死于任上,享年六十二岁。

富 廉

富廉,字谷香,号秋鹤,华亭人。是方董(1736—1799,字兰坻,一字嬾儒,号兰士,又号兰如、兰生、语儿乡农等,清代石门即今浙江崇德人,布衣,以笔墨著称,乾隆皇帝南巡,进《太平欢乐图册》百幅,极蒙嘉奖,有《兰坻诗钞》等著作多部)的入室弟子。画能尽其师傅之能,临摹古人,尤不爽毫发。嘉庆十三年(公元1806年)曾为鲍廷博摹元李衎(1245—1320,字仲宾,号息斋道人,元代蓟丘即今北京市人,皇庆元年[公元1312年]为吏部尚书,拜集贤殿大学士。其《四清图》等,藏故宫博物院)《竹谱详录》。

倪锡湛

倪锡湛,字蠡篷,南汇人。嘉庆十五年(公元1810年)举人。荐入国史馆纂修,议叙得沁水县令。该县民众,愚顽多盗,倪锡湛发现奸人,捉拿隐犯,如同神明,受人称颂。

金凤藻

金凤藻,字尚仪,青浦人,嘉定籍。进士金襄长子。嘉庆十五年(公元1810年)举人。禀性正直,如同其父。诗文多作幽深之语,综览诸子百家,沉思默记,务必穷尽其含义。所居南畇山庄,四壁都有手粘标签摘记,存疑以待考证。

潘镕聘他修撰《萧县志》。后来客游江阴,因病归来,不久去世。

沈 瀚

沈瀚,一名炳垣,字鱼门,号晓沧,浙江桐乡人,沈湘云之子,嘉庆十五年(公元1810年)举人,曾官松江海防同知。其父一生厚德助人,凡济人利物之事,往往倾囊为之;其教子,一以存心仁厚为本。沈瀚务为有用之学,于诗尤精,气体清华,词旨和厚。佳句有:"岸高山比势,地隘水为门。"(《镇江》)"关锁东西钥,河流大小沽。"(《天津》)"大观穷日月,孤势出楼台。"(《舟泊京口》)"鸥情随水远,柳意得春先。"(《皂河》)"明月随人过淮浦,暗潮带雨入江城。"(《扬州》)"远水帆飞林影外,高楼人在雁声中。"(《过甓垒湖》)这些诗皆精心炼冶而得。有《斲砚山房诗钞》。

陈　畹

陈畹，字兰滋，青浦人。禀性孝友。经术精深，占卜灵验。嘉庆十七年（公元1812年）举人，终身不赴会试。县令温恭钦佩其人品学识，劝他入都，赠以丰厚的行旅费，他坚决拒绝。

长子陈辚，字健文。道光五年（公元1825年）举人。道光六年丙戌（公元1826年）会试，与他乡试同榜登科的华亭杜元照病死于山东德州，陈辚为其经办丧事，将他的灵柩暂时安置于寺院内。又有举人吴持衡去世于京都，陈辚独自担当其后事。会试下第（没有中式）后，送吴持衡、杜元照二灵柩归葬。居乡间，辅助公务尤其出力。晚年建筑娱甘别墅于城东，组织吟诗社。

次子陈钺，字焕文，道光二十年（公元1840年）举人，授无为州学正，以敦厚品行、努力学习来鼓励诸生，拜他为师的人很多。

刘　枢

刘枢，字鸿甫，上海人。祖父刘应璧，前志有传。刘枢禀性孝友，为人敦厚朴实。嘉庆十八年（公元1813年）举人。由教习授福建安溪县令。谢兰聚集匪徒拦截客商，刘枢上任后，置之以法，并焚毁其巢穴。改任福安令。该县滨海，民众粗野少文。刘枢创办书院，又建造诸生宿舍，教导考查县内优秀人才，且增加其学习津贴，民众逐渐向往学习。经常有海盗入侵，他捐资修筑城墙炮台。

加授知州衔，三次充当同考官，所选人才后来都成为名士。大吏以成绩卓异举荐。不久因病而归，居于府城西郊。首次建造宗祠，教子弟以礼法。春秋佳日，偕同黄仁、姚楗等结为“尚齿会”。享年七十六岁。

从父（父亲的兄弟，比父亲年长的称伯父，年幼的称叔父，统称从父）刘潢，字桂洲。初入金山卫学，后来改归上海。嘉庆十五年（公元1810年），钦赐副榜。与刘枢同修县志。

李钟瀚·李钟潢

李钟瀚，字瀛门，上海人。学识丰富，善于诗文。嘉庆十八年（公元1813年）拔贡，授刑部七品小京官。嘉庆二十一年（公元1816年）顺天举人。选任主事，再升郎中。遇冤狱必平反。参与修撰《仁宗实录》。

任思州知府。苗疆之地险阻而瘠薄，他认为应当先富裕百姓然后教育，才可治理好。于是劝勉农桑以增加收入。用刑法必谨慎，县内士民称其为慈君。因事牵连被弹劾。应当入朝觐见皇帝，但因病急匆忙而归。主讲上海县内敬业书院。享年七十四岁。

弟钟潢，字子乔。嘉庆八年（公元1803年）举人，授国子监学正。选任助教，分修国子监志。升任云南东川府同知。该地多银矿，钟潢勘正疆界，惩办矿匪，苗人服帖。邓川地震，大吏命钟潢赈济救灾，他冒着风雨，跋涉于瓦砾之中，遍给抚恤，无有遗漏。东川府南部多种罂粟制造鸦片，上司令派兵割除，而钟潢告谕民众自己割除，得以不扰民。改任陆凉州知州。充任道光十九年己亥（公元1839年）乡试同考官。不久去世。

赵 柄

赵柄，字斗垣，上海人。父亲赵溶，四川县丞。赵柄嘉庆二十二年（公元1817年）进士，选庶吉士，散馆（清时翰林院设庶常馆，新进士朝考得庶吉士资格者入馆学习，三年期满举行考试后，成绩优良者留馆，授以编修、检讨之职，其余分发各部为给事中、御史、主事，或出为州县官，谓之散馆）授编修。主持闽浙乡试暨任会试同考官，都称道他善于选拔人才。不久授御史，选任给事中，去世。

兄赵梅，字雪香。附贡生。由知县升迁为亳州知州，所到之处，都有贤能声誉。因病乞求归来，居于府城。增置祭田、义田。娄县创捐宾兴（科举时代，地方官设宴招待应举之士，谓之宾兴。后又径称乡试为宾兴）费，赵梅主管其事。

赵柄嗣子赵光勋，按察司照磨（官名。以照对磨勘为职，为主管文书、卷宗的官吏）。咸丰十年（公元1860年）粤匪（清蔑称太平天国起义军）进犯府城，被杀害，按照惯例表彰抚恤。

沈 第

沈第，字松盟，华亭人。少年时以八股文闻名。嘉庆二十二年（公元1817年）进士，授中书舍人。道光十三年（公元1833年），任校阅会试试卷的房官，选得端木国瑚等，后来都成为知名人士。选任祁州知州，升为顺天府东路同知。数年后因病而归。

夏际唐

夏际唐，字纶园，奉贤人。嘉庆二十二年（公元1817年）进士，官任河南涉县知县，充任乡试同考官。岁逢饥荒,发放常平仓粮食赈济,仍不足,他捐出俸钱。黄河堤岸崩溃,也捐俸禄资助修葺,不向民众增收赋税。其他如修缮文庙,增加清漳书院的学习津贴,缉捕邪教,抚恤流民,种植桑树,疏通水渠等,士民都感戴他。

辞去官职后,留于彰德,主讲昼锦书院,造就好多人才。吴江沈桂芬相国也是他的受业弟子。六十八岁去世于书院。

赵 荣

赵荣,字子启,上海人。是赵秉冲的长子。嘉庆二十二年(公元1817年)进士,选为庶吉士,改授内阁中书、协办侍读,充任军机章京,都能勤于职守。辛巳(道光元年,公元1821年)又充当顺天乡试同考官,被称道善于选拔人才。因母亲丧事而归,哀毁过度,咯血而死。

弟赵林,字君复,工于诗文。由兵马司副指挥授云南广通县令,尚未上任而去世。

从子赵纪勋,字星甫。廪贡生。年幼时与乔重禧齐名。诗文骈体为同辈所折服。

又有赵棠,字闾斋,赵荣的同榜进士。授湖南石门县令,能以儒术改善吏治。

朱大源

朱大源,字伯泉,娄县人。父亲朱光纶,字寓琴,工诗词及画,又善于弹琴。朱大源知识广博,富有文才。中嘉庆二十三年(公元1818年)顺天举人。由大挑授知县,代理陕西富平、长武县事及佛坪厅(清制在府下设州、县,有的又设厅,由知府的佐贰官同知、通判管理,其所管地区,也叫厅),不久补安塞县令。安塞在万山中,天寒积雪满山谷,雪融化则山水骤下,民众苦于漂没。朱大源度量山势,凿渠泄水以防山洪。

调知蒲城县。县内有刀匪,是极凶恶的大盗。大源秘密侦察匪首所在之处,用计擒捉他,而解散了他的党羽。

升任商州知州,尚未上任,遭父亲丧事而归,不久去世。

朱大韶

朱大韶,字虞卿,娄县人。幼年师从陆明睿,陆明睿讲授群经,朱大韶即理解其要旨。长成后,专门研读经学,衷心信服高邮王氏父子。翻译经典运用假借通转(是古文中的通假现象,凭此有助于理解古文意义)之法。又广泛考证古籍,研究分析之精,当世很少有人能与他匹敌。尤其精研于三《礼》，著《春秋传礼徵》诸书，释义与考据全面深刻，泾县朱洊见之，大为叹服。以优贡生中嘉庆二十四年（公元1819年）顺天举人，选授怀远教谕。

遭母亲丧事而归来，不久主讲怀远县真儒书院。丧期毕，授江宁教谕，因父亲年老而未赴任。随即去世。

高崇瑞

高崇瑞，字药房，华亭人。嗜好学习，见闻广博。诗为钱塘吴锡麟所欣赏。兼工骈体文。由拔贡生中嘉庆二十四年（公元1819年）举人。官颍上训导，扶善济贫，唯恐不及。尝与其兄高崇瑚及同县殷绍伊、姜皋诸人结诗社，当时有“泖东七子”之称。

殷绍伊字星桥，原名瑞。嘉庆十二年（公元1807年）举人。由黟县教谕升为知县，代理陕西留坝厅同知，去世。

绍伊弟殷瓒，字瑟如，与高崇瑞同科拔贡生。喜欢秦汉文字，精于篆隶。

姜皋，字小枚，是舒县教谕姜兆翀的儿子。恩贡生。诗文深沉博雅秀丽。喜欢著书，对于农田水利尤为留意。

王　钟·王　铮（1771—1808）

王钟，字一亭，乾隆（公元1736年—1795年）时上海附贡生。孝友，力学，书法二王，善书写大字。著《毋自广斋诗文词稿》。

王铮，原名鉴，字幼莹，号鞠人，王钟弟。诸生。工诗，善兰竹，精篆刻。卒年三十八。

姚清华（1774—1844）

姚清华，字丽藻，号苏卿，金山县人。诸生。年十七，父殁，孤贫无以为葬，走谒族人中丞姚棻于江西。到达时适逢姚棻置酒大会宾客于滕王阁，姚清华居末座，分纸赋诗时，操笔立成五言古诗一章，合座传观，以为奇才，以为王勃复出也。姚棻欲留幕中，姚清华以母老辞。弱冠后，补博士弟子员，屡试秋闱报罢，于是弃举子业，悉力于诗。与武康徐雪庐（熊飞）、仁和汪竹隐（农）、嘉兴张叔（廷济），为文字交。年七十一卒于家。所著《弦诗塾诗集》六卷，张祥河为之作序。

姚 椿(1776—1853)

姚椿,字子寿,一字春木,号樗寮生,自称蹇道人,又曾自称海上白石生,又号樗寮病叟、东余老民。娄县人。姚令仪(官至四川布政使)之子。早慧,十岁通声律,读《全唐诗》,又好读未见书。及长,与洪亮吉、杨芳灿、张问陶相论词赋。又随父奔驰南北,交识贤豪,求为有用之学。凡河渠、农桑、漕务、边防,以及民间疾苦,皆反复熟筹,稽之史传,证以游历。等到从学桐城姚鼐,就研读宋儒之学,自此摒弃素习,一意求道。道光元年(公元1821年)曾举孝廉方正,不就。先后主讲河南夷山、湖北荆南、松江景贤书院。练廷璜太守任松江时,元和陈梁叔(克家)、吴江沈南一(日富)、震泽陈子松(寿熊)皆罗致幕中,而此三君俱为姚椿高足弟子。姚椿有《寄松江练太守》一诗云:"梁诗南笔松经义,幕府三君未易才。老我未能忘外乐,相思频望后园梅。"

姚椿论文宗法桐城派,以为文之为用,不外四:"曰明道、曰记事、曰考古有得、曰言词之美。"论诗以讽喻为主,以音节为辅,以独创为境,以自然为宗。在明代诗人中,推服刘基,以为刘在高启之上。姚椿诗"无所师承,而才情宏放,正如天马凌空,不宜羁勒"(王昶)。"尤雅正醇懿,才锋俊拔,而以醖酿出之,迥异浮响"(徐世昌《晚晴簃诗汇·话话》)。有《题船山遗稿次见赠韵四首》,其序云:"船山诗稿多散佚。……在都下,有诗四首,书扇见贻。顷偶检得之,而集中失载。因次原韵,录存以志故人之感。"船山即王夫之。

姚椿有《通艺阁诗录》八卷、《续录》八卷、《三录》八卷、《和陶集》三卷、《通艺阁文集》六卷、《补遗》一卷、《晚学斋文集》十二卷、《樗寮文续稿》一卷、《樗寮诗话》三卷、《国朝文录》八十二卷等,著作颇丰。

附光绪《松江府续志》姚椿传(译文):

姚椿,字春木,自号樗寮生,娄县人。国子监生。是四川布政使姚令仪的长子。姚椿遍读群书,博闻强记,知识十分丰富。年少时随父亲到蜀中,拿了诗文游学京师,才名震骇前辈,他们都降下辈分与他交往。后来师事桐城姚鼐,一心效法朱子之学,而于河渠、农桑、荒政(救济饥荒的法令制度)、兵防等重大事类,无不深研洞察,发为文章,皆可指导行事,一时人们都推重他为儒者。

生平心志品行多表现为诗。尝与青浦王昶论诗,他认为写诗应以讽谕(用委婉话进行劝说)为主,音节为辅,情境新颖,风格自然。所以王昶说他的诗才情豪放,直书所见。阳湖洪亮吉也说姚椿诗如洛阳少年(贾谊),颇通治国之术。

道光三年(公元1821年),举孝廉方正,不去应就。先后主持彝山、荆南及府城景贤书院讲席,都以实学教导弟子。

去世之年为七十七岁。同治九年(公元1870年),祭祀于乡贤祠。

姚 楗

姚楗,字建木,是姚椿的弟弟。由廪生为宝应教谕,训导诸生先品行后文学。有人无罪过却被县令侮辱,他发文为其争辩。道光四年(公元1824年),高家堰溃决,他奉命勘查灾情,极力请求赈恤,好多人赖以存活。

任期满,选任河南卢氏县知县。进入县境,以“非义不取”发誓于神灵。为政勤快,编撰《敦俗劝士文》以引导民众。

一年多以后,遭母亲丧事而归,不再出来为官。与姚椿潜心于学问,白首相依,怡怡而乐,远近之人称他们为“二姚”。

瞿应绍(1780—1849)

瞿应绍,字子冶,一字陛春,号月壶,晚自号瞿甫,又署老冶,室名毓秀堂。上海名士。道光年间贡生,官玉环同知。最善画竹,浓淡疏密,错落有致。兰、柳亦工。又擅篆刻,又好刻竹于宜兴茶壶上,取法陈鸿寿(1768—1822,字子恭,号曼生,清代钱塘即今杭州人,官至淮安同知。公余辨别砂质,创制新样砂壶,并自制铭镌句,人称“曼生壶”。有《桑连理馆诗集》、《种榆仙馆印谱》)。尤善制砂胎锡壶,与杨彭年合作,柄有杨彭年印记者往往即瞿应绍手制。工古、近体诗。收藏古器颇富,亦善鉴别金石文字。著《月壶题画》、《月壶单》。

孙子瞿林,也能画竹。

蒋宝龄(1781—1840)·蒋茝生

蒋宝龄,字子延,一字有筠,号霞竹,又号琴东逸史,昭文(今江苏常熟)布衣,道光时寓居上海,曾于小蓬莱集诸名流作书画雅聚。工诗画,山水初法文徵明,继宗董源、巨然,后从钱杜(1764—1845,初名榆,字叔枚,更名杜,字叔美,号松壶,清代钱塘即今杭州人,有《皋亭送别图》藏故宫博物院,著《松壶画忆》、《画赘》等)游,始得其指授。松秀超拔,雅近师传。惟刻意摹仿,未能得其轻淡恬静之致。喜摹盆壶诸般小品,最称神妙。画必题诗。道光三年(公元1823年)吴中大水,吴江震泽尤甚,居民流徙,震泽王之佐作水灾纪事诗十二章，蒋宝龄为补十二图，备详情状。著《墨林今话》，约成书于道光二十一年(公元1840年)前，未刊而卒，咸丰二年(公元1852年)其子蒋茝生刻而行世，汤贻汾(1778—1853，字岩仪，号雨生，晚号粥翁，清代武进即今江苏常州人，寓居金陵，温州副总兵，因病不赴，一门风雅，著《画眉楼》、《琴隐园》)为书于后。

蒋茝生，字仲篱，号子延，寓居上海。幼承家学，善画山水，复得钱杜、汤贻汾熏陶，造诣益深。并能写生。著《墨林今话续编》，刊于咸丰二年(公元1852年)。

徐渭仁(？—1853)·徐允临

徐渭仁，字文台，号紫珊，上海人。精鉴赏，收藏甚富。少时及见梁同书(1723—1815，字元颖，钱塘人，官侍讲，书自成一家，负盛名六十年)，继与陈鸿寿、张廷济、王学浩为书、画、金石友。曾获开皇时董美人志，自号随轩，又购得王述庵(昶)藏雁足镫，因颜曰"西汉金镫之室"。工于书，篆、隶、行、楷，悉有法。钩摹尤精。年三十八始学写兰竹，继画山水，久之乃窥宋、元各家堂奥(喻深奥的义理，深远的意境)。后以索者丛集，遂厌而辍笔。辑有《随轩金石文字》、《春晖堂丛书》及《法帖》。

子徐允临，原名大有，字石史。亦精鉴古，克承家学。书学苏轼、董其昌，画兰有钱载(1708—1793，字坤一，秀水人，官礼部侍郎，善写生，著《萚石斋集》)笔意。光绪三年(公元1877年)曾仿金农钟馗像。

张祥河(1785—1862)

张祥河，原名公璠，字元卿，号诗舲，一号鹤在，又号法华山人，晚称诗道人，娄县人。张照从孙。嘉庆二十五年(公元1820年)进士。道光八年(公元1828年)，受任为福建乡试主考官，在这次录取的举人中，林鸿年、何冠英在后来的会试中夺得状元和榜眼。道光间，由内阁中书累迁陕西巡抚。平定西安同州等府刀匪。官至工部尚书，谥"温和"。

张祥河为官期间，曾上奏朝廷，请以自己财钱在家乡买田千亩，以周济远近亲属。皇上亲题"谊笃宗支"匾额赐给他。

张祥河工书善画。曾客居京师董诰相国邸第，与袁少迂(沛)、周芸皋(凯)讲求六法。是时《大清会典》将告成，以充绘图。嘉庆皇帝六旬寿，进《庚辰万纪图》诗画册，称旨。写意花草宗徐渭、陈道复，山水私淑文徵明，晚年又涉石涛(道济)一派。笔颇健举，其画虽粗豪，然气韵魅力仍是书生本色。黄钺告归，以书万卷先行，张祥河为写饯书图，黄钺称其得五峰（文伯仁）意。画梅亦工。

张祥河诗守娄东宗派。“先生诗典丽庄雅，尤敦伦谊。集中如《寄故园弟辈》云：‘游子一身思自爱，古来八口例成家。’《哭三叔父》云：‘尺素黯披残雪后，万端愁集一灯前。’皆沉着切实语。《京畿杂咏》一百首，写春明风土，簇簇生新。”（符葆森《国朝正雅集·寄心盦诗话》）钱仲联《清诗纪事》收其诗《簳山纪事》，中有“泖滨月黑阴风生，吹燐作灯千百明”、“白杨飒飒刀戟鸣，村人出窥妇孺惊”、“携家四窜夜四更，呼舟满野啼哭声”等句记其状。

张祥河卒年七十八。有《四铜鼓斋论画集》、《小重山房初稿》等。

附光绪《松江府续志》张祥河传（译文）：

张祥河，初名公璠，字诗舲，娄县人。是张兴镛的儿子。尚未加冠，应童子试，知府康基田一见就将他看作成大器之才。中嘉庆二十五年（公元1820年）进士。官任内阁中书，入值军机，升迁户部，任郎中，充任福建乡试副考官，顺天乡试同考官，善于选拔人才。出任山东督粮道，铲除弊政，吏役不敢欺蒙。提升为河南按察使，遭父丧而归。守丧期毕，补原官，代理布政使。遇开封黄河决堤，水浪汹涌高数丈，冲击省城，几乎倾塌。张祥河坚决主张防护，以河工守堤法守城，驻守城上，历经九月，城赖以保全。又开渠通惠济河，以泄积水。大工完成，以功赏花翎，升广西布政使。

遭母亲丧事而归。守丧毕，起用，官任甘肃布政使，巡抚陕西。当时西安同州等处有刀匪骚扰为害，远近官吏不能整治。祥河秘密命令所属吏役擒捉百余人，论罪有所区别。

咸丰皇帝继位，应诏陈述，一为讲究祖德，二为恪守成法，三为勉励官员，四为优厚民生。奏疏进入，皇上喜纳。不久召他入京，授内阁学士。历任吏部、刑部左右侍郎、督顺天学政，不久又兼管顺天府府尹事务，充当咸丰六年丙辰（公元1856年）朝考阅卷大臣，选任都察院左都御史、工部尚书，加太子太保衔，赐紫禁城骑马。咸丰十一年（公元1861年），因病辞职，去世于京师。皇上闻说，伤心哀怜，赐以祭葬，赠谥“温和”。

祥河历任中央和地方官员数十年，勤奋清廉，待人宽和，为政谨慎，及至总理政要，掌管工部，更加力持全局，谨于职事。生平于学无所不晓，而尤其精于诗，使节（持节出使）所历，在京为官，辄以诗歌咏道其怀。又喜与名流大儒相唱和，所以他的诗包罗万象,卓然不可磨灭。书法临摹其从祖父文敏公张照,也雄杰一时,自成一家。同治八年(公元1882年),作为乡贤予以祭祀。

邵　堂(1787—1824)

邵堂,字无敎,号子山,青浦人。嘉庆二十二年(公元1817年)进士。少时以诗受知于同邑王述庵(王昶),弱冠游吴门,肄业紫阳书院。时吴俊主讲席,邵堂被延至其家塾课孙。与吴中老辈及一时名彦张问陶、王芑孙、吴慈鹤等游,学日进,名亦日起。历官河南林县、汜水知县,皆有循声,而汜水尤多善政,上官器之。凡省城疑案、河防大工,辄以檄委邵堂,邵堂不辞劳苦,所至毕办,得膺五品服。后病卒于官,年仅三十八,人都惜之。邵堂"好古文奇字,工骈体文,诗骨采飞骞,出云间派"(徐世昌《晚晴簃诗汇·诗话》)。有《大小雅堂集》。

附光绪《松江府续志》邵堂传(译文):

邵堂,字子山,青浦人。年少时就有奇伟之才,侍郎王昶赏识他。弱冠游览吴门,跟从张问陶、王芑孙、吴慈鹤游学,名声日益卓著。嘉庆二十一年(公元1816年)举人,第二年会试即中进士。授河南汜水县令。善于决断疑狱。推行保甲法,修闸坝堰渠以备水灾。曾奉命管理河工,诸事都能办好,大吏嘉奖其能。公事之余,手不释卷,且常有所撰述。其诗艳丽新颖,骈体文深沉博雅,都体现了他的浩大气魄,议论之人将他比作胡天游。

程师羲

程师羲,字子春,娄县人。诸生。嘉庆元年(公元1796年),举孝廉方正,因父母年老而不赴就。禀性至孝,父亲去世,哀毁尽礼。祖母秦氏长期患病,侍奉汤药不怠。母亲周氏病危,偕其妻子日夜祈祷,母病于是痊愈。生平嗜好学习,品行敦厚,对待宗族亲戚有恩谊。书法仿效晋人。去世之年为七十五岁。

道光十八年(公元1838年),与华亭张华封、王芳汭、叶灿诸人同以孝顺受到官府表彰。

徐昭文

徐昭文,字宗甫,金山人。岁贡生。嘉庆元年(公元1796年),荐举孝廉方正。禀性淳朴谨慎，遇事认真对待。与华亭徐士泰同时应举，称为“云间二徐”。同里的王步蟾寒香、王丕曾砚农、时光弼右君，都与徐昭文为忘年交，都以诗文著称。

曹 江

曹江，字百川，上海人。是曹锡宝的儿子。荫生（清制，因祖先的官职、功劳而得进国子监读书的叫荫生），授大理寺评事。因检校《高宗实录》有误，遣戍，不久放回。道光皇帝登极（公元1821年），特授中书科中书，出任安庆府江防同知。修筑堤岸，使原先淹没之地变成良田，得数十万亩。民众为他设位祝祷。代理庐州太平、池州府事，大吏以政绩卓异荐举。入京觐见皇帝，去世于京师。遗留箱子中乞空，没有钱财，议论者说他清高耿直如同他的父亲曹锡宝。

毛祥麟

毛祥麟，字瑞文，号对山，上海人。主要生活于清道光至同治年间，公元1815年前后生，光绪初年尚在。祖籍苏州。其高祖毛君贤有名于诸生间，有《树桑记》、《爱吾楼诗钞》行世。祖父毛东山，著有《毛诗衍义》、《四书存说》、《音义》、《东山诗抄》。父亲毛云舲，有《析疑室吟草》四卷。毛祥麟少承庭训，成童就傅，即究心经史，钻研诗文，观摩稗编散记。成年后，曾官浙江候补盐大使，但不乐仕进，喜于著述，遂于诗文、绘画、音律、医术、药理等方面，皆有较深造诣。山水画学文徵明。咸丰时，逃避兵乱期间，藉医以自给。

毛祥麟著述甚丰。有《三略汇编》、《史乘探珠》、《事亲一得》、《亦可居吟草》、《对山医话》、《墨余录》等。

《墨余录》实为毛祥麟之余墨，在该书《自序》中，他说：“掇旧闻，征近事，诡辞异说，匪意横发，丛篇脞读，随意杂施，积久成编，釐为一十六卷，以其余墨所存，即曰《墨余录》。”李曾珂在此书的跋语中也说，先生“既以其余作诗画，又以其诗画之余，沈成是录，人意先生之长尽是矣，孰知其为墨之余耶？”

《墨余录》包括笔记文、文言小说两部分。内容丰富，涉及面广。时人朱作霖在《墨余录叙》中说：“或论说诗文，言有资于风雅；或人传节概，事乐道于缙绅；或谓风土之编，旁征物产；或志人文之胜，下逮艺流；或隐恤时艰，借作水天闲话；或奇谈秘记，重镌华月新闻；或三拳一指，异述瞿昙；或流水栖鸦，慨生池馆。……矧又挥笔空中，驰心域外，恢奇俶诡，纂槎记而如披伯翳之经；光怪陆离，谱机器而如入波斯之藏。"

《墨余录》为后人提供了许多宝贵的资料。如《露香园顾绣》一节,其中说:露香园者,明代尚宝司丞顾应夫(名世)家园。顾氏世居西城,因兄道州守(顾名儒),曾筑万竹山房于城北之黑桥,乃亦辟所居旷地以为园。穿池得石一方,有"露香池"字,为赵孟頫笔迹,园遂以名。"相传顾氏刺绣,得自内院,其劈丝配色,别有秘传,故能点染成文,作山水、人物、花鸟,无不精妙。尚宝公有曾孙女,适廪生张来,年才二十四而寡,有子方一岁,妇守节抚孤,出家传针黹以营食,而其神化,更妙于前。顾绣之名,遂以大噪。"

周　莲(1790—?)

周莲,字子爱,号叔明,一作莲叔,又号廉叔、巳山,华亭人。幼有神童之目,嘉庆十三年(公元1808年)副贡。工诗文,与顾耕石友善。顾耕石视学岭南,延之襄校。旷览山水,遂通绘画六法,兼师文徵明、董其昌两家。其画梅尤纵横如意。虽累百十幅,靡有雷同。书兼四体,篆刻秀洁,婉折多姿。有图章曰:"十六画梅,二十四摹金石,三十写山水。"著《甘四诗室诗钞》、《粤游吟草》。咸丰元年(公元1851年)年六十二。

叶廷琯(1791—1868)

叶廷琯,字调生,一字苕生,号十如居士,别号龙威邻隐、蜕翁。江苏吴县人。诸生。咸丰十年(公元1860年),太平军陷吴,曾避寓上海。曾搜求诸家未刻诗,编为《同人诗略》,凡一百六十人,分存、殁二集。能诗,曾自称所作"率意而吐,信手而书,等诸村曲山歌,不自知其工拙也"。著有《楙花庵诗》二卷、《附录》一卷、《外集》一卷等。

王寿康(1795—1859)

王寿康,字保之,号二如,晚号还读(一作独)老人,上海人。诸生。幼年好学,长成,留意于经国济世之事。重新刊印徐文定公光启《农政全书》,上献《三吴种植所宜并救荒》各策于林文忠公则徐。扩建宗祠,编辑族谱,置义庄田;而对于施衣、施药、施粥诸事,无不竭力为之。书学刘墉,晚年得其神似。并搜集刘墉书法,刻《曙海楼帖》。卒年六十五。

子王庆均,字季平。嘉、道间廪贡,官太仓学正、崇明教谕。善书大字。

子王庆勋(1814—1867),字叔彝。嘉、道间附贡。官严州知府。书法承家学,有诗名。

黄　鞠(1796?—1860)

黄鞠,字秋士,号菊痴,娄县人,侨寓吴门(今苏州)。善画山水及花卉,出类拔萃,独标胜韵。盖得力于恽寿平、王翚(1632—1717,字石谷,号耕烟散人、清晖主人、乌目山人、剑门樵客,清代江苏常熟人。王时敏很欣赏他。曾奉诏作《南巡图》称旨,康熙皇帝赐书"山水清晖"以宠之。与王原祁齐名,为清代正统派山水两大宗,学者极众,号虞山派)居多。亦工人物、士女,尤精刻图。布置熨帖,寓整秀于荒逸之中,斯为独绝。花卉能巨帧,大叶瀼枝,富有神趣。陶澍(1778—1839,字云汀,清代湖南安化人,官至巡抚,著《印心石屋文集》、《陶渊明集辑注》、《蜀輶日记》)抚吴,修沧浪亭成,诸画家绘图,俱不当意,独黄鞠图为陶澍称赏,延之入幕府中。又画《惠山全图》、《补听松庐竹垆图》,亦为陶澍所赏。曾写莫愁、苏小小等像,均有石刻。道光五年(公元1828年)作《枫枝小鸟图》。兼长篆刻,并善诗书,笔姿秀逸。著《湘华馆集》。

张允垂

张允垂,字柳泉,娄县人。父亲张璿华,字贡植,乾隆六十年(公元1795年)举人,官任安徽青阳教谕。诗文书画都有宗法(这里指各名家的法则),兼精医药。张允垂由嘉庆六年(公元1801年)拔贡生授户部七品小京官,充任军机章京,分别校核辽、金、元三史及《平定教匪纪略》,历任主事、员外郎。道光元年(公元1821年),出任河南陈州府知府。缉捕乱寇以安民众,疏浚白马沟以利耕种,民众都感戴他。

调任开封府学,因父亲丧事而归。服丧毕,补为浙江杭州府知府。兼护盐运使事,都有政绩声誉。

不久,因病而归。本性嗜好学习,藏书达数万卷。享年六十四岁。

魏　容(?—1880)

魏容,字宽夫,浙江嘉兴籍,居青浦。颜其室曰"清逸山房"。魏容豪放洒脱,富有奇气,凡八线二荥、投琼坐隐、钩挂走丸之法(都为古代杂耍技艺,具体不详),无不普遍探究。工诗,善画,尤长墨竹,与陈东桥齐名。卒年三十余。

魏容有弟远游不返,渡海寻至普陀山,未遇,后得之杭州天竺峰,于是同归,奉亲以老。

张 熊(1803—1886)

张熊,字子祥,别号鸳湖外史,秀水(今浙江嘉兴)人,流寓上海。工花卉,纵逸似周之冕(字服卿,号少谷,明代长洲即今江苏苏州人,写意花鸟,最有神韵。苏州自沈周之后,无如陈道复、陆叔平,然陈道复妙而不真,陆叔平真而不妙,周之冕似能兼之),古媚似王武(1632—1690,字勤中,晚号忘庵,又号雪颠道人,清代吴县即今江苏苏州人,精鉴赏,富收藏,于画得王时敏称之)。尤擅大幅牡丹,屏山巨幛,以寻丈计者愈见力量。兼作人物、山水,精篆刻,八分书乃其余技。平生收藏金石书画甚富,颜所居曰"银藤花馆"。有《题画记》。

张文虎(1808—1885)

张文虎,字孟彪,又字啸山,别号天目山樵,南汇人。家贫。父母早逝。从姚东渠习章句,从姚炜琥习八股文。曾读元和惠栋、歙县江有诰、休宁戴震、嘉定钱大昕诸家书,慨然叹为学自有本,则取汉、唐、宋注疏、经说,由形声以通其字,由训诂以会其义,由度数名物以辨其制作,由语言事迹以窥古圣贤精义,旁及子史,莫不考其源流同异。精天算,尤长校勘。

道光四年(公元1824年),于本地王家教馆做塾师。十二年(公元1832年),应乡试,因墨迹污染试卷,未中,从此不复应试。同治年间,曾一度入曾国藩幕府。保以训导选用,光绪初年援例加州判衔。曾为釜山钱熙祚校《守山阁丛书》、《指海珠丛别录》,为钱熙辅校《续辑艺海珠尘》等。同治五年(公元1866年),两江书局开,张文虎为校《史记三注》,成《札记》五卷,最称精善。曾三诣杭州文澜阁纵览《四库全书》。光绪二年(公元1876年),子夭折,不久妻也去世。九年(公元1883年),应黄体芳之聘,主讲江阴南菁书院,时张文虎已近八旬矣。

张文虎诗尚苏轼。多慨叹个人身世飘零、反映民生疾苦、描述云贵边地习俗之作。有《舒艺室遗书》等。

汤 辂

汤辂,字绎山,华亭人。娄县籍,岁贡生。好学能文,工为唐人赋,受到交往者的称道。官任旌德训导。

儿子汤翼,字春韶。善于书法,工于诗文。道光十七年(公元1837年)优贡生。选为砀山训导,未予赴任。享年七十九岁。

与汤翼友善者尹祖洛，字小莘，诸生。年少丧父，好学不倦，聚书三万卷，亲自校对。又与同人创办义塾、全节堂于府城。六十八岁去世。

范 棠

范棠，字云卿，娄县人。是给事中范棫士的孙子。以岁贡生选授旌德训导。为人诚恳坦率，嗜学能文。知府宋如林聘请他修府志，称道他校核详细。享年八十岁。

当时共同参与修府志的，有娄县诸生顾子瀛，字洲山，性格刚直，信守然诺，喜好施予，工诗及骈体文。书法仿效王大令。

汤运泰

汤运泰，字黼良，青浦人。岁贡生。学问渊博。少年研究《周易》，证以史事，名为《易证》，补杨万里所未及之处。后来专门研究历史，从《史记》到《明史》，反复校对勘误，以别史及百家记载参照。心有所得，即仿效杨维桢《乐府纪事》而纪之以诗。

儿子汤显业，字莲农。嘉庆十五年（公元1810年）副贡生。生性倜傥，才学宏博。诗宗温、李（指唐代诗人温庭筠、李商隐），古体尤工。去世于京师。

钱诚基，字云根，是汤运泰的女婿。能诗文，早年与汤显业、陈以谦齐名，称为“青溪三子”。嘉庆二十四年（公元1819年）进士。尚未任官而归，去世。

陈以谦，字福卿，恩贡生。工骈体文，诗也典雅秀丽，受吴锡麟称道。

王绍成

王绍成，字绎如，青浦人。嘉庆十二年（公元1807年）副贡生。是侍郎王昶的族孙。年少时跟从王昶学诗，一遵唐人规格。早年去世。

从弟王绍舒，字作明，诸生。诗清丽柔婉，得《春融堂稿》诗法的滋养。

刘 汲

刘汲，字书樵，上海人。嘉庆十三年（公元1808年）副贡生。嘉庆皇帝东巡，献赋《五台山》，列二等，赐文绮（华美的丝织品）。归里，以著述自娱。博览群书，时称“刘书簏”。四书义以古文法宣扬施行，尤其精于诗，苏州叶廷琯说他直追王孟（似为唐代诗人王维、孟浩然）。

咸丰（公元1851年—1861年）初年，选授广西郁林州判官，但先已去世。

张曾棨

张曾棨,字礼园,金山人。是张仕遇的曾孙。嘉庆十八年(公元1813年)拔贡生。年少时跟从海盐孝廉周兰枝学习,与其弟张曾荣都以能文著称。道光三年(公元1823年),捐资助赈,县令奖以匾额,不受。

张曾荣,字兴訚,廪贡生。应童子试,当时为县令郑康人所极力赞赏。

张曾荣儿子张文炜,字佩芸。道光十七年(公元1837年)拔贡生。以孝著称。工于书法,善于诗文。

倪元坦

倪元坦,字畲香,娄县人。华亭籍。恩贡生。是倪思宽的儿子。学习效法李二曲,独有心得。闭户著书,至老不倦。萧山相国文端公汤金钊十分敬重他。晚年主持上海敬业书院讲席。享年八十余岁,门人私谥"贞简"先生。

孙子倪士恩,字松甫。道光二十三年(公元1843年)举人。意志品行端恭谨慎,工于诗文。同治元年(公元1862年),军柴之役起,民众困苦于供给,倪士恩上书大吏为民力争减轻负担。另一孙子倪士惠,字巽甫,恩贡生,以书画闻名。

何明睿

何明睿,字静斋,华亭人。岁贡生。家境贫困,设馆授徒以奉养母亲。其馆离家八九里,每隔一天必回家看望母亲。与钦善友好,尝对钦善说:"我活着,只以供养母亲为乐。"

同时的金和,字祖香,诸生,也在外边设馆授徒。工于文词,而未尝应乡试,他说:"缩减养母之费用于自己应试,怎能心安?"母亲去世,抑郁而死,年仅二十七岁。

徐朝俊

徐朝俊,字恕堂,娄县人。岁贡生。禀性聪慧,精于天文算学。尝设计造龙尾车灌溉农田,知府唐仲冕刊印其图,颁发各县。

儿子徐炳枢,字云岱,恩贡生,博学能文。道光(公元1821年—1850年)年间,上书于巡抚文忠公林则徐,请修华亭海塘,得到允许。

从子徐良钰,字式如,道光二十四年(公元1844年)华亭举人。禀性和气平易,学习经典通晓《易》、《春秋》,精于八股举文,为当时人们所推重。晚年以诗酒自娱,陶然自乐。

与徐良钰同时中举的钱振声，字少鹤，诗文摒弃凡俗，禀性高雅淡泊。晚年居由敦里，足迹不入城市。

黄金钟

黄金钟，字鹤楼，青浦人。岁贡生，居府城。家境贫困，喜好读书，到老不辍。训导门徒以砥砺品行为主。生平慷慨仗义。当时青浦征粮有捆垫（是一种苛刻的征收赋税之法，犹如刑罚中的连坐）名目。嘉庆三年（公元1798年），黄金钟上书知府赵宜喜，论述苛派图民、贴役垫赋之事。当时总督书麟因上海诸生陈金坡等之请，已勒石申禁，而青浦积习未革。黄金钟又与岁贡生胡梓荣反复言之，也奉禁勒石（刻文字于石）于旧青浦城隍庙，其弊端才革除。

长子黄祖耀，增生。工于医药。次子黄祖宪，字薇卿。道光五年（公元1825年）拔贡生。年少即聪明，善于写文章。扶危济困，有长者风。尝资助沈某及邻妇产难，罄囊不惜，其急人之急类此。其诗清秀出众，有闲逸的情趣。

王元宇

王元宇，字士昂，金山人。恩贡生。编修王嘉曾的儿子。幼年父亲去世，侍奉母亲盛氏以孝闻名。母亲去世，朝夕哭泣，眼睛迸血。与兄王元善相友爱，到老不衰。对待宗族亲戚，尽诚尽礼。与亲戚乔某赴乡试，到京口，乔某得癫痫，亲自送他归来。道光元年（公元1821年），朝廷诏命举荐孝廉方正，知府以王元宇及娄县的姚椿荐举，但他俩都推辞不就。

从兄王恒彝，字秉良，廪贡生，肄业于国子监，议叙训导。工诗。

姜铭瑞

姜铭瑞，字目耕，娄县人。岁贡生。个性迂阔孤僻。家境贫困，侍奉母亲以孝闻名。工于诗文。晚年境况更为贫困，几案坐榻尘封，但他对酒高咏，不再关心外面的事。

儿子姜慰祖，字子安，诸生。幼年聪明好学，为辞赋有声誉。年尚未三十岁而去世。

汪祖庚，字二酉，廪贡生。居所与姜铭瑞相邻。赋效法唐人，骈体文也有法度。

生平以清高的操守自勉,所居只有老屋三间,安然自适。去世之年七十余岁。

龚镇海

龚镇海,字秋舫,华亭人。以武生(武秀才)进入军队,累官至浙江定海镇总兵。定海孤处海中,多有盗贼。龚镇海沉着勇敢,富有智略,经常率领舟师出巡,擒斩盗贼,消灭殆尽。他禀性好义,捐出俸金,修建文庙,置宾兴(招待和送行应举之士。详细解释见前)田。又捐资抚育婴儿、掩埋露骸、施予棺柩、赠送药物等。民众为他建造生祠。

儿子龚廷煌,诸生,援引惯例授官山东淄川知县,以成绩卓异选拔为高唐知州。不满两年,因病而归,不久去世。

王念勤

王念勤,字春屿,华亭人。诸生。是王鼎的儿子,嗣叔王章元后。年少时学习刑名。同里王其福知汀州,招他入幕。当时长汀县民持械相斗,几乎酿成变乱,知县某请用兵会剿。王念勤语其灾祸,极力阻止用兵,随即他偕同有司,前往劝导禁戒,建立条约,将为首者绳之以法。民众于是稳定。

兄王念昭,工于书法,能写大字,享年八十八岁。

沈观成

沈观成,字少云,娄县人。禀性孝友,有经国济民之才。壮年凭自己的学识远游,当事者争相延请聘用。晚年入节相文敏公百龄幕,掌管奏牍,陈述事情,都符合皇上心意。百龄入朝,乾隆皇帝垂问情况,百龄将沈观成的有效协助向皇上反映,随即蒙皇上的褒奖赞许。

沈观成工于山水画,笔法苍劲秀美。他不轻易为人作画,所以流传极少。

朱　栋

朱栋,字二垞,金山人。候选州同知。年少好学,跟从父亲朱廷芝游学京师,侍郎王昶为他播扬名誉。

中年出入关陇间,题咏甚富,其抑郁不平之志,都表现在诗中。

归里后,采集家乡故事,编成《干巷志》、《朱泾志》两书,时称简明核要。

陆庆循

陆庆循，字抱生，上海人。是陆锡熊的儿子。国子监生。以方略馆誊录议叙州同知。性格孤僻，不随世俗，沉醉于学，渊博多闻。

又有徐镛，字玉台，南汇人。诸生。学识渊博，精通医理。侨居府城，所交多为名士。嘉庆（公元1796年—1820年）年间先后纂修《上海县志》、《松江府志》。书成，陆庆循、徐镛都有所纠正。

钦 善

钦善，字吉堂，一字茧木，华亭人。娄县籍诸生。年少丧父，家境贫困，寄食龙门寺，刻苦求学。长洲王芑孙官任教谕，见到他的诗，极力称道。钦善也自己说他的诗都切近实情，没有门户之见。兼工古文辞，风格像孙樵、陆龟蒙。生平恪守气节，重视情谊，以显扬有历史价值的图书文物为己任，所以诗文多阐明幽深道理之作，用语坚僻，时有独到之处。尤其喜欢勉励推重他人，如钱学纶、洪维镛、钟桂森、宋象新、姜榕、杨祥止、黄会昌、沈默、朱铎，都身世孤寒，好学能诗，为钦善所敬重爱护。有《吉堂文稿》二十二卷，《诗稿》八卷。

诸 联

诸联，字墨如，一字晦香，号明斋，青浦人。诸生。年少家境贫困，具有出众才能。工于声律，偕同陈琮结苔岑诗社。诗作峭拔整洁。文学韩愈、柳宗元、欧阳修、苏轼。有《长宝斋诗集》、《明斋小识》等。陈琮称道他所著述，曲折多姿，严整纯洁。

陈 琮

陈琮，字应坤，诸生。跟从钱大昕游学，博览群书。晚年专事撰述，与弟陆珑终日唱和，人们将他俩比作坡颖（坡，指苏轼，号东坡居士，所以又称其为苏东坡；颖，指苏辙，号颖滨遗老，所以又称苏颖滨）。

陈珑字古芸，能诗，以韦应物、柳宗元为效法对象。

陆珑的儿子陆渊泰，别有传。

周郁滨

周郁滨，字仁望，青浦人。诸生。风度严整，即使盛暑也不袒露胸襟。博阅经史，娴熟吟咏。跟从曹锡宝、钱棨游学,都器重他。中年学问更为进展,游宦齐鲁幕府,以诗文闻名。

归里后,在宅边栽种十棵柳树,自称“十柳山人”。

次子周纶,字仲勉,岁贡生。工于八股文。

与周郁滨友善者赵斐文,字恂儒。以岁贡生选为桃源训导。也能诗。

杨若金

杨若金,字鱼堂,华亭人。家境贫困,学习努力。巡检唐步瀛喜欢写诗,每有新作必请杨若金评定修正,馈赠给金钱杨若金则不受。青浦王昶编辑《湖海诗传》,尝聘他参与校核,他因病未赴任。

从子杨云言,字实夫,诸生。七岁能诗,中年绝意科举仕进,写诗更为精美。

徐修畴

徐修畴,字周访,奉贤人。年少时与弟徐述曾跟从华亭王鼎游学,后来进入国子监,又师事嘉定王鸣盛,精深经术。写诗效法汉魏盛唐。

庄　伸

庄伸,字阖谷,诸生,潜心经史。

韩　枘

韩枘,字让庵,恩贡生。博学能文,兼工楷书。

戴晓河

戴晓河,字洒园,岁贡生。文笔遒劲挺秀,俊秀贤士多出其门。

顾鼎华

顾鼎华,字稼堂,诸生。天资聪明,博览群书。晚年以吟咏自娱。

何四勿

何四勿,字芷渊,诸生。品行敦厚,学识丰富,豪迈能文。

邹华清

邹华清，字牧堂，奉贤人。诸生。年少才华出众，敏于诗文。晚年寄情诗酒，经常与陈廷庆、蒋机秀诸人唱和。诗的风格在白居易、陆游之间。

弟邹华藻，字率亭，诸生。文章品行，高尚纯洁，尤其专注研究宋儒诸书。

蒋机秀

蒋机秀，字企陆，岁贡生。工于诗文，精于篆刻。知县艾荣松器重他，登门拜访，蒋机秀赋诗以谢，不前去回访拜谒。

后来又有吴应元，字康如。岁贡生。汝霖，字时畬，诸生。都跟从廷庆游学。吴应元工于书法，嗜好吟咏，尝于西新市建造好善堂。汝霖禀性高雅洒脱，年七十余岁仍酌酒吟诗不倦。

邬浣香

邬浣香，失传其名，娄县人。年少丧父，家境贫困。为府城守门卒，夜坐城头，乘着月色，朗诵杜诗不辍。门官听到，告诉教谕王芑孙。王芑孙索取他的诗观阅，大加赞赏，收纳门下。

又有布衣朱甘澍，字蔗耕，十岁能诗，经常与江阴李兆洛唱和，李兆洛以畏友（品格端重，使人敬畏的朋友）称呼他。

章　焕

章焕，字友石，娄县人。诸生。少年丧父，学习努力，事奉母亲十分孝顺。尝应乡试，号舍（即号房，国子监及地方学宫所设的诸生宿舍，以千字文编号，故称）中梦见母亲生病，他急忙交卷回来看望，母亲果然病危。他偷偷地割大腿肉进献，母病才愈。禀性正直，不随时俗。章文简公煦巡抚江苏，与章焕有老交情，招他前去，他不赴就。晚年喜读宋儒书，尤其精于《易》。去世后门人私谥孝介。道光十八年（公元1838年），以孝受到官府表彰。

儿子章倬，字斗山，诸生。孝心如其父亲。咸丰元年（公元1851年），荐举孝廉方正，极力推辞。同治十一年（公元1872年），也以孝受到官府的表彰。

当时与章焕一起受到表彰的还有岁贡生沈朗，诸生胡熊、姚元容，国子监生项思敬，平民张棻、张用栋、汤俊、汪成章、胡瓒、周存恕、戴承志、宋观涛、彭希铿。咸丰、同治、光绪间，与章倬先后受到表彰的又有诸生朱浩、朱鼎、潘枋、吴申、钟汝功、钟步瀛，国子监典籍钟天麟，平民张树滋、方永，都为娄县籍。这些人或勤于奉养，或善于侍疾，或割股以疗双亲，或祷天以折己算(即愿减短自己寿命以使父母病愈长寿)，或哀毁以殉身，乡党都称道他们。

葛受山

葛受山，奉贤人。诸生，家境贫困，靠设馆授徒以养双亲。父亲患风病，出入必搀扶。后遭母亲姚氏丧事，哀毁过度而死。门人私谥"孝静"。

葛氏又有葛受朋，字鲁山。年少丧父，事奉母亲宋氏孝顺。继承母志，资助里人无吝色。嗣子葛嗣昌，事奉葛受朋孝如所生，葛受朋病，日夜哭祷，恍惚看见一个人说："姚蒙来医治。"葛受朋立即病愈。姚蒙，是明代良医，与葛嗣昌同里之人。道光十八年(公元1838年)，葛受山、葛受朋及葛嗣昌都受到官府表彰。同时受到表彰的还有胡无咎、程毓秀、陈文荃、胡祖寰、汪士善，都以善于侍奉父母而闻名。

胡铿湘

胡铿湘，字广心，奉贤人。诸生。尝割股疗亲疾。有盗贼夜入其室，一贼仔细看了看说："我们失误了，这里是孝子的居所。"于是离开。道光十八年(公元1838年)，以孝受到官府的表彰。

后来割股疗亲的，还有姚有庆、袁宗浩、顾允中、金道良、徐芳声、邵筱琨、屠镐、陈南山、陈炳昌、刘希运、刘国翰、戴侃、沈禄同、王荣；又有监生袁湘、布衣赵廷芳，都以舔母亲眼睛使之复明而闻名。诸生朱春培遇到父亲生病，诸生王宝藩、监生钱杰逢母亲患病，都祈求天神，以自己取代，随即父母病愈。朱春培挺身昭雪父亲之冤，且友爱兄弟，内外和睦无闲言碎语。

上述各人都是奉贤籍。

潘联璧

潘联璧，字子白，青浦人。诸生，有孝顺双亲的品行。父亲有病，割股以治。父亲去世后，侍奉母亲美食，必定亲自检点。道光十八年(公元1838年)，以孝受到官府表彰。

朱孝忠两次割股治疗父母病。弟早年去世，抚养遗孤至成家立业。同治（公元1862年—1874年）年间予以表彰。

金乃铣字远春，诸生。母亲夏氏病危，也割股进献，母病很快痊愈。父亲患肝病，侍汤药不稍懈怠。光绪（公元1875年—1908年）年间予以表彰。

又有顾德林两次割股疗父，诸自振割股疗母。

阮逢道

阮逢道，奉贤人，诸生。禀性友爱，兄长去世，抚育其遗孤成家立业。弟阮逢逵生病，亲自调理汤药，当时他也已八十一岁了。道光三年（公元1823年）水灾，他捐粮赈济饥民。平时待乡党有恩谊。去世之日，遗嘱其儿子阮涛置办义庄田。

弟阮逢逵，字淡人，国子监生。幼年丧父，事母孝顺。母亲去世已数年了，祭祀时必流泪不止。道光十八年（公元1838年），以孝受到官府的表彰。

儿子阮涛，字观江，与其从昆弟阮澜字漪园、阮念典字心斋都是诸生，都重视品行，喜好行善。

阮逢逵的孙子国子监生阮榆、八品衔阮祖义，光绪（公元1875年—1908年）年间也以孝受到官府表彰。

蔡馥庭

蔡馥庭，青浦人。父亲某因事牵连遣戍，时蔡馥庭只十五岁，他跟从父亲到安西州。父亲病死，蔡馥庭想背负父亲骸骨归乡里，但不成功。正逢嘉峪关巡检谢玉田来到安西，哀怜他孝顺，带他入关，给以资金，徒步行万余里才得以归葬。

后来青浦有蒋世华，字绿野，父亲客死山东，他前往寻得骸骨归葬。又有奉贤人张诚，字稼夫，父亲游宦山西去世，张诚号哭奔赴，运归其灵柩。卢棠，字麟书，父亲去世，灵柩放在河南中牟，卢棠乞食前往寻求，获得父亲骸骨，背负返回。

秦胜三

秦胜三，南汇人，农家子弟。佣工奉养双亲，每日进献美食。不敢冒犯他人，怕给父亲带来忧患。父亲年已九十岁，秦胜三的头发也已白了，但仍然依恋父亲如婴儿样。父亲去世，哀毁骨立。享年七十三岁。同里的曹倬云作《彰孝录》以表扬他。儿子秦天和，具备孝心，如同其父。

李溶春也是农民,年少丧父,事奉母亲康氏十分孝顺,佣工得钱必奉献给母亲。母亲有时大声呵斥他,他乐意顺受。夜晚归来,亲自纺织,以代母劳。母亲去世,日夜哭泣,不久去世。

又有佣工王苟官,上海人。得钱必买酒肉奉献母亲。夜晚必定归来侍奉母亲安寝。母亲去世,亲自背负泥土安葬。

汪 棨

汪棨,华亭人。诸生。家境贫困,事奉母亲十分孝顺。冬天,母亲想吃四腮鲈(也叫松江鲈鱼,似鳜而色白,有黑点,巨口细鳞,有四腮。松江名产),汪棨脱掉内裤抵押给当铺,以获取此鱼供奉母亲。嗜好学习,精于《易》。晚年卖卜(为人占卜以谋生)市肆,潦倒而死。

又有国子监生陆逢尧,父亲生病,割左臂肉进献,病于是痊愈。

胡维德

胡维德,金山人。木工。禀性至孝。父亲去世,母亲得心病(精神病),经常出门狂奔。胡维德与最小的弟弟胡天赐跟从而行,每日轮换,未尝稍离。母亲拾草放入粥内,命家人吃,家人因为胡维德孝顺母亲的缘故,谁也不敢违抗。

当时还有陈梦元,也是金山人,候选县丞。年少丧父。祖母病重需要鹿血,陈梦元咬破指头出血以代,病于是痊愈。抚育两位弟弟也有恩德。

周 翰

周翰,字曼生,娄县人。诸生。年少丧父,侍奉母亲以孝闻名。

儿子周朝棨,字蕖士,岁贡生。谦恭有礼,柔和得如不胜衣。八股文得先贤方法。晚年选任睢宁训导,未去上任。去世之年八十三岁。

从子周樾原,名朝祚,字春农,岁贡生,也工于诗文。

华颖梁

华颖梁,字秋塘,南汇人。诸生。年少聪明出众,作文犹如泉涌。禀性友爱,经常与弟华颖柏同寝同食。华颖柏去世,哭得十分悲哀,为其安葬,设置后嗣。他工于书法,以水墨描绘梅菊尤佳。

儿子华川藻，字铁君，作为华颖柏的后嗣。诸生。文质彬彬，具有父亲风度。

族人华燧，字镜轩，诸生。喜好读书，能诗。尝编辑家史，清理祭产，惩治侵吞祭产的族子。县令怀疑他好打官司，后来胡志熊代任，才得以明白事情真相。

凌若驹

凌若驹，字昂之，娄县人。诸生。本性好行善事，尝偕同韩璜收集捐奉作为娄县的宾兴之费。尤其精于堪舆术。

儿子凌豫，字介庵，岁贡生。勤奋谨慎，淳朴敦厚，经理同善堂事，井然有条。也工于书法。凌泰，字淡人，也是凌若驹儿子。廪生。谦和有礼。书法学颜真卿。

高培源

高培源，字师厚，青浦人。增生。年少丧父，跟从侍郎王昶学习。母亲席氏以节孝著称。高培源侍奉母亲，使母亲高兴满意。建立家祠，修撰族谱，募捐修筑同仁、广济、育婴诸堂，都是奉母亲之命而为之。尤其练达（意为熟悉人情世故，办事老练能干）时务，认为会通河经常淤塞，漕米当由海运。他上书大吏，奏呈皇上览阅。其他如修缮县城、疏浚吴淞江及赈荒救灾诸事，当事者都请他参与筹划。嘉庆二十一年（公元1816年），参与修撰《松江府志》。

儿子高成基，字绳武，工诗。由拔贡生充任武英殿校录，议叙得任校官。尚书刘镮之请他教育自己的孙子。去世于京邸。

李　林

李林，字达斋，南汇人，附贡生。禀性敦厚朴实。尝建立宗祠，置备义田，弟李兰荣也尽力资助。大吏上报于朝廷，官府建立牌坊表彰。

李兰荣字心湄。编辑宗谱，寻访原来已遗忘主人的族墓，立碑石作表记。享年七十八岁。

当时还有徐嘉宾，字墨卿，国子监生。喜好吟咏。病危之际，割让田百亩，钱四百串，命儿子建立观澜书院。顾思恩，字亦山，倡议捐宾兴田，又尝出资埋葬外露之尸骨。粤寇之乱（指太平天国起义），抗拒贼寇负重伤而死。朱斯钟，字蕴斋，遇到贫苦无法殓葬者，辄为其置办棺柩。顾朝栋，字松友。家贫乐善，授徒所入，常派作助葬施棺之用，年年都是如此。

于士达

于士达,字兼园,南汇人。禀性端恭谨慎,重视宗族情谊。姐姐招女婿于家,赡养她数十年如一日。

长子于祐安,字静阶。尝到杭州探访远祖坟墓,予以修葺。道光(公元1821年—1850年)年间,两次遭受水灾,偕志同道合之人集资救济饥民。次子于祐吉,字迪斋。廪贡生,候选教谕。禀性友爱。早年父母去世,由兄于祐安抚养。兄长去世,哭之悲痛,说:"侄儿年幼而我衰弱,恐怕难以像兄长抚育我那样抚育侄儿。"能诗,善于学习苏轼、米芾书法,绘画也精美。

沈 鑫

沈鑫,字兰坡,上海人,诸生。和睦关爱亲族。工诗善画。

儿子沈履恒,重视宗族情谊,凡是宗族中有不能安葬的,全部予以安葬。

从子沈嘉森,增生。年少丧父,事奉母亲以孝闻名,学识渊博,工于诗文,尤其精于小篆。

曹洪志

曹洪志,字澹持,上海人。廪贡生。工诗善画。进入京师,住成亲王永瑆府邸好几年。参与顺天乡试,得任方略馆誊录,议叙县丞,不去上任。

从子曹树杏,字二香,也工诗文。尝遵循母亲朱氏遗训,独自修葺宗祠。由廪贡生官任训导,选为丹徒,改任宿州学正,转为金坛。咸丰六年(公元1856年),粤逆(清朝蔑称太平天国军队)围金坛城,他偕同县令守御有功。不久因病而归。另一从子曹树珊,字海林,也以廪贡生历任荆溪、昭文训导。他家居时,修葺宗祠,修撰族谱,帮助里中公务,条理井然。享年七十岁。

顾 钧

顾钧,字璞完,华亭人。诸生。父亲顾德成,字达孚,国子监生,喜好布施济困,善于医术。顾钧也精于医术,家庭富裕,出外必携上药物随时施予贫困者。顾钧尝病卧于床,听得邻居妇人难产,尽力起床前往治疗,拿出人参令她服之,即产下。他治病未尝接受馈赠,始终如此。

弟顾作朋,字东皋,也喜好行善。道光二十九年(公元1849年)发大水,他出千金赈救饥民。

儿子顾求润，字淮东。为人仁爱宽厚，端恭谨慎，施予医药，一如其父。

孙子顾秉政，字韵梅。咸丰九年(公元1859年)举人。能文。

顾作朋的女婿金翔凤，字文苞。廪贡生，候选训导。施予不倦，乡里称其为长者。

陈 均

陈均，字古愚，娄县人。诸生。勤奋力学，善于吟咏，尝偕同青浦何其伟编刊《夏节愍集》。道光三年(公元1823年)发大水，捐资赈饥，赖以存活者很多。

诸生陆原泉，也是娄县人。家产不及中等，喜好济人之急。道光二十九年(公元1849年)水灾，他出米煮粥赈饥，乡里人们感戴他的恩德。

许曾望

许曾望，字可侯，华亭人。祖父许翔，字石泉，工于书法，画山水得太仓四王(清初画家，太仓王时敏、王鉴、王原祁及常熟王翚都擅长山水画，时称四王)笔意。父亲许彬，字质庵，精于数学，熟习法家之言。许曾望专心于经义，通晓《易》的要旨，又继承其曾祖许巽行之学，精通《说文》、《音韵》诸书。道光元年(公元1821年)举人。考取国子监学正，选任助教，供职京师，跟从他学习的人很多。

弟许曾穀，字式如。道光十一年(公元1831年)娄县举人。禀性严肃刚毅，不苟言笑，读书过目成诵。

陆我嵩・张春源・许士杰

陆我嵩，字莱臧，青浦人。父亲陆企照，廪贡生。教他十分严格。陆我嵩道光二年(公元1822年)进士，历任代理莆田令、闽令，授寿宁令，代理兴化通判，选任云霄同知，代理福州海防同知，补邵武同知，代理汀州、延平、邵武知府。前后在闽十三年，所到之处，以贤能著称。莆田木兰陂原有石堤，陆我嵩仿效浙江鱼鳞石塘法修缮它。又筑三道石坝，疏通一百七十八条沟渠，设置斗门涵洞，以资蓄泄。工程完成，共瘠田二千二百余顷，都成为沃土。陆我嵩熟悉商功幂积(商功，古代算法九章之一，即测量体积、计算用工的方法。幂和积，都是数学术语)之术，所以费用节省而事情容易办成。在闽县设义仓，在福州设义塾。其他善政，如禁止宝峰寺僧花会，清除延平、汀州、漳州会匪。又于越山书院选拔英才，都以真心实意进行。

同时期的张春源、许士杰，也是贤能的官吏。张春源字嘉树，诸生，授湖南郴州牧。当时平远州乱，张春源跟从制军（明清总督的别称）庆保前去镇压，诛其首领，余党尽释放。平江以漕运酝酿变乱，大吏提议发兵，张春源单骑前往告谕，自觉投顺者三十余人，事态于是稳定。不久代理长沙知府，因病而归。

许士杰字子伟，廪生，授云南宜良令，代理太和令。道光二十三年（公元1843年）蒙化厅汉民与回民争夺市场，有司拘捕回民，回民于是聚众据城。许士杰居官迤西（地区、道名，在云南昆明市以西地区）时间长，大吏知其贤能，召他商议防剿。许士杰请前往招安告谕。回民在城外筑有营寨守卫，见他前来，高兴地说："许君来到，我们有生路了。"急忙告诉守卫的兵卒，请他进来。许士杰告以顺逆之理，众人都解散。于是代理蒙化厅事。后来代理元江州事，去世于官任上。

黄光焯

黄光焯，字槐江，金山人。原籍休宁，祖父黄灏是乾隆二十一年（公元1756年）中举人，才迁居朱泾。黄光焯是道光三年（公元1823年）进士，授户部贵州司主事。逢江南御黄坝毁坏，黄光焯首先建议海运。协揆长白英和称赞他的才能。

不久乞求回家奉养父母。捐资修葺文庙。里人提议建柘湖书院，他割让家产资助。

顾　夔

顾夔，原名恒，字卿裳，一作字荃士，号卿裳，华亭人。道光六年（公元1826年）进士。授庶吉士，改任山西灵石县令，审理狱讼，正确快速，案头没有积累的文牍。勤于考查士人，选择优秀者亲自予以教导。修筑护城石堤，民众称之为"顾公堤"。当时扬威将军督师出塞，经过灵石县境，一位兵卒抢夺市场物品并且殴打那物主，顾夔立即将此事告诉统领官，惩办了这兵卒且向众人宣示。以后兵士经过，相互告诫不敢再次扰民。

遭母亲丧事而归，教授里中十余年。主讲金山大观书院，读书人都效法敬仰他，成就好多贤达。他的诗词高雅秀丽有法度，年少时就受到长洲王芑孙的称赞。二十九年（公元1849年），县内大饥荒，顾夔主管赈济之事，请求用官府之钱买米平粜于民。积劳成疾而死，享年六十一岁。

顾夔工诗词，也善散曲。有《城北草堂诗钞》二卷、《城北草堂诗余》一卷。

蔡廷楷

蔡廷楷，字晓峰，诸生，与蔡云桂同里。道光（公元1821年—1850年）年间，钦塘东荡地新涨（意为海边随着淤泥积累，海水后移，出现新的陆地），盐户纷纷争夺。蔡廷楷偕同顾乃德等创议，援引母田生子（意谓在海边原有的土地边上向外延伸又产生新的土地，这原有的土地为"母田"，新冒出的土地为"子田"）的惯例，呈上大吏，请承担粮赋，于是准许升科（意为新涨出的土地也要承担赋税，提高征收额），并捐荡田五百亩给观澜书院，作为学习的津贴费，从而使盐户的争端平息。

顾乃德，字厚田，国子监生，尝出巨资创建石水洞，使塘东低洼田无旱涝之忧，里人感戴他的恩德。

顾镜涵

顾镜涵，字春船，南汇人。道光八年（公元1828年）举人。专心学习，重视品行，闾里称道他。所作的八股文，都取法于先代贤人，具有根基。

朱逢莘

朱逢莘，原名逢辛，字甲三，华亭人。是朱鼒的儿子。刻苦勤学。道光九年（公元1829年）进士，授庶吉士，改户部主事，选拔为郎中，出任贵州镇远府知府。居官勤奋谨慎，人不能以私情求托。

弟朱逢寅，字宾陬。与朱逢莘同时于嘉庆二十三年（公元1818年）乡试中举，官任六合教谕。谦恭谨慎，重视品行，写字必正楷。

曹　桨

曹桨，字戟三，上海人。道光九年（公元1829年）进士。代理河南新野令，改任江宁府教授。积俸钱疏浚学宫河，钱囊屡空但毫不顾惜。曹桨文笔出众，江宁人多跟从他学习。去世于官任上。

从弟曹耀翔，诸生。禀性清廉不苟取。工于楷书，尤其善于写大字，对不投缘的人不轻易书写，即使给予厚酬也不受。尝出卖资产帮助曹桨进京参加会试，县内人士称道他。

曹耀璨也是曹桨弟兄辈的人，以医术闻名，遇贫者不受报酬。咸丰三年（公元1853年）之乱，因嗣母（收养自己作为继承人的母亲，即养母）灵柩在城，出入贼寇之中，埋葬其柩,屡次濒临死亡,最后得以避免,是因为纯孝获神护佑的缘故。

同时工于文者,有金树涛、翁尊三。

金树涛字梅岑,道光元年(公元1821年)举人。进入京师,萧山汤文端金钊非常赞赏他的诗文。居乡时,增建蕊珠书院讲堂、学舍。与长兄增监生金树渊友爱,共同居住,没有闲言碎语。金树渊字侍香,尝参与修撰县志,兼工绘画六法。

翁尊三字问樵,道光十一年(公元1831年)举人,与副贡生张本均结文社。李户部林松称他们为"二难"。他里居教授,门徒多成名士。

陈渊泰

陈渊泰,字上之,青浦人。道光十二年(公元1832年)举人。禀性真挚诚恳,幼年继承伯父陈琮、父亲陈珑的学业,喜好古典,重视品行。他研究经典,起初学习虞氏(虞氏,指三国时吴国余姚的虞翻,曾为《易》、《老子》、《论语》、《国语》训注)《易》,后尤其致力于三《礼》。珠溪创建书院,延请陈渊泰为院长,教导门生必勉励重视古学。居乡力持名节礼义,凡里中设赌厂,演花鼓戏,即告诉有司加以严禁。

与陈渊泰同时中举的蔡自申,字时升,禀性高雅淡泊,除读书外没有其他爱好,贫困没有隔夜之粮也不问。平生研读三《礼》最深,郑(玄)《注》孔(颖达)《疏》外,深入研究卫湜《礼说》,颇有心得。

林　曜

林曜,字远村,上海人。道光十四年(公元1834年)举人。禀性刚强豪爽,有才略。二十二年(公元1842年)五月,招募勇士缉捕土匪。二十九年(公元1849年)发生饥荒,勤于赈济,十分有力。

与林曜同时的国子监生王揆,字永锡,也以才略闻名。道光六年(公元1826年)试验海运,王揆大力担当其事。咸丰三年(公元1853年),县城陷落,巡抚许乃钊命令招募乡勇,练习兵士,王揆立一军驻扎于南门外,收集溃败之兵,招抚逃亡之民,分别适当处置,贼势从而孤立。其他办事,皆有条理。王揆办事干练而个性急躁,喜欢当面指斥他人过失,所以一生不得志。

何咸亨

何咸亨,字交山,娄县人。道光十五年(公元1835年)进士,授四川铜梁县知县。待人慈祥，办事勤快，民众感戴其恩德。他特别关怀和器重出身寒微而才能杰出的人。

赵曾显

赵曾显，字诵芬，青浦人。道光十五年（公元1835年）举人。他中举后，足迹未尝入城。平时家居喜欢读《易》，间或写作小诗，借以自我消遣。曾仿效古人制作草鞋，当时人们称之为“赵公屦”。

同时还有盛邦霖，原名枢，字星垣。道光十九年（公元1839年）举人。禀性和蔼，居住乡里，不问外事。截取（清制，根据官员食俸年限及科分名次，按其截止日期，由吏部核定选用，称截取。又凡举人于中式后经三科，由本省督抚咨赴吏部候选也称截取。此处即指后者之义）四川芦山县知县，尚未赴任，去世。

又有马导源，字佚甫，布衣，也工于诗。

诸　桓

诸桓，字碧泉，娄县人。道光十五年（公元1835年）举人。历次代理湖南湘阴、芷江等县事，补永兴县令。在芷江时，捐献廉俸筹集军饷以供应，得到奖励提拔，增加本籍学额。五次任乡试同考官，都称道他善于选得人才。因病辞职后尚未归来，去世。

与诸桓同时乡试中举的有程开堪，字立夫，以大挑代理常州府训导，教导士人有法。

潘宗秀

潘宗秀，字蔚亭，华亭人。努力学习，不问外事。古文效法唐代孙、刘诸家，八股文推崇明代章、罗诸家（明代章、罗，似为章懋、罗洪先），都高雅简明有法度。道光十六年（公元1836年）会试中式，未及廷试，去世于京师。

从弟潘镛权，字衡斋，娄县人。道光十九年（公元1839年）举人。也以能文闻名。

钱以同

钱以同，字小蓝，华亭人。伯父钱景，字筍峰，优贡生。父亲钱容，字蓝区，廪生。都以八股文闻名于当时。钱以同年少丧父，母亲张氏抚养他成立。道光十八年（公元1838年）进士。官任兵部主事，提升为郎中，升迁为江西道御史，转掌山东道。在官二十年，勤于职守，矢志清廉。侍奉母亲十分孝顺。母亲去世于京邸，钱以同哀毁致疾而死。

钟 声

钟声，字西茳，奉贤人。为八股文有名。道光十九年(公元1839年)举人。官任广西兴业县知县。两次充任乡试同考官。兴业县多弃婴，他捐俸金倡建育婴堂，县内民众感戴他。

傅介福

傅介福，字竹艿，以诗文闻名。咸丰九年(公元1859年)举人。以大挑(清乾隆以后定制，三科以上会试不中的举人，挑取其中一等的以知县用，二等的给以教职，六年举行一次，意在使举人出身的有较宽的出路。各为大挑，挑取的标准重在形貌与应对)官江阴县教谕，去世于任上。

吴三锡

吴三锡，字蓉裳，娄县人。华亭籍。祖父吴光裕，字秋渔，乾隆二十四年(公元1759年)副贡生，工于诗古文。因事牵连遣戍华州，去世。父亲吴持衡，字信甫，嘉庆六年(公元1801年)举人，应礼部会试，去世于京师。吴三锡年少丧父，家境贫困，学习勤奋，中道光二十年(公元1840年)举人。清廉正直自持操守，有人馈送金钱以私事求托，他都严厉拒绝。以知县拣发(清制，各省督抚因本省人员不敷差遣，得奏请于候选人员中，拣选人地相宜者，分发若干员，归该省委用，谓之拣发)贵州，代理广顺州事，去世于官任上。没有积蓄，以至于不能归其丧。

儿子吴璋达，咸丰九年(公元1859年)举人。以诗文闻名。早年去世。

吴 淮

吴淮，字秋桡，道光二十年(公元1840年)举人。学问渊博，工诗古文，跟从他学习的人很多，庄世骥、俞廷飏都出其门下。禀性慷慨，宗族亲戚有告急者，无不答应。家中没有一担一石的储备，仍坦然自若。

庄世骥字侠君，咸丰九年(公元1859年)举人。弱冠之年，与娄县李继膺，同里熊其光、俞廷飏结吟花诗社，有“四才子”之称。后来专门研读经典，知府袁芳瑛延请他校对古籍，有多处得以订正。兄吴世骐，字云衢，增生。勤学好古，与吴世骥齐名。先于吴世骥去世。

俞廷飏字彤侯，廪生。自幼聪明异常。诗词清新，富有意味，在吟花社中别树一帜。兼工骈体。后来避乱于浦东丁宜福家，因哮喘病去世，丁宜福归其丧。

秦士醇

秦士醇，字静甫，奉贤人。道光二十年（公元1840年）举人。为文取法著名大家，根基于经义。尝与青浦胡履吉、华亭蒋树本在细林山读书，胡履吉、蒋树本都称他为畏友（品格端庄、使人敬畏的朋友）。当时奉贤县交纳地丁（田亩叫粮，劳役所出叫丁，合称地丁。旧制，地赋分夏税、秋粮；丁赋分市民、乡民、富民、佃民、客民；又各分等。清雍正时，除山西、贵州、广西、奉天等省外，丁赋摊入地赋，合称地丁）银，交纳钱者总是压抑其价值，秦士醇争于有司，这弊端才革除。

从子秦诚，字葵石，增贡生。恭谨勤学，屡次参与乡试，但不能中式，得心脏病而死。

朱　恒

朱恒，字半畦，奉贤人。砥砺品行，钻研学问，工于八股文。由拔贡生官任安徽庐州府训导。道光二十一年（公元1841年）进士，以知县回来听候吏部选授官职。他居官时扶植读书人，奖掖出身寒微但才能出众之士，唯恐不及。他的生徒后来多成为贤达名士。当时的合肥肃毅伯相国李鸿章及巢县殉节举人、恤赠知府汪人廉尤其得力于朱恒的很多教育。他生平重视品行情谊，年少时定聘的士族女儿，后来患癫痫病，有人劝他改聘，他严肃拒绝。客居京师，当时他的老师施有容患急病，朱恒竭尽资金求医药为其治病；病愈后，他为老师办理行装出都；所欠的借贷债务他独自担当，且毫无德色（自以为有恩于人而表现于脸色）。

道光二十九年（公元1849年）去世于官任上。

杨裕仁

杨裕仁，字翼堂。道光二十一年（公元1841年）进士。官任湖北枣阳县知县。因父母丧事而归来。守毕，补安徽婺源县，调任代理太平府事。正逢粤匪奔窜安徽，他尽心防卫，当地人们为他作《仙源舆颂》以纪其政绩。

韩应陛

韩应陛，字绿卿，娄县人。改归华亭籍。父亲韩璜，字瘦山，端恭慈祥，乐善不倦。主管郡中普济堂、义仓事务，资助修城，建古山水桥，岁遇饥荒，两次救灾，捐田创办助葬局，都以真心实意做事。其他善事都无不为之，而自己生活却十分俭朴，尤其精于鉴别古代名人画并予以收藏。去世之年为七十二岁。

韩应陛为道光二十四年（公元1844年）举人，专心好学，为文古朴简奥。工于历法算术，与金山顾观光反复研究校勘《几何原本》十五卷，又亲手校订《重学》、《气学》、《光学》、《声学》诸书，为之推论极致。专注于时务，读书有得，往往著为文辞，也善于画梅。

曹　骅

曹骅，字隽伯，上海人。父亲曹鋆，从父曹晟，都是诸生。曹鋆善书画。曹晟捐资设文庙洒扫局。曹骅幼年被人称为神童，道光二十五年（公元1845年）进士，官翰林院编修。不久去世。

熊其光

熊其光，字苏林，青浦人。年少聪明出众，读书过目不忘。精于经学，尤其以治理世事作为自己的人生目标。凡天文、历算、舆地、河渠、农田之属，无不研究贯通。一向信服推崇顾炎武及胡天游、洪亮吉、汪中之学，尝绘《一师三友图》以表明自己的志向。道光二十七年（公元1847年）中进士，授户部主事。

乞假归来，正逢道光二十九年（公元1849年）发大水，县令某侵吞公款逾万，饥民死者相枕籍。熊其光上书大吏，县令因此被罢免，远近人心大快。咸丰三年（公元1853年），叛逆之民周立春作乱，熊其光总理团防事，擒获逆党，必区别其胁从者，使好多人得以存活。

后因积劳成疾而去世。

祝椿年・沈树镛

祝椿年，字楚翘，南汇人，居川沙。道光二十九年（公元1849年）乡试第一。禀性正直，守志不随俗，清高寡合。工于诗词。

沈树镛，字韵初（一作均初），号郑斋，与祝椿年同里。咸丰九年（公元1859年）举人

(一作进士),官任内阁中书。嗜好金石(指刻有文字的钟鼎碑碣)书画,收藏甚富。精于鉴别,曾与赵之谦合纂《寰宇访碑录》。卒年四十二。

徐继达

徐继达,字苑花,南汇人。道光三十年(公元1850年)进士,代理直隶无极县令。年少丧父,跟从仲父(父亲的第一个弟弟)学习,尚未成童(一般指十五岁以上的儿童),补诸生,以能文闻名于学校。侍奉母亲孝顺恭谨,淡于荣华利禄。任无极令刚满一年,即辞职归来奉养母亲,不再出来做官,以设馆授徒终其一生。

顾德言

顾德言,字荻洲,华亭人。年少丧父,侍奉母亲孝顺,尝割臂肉治疗母病。平时家居不苟言行,逢年过节祭祀祖宗,即使生病也必虔诚恭敬,说:“我以此表示亲近祖先之意。”善于书法,工于画梅。道光元年(公元1821年)举荐为孝廉方正。去世后,里人私谥“孝慤”。

弟顾德行,字修之。年八岁,母亲患肝病,听说獭肝可治疗肝病,哭祷于水滨,果然得到獭。十八岁,尽力学习致病而去世,兄长顾德言终身悲悼他。道光十八年(公元1838年),弟兄俩都以孝受到官府表彰。

从弟顾德懿,字秋湄。父亲生眼疾三年,他以舌舐之,得以痊愈。母亲患风疾,侍奉不稍懈怠。与德言的儿子顾作钧同以孝友传承家风。

顾作钧字松寮,诸生。家境贫困,设馆授徒奉养双亲。咸丰十一年(公元1861年)贼寇作乱,患难中,他奉持先世遗书遗像及神主祭器,一直带在身边。

顾作伟者,顾德言的第二个儿子,字韦人,诸生。胸怀坦荡平易,无有城府(比喻心机深隐难测),嗜酒工诗。晚年处境艰苦,因而自号“无住老人”。

顾作钧、顾作伟的老师顾渊,字翰香,廪生。禀性豪迈,作八股文都效法明代隆庆和万历年间的风格,尤其酷爱韩愈、苏轼的文章。亭林创建同善堂,顾渊出力居多。晚年手腕患病,尚未及贡而去世。他的从子顾椿炜,字捷三,咸丰元年(公元1851年)举人,为文清丽高雅,超凡脱俗。

杨之俊

杨之俊,字夋人,青浦人。年少以孝著称。道光元年(公元1821年),举孝廉方正。

博通经史,授徒到老不倦。二十九年(公元1849年)发生大饥荒,杨之俊煮粥赈饥。生平喜好施予,其资金都出于授徒所收束脩之礼。

朱鸿儒

朱鸿儒,字黼山,奉贤人。恩贡生。禀性孝友,将良田让给弟弟。后来弟弟贫困,常将所余的钱粮都给他,又为其子女经办婚嫁之事。平时教生徒有法。尤其喜好吟咏。

儿子朱士璜,字簪卿,咸丰九年(公元1859年)举人。也能文。

谈元春

谈元春,字立峰,南汇人。明代侍郎谈伦的后裔。读书重视品行,屡为学使奖赏。年过五十,才登道光五年(公元1825年)拔贡科。进入京师,归安文僖公姚文田嘉奖其品行。家境很贫困,见利不苟取,授徒所得外无妄取。享年七十余岁。

同时还有周隽,字笠湘,诸生。怀有出众才学,工诗及骈体文。尝受到学使陈希曾的赏识,称他的才华为云间第一。

又有沈向荣,字欣园,上海人。年七十岁应岁试(即岁考。明代提学官和清代学政,对所属府、州、县学生员举行的考试。明代提学官在任三年,两试诸生。清代考试生员,三年一次,称岁试),其文章也受到学使陈希曾的赏识,因为年老的缘故,免于复试,食饩(明清时,生员试优等者,官给廪饩。廪饩,即粮食)于县学。

查德求

查德求,字次白,娄县人。华亭岁贡生。八股文全效法先贤,到他门下就学的人很多。侍郎莫晋主讲云间时,推查德求为祭酒(即学长)。他尤其精于推究命运之术。

张光绪

张光绪,字兰阶,娄县人。华亭岁贡生。年少丧父,十五岁即为里中童子师。后来跟从姜兆翀学习,有文才声誉。授徒数十年,造就好多人。

儿子张邦彦,字伯声,道光十七年(公元1837年)娄县拔贡生。也以八股文教授门生。

同时的陈玉轮,字蓝田,娄县岁贡生。禀性孝顺友爱,教授弟子有法。

后来有褚鼎言，字养榆，华亭恩贡生。淡泊名利，不苟言行，积修脯（门生给老师的礼物，即束脩）以奉养母亲。蔡瑞徵，字蔼云，娄县岁贡生。夏祖耀，字文洲；邬家骧，字葵生。都是诸生，安贫好学，到其门下学习的人员众多。

姚炜琛

姚炜琛，字宝南，南汇人。是姚伯骥的儿子。岁贡生。治学效法宋儒，教授孜孜不倦，尚书白镕称他为行为惇厚的君子。通晓医学，兼习风水之术。博览群书，不问外事，著述丰富。享年八十一岁。

弟姚炜琥、姚炜球，都是诸生。姚炜琥字惺斋，工于隶书篆刻。姚炜球能诗，兼通医理，早年去世。

刘福畴

刘福畴，字小春，娄县人。道光十四年（公元1834年）优贡生。父亲刘熙，字春桥，诸生，工诗。刘福畴家境贫困，学习勉力，诗赋骈体文清丽有规则，书法学习褚遂良、欧阳询。重视友谊，有旧友的儿子年少丧父，刘福畴教导他成就学业。

后来有叶兰笙，字湘秋，咸丰八年（公元1858年）顺天举人，也以诗赋骈体著称于时。尝客游淮扬，盐运使曾燠见其所作后，十分器重他。

闾邱德坚

闾邱德坚，字芗荚，南汇人。父亲闾邱庆銮，字悟禅，国子监生。重视宗族情谊，修建宗族祠堂，每月朔望（农历每月的初一称“朔”，十五称“望”）必会集族人讲述祖先遗训。曾经游览武陵，得诗作甚多。闾邱德坚文章宏伟富丽，恣肆汪洋，尤工骈体。道光十九年（公元1839年），学使文端公祁寯藻测试松江府士人的古学，闾邱德坚以岁贡生应试，文端公唤他于堂下坐。闾邱德坚下笔千言，尚未到中午就交卷，文端公称其才为江左第一。

徐　浩

徐浩，字友苍，奉贤人。岁贡生。家境贫困。他带着学习的心愿远游，归来设馆教授乡里，跟从他学习的人一天天增多。尤其尽心于县里善事。去世后，知县王锡九题其家祠云“可祭于社”。

又有戴祖源,字芑孙,诸生。禀性淡泊名利,足迹不入城市。范兼三,字约门,好学博览,绝意仕进,享年九十岁。杨国祯,诸生,禀性方正,认真学习,寒暑不辍。这三人也以授徒著称于乡。

倪骏煦

倪骏煦,字冀野,青浦人。道光二十三年(公元1843年)副贡生。性行端正纯洁,学问渊博。坐卧不离经史,尤其精于诗,其豪放洒脱与唐代李白为近。

吴家鼎,字兰人,本姓黄,也是副贡生。重视品行,爱好学习,与倪骏煦相同。同治(公元1862年—1874年)初克复县城,吴家鼎也参与。

火文焕

火文焕,字星垣,南汇人。道光二十三年(公元1843年)优贡生。父亲火光大,以诗闻名。火文焕博学能文,授徒乡里,门生多成名士。禀性友爱,与兄弟合灶没有闲言碎语。晚年编辑诗集未成而去世。

方思信,字倩塘,诸生。崇尚情谊品行,且又爱好吟咏。所辑诗更多。

于尔大

于尔大,字充甫,南汇人。道光二十三年(公元1843年)优贡生。工八股文外,诗赋文辞无不精美。禀性诚恳真挚,赈济灾民,组织团体,都不辞劳苦。逢匪徒卢大和扰乱乡里,他的亲戚某一向不附和匪徒,有仇人诬告道:"卢的赃物在某家。"官吏捕捉了某,于尔大说:"某如果真是卢大和的党徒,我不能救;如果不是,官府不能杀他。为何不去看看他的家?"赃物不在他家里,某最后赖以免罪。

同治(公元1862年—1874年)间,提议修撰县志,他担任部分章节的修纂。县志修成,于尔大所修纂的部分最详细周密。有司三次举荐他为孝廉方正,他都极力推辞。去世之年为六十一岁。

郁松年

郁松年,字泰峰,上海人。恩贡生。家庭一向富裕,藏书很多,亲手校对。咸丰(公元1851年—1861年)年间官军克复上海城后,郁松年捐银二十万为善后费,府学、县学都能扩大学额。

当时还有沈大本，字晚香，与其弟沈大立都富而喜好施予，尝资助兵饷银数万。四方人士避乱到上海，沈大立每天捐献钱粮以资济助，凡贫困无所栖止者多依附他，好多人赖以存活。

耿省修

耿省修，字逊轩，华亭人。父亲耿攀龙，字云溪，武庠生（县学武生）。禀性好善，屡次出资帮助乡里。又置义田以赡养宗族。省修年少时游学京师，官任大理寺评事，出任广西宾州知州。编辑州志，建立宾阳书院，设育婴堂、普济堂。经历六年，境内无盗贼，民众感戴他。

遭母亲丧事而归。守丧毕，赴省，大吏命他审理错综复杂的案子，都处置得当。贺县苗民叛乱，他奉命主管粮台（军行时调发粮食的机关）事，叙功赏花翎，选拔为知府，不久补为河南卫辉府守。因病归，不久去世。

弟潜修，字芝楼。官任河南汝宁通判，赏蓝翎（清制，皇帝以孔雀翎赐臣下，作礼帽上的装饰品，称花翎，有单眼、双眼、三眼之分。领侍卫府等五品以上，皆戴孔雀花翎。六品以下用鹖鸟羽毛，称蓝翎，无眼，俗称老鸹翎），奉命管理行营粮台，因积劳成疾而去世。以军营病故的惯例，恤赠道衔，福荫一个儿子。

周虎炳

周虎炳，字对扬，南汇人。诸生。授汝宁府同知。因父母丧事而归，于是不再出来做官。在汝宁时，尝捐献俸钱建造朱仙镇桥。又曾为仪封厅百姓上报大吏减免赋税，民众感戴他。去世之年七十五岁。

同时还有陈文焕，由一名普通军人提升为吴淞守备，代理掘港都司。那个地方多盗贼，陈文焕力求捕除，但受到严重阻力，于是弃官而归。

范　台

范台，字墨农，娄县人。诸生。年少时跟从倪云坦学习，专心于性理诸书。禀性正直，丝毫不妄取。安于贫困，教授生徒，以身作则，即使盛暑也必正衣冠端坐。生平曾以“端学术、正人心”自勉。当时平湖顾广誉来求学于姚椿，姚椿说郡中务实学者只有范台一人，顾广誉于是与他评述学问，交往沟通。范台兼精风水之学，然而为人选择葬地，未曾以相术家祸福之说诱惑人。去世之年为七十岁。

李隆吉

李隆吉，字恒轩，南汇人。行为笃实(忠厚老实)，为学以践行心得为主。尝收集古人良言佳迹，仿效《大学衍义》分门书写之，以启迪门生后学。年届八十，还谆谆为人讲解。

赵 振

赵振，字文则，以孝友著称。当时乡里多有冒犯年长之人，赵振给里中某书写道："恭敬之德应当随地持有，而对年老者尤其需要留意。能敬老则内能侍奉双亲，外能事奉长上。"后来冒犯年长者之风逐渐敛迹，这应归功于赵振的教导。

徐惟熙

徐惟熙，字戒六，诸生。言语行为，遵循常规；重视根本，崇尚礼仪。乡人看见他则马上整衣冠上前敬称："戒六先生！"他受人敬仰就是如此。

王国浚

王国浚，字秋冈，南汇人。廪贡生。砥砺品行，勉力学习。平时教授生徒，必举名人言行为效法对象。他去世后，门人私谥端穆。

张兆熙

张兆熙，字惠筱，岁贡生。他尽心教授，与王国浚相同。生平重视品行情谊。弟张兆勋未婚去世，原聘妻王氏坚守节操，不再改嫁。张兆熙以长子张维垣作为弟弟的后嗣，迎王氏归来，授以家产。

粤逆之乱(清代蔑称太平天国起义)，张兆熙受贼寇伤害而不死，不久因感慨愤激时事而郁郁致死。

顾观光

顾观光，字尚之，金山人。廪贡生。聪明好学，博通群籍。尤其深究古今中外天文历算之术，能详审其根源，指出其所以然及其不完美之处，不断加以弥补修正，以臻完备。曾说："积累前人的测算和智慧，不断提高，因而历算之学，后人必胜前人，不只中国，西方人士也是这样。旧法是新法产生的源头，新法离不开旧法的范围。不从旧法演绎推理怎么会产生一个新法呢？所以凡是以为已经得到新法而旧法可以唾弃，这是错误的。中西之法可以互相印证而不可互相废弃，所以凡是安于自己平时熟悉的而党同伐异者，也是错误的。”他的论述就是如此。所以他的著作都达到精微的地步。其他如舆地、训诂、六书、音韵、宋儒性理以至佛学、道家之书、术数（指用阴阳五行生克制化的数理，来推断人事吉凶，如占候、卜筮、星命等的学说）之学，都能洞彻其本末。尤其喜欢校订古书，收集编缀散佚之作。同县通判钱熙祚编辑《守山阁丛书》及《指海》，教谕钱熙辅编辑《艺海珠尘》壬、癸集及刊《重学》，县丞钱培名编辑《小万卷楼丛书》，娄县中书韩应陛刊《几何原本后》九卷，他都参与校订。

又传承世业为医，不以馈赠酬报有无为意。曾有富人请他看病，徒步前行途中遇雨，赤脚至门，门仆查问他姓名，他告诉说：“前来看病的医生。”进门后主人有些惊讶，以为是假冒顾先生而来的人。及至开药方，展纸疾书脉理及病状，引据《内经》及医圣张仲景，洋洋成千上百言，还说：“以往他人的诊断开方，都是错误的，应当以今天的为准。”主人于是肃然起敬，准备抬轿子送行，顾观光大笑不受，仍赤脚而归，其高雅洒脱就是如此。

去世之年为六十四岁。

何其伟

何其伟，字书田，青浦人。增贡生。年少时师从侍郎王昶及庄师洛，王昶与庄师洛编辑《陈忠裕集》，何其伟为之校勘。又与奉贤陈廷庆建造陈夏祠堂（陈子龙夏允彝祠堂）于皇甫林。诗学陆游，医能传承家学。文忠公林则徐十分器重他，说他不只以医闻名。重视孝友，崇尚气节，尤好施予。宗族亲戚若有困乏，经常给以周济抚恤。

弟何其章，诸生，也工于诗。

陆之棉

陆之棉，字禹传，诸生，与何其伟居住相近。赋才清丽，尤工书法。

后来重修陈夏祠、春秋两祭集合同仁予以祭祀者，有顾师澔，字柳艇，恩贡生。能文，遇到乡里有事，真心实意担当。

钱熙载

钱熙载，字啸楼，金山人。例贡生。候选盐运司提举。祖父钱溥义，前志有传，钱熙载喜好藏书。中年以后,屡行义举。尝捐资与翁纯等修葺金山卫学文庙,又与张振凡、张振宗等创建大观书院。

翁纯字査麓,廪生,有办事才能。

张振凡字瘦峰,附贡生,博览群书,兼通佛道两家之学。

张振宗字小我,候选盐运司知事。善于鉴别古董,收藏书画甚富。所居名为“小万卷楼”。

从弟钱熙经,字漱六,诸生,候选训导。禀性醇厚恭谨,平易和气。尝想要续刊《丛书》,因病没有完成,后来他的儿子予以完成。

钱熙辅

钱熙辅,字鼎卿,金山人。廪贡生。任芜湖教谕,因父亲丧事而归,从此不再出来为官。书法仿效梁同书。尤其爱好吟咏。岳父吴省兰编辑刊印《艺海珠尘》至八集而止,钱熙辅继续编辑壬、癸二集,以完成他的事业。

弟钱熙祚,字雪枝,叙选通判。道光十五年(公元1835年)修筑海塘,商议开挖秦、查二山取石,钱熙祚认为石少坟多,不足采用,而且毁弃腐肉骸骨,实为可怜,因而捐献运费,从其他山丘开掘,原来的提议于是停止。生平喜好发扬古今秘籍,尝编辑刊印《守山阁丛书》及《指海》、《珠尘别录》、《素问》、《灵枢》,共数百种。仪徵阮文达公阮元为其书作序,说“于人谓之有功,于己谓之有福”。后因等候选任,病死于京邸。

另有弟钱熙泰,字鲈香,廪贡生。代理靖江教谕。能诗善书,尤好施予。创建张堰义塾及接婴、施棺诸局。本县人姚汭增修县志,未能成书,钱熙泰得其书稿,延请吴江董兆熊、本县人姚怀桥重新校订,内容增加,文字减少,评论者都称道他。光绪(公元1875年—1908年)年间修志即根据此本。

杨秉杷

杨秉杷,字闲庵,娄县人。诸生。为学博通经史,工古文辞。尝游宦燕、赵、齐、楚间。居京师十载,名声卓著,然而不得志,于是归来。居住笏溪,闭户著述,安然自得。去世之年为七十二岁。

当时共同居住笏溪的,还有吴栻,字直夫,廪生,研究经典,多获心得;胡祥麟,字墨樵,廪生,学识品行,端方恭谨,与他交游者,多为知名文士。

朱孔阳

朱孔阳，字寅谷，上海人。诸生。寄寓于吴中某氏，遍览其家所藏书。为考据（也称考证，指对古籍的文字音义及古代的名物典章制度等进行考核辨证）之学，著述甚富。兼通堪舆、六壬（运用阴阳五行进行占卜凶吉的方法之一。六十甲子中，壬有六个：壬申、壬午、壬辰、壬寅、壬子、壬戌，故名六壬）诸术。

当时的廪贡生沈葵，字心卿，禀性好古，对汪宜耀《紫堤村志》旧本加以增订，辨析精确。

胡式钰

胡式钰，字青坳，上海人。诸生。年幼聪明敏悟，善于读书。诗、古文都崇尚鲜明秀劲奇异不凡。游历燕、赵、齐、鲁、晋、豫，不得志，即归来。

儿子胡迪彝，诸生，精于历法算术之学。

姚　讷

姚讷，字水北，金山人。是姚培益的孙子。廪监生。文章富丽多采。尤其擅长于诗，与从弟姚清华、从子姚前机相唱和。晚年增修县志，条例井井，未及完成而去世。

姚清华字苏卿，是姚念曾的儿子，增生。姚前机字珊滨，岁贡生。

一门著述，人各有集。

熊昂碧

熊昂碧，字云客，金山人。少年沉醉于吟咏。补诸生。后来跟从其亲戚客居山西，中年北出卢龙，南涉闽粤，足迹半天下。晚年归里，收集编辑其诗，大多是游历山水之作。

同时的潘三乐，字芷堂，宋莲，字清远，都是诸生，工诗。宋莲尤其精于画。

毛遇顺

毛遇顺，字山子，娄县人。诸生。诗才清俊，为钱塘吴锡麒所赏识。

同时能诗者有张倬田，字芸人，廪贡生；张国梁，字月巢，增贡生；夏璹，字秋园，岁贡生。他们都闻名于当时，受人推重。

冯承辉

冯承辉,字少眉,娄县人。增贡生。工于诗词,擅长书画,篆隶得汉人笔意。尤其喜欢描绘梅花,自号“梅花画隐”。

儿子冯晋昌,字树卿,拔贡生。授桃源县教谕。禀性坦荡平易。嗜好学习,喜爱聚集书籍,工于唐人律赋。光绪六年(公元1880年),参与修撰府志,尚未成书,去世。

胡繁苞

胡繁苞,原名连玉,字朗山,华亭人。诸生。为文高雅古朴,远远超过同辈,学士吴信中极其赞赏他。乡试屡次受挫,内心郁郁不乐。一日饮酒大醉,坠落水中溺死,士人为之议论惋惜。

汪巽东,字亦超,娄县人。岁贡生。诗文义蕴深厚,也为吴信中所赏识。尝游览京师,住宿文恭公潘世恩相国邸第。潘世恩十分推重他的品行。

胡家濂

胡家濂,字山冉,青浦人。是恪靖公胡宝瑔的曾孙。诸生。禀性坦荡平易。工于诗,通医理。道光十二年(公元1832年),参加省试(乡试),主试萧山文端公汤金钊赏识其文。副试官以《春秋》宗胡氏说(宋代胡安国撰《春秋传》三十卷,为元明所崇尚,通称《胡传》。“《春秋》宗胡氏说”,意谓研究《春秋》,以《胡传》为依据)而摈弃他,于是乡试落榜。

他居所在府城西,家徒壁立,无有长物,但安然自得。尝与华亭蒋树本等结文社,胡家濂才华冠于众人。

蒋树本字立斋,诸生。也工于文。

胡家濂弟胡衮以才学著称。衮原名家櫰,字瑞斋,禀贡生。候选训导。为人刚正朴实,学问具有根柢。

李树昆

李树昆,字馀杉,奉贤人。诸生。年少丧父,刻苦勤学,为文得前贤法则,县令艾荣松十分器重他。后来艾荣松被怨家诬告而被撤职,李树昆邀集同人前往大吏为其辩白,虽然不得昭雪,但他的义举声誉震动一县。有舅父的儿子因赌博输掉而负债,卖掉李树昆的家产用以偿还,李树昆不与他计较。

儿子李庆熊，字花卿。诸生。工于诗和古文辞。学使李联琇考查松江生员，看到李庆熊试卷，夸奖他为奇才。

袁 禾

袁禾，字花溪，奉贤人。诸生。好学不倦，年已七十余，读书仍每日不停，偶有遗忘，即使深夜也要起来查阅。

儿子袁以介，字琴轩，诸生。工于诗、古文辞，与诸生金瑞阶同受萧山文端公汤金钊相国的赏识。

金瑞阶字霭庭，通晓经学，声誉著称于全校。

张庆鹤

张庆鹤，字云汀，上海人，廪生。以八股文闻名。有弟子籍的门生很多。生平操文墨不断，年届八十岁仍然如此。

同时的诸生杨守廉、廪生张春华，居住乡里，教授门人之多，与庆鹤不相上下。

顾秉源

顾秉源，字润斋，南汇人。国子监生。年少时有神童之称。长成后更是认真探讨经史，购藏书籍万卷。人们将他比作“小瑯嬛”(晋张华游洞宫，遇一人引至一处，大石中开，别有天地，宫室嵯峨，每室各陈奇书，有《历代史》、《万国志》等秘籍。张华历观其书，皆汉以前事，多所未闻者。问其地，曰：“琅嬛福地也。”张华甫出，门自闭)。尤其喜欢声律，工于填词。去世之年为七十一岁。

黄山松，字云海，姚春熙，字好楼，都是廪生，工于诗。

李筠嘉

李筠嘉，字修林，号笋香，上海人。候选光禄寺典簿。藏书很多，精于校勘。从孙附贡生李钟烈年少丧父，抚育他成立。里中善举，辄解囊相助，毫不吝惜。其别业名为“吾园”，为名流饮酒吟咏处。李筠嘉收集唱和之作，刊以行世。享年六十三岁。刻投赠篇什曰《香雪集》。

李仁在，字子木，上海人。《中国美术家人名辞典》云“筠子”，疑为“筠嘉子”。监生。豪迈喜客。家有慈云楼，积书数万卷，手自校定。工书、画，与妻黄承藻，并善写兰。

李钟庆,字即卿,李仁在子。亦善绘事,于画理尤有深悟。所藏书画,多唐、宋人真迹。

姜 熙

姜熙,字云亭,华亭人。附贡生。禀性至孝,勇于为善。当初,姜熙的祖父姜怀权以诸生应省试,患病无力请医生治疗,归来不久即去世,其妻陈氏艰苦守节数十年,将去世,对其儿子姜轼说:"我子孙若能自立,必须考虑用以佐助寒士的办法。"到姜熙,遂捐田作为华亭诸生省试费。后来又建造宗祠,置备义庄田,创立尊亲义学,又捐田给诸善堂及文庙洒扫局。在道光(公元1821年—1850年)年间,两次赈济水灾,出资尤为巨大。人们为此称道姜熙,姜熙说:"这是我先人的遗志,我有什么啊!"其他孝行多类此。

儿子姜金绒,字丽甫,善于医术,喜好行善,有父亲风格。光绪四年、五年(公元1878年、1879年),晋、豫、直隶饥荒,他劝导赈济,献出大力。

孙子姜保镛,字屺瞻,光绪元年(公元1875年)举人,能文,早年去世。

姜熙有亲戚唐天溥,字如庵,也以好行善事著称。

沈锡朋

沈锡朋,字芑园,娄县人。国子监生,议叙八品衔。幼年禀赋至性,善承双亲遗志。父亲沈盈科有田五十亩,析产分家之日,沈锡朋年仅十七,他请求于父亲道:"儿兄弟三人,如果都读书,则生计一直窘迫,让我经商吧。"于是贩卖布匹,经商所得利润,与兄弟共同分配,到老和睦相处。父亲去世,悲痛得几乎死去。事奉母亲尽孝,母亲享年八十四岁,哀毁如父亲去世时。光绪八年(公元1882年),官府以孝子予以表彰。

当时同以孝子予以表彰的,有青浦叶奕良,字晓山,国子监生。十三岁丧母,哀毁尽礼。道光(公元1821年—1850年)中,随父亲叶宜菖渡泖港遇大风,父亲失足掉入水中,叶奕良急忙跳入水中,尽力援救父亲而出水面获生。

仇世贤

仇世贤,字少泉,娄县人。诚实有至性。父亲仇汉涛管教他很严,他承命惟谨。

家境贫困，母亲郁氏勤于纺织，常到深夜，仇世贤侍奉母亲睡后他才睡。黎明他卖掉棉纱换取钱钞再买棉絮，余钱买米背回，日以为常。父亲先去世。母亲年届八十，卧病于床，举动需要搀扶，世贤夜里要起来数次。母亲想要吃什么，即使深夜也必觅取进献。像这样前后达六年。光绪五年（公元1879年），与其儿子仇治豫、仇治观同以孝受到官府表彰。

仇治豫字立甫，仇治观字秋坪，母亲顾氏患重病，各自割臂肉以进。咸丰（公元1851年—1861年）年间，贼寇到来，弟兄俩一起背了父亲出去躲避，一个晚上往往要数次迁移，不久都因劳累过度而死。

蒋 松

蒋松，字春山，华亭人。诸生。藏书甚富。能文章，尝为知府何士祁作《松江邦彦图》一百零二人，小传简明有法。年少丧父，侍奉母亲，总是恭承其心意，以使其高兴。同治九年（公元1870年），以孝受到官府表彰。

一起受到表彰的还有龚汝霖，字松坡，娄县人，诸生。嗜好学习，工于诗文。年少丧父，母亲朱氏抚养他成立。母亲患病，他日夜祷告于神灵。母亲去世，因哀毁成疾而死。

又于同治十一年（公元1872年）受到表彰的有吴桂庭，青浦人。侍奉母亲孝顺谨慎。母亲脚生疽疮腐烂经历二十年，吴桂庭每天为她洗涤，不稍懈怠。母亲至九十六岁去世，桂庭也已六十岁了，因哀毁致疾而去世。

顾翼之

顾翼之，字云门，华亭人。诸生。有学问和操行。喜为庾辞（即隐语，俗称谜语）。侍奉母亲，十分孝顺，尝采药治疗母病，一位好事者为他绘《采药奉母图》。光绪五年（公元1879年），以孝受到官府的表彰。

又于同治十一年（公元1872年）受到表彰的有陈宗源，字菊岩，国子监生，侍奉父母尽孝。父亲去世，奉侍母亲更加谨慎，夜里必住宿床边，片刻不离。母亲去世，因哀毁致疾而去世。

鲁南明·张龙观

鲁南明，华亭人。禀性纯孝，家境贫困，挑担贩卖以供美食于双亲。母亲九十六岁，疽疮生于背上，溃烂无法治疗，鲁南明吮吸疮脓，脓尽而疮愈。后来母亲去世，鲁南明已六十多岁，仍哭泣如儿童。

张龙观，金山人。两脚都瘸（跛），贫困为人作佣，事母十分孝顺，得钱即买美食奉献母亲，而自己则忍耐饥饿。母亲去世，哀毁致疾而死。

同治十年（公元1871年）、光绪五年（公元1879年）两人都以孝受到官府表彰。

王　金·王含英

王金，南汇人。年少丧父，受雇佣为人挑水。侍奉母亲十分孝顺，清晨侍奉母亲梳洗，进献早餐毕，才出去为人挑水。归来必准备美食给母亲吃。寒冷的夜里必解开衣服温暖母亲的被褥头枕。母亲走亲戚或到邻居家串门，先于所经之路除去瓦砾，然后扶母亲前往，经历五十年如一日。储蓄以挑水得到的资金，预先为母亲置办棺柩衣被，营建砖坟。母亲去世，王金已六十六岁，哀毁骨立，闻者为之感动。

王含英也是南汇人，努力耕种，奉养双亲。父亲患疮长久，溃烂不可挨近，但王含英侍奉父亲寒暑无有间断。父亲疮愈后，母亲又失明，王含英与母亲日夜不离，出入必扶持，即使有时远行，晚上必定归来，唯恐失明的母亲起居不安。他又喜好施予，道光五年（公元1825年），县内商议修建学校，王含英正病重，仍出资修葺明伦堂。

十八年（公元1838年），王金、王含英均以孝受到官府表彰。

蔡　煦

蔡煦，南汇人。诸生，有文名。道光（公元1821年—1850年）年间，母亲患病，尝截小指以疗母病。

同时断指疗母病者，有道士陆泰高、文童（童生，尚未考取秀才的学生。文童，对武童而言，也叫儒童）顾春藻，与蔡煦同住川沙。

又有诸生闵世倩，字山农，也割臂肉以疗母病。

徐季友

徐季友，金山人。四岁丧父，母亲教养他成立。及其长成，尽心尽力孝养母亲，供奉美食，每日无缺。母亲去世，泣血尽哀。对待兄长友爱，抚育兄长的儿子如同自己的儿子。长吏给“孝友可风”匾额以示表彰。

朱嘉会·龚荣寿·曹铭绶

朱嘉会，奉贤人。国子监生。禀性孝友。母亲去世，住墓旁草庐守丧三年，人称“孝行先生”。

龚荣寿，是商人。与其妻庄氏侍奉母亲尽孝，自己吃粗粮，而供奉母亲必是美食。

曹铭绶，字莲汀，诸生。为诗文有奇气。母亲去世，日夜哭泣，以至眼睛出血。

徐士镳

徐士镳，字式之，青浦人，诸生。父亲徐坤，尝割股疗母病。徐士镳禀性至孝。同治二年（公元1863年），母亲生病，他也割股治疗母病。母病治愈获生，而徐士镳即于当年去世。

朱小泉·陶宏化

朱小泉，青浦人。世代务农。侍奉母亲十分孝顺，买肉给母亲吃，家境虽然贫困，但无一日短缺。道光二十九年（公元1849年）发大水，粮食紧缺，自己吃糠菜，而奉侍母亲必进献白米，且照常买肉。

陶宏化，字雨芳。幼年学习八股文，应试不得中式。家境十分贫困，想到双亲尚未安葬，于是屈身为乞丐，积累数年得白银十笏（铸金银为条板，形似笏，因而称一枚为一笏），有位狡猾的人借了他的银子而不归还，他又乞讨数年，最后终于安葬其双亲。

俞廷飏各为赋诗以记他俩的事迹。

朱文炜

朱文炜，字燮卿，上海人。县内有善事，必捐资倡导。而对待宗族尤其优厚。道光七年（公元1827年），修葺宗祠。去世之时，命儿子朱增楷等仿效范仲淹设置义庄。后来朱增楷等割家产千亩，设立义庄，以成就其遗志。大吏上报于朝廷，按惯例建立牌坊表彰。

朱文煜、朱文烈都是朱文炜弟兄辈的人。朱文煜字卿章，事父孝顺。嘉庆九年（公元1804年），县人士商议建同仁堂，朱文煜继承父亲遗志，捐资倡导。道光十八年（公元1838年），以孝受到官府表彰。朱文烈字毅侯，恩贡生。禀性淡泊，喜好吟咏。朱文煜儿子朱增沂、朱增惠，喜好义举如其父亲。

顾延吉

顾延吉,字次园,奉贤人。诸生。父亲顾仲和,字槐三,以喜好义举称道于乡。顾延吉工于吟咏。两次参与赈济嘉庆、道光年间水灾,捐资十分巨大。

弟顾延祥,字近岩,诸生。禀性庄重,善于读书,精篆书及风水家言。

经常捐献粮食赈饥的,在嘉庆十九年(公元1814年)有平民黄廷基;道光三年(公元1823年)有诸生戴思礼,字月樵,布政使理问衔;唐庆门,字见山;二十九年(公元1849年)有州同衔唐庆廷,字一飞。他们对善事都能倡导和资助。

范用和

范用和,字中孚,奉贤人。国子监生。生有纯厚之性,六岁时母亲去世,哀毁如同成人。父亲范显梧患有痔疮,亲自为其熏香沐浴。弟范用周早年去世,抚育其子如同自己的儿子。道光三年(公元1823年)、十三年(公元1833年),两次捐粮赈饥,赖以存活无数。建萧塘镇东虹桥,将木桥改为石桥,行旅称道方便。十四年(公元1834年),重修文庙,独力建造明伦堂及名宦、乡贤等祠,监督工役,不知疲倦。

儿子范循理,字履堂,国子监生。继承先人遗志,建宗祠,设祭田,创兴秦塘义塾、文社,延请老师,教导士人,造就好多贤达。其他善事大多类此。

孙子范迪惠,字月舫,诸生。年幼聪慧,通晓天文历算之学。早年去世。

周尚絅

周尚絅,奉贤人。国子监生。本性好善。道光三年(公元1823年)秋,发生水灾,需要开国库赈济,县令秉承大吏意见,不敢擅自开国库。周尚絅说:“救荒如救火,岂可耽误!”他先拿出粮食数百石,请煮粥施予饥饿之人,赖以存活者很多。其他如建同善堂、育婴堂等善事,尤其依靠其大力资助。

陈廷楷

陈廷楷,字殿初,奉贤人。具有同知官衔。父亲陈文畴。陈廷楷喜好施予如其父亲。接受母命,建造桥梁,又于闵行镇设衍善堂。

又有恩贡生葛长华,监生蔡承坚、胡祖霖、庄森林、钱廷均、姚鸿焘、胡功叙、宋三榕,诸生唐懿、蔡书铭、汪淇诸人,也都乐于做善事,县有义举,无不出力资助,乡里人们称道他们。

江驾鹏

江驾鹏，字翼云，上海人。诸生。本性好善。所著《格言》，以引导人们致力于有益他人之事，当时人们称他为长者。

长子冯承桂，字馨山。咸丰元年（公元1851年）举人。喜好善事，如其父亲。相助公务，不辞辛劳。

次子冯永清，咸丰十一年（公元1861年）拔贡生，因避乱积劳成疾而去世。

施一才・吴友颐

施一才，字乐三，华亭人。县有善举，无不作为。尤其能善待寒士。逢大比（国家考试，如乡试、会试等）之年，看到贫困之人无力前往应试，他必携带前去。曾有佃人营葬亲人侵占其田，有人告诉他，他说："沧海桑田，谁主谁客？一墓之占，有何损失！"

同时还有吴友颐，字淡香，诸生。祖先有义庄田五顷，为族人所占据，吴友颐年辈较晚不能阻止，于是又拿出自己田数十亩，仍置为义庄田。明代陈忠裕祖墓在沙冈，为他姓所占据，他积累束脩费（设馆授徒的收入）予以赎出。他善于画竹，以画换米，施舍给贫苦者。

又有叶达，字定斋，娄县国子监生。侍奉母亲极其孝顺，尝割臂肉治疗母疾。善于医术，不取报酬，给贫困者以药。家无中等资产，但遇善举无不资助，乡里称道他。

胡梦熊

胡梦熊，字渭滨，青浦人。国子监生。慷慨好施。尝捐粮以赈饥者。其他善举如抚恤寡妇、养育弃婴、施予棺柩及衣服药物，无不为之。咸丰（公元1851年—1861年）初年，与陆日爱倡办团练，尤为赖其大力。

又有徐嗣宗，字少畇，议叙八品衔。胡是恕的曾孙。侍奉嗣母以孝闻名。道光二十二年（公元1842年），土匪作乱，他携母迁避，以劳得疾。道光二十九年（公元1849年）发大水，出钱粮赈饥。工于诗文，善于书法。年仅三十四岁即去世。

郭宗泰

郭宗泰，字小浦，青浦人。诸生。道光二十九年（公元1849年）水灾，经常于袖内放了粥票给路旁饥饿者，让他们凭票拿粥。童试卷子一向由礼房备纳，索费多少不一；宗泰创设公款，报请县里备案，寒士赖以获益。粤匪（蔑称太平天国军）扰乱后，县建昭忠祠,请求将原有的与善堂改建。

晚年常焚香默坐,栽花自娱。无疾而终,享年六十二岁。

张祖培

张祖培,字星阶,华亭人。附贡生。任云南盐大使,改发浙江,历次代理黄岩、长亭、芦沥等场务,升任盐运司副使,平居生活俭朴,亲族里党有困苦贫乏者则常予以赈济抚恤。

本性爱好吟咏,书法也工。

许荫堂·许荫基

许荫堂,一作阴堂,一名希冲,一作希仲,字子与,一字寿卿,又字仲升,号默痴。别号甚多,曰默道人,曰度能庵主,曰花楼词人,晚年署未了头陀,又有小印曰书佣博徒,曰十二楼侍者,曰邯郸寓生。青浦人。诸生。钱大昕(1728—1804,字及之,一字晓徵,号辛楣,又号竹汀,嘉定人,乾隆进士,官至少詹事,著述等身)女婿,遂赘居嘉定。嗜韵语,精律吕,喜作印章、砚铭,游戏操刀,神与古会。凡有小残缺之物,经其手制,无不完好。善书,于晋、唐、宋、元无不搜讨。画梅、兰、竹、菊外,偶儿也作设色花卉小品,逸韵天成。其论书画曰:“与其熟而平,不若雅而生。”鉴赏古迹辄曰:“真者半,伪者亦半,我但求其精,不苛求其真。”

许荫基,字介磐,号梅甫。许荫堂弟。道光时,自江苏昆山徙家吴县(今苏州),数载后居扬州。善水墨写意花卉,尤擅松、竹、梅、兰,悬腕中锋,落纸清劲,得夏淡缘之传。妻胡相端,也能画,别有传。

刘熙载(1813—1881)

刘熙载,字伯简,又字熙哉,号融斋,晚年自号寤崖子,江苏兴化人。道光二十四年(公元1844年)进士,官至广东提学使。一生以治经学为主,特别精通声韵和算术,旁及子、史、诗、赋、词曲、书法,均无不通晓。晚年主讲上海龙门书院,长达十四年之久。张焕伦、袁爽秋、童米孙、沈祥龙、鹿传霖以及胡适之父胡铁花等,都出自他的门下。《胡适口述自传》:“父亲进学之后,参加了几次省试都未能如愿。因此他深深了解他的学业为战火所耽误了,所以他决定到上海去进那些战后重开的书院,继续进修。经过慎重考虑之后,乃于1868年春初,进了新近复校的龙门书院。该院山长(院长）刘熙载先生是当时扬州有名的经师。父亲被录取之后，便在该院读了三年，从1868年到1871年。”胡适很多思想的形成，也可溯源于刘熙载。

在刘熙载的著作中，《艺概》是最负盛名的。《艺概》是一部谈文论艺的著作，有自叙，作于同治十二年（公元1873年）。全书分《文概》、《诗概》、《赋概》、《词曲概》、《书概》和《经义概》六个部分。“刘氏批评文学有一条重要的原则，他不仅强调文学作品要有充实的内容，而且还把文学作品同作家的思想倾向和品德联系起来考察，提出文学作品的价值同作家的品格密切相关。《词曲概》说：‘苏、辛皆至情至性人，故其词潇洒卓荦。’……《诗概》更是直截了当地指出：‘诗品出于人品。’”（王国安）《艺概》“对当时社会生活中所存在的七种重要的文艺形式，一一进行了论述，其涉及领域之全面和深刻，在中国古代文艺理论批评史上，不仅是空前的，甚至也是绝后的。可以说，刘熙载是中国古代传统文艺理论研究的一个集大成者。”（袁津琥《艺概注稿·前言》）

附光绪《松江府续志》刘熙载传（译文）

刘熙载，字融斋，兴化人。道光二十四年（公元1844年）进士。由编修累官至中允、上书房行走，督学广东。因病归来，主讲上海龙门书院达十四年。刘熙载学问博大纯正。精研经史，对天文、地理、音韵、六书、九数（即《九章算术》）以及诗古文辞，无不通晓，而尤其以深入研究性理为首先要务。待人接物，必注重诚实恭敬。居官时，风度气派高雅严峻，一丝不苟。咸丰皇帝嘉奖他，御书“性静情逸”四字匾额恩赐给他。文忠公胡林翼尝以“贞介（坚贞正直）绝俗，学冠时人”荐举。他主持讲席，严于课程，勤于讲解，以身为教，成就甚多。

光绪七年（公元1881年）去世。光绪八年（公元1882年），奉圣旨以其学问操行的事实交付史馆，以便列入《儒林传》。

著有《昨非集》、《持志塾言》、《艺概》、《说文双声叠韵》、《四音定切》诸书。

当时平湖举人钱炳奎，字蔚也，浦江诸生；费崇朱，字敬庐。两人共同受业于刘熙载。钱炳奎通晓三《礼》，尤精乐律，上海文庙乐器，都是他一手定制。推崇朱学，效法宋儒，言规行矩，因竭力求学而致病，去世于书院中。

胡　震（1817—1862）

胡震，字不恐，号鼻山，自号胡鼻山人，别号富春大岭长。浙江富阳诸生。侨寓上海。生平好立崖岸(比喻高傲,不易接近),酒后遇到粗野之人,就怒骂,人因目之为狂。习摹印,见钱塘钱松所作,乃大惊服。嗜金石,深究篆、籀、八分、六书、小学。所居室,几、榻、屏、幛,皆秦汉碑版,古趣盎然。隶字、行书均高古。与胡远交善,因亦作画,金石书卷气溢于纸墨。曾自刻富春大岭长印,边款云:"胡鼻山麓即富春大岭,黄子久(公望)有富春大岭图,余号鼻山,以姓相合,即以大岭长作别号焉。"胡震好游,胡曾走八千里,探桂林山水,于幽绝处摩崖题名,挟一铜鼓归。

好友钱松,字叔盖,钱塘人。洁身自好。善于识别碑版,尤其工于摹印(秦书八体之一,就小篆稍加变化,字形屈曲缜密,本用于玺文,后也用于一般印章),尝与胡震合刻印谱。

李承熊(1817—1883)·李承煜·李增禧

李承熊,字子卿,号白花,别署铁梅道人,字山人,居上海。画承家学。画山水、人物,尤精写照,画猴、鹿更妙。

李承煜(1824—1890),字仙根,宝山人,寓居上海。李承熊弟。精写照,如镜取影,百无一失。并能花卉、人物。名噪一时。

李增灿(1840—1904),字章甫,号双溪,李承熊长子。善写照,兼工飞禽走兽。

李增禧(1857—1921),字祥生,李承煜子。从张熊、任颐学花鸟、人物,兼写照。好围棋,当时沪上推第一。

郭友松(1820 —1887)

郭友松,名福衡,以字行。自署娄村老福,娄县人。十三岁中秀才,人称"神童"。同治十二年(公元1872年)举人。

郭友松禀性聪颖,性格诙谐,记忆力超人,读书过目不忘。比如叩以典故,必举某书某卷,约在某页,按之十不爽一,足见其记忆超群,异于常人。他学识渊博,无所不窥,又多才多艺,是当时松江民间鼎鼎有名的一位才子。他可以落笔成章,一气呵成,张鸣珂先生就曾评他"下笔千言,疾如风雨",可见他在诗文上的才学不凡。郭友松曾于桃核上以烟签刻人物、鸟兽,精妙非常,尤善山水。然而传奇的是,像郭友松这样一位传统文人,却有着开明的西方思想,曾为英国传教士在上海开办的墨海书馆工作过一段时间,并受英国传教士影响,因而具有一定的基督教信仰。终其一生,他虽官运不济,穷困潦倒,却富有传奇色彩。

有不少关于郭友松的记载和传说,比如:

> 云间郭友松孝廉福衡,颖悟异于常人,年十一即补博士弟子员,于学无所不窥,尤喜谐谑,稠人广座中,高谈雄辩,虽口若悬河者,无以折之。郡中有武弁某,性喜豪华,顾以弯两石弓起家,目中实未尝识丁也。会新屋落成,以堂匾乞题,孝廉颇为不屑,辄援笔书曰“竹苞堂”,弁喜持而去。后有识者曰,此隐藏“个个草包”四字也。弁爱其名,终不忍去。(黄协埙《锄金书舍零墨》)

还有一次,郭友松偶游城东某庵,住持老尼见他一身破败打扮,便摆出一副傲慢无礼的神情,态度生硬,对他白眼相对。庵里的小尼姑多在外走动,反倒见多识广,提醒老尼,这可是城里大名鼎鼎的郭大才子啊。老尼听后,立刻改容,作殷勤款待状,还盛情邀请他为庵堂题写匾额。郭友松倒也不显愠怒之色,提笔挥毫,写上“竹林居”三字。众人都摇头说,这个名字似乎与庵观没有关系,问郭友松有什么特别的用意。郭友松漫不经心地答道:“怎么不对了,拆开来就是‘竹林尸古’啊,我认为很切题嘛。”原来,松江人称尼姑为“师姑”,与“尸古”恰是谐音。而拆成这两个字还隐隐带着戏谑之意,老尼姑庵门深锁,见识还不如个小尼姑呢,最后无外乎作古竹林,无所修为。老尼终于恍然大悟,忙向郭友松赔不是。

还有一则笑话。一天郭与二三好友在路上走,某甲说:“郭兄,你能否讲一个字就引人笑?”某乙说:“还要讲一个字立刻使其发怒。”此时正巧有个年轻貌美的女子正牵着一条狗走来,郭友松就说:“好。我马上可以说两个字,一字使人笑,一字使人怒。如果我赢了,你们请我吃酒;我输了,我请你们。”三人说“好”。郭友松说:“前面不有个女子吗?她不认识我们,也不知道我们在打赌,我去试试。”说完就上前,向着那只狗跪下,叫了声“爸”,女子见状,不由得哈哈大笑;郭友松起来后,又朝那女子跪下,叫声“妈”,女子又不由得气愤万分、破口大骂。

郭友松才思敏捷,作诗文落笔成章,倚马可待。每次考试入场,总是第一个完篇交卷。当时江苏提学使李联琇到松江巡视考试,郭友松前去应试。李学使出题:《鸜鹆来巢》。正当其他考生都垂头冥思苦想之时,郭友松就已下笔如有神,大功告成了。距交卷尚有多时,就在试卷的空白处画了一幅鸟雀图,取名《鸜鹆来巢图》,恰好与考试作文相映成趣。李联琇学使见到这幅草稿上“旁逸斜出”的画作后,如获至宝般惊呼:“这是宋朝画院的作品啊!”当场把郭友松拔为第一,后来又聘他为幕僚,助校文艺。李联琇赴江北视学,郭友松也同舟而行,还作了《李郭同舟图》。大江南北的文人墨客,争相题咏于其上,一时传为艺林佳话。

郭友松擅长绘画，以写意为主，寥寥数笔，足以传神。不论山水、人物、花卉、翎毛等，着墨不多，而超逸清旷，奇趣横生。所作画题记往往很长，下款署“娄村老福”。然轻易不肯作画，“苟辇金丐其染翰，每不屑握管，促之则立将原金璧返，而兴之所至则大笔淋漓，件可立待，又不类乞取甚难者”，足见他作画全凭心情，高兴的时候，挥笔而就，不高兴的时候，就算你是知府高官，有再多的钱也难请到他“高抬贵手”作下一幅画。他平时嗜酒，还有鸦片烟瘾，因此，非到手头窘迫，没钱买烟或沽酒时，才肯动笔。

郭友松的书画诗文几经战乱，大多散佚，独有一部用松江方言写成的小说《玄空经》，流传于世。这部小说因其风格与上海张南庄的《何典》颇为相似，而备受关注。《玄空经》共八回，只有16 000多字。《自序》开头说：“余玄空人也，飘来飘去，几老江湖。”“玄空”兼有无依无靠、无凭无据的意思，却冠以“经”书之名，反讽之义不言自明。书中用丰富生动的松江方言勾勒了“脱皮少爷”、“出气姑娘”几个个性鲜明的市井小人物，嬉笑怒骂，游戏笔墨间，留下了一部鲜活的“方言大全”。对上海松江方言的研究有一定的文献价值。

在松江话中，“脱皮烂肚子”原是指办事不负责的坏作风，称少爷“脱皮”又与“塌皮”(有“赖皮”意)谐音，极尽嘲讽挖苦之能事。当他写到脱皮少爷逼租的时候，笔下又活脱脱出现了一个逆来顺受的可怜佃农形象，对于重租只有苦叹：“眼睛大小，只望自好。”

再如“人家”，松江话中也指“别人”(如“借了人家铜钿还勿出”)。但作名词用时，还有“门第”(松江话还称“门坊”)的意思。书中提到“只因人家推板”(第一回)，是说这户人家的社会地位低(“推板”原指质量差)。又如：“人家好歹”(第二回)等于说“门第高低”。至于“做人家”(第三回)，不是“组织家庭”，而是“节俭”，已成惯用语了。再如“过门”，松江话跟普通话一样，也指“女子出嫁到男家”，如，“过门来不到三年”(第一回)。

李士棻(1821—1885，一作1821—1883)

李士棻，字芋仙，四川忠州人。道光年间拔贡，同治初年知彭泽县，移宰临川，政声卓著。去官后贫不能归。曾客曾国藩所，曾国藩以方外蓄之，不甚重，然时怜其才。曾国藩官江南，李士棻屡有请托，戒门者勿通。李士棻乃投以四首诗，曾国藩读之，称善。曾国藩卒后，他流寓上海二十年，江湖落拓。李士棻长于律诗，律句之佳者颇多。

“不应我辈皆如此，正恐他生亦复然”一联，以虚字取胜。又如“琵琶弹出秦淮月，照见蛾眉有泪痕”等，浏亮顿挫。李士棻又善书法，追宗晋、唐。著《天瘦阁诗草》、《天补楼行记》。

徐方增（1822—1877）

徐方增，字晓云，浙江平湖人。同治初年客居上海。长于隶古，临写汉碑无虚日。日本人深喜其书，购去甚多。

胡公寿（1823—1886）

胡公寿，一作恭寿，初名远，又字小樵，号瘦鹤、横云山民。华亭人。

胡公寿曾多次参加科举考试，均未中，遂弃而学画。咸丰十一年（公元1861年）至上海，初寓毛树澂（上海人，富于收藏，与江浙书画名士多相投契）家，对其藏作朝夕观摩。后被钱业公会所礼聘，推举为大家，成为职业画师，从一个屡试不售、怀才不遇的落魄文人转而成为早期海派画坛中的名流。

胡公寿工书善画能诗，是有着诗书画全面素养的文人画家，被称为“横云三绝”。书法颜真卿、李邕，浑厚端正，笔力雄健，以湿笔取胜，其传世书法作品数量比起绘画要少得多，也少有人称道，恰好验证了“可怜书法空当代，竟被丹青掩盛名”，其传世书法作品有《寄鹤轩诗章》。

胡公寿的绘画整体上继承了吴门绘画传统，但受世事情境变迁的影响，显现出较为独特的个人画风，开始向近现代画风递嬗。其作品收入光绪十一年（公元1885年）上海同文书局石印的《海上名人书稿》，该书共收录张熊、胡公寿、邓铁仙、杨伯润、周云峰、任阜长、徐小仓、沈心海八大名家作品。胡公寿工画山水、花鸟，尤善画梅，老干繁枝，横斜屏幛。他的山水画墨法圆润，画笔秀雅，上追董源、米芾，而有其神韵，近学董其昌，而有其笔趣。他的花鸟画也力矫晚清柔美之俗，用笔奔放而不失矩度，可以说是向金石画风大写意的迈进。

吴昌硕《石交录》记：其“初为州县掌书记，中年以后流寓海上，书画雄一时”。张鸣珂《寒松阁谈艺琐录》赞誉胡公寿和任伯年是清初恽寿平（其花卉是清代院体花鸟的正宗）和王翚（其山水是清代山水画之正宗）的传人。他在任颐（伯年）和胡公寿合作的《鹰石图》的题画诗中写道：“墨池点石势嶙峋，添写秋鹰迥绝伦。岂肯卑栖随鷃雀，未妨高举出风尘。云停歇浦悭投分，鹤唳华亭倍怆神（予与公寿论交三十年矣，伯年则未谋一面)。各有千秋合成璧,恽王而后此传人。”其好友清末数学家李善兰有诗云:“清气填肺腑,充溢到骨髓。欲出无从出,奔赴向十指。巨册忽当前,一泄不可止。郁怒蟠根株,璀璨发花蕊。洁掩云母窗,净拭乌皮几。小坐令我读,触手春满纸。恍骑玉龙首,游戏香海里。浏览十二幅,三复何能已。我本罗浮山,甘抱寒香死。堕落几何年,见梅辄欢喜。此时洞口花,应与洞中似。乞画白凤凰,送我归山矣。”大赞其梅花“如在孤山篱落间”的自然而富有朴素的气质。

题画诗是胡公寿作品的一大特色。他的题画诗内容多样,有的以诗言志;有的与画相配合,意境深远;有的则涉及画法画理。

胡公寿在上海画家与日本人的交往中,充当了重要的角色,并一度成为日本人心中的画坛权威。公寿的书画有“横云山民善三绝,一缣倭国价连城”的美誉,几乎所有到上海的日本人都会想办法拜访胡公寿,并以拥有他的画为荣,“日本人东归,辙以得其(胡公寿)尺幅为韵事”。1877年,日本汉学家岸田吟香(1833—1905)及其朋友川上东崖(1827—1881)来上海拜访了胡公寿,胡公寿为他们介绍了上海其他书画家,并为岸田吟香作《淞江送别图》为离别时的礼物,岸田吟香在一封信中提到:“在日本品评下的胡公寿是中国最有名的画家。”1878年,日本画家长尾无墨访沪,在沪期间,他多次拜访胡公寿和张熊。1881年,他回日本后,立即为胡公寿和张熊出版了《张子祥、胡公寿两先生画谱》。胡公寿还收了一名日本学生——安田老山,他是日本美浓(今岛根县)的一名画家,生于1833年,最初学医,对绘画有兴趣,为探索画派渊源,于19世纪60年代来到上海,拜胡公寿为师。

胡公寿人品谦逊,对晚辈的提携尤为至诚,与当时上海画坛许多著名画家关系密切,亦师亦友,对同时代的画家颇具影响力。

任伯年初到上海时流落在四马路卖画,胡公寿对他极为器重,大力提携,为他找画店,极力向钱业公会推荐,带他参加钱业公会的雅集,还常常与他合作。任伯年后来在上海滩画名大噪,但他一直很尊敬胡公寿,毕生称其为“公寿先生”,还将自己的斋名取为“倚鹤轩”。在艺术上,任伯年画的梅花竹石就是吸取胡氏画法,其所画山水,从山石的皴擦、横笔点苔以及房屋、树木的画法上看,与胡公寿同出一格。其在书法上也受到了胡公寿的指授,细加比较,可以看出两人书体十分相似。

杨伯润1860年来上海,初来上海时画风效仿胡公寿,四十以后始立门户。胡公寿对他的字画十分赞赏,伯润在《南湖草堂集》中,有多首诗歌表达他对胡公寿的敬佩之情。

吴昌硕十分佩服胡公寿的为人和书画，称其“人情高迈，善书画，意致横逸”。胡公寿则喜欢他的刻印及行篆书，并为他绘《仓石图》。还与胡铁梅（璋）、虚谷为深交。

胡公寿代表作主要有《松江蟹舍图》、《龙洞探奇图》、《夜泊秦淮图》、《云山无尽图》、《秋水共长天一色图》和《山水图》等。著有《横云山民诗存》（或作《寄鹤轩诗草》）。辑有《胡公寿集铜印》4册和《胡公寿手选汉铜印存》1册。

胡公寿享年六十三岁。

李炳铨（1827—1866）·李钟珏（1853—1927）

李炳铨，字少琳，上海人。精医，后以医为生。工诗。书法颜真卿，参以赵孟頫。画梅宗金农，参以童珏，题画喜仿郑燮。

李钟珏，字平书，号瑟斋，晚署且顽老人，李炳铨子。富收藏书、画、碑版，与哈少甫（麟）携带古书画东渡日本，流连两年，观摩交换。考订金石，印行名迹，流通于美术界。对于地方建设事业，致力尤多。楷书法钟繇、王羲之，行书近赵孟頫，圆润明净，见称于时。亦工篆书。

王　韬（1828—1897）

王韬，原名利宾，易名瀚，字懒今；后改名韬，字仲弢（一作字紫铨，号仲弢），江苏长洲（今苏州）人。父王昌桂，应邀到上海入麦都思（伦敦布道会传教士）创办的墨海书馆，参与中译《圣经》，受到麦都思称赏。麦都思在给伦敦的报告中，这样评价王昌桂：“他饱读经书，可说是一座‘活图书馆’。但他尤为坚定地信奉儒家思想，并声称‘生为圣人弟子，死亦圣人弟子’。直到病故，他确实未曾改变自己的观点。”王韬十二岁学诗，十四岁学文。道光二十五年（公元1845年）以第一名入县学。1848年王韬来到上海，仅一年，父亲猝死，王韬申请参与《圣经》的中译工作。在申请书中，他说：“仆幼承庭训，留意典籍，埋首学间，顾身士林。心无旁骛，唯孔子之道是从。先父见背，仆继承其职，始闻圣教。”翻译《圣经》诸人中，年最少，加入最晚。然于经义卓绝处，不久即衷心赞赏。在馆中，王韬与李善兰、蒋敦复、管嗣复等友好。1862年流亡香港。在香港，他协助传教士理雅各翻译中国经书，后创办《循环日报》。经丁日昌疏通，为李鸿章默许，1884年，王韬重回上海定居，主持《申报》编务，为《申报》等写下大量政论、笔记、散文、小说，出版《弢园文录外编》、《弢园尺牍》等著作。张舜徽评其政论：“是集（《弢园文录外编》）文字，则其鼓吹变法自强之总集也。韬文笔犀利,而气又足以振之,自足以激起一世之人。”(《清人文集别录·弢园文录外编》)王韬成为上海近代思想家之一。又办弢园书局,主讲格致书院。

王韬工书画,能篆刻。曾为许铼(字春樵,清代番禺即今广州人,工画,沈世良曾寄诗乞其作《侨梅阁图》)、宋贞(字梦仙,清代上海人,娴于书画,能篆刻,光绪二十六年(公元1900年)庚子,售画以助赈,为时所称。著有《天籁阁集》四种)夫妇之师。

1897年,王韬因病卒。林语堂称其为“中国新闻报纸之父”。

蒲　华(1830—1911,一作1834—1911)

蒲华,字作英,一署胥山外史,原名成,字竹英,秀水(今浙江嘉兴)人,侨居上海。草书自谓效吕洞宾(吕岩字洞宾,唐代永乐即今山西芮城人,一作长安即今西安人,善草书,一举笔数千络绎不断,岳阳楼有留题诗石刻尚在)、白玉蟾(葛长庚至雷州继白氏,改姓白,名玉蟾,遍游名山,封紫清明道真人,平生蓬头跣足,一衲敝甚,而神清气爽。随身无片纸,落笔满四方。大字草书,若龙蛇飞动。有《琼琯集》、《白真人文集》),笔意奔放。早岁画花卉,在徐渭、陈淳间。晚乃画竹,心醉文同。一干通天,叶若风雨。山水树石,亦淋漓元气,不规规于蹊径。盖取法石涛、石谿而加以变化。结鸳湖诗社,与吴俊卿、何汝穆、徐新周、哈麐交善。所居曰“九琴十砚斋”。鬻书、画以自给。平素笔墨不自矜惜,有索辄应,润金多寡亦不计。人以其易弗重视,至殁后声价始增。曾游日本,为彼邦人士推重。平生自讳其年,殁后门人检箧得印章,有曰“庚寅生”,乃知蒲华生于道光十年(公元1830年),卒年八十二。

钱慧安(1833—1911)

钱慧安,初名贵昌,字吉生,号双管楼,一号清谿樵子,宝山(今上海市宝山区)人,侨居上海。善写人物、仕女,笔意遒劲,态度闲雅,间作花卉,山水也善。晚笔劲峭有余,虚灵不足。面型流于公式,缺乏个性。光绪、宣统年间与倪田、宋海、邓启昌、舒浩卖画海上,名重一时。有《听鹂图扇》藏故宫博物院。著《清溪画谱》。

钱书城,字筱侯,钱慧安次子,侨居上海。画承家学,先于父殁。

陆元珪

陆元珪,号瑶圃,青浦人。陆璞堂少子。精鉴古,工诗词、篆刻,善写兰蕙,师文徵明、古白(陈元素,明长洲人,善画兰,兰叶偃仰,墨花横溢,超然出尘,得文徵明之秀媚,而更气厚力沈，曾作《墨兰卷》），意气豪迈，坐客常满。真率不尚虚礼，酒后高歌，屋宇为震。道光十三年（公元1833年）蒋宝龄（1781—1840，字子延，一字有筠，号霞竹，又号琴东逸史，常熟布衣，工诗、画，道光三年［公元1823年］吴中大水，居民流徙，王之佐作水灾纪事诗十二章，蒋宝龄为补十二图，备详情状。著《墨林今话》）客青浦，为题《泖湖渔唱词集》。

王承基·王承录

王承基，字竹鸥，上海人。道光十七年（公元1837年）选贡，以部郎出守平凉，迁陕西布政使。工诗文，书法名隽，得董其昌神髓。光绪十三年（公元1887年）重游学宫。二十三年（公元1897年）萃科夺魁，卒年八十九。

弟王承录，字铁卿，号铁史。道光、咸丰年间诸生，钦赐举人，授沭阳训导，甫三月假归。寻改内阁中书，不谒选。书法大追颜真卿、柳公权，小兼赵孟頫、董其昌。爱蓄良砚，自为铭识。兼精音律，手写元、明人曲谱百余本。母殁后逾年哀毁过度而卒。

弟王承埙，字叶五，号友篪。咸丰九年（公元1859年）举人，官户部郎中。工诗古文辞，书法颜真卿，宦京师三十余年，卒年六十九。

王承基子宗寿，字介眉，恩荫生，官至浙江候补道。书宗欧阳询、褚遂良，中年改颜真卿、柳公权，临摹座位帖尤佳。

王承录子王宗骥（？—1919），字小铁，书亦宗颜，兼工昆曲。

王承埙子王宗毅（？—1916），字鹤僧，号叵生。光绪二十三年（公元1897年）选贡，二十九年（公元1903年）举人。官内阁中书。工诗、古文词，书学颜真卿，尤精楷法。通音律，善鼓琴，并长昆曲。

曹树珊

曹树珊，字海林，上海人。贡生。书学颜真卿，继又研覃阁帖，出入于褚遂良、米芾间。同时如莫树堉（莫树堉字在田，号云坛，道光时上海岁贡，名重于时）、乔露洲（重禧）皆为推服。

侯　敞

侯敞，字梅杉，晚号淞南居士，上海人。居侯家角。道光时诸生。淡泊不求闻达。工诗、古文词，兼长书、画。凡九流之书无不涉，历弦琴、弹棋，吹箫、品曲，无艺不精。卒年七十九。著有《资画录》、《胜迹联珠》、《名诗碎锦集》。

冯瑞光

冯瑞光,字吉云,南海(今广州)人。其兄冯焌光(1830—1879)为孝子。冯瑞光为国子监生,记名道员用。寓居上海,辟南园,有花竹之胜。善以泥金写兰花,风韵秀绝。画兰之所曰“祖香堂”。

徐　恒

徐恒,字祝平,号竹坪,又号小涛,青浦人。施润春(号朴斋,道光年间嘉定人,后以授徒自给,工诗、画)弟子。善山水,尤心契沈周、李流芳(1575—1629,明代人,本歙县,侨居嘉定,与唐时升、娄坚、程嘉燧称“嘉定四君子”,与钱谦益为友)两家,兼涉宋、元。工隶书。

戴　高

戴高,字小亭,青浦人。咸丰元年(公元1851年)举人。经大挑以教职用。戴高研究经史有声誉。侍奉母亲十分孝顺。母亲去世后,奉养祖母钱氏,穿衣、饮食、睡觉、起床,必定看望问候,寒暑不断。因祖母年迈,不参与会试前后达二十年,祖母去世,哀毁超过一般人。禀性和气正直,无疾言厉色,而只是将坚持道义作为自己的责任,乡里称道他。

胡履吉

胡履吉,原名家锟,字理生,青浦人。咸丰二年(公元1852年)进士。官任翰林院庶吉士。禀性孝友。起先,任教职于萧县,迎接兄长及其侄子居于官署,八年间都没有不和睦的话。赏识段广瀛于童子军中,尽力予以培养。后来段广瀛由编修官至廉访。胡履吉文章雅正,卓然成家。刚入翰林院,即乞求告假而归。

后来逢粤匪之乱,帮助知县廖秩玮募勇防剿,名叫“青军”。力任艰巨事务,终因积劳成疾而死。

葛学礼

葛学礼,字恪庭,上海人。咸丰二年(公元1852年)举人,风格高雅严峻,博通经典文籍。订正《十三经注疏》,足以弥补阮元《十三经校勘记》所未及之处。诗文简古深厚,具有清朝初年诸家的长处。

晚年避乱乡间,自号“寄村懒农”。

姚元滋

姚元滋，字润生，上海人。咸丰九年（公元1859年）举人。代理浙江富阳令。富阳县共有六区七十二庄，其催科（催交租税）之法，他担忧差役扰民，因而专门教导保正领串完纳（由保正具体操办收纳税赋的方法，具体不详），民众感到十分方便。

本县人丁某由廪贡入资得官（缴纳钱财买取官职），居于乡间，横行不法。姚元滋上任，则将他捉拿关押，上告大吏，追究其罪，民众得以安定。

王绍基

王绍基，字少逸，青浦人。诸生。是侍郎王昶的孙子。咸丰元年（公元1851年）荐举孝廉方正。父亲王肇和，国子监生，个性严正，敝衣粗食，人们忘记他是位贵公子。家境虽然贫困，但仍好施予。王绍基年少继承家学，以诗文闻名。当时王昶门下士人大多贵显，知道他贤良，争相寄书信召他去，但他拒绝不赴。以经学教授乡里数十年。王昶所著的书有尚未刊印的，王绍基先后予以刊印。喜好施予如其父亲。尝典当自己衣服为人还债。有人借他先祖的金钱，他焚毁债券不再过问。为学以躬行为本，品行温良恭谨正直，远近推重他为醇德君子。所作诗文，气格雄伟出众，长洲陶樑、同府姚椿十分称道。晚年与陆铣栽桑树数千株，以兴民利。

陆铣字稼夫，诸生，明代文定公王树声的后裔。工于诗文书札。游历京畿，佐助幕府，人们争相聘任他。后以经历分配到直隶，乞求告假而归，不久去世。

张承颐

张承颐，字饴香，上海人。恩贡生。喜好施予。岁遇饥荒，尝煮粥以赈饥。平时家居的品行尤其谨慎。咸丰元年（公元1851年），荐举孝廉方正。

何其超

何其超，字古心，青浦人。恩贡生。父亲何世英，廪生，早年去世。当时何其超只十一岁，母亲陶氏教育他很严格。弱冠之年与陈渊泰、沈莲结二卯文社。不久向从兄何其伟学医。学诗得到娄县姚椿指授，以唐诗为效法对象。选编《青浦诗续传》，选择十分精到。张祥河为河南臬使（廉访使），招他前去。扶沟知县唐鉴延请他主持明道书院，不久归来。

儿子何昌梓，字伯行。咸丰九年（公元1859年）副贡生，也精于医术，工于诗文。

严宗俭

严宗俭,字助廉,南汇人。恩贡生。从兄严宗熙,道光十七年(公元1837年)举人,赋诗指责县令,县令使他遭受灾祸,加以罪名。严宗俭经常抚恤其家庭。

宗俭研究经文,尤其通晓《说文》,与同里王熙并称。享年七十岁。

郭儒栋

郭儒栋,字松云,上海人。恩贡生。禀性孝友。父亲在崇沙经商,郭儒栋随同前往,诵读之暇,为父亲计算出入账目,以分担父亲辛劳。父亲去世,哀毁骨立。两位兄长都早年去世,其子女都幼小,他抚育十分周到。同治乙卯(同治期间,无乙卯年。疑是"丁卯"之误,如是,则为公元1867年),分任修撰县志。光绪元年(公元1875年),举荐为孝廉方正,推辞不就。善于书法,经常记录先贤格言作为座右铭。享年八十岁。

又有恩贡生赵晋棠,字仲甘。咸丰十年(公元1860年)贼寇扰乱,他防守有功。光绪元年(公元1875年),也极力推辞孝廉方正之举荐。

金　玉

金玉,字曼鸿,青浦人。岁贡生。年少聪明,长成后入吟花诗社,与熊其光、俞廷飏、李继膺、庄世骥唱和,合庄世骐、李隽为"青溪七子"。冯树勋任青浦县令时,惊奇于他的才学,称赞他不离口。晚年遭乱,上书于中丞某,共三千余言。中丞发怒,几乎遭大祸,依靠上海县令刘郇膏极力请求才得以幸免。随后抑郁不乐而终。

李隽字云桥,诸生。才气豪迈,诗词出类拔萃。

金玉的门人陈英锜,字又愚,诸生。举人陈垚圭的儿子。有超绝常人的天赋,十三经、二十四史都能背诵。诗及骈体文沉雄瑰丽,卓然名家,金玉将他看为畏友。年未二十岁而去世。

姜　皋

姜皋,号小枚,又号筱湄,华亭人。"云间诗派开自袁海叟(凯),至陈黄门(子龙)而极盛。国初以来,名家寥寥。至乾隆之际,乃复盛。吾郡王惕甫(王芑孙)国博为之提倡,于是作手踵出。时有'泖东七子'之名,而小枚实为其中巨擘。盖天姿既敏,学力复充。唐、宋、金、元合铲而冶,其气格之俊,词采之丰,足为黄门嗣响。"(叶廷琯《蜕翁所见诗录感逝集》)姜皋中年游陈芝楣、梁茝林两中丞幕,司笔墨。故杂著亦工,亦复留心经济。客苏最久，后老病家居而卒。

姜皋避兵泖西时，见一牛貌甚茁壮，与诸牛殊。其时其他之牛皆致力于田不得逸，独有它偃仰食息。一老农指而告姜皋，此牛身不具肩骨，不能犁田拉水车，只可入屠肆为菜牛。姜皋有感而作《菜牛谣》诗，其中有“木不材，全其天。畜不材，难自全”、“呜呼！不材之木为薪便”等句。有《荒江老屋诗识》。

朱　铎

朱铎，字愚谷，华亭人。父为狱卒。曾于邻馆见《纲目》残本，读而悦之，于是蓄钱购书，苦不能多，见人就问家有书乎，乞借读，后得高启诗，大悦之，朝夕讽诵，下笔辄似高启。父年老，朱铎代役，为狱卒阅十年。院司审问案情，偕众狱卒至苏州，及期当归，朱铎谓众曰：我为狱卒，以养父也，今父死，我何狱卒为？然不可以是辞于官，因循至今，公等自去，我不归矣。遂赴水死。闻者莫不悲之。徐雪庐孝廉熊飞曾采辑当时杂流诗，为《锦囊集》二卷，颇多佳句，其中有朱铎《怨歌》一首：“昨夜东风来，庭前弄颜色。不用下珠帘，是依旧相识。”

张　宏

张宏，字野楼，南汇人。少工诗，以嗜酒致贫。困顿不能自给，辱身为门隶。循墙觅句，终日不休。钱仲联《清诗纪事》录收其诗句：“渡江三日雨，寒食一村花。”（《春日吴门道中》）“风阔片帆来极浦，天空一雁度斜阳。”（《登闸港桥》）

乔重禧

乔重禧，字鹭洲，上海人。贡生。“少为陈云伯诗弟子，故其诗惊才绝艳，俯视凡流。及入都后，得山川友朋之助，发其郁勃，奇瑰之气一变。”（王韬《瀛壖杂志》）被列入吴门后续七子中。有《陔南池馆遗稿》二卷。

王庆勋

王庆勋，字叔彝，一字菽畦，上海人。附贡生。是王寿康的儿子。工诗，以知县需次（旧时候补吏，等待以次补缺，称需次）浙江，累迁为知府，加道衔。咸丰二年（公元1852年），浙江省试行海运，王庆勋尝上书分条陈述事理，先后八次督理海运。三年（公元1853年），贼寇（清代蔑称太平天国）占据上海，他捐资募勇屯兵罗家湾；贼寇西窜,他随官军克复县城。前赴浙江,代理杭州总捕同知。六年(公元1856年),代理严州知府。修葺严子陵(严光字子陵,余姚人,少曾与光武帝刘秀同游学,有高名,刘秀称帝,光变姓名隐遁。刘秀派人觅访,征召到京,授谏议大夫,不受,退隐于富春山。后人称他所居游之地为严陵滩)祠,兴办书院。桐庐民以漕运滋事,他奔驰前去,立即解决。建德县岁贡生某,为害民间,将其绳之以法。中途遭父母丧事,守丧期毕,再知严州。不久去世。

王庆勋承家学,锐志文艺,兼嗜韵文。所作诗词意旨森秀,睥睨皮日休、陆龟蒙,而五律尤所长。与江弢叔同时,江弢叔学黄庭坚,王庆勋则学陆游。道光年间,徐德兴于佘山遇盗,水手赵仲亮、朱凡倌等被害,王庆勋有《佘山行》吊之,中有"佘山苍苍海中央,海水卓立云飞扬"、"吾歌且悲还起舞,风涌潮来怒如虎。潮声风声,声声不平。一唱三叹,百感交并"等句。有《治安堂集》。

弟王庆均,字季平,岁贡生。工于书写大字。代理太仓、崇明训导。先于王庆勋一年去世。

与王庆勋为诗友者杨煃,字箫英,娄县人。诸生。家境贫困,嗜好饮酒,喜欢吟咏。王庆勋刊印《同人诗录》,称其诗苍凉悲感,直抒胸臆,不久因不得志而去世。

刘锡温

刘锡温,字汾南,上海人。祖先由六安州迁居松江。祖父刘紫电,官任右营把总,于是居住上海。刘锡温由军人成为官员,不久升迁至庙湾营游击。咸丰十年(公元1860年),代理吴淞营参将。这年十一月,粤贼(清代蔑称太平天国军队)侵犯宝山,刘锡温守卫海塘的小沙背,与都司姜德作犄角之势,歼灭贼寇无数。第二年四月,李秀成率众来攻,当时姜德移营嘉定,刘锡温以偏师击之,城赖以保全。大吏将其功绩上报,诏命以副将任用,加总兵衔。不久代理中营、右营参将。

没有多少时候,辞官退休,去世。

蒋　确(1838—1879)

蒋确,字叔坚(一作石鹤),初名介,字于石,华亭人,附贡生。流寓上海。怀奇负才,离俗高远,嗜书画。书学李邕,写山水、花卉用焦墨勾勒,再以湿笔渲染,天然雅致。尤精画梅,古秀清健,题识亦佳。兼工刻印。嗜好饮酒,客至,默然对酌,终日不醉。光绪年间挟艺游沪,卒于古庙中,年仅四十二。

吴嘉猷(？—1893)

吴嘉猷，一作名猷，字友如，元和(今苏州)人，寓居上海。幼习丹青，擅工笔。人物仕女，山水界画，花鸟虫鱼，靡不精能。亦擅写意人物。光绪十年(公元1884年)应聘主编《点石斋画报》，写风俗时事图画入妙，风行一时。旋又自创《飞影阁画报》。后书局汇其遗稿重印，名《吴友如画宝》。所作昆曲人物册页曾于南京博物院展出，同时展出的还有《豫园宴集图》(光绪六年[公元1880年]作)。光绪十七年(公元1891年)作《蚕桑络丝织绸图说》，十九年(公元1893年)作《西园雅图》。

任　颐(1840—1896，一作1841—1895)

任颐，字伯年，号小楼，山阴(今浙江绍兴)人。任鹤声子。任鹤声为商人，但善画肖像。任颐仰承家学，每日以书画自乐。惜十六岁时丧父，因家境窘迫，不得不离乡背井，到上海一家扇铺当学徒。工作之闲，仍勤于作画。为人真率不修边幅。人物、花鸟仿宋人双钩法，赋色浓厚，白描传神，颇近陈洪绶。年未及壮已名重大江南北。后得八大山人朱耷画册，更悟用笔之法。虽极细之画，必悬腕中锋。间作山水，沈思独往，忽然有得，疾起捉笔，淋漓挥洒，气象万千。书法亦参画意，奇警异常。

相传任颐在上海当学徒时，常模拟任熊(1820—1864，字渭长，号湘浦，生于萧山，后迁苏州，善山水、人物、花卉、翎毛、虫鱼、走兽，无一不精。笔力雄厚，气味静穆，深得宋人神髓。尤擅人物，堪与陈洪绶并驾。作《大梅山民诗意图》一百二十帧，兴酣落笔，二月余而成，设境之奇，运笔之妙，令人赞叹。有多种画谱行世)的画，几可乱真。学徒生活清苦，他就以卖画贴补。所卖之画，公然冒题任熊之名。一日，任熊路过，见署有自己名字的许多折扇，惊讶不已。不识任熊的任颐竟称为其叔父所作。任熊告诉任颐："本人就是你所称之叔父任熊，愿收你为徒。"于是任颐被带回苏州并介绍给任薰(1835—1893，字阜长，任熊弟，工花卉、翎毛)。在两位名师指点下，仅半年，任颐艺事大进。回到上海，更是名气高扬，身价百倍。所画之扇从几文钱上涨到两百文仍生意鼎盛。任颐与任熊、任薰、任预(任熊之子)并称"四任"，一时饮誉海上。

王锡祉(？—1908)

王锡祉，字介繁，江宁人，流寓上海。山水、人物，有先正(前代贤人、君长)法度，尤善画马,能于八寸幅中,作马百余匹。并熟悉制琴技艺。光绪末年于上海去世。

闵萃祥(1849—?)

闵萃祥,字颐生,松江人。少喜王维与杜甫诗。二十四岁开始读史书,得姚光发衡堂指教。光绪元年(公元1875年),结识吴昂锡介眉,搜集乡邦文献,纂修《松江府志》。光绪九年,瑞安黄漱兰创办南菁书院,聘张文虎为讲席,闵萃祥从侍函丈达十数年。后隐居上海。光绪二十七年作《张凤山哀辞》,证明其时尚在世。

闵萃祥工古文,李邦黻云:"吾友颐生,善为古文辞,郡中有大制作,咸出其手。每一艺成,乃僉然称之无异言。""叙事该而要,缀采雅而泽,清词转而不穷巧,义出而卓立,而又运以生动之气妙;造自然不事追琢,所谓众万发生,欣欣向荣之意,即于是乎在。"(《式古训斋文集·序》)有《式古训斋文集》三卷。

高　邕(1850—1921)

高邕,字邕之,仁和(今杭州)人,寓居上海。官江苏县丞。工书,好李邕书法,能以草书作画,孤诣苦心,劬学致病,因号李盦,自署苦李。光绪二十年(公元1894年)中日战后,改号聋公。宣统元年(公元1909年)在上海豫园创立书画善会,偶作画,陈于会中,卖以助账。画宗八大山人(朱耷)、石涛(道济),山水花卉,神味冷隽,迥不犹人。辛亥革命后,黄冠儒服,卖字为生,更号赤岸山民。兼善篆刻,少与钱松友善,因辑其手刻,为《未虚室印赏》。

何　煜(1852—1928)

何煜,字研北,上海人。先师胡远、任颐,后为朱偁(1826—1900,工花鸟,初法张熊,后改从王礼)入室弟子。工花鸟。晚年稍有变化,而不背师传。卖画垂六十年。

胡　寅·胡　璋(1848—1899)

胡寅,字觉之,安徽歙县(一作桐城)人,寓居上海。工画走兽。游吴门寓狮子林寺,为寺僧画狮象巨幅,形神酷肖而笔仍雅饬。至于山水、人物、花卉、鱼鸟,无所不能。与嘉兴张公束(鸣珂)善。张鸣珂束客江南提督李朝斌质堂军门戎幕时,与胡寅等二十人结脩梅阁书画社。德清俞樾(1821—1906,官编修,著有《俞氏丛书》,书法别具一格)为其作润目小引。

胡璋，字铁梅，胡寅子。工山水及人物、花卉，与王冶梅并以画梅得名，胡璋画梅能腴，王冶画梅能瘦，并为巢林遗派。有《梅花高士图》。久寓沪上，旋游日本，画名甚噪。胡璋弟胡琪（？—1915），山水画宗法四王，深得古人胎息。

郁怀智（1853—1918）

郁怀智，字屏翰，号素痴，上海人。天性朴实，热心公益，创设学校多至数十处。邑人私谥曰“敦惠”。以商业而耽嗜文学，能诗，善书、画。书宗颜真卿、米芾，山水仿倪瓒。有《素痴老人遗集》。

黄　铎·黄文珪·黄文瀚

黄铎，字子宣，号小园，又号鹭洲诗翁，原籍婺源（今江西婺源），寄籍江宁（今南京），咸丰时移家上海。黄光裕（字问子，工画）弟。精医，工诗，善书画，喜绘墨菊、松石，瓣香陈淳。

子黄文珪，字星庐，号酒痴。诗画均承家学，亦工墨菊，左手画尤著名。

黄光裕子黄文瀚，字瘦竹，工诗词，善钟鼎篆隶，精刻印，晶玉竹木，无不擅长。著《揖竹馆诗》、《苍筤轩印存》。

张　鑫

张鑫，字凤山，南汇人。咸丰间至上海。善书，得颜真卿笔法。师事同邑张文虎，洵洵然有儒者风。

许锡祺

许锡祺，字莘甫，青浦人。诸生。年少聪明，涉猎百家，后来专心研究宋元以来的诸儒书，尤其信服白沙陈氏（即明代的陈献章，字公甫，居白沙里，门人称白沙先生。其教学，以静为主，但令端坐澄心，于静中悟道。著有《白沙集》、《白沙诗教解》），晚年一心推崇效法朱熹。其学以默默地记诵为出发点，而最终归于身体力行。韬晦声名，达三十年之久。家徒壁立，而安然自得。同县的熊其英、朱泉达尝跟从他学习。同治元年（公元1862年）本县人士要举荐许锡祺应孝廉方正科，他推辞不就。

朱泉达字清渠，岁贡生。侍奉母亲以孝顺著称。尝应省试（明清时代的乡试也称省试），获悉母亲生病，立即返回，从此不再参加省试。早晨问候安否，晚上侍奉寝卧，十余年如一日。在里中教授生徒,常以重视实行为勉。

张 渭

张渭,字滨甫,青浦人。廪生。平时居家行为谨慎。以经义教授乡里,读书行事,每日予以记录。晚年筑“亦乐轩”,弹琴咏诵其中,言语不及门外之事,当时人们称他为“笃行君子”。

王应元

王应元,字雪峰,华亭人。禀性孝友,精心研读《大学衍义》及性理诸书。安贫乐道,砥砺品行使其端方不苟。授徒以《弟子职》、朱子《小学》及《近思录》为依据,出其门下者多是端方正直之士。咸丰六年(公元1856年)发生旱灾,民众缺少粮食。咸丰七年(公元1857年)春,王应元拿出授徒所得的百两银子购米,倡导捐献施粥,以赈饥者。

享年六十六岁。

金黼廷

金黼廷,字瘦仙,金山人。附贡生。工诗,善于八分书,尤其嗜好金石(钟鼎文和碑刻)。鉴别真赝,都依据典籍为证。藏书甚富,仿效黄虞稷《千顷堂书目》例,作图书目录四卷。生平喜迎宾客,扬州符葆森、平湖贾敦艮先后客寓其家,每日相互唱和。

兄金琛,字月舫,道光十七年(公元1837年)拔贡生。历任广东开建、海康、阳春县令。善于决断疑狱。后因事牵累免职,贫困不能归家,侨居羊城,以诗酒自我消遣,不久去世。

金琛的儿子金振玉,字小匏。代理三水县令。童生考试,有人以重金行贿求第一名,他严厉拒绝,大吏推重其廉洁。

彭彤桢

彭彤桢,字省三,娄县人。禀生。是彭戭的孙子。学问渊博,研究经史,无不洞彻其渊源。诗文都有法度。所授门徒数十余,造就成才很多。

吴元林

吴元林,南汇人。母亲顾氏,是位节妇。他年少丧父,与两弟吴垂芳、吴思信一起从事磨豆。侍奉母亲至孝。居所靠近河边。一日母亲倚靠水槛，槛折断，人坠入河中。当时潮势正猛，吴元林跳入河中背负母亲，两弟将母亲救起，而吴元林又为水浪冲走，终于溺死。后来每夜听到呼喊母亲之声，且十分凄惨。两弟安慰道："奉侍母亲，有弟在，兄不必悲伤。"呼喊母亲之声才停止。后来母亲去世，河中呼喊母亲之声又起，里人为之掉泪。同治十年（公元1871年），吴元林以孝受到官府表彰。

韩仲芳，家境贫困，以卖粉团为业。又学习儿科医术、推摩法，得钱就买酒肉奉侍父母。母亲生病，侍奉汤药，睡不解衣。母亲去世，哀毁超过常人，一乡称之为孝子。

同时还有沈舒，字应宾；周鑫，字友森。父亲病重，都呼天乞求代死而其父都病愈。

莫善礼

莫善礼，字小兰，华亭人。诸生。年少时以替人抄书而养母，夜则读书。长大后，授徒里中，更是研究经史。工于骈体对偶之文。母亲去世，因哀毁过度而死。同治十年（公元1871年），与诸生方承勋、邓鋆、邹师孟、朱谐、王鸿业，监生陈荣寿，平民潘曰浦、徐宗浚、万瑞堂、方通畲，同以孝受到官府表彰。

又同治九年（公元1870年）受到表彰者：监生陈桢，儒童周世桢、吴应丰、金世忠、徐良树，平民陆瑞森、郑廷衔。同治十一年（公元1872年）受到表彰者：儒童张辰。光绪五年（公元1879年）受到表彰者：诸生姜恒、费邦达，国子监生胡垣、张德，儒童吴如质、吴肇麟、陈文瓒、沈秉璋，平民杨振华、陆文华，都是华亭籍。

上述诸人孝行虽各不同，但能克尽子职都是一致的，因而一起记载于此。

赵振廷

赵振廷，奉贤人。禀性孝友。侍奉父母，都能称父母的心意。所娶的妻子陶氏也孝顺，凡侍奉吃饭，父母吃过后，自己和妻子才吃。父亲去世，哀毁骨立。事奉兄嫂也能尽礼。母亲生病，两次割股肉以进，病都痊愈。母亲去世时享年八十三岁，他悲痛哀毁全和丧父时一样。不久也去世。

沈蒙端

沈蒙端，青浦人。父亲沈兆元，官宦于楚，沈蒙端跟从，居于武昌。咸丰二年（公元1852年），武昌陷落，贼寇要杀沈兆元，沈蒙端乞求以身代父死，说："我父亲有我祖父在。”贼寇于是杀死沈蒙端,而沈兆元获免。当时沈蒙端年仅十六岁。王绍基赋诗记其事。

罗士杰

罗士杰,字大钊,南汇人。武生,千总衔。慷慨仗义。咸丰三年(公元1853年),会首刘丽川攻陷上海。罗士杰招募乡勇随巡道蓝蔚雯进剿,攻大南门,迫近城下,中炮落马而死,赠守御所千总。

严桂馨,字素卿。国子监生。咸丰三年(公元1853年)八月,土匪攻陷县城,县令章惠殉难。严桂馨招募乡勇入城,身先士卒,奋勇杀贼,负重伤而死。祔祀(新死者与祖先合享之祭)章惠祠。

汪熙恩

汪熙恩,字蓉塘,华亭人。父亲汪廷杰,官任福山左营守备。汪熙恩自幼读书,善于骑射,能拉开两石(这里用作重量单位,一百二十斤为石)的弓。按惯例授把总。尝跟从祖父泰安参将汪溥前去进剿白龙山盗匪。山洞险隘,率领众兵举火炬进入,几乎将山盗捕尽杀绝。咸丰三年(公元1853年),从军金陵,隶于提督和春标(清军制,督抚等管辖的绿营兵,称标;副将所管辖者,称协)下,叙功赏蓝翎,提拔为左营千总。咸丰五年(公元1855年),贼寇掳掠庐州大堂店,汪熙恩请剿贼,援兵不继,被敌围困,身受重伤。有人劝他突围而出,不同意,于是战死。

第二年(公元1856年),金陵大营陷落,汪廷杰前去探察丹徒贼巢,被贼寇碎割而死。

汪熙恩弟汪熙元,官城守营外委(指清代额外委派的武官。外委千总,正八品;外委把总,正九品;额外外委,从九品)。咸丰十年(公元1860年),随提督忠武公张国梁战死于丹阳。

汪熙瑞,官任福山营千总。春华,冒姓(因被人收养,或因母改嫁,或为赘婿,因改取他人的姓)李,官任太仓汛千总。两人都于咸丰十年(公元1860年)战死于上海诸翟镇。

卫忠秀

卫忠秀,奉贤人。柘林营外委,加千总衔。咸丰六年(公元1856年),率领其儿子卫淇园、卫淇澳、卫淇漪及柘林营兵进剿贼寇于江宁,驻守孝陵卫,屡战有功。五月,贼寇蜂拥而至,连战数日,父子力竭,同时阵亡。咸丰十一年(公元1861年)冬,贼寇奔窜奉贤,其幼子卫淇箓也力战而死。

杨楚珩

杨楚珩,金山人,官任把总。粤匪之乱(清代蔑称太平天国),他率兵驻扎紫金山下。咸丰六年(公元1856年)五月,贼寇进犯紫金山,杨楚珩固守数日,贼寇成群而至,他指挥兵众迎击,杀死贼寇很多。相持久了,火药铅丸都尽,贼寇于是攻垒而入,杨楚珩持短刀力战而死。

外委沈光荣、刘锦春都是金山人,也同日战死。

许长发

许长发,华亭人。父亲许林,道光(公元1821年—1850年)年间随提督陈化成殉难吴淞。许长发世袭官职云骑尉,官任奇兵营守备,在仪征等处屡立战功。咸丰七年(公元1857年),随军攻瓜州,血战而死。

陈世安,字静岩。官任扬州营守备,调镇江,随从进剿粤匪(蔑称太平天国军)。咸丰三年(公元1853年),奉命带镇江、狼山、吴淞等七营兵守卫京口岘山。贼寇来到,分兵迎战,身受重伤,仆而起者两次,竭力击退敌军,于是呕血而死。

周彬,字心兮,以营书从军,叙功赏五品蓝翎。咸丰十年(公元1860年),贼寇进犯金陵大营,周彬以身体卫护总帅和春,受重伤死,贼寇毁其尸体。

冯得,官任中营外委。咸丰十年(公元1860年),率兵抵抗贼寇于嘉定城西门。贼寇用矛刺伤其喉,仍奋力杀敌。更多贼寇集结,断其左臂,冯得坠马而死。

起先,与许林共同战死于吴淞者,还有徐大华、钱金玉、许攀桂,都祔祀于陈忠愍祠。

俞承恩

俞承恩,字子卿,娄县人。矫健敏捷,善于骑射。以武生从军,积累功绩升至千总,隶巡抚勇烈吉尔杭阿麾下。率领偏师驻守镇江,进剿山贼,平之。随即跟从候补道温绍原守卫六合县。一天,与营将某一起骑马奔驰,某认为俞承恩文弱可欺,激怒自己的马碰撞其膝盖,俞承恩如若不知,而某已从马上坠下来,僵仆不能起。温绍原因此更加器重他。

俞承恩驾驭军队宽和而有法制,所以战士能为其效命,每战辄胜。咸丰八年(公元1858年)春,击贼于施官集,一日三战,大破敌军。以功劳提升为守备,加都司衔,赏花翎。又以攻克江浦,叙功赐"骁勇巴图鲁"称号。

这年秋天,贼寇围困六合县城,俞承恩率众打败贼寇于壶芦套,尽力守卫城南门。贼寇全力进攻,城陷落,他巷战而死。

事迹上报朝廷,赐恤云骑尉。

祝映奎

祝映奎,字仲坡,上海人。武生,千总衔。北簳山汛(明清称军队防守之地为汛地)外委。他忠勇有胆略。咸丰十年(公元1860年)五月,粤贼(蔑称太平天国军)由府城北窜,祝映奎集乡兵数千抵御他们。青浦监生顾云鹏及弟从九品顾云麟、武生吴兆熊都以乡兵跟从他战斗于北簳山下,祝映奎亲手斩杀四贼。第二天又战斗,杀贼很多,他追击过青山港桥,突然中火枪,去世于阵地上。顾云麟也同时阵亡。把总王增钰堕水而死,也是上海人。后来数日,顾云鹏、吴兆熊战死于广富林。

陈凤彩

陈凤彩,字仪堂,上海人。官任右营外委。咸丰十年(公元1860年)七月,与同县外委周定邦跟从游击陆文龙于上海罗家湾抵御贼寇,遇到暴雨,火枪不燃,周定邦中枪落水而死。陈凤彩继续战斗,经过一个时辰,力尽被擒,贼寇以棉絮裹其身,洒上油焚之,其死为最惨。

王成锦

王成锦,娄县人。是明代工部员外郎忠节公王钟彦七世孙。官任安徽阚疃巡检,调广德州广安巡检,驻扎焦村。咸丰十年(公元1860年)三月,粤贼窜至焦村,王成锦从容殉难。妻子丁氏及子女、子媳等七人都随从而死。事载《广德州志》、《安徽通志》。

王宗沂

王宗沂,字梅君,是宜昌府知府春煦的曾孙。工诗,有胆略。贼寇扰乱松江,王宗沂练义勇助战。同治元年（公元1862年），授安徽宁国县湖乐巡检。当时贼寇踞湖乐已久，刚退去，他即单骑上任，招收流亡之人，集合民兵防御。同治二年（公元1863年）正月，贼寇又窜至湖乐，王宗沂率兵迎击，贼寇忽然蜂拥而至，王宗沂阵亡。

许祖益，华亭人，居住娄县境内。官任宁国府经历。咸丰十年（公元1860年），贼寇进犯宁国，许祖益与其从子宣城主簿许曾笏一同战死。仆人蕴泰、苏大、阮升也殉难。四人都按惯例予以赐恤。

孙戊华

孙戊华，字斗瓒，娄县人。诸生。禀性孝友，喜好读书。咸丰十年（公元1860年）五月，贼寇进犯松江，途经吴家庄，于是被掳。当时华亭人某同被掳，孙戊华对他说："我所以不死，想要寻找机会报国而已。如今既然不能实现我的志向，只有一死以保全大节。您如果能够脱免，为我告诉家里。"言讫，大书于壁道："孙斗瓒绝命处。"于是服毒而死。

瞿绶章

瞿绶章，娄县人。官任浙江嘉兴县县丞，分防王店镇。咸丰十年（公元1860年），贼寇攻陷嘉兴城，又来到王店，瞿绶章率领民兵抵御，战死。子媳及孙子、孙女三人都随从而死。

张廷桢，代理会稽县县丞。咸丰十一年（公元1861年），奉命前赴上虞，等到回来，绍兴城已陷落，于城下遇贼寇，死亡。

朱朝式，字春江。温州松阳县典史。咸丰八年（公元1858年）城被攻陷，他投水而死。

王清亮

王清亮，字慕葛，青浦人。官任河南南阳典史。建筑南关白河石坝，造桥以方便行旅。岁遇饥荒，他煮粥以救饥民。南阳风俗，幼孩将死，父母举刀砍之，说怕他再来投胎。王清亮乞请县令严禁，陋俗于是被革除。又收被丢弃的死孩予以埋葬。

告老还乡，居于佘山，终年不入城市。与姚椿、何其超交情最深厚。

咸丰十年（公元1860年）五月，贼寇攻陷松江城，于是从容作绝命诗一章，端书数纸，分送给友人，随后沐浴，整齐衣冠，望城门叩首，仰首饮毒药而死。年七十三岁。

陈垣弼

陈垣弼，初名兆奎，字莘农，上海人。诸生。禀性诚恳真挚。尝跟从寓公(本指失地而寄居他国的诸侯。后来泛指寄居他乡的有官吏身份的人)博学叟游学。博学叟，隐其姓名，博通经史，尤其精于兵家言。一日有客人来到，陈垣弼带他入见博学叟，客退去而博学叟也离开了。

陈垣弼于是学于庶常顾夔，后又研究揣摩性理诸书，颇有心得。

咸丰十年(公元1860年)四月，粤逆接连攻陷苏、常两州。他上书讲兵事，县令刘郇膏委命他掌管团勇。五月，率领团勇于闵行西打败贼寇。贼寇进犯七宝，他又率团勇驱逐，到达簳山。

七月初一，李秀成率大队兵马从法华、徐家汇进犯县城，陈垣弼刚入城领饷，刘郇膏县令叫他不要出去，陈垣弼说："士民无隔夜之粮，勿出去，众人必会散去。"于是疾驰而去。不数里，突然遇到贼寇，被刺伤了手，他大骂，随即被杀害。事迹上报，按照阵亡惯例赐恤。

沈鉴，字月峰。与兄沈霖团练义民，部署得十分严整。偕同陈垣弼驻军真如镇，破贼于南翔、江桥等处，以功劳授予把总。十一年(公元1861年)九月，于七宝镇打击贼寇，阵亡。

沈霖字露三，诸生。尝率领团勇疏浚吴淞江以阻遏贼寇，贼寇来到不能渡过。

唐汝钧

唐汝钧，字陶江，南汇人。国子监生。晚年迁徙于奉贤的南桥居住。生平以气节自守。咸丰十年(公元1860年)七月初一，获悉府城再次陷落，于是命家人离开躲避，他作绝命词四章，为《念国事》、《哀民风》、《安己心》、《尽人事》。又给友人书信，说"当死而死，即不为死"(意谓为正义而死，即虽死犹生)，又说"生死为一时之生死，纲常乃千古之纲常"，于是自缢(上吊)而死。年七十岁。为浦东南士民死于国难之首。

后来南汇死于国难者：金廷恩，字泽园，岁贡生。贼寇攻陷县城，窜至七团，金廷恩遇贼大骂，贼寇割其左耳，伤重而死。弟金廷懋，诸生。贼寇胁迫他投降，他不从，绝食而死。朱应奎，诸生。贼寇来到，与弟朱应娄竭力抗拒，被执而杀害。汤铭，字涤斋，岁贡生，以孝友著称。大骂贼寇而死。顾匡筹，字西山，诸生，喜好吟咏。贼寇来到，上吊而死。顾观棠，佾生(佾舞生的省称，也叫乐舞生。旧时孔庙中祭祀时的乐舞人员，由童生担任。清制，各省府州县佾舞生，额设三十六名，外加四名，以备补缺)，大骂贼寇，中枪而死。家人求其尸体,面如生时。

蒋汝枚·汪心澄

蒋汝枚,字拜庚,青浦人。诸生。周立春作乱,他以团练保卫其乡。咸丰十年(公元1860年),粤匪攻陷苏、常两州,与其友约:贼至必死。当县城被攻陷时,蒋汝枚正在组织训练团练,他仿效保甲法,每家参加一位成年男子,十日一训练,昼夜巡逻拒贼。不久,众多贼寇突然来到,团练义勇溃败,他骂贼而死。生平重视砥砺名节,交游多为豪俊。学习经典喜欢援引古义为证据。喜好施予,尤其重视宗族情谊。

同时的汪心澄,字若水,诸生。为人放荡不羁,不拘细行小节。工于隶书,善绘兰花,尤其擅长于古诗及骈体文。粤贼进犯县境,汪心澄集义兵抵抗。贼来到,众人溃散,汪心澄尚在刘猛将庙击鼓呼喊杀贼。贼寇抓住他而支解之,悬其头颅于庙门。

冯　珪

冯珪,字介侯,青浦人。国子监生。居黄渡。咸丰三年(公元1853年),周立春作乱。冯珪倡导建立义团,捍卫乡里。咸丰十年(公元1860年)夏,辅佐县丞陈锷防卫吴淞。青浦城陷,冯珪与陈锷的儿子陈旭初誓死灭贼。后来府城克复,贼寇北窜,冯珪率领数千人迎击,到郑店沈家桥与贼寇相遇,冯珪渡河袭击,义民跟从他,突然遇到伏兵,于是失败,冯珪与陈旭初都战死。

同时有监生盛时逢,舞刀冲锋陷阵,多有斩杀擒获。第二天又战,中枪而死。

赵长清·顾大钧

赵长清,字甘亭,娄县人。诸生。咸丰十年(公元1860年),骂贼而死。去世前一日,作诗有"素心不作偷生辈,白刃谁云一蹈难"之句。

顾大钧,诸生。贼寇来到,胁以白刃,他怒斥道:"要杀即杀,我岂是畏死者!"贼寇将他捆缚而悬挂梁上,焚柴燃烧其背。绝食三日而死,年七十八岁。从弟顾大森也骂贼而死。

又有诸生杨春藻,字樾嵚,避居陈陀桥。贼寇来到,胁迫他投降,杨春藻厉声痛骂,自沉于河,妻子傅氏抱幼子随从而死。

陈浚,字泰来。贼寇抓住他,命他书写伪示(指"太平天国"字样),他奋笔书写咸丰年号三次,被杀。

王履洁,字皆白,贼寇分解他的肢体,至死骂不绝口。

贼寇进犯府城,当时官职级别为从九品的姚以昌作绝命词尚未完成,贼寇破关而入。姚以昌大骂,贼寇发怒,将他抓去,第二日遇害。

徐步青·闻人藻·张铨

徐步青,华亭人。诸生。咸丰十年(公元1860年),贼寇攻陷府城,他被掳至南门,乘间歇时间咬破指头以血书写衣襟道:"世事乱如麻,我心清似水。不为污浊人,愿为贞白鬼。"随即遇害。

闻人藻,字春江,娄县人。从九品衔。个性放浪不羁,以诗酒自娱。贼寇来到,题诗清水石桥道:"堕落尘寰四十年,醉来惯枕此桥眠。一声蓦听黄巾至,掷去琼杯作水仙。"大笑赴水而死。

张铨,字杏村,金山人。诸生。居府城西门外。禀性正直,不随时俗。教生徒有法。贼寇来到,也题绝命诗于壁,与弟张星堂自缢而死。

张钦曾

张钦曾,字省山,华亭人。居天马山。诸生,议叙八品衔。个性刚勇,能担任事情。道光二十九年(公元1849年)发生水灾,拿出粮食平粜、施粥于饥民,在里中倡导救灾。咸丰十年(公元1860年),贼寇到天马山,张钦曾穿戴衣冠端坐,痛骂贼寇,贼抽刀截其耳,身受数伤,骂更厉害,于是遇害。

唐际泰

唐际泰,华亭人。从九品衔。弟唐际盛,娄县武生。咸丰十年(公元1860年),贼寇将至,唐际泰兄弟率领其儿子、侄子唐景福、唐景和、唐景生聚集民兵防守。五月,府城陷落,唐际泰、唐际盛出来抗御,斩杀两个贼寇。贼寇成群而至,唐际盛负伤倒地,唐际泰奔去救护,贼寇将他杀死。唐景福、唐景和、唐景生都战死。贼寇捆缚唐际盛,胁迫他投降,唐际盛厉声骂贼,贼寇发怒,将他碎割而死。

陈　常

陈常,字少逸,上海人。诸生。咸丰十年(公元1860年),县令刘郇膏命他统领保安局乡勇,驻守诸翟,打击贼寇于南翔黄渡,取得胜利。贼众逼近诸翟,陈常抵御于大石桥，中枪而死。

国子监生张士英、武生张式金，也于这年抗御贼寇而阵亡于诸翟。

当时有义民张苟，独自据守界牌桥，力战约三个时辰；贼寇暗中攻其后面，被贼俘获，剖腹而死。

后来团练抗击贼寇而死者又有八品军功侯一谔、文生孙海、国子监生李瑞凤、武童朱步青诸人。

邱均昭

邱均昭，青浦人。是邱思燕的孙子。咸丰十年（公元1860年）五月二十八日早晨，聚集义民，于山泾抗击贼寇，中午，贼寇更为众多。于是退却，贼寇追赶，邱均昭招义民返回抗拒，中枪穿胸，大喊杀贼数声而死。两年后，从子邱尔锵以骂贼而死。

同时的王谟与弟王畴也因痛骂贼寇而死。王谟字能如，诸生。个性拘谨自守，工于诗文。

邱锡光

邱锡光，青浦人。父亲邱焕，官任福建县丞。邱锡光读书明大义。咸丰十年（公元1860年），被贼寇掳入城，与嘉定诸葛椿誓志杀贼，密约胁从者五百人为内应。邱锡光暗中缒（用绳悬人或物使下坠）城出，向知县廖秩玮、参将李恒嵩请兵。尚未到达，密谋泄露，诸葛椿遭杀害，参与秘约者多死。邱锡光为之痛哭，说："我辜负死友了。"感慨愤激，绝食而死，而双目不瞑。

当时有范祥霖，字嘉和，诸生，杨澧，字兰君，都训练乡勇杀贼保卫乡里。范祥霖个性慷慨激昂，有古代烈士风度，官军屡次攻打青浦县城，他都助饷。杨澧率领义民跟从官军杀贼，多次建有功绩。后来他俩都受伤而死。

范如山 · 范思诚

范如山，青浦人，与弟范思诚都以好义著称。咸丰十年（公元1860年）七月，贼寇窜至泗泾，范如山对其弟说："我们两人没有家庭拖累，应当抵御贼寇以保一乡。"于是偕同七宝镇练勇（团练勇士）奋力迎战贼寇。

一天，练勇溃败，两范没有回来，里人都怀疑他俩已被贼寇抓获。忽然看见两具尸体漂浮至他俩所居的浦汇塘，里人说："唉，两范死了。"于是凑钱予以殓葬。

蒋文英·丁文焕

蒋文英、丁文焕,都是青浦人,且为邻居。为人木讷,并无文采;个性固执,不随世俗,人们以"二钝"看待他俩,因而他俩就以钝自号。

蒋文英为乡村塾师以养母。贼寇来到,他奉侍母亲避难于蒋墩。一天,母亲想到家具而回去看看,忽报贼寇将到,蒋文英追赶母亲,途中碰到贼寇,牵他去,他不肯走,贼寇鞭打他,于是他大骂。贼寇发怒,将他杀死。

丁文焕为人看门管理门户钥匙数年,无分毫贪私。贼寇扰乱,他带了妻子儿女出逃,经过半年,粮食没有了,濒临饿死。贼寇知道后,派人给他钱,并要招致伪局(称敌对方官署)。丁文焕大喊道:"丁钝岂肯依从贼寇!离开!离开!"几天后,终于饿死。

熊其英作《二钝传》以哀悼他俩。

黄传准

黄传准,字品卿,青浦人。长乐代理县令的孙子。粤贼之乱,黄传准寓居武昌,练乡勇防守。咸丰十一年(公元1861年)四月,贼寇进犯阳逻驿,黄传准指挥乡勇奋战,力竭被抓,他用手指对着贼寇大骂,贼寇发怒,将他支解。妾刘氏及其女儿投井而死。

侯克澄·殷钟俊

侯克澄,华亭人,诸生,为人正直不阿。于奉贤新市镇教授生徒,贼寇来到,读书自若(像原来一样,表示镇定),于是遇害。儿子侯守格,投水而死。

又有儒童(尚未考取秀才即生员的学生,不论年龄大小,统称童生。这里的儒童,即指童生)殷钟俊,在贼寇攻陷金山卫城时,祭祀他的祖先,对妻子女儿说:"我读圣贤书,力量却不能杀贼,应当以一死保全节义。"于是整肃衣冠,率领妻子女儿一起沉于河中。

张　镗

张镗,字近三,金山人。武生,千总衔。咸丰十一年(公元1861年)八月四日,贼寇袭击张堰镇,张镗聚集乡民抵抗,亲手杀死几个贼寇。贼由小道攻其后面,乡民惊溃,张镗舞刀挡贼,只有两人跟从,又斩杀两个贼寇头目,贼争着刺他,将他支解致死。

杨师程·汪芝瑞

杨师程,字雪门,金山人。国子监生。浙江候补从九品。咸丰十一年(公元1861

年），贼寇窜至张堰镇，他被抓，厉声道："我是浙江官员杨师程，有死无二（只有一死）。"贼寇发怒，将他杀死。

当时，张堰岁贡生汪芝瑞，字兰舟，贼寇来到时，他正侍奉生病的母亲而不离去，贼寇胁迫他投降，他说："你自己错了，岂能又使我错？赶快将我杀死。"贼寇也将他杀害。

同治元年（公元1862年），因骂贼而被杀害者，有候选县丞程秉廉，字春庭，有国子监生黄通，都是金山人。

沈维城・柏纶佩

沈维城，青浦人。从九品衔。咸丰十一年（公元1861年）二月，青浦义勇活捉贼寇头目徐大湖等，兵威大振。沈维城与许子兰为后应，率领乡民驱逐守卫伪卡（旧时设兵守卫和设站收税的地点，都叫做卡。"伪卡"，是清代对敌对方设兵守卫据点的蔑称）的贼寇，随即攻打嘉定。贼寇出来抗拒，沈维城奋勇挡敌，众人溃败，他战死于阵上。

柏纶佩，国子监生。咸丰十一年（公元1861年）二月，集合义民攻击贼卡，杀死贼寇头目黄长盛，生擒贼人数十，夺马十三匹。贼党恨他，乘夜包围其居所，抓住他，将他支解。

曹承恩

曹承恩，字怀民，上海人。初应童试（即童生试，也称小考、小试，明清两代取得生员即秀才资格的入学考试。应考者无论年龄大小，均称童生，或简称儒童、文童。童生试包括县试、府试和院试三个阶段，三年内举行两次，丑、未、辰、戌年为岁考，寅、申、巳、亥为科考），没有中式。他喜欢谈兵。粤逆侵犯县境，县令刘郇膏命他带领义勇。咸丰十一年（公元1861年），抵御贼寇于野鸡墩，殉难。随从死者有十一人，刘郇膏为文祭之。

咸丰十二年（公元1862年）正月，他的从子曹烈忠也于塘桥殉难。当时有赵金祥守虹桥，因其朋友宝山沈斌在塘桥，前往支援，途中遇贼被害。又有漕河泾义勇张全行，年十八岁，贼寇到来，张全行手执长枪守卫漕河泾桥，极力抵挡不稍退却。贼用长矛刺穿他的腹部而死。

王万康

王万康，上海人。府学诸生。咸丰十一年（公元1861年），率领华漕义勇抵抗贼寇,不能取胜,独自殿军(行军时居于尾部)立于洞环桥,骂贼被杀;六天后才收殓,面容如同生时。儿子王化雨,被掳不屈而死。

乔慎修,州同知衔,这年也聚集义勇剿贼于周浦,中数枪而死。同时阵亡者有二十人。

又有文童陶锴集合邻居众人抵御贼寇,持刀奋杀,手指尽落,身中数枪。儿子陶汝荣前往救助,同死于贼寇。

王学海·商 庆

王学海,字荫峰,南汇人。为刑胥(掌刑法的胥吏),遇事能公平办理。禀性风雅,能诗,尤其善于弹琴。粤匪之乱,闻警情自沉于池,为城中死难者的首倡。丁宜福以诗记其事。

同时的商庆,本姓童,居县城南门,后授徒于奉贤。充当县役吏,为丐长。咸丰十一年(公元1861年)冬,贼寇攻破奉贤,胁迫他投降,他说:"我是大清丐长,岂肯服从贼寇。"于是大骂,贼寇发怒,将他杀害。李庆熊赋《义役行》记其事。

顾正荣

顾正荣,娄县农民。与其从子顾耕裕等遇贼于周头港,贼寇胁迫他投降而不从,说:"我是老人,只是知道耕田纳税为好百姓,不惯作杀人放火之事。"贼寇用刀刃刺他,又割断他的左脚以致死亡。顾耕裕回顾两个儿子说:"我也宁死不投降贼寇。"于是投港中而死。儿子顾才倌对其弟说:"好好地事奉母亲,我随从父亲去了。"也投水而死。

顾传香被贼寇掳获,授以伪职,顾传香说:"我们是良民,愿死不愿作贼官。"贼寇发怒,将他杀死。

顾正荣的孙子顾照倌看见两个贼寇执旗来到他的村子,奔跃而出,将其杀死。随后贼寇蜂拥而至,于是投水而死。

徐兆泉遇贼不屈而死,临死前书写四字于几案,道"从贼辱亲"。

朱文焕

朱文焕,字友山,南汇人。禀性孝友,工于书法。咸丰同治年间,匪徒占领浦东,朱文焕寓居沪上,凡亲戚宗族来避难者,给以居住和粮食,不稍吝啬。生平尤其好行善,与弟朱文瑞于周浦镇创建万缘善堂,知县陈其元赐给匾额表彰他们。

仇炳台

仇炳台,字竹屏,晚号苏竹。娄县人。同治元年(公元1862年)进士。平步青《霞外捃屑》:"馆选后,(仇炳台)长假不出,予仅于庶常馆大课时,匆匆一晤。二十八年来,越云吴树,彼此不得消息。今年二月九日,《申报》载其七十生辰,杜门谢客,《自讼》八律,乃知山林请福。"钱仲联《清诗纪事》录收其《自讼》诗,中有"扬帆洲岛外,放擢镜(三泖)屏(九峰)中"等句。有《笏东草堂诗集》。

钮　翰

钮翰,字墨卿,上海人。是钮思恪的曾孙。同治六年(公元1867年)举人。清净寡欲,里中称为独行士。跟从青浦何其超学医,得其医术。遇贫穷之人生病,招之即去,不计报酬。知县叶廷眷重新疏浚沙冈,钮翰参与其役,工效第一。一年后,疏浚竹冈,也是如此。

从子钮世章,字味三。同治三年(公元1864年)举人。俞塘河长久淤塞,钮世章重新疏浚它。又偕同岁贡生张庆慈等倡议吴会书院。光绪戊辰、己卯(重编印、点校的府志作戊辰,光绪间没有戊辰年,疑是"戊寅"之误,如是,则为公元1878年、1879年),京城地区屡次饥荒,吴郡纠资助赈,钮世章偕同常州李金镛等航海往赈,事成回里,半年后去世。

沈　莲

沈莲,字希亭,娄县人。父沈辰吉,字菊庐,附贡生,禀性孝友,重视气节情谊,工于诗文,善于弹琴。沈莲恭谨淳厚,嗜好学习,凡经、史、性理之书及诸子百家之言,无不加以研究。亲手校对书籍有数百卷。尤其精于天文历算之术。师事兴化刘熙载,刘熙载赞叹他为真读书人。同治十年(公元1871年)中进士,官刑部主事。数年后,因病归里。病中仍执卷不释,经常作诗词以自娱。一年后去世。

邱式金

邱式金,字心堂,青浦人。同治三年(公元1864年)副贡生。父亲生病,尝割股以进。嗜好经学,对《易》、《书》、《诗》各有论撰。晚年精于医术,所治多有良好的效果。

沈廷扬

沈廷扬,字赓甫,华亭人。同治六年(公元1867年)副贡生。父亲沈若霖,字松庵,廪贡生。学识丰富,工于八股文,教授门生有法。中年游学京师,张温和、司寇李清凤先后掌管顺天学政,都延请沈若霖辅助校核试卷。沈廷扬禀性和气正直,侍奉后母尽孝。师事兴化刘熙载及青浦许锡祺,潜心理学,全以程朱(程颢、程颐、朱熹提倡的性理之学,以主敬存诚为本,成一学派,世称程朱之学)为宗。著有《读书札记》数十卷,都为心得之语。刘熙载称他为独行君子。

朱　樟·刁宗协

朱樟,字慧斋,奉贤人。聪明而有雅量,未尝见其疾言厉色。为诗文闳中肆外(谓作文者蕴蓄丰富而用笔豪放),书法奇特放纵,得颜真卿笔法,学使鲍源十分器重他。同治六年(公元1867年)优贡生,考取知县,需次浙江。与同邑刁宗协友善。

刁宗协字梅霖,才气恢宏通达,工于书法绘画,尤善描绘金鱼。也以咸丰十一年(公元1861年)拔贡生考取知县,发派陕西,尚未赴省,与朱樟先后病故。

符　节

符节,字艮心,上海人。善画。光绪十年(公元1884年)与吴友如同绘《点石斋画报》,有名于时。

韩邦庆(1856—1894)

韩邦庆,字子云,号太仙,别署大一山人、花也怜侬、三庆。娄县人。父韩宗文,颇有文名,官刑部主事。

韩邦庆少小时随父居京师,资质聪慧,读书别有神悟。约二十岁时,回籍应童子试,为诸生。次年岁考,列一等,食饩禀。后屡应乡试不第。曾一试参与一次北京的乡试,仍铩羽而归。后久居上海,染有鸦片烟癖。和《申报》编辑钱忻伯、何桂笙等友善,常为《申报》撰稿。后任《申报》馆编辑。

邦庆为人风流蕴藉,善弈棋,所得稿酬,全都花在妓院里,因此对狎邪生活,阅历既深,洞悉此中伎俩。但于此间冷眼旁观世情,为撰写《海上花列传》积累了不少素材,使得小说蒙上了些许“半自传体”的色彩。赵景深就在《小说戏曲新考》里猜想书中人物尹痴鸳就是作者自己,因为“痴鸳”两字与“子云”为叠韵双声,音极相近。

并且书中叙酒令部分尹痴鸳所作最多，而韩邦庆也正是此中能手。而张爱玲则说因为“华”与“花”谐音，书中写华铁眉这个人物用的是“自画像的谦抑的姿态”，他很可能就是花也怜侬。

韩邦庆凭着细致的观察，把“长三书寓”、“幺二堂子”、“台基”、“花烟间”各色妓馆都写活了。刘半农在《读〈海上花列传〉》中说：“花也怜侬在堂子里一面混，一面放只冷眼去观察，观察了熟记在肚里，到下笔时自然取精用宏了。”韩邦庆的笔下不仅有形形色色的娼家嫖客，还有上海租界的达官显贵、商贾乡绅、贩夫走卒、市井无赖等等的众生相，这些人物的性格、脾气、生活、遭遇无不被描绘得活灵活现，十里洋场上海畸形繁荣的社会风情“浮世绘”自韩邦庆笔端铺展开来。

《海上花列传》在中国文学史上可说是光芒四射的。至少有四位大师级的文学家——鲁迅、胡适、张爱玲、刘半农，都给予它高度的评价。

最先评价它的是鲁迅。在《中国小说的历史的变迁》中，鲁迅说，“到光绪中年，又有《海上花列传》出现，虽然也写妓女，但不像《青楼梦》那样的理想，却以为妓女有好，有坏，较近于写实了。一到光绪末年，《九尾龟》之类出，则所写的妓女都是坏人，狎客也像无赖，与《海上花列传》又不同。这样，作者对于妓家写法凡三变，先是溢美，中是近真，临末是溢恶”。但鲁迅对《海上花列传》的最高评价往往为人们所忽略。鲁迅说韩邦庆“固能自践其‘写照传神，属辞比事，点缀渲染，跃跃如生’（第一回）之约者矣”。

继鲁迅之后，刘半农在1925年12月所写的《读〈海上花列传〉》对其人物塑造与方言运用也大为钦服：他提出“平面”和“立体”两个概念，认为韩邦庆笔下的事事物物“好像能一一站立起来，站在你面前”，他笔下的人物确有立体感。刘半农还盛赞小说在语言学上的贡献：“若就语学方面说，我们知道要研究某一种方言或语言，若单靠了几句机械式的简单例句，是不中用的；要研究得好，必须有一个很好的文本（Text）做依据，然后才可以看得出这一种语言的活动力，究竟能活动到什么一个地步。如今《海上花》既在文学方面有了代表著作的资格，当然在语学方面，也可算得很好的本文：这就是我的一个简单的结语了。”

第三位就是1926年为《海上花列传》（东亚版）作《序》的胡适了。为了作《序》，胡适先“内查外调”考证韩邦庆的生平。胡适在《序》中说：“为人潇洒绝俗，家境虽素寒，然从不重视‘阿堵物’。弹琴赋诗，怡如也。尤精于弈，与知友楸枰相对，气宇闲雅，偶下一子，必精警出人意表。至今松人之谈善弈者，犹必数作者为能品云。”

几乎令人不可思议的是张爱玲在晚年用了将近10年时间，二译《海上花列传》，先是将它译成英语，以后又将它译成“国语”——普通话。张爱玲说，《海上花列传》的“主题其实是禁果的果园”。这“禁果的果园”五字，可说是道尽了书中的奥秘。

《海上花列传》构撰之精心远高于同时代的其他小说，韩邦庆在小说技巧上有着自觉的艺术追求。“他所收材料如此宏富，而又有绝大的气力足以包举转运它，有绝冷静的头脑足以传达它。”（刘半农《读〈海上花列传〉》）

韩邦庆在小说《例言》中称，全书笔法“从《儒林外史》脱化出来，惟穿插藏闪之法则为从来说部所未有”。所谓“一波未平，一波又起”，“劈空而来，使读者茫然不解其如何缘故，急欲观后文，而后文又舍而叙他事矣；及他事叙毕，再叙明其缘故，而其缘故仍未尽明，直至全体尽露，乃知前文所叙并无半个闲字”。通过“穿插藏闪”之法处理情节布局，达到了环环相扣、悬念迭起的效果。“作者大概先有一个全局在脑中，所以能从容布置，把几个小故事都折叠在一起……让这几个故事同时进行，同时发展”（胡适《海上奇书》），胡适甚至认为《海上花列传》在结构上更胜于《儒林外史》。

在胡适看来，韩邦庆“最大贡献还在他的采用苏州土话”。“《海上花》是苏州土话的文学的第一部杰作”。张爱玲则说：不如说是方言文学的第一部杰作。这是中国第一部长篇苏州方言小说。

韩邦庆在中国小说史上是一个开风气者，是近代最早描写中国现代都市的小说家；更重要的，在当时描写现代都市的小说家中，他是唯一一位为了探索这一描写还提出了相应叙述理论的小说家。这一叙述理论一直到现在为止，还常常被作家们所运用。

与邦庆在1891年同场赶考的孙玉声在一同南归的船上互换阅读《海上花列传》和《海上繁华梦》的部分初稿。孙玉声回忆：

> 辛卯年(1891)秋应试北闱，余识之于大蒋家胡同松江会馆，一见有若旧识。场后南旋，同乘招商局海定轮船，长途无俚，出其著而未竣之小说稿相示，颜曰《花国春秋》，回目已得二十有四，书则仅成其半。时余正撰《海上繁华梦初集》，已成二十一回。舟中乃易稿互读，喜此二书异途同归，相顾欣赏不止。惟韩谓《花国春秋》之名不甚惬意，拟改为《海上花》。而余则谓此书通体皆操吴语，恐阅者不甚了了，且吴语中有音无字之字甚多，下笔时殊费研考，不如改易通俗白话为佳。韩言：“曹雪芹撰《石头记》皆操京语，我书安见不可以操吴语？”并指

稿中有音无字之“嘞”、“覅”诸字，谓：“虽出自臆造，然当日仓颉造字，度亦以意为之。文人游戏三昧，更何况自我作古，得以生面别开？”余知其不可谏，斯勿复语。逮之两书相继出版，韩书已易名曰《海上花列传》，而吴语则悉仍其旧，使客省人几难卒读，遂令绝好笔墨竟不获风行于时。而《繁华梦》则年必再版，所销已不知几十万册，予以慨韩君之欲以吴语著书，独树一帜，当日实为大误。盖吴语限于一隅，非若京语之到处流行，人人畅晓，故不可以《石头记》并论也。

韩邦庆在其完成小说《海上花列传》六十四回的创作后，原已打好后文腹稿，正欲续写下去，不料体弱难支，三十九岁便告离世。

张锡恭（1858—1924）

张锡恭，字闻远，号殷南，娄县人。光绪二年（公元1876年）秀才，光绪十一年（公元1885年）拔贡。光绪十年至十二年（公元1884—1886年）间，就学于南菁书院，师从黄以周（黄式三子，字元同，号儆季，同治举人，官分水训导，撰《礼书通故》百卷，光绪间主讲南菁书院），兼学经学、古学，犹精治《礼经》。光绪十四年（公元1888年）乡试中举后，亦潜心研究三《礼》，以郑玄为宗，兼攻百家之说。光绪二十五年（公元1899年）被张之洞（1833—1909，字香涛，号孝达，又号壶公，南皮即今河北南皮人，同治进士，官至体仁阁大学士，著《广雅堂诗集》）聘为两湖书院经学分教。光绪三十三年（公元1907年）京师设“礼学馆”，纂修《大清通礼》，被征召为纂修官，分任纂订丧礼部分。辛亥事变后毅然回家，隐居于小昆山东麓，与祖墓、宗祠为邻，以读书著述为业。民国十三年（公元1924年）江浙战起，避兵乱至其甥张泽封文权家。9月，病逝于张泽封家。

著述有《茹荼轩集》(12卷)、《茹荼轩续集》(6卷)、《丧服郑氏学》(16卷)等，均有刊印。《丧礼郑氏学》因卷帙浩繁，刊未及半，因抗战爆发而中止。原稿藏吴县王欣夫处。

张锡恭传黄式三、黄以周之衣钵，致力于沟通汉宋，其学不仅可视为清代丧服学之总结，亦熔铸程朱理学精义于礼学考辨当中。其言：“经有十三，吾所治者唯《礼经》;《礼经》十七篇，吾所解者唯《丧服》；注《丧服》者众矣，而吾所守者，唯郑君一家之言。吾于学可谓隘矣。虽然，由吾书而探郑君之义，其于郑君礼注之意，庶几其不倍乎？由注义以探《礼经》，其于周公制服之心，庶几其不倍乎？由制服以观亲亲尊尊之等杀，于圣人之尽伦，或可窥见万分之一乎？”张舜徽先生称：“与锡恭同时友善、同为《礼经》之学者,有吴县曹元忠、元弼兄弟。元忠著有《礼议》,元弼著有《礼经校释》、《礼经学》,而皆不及锡恭之精。”因遭逢世变,张锡恭晚年隐居昆山,筑草庐于夏忠节公墓旁,追慕鲁两生、郑康成之志,专心礼学著述:“陆台蔓草书谁读,夏墓松楸德有邻。”至归道山前二年始成《丧礼郑氏学》巨著,可惜因遭逢日寇入侵,未能刊印,手稿大部毁于“文革”。

1925年春,同邑朱运新《题张徵君遗像》云:

君不见秦汉之际鲁两生,秉节高蹈辞簪缨。鄙哉叔孙事十主,乃将礼乐干公卿。又不见东汉之季郑康成,研经兼汇众说精。道逢黄巾为罗拜,相戒不敢窥其楹。先生束发治三礼,师承家学旧有声。晚年辟登礼学馆,通丧三年数廷争。是时邪说竞倡乱,中原枭獍方纵横。朝士更出叔孙下,屏弃六籍投沧瀛。先生掉头去不顾,卢墓一纪聊待清。裒遗订坠老空谷,义熙甲子书春正。一朝贼骑趋谷水,彌天烽火中宵惊。先生闻变遽出走,扁舟飞渡茸南城。渭阳一病卧不起,知交涕洟黄河倾。弦歌故里吊灰烬,遗书零落随榛荆。吁嗟兮,黄巾寇尽何足论,衹今观之犹是圣人氓。乙丑仲春同邑朱运新拜撰,华亭封章炬谨书。

北京大学哲学系吴飞教授指出:“张锡恭的礼学研究,可以算作清代礼学的集大成者,有非常高的学术价值,十分值得当代人进一步探索和挖掘。”

杨　逸(1864—1929)

杨逸,字东山,号鲁石,晚号无闷,又号盥雪翁,上海人。元俊(字灼三,号退一居士,上海人,官浙江县丞,住嘉兴六年。精医,解音律,工书,兼善花卉山水画)子。光绪时中式顺天乡试。工诗,善书、画。早岁得与张熊(1803—1886,字小祥,别号鸳湖外史,秀水即今浙江嘉兴人,流寓上海,著《题画记》)弟子周佩笙友善,因相切磋绘事。继馆于上海高邕家,又与画家汪琨(1877—1946,字仲山,江西婺源人。山水宗王翚,又工花卉)为友,后馆于邑人毛子坚家。毛氏富于收藏,因纵观其名迹,业遂大进。于书无所不窥,尤长八分,规摹两汉于《石门颂》(石门指古褒斜谷通道,故址在今陕西汉中市西南,道旁多摩崖刻石,东汉《石门颂》即为其一)最有心得。山水意境在沈周、戴本孝(1621—?,字务旃,清代安徽和州即今和县人,布衣,著《前生》、《余生》诸集)之间。偶作松干梅蕊,悉以书法融会为之,与吴昌硕相伯仲。与姚僧、汪琨、高邕等发起豫园书画慈善会。如冬施米,夏施茶,及捐输水旱灾荒,并举办展览会编印画集等,前后历二十余年。辑有《海上墨林》,公元1919年成书。

李宝嘉(1867—1906)

李宝嘉,字伯元,以字行,别号南亭亭长、游戏主人、讴歌变俗人等,江苏武进人,一作上元(今南京)人。父李翼辰(申之),二十七岁卒。李宝嘉六岁,由堂伯父李翼清抚养。曾以第一名考取秀才,后被荐举,他拒绝。光绪年间侨居上海。

李宝嘉是近代小报的奠基者之一。先办《指南报》(公元1896年)、《游戏报》(公元1897年),后又办《上海世界繁华报》(公元1901年),刊载诗词小说,并为当时著名的艺人们作起居注。长篇小说《官场现形记》最初就在《上海世界繁华报》上连载。鲁迅曾说:"时正庚子,政令倒行,海内失望,多欲索祸患之由,责其罪人以自快,宝嘉亦应商人之托,撰《官场现形记》。"该小说分五编,每编十二回,共六十回。"凡所叙述,皆迎合、钻营、蒙混、罗掘、倾轧等故事,兼及士人之热心于作吏,及官吏闺中之隐情。……与《儒林外史》略同。"(鲁迅《中国小说史略》)它在当时发生过重大影响,为我们留下了一幅封建社会大大小小的官僚们的群像。李宝嘉与吴趼人、刘鹗、曾朴并称为清末四大谴责小说作家。

李宝嘉还曾为商务印书馆主编过《绣像小说》(清末四大小说杂志之一)。另有《活地狱》(三十九回)、《文明小史》(六十回)、《中国现在记》(十二回)、《海天鸿雪记》(二十回)、《庚子国变弹词》(四十回)、《醒世缘弹词》(十四回),以及《繁华梦》、《前本经国美谈新戏》、《李莲英》、《南亭笔记》、《南亭四话》等。除"南亭亭长"外,还用过其他笔名。每一脱稿,人以先睹为快。

李宝嘉偶写恽派花卉,笔意清超,尤工篆刻。后因愤世嫉邪,郁郁以终。

孙廷翰(？—1917)

孙廷翰,字问清,原籍浙江诸暨,世居上海。光绪十五年(公元1889年)进士,授翰林院检讨。历充国史馆纂修,文渊阁校理。书法初学赵孟頫,后改学颜真卿。癖嗜古书画及旧版书籍。

冯　迥(1882—1954)

冯迥,字超然,号涤舸,别署嵩山居士,晚号慎得。江苏常州人,生长于松江,晚年寓上海嵩山路,署其居曰"崇山草堂"。童年喜画,下笔超脱,山水、花木,骨力神韵兼备,尤精仕女、人物,晚年专攻山水,声价甚高。好吟咏,工行、草、篆、隶,偶一刻印,直逼汉宗。门弟子二十余人。

杨葆光

杨葆光,字古醖,娄县人。诸生。官景宁知县。幼承母教,工诗古文辞。同治间,客居保定,住莲池书院,参与修《畿辅通志》。光绪时,以县丞次浙江,旋擢知县。上官倒屣(意急于迎客,把鞋穿倒),僚友折节,皆以其文学也。所著《苏盦文诗词集》,类皆湛然以清,夷然以和,曹植所谓"俨乎若泰山,勃乎若浮云"者,其庶几焉。(见徐珂《清稗类钞·文学类》)潘飞声认为"新刊《苏盦集》,骈散文诗词数千篇,矞皇丽则,淡逸高深,各见卷里,真大手笔也"(《在山泉诗话》)。

王师曾

王师曾,字敬章,上海人。官浙江道头司巡检。曾有《甲申盛怀》五首。郭则沄《十朝诗乘》:张篑斋在朝敢言,负时望。政局既变,乃命以卿衔会办闽防。及涖闽,敌已迫。闽督何小宋本书生,又与张篑斋不相谋,临敌几乎束手。然我师奋战,犹两坏法舰,由于策援无方,纵敌深入,遂致丧师。王师曾《甲申盛怀》即记其事,诗末"妄将诚意亲豺虎,绝倒当年秦会之"句则斥主和者。有《拄颊楼诗钞》。

赘 虏

赘虏,上海人,名士。见某考职硃卷,赘虏题以长诗(《见某考职硃卷戏题》),录入诗话,堪以发噱。友人狂捐曰:一味描摹,曲尽形相,令人置身无地,未免谑而近虐。末后念及淮、徐、云、宣饥民,是蔼然仁者之言。总之,君此诗可笑,我若再以笑话佐君之诗,恐天下人都笑煞。(见李宝嘉《庄谐诗话》)诗中有"黄钟毁弃瓦釜鸣,迂儒居然列高等。大炮三声瑞榜揭,迂儒扬扬有喜色"等句;关于饥民诗句为:"君不见淮徐之民饥欲死,云宣大旱赤千里。嗷嗷鸣雁剧可怜,我欲往赈苦无钱。"

丁宜福

丁宜福,字慈水,南汇人。岁贡生。文思敏捷,人们将他比作嘉定的张鹏翀。尤其精于诗,古体似元遗山(元稹),乐府似白香山(白居易)。临川李联琇为学使时,奇异于他的才学。与青浦俞廷飏、奉贤李庆熊齐名。熟悉枌榆(汉高祖为丰邑枌榆乡人,初起兵时祷于枌榆社。后因以"枌榆"为故乡的代称)掌故,著书数种。同治十三年(公元1874年),知县金福曾聘他修撰县志,尚未成书,突然去世。

同时的华孟王，字约渔，廪贡生。他倨傲傍视，放纵于诗酒间，而文笔跌宕，稍逊于丁宜福。去世后，著述散佚，士林为之惋惜。

熊其英

熊其英，字纯叔，青浦人。岁贡生。是户部主事熊其光之弟。年少丧父，侍奉母亲章氏至孝。禀性聪明，爱好学习，凡经史及天文、舆地、农田、水利诸书，无不研究，尤其嗜好宋五子书（宋代周敦颐、程颢、程颐、张载、朱熹这五子的书）。师事兴化刘熙载及同县许锡祺。古文推崇桐城方苞、刘大櫆、姚鼐三家。间或写诗，也很精美。

县内金泽镇有陈三姑庙，那是淫祠（滥设的祠庙）。自从道光（公元1821年—1850年）年间徐士行请禁止后，到这时又死灰复燃，熊其英偕同徐元龙向县令说明此事，焚毁了这祠中的偶像。

粤逆之乱，避居吴江西浦塘，该地与青浦接壤，洼田如釜形，易积水潦。熊其英仿照明代陈瑚遗法，与吴江陈麟疏浚河道修筑堤岸，农民都感戴他。

青浦捆垫事（一种苛刻的征收赋税方法，一家拖欠，连累周边）又起，他向大吏陈述其弊端，严加禁止，事情才止息。

光绪（公元1875年—1908年）初年，河南旱灾，连年饥荒，江浙士大夫聚集金钱助赈。光绪四年（公元1878年）春，熊其英偕同吴江凌淦前往，从济源到原武、武陟、修武、汲县及郑州、荥泽、获嘉诸境，查考户口，施予钱粮，用尽心思能力，救活很多灾民。

不久，沁河口溃决，又前往赈救水灾，几次堕水，差点儿死去。野宿遇风雪，不顾冻饿，终以得病，去世于卫辉。大吏上报朝廷，得圣旨予以赐恤。怀庆、河南两府士民都请立祠以祭祀。

徐士行，字仲尧，诸生。慷慨有才气。

徐元龙，字秋松，岁贡生。善于写文章，参与编写县志。

汪　政

汪政，字敬斋，娄县人。由吏目（官名。清代于太医院、五城兵马司及各州置吏目，其职除太医院吏目与医士相同外，其余皆掌管缉捕、守狱及文书等）分发广东，历次代理潮阳、海阳等县事。当时这两县多叛贼，而潮阳叛贼尤其猖獗，府城危在旦夕。汪政收买内应，破除贼巢，擒获逆首吴中恕以法处决。

以功选拔为知州，代理嘉应知州。补南雄州，又代理潮州府知府。潮州贼抢夺新关税饷累万,汪政捕获贼人数十,从严惩处,事情得以平息。他在潮阳时,大水横流泛滥,汪政倡导捐献,主管修理潘刘堤,以工代赈,救活好多灾民。

后来被弹劾免职,潮州民众思念他,于城东门设长生位。

不久去世。

韩承恩

韩承恩,字月泉,娄县人。任浙江同知,两次代理台州府事。台州民众风俗强悍,喜好争斗诉讼,匪徒劫人取财,而豪强坐分其利。贼乱(清代蔑称太平天国起义)后更为严重。韩承恩勤于审理诉讼,铲除奸猾豪强,劝农,通商,兴学,慈祥而精明,士人都悦服。又选兵勇亲自打击粤贼于东阳,贼败逃走,获谷万石,都用以救济民众。

他清廉纯洁,不占一钱。后因事牵连而被削职,台州民众为之哗然,诉讼鸣冤,请求留任,然而韩承恩此时已经病死。民众奔走哭悼,拥塞街巷,争相出钱助殓,又相率请求大吏建祠以祭祀他。

兄韩宗文,字六一,咸丰八年(公元1858年)举人。官任刑部主事。为人也刚直,重视气节情谊。

顾祖金·盛国仪

顾祖金,字金圃,南汇人。诸生。喜欢收集书籍,研究天文家言。咸丰三年(公元1853年),贼寇攻陷县城,他与从父顾思恩破散家财,招募乡勇,克复县城。事情上报,官任教谕,并赏蓝翎。咸丰十年(公元1860年),粤寇占据府城,不久退去。顾祖金派人前往收殓死难者。与同里盛国仪都以好义著称。

盛国仪,字可圃,国子监生。咸丰十一年(公元1861年)冬,寇警越来越紧急,盛国仪上书,提议于奉贤、南汇护塘交界处开挖梅花地洞,树立竹拒马,扼制贼寇出入。官府下令照此提议组织办理。生平勇于担当事情,屡次相助成功大役。爱好交游,喜欢古籍,而家居以孝友著称。尤其擅长画墨竹。

叶为璋,字东轩,忠节公叶映榴六世孙,岁贡生。禀性平易正直而有胆识,乡里善事知无不为。侍奉母亲以孝顺著称。能文章,参与修撰县志。享年七十六岁。

瞿世仁

瞿世仁,字绍衣,上海人,是瞿霆的后裔。初为县胥吏,中年偕同吏役数辈倡办仁济、济善等堂，后来又在淘沙场建果育堂，江浙商贾交相资助。光绪（公元1875年—1908年）初年，直、豫、秦、晋再次发生饥荒，瞿世仁劝导捐赈，为数很大，人们都称赞他。

苏学曾

苏学曾，金山人。年幼就有至性（纯厚的性情，这里特指孝亲之情），母亲久病，侍奉汤药，衣不解带者达三年之久。事奉兄长、抚育幼弟也充满爱敬之情。光绪五年（公元1879年），以孝受到官府表彰。

光绪六年（公元1880年）受到表彰者扬徽，诸生，也善于事奉双亲。

方　瑰

方瑰，字耀南，青浦人。侍奉母亲孝顺，母亲生病，两次割股肉以疗，督学林天龄给匾额奖励他。

顾光裕，华亭人，诸生；孙昌衔，金山人，监生。都以孝顺著称，督学黄体芳表彰其门庭。

赵维新 · 吴四观

赵维新，娄县人，是位九岁的童子。同治元年（公元1862年），贼寇来到，他的母亲先饮毒药而死，尚未收殓，赵维新痛哭，不出去躲避。贼寇烧其房子，他手抱母亲尸体不放，最终被烧死。同治十年（公元1871年），以孝受到官府表彰。

吴四观，青浦人，也于同治元年（公元1862年）遭遇贼寇，贼杀害他的母亲，吴四观号哭不止，贼寇用甜言蜜语引诱他，他骂道："长毛贼，为什么杀害我母亲？"贼寇发怒，杀了他，年仅四岁。

上述两人，幼稚无知，死于忠孝，其天赋之性远远地超过了一般人。

柏效忠

柏效忠，青浦人。与吴鹤龄友善，率领义勇保卫乡里。同治元年（公元1862年）二月，贼寇焚烧泥潭村，义民朱福堂、吴秀昌、朱有生、任怀清、朱秀芳、陆茂森同日战死。贼船数十艘进逼龚家庄，柏效忠、吴鹤龄扼守岸口，杀贼数百，贼寇不敢靠近。忽然误燃火药，众人惊慌混乱，贼寇于是乘机登岸，两人奋力战死，而柏效忠死得更惨。

起先，马凤坤、马廷和、吕朴斋、陈祥元都率义勇团练击贼而死。马凤坤以勇力闻名。咸丰十年(公元1860年)，贼寇进犯簳山，马凤坤跟从诸翟巡检黄赵璧拒贼，追击至西泖桥，中了贼计，被擒，被断喉骨而死。马廷和、吕朴斋也于咸丰十年屡次于曾家桥拒贼，贼不能渡过。不久，贼寇大量来到，他俩都战死于阵地上。陈祥元有胆略，听闻马廷和、吕朴斋与贼寇战斗，他拿了农具前来相助，被贼割裂肢体而死。

龚茂铨

龚茂铨，南汇人。受挫于童试，年届五十尚未入学(意谓考取秀才)。同治元年(公元1862年)春，粤寇扰乱乡里，乡人积愤，格杀两贼。其贼首寻求仇人不得，将屠杀乡人以泄忿。龚茂铨挺身而出，说："杀贼者是我，不要牵连他人。"于是龚茂铨被杀害。

同时的顾惠中，有膂力，落入贼寇手中，他以计诱贼到冷僻处，杀之而逃跑，其中一个贼未死复苏，后来告诉贼寇首领，于是群寇追逐并抓获他，将他剁成肉酱。

道士蔡胜华，农人周春荣、徐友生、瞿三观，勇力和顾惠中相当，都因杀贼而死。

另有康关秀者，少年时是无赖，后来自觉改过转变。同治元年(公元1862年)，贼寇扰乱新场，康关秀赤身露体坐于洪福桥，持刀骂贼，贼寇害怕他的锐势，不敢进犯。如此经历三天，贼寇大怒，多人前来，将他捆缚，割其舌头，骂声才绝。

郭在钟

郭在钟，金山人。家境贫困，侍奉母亲程氏以孝顺闻名。同治元年(公元1862年)二月九日，贼寇窜至朱泾，程氏年届八十，卧病在床，郭在钟与妻子俞氏侍奉母病而不离开。贼寇进入，郭在钟被抓获，俞氏争夺丈夫而被刺死。贼寇胁迫郭在钟投降，郭在钟怒骂，贼寇割断其喉骨，死去。贼寇的头目因看到郭在钟孝顺，为他的孝义而放过了他的母亲，他母亲以此免死。

奚宪铭

奚宪铭，南汇人。禀性孝顺恭谨。同治元年(公元1862年)，遇贼于新场镇，其母亲投水而死，奚宪铭号哭，愤骂贼寇，贼寇发怒，将其剁成肉酱，悬挂其头颅于树上。仆人仇海拔刀前去救助，也被杀害。

张省兰，诸生，也以孝顺著称。贼寇攻陷县城，四处焚烧抢掠。张省兰率乡人拆毁桥梁，阻扼贼寇，不久被抓，被抓的还有其儿子。母亲知道，跑去看望，悲痛投水。张省兰挣脱系绳，跳入水中救母，中贼戈矛而死。其儿子见父亲死，也投水而死。

陈 蕙

陈蕙，字正盦，娄县人。诸生。家境贫困，个性耿介，不随世俗。粤贼再次扰乱松江，陈蕙命长子偕同儿媳赶快逃跑，说："不要使陈氏鬼挨饿（意谓叫长子长媳保存生命，以便今后祭祀陈氏先祖鬼魂）。"他早晨起来，悬挂祖父、父亲神像哭拜毕，积薪楼下，放在火上，携带妻子黄氏及一个幼子、一个幼女登楼，催促黄氏先上吊，然后自缢。积薪很快燃烧，一同化为灰烬。

叶承堉

叶承堉，字湘槎，诸生。为八股文，效法诸名家。贼寇来到，对其妻子说："我家世代清白，今日只有一死而已。"妻子说："对。"于是相对自缢而死。这是同治元年（公元1862年）五月之事。

何振亨・侯士俊

何振亨，字砚堂，华亭人。国子监生。有勇力。粤贼进犯松江，何振亨聚集里人防御。同治元年（公元1862年）五月，贼寇突然来到，众人溃散，何振亨又召集他们与贼寇战斗，被抓获，大骂，贼刺其腹而死。

侯士俊，是南塘的一位农夫。贼寇攻陷金山卫城，侯士俊偕同邻居高孝民等抗击贼寇，屡次将他们打退。后来贼寇大队而至，侯士俊奋勇上前迎敌，遇到埋伏，将他刺倒，胁迫其投降而不从，将他斩割而死。高孝民也竭力战斗而死。

赵秀芳，从事磨豆。同治元年，贼寇到达莘庄，赵秀芳挥舞大刀杀贼，转战至市西，杀死两贼。贼寇集合而来，赵秀芳受重伤，自沉于河而死。

张辰杓

张辰杓，字裕堂，华亭人。国子监生。贼寇进犯府城，当时张辰杓正训练民兵守卫南塘。金山卫城陷落，他与其里人侯士俊等接连打击贼寇，民兵伤亡数百。张辰杓退居府城，图谋积聚力量，再次抗击贼寇。同治元年（公元1862年），贼寇围困府城，抓住张辰杓，胁迫他投降，不从，瞄准机会，投水而死。

从子张进，字理堂，诸生。贼寇来到，举手杖击贼，贼寇发怒，将其杀害。儿子张家桓，哭且痛骂，同被杀害。

姚文彬

姚文彬，娄县人。同治元年(公元1862年)，跟随父亲避难，突然看到贼寇举着屠刀要砍他的父亲，姚文彬以身遮护，父亲免于死难，文彬受伤而死。

贼寇抓住谈廷飏的父亲、杨嘉基的母亲，将要杀害，谈廷飏、杨嘉基都号哭求免，说："放我父(母)亲，我愿意跟从你们去。"贼寇因而放人，他们都趁机投水而死。

胡茂文，是位猎人。其邻里都善用火枪，胡茂文率领他们用火枪抵御贼寇。贼寇杀死其父，胡茂文奋勇夺父亲尸体而归，誓死报仇，力竭被俘，贼寇将他杀死，剁成血酱。

孙煜伦用船载其母亲避贼，贼寇追上，孙煜伦跳上贼船，假装帮助驾船，见母亲所乘之船远去，于是逃跑。被贼寇抓回，他大骂贼寇而死。

陆臣夔

陆臣夔，字尔羹，南汇人。诸生，知识渊博，记忆力强。侍奉双亲以孝著称。同治元年(公元1862年)春，贼寇来到，与贼战斗，被乱刀刺死。同时的朱进江、周如玉、陈诗、江铸、费东昇都先后抵御贼寇而死。

朱进江居二团。同治元年(公元1862年)二月，贼寇掳掠海滨，朱进江纠合众人于朱家桥抵御贼寇，死者有二十余人，其中陆大忠、沈应奎死得更惨。朱进江被抓，与奚绍基、奚荣观斥骂贼寇，贼寇都将他们剖腹。

周如玉字畹香。贼寇驻扎横沔。他率领团勇，招募吕宋岛兵，前往攻克之，斩杀擒获很多贼寇，而周如玉受重伤去世。他的从子周世桢跟从周如玉攻打贼寇，乘胜追赶，到北蔡，贼寇成群而至，也死于战阵。

陈诗和江铸一起居于六团，都训练义勇保卫乡里。官军攻克高桥，贼寇往南逃窜，陈诗率领义勇横截，杀贼很多，攻克了六团湾贼寇据点。随即被贼寇包围，力竭而战死。江铸在贼寇进犯川沙时，率领义勇抵御贼寇。川沙城陷落，他又攻打贼寇，受了重伤。临死，张目大骂，被贼寇剁成肉酱。

费东昇居沈庄，一向以拳勇自恃。与其邻里朱和尚带领团勇到新场杀贼，激烈战斗半天，贼寇尸体遍布田野。不久，团勇退却，两人同被贼寇支解而死。

印学纯

印学纯，字楫珊。诸生，上海籍，居宝山皋桥镇。与兄印学海友爱，乡里称道他。同治元年（公元1862年）正月，贼寇扰乱皋桥，印学海骂贼而死，年七十九岁。二月，贼寇又来到，拉印学纯去。印学纯戟手（用食指或中指指点，其形如戟）大骂，数说贼寇罪状，贼寇发怒，砍断其左臂，刺穿其胸部和喉头而死。诸生孙海、顾炳璜、陆文咏都于此时骂贼而死。

又有龚庆楣，字春门，从九品衔，率领团勇至浦东塘桥追剿贼寇而阵亡。

蔡学诗

蔡学诗，金山人。国子监生。与诸生叶轮、武生沈和等设义团于横溇村。同治二年（公元1863年）二月，贼寇来到，蔡学诗等率领众人抵御贼寇，贼寇稍退却。蔡学诗与沈和乘胜追击，沈和挥刀杀死多个贼寇，蔡学诗也用鸟枪击毙贼寇头目。后来贼寇成群而来，蔡学诗死于阵地，沈和与叶轮都投水而死。叶轮曾对家人说："我如击贼而死，你们应当跟从我。"等到叶轮死后，其家人殉难者有十二人。

李锡增

李锡增，字继香，上海人。是守备李成凤的儿子。以教习洋枪队跟从刘铭传军，积功升至副将，加总兵衔，并赏"克勇巴图鲁"称号。同治六年（公元1867年）正月，驻守湖北尹瀍河，剿捻匪（清代对捻军的蔑称。捻军，太平天国时期活动于北方的农民起义军）阵亡，年仅三十三岁。事情上报，按照提督阵亡例予以赐恤。

沈　凯

沈凯，字伯元，娄县人。隶属于江西候补道席宝田军，征剿粤贼积功升至守备。后又随军进攻贵州铜仁府诸城，克复，选拔为游击，加参将衔，赏赐花翎，给予"力勇巴图鲁"称号。同治八年（公元1869年）三月，率领偏师离营百余里攻打贼寇堡垒，遭受重伤，堕落山谷间死。

起先，有朱鸿骏者，也是娄县人，官任提标江阴营千总。咸丰三年（公元1853年），率兵征剿粤贼，驻扎湖北老鼠峡，竭力战斗而死。

又有张邦瑞，华亭人，官任归德镇标右营都司。咸丰十一年（公元1861年），随军征剿捻匪于河南永城县，战死。

沈霖溥

沈霖溥，初名敦礼，字菊泉，华亭人。为文淳厚高雅有节气，门下弟子得其指授，多获取科第而去。沈霖溥年至五十多岁，中光绪元年（公元1875年）举人，第二年即成进士，以知县需次浙江。大吏推重其人品，不以属吏相待。尝奉命掌管征收专卖税于嘉善，不私取一分。不久去世。

朱赓飏

朱赓飏，字景庵，华亭人。禀性孝悌，沉默寡言，专志于学习，能文辞，工楷书，得王羲之、王献之父子及欧阳询、颜真卿诸家笔法。以拔贡生官任吏部小京官，光绪三年（公元1877年）成为一甲第三名进士，授翰林院编修。精研典籍，力求有用之学。不满两年病死，远近之人为之惋惜。

范宗尧·殷裕孙

范宗尧，华亭人。幼年随父亲读书，父亲患腹病十分危急，范宗尧呼天祈祷，乞求以身代父，父亲腹疾即愈。

殷裕孙，也是华亭人，天生有纯厚性情，侍奉祖父母、父母都孝顺。小时候到舅父家，给他水果不吃，追问原因，说："将用以敬奉父母。"父亲患病，亲自调理汤药，不离左右。

范宗尧去世之年为二十岁，殷裕孙去世之年为十五岁。

章有谟[注]

章有谟，字载谋，华亭人。是章旷的儿子。生于湖南永州，当时章旷去世已数月，母亲吴氏抚育他成立。隐居佘山，学识渊博而不出来做官。曾到常德，经过章旷当年屯兵之处，他设神位祭祀，悲哀之情感动不相识的周边行人。

兄长章有功、从兄章有豫，同治（公元1862年—1874年）年间都以孝受到官府表彰。

黄振鸣

黄振鸣，青浦人。父亲黄思诚，明代诸生，顺治二年（公元1645年）后居于海中金

注：章有谟及以下人物为光绪《松江府续志·古今人传补遗》，多为嘉庆前几朝的。

山为僧，黄振鸣每年必定三次前往问候。父亲去世，以柩归葬。与弟黄中孚将父亲所遗的两顷田让给小弟弟黄瓒，勉励他读书。黄瓒后来成为娄县诸生。华亭章霖（顺治十二年乙未即公元1655年进士，官徽州府教授）作文以记其事。

张德符

张德符，上海人。父亲张钧天，明代陈州尉，去世于任上。张德符这时刚几岁，又年逢凶灾，道路梗阻，因而草草地暂时埋葬在城角落的荒地上，且作了个标记。

顺治二年（公元1645年），张德符十八岁，生了儿子，这时他前往陈州背负父亲骸骨。渡江时有大风，船几乎要倾覆。他痛哭呼天，随即安然渡过江。到达家中，妻子乔氏已因战乱而殉节死去。

王喆生

王喆生，字醇叔。本姓吴，青浦人。年少丧父，母亲朱氏抚育他成立。师事昆山朱用纯。读性理之书有心得，每日作日记以自我省察。中康熙二十一年（公元1682年）进士，授编修。充任会试同考官，选得孙勷以下八人，后来都成为知名人士。

不久他乞求归来奉养双亲。王喆生读书注重品行，巡抚赵士麟、宋荦都推重他。所著《懿言日录》、《续录》，清恪公张伯行称之为博大精深。享年八十一岁。

从弟王元臣，字圣诚，康熙九年（公元1670年）进士。度量见识，端方凝重，人们都敬畏他。历任浙江会稽、湖广祁阳、鄗县知县，都有实政。辞官归里，以吟咏自娱。

王元臣的孙子王德宣，字敬旃，廪监生，考授吏目。十岁能文，中年游宦幕府，文端公鄂尔泰十分器重他。

胡永祚

胡永祚，字令锡，上海籍，青浦人。由选贡授陕西雒南知县，以才干著称。康熙三十年（公元1691年）发生大灾荒，他赈济饥民有惠政。当时盗贼横行，胡永祚先后捕杀二十余人，境内得以安定。雒南县人视他为名宦。

胡士贵

胡士贵，字复岩，华亭人。涵养丰富纯粹，工诗善书。康熙（公元1662年—1722年）

中，以岁贡生官任铜陵训导，赏识户部谢绍仁、解元黄淮于尚未得志时。学使张榕端推崇他的学识和品行，对他特别敬重且予以礼待。后来辞职归来，去世于家中。

孙　铉

孙铉，字思九，华亭人。诸生。年少时就闻名于春藻、大雅两社中。长大后跟从汪琬、徐乾学、宋实颖游学。禀性好客，一时名士无不与他交往。曾编辑《皇清诗选》，搜罗广博丰富。琉球国购得此书，其国王及大臣也以诗乞求入集。青浦孔宅久已废坏，圣祖康熙皇帝南巡，孙铉、孙锴诸生敬请宸翰（指帝王的书法墨迹），为其建筑碑亭、御书楼，殿阁廊庑，焕然鼎新。并编辑《孔宅志》，衍圣公（孔子后裔世袭的封号）某题字。

授国子监典籍，不予赴就。享年六十八岁。

屠王畿

屠王畿，字觐侯，初名显，青浦人。清献公陆陇其弟子。陆陇其设馆授徒张堰的第二年，屠王畿父亲屠武虬带他去随从学习，去之前，访求与陆陇其交往的人，陆陇其推荐周梁，于是延请周梁来家讲解探究经学。后来陆陇其说屠王畿“气静质实”，将第二个弟弟陆肇熊的女儿嫁给他。

单周传，失传其字，也是陆陇其弟子。《四书大全》的刊刻，单周传参与校勘。

又有席永恂兄弟，陆陇其设馆珠街四年，兄弟俩跟从求学，十分勤奋。

陆士俊

陆士俊，字振声。父亲陆彤沛，由吴江迁居娄县横云山南，于是定居下来。陆士俊禀性疏狂豪放，于书无所不读。王鸿绪于横云山庄纂修《明史》，招陆士俊前往，他因病推辞。王鸿绪赠给他诗句道：“云间峰泖仍还陆，晋后文章大有人。”

孔毓书·张大纲

孔毓书，字鲁原，华亭人。作赘婿居住于青浦纪王镇。后来居家黄渡，于吴淞边修葺一室。客人来到，弹琴觞咏，有隐士风度。

张大纲，字舜所，也居于黄渡。栽花种竹，与扬州王尊五、同里王坚、王玑弦歌诗酒，无有虚日。

陆廷义

陆廷义，字圣文，娄县人。喜欢藏书，丹黄（古人点校书籍所用的两种颜色。旧时点校书籍，用朱笔书写，如遇误字，则用雌黄涂抹）不释手。家居临水，植梅数十株。当梅花开时，坐梅下弹琴赋诗。构建养鹤亭以饲养鹤，悠然不知有人世间事。

儿子陆敬承，字昌祚。自幼聪明，读书一目数行。平时砥砺气节，与长洲文慤公沈德潜友善，沈德潜称其诗为“东南之宝”。陆敬宗，字揆一，隐于诗酒，善于绘画，常绘陶渊明像师事之。

倪　蜕

倪蜕，本名鹏，字振九，青浦人。国子监生。康熙（公元1662年—1722年）年间，游宦幕府于云南，以功议叙知县。于是于昆明石碶村买山，筑室以居。善画山水，仿王蒙。没有儿子，生有一女，入赘昆明阙氏子为婿。子孙有些从倪蜕姓。有以科举登第而显贵者。倪蜕工诗，仿效古人，蔑视苟同近世凡俗。进入云南后，诗境大变，雄豪奇丽。袁文揆《滇南诗载》采录其诗很多。

胡克开

胡克开，字行素，华亭人。禀性孝友，爱好学习。遇事刚勇敢为，尤其乐于施舍。明朝灭亡后，隐居不参与科举考试。圣祖康熙皇帝南巡，曾偕同张三才等上疏，请减苏松浮粮。

张三才，上海诸生，以好义闻名。

姜璜如

姜璜如，字宏璧，青浦人。诸生。父亲姜应龙，曾割股疗母。姜璜如幼有至性，长成后，以孝友著称。偕同诸懋敏、范逸等于囊贤港结文社。

儿子姜文枢，孙子姜超萃，曾孙姜怀权、姜怀谦（诸生），玄孙姜嗣忠、姜轼，都以孝受到官府表彰。

伍　常

伍常，字又眉，青浦人。诸生。居崧宅。父亲伍诚病重，伍常与伍启、伍涵宾相继割臂肉和药以进。钱德震为文记其事。

伍启字又东，诸生。

伍涵宾字又蕤，贡生。

张成忠

张成忠，青浦人。驾驶舟船为业。父亲生病，张成忠割臂肉以疗。每年逢父亲生日，他焚香呼天，为父祈祷寿命。侍奉继母也孝顺恭谨。与异母弟同住合灶数十年，没有一句不和睦的话。章有谟游览楚地，张成忠跟从，章有谟赞叹道："人们称张成忠为孝子，我观察其人，是位君子。"

同时的张友诚，字复初。年少丧父，兄夺取其家产，迁徙他府为人做佣工。等到长大后，刻木为父像，事之如其生。

给事王原合并其事作《二张孝子传》。

嘉庆（公元1796年—1820年）时有丁禹钦，也以孝顺著称，教谕王光燮表彰其门户。

张佐庭

张佐庭，青浦人。从事农业，居住黄渡。父亲被仇家诬陷而坐牢，张佐庭年仅十二岁，痛心于父亲冤枉。当时疏浚吴淞江，中丞马祐来视察，张佐庭从桥上奋勇投江，呼吁求免父罪。中丞马祐同情他的心志，亲自对此案进行调查审理，事情的真相才得以大白。

杨文蔚

杨文蔚，随父亲杨荣由上虞迁居上海。父亲年老而病，杨文蔚尝其粪，味甘，知道病情严重，祷告天神，请以身代。十年后，母亲患痢疾，文蔚割臂肉拌和药中以进，病于是痊愈。县令在其门户题"以身寿母"以示表彰。

杨文蔚为人谦和好义，人们以孝称赞他，他必改变脸色，显得局促不安。每月初一日，他到城隍庙默默祈祷，愿减短自己的寿命以增加母亲的寿命，且保守秘密，不让兄长知道。

范士钦·林日茂·朱丕承

范士钦，华亭人，居住柘林。是做饼师傅，得钱就买酒肉以奉养母亲。有人赠送粮食布匹，他的母亲坚决不受，范士钦体会母亲的心意，即使食物朝不继夕，也未尝乞怜于人。母亲去世，丧葬尽礼。雍正（公元1723年—1735年）年间，太仆卿俞兆岳题匾额表彰其门庭。

理发工林日茂，父亲双目失明，林日茂于早晨必准备好食物，侍奉父亲用餐毕，他才挑了理发担子出门。每日的收入，都用以供奉父亲，而自己只吃些粗粮。四十余岁时，生病将死，痛心于不能完成对父亲的侍奉，哭着去世。

朱丕承，家境贫困，侍奉父亲孝顺。每日用餐必请问父亲想吃什么，吃饭时必偕同自己的妻子侍候在旁边。父亲喜好赌博，一天赌博输钱而归，朱丕承请父亲用餐，父亲心里厌烦，说："煮鸭子让我吃。"朱丕承果然以鸭进献，而不让其妻子在旁边侍候，因为她看到了这种情况则必会絮叨不休地埋怨他，使他父亲听到不高兴。他父亲为此受感动而不再赌博。

又有杨振华者，年仅十三岁，学习经商于泗泾，吃饭必流泪，说："儿子吃饱了，父母饥饿怎么办？"有人周济他钱物，即用以奉献双亲。父母去世，于是终身吃素。

范士钦，在道光十八年（公元1838年）以孝受到官府表彰。朱丞承，于光绪五年（公元1879年）受到表彰。

章继绪

章继绪，字重光，华亭人，青浦籍。明代大学士章旷的孙子。雍正五年（公元1727年）进士，历任山东章丘、栖霞、利津知县。任利津知县时，建造义学七所，并仿效松江府学教授陆在新的方法，设立引年会。凡诸生年龄六十岁以上者，每年给银六两，七十岁加倍为十二两，八十岁再加倍。他就是如此尊敬老人，崇尚文教。

庄　恭

庄恭，字俨望，青浦人。乾隆九年（公元1744年）举人。选任绩溪教谕，修《绩溪志》。乾隆二十年（公元1755年），岁遇饥荒，他捐献俸钱，设厂赈粥。知府何达善要将他作为人才荐举，庄恭极力推辞。后来改任建平教谕。因病而归。居乡喜好施予，里中称为善人。

同时的方枝映，字正蕃，也是举人，比庄恭稍后。任荆溪训导，有贤良的名誉。

廖景文

廖景文，字古檀，华亭人。以密云籍中乾隆十二年（公元1747年）举人。十九年

(公元1754年)会试,登明通榜(清顺治初年,定举人中副榜者,免其廷试,由礼部咨送吏部授职。至雍正乾隆年间,因云南、贵州、广东、广西、四川、福建路远,特于会试落榜考卷中选文理明通者,于正榜外别出一榜,以学正、教谕任用,称为明通榜。但有时也不限于以上六省)。由教习选安徽合肥知县。尝奉命运送庐郡漕米,掌管疏浚宿州河,往符离疏浚南股河,都不扰民而事情得以办成,大吏嘉奖其贤能。

廖景文工诗。善画山水,曾言自入仕途,遂荒传染。所作多小幅。又喜用洋红画竹,最为别致。定居青浦,筑小檀园于清溪桥畔,多丝竹之娱。以所撰《小青杂曲》,依声叠和,为一时诗坛盟长。后以弟廖景班、廖景明、子廖云魁先后官闽、粤,时常命驾一游,遇佳山水辄赋诗以纪其胜。王豫认为其诗"以香艳胜"(《江苏诗徵·江苏诗事》)。曾作村字韵七绝三百余首,怀人纪游各参半。如《三泖》:"笋皮笠子瓜皮艇,寻遍溪南放鸭村。"如《莺脰湖》:"银鱼三寸跳波出,一抹斜阳晒网村。"所著有《清绮集》八卷、《吟香集》六卷等,与青浦王昶、宝应王希伊同撰《青浦县志》。

弟廖景明,字孝光,游宦作幕僚于上谷、齐鲁间,以议叙官任山西偏关知县。修缮城池,宽免徭役,牢狱为之而空。曾任云南宾州知州,所到之处有良好声誉。

廖景文外甥姜绍渠,字敬铭,号醴堂,华亭人。为人沉静好学,词采清丽,后从其舅为赣、粤游,诗尤恣肆卓越。有《高鸿堂诗稿》。

蒋云师

蒋云师,字瑞应,青浦人。兄蒋云鹏,字程远,乾隆二十七年(公元1762年)顺天举人,在大挑(清乾隆十七年[公元1752年]定制,在会试后拣选应考三次而不中的举人,由礼部分省造册,咨送吏部,派王大臣共同拣选。选取者分二等:一等以知县试用,二等以教职铨补,称为举人大挑)后授繁昌县训导。蒋云师年少时跟从其舅父王昶学习,与蒋云鹏同时乡试中举,以《四库全书》馆誊录补直隶新城知县。新城县正当交通要道,各县递解人犯都通过这里,车骡运送一向摊派于民,蒋云师为捐献俸金置备官车,民众的重累得以解除。调任宛平县,三个月中,清理积案四百余件。选任西路同知。有人在上官面前诬陷他,以迂缓奏(因不尽快上奏说明真相),命他在原官任上去职。人们说他"迂"而不紧跟时势,"缓"而不扰乱民众,这是古时循吏所推崇的。因贫困不能归来,主讲金台书院。去世于京师。

从子蒋维澧,字源长,副贡生。历官至山西阳曲县令,所到之处,以有才干著称。选拔为广东连州知州,遭父母丧事而归,后去世。

徐宗仁

徐宗仁，字临沚，娄县人。乾隆二十七年（公元1762年）举人。乾隆皇帝南巡，献赋行在（帝王所至之地），列为二等，赐予缎匹。以大挑历官四川威远、仁寿、华阳诸县知县，选任马边厅通判。徐宗仁嗜学能文。文靖公孙士毅总督四川，见其文章，大加赞赏。

不久因病乞求归来，享年七十三岁。

张纪宗

张纪宗，字云周，青浦人。乾隆三十六年（公元1771年）举人。年少即敏慧出众，善于文章，尤长于诗。与诸生陶本华等创联吟社，吴大勋十分器重他。

陶本华字复冈，能诗，尤其精于算学。

汪时凤

汪时凤，字鸣岐，青浦人。乾隆三十九年（公元1774年）举人。禀性开朗敏慧，过目成诵。弱冠之年，成为廪生。六十岁才乡试中举。砥砺品行，勤奋学习，到老更加刻苦严格。与华亭陆明睿友善。后因冬夜拥被看书，火燃着帷帐，中火毒而死。

雷　琳

雷琳，字晓峰，华亭人。乾隆四十五年（公元1780年）顺天举人，由《四库全书》馆誊录选授河南扶沟县知县。学问渊博，禀性纯孝。母亲生病，向天祈求以自己身代，母病即愈。同治十年（公元1871年），以孝受到官府表彰。

金　襄

金襄，字式玉，青浦人，嘉定籍。与兄金钰都工于诗文，人们将他俩称为“双金”。乾隆四十六年（公元1781年）他中了进士，以知县改任江宁府教授。创立“儒寡会”，以抚恤士族的寡妇。协助修葺中山遗墅，为藩司（明清时的布政使，掌管一省人事和财务，别称方伯）浦奉兹、知府李尧栋所倚重。禀性拘谨自守，不广泛交往，只与桐城姚鼐、嘉善浦铣两位山长深入探究性命之学。

遭逢继母丧事而归。服丧期毕，补凤阳府教授，不去赴任，主讲平江敬业书院以终其生。

杨祖健

杨祖健，字律夫。乾隆四十八年(公元1783年)举人。幼年失去父母，由嫂抚育他。与次兄杨祖佩同学，读书有心得，常将它写下来。尤其致力于《大学》、《中庸》两书。

两次参与会试都没有中式，归来后以教授生徒终其一生。赵逢源、陆晋云都出其门下。

王庭兰

王庭兰，原名史，字畹香，青浦人。年少时以词赋闻名。中乾隆三十九年(公元1774年)举人。进入京师，分任校勘《四库全书》，纪昀、陆锡熊都推重他。选任睢宁训导。乾隆五十四年(公元1789年)中进士，官任河南淅川知县。当时白莲教匪扰乱秦楚之地，王庭兰阻遏贼寇东窜，修缮城池，训练乡勇，后又转运粮饷，以供应大军，于是劳累致疾。中丞颜检同情他的劳苦，为上奏改任他县，不久他于南阳客馆去世。

王庭兰禀性廉洁，去世后身边只有几筐破书而已。同官一起凑钱助丧，才得以归葬。

同时的蒋维淦，字衷和。他博闻强记，年三十岁就中进士。等待选任而归乡里，以诗古文提倡于后学之士。选任凤阳教授，因病不能赴任，不久去世。

潘畴克，字又徵，是王庭兰的弟子。由副贡生中乾隆五十一年(公元1786年)顺天举人。工于近体诗，文辞脱俗，情志闲雅，以风雅自恃，人们将他比作唐代韩偓。

赵炳融

赵炳融，字春谷，南汇人。以上海籍中乾隆五十四年(公元1789年)顺天举人。改归本籍(南汇)。授桐城训导，教导士人有法。尝捐资修葺培文书院。工于隶书，精通医理，兼熟悉占卜之术。

席世臣·屠德修

席世臣，字邻哉，青浦人。祖先由常熟迁居珠里。席世臣以商籍诸生分任校勘《四库全书》，钦锡举人。禀性好古，尝刊印古代秘书数十种。

同时的屠德修，字尚恒，诸生，也以好古闻名。刊印王士禛、宋琬、施闰章、朱彝尊诗行世，名为《国初四家诗》。嘉庆九年（公元1804年），岁遇饥荒，屠德修倾资济助，里人称道他。

诸自穀

诸自穀，字诒孙，青浦人。乾隆四十二年（公元1777年）拔贡生，授宁国训导。捐俸修学校，建节义祠，设西津书院。不久选拔为义乌县令。嘉庆六年（公元1801年）发大水，他主管赈济，救活民众很多。撰修县志，建六贤祠。

调任兰溪令，去世。他离开义乌时，奔赴省署乞求他留下的人有数百。

徐　德

徐德，字伊邻，青浦人。是徐恕的弟弟。乾隆时，圣驾南巡，以诸生献赋，列二等，赐缎及荷包。乾隆五十一年（公元1786年）优贡生，充当教习，以知县分发贵州，尚未赴任，改为员外郎。府城修葺学校，建育婴堂，他都倡导捐资，促使成功。工于书法，得颜真卿、柳公权精髓，有《驻霞仙馆墨刻》。

曹鸿焘

曹鸿焘，原名洪陶，字范成，上海人。品行端恭，学识纯粹，学者称道他。乾隆五十四年（公元1789年）选贡。乾隆皇帝南巡，献七言诗百韵，蒙恩赐缎。后来得校官，不谒选（官吏去吏部等候选派称"谒选"）。嘉庆九年（公元1804年），与朱文煜、陈昇创同仁堂，尽力于做善事。

同时的杨大木，字松岩，南巡召试，列二等，拜荷包、端砚之赐。

又有范应璧，字东垣，青浦人，诸生。也以献诗赐文绮（华美的丝织品），人们都觉得他获得殊荣。

章鸣鹤

章鸣鹤，字荀俦，娄县人。岁贡生。年少聪颖敏悟，与从兄恩贡生章汝琳以诗古文闻名。后来偕同董之隽、徐是儆诸人结诗社。乾隆（公元1736年—1795年）初，官任铜陵训导，修葺与言堂，以教育众多士子。又建省心义塾，使铜陵人都勤于学习。享年八十六岁。

儿子章德棨，字诗迁，诸生。潜心研究经学，尤其精于《毛诗》。兼工书法。

章鸣鹤在乾隆十七年（公元1752年）、德槃在四十一年（公元1776年）都重游学宫。德槃享年八十九岁。

丁朝雄

丁朝雄，字柏宜。原是通州籍，因父亲国升官任苏松镇游击，移家于南汇六灶镇，于是成为南汇人。丁朝雄出身行伍（军人），乾隆四十一年（公元1776年）尝任南汇营都司，累迁至福建副将。林爽文反叛，丁朝雄请兵征剿东港，断贼咽喉，总督某不同意，而先命他攻打凤山贼，取得胜利。进军平鲲，亲自擒捉敌军首领。帮助提督柴大纪尽力守卫台湾城三个月，随即又奉命以八百人前往东港，抵挡贼众数万，大小七十余战，东港得以平定。以功绩提升为海坛镇总兵官，两次代理水师提督，抓获海盗林明灼等将其绳之以法。

乾隆五十九年（公元1794年），入京觐见皇帝，尚未到达，去世于路途中，享年六十七岁。子孙于是世袭其军职。

盛　执

盛执，字绸初，青浦人。诸生。潜心深研性理，为学一依于诚敬。尝说“学者入手功夫，莫要于迁善改过”。

亲自编辑前贤名言为《庸言录》。与人交往，没有心计，和顺恭敬，里党都受到他德行的熏陶。

李永安

李永安，字砚铭，奉贤人。诸生。父亲李扶墀，品行端恭纯粹。李永安重视孝友之德，读书能阐发先儒的义理。乾隆十七年（公元1752年）秋，台风大作，潮水泛滥，城外民房多淹没。李永安与兄李彝铭倡议筑海塘以挡潮水，以工代赈，民众赖以存活。逢到县令卢某因事牵连而撤职，县令本来深得民心，有堵塞城门攀辕恳留者，李永安兄弟实际上不认识他，因为县令一向钦重李永安，所以波及此祸。李永安兄弟争相自我引咎，当事（当权者）为此义举感动，于是化解了这次灾祸。

周厚堉

周厚堉，字仲育，娄县人。诸生。家住簳山下。才学高超，渊博儒雅。工诗，尝收集簳山琐事，成《竹枝词》百首。他的先世与赵孟頫等名人交往友好，富有藏书。乾隆中开《四库全书》馆，周厚堉进献书籍数百种，赐《佩文韵府》、御制石刻，又御笔题诗于其所进献的宋本《两汉博闻》上，这都是特殊的礼遇。

周厚堉敬取御制诗中“来雨”两字命名其书楼，王昶为之作记。

石　渠

石渠，字午桥，娄县人。诸生。才学出众，却困顿失意。客游遍及秦、晋、梁、宋、吴、楚、黔、滇等地。工诗。杨芳灿说他的诗雄深而苍劲秀丽，缠绵而清丽挺拔。毕沅曾将其诗刻入《吴会英才集》。

黄大昕

黄大昕，字香谷，南汇人。廪贡生。工于诗词，与冯金伯、玉诚、张大经等人称为“海曲七子”。

张铉、张利涉都是黄大昕的诗友。张铉字野楼，为县小吏，专事诗作，晚年更进。去世后，贫困无法收殓，黄大昕等予以帮助，李墀为其安葬。张利涉字远飒，通晓音律，善于填词，尤工于诗。中年游宦幕府，去世于凉州，友人将其归葬。

又有一位叫乔培，字寄生，诸生。能诗工画。年少时尝为刑胥，与张铉相友善，县令郑人康给以金钱，乔培都将它付于酒家（买酒吃），而张铉不受，作《还金吟》，人们将他俩都看作奇人。

朱象春

朱象春，字巽圃，奉贤人。诸生。博闻强记。经史百家之书，亲自予以点勘。善于作文，诗效法韦应物、柳宗元。与同县马光裘为友。

马光裘字少坡，诸生。行为敦厚，学识丰富，精深于经术。曾北游燕、赵、齐、鲁，南历吴、越，所到之处，都以诗表现自己的游览情怀。

程　运

程运，字融六。岁贡生。家境贫困，刻苦自我勉励，夜读常到清晨。尝与同县的卢祖潢、庄映台、金嘉遇、曹相川、汪梦雷等结文社。

卢祖潢字荪塘，小时候跟从诸煌学习，其文章专门仿效先贤。教授里中后进，谆谆以树立品行为勉。庄映台字拱辰,恩贡生,学问渊博。金嘉遇字茹征,岁贡生,尽心于经学,尤其用力于四子书。曾相川字岱之,诸生;梦雷,廪贡生。两人都工于诗。

王 陶

王陶,字孟公,华亭人。诸生。中年放弃科举考试,于三里汀筑汀西草堂、听雨篷。性情方正谦退,不与世俗相争。经常闭户读书,间或与名流饮酒吟咏。文章学习樊宗师,诗则推崇西江派。

邱思燕

邱思燕,字丙南,青浦人。诸生。喜好古典,善于文章,兼通乐律。世代从事医业,邱思燕尤为精通。与诸生金桀友善,其诚信正直也与金桀相同。尝到邓尉山祭祀烈愍公孙士美坟墓,赋诗以纪事。

曹组城

曹组城,字式金,青浦人,居小蒸。读书好古,与陈兴宗友善。曹宗儒《贞溪编》年久失传,曹组城又编辑之,王昶将之比作汪永安《紫堤志》。

陈兴宗字烈承,诸生,是王昶弟子。潜心考据之学。凡王昶所编辑的书,陈兴宗都予以校勘过。晚年与张礼、杨宗濂都以诗文闻名。

张礼字竹塘,杨宗濂字莲塘,都是诸生。

朱修来·叶承伯

朱修来,字怀远,号爱林,青浦人。父亲早年去世,母亲郭氏抚育他成立。家境贫苦。早晨起来到私塾读书,先要采摘野菜拌入粥内作早餐吃,作为一件常事。听老师讲《孝经》至"谨身节用,以养父母"这一句,即终身诵之不忘。母患鼻衄(鼻出血),医生说用芦根可治疗。他即奔向河滨砍代数根。正值严冬,冰滑,堕入水中,几乎淹死,遇救而归,微息仅存,仍紧握芦根不放。烧热水浸泡冻僵的手,血漉漉下流,那是被冰棱划破所致。长大后在商铺做佣工,无丝毫苟且,积资金四十余年,为母请求官府建牌坊表彰。同治七年(公元1868年),与沈璋一起以孝受到官府表彰。

沈璋字卓人,诸生。侍奉母病,一个月衣不解带。母亲去世,他一声痛哭而死去。

后来有叶承柏,字心如,国子监生。工诗,事奉双亲极其孝顺。母亲眼睛患病,几乎失明，他早晚以舌舔舐，双目复明。后来母亲活到九十多岁，五世同堂，人们认为这是孝感所致。光绪（公元1875年—1908年）年间受到官府表彰。

黄 圻

黄圻，字勤扬，青浦人。本性好善，多积阴德。乾隆二十年（公元1755年）发生大饥荒，他拿出所有粮食以周济急难者，再不足则割卖家产以赈济，当时人们称他为“黄义士”。中年游宦长沙，凡是吴人中因贫困而不能归乡者，他都给以资金让其回家。乾隆四十三年（公元1778年），楚民多患疾病而死，他施予棺柩，埋葬露骸，无有倦色。某节妇因被迫改嫁而上吊自杀，他上报其事，获得表彰。其他仗义行善之事多类似。

颜文瑞

颜文瑞，华亭人，诸生。父亲偏爱其弟，在分家析产时，颜文瑞请尽其所有归于弟。弟不善治理生计，家境一天天趋向困难，颜文瑞于暗中将金钱放入父亲钱袋，使其给予弟。父亲高兴，对人说：“这儿子可谓视无形，听无声了（这是《礼记》中的话，意谓孝子在父母尚未说话和示以动作之前，他已根据父母的心意在行动了）。”

他的儿子颜章敬、颜章程，也以孝友著称。

张妙金

张妙金，金山人，原籍奉贤。本性愚昧木讷。年少丧父，家境贫困，做佣工取值，以供奉母亲美食。有人给他肉吃，辄怀藏起来，归来献给母亲。黑夜归来，恐怕惊动母亲，露天站立待旦，等门开了才进入。母亲去世，不能安葬，诸生潘三乐给以土地，他于是背了父亲骸骨与母亲合葬。

蔡朝杰

蔡朝杰，字持衡，青浦人。父亲凤池，字佩珊，诸生。工诗。修县志，建书院，都参与其事。蔡朝杰生而奇特出众，读书辄数行而下。侍奉父亲尤为孝顺恭谨。中嘉庆五年（公元1800年）举人。第二年会试下第，于京师设馆授徒，修脯（学生给老师的礼物）所得，全部用以周济乡人中在京贫困者，彰显义行于宗族之内。本来有义冢，年久湮没，蔡朝杰寻访其地，倡导捐款安葬客死者，并筑墙将义冢原地围起来。同县某秀才在旅途中去世,他纠集资金将其归葬。四品宗室淳祥贫而好学,凭借戴因心来受业,蔡朝杰给以衣食,训导启迪无微不至。后来淳祥于嘉庆十三年(公元1808年)乡试中举。

不久回到乡里,去世。

徐士泰

徐士泰,字云舫,华亭人。嘉庆元年(公元1796年)举孝廉方正,嘉庆六年(公元1801年)中进士。官任工部主事。徐士泰少年时与兄徐士晋,弟徐士恒、徐士豫都有才名。禀性恭敬庄重,不随便取舍。居官俭约,如同诸生时。后来乞求回来奉养双亲,闭户授徒,喜欢读宋代诸儒的书,曾说:"学者外缘多一分,即内心少一分。"这可体现他的治学修养了。

金维熙

金维熙,字夔臣,青浦人。诸生。进入国子监,应顺天乡试。由《四库全书》馆誊录授四川荣县县丞。王师征讨廓尔喀,四川总督文靖公孙士毅驻扎打箭炉,以金维熙治理台务(省内事务),有功,奏请代理屏山县令。屏山夷獠(夷和獠都是少数民族名)杂处。嘉庆元年(公元1796年),夷人和汉人争夺疆界地盘,金维熙下令叠石于隘口,严格把守,他则单骑入山,指责其妄动之罪。猓猓(似为夷族首领)感服,乞求立石以定界。事情平定,屏山人描绘其像,刊刻于石,以示纪念。后因坠折膝盖骨而告归,后去世。

儿子金垣廪,贡生,以书法闻名。

陆绍基

陆绍基,字云亭,娄县人。父亲因事牵累而遣戍,陆绍基年十八岁,跋涉千里,侍奉父亲于戍所达十年之久。不久奉父命看望母亲,归里后,朝夕向天祈祷,求父早日生还。聘妻刘氏已多年,因父亲在外而不娶。不久去世。未婚妻刘氏获悉陆绍基已死,也绝食以殉。

侯廷觐

侯廷觐,金山人。侍奉母亲王氏以孝顺闻名。母亲患羸疾(类似风痹的病),他暗中割股肉拌和药中以进,病于是痊愈。不久,母亲去世,他哀毁如枯柴。侍奉继母也孝顺。并且与各位弟弟友爱,家里没有不和睦的话。道光十八年(公元1838年),以孝受到官府表彰。

同时因割股疗亲受到表彰者:华亭叶向春、宋文恺、侯邦烈,奉贤庄廷英、范安昶,娄县吴福慧,上海丁守安、夏廷彦、徐谷鉴、陆恒颖,南汇吴源、陈进贤。他们有的割股疗父,有的疗母,其纯厚的性情超过一般人,都足以为乡党效法。

又有徐锡仁,娄县人,曹锡秬、顾应桂、张永泰、王黉彝、王昊瞻、谈柱、张政义、凌式飏、金掌露,都是上海人,都以割股疗亲闻名。

清(6)

(艺术・佳媛・方外・寓贤)

曹思邈[注]

曹思邈,字鲁元,原名嘉,华亭人。起初在幾社中,博闻强记且工于书法,某知府以百金请他书写寿屏,他推辞不去。

儿子曹重暻,字孝需,五岁能草书,吴骐、周茂源都有诗相赠。

钱　瞉

钱瞉,字子璧,号内史,晚号东海逸民,华亭人。诸生,是忠节公夏允彝的高足弟子。夏允彝父子为明王朝献出生命,钱瞉曾收集编辑其《传略》、《志铭》,要立碑于墓道,其重视情谊如此。精书法,尝临摹古人名帖,书写《孝经》一卷,注明某字仿照某帖,点画都有依据。人们争相索取珍藏。又集王羲之书法作《感应篇》刻于石上,司农王鸿绪作跋于其后。清朝以来,松江以书名者,则有钱瞉、曹思邈、沈楫。钱瞉、曹思邈皆名宿,而结构精劲当推钱瞉第一。晚年名益重,求书者盈庭。

孙子钱洪源,诸生,也善于书法。

冯　镃

冯镃,字天垂,娄县人,是侍御冯恩的曾孙。弱冠为诸生,有声誉于艺林,为人谦虚和气,平易近人。工于书法,行楷学褚遂良,草书依据怀素,刚健美好,别有风致。乞求其书法作品者站满门外。宫詹沈荃十分推重他。

注:嘉庆《松江府志》将曹思邈及以下人物列入"艺术"类。

陆 灏

陆灏，字平远，号天乙山人，华亭人。工于山水画，摹拟元代诸家，高雅美善，有所创新。与顾大申为画友。诸乾一进士以陈继儒白石山庄让他居住，黄隽为此作《陆高士入山图》，诸名士都赋诗相赠。

张 湑

张湑，字子晋，华亭人，诸生。工于书画，也能诗。家境贫困，耿直自守，年底有贵人赠以脱粟（糙米），不受。与同郡林贞文相友善，间或有所馈赠，则接受，说："林君本来知道我的。" 画山水，气韵生动，论者说他得董源之神。

苏 霖

苏霖，字泽民，后来改名遯，字遗民，娄县人。世代为名门望族。个性迂阔孤僻，没有娶妻，喜欢谩骂。租居西林寺，以绘佛像自娱，淳厚古朴庄严，笔意似丁南羽，高士吴骐尝题其画道："其人必传，其艺必传。"

瞿然恭

瞿然恭，字钦我，娄县人。书学李邕。楚人重新修建岳阳楼，有仙人降乩（旧时人们预测吉凶的方法：用两人扶丁字架，下面放沙盘，请神灵降临，控制人手，画沙作字，以测人事吉凶，叫做扶乩，也叫扶鸾。这种占卜方法，在民间较普遍），说："必得云间瞿然恭画榜。" 好事者寻访于郡人，找到瞿然恭，以礼物请他书写。

弟瞿然畏、从子瞿天潢，也工于书法。

陈明远

陈明远，华亭人，居高桥里。四岁双目失明，稍长大些即通《易》理，卜筮多有奇验。著有《易穷三昧口诀》，同里金蓬山、沈绎堂为之作序，将他看作汉初的司马季主。

垂帘（放下帘子，借代无事，闲暇）之暇又喜吟咏。享年八十岁。

沈士栋

沈士栋，字梁叔，是御史沈时来的儿子，诸生，精于小楷。

蔡天槎

蔡天槎,字羽明,青浦人。善于医术,为太医院孔目。又工篆书,吴伟业赠以诗道:“一经传汉相,八法继秦碑。”县令魏球举荐他为乡饮酒礼大宾。

弟蔡昡,字宾升,工于绘画。魏球修《县志》,蔡昡绘图。

儿子蔡简、蔡宣,各以文学著称。

何汝阈

何汝阈,字宗台,何天祥十世孙。为人公正诚实,能传承其医术家学,救活之人以万计。娄县令李复兴将有均役之举,忽然病危,何汝阈说:“贤侯有此大善之心,天会保佑你的。”投药即愈。巡抚文正公汤斌召他看病,当时海塘久已毁坏,何汝阈密告宜改石工以加固塘堤,请发国库钱帛,因为没有众多的义户。汤斌推重其人品,都听从了他,称之为“医中君子”。

提督梁化凤一向推重他,梁化凤病重,有裨将图谋作乱,因为何汝阈原来曾经救活过他,因此暗中令其躲避。何汝阈即入告梁夫人,请赶快散发家财以安定军心,边告边哭,夫人感动,于是按照何汝阈指点去做,终于停息了这场兵变。

府县请他为乡饮酒礼宾客,去世后作为乡贤祭祀。

金　铭

金铭,字子弁,卫城人。学医于秦景明,疗疾如神。著《药能》若干卷。

孙子金学谦,字有禄,传承其医业。

顾昌洛

顾昌洛,字谿翁,华亭人。善于医术。因为随从征伐叛逆耿精忠有功而授洛阳县丞,代理县事。

儿子顾以惔,字丽中,也以随从征战有功而授明威将军。

叶　痴

叶痴,其名已失传。善于以人的风度容貌品评其贵贱、夭寿,多有奇中,酒后其术尤为神奇。曾占视侍御王广心,决断其科举登第年月,全都应验,没有差错。

俞宗礼

俞宗礼，字人仪，号在凡，一作东凡、东帆，上海人，侨居吴郡（今苏州）。工山水及写真，更善白描人物。貌十八尊者，有李公麟复生之誉。绘《耕织图》，笔墨精细，曾进呈内府。生平索画不计酬，故技工而家贫。

俞鹳，俞宗礼之子，亦善绘事，能继父学。侨居吴郡。

周　鉴

周鉴，字以人，善于王羲之、王献之楷法。

孙肇庆

孙肇庆，字又章，上海人。工于针灸，为太医院御医。

张　郎

张郎，性格方正耿直，以行医自给。能诗善行楷，书法自成一家。

姚　井

姚井，字中山。世代居住五保。善于针灸，救活很多人，所得的金钱捐助亲戚和里中不能成婚和安葬的人家。

姚世翰

姚世翰，字素行，华亭人，居住璜溪。善于草书，工于绘画，擅长于画草中的虫子和芦滩的秋雁。

黄　楷

黄楷，字端右，华亭人，居住于南桥。工于绘画，清秀脱俗，尤其工于传神之笔。

谢庭玉

谢庭玉，字雪吟。工于篆刻，喜欢以水墨写生，仿效米芾、米友仁父子云山画，世人尤为珍重。

金　源

金源,字来源,居洙泾。工诗文,尤其精于医术,赵和柳介赠以诗道:"方术能医世,文章反益贫。大都为计左(卑下),要亦不逢辰(指时运不好)。"其生平情况大概可见。

儿子金秋厓,孙子金守质,都能传承他的学业。

葛　潜

葛潜,又名起,字振千(一作南闾),号南庐,华亭人(《府志》作娄县人)。精于篆刻。有《印谱》,朱彝尊序云:"予见葛氏之谱,凡攻乎坚者益工,深合夫秦汉之法,独有会于心而序之也。"周亮工的《印人传》录之。

倪木痴

倪木痴,名已失传。金山人。结茅庐于秦望山左,挂匾额为"息耕轩",心如槁木,而貌佯狂,因号木痴,人也以此称之。善丹青,随意挥洒,以云烟为自己的供养对象。也善诗文。有《琴清堂诗文集》。

胡洵龙

胡洵龙,字霖生。居于洙泾,善于医术,又会弹琴。

儿子胡绍昌,字思齐,传承家业,有名于时。

夏之皋

夏之皋,字东步。居于洙泾,为诸生,弱冠放弃举业,从事医术家学,博览医书,江南各州郡推为"秦越人"(战国时名医,即扁鹊)。

杨　陛

杨陛,字幼清,娄县人。家境贫困,学习努力,能诗文,也兼工金石镌刻。书法依据王羲之、王献之。文恪公沈荃看到他的书法,徒步前往拜访,纵论书法,到晡时(即申时,下午三点到五点)还不离去,杨陛拿出糙米饭、野菜,文恪公沈荃欣然共食。

杨陛去世后,沈荃记录其诗并为之作序。

马 捷

马捷，题署用名姓于，字立山，华亭人。由武举人官任辰州守备。能诗善画，与总制郭浚协有《唱和集》行世。

王简心

王简心，字维在，华亭人。候选州同知。王广心从弟。善于山水画，苍劲有力，古朴脱俗，王翚、王原祁称其得元人笔意，书法也精美。

潘 龄

潘龄，字眉颂，娄县人。工诗善画。明末偕同弟潘猷避兵于周浦。清朝初年游学京师，恒亲王延请他为师，与恒亲王唱和之作极受嘉奖褒赏。正逢康熙皇帝驾临恒亲王第，恒亲王以潘龄画进呈，皇上批“老笔”两字。授予官职，不肯接受，说：“我做个布衣足矣。”皇上说：“天下有如此的大布衣。”

六十岁归里，恒亲王以五绝句赠行，其一道：“偶将余事斗京华，老笔曾邀天语夸。今日束装归故里，还祈尺幅惠天涯。”又手书“存诚”两字制成匾额挂于其居所。

许缵曾赠句道：“山中不愧真高士，殿上曾呼大布衣。”

李用粹

李用粹，字修之，号惺庵，上海人。父亲李赞化，工于医术。李用粹继承父亲医术，随着心意的变化，独自达到神妙的境界。曾著《证治汇补》等书。商丘宋荦巡抚江南，延请他到幕府，将行书五个大字赠他道：“行贤宰相事。”

儿子李撲文，孙子李春山，都能传承其家业。

又有李邦俊，是李用粹从兄弟中的人。从事医业五十余年，救活病人无数。订正《诊家正眼》、《证治汇补》，成一家言。享年八十六岁。其孙子李楷，字献葵。李楷的儿子李延璧，字环英，切脉极仔细谨慎，乾隆丙子（二十一年，公元1756年）发生大瘟疫，他的治疗都有良好的效果。

沈 璠

沈璠，字鲁珍，上海人，居一团。禀性刚直。白天治病，晚上查检医方之书，必求有疗效而后已。

先前，李中梓说近来之人元气薄，应当重视温补。沈璠认为邪气留存不去除，则成为实症，如果温补，病将更为严重。又据《内经》说治病必须求其本，而受病之本，不仅指脾胃，而旺火抑水为不得其平。虚有阳虚、阴虚，而说大虚必挟寒气，这是错误的。《内经》说头痛耳鸣，九窍不利，肠胃之所生，这里又有虚、实之分，如痰中带血、食积不消者都宜清胃而治。其他指点评论，都依据《内经》，切中医者的失误之处。

浙江盐使噶尔泰血痢一个多月，服用人参两斤，病转严重，沈璠认为他脉实，早上服香连，晚上用保和丸，病愈。有老妇人八十余岁，从声音气息看来患实症，用上述方法治愈。

他著有《医案》，并亲自批阅《景岳全书》，这些书籍上海还有人家收藏着。

叶长源

叶长源，字天来，居杜浦。精于儿科医术，著《儒门保赤》一书。康熙丁亥（四十六年，公元1707年）康熙皇帝南巡，叶长源仿古隶书写《圣主御宇颂》百韵献上，蒙恩奖赏。

吴 焯

吴焯，字启明，华亭人。绘写人物用铁线描法，笔力圆劲，神气不失。

上海王俶用游丝描法，在极尽精细谨慎中有生动之态。

上述两人工夫不相上下，而其中吴焯尤为鉴赏家所推重。

陆 昀

陆昀，字日为，浙江遂昌人。侨居松江，自号遂山樵。个性拘谨孤僻，不事谋生之业。画初学米芾、米友仁、高克恭，后来加入自家之意，自成一家。

所居在超果寺南，想要得到他的画，只要登上寺的一览楼望其家，看到炊烟至午后仍不升起，你就拿了银子粮食前往换取其画，否则不可得。人们将他看作痴呆，晚年客居西湖而去世。

陆昀同里还有严载，画山水好立奇境。个性迂阔孤僻，与陆昀略同，人们将他看作怪物，严载听了反而高兴，于是以“怪”自名。

吴之棫

吴之棫，字镐臣，华亭人。父亲吴三省，工于书法，吴之棫学得其笔法，瘦硬都具神韵。

吴　宾

吴宾，字鲁公，娄县人（一作华亭人）。善界画，寸马豆人，须眉毕现。兼工花鸟及写照人物。画人物学小李将军李昭道。山水画文敏公董其昌。

沈　闳

沈闳，字远渚，娄县人。所作的山水画有沈周的风致。

曾　奭

曾奭，字西堂，金山人。工于画花卉、翎毛。

弟曾奕，字禹甸，也得到其兄的笔法。

同时工于画花卉者，还有唐酶，字去非；工于画草虫翎毛者，姚世仲，字素履。都有声誉。而唐酶的水墨牡丹尤为世人所推重。

谢　培

谢培，字宛鄂，华亭人。工诗善书，兼擅长画兰竹，与沈浩然、钱德震相唱和，著有《余霞集》。因孙子谢颖元显贵，赠文林郎。

李　岸

李岸，字新之。善于画花卉、人物，尤其工于写照（即写真，谓画人物肖像）。

顾　昉

顾昉，字若周，上海人。居石笋里。画山水师法董源和巨然及元代四家（黄公望、王蒙、倪瓒、吴镇），骨气清厚，为画学正宗。尝作《徐凝庐山诗意图》，王翚推之为杰作。

叶自尧

叶自尧，字阶荚，与顾昉同里，绘写山水有真率（直爽、坦率）的意态情趣。

陈 舒

陈舒,字原舒,号道山。华亭人,侨居江宁雨花台下。顺治六年(公元1649年)进士,官布政使参议。工于花草画,设色、写意,荒干、乱丛,似乎绝不经意,而结构多风姿趣味。尤其擅长画荷。好用熟纸(经研光、加蜡、施胶等加工过的精细纸张,可以使书写时不至走墨晕染),是他的短处。间作山水小景,也甚疏朗秀丽,闲雅冷艳。所题诗句都是草书,很有法度。有《道山遗稿》。

曹六韬

曹六韬,字君略,上海人。是太医院吏目,贯通透彻医理,屡次治愈废疾。远近之人请他医治,无有间断之日。

尝于旅店拒绝私奔之女的诱惑。

七十余岁去世。

陈履熙

陈履熙,字穆和,华亭人,居南桥。善于医术,尝遇异人,授以药草,从此医术更有神效。有人因病而气绝,还有人已死去两天,陈履熙看到后,说可救活,灌汤药入口,两人都得再生。

王玉如

王玉如,字声振,南桥人,精于缪篆(书体名),尝设馆授徒于洞庭叶锦澄怀堂中,镌刻石印千余方,渲染以丹泥,编成《印谱》四卷,长洲李果、同里黄之隽为之作序。

他的徒弟鞠履厚,字坤皋,国子监生,得到他的真传,著有《坤皋铁笔》二卷,《印文考略》一卷,长洲沈德潜为之作序。

宋 鼎

宋鼎,字禹九,居南桥。精于疡医(周代的医官之一,《周礼·天官·疡医》:"疡医掌肿疡、溃疡、金疡、折疡之祝药,劀杀之齐。"后世指治疮伤的外科医生为疡医),能治愈危重病人。巡抚文正公汤斌挂匾于其住所以示表彰。

孙子宋炳,能继承其医业。县令许逢元母亲患疔疮,诸医束手无策,宋炳说没有问题,结果真被他治愈。凡是贫困者请他治疗,无论昼夜雨雪,他必定立即前往,且不受报酬。去世之年为六十九岁。

周用泰

周用泰，字丰来，华亭人，居柘沥港。禀性嗜好书籍，收藏丰富，家有二酉洞、寻乐斋，缥囊（以淡青色丝帛制成的书袋）湘帙（竹编的书套）插满书架，色彩缤纷。

工于书法，到老不倦。有吴某者，从武陵来觅食，先将自己的书法作品抵押给周用泰，周用泰同情他的贫苦，并且说："您所写的字还不够好，我代您书写，或许可以换得一些钱。"后来这吴某凭周用泰的书法作品获得丰厚的钱财。

里中有位姓陈的人，周用泰也可怜他的穷苦，为他代书百纸，获取资财供养双亲。

又有表侄某，贫困不能娶妻，周用泰解囊相赠，才得以成婚。

人们赞颂他的义行。

吴士璋

吴士璋，字尔馨，华亭人，居竹冈。世代为儿科医生，吴士璋尤其勤于医业，村翁里妪黑夜提了灯笼叩门求医，他鞋子尚未穿正就跟着前往，且不计酬金，乡里人们都感激他的恩德。

汪石云

汪石云，华亭人，居南桥，是儿科医生，有奇妙的医术。对贫困者给予药物而不受其药费，一方之民将他看作救护生命的神灵。

徐熙晁

徐熙晁，字唐运，上海人。工诗善书，擅长于缪篆字体。个性迂阔孤僻，乞求其书法作品，即使平时有老交情的人也不给，但兴致来时，纵笔数十幅也不知疲倦，有高傲脱俗的风度。尝背临（不看字帖而摹写其字体）逸少《誓墓帖》，自己认为已可夺真（意为自己摹写之字与原帖没有差别），他的儿子徐里将他的字迹刻之于石上。

徐里字仁美，善于绘画。

吴　安

吴安，字定山。隐居泖滨，号泖湖钓者。绘画山水，气韵明丽秀美。

童蒙亨

童蒙亨，字以行。善于医术，遇论证疑难之病能有独特见解，治疗结果，屡显奇效。禀性诚恳厚道，人称其为长者。

孙子童玫，诸生，有文名。

庄永祚

庄永祚，字天申，华亭人，庄徵麟儿子。贡入太学，科举考试，屡次受挫。患病而归，取医书遍读，设立药方自治，于是痊愈。后来从事医业，其他人看不好的病，他治疗之，则有良好效果。编辑医案若干卷，吴骐为之作序。

李磐石

李磐石，字文之，华亭人。接受异方于僧人无碍，预决死生，多有准验。

儿子李天成，字显生，继承其事业，著有《医验》二卷。

张　鹗

张鹗，字凌远，居府城仓桥之南。工于写真。

其弟子许谦，字在亭，居延恩巷。工于花卉画，有名声。

陆　原

陆原，字伯源，居洙泾。禀性高雅，笔墨如其人，曾画《巫山十二峰图》，赏鉴家称之为神品。

卞　久

卞久，字神芝，号大拙，娄县人。儿子卞祖随，字虞逸，工于写真，而卞久为之补图。父子相互依靠，以卖画自给。

沈　韶

沈韶，字尔调，嘉兴(今属浙江)人，寓居金山，一说侨寓府城秀南桥东。曾鲸(1568—1649，字波臣，明代福建莆田人，流寓金陵，工写照，如镜取影，妙得神情。弟子有沈韶、徐易、张远等，称“波臣派”)弟子。工写真，人物士女，秀媚绝俗。顺治十八年(公元

1661年)作《文殊洗象图》,康熙十八年(公元1672年)作《昭君琵琶图》。

黄　野

黄野,字日林,华亭人。禀性豪放不拘,工于绘画,禽虫草木,描绘逼真,又善画马。

谢　模

谢模,字宏微,华亭人。善于山水画,笔墨大雅(大方雅正),得黄公望的神韵。

包尔庶

包尔庶,字虞尹,善于花卉画。

曹尔坫

曹尔坫,字三宾,金山人。受业于沈韶,工于山水人物画,得元人笔法。

儿子曹鉴式,字汉卜,也善于鸟兽花卉画。

简而文

简而文,字含章,娄县人。禀性高雅清白,不随流俗。与孟柱为友,两人同住一室。孟柱以医术著称。简而文以授徒自给,善于用破毫(即破墨,是国画水墨画技法之一。即使用不同墨色,浓淡相间,以显示物象的界限轮廓,使画面更为生动)作人物、山水,空勾数笔,生动自然。王日藻、王鸿绪两尚书都推重他。所著有《诗法溯源》、《诗韵辑要》。

冯守贞

冯守贞,字宝初,华亭人。诸生,工于书法。康熙皇帝尝问大学士文靖公王熙说:“詹事沈荃后谁为善于书法者?”王熙以冯守贞对。连忙请他入都,但已经去世了。吴骐挽诗道:“长留翰墨辉今古,空白声名达冕旒(皇帝的代称)。”

何　炫

何炫,字令昭,号自宗,是何汝阈的孙子。读书过目能诵,家庭世代从医,何炫造诣尤为精深。重病、痼疾,对之疗效如神。后来以例贡入太学。著有《伤寒本义》、《金匮要略本义》、《保产全书》。

潘光宗

潘光宗,字耀先,华亭人,居于庄行。世代从事疡科,而潘光宗尤其精于此术,治疗效果如神。对贫苦者不收酬金,且无偿资助人参和药物。

提督张云翼患病,众医毕集,潘光宗诊断一下即离开,再请他不肯去了,果然谁也无法治愈。

朱士炘

朱士炘,字式亭,上海人。诸生,工于行草。清朝初年诸家如张泌、周金然、释兴澈、周诠都效法王羲之、王献之,而朱士炘唯独爱好米芾,下笔恣肆放纵,结体遒劲有力,与傅廷彝不相上下。

施不矜

施不矜,字履谦,上海人。是施维翰的从子。幼年早慧,等到长大以后,深研于医术。有人携带来生病的父亲,施不矜说:“你父亲没有什么病,你脸色青,三天后会突然死亡。”后来果然如此。又有一个孕妇腹痛,他诊断说:“这不是人胎。”后来分娩生下两条蛇。

刘梦金、张以恺都是他的传人。他著有《脉理精要》、《经验志奇》。刘梦金、张以恺兼精地理,工于诗词,画花卉绝佳,近人都效法他们。

陈　尹

陈尹,字莘野,号云樵,青浦人。师事上海李藩,画人物、山水、花鸟,起初十分工细,后来变为疏放老练,有青出于蓝而胜于蓝之意。王原称其“前无十洲(仇英字实父,号十洲,明代太仓人,移家今苏州,为明代工笔之杰,正德十五年[公元1520年]与文徵明合仿李公麟《莲社图》,藏故宫博物院),后无章侯(陈洪绶),可入神品。”

叶　洮

叶洮(《清史稿》作叶陶),字秦川,又字金城,青浦人。父亲叶有年,字君山,嗜画山水，足迹半天下，得名山大川之助。明代肃王朱识鋐闻其名，礼聘至秦，叶有年为图筑苑，名胜甲于八府。崇祯十六年（公元1643年）冬，肃王被李自成军俘获，叶有年返回青浦，其时已为顺治元年（公元1644年）。叶洮工画山水，康熙中供奉内廷，作《畅春苑图》，符合旨意。乞求请假归来，皇帝赐金帛。叶洮在京八年的好友钱金甫有《送叶秦川南归》诗："燕台并辔看花骑，江渚连床下水船。踪迹八年形同影，忍教独客向南天。"现代学者张宝章《三山五园新探》认为，叶洮作为造园艺术家，被礼聘为多位朝廷重臣和王公贵族修造园林，其中为明珠修建的自怡园和为康熙岳父兼舅父佟国维修建的佟氏园最著名。

董建中

董建中，字正度，华亭人（一作娄县人）。是董其昌的后裔子孙。山水画师董源，花卉画宗黄荃。初以国子监生经考核授州同知。康熙四十四年（公元1705年）春，康熙皇帝南巡，以所画《蟠桃图》进呈，蒙恩奖赏。皇帝随即命其画扇，符合旨意，特授湖广荆门州知州。

他的从孙医董椿，字耕云，居于崧宅。工于山水画，族叔董邦达举荐他，以《四库全书》馆议叙（清制，官员有功而交吏部核议，以定功赏之等级，谓之议叙。功多者为从优议叙）分发陕西试用。县丞董恒湛也工于花鸟画。

龚　振

龚振，字又园，娄县人。居芰荷潭，画山水学马远。

儿子龚御，也能绘画。

吴　棫

吴棫，字伟山，娄县人。居住采花径。工于院体花草画，游宦京师，名重一时，供奉内廷。晚年因老病而告归。

吴棫的父亲吴璋，字汉田，绘画早就有名。吴棫大概是因为传承了父亲的学业。

瞿　潜

瞿潜，字又陶，居簳山。工于花鸟画，雅正幽艳，风神亮丽；他的水墨画，望之也似乎设置色彩。

邹黄涛

邹黄涛,字四表,上海人。以岁贡选为虹县训导,尚未赴任而去世。画极工细,如同赵伯驹千里。每画成一幅,辄自己题以诗句,非风雅者勿予,名噪一时。

徐　宾

徐宾,字公鲁(一作公望),华亭人。善画山水。乾隆二十七年(公元1762年)皇帝南巡,以《山静日长图》进献,蒙赏荷囊两枚。

岑　巇

岑巇,字青峰,娄县人。工诗善书,以其才艺游宦四方,不能得志。晚年归老于家。

当时同里的李如泌,字节珊,明代忠节公李待问的孙子,诸生。禀性刚强直爽,也以草书知名于时。

倪廷梅

倪廷梅,字大庾。工于山水画,尤其善于画梅竹。享年九十余岁。

叶　舟

叶舟,字飘仙。善于画花卉,晚年只画佛像。

杜亮采

杜亮采,号严六。善于山水画,喜欢登临旧迹,所以气韵浓厚,神情姿态,极其富有文采。

姚　斌

姚斌,字文侯,上海人,居住于周浦。善于下围棋,一天在侍郎王原祁处与娄子恒对局,王原祁纵笔摹梅道人之法作画,用以赠给胜者以示表彰,娄子恒输了一子,于是赠送给姚斌。

他著有《弈谱》刊行于世。

朱　淇

朱淇，字武瞻，号葴山，上海人，居住周浦。是会元朱锦的第二个儿子，诸生，授州判。学识渊博，禀性高雅，能够写诗，尤其工于书法，临摹米芾可以乱真。著有《听雪庐稿》。

陆　琳

陆琳，字右廷（一作在廷），又字孚尹，上海人。禀性嗜好古图书、金石，秦汉后金石文字无不加以考订。诗学魏晋，书法遵照文裕公陆深家法，兼得张弼秘旨。曾从册使入朝鲜，朝鲜人以重金求其作品，他分文不取，士林尤其推重他的人品。

钱　棅

钱棅，字再耘。工于诗文。经常生病，因而学医，治疗危疾有神奇效果。

侄子钱黼，字印香，因为善于书法而闻名。

吴庆孙

吴庆孙，字绶紫，居住张溪。诸生，工于山水画，能写诗词。

郁　倩

郁倩，字仪臣，华亭人。善于花卉画。

钟　期

钟期，字解伯，善于绘画，其画有烟云动荡、水月空濛之趣。

许　缦

许缦，字曼若，华亭人。他画学倪瓒，诗效法陆游，与兄许经都以诗文闻名。

董公庆

董公庆，字宣诒，是文敏公董其昌的曾孙。工于山水画，不失家法。本性不喜应酬，作品留传很少，得之者如获拱璧。

钱锡永

钱锡永,字嘉予,居住于里馆驿。喜欢读书,重视品行,以医术闻名。

儿子钱三省,字师鲁,能传承家业。为诸生,尝作《景先生传》(“景”这里作为“影”的通假字),有“汝必无愧我,而我乐为汝伴;我亦无愧汝,而汝堪与我偕”诸语,人们将此看作名言。

曹培源

曹培源,字浩脩,上海人。曹垂璨的孙子。任太仓教官,为侍郎王原祁(1642—1715,清江苏太仓人,字茂京,官至户部侍郎,专心画学,著《雨窗漫笔》、《扫花庵题跋》)的女婿,山水画学岳父王侍郎,而稍变通其法,鉴赏家有“冰清玉润”(晋卫玠娶乐广女,人称“妻父有冰清之姿,婿有璧润之望”。《晋书·卫玠传》作“妇公冰清,女婿玉润”。后来称岳丈、女婿为“冰清玉润”,简作“冰玉”,本此)的赞誉。有《同兰馆集》。

从弟曹培琇,字玉川,禀性谨慎厚道,绘画师从黄公望。

朱洪畴

朱洪畴,居住于超果寺前。善于弹琴,且能以琴声占卜人的吉凶,多有奇异的应验。

张 泌

张泌,字长源,上海人。县学廪生,工诗古文,尤其善于草书,有擒拿搏斗之态。

儿子张泰,字克广,康熙五十二年(公元1713年)举人。工于诗文,善于书法。

顾允光

顾允光,字阖生。官为同知。其书法融合黄公望、倪瓒的笔意,而参以李成的苍劲,巨然的细润。

顾 企

顾企,字宗汉。善于仕女画,尤其工于写照。师事于曾鲸。

徐 磐

徐磐,字介鸿,卫城人。跟从金铭学医,变化神妙,名重于时。兼工诗,著有《影赓集》。

叶必传

叶必传，字宛初。是叶向春的儿子，能传承其医术。叶必传曾在府署听到隔壁咳嗽的声音，询问那人，尚未有病，于是劝他赶紧回去，那人抵达家中，疾病发作而死。

陈　浣

陈浣，字无垢，川沙人。工于描绘兰花。

沈元裕·朱元宾

沈元裕，字介徵。深研于医术，海上称李、刘、徐、沈为四家，他们是李中梓、刘道深、徐子瞻，而沈元裕尤为神妙。孙子沈左城，能继承其祖父的医业。

同时的朱元宾，号晴庵，个性拘谨自守，为妒忌者所排挤，虽精于医术但不被人们所重视。黄门曹一士挽以诗道："惊人句好名终晦，起死功高室更贫。"

又有平希豫者，善用秘方，当时人们称他为"平怪"。他编辑有《经验良方》若干卷。

又有夏泽生，都以善于医术闻名。

滕开基

滕开基，字晋师。善画能诗，本性爱好种植菊花，有好多优良品种，开花时节罗列一室，让客人纵情游览赏玩，他接待游客毫无倦色。他自题山水画诗句道："绿树荫浓接远山，水声云影有无间。高人自得闲中趣，曳杖溪桥独往还。"

唐玉书

唐玉书，字翰文，以医术闻名。著有《青芸斋诗文集》、《本草删书》、《伤寒类书》、《脉学定本》。

儿子唐宗泰，字宏文，太医院吏目。

孙子唐尔岐，字临照，传承医术，用药尤为稳重谨慎。

徐宗泌

徐宗泌，字郢侯，号固斋，金山人。善画水墨花卉，曾师事超果寺僧达曾（号竺峰，江苏震泽人，画梅师王冕，疏峭历落，得法外意，有《香影庵集》）。徵士焦袁熹题其画册道："终身学圃，定属忘机之人；纵心游艺，便有通神之笔。"其风格可见。

儿子徐颖柔，字仲嘉，华亭贡生。举鸿博，不赴。画梅纯用草书诀，黄之隽有诗题之。工诗古文，有《则所删存诗》。

施士式

施士式，字志学，娄县人。太学生，博学工诗。康熙年间，遂宁文端公张鹏翩考查选拔人才，他列为全府古学第一。著有《道园诗集》，书画也入能品（古人称书画等第为神品、妙品、能品）。

陆张湘

陆张湘，字文漪；陆崇，字书常。两人都工于花鸟虫草之画，神韵生动。陆张湘，青浦县学生。

张宝华·张泽瑊

张宝华，华亭人。雍正十年（公元1732年）海水泛滥，室庐尽没，与子客于归德。山水画极其秀丽华美。

子张泽瑊，字虚受，号实甫，由华亭迁青浦。康熙五十九年（公元1720年）举人，雍正十三年（公元1735年）举鸿博，不赴。画山水为王昱所赏，称其有书卷气，可入逸品。善书，得董其昌遗范。与文敏公张照书法被时人称为“两绝”。年八十一。有《怀古堂集》、《天香阁草》。

陶惟璪·江式之

陶惟璪，字辑五。太学生，世代居住于白龙潭东，是葭州守令陶尔穟的从子。中年仍无儿子，他祈祷天台山，有高僧告诉他，要有后嗣必须行善，陶惟璪听从了这句话，于是那僧又授以咽喉方，他归来广传此方，晚年果然得子。

他以后以咽喉科闻名者有江式之，字辉远，诸生。其曾祖汪中鲤，歙县学生，遇到异人授以医术，来到松江，于是定居。祖父汪灏，父亲汪楫，太学生，世代从事医业。汪式之工于文章，善于绘画，尤其精于医术。

汪日宾

汪日宾，字秩东。国子监生。善画兰花，秀丽脱俗，苍劲有力。扬州郑燮一向以画兰自负，后来知道了汪日宾的画艺，便常说“云间有秩东，我辈应当焚烧掉笔砚”。

叶本芃

叶本芃，字黍塍，华亭人。书法学习二王、怀素，兼善山水画。享年九十一岁。

康　泓

康泓，字澹余。善画芦塘之雁，立意品位也高，世人推重其笔。

赵　同

赵同，字洞如，是赵左弟子。所画山水，秀色绝伦。

王之辅

王之辅，字幼清，青浦人。精于医术，康熙年间里中发生疫病，王之辅携带药物于通衢大道上，病人随到即治，有人以金钱酬报，他笑着拒收。巡抚慕天颜以“博古良医”四字题赠。

兄王之佐，字孟贤，也精于医。

吴　逵·吴　涛

吴逵，字遇鸿，号心禅，娄县人。礼部儒士，工于分书（即八分书，是书体名，字体似隶而体势多波磔）和花鸟人物画，兼善金石篆刻。

吴涛，字学山，号蒿田，一作嵩田。吴逵之侄。太学生。工隶书，善山水，向与张篆田（绍祖）、友竹（昀）昆季同笔砚，故派别甚正。张绍祖曾得董其昌山水小册七幅，吴涛借摹，神理逼肖，张昀又补写五幅，装池成册，人称为“张吴合璧”。卒年八十六。

徐子瞻

徐子瞻，上海人。禀性沉静，凝神按脉，决断生死，不差错时辰和日子，大家都称他为徐仙。

陆天锡

陆天锡，字思顺，上海人。诸生，是文裕公陆深的六世孙。礼制品行，端恭方正。

工于书法，得陆深的秘旨，远近之人都将他的字迹当作珍宝收藏。他八十余岁仍临摹法帖不倦。

儿子陆文然，传承其家学。

张泽棨

张泽棨，字道复，居住洙泾，是编修张起麟的儿子，以举人选任盐城县令。学识渊博，工于诗画，鸟兽、花卉，随笔点染，活灵活现，趣味盎然，不减陈淳。

杨锡祐

杨锡祐，字介眉。工于医术，根据古方，参以己见，危症手到病除。人们求他诊疗，必先到贫苦人家。人们赞颂他的高尚情义。

儿子杨朝晖、杨朝陛，孙子杨士杰，都能传承医业。

他著有《习医心录》。

沈　轼

沈轼，字梅占。居住芰荷潭。花卉画师从吕琮。吕琮字又周，画入能品的级别，是东郊人。

张智锡

张智锡，字学之，号药之，上海人。工于篆刻，得秦汉印章法，苍老古朴，遒劲有力，有虿尾盘屈之势。著有《存古斋印谱》。

王睿章

王睿章，字曾麓，一字贞六，号雪岑翁，南汇人，居住航头。工花鸟及虫鱼写生，能入妙品。又工于刻印，学古而无痕迹，自谓妙处全在神韵。名与莫秉清、张智锡三足鼎立。享年九十八岁。著有《印言》、《醉爱居印赏》、《花影集印谱》。

儿子王冈，字南石，绘山水极其高雅古朴。尝游学京师，为尚书文恪公董邦达宾客，画苑供奉大半出于其手。他的得意之作接近倪瓒。《旧志》说他善画禽鱼、花木，为时人所称，大概这是他另外的才艺。

徐大楫

徐大楫，字若济，上海人。是徐枢的后代子孙。年少灵敏有悟性，继承其父亲徐天泽的学业，阐发《灵枢》、《素问》诸书，救活好多病人。

著有《脉论辨讹》、《医宗粹语》。

侯艮旸

侯艮旸，字石庵，上海人。工于书法，善于画驴，以草书法任意挥洒，形态毕肖。山水画也苍翠秀丽。

徐启晃

徐启晃，字震初。娄县人。工词，尤其擅长小令。分书学王时敏，与供奉陈枚、孝廉朱镇、秀才季骏结西郊吟社，居白洋滩。

曹建中

曹建中，字心一，青浦人。是曹知白的第十八世孙，廪贡生。禀性豪迈，重视然诺，工于书法，收集诸家法帖、刻石为《愈愚斋碎真帖》四卷、《碎锦》二卷。又刻先代名人留题、记咏为《愈愚法帖》四卷。

赵　秀

赵秀，字文楚，南汇人，居住北蔡。由诸生贡入国子监，洗马周金然是他的外祖父。周金然出嫁女儿，丝绸衣服装满竹箱，女儿乞求父亲的书法作品放满箱箧。后来生下赵秀，母亲教他书法，赵秀极力临摹外祖父的字迹，得其神似。后来跟从司寇张照游学，书法更有进步。

他以后还有赵讷，字蚊亭，居住赵行；庄廷机，字子善，居住川沙。两人都以书法闻名。

张行健

张行健，字顺之，号易窗，上海人。仿效宋元诸家山水画，缜密有法。医学遵照朱震亨，著有《痘诊宝筏》、《伤寒直指》。分隶也高雅古朴，并且工于缪篆。后来改名张健。

薛 凤

薛凤,字宗梅,蒋庄人。从事疡医。一天看见邻居老妇人,知道她将要发疔毒,告诉她不治必定有危险。老妇人不相信,过了一日,疔毒发作,果然死亡。

著有《薛氏秘传》二卷。

李 藻

李藻,字鸿文,金山人;儿子李炽,字昆阳。父子俩能以人的脸色和脉搏预知会患什么病,决断其生死。李藻尤其精于疡科,屡显奇效。人们说他的药都购自远方,不惜重价得之,所以不是其他医生所能比得上的。府中自潘耀先后能治愈危重病人的,必定要数松隐李家,这样的医生是近数十年所罕见的。

余炽的儿子培淦,能传承医业,然而不及其祖父和父亲。

严谷绪

严谷绪,人们都称他的字,娄县人。善于医术,手到病愈。乾隆年间,府中发生严重疫病,严谷绪治愈了无数病人。路远及贫苦者不能延请他,他即推究岁运司天的旨意,刊刻分送给其他医生,用他的这一方法也都有效。

没有儿子,生有一位女儿,嫁给张宗美,也善于医术。

宋景祥

宋景祥,金山人,儿子宋函可。父子俩都以治痘著称。有乡人先请宋函可到其家,宋函可经诊断说无法治愈。那人因为患痘者是他的独子,因而又去请宋景祥,宋景祥前往诊视,说“可以救活”。

晚上取药归来,责备宋函可道:“某家孩儿为何轻易丢弃?”宋函可回答道:“那家赤贫,怎能得到治愈的药物?”宋景祥说:“我已许诺将这孩儿救活。”于是亲自煎一瓦盆药给他,孩子得以不死。原来这药要用人参,乡人不知道,他的仁厚到如此程度。

宋函可医术不及父亲,又要讲究酬金,人们因此觉得他不仁厚。

叶其蓁

叶其蓁,字杏林。工于诗文,精于医理。著有《诸科指掌》行世。

孙子叶中枢,有孝行,也能传承祖父的医业,著有《学医正命》一书。

张以恺

张以恺，字林蒨，上海人。从事医业有神奇的悟性，屡有奇特的效果。自己生活很刻苦，遇到贫穷者能倾囊资助药费，无疾而终，享年八十九岁。

著有《医论解》、《林蒨医案》。

管　瀛

管瀛，字端人，娄县人，居住钱泾桥。从事医业。

儿子管恩，字坤培，诸生，有文名。

徐有琨

徐有琨，字维扬，娄县人。工于金石雕刻。

沈季白

沈季白，字再枚，娄县人。工于山水、人物、花鸟画。家贫不自爱惜，每当画成，辄借署他人姓名。

王万諴

王万諴，字平岩，娄县人。国子监生，湖南参政叶滋的儿子。读书兼精星禽（旧时星相术士以五行二十八宿与各禽相配，附会人事，以占吉凶，谓之星禽）之学，尝自己推算某年月日有厄运，届期果然去世。

唐　锟

唐锟，字质夫，娄县人。工于隶书，兼善音律。

汪　照

汪照，字勖明，娄县人。与从弟汪炯杰都善于绘画，汪照尤其工于鸟兽、花卉画，也工于隶书。

诸廷辉

诸廷辉，字云阶，娄县人，儿子旸初。父子俩都以画花鸟闻名。

黄厚燧

黄厚燧，字复光，号千顷。他的祖先是同安人，黄厚燧迁居华亭，成为府学生，居住外馆驿。书法仿效王羲之、王献之，乾隆五年（公元1740年）知府刘尧裔修建府学竣工，宫允黄之隽撰写记文，而黄厚燧予以书写。

俞 信·金 鹏

俞信，字克友，娄县人。禀性诚恳朴实。书法仿效颜真卿、柳公权，享年七十余岁。

同时还有金鹏，字摇南，居住黄家潭。年少时跟从太史周彝游学，工于书法，东岳行祠“奉高台”三字，雄威放纵中仍有章法。

两人都善于医术。

陈 枚

陈枚，字载东，又字殿抡，号枝窝头陀，娄县人。画初学宋人，折衷解元唐寅，又参以西洋方法，能于寸纸尺缣（用双丝织成的微带黄色的细绢）中描绘群山万壑，用放大镜照之，峰峦、林木、屋宇、桥梁、往来人物色色具备，其用笔之妙，与巨幅相同。雍正四年（公元1726年）以供奉内廷劳绩赏给他内务府郎中的官衔。给假归乡娶妻，皇恩赏赐优厚，艺林中人获此殊荣，令人羡慕。乾隆元年（公元1736年），与孙祐等同绘《清明上河图》（绢本长卷之《清明上河图》系北宋张择端作）。

兄陈桐，字筠亭，号石生，善于画草虫、花鸟，略加点染，与生无异。

弟陈桓，又名诗桓，字岱门，禀性拘谨自守。工诗嗜酒，兼好禅理，心神恬悦。绘画效法仲圭、云林，以天然的趣味胜出。

陈 桓

陈桓（一作诗桓），字岱门，号破瓢，又号石鹤，亦称石鹤道人，娄县人。陈枚之弟。性孤洁，嗜酒好禅。精绘事。山水规抚倪、黄，以天趣胜。亦工刻印，驰声印林。又善书，尤章草。居平不善治生，作画得钱，即沽酒以饮。丧偶后携子陈书龙栖湛然庵，忍饥犯寒，不肯乞借于人。人多高之。也能诗。其所作《十破》诗中，《破瓢》一首，尤脍炙人口。人因呼为“破瓢先生”。有《稗堂诗略》。

李 伦

李伦，一作抡（《清诗纪事》作“栓”），字志良，号笏溪，娄县人。工山水、人物、花卉，并善写真。曾写《佘山散樵图》赠徐祚永，并题诗两首：“遥望泖上山，九点如烟鬟。佘峰独深秀，昔贤潜其间。淮云衹拳石，神骨颇不顽。”“君今出山去，犹忆故山无。送君无长物，聊以赠此图。何日故山中，归来共喁于。”徐祚永：“昔人云美游不如恶归，每怀故山，感慨系之。”（《闽游诗话》）

金 铨

金铨，字量玉，娄县人。青浦县学岁贡生，候选训导。禀性潇洒，有晋人风度。诗不多作，有出众的语句；书法也秀美有力。兼从事医术。六十九岁去世。

儿子金敷五，字馥苹，诸生，能传承家业。

朱鼎玉

朱鼎玉，字光被，号荆山，晚号约夫。娄县人。是司业朱大韶七世孙。能诗，兼工篆隶及绘画。与兄朱鼎揆及金珏等人结诗社于黄家潭上。著有《自怡集》二卷。

谢 鹏

谢鹏，字在云，娄县人。国子监生。康熙年间效力河工，议叙州同知；雍正年间，宫保李卫以医术举荐，授太医院院判，以年老乞求归来，去世。

弟谢鹤，字披云，号北堂。候选州同知。能诗，也精于医术，名闻江浙。本性喜好施予，亲戚朋友及就医的贫困者，他都全力予以周济和抚恤。著有《北堂诗稿》四卷、《伤寒摘要》六卷。

季 骏

季骏，字克绍，娄县人。诸生，居住黄家潭。书法学赵孟頫，兼工山水画。

单 岳

单岳，字书岩，娄县人。善于绘画，尤其工于花卉画。

管世昌

管世昌,字宏道,娄县人,居住枫泾。真、草、隶、篆,他都擅长。

儿子管唯木,乾隆十五年(公元1750年)举人。任广东遂溪县知县。

王　鼒

王鼒,字苕原,娄县人。岁贡生。工于山水画。

韩雅量

韩雅量,字复雅,奉贤人。岁贡生。工于山水画,仿效宋元大家。兼善八分书。

陆大鼎

陆大鼎,字元文,南汇人。是陆文旺的九世孙。迁居华亭,为华亭县学诸生。饮食贫乏,嗜好古典,尤其爱好象纬(日月五星运行的学说)、堪舆(相地看风水的学说),编辑《周天经纬考》十卷。

顾景豫

顾景豫,字立先,南汇人。工于写照。

薛　昆

薛昆,字荆山,南汇人。能弹琴,尤其善于写照。

女婿冯茂椿、门人刘德润传承其艺术。

闵为钰

闵为钰(一作为珏,又作名钰),字庚西,号鲈乡,南汇人。是闵玮的小儿子。娴熟吟咏,善于描绘花鸟、厨画,收藏人以得不到闵为钰的手笔为遗憾。

儿子闵乐,字纯如,号篔谷,也工皴法(国画的一种绘法。先勾成山石树木轮廓,用侧笔蘸水墨染擦,以显脉络纹理及凹凸向背),能弹琴。

程　佃

程佃,字振飞,号笠父,自称笠道人,南汇人。少嗜音律,中年悔之,乃学画。

山水从赵左（字文度，明代华亭人）入手，继则泛滥娄东、虞山及元明诸家。用笔沉著浑厚，拙于书，落款者少。见名画必临摹，得其神理才止。但生平作画，摹仿多而自运少。

同里的唐辰也善于绘画。

他俩都活到八十余岁。

陈元凤

陈元凤，字鹤坡，南汇人。从事医业，辨证病情详细谨慎，好多病人赖以保全性命。

顾秉智

顾秉智，号若水，南汇人。诸生。禀性高雅豁达，不乐仕进。工于山水画，间或作写意（国画的一种方法。以精练之笔勾勒事物之神意，不以工细形似见长）花卉，进入能品的等第。

徐昌昇

徐昌昇，字仁功，娄县人。居住于超果寺西。岁贡生，任天长县训导，升广州府经历。通晓《灵枢》、《素问》两部医学经典，治病多有奇效。晚年移家天长县。

儿子徐学文、从子徐良翰都能医，而徐良翰还通晓形家言（相地看风水的学说）。

张秉乾

张秉乾，字启人，华亭人。从事医业，得岳父施立人传授的医术，多有奇效。禀性端恭仁厚，有阴德。尝有小偷入室，点灯一看竟是邻家的儿子，给米三斗令他改变品行，那人感动流泪，后来成为善士。一位妇人来就诊，观察其言语神态有桑中者（《诗·鄘风·桑中》："期中乎桑中，要我乎上宫。"后以喻私奔幽会），就以婉转含蓄的言词引导她，妇人惭愧，有悔改之意，于是走上正道。邻居不慎失火，延烧几乎尽毁，但张秉乾的居室岿然独存。

儿子张润贞，岁贡生；张轩贞，增广生（科举制度中生员名目之一。明代生员都有月廪，每人米六斗，有一定名额，为廪膳生员。后又于正额之外，增加名额，称为增广生员。清代沿袭明制，间称廪生、增生）。

钱长泽

钱长泽，字东汇，娄县人。是中书舍人钱芳标的孙子。家世显贵，到钱长泽这代开始衰落。他善于下围棋，是位能手。

当时枫泾有位叫王韬葆的，曾到府中寻访高手下围棋，府中少年轻视他，相约每局输者出银若干，王韬葆欣然同意，然而对阵下来，府中少年屡次输掉。于是请求钱长泽前去比试。钱长泽下了数子，王韬葆即推局而起，说："我已输了。"府中少年坚决叫他继续下去，到了终局，钱长泽果然赢了一子。王韬葆此行成就了钱长泽的名气。

钱长泽的智慧不出棋盘之外，然而他外表和气，内心耿直，布衣蔬食，处之安然，人们推重他的雅量高致。

徐翊溎

徐翊溎，字葆华，娄县人。禀性聪颖，擅长天文学，尤其通晓《九章算术》。府中以制造刻漏、自鸣钟、仪表出名者，徐翊溎是第一位。

弟徐翊淞，也能够制造仪表。

冯　淇

冯淇，字颖明，娄县人。善于书法，能够弹琴，兼熟悉医术，享年九十六岁。

同县顾少月，名已失传，以儿科著称。

叶凤毛

叶凤毛，字超宗，号恒斋，南汇人。是叶忠节公映榴的孙子。书法初学赵吴兴，后来又参照李邕、苏灵芝诸家，丰腴而不掩其骨，行楷尤其精美。间或画鸟兽、花卉，也生趣盎然。诗词隽永超妙。卒年七十一。有《说学斋集》。

叶凤毛子叶满林，后更名叶敬瑜，字伯华，号茀庵。十岁已能作画，善山水，写兰竹亦妙。

叶满林弟叶支大，初名叶滋大，字仲恢。工画梅，学王冕。其父子功力不相上下。

王诒燕

王诒燕，字翼安，号棪斋，华亭人。是相国文恭的孙子，工于兰竹画，还有石刻行世。

王震旭

王震旭，字丽初，娄县人。是总宪王九龄的曾孙。候补郎中。画花卉得黄筌法，贺秋水英曾客居其家，尽能窥见其花卉枝叶的布局、鲜艳色彩点染中的秘旨，一时很少有人能比得上他的画艺。

徐　璋

徐璋，字瑶圃，一作瑶园，娄县人。乾隆初，织造图拉荐入画院（一作康熙中祗候内廷）。人物、山水、花鸟、草虫，皆入能品。写真尤妙，能用生纸，为前人所无。曾摹云间往哲像（即松江邦彦图）一百一十人，始于全思诚，终于陈子龙，凡明代二百七十年中忠孝、廉节、文章、理学之士，悉登于册。英姿飒爽，德容肃穆，不愧沈韶高足、曾鲸再传弟子，丁谓传神名手。黄之隽为之作序。此邦彦图现藏南京博物院。乾隆十二年（公元1747年）徐璋曾作《倚马图》。

尤其善于写真，用生纸是从徐璋开始的。

儿子徐钧，字均亭，九岁就工于署书（秦并六国，统一文字，定书体为八种：大篆、小篆、刻符、虫书、摹印、署书、殳书、隶书，合称八体。前四种为字体，后四种为字的用途。署书以用于封检题字而称），早年夭折。徐镐，字寄峰，能传承其家学。

唐　景

唐景，字静安，号匏叟，以举人官任资州州判。山水画仿照四王（清初画家：太仓王时敏烟客、王鉴圆照、王原祁麓台及常熟王翚石谷都擅长山水画，时称四王），下笔不苟，每作一幅，一个多月才成功。兼工隶书，与陈桓、朱龙鉴、张昀并称“四名家”。

高　鉴

高鉴，字可佩，华亭人，诸生。博通医学秘旨，其治病善于运用张景岳书，所治辄效。御史王显曾为其立传。

同时以医术著称的还有施大初、何大川、胡赓和，都善于治疗，高鉴尤其擅长于温补。

李枝源

李枝源，字天和，上海人。国子监生。广博医理，自《灵素》以外凡是医家论著无不遍览，以为都没有超越仲景的《伤寒论》，深思数年，于是精通此书，凡是疑难杂症都能应手而治。

著有《医学指要》一书。

秦之桢

秦之桢，字皇士，南汇人。是裕伯的后裔子孙。学习医学得从祖昌遇的真传。撰述十分丰富。

王日煜

王日煜，字为章，南汇人。是沈璠的入室弟子。深研于医术，屡次治愈危重病人。对贫者不收酬金，更以药物赐予。上海县令以“经纶济世”匾额给他。享年八十八岁。

俞必达

俞必达，字日孜，号西原，南汇人。金山卫校生员。从事医业，禀性孝友，与同府侍御范芃野友善，侍御尝写信招他入都城，因母亲有病而推辞。母亲去世后，整理行装北上，为大学士文肃公蒋溥（1708—1761，江苏常熟人，仕至大学士，工画）的孙子治病，正逢乾隆皇帝以滦河鲫赐相邸，蒋溥即画《鱼藻图》赠送给俞必达，名噪都下，显贵达人竞相邀请他。屡次推荐他参加顺天乡试，不能中式。卒年八十。侍郎吴省钦撰写其墓志铭。

儿子俞廷，选任苍溪县典史。

王敬义

王敬义，字协中，上海人。跟从刘梦金游学，于是传承其学业，以良医著称，上门求医者连日不断。著有《疫疠溯源》、《女科选粹》。

儿子王筠，字瞻箓，也有名。

何王模

何王模，字铁山，号萍香，是何炫的儿子。奉贤诸生。为青浦方氏的入赘女婿，徙居簳山，于是定居下来。学习医术，名气与父亲相同。方伯增福赠以匾额为“扁鹊重逢”。工于诗，风格在杨万里、陆游之间。八十一岁偶染微疾，于是念诵偈道：“铁山老人坚似铁，瘦骨撑持多岁月。九九总归八十一，千丈麻绳一个结。”随即去世。著有《倚南轩集》四卷、《萍香诗草》二卷。

儿子何云翔，字北海，太学生，能传承其事业。

康时行

康时行，字作霖，娄县人。国子监生。善于医术，救活好多危重病人。侨居吴门，当时薛生白正在以医林尊宿（对前辈有重望人的敬称）著书，诋毁指斥叶氏，而唯独推重康时行。某家有人生病，必请康时行诊治。每次开出医方，总是满意，因此名声卓著。

著有《三皇药性考》。

姚廷銮

姚廷銮，字瞻祈，娄县人。诸生。精于风水之术，明代大仆卿林景旸旧宅，子孙居住不平安，请他去相宅，姚廷銮说：“宅中有古帝王宝气，气息现在已经泄漏，应当将它撤去。”用水针测得发出宝气的处所，掘得古钱一瓮、古剑一把。凡是检测地中物，都没有差错。

著有《阴宅集成》、《阳宅集成》两书行世。

王之瑜

王之瑜，字绎史，南汇人。能诗善医，兼会画花鸟、竹石画，书法与诸生叶柱齐名。叶柱字起潜，十岁能作擘窠书（指大字，擘窠，原指篆刻印章时的分格，以便匀排）。

徐　僖

徐僖，字松坪，是明代司寇徐陟的五世孙。工于篆刻。

儿子徐弈兰传承其家学，并且擅长分书。

杨志逊

杨志逊，上海人。容貌清瘦俊逸，终身没有娶妻。博览星卜、地理诸书，占卜预测大多奇中。尤其精于六壬（古代用阴阳五行占卜吉凶的方法之一，与遁甲、太乙合称三式）

数。晚年爱好研究炼丹术的书籍。无疾而终,享年八十岁。

侯 梅

侯梅,字来英,娄县人,居住花园浜。工于山水、人物画,自称锄花布衣。

张受祺

张受祺,号式之,华亭人,国子监生。精于青乌(六朝前方士名,相传其善葬术,著有《相冢书》,后世治堪舆之术奉以为祖)家言,为洞庭山严氏选择葬地有奇验。所著有《地理正义》六卷、《地理知新录》四卷、《易象略》一卷,刊行于世。

陈泽泰

陈泽泰,字茹征,号云村。有经邦济世之才。为诸生时,所交往的大多是知名之士,屡次以诗赋受到学使者的赏识,但结果科举考试不得中式,于是学习堪舆之术,与同府的盛钧齐名,在吴中名气很大。

著有《春柳草堂诗文集》四卷,另外又著《阴阳宅镜》六卷。

盛 钧

盛钧,字邦直。深研星命之学,尤其精于堪舆,为人安葬双亲、救济贫穷,决断科举考试,多有奇中。

同时还有张采文、凌吉人、叶彭年、戴鸿,都以阴阳术数之学著称。

倪克让

倪克让,名世式,人们都称他的字,也称“倪痴”,上海人。能诗,善下围棋,是府中善弈之冠。

当时还有吴裴章,起初在棋艺方面次于倪克让,后来跟从施襄夏学习,于是与倪克让相并列。他嗜酒,因醉而死。

雷 搢

雷搢,字书廷,华亭人。会画山水,尤其擅长画龙,时称“雷龙”。

又有尹翔者,千夫长(古武官名),也画龙,为时人推重。

朱 峤

朱峤，字巨山，上海人。工画。山水出入王蒙、黄公望间，浅绛渴墨，极沉郁可爱。花鸟、草虫、人物、写照俱工。喜作径丈大松，苍翠浓郁，得未曾有。写荷花独出新意，渲染既定，然后勒以浓脂数笔，跗萼向背，一一涌现。花鸟用“古淡”印、山水用“长留天地间”印者，皆得意之笔。能指墨。年八十余，神完气健，终日作画不倦。

顾 柱

顾柱，字沧洲，号竹坡，娄县人。工诗善画，山水画得李成、范宽笔法，尤其擅长长卷巨幅。

弟顾桢，号石坡，也能诗，有《竹石居诗草》(兄为竹坡，弟为石坡。故称“竹石居”)合刻。

杨汝谐

杨汝谐，字皆言，一字端揆，号柳汀，又号退谷，华亭人。官经历。少年多病，乃废世业，一意学书。书学米芾、董其昌，粗笺秃笔，波磔得神。好浙西山水，岁必一至，与名士高僧论诗说偈为乐。篆刻迥异流俗。家富收藏，所作山水，涉笔便秀，间写梅花，颇饶生趣。杨汝谐又工诗。与人结东皋吟社。诗以意为主，色苍词磊，善写情，工体物，有清逸之趣。雷国楫曾记：杨汝谐“曾邀余与诸同人雅集，即席分韵，时以天寒日短，同人皆请翌日，而柳汀独勃勃有不可遏之致。曾赠余诗二首”。钱仲联《清诗纪事》录收此诗(《赠雷国楫》)。杨汝谐兼通音律。有《墨香居画识》、《墨林今话》、《松江诗徵》、《崇雅堂诗钞》等。

张希贤

张希贤，字若愚，号石娱，上海人。布衣，能诗。善于吹洞箫、弹琴。游宦京师，侍御曹剑亭十分推重他。

归来后更加贫困。尝寄寓罗焘家。罗焘字荀四，国子监生，工于行草，诗词都出众。

毛 栋

毛栋，字侣骞，号迂轩，川沙人。诸生。工于书法。九十余岁仍临池书写，无有间断。有石刻《翼经堂帖》行世。

王孙耀

王孙耀,字凤超,号秦樵,金山人。香谷子。濡染家学,早擅画名。兼及山水、人物,博综诸家,临摹文徵明、沈周、陈淳,几欲乱真。自己挥笔所书,也能脱去凡俗之气。

王锡畴

王锡畴,字心耕,娄县人。工于指墨(即指头画。指头画是用指头、指甲或手掌蘸水墨、颜色在纸绢上作画)山水、人物画,大幅神像,胆力雄壮,有武洞清、童仁益之风。每月初一、十五日,虔诚地画观音大士像,随手改换形状,没有相同之像,发愿画足一藏(一千零四十九),施送给善男信女。乾隆五十一年(公元1786)已一千五百余幅矣。有明代蒋子成的风度。

何世仁(1752—1806)

何世仁,字元长,号澹庵,又号福泉山人,青浦人。候选布政司理问。祖父何王模,父亲何云翔,两代都是名医,何世仁尤其精明于望闻问切(是中医的诊断方式)之术。有金山某来求诊,何世仁说:“你曾溺过水吧?”那人回答说:“对,曾溺水。”吃了何世仁配的药,病即痊愈。有人问何世仁怎么知道那人曾溺水,回答说:“那人脸色黑,脉搏沉,以此知道。”嘉兴沈某妻子来求治病,世仁说:“你怀孕了,没有病,用不着吃药。”沈某本来无病,请求按脉,何世仁说:“你胃气已绝,不久会死掉。”沈某大怒,但回去不久即死掉,而其妻果然生了一个儿子。

来求诊的病人聚集其门,舟车纷杂,塞满街巷港湾。何世仁对贵贱贫富一视同仁,定要弄明白其受病的原因,所以都能手到病除。

他禀性慷慨,宗族亲朋乞求借贷,无有不应。独力刊行《陈忠裕公遗集》。

何世仁又嗜书画篆刻。

去世之年为五十五岁。著有《治病要言》、《簳山草堂医案》各若干卷。

李宏金·陈学山

李宏金,字侃勤,号天池,青浦人。国子监生。精于疡科,远近之人请他医治,其奇效处不减李鸿文。贫困者给予治疗施药而不受酬金。

当时同县的陈学山与李宏金齐名，善于治疗危重之症，也是当时医生中的佼佼者。

王　镇

王镇，字泰岩，娄县人。是王丕烈的从孙，国子监生。善于隶书，精于医术，能治伤寒。北郊汤某在盛夏季节发高烧九昼夜，病势十分危险，诸医争着用黄连、石膏人药，高烧不退，且更严重，于是请王镇诊治，王镇不急于用药，而是先慢慢地问病者："想要喝水吗？"回答道："很想喝水。"又问道："想要喝凉水，还是想喝热水？"回答道："很想喝热水。"于是用主姜附定方一剂热退，不多天病愈。他曾对人说："学习医术而不知《易》，必不能正确治病。"

享年六十余岁，著有医案，藏于家中。

戴培椿

戴培椿，字菱舟，娄县人。国子监生。精于医术。胡氏兄弟三人打赌吃藕而伤，僵卧不醒。戴培椿令急饮淘米水汁而愈。有人问他，他回答说："藕孔穴内放进米而煮，容易煮烂，米汁能消蚀藕。"有个贫困的人患肠痈，戴培椿说："必须让他喝麻子油，通则不痛。润肠解毒，没有能超过麻子油的。"服了几次，肠痈果然消除。有女人患瘰疬（即淋巴腺结核，俗名疬子颈），久治不愈，戴培椿叫她吃川产贝母，其他医生不相信，戴培椿说："各位读《诗经》不熟罢了，《诗经》中的'言采其蝱'，蝱即贝母，朱子说它能消郁结之疾。"服了它，患处渐平。

著有《花豁醉渔稿》、《治目管见》等书。

沈　梅

沈梅，字良佐，华亭人。国子监生。工于书法，小楷有晋人法度。尤其善于下围棋，松江府以往推钱长泽为能手，沈梅后继而起，能与钱长泽抗衡。

胡鼎崧

胡鼎崧，字峻峰，青浦人。是恪靖公胡宝瑔的小儿子，国子监生。画山水师法吴门翟大绅，其苍翠秀美处翟大绅不及。每一幅画成，远近争相购买，他借以奉养母亲，可惜年未三十而去世。

冯金伯

冯金伯，一作金柏，字南岑，南汇人。以例贡官句容训导。乾隆四十年(公元1775年)主蒲阳书院。工诗古文词，精鉴赏，好书画。少即喜与同府中诸画人往来，讨论六法，遂精画理。作山水画笔意潇洒，尤得董其昌墨趣。曾仿效董源，气韵生动。书学米芾。嘉庆二年(公元1797年)曾作《幻园八景册》。诗词也精美。著《国朝画识》(书成于公元1791年)、《墨香居画识》及《墨香居诗钞》。

葛　泳

葛泳，字孝思，娄县人。太学生。工于书法，喜欢仿效司寇张照的笔意，极得其精髓。偶尔借用司寇名张照署款，见者不能辨别真赝。也工于绘画，而且自己颇为珍重，他人难以得到。病重时举镜自照而作素描体，自画其容貌，即使疏远之人翻开画册大多也能识别画的是他。

毛国祥

毛国祥，字维瑛，华亭人。年少从事医业，精究其奥妙之处。有人请他治病，即使风雨黑夜也徒步前往。乾隆四十年(公元1775年)知府青田韩锡祚患癃闭(大小便不通)，诸医束手无策。毛国祥来到，吃了一帖药即愈。金氏女儿患喉痺(咽喉阻塞)，气已断绝了，灌以汤药即苏醒。他治病的神效大多如此。尤其精于疡科，前后知府县令都给匾额表彰他。

同时还有祝国泰号橘香、丁岷来及其儿子丁履恒，都为当时人们所推重。丁尤其精于疡科，居住在神仙巷。

莫　勋

莫勋，奉贤人，诸生。本性潇洒，能弹琴。兄莫澧，也是诸生，工于书画。莫勋的书法极似进士叶松亭。

徐桂馨

徐桂馨，字依云，娄县人。诸生。工书善画，山水画仿效文敏公董其昌，间或绘人物花鸟，也极有天然之趣。

沈　刚[注]

沈刚，字痞堂，娄县人。嘉庆三年（公元1798年）举人。官任宁海知县，画山水效法王时敏，尤其擅长画兰竹。书法参合董其昌、张照二文敏公。间或作小印（图章），也很秀劲。

叶　懋

叶懋，字未楼，华亭人。闭门谢客，终日临池学书，一以晋人为法，尤其善于写大字，教谕王芑孙称其为云间第一。

张铭，字匏舟，诸生。也学晋人书法，兼工怀素草书。

后有雷良树，字砚农，嗜酒能书，善于米芾书法，也是华亭诸生。

鞠曜秋

鞠曜秋，字石农，奉贤人。诸生。学习汉代隶书，兼又精于篆刻。左史山兆熋寓居南桥时，鞠曜秋师事之，得其真传。

同里的顾有凝、朱元鉴、庄萱都以书法闻名。顾有凝尤其工于篆刻，其古趣与高桥陆镜心相同。

姚培咏

姚培咏，字勉楼，华亭人。恩贡生。弹琴自娱，不慕荣利。书法学习赵吴兴，绘画效法董源，诗词古文也高出同辈。

谈绳正

谈绳正，字木庵，娄县人。工于水墨花卉，高傲自许，不肯轻易为人作画。

戴因本

戴因本，字春泉，华亭人。诸生。工诗，兼精医术，治疾有奇效。个性迂阔怪僻，

注：光绪《松江府续志》将沈刚及以下人物列入“艺术”类。

人称之为“戴怪”。

陈锦,字绣谷,诸生。喜好作诗。跟从戴因本游览,医学尤为精湛。

钱芗培

钱芗培,字元厚,华亭人。诸生。医学效法张介宾(明代人,字景岳,著有医学书《景岳全书》),有声誉于当时。

儿子钱春耀,字焕堂;钱春荣,字被云。都是诸生。

孙子钱朝塾,字绳斋;钱克继,字砚乔,诸生。钱芗培的儿孙都能传承医业。其中钱克继能文,所教门下弟子多有成就。

陈 铿

陈铿,字鲁岩,华亭人。增贡生。工诗善饮,尤精医术,侨居泗泾,医名卓著。著《医学折中》一书,医理和案例精当,尚未完稿而去世。

儿子陈祖庚,字秋晴。师事青浦何其伟,留门下十年,何其伟去世,他才回来。切脉处方,尽传其学。

屠瑞枚

屠瑞枚,字淡香;朱宝全,字璞庵;何二膺,字凤山;顾某,字墨耕。都是奉贤人,以医闻名。而屠瑞枚和顾墨耕尤为精通。

同时的顾源,字允斋,精疡科。

方功载

方功载,字澹如,青浦人,诸生。是方思名的孙子。通《九章算术》之学,推算日食、月食,其法快捷而精密。兼习青乌之术(相地安葬之术)。

谭华荪

谭华荪,字灿镛,金山人。精通医术,判断人生死没有差错。对贫苦的患者不收报酬,且施予药物。享年八十余岁。

他的门徒沈琎,字大来,诸生。能传承其医术,与同县吴澄齐名。

吴澄字秋潭,监生,学医于舅父胡维中,博览医学书籍,精于辨证施治,青浦何其伟十分称道他。

纪大复

纪大复，字半樵，上海人。布衣。铁笔（刻印以刀代笔，谓之铁笔）在文、何（“文”指文三桥彭，“何”指何雪渔震）之间，隶书仿效郑簠。尤其爱好吟咏。

杨心源，字自山，金山人，廪贡生，与纪大复友善。刻印仿照何震（雪渔）。

又有徐奕韩，字豫堂，娄县人。以拔贡生官任黟县教谕。工于书法，也精篆刻。

陈洪绶

陈洪绶，字息巢，南汇人。禀性聪颖敏悟，于四体书势（书法中古文、篆、隶、草四种字体。今通称真、草、隶、篆为四体书）及篆刻都有天赋，不学而能。描绘山水自抒胸臆，逸兴雅致，皆出天然。并工于词。

陈世昌，字云庄，诸生。工诗，以意味深长引人入胜著称。善于绘画，其画世人多予以珍藏。

周　霱

周霱，初名绍，字凤衔，南汇人。画山水，由繁碎进展到浑厚。与冯金伯友善，每次经过其家，则流连忘返，终日不去，相与赏画论诗。

王之佐，字光照。能诗，工于隶书。画山水花鸟，模仿古人则神似。尤其善于度曲（作曲，或按曲谱歌唱）。家人告以无米下锅，他则淡然自若。

姜　易

姜易，字荫台，上海人。诸生。学问渊博，通晓医术、堪舆（相地看风水）诸书。尤其善于画柳。嘉庆（公元1796年—1820年）时，参与修撰县志。

与姜易友善者孙锡恩，字树嘉，廪贡生。工于诗文，兼精绘画，县志诸图都出于其手。

朱清荣

朱清荣，字雪鸿，南汇人。诸生。博学多才，尤精堪舆之术。

孙凤笙，字荫松，廪贡生。代理阳湖训导，也通晓堪舆及医术。

姚廷本

姚廷本，字克修，南汇人。禀性潇洒，通晓音律，绘山水画富有文采，于娄东一派为近。

族昆弟(宗族兄弟)姚廷熙，字文洽，工彩色花鸟画，白描人物尤佳。姚廷槐，字植三，精儿科医术。绘画兰花笔法秀朗，与祁介福字锡之齐名。祁介福笔法矫健，并擅长竹石画。

叶乘龙

叶乘龙，字子渊，南汇人。工书画，兼星卜、天文、地理诸术。

其族人叶本载，字文季，性行高尚纯洁，工山水、人物、花鸟画。

舒青，字谦斋，工楷书及篆刻，善吟咏。

又有日就，书法仿效赵承旨，并擅长篆刻。元哲，兼善四体书。

钱时来·刘作铭

钱时来，字圣功，南汇人。工于医术，经切脉即能决断生死，奏效很多，当时人们将他看作天医。

传承其医术者刘作铭，字鼎扬，是钱时来的女婿。道光元年(公元1821年)发生大瘟疫，刘作铭以黄连香薷饮(中药剂名)适当增减，服之辄有效，于是刊印他的这一药方，救活了大量病人。

王　谔

王谔，字一士，号菊庄，青浦人。善于描绘墨竹，喜考订绘事，著《今画偶录》。

同时的陆企会、陆元珪，都以画闻名。陆企会字希曾，诸生，善画山水。陆元珪字瑶圃，国子监生，是陆伯琨的儿子，善画墨兰，个性嗜酒，常以画换酒，当时称陆元珪画为“调酒符”。

冯宝田

冯宝田，字研农，金山人。诸生。书法苍劲，尝游览沪上，日本人争相购买他的书法作品。性情淡泊，所居在钓滩北，自题其门“门临落照，家近钓滩”。

后来有沈隽曦，字松琅，诸生。与冯宝田同里，也工于书法。

程德璐

程德璐，字珮章，南汇人。性格开朗，无世俗态。工画山水。

沈仁业，字眉亭，能诗，也善于画，隐居于医业之中（意为埋头于医业，不显耀自己的身份）。

江　原

江原，字篛溪，娄县人。诸生。工于书法，效法文敏公董其昌，与徐绅齐名。晚年为医，治疗喉病有神效。

徐绅字韵阁，诸生，书法以沉静的笔意胜出，兼精于下棋。

秦鉴琮

秦鉴琮，字云谷，奉贤人。国子监生。年少丧父，受母亲教养。善于书画，尤其工于仕女画。与其亲戚陈廷庆友善。客游大江南北，名声响誉一时。

何　蕃・徐明卓

何蕃，字春源，娄县人。岁贡生。精于医术。同时的徐明卓，善于治疗奇疾。知府宋如林称他们为“娄县二医”。

关　炳

关炳，字午亭，华亭人。官任云南大理府知府，有贤良的声誉。画山水，得娄东正宗流派。尝作《观溇图》，极尽酣畅淋漓之妙。

胡　量

胡量，字嵋峰，华亭人。国子监生，侨居吴门。博览古籍。工诗文，善医术，兼擅长六法（南齐谢赫《古画品录》称画有六法：一、气韵生动；二、骨法用笔；三、应物象形；四、随类赋彩；五、经营位置；六、传移模写），得娄江毛上炱（一作炅，字罗照，镇洋即太仓人，乾隆三十七［公元1772年］年进士，官户部主事，工山水画）指授，笔趣接近元人。游览京师，历经齐、鲁、闽、粤等地，所到之处，都有名声。胡量年少即有不凡之才，善于骑射，通医理，熟悉古兵法，慨然有投笔从戎之志。晚年贫困，又要入山为僧，没有成功，本性嗜好饮酒，潦倒不堪而死。有《海红堂集》。

胡 楫

胡楫,字砚云,华亭人。禀性高雅脱俗,善于绘画,画山水、人物、花卉都有师法。尝游览荆、楚间,归来后在数间老屋中,以笔墨自娱,安然自得。

族孙胡光昌,字达伯,诸生,也善山水画。咸丰十年(公元1860年),遇贼寇不屈而死。

相 枚

相枚,字善园,华亭人。摆设卜蓍摊位,寒暑垂帘而坐。客有请求占卦,必整衣冠而进。赏识钦善于少年,勉励他认真读书,后来成为名士。间或写小诗以自娱,门人黄会昌收集其诗,请姜皋予以作序。

会昌字绘园,也设卜蓍摊位。以孝著称。

叶 镐

叶镐,字贵京,青浦人。诸生。精通《易》。贫苦而高傲,终身不娶。晚年境遇更为贫困,尝于曲水园为人决断吉凶。有闲暇辄吟诗,多有佳句。他隐居于占卜之事中。

改 琦(1773—1828,一说1829)

改琦,字伯蕴,号香伯,一号七芗,又号主壶外史。华亭人。先世为西域人,祖父改光宗,官寿春镇总兵,因家江南松江。

改琦通敏多能。尤擅画,工人物、佛像、仕女,笔姿秀逸,山水、花草、兰竹小品,亦皆本之前人而运思迥别。世人以华岩比之。曾取蒋捷句绘《少年听雨图》(蒋捷《虞美人》:"少年听雨歌楼上,红烛昏罗帐。"),题者甚众。嘉、道后画人物,以改琦为最工,跌宕多姿,出入李公麟、赵孟頫、唐寅及陈洪绶诸家。嘉庆二十一年(公元1816年)为上海李筠嘉作《红楼梦图》,次年,同邑姜皋为题《红楼梦图》。

改琦又工词。嘉庆十六年(公元1811年),与钦善、高崇瑚、姜皋等在里结课诗词,辑《泖东诗课》一卷。改琦所为词,闲澹疏秀,词中有画。其《酹江月 · 石湖》:"玉虹横卧,放湖山、闲了春风词笔。花影吹笙无觅处,何况梅边吹笛。鹤涧烟消,马塍雨黯,枨触今犹昔。旧家亭馆,旧时鱼鸟相识。　　还念谱出新声,蛾眉愁绝,醉把阑干拍。万顷清光流皓月,飞下一双鸂鶒。西望群峰,飘然引去,淼淼澄波白。人间天上,不知今夕何夕！”词通过写景抒发飘然远举之雅逸情志。叶恭绰《全清词钞》录收其词七首。

改琦有《王壶山房词选》二卷、《砚北书稿》一卷、《茶梦庵随笔》二卷。

子改篑，字再芗。精鉴赏，花卉能承家学，间作仕女，亦有父风。道光六年（公元1826年）有《红玉醉颜图》。

附光绪《松江府续志》改琦传（译文）：

改琦，字七芗，自号玉壶外史，华亭人。是寿春镇总兵改光宗的孙子。幼年即灵通敏悟，诗画皆有天赋。沧州李廷敬备兵上海，极其赞赏他，于是声誉越来越高。描绘人物、仙佛、仕女，出入李公麟、赵孟頫、唐寅、陈洪绶诸家。花草、兰竹小品构思别出心裁，秀出世俗之外，世人将他比作新罗山人。太史孙源湘评论海内画家，推重改琦和杭州钱、杜，而改琦的名声更在其上。诗近温庭筠、李商隐，但不多作。最喜按谱填词，吴江郭麐说其词如烟波渺茫，孤云无迹。

饮琦有女儿名改允繇，能画，嫁给娄县汪镛。汪镛初名汪铭，字笠甫，浙江候补同知。少年时跟从改琦学习，尽得其真传。

当时还有顾隽，字栖梅，工于人物仕女画，善于模仿改琦，得意之处几乎可以乱真。

姜 埙

姜埙，字晓泉，自号鸳鸯亭长，华亭人。写生得恽寿平笔法。绘仕女，善于表达幽怨之态。性格正直，不随流俗，终年闭门不出，与众寡合。所交往的只有长洲王芑孙、嘉兴陈鸿寿诸人。所以其画幽淡，有隐士风度。病危时，招二三知己诀别，合掌而逝，享年五十八岁。

廖云槎

廖云槎，字斐舟（一作若舟），青浦人（一作华亭人），居松江。幼极慧，长赘六合汪氏。所交皆一时之隽，遂通画法。其画花卉始从周之冕（字服卿，号少谷，明代长洲即今苏州人，写意花鸟，最有神韵）入手，既乃扩以宋元风神骨格，并追恽寿平。曾与改琦、沈荣（1794—1856，字石芗，号瓯史，又号耦梅居士、四海颠生，清代元和即今苏州人，改琦、廖云槎先后寓吴，咸与结契，互相探究，由此遂工。时有沈牡丹之目，既而改作墨笔花卉。著有《饮水读书斋诗》，作《萼绿华海上添寿图》）合写百花绮畴。占染华妙，水墨兰石，洒然绝俗。墨竹亦工。三子廖寿彭,承其家学,亦喜写生。

附光绪《松江府续志》廖云槎传(译文):

廖云槎,字裴舟,华亭人。画花卉效法恽寿平,以姿态风韵胜出。尝游览山东,客寓济宁,绘画名声与改琦相当。诗也清奇秀妙。

儿子廖寿彭,字菊屏。官任卫守备。也善写生,绘牡丹尤为精美。

鞠伯陶

鞠伯陶,字澹如,华亭人。国子监生。能诗,尝与钦善、高崇瑞、改琦诸人结祈雪社于东阳道院。善画花卉,得恽寿平笔法,尤其工于画蝶。

儿子鞠庆荪,字宣秋,诸生,画法与其父亲相似。

徐　年

徐年,号渔庄,娄县人。布衣。专心缪篆(六体书之一,用以摹刻印章,也称摹印篆)五十年,得何雪渔(震,字主臣、长卿,明代婺源人,精篆刻,有《印选》四卷以传)、吴亦步(迥,明代歙县人,有《晓采居印谱》,董其昌曾书其谱)两大家朱文之妙,古逸秀润,为潘榕皋(奕雋)、王惕甫(芑孙)所称赏。铜印尤佳。张诗舲(祥河)极重之。

附光绪《松江府续志》徐年传(译文):

徐年,字渔庄,娄县人。工于篆刻,得何雪樵、吴亦步两家遗法,潘奕雋、王芑孙都称道他。

祁子瑞

祁子瑞,字阶蓂,娄县人。恩贡生。为人清正耿直,不妄取一物。善绘山水画,效法文敏公董其昌,晚年尤其善于画猫。

周申,字舒园,善画花鸟。雷沅,字芷堂,善于山水画。张燮岑,字云岩,善画花鸟,兼善山水画。

张　超·张　俨

张超,字文圃,号樵木,也号第七峰老樵,松江人。俶傥好奇,才艺过人。山水学董其昌，亦问津娄水。楷书酷似赵孟頫，参以米芾。

张俨，字澹庄，娄县人。父亲张超，字樵水，书法学习赵孟頫，绘画出入于董其昌、王原祁之间。张俨工于人物画，尤精于画仕女，得仇英、唐寅风格。个性懒散，求画者即使以多金，也不能勉强他画。粮食断绝，则闭门作画，到典当铺以画换钱，其癖性如此。

弟张朝锡，字白沙，也工于画。

张崇懿

张崇懿，字丽瀛，是张安茂的五世孙。好古文辞，通晓六书（汉字六种造字方法：象形、形声、指事、会意、转注、假借），工小篆及篆刻。嘉庆（公元1796年—1820年）时，参与修撰府志。个性方正耿直，不随流俗。终身不娶，与其师翁春类似。

莫树堉

莫树堉，字在田，上海人。岁贡生。莫秉清五世从孙。家境贫困，孝顺母亲。嘉庆（公元1796年—1820年）间，参与修撰《上海县志》。书法效法欧阳询、褚遂良，写大字笔力尤劲。旁涉堪舆之术，跟从陈莲塘昇游学，得其真传。

贾振元

贾振元，字新堂，上海人。喜好吟咏，兼习青乌之术（相地看风水术）。尝说吉地须有阴德者当之，不可妄图求取。乡人有迷惑于祸福者，他常以道理予以说明解惑。

卫　铨

卫铨，字成山，奉贤人。年少时学习疡科，遇到江湖异人，授以孙思邈秘方，其医术于是神奇灵验，治疗巨疡（大疮）辄愈，并善治喉疾。

同时善于治疗喉疾的，还有高步云，个性诚恳，遇穷苦人患病，必徒步前往，直至治愈而已。子孙都能传承其医业。

张篆清

张篆清，字柳堂，奉贤人。岁贡生。书法仿效蔡襄。

同时的唐汝梅、唐汝松、黄大钟、沈元清以行楷闻名,王宇祥、吴瑞以隶篆著称,都是奉贤诸生。

张克振

张克振,名承启,人们都只知道他的字“克振”,上海人。他的祖先有位名叫张瞻源,得舅父夏东昇重光的传艺,于是开始行医。到张克振,医术更精,能辨别各种病证,即使危重都能治愈。禀性又真诚恳切,年逾花甲,仍能徒步临诊,风雨无阻。遇到贫苦的病人,则赐予药物,当时人们称他为长者。

儿子张钟涛,孙子张麟祥,都传承其医业。

王恒荣,上海人,尝居天马山,遇异人授以针灸法,治病辄有效。

褚焕章,字董林,精妇科,善治痘疹,县令表彰其里门。当时国子监生蒋韫山也以医术闻名。

邱均程

邱均程,字泗舟,青浦人。工于篆刻,又好弹琴。

同时的岑钟陵,字枫芗,善于用白描手法画观音像,笔端随意变化,所绘六百余像,无一雷同。

蔡云桂

蔡云桂,字静香,南汇人。居川沙。父亲蔡祖修,诸生,积有阴德,享年九十二岁。道光八年(公元1828年)举人,任潜山县教谕。工于吟咏,书法仿效欧阳询。居官潜山时,跟从他学习的人很多。

同时有吴镤者,字衡甫,增生。有办事才能,工于书法,初学赵孟頫,后也效法欧阳询。

徐 讱

徐讱,号铁海,华亭人。幼时甫入塾,即能辨四声,塾师奇之。及长,酷好吟诗,后客游诸侯,足迹半天下。晚年移家清平山下,编集为《清平山馆诗钞》。“铁海喜壮游,晚从陇西归入杭,挈细弱僦居清平山下。”(丁申、丁丙《国朝杭郡诗三辑》)诗如“霜前一雁横云路,海上诸山落酒杯”等句,有逸致。钱仲联《清诗纪事》录收其《六十生朝自述》一诗,从中可知其生平。

附光绪《松江府续志》徐讱传(译文):

徐讱,字铁海,华亭人。工诗,书法学习欧阳询。中年进入京师,相国富阳董公十分赏识他。晚年游览浙江,爱其山水之胜,于是寓居下来。

后来有钱宝书,字晋亭,诸生。善于画人物、花鸟、虫鱼,兼好吟咏。家境贫困,以画为生。后来避兵奉贤,穷困而死。

吴维志,字叔痴,画山水仿效王蒙。求画者如人品不好,不给。

朱光珽

朱光珽,字悦田,娄县人。廪贡生。缴纳资财为校官,历任至江宁府教授。善画梅,效法文敏公张照,笔意秀劲。去世于官任上,享年八十二岁。

颜 炳·顾 超

颜炳,字朗如,娄县人。跟从昆山王学浩(1754—1832,字孟养,号椒畦,清代江苏昆山人。曾自题其画册云:"写者意在笔先,直追所见。"晚年专用破笔,雄浑苍老,脱尽窠臼,画格为之一变。于书无不工)游学,画山水得其用笔用墨之法,一树一石无不与王学浩神似。曾以洋布作画,言其质较绢稍涩,视宣纸则和润,颇能发笔墨之趣云。道光十七年(公元1837年)曾仿宋元山水画册,兼工篆刻,苍润有逸致。尝跟从张祥河到关中游历,江山画更为苍健。

他的学画弟子顾超,字颖樵,华亭人。官任阶州知州。其画《长江万里图》、《秋山无尽图》两长卷气格雄阔,几乎与颜炳相当。

沈元伟

沈元伟,字杏江,娄县人。诸生。通晓五星(金、木、水、火、土五大行星)、六壬(古代用阴阳五行占卜吉凶的方法之一)、演禽(古代占卜吉凶的术数名,具体不详)诸术。

姚培,字云巢,廪监生。通子平术(用人出生的年、月、日、时配以天干地支预测人生吉凶的方法)及陈抟石室(陈抟,宋代象数之学的始创者。石室,岩洞,山中隐居之室)书。尝用其方法为儿子姚以昌推算命运,决断其必死于灾难,后来姚以昌果然在咸丰(公元1851年—1861年)年间为粤贼所杀害。

郭中孚

郭中孚,字桐川,南汇人。画山水、人物、花鸟,精妙入神。

同县徐始达,字兰泉,得郭中孚指授,画也精美。

顾瑶林

顾瑶林,字雪北,奉贤人。诸生。工于隶书。

刘嗣仲,字霭卿,国子监生。书法仿效王羲之、王献之。

邢仁杰,字秋塘,国子监生。工于小楷,每日书写万字。

屠璜,字云楼,贡生。善于行书,兼工山水,泼墨尤为美妙。

庄士英

庄士英,字古三,奉贤人。诸生,精于医术。同里某人的父亲病危,各医生都束手无策,说若非仙人,无法救治。某出来遇见一位老人说:"庄古三不是仙人吗?"于是登门求治,未满十天,病已痊愈。从此名声大振。邻居女陈氏得异疾,已准备殓葬器具了,庄士英为其治疗,异疾就痊愈了。他救活重病之人,就是如此。

祝文阑

祝文阑,字晋川,南汇人。诸生。禀性孝友,尝割股疗亲,治愈母病。与弟同吃住,和睦无间。写诗依据杜甫,书法仿效欧阳询。绘花卉画,点染如生,尤工白描仕女。深入探究象纬术数之学(指我国古代河图八卦的学说),以《论语》"五十学《易》",根据河图、洛书作《观象图说》,叙述希夷、康节(分别为宋代的象数学家陈抟和邵雍)的宗旨,作《雪占梅花六九图说》。

孙　玥

孙玥,字艺香,奉贤人。诸生。擅长于山水画,其法依据王翚。儿子孙洪度,字千顷,诸生,也以书画闻名。

同时的邹鉴字古村,邹镐字竹西,裴治字竹田,他们有人工花卉画,有人工山水画,有人工人物画,都深得古人遗意。

廖, 岁贡生,工于书法,得董其昌笔意。

又有周蔚山,失传其名,山水、人物,各尽其妙。

张　伟

张伟，字眉雪，上海人。诸生。敦厚朴实，喜好义举。喜画山水画，得四王（清初四位姓王的画家：太仓王时敏烟客、王鉴圆照、王原祁麓台及常熟王翚石谷）法。兼好吟咏，咸丰（公元1851年—1861年）年间与华亭王式金诸人结诗社，其诗多咏唱俞塘故事。

王式金字淡如，诸生。书法笔意浑厚。

又有范蕃，字少湖，华亭人，诸生，也工于绘画。晚年与周萼芳等举办茸城老友会，唱和诗甚多。

马原泉

马原泉，字观澜，南汇人。国子监生。以医术济世，不轻易收取报酬。年逾七十，遇贫困者还徒步前往医治，或资助药金。

同时的曹士浃，字宏义，治病能观察病人声色以决断其死生，从未接受病人的馈赠，与马原泉均被人称为长者。

王　润

王润，字雨亭，南汇人。诸生。善画山水，与改琦友善，改琦称其用墨甚泼（即善于泼墨。泼墨，是国画山水画的一种画法，画时用水墨挥洒纸上，其势如泼，故名）。

金观伯，字静山，绘人物、花卉都工细。

潘采字似春，张浚字星槎，都以能画善书闻名。

吴行之

吴行之，南汇人。医术名声卓著，处方得法外意（谓不拘泥于法令的条文字句，但能体现法令的实质、精神。即为灵活运用法令，以达到更好的效果）。同里的姚炜楷，字端华，得其真传。尤其精于痘科，远近称他为姚仙人。

后来又有姚玉麟字仁圃，顾朝珍字纯之，张德源字珠渊，沈远失传其字，他们都以医术闻名。

陆清泰

陆清泰，字苹洲，南汇人。精儒医（古代把医卜星相视为杂流，后来本业儒而习医的人，往往自我标榜为儒医），治辄有效。遇贫困者不受报酬，知府何士祁曾书匾额表彰他。

徐自铭，字念新，精痘科。秦秀繁精伤科。顾朝桂，字馨山，察脉辨病，治效如神。知府何士祁及同知陈延恩、温纶湛，诸人均给予匾额以示表彰他们。

孙 璧

孙璧，字蓝田，华亭人。双亲去世，遗产让给弟，自己以行医为生。他爱好学习，工于诗文，善画兰竹。

叶德明，字霞泉，治病多有奇效。能诗，尤善弹琴，晚年于萧中素墓边营造生圹（生时自造的墓穴），以示景仰。

张 聪

张聪，字处斋，青浦人。附监生。画花卉，笔法洒脱，以白阳山人为宗。尤工墨菊。本性好客，远近来者必造访其门，与之论书画不倦。

李德先

李德先，字石塘，喜欢金石文字，尽力摹古，无不精妙。

徐必达，字东明，诸生，工诗文，旁及阴阳、树艺（种植）、临摹、篆刻。

徐鼎，字丕文，也善临摹和篆刻。

上述诸人，均为华亭人。

金 瑞

金瑞，字香泉，奉贤人。精内外科，治疾有奇效。有滕姓者患肞肿（浮肿），群医不识此病。金瑞一见就惊讶地说："赶快割除，缓将无法医治。"于是手到病除。

又有傅德忠，也精疡医。于凤山精眼科。吴式金善治跌打损伤。吴玉池精儿科，能治危疾。陈遇天以妇科闻名。张振苣行医效法张介宾，奏效甚多。上述诸人均为奉贤人。

方 连

方连，字秋崖，娄县人。诸生。起初学习青乌之术，不久放弃，精研医理。他效法朱丹溪，疏通的药方辄用石膏。每次治疗危症，归家必检医书，以求确当。所以治疾辄有良效。

同时的毕桐字琴斋，蒋文彬字质堂，都精儿科。张宝仁字健元，汤应乾字纯斋，都精内科。朱葆纯，字竹村，精疡科。

王锡琳

王锡琳，字涤斋，上海人。国子监生。先代之人从事医业，王锡琳继承家学，殚精竭虑，救活好多病人。兼好吟咏，描绘墨兰。年届七十，仍手不释卷。

马　昂

马昂，字若轩，华亭人。年幼时学习经商，晚上辄点灯读书达旦。赤贫至为人做鞋垫，日则工，夜则读。人们可怜他，他笑而不言。后来精小学（为文字训诂之学的专称），认识奇字，以博雅著称。能医善画。同里叶氏富收藏，而王翚画尤多，马昂一临摹，便得神髓。尝游览京师，求医、画者纷至沓来。

归来居住颛桥，闭户著书，自号"泖上布衣"。咸丰初卒。

吴　沅

吴沅，字芷汀，娄县人。廪生。善于下棋，称为云间第一。同时的朱锡蕃字西峰，闻人梁字虹亭，张家焱，字丙斋。他们都是诸生，精研下棋之理。其中张家焱尤工于诗。

韩凤苞

韩凤苞，字若虚，金山人。诸生。通堪舆之术，说堪舆之书多有错伪，只有《天元歌》、《古今歌》为真传。为人相察墓宅，多有奇妙效验，由此名震一时。

何　章

何章，字穆山，青浦人。弱冠即善绘画，下笔秀逸，欲师事改琦而未果。往来九峰、三泖间，落拓嗜饮，意有不平，则假酒以发之。醉后作画愈入妙，然常不肯下笔。花鸟以娟秀胜，人物以疏野胜。间或写作小诗，也甚精美。

孙月朋

孙月朋，字瞻云，南汇人。世代从事针灸，孙月朋尤精其术。尝有人眼睛患疾，以致失明。孙月朋为他扎一针,眼睛忽然明亮。人们将他看作神仙,名声于是更为卓著。

朱德彰

朱德彰,字西畴,金山人。精堪舆术。效法郭璞宗旨,参合蒋公方法。著有《水法探源》。决人吉凶,多有奇验。咸丰六年(公元1856年),知县姚禄龄延请他来察看衙署、学宫休咎,且书写匾额褒奖他。县人钱熙泰续修县志稿,"水利"、"区保"两章都是他采访的。

王渭熊

王渭熊,字望溪,南汇人。个性和气而正直。画山水富有生气,墨竹以挺秀著称。晚年多作晴叶(阳光下的叶片),说像写正楷一样画它,然而失之过分清晰。

他之前有曹集南,字半村,工白描;王俶,字载南,画人物细如游丝;孔毓恒,字元路,亦善画人物,所作水墨钟馗(我国传说的食鬼之神)尤为精致。

张　蔚

张蔚,字少湖,娄县人。侍奉母亲孝顺。善画山水、花卉,与同县雷葆祚齐名。咸丰十年(公元1860年)五月骂贼寇而死。雷葆祚字介生。又有陈春山,失传其名,华亭人。跟从颜炳学画,也因骂贼寇而死。

夏　今

夏今,字贯甫,娄县人。是夏璿的儿子。画山水,得王翚笔意。兼工花卉画,颜炳极力称赞他。年未三十而去世。

沈来亨

沈来亨,字菊人。本是元和籍。从父居簳山,沈来亨为嗣子,于是居家于此。能诗画,尤其善于医术。晚年医术更精,治疗奇疾,立即痊愈。光绪十六年(公元1878年)秋,寓居府城,以所得治病酬金捐献为防灾之用,经三月得钱三百千有余。积劳成疾,当年冬去世。

陈 雯[注]

陈雯，字晴川，南汇人。工诗，善于绘画。从父陈怀玉，字薇序，诸生，画笔扶疏（繁茂纷披貌）雅健。陈雯则古朴淡雅，浑如天然。康熙皇帝南巡，陈雯以献画荣获恩赏。

从子陈以铭，字层初，国子监生。禀性正直，不随时俗。书法仿效王羲之、王献之父子，绘画模仿二米（指宋代米芾、米友仁父子）。

又有陈蒙字泉源者，画山水效法董源、巨然，大幅尤佳；陈启桢，字松涛，国子监生，画笔疏朗俊秀。他们均是陈雯同族后裔。

吴可教

吴可教，字凌虚，华亭人。少年时患羸疾（类似风痹的病），于是专门留意医书。善于小儿科，听声望气色，能知人生死。为人看病，不因寒暑雨雪而推辞，不以富贵贫贱分缓急。年届八十，仍手不释卷。

田雨公

田雨公，娄县人。精于医药。治疾不拘常法，往往能有奇效。早晨携一小袋出去，获得酬金若干即归，闭门谢客。天天如此。后来不知所终，或疑成仙而去。

宋绍景

宋绍景，青浦人。诸生。精六壬术，屡有神验。他与医士凌某深为相知。一天，凌某离别而去，宋绍景说："您再来，见不到我了。不过，希望您还是到我家看一下。"等到凌某来到，宋绍景已去世三个月了。家人拿出一封信给凌某，封面上写有"某月日启"字样，从所写的月日可知，这是宋绍景尚未生病时写的。

贾 淞

贾淞，字右湄，上海人。诸生。能诗善画，与王图炳交情最深。其山水画得文敏公董其昌之法。当时称贾淞及沈士充、顾若周为"云间三家"。

注：陈雯及以下人物为光绪《松江府续志》"艺术"类补遗人物。

毛汉齐

毛汉齐,字奕苍,上海人。博学能文,工诗善楷书。以雍正元年(公元1723年)岁贡,教授于乡里。

顾　行

顾行,字书绅,上海人。隐居城南,栽花种竹。工于书法,善于临摹晋唐各帖。年届九十,仍作小楷,远近称道他。

章汝琳

章汝琳,字湘佩,金山人。恩贡生。工诗古文,兼善弹琴。后以琴法授卫柱,卫柱授姚宏垚,而姚宏垚更精。卫柱字衡峰,岁贡生,以能文著称。姚宏垚字谷真,诸生。

沈宏璧

沈宏璧,字尧章,南汇人。尝入京师,正逢太医院考医生,他参加考试,名列高等,入值内药房。出来与编修顾成天、举人顾昺讲论,技艺更加有长进,名振公卿间。雍正十年(公元1732年),西部边境用兵,选择医生从军,沈宏璧参与其中,授医院吏目。返回后,因病去世。

徐　徵

徐徵,字柱庵,奉贤人。明太医院使徐枢后裔。品行道义高尚,以医术闻名江浙间,医治成效卓著。儿子徐光瑞,传承父业,移家平湖。户部侍郎徐士芬,是他的六世孙。

周　源

周源,字锦泉,南汇人。一向重视品行和道义。能诗。书画都效法文敏公董其昌。尤其善于画墨兰,密叶丛花,秀劲绝俗。并且还工于篆刻。

徐承熙

徐承熙,字复园,华亭人。父亲徐儒林,能巧妙地解释音律。徐承熙也通晓琴理。绘花卉极精美,山水画效法文敏公董其昌。

徐汉章

徐汉章，华亭人。工于绘画，人物、花卉、鸟兽画，各有擅长之处。乾隆皇帝南巡，献画行在（帝王所到之处），蒙恩赐赠荷包银两。

蔡永年

蔡永年，字玉江，华亭人。诸生。书法学习王羲之、王献之。尤工山水画，笔法苍劲，得元代四家（黄公望、王蒙、倪瓒、吴镇）之遗。

弟蔡诚，字闲存，善于医术，治病如神。孙子蔡桂芬字吟香，曾孙蔡鼎字兰士。他们都以医术闻名于当时。蔡鼎尤其善于书画。

诸祖均

诸祖均，初名祖乾，字保和，青浦人。乾隆三十年（公元1765年）举人。因所居之地形状如琴，因而自号"琴溪"。工于书法，临摹《兰亭》帖三百余本。王昶称其书法有凤凰翻身之势。所书写的《醉翁亭记》、《滕王阁序》都刻于石。

王 绘·姚 仁

王绘，字素如，上海人（一作南汇人）。国子监生。画学宋元诸家，山水画翛然不俗，饶有气韵。间或作诗，也很精美。善于弹琴，曾以操曲数首授予进士乔钟吴。又精鉴古。著有《槎仙诗草》。

与布衣姚仁为友。姚仁字幼常，能诗，通《易》理，也擅长于琴。老屋数间，饮食不继，安然自若。年逾八十去世。

同时与王绘交游者还有徐智，字周范，善绘山水，兼工行楷及隶、篆书。

方思名

方思名，字东林，青浦人。从事卜筮之术，推断吉凶多有奇中。家住城东，与邱思燕相邻。当初，邱思燕将卜居（用占卜选择定居之地），因偶然看见邻居家罅隙处有老鼠成群移徙，心存狐疑，方思名对此占卦，说："某日某家当有火灾，你所居住没有关系。"不久应验。又尝说自己的命运与儿子方鹗立相犯，因而避居城外。方鹗立长大了，要迎他归去，他不同意。后来方鹗立生了儿子，亲戚宗族一定要叫他归去，方鹗立暴亡。

徐汝蕲

徐汝蕲,字敬安。善于治疗痘疹。夏氏妇生病,诸医诊断为伤寒,徐汝蕲说:"这是痘。"服用升麻汤而痘显现。邻居的儿子患痘疹突然死亡,徐汝蕲前去看他,说:"尚未死去。"命将病人放置于竹丛中,过了一夜而苏醒过来。

诸祖绶·诸赞伦

诸祖绶,字纡青,青浦人。画山水有奇趣。

族人诸赞伦,字德成,善于下棋,推为云间第一。

诸祖绶放浪不羁,诸赞伦迂阔怪僻,当时称为两个异人。

徐　勋

徐勋,字纪常,上海人。年少时为武生,不久放弃。画山水、人物、花卉,都于工细中显现洒脱不俗的趣味。间或仿照仇英。个性迂阔怪僻,人们求其画而不轻易给予,不求者却自动送给。兼好度曲(编制歌曲)。

顾　篔

顾篔,字颖东,青浦人。诸生。工诗善画。每当绘画,必饮酒数斗(古代酒器),凭着醉意下笔,有洒脱趣味。儿子顾琳,诸生,也善绘画,山水画效法王翚。

同时又有诸生郑基成,字大集,用破笔画花鸟,稀散疏朗像徐渭的笔法。

王永丰

王永丰,字穗昭,上海人。熟悉医术,尤精儿科。凡是遇到危症,必详细审察,然后得其病因,救活很多人。潘采昭、曹廷璋都得其传授医术,而潘采昭尤为闻名。

又有程宗伊,字绍南,博览古今医书,辄得神悟。遇到重病之人,医之即愈。儿子珩,从子程丕杰,继承其业。程丕杰,恩贡生。

吴志泰

吴志泰,字誉志,上海人。国子监生。从业小儿科。识别痘疹,无一差错。一富人生有独子,痘发危重,吴志泰看了后说:"听从我,这孩会得救。"于是命移孩儿到中堂,燃烧茅草,用其灰烬布地,覆盖雨蓑,让孩儿躺在上面,命守护者等到痘疮发臭,然后移入内室，让其服药，病果然痊愈。

儿子吴朝干，字南英，国子监生；孙子吴宝海，字闾如，诸生。两人都传承其医业。

周　泰

周泰，字天锡，上海人。精外科，兼善画兰竹。同时有叫赵易新的，也精于医而善画菊，人们有"周兰赵菊"之称。

周泰将医术传给徒弟曹洪御。曹洪御的儿子曹树瀛，字士登，也以外科闻名，即使奇异危险重症，治之无不有效。又有高琭，字春泉，是曹树瀛的弟子，都仿效周氏之法。

丁　诗

丁诗，字韵堂，上海人。年少丧父，家境贫困，母亲教他读书，深入研究经史，于阴阳、图纬、壬遁（六壬和奇门遁甲）、风角（谓候四方四隅之风，以占吉凶）之术无不探究。为人占卜多有奇中。每日以占卜所获的资财沽酒买肉，垂帘侍母，以此为欢。母亲去世，抚棺呕血，于是病狂。书写其母亲出众的贞操苦行，拉杂（没有条理，杂乱，因为他此时已因病而狂）千言，授予相知的人，于是走上百步桥投水而死。

李　岩

李岩，字筑夫，青浦人。善画骡马及栈道，师从同里张鸣一，而工细精美超过他。

凌　耀

凌耀，字藻亭，金山人。擅长针灸。乾隆（公元1736年—1795年）年间，官任太医院判。工于书法，兼善画兰。

陆承祧

陆承祧，字燕贻，南汇人。学习医药有神奇的解释。里中有孩儿暴病身亡，陆看了他的状态说："中暑了，没有死。"灌了汤药即苏醒。有人久患肺病，陆承祧说药气旺、谷气衰，应让他吃爱吃的食物，然后给以治疗。半月后果然痊愈。

孙子陆元恺，字舜臣，以治疗痘科闻名。他的族子出痘特别稀少，且已愈。陆元恺说他一百天后会死去,后来果然如此。

陆 琛

陆琛,字莼芗,娄县人。武庠生。工于书法,善于山水画,得文徵明法,花卉画也饶有意趣。惟画兰则花叶太丰,并渗以膏,殊失古法。曾为冯金伯画《梧竹堂草图》。著《春麓山庄诗稿》。

沈 莢

沈莢,字殿秋,华亭人。文恪公沈荃四世孙。通晓六书,善于篆刻,描写山水,笔意秀挺,颇得其祖父沈宗敬遗意。平时不事谋生之业,不与宾客来往,所以其所作之画流传很少。

徐绍周

徐绍周,字宗文,由太仓移居珠里,于是成为青浦人。工于行楷和大小篆。有篆书周兴嗣《千字文》一通(周嗣兴,南朝梁时人。博通传记,好著作,擅文章。官至给事中。萧衍高祖称赏其文,命他集王羲之字次韵作《千字文》。一通,一份),王昶以为这是吴梦英之续。

沈德祖

沈德祖,字王修,上海人。善于医术。偶于座间把脉,某人本无病,沈德祖说其大病将发,不久果然患病,请他开药方治疗,得痊愈。其精于切脉就是如此。

管士芳

管士芳,娄县人。世代从事医业,管士芳医术尤精。注释张仲景《伤寒论》,分析章句,吸取王叔和以后诸家之说,而凭自己意见判断,疏通令人难解之处,对药方病症多有新意阐发。

顾 昌

顾昌,字品山,娄县人。起初工于写真,与同里徐镐并称。后来专学山水画,缜密与王翚相似。尤其善于模仿古代名人画,工力甚深。享年八十一岁。

其门徒许徵松，字侣乔。能传承其法。

叶得根

叶得根，字金枝，南汇人。诸生。父亲叶柱，以书法闻名。叶得根也工于书法，人们以王献之（王羲之的儿子）、欧阳通（欧阳询的儿子）为比。

同里的朱玉麟，字书祥，善画蝴蝶。其弟朱汉文善画寸人豆马（言其画之小巧）。又有萧文荣，善画墨梅。

邵　玺

邵玺，字廷宝，青浦人。国子监生。禀性高雅纯洁。二十余岁，游览金陵市上，得到米芾山水画长卷，坐卧其下数天，于是领悟其画法。其画人物、花鸟，得八大山人（明代著名画家，姓朱，名耷，字人屋。江西人，明宗室。明亡后当和尚，尝持《八大人觉经》，故以为号）遗意。历游皖江、江右、闽、粤，所至登临，意兴全抒发于画，神灵气骨，奇异纵横。尝有暹罗使者，看到他的画，惊叹绝妙，连忙乞求一幅而去。

曹锡爵

曹锡爵，字廷谏，上海人。是曹锡宝的从兄。书法仿效赵孟頫，晚年临摹王羲之、王献之。兼能医。

儿子曹洪灏，字友梁，传承父亲医学，善治疑难杂症。孙子曹树淦，字对扬，跟从王瞻菉受业，也以医学闻名。

孙　卫

孙卫，字虹桥，青浦人。工于篆、隶书，尤其工大字。后来则专门画山水，颇得古朴趣味。

从子孙炳，字启后，工于花卉画。

与孙卫同时有叫陆荣梓的，字爰琴，以善绘花鸟闻名。

王陈梁

王陈梁，字次辰，青浦人。诸生。精《昭明文选》，旁涉医书。王氏家族自王懋忠、王孟贤以后，世代以医学闻名，收藏医书很多，王陈梁用红笔将其分门别类。晚年他依据孙思邈《千金方》法,为人治病辄有良效。

曹元植

曹元植,字西堂,青浦人。山水画仿效李思训,渲染有法,人物、花鸟,各有擅长,胜出旁人。

范熙之

范熙之,字心农,华亭人。恩贡生。禀性方正严肃,不好荣华利禄。于亭林读书堆左筑石林小隐,每日以赋诗自娱。善于写大字。

曹友仙[注]

曹友仙,上海人。善于弹琴、吹铁笛。尝于中秋月夜持琴弹之,声音急促,使人思忧;有鬼从其几案下出,断其琴弦。又曾泊舟于槎溪,闻丝竹之声,拿出铁笛吹之,溪上人相拥而来,说:"我们学习它已十年,尚未得到其妙旨。先生您大概是仙人吧!"

盛彦栋

盛彦栋,南汇人。禀性纯洁,容貌古雅。嗜好金石,凡是秦碑汉碣及古钟鼎文,旁搜博考,能辨真赝。也工于篆刻。

怀履中

怀履中,字兰坡,娄县诸生。工于篆刻,仁和县严铁桥诚极力称道他。

又有上海王铮字鞠人、张梓字干廷,华亭徐鼎字调圃、徐钰字讷庵、钱世徵字聘侯、郭筠字云村,娄县杜超字越伦、张溶字石泉、徐在田字处山,他们都以篆刻有声誉于当时。

王曾麓·王雪蕉

王曾麓、王雪蕉,都失传其名,两人是兄弟关系。工于篆刻。峰泖之间,有施

注:曹友仙及以下人物为光绪《松江府续志·拾遗志》"艺术"类拾遗人物。

氏《花影集》断章（断取诗文之一篇一章）而拿它来刻于玉石上，共有二百枚，汇集成谱。

朱丕承

朱丕承，人们都称他的字，上海人。精于武技，诚恳不倦地劝导他人严戒愤怒和斗殴。尤其善于伤科，治伤应手而愈。嘉庆（公元1796年—1820年）间，知府命他去南汇捕盗，擒其首领，不受赏赐。遇到歉收饥荒之年，青浦民众私约遏粜（禁止出卖粮食），朱丕承尽力阻止了他们的这一举动。

方宗坤

方宗坤，字静含，青浦人。自己手制钟表，快慢不差累黍（古代以黍粒为计量基准，累黍，即以一定方式排列黍粒，为分、寸、尺等及音乐律管之长度，为合、升、斗等以计容积，为铢、两、斤等以计重量。这里的累黍，指程度之细微）。

胡　岩·周　桂

胡岩字笠山，周桂字香岩。都是南汇人。工于写真，都有声誉于当时。娄县有徐秋池者，写真尤能神似。

叶维城

叶维城，字恳轩，南汇人。年少时读书、写诗，有幽淡之趣。尤其善于弹琵琶，闻者起舞欢笑，或泪流数行而不能停止。

后来娄县诸生有位叫叶湘潭的，失传其名，也工于琵琶。县令沈炳垣聘他进入官署，将他比作康海。叶湘潭因事牵连而遣戍，临行弹一阕，送行者皆悲伤欲绝。

与叶维城同时的，南汇鞠士林与其族兄鞠克家都工于琵琶，而鞠士林尤以“鞠琵琶”之名著称。鞠克家作《平沙落雁》，其神韵理念，与鞠士林很相像，弹《霸王卸甲》，更豪放倜傥，衷心自喜。其徒弟有出蓝之誉（即“青出于蓝而胜于蓝”之誉），为江南第一琵琶手。不久去世于沪上，知交以诗哀悼，有“太息杜彬弦顿绝，荻花风急咽秋涛”句。

那传承鞠克家技艺的黄达泉也有声誉著称于当时。

叶 兰[注]

叶兰,字佩之,号湘秋,娄县人。诸生。钱仲联《清诗纪事》录收其《纪事新乐府》十二首。有自序云:娄县漕书赵静甫奸猾用事,善蔽官长,邑民田赋阴受其害。七宝区十七人被击毙,实为赵静甫一人所主之,而又优游事外,众愤焉。于是作《新乐府》十二章,以纪其实。著有《红林擒馆诗钞》。

郑观应

郑观应,原名官应,字正翔,号陶斋,别号罗浮待鹤山人、慕容山、杞忧生等。广东香山人,曾任上海机器织布局总办、轮船招商局会办。有《与西客谈时事》一诗,述鸦片战争以后,英、法、俄、美、日等国强迫中国开商埠,把持中国海关,夺取中国内河航行权,在中国划分势力范围,以图瓜分中国之事实,中有"奋笔作此诗,字字含泪血"句。

廖安福

廖安福,字恩光,号介轩,娄县人。工写兰竹,并善山水,初从学于海盐张岂堂,后得舅氏陈屺瞻(字兰堂,娄县人,山水落笔,烟雨飞腾)指授,笔墨大进,尤善画梅,宝枫亭曾题之。

董 椿

董椿,初名乾,字耕云,青浦人。以校《四库全书》得陕西县丞,署知县。善画,山水颖秀,得董邦达(1699—1769,字孚存,一字非闻,号东山,清代浙江富阳人。官至礼部尚书,好书画,谀之者有古今三董相承之说,与董源、董其昌并列,识者引为笑谈)指授。

蒋 节

蒋节,字幼节,号香叶,上海人。工诗古文词及金石考据之学。善八分,精篆刻,受业于莫友芝(1811—1871,字子偲,号郘亭,晚号眲叟,清代贵州独山人,与遵义郑珍齐名,号"郑莫"。著述甚富,有《郘亭诗钞》等),兼工花卉,疏秀有致。曾客游苏、浙间,经历

注:叶兰及以下人物为增补的,主要成就在书画方面,间有擅诗的,由于大多数生卒年不详,排列不分先后。

山水幽胜园悟画理。偶作倪瓒、黄公望小品，落笔不凡。

潘恭敏

潘恭敏，字慎甫，上海人。父亲潘鸿诰，字望之，嘉定（今上海市嘉定区）人，嘉庆二十三年（公元1818年）乡举亚元，钱大昕称为畏友，林则徐督两江，参与规划水利海运，书出入欧阳询、褚遂良，酒酣落墨，尤其豪纵。潘恭敏同治三年（公元1865年）举人，历官湖南清泉、溆浦知县。善草书，得父亲潘鸿诰之传。卒于溆浦任上。

戴有恒·戴兆春

戴有恒，字大年，号保卿，钱塘（今杭州）人。官松江管粮通判。他的父亲戴熙（1801—1860），道光十二年（公元1832年）翰林，官至兵部侍郎，后引疾归。诗、书、画并臻绝诣，与汤贻汾齐名。戴有恒山水画承家学，疏秀神似倪瓒。著《两壁斋诗存》。戴有恒次子戴兆春，字青来，号展韶，亦工山水画，光绪三年（公元1877年）进士，入词林。曾去上海蕊珠书院。光绪十九年（公元1893年）编次其祖父戴熙《习苦斋画絮》成书。

钱世徵

钱世徵，字聘侯，号雪樵，一作云樵。松江人。国子生。博学能文。写兰以萧疏取韵，以高旷传神，纵横宕逸，得郑思肖（1241—1318，字所南，一作字忆翁，号所南，自称三外野人，又号一是居士，宋代福建连江人，曾题菊云："宁可枝头抱香死，不曾吹落北风中。"赵孟頫才名重当世，郑思肖恶其受元聘，遂与之绝）、赵孟坚遗意。工篆刻，有《含翠轩印存》。

钱又选

钱又选，字幼青，青浦人。性洁好奇。工山水、人物、花鸟。有花癖，所至以种花自娱。足迹殆遍秦、晋、楚、蜀、燕、齐、豫、越，后侨寓池州，知府喻成龙将他延为上客。曾为郎隐君遂作杏花村名胜诸图。有《游子吟》。

阮惟勤

阮惟勤，字拙叟，奉贤人。诸生。官浙江主簿。书学颜真卿，画宗米芾，印摹赵孟頫，诗近白居易，各极其妙。

阮汝昌

阮汝昌,字寿鹤,奉贤诸生。官直隶知府。善摹钟鼎文字,家藏比干(商代人,纣王之诸父,纣淫乱不止,比干谏纣三日不去,纣怒曰:"吾闻圣人有七窍。"剖而观其心)铜盘,治印有汉人风趣。

汪　镛

汪镛,初名铭,字笠甫,华亭人。天资颖异,少从玉壶山人(即改琦)游,山人以爱女小茶(允緐)妻之。凡人物、花卉、山水,尽得其传。又时与钱杜、廖云槎商榷讨究,造诣益进。晚复摒弃一切,专事山水,浑厚沉着,直追董其昌、王原祁之室。

沈　铦

沈铦,字元咸,号诚斋,娄县人。禀贡。光绪初流寓上海。精汉隶,工山水,似胡横云而尤得天真烂漫之趣。刻印亦然。著《阿兰那馆印草》。

李继翔

李继翔,字宾甫,华亭人。少时颖语绝人,弱冠举孝廉。工书,善诗古文词。篆刻摹秦汉,不轻为人作。其孙名李修则,号文来,篆刻能传家学。

吴　润

吴润,字大润,娄县人。幼孤废读,不克自立,鬻身仅存,得侍秀峰,遂习摹印,所作楚楚可观。画山水学陆昀,芦雁草虫,颇得散逸雅趣。

李　昆

李昆,字梁野,号白龙山人,华亭人。善山水,兼工人物。客长兴时,与许某友善,许曾求李昆画,迁延未就。数年后,许某殁,李昆具斗酒豚肩往吊之,即挥毫作《吴季子挂剑图》,神采奕奕,为生平杰构。

吴　格

吴格,字梅隐,号眠鹤子,江苏吴江平望镇人。家有《八傭图》,后流寓上海。工山水,宗董其昌,骨韵苍老,近王学浩,并擅花卉。卒年七十余。

吴 晋

吴晋,字进之,号日三,安徽休宁人,侨居娄县。吴衷白子。工画,山水风格清隽。精研字学,于二篆、分、隶,皆洞悉源流,不特脱颖超群,即铁笔亦得何震、苏宣正宗。有《分类印谱》、《知止草堂印存》。

朱龙鉴

朱龙鉴,字又云,号蒙溪,娄县人。官池州通判。工诗。善画,山水画笔致简整,曾写《摄山胜引图》,烟云蓊郁,松竹萧疏,为时雅重。

印廷宝

印廷宝,字华甫,号儒珍,又号茹邨,上海人。善山水、人物。绘蜀道尤工,巉岩峭壁,仿佛剑门、滟滪诸胜。蜀栈多策蹇,故益善画驴,虽数十头,无相同者。曾谓:郑燮画竹,胸无成竹,余画驴亦然。性耿介,非素交,虽重资亦弗画,以是流传甚少。

子印文奎,画能承其家学。

王兴谟

王兴谟,字淡宜,号匏如,华亭人。湖北郧阳知府。工写生,尤喜蔬果。

王凤岗

王凤岗,号竹塘,华亭人。侨扬州,后入粤东。善擘窠大书,兼长诗、画,指墨写松,极其苍秀。

王 道

王道,字海鸥,号锄园,上海人。好学嗜书,于董其昌书法深得三昧。晚年学益纯粹,精力弥满,骨老气苍。曾游日本,名彼都。

王 寅

王寅,字冶梅,以字行。上元(今南京)人,后流寓上海。王静夫之弟。工人物、山水、木石、禽鱼、兰竹,惜笔墨稍弱。与胡璋并以画梅得名。王寅善瘦,胡璋能腴,并有汪士慎遗派。光绪十五年（公元1889年）得足疾，始著梅谱，时年近六十。光绪十八年（公元1892年）尚在，王尚钺为之作传，又著《冶梅石谱》、《兰竹谱》。

王之佐

王之佐，字光照，号谦斋，南汇人。善诗，能书，工汉隶，尤妙音律。善绘事，见前人所作山水、花鸟，辄闭户临仿，动得神似。然深讳之，即使交好亦莫能数数见。

子王立德，字晋业，号绣竹，山水气韵，疏落入古。

毛树澂

毛树澂，字春孙，号澂伯，上海人。精鉴别，富收藏。江浙书画名士多相投契。如华亭胡公寿，游沪客砚其家，朝夕观摩，因此也能书画。毛树澂曾与诸名士合写梅兰竹石，沆瀣一气，观者叹美。

胡　忠

胡忠，字筠庄，号定翔，上海诸生。工诗文，通六书八法，自汉魏以来诸家笔墨源流悉心研究，引据专条，参以论说，著《笔海蠡》。

姚廷木

姚廷木，字克修，号省夫，南汇人。性萧散，嗜佳山水，又好音律，每习一乐器必精且熟而已。其父谓之曰："何弗改弦易辙，学程佃故事乎？"盖佃本嗜音律，中年悔之，乃学画。姚廷木遵训。遂善山水，落笔得娄东涯涘。

邵廷宝

邵廷宝，号华圃，青浦人。幼即好画，年二十余游金陵市上，得米芾山水长卷，坐卧其下，凡三日，得其用笔之法。久之入豫章，出三峡，登博罗，所至作图，神骨奇踪，见者惊服。曾有暹罗使者见其画，惊为古人，乞画而去。

周　道

周道，字瑶泉，华亭人。诸生。工书画印章，所居有看山读画楼，兄弟们读书其上。王子卿为之绘图，名流题咏殆遍。

唐 辰

唐辰，字蕴奇，号际飞，南汇人。山水初学严戴，后知其师承之误，极力脱化其习，以巧思运古法，往往多奇趣。卒年八十外。

胡勋尧

胡勋尧，字赞堂，号秋岑，青浦人。诸生。善山水画，工诗。胡勋裕，胡勋尧之弟。青浦举人，官始兴知县。善山水，不事奇异，有类徐枋（1622—1694，吴县人，父殉节后终身不入城市，工书画、诗，有《居易堂集》）。工诗，善行、楷，与兄有金昆玉友之称。

徐晋侯

徐晋侯，字侣樵，号幼甫，上海人。少习贾，不久放弃，发愤力学。通医理，精推拿法。善吟咏，工书，善画墨梅。

徐振勋

徐振勋，字鹤汀，上海人。诸生。工篆隶，尤长山水，笔意苍雅入宋元堂奥。子徐邦基，字云沧，亦善山水。

徐克润

徐克润，字田瑛，号兰谷，上海人。诸生。嗜诗酒，喜花木，工山水，宗法宋人。著有《画学源流》、《云间画史》及《兰谷诗草》。

耿葆淦

耿葆淦，字介石，华亭人。诸生。豪放好骑。自幼喜刻印，弱冠游庠，橐笔（也作“櫜笔”，原指书史小吏手持囊橐，簪笔于头，侍立帝王大臣左右，以备随时记事，后亦指文士的笔墨耕耘）游四方，佣书（受雇为人抄写）自给。后入都，为人称赏。

秦始通

秦始通，字贯卿，上海人。书法韶秀。善画梅。又善种植葫芦，能用套板使成方长，六角、八角形式备具，人物、花鸟、篆隶诸纹，刻划于上，惟妙惟肖。

徐　鼎

徐鼎,字丕文,号调圃,华亭人。徐淞长子。幼嗜六书,习摹印,兼善文(彭)何(震)两派。俊逸健雅,颇饶古趣,而于汉人翻砂拨蜡,浅深轻重,有得心应手之妙。

徐　钰

徐钰,字席珍,号讷庵,松江人。通勾股,工刻碑碣,波磔处毫发无遗憾。善镌晶、玉、铜、瓷印。有《讷庵印稿》。

张绍麟

张绍麟,字鹤峰,上海人。工写人物,绘荷花尤精。与同里周树春(字杏桥,善书画,行草得米芾笔意)友善,所绘荷花得周树春题识,人尤宝之。卒年八十余。

张　深·张　梓

张深,字啸园,上海人。能诗,工篆隶。著《丽雪笺诗词集》。子张梓,字干庭,号瞻园。工诗古文,精堪舆(指天地,风水,也指相宅、相墓之法)、岐黄医术,尤笃嗜铁笔,究心大小篆,积久成谱。著《印宗》。

张师宪

张师宪,原名张联瑛,字子华,号诗孙,娄县人。工诗文,善摹汉印。偶作山水,造意幽迥,笔极冷隽。弟张联珠,字子明,工诗刻印。弟张联奎,字朗如,善画,能刻印。

陈云煓·陈屺瞻

陈云煓,娄县人。官给事中。工汉隶,亦能画而不苟作,故仅以书名世。

陈屺瞻,字兰堂,云煓子。上舍生。山水落笔,烟雨飞腾。兼精小楷,又工诗。

陆　济

陆济,字公谦,上海人(一说嘉定人)。入赘真如侯安国家。善山水,宗小李将军(李昭道,李思训子。李思训为唐宗室,时人称大李将军,一家兄弟五人并善丹青,亦工书。李昭道官至太子中舍。世称小李将军),点染人物,亦工。著《画史竹谱》。

陆天锡,陆济子。武庠生。制行端方。工书,得赵孟頫三昧。年八十余犹临摹不倦。

陆培厚，字德载，陆济孙。书宗赵孟頫，雄健处兼得颜真卿之秘。

陆懋莲·陆 荣

陆懋莲，字香远，上海人。工山水、人物、花鸟，得宋元人笔意。

陆荣，字桓右，一作桓又。陆懋莲子。能诗，工画人物，有《渔家乐图》，笔尤工致。

陆大木，原名培玉，更名大木，一作大本，字用成，上海人。陆荣侄孙。精医。工画，得其从祖陆懋莲衣钵。间作花卉禽虫，亦楚楚有致。

许 威

许威，字子重，号铁珊，娄县人。廪贡，官归安知县。工篆隶，兼绘兰，偶治印。搜藏金石甚富。著有《碑版目录》、《古泉录》、《秦汉印存》。

曹钟坤

曹钟坤，字载山，晚号芸溪老人，上海人。工算术，精测绘，任江南机器制造局工程事，局中大建筑多出其手定。善画山水。

曹钟秀

曹钟秀，字撷亭，上海人。工丹青，师钱慧安（1833—1911，字吉生，宝山人，一作湖州人、仁和人，侨居上海，宣统间与倪田等卖画海上，名重一时，有《听鹂图扇》藏故宫博物院，著《清溪画谱》），后专事绘图，任江南制造局翻译馆绘图四十余年。

乔 协

乔协，字瑞山，号玉峰，南汇人。幼性嗜画，父兄均善装池（意装裱古籍或书画，亦指古籍书画的装潢），凡以画幅见投者，乔协私为临摹，非常相似。间遇佳山水画，则临摹之，并且更加美好。进而兼工山水、花卉、人物。复学写真于张石林，擅出蓝之誉。游沪卖画自给，年未三十而殁。

陈学海

陈学海，字浩如，号涵村，松江人。太学生。张昀（字友竹，号嵎寅，娄县人，著《赐锦堂诗》)女婿。山水画苍古浑厚,酷似其岳父笔意。书学董其昌,工诗,善弈,年未四十而卒。

杨 芝

杨芝,字友兰,松江人(《江湾志》作上海人,又作钱塘即今杭州人)。画人物、仙佛、鬼判,笔力雄健,不假思虑,愈大愈妙。曾云:“安得三十丈大壁,磨墨一缸,以田家除场大帚蘸之,乘快马以扫数笔,庶几手臂方舒,而心胸以畅也。”在昭庆寺有其达摩像画壁。于万佛阁壁间绘《茶仙图》,奇伟生动。只不善作小幅,故流传绝少。

黄 鑫

黄鑫,字品三,南汇人。善画山水。其先世有名叫黄知彰的,以画名于乾隆时,家有“烟霞阁”,收藏甚富,黄鑫得力于此。

黄 河

黄河,原名野,字日林,松江人。性情狂怪,见禽虫草木,描写逼真,尤工画马,有曹霸(东汉曹操之曾孙曹髦后,官至左武卫将军,画称于后代,杜甫有《丹青引赠曹将军霸》诗,宣和御府藏有《逸骥图》、《内廄调马图》、《羸马图》等)之风。初作少骨多肉。后游边塞,遇一画师,谓之曰:“奈何使骅骝丧气,如唐之韩幹也。”野闻之顿悟,技遂大进。乃改名黄河,以别于前云。

冯大奎

冯大奎,字西文,号泾西,娄县人。廪生,官福建知县。铁笔学文彭(1498—1573,字寿承,号三桥,明代长洲即今苏州人,文徵明长子,少承家学,却自成家,不蹈父迹,其刻印后人奉为金科玉律),书法似赵孟頫。

仲子冯继耀,字眉峰。治经之暇,以摹印为乐事。早卒。著《眉峰遗文》。

童 垲(一作童恺)

童垲,字西爽,华亭人。花卉翎毛钩勒着色,俱从宋人得来。兼工写真,曾为董文敏画行看子(画卷。画家所称“行看子”,特指长幅卷的山水画,意谓画里诸山并列,无远近差别,如走马看山),又为董其昌写小影,因书“精一楼”额赠之。

长子童源，字原山，昆季皆称能手，源尤超迈。花鸟草虫，得宋元笔意，所绘梅花，十分秀雅。

仲子童铨，字枚吉，居江苏吴江，善画人物，花卉苍秀。

季子童锦，字天孙，又字素文，善钩勒花鸟，设色妍丽，墨花亦佳。

童塏之侄童日铭，善花鸟，能绍其从父艺，尤精草虫。

童源孙童德容，字孚尹，号处中，工山水、花鸟，秀丽妍雅。

张　琪

张琪，字晓邨，一字树存，南汇人（一作丹徒即今江苏镇江人）。工人物及写生，得元人小品生趣。与蔡嘉（字松原，一字岑州，号雪堂，一号旅亭，又号朱方老民，清代丹阳人，侨居扬州。乾隆四年［公元1739年］作《山水图》，现在日本。四十七年［公元1782年］作《听泉图》）、蒋璋（字铁琴，清代丹阳人，居扬州，善画大幅人物，非古非今，神妙与人不同，尤工指头画，宗之者称为蒋派）齐名，一时称三大家。

颜　经

颜经，字愚山，娄县人。庠生。善画山水，好游览，足迹半天下。名山胜景悉图以归。曾画九江图十幅，气韵生动，为时人所莫及。

曹杰士

曹杰士，字电发，上海人。附贡生。敦品力学。书学赵孟頫，得其神髓。叶凤毛（字超宗，上海人，有《说学斋集》）极爱其书。

子曹锡璜，字伯熊，号书圃。诸生。善谈，工书法。

侄曹锡爵，上海人，诸生。书法宗赵孟頫，晚学二王，兼擅题榜，年八十余，犹能作小楷。

林志桓

林志桓，字仲枢，号籀庵，林春溥（1775—1861，闽县人，嘉庆七年［公元1802年］进士，授翰林院编修，主讲福州鳌峰书院垂十九年）曾孙。光绪三十年（公元1904年）进士，授翰林院编修。善山水，朴拙生涩，颇饶逸气。客北京时，与同辈结宜南画社，月必数集。好收藏，多蓄古名人书画。晚寓居上海，鬻画自给。卒年七十二岁。

蒋季锡[注]

蒋季锡，字蘋南，江苏常熟人，蒋廷锡(1669—1732，字扬孙，一字酉君，号西谷，一号南沙，又号青桐居士，官至大学士，谥“文肃”，工书善画，曾画塞外花卉七十种，为宫禁所宝，著《青桐轩秋风》、《片云》)妹，华亭王图炜妻。花鸟画得马荃法，兼学恽寿平一派。工书。著《清芬阁集》。

赵 棻

赵棻，字仪姞，一字婉卿，号子逸，又号次鸿，自称善约老人，上海人。户部侍郎赵秉冲女，乌程(今吴兴)汪延泽妻。幼时就能诗，耽文史，及长作古文和骈体文，女红之余，常手持一编，尤喜读《通鉴》，论史事每多特识创议，出人意表。天性高朗，有大丈夫风骨。夫妻间和谐相得，每当花香茶熟，互抽架上书籍，以疑义相诘难。夫早病殁，教子汪桢，无巾帼俗态。赵棻又通医药，传方施药，治病多有效。有《滤月轩诗集》四卷、《文集》二卷、《滤月轩诗余》一卷等。自为序，略曰：“宋后儒者多言文章吟咏非女子所当为，故今世女子能诗者，辄自讳匿，以为吾谨守‘内言不出于阃’之礼。反是，则廷欺炫鬻于世，以射利焉。是二者，胥失之也。《礼昏义》女师之教，妇言居德之次，郑君(玄)注云：‘妇言，辞令也。’夫言之不文，行而不远，文章吟咏，非言辞之远鄙倍者欤？何屑屑讳匿为！”“集中佳句，如‘残红尽落啼莺老，众绿新生好雨多。五夜怀亲空有梦，十年遣日只凭诗。’”施俶仪认为“娟妙可见”(《清代闺阁诗人徵略》)。

钟惠珠

钟惠珠，字心如，秀水即今浙江嘉兴人，张熊(寓居上海)妻。工画梅竹，著色花卉，娟秀有致。咸丰九年(公元1859年)曾作《花卉图》。

钱韫素

钱韫素，字定娴，号又楼，秀水(今浙江嘉兴)人。上海闵行李尚璋妻。通经史文辞，旁及医学，工书，善画。书摹孙虔礼书谱，画守其高曾祖母陈书家法。家贫课徒，卒年七十八。著《月来轩诗稿》。

注：蒋季锡及以下人物为增补的佳媛，由于大多数生卒年不详，排列不分先后。

李韫玉·李馥玉

李韫玉，吴门（今苏州）人。华亭周忠炘妾。工画花鸟。

李馥玉，字复香，韫玉妹，华亭徐亩妾。能诗，善画。著《沁园集》、《红余小草》。

吴双玉

吴双玉，字琴君，又字香幢，钱塘（今杭州）人，小匏女。少孤，舅氏潘德园抚为己女。长适南汇周蔚堂。工诗，能琴，善画兰，笔致秀逸。其白描大士像，庄严端好，衣纹生动。平时禅课精严，其绘事殆从十六观中出。结婚后不久就去世了。

朱　鞠

朱鞠，字霜华，朱锡彤（上海人，善画兰，清逸有致）的女儿，高邕（仁和即今杭州人）的妻子，工书，有曹娥碑临本行世。

王毓曾

王毓曾，号紫霞女史，松江人。王贻燕女，上海乔檩园妻。善写兰竹，风致韵绝。诗宗南宋。

唐蕙淑

唐蕙淑，字冰心，娄县人。唐醇女。许嫁金山金峨绶，未嫁金峨绶卒，誓死不嫁。通经史，能文章，工诗赋，善书画。卒年三十一。

张崇桂

张崇桂，字秋崖，适徐氏。其兄张崇益，字自谦，号小凤山樵，因善制砚，又号守田，娄县人。工写花鸟，尤长钩染牡丹，得丰腴之致。张崇桂好读书，工小楷。善画花卉、禽虫及枯木竹石，笔意峭秀。亦工诗，有《秋崖题画诗》。卒年三十一。

丁　晏·张　娅

丁晏，字寄生，南汇人。松江张且耕妻。有别业曰“晚翠轩”。工写花草禽虫，秀色入纸，气韵天成，深得北宋人法。

长女张娅，字筠如，松江人，上海乔香岑妻。工钩染花鸟，殆合恽冰、马荃为一手，而兼擅其胜。曾随其母与妹合作《聚芳呈瑞图》,一时有名。惜中年早逝。

曹贞秀

曹贞秀(一作秀贞),字墨琴,自署写韵轩,安徽休宁人,侨居吴门(今江苏苏州)。曹锐(1732—1793,字友梅,号锷堂,官京师兵马司东城正指挥,善画,名噪都中)女,王芑孙(曾任华亭教谕)妻。无金粉之好,能画梅,书法钟繇、王羲之。所临十三行石刻,士林推重。《鸥陂渔话》称其为本朝(清)闺阁第一。著《写韵轩集》。道光二年(公元1822年)书字屏,年已六十一。

陈　敬

陈敬,字端宁,号髫儒,娄县人。华亭周亦荷妻。工诗词,善写花卉、鸟兽,并有生趣。有《纫兰遗集》。

陈爽轩

陈爽轩,南汇人,黄图圃妻,《扬州画苑录》引广陵诗事作"江都女士也,楚人黄图圃妻"。学诗于舅氏顾履庵。善写生,得渲染法。最喜作海棠,略施丹粉,吹气可活。亦善绣,曾自绣一大士像悬案头,无事时则焚香独坐,临池作字。

陆庆瀚

陆庆瀚,字蘋华,号畹君,上海人。初从羊文森(女,清代海昌即今浙江海宁人,吴门赵似云妻,工画山水、人物,雄健无脂粉气)学画,并受业于胡公寿(远),画山水兰竹,饶有韵致。《中国画家人名大辞典》云:按海上墨林有陆畹兰,谓为邑人毛树澂妻,也曾从羊文森学画。不知是否其人。

陆　惠

陆惠(一作蕙),字璞卿,杭州人,侨上海。工诗词,善书画。写生学恽寿平、蒋廷锡,不落窠臼,辄能抗手古人。题画诗词,名曰《甦香画录》。其夫张澹,字春水,曾入汤贻汾(1778—1853)幕府,晚年傭书上海,能诗,每为人题卷册,必张澹作而陆惠书之,钤一小印云:"文章知己,患难夫妻,张春水、陆璞卿合印。"张澹先卒,陆惠授徒自给,其名刺书"张陆惠"三字,盖仿卫夫人称"李卫"之例。俞樾谓陆惠洵不愧女士之目。卒年六十八。著《双声合刻》。

张绛珠

张绛珠，字蕊仙，华亭人。工部尚书温祥女，上海赵光昌妻。幼嗜诗、画，工花卉、园蔬，水墨兰竹，尤饶劲韵。

吴 朏

吴朏，字华生，又字凝真，号冰蟾，一作冰蟾子，华亭人。嘉善曹焜妻。顺治二年（公元1645年），金山兵乱，曹焜被害，吴朏甘贫守志，以诗书画自遣，时称三绝。尤善绘事。山水、花鸟，笔墨生趣，人争宝之。丈夫曹焜、儿媳李玉燕、孙女曹鉴冰，均能画，一门风雅，均有声于时。合编集《三秀》。吴朏也能诗词，钱仲联《清诗纪事》录收其《艳曲》二首："金屋暖生春，兰阶人似月。但愿如月圆，不愿如月缺。""赠姜紫金环，遗郎白玉玦。郎恩环不解，妾心比玉洁。"叶恭绰《全清词钞》录收其词一首（《西江月》）。有《忘忧草》、《采石篇》、《风兰独啸》三集。

盛 氏·陆 氏

盛氏，夏允彝妻，夏完淳嫡母。完淳在诗文中多次提及她。"慈君推干就湿，教《礼》习《诗》，十五年如一日。嫡母慈惠，千古所难。"（《狱中上母书》）《怀母诗二首》自注云："家慈弃家入道，予经乱飘泊，赋此。"所怀的就是这位嫡母。《南冠草》中的《拜辞家恭人》，所拜辞的也是这位嫡母。

陆氏，夏完淳生母，长于文笔，有《追悼》诗一首附见《完淳集》卷末，诗云："锦瑟苍凉忆旧踪，芳年行乐太匆匆。焚香帘幕图书静，得月楼台笑语通。人并玉壶丘壑里，才分彩笔黛螺中。衹余华表魂归去，夜夜星辰夜夜风。"钱仲联《清诗纪事》录收此诗。

柳如是（1618—1664）

柳如是，本姓杨，名爱，字影怜。后改姓柳，名隐，又名是，字如是，又字蘼芜，又以佛典《心经》中有"如是我闻"之语而号我闻居士，人称河东君。嘉兴人。

幼时曾入盛泽归家院，为徐佛弟子。徐佛能琴，善画兰草，虽僻居湖市，而四方才流，履满其室。如是在此受到良好教养。又在文渊阁大学士周道登家作过侍女，周卒后离去。后购置画舫,浮家泛宅,放浪湖山间,与高才名辈相游处。崇祯十三年(公元1640年),遇钱谦益,为钱侧室,相得甚欢,称河东夫人。钱谦益为柳如是构绛云楼,两人酬唱无虚日。明亡,柳如是劝钱谦益殉国,钱谦益不能从。后钱谦益秘密反清,柳如是助之,曾至海上犒劳义师。钱谦益病殁,柳如是自经以殉,人多贤之。卒年四十七。

柳如是丰姿逸丽,翩若惊鸿。博览群籍,能诗文,善书画。"河东君秀慧天中,吐纳珠玑,诚一代之尤物,闺阁之冠冕,三百年来,粉黛中无与伦比矣。"(潘景郑《抄本〈柳如是尺牍〉及〈湖上草〉》)

柳如是书得虞世南、褚遂良法。白描花卉,雅秀绝伦,间作山水石竹,淡墨淋漓,不减元人。曾绘月塘烟柳,为红豆山庄八景之一,郭麐题诗载在《灵芬馆集》。

柳如是赋诗辄工,尤长近体七言。陈子龙曾盛誉柳诗"凌清而瞷远,宏达而微恣"、"大都备沉雄之致,进乎华骋之作者焉"(《戊寅草》序)。邹斯漪《柳如是诗小引》更云:"盖闲清淡致,风度天然,尽洗铅华,独标素质。"

崇祯五年(公元1632年),柳如是因闻茸城陈卧子为云间绣虎,在为陈继儒贺寿之后,留在了松江,凡三年之久。她自称松江人。《戊寅草》中《白燕庵作》题下注:"乃我郡袁海叟之故址。"又《五日雨中》注:"时我郡龙舟久不作矣。"视松江为"我郡"。汪然明刻《柳如是尺牍》,署名为"云间柳隐如是";邹斯漪选《柳如是诗》,署名为"云间柳是如是"。

柳如是在松江,与松江才子陈子龙、宋徵舆、李待问等相结识,互相唱和,尤其与陈子龙,由相识而相知而相爱,柳如是作《男洛神赋》相赠,将陈子龙描绘成男洛神。陈子龙也对才高貌美的柳如是十分爱慕。崇祯八年(公元1635年)春,两人开始同居于南园,柳如是度过了她一生中最美好的一段时光。陈子龙对柳如是有着深刻的影响。

崇祯六年(公元1633年)秋,陈子龙北上赴京会试,柳如是作《送别》诗两首。诗云:"念子久无际,兼时离思侵。不自识愁量,何期得澹心。要语临歧发,行波托体沉。从今互为意,结想自然深。""大道固绵丽,郁为共一身。言时宜不尽,别绪岂成真?众草欣有在,高木何须因?纷纷多远思,游侠几时论?"陈寅恪曾评之曰:"河东君《送别》之诗,其辞意与世俗小说中佳人送才子赴京求名时之语言有天壤之别。河东君之深情卓识,迥异流俗,于此可见一斑。"

著有《湖上草》、《河东君集》十二卷等。

夏淑吉(1618—1661)·夏惠吉

夏淑吉，字荆隐，一字美南，号龙隐，又号义融，华亭人，夏允彝长女。夏允彝负盛名，夏淑吉庭闻濡染，十余岁即能诗，兼工琴奕。夏淑吉后归嘉定侯泂。侯泂为侯岐曾之子，侯岐曾为侯峒曾之弟。明亡，夏允彝自沉，侯门也多殉烈者。夏淑吉冒百险，深夜移舟，次第得忠骸归葬。事毕，叹曰："吾三百六十骨节，交付太虚矣。"(见俞陛云《清代闺秀诗话》)康熙元年(公元1662年)卒。有书言其祝发为尼，冒青若《妇人集集补》称为女冠。夏淑吉长夏完淳十五岁，虽并不同母，但姐弟之间感情融洽，夏完淳诗中多处提及这位姐姐，《大哀赋》中将她比为蔡文姬。钱仲联《清诗纪事》录收其《六姊孙俨箫没于丁亥家难，为赋一诗》，中有"绿云散后空凭吊，野哭荒郊恨几重"句，另有《先考功忌日》："望系安危一代尊，天涯多士昔盈门。丘山零落无人过，夜月乌啼自断魂。"

夏淑吉著有《龙隐遗草》。

夏淑吉妹夏惠吉，字昭南。王豫《江苏诗徵》引《名媛绣缄》："昭南文章华赡，姊淑吉，诗亦清绮，一门翩翩风格。"

静　维

静维，本姓盛，字韫贞，后号寄笠道人。华亭人。夏允彝之女夏淑吉的表妹，嘉定侯峒曾之子侯玄瀞(智含)的未婚妻，侯玄瀞死后，削发为尼，师事夏淑吉，夏淑吉死后，静维为之立传；侯玄瀞死后，她著《怀湘赋》。长于文笔，冰操凛然。钱仲联《清诗纪事》录收其诗《有感》云："病里风霜凄大野，愁中鼓角乱孤城。不知天意缘何事，何限年光送甲兵。"著有《寄笠遗稿》。

章有渭·章有湘·章有泓

章有渭，字玉璜，华亭人。罗源知县章简之女，诸生侯泓妻。侯泓，后改侯涵，嘉定太学生侯岐曾之子。章有谓出嫁后，遭世变，夫妇遁迹偕隐。既而仍还故里，相保于败巢破卵之余者，皆赖章有渭之力。章有渭善词翰，有《淑清遗草》一卷。

章有湘，字玉筐，又字令仪，号橘隐，章有渭姐，桐城进士孙中麟妻。章有湘工才调，有《澄心堂诗》(夏淑吉为序)、《望云草》、《再生集》、《诉天杂记》。又《读宝镫诗寄赠》云："人间籔珮难消受，莫怨萧郎爱远游。"章有湘早失唱随，"读此如闻崩城之泣"(《神释堂脞语》)。

章有泓，字清甫，一字掌珠，章简第六女，娄县张泽蒋文嵩妻，以文章显，有《焚余草》。章门三女，并擅诗名。

归懋仪

归懋仪，字佩珊，江苏常熟人。巡道归朝煦之女，上海李学璜妻，袁枚女弟子。与席道华时相唱和，才名相埒，为闺中畏友。曾题《虢国夫人早朝图》，有“马驮香梦入宫门”句，极为袁枚所赏。负诗名数十年，往来江浙间，为闺塾师。曾客蒋氏蒹葭里。秋容如雪中，扁舟缟袂，出没烟霭间，倚桨吟诗，有绝尘之致。晚年结庐沪上，有复轩、一灯双管草堂诸胜。平生所为诗凡千余首，王庆勋（上海人）题其遗稿云：“难得佳人能享寿，相随名士不妒贫。”其诗以清婉绵丽胜，陈文述赠诗称“绝代青莲笔，名媛此大家。幽怀清到雪，仙骨艳成花”（《然脂余韵》）。宋咸熙《耐冷谭》：“上海女史归佩珊，诗名遍江浙间，近时闺阁中无此才也。”归懋仪也善画、工书，并擅三绝。钱仲联《清诗纪事》录收其诗句：“画为无聊展，书多和睡着。”“花好莫教和露折，月明须早下帷眠。”“愁多天地窄，情重死生轻。”“绣到锦囊得意句，停针低诵两三声。”“从此香闺忙不了，题诗还赠绣诗人。”

著有《绣余吟草》、《续草》、《三草》、《听雪词》。

许庭珠

许庭珠，字林风，娄县人。同邑姚椿妻。父久官浙江杭州，湖上诸山，许庭珠多所题咏。及归姚椿，于客栈遇苏州李晨兰，遂订闺房之交，李晨兰有《秋夜怀林风》一诗。许庭珠工词。叶恭绰《全清词钞》录收其词两首，其中《生查子·送春》有“桃李可怜生，各自啼红雨。点点带愁飘，吹入春江住”句。

陆凤池

陆凤池，字元宵，号绣林山人，青浦人。闽县知县陆祖彬女，兵科给事中上海曹一士妻。好读书，能诗古文词。嫁曹一士时，奁具旁皆文史。曹一士未第时，游四方，陆凤池在家操持家务，能称二老意。暇不废吟咏，尤好读《离骚》，曾曰，其爱《楚辞》，恐此生亦当不得意也。结婚才六年而卒，年二十七。王豫《江苏诗徵》选其诗，王昶《国朝词综》选其词。曹一士检其生平所著为一帙，名《梯仙阁余课》，陈鹏年、储大文、焦袁熹为之序。

曹锡淑

曹锡淑，初名延龄，字采荇，上海人。曹一士、陆凤池之女，陆正笏妻。曹一士尝作《采荇诗》，中有“谁言生女不如儿”、“休向谢庭夸咏絮，滞人福命是才名”等句，可见曹锡淑为父所重。纪昀称其诗“克承家学，具有轨范，大致以性情深至为主，不规规于俪偶声律之间”。有《晚晴楼诗草》。

张玉珍

张玉珍，字蓝生，华亭人。太仓金瑚妻。自幼爱诗，有闺秀之目。耆硕中如王昶、钱大昕、吴省钦等，皆相推许。张玉珍二十九岁时，夫没于京，闻讣后痛不欲生，因上有孀姑，下有遗孤，未殉死，乃以出嫁时衣饰为之葬。幼子金熙泰甚为聪慧，张玉珍课之。金熙泰早岁游庠，娶妇后遽卒，仅得遗腹一子。张玉珍哀恸欲绝，命婢女取出诗词稿尽投炉中，幸为其兄张兴镛抢救藏之。叶恭绰《全清词钞》录收其词四首，其《水龙吟·白莲》中有“自喜芳姿无污，那容他、蝶猜蜂妒。含情隔水，铅华都洗，盈盈不语”句。有《晚香居词》。

廖云锦

廖云锦，字蕊珠，一字织云，号锦香居士，娄县人。廖景文之女。资性慧异，父官合肥令，仅数岁，随往，习书史外，即善画花卉鸟兽。既长，擅诗画。廖景文曾集诗友于小檀园相唱和，每拈一题，总持笺入，索廖云锦句，廖云锦诗成而诸名士稿往往未脱。后嫁泗泾马姬木，马家有肯园，钱塘画史贺永鸿常居停焉，因更得传钩染之法。花鸟临恽寿平及诸名迹，骎骎入古。于妍丽中具秀骨，于粉墨间露清姿。兼善山水，墨兰也工。所作水仙文石，学宋人法。廖云锦早寡。夫亡后，居读画楼，闭户焚香，或抚琴怀古，或对物写生，或吟咏诗篇，以写其冰玉之操，寄其愁寂之致。廖云锦为袁枚女弟子。袁枚《随园诗话补遗》：“余第五女，嫁六合汪氏，家信来云：松江廖织云女史，汪氏戚也，索余《诗话》，愿来受业。余问其门楣，方知是合肥令廖古檀之女，素以诗画擅长，嫁马氏而寡。古檀有《盥香轩诗话》。故是风雅门风。……织云札来云：其表姊徐磬山亦工诗画，爱随园诗，有私淑之心。”廖云锦作诗敏捷，其题画诗有达观卓识。《喜高平表妹至》诗颔联“开奁会看将完绣，剪烛闲敲未定诗”，神情如绘。有《仙霞阁诗草》一卷，《国朝闺阁诗钞》录其《织云楼诗稿》一卷。

杨氏姑妇

杨氏姑妇,光绪间松江人。习刺绣于祖姑恽氏(即恽玉,清代武进即今江苏常州人,诸生恽钟隆长女,与妹恽冰究研六法),得祖传没骨画法。凡绣件皆自出心裁,不依俗谱,山水、人物、花鸟,皆能为之。三代孀居,依此为生,松绣之名因而大著。

华浣芳

华浣芳,江苏长洲(今苏州)人。华亭训导张荣妾,康熙时人。年二十三卒。好诗,著有《挹青轩诗稿》一卷,附张荣《空明子诗文》后。张荣序称华浣芳九岁时梦见唐太宗召有唐一代诗人教之作诗,其事甚怪,似为戏言。王豫《江苏诗徵》录收其《闲吟》诗。

毕　慧

毕慧,字智珠,号莲汀,自号静怡主人,江苏镇泽(今江苏太仓)人,毕沅(毕沅号秋帆,乾隆二十五年[公元1760年]一甲一名进士,历官陕西按察司使、湖广总督兼署湖北巡抚)之女,松江陈孝泳妻。袁枚《随园诗话补遗》:毕秋帆一门能诗,自太夫人以下,闺阁俱工吟咏,长女毕智珠号莲汀者,藻思芊绵,不愧大家风范。闲居,与张恭人撰《三唐诗钞》数十卷。有《踏青时节》诗,其中云:“一样春风弄颜色,桃花含笑柳含愁。”有味外味。另有《送春》诗:“韶光九十太匆匆,芳径香残蝶影空。一缕游丝无著处,也随飞絮过墙东。”毕慧善丹青,有恽寿平之风。著有《远香阁吟草》。

金　淑

金淑,字文沙,一字纯一,号慎史,浙江嘉善(一说平湖)人,娄县沈锡章妻。善书画。金氏本旧家,多藏名人手迹,习见临摹,动多神似。曾为沈涛绘《郡斋坐月图》。金淑又工吟咏。阮元抚浙,选《两浙輶轩录》,例选已故,误收金淑诗,金淑以诗谢之,有“未亡人得从宽例,文选台应被误传”句。著有《得树楼集》。恽珠《国朝闺秀正始集》选其《题自画山水》、《题自画天风萝屋图》诗。

王韫徽

王韫徽,字澹香,娄县人。知府王春煦女,盐大使杨绍文妻。王韫徽克承家学,工诗善书。著有《环青阁诗稿》。

胡相端·许淑慧

胡相端，字智珠，青浦人。常德知府胡文铨之女，诸生许荫基妻。工画，用没骨法，得恽寿平（1633—1690，字正叔，号南田，武进人，书法得褚遂良神髓，时称“三绝”）笔意。亦善写兰竹。与其夫以画相唱和。钱仲联《清诗纪事》录收其《题壁一绝》：“清池峭石古亭台，深锁园扉昼不开。此日恰逢摇落后，花时悔我未曾来。”有《抱月楼小律》、《散花天室稿》，上海归兰皋（女）为之题。

许淑慧，字定生，青浦人。居维扬（今扬州）。许荫基、胡相端次女。幼聪颖，数岁时即侍其母胡相端弹琴，遂通琴理。善写兰。及长，习人物、山水、花卉、写真，无不臻妙。嫁兰溪郑潮为继室，三载而孀，仍依母氏居维扬。因父母年老无子，乃为女塾师，以尽孝养。有《琴外诗钞》、《瘦吟词》。

程黛香

程黛香，上海女弹词家。徐珂《清稗类钞·音乐类》：上海称女弹词曰先生，以才色著者，有两人，一为程黛香，一为王丽娟。程黛香自负欲兼黛玉、香君而有之，故以自名。有曾与对奕者，谈诗论画，绝无俗韵。其女弟子程大宝，奏技于苏州，招之往，程黛香乃遂赴金阊矣。有《题冯小青题曲图》诗，其中两绝：“美人命薄太多愁，侬福还须几世修。一事慰卿兼自慰，留些诗草也千秋。”“自伤飘泊已多年，未断情根未了缘。毕竟好花终要落，怜卿有我我谁怜。”

周红梅

周红梅，华亭人。虽身不入学校，而精研文史，过目辄解。年二十二，归金山高旭为妻，主持家政之暇，与夫辄相与唱和。红梅不独才识踰人，而且深明大义，曾谓高旭曰：余恨身非男子，否则革命党中，余亦将执其牛耳矣。闻邹容、章炳麟狱起，愤懑者累日。惜天不假年，至二十六岁，遽以疾卒。虽在病中，一灯荧然，犹读书不辍也。周红梅既殁，高旭哀悼不已，作《忆梅图》征题于海内，一时墨客名流，均有题咏。周红梅之诗，仅存两首七绝，其《写志》：“梁家红玉世难逢，桴鼓驱胡意气雄。眼底一般痴女子，沈沈醉死可怜虫。”

叶慧光

叶慧光，字妙明，自号月中人，南汇人。叶映榴孙女，叶凤毛女，娄县王进之妻，出嫁不久,夫亡,孀居六年,卧病故。叶慧光诗得家学。平生著作多焚去,叶家偶于残帙中得诗词数千篇,不忍湮没,为之付梓,有《疏兰词》、《怀清楼稿》。

袁寒篁(1686—?)

袁寒篁,字青湘,华亭人。父袁玉屏,布衣,无子。母早丧。袁寒篁守贞侍父,以孝行著。曾以诗词就正于焦袁熹(字南浦)。焦袁熹赋《娇女篇为袁寒篁作》,中有"寄迹穷巷间"、"恶少颇窥觎"、"欲避不得避,掩袂日啼哭"等句,状其境况之苦。蔡显《闲闲录》云:"(寒篁)姿首平平,乃其风韵翩然,不类俗女。"与袁寒篁同时的钱粟岩(乾隆间金山人)有《花烛词为袁寒篁作》,其自注云:"袁寒篁者,秀士袁某女也。少工诗,不屑与俗子为偶,迄今四十九岁。近闻其迫于贫,仍作贾人妇矣。诗以惜之。"钱诗云:"少小香闺琢句新,羞将才艳嫁常人。压残金线年年恨,凿得余光事事贫。豆蔻花深终有主,珊瑚笔雅竟谁怜。郎君若问奴年纪,三十年前十九春。"焦袁熹有《绿窗小草序》:"辛卯二月,余自乡移居白龙潭之叶家园。无何,有邻妪过余家,每为家母述袁氏女之清修至行,且工文辞。"现当代学者施蛰存有《袁寒篁》一文,其中云:"吾松才女,自管仲姬而下,代不乏人。然非出世家,即为名妓,独袁寒篁以白屋贫儒女,著诗名于三吴,而身世坎坷,颠沛以没,终莫有援之者。"寒篁有《绿窗小草》二卷,附词。其《隋堤》云:"乱鸦自集斜阳外,芳草犹存断崖中。惟有客舟依夜月,不留御柳舞春风。"《远眺》云:"树密烟光乱,江空水气浮。"《自遣》云:"疗饥自有忘忧处,乐此衡门水一湾。谩讶贫家无四壁,家无四壁好看山。"蔡显云其"以父老无倚,委身布贾,郁郁不乐,遂断笔墨"(《闲闲录》),甚是可惜。叶恭绰《全清词钞》录收其词四首(《虞美人·春感》、《苍梧谣·潇湘有感》、《秋夜月·咏月》、《画屏秋色·悼白海棠》)。《苍梧谣·潇湘有感》云:"愁,湘水无情岁岁流。湘君恨,一片九疑秋。"

丁　佩

丁佩,字步珊,据朱澄(浙江嘉善才女)说,为名门之后,沈善宝(浙江钱塘才女)则说其兰心蕙质,花容月貌,但生卒年不详,大致生于嘉庆道光(公元1796年—1850年)年间。娄县人。丁佩自云:"佩少居三泖,长适双溪。"当代学者考证,双溪为今浙江金华至兰溪一段金华江,应代指兰溪。丁佩丈夫为陈毓榈,号两桥,浙江金华人。丁佩常常与丈夫诗文唱和。夜温香砚,绘月下梅花;春到垂帘,吟风中柳絮。由此可见两人风雅情深。丈夫死后，丁佩抚养三个女儿，藉刺绣度日，境遇困厄。

丁佩善诗文，但作品存留至今的不多。沈善宝《名媛诗话》录她赠沈善宝的七律一首，还称丁佩“尺牍最佳”，引录了丁佩寄她的题为《梅讯》的文字，其中有“月下暗香，水中疏影”，“惟是匆匆放棹，一面缘悭，林下清风，山中幽抱，未获详悉一二。南枝消息，尚少端倪，回首孤山，益增惆怅”等句，可见其文采之一斑。陈毓榈进京赴考时，丁佩曾寄诗，其中有“陌上不知杨柳绿，楼头惟盼杏花红”之句。《树香阁诗遗》录收了她的《绿凤仙花唱和诗》四首。

丁佩最大的贡献为《绣谱》一书。丁佩在服侍长辈、主馈调羹之余暇，拈针理线，乐此不疲；在刺绣实践中，她又不时思考总结，积累心得，终成《绣谱》一稿。书稿开始“未敢出以示人”，后因金听秋（即朱澄）、沈湘佩（即沈善宝）“驰书见索，词意甚殷，势难藏拙”，于是“各寄一册”（见《绣谱·例言》）。《绣谱》正式刊行于道光元年（公元1821年），又有1928年神州国光社排印本，列入《美术丛书》二集第七辑。《绣谱》是中国刺绣有史以来首部公之于世的刺绣技艺专著。

《绣谱》共两卷，分“择地”（又分“闲”等4节，地即环境，丁佩认为刺绣“必以择地为最要”）、“选样”（又分“审理”等11节，丁佩常自画自绣）、“取材”（又分“绒线”等6节，丁佩主张选择材料要“不厌其精”）、“辨色”（又分“红”等17节，丁佩强调，“物物无色不备”，绣者须“斟酌尽善”）、“程工”（又分“齐”等7节）、“论品”（又分“能”等8节），共6章53节，约7 000字。正文前有朱澄《序》、李琬遇（山东梁丘才女）《后序》、丁佩《自序》、顾作琮和黄蕴生《题词》、《例言》、金湘（浙江嘉善才女）《跋》，正文后有沈善宝《后序》。正文内容侧重于“艺”论。

《绣谱》在自序中首先讲述了撰写的缘起。“工居四德之末，而绣又特女工之一技耳。”四德即为妇德、妇言、妇容、妇功。妇功旧时指纺织、刺绣、缝纫等，女功即女工。刺绣既为“四德之末”，又只是“女工之一技”，自然“无足重轻”，以致“古人未有谱之者”。但刺绣可以“陶淑”妇女之“性情”，能使好动者静下心来（“使好动者静”），言多者沉默少言（“好言者默”），可以戒治懒惰（“戒慵惰”），摒除外界纷扰（“息纷纭”），让人专心一致、全神贯注、反复体会观赏（“一志凝神，潜心玩理”）。这是一。缘起之二在绣品用途广泛。绣品大到可以布置庙堂（“大而施之庙堂”），小到成为衣服的装饰（“小而饰之鞶帨”，“鞶帨”，衣带佩巾之类），使其色彩光丽，得自然之趣（“莫不瞻黼黻之光，得动植之趣。”“黼黻”，古代礼服上绣的半白半黑、半青半黑的花纹）。

其次，《绣谱》讲述了刺绣的原则。丁佩指出，必须在观察与师法自然、探究万物情态的基础上进行制作("师造化以赋形,究万物之情态"),只有这样,才可以与才子文字、名家画作一样,达到美妙的境界("与才人笔墨、名手丹青同臻其妙")。《绣谱》中有一个很典型的例子。一年春日,她乘舟经过梁溪(无锡南郊河流,源出惠山,北通运河,南入太湖),发现斜照满山,岚光成彩。回来,绣成一幅《遥山一桁(浮桥)》图,"山椒(山巅)新绿成林,溪中碧水麟次",连她自己也"顿觉耳目一新"。

第三,《绣谱》总结了苏绣工艺的技法特点。苏绣在宋代就闻名于世,"针线细密……设色精妙,光彩射目,山水分远近之趣,楼阁具深邃之体,人物具瞻眺生动之情,花鸟极绰约嚵唼(水鸟吃食)之态,佳者较画更胜。"(明张应文《清秘藏》)但从理论上总结工艺,在历史上,丁佩是第一人。她认为,苏绣具有"齐"、"光"、"直"、"匀"、"薄"、"顺"、"密"等特点。齐,则界限分明,则精神爽朗,则全体浑融;光,指所用丝线洁净光亮;直,指绣面平如春,水生发精彩,如琴弦节奏缓急均适;匀,指粗细适均,疏密相称;薄,将绒线判成极细之丝,只有这样,绣品才倍觉熨帖;顺,绣直线要绣直,横线要绣横,圆折之处,也要自然连贯;密,关键在细,做到了细而密,即使千丝万缕,绣品也能如镜面,光亮、纯粹。丁佩总结的这7个特点,既各有侧重,又互为联系,揭示了苏绣的本质,影响深远。

第四,《绣谱》评析了绣品的美学价值。《绣谱》中的第六章"论品",集中论述了刺绣的品格。丁佩在该章第一节中提出,"绣近于文,可以文品之高下衡之;绣通于画,可以画理之浅深评之"。她首先将刺绣分为"能"(合乎规矩,富有神采)、"巧"(惨淡经营,匠心独运)、"妙"(丰韵天成,充盈灵气)、"神"(变幻无穷)、"逸"("神"中之极)五个等级;其次论述了绣品具有"精工"、"富丽"、"清秀"、"高超"四种品格。这实际上也就为评价、鉴赏绣品确立了标准。

金湘在跋文中提及,自己在撰写跋文时,正值盛夏,"炎气正炽,雨溽云蒸",她腕力不逮,落笔如"蚊脚欹斜",但"心所乐从,几忘酷暑不自知"。语意恳切,诚挚,非谦虚之辞。

通　容注

通容,字费隐,天童十二弟子之一。来游九峰,闭关(闭门谢客,不为尘事所扰)泗洲塔院,著《五宗严统》。

注:通容及以下人物为方外人物。

又尝卓锡(卓,植立。锡,锡杖,僧人用具。僧人出行,多拿锡杖。因谓僧人的居止为卓锡)优昙庵、慈门寺,缁素(僧人衣缁,故称僧人为缁徒、缁流。素,俗众,不出家的人)都推重他。

明　照

明照,号守心。结茆(也作"结茅",指盖造简陋的房屋)金山,苦志梵行。一天晚上,有妖艳的妇人要破其戒,守心拔刀拒绝她。从此施主云集,建造镇海寺。常携枯杨一株,往来海滨,祈雨辄有奇效。

顺治七年(公元1650年)冬挥笔作书,告别施主,念佛而逝。

常　莹

常莹,字珂雪,超果寺僧人。工于山水画,与赵左齐名。尝为文敏公董其昌代笔书写,朱彝尊诗所谓"隐居赵左僧珂雪,每替容台(礼部。这里借指董其昌,因为他曾任南京礼部尚书)应接忙"写的就是为董其昌代笔之事(董其昌艺高名重,求其墨迹者极多,他来不及应付,常请人代笔,常莹就是其中之一)。

顺治(公元1644年—1661年)初曾住西郊的息庵,陈子龙喜得禅友,相互来往,无有间断。后来陈子龙殉节,珂雪也即示寂(也叫示灭,指高僧之死)。

宏　歇

宏歇,字澈崖,俗姓游,黄州诸生。跟从圆信于云门,朝夕求教,为其入室弟子。圆信去世后,他选择佘山居住。饮食不辞艰苦,衣服破旧褴褛,安于萧条寂寞。顺治十三年(公元1656年)秋无疾而终。

蜀僧行谧

蜀僧行谧,号二隐,顺治(公元1644年—1661年)中说法于法忍寺,后入嵊山。因事嫌疑被逮捕至浙江省城,说偈坐化。偈道:"昨日还家时未至,今日还家正午时。梦幻空花留不住,此心能有几人知。"杭州城官吏皆罗拜之。

本　月

本月,号旅庵,宁波人,宏觉禅师的法嗣(佛教禅宗称继承衣钵的弟子,为传法继承人)。顺治十六年(公元1659年)应召入都,世祖章皇帝(顺治)特赐“乐天知命”四字及“一池荷叶衣无尽,数亩松花食有余”、“天上无双月,人间只一僧”两联。奉旨入善果监院开法讲席。康熙元年(公元1662年)返回山中,驻锡于松江昆山泗州塔院,康熙八年(公元1669年)建宝奎阁供奉宸翰(指上述顺治皇帝所题之字),又打算种松于昆山之麓,以为十年之后可与苏台的灵岩、吴兴的白雀并立,可是所愿未遂,因病而逝。童阆石说其赋诗作字都没有寒酸气。

本 冲

本冲,号息庵,鄞县杨氏之子,随从天童宏觉禅师剃度。顺治十六年(公元1659年)应召入都,仍留天童代理本院事,后住枫泾圆明禅院。康熙四十四年(公元1705年)本冲年八十三岁,皇帝驾临松江,特召奏对,赐圆明庵为性觉寺,后赐“净域长龄”匾及“片石孤云窥色相,清池皓月照禅心”、“水月比心,清得真如谛;松筠经岁,久现长住身”两联。

康熙四十五年(公元1706年)秋沐浴趺坐(双足交叠而坐)而逝。世寿八十四岁。

宗 渭

释宗渭,字筠士,又字绀池,号介山,华亭人。顺治康熙年间僧。少学诗于宋琬,中年后游西堂侍讲尤侗之门,得所传授。曾谓门弟子曰:诗贵有禅理,勿入禅语。有诗《横塘夜泊》:“偶为看山出,孤舟向暝停。野梅涵水白,渔火逗烟青。寒屿融残雪,春潭浴乱星。何人吹铁笛,清响破空冥。”沈德潜认为“春潭”五字,每于夜泊时遇之(见《国朝诗别裁集》)。《重过海印庵》:“三年重向虎溪游,石路依然碧水流。乌背斜阳微带雨,寺门衰柳渐迎秋。弟兄谊重难为别,师友情深竟莫酬。叹息此身闲未得,天涯明日又孤舟。”沈德潜云:“乌背一层,斜阳在乌背一层,微带雨又一层,七字中写出三层,浑然无迹。”(《国朝诗别裁集》)《次韵酬九来》中有“乌啼黄叶舟,僧语夕阳桥”句,徐世昌认为“可云诗中有画画中诗也”(《晚晴簃诗汇·诗话》)。著有《绀池小草》。

附嘉庆《松江府志》宗渭传(译文):

宗渭,字绀池,华亭人。年少时学诗于观察宋琬、侍讲尤侗,得所传授要旨,曾说:“诗贵有禅理,勿入禅语。宏秀选唐诗实际是诗中的野狐禅(佛家称外道异端为野狐禅，说其仅能欺世惑人，不足证道)。”从其议论可看出他品行的大概。

空　江

空江，名能印，青浦人。住金泽镇颐浩寺。顺治十四年(公元1657年)到嘉兴梵寿寺听讲《法华经》，恍然有得。康熙八年(公元1669年)挂瓢(《太平御览·琴操》:“许由无怀器，常以手捧水，人以一瓢遗之。由操饮毕，以瓢挂树。风吹树，瓢动，历历有声。由以为烦忧，遂取捐之。”后遂以挂瓢为隐居清高的典故)石湖两年，后归本寺。著有《月山诗稿》。

陈和尚

陈和尚，周浦太平庵僧人。顺治七年(公元1650年)，曾取鑪灰给病者调服即愈；后来不给鑪灰，只撮取座位之间的泥土给病人吃，也痊愈；十天之后，这座间泥土陷落成井，汲取泉水饮服，也能治病。

巡抚土国宝担忧他欺惑众人，命他迁住苏州北寺中，但人们向他求医者如故。有人问他为何能治病，他说：“和尚也不知，人们相信就给予。”

顺治十年(公元1653年)，从夏天到冬天，大旱二百多天，里人请疏浚周浦塘，但人力物力不够，和尚于是募化银一千余两，独自开通茅柴港九百余丈，疏浚周浦塘才得以成功。这事迹记载于王铸的《浚周浦塘碑记》中。

赵道人

赵道人，不知其名。居住于一团，一向以耕种打鱼为业。顺治(公元1644年—1661年)初，三十余岁削发为僧，就在原居所旁边建造了一个草棚，坐卧饮食其中，妻子儿女劝他出来，他不予应答。有时整天不烧火煮饭。康熙(公元1662年—1722年)初，远近之人听说此事，都来拜访，他只用筷子蘸水写字；偶尔为人说句话，都有奇特的应验。

驻防副将周某徒步前来拜访他，他不说一句话；送给他银子和粮食，不受；棚内仅能容纳两人，但夏天不热，冬天不冷，不烧香料而天然没有污秽之气。

净　子

净子，不知是哪里的人，有时称为空幻，有时称为奇痴。顺治(公元1644年—1661

年)初寓居于上海浦滨顾氏家。喜欢用左手运笔作行草,极其精美。后来去世于上海。有人说他原是毗陵县诸生,后来逃匿隐居于禅者之中。

一粟庵僧

一粟庵僧,失传其名。不去解释佛经文字之事,只是通宵趺坐不寐。一天对其徒弟说:"夜来闻斗声,不出庵境外。"找寻踪迹,发现有龟蛇都斗死于庵后池畔。

去世后,焚其神龛,发现他背脊中都是舍利(佛骨)。

元 璟

元璟,字借山,平湖人。曾寓居于超果寺西来堂,著有《完玉堂集》。康熙四十二年(公元1703年)以诗受到康熙皇帝的赏识。

起初,受业于华亭翁蛰园,其诗派本出云间,后来与云间诸名士唱和,其诗集也是府中人所刻,这也是佛氏所说的因缘。

戒 闻

戒闻,字解三,华亭人,客游都中。工山水画,仿元人法,风格清秀隽逸,诗文也佳。其落款托名"姜容",不知道其用意,莫非说"戒闻而懼令闻(好名声)之彰"吗?

天则和尚

天则和尚,失传其名。五光承为其诗集作序道:"在玄学(指佛、道之学)则为道林,在临池(书法)则为怀素,在画苑则为日观,不独以诗闻名。"可惜他的诗不可复得。韩友一也赋诗赠送给他。

呱呱和尚

呱呱和尚,名已消失,字三三,不知是哪里人。往返江浙,来到松江,与萧中素、王玠石、喻非指三人友善。尝举杯坐高峰顶,痛饮放歌,醉则大哭而回。人们不知道他的行为踪迹。

撞钟和尚

撞钟和尚,失传其名,毗陵县人。住超果寺雨花殿,能诗。去世后诗稿失去,只存断句道:“不雨秋偏爽,凌霜菊自佳。”“江流神禹迹,海见鲁连心。”至于“空余烟水千秋想,剩有荒寒五夜心”,是《过钓台》中的句子。

本 瀛

本瀛,号神山,上海徐氏的儿子。父亲徐仲雍,母亲金氏,兄弟四人,第二位是天竺,神山最小。年少丧父,神山随天竺剃度于箬庵和尚,参请(佛教禅宗语,参学请益的意思)宏觉大师于天童,居吴江的疏溪草庵数年。两位在家的兄长相继去世,他迎接母亲居住庵中,制僧帽出卖,以供养母亲。母亲也精修净业(佛家称清净善业,种善业者得往生西方净土。南朝梁武帝《净业赋》:“见净业之爱果,以不杀而为因。”意谓修净业者不可杀生),能预先知道死亡日期,念佛而逝。

当时神山以出世开法师的身份,更加自我激励;再次拜见天童法师,闻佛法教导又有新的省悟。后来又主讲湖州的道场山。天竺也开法于杭州的南涧、镇江的夹山,二三百里内,塔寺相望(言佛寺之多),激扬佛门宗旨,相互唱和酬对;各方善男信女,无不感叹羡慕。

康熙三十三年(公元1694年)春,他与天竺一起归上海省墓,祷告已圆寂的师爷道:“人天和尚既去,地和尚将要跟上。”这说的是自己。八月中,身染微疾,吉祥坐(即趺坐,两足交叠而坐)而逝,世寿六十八岁,僧腊(和尚受戒后的年岁,也可称为僧龄)四十二年,建塔(用以埋葬佛骨)于道峰的左边,与宏觉大师、坚固子及天竺衣钵,一塔设有三个墓穴。

吴江潘耒为之撰写铭文。

自 扃

自扃,字道开,长洲人。结庐(构建简陋茅屋)于虎丘山塘。绘画效法宋元笔法,多意外趣味。也能诗。尝寓居于松江的普照寺。

净 斯

净斯,字百余,南阳谷氏的儿子。传承洞山宗,因参拜弁山瑞白之时闻钟声而得悟。三十七岁开讲堂于青龙隆福寺。八次住持著名佛寺,九次集会主持说法。临终书偈道:“生年五十复零六,大事因缘今已足。钓罢金鳞归去休,渔翁不向芦湾宿。”

元 垅(一作元珑)

元垅，字牧堂，华亭人。俗姓李，自己说是李雯的侄子。住持瑞应禅院。康熙四十二年(公元1703年)、四十四年(公元1705年)两次南巡接驾，前后应制诗都符合皇上旨意。赐“禅定寺”额(悬于门屏之上的牌匾)、“般若相”匾(悬在门顶或墙上的题字横牌)、“总看千佛出世，曾无一法于人”对联及御书扇，并刻《奏对录》以记录这次荣遇。晚益参修精进，皓月横空，临溪独坐，忽有所得，遂示圆寂。

世 鉴

世鉴，字白峰，青浦人，俗姓褚，径山松源房僧人。诗画称道于时。康熙(公元1662年—1722年)中游览京师，止宿大树庵。康熙四十四年(公元1705年)圣驾南巡召见，奏对称旨，命赐“香云禅寺”额。

著有《耕余诗草》。

明 穹

明穹，字苍庵，俗姓吴，华亭张堰人。授予书籍阅读，如同已经读过。削发为僧，坚持戒行，文恭公王顼龄请他主持超果寺。康熙四十四年(公元1705年)、四十六年(公元1707年)南巡，驾临松江，他两次迎銮赋诗，皇上称他为“老实和尚”，赐“超果讲寺”额，“台宗阐教”匾。

享年七十余岁，预知去世时至，说偈而坐化。

本 源

本源，号兀庵，湖州人，是宏觉禅师的法嗣(佛教禅宗称继承衣钵的弟子)。云游到松江，止宿于青林禅院，刻苦专心修行，焚香设坛，向佛祈祷。禅院旁长出五色灵芝数株，人们都感到奇怪。

著有《侪鹤集》。去世后其舍利保存于院后佛塔之下。

济 志

济志，字慧峰，华亭人，烈愍公孙士美的孙子。十五岁忽然高声吟诵道：“重著袈裟犹是幻，那堪回步入红尘。”他的父亲道：“闲逸逍遥之人不能受人世所束缚。”于是请牿道人为其剃发，不久参谒大师慧日进行深造。遍历万峰、武康、石湖，钓滩诸山。

康熙五十九年（公元1720年）自作封龛、封塔偈，无疾而逝。

其诗豪放洒脱，著有《鹤山外录》。

楚　琛

楚琛，字青璧，华亭人。跟从珂雪师剃度出家，随依天童密公受具足戒，归于超果西来堂，闭门修养道行。善于绘画，工于诗文，人称之为“方外芝兰，宗门巢许”云。

橐　庵

橐庵，金泽颐浩寺僧人。与吴江毛锡年、潘耒结为方外交。著有《子山语录》，潘耒为其塔作铭文。

珂　月

珂月，为人有智慧才略，属于智慧足备者。尝构建一室，挂匾额为“来庵”，朝夕焚香拜佛修行，足迹不出户外，里中之人将他看作清净僧。

兴　澈

兴澈，号犀照，是宏觉禅师的弟子。俗姓刘，出自江右世家大族。具有先天根柢，善于豁然开悟。工于书法，善于写诗，著有《晶溪集语录》。

起初住江州能仁寺，后来游览上海，住宿铎庵，随即作偈道：“我从无生来，还向无生去。去来相亦无，岂向无生住。”丢下笔即去世。

上　晏

上晏，号雪松。居于铎庵，经常面壁而修。工于诗，不琐碎烦细地作释子语。忽然向人说：“某日我应当去世，希望前来告别。”届期众多善男信女环集，他问讯毕，随即坐化，大家都感叹奇异。

了　缘

了缘，卫城人。正逢大水泛滥，了缘溺水，得不死，叹道：“以往之岁月都是天赐予的。”于是削发为行脚乞食僧人,拿了葫瓢斗笠下湖海湘江,纵游各地,寻访名僧。归而居住荒寺,忽有一位妖艳的妇人入室,不知她来自何方,了缘道:“佛道之所以修不成,是由于淫欲惑乱。我大概喜好佛道还不够诚心吧?”从此焚香于头顶,染佛于皮肤,以艰苦修持终身。

桃源道人

桃源道人,本是漕运船的水手。康熙三十二年(公元1693年)到朱泾披发为行脚乞食僧人,不论冬夏春秋,身穿百衲之衣,口称阿弥陀佛,声音洪亮如钟。每顿吃饭量,需米四五升。只嚼生菜下饭,市人见之厌恶,就拿了棍棒驱赶,他跳入万安桥水中,忽从西岸合掌而立,众人才觉得惊异。夜里寝卧于所掘的泥洞之中,日出必东向跪拜,口里念诵“无大”二字;日落则西向跪拜,口念相同。后来不知到哪里去了。

离　言

离言,是悟生庵僧人。为费隐禅师的法嗣。两次主持南禅寺,移住超果寺。著有《离言语录》。

潮　音

潮音,名通旭,华亭俞氏的儿子。童年时每逢吃饭,则以手击木板作梆子声,说:“我集合众人一起用餐了。”父母看出他与一般人不同,于是送他到普陀旃檀庵剃度,受戒于白龙慧镜禅师,遍地参学海内名师,随即侍奉啸堂、寒泉二老,受到他俩的精深教授。

康熙二十九年(公元1690年)主持普陀院事,德业卓著,焕然中兴。著有《全录》行世。

古　心

古心,名明志,上海陆氏儿子。首先去拜见金坛兀庵禅师,阐明修心旨要,得法于潮音禅师。康熙三十七年(公元1698年)继承主持普陀讲席。第二年康熙皇帝南巡,明志到武林迎驾,蒙赐御书“普济禅寺”及“皓月禅心”四字,并赐绢帛金钱。

当时同院的照音字巨然,也是松江人,是禅林中德高望重的老前辈。

明 照

明照，字漏云，吴江人。是翰林陈沂震的第二个儿子。在家庭发生灾难时逃出，侍奉文觉禅师，晚年住上海铎庵。持戒律精严，不辞艰苦，兼工诗画。他的女婿某持节（古使臣出使，必持符节以作凭证）浙中，邀请他前去而遭拒绝。荒村托钵乞食，曾在其住室写道："往事已遥无可说，此身犹在敢（不敢，岂敢）忘修。"

著有诗草二卷。

（编者注：前面也有"明照"，与此"明照"同名而同一人。）

通 证

通证，字超澄，号语石，俗姓罗。父亲眉山，以画名闻三吴。通证剃度于圆津禅院，在念诵佛经之闲暇也以画自娱。师王鉴（1598—1677，字元照，一字圆照，一作元炤，自号湘碧，又号染香庵主，太仓人，王世贞孙，一作曾孙，官廉州知府，为清代四王、吴、恽正统派之首，著《染香庵集》）。王时敏（1592—1680，字逊之，号烟客，又号西庐老人、西田主人，江苏太仓人，明万历进士，荫官太常，入清不仕，工诗文，善书画，病危时，恽寿平谒于病榻，王时敏执恽寿平手而卒，著《王烟客全集》）曾扁其居曰"墨花禅"，一时名流如恽寿平、王翚、王原祁等皆赠以诗，并称道其画。山阴高士戴易赠诗道："松雪杨林唤鸟频，云林老去不逢人。即今留得残山在，何日圆津一问津。"王原祁诗云："初地工夫学巨然，清溪灌木起云烟。廿年精进头陀老，可入米家（指宋代画家米芾、米友仁父子，这里借指书画家）书画船。"其推重尊敬如此。

达 真

达真，字简庵，俗姓杨，是内阁学士杨瑄的叔父。受戒于超果寺，居住于西来堂，后来居于广富林的福城庵。戒律精严，兼工书画，尤工花卉鸟兽，户部尚书王鸿绪将其画扇进呈，受到康熙皇帝的赞赏，于是四方争购之。

雍正六年（公元1728年）他享世寿七十四岁，忽然告谕徒众道："明天中午我当逝世了。"众人问师到哪里去，答道："我家自有通霄路，不向他人行处行。"届期佛门信众云集，他沐浴更衣，向众人行礼而坐化。

痴和尚

痴和尚，号解拈，俗姓何，本松江府人。出家崇福庵，不持戒律，给他酒肉，即大嚼畅饮,遭其拒绝之人多不吉。夜里拄杖而立,身体不着床席。言语多有奇中。康熙中大旱,师说雨在井底,后来下雨,是太阳经过井宿后的一天。

雍正十二年(公元1734年)入都召见,因痴癫状而放归,随后去世。太常林豫仲的挽诗道:"不失婴儿意,何知天子尊。慈悲时作戏,透漏有微言。"

雪　田

雪田,失传其名。是苏州凤凰巢庵广及的法嗣。二十一岁得法于诸方士,世称凤凰儿。徵士焦袁熹晚年修净土,与他相交,十分投合。他往来松江,尝封缄一个"无"字寄给徵士,以示心印(佛教禅宗主张不用语言文字,而直接以心相印证,顿悟成佛,称为心印)。

著有《松溪集》。

八和尚

八和尚,泾县人。出家于府城的西禅寺,虔诚地受教《华严》经。彻夜不眠,饥食柏叶。比部周吉士拜访他。请问其养生方法,他回答道:"精足不思欲,气足不思食,神足不思眠。"

其妻子也终身不改嫁,焚香虔修于府西的兰若庵。

龠

龠,字大渊,瑞应院僧人。大力阐绎宗旨,戒行修明纯洁。太常沈宗敬、翰林王桢都敬重礼待他。

一日,遍邀所知,对他们说:"老衲我将要西归,特与诸檀越(施主)一别,请从此告辞。"随即沐浴端坐,合掌而逝。

大　铨

大铨,字际護,号棹旋,居住龙门寺听雪庐。起初为打饭僧,晚年忽然工于绘画,善于诗文,大概所谓佛门中人多变化不定。他自题画兰道:"樵夫无路入,靄靄空山春。兰蕙自相语,毋以香媚人。"

澈　源

澈源,本是浙人。熟习青乌书(相地看风水之书),兼通术数之学。尝主持礼塔院,作书札封固，上面题写“某年月日开看”。

届期有僧人实如募捐修缮塔院，打开书札，则说“塔于某年当毁坏，某年重新修建”，并载有首捐者姓名。实如名寄舟，文敏公张照称赞他的书法，他的画也精美。

明 博

明博，字以文，止宿于竹冈灵芝庵。不苟言笑，惟务实际。知府汪公德馨赠以“真印禅宗”匾额。

世寿九十三岁，预知去世时间来到，辞别众人而坐化。

物 成

物成，名化霖，俗姓赵，世代居住南汇张江栅。二十岁，出家天台方广寺。侍郎齐召南说：“早得禅悟者惟物成为最。”

编辑《天台山志》，大学士稽璜为之作序而刊行。

实 源

实源，初名三友，居白鹤江，投来青阁为僧。喜好画梅，因而自号梅花船子。文敏公张照请他主管横云别业（别墅）。遇凿井有甘泉之应，改名一泉。后来居住福岩花山。乾隆十六年（公元1751年）乾隆皇帝南巡，进呈梅花画长卷，皇上嘉奖他。

北上京师，不久住保定莲花寺，过了一段时间去世。

杨鹤亭

杨鹤亭，字开先，号汀石。本是名门望族子弟，出生时有白鹤翔集，因而以此取名。明末出家府城的东岳庙东房，每天念诵《道德》、《黄廷》、《参同契》诸书，得到异术于跛足道人，试无不验，凡患病之人远近争相奔赴，赖以存活好多人，人们都叫他杨仙翁。

康熙十三年（公元1674年）的一天，沐浴更衣，端坐而逝。

詹维静

詹维静，字怡阳，扬州人。四十八岁，弃家学道。遍历名山，于武当山遇纯阳真人,授金丹大道。

经过辰山崇真道院,居住点易台。年七十岁而有少年的容颜。后来去世于茅山乾元观。

顾 源

顾源,本是川沙人,俗称顾烂头。在海滨网得一只石匣,里面藏有异书,打开一看,尽得秘旨。若逢大旱,县令请他前去,祈求无有不应。

去世后忽发大风雨,随即异书及其灵柩全都消失。

周 望

周望,字渭徵,号纶仙。居于金山卫城镇海门。隐居于农夫之中。著有《樵唱轩稿》,擅长于骈体文。其诗有宋人风格。

沈清正

沈清正,字默夫,号一诚,为道士后号蟾阳子。沈清正于婴儿时期丧父,母亲倪氏誓死守节。前母生的兄长没有善良的品行,想让母亲再嫁而得利,诱往普陀进香,将她卖给航海大船上的商人。母亲发觉而投海死,兄长逃遁不回。

沈清正由母族人抚育,稍微长大些,知道了这件事,于是刺臂血写疏文,祷告于天,希望能得到母亲尸体。尝住宿一座古庙中,梦中神灵告诉他其母在金塘岛。于是漂洋过海,渡过蛟门,停泊一岛旁,问它的名,果然是金塘。寻访当地居民,有人告诉在某年曾埋葬一位投水妇人,且指示埋尸之处。清正露宿其旁,梦见母亲悲惨哭泣,且叫沈清正小名。沈清正哭着醒来,回忆梦中母亲音容,与母族之人讲的其母形貌相像,于是背负骨殖归葬于父亲坟墓之旁。

沈清正寻找母亲尸骸,遍历沿海诸府,遭遇飓风,船几倾覆。出门三年,水陆数千里,终因痛悼母亲,故而出家。

著有《鸥亭诗稿》。

据《漱芳斋诗话》记载,沈清正出家后,于康熙五十五年(公元1716年)游览楚地,五十六年(公元1717年)游豫州,五十七年(公元1718年)进入京都,有宿御书馆及出古北口、至热河召对等作。雍正五年(公元1727年)在松江,到杭州、嘉兴,雍正八年(公元1730年)游天台。其出家之后的大概经历就是如此。

杨仁瑜

杨仁瑜，字士升，号静庵，华亭人。世代尊孔读经。闻昆山陈明莅得萨真人遗术，于是拜他为师。康熙三十二年（公元1693年），松江府大旱，知府龚嵘请他祈祷，当即大雨如注。三十三年赴豫州救旱，治河、祷雪，都有出奇的效验。巡抚顾汧拿百两银子为他祝寿，他推辞不受，即于其地建立斗阁，河道周铨刻碑记之。三十八年（公元1699年）及五十三年（公元1714年）松江府大旱，请他祈祷求雨，甘霖皆应祷而至。

侄子杨全德，字夔音，年少丧父，事母孝顺。幼年侍奉杨仁瑜，得其真传。

史肇元

史肇元，号复初，镇江人。母亲陈氏梦见武当山神灵给她桃子，吃了此桃即怀孕。史肇元长大后，跟从句曲杨犹龙游学，尽得其法术。

康熙（公元1662年—1722年）中泗泾有朱姓妇人被邪魔作祟，请他到家建坛诵咒，空中如雷大震，击碎五通（鬼神名，也叫五圣、五显灵公、五郎神。自唐宋以来，就有此名）神庙，祸患即安息。

于是他居于娄县，以道法济世。享年七十七岁。

周端揆

周端揆，世代为金山卫指挥。父亲周玉如，任盘石卫经历。明末兵乱，率领妻子儿女守城，估计守不住，一同赴水自尽。周端揆只身飘泊，遇异人授以符箓，用以祈祷下雨、驱逐邪魔、治疗疾病，都立即有效。

晚年居住崇真道院，无疾而终。

周维新

周维新，字邠裔，神山王姓人家的子弟，周端揆抚育他，所以改姓周。长成后，愿意出家。仰慕何宏士道法，跟从他游学，尽得其平时深藏不露的法术。康熙三十六年（公元1697年）夏天大旱，他祈求下雨，立即降落。给事中王原请他主持玉皇阁，道风大振，远近邪魔幽隐之疾，治之都有神效。有人送他酬金，他储藏在一只容器里，后来用以重建祠宇，名为万寿道院，置田七十亩用作常住人员的斋粮。临终时，嘱其徒刘敏道："用心志不乱，才凝注于神。三教（儒、道、佛）无异，都归于道。"不吃不喝二十余日而去世。

他的徒弟刘敏字坤培，也以道法称道于当时，兼工于诗画。

曹　昉

曹昉，字耕云，居神山。能诗，喜欢藏书。不苟言笑，道风高超不凡。周茂源、张大受、王原都尊敬并礼待他。

邹半仙

邹半仙，卫城人。出家上真堂，以焚香修行为事。擅长于六壬（古代用阴阳五行占卜吉凶的方法之一，与遁甲、太乙合称三式）。与阁学杨瑄友善。杨瑄谪戍沈阳时，他所预言，后皆奇中。

一日乘饷船到府城，中途风浪大作，舟船无法前进。邹道："兵饷不可迟到。"说罢作法乘逆风而行，瞬息抵达府城，人们称他为"邹半仙"。

何科濂

何科濂，字处默，华亭人。康熙（公元1662年—1722年）间出家亭林栖霞道院。禀性恬静寡言，虔心朝奉北斗。逢海上大旱，祈祷逾月，仍无效应。这时何科濂已年届九十，葛巾芒鞋，走到帅府，于是请他登坛。何科濂令台下积聚柴薪，发誓今天仍不下雨，愿烧毁其身。当天果然甘雨如注。他不告别帅府而归，馈赠也推却不受。

长吏于是亲自拜访其庐，赠以"维诚格天"之额。

何科濂享年九十余岁，无疾而终。

邱从高

邱从高，字天山。得杨鹤亭秘传符箓，又遇周大经授以《五雷玉笈》等书，凡被邪魔作祟而生病者，治之即除，生平祈雨十三次，都有神奇的效应。雍正十年（公元1732年）河水忽咸，损伤庄稼。总理江南塘务太仆寺卿俞兆岳亲自上门咨询，邱瞑目一会儿，说："这是妖鱼作祟而导致的祸患。"用铁牌镇服它，潮水即淡。俞兆岳书写"诚通帝座"、"法力神通"两个匾额以奖励他的功勋。

乾隆六年（公元1741年），告别众人而坐化，轻易得像知了脱壳。

娄近垣

娄近垣，号朗斋，枫泾人，出家仁济道院。游览龙虎山，事奉三华院道官周大经，周授以五雷法。雍正五年（公元1727年）进入京师，皇上嘉奖他礼奉斗宿诚恳恭敬，授予上清宫四品提点，钦安殿住持，铸印赐之。雍正十一年（公元1733年）诏封妙正真人，赐字为三臣。乾隆（公元1736年—1795年）初，遇覃恩（指帝王广施恩惠，普行封赏或赦免），封其祖父和父亲都为三品。娄近垣道行越来越高，凡是祈祷镇邪，屡显奇验。平时崇尚平和淡泊，年届耄耋，仍有少年容颜。

乾隆四十一年（公元1776年）正月，辟谷（古称行导引之术，不食五谷，可以长生）数日，端坐而逝，当时年为八十九岁。皇帝赐金治丧，命葬龙虎山上，依从他生前的志愿。

金溪远

金溪远，字武瞻，号漱芳，得邱从高的真传。雍正（公元1723年—1735年）初，与娄近垣同至京师，被荐举值正大光明殿，讲演经义，都符合皇上旨意。

王隽望

王隽望，字声万。受正一（道教的一派，传说汉张道陵在鹤鸣山得太上老君所授《正一盟威秘箓》和《正一法文》，为正一道创始人，学道者须纳米五斗，故俗称五斗米道）符箓，学禹步（跛行。相传禹治水辛苦，身病偏枯，足行艰难，故名）、飞行、考召之术，祈求下雨，镇治鬼魅，都有效验。

重建谷水道院。此院创始于宋代宝庆二年（公元1226年），重建于乾隆三十一年（公元1766年），详载于沈大成碑记中。他去世后，沈大成撰写其墓志铭。

顾真诚

顾真诚，字萼云，号一鹤，上海人。跟从杨金德游学，于是明白先天之数，祈祷皆有应验。

晚年住莲溪道院，潜心研究《易》理，折衷来氏之学。著有《易学拾补》六卷。

投　诚[注]

投诚，号素愚，嘉庆（公元1796年—1820年）年间居止于府城北门外的善应庵。工诗，得唐人三昧。县内名流，经常与他唱和。七十余岁，庭中忽然长出五色灵芝，投

注：投诚及以下人物被列入光绪《松江府续志·方外传》。

诚说:“我出世时,阶前曾生一株五色芝,今天灵芝又生,我大概要去世了吧。”经过半年,灵芝被一群孩童拔掉,投诚即圆寂。

在他之后,主持这庵者叫仪尘,号斗山,常州人。也以诗闻名。宝山蒋敦复出家为僧,修建微庵,与他往来无间。他还善于栽种菊花,当时名流学士都带了酒杯来此就菊吟赏。

达涛

达涛,出家洙泾西林寺,戒行精严。嘉庆(公元1796年—1820年)间,主持亭林宝云寺。寺年久失修,已破败不堪,他偕其徒弟清凝募资重修,又于山门筑大石级。工程完成,于是告诉大众说:“我的果报已完,近日将要逝世。”一日早起,沐浴更衣,趺坐(两足交叠而坐)而逝。经过三日放入神龛,面如生时。享年八十岁。

慧公

慧公,住奉贤南桥镇东古莲禅院。闭关(闭门谢客)三年,殿宇重修一新。内筑莲峰阁,陈廷庆为撰文刻石。

后来渡海到普陀山焚香修行,坐化。

轶群

轶群,府城外韦驮庵住持僧,戒律精严。道光八年(公元1828年),端坐而化,藏其舍利(高僧火化后的遗骨)的塔在佛殿旁。

他的徒弟若萍主持嘉兴觉海寺法席三十年,晚年也退居韦驮庵。咸丰(公元1851年—1861年)中,年七十九岁圆寂。

觉堂

觉堂,字雪舫,自号“水晶庵主”。出家于普陀山,尝主持亭林宝云寺。后又行脚(指僧道周游各地)至南汇,住六灶城隍庙数年。能诗,工行草书,尤善画兰竹,以苦瓜和尚自比。尝作谒道:“前身是苦瓜,后身是雪舫。来自云中来,往自云中往。”

觉圆

觉圆,号寄亭,浙江钱塘人。嘉庆(公元1796年—1820年)间,住止松江,讲法于西郊直指庵。能诗，与诸名流唱和。著《尊古堂诗存》。圆寂后，安葬于庵旁边。县人唐模有《慧天塔铭》。

昔 珍

昔珍，嘉庆（公元1796年—1820年）初云游至青浦万圩寺，见地僻人稀，四围皆水，内心喜欢这环境。居二年，将寺院之事托付给圆镜，自己则浪迹峰泖间。辟谷（古称行导行之术，不食五谷，可以长生。道家方士，乃附会为神仙入道之术）三十年，圆寂于寺。

倪倬称为高僧圆镜者，是昔珍的同门（受业于一师的同学；也指同一里门，即同里之人）友。为人朴实，不善言辞，能吃苦耐劳，积累诵经金钱，修葺殿宇，置田二十余亩。

超 凡

超凡，上海小东门外古云台僧。嘉庆十九年（公元1814年）夏，发生严重旱灾，巡道（官名，具体注释见前）钟琦、知县叶机设坛求雨。超凡到坛前诵经，割断一指，经过一天后大雨倾盆。

通 慧

通慧，初为皮工，中年出家为僧，居府城外青松石元坛庙。能针灸。去世后，葬于示应庵边。道光二十三年（公元1843年），有位乡人采药于洞穴之地，见一位已干枯的僧人端坐神龛中，面如生时，试着将他取出来一看，是通慧。随即将他抬到示应庵中，加以金饰，称之为活佛，人们围绕着向他叩拜。至今香火不衰。

培 源

培源，本来是位军营兵卒，身体粗壮高大，饭量大有膂力。抱着内心的遗憾出家于华亭白衣庵。他的军营兵卒同伴来访问他，培源辞谢道："您不忘故人意，情谊深厚，然而贫僧尘念都消，从今以后不要枉屈自己来拜访我了。"

他平时守戒甚严，即使饥饿不乞怜于人，空腹诵经，不稍停歇，最后饥饿而死。

他的师傅西乾少年时洒脱不羁，善于书法，精于棋艺，很会解释儒家道理。

续 铭

续铭,字万松,能诗工书,主持金山嘴天后宫。巡抚汪志伊检阅海塘,到金山看到续铭的所作所为,劝他还俗读书,并且赠以诗。不久去世。

振 锡

振锡,号鹤浦,上海人。年少时于慈云禅院剃度,受振西僧法。通晓禅理,工真草书法,画也进入妙境,兼善琴棋,一时名士都喜欢与他交游。当时巡道钟琦、县令王大同重视其人品,为其捐资修葺大殿。道光二年(公元1822年),坐化。

继承他衣钵的又有圣欣,号湘烟,出家小武当,也善于弹琴,兼精山水画。

昙 辉

昙辉,西林寺僧,善山水画,能弹琴。

珂轮,西禅寺僧,能画,有人赠以诗道:"寒畦余冻菜,野渚生荒烟。雪堂何限景,应倩惠崇传。"其画善于描绘荒凉之状,确实画中有禅理。

广 海

广海,普陀山僧。善以符水针灸治病。道光二十年(公元1840年),住止南桥明行寺。看到寺已毁坏,行其医术,取得资金以代募捐,积累三年,得钱数千缗,于是用以修葺,刷新寺院。然后孑然一身,回归普陀。

仁 介

仁介,字啸隐,南汇人。工于吟咏,也能书法。住止大圣教寺,每日以吟诗写字自娱。有《法雨楼诗》一卷,火文焕尝为其作序。

荣 性

荣性,字大镛,南汇县学生员。是唐铨胞弟。四岁丧母,剃度于上海小天竺。尝募捐修葺广福寺大殿。咸丰(公元1851年—1861年)年间,会匪占据县城,荣性每日拜佛。被贼党掳获,他以诡辞(欺骗贼党的言辞)脱逃,至夜投井而死。县城光复后,县令黄芳为他题写"高禅义行"额。

茂 宗

茂宗，普照寺僧。居于寺的明静山房，苦修梵行（与佛有关的都称“梵”，修佛的品行，即为“梵行”）。咸丰十年（公元1860年），遇贼寇于金沙滩，逼迫他作向导，茂宗合掌道：“阿弥陀佛，僧人可作贼吗？杀我可。”于是被杀害。

锦 辉

锦辉，曾主持南桥明行寺，退居西新市镇城隍庙。禀性沉静，严持戒律。咸丰二年（公元1852年）、六年（公元1856年）大旱，设坛求雨，都有应验。同治元年（公元1862年），遇贼寇不屈而被杀害。

协 涛

协涛，崇寿寺僧人。咸丰十年（公元1860年）五月，粤匪占据青浦，协涛遇贼不屈，投水而死。

贯如、量周，都是布金寺僧人，也投水而死。

川学、德宗，都是戴坟庵僧。川学于咸丰十一年（公元1861年）也遇贼不屈而死于水。德宗于同治元年（公元1862年）贼寇胁迫他到城，不屈而被杀害。

还有惠林，居澄照禅院。宝南、法乘，都居南金寺。习学、照霖，居处失传。都遇贼寇不屈而死。

如 澈

如澈，号碧泉，幼年丧失父母，居上海明心教寺为僧。拜佛诵经外，兼通儒理。善于山水画，深得元人三昧。年逾七十，预知圆寂，同治三年（公元1864年）坐化。

渭 川

渭川，本是杭州僧人，同治元年（公元1862年）率领徒弟避寇难于南汇九团，随即成为云居庵住持。严守清规，每日诵经，从不间断，并募捐修葺九团坝城隍庙。后来回杭州而坐化。

皆 空

皆空，太仓人。常主持西禅寺方丈，退为白龙潭北福庵住持。通晓佛经。足迹很少与人相接,经常诵读佛经于一室之中,严持戒律,蔬食终身。五十余岁圆寂,这时是同治五年(公元1866年)。

怀　德

怀德,宝山人。主持上海一粟庵。神态沉静肃穆,寡言少语,尝抄写经书数十卷,无一字错。咸丰(公元1851年—1861年)间贼寇扰乱,四方僧众来上海避难,他都招留供饭。兴化中允刘熙载、沅陵方伯吴大廷都与他为方外交。享年七十余岁圆寂。

陆道士

陆道士,失传其名,住奉贤阮巷朝真阁。冬夏穿一破衣,逢旱求雨辄应。嘉庆(公元1796年—1820年)年间逢大旱,赤日当空,云丝全无,陆道士徒步上坛祷告求雨,归来途中,雷雨骤至,水涨一尺多。人们称他为“陆真人”。

萧正五

萧正五,周浦人。待人和蔼,律己严谨。登坛行法外,只是静坐收心,不妄视听。嘉庆九年(公元1804年)大旱,知县张昌运命他求雨,他刚祈祷即有应验,奖以“泽应龙潭”额。

严元裕

严元裕,居上海,道行清净纯洁,得五雷法,兼精奇门。嘉庆十九年(公元1814年)旱灾,巡道钟琦等设坛祈祷求雨,元裕身裹棉被伏坛整日(曝晒自己以感动天神),大雨立即降落。

赵通信

赵通信,南桥人。嘉庆十九年(公元1814年)大旱,求雨即降。

弟赵通述得兄传法,求雨驱邪,无不有应。

徐汉梁

徐汉梁,住府城外东岳庙西房。嘉庆十九年(公元1814年)旱灾,求雨立应,知府宋如林赠以联道:“道阐西天,运甘雨和风于在掌;泽周大地,庆南阡北陌之有年(即丰收)。”

后有薛氏女,患于二蛇作祟,延请徐汉梁镇治之。病者梦见白须老人解项间两带而去,病患即停止。

董经鳌

董经鳌,居府城西痧神庙。有道术,祈祷辄应。嘉庆(公元1796年—1800年)中大旱,提督马请董经鳌求雨,雨即下。在庙中,建晖吉堂、景春道院、听雪山房,人们将他比作王隽望。

龚汉玉

龚汉玉,居细林山中。嘉庆(公元1796年—1820年)中大旱,祷告求雨,立即有应。提督某重视其道术,屡次摒弃随从人员,入山相访。当时山庙荒颓,龚汉玉曾积累资金予以兴修。

程耀文

程耀文,泗泾人,本来是儒家子弟。学习五雷法很有灵验,祈祷下雨,立即有应。乡人有患火祟(即遭邪火作祟,经常发生火灾)者,请程耀文镇治之。程耀文到达,尚未禹步(称巫师道士作法的步伐为禹步),火即从袍袖间窜出,程耀文说:“你能焚烧北斗像吗?”话音刚停,所挂像已被焚烧。此时程耀文即作法,焚章疏于炉中,忽闻空中击剑声,邪祟即除去。

高　飞

高飞,号羽丰,武生,柴场人。法名通元。道光二年(公元1822年)旱灾,设坛祈祷求雨,约期以七日。到期果然天降大雨,县令表彰他。

薛济昌·薛克昌

薛济昌,字青霞,南汇八团人。年六十多,齿落又生。逢大旱,祈雨辄应。巡道陈銮给“上清演化”额表彰他。

薛克昌字素菴,是薛济昌的从弟。曾师事上海王作霖,尽得其秘传。善于驱邪治祟。参将成杰给以额道“虎伏神钦”。又精京焦术,屡有效验。同知何士祁给以额道“妙理参元”。

蔡鹤章

蔡鹤章,南汇人。诚朴不苟言笑,无事辄常静坐。说:“人心如水,静则清,动则浊。”年届八十岁,行动如少壮。道光二十六年(公元1846年)七月晦夕(农历每月的最后一天称晦。晦夕,即那天的晚上),沐浴更衣,念诵《地藏经》卷毕即与世长逝。

陈通达

陈通达,号逸霞,南汇人。世代为道士,授真人府知事。行施法术,十分慎重。有人上门来请他去作法,有时正当吃饭时,他即漱口吃素。道光十五年(公元1835年)、咸丰三年(公元1853年)夏天都大旱,他祈祷求雨,辄有应验,县令给匾额嘉奖他。

江通恩

江通恩,号问渠,居娄县谷水道院。道貌庄重严肃,淡泊无所营求,治祟多有神效。年近八十岁去世。

陈玉书

陈玉书,居府城外东岳庙东房。有道术,所交往的多为名流。道光十一年(公元1831年)旱灾,求雨雨下,太守沈赠以“召和通妙”额。后来十三年(公元1833年)祈求晴天,二十三年(公元1843年)祈求下雨,也都有应验。

赵元豫

赵元豫,字小浦,居东岳庙西房。善于驱邪,尤善卜筮。同治二年(公元1863年)夏天干旱,知府方传书命祈求下雨,立即有应。同治三年(公元1864年),祈祷求雨于奉贤,也有应验。

陈竹斐

陈竹斐,居青浦斗姥阁。杨景云、林洪如,失传其居处名。三人都是道士。咸丰十年(公元1860年)六月,陈竹斐遇贼寇不屈而被杀害。同治元年(公元1862年),林洪如也被杀害。杨景云于咸丰十一年(公元1861年)遇贼投水而死。

一砖和尚[注]

一砖和尚,是观音寺僧人。终日抱一块大砖,坐卧不离。身穿一件粗布短衣,无论冬夏皆不替换。请他吃饭,则能吃两个人的饭量;如果整天不吃,也不说饥饿。曾于严冬入池洗浴,遍体出汗如雨。后来无病而坐化。

可 贤

可贤,南汇人。八岁时,嚼舌出血,喷于掌上,成莲花形,然后仍自己吞食之。后来剃度于王家庙。精通佛门经典,主持府城北禅寺讲席。后又往普陀山,主持方丈最久。乾隆十七年(公元1752年)归南汇,预知圆寂,约期与诸施主(布施者)话别,端坐而长逝。

隐 居

隐居,俗姓张,出家上海广福寺,不久为常州寺首座(寺院中最高职位,在寺主、维那之上,即上座。维那,寺院中管理总务的知事僧)。年幼时不识字,悟禅后尽通经典。与吴县彭绍升进士友善。中年时,偶然回到松江府,正逢秋试(乡试),能预知本县中式人数。晚年于杭州松茅场去世。

显 相

显相,号达尊,出生于平湖俞氏。父亲惺机,晚年进入空门(佛门)。达尊年届十三,依天台师祖义,起初参拜普明宗意禅师,接受具足戒;然后参拜东林允晖和尚,豁然顿悟,因而号"半痴道人"。精通佛典,喜好儒书。能诗,工于大草,善画兰竹。平生无箱柜,不私藏一钱,僧道及俗人(指不出家的人)更敬重他。年六十余,合掌趺坐而化。

白 牛

白牛,朱泾人,俗姓奚。起初居吕巷慈庵,后来移住圆通寺。工于书法,善画山

注:一砖和尚及以下人物为光绪《松江府续志·方外传》补遗人物。

水、人物。尝募捐建造观音堂,自己书写匾额,笔力雄健浑厚,人们都称道他。

湛　印

湛印,行脚(指僧道周游各地)居青浦慈门寺。建造大雄宝殿,坚固精密宽敞壮丽,于是成为宏大佛寺。

后来由性潮重加修葺。寺院濒临漕溪,隔岸为井亭(市集),烟波弥渺,居民拥挤争渡,每每苦于风浪。性潮募捐建造石桥,并结放生社,命名其桥为“放生桥”。

又有心然和尚,喜欢放弃自己的资产以作有益于民众的事。寺院在镇北数百步,遇雨天泥泞,行者没至踝骨。心然聚集石子筑路,成为一条便于行人的石子通道。

后来三僧(湛印、性潮、心然)都趺坐而化,颜面如生,不用神龛、不用火化,也不建佛塔,而是以次列坐。咸丰(公元1851年—1861年)年间这坐着的三僧遗体还在。

废　欲

废欲,字兴慈,剃度于青浦大悲庵。起先有敏学和尚,积香火钱重新修葺殿宇。废欲继承主席(主持讲席),他面貌消瘦,性情朴实,常作苦役,率先垂范。庵有田十亩,辛勤耕种,自食其力。一有闲暇,即诵经不辍。能诗,邵玘、张梦鳌、吴梦桂都与他唱和。年七十余岁,忽然对其徒弟说:“你们努力进修,我要去了。”说罢进入神龛,合掌端坐而化。

达　邃

达邃,字溪照,华亭沈氏的儿子。幼年丧父,出家于干巷小普陀,不久居泖泾法忍寺,精守戒律。建造禅室三间,恢复船子和尚推蓬故迹。后来主东林寺法席,退居后冈、张堰间。以能诗著称。

又有诗僧续铭,字万松,主持金山觜天后宫。

普　明

普明,号寂照,娄县枫泾阚氏的儿子。出家于妙常院,潜心探究三乘(佛教以车乘喻佛法,学者接受能力不一,分三种情况,称三乘,即声闻乘、缘觉乘、菩萨乘。声闻乘者,悟诸谛而得道;缘觉乘者,悟十二因缘而得道;菩萨乘者,因六度而得道),人们称他为“阚菩萨”。后来居杭州的西山。每当静坐，蛇鼠鸟雀嬉游于前；客人来到，辄将它们收纳于怀中，再用衣服覆盖。晚年仍归妙常，对弟子说：“待桂子香，我当西游。”到期作偈而坐化。火葬时，香闻数里，惟独舌不能焚毁，人们都觉得奇异。

梵 生

梵生，娄县枫泾镇焚香林僧人。专心净业（佛家指清净之善业，种善业者得往生西方净土）五十余年，预先知道圆寂，书偈端坐而化。

他的徒弟黄山人，本来姓程。善画竹，尤工诗。著有《焚香林诗草》六卷。

大 昙

大昙，娄县泗泾人。俗姓陆，本是儒家子弟。幼年出家于镇的普陀禅院。戒行精严，通晓吟咏。曾游览天竺、云栖诸寺。归来后，主持府城普照寺。当时军门（明代命文臣总督军务或提督军务，称为军门，犹言麾下。清代专命武臣为提督，以总军务，军门遂成为提督的敬称。此处军门乂为提督）补勤喜欢禅院，经常与他来往，后来他仍圆寂于普陀禅院。

寄 圆

寄圆，名实能，俗姓孙氏，是明经孙琦珩的孙子。内心严持佛法纲要，外表极其谦虚平和，居住泖泾法忍寺，后又住止干巷小普陀。法相浩然，远近悦服。

昌 显

昌显，字宏达，主持青浦圆律禅院。禀性高尚豪爽，工于岐黄之术。寺中先代都工诗画，昌显一向爱好八股文，发为文章，不拘成规，颇有奇气。给人治病，悉心诊治，不因贫富而有区别。享年五十八岁。

梅真人

梅真人，失传其名，俗姓诸氏，金山人。出家泖泾明真道院。遇见一位乞丐，以三枚铁钉插地，放置锅子于其上，煮蚯蚓，熟时成为面条，真人看见后觉得奇怪，叩求其法。那乞丐授书一卷，按书上之法，试之有验。一天在厕所间戏行其法，为神灵所击，于是成为烂头。后来遇到以前的那位乞丐授膏药一百张，施舍其一，自贴九十九张，用尽而去世。

真人善五雷诀。后来曾前往苏州以道法济世，奇应甚多。

曹汉冲

曹汉冲，字念劬，居上海城隍庙。通晓经典，能以符水除去瘟疫。松江知府周镎元以“丹成金液”之额表彰他。

他的徒弟姚科钰，字芝山，乾隆三十年（公元1765年）旱灾，祈祷求雨，立即大雨倾盆。

姚科钰的再传徒弟叫姚靖壶，聪慧敏悟，通晓儒理，工于诗赋，也善符箓（道家秘密文书。屈曲作篆籀及星雷之文为符，记诸天曹官属佐吏之名为箓），治病、占卦都有神验。

黄世龙

黄世龙，南汇九团人。年少时游览江西，于真人府供职办事。善于符箓。海盐相国陈世琯母亲患病，延请黄世龙治之，立即痊愈，酬以金帛不受，因而书“乐善可风”额以赠。尝于九团坝出资独力建造知县钦公祠。里人称道他贤良。

宣如纶

宣如纶，南汇北庄人。是顾源本的外甥。年少时于江西龙虎山学道术，三年学成，能顷刻招致风雨。曾夏日晒麦满场，顾源本正好经过看见，不到一个时辰水云忽然聚合，想要试验他的道术。宣如纶急忙起来，绕麦场走三圈，雨很快降落而场内麦不沾涓滴之水。

年刚满三十五岁，端坐而去世。

徐志德

徐志德，字行方，是华亭莘庄会真观道士。曾遇异人授以符箓。有人叩求伏魔降邪之法，徐志德说：“没有其他道术，只是凭仗正气将其镇摄住罢了。”乾隆（公元1736年—1795年）时发生旱灾，上海县令李某延请他祈求下雨，立即有应验，县令给他“烟霞志切”额。

金揆臣

金揆臣，以道术闻名，住金山干巷永寿道院。禀性朴实厚重，喜怒不形于色。有位朋友的仆人偷取他十余两银子，他置之不问。后来那位朋友搜寻到而归还给他，他说："我从来没有失去银子。"最终没有接受。平生厚道就是如此。里中晴雨，祈求辄应。尤善镇治鬼邪，其术十分神奇。

林汉镛

林汉镛，华亭人，出家南汇鹤湖道院。后来游览江西，传授周法官娄真人道术。岁遇旱灾，求雨辄应。手抄道经百余卷。工画墨梅。

朱栋辉

朱栋辉，号晓庄，华亭人。年少工诗，学习举业，不久即放弃。接受西河道法，尤其专心探究性命的旨要。他是杨复心的入室弟子(得到老师学问精奥的称为入室弟子)。著有《人镜庐诗抄》。

荫　天[注]

荫天，黄渡僧人。工吟咏。康熙(公元1662年—1722年)中，与王坚、夏时中、沈曾丰、汪存夜、陈兆桢等结社联吟，风雅最盛。

佛　义

佛义，是罗汉寺僧人。乾隆(公元1736年—1795年)时，嘉定秦倬寓居黄渡南镇吴氏家，与佛义订立方外交。

石　云

石云，失传其名，善于写诗。于泖滨圆桢寺剃度，后来于安庄构筑指月庵，静修三十年，不入城市。任镛赠给他诗。

古　月

古月，亭林宝云寺僧人。与徐讱、杨云言、顾作伟等为方外交。张祥河(字温和)赠以对联道："宝云廿载三留宿，古月中秋一问禅。"

注：荫天及以下人物为光绪《松江府续志》中《方外传》之拾遗。

赤脚和尚

赤脚和尚，居澍澳塘庵中。人们未尝见其饮食。雪夜卧桥上，衣服不沾雪。为人治病有神效。所授予的药都是草；如果他不给，病必无法治愈。

逊　泰

逊泰，居金山韦陀庵。工于诗，有《瘦梅小隐稿》。尚未出家为僧时，侍奉母亲孝顺；出家后，迎养母亲于庵中。

清　净

清净，号旭亭，俗姓沈。年少好佛。四十岁后，于湛然庵出家为僧，念诵佛经之暇，凭借行医自给。

半　痴

半痴，浙江人。道光（公元1821年—1850年）末年，寓居府城外大树大王庙。工于篆刻，画兰竹效法郑板桥，尤有闲雅情趣。

耀　能

耀能，布金寺僧人。咸丰十一年（公元1861年）四月，遇贼不屈被害死。

不　觉

不觉，字觉公。尝跟从其族兄石柱及厅同知陈大溶游览蜀中，归来后为人作掌书记（官员名，原为节度使属官，位在判官之下，相当于六朝时候的记室参军）。

年届五十，悟彻禅理，于亭林宝云寺剃度，长年吃素奉佛，飘然尘埃之外。

慧　愿

慧愿，江宁人，居藕溪庵。曾置办橱柜数具，人们问他，说："我用以藏钱。"等到他圆寂以后，打开橱柜，里面藏的都是砖头。他生平为人说话，也多警世之语。

戴诚贤

戴诚贤，青浦道士。咸丰十年（公元1860年）七月，遇贼不屈被害。

金 熙

金熙，字二溪，青浦人。学习道家言语，工诗及骈体文。奉贤有何华浦、何香浦兄弟，也学道家言，都是诸生。

吕贞九

吕贞九，青浦人，小桃源观女道士。康熙（公元1662年—1722年）时，与施亮生齐名。游楚地归来，得南岳魏真君法，吴人于木渎镇为她建观（道教的庙宇）。司寇王昶为其作有《齐天乐》词。

实 旃[注]

实旃，字旭林，青浦人。圆津禅院长老，通证的法徒。游扬州，住维摩院。以书画名，尤善写竹。为卢见曾（1695—1768）所称。精篆刻。

道 济

道济，俗姓朱，名若极，字石涛，号清湘，又号大涤子，晚号瞎尊者，自称苦瓜和尚。与八大山人朱耷同时，曾乞书画于朱耷。工山水人物、兰竹花果，笔意纵恣，脱尽窠臼。曾客粤中，所作每多工细。晚游江淮，粗疏简易，颇近狂怪，而不悖于理法。王原祁曾云："海内丹青家，未能尽识，而大江以南，当推石涛为第一。予与石谷（王翚字石谷）皆有所未逮。"其推重至此。尤工分隶，擅诗文，每画必题，时寓亡国之痛。所著《画语录》，钩玄抉奥，独抒胸臆，文辞亦简质古峭。因曾拜松江名僧旅庵、本月为师，学受佛学，姑称寓居，而录于本书稿，俟考。

澄 照

澄照，上海人。出家于青莲庵。精内典，工诗画，尤善鼓琴。曾为宋荦（1634—1713，字牧仲，号漫堂，又号緜津山人，晚号西陂老人，一作西陂放鸭翁，清代河南商丘人，以荫仕至吏部尚书。与王士禛齐名，著《西陂类稿》、《緜津诗钞》、《枫香词》）延至吴阊，卓锡（僧人居留为卓锡）沧浪亭。晚游黄山化去。

注：实旃及以下人物为增补的方外人物。

觉 铭

觉铭,字慧照,号静远,自署云间方外画史,青浦人。住珠溪圆津寺,通证的第四代法孙。喜吟咏,善写山水,得祖师之传。梁同书(1723—1815,字元颖,号山舟,晚号不翁,九十以后号新吾长翁,清代钱塘即今杭州人,乾隆十七年[公元1752年]特赐进士,官侍讲,年四十乞归。工于书,自立一家,负盛名六十年。与刘墉、王文治并称。著《频罗庵论书》、《直语补证》、《频罗庵书画跋》、《频罗庵遗集》等作多种)、钱大昕咸与订方外交。圆津禅院自通证以画开山,得娄东正派,其法嗣若南林、雪槎、丹崖咸喜翰墨,工点染,将及数传,宗风勿替。

仁 惠

仁惠,俗姓李氏,更名际权,字大诠,号棹旋(一作旌),又号听雪。娄县人。龙门寺僧。道行高洁,善兰竹,也工诗。

一 泉

一泉,初名三友,青浦人。投来清阁出家。法号宝源,自号梅花禅(一作船)子。张照构别业于横云山下,请其住院,适凿井有甘泉之应,更现名。后徙苏州花山。工书,学米芾,夭矫不群,张照笔墨,半出其手。善画梅竹,笔致纵横,不拘绳墨。乾隆十六年(公元1751年),乾隆皇帝南巡,一泉进呈梅花长卷。晚年北游,住保定莲花寺。

南 林

南林,青浦人。住珠溪圆津寺,僧通证石四代孙。工山水。

昌 显

昌显,字洪道,青浦人。住珠溪圆津寺。善山水。乾隆五十三年曾仿倪瓒疏林远岫尺幅赠冯金伯(南汇人,乾隆四十年[公元1775年]主蒲阳书院),笔甚清丽。

雪 槎

雪槎,青浦人。住珠溪圆津寺。僧通证四代孙。亦善翰墨,工点染。圆津寺自通证以画开山,得娄水正派,其法嗣若觉铭、雪槎辈等将及数传,宗风勿替,亦禅门所罕见。

超 瀚

超瀚，字瀚海，号墨仙，奉贤人。住杏溪静室。喜吟咏，工书画，有逸趣。曾自题其焚修之室曰“梅子熟也”，其精于禅悟可知。

张 鹤

张鹤，字静香，上海城隍庙玉清宫住持。善鼓琴，工画梅，著《琴学入门》、《画家知希录》。据《瑞安县志》载：“张鹤字芝田，号静芗，别号玉清宫道人，瑞安岁贡。工诗、书、画。有《琴学入门》。”当为一人。

陈士英

陈士英，字玉洲，娄县人。住岳庙。与沈心耕（字恂如，号古田，娄县人，亦道士，住岳庙。善画兰竹，杂卉亦佳）为师兄弟，长于写真，声价在徐璋、杜梦兰（字玉振，清代娄县人，工钩勒花卉，设色妍丽，并善写真）间。兼工花卉。

燮 莲

释燮莲，华亭人。诗僧。辞净寺方丈不居，遨游天下，欲访一真实悟道者为之师而不得，乃暂作姑苏怡贤寺记室。曾曰：“吾三分一日之功，以一分作禅门课诵，以一分参祖师公案，以一分学诗，或临帖，或就儒生谈论足矣。”其诗多五、七律，“亦瑕瑜参半”（袁洁《蠡庄诗话》）。有《冶坊浜灯舫行》诗，中有“兰桡桂楫通金闾，火星万点三里长。谁家儿女珠翠粧，人前纤手擎杯觞。船来未近先闻香……惟有道人日徜徉，人间天上两相忘”句。有辞曰：艳体非所愿也，且不善作古诗，强之捉笔，顷刻成篇。

钱德震[注]

钱德震，字武子，嘉兴人。明末迁居华亭，补为诸生，后来居住于北门外的仓河。著有《青鹤堂集》，参与修撰《松江府志》、《江南通志》。晚年发垂两耳，不常

注：钱德震及以下人物为寓贤。

疏洗。享年八十余岁。

朱 賁

朱賁，字吉白，休宁人。崇祯（公元1628年—1644年）中以岁贡为某县训导，代理县令，明末辞职。他的同学翰林金声倡议守卫徽州，训练士民，修缮甲兵，在一次对军队的大检阅中与朱賁一起乘车而观之，朱賁说："这子弟兵，不足以依仗。"后来果然失败。

顺治（公元1644年—1661年）初，来松江教授，去世于陶宅。

朱元泰

朱元泰，字若冲，休宁人。明代诸生，顺治（公元1644年—1661年）初迁于华亭干谿镇，与曹次典、陆履平诸人为友。著有《药斋诗文稿》。

黄周星

黄周星，字九烟，上元人。崇祯十三年（公元1640年）进士，授南京主事，后来弃官周游江浙。

黄周星是上海太常张元始在乡试中所选拔中举的士人，于顺治七年（公元1650年）来到松江，后来于康熙十九年（公元1680年）又寓居太常处所，将其小女儿许配给太常张元始的孙子张潮。这年午日（端午日）投南浔河而死。

杜 濬

杜濬，字于皇，黄冈人。以诗文闻名于世，生平足迹遍天下。顺治元年（公元1644年）后寓居松江的湛然庵。志向品行，高尚纯洁；扫叶吟诗，安然自得。一位仆人跟随他数十年，去世后埋葬于庵左，杜濬作文以纪念他。

赵 潜

赵潜，字双白，原名赵炎，字二火，漳浦人。著《冷鸥堂集》，并选择清朝初年诸名家诗名《尊阁诗藏》。康熙（公元1662年—1722年）间，到松江租一廛（公家所建供商人存储货物的房舍）于笏溪之上。祭酒吴伟业尝拜访他，僻巷衡门（用横木为门，喻房屋之简陋），二簋（古代祭祀宴享时盛黍稷的器皿，似高足盆之类）饭菜，两人欢聚而别，大家说他俩都是贤人。

赵潜曾出家为僧，开堂说法，后来仍还俗为常人。

蒋 瑑

蒋瑑，字篆鸿，杭州人。年少时跟从忠裕公陈子龙游学，后来到松江，寓居王澐家，搜集寻访遗文，经历数年而归。

陆 圻

陆圻，字丽京，杭州人。曾偕同蒋瑑来松江，寓居王澐家很久。后来因庄廷鑨《明史》一案牵累，得到昭雪后弃家出游。有人传说他嗣法（继承传法之人）于岭南，他的儿子陆冠周到处找寻仍不见其踪影。

金起士

金起士，字怀节。嘉定人。父亲金德开，工诗，顺治二年（公元1645年）死于兵火。金起士暗中奔往青龙寺，作《七哭诗》哀悼，词极酸楚。归来后去世于家。有《兰阳》、《鹃化》二册诗草本。

宋 琬

宋琬，字玉叔，莱阳人。顺治四年（公元1647年）进士，官至四川按察司。曾被冤枉陷入请室（请罪之室，即囚禁有罪官吏的牢狱），很久才释放。客游吴越十年不归，期间在松江府寄寓尤其多。

张宏祚

张宏祚，字尔培，苏州人。随从其父亲张紫垂侨寓唐行，于是定居下来。为人朴实，喜好吟咏。著有《桐花集》二卷。享年九十一岁。

柏 古

柏古，字斯民，嘉善人。居住白牛泾，禀性质朴，沉醉于吟咏，喜作山水画。经常到青浦寓居圆津禅院。著有《芋栗吟》。

儿子立本，号吟山，也以画闻名。

父子俩都隐居,安于淡泊。

殳丹生

殳丹生,字彤实,嘉善人。博学工诗。康熙六年(公元1667年)青浦县令魏球修《县志》,请他任编辑,居留最久。后来寓居枫桥,最终因贫困而死。

起先,吴兴祚任无锡知县时,爱其诗文。后来吴兴祚总督浙闽,闻其去世,派人将其安葬于寒山寺的旁边。

他的妻子陆观莲,字少君,号两鬘道人,嘉善人。女儿殳默,字墨姑。母女都工诗,移家于九峰,都先于殳丹生去世。

徐　鲲

徐鲲,字左鱼,杭州人。明代诸生。顺治十一年(公元1654年)登武榜,官江宁守备。顺治十六年(公元1659年)海寇侵犯边境,他被罢免,寓居金山卫城,与徐磐等人唱和,著诗文集三十卷。后游宦闽中而去世。

熊曰兰

熊曰兰,字畹仙,南昌人。明末寓居金山卫城,因而定居下来。居篆馆街,以堪舆术自给。禀性刚直,豪放于诗,著有《越吟草》。

鄂　曾

鄂曾,字幼舆,仁和人。本姓岳,宋代武穆公岳飞的后裔子孙。嗜好吟咏,尤工篆刻。

妻子顾氏,名姒,字启姬,也能诗,工于书画。姒的父亲顾之绣官任青浦县丞,鄂曾移家寓居,与王原交情深厚。

儿子鄂林昂,孙子鄂锦堂,都是诸生。

毛奇龄

毛奇龄,字大可,萧山人。康熙十八年(公元1679年)以博学宏辞科授检讨。他的朋友任辰旦为上海县令时来寓居官署中,与县内诸名流酬答之作都记载在诗文集内。

陆陇其

陆陇其，字稼书，平湖人。康熙九年（公元1670年）进士，曾任嘉定、灵寿知县，最后任四川道御史。雍正二年（公元1724年）赠（去世后给予官衔称“赠”）内阁学士，谥清献，从祀于孔庙。著有《三鱼堂集》。

居住泖滨，曾设馆授徒于朱泾周氏、珠街镇席氏。尝说学习在于通晓经书，知行并重，应当遵循程端礼分年日程，更须将《小学》一书时时省察，他的门生如周纁、赵慎徽凤翔、张慧、程仪千、唐定昌、席汉翼、席汉廷等人都能谨承师训。

刘　信

刘信，字如行，苏州府学生，忠节公刘鐖的孙子。为人倜傥潇洒，禀赋不凡。念及东南地区赋役繁重，非均编不能使民减轻负担，正逢滨州李复兴重任娄县令，向他进言，意见相合，于是赞成均编，人们蒙受其利。李复兴去世，拖欠国库钱财巨万，家境贫困，儿子还幼，刘信代他被拘押于刑部狱，一年后才赦免而归。

正逢府中人人要建复兴祠，刘信即把用占卜选定的旧宅让出来，祠建成，他就居住在里面。

张　琳

张琳，字佩嘉，杭州人，寓居松江。康熙中于西麓村建造居室，名为“芥舟”。与冯方山唱和为《西村集》，又与朱初晴、徐景于辈联诗会，诗集名《于野集》。

言德坚

言德坚，字侣白，常熟人，是先贤言子的后裔。潜心理学，寓居于朱泾城中，名流都执弟子礼。

康熙皇帝南巡，因为是先贤后裔，特命召见，授予翰林五经博士，世袭奉祠祀（掌管祠堂祭祀的官员）之职。

王时昌

王时昌，字与桢，金华人。工诗，于海上卖药。晚年移居陶宅，与中元黄之隽唱和，至老不衰。去世之年为八十五岁。

高 晋

高晋,字介寿,一字松门,苏州章练塘人。为青浦珠里吴氏的入赘女婿,因而定居下来。补为诸生。绝意仕进,爱好吟咏,与陆祖修、王会图等为“里中十子”。所著有《胜国遗闻》八卷、《松门小草》二卷。

胡廷对

胡廷对,字赓云,歙县人,世系出自方塘。康熙五十年(公元1711年)由贡生授娄县教谕,代理县事,升任常州府教授。喜欢松江府风土,因而留居下来。居心于礼制品行,为人端方纯厚,训导子弟尤为严格,一门之内整肃如朝廷典礼。儿子八人,都以才学称道于时。后因小儿子胡宝瑔官任河南巡抚,赠给他相应的官衔。

张鹏翀

张鹏翀,字天扉,号南华,嘉定人。雍正五年(公元1727年)进士,历官至内阁学士。尚未发达时往来九峰三泖间,尝寄寓青浦张翀家。张鹏翀善山水画,张翀也以画擅长,两人互相投合。

钱起盛

钱起盛,字默宰,鄞县人。为人淳朴直率,放弃诸生,携带妻子儿女来到松江,访问徵士焦袁熹,谈濂洛关闽之学。曾依照《近思录》条例纂成《性理要书》二十八卷、《朱子四书要义》若干卷。

葛景中

葛景中,字运乘,昆山贡生,是明代太常卿锡璠的曾孙。授徒于珠街镇,求学之人争相归附他。

后来官任来安训导,去世。

蔡 珑

蔡珑,字文舟,昆山贡生,官任金山训导。尝设馆于珠街镇,跟从他学习的人日益增多,于是就迁居于此。他为人诚恳朴实,教人以尽人伦道德、重行为品质、读书好古为最终目标。选任儒学教官，尤以师道为己任，诸生听到他的言语，往往既感动又惭愧，甚至有人哭泣着表示改悔的。

居住五年，因年老而辞职归去。

沈　璜

沈璜，字淮音，长洲人。学识渊博，乾隆三十年（公元1765年）举人。因病而致废，依女婿寓居青浦。个性孤僻耿介，嗜好饮酒，与人不作酬答，然而也不去触犯与他一起饮酒之人。

享年六十八岁，存有《白腹稿》两卷。

高景光

高景光，字自柏，元和人，诸生。起初以高国泰之名进入松江学校，又入天津学校，屡试南北，不得中式。于是尽力于诗古文辞，与副宪曹锡宝、司寇王昶往来峰泖间，寓居珠街镇尤其长久。

著有《梦草书堂诗稿》。

汪大经

汪大经，号西村，秀水县学生。工于诗文，善于医术，二十二岁为娄县朱氏女婿，于是居住下来。乾隆三十年（公元1765年）南巡召试二等，浙江巡抚福崧聘请他修《西湖志》，为编修杭世骏、侍郎翁方纲所推重。

临终自作挽联道："阅世六十九年以不才老，存诗五百余首与来者看。"

著有《借秋山居诗抄》、《文抄》、《吹竹词》各若干卷。

王　涛[注]

王涛，字定山，嘉定人。工于书法，擅长写诗。寓居青浦王昶家，随王昶到滇、陕等地。王昶编辑《金石萃编》，王涛编纂最勤。其中模写记录篆隶碑上文字者有嘉定举人钱侗，校字者有仁和廪生朱文藻，他们都寓居王昶家。

钱侗字同人，学习勤奋，行为敦厚，通晓训诂，精研韵学。

注：王涛及以下人物被列入光绪《松江府续志·寓贤传》。

朱文藻字映漘，通史学，尝跟从文端公王杰到京师，帮助校对《四库全书》。

吴锡麟

吴锡麟，字縠人，钱塘人。乾隆四十年（公元1775年）进士。历官为国子监祭酒，辞章华美，盖世无双。诗词直接继承浙中朱彝尊、查慎行杭属诸名家。尤工骈体文。嘉庆（公元1796年—1820年）间主讲云间书院，学者敬仰他，文风为之一振。著有《有正味斋集》。

沈　靖·王文潞

沈靖字安成，王文潞字介人，都是太仓诸生，寓居青浦王昶家。沈靖为王昶校对《湖海诗传》，王文潞帮王昶编纂《太仓州志》。

当时一起客居王昶蒲褐山房者，有吴江史善长字诵芬，吴县徐葵字佩云，镇洋彭兆荪字甘亭，都博学工诗文，有集行世。

朱为弼

朱为弼，字椒堂，平湖人，嘉庆十年（公元1805年）进士，历官至漕运总督。尚未显贵时，寓居奉贤陈廷庆谦受堂，与宋玉诏诸人讲论经学。

当时还有曹基丰者，字铁梅，嘉兴诸生，诗才豪放，寓居奉贤及金山，也与陈廷庆友善。

陶　梁

陶梁，字凫乡，长洲人。嘉庆十三年（公元1808年）进士，历官为礼部侍郎。诗词名重海内。为诸生时，寓居青浦王昶家。王昶编辑《续词综》，陶梁搜采编排，多其所助。所著有《红豆树馆集》。

王　泽·胡培翚

王泽，字子卿，芜湖人。嘉庆六年（公元1801年）进士。由御史出任江西赣州知府。著有《观察集》十六卷。嘉庆十四年（公元1809年）主讲云间书院。

后来道光（公元1821年—1850年）中，主书院者有绩溪胡培翚，字竹村，泽门人，嘉庆二十四年（公元1819年）进士，官户部主事。他精研经学，著有《仪礼正义》、

《燕寝考》诸书。

秦 瀛

秦瀛，字小岘，无锡人，乾隆三十九年（公元1774年）举人。乾隆皇帝南巡，召试，赐内阁中书。累官至刑部侍郎。居官清正严肃。诗文敦厚高雅有气节。嘉庆二十一年（公元1816年）主讲云间书院。

齐彦槐

齐彦槐，字梅麓，婺源人。嘉庆十四年（公元1809年）进士。由庶吉士改为知县，历官为苏州督粮同知，有政绩声誉。罢官后，主讲上海敬业书院。齐彦槐精究天文星象之说，诗文根柢于经史，士人皆敬仰他。

黄安涛

黄安涛，字霁青，嘉善人。嘉庆十四年（公元1809年）进士，由编修历官为广东惠潮嘉兵备道，有实际政绩。碰到嫉妒他的人，于是辞官归来，主讲上海敬业书院。黄安涛学识渊博，尤其擅长于诗。

沈希轼·沈希辙

沈希轼字二瞻，弟希辙字少由，宝山人。侨居上海。沈希辙嘉庆二十三年（公元1818年）举人，经考试授予国子监学正、学录。在上海助理修葺城墙、疏浚河道诸工，当事者倚重他。沈希轼工于书法，患风病，右臂偏枯，用左手握笔，书法更为遒劲。

汪百禄

汪百禄，字桂山，桐庐人。父亲于南汇周浦镇经商，于是定居下来。汪百禄为嘉庆二十五年（公元1820年）进士，官任四川名山县知县，有德政。以政绩卓异调任三台（官名，汉因秦制，设置尚书为中台，御史为宪台，谒者为外台，合称三台。这里泛指中央官员），去世于官任上。著有《抱经书屋诗文稿》。

董祐诚

董祐诚，字方立，阳湖举人。文辞博雅华丽，通晓历算舆地之学，著述甚富。嘉庆十九年(公元1814年),与其兄董基诚来游青浦,一年后才离开。

冯登府

冯登府,字柳东,嘉兴人。精于考据,喜好金石篆刻,诗有雅正之音。嘉庆二十五年(公元1820年)进士,由庶吉士出任将乐县令,不到三月改任宁波府教授。道光(公元1821年—1850年)年间,主讲青浦青谿书院,士人安于他的教授。

郁鼎钟·袁荫槐

郁鼎钟,字彝斋,嘉善人。道光六年(公元1826年)进士,官任江西泰和县令。设馆授徒于上海时,论述八股文醇正有义法,造就好多人才。

在此之前,嘉善有袁荫槐者,字午亭,恩贡生,也长久寓居上海。个性刚直豪爽,坐卧一座小楼,客人来到,论文终日不倦。

吴中顺

吴中顺,字勉斋,镇洋人。寓居上海李氏。工诗文,精天文算术。曾与上海布衣某制作浑天仪。后中道光元年(公元1821年)举人,官任直隶大城、武清县令,升任蓟州知州,去世。

陈毓枫

陈毓枫,字两桥,金华人。工于书画尺牍。善于清淡,饮酒数斗不醉。寓居府城几乎二十年,道光十二年(公元1832年)进士,官任吏部主事,不到一年去世。

赵　煦

赵煦,字笛楼,扬州人。布衣。侨寓府城西二十年。工诗,擅长篆刻。性情古朴,终身不娶。

钱　泳

钱泳,字梅溪,金匮人。沙神芝,字笠甫,嘉兴人。两人都工隶书。道光(公元1821年—1850年)中,经常寓居府城。

又有严坤,字粟夫,归安人,善于篆刻,也寓居府城数年。

胡志坚

胡志坚，字眉亭，新安人。道光（公元1821年—1850年）间，游览奉贤，到南汇寓居下来。善于书画，绘山水花木，苍劲秀美，富有情趣。性情闲雅脱俗，日得百钱，陶然自足。后去世于南汇。

章宝莲

章宝莲，字厚农，嘉定人。诸生。侨居青浦黄歇渡。工于诗词。当时青浦续修《孔宅志》，章宝莲主持编辑。

高万培

高万培，字兰翘，元和人。诸生。寓居府城谷阳门外。与府中黄仁、姚楗诸人结诗社唱和，所著为《兰翘诗抄》。

同社者还有平湖岁贡生黄金台，字鹤楼，工诗及骈体文，著有《木鸡书屋集》。

张　澹

张澹，字春水，吴江人。道光元年（公元1821年），举荐孝廉方正，不去应就。幼年丧父，勤奋学习，意志品行，诚恳敦厚。工于书画篆刻，诗才敏慧美妙，出于天赋性灵。晚年侨寓上海十余年，去世。著有《风雨茅屋诗文集》。

毕华珍

毕华珍，字子载，镇洋人。是尚书毕沅的从子。由举人官任慈溪县令。学问渊博，尤精音律、算学。尝往来府城及上海，与娄县姚椿为文字交。

沈曰富

沈曰富，字南一，吴江举人。师事姚椿。古文效法韩愈、欧阳修，诗效法李白、杜甫，都晓喻其意而理解其神。道光（公元1821年—1850年）间寓居府城，后来主讲金山柘湖书院。

沈曰富的朋友陈克家，字梁叔，元和举人。陈寿熊，字子松，震泽诸生。他俩都跟从姚椿游学。陈克家工诗，慷慨有志节，后来游宦忠武公张国梁幕府，咸丰十年（公元1860年）大营溃败，陈克家为之而死亡。陈寿熊精深于经术，姚椿编辑《易传》尚未完毕,命陈寿熊补成。

李　淮

李淮,字筱石,鄞县人。祖父李永烈,官任松江府经历,于是居家府城。李淮干练有才略,重视伦常纲纪。以佐贰(辅佐之官)需次(旧时候补吏,等待依次补缺,称需次)留于松江,后来代理金坛县事。咸丰十年(公元1860年),粤贼围困金坛数月,粮尽援绝,城被攻陷,李淮不屈而死。从子候补府知事李廷铨一同遇害。事情上报,奉圣旨建专祠于金坛,以李廷铨祔祀(祔祀,合享之祭)。

黄富民

黄富民,字小田,当涂勤敏公黄钺的第五子。世代居住芜湖。由拔贡生历官至礼部郎中。因父亲丧事而归,不再出来。咸丰三年(公元1853年),为避粤贼乱到金山,迁居府城。后又由南汇到上海,病死。黄富民正直诚信,重视友谊,诗情豪放。尝师事娄县黄仁,又与姚椿、顾夔诸人友善。著有《礼部集》九卷。

程　葆

程葆,字敬伯,歙县人。道光十三年(公元1833年)进士。历官至广东肇庆府知府。乞求告假而归,到松江寓居府城三年。后来全家殉难于杭州。

奚　疑

奚疑,字虚白,自号“方屏山樵”,湖州人。朴实不善言语,不好与人交结,而善为人解除纠纷。诗词淡远清畅。著有《榆荫楼集》。兼善墨竹画。咸丰(公元1851年—1861年)初,经常游寓上海。

姚　燮

姚燮,字梅伯,自号“大梅山民”。镇海举人。诗文宏丽有情趣。间或作花卉画,也富有天然趣味。咸丰(公元1851年—1861年)年间,客游上海。著有《复庄骈俪文集》,诗词、杂著数十卷。

当时一起客寓上海者又有俞岳,字少甫,吴江举人。工词。作山水画,得王翚诸家笔意。

董兆熊

董兆熊，字梦兰，吴江诸生。咸丰元年（公元1851年），举孝廉方正。工诗文，尤善骈体文。寓居金山数年。著书数十卷，已刻者为《味无味斋集》。

吴以辰

吴以辰，字云甫，昆山人。诸生。年少时随从青浦陈维礼游学。明晓性理，古文守归有光家法，诗喜欢用古韵，竭力矫正庸俗。与许锡祺友善。经常到青浦白鹤江来。咸丰（公元1851年—1861年）年间，避贼乱而到上海，病死。

蒋敦复

蒋敦复，字剑人，宝山人。弱冠，游学江淮间。以诗古文自恃。道光（公元1821年—1850年）间，西洋人挑衅兴起，上书触犯当权者，于是遁入空门为僧。后来返回民籍，补为诸生。经常往来于府城及南汇、上海。上海知县刘郇膏器重他，巡道（官名。唐时遣使分道出巡，称分巡道。明代各省按察司除按察使外，还有按察副使、按察佥事等官员。分一省为数道，令副使、佥事分别巡察，叫作按察分司，有分巡道、兵巡道、兵备道各种名称。清废副使、佥事等官，仍设分巡兵备，简称巡道，始以道为官名）应宝时聘其为记室，不久去世。著有《啸古堂集》。

江　湜

江湜，字弢叔，长洲人。诸生。写诗，学韩愈、黄庭坚而协调其体。咸丰（公元1851年—1861年）间，游宦幕府于华亭署，随即寓居府城。经常往来青浦，与熊其光友善。后以佐贰需次浙江，去世于嘉兴。著有《伏敔堂诗录》。

程庭鹭

程庭鹭，字序伯，嘉定人。诸生。工诗。山水画效法四王（清初画家：太仓王时敏烟客、王鉴圆照、王原祁麓台及常熟王翚石谷，都擅长山水画，时称四王），苍劲浑厚，古朴秀雅，名满大江南北。高丽使臣金正喜爱其画，为其画《山楼》卷题字。道光（公元1821年—1850年）末年，曾入知府钟殿选幕。后又与张祥河温和诗章赠答唱和，往来府中多年。

同时浙江有陶源者，字樵庵，山水画也效法四王，与叶珪友善，居叶氏自怡园多年,夏今曾师事他。

符葆森

苻葆森,字南樵,江都人。咸丰元年(公元1851年)举人。诗文名重京师。曾编辑刊刻乾隆(公元1736年—1795年)以后诸家诗为《正雅集》。到洙泾,主讲柘湖书院。后来去世于角巷。

何咏,字梅屋,上元人,也以诗闻名。讲解历史,有卓越见识,与葆森一起寓居松江数年。

章　琼

章琼,字碧田,庐江人。道光二十一年(公元1841年)进士。官任翰林院编修,主讲上海敬业书院。咸丰十年(公元1860年),避乱至奉贤头桥镇,说其地有太古的风气,改名为太古桥,并赋诗以记之。

顾广誉

顾广誉,字访溪,平湖人。优贡生。咸丰元年(公元1851年)举孝廉方正。研究学问都效法朱熹,经术精深,尤其专精于《诗》、《礼》。古文效法桐城派。禀性平和而正直,一言一行必恭敬,卓然是一位纯粹的儒人。曾师事姚椿。同治五年(公元1866年),主讲上海龙门书院,首次规定学规,以正学(儒家学说)教授生徒,远近兴起仿效。

不到一年,去世于书院,被隆重地祭祀于嘉兴乡贤祠。著有《学诗详说》、《四礼推疑》、《乡党图考补正》、《悔过斋文集》。

贾敦艮

贾敦艮,字芝房,平湖人。诸生。工诗文。年少时与顾广誉以学行(学问和操行)相互砥砺,顾广誉称其志意高尚纯洁,锐意于师法古贤。同治(公元1862年—1874年)初,寓居府城四年,去世。著有诗文稿若干卷。

冯桂芬

冯桂芬,字景亭,吴县人。道光二十年(公元1840年),以第二名进士及第。累官至中允。学问文章,推重于当时。咸丰十年(公元1860年),避乱至上海,主讲敬业书院。士林尊重效法。当时创建广方言馆,章程都是他制定的。

后来卜居木渎,七十余岁去世。

莫友芝

莫友芝,字子偲,独山人。道光十一年(公元1831年)举人。博学嗜古,尤精小学。篆隶书法皆苍劲秀美,自成一家。曾国藩最推重其为人。同治(公元1862年—1874年)中,经常寓居上海。著有《郘亭诗文抄》。

余　治

余治,字莲村,江阴诸生。诚恳笃实,能担当事情,每天以勤奋劝导愚蒙、转变风俗教化为己任。施行善举,刊印善书,孜孜不倦。巡道应宝时建普育堂,请他主办其事。寓居上海三年。

在他之先有经纬者,字芳洲,上虞人。本性也好善,在上海创办辅元堂,管理育婴堂事。又收集金钱置田五千多亩,充为诸善堂的费用。

钟文烝

钟文烝,字子勤,嘉善人。道光二十六年(公元1846年)举人。学问广博。起初研究郑氏三《礼》(郑玄注释的《周礼》、《仪礼》、《礼记》),通晓小学诸书,又旁涉子史及古文辞,后来专精于《春秋》。著书十余种,义理考据,通达深刻。已刊印的为《春秋穀梁经传补注》。同治(公元1862年—1874年)中,主讲上海敬业书院。考查教导诸生之文,皆以前贤为依据。光绪二年(公元1876年),去世于书院。

侯　泓[注]

侯泓,后改名侯涵,字研德,号掌亭,嘉定人。是侯岐曾(侯岐曾,字雍瞻,侯峒曾弟。有《追哭亡兄峒曾殉节》诗:"吾兄志气古人追,万旅云从建义旗。赤手银河非易事,丹心碧血岂求知?玉音竞说从天降,金版应怜出地悲!莫向春风梦春草,江家池岂谢家池?"因陈子龙事被执,不屈死)的儿子。因家中遭遇重大灾难,后来寓居青浦蟠龙镇。个性拘谨自守。学习效法黄淳耀,为黄淳耀所引重。诗古文皆有法度。与侯汸、侯洵、侯演、侯

注:侯泓及以下人物为光绪《松江府续志》补遗人物。

濮、侯瀚,称“上谷六龙”。去世后,门人私谥“贞宪”。有《掌亭集》。

韩 菼

韩菼,字元少,长洲人。官任礼部尚书,谥“文懿”。尚未进士及第时,与青浦黄瓒友善,经常寓居其家。

徐杏辅

徐杏辅,字芳来,昆山诸生。年幼时人们称他为神童。弱冠,设馆授徒于青浦的黄渡。精深经术,工于诗。与诸嗣郢、陆振芳诸人为九峰雅集。著有《半村诗草》。

丁裔沅

丁裔沅,字涵巨,嘉善人。诗才倜傥洒脱,寓居府中,与董俞诸人唱和。著有《香湖草堂诗集》。

朱 荃

朱荃,字子年,桐乡人。乾隆元年(公元1736年),中博学鸿辞科续榜(即副榜)。寓居华亭最久,熟悉府中风土人情、掌故佚事。

陆 燿

陆燿,字朗夫,吴江人。父亲陆瓒曾受业于青浦张璠。陆燿年幼时,父亲命他跟从张璠学习,与嘉善蔡以台为同窗,张璠将他俩都看作大器。后来陆燿历官至湖南巡抚,为当时的名臣。蔡以台工文辞,乾隆二十二年(公元1757年)会试、殿试都第一。

申兆定

申兆定,字图南,阳曲人。乾隆二十七年(公元1762年)举人。历任知县,有贤良声誉。工分书,嗜好金石文字。年少时跟随父亲申梦玺到上海,于申江书院学习,与陆锡熊、孙宗炎诸人一起师事德清县的谈起行。

王 坚

王坚,字升孟,昆山诸生。年幼时跟随父亲王焜寓居青浦黄渡二十年。善于诗画。当时张诗及其从子张鹏翀也寓居黄渡，与王坚友善，曾偕同夏时中诸人结社联吟，风雅称盛一时。

徐梦篆

徐梦篆，字侣郊，海宁人。诸生。设馆授徒于金山朱泾镇。为学专门效法宋儒。到他门下学习，先品行后文学，以明道、希文（仰慕文德）相期待。

弟徐行，字邺瞻，诸生。工诗，品行也端恭方正。一起寓居朱泾镇。

吴曰慎

吴曰慎，字敬庵，歙县人。读书务必身体力行，学问纯正。寓居上海诸翟镇数年，著述甚富，《周易指掌》、《孝经刊误注释》、《古文集》都为寓居时所撰。

严　福

严福，字景仁，吴县人。侨寓青浦的珠里。年少时跟从张鹏翀游学。富有文采，乾隆四十年（公元1775年），中会试第一，授官编修。

儿子严荣，为王昶女婿，由编修出任金华府知府。

祝德麟

祝德麟，字止堂，海宁人。乾隆三十八年（公元1773年）进士，官任监察御史。因谈论时政而变换官职，告假而归，嘉庆（公元1796年—1820年）初，主讲云间书院，教士有法。后去世于书院。

祝德麟工诗，效法其乡先辈查慎行及房师（科举时分房阅卷的老师）赵翼，以性灵为主。著有《悦亲楼诗抄》。

继祝德麟后主持书院者为翰林编修冯集梧，字鹭亭，桐乡人。寓居府城三年。

士　奇[注]

钱塘高江村士奇来游览青浦的金泽，蔡重光赏识他，馈赠金钱资助行装，士奇酬以扇。后来士奇官至吏部尚书。

注：士奇及以下人物为光绪《松江府续・拾遗志・流寓传》拾遗人物。

王文治

丹徒王文治梦楼《与许穆堂宝善夜话于上海乔氏雪石山房》诗说:"寒夜月如雪,一灯窗下明。半间高士屋,廿载故人情。意懒疏文字,年衰恋友生。深更数行雁,嘹唳过高城。"阳湖洪亮吉稚存从塞外归来,游览沪上,编其诗为《沪渎消寒集》。《与友人夜话》道:"吴淞江上路,乘月去迢迢。海气全凝雨,天风不卷潮。梦余频怅望,云外偶招邀。及此烧红烛,层楼已半宵。"这些诗都收于本集(指由洪亮吉编的丹徒王文治梦楼的诗集《沪渎消寒集》)中。

陆开诚

吴江陆开诚,字敬一,太学生。迁居青浦的金泽镇。他一向推崇先儒的论述。每当春秋佳日,则聚集内外兄弟(内兄弟,指妻兄妻弟;外兄弟,指姑舅兄弟,也称表兄弟)顾廷阳、周绍元、吴古余诸人,相与谈论宴饮,期于讲明伦理,以至夜分(即半夜,泛指深夜)不倦。

与弟十分友爱。弟早年去世。为两位幼孤管理家务,直至侄子长大成人。里人都推重他孝友之德。

晚年为善更加勉力,建造桥梁、平整道路的事情常独自担当。

享年七十九岁。

朱文治

绍兴朱文治,乾隆五十三年(公元1788年)举人。客游军门陈大用幕府,陈大用以参戎杨天相事获罪,其他宾客都走散,唯独朱文治相随不离,人们都说他重情义。

周兰枝

海盐周兰枝莱峰,嘉庆三年(公元1798年)举人。清廉正直,不随时俗,能文章。征士(不就朝廷征聘之士)顾德言请他教导自己的儿子顾作钧、顾作伟。府中如张曾棨、曾荣、光绪、凌豫、胡繁苞等先后从他受业,后来都为知名之士。

俞万同

滁州俞万同,道光十七年(公元1837年)拔贡。工诗文。避盗寇至南汇马路港。夫妇相继去世,没有儿子,里中沈氏为之浅葬(即薄葬,俭约的葬仪)。

冯嘉穀

嘉兴冯嘉穀静庵、吴县李元绶雨春先后寓居府城西郊。都工于医，把脉治疗，研究精细，都有声誉于当时。

程谱笙

秀水程谱笙，自号种桃道士。寓居府城。为山水画，效法董思翁、沈石田诸家，笔墨奇秀。

其弟子陈淦，字春峤，花卉人物画都精美。寓居黄仁家十余年。

郭　骥[注]

吴江郭骥友三，山水画得文徵明、仇英遗法，工秀中颇极苍润。与冯承辉友善，为冯承辉作《梅花楼图》。寓居府城多年。

同时的蒋茝，字茗生，也工于文徵明、仇英画法，且能自辟蹊径。

注：其他寓贤散置于前。

中华民国

马相伯（1840—1939）

马相伯，原名志德，亦名建常，字相伯，晚号华封老人，原籍江苏丹阳。清道光二十年三月初六（1840年4月7日）出生在江苏丹徒。

其父马松岩，是位儒医，以教书、行医为业。马相伯的父母世奉天主教，其自幼即受洗礼，教名若瑟。五岁入学，先读天主教经典，后学儒家书籍，涉猎甚广。

1862年，耶稣会在上海设立初学院，马相伯进院当修士，接受神修训练，1870年被授职为司铎（神父）。1871年，去安徽宁国、江苏徐州等地传教。1872年调任徐汇公学校长，监管教务。期间著有《度数大全》一百二十卷。因深感耶稣会不可能对国家有所贡献，便毅然脱离耶稣会，仍信仰天主教，由南京回到上海。马相伯的大哥马建勋原在淮军办理粮台，深受李鸿章信任。经大哥介绍，马相伯进入政界。1881年，任驻日公使参赞，不久改任驻神户领事，对日本维新政策有较深的认识。1882年，朝鲜政府力图实施新政，提请清政府派员协助，李鸿章派马相伯去朝鲜。马相伯作为朝鲜国顾问，目睹了西方外交公使对中朝外交官员的轻视，以自己的渊博学识和对国际时势的洞察力，压倒了高傲的西方外交公使，树立了朝鲜的权威。他还起草了《上朝鲜国王条陈》，并感叹："中国者，放大之高丽；而高丽，即具体而微之中国也。"

1886年，李鸿章因创办海军缺乏经费，招马相伯和他的弟弟马建忠商量。兄弟俩提出向美国商人借款，李鸿章只同意借两千五百万两，马相伯赴美后借了五万万两，李鸿章大怒。马相伯进退维谷，只好黯然离美，改赴欧洲。先到英法访问，考察商务，参观牛津、剑桥大学，再顺道罗马，觐见教皇。逐步树立了"教育强国"的思想。

1896年，梁启超来沪办《时务报》，曾向马相伯、马建忠学习拉丁文。马相伯同情维新运动，对梁启超十分重视。1898年戊戌变法期间，梁启超报请设立编译学堂，特邀马相伯主持其事，旋因变法失败而罢。是年，马相伯为其弟马建忠删定《马氏文通》一书。该书系马建忠积十余年辛勤探求而成，为中国第一部系统的文法书。

1900年7月，八国联军攻陷北京。8月，马建忠去世。马相伯因弟弟去世，担心自己年老力衰，不能实现办学愿望，便将自己名下的祖遗家产——松江县、青浦县良田三千亩，捐献给天主教耶稣会，把兴学的愿望寄托在教会身上。不料，耶稣会接受了马相伯的财产后并不办学。

1902年11月，南洋公学学生反对学校当局的专制压迫，二百余人高呼"祖国万岁"，集体退学。退学学生请求中国教育会负责人蔡元培协助组织"共和学校"。蔡元培与中国教育会协助退学学生建立爱国学社，又介绍一些学生到马相伯处求学。马相伯允诺，遂创学院，定名"震旦"。"震旦"为梵文，谓"中国"，含"东方日出，前途无量"之意。

震旦学院创立之时，一无校舍，二乏师资。马相伯借天主教余汇余屋为校舍，聘耶稣会教士为教师。宣布办学信条有三：一、崇尚科学；二、注重文艺；三、不讲教理。并在校内实行学生自治。三载之间，卓有成效。

1905年春，法国天主教中有些人，阴谋夺取震旦。他们强迫马相伯"住院养病"，任命法籍传教士南从周管理学校。南从周在夺得权力后，"尽改旧章"，妄图改变学校性质。震旦学生见此情形，极为愤慨，决议全体退学。马相伯召集离散学生，并与严复、张謇、熊希龄、袁希涛等筹备复校，又请两江总督周馥协助，拨款借屋。正当此时，法国徐家汇天主堂抢先宣布震旦学院于七、八月间开办。马相伯等被迫改校名为复旦公学，以吴淞提镇行辕为临时校址，于八月中秋复课，以后发展为复旦大学。"复旦"之语，出于《尚书大传·虞夏传》"日月光华，旦复旦兮"，且含"恢复我震旦，复兴我中华"之双重寓意。

马相伯为创办震旦学院和复旦大学耗尽心力。继创办震旦学院之初捐出家产良田三千亩之后，为了在卢湾建造校舍，他又把全部家产捐出，共计现洋四万元和价值十万多两白银的英、法租界房产地产八处。他的两次捐款办学盛举从未向学生讲过。他的学生李青崖是震旦创校时入学的，1955年他为写马相伯传略收集资料时得知，1951年上海市人民政府接收旧档案时，发现了马相伯两次捐献家产用于办学的献据和笔录，于是，马相伯毁家办学的盛举方才为世人所知。

1914年，马相伯的独子马君远病逝，寡媳年方十九岁，孙女马玉章刚出世六个月，而七十五岁的马相伯也早为办学耗尽家产。学生们聚会决议，凑齐一万元作为马玉章教养之用。可是当马相伯听说上海启明女子中学办学困难时，又把这一万元捐给了启明女中作为办学经费。

鲁迅先生和马相伯在日本相识。当时，鲁迅先生和同窗好友顾琅编撰的《中国矿产志》即将出版，马相伯欣然为年轻的鲁迅作品作序，其中写道："顾、周两君，学矿有年，颇有心得，慨祖国地大物博之无稽，爰著《中国矿产志》一册，罗列全国矿产之所在，注之以图，陈之以说，使我国民深悉国产之所在，自有以为日后开采之计，致富之源，强国之本，不至家藏宝货，为他人所攘夺，用心至深，积虑至切，决非旦夕之功所能致……余嘉其图之精，说之详，深有裨于祖国也。"

1936年，沈钧儒、邹韬奋等七君子入狱，马相伯多方营救。次年，七人获释后，前去看望马相伯，并合影留念；在照片上，沈钧儒书题"惟公马首是瞻"。

马相伯可谓桃李满天下，清末民初的各界名流中，有梁启超、蔡元培、张菊生、王康年、马君武、邵力子、刘成禺、于右任等等。邵力子在《救国老人马相伯先生》中说："吾师相伯的一生，学问、事业、信仰，其最终之目标在救国。"还说："相伯先生的精神，正是我们中华民族的精神。"

1939年4月6日，重庆《新华日报》特发短评《马相伯先生百龄庆典》。翌日，《新华日报》以显著版面刊出中国共产党中央委员会致马相伯先生百龄大庆的贺电。

柳亚子有诗云："一老南天身是史。"今松江泗泾有马相伯故居。

韩半池（1856—1929）·韩凤九（1884—1964）

韩半池，名文衡，以字行，又字清泉、拜墀，自署随安子，晚号和叟。娄县人。

韩半池为遗腹子，由母亲胡氏抚养长大，幼年家境贫寒，仅读数年书。十五岁时，即至同寿康药店当学徒。后经介绍，跟随青浦名医、光绪御医陈莲舫（1837—1914，名秉钧，又号乐余老人。出身医学世家，至陈莲舫已历十九世。光绪下诏征医，共六人被保荐，陈莲舫出诸医右，众推其在御药房审查方药，上颁赐"恩荣五召"堂额。有《瘟疫议》等十多种著作）习医。陈莲舫嘉其敦厚、笃学，悉心授其医术。学成后，返回松江行医，声誉日起。后因被县吏挟制，多次使至狱中为囚徒治病，不堪其苦，乃以监生援例纳赀为县丞，至浙江候补，于宣统二年（公元1910年）被委为曹嵩兼百官厘捐局总办。宣统三年（公元1911年），辛亥革命爆发，即卸职回松，仍以行医为业。求诊者多，往往至半夜方回，故有“韩半夜”之称。

韩半池治病不论贫富，一概认真负责。他能用重药治险症，对诊治温热、时疫、痨伤等尤有专长。上海名人李平书患温热，旬日不解，群医束手无策。请韩半池医治，数剂而愈，医名震海上。

民国十一年（公元1922年），松江县医学卫生协会成立，韩半池被推举为会长。就任期间，他曾组织出版《松江医药》杂志，该杂志为医药界重要文献。另著有《随安医案》、《临诊摘要》、《外科摘要》等。

韩凤九，名绮章，字杏生，韩半池次子。光绪三十年（公元1904年）中秀才，时年仅二十。第二年“谕令停罢科举”，入华娄师范传习所学习，以优等成绩卒业。后随父习医，能承家学。

韩凤九医术精湛，对祖国医学重要经典著作研究颇深。门生深受其教。国民政府考试院曾举行全国中医师考试，全国合格录取者不到四百人，松江县有钱元道、张以丰、姚绳祖、王祖良、姚敬贤五人入选。其中钱元道（新桥人）和张以丰（莘庄人），均出自凤九门下。

其同窗朱孔阳曾说：“凤九工医外，尤长书法，余幼时曾为其刻‘江东老凤’一印，常钤之书幅。”（《凌氏良医诗考释》）韩凤九又与当时金山诗人画家高吹万、寓沪画家白蕉及冯超然常吟咏酬唱，与姚鹓雏交往尤为密切。闻日本投降、抗战胜利，韩凤九即赋诗《喜闻日寇屈膝》：“无冤侮我国中人，受屈多年阅苦辛。今日风尘天地息，能伸共乐太平民。”

雷补同（1860—1930）

雷补同，字谱桐，晚号南埭闲人，晚清驻奥公使。华亭人。

雷补同出身寒门，幼年失怙，与寡母清贫度日，学习刻苦发奋。十七岁中秀才，入国子监。光绪十一年（公元1885年），朝考一等，以拔贡授户部主事。光绪十四年（公元1888年），顺天乡试举人；同年，经考试录取，充总理衙门章京。

光绪二十七年（公元1901年），补同升外务部考功司员外，后累迁至外务部右丞。当时，袁世凯任直隶总督，权势显赫，雷补同不阿附权势，且对袁世凯的行为反感。光绪三十三年（公元1907年），袁世凯改任外务部尚书，即派雷补同以二品衔为出使奥国大臣。宣统二年（公元1910年），雷补同任满回国，即上书请求退休养亲。

雷补同回松江后，在蒋泾桥南埭购屋，奉母而居。据唐文治（与雷补同同官户部六年，同官外务部五年）1931年夏所撰《雷公墓志铭》，雷补同晚年建屋数楹，名为“梦华小筑”。后又购得姚椿著书之所“南埭草堂”。该建筑规模颇大，有三条轴线。中轴线三开间茶厅、大厅、仪门、后厅；西轴线三开间三进厢房；东轴线三开间后厅、东厢房三间。其中，中轴线茶厅、大厅用料考究、工艺精细，雕刻上乘。

雷补同关心乡邦文献，曾印行姚济《小沧桑记》（该书为日记体，起自咸丰十年闰三月二十二日，迄于同治二年十二月三十日，记载了太平军两次攻占松江府及所属七县，以及清军与外国侵略军复占各地的历史，包括华尔之死、白齐文降太平军、戈登就任、清军复占松江后义田捐章程等重要历史事件）、李延昰《南吴旧话录》（该书主要记录明代松江、上海一带士大夫言行，志趣恬淡，用力颇工，但鲜为世人瞩目）等。还与耿道冲等相唱和，发起组织“松风诗社”，刊印《松风诗稿》，在地方上有一定的影响。

民国六年（公元1917年），雷补同被推举为《华娄县志》总纂，兼撰《人物传》。因不愿介入主事者意见分歧，辞去总纂一职，仅作《人物传》稿二卷。著有《味隐存稿》。

丁运嘉（1863—1931）

丁运嘉，字泰来，廪生，金山人。早年从医，擅长内科。遇穷苦病人，不收诊金。中年时，在张堰高氏家设馆授徒。清光绪三十二年（公元1906年），在干巷镇创办公立育始女子小学堂，并自任校长。晚年居家业医，并热心参与地方公益事业，颇得乡里赞誉。

杨了公（1864—1929）

杨了公，名锡章，字子文，号了公，又别署蓼功、幾园，以号行，南社松江派的前辈。以诗画闻名，被称为“楹联奇才”、“云间书家”。松江人。

杨了公中秀才后，省试不利，于是从松江宿儒杨古酝学诗、古文，研究训诂，习书法。杨了公书法成就高，尤擅行草，上追颜真卿、柳公权，下师郑板桥、何绍基，于苍劲中见秀挺。

四十岁后，杨了公以岁贡出任宝山县教谕。他痛恨太守某贪赃枉法，称之为“伸手包龙图”，上书巡抚告发，不意巡抚受贿，杨了公的教谕之职反被革去。回松江后，他创办孤贫儿院，收养贫苦孤儿。自作一联云：“革去宝山县学正堂，升迁孤贫儿院校长。”人称“孤儿之父”。孤儿院宿舍、教室、厨房和餐厅等设施齐全，还聘请教师教育孤儿，他因此耗尽家产，自称“了公”。

杨了公在孤儿院收养的义子中较为有名的有南社社员朱鸳雏。朱鸳雏幼失怙恃，杨了公将其带到孤儿院，视如己出，悉心栽培，朱鸳雏天资聪颖，人品出众，后经杨了公介绍入南社，成为名噪一时的江南才子。张寿甫先生曾回忆说，大概民国十年前，他在松江颐园戏楼上看到过朱鸳雏演唱昆曲，杨了公即兴为他吹笛伴奏。当日春雨潇潇，南社诸友隔着雨丝，欣赏朱鸳雏献艺，聆听杨了公笛声，无不欣慰感动。

清末，杨了公受孙中山革命思想影响，参加了同盟会。他首揭义旗，地方群众纷纷响应。钮永建在松江成立军政分府，杨了公出任参谋部长。民国二年，钮永建讨袁失败，杨了公寓居上海租界，鬻书自给。民国五年袁世凯死后，杨了公再回松江居住。民国十六年北伐胜利后，钮永建出任江苏省主席，荐举杨了公任奉贤县长。杨了公早年和奚生白同隶“丽则吟社”，又同从杨古酝学诗文，于是招奚生白入幕。两个书呆子，都不善庶政，敷衍一下公事，就去喝酒吟诗，陶醉一番。时宝山县令何某讽之：“了公公不了。”杨了公听了，说：“可配一下联，成为巧对：何令令如何？”了公觉得做官无趣，仅数月，毅然辞呈告谢，有“书生作吏，如坐针毡，罗掘皆空，补苴无力”等语。解组归来前夕，撰一联悬于署中：“此去未携一拳石，再来不值半文钱。”他的联语，往往不假思索，脱口而出。

杨了公辞官后，寓居上海，以卖文、卖字为生，其诗文联语甚佳。有一联语为：“半爿砚当沿门托钵，一支笔代入市吹箫。”赁庑沪市东新桥畔，湫隘得很，榜为“藕斋”。该处原为烟花之窟，他自喻出污泥而不染。

杨了公玩世不恭，在报上自登作古告白：“了公于正月二十一日子时无疾而终，其时独宿空房，家中人全然不晓，但见枕边有‘二十一日子时死’七字，并有自挽联云：‘哀哀孤儿，又弱慈父一个；寥寥吊客，只有词人两三。’今日是二十日，准否尚未可知”。这时为1917年，见者无不为之喷饭。

杨了公人格高尚，关心后学，愿提携晚辈贤才。松江诗文高手、南社社员姚鹓雏在中学时创作了小说《洗心梦》，杨了公见之叹为有宿根。姚鹓雏十分感激，托人向老先生致敬。后来，姚鹓雏来到杨了公家旁的琴桥下，两人一见如故，畅谈甚欢，许久才依依惜别。第二年，姚鹓雏游学归来，暑假拜见杨了公。杨了公迎他进门，指着案头他的一帧照片，笑着说：“将你小影置于此处，如同日日相见晤谈。”后杨了公与姚鹓雏合著过一部《佛学》。后来，杨了公寓居沪上时，姚鹓雏前往探望，据他回忆说，杨了公"尫削已甚，而神定不乱，非禅学湛深，曷可臻此"。两人相知很深，杨了公的墓碑文，即出姚鹓雏之手，谈及杨了公的诗词，其云："于诗词为板桥、随园，理趣风发，不矜格调，晚弥刻意，骎逼宋人，后山、剑南时时而遇。"

1929年3月5日，杨了公病逝于上海寓所，享年六十五岁。真假两死期，成为奇闻。他逝世后，门生故旧把他的手写词稿，付诸石印，名《杨了公先生墨宝》。

沈惟贤（1866—1940）

沈惟贤，字思齐，一字师徐，晚号逋居士。早岁治学，对历史、舆地等颇有研究。工诗词，善书法。光绪十七年（公元1891年）中第五名举人。后赴会试不第，以"议叙"分发浙江任知县。历任新城、石门、嘉兴、钱塘、仁和等县。辛亥革命后任江苏省议会议员、议长，参议院议员。其祖上世居河南。明季，沈惟贤始祖、浙江左布政使沈应龙第三子沈国英官江南参将，就养松江，遂定居著籍。

沈惟贤在新城县任职时，当地民悍，盗贼窥伺县城。他督民团御之西闉，战守五个日夜，入山捕斩其首领，将其平定。在嘉兴县任职时，螟虫为灾，他亲自到农村巡视，请减县赋十之三五。上司不准，他愤而辞职。十日后，桐乡灾民聚众闹事。上司不得已，乃命他前往代理县事。桐乡冬漕积弊甚深，有"野猫手"名目（斛手临斛，用手掳米，狼籍满地，谓之"余米"，归官吏私分），乡民纳粮，每石加耗在二成半以上；而历年灾荒缓、免部分，官吏隐匿中饱，乡民饮恨，而与官兵抗争。省郡兵云集，作欲剿势。沈惟贤认为民变不可剿，乃不带一兵，急趋出事地点，劝谕民众各归所业。一面电省，请增荒歉减免分数；又禁"野猫手"名目，亲自开仓平斛，余米悉归粮户。于是百姓悦服，乱事消除。得浙江巡抚器重，委为文案（秘书）。

闻武昌起义，他弃官回松，剪去发辫，辅佐钮永建成立松江军政分府，出任副司令兼司法部长，成为江南一带反封建反帝制的先驱者。据其夫人回忆，孙中山先生到江南时曾住在沈家。为了迎接他的到来，家里专门新做了一幅夏布蚊帐供孙先生用。

沈惟贤"志在济民，侃侃持正议"，欲在政坛有所作为，但持正的结果是因拒绝曹锟贿选总统而回乡。后与姚文旃等倡组"全社"，以示保全人格。

他晚年潜心佛典，先后于奉贤南桥、嘉善大云寺镇筑室而居。抗战爆发，避居朱家角。后又迁沪，疾终沪寓。嘉兴金兆蕃所撰《勤敏先生沈君墓志铭》记载，沈惟贤"先后于奉贤南桥、嘉善大云寺结庐奉母，躬力田以为养，春耕夏耘，与佣保杂作，晚乃定居嘉善城东。遭母丧，君年已逾六十，哀号擗踊，作孺子慕。闭户读书，仍专意研讨诸史，垂老丹黄不辍，辑宗谱，修县志”。避兵沪上，他年已七十开外，鬻文为生，因高租金而不时迁居，耳聋神衰，言语气促，晚景堪称凄凉。金兆蕃避兵上海与其相见，耳微不聪，犹健谈如昔。居岁余，日益衰聋，多语则气上，对金兆蕃说居上海大不易，靠二三旧朋鬻文字以自食。屡次迁居，病革前数日犹强起相宅，其不遑宁居如是。

墓地在松江老城的南面，将其葬在原配符夫人的墓旁，称之为“归葬”。

沈惟贤精选自己的文章、诗词编定为《逋居士集》，共五卷。未及付梓而戎事突起，辗转流离中手稿散失大半，唯有诗词幸存。民国二十八年（公元1939年），沈惟贤病笃，好友高吹万刻其诗词于杭州，并亲手题写了书签。据金兆蕃所作的墓志铭，沈惟贤于民国二十九年（公元1940年）去世，临终时诗集刚刚刻完，还未及校印。此书扉页上的“逋居士集”四个字是年已七十六岁的沈恩孚先生用大篆所题，书前有民国二十八年松江张葆培的序文。后来，为裨读者了解沈惟贤平生，金兆蕃作的墓志铭也一并放在了书前。姚光《书逋居士集后》一文写于民国三十一年（公元1942年），文中记载书前已收入此墓志铭。后来《逋居士集》重刊时，又在书后附民国三十六年（公元1947年）闰二月姚鹓雏的跋文。

当初，松江县修志局成立，沈惟贤被推为《县志》总纂，并任《三百年大事记》编撰。所订《县志》体例，宗法章学诚，惜未成稿。著有《平原村人词》、《两汉匈奴表》、《晋五胡表》、《唐书西域传注》、《宗境录纲要》等。

王　震（1867—1938）

王震，字一亭，别署白龙山人。信佛，法名觉器，浙江吴兴人，寄居上海。工书、画，花果、鸟兽、人物、佛像，无所不能。天真烂漫，雄健浑厚，与吴昌硕相近。技术纯熟，大幅小帧，挥洒自如，有旁若无人之概。性情和易，与吴昌硕最为相得。民国九年（公元1920年）曾为吴昌硕写像。民国二十五年（公元1936年）曾作《一苇渡江图》。日本人喜其作品。常参加沪上艺术、慈善、佛教等各种社会团体活动。抗战初期，上海陷敌，因其服务日商日清轮船公司多年，与日本人相处颇久，即赴香港，表明心迹。旋因病重，由医生护送返沪逝世。因其前半生曾生活在松江府内，遂列入本书。

封文权（1868—1943）

封文权，字衡甫，号庸盦，别号无闷。松江人，家住张泽。封家为当地大族，书香门第。封文权自幼博览群书，钻研宋儒性理之学颇深。却又敝屣功名，不应科举试，以布衣终其身。

家富藏书，自其高祖开始，已历三世。所藏经、史、子、集各类都有，其中宋、元版本有十数种，手抄本也有不少。各府、县志书、医书、印谱、棋谱、琴谱、泉谱、画谱以及别姓家谱等也兼收并蓄；小说、词曲等则各式俱全，无奇不有。自奉甚俭，却爱书如命，收购书籍，毫不吝惜。除松江旧家藏书多方搜罗外，还远及苏、杭一带，如遇合意，即使残丛破烂，也必捆载而归。往往鸡鸣即起，伏案校勘，孜孜不倦。顾国华《文坛杂忆》第四期有封文权之子封尊五（1907—1996）《篑进斋藏书纪略》一文，其中写到："先君封文权，字衡甫，号庸盦，世居松江江南乡。取一篑之义，名其居曰'篑进斋'。"封文权自冠"篑进斋"斋主，筑五楹楼房以藏书，总数不下十万册，手编《目录》七十一册。华亭封氏因此被称为民国江南三大藏书家之一。

苏州叶昌炽《缘督庐日记》载："江左诸家藏本近在数百里内可以访求者，江宁图书馆、常熟瞿氏、华亭封氏暨艺风四家。"封文权所校订书籍，钤有"华亭封氏篑进斋藏书"印章。颇多精本。

封文权的收藏兴趣还旁及书画、碑帖、金石、文物等。抗战期间，松江沦陷，他命家人疏散，自己留在家中守护藏书，幸得保全。建国后，他的大部分图书分藏于上海图书馆和江苏文物保管委员会。窖藏的7坛文物共737件，于1986年由子辈捐献给国家，现藏于松江区博物馆。

封文权工书法，楷书师颜真卿，善作擘窠大字，雄浑遒劲。曾为松江城隍庙写"照胆台"，为岳王庙写"精忠报国"等。曾辑刻《张泽诗征》、《苧城三子诗》、《茹荼轩文集》、《一砚斋诗集》等。又仿徐璋的《邦彦画像》，遍访松江各故家所藏影照，自清初至清末，收入松江名士百余人，请名画工临摹成册，题名为《国朝邦彦画像》。

封文权热心慈善事业。清末修筑沪杭铁路，路基所经坟墓，一律迁移，乃独力创办"华娄代迁局"，迁葬自枫泾至莘庄一段无主弃棺。民国十三年（公元1924年）江浙军阀混战及民国十六年北伐战争，他都在本乡举办"红十字会收容分所"，安顿避难民众。

一生著作有《庸盦文稿》、《庸盦诗稿》、《庸盦日记》。编有《篑进斋金石录》、《华亭、娄县续志稿·艺文志》、《篑进斋书画录》等。

封文权之子封尊五，早年毕业于无锡国专，师从唐文治。精研古今经文、诗词、文字学等。先后任教于上海艺术大学、大夏大学、上海师范大学等多所高等院校。著有

《商周文字学讲义》、《古今文学派探踪》、《松江封氏进仕考》等。1983年，中国学术界的不少专家学者提出了恢复中国文学院（原无锡国学专修学校）的设想。封尊五即是计划中指定的教授。

高　煌（1868—1943）

高煌，字望之，号潜庐，金山人。清光绪二十年（公元1894年）举人。后绝意仕进，以建设家乡为己任。在清光绪年间曾先后创办实枚学堂及寅宾学堂，以教育家乡子弟。与高燮等助建石桥三十八座，主持疏浚张泾等三条大河，造福乡里。

高煌重视慈善事业，与姚光等人创建施医局，免费为民众治病。其他如平粜赈灾等善举，更是不遗余力。

高煌善古文，所著《潜庐文稿》，娓娓述乡里琐事，人称有归有光之风。

子高均（1888—1970），字君平，号平子。中国天文学家。金山人。早年入震旦学堂学习，后广泛深入地进行天文观察研究活动，成果卓著，著有《天官书今注》、《太阳图说》、《汉历五星步法的整理》、《学历散论》等。月球上有一座环形山以他名字命名。

钮永建（1870—1965）

钮永建，字惕生。原籍上海，后迁居金山。清光绪年间举人。湖北武备学堂毕业。光绪二十六年（公元1900年）留学日本。回国后在上海创办致公学校，光绪三十一年（公元1905年）加入同盟会。宣统三年（公元1911年）武昌起义后，任松江军政分府都督。后追随孙中山，奔走革命。民国时，历任南京国民政府秘书长、江苏省政府主席等职务。

1949年去台湾，1958年后定居美国纽约。

雷　瑨（1871—1941）

雷瑨，雷补同族弟，字君曜，别号雷颠、娱萱室主，笔名均曜、云间颠公、缩庵老人等。松江县人。

清光绪十四年（公元1888年），雷瑨中举人。他工于诗词，善著文章，熟谙掌故，一生勤于著述，到老手不释卷。曾撰写轶事小说《清代官场百怪录》，又辑录晚清至抗战前松江大事，名《松江志料节钞》，保存许多第一手资料。还有笔记手稿《我生七十年》和《五十年之回顾》，颇具文史价值。

光绪二十三年（公元1897年）到光绪三十四年（公元1908年），雷瑨在申报馆工作，成为一名资深老编辑，乃《申报》主笔之一，还曾引荐同乡张蕴和入申报馆工作，张蕴和后来长期担任该报副总主笔以至总主笔。

雷瑨后入扫叶山房工作，任编辑。扫叶山房是创立于清乾隆年间的一家出版机构，1955年停业，历时一百余年。以“刊印秘籍，以惠学林”为宗旨，出版了大量校勘精良的经史子集。

民国三年（公元1914年），雷瑨负责编辑扫叶山房旗下的刊物《文艺杂志》。该杂志于是年六月创刊，每月一期，至民国四年（公元1915年）发行12期后改为季刊，现存13期。雷瑨不仅是《文艺杂志》的编辑，更是该刊的作者。从第1期到第13期，很多作品源自他的创作，这些创作包括笔记类作品《娱萱室随笔》、《赖窝笔记》、《小说丛谈》、《蓉城闲话》、《慈竹居零墨》等，诗话类作品《香艳诗话》、《沪江诗话》、《慈竹斋诗话》等，杂志中标识为“小说”的21种作品，除《土星祟演义》和《江孝侠女传》外，其余19种出自雷瑨之手；同时，他还非常关注诗、词、文这类传统文学作品，编选过《古今诗论大观》、《新文选》、《近人诗录》、《近人词录》、《短篇文选》等，笺评过《唐宋八家文》、《林和靖诗集》、《剑南诗钞》、《郑板桥集》、《小仓山房文集》、《春在堂尺牍》等，还辑录过反映风雅之事的作品如《砚话》、《印话》、《弈话》、《谜话》、《茶话》等；此外，他还关心历史、政治，有《历代史事政治论》、《各国名人事略》等著述，编选有《史事论说》、《史事论新编》、《新史论续编》等；注重学校教育，参与编辑《江南各学校课艺》、《各学校新国文》、《新编国文读本》等课本；还创作了一些符合时人阅读口味的畅销小说作品，如《上海之骗术世界》、《民国艳史》、《骗术奇谈》等。小说《清代官场百怪录》记述了自康熙朝至光绪年间的趣闻轶事，人物上自皇帝、太后、中堂、尚书、总督、巡抚，下至佐杂小官、武弁胥吏；还有一些重要历史人物，如毕沅、阮元、左宗棠、李鸿章等。该书曾有上海扫叶山房石印本，分上、下两卷，民国二年（公元1913年）印。

1916年，雷瑨与胞弟雷瑊辑录了《闺秀词话》，1922年，他们辑录了《闺秀诗话》，1928年出版重校本，期间雷瑨个人还辑录了《青楼诗话》。雷氏兄弟的这些书，被收入王英志先生辑录的《清代闺秀诗话丛刊》。王英志先生在该书前言中，肯定了雷瑨兄弟《闺秀词话》、《闺秀诗话》和《青楼诗话》的价值，他指出这些作品虽皆为辑录之作，但成果之多，无人可及，其立志宣传妇女文学创作的用心与全力搜集女性创作资料的精神令人钦佩。

雷瑨、雷瑊辑录的《闺秀词话》是一部收录宋代至清代女词人生平与词创作的作品，共四卷，196条。收录的150位女词人中，清代的占五分之四。该书反映了清代闺秀词春色满园、冠绝千古的盛况，对研究清代闺秀词具有重要的参考价值。其价值主要有三：一是地域文学、家族文学价值；二是清代女性词史价值，在清代，女词人创作队伍空前，既有名闺淑媛，也有村妇奴仆，词作题材广泛，反映社会的深广度大大超过前代，同时词作也反映出清代女词人各具面目的整体风貌，既有传统女性情怀的，也有对自身命运清醒认识后，扩大到对整体女性命运关注的“新”女性；三是清代女性对词境的开拓，即能用常见题材写出新意。

雷瑨、雷瑊辑录的《闺秀诗话》，共16卷，乃辑录与品评女性诗歌作品、记载女性诗人生平事迹与诗学活动之作。其《自序》称所收诗歌“大旨以有清一代闺秀诗为断，元明间闺媛名著偶亦附入焉”。书中所采诗篇实不止于元、明、清三代，对宋代及其他时代的作品亦有收入；诗人不拘地位身份，凡有诗或诗事可传者皆予采录。“得闺秀一千三百余人”，详考目录可知实录1 270人左右。作品所用文献材料主要源于各家诗集、诗话、笔记诸作，兼采录各种渠道的名媛诗专集或断章残句，同时也有报刊杂志中的闺媛诗作。还收录了边疆或少数民族地区的女诗人作品、有八旗妇女的专述以及朝鲜与日本女性的汉诗创作。书中记载了不少明清以来女性进行诗学活动的材料，比如地区性的女性结社，活跃的家族性女性诗文化活动，女性诗人与家人、时人频繁的唱和交流以及女性参与诗学理论批评的情况等。为今人研究女性文学尤其是清代女性文学提供了宝贵的资料。

高天梅（1877—1925）

高天梅，原名堪，又名旭，字剑公，别字钝剑，号江南快剑，笔名秦风、爱祖国者等，金山人。高煌族子。少时颖悟勤学，稍长立志革命，推翻清王朝。光绪二十六年（公元1900年），唐才常在汉口起义失败，高天梅愤然挥毫：“热血横飞恨满腔，汉儿发愿建新邦。”光绪三十年（公元1904年）留学日本，在东京结识孙中山，加入同盟会。光绪三十二年（公元1906年）回国，任同盟会江苏省分会会长。于宁康里创办健行公学，以培养革命青年。那时，柳亚子（当时名亚卢）入健行公学读书，高天梅十分赏识他，破格留任教师，同时介绍他加入同盟会，并为其取名亚子。后两人同主《复报》笔政，情谊甚笃。

宣统元年（公元1909年）十一月，高天梅与柳亚子等人发起创办南社，任《南社诗选》编辑，鼓吹革命。

高天梅为人旷达，善辩喜饮，常于酒后提笔为诗，数十百言立就，以诗有声于南社。主要著作有《天梅遗集》、《未济庐诗集》、《浮梅诗》、《南娄》、《愿无尽庐诗话》、《劫灰录》等。

辛亥革命后，高天梅任金山县军政分府司法长。

辛亥革命失败后，他意志消沉。民国十二年（公元1923年）十月，曹锟贿选总统，天梅被牵连（学界对此有争议）。柳亚子电责绝交，且又频遭世人讽刺。他郁郁寡欢，蜗居不出。终日豪饮，不顾病酒，于民国十四年（公元1925年）七月七日病逝，享年四十九岁。

张叔通（1877—1967）

张叔通，中国书法篆刻研究会会员，中国美术家协会上海分会会员。原名蕴芳，《申报》总主笔张蕴和之弟，又名葆良，别号九峰樵子。松江人。

张叔通中清末秀才，早年肄业于南京高等学堂、上海英华书馆、复旦公学。曾任《申报》、《新闻报》编辑多年，尤其在《申报》工作期间，与其兄张蕴和共襄笔政，揭露时弊，持论公正，深受读者的欢迎。还担任过沪江大学教授以及浦东中学的老师和校医。

张叔通工于书法，少年时跟随名师学魏碑，擅写行草书，用笔强韧多骨，苍劲质朴，结体紧密，求之者众。民国时期，他曾与上海著名的笺扇庄——朵云轩建立合作关系，通过朵云轩收件、销售其书画作品。五十五岁时，他开始学画水墨山水，师法前代诸名家，无明显师承，自成一家。

1953年，张叔通入江苏省文史馆，任馆员。1959年3月，他转入上海市文史馆。

1960年6月，上海中国画院成立，张叔通与当时上海著名书画雕刻家沈尹默、白蕉、李健、马公愚等，以及画家兼擅书法者如沈迈士、刘海粟、程十发等同聘为画师，一起推动了上海地区书画艺术创作的发展。

张叔通一生勤于笔耕，著述颇丰。民国二十五年（公元1936年）冬，张叔通有感于中外游人对故乡名山——佘山的垂询，而当时佘山导游资料甚少，于是与堂兄张琢成等五人，编纂了首部《佘山小志》。1937年4月，《佘山小志》再版。该书共十四卷，以佘山特色为记叙重点，九峰胜迹篇幅为半，除设有园林、寺观、冢墓、佘山导游记等专篇外，还辟有九峰三泖概述、九峰三泖诗文，刊有佘山风景图十二幅，附有古迹与导游地图。张叔通等人编辑《佘山小志》，注重将史料、教化和经典融为一体，详考前人文典如《云间志》、《松江府志》、《华亭县志》、《青浦县志》、《明斋小识》、《五茸志逸》、《南村辍耕录》、《华娄两县金石志》、《九峰志》、《云间山史》等，博览历代诗文，以及徐阶、陈继儒、施绍莘、姚椿等先贤的著述。该志书行文简洁精美，读之琅琅上口，字里行间都透着热爱故乡的情怀。

1944年7月至1945年6月，张叔通曾在上海著名文学杂志《大众》上连载他的散文随笔集《九峰樵子谈画》和《余之记者生涯》，阐述了他的书画见解，以及他的职业思考。

张叔通任新闻记者时，曾与黄炎培共事过，结下了深厚的友谊，流传了一段佳话。1956年9月，黄炎培将张叔通所作的书画册呈送毛泽东主席观赏，并在信中告诉毛泽东，张叔通和他都曾是新闻记者，同事二十年，在抗战期间吃了很大的苦，有着强烈的爱国热情。还说，张叔通能画但很少作画，惜墨如金，最近为了农村和工商界的新措施，尤其是五厘定息，大、中、小皆大欢喜而作。黄炎培先生将自己的诗一并附请赐教。毛泽东回信说，他收到了画册、叙诗和另诗三首，并询问张叔通生活情况。当得知张叔通生活穷困，其所在的江苏省文史馆每月只给50元生活费时，毛泽东委托黄炎培向张叔通转赠了500元。

1967年，张叔通因病而逝，享年九十岁。

陈景韩（1878—1965）

陈景韩，又名景寒、陈冷，笔名冷、冷血、不冷、华生、无名、新中国之废物等。出生于松江一个普通的塾师家庭。父亲陈菊生，是一位具有深厚中国传统文化修养的读书人。

1897年，陈景韩进入武昌武备学堂。其间，加入革命会党，被清政府通缉。经父亲与松江地方乡绅斡旋，1899年，随同姐夫雷奋赴日本早稻田大学攻读文学专业，接触了大量的西方文学。

1902年，陈景韩任《大陆报》主笔。1904年，与雷奋一起被《时报》聘任主笔。《时报》以其新颖的版面设计和内容安排，深受读者的欢迎，在当时的报界独树一帜。戈公振说《时报》“独创体裁，不随流俗。如首立时评一栏，分版论断，扼其机枢，如提倡教育，如保存国粹，如注重图画，如欧战后增教育、实业、妇女、儿童、英文、图画、文艺等周刊，今均为各报所踵行”（《中国报学史》）。陈景韩在《时报》上的时评之所以非常受欢迎，一方面是他的语言文体简练，多短句而又容易读懂，另一方面则是因为他对时局异于常人的洞察力。以至于“当时有人把冷血比作伦敦《泰晤士报》的狄雷（John T Delane，1817—1879），认为我国读者不可不读冷血的时评，犹如英国读者不可不看狄雷的评论”（曹聚仁《陈冷血的时评》）。

1912年，史量才接手《申报》，聘陈景韩为《申报》总主笔。1913年，陈景韩离开《时报》，全身心服务《申报》。他主张报纸应该增强新闻性，重视记者的采编活动，并强调新闻要去芜存菁，短小精练。他将这种思想付诸实践，创下了历史上最短新闻的记录。1922年5月2日，《申报》刊登了“溥仪昨剃辫子”的六字新闻，即是明证。他主张新闻报道要客观，切忌主观篡改，反对有闻必录，也反对流水账式或起居式的写法，认为新闻采访写作要做到“确”、“速”、“博”。

《申报》是上海的第一大报，陈景韩作为第一大报的总主笔，也就成了蒋介石急欲笼络的对象。1928年，蒋介石邀请陈景韩上庐山为自己讲解《孙子兵法》。之后，“每当有大事，蒋介石本人必到上海访问陈氏，听听‘冷血’的议论”（曹聚仁《陈冷血的时评》）。陈景韩始终保持着清醒独立的头脑，不做蒋介石的幕僚，继续奋斗在新闻事业上。

陈景韩视新闻为自己的第二生命。他入驻《申报》后，渐渐放弃了小说翻译和写作，专心新闻工作。正如他在《申报》五十周年纪念时《二十年来记者生涯之回顾》一文中写道：“作此文者，视新闻事业恍如第二生命，新闻事业以外，一切谢绝，二十年殆如一日，虽体偶不适，亦仍从事。最近十年间，因病告假者未有一日，因事告假离职者不及五十日……”由此可见他为《申报》所作的努力。

1929年，史量才从福开森处购得《新闻报》60%的股权，意欲组织报业集团，完成他报业托拉斯的梦想。此意遭到《新闻报》总经理汪伯奇的强烈反对。蒋介石也不满史量才控制上海舆论的主导权，蒋史关系紧张，几乎危及《申报》的生存。陈景韩出面斡旋，缓解了双方的紧张关系。史量才与《申报》同人感慨：“近数年来，因政治不上轨道之故，党与非党，凡占有一部分势力者，无不欲利用报纸，以图伸张其势力，苟不如意，则叫嚣狂跳，声势汹汹，应付尤为困难……惟幸陈君景韩，思想精细、判断敏速，遇事负责任，不稍挠屈，故其应付各种困难问题与各种风潮均能随机消弭，安然而过。”（张默《六十年来之申报》）

后来，陈景韩认为“在此等期间，非但不求有功，即求无过，亦复有所不可能矣”

(《申报二万号纪念感言》)。1929年冬,陈景韩感到自己坚持的新闻舆论独立的理想破灭了,于是辞去《申报》总主笔一职,结束了他的报人生涯,到江浙财阀所属的中兴煤矿任总经理。

1934年史量才遇刺逝世后,《申报》馆组织十一人董事会以代总经理职权,陈景韩是董事会成员之一。1945年,重进《申报》馆,任报务委员会委员。1946年5月,《申报》成立新董事会,陈景韩任常任董事兼发行人,在当年11月22日副刊社论《重与读者见面》中,表达了他想办一张民间报纸,以及宣泄民隐、申达民情的主张。1949年5月,《申报》停刊。

陈景韩在担任《大陆报》的主笔外,开始翻译和创作小说。1903年6月,应日本江苏留学生同乡会的请托,他以"冷血"作为笔名在留学生刊物《江苏》杂志第四期至第七期上发表了题名《明日之战争》的翻译小说,讲述普法战争期间,法国芦苇堡的长官小队长邓利和老太尉胡若等爱国军民,上下一心,准备共同对抗普鲁士军队的故事。自此至1912年,陈景韩陆续发表小说118种,翻译小说77种,自著小说41种,是当时高产作家之一。

陈景韩既从事侦探小说的翻译,出版了《侦探谭》四册,《飞花城主》、《地中怪贼》、《俄国之侦探术》、《科学侦探》等,又自己创作侦探题材小说《歇洛克来游上海第一案》、《吗啡案》、侦探之侦探系列(包括《军装》、《名片》、《三五少年》、《某客栈》等),受到胡适的称赞:"《时报》出世以后,每日登载'冷'或'笑'译著的小说,有时每日有两种。冷血先生的白话小说,在当时译界中确要算很好的译笔。他有时自己也做一两篇短小说,也是中国人做新体短篇小说最早的一段历史。"(胡适《十七年的回顾》)

陈景韩曾在《时报》上发表《论小说与社会之关系》一文,阐述了他的小说观点。他认为"小说与社会关系"有三解,一是小说要能开风气,必须兼具有益和有味,兼顾文学性和功用性;二是小说要善察社会情形,要针对社会问题来写小说;三是小说选择要关心的问题时,要认同大多数人的观点,要关注社会时势最紧要最急需的问题。而"小说宜提倡之点"则是:"当补助我社会智识上之缺乏"、"当矫正社会性质之偏缺"、宜提倡"复仇之风"和"尚侠之风"。而他的作品则践行了他的小说理论。最具代表性的作品有三类:第一类虚无党小说,讲述的是俄国无政府主义者的革命行为和暗杀活动,与中国当时多暗杀的社会现实密切相关;第二类侠客小说,讲述的是以马贼为主角的侠客爱国的故事,宣扬尚武、任侠思想,以求重新振作国民精神；第三类自著短篇小说，主要学习西方短篇，将笔墨集中在某一个片断的场景上，创作了不少优秀的短篇，是近代较早实践新体短篇小说的作家之一。他的语言风格，在当时享有"冷血体（又称冰血体）"美誉，与梁启超的"新民体"并行小说界，为许多人所模仿。

《新新小说》是陈景韩参编的第一种小说期刊，所刊23种小说中有10种是陈景韩的作品，《刀余生传》、《路毙》、《刀余生传二》3种为自著小说，另7种为翻译小说，包括了他小说的几个主要类型，如侠客小说、虚无党小说、自著短篇小说等。其中《圣人欤盗贼欤》标"心理小说"，主人公阿罗兼具圣人与强盗的两面性；《义勇军》则译自法国作家莫泊桑的小说。陈景韩是较早关注心理小说的作家，也是较早将莫泊桑小说译介到中国的翻译家。

陈景韩后受聘于《月月小说》，成为特约撰稿人。早在1909年，《小说月报》创刊，由陈景韩和包天笑轮流编辑。在《小说月报》创刊号上，陈景韩发表了《催醒术》，是一篇具有象征性意义的短篇寓言小说，讲述某日"我"被一名持竹竿者点醒，豁然开朗，却发现这个世界覆盖着厚积的灰尘、充斥着痛苦的哀嚎、弥漫着腐烂的秽气。陈景韩认为，催醒术的作用，可使"伏者起，立者肃，走者疾，言者清以明，事者强以有力。满途之人，一时若饮剧药、若触电气，若有人于体魄中与之精神力量若干，而使之顿然一振者"。

陈景韩在连载小说的同时，注重读者的参与和交流，如他连载侦探小说《火里罪人》时，曾设悬念让读者参与猜测故事情节："你道那人是谁？"并设悬赏，"阅者试一猜之，那人究竟是何人？如有猜得者，可来投票，限于二十二日三点钟时截止……"并于次日公布谜底和投票结果。

他同时鼓励读者指摘小说的不合理处，还有酬征求全份的连载小说《火里罪人》，另设"《白云塔》投函"、"《水浒》题解"等与小说相关的栏目，当时如胡适、阿英等都曾参与过此类活动。胡适曾说："我记得有一次《时报》征求报上登的一部小说的全份，似乎是'火里罪人'，我也是送去应征的许多人中的一个。我当时把《时报》上的许多小说诗话笔记长篇的专著都剪下来分粘成小册子，若有一天的报遗失了，我心里便不快乐，总想方设法把他补起来。"（胡适《十七年的回顾》）

陈景韩一生娶了两位妻子。前妻很早就去世了；第二任妻子是中西女学的毕业生，上海人。育有二子一女，子陈亦、陈力，女陈乐。

1950年10月，陈景韩离开中兴煤矿，定居上海。1956年至1965年，担任上海市第二届至第四届政协特邀委员。病逝于上海,享年八十七岁。

张琢成(1879—1954)

张琢成,名镯,原名蕴玉,字韫斯,又字琢成,后以此字行,号泖东逸少,松江人。他是前清秀才,科举废除后进上海震旦学院学日语,因病辍学,遂刻苦自学绘画。诗、书、画及篆刻均有所成。

1920年至1935年间,他先后在上海浦东中学、上海第一商业学校、镇江敏成中学、苏州崇道女中、南京东南艺专、上海新华艺专等校任教,并任南京历史博物馆编纂、镇江《江苏通志》分纂等职。所结交的多为"南社"诗人,与他们有诗词唱酬。

1921年,张琢成偕同赵祖康、朱叔建、钱江春、张叔通等支持和资助侯绍裘、朱季恂办景贤女中,后该校成为江南著名的进步女校。

1923年,他参加侯绍裘、朱季恂、沈联璧、钱江春创建的进步社团"新松江社"。北伐后,曾任松江市政局长,力图改革积弊,遭劣绅反对,不久即辞任。1927年"四·一二"政变时,侯绍裘被反动派杀害,"新松江社"活动停顿。1932年沈联璧约集他与雷君彦、陈贵三等重建此社,他以自有土地换得一块地皮,集资兴建社舍,1935年春落成,召开首届社员大会。该社以团结进步人士、革新社会风气、进行学术研究和思想交流、开展正当的娱乐活动为宗旨,蔡元培、丰子恺、柳亚子等到会祝贺,成为松江一大盛事。

1937年"八·一三"事变后,松江遭日寇狂轰滥炸,张琢成携女儿们辗转江浙乡间避难。次年到上海,以鬻书卖画为生。

1940年回松江,家已被炸毁,改建柴屋后入住,名曰"此木轩"。他保持气节,不与敌伪合作,闭门明志,在家设塾收徒。1943年倡办"松风书画社",热心培养后辈。学生有张寿甫、费百熙、朱念孝、杨慎庵、韩景潮、张佑之、许乃时、黄宗香、冯钟琦、叶良玉等人。

1944年冬,张琢成在松江莫家弄(即松江商会旧址)举办个人画展,几十幅画被定购一空。他的作品精神饱满,笔酣墨畅,有深厚的传统精髓,造诣很高,在精湛的画面上,诗、书、画三者水乳交融,属大家风范。

抗战胜利后,他曾任县临时参议长,兼任县财务委员会主任,数月后辞任。1949年秋,他北上住第五个女儿家。因女婿浦江清为清华大学教授,他在清华园中结交了一些学者雅士,相与吟诗作画,时有唱和,并参加京城文学社团"稊园诗社"。此时诗文结集自题为《北游吟草》。

1952年夏回南方，1954年春在苏州病逝，葬木渎公墓。妻朱豪震，早逝，续弦朱明卓，再续弦沈氏，生有一子（早逝）八女（一女早夭）。

早年撰有《颜师教学日记》、《六法浅论》、《画概》，参与编纂《续纂华娄县志》、《江苏通志》，与张叔通合编《佘山小志》。现《画概》、《北游吟草》及《佘山小志》尚存。后人搜集其现存书画作品与诗文稿，成《张琢成诗文书画集》。

高　燮（1879—1958）

高燮，字吹万，号时若，别署志攘、黄天、寒隐、葩叟。金山人。高煌之弟。

他早年即不满晚清腐败统治，写诗抨击时弊，鼓吹革命，后为南社耆宿。

高燮系世代书香，博览群书。所居秦望山麓，筑闲闲山庄，建吹万楼，有葩庐室、可读斋、袖海堂，占地十余亩，池亭水榭，曲槛长廊。凿石引泉，开轩延翠。藏书十万多册，有关《诗经》的书籍尤多，历朝善版孤本，计达千余种。

高燮著述甚丰，有《吹万楼文集》、《吹万楼诗集》、《吹万楼日记》、《庄子通释》、《感旧漫录》、《愤悱录》、《闲闲集》、《诗经大义》、《谈诗札记》等，与姚光、柳亚子合刊《三子游草》，编印《吴日千先生集》、《陈卧子安雅堂稿》。他所作的散论、诗篇，如《醒狮歌》、《宝剑篇》、《谈史杂咏》、《近事新乐府》等，载于于右任创办的《民呼》、《民吁》、《民立》报上。

高燮去世，胡厥文挽曰："南社早蜚声，金山一代英。笔摇清帝鼎，梦绕岳王坟。革命心肠热，攘夷思想新。遗诗千百首，一读一酸辛。"

高燮之孙高锟，著名物理学家，人称"光纤之父"。中国科学院紫金山天文台将一颗于1981年12月3日发现的国际编号为"3463"的小行星命名为"高锟星"。

费龙丁（1880—1937，一作1879—1937）

费龙丁，字剑石，别号阿龙、长岸行人，松江县人。得秦瓦一方当砚，因改名为砚，字见石，而以龙丁为号。晚年既信佛，又信耶稣，故别署佛耶居士。

费龙丁学识广博，书工行、楷，篆摹石鼓；精刻印，力学不倦。早期入南社，曾与社友李息霜于杭州创建金石组织"乐石社"。编辑《乐石集》。还曾加入西泠印社，为该社早期社员。

清光绪二十四年（公元1898年），留学日本，攻读数理兼美术。回国后，一度在广西测量学校任教职。后拜吴昌硕为师，艺益精进。名闻江浙沪一带。偶涉笔作山水画，意境高远。

一生著有《瓮庐丛稿》、《瓮庐印存》（又称《佛耶居士印存》）、《春愁秋怨词》，今皆散失无存。

松江收藏名家朱孔阳与费龙丁过从甚密。曾拓有金白仲和费龙丁所刻印章，名《白丁印谱》，并藏有费龙丁夫妇所写诗稿。据他说，费家祖上便是擅作诗文的博雅君子，家学渊懿。费龙丁自幼饱受庭训，笃学诗文。

沈瘦东在《瓶粟斋诗话》中说："龙丁有洁癖，襟怀洒然。工金古文、篆刻丹青，尤自矜重……性情迟缓，交件动辄经年，不为求者所喜。"费龙丁个性虽落拓不羁，却十分沉默寡言，是个出了名的"闷罐子"。掌故大师郑逸梅在《艺林散叶》中记叙了一桩趣闻：王慧，字小侯，八分书学杨见山，也擅篆刻，与费龙丁相友善，两人都是寡言少语之人。有一回，两人在冯超然家不期而遇，费龙丁上前抱手作揖道："久违久违，体尚健否？"王慧赶忙回礼，答曰："一别三年，体尚顽健。"打完招呼后，两人对坐了差不多半个小时，却别无它言。冯超然见状戏谑说："君等是否哑巴，抑彼此有深仇宿怨乎，何缄口如此？"费龙丁与王慧仍是正襟危坐，只是微笑，却默然如故。

费龙丁喜爱收集文物，书画、印章、青铜器、古玉、铜镜、碑帖、图书，不一而足。收藏中不乏稀世珍品，最珍贵的要数陕西出土的一块秦代瓦当，上有"维天降灵，延元万年，天下康宁"十二字铭，俗称十二字瓦。此瓦已经前人制成砚台，上下红木底盖，古雅可爱。费龙丁也援以为砚，视为瑰宝，还把自己的名字改为费砚，以作纪念。

除此之外，他还藏有"父癸"商鼎、赤乌砖砚等珍玩，无不古色斓斑，奇雅别致。清代金石学家陈介祺六十八岁时撰写的一副对联也在他的收藏之列，上书"酌酒赋诗相料理，种花移石自殷勤。"个中情趣深得费龙丁之意。

沈禹钟《印人杂咏》中有咏费氏一首："长房仙去白云高，峰泖当年伴奏刀。里巷幽居名不掩，至今人忆印中豪。"据朱孔阳先生说，费龙丁之印自有一股"傲气"在。其人秉性高傲，向来不肯俯首于某派某人，其印以古玺、汉印为主，偶作宋元小篆细朱文。早年他入主西泠印社和参与南社，在这两大赫赫有名的社团中，交友日广；后又入了吴昌硕之门，学技问艺。他对吴昌硕虽已是诚心折服，但也不愿亦步亦趋。

吴昌硕对费龙丁这个弟子颇为看重，悉心指导提挈。1918年曾为其《瓮庐印策》

题七绝两首:“心醉摩崖手剔苔,臣能刻画古英才。依稀剑术纵横出,何处猿公教舞来。”“皇皇吴赵耻同风,周玺秦权汉镈钟。感事诗成频寄我,似谈印学演藏锋。”1920年春日,吴昌硕又为费龙丁珍藏的秦十二字瓦当砚作铭,回环刻于四周曰:“研和璧,瓦赢秦。字十二,琅琊魂。龙丁大书金石文,奇姿如龙跳天门。庚申春,吴昌硕年七十有七。”

1914年上元节前一日,费龙丁与李华书在沪北宸红园喜结连理。李华书名钟瑶,为沪上名绅李平书之胞妹,曾留学日本,亦工吟咏,精书法,善丹青,尤其擅长刺绣。费、李伉俪风雅同调,恩爱弥笃,婚后于家中鼓琴吹箫,染翰唱随。

费龙丁挚友高燮造访其家,“见壁间悬素琴一,女士之所鼓也,洞箫一,女士之所吹也。此外古帖名画之属,则伉俪之所同抚也。庸是益叹为神仙眷属不啻矣。曰:‘二人者,各以风云飙举之才,成为配偶,志同而道合,趣静而旨深。’……今距其成婚之日且十载,而龙丁促之无已时,足以知其夫妇爱好之情,历久而弥笃,殆有得于咸恒之意者欤。”(《费龙丁婚礼记》)称羡之情流露无疑。另一至交沈瘦东在《瓶粟斋诗话》中也记载:“其夫人亦工书画,丁丑(民国二十六年,1937年)春,余以与《松江志》役之招至茸城,往访龙丁,见夫人方临《黄庭经》,殷殷以经中古韵为问。龙丁家甚贫,而夫人处之恬然,真佳偶也。”马国权在《近代印人传》中说:“伉俪匪独恒同赏其珍秘,而唱酬染翰,固不让赵、管(赵孟頫、管道昇)专美于前也。”

费龙丁妻兄李平书曾任上海城厢内外总工程局总董、上海民政总长,辛亥革命光复上海一役,贡献极巨,又致力振兴上海城区之水电、交通等公用事业,提倡民族自主,声名卓著。李平书生平嗜古,府中有“平泉书屋”,庋藏历代名迹甚富。费龙丁、李华书伉俪近水楼台,同赏其珍秘,眼界增阔。费龙丁又与王念慈、俞粟庐等共同校定“平泉书屋”所蓄书画佳构,赏奇论艺,与古为欢。

一代奇才李叔同与费龙丁从西泠印社到南社再到乐石社,是为数不多“横跨”三社的成员,一路走来相交莫逆,情谊甚笃。乐石社是由浙江省立第一师范学校教师、学子与部分西泠印社社员、南社社员等共同组成的金石篆刻团体,由师范学校学生邱志贞发起成立,李叔同曾任该校教师。乐石社初创之际,费龙丁曾延请同籍姚鹓雏撰《乐石社记》,以彰风雅,记中有云:“余视龙丁,博学多艺如李子,气宇简穆如李子,而同客武林,私念亦尝友李子否?及袖出缄札,赫然李子书也。信夫气类之合,有必然者矣。将以闲日,诣六桥三竺间,过李子、龙丁,尽观其所藏名书精印,痛饮十日,以毕我悬迟之私。李子、龙丁,亦能坐我玉笋班中,使谢览芬芳竟体耶!”有将费龙丁与李叔同相提并论之意。

费龙丁晚年时，有求其笔墨者，动辄经年不得，故作品极少，如《金石缘图》、《倚梧待月图》、《春愁秋怨词图》等。

民国二十六年（公元1937年）11月初，日本侵略军进迫松江时，费龙丁出避，途遇日军，遭弹击罹难。

史量才（1880—1934）

史量才，原名史家修。父亲史春帆起初走街串巷贩卖人参等药材，后与邻村庞家桥村的庞品三（庞明德之父）合伙在娄县泗泾镇开了爿泰和堂中药铺。1887年，母亲史庞氏因产褥热去世，他随父迁居泗泾。

光绪二十五年（公元1899年）中秀才，因被当地童生控告"冒籍赴考"，被取消秀才资格，录为附生。受改良派康有为、梁启超等思想影响，他放弃科举，求学于新式学堂，学习西方的社会科学和自然科学知识，拟与学友雷继兴等赴日本留学，以科学拯救贫穷危难的国家。不料，即将成行的一个晚上，隔壁祥泰和南货店失火累及泰和堂药铺，烧毁了父亲创下的家业。为替父分忧，承担家庭责任，光绪二十七年（公元1901年），他就读杭州蚕学馆。

1902年寒假，他与地方父老倡议兴新学，创办米业私立养正初级学堂（即泗泾小学的前身）。1903年秋，从杭州蚕学馆毕业，受聘于上海王氏育才学堂，后又在务本女学、兵工学堂兼职。1904年，与庞明德完婚，并用黄公续（金山明强中学校长）赠送的2 000元庄票，盘下高昌庙桂墅里女子学堂，创办了上海女子蚕桑学校，招收十六岁至十八岁的少女，推行学以致用的新式教育。1910年秋，将学校盘给郑辟疆。

1905年，他偕诸同志发起江苏学务总会，被推为江苏铁路公司董事。曾有人问立宪派领袖张謇："您为什么这样重用史家修？"张謇说："我是量才录用。"从此，他改名"量才"。

1910年，史量才到狄平子经办的《时报》下作一名报人。《时报》创刊于1904年6月12日，原系康有为和梁启超为保皇、立宪而创办的保皇党机关报，但在狄平子的经营下，该报以独创清新风格展现在读者面前，关心喜好者络绎不绝。为了不妨碍主笔房工作，也为了不影响各方宾客侃侃而谈，狄平子就在楼上特辟一间"息楼"，供来宾和馆内同事休息时用。后来息楼成了远近闻名的俱乐部，史量才是每日必到的常客，在这里接受着熏陶，事业风帆也是从这里扬起。

1912年9月23日，史量才与《申报》老板席子佩订约，以12万元的价格盘下《申报》，1912年10月20日正式移交。史量才自任总经理，留聘席子佩为经理，开始了他的办报历程。

《商报》编辑胡憨珠曾经说：“谈《申报》必及史量才，谈史量才必及秋水夫人。”秋水夫人即沈秋水，原名慧芝，乃花翠琴家最小的养女，因灵敏聪慧、雍容华贵、语言得体而成为魁首。她的第一个客人陶骏保，系镇江军阀，北上军事行动前，曾向她许下婚娶诺言。不料，花翠琴又让慧芝与泗泾人钱有石交往，钱有石也与她订下嫁娶之约。史量才在出入花翠琴家时，也恋上慧芝。慧芝在陶骏保、钱有石和史量才三者间钟情于史量才，认为陶骏保虽有权有势，但是个粗犷的武人，而钱有石虽家有良田三千，毕竟是位田舍郎，唯有史量才是人海中豪杰，前途不可限量。在钱有石想迎娶慧芝时，发现慧芝心系史量才，十分恼怒，后得友人张竹平劝解才放弃。而陶骏保革命成功任镇江参谋总长，却因政要间矛盾激化，被击杀于小东门江海厅大院。这样，史量才与慧芝方得以团圆。由于两人曾有天各一方彼此相思的日子，故史量才让慧芝改名秋水。

冯亚雄在《申报与史量才》中写到：秋水之恩客陶骏保，丹徒人，任南京军务要职，辛亥革命时，挟其所贪污军饷十数万元来沪，寄迹妓院，将随身钱、衣两包交秋水暂为保管。沪军都督陈其美探知陶骏保有割据镇江之企图，便设计将其枪决了。秋水与史量才乃旧相识，便将情况告知，史量才说可以保护她，秋水“遂以身相许，并将钱包自愿交与量才”，此即史量才盘进《申报》的财源。

若干年后，史量才在杭州西湖边为她建造了秋水山庄，并亲手题写了山庄门匾。秋水与史量才琴瑟相和，感情深厚，尤其是有了秋水山庄后，两人既可以自由地各自读书弹琴，也可以一起切磋琴技、棋道。1933年秋，夫妇俩在秋水山庄“倚楼无语理瑶琴”，尽情抒发豪情，史量才诗兴大发，写下他平生最后一首诗：“晴光旷渺绝尘埃，丽日封窗晓梦回。琴语泉声通性命，湖光岚翠绕楼台。山中岁月无今古，世外风烟空往来。案上横琴温旧课，卷帘人对牡丹开。”史量才被杀害后，秋水抱着他们都喜爱的七弦琴，悲愤弹奏《广陵散》，然后断弦焚琴送知音。

当初，史量才接手《申报》后，殚精竭虑，日理万机，进一步提高了《申报》的威望，并于1918年在望平街三马路拐角处、新闻报馆对面建造了一幢气派非凡的欧式大厦——上海申报馆大楼。当时美国新闻家麦高森先生说：“《申报》不特在中国堪称第一大报，即于世界似贵报之规模殊不多见。”为此，史量才于1919年10月在世界报业大会上被推选为世界报业大会副会长。而1921年，英国《泰晤士报》主人、《每日邮报》创办人北岩爵士来申报馆参观访问时，赞叹《申报》是中国的《泰晤士报》，并在宴会上致词说："参观贵馆有种特异之观感，贵国之报界竟有用最新之组织设备如贵馆者也。鄙意，世界幸福之所赖，莫如有完全独立之报馆……语云'百闻不如一见'，此次广观贵国情形，对于贵馆方面深抱乐观。敬奉一觞，以祝贵国前途之兴盛与贵馆之发展。"美国总统哈定，曾从事新闻事业，则赞誉申报"乃中国报纸之从最新新闻学进行者"。

为了独立办好《申报》，也为了以《申报》为"史记"大书，让治国者、修史者明兴衰之理，以史为镜，正人正己，史量才盘进《申报》后，在邀请张謇、赵竹君、应季中三位德高望重者入股支持的基础上，同时推出了两大举措：智聘冷血（即陈景韩），购旧申报，从而扭转了申报馆濒于停刊的死气沉沉的局面。

量才与冷血商量成立《申报》采访部，开启了报社派驻记者亲临采访现场的新时代。1923年5月7日，《申报》报道了"临城劫车案"，震动中外。当时记者康通一乘坐京沪快车去济南采访过程中，与同车30余名外侨在山东临城遇土匪抢劫并被扣为人质，康通一脱险后，将此经历写成报道刊登在《申报》上。这次事件，让史量才看到现场采访的重要性和必要性。采访部即在这一背景下成立，康通一任采访部主任，成员有金华亭、张君权、詹天慰等，1927年孙恩霖受聘加入。采访部的成立使《申报》的新闻大为增色。

史量才办报，不以一个政党或集团的利益出发，而是从大多数人民利益出发。在经办《申报》时，他坚持独立办报精神，不惜与最高当政者冲突，先后因新闻报道开罪袁世凯和蒋介石。

辛亥革命后，袁世凯窃取大总统宝座后，对报业恩威并用，推行新闻钳制政策。一方面，对妨碍他统治和控制的报纸，予以查封、勒令停刊，对正直进步报人逮捕、杀头，使得报业一片萧条，辛亥革命时期发展起来的五百多家报纸很快就只剩下一百多家。另一方面，考虑到《申报》在全国拥有大量拥戴它的读者，于是派"臣记者"薛大可携15万金来沪，前往申报馆疏通。史量才表示愿为宣传科学、民主不遗余力，并正告薛大可，袁世凯接受了日本人无理的"二十一条"，已成为卖国罪人，请薛大可不要执迷不悟。史量才不仅不接受袁世凯的赠款，还愤然将袁世凯这一行贿丑行披露报端，于1915年9月3日在《申报·本馆启事》中刊登："有人携款15万来沪运动报界，主张变更国体者。"并申明本报主张："本报宗旨以维持多数人当时切实之幸福为主，不事理论，不尚新奇，故每遇一事发生，必察正真人民之利害，秉良心以立论……此次筹安会之变更国体论，值此外患无已之时，国乱稍定之日，共和政体之下，无端自扰，有共和一日实难赞同一日，特此布闻。”表达了对袁世凯称帝的公然反对态度。《申报》还在1915年底，接连三次刊登启事，代表黄远生声明反对帝制并辞去袁系报纸聘约。而袁世凯不顾民意反对，于1915年12月12日宣布承受帝位，宣布改1916年为“洪宪元年”，并颁发通令，要求全国报界统一改用洪宪纪元。史量才在日报公会与各报代表商议，决不趋附，只改用西历年月。淞沪警察厅致上海日报公会函告：“上海各报……若再沿用民国五年，不奉中央政令，即照报纸条例，严行取缔，停止邮递。”如此高压之下，《申报》则将“洪宪元年”中宪字漏刻，后来补充时又将此四字印得模糊不清，并配上“时评”，称：“方今时势，岂能以态度窥测人哉？表与里相反，行与言相违。苟欲窥测之，与其用正比例，不如用反比例之为当也。”

史量才与蒋介石的关系则更为错综复杂。蒋介石确立为国民党最高统帅后，对新闻界严加控制，1927年8月，更是在上海大马路（南京东路）慈淑大厦挂起了“新闻检查所”招牌，对报纸实行检查制度并向各报派员指导，坚持“独立自主”的史量才拒绝接受对《申报》的派员。1928年底，史量才从福开森手里买下全部《新闻报》股权，不仅遭到了新闻报馆的一致反对，也遭到潘公展之流的反对，国内掀起了一场声势浩大的反对新闻托拉斯运动。史量才难以定夺之时，想起当年在《民国日报》的“青年导师”邵力子，当时邵力子任国民革命军总司令部秘书长，史量才写信请他在高层斡旋，在邵力子的努力下，蒋介石才终止了对购股事件的干涉。为抵制国民党政府的专制检查，报人就让扣下的文字空着，名曰“开天窗”，以泄心头的气愤，《申报》在1930年2月至10月期间，就开过9次天窗，以示抵制。1931年“九·一八”事变后，蒋介石疯狂地将屠刀挥向共产党和国民党内威胁他的力量，于1931年11月29日杀害了国民党左派中坚人物邓演达。宋庆龄难抑心中的悲痛和愤怒，奋笔写下《国民党不再是一个革命集团》的宣言，沉痛指出：“中国国民党早丧失其革命集团之地位，至今已成为不可掩蔽之事实。亡国民党者，非其党外之敌人，而为党内之领袖。”矛头直指国民党最高领袖蒋介石。史量才从杨杏佛手中接手宣言，当即表示明日见报，并以日报公会会长身份召集各报主编说：“孙夫人是我们的国母，为何没有她发表言论的阵地？”在他的影响下，次日各报纷纷登载了这篇声讨蒋介石的檄文。1931年12月15日，蒋介石被迫下野，《申报》则及时发表时评《欢送》。

“一·二八”事变后，上海人民万众一心，慷慨解囊，箪食壶浆，以资抗日将士。史量才与黄炎培、王晓籁等三十二人发起成立了“上海市民地方维持会”，史量才被公推为会长。他一面处理报社事宜，一面主持“维持会”会务，发动捐款，组建中国“红十字会”，创立伤病医院、难民所，调剂金融，维持商会。当十九路军军需吃紧时，史量才捐出购纸备用款十万美元，表达了自己“毁家纾难”也决不做亡国奴的意愿。

1932年2月，蒋介石得知周恩来化名伍豪后，想搞离间，就责令《申报》刊登《伍豪等243人脱离共产党启事》，被史量才谨慎处理，使真相大白天下，粉碎了蒋介石的阴谋。而1932年6月2日、7月2日、7月4日，《申报》则连续三次发表“论剿匪与造匪”的时评，严正指出：“举国之匪皆黑暗之政治所造成；所剿之匪，何莫非我劳苦之同胞？何莫非我饥寒交迫求生不得之良民？”1932年7月，《申报·教育》栏内又刊发了“中大风潮原由”和“中大学潮评议”，并揭发了当时教育部部长、原中大校长朱家骅挪用3万多元水灾捐款的丑闻。蒋介石气愤抓起笔写下“《申报》禁止邮递”六个大字，这次禁邮共达35天。

第五次“围剿”后，蒋介石为了更好地控制报界，尤其是《申报》，将上海各界头目召集到南京会晤，散会时，还有意与史量才讲话，拍摄时与其并肩靠着站在第一排。然而，就在这次会后，社会上却流出“你有枪，我有报”的传闻，版本很多，意思大致相同。据黄子健提供的黄松回忆：“有一次史先生到南京面见蒋介石，两人谈得很不投机。蒋说：‘我手下有几百万军队，激怒了他们是不好办的。’史先生也不示弱，冷冷地说：‘我们《申报》发行十几万份，读者总有几十万吧。我也不敢得罪这几十万读者。’蒋介石最后说：‘史先生！我有什么缺点，你报上尽管发表。’史先生回答：‘委员长！你有不对的地方，我照登，决不客气。’”当时许多人为史量才安危担忧，他表示：“古往今来，不知有多少仁人志士，为了国家民族利益直批逆鳞的！”言语间充满了无所畏惧、视死如归的豪迈气概。黄炎培认为：“这位自由主义者在‘领袖’召见时气宇轩昂，睥睨孤傲，颇有孔融冒犯曹瞒之慨，而这正是他招致杀身之祸的直接原因。”

1934年11月13日，史量才从杭州返沪，途经海宁县时被杀害，时年五十三岁。国民党政府曾严令10日内获犯，而就在浙江省主席鲁涤平在蛛丝马迹中发现蹊跷时，当局以限期未能破案为由，调离鲁涤平，海宁县长江恢阅被撤职，该县各级公安人员被记过处分。1935年3月15日，鲁涤平跳楼身亡，如夫人沙氏殉节，史量才案舆论遂趋沉寂。

1935年5月16日，史府举行家祭，5月17日各界人士吊唁，李公朴等为其撰写了祭文，张学良、于右任、邵力子、杨虎城等也有悼念诗文，曾与史量才有过龃龉的狄平子亲赴灵堂吊唁，送去了一条陀罗经被，并写挽诗："一曲竟成广陵散，剧怜琴剑两消沉。卅年交谊休回首，长对西风泪满襟。"5月18日举殡葬于杭州积庆山麓。

平海澜（1885—1960）

平海澜，英语教育家。出生于松江县一农民家庭。

他幼年时家境贫寒，没钱读书，工余常常去私塾门外听课，他的行为感动了私塾先生，于是允许他免费入私塾读书。

十四岁时，考入南洋公学。毕业后赴日本，考入早稻田大学医科，因付不起学费，后就读东京英语专科学校，依靠勤工俭学完成学业。回国后，主要从事英语教学工作。

1911年6月，在清华学堂，为维护中国教职员的利益，以表达对美国公使馆干涉清华学堂教学的不满，平海澜与胡敦复、朱香晚、顾珊臣、郁少华、张季源、顾养吾、华绾言、周润初、赵师曾等人，组织立达学社。为发展民族教育，立达学社社员在北京举行集体会议，决定筹设学校。10月，平海澜与立达学社的十余名社员集体辞职，南下申城，与先行到上海的胡敦复会合。

1912年3月，立达学社创办的大同学院在上海南市区肇周路南阳里挂牌，平海澜负责教务并担任英文教师。大同学院在立达学社全体社员的共同努力下，得到了长足的发展，后改称大同大学，成为民国时期上海最为有名的私立大学之一，学校以理工见长，享有"北南开、南大同"的美誉。

1916年，平海澜受聘于商务印书馆，在编译所工作，并兼任《英文杂志》主编，共出版杂志120期，刊登了大批有价值的英文文章和译著，对国人学习英语起到了良好的促进作用。其间，还与同人合编《英汉模范字典》（担任主编），于1920年5月正式出版，为国内之首创。

1923年，平海澜创办了海澜英文专门学校，聘请了林汉达、邹韬奋、林语堂等名家授课。学校教育学生既咀嚼文学精华，又熟习英语语法规则，从而卓有成效地造就了一批英语人才。20世纪30年代，海澜英文专门学校并入大同大学，平海澜除了担任大同大学教授外，还兼任中学部主任，继续从事外语教学工作。

1928年2月，立达学社会议决定：立达学社社长不得兼任校长，校长不得兼任立达学社社长，并通过校董会组织大纲，成立董事会，平海澜票选为校董。

1949年10月，大同大学校长胡敦复北上，平海澜担任代理校长。1950年2月，平海澜担任大同大学校长，直至1952年全国高等学校院系调整时大同大学停办。

建国后，平海澜先后当选为上海市人大代表、上海市政协常委、上海市哲学社会科学联合会副主席、上海市外文学会主席等，1960年，任上海文史馆馆长。

平海澜关心立达学社社务，支持大同大学建设发展，与同人一起捐款累计达4 000元。在大同大学教书期间，平海澜与张季源堪称伯仲，情谊亲于兄弟，流传了这样一段佳话：在大同大学开办的第二学期，平海澜和张季源迫于家计而又不忍放弃义务，于是平海澜在大同任课，张季源在外谋事，所得俸禄，除捐助大同外，又量力补贴平海澜，颇具古人之风。

平海澜一生好学，英语造诣精深，被誉为“中国英语教学先师”。他从日本回国后，积极投身英语教育事业，先后在广西梧州中学、江苏无锡中学、上海浦东中学和民立中学担任英文教师，为中国外语教育作出了很大的贡献。在大同大学期间，他除了担任教务长，还亲自教授英文、外国史等课程。在一线从事英语教学工作之外，他还通过媒体发表文章，出版书籍，推动外语教育的发展。同时组织了大量稿件，宣传研究外语教学，引起了很大的反响。他的主要著作有《英语语法规范》、《科学观之英文法》、《英语文法》、《高级英文读本》、《国际音标发音字典》、《英语教师手册》等。

平海澜享年七十五岁。

朱叔建（1885—1978）· 朱季恂（1888—1927）· 朱怀新（1916—2014）

朱叔建，名肇昇，以字行，又字建刚。松江县华阳桥（今车墩镇）人。

朱叔建早年读书勤奋，清宣统元年（公元1909年），拔贡朝考，在法部任职。后留学日本，加入同盟会。辛亥革命后，松江光复，他与蒋轼等组织“地方政论会”，对松江兴革提出颇多建议。

1912年，朱叔建随孙中山至北京，秋后，随孙中山南下，在南京辅佐陈陶遗创建国民党江苏支部。嗣后，长期担任江苏省议会秘书等职。

1927年，朱叔建任上海市政府第四科科长。1932年，任松江县教育局局长。后辞职，赴上海报馆工作。抗战期间，任上海鸿英图书馆主任，中华职业工商专科学校教员等职。抗战胜利后回松江，任省立高级应用化学科职业学校语文教员。解放前夕,时局混乱,他避居上海徐家汇寓所。

松江解放后,朱叔建被推为松江县第一、二届人民代表会议代表、苏南行署第一届人民代表会议代表,松江县政协副主席。1951年,任苏南行署监察委员会委员。1952年,推为苏南政协委员兼秘书长。1953年,江苏省人民政府成立,朱叔建任省政府参事室参事,并特邀为江苏省第一届政协委员。后由南京迁居上海,任上海市政府参事,兼市政协委员。

朱叔建古文造诣深厚,工诗词,乃南社早期社员。生平著述甚多,传世著作有诗集《白下酬唱集》、《华亭酬唱集》、《乐在堂诗存》等。

朱季恂,朱叔建胞弟,名肇旸,以字行。光绪三十一年(公元1905年),朱季恂就学于健行公学,师从柳亚子,接受民主革命思想。1906年,健行公学解散,他转学于南洋公学,曾加入同盟会,后因病辍学。

1913年,朱季恂任松江县立第一高等小学教员,教授过侯绍裘。1917年,远赴南洋,在一华侨中学任教。1921年,因肺病复发回国。

1921年夏,松江景贤女校经费困难,难以为继,朱季恂毅然变卖田产,与其兄朱叔建、学生侯绍裘和钱江春等人接办该校,改名为"景贤女子中学"。他与侯绍裘任专职教员,仅领取少许车马费,并对有志进取却经济拮据的可造之才,尽可能减免学费乃至膳宿费。他重视学生的革命思想教育,使《新青年》等进步刊物在校内广为流传。

1922年秋,朱季恂介绍侯绍裘加入国民党。1923年4月,经邵力子介绍,朱季恂与侯绍裘一起重新登记加入改组中的国民党,从此,他们以半公开的身份在松江开展国民革命活动。1923年5月,与侯绍裘创办《松江评论》(今藏松江区博物馆);6月,与侯绍裘、沈联璧、钱江春等发起组织进步社团"新松江社";9月,与侯绍裘组织"三五社",宣传孙中山的三民主义、五权宪法;秋,与侯绍裘在松江教育界积极发展国民党的组织,为改组国民党做准备。

1924年5月,朱季恂受孙中山委派,在松江组织成立江苏省临时省党部,被选为常务委员。12月7日,和侯绍裘发起在松江召开国民会议宣传会议,各界人士百余人出席。他们作为孙中山委派的江苏省特派宣传员发表演说,支持孙中山发起召开国民会议和废除不平等条约的人民运动,宣传国民会议的要旨,以期各界共起主张解决国是。

1925年8月,国民党江苏省党部在上海正式成立,朱季恂与侯绍裘、柳亚子三人当选为省党部常委和执行委员。他衷心拥护孙中山的“三大政策”，为此走遍各县，积极从事宣传和组织工作。同时与国民党右派进行针锋相对的斗争。孙中山逝世不久，国民党右派公开反对“三大政策”，朱季恂与柳亚子、侯绍裘等以江苏省党部名义，最早发电向国民党中央控告，并撰文反击。

1926年1月，在国民党全国第二次代表大会上，朱季恂被推选为中央执行委员，仍兼江苏省执行委员。1926年5月，朱季恂偕夫人赴广州，出席国民党第二届中央执、监委员会第二次全体会议。

1926年5月15日，国民党二届二中全会开幕。蒋介石提出了“整理党务案”，规定：加入国民党的共产党员在国民党中央和省、特别市党部任执行委员，其总数不得超过三分之一，不得担任国民党中央机关的部长；加入国民党的共产党员名单交国民党中央执行委员会主席保存……面对这一举动，朱季恂与柳亚子、侯绍裘一起面见蒋介石，提出一些有关政局的意见，蒋介石不以为然，他们“很不客气的教训了他一顿”(柳亚子《答客难》)。全会结束后，朱季恂留在广州任国民政府参事。后病逝于广州。

朱怀新，朱叔建、朱季恂侄女，画家俞云阶之妻。生于徐州，祖籍松江。中国美术家协会会员，上海美术家协会会员，上海粉画协会会员，上海林风眠艺术研究会会员，上海徐悲鸿艺术研究会理事。交通大学艺术系艺术顾问，行知艺术师范学校顾问。

朱怀新从小喜爱画画，1928年上小学时，已出版《怀新集》。1935年考入杭州艺专，师从林风眠；1938年考入国立中央大学艺术系，师从徐悲鸿、吕斯百、张书旗、黄君璧、傅抱石、陈之佛等；1941年，在国立中央大学附中任高初中美术教师；1947年，在南京三牌楼中大附中任教；1948年，回国立中央大学附中任教；1951年至1952年先后在私立上海美术专科学校、上海育才中学任教；1975年退休。

1988年，在上海静安区文化馆举办个人画展，展出中国画、油画、水粉、素描等作品百余幅；1991年，在上海新锦江大酒店举办个人专题画展；1993年，色粉画《甜梦》获全国第六届水粉画展银奖；1994年，水墨画《香雪迎春》获日本名古屋中日名家优秀奖；2004年，创作油画《十鹿九回头》，赠松江名画陈列室收藏；2005年，由上海美术家协会编、上海画报出版社出版《上海美术家库(第二卷)——朱怀新》；2011年，她的作品参加北京画院举办的《徐悲鸿师生联合展览》，后出版《艺为人生》画册；2012年，在程十发艺术馆举办作品展，由上海人民美术出版社出版《画画不需要眼睛——朱怀新》画集。

孙雪泥（1889—1965）

孙雪泥，又名鸿、杰生，字翠章，号枕流，别署枕流居士，松江人。中国美术家协会上海分会会员、美协上海分会理事、上海中国书法篆刻研究会会员、上海市文史馆馆员。

孙雪泥五六岁能剪纸，随意裁成花卉、动物形态，供邻女刺绣时择取。稍长进私塾就读。十六岁时科举废除，他只身来上海当学徒，工余爱绘画，临线装版画以及图案，并寻找一条使艺术与实用两者结合的途径。1912年在上海创办生生美术公司，编印《世界画报》。早期聘徐卓呆为编辑主任，后自任编辑主任。以名画家和自己的作品，印刷制作成具有实用价值的日历（月份牌）、团扇等，又主持宋体铸字印刷局，以商养文。1928年，采用新制版工艺印刷《良友画报》，十分精美，很有声誉。1931年赴日本考察，回国后又创办图画书局，出版儿童读物，同时首创绢扇面彩色胶印工艺，为印制国画团扇，在松江设有团扇制造厂。1932年与贺天健、钱瘦铁、郑午昌等交往并创办中国画会，任常务理事兼总务，为中国画会筹募基金举行会员作品展及举办福利事业等不遗余力。抗战前，在漕溪北路置地自建新厂房，引进半自动胶印机，1948年又引进哈立斯自动胶印机。曾任上海市彩印工业同业会理事长，生生美术公司董事、总经理，生生图画公司董事长，冠生园食品公司、中联印刷公司董事，在工商界享有盛誉。1950年出席第一届全国出版工作会议。1953年任上海图片出版社编辑室主任。1956年上海中国画院筹建时应聘为画师。1965年7月4日在上海逝世。

他一生专研绘事，工山水、花卉，尤擅鳞介、蔬果、梅花等。山水画继承云间画派，花果则宗明代孙克弘，所作风景和蔬果，淡雅秀逸，颇有韵致。代表作《富春江上木排多》、《蔬菜梅花》入选1956年第二届全国国画展览，《西郊农事好》入选1960年全国美术作品展览。另有作品《柳浪闻莺》、《春节欢度所见》。1962年8月与朱屺瞻同时在上海美术馆举办了个人画展。还曾主编《笑画》、《滑稽》、《俱乐部杂志》等画刊。

他亦善作旧体诗，多咏物之作，平易而富风趣，著有《雪泥诗集》。诗集为1954年线装书。有《梅枝》诗云："貌古心未枯，摇春影横地。东风吹鬓丝，婆娑旧时意。"《白云山》诗云："廿年前上白云山，料理平生一日闲；今日重来青不改，应怜我已发全斑。"

董桥回忆，有一天他"看到孙雪泥解放后画的蔬菜，不带革命色彩，充分流露旧社会士大夫的淡泊志趣……孙雪泥还有一幅《开天辟地第一遭，吃饭不用付钞票》，画的是乡下人民公社的粉墙土屋，屋前泥路弯弯，路旁竹篱围着花树稀疏的院子，插着一枝红旗，那是一九五八年他六十九岁的作品。题识云：'欢呼吃饭不需钱，辟地开天第一年。旧为饥寒谁不怨，今因饱暖乐无边。……惜墨冻指僵，书画皆拙，聊博识者一笑。'"（《旧美术，新语言》）虽有时代印痕，但透示出画家的情怀。

杨孝述（1889—1974）

杨孝述，字允中，松江人。中国现代科普事业的奠基人之一。

1905年考入松江府中学堂，1909年考入上海高等实业学堂，1911年考入清华大学，半年后赴美留学，在康奈尔大学攻读机械工程。1915年获工学学士学位后旋即回国，在美商美孚洋行任职。

1916年，全国水利局在南京创办河海工程专门学校，杨孝述毅然辞去美孚洋行的高薪职务，来校担任基础课的老师。当时教师大多采用英美书籍作教材，为方便中国学生学习，杨孝述自编中文教材并用中文授课。1925年春，河海工程专门学校改为河海工程大学，杨孝述担任校长。1925年"五卅惨案"发生，中共党员恽代英、萧楚女等到南京进行革命活动，借住在河海大学的学生宿舍。1927年，河海工程大学和东南大学合并为第四中山大学，杨孝述担任秘书长。后因不满当时国民党政府下的白色恐怖，离开南京到上海交通大学任电机系教授。1928年2月，中国科学社购置上海法租界亚尔塔路（今陕西南路）309号建筑作为该社的上海社所、图书馆。1928年底，中国科学史总社所和办事处、《科学》编辑部陆续迁到上海。1929年1月9日，中国科学社理事会议决定聘请杨孝述为专职总干事。一直到1944年，一直担任总干事一职，为中国科学社的发展做出了突出的贡献。

1930年初，民族危机日益深入，"科学救国"的思想再度高涨。广大中国科学界人士面对中国社会现实，一再呼吁实现科学社会化、社会科学化。1933年1月，中国科学化运动协会在南京成立。随后北平等地也成立了一批分会。他们通过出版科普书刊、举办科学演讲等方式在民众中普及科学知识。中国科学社也积极参与了这些活动。

1933年初，杨孝述提出"举办民众科学化"案，不料，此案未通过，"科学画报"四字由此而生。杨孝述创办了《科学画报》，兼任总编辑。同年8月1日，《科学画报》（半月刊）正式发行，以内容丰富、文字通俗易懂、图文并貌的特色，赢得了广泛读者。

抗战期间，上海被日军占领，环境十分艰苦。杨孝述组织在沪的科学家、教授、工程师裘维裕、钟兆琳、曹惠群、汪胡桢、顾济之等，从事编著与翻译工作，出版了《土木工程丛书》、《电工技术丛书》、《化学词典》、《水利工程学》等大量图书。

杨孝述通过编译书籍、发表文章等途径宣传科学知识与科学原理，普及科学常识。曾在《科学》月刊上发表了《欧姆定律》、《原子论》等文章，介绍自然科学知识；他在《科学画报》上发表的文章较多，《科学研究和发明》(载《科学画报》第2卷第18期)是其代表作之一。在该文中，杨孝述批判了专重实用的错误看法："实用是科学的一种目的，而研究是达到这目的之工具。科学研究的真正目的在发现真理，启辟自然的奥秘，以扩充人类的智慧；他可不问实用，而一切实用的发明却非问到他不可。亦有纯以实用为目的的研究，称为工艺研究，但这种研究仍须以科学研究之所发见者为基础。"

在《战争与科学》中，杨孝述写道："科学代兴，新理层出，继长增高，已近于今日的文明，都是学者远其智慧，搜求真理的效果，未尝有丝毫战争心理驱使其间。及至应用，路路可通，无往不利。战争不过其一端而已。"杨孝述主张，现代战争是两国科学的战争。预防战争要靠和平时期科学和技术的发展。呼吁科学家应该有所觉醒，"不受野心家利用，不与野心家合作，方可免人类于浩劫，否则也许刚刚看见自己所发明的杀人利器在战场上出风头，一会儿连自己也不知道到哪里去了。"

1948年、1949年，杨孝述先后创办了鼎达仪器厂、新华科学仪器公司及新华电炉厂，成为沪上鲜有的学者型企业家。新中国成立后，他发挥专长，先后设计了试验石油和汽油的仪器、工业淬火回火的电炉等20余种工业设备，并亲自讲课，为厂内设计、生产和计划等部门培养技术骨干。

姚　光(1891—1945)

姚光，一名后超，字凤石，号石子，又号复庐，金山张堰镇人。世代书香，为金山望族。清宣统元年(公元1909年)，南社始创时，姚光即为骨干，并与高天梅、高吹万、柳亚子等人同创"国学商兑会"。不久，柳亚子辞南社主任之职，由姚光继承。故有"前有柳亚子，后有姚石子"之说。

姚光的岳父是华亭人王斗槎，在清代曾任温州、杭州令。姚光的内兄王季鲁在清末民初创立上海女子体育、音乐学校，姚光的妻子王灿是该校早期学生，在当年堪称开社会风气之先。

姚家世代喜积隐德，助人慷慨，自己艰苦持家。姚光祖母何氏去世，高吹万撰墓志铭，李叔同书丹，官府赠以“旌表节孝”之匾。据姚光之子、上海市文史研究馆终身馆员姚昆田说，李叔同当年所书的何氏墓志铭墨宝，流失在外，“文革”之后还有人见过。

2007年出版的《姚光全集》，是国际南社学会·南社丛书重点书目之一。

姚鹓雏（1892—1954）

姚鹓雏，名锡钧，字雄伯，以号“鹓雏”行，别署宛若、龙公、红豆词人等。他于诗、词、散文、戏曲、小说均有很高造诣，还兼及书法，是民国初年颇有创作特色、成就卓然的重要作家。

姚鹓雏祖籍浙江吴兴，清初始迁到松江。七岁丧母，从小寄居在外祖家。十二岁应童子试，以第一名的成绩考入松江府中学堂。十六岁毕业，考入京师大学堂。

辛亥革命中断了他的学业，辍学后，回到上海。不久加入南社。为该社“四才子”之一，诗词誉满东南。后在陈陶遗（曾任同盟会江苏支部长）的介绍下，入上海《太平洋报》馆，作叶楚伧（笔名小凤）的助手。

1918年春，由叶楚伧介绍，渡海至新加坡《民国日报》任记者，同年即因病回国。1918年冬，受当时江苏省议会会长、同乡前辈沈维贤之邀入政界。1927年，国民政府定都南京，姚鹓雏任江苏省长陈陶遗秘书，嗣后，历任江苏省教育厅秘书、南京市政府秘书长、江苏省政府秘书等职，虽入官场，但不同流合污。在从政之余，先后任东南大学、河海工程学院、南京美专、江苏医政学院教席，主讲国学。1938年，省政府北迁淮安，姚鹓雏携家眷西去武汉，经长沙、芷江，最后到达重庆，任监察院主任秘书。建国后，受聘于上海文管会。旋由松江专区领导推荐，出任松江县副县长。1954年，因患胃溃疡，手术无效而逝世。

姚鹓雏一生好学不倦，据他自述：“余幼奇钝，读《四书》三四行终日不熟。十三四岁时悟性忽启，嗜读《新民丛报》及西洋史，能记大事年份及人名地名，历举不遗，遂能属文，一小时可千言。”

姚鹓雏还在上中学时，偶然写了一篇《洗心梦》的小说，得年长他二十八岁的杨了公赏识，两人成了忘年交。松江府中学堂毕业考试时，松江知府戚扬亲临监考，在国文试场见姚鹓雏再取试卷纸，以为是试卷污损，一问才知，是他原纸写完，要取纸再写。戚扬阅卷后大为称赞，随即对他升学多有关照，并表示倘若有经济困难，可予以资助。姚鹓雏当时填报了京师大学堂，祖父不愿他远离，拟加以阻止，戚扬就以“父母在，不远游”为题加试。姚鹓雏援笔即成，却于题外“游必有方”加以发挥。戚扬认为姚鹓雏才气横溢，宜予深造，力助其行，姚鹓雏最终考入京师大学堂。

在京师大学堂，姚鹓雏开始了他的诗歌和小说创作，得林纾、商衍瀛等教授的熏陶和指导，与当时的同学林庚白各写诗一百首，印成《太学二子集》。姚鹓雏是国内培养的第一代接受新式教育、正规学历出身的高材生，这为他以后的古体诗创作、文言、白话小说创作奠定了坚实的基础。柳亚子曾写信向上海市长陈毅推荐过姚鹓雏，在信中称"姚君为南社诗人眉目"，陈毅回信中说："姚先生词章名家，弟早心仪其人。"

建国后，新的社会生活、新的社会气象，激发了姚鹓雏的诗情。松江南关欢送农民子弟参军，他欣然命笔："箫笛声和崃好禽，旌旗日暖影筛金。已从瑞雪占丰岁，更见雄风扫积阴。三日于菟饶猛气，六千君子尽乡音。爷娘鼓舞妻孥喜，一反兵车杜老吟。"松江浦南中学少年儿童操演，有关方面邀请他检阅，他热情吟唱："旌旗猎猎曜朝阳，小队红巾出广场。中国主人须建者，衰孱如我愧津梁。"

对于小说创作，姚鹓雏有自己独到见解，他一方面继承中国古代小说的优良传统，也高度评价清末优秀作家的成就。他擅长写社会小说，继承了吴敬梓、李伯元、吴趼人的衣钵，也发展出了自己的亮点，这也是再树民族美德风范的必修一课。

他的诗词创作有《恬养簃诗》五卷，共一千四百多首；《苍雪词》三卷，共一百八十余首。一生著作颇丰，有《榆眉室文存》、《鹓雏杂著》、《止观室诗话》、《桐花萝月馆随笔》、《檐曝余闻录》、《大乘起信论参注》、《春奁艳影》、《江左十年目睹记》等。其子女曾整理成《姚鹓雏文集》(分诗词卷、小说卷、杂著卷，共五册)出版。

顾水如(1892—1971)

顾水如，又名思浩，小名继龙。出生于江苏省松江县枫泾镇(今属上海市金山区)一个商人家庭。

顾水如九岁随父兄学围棋，悉心研究黄龙士、范西屏、施襄夏等高手对局棋谱，渐悟棋理。从小记忆力惊人，名家棋局能过目不忘。十六岁到上海，先后受教于无锡范楚卿、合肥张乐山等高手，棋力大增。

1909年，顾水如在《时报》馆工作，该馆棋风好，有很多高手，他时常参战，每战即胜。于是，《时报》馆特在该报辟《围棋》专栏，由顾水如任编辑，登载棋局、棋话等，成为美谈，各报竞相仿效。

1914年秋，顾水如赴北京，胜名手汪云峰、伊耀卿等人，蜚声北京，被誉为"围棋圣手”，得到段祺瑞的赏识，成为段祺瑞的座上客。1917年，顾水如赴日本留学，成为我国出国学围棋的第一人。在日本接受现代棋理熏陶，融汇中日棋道于一身，从此闻名于国际棋坛。

1919年，顾水如归国，与北方棋手对弈均占优势。当时与王子晏并称为“南王北顾”。还与刘棣怀齐名，人称“南刘北顾”。顾水如向段祺瑞提议，由政府邀请日本围棋代表团访华，1920年，首次中日围棋交流，他与日本围棋手对垒百余局，造诣益深。1926年，他在天津创办棋社，独步北方棋坛十余年。

1933年，顾水如移居上海，与过惕生共同创办上海弈社。1937年，顾水如任上海中国围棋社甲组指导。1960年《围棋》杂志创刊，任副主编。1962年任中国围棋协会委员。还曾任上海市文史馆馆员。

顾水如善于发现新人，指导新人。1922年，顾水如在北京辅导吴清源下棋。1952年在上海襄阳公园，与七岁的陈祖德对弈，发现他的天赋，收他为徒。还指导过华以刚、曹志林等棋手。

顾水如不仅认真教学，而且还关心学生生活。他教吴清源下棋时，得知吴父去世较早，家中生活困难，报告给段祺瑞，段祺瑞得知后，每月补助吴家生活费100元，使吴清源能够得以安心下棋。

顾水如还具有分享精神，棋艺好、品德高。在旧社会，靠下棋养家不易。据过旭初之子过常德回忆说，顾水如与过旭初、过惕生两兄弟互相体恤，互相帮扶。遇人出资聘高手手谈，顾水如会谦让、推荐过氏兄弟参加。

顾水如心胸豁达，平易近人，乐于助人。过旭初晚年在《回忆录》中写道：“二十年代惕生弟初到上海，曾得顾君指点，当时余与顾君要让惕生二、三子，水如尝谓余曰：‘尔弟弈术不弱，能成名手’，父亲欣感此老识人矣。”（过常德《顾水如与过氏兄弟》）

抗战胜利后，过氏兄弟回上海。围棋高手胡沛泉发起赞助，请刘棣怀与过惕生下六局升降棋，过氏取胜。顾水如认为过惕生中年以后棋艺大有进步，十分高兴，一再表示祝贺。

朱孔阳（1892—1986）

朱孔阳，字云裳，又云上、云常，晚号庸丈、龙翁，斋名“浣云壶”。上海松江人。工诗擅书，善画精篆刻，又癖嗜收藏与文物鉴赏，还热衷慈善事业。“文革”前曾用过“三千三百方富翁”一号，前“三千”指藏印，后“三百”指藏砚。他毕生致力于社会公益事业，藏品先后捐赠给故宫博物院、中国国家博物馆、南京博物院、上海博物馆、上海历史博物馆、浙江博物馆、太原文物局等，多件捐赠品堪称国宝。

朱孔阳五岁入私塾，六岁习字，八岁学刻，十二岁参加童生试，得案首（第一名）。因缺纸少墨，即学元人以泥为纸，以砖为石，习字练画，摹篆仿刻。十三岁，被誉为“神童”。因母亲患病久治不愈，他便仿“二十四孝”中“割股疗亲”之法，从左臂割肉，烹后饲母。从此，他左臂上留有一长五厘米、宽二厘米的疤痕。

因《诗经·豳风·七月》中，有“我朱孔阳”一句，朱姓取名“孔阳”者不乏其人。一次，郁达夫见报上刊有朱孔阳升任某官职的消息。郁达夫与朱孔阳为之江大学同学，就致书给朱孔阳，商恳为其亲戚安排一个职位。朱孔阳接信，莫名其妙。原来报上之“朱孔阳”为另一人。从此，朱孔阳在署名时称“云间朱孔阳”。抗日战争时，他将“云间”的“间”字写成了“閒”，问其故，他说：“推日出门！”

朱孔阳喜诗、书。他对梅情有独钟，曾有《问梅》、《忆梅》、《梦梅》、《品梅》、《寄梅》等诗。《问梅》诗云：“寒光欲着锦将铺，瘦影当窗淡画图；月下寻芳情更恋，孤山风景隐林逋。”他又擅篆、隶、行、楷、金文等。1984年，他回家乡松江，为醉白池公园书写了“雪海堂”匾额。这年夏天，他和陶冷月举行扇展，陶冷月作画，他作书法，在报上登一广告，标为“陶朱公卖扇”（陶朱公即范蠡；他们一姓陶，一姓朱，合起来即“陶朱”）。他九十岁时，曾撰一联：“九秩聋翁翁不老，三江明月月常圆。”他解释说：“这三江，指的是我出生在松江，读书在之江，寓居在沪江。”

他又擅画、印。1981年，马寅初一百周年诞辰，北京大学拟为其刊行文集，朱孔阳与马寅初为相交四十多年的老朋友，就制《马寅初百岁好学图》以进，特请王退斋画像，唐云画松，程十发画竹，施翀鹏画兰，陆鲤庭画石，朱孔阳补以梅花，并集甲骨文书“百岁好学图”五字，又请南汇百岁老人苏局仙题词，合南北两寿星，祝双百长寿。1976年初冬，朱孔阳与刘海粟、高络园合作《岁寒三友图》，朱孔阳（时为八十五岁）画梅，高络园（时为九十一岁）画竹，刘海粟（时为八十一岁）画松，有人戏称他们为“海陆空三军”（“络”与“陆”谐音，“孔”与“空”谐音）。苏局仙闻悉，立书一联赠孔阳：“海上三军抱绝艺，云间一鹤独闻天。”

朱孔阳十五岁师从名家张定，曾为耿葆淦代刀，深受“云间派”篆刻影响。十九岁经南社前辈杨了公介绍，参加了中国同盟会，“中国同盟会松江支部”的印章即由他手刻。他任职于杭州基督教青年会时，倡办“书法国画治印班”，亲任治印主教。日后任西湖博物馆馆长、龙渊印社社长的金维坚即为他的学生。他所作的耶稣基督造像和《圣经·八福篇》为中国篆刻史上仅有的关于基督教的作品。在年近半百时，他入著名经学大师唐文治先生门下，再习经学七年，曾戏篆一印："经师小门生，门生大学士。"

由于朱孔阳在书画方面的成就，有人说："孔阳先生，云间名士，湖上寓公，秉冰雪之聪明，具湖海之襟抱。书集钟王颜柳之长、画臻苏米倪黄之妙。"他所作隶书五言联在1986年底的"中国当代已故著名书画家作品展"中展出，并收入选集。

朱孔阳平生节衣缩食，癖嗜收藏与文物鉴赏。搜罗名人尺牍、书画、典籍、竹刻、古钱、照片等。他的第一件藏品是清代"清漪园"瓷章，是从他同学(张照后裔)处觅得的。"清漪园"是乾隆皇帝为母祝寿而在北京西郊瓮湖原址所建的皇家园林，后慈禧加以改建，即今之扬名海内外的"颐和园"。此瓷章，他在临终前捐给了上海市文史馆。1965年，朱孔阳闻讯李叔同(弘一法师)亲笔所书之《断食日志》一册出让，他斥重金购得，拟为他在职的医史博物馆收藏和使用，但因领导不予采纳，即留作已藏。2010年，由其子朱德天赠与杭州李叔同弘一法师纪念馆，成为该馆镇馆之宝。1924年9月25日午后，朱孔阳偕妻惠华新乘舟访友时，目睹了千年古塔——杭州雷峰塔坍塌的全过程。他曾撰文写道："先见塔顶冒出数尺高的尘柱，惊鸟四散纷飞，然后见塔身上半部如斧劈两半，向两侧倾斜，似稍停顿后，两半又合拢，塔顶部分即向塔心陷塌，一声轰然巨响后，形同老衲的雷峰塔就像坐瘫一样陷塌了，仅数分钟，只留一砖土堆阜。"他即命船工划去塔址，捡得数块塔砖，这才发现有的砖块侧面有孔，内藏佛经小卷《宝箧印陀罗尼经》(此经卷为吴越国王钱俶为黄妃得子建造雷峰塔而藏于塔砖内)。1964年，他将此经卷捐赠给上海中医学院(今上海中医药大学)医史博物馆，其余两卷半在"文革"中失散。1942年，传闻嘉兴阮某欲将其祖上阮元任浙江巡抚时私藏的一块岳坟"精忠柏"化石公开出售，朱孔阳闻讯，唯恐这一代表民族英魂岳飞精神的珍物落入日本侵略者手中，即托友人嘱阮氏缓售，他变卖心爱的藏品多件，并向友人借贷，凑得巨款购回，珍藏数十年。"文革"后岳坟重新修复，他将此珍品无偿捐赠给杭州岳坟文物管理所。他收藏的照片中，有一张孙中山到之江大学演讲时与师生的合影照，尤具史料价值，现由国家博物馆收藏。他常说："我收藏文物不单为自己爱好，自己欣赏，也是为国家收藏呀！"1959年，他一次就将六十多件名人字画和遗物捐献给南京博物院。其子朱德天秉承父志，在姐妹朱德九、朱德星的支持下，先后将"文革"中退还的父亲遗藏四百余件分别捐献给国家博物馆、上海博物馆、上海历史博物馆、松江博物馆、松江档案馆等有关单位和学术研究机构。

抗战爆发前后，朱孔阳还曾是杭州基督教青年会代总干事，中国红十字会杭州分会会长，万国红十字会（即今“国际红十字会”）杭州分会常委、中国抗敌后援会浙江省分会常委兼杭州留守等职，主办伤兵医院和难民收容所，抢救抗日将士数百人，收容和遣送转移难民两千多人。1932年，浙江省湖州善琏一镇十三乡发生严重灾情，溺杀女婴现象严重。他以青年会和红十字会的名义宣布：凡生女婴者，可来赈济所领取银洋两块（当时米价仅几分钱一斤），以后每个月还可以领一块大洋，至满周岁。用此方法救下了无数女婴的生命。湖州籍书画家谭建丞先生称他“功德无量”。抗战初期，他还与驻杭的英美法各界外侨商讨，由这些国家总领事出面与交战双方联系，建议不在杭州城区巷战，经双方同意，避免了千年古城毁于一旦。

朱孔阳先生的原配夫人惠华新，毕业于上海南洋女子师范，有“松江女才子”之称，能绘事，常与朱孔阳合画花卉。她曾为杭州基督教女青年会董事和干事，是中华妇女节制协会浙江分会的创建人。继室夫人为金启静，是刘海粟的女弟子，曾留学东瀛，亦擅丹青，是上海美专教授和中国女子书画会、“画苑”的发起人之一。

朱孔阳说:“为人一世，一世为人。”他有一簿册，在其中一页上写有“三多五少”。“三多”为“多读书，多静养，多藏拙”，“五少”为“少应酬，少言语，少生气，少自负，少出门”，也算是他的人生哲学。他有“休莫阁”一印，意思是“退休莫退步，离休莫离职”。

新中国成立后，朱孔阳曾发起成立上海美术考古学社。著作有《名墓志》、《分韵古迹考》、《分韵山川考》、《殷墟文字释文校正》、《浣云壶印存》等，辑有《白丁印谱》、《赵仲穆印谱》等。

姜兆麟（1893—1971）·姜辉麟（1897—1933）

姜兆麟，又名姜兆林，化名姜石梅等。清末生于松江城内一个塾师家庭。自幼随父读书识字，随母习幼科推拿，1913年于景贤女校专修科结业。

婚后九个月，丈夫病故。在弟弟姜长麟和侯绍裘的开导下，离开倍受折磨的封建夫家，走向社会，担任景贤女校分校校务，并加入中国国民党，投身革命。

1925年1月，入上海大学政治训练班学习，加入中国共产党。此后，她开办小学校、裁缝铺、小儿科诊所等，以各种身份掩护党的机关，从事地下革命工作。国民革命时期，松江中共地下党组织联络点就设在她家（松江城内中心弄19号）。

1928年，姜兆麟与妹妹姜辉麟一起任中共淞浦特委地下交通员，她与淞浦特委负责人严朴以夫妻名义住机关。后调任中共江苏省委工作，省委机关被告密，情况危急，她以绣戏袍为掩护，沉着应付密探，使省委机关安全转移。

1932年，上海中共中央机关遭严重破坏，姜兆麟和严朴被调至中央局机关居住，两人结为夫妻。期间，他们掩护了大批中央领导人员赴苏区。

1933年，姜兆麟越过封锁线，抵达江西瑞金中央苏区，先后担任过财政部会计、国民经济部会计兼节省委员会和优待红军家属委员会主任等职。

红军长征时，姜兆麟因重病留下，后被捕，面对严刑拷问，她始终伪装为批售冬笋的贩子。1935年获释后，乞讨返沪，但与党失去了联系，在佛学会任会计，并以小儿推拿为生。

建国后，姜兆麟重新入党，先后在松江专区人民医院、松江地委供给科、专区妇委工作。享年七十九岁。著有《幼科推拿入门》一书。

姜辉麟，姜兆麟胞妹。1905年，姜辉麟年幼丧父，依靠母亲行医（小儿推拿）维持生活。1906年，她已学会一手好针线活，常以女工贴补家用。因家贫，未能入学，得舅父喜爱，教读启蒙读本，进步很快。1909年，母亲怜其好学，向景贤女校校长丁月心恳求，获得在小学部免费学习的机会。

1916年，姜辉麟在景贤女校毕业后不久结婚。1919年"五四运动"时期开始接受新思想，在姐姐姜兆麟和弟弟姜长麟的帮助下，挣脱封建家庭的束缚，在景贤分校任教。

1921年，侯绍裘、朱季恂接办景贤女校，宣传孙中山联俄、联共、扶助农工三大政策，还邀请恽代英、萧楚女、沈雁冰等共产党员来松江演说，宣传社会主义，使姜辉麟受到了革命思想教育。

1924年，姜辉麟加入中国国民党，和姐姐姜兆麟一起参加松江地区反帝、反军阀、反封建斗争。并与母亲、姐姐一起带头剪去发辫和发髻，开启松江妇女剪发的新风。

1927年，侯绍裘、张应春等共产党员被国民党反动派杀害。在革命艰难的时刻，她不顾个人安危，毅然加入中国共产党。受组织派遣，任中共奉贤县委交通员，以曙光中学女生校监的身份开展地下工作。

1928年4月，曙光中学被查封，姜辉麟转移到南桥工作。后调至上海，与姜兆麟一起任中共淞浦特委地下交通员，经常往返上海市区和各郊县之间，传递文件，运送武器和弹药，出色地完成了党交给的任务。

1931年，与蒋云结婚，蒋云当时任上海市五金工会主席。12月，蒋云在上海主持产业总工会联席会议时被捕。

1932年，蒋云被押解南京。不久，调任中共江苏省委机关工作的姜辉麟，也不幸被捕。

1933年，姜辉麟与蒋云一起被杀害于南京雨花台。她时年三十六岁。

建国后，家属将姜辉麟生前的绣品捐献给松江博物馆。绣品有两件，一件是一双绣花绸鞋面，宝蓝色底，绣水仙花和寿桃。另一件是男用香袋，褡挂于腰带后成上下两袋，上袋绣行书“暗香浮动月黄昏”，蓝底；下袋绣茄子，镶金线边，黄底。

姜辉麟原与侯绍裘烈士合一纪念碑，后各立一块纪念碑，迁于松米路新建松江烈士陵园内。碑文由陈云撰题，铭刻“姜辉麟烈士永垂不朽”及其生平事迹。

朱鸳雏（1894—1921）

朱鸳雏，名玺，字尔玉，笔名银箫旧主，松江人。师从姚鹓雏，人称姚朱为“云间二雏”。

他原为某家弃儿，由朱氏拾得。松江方言“拾”读“孽”，他因号“孽儿”。曾从泗泾马湫予学诗，认松江宿耆杨了公为寄父，磨砺涵濡。所居附近有醉白池，曲廊四环，奇石累积，壁端有“云间邦彦图”石刻，尤足恣人瞻仰。朱鸳雏闲暇时，就与吴玉春、俞白壶、沈受百、蔡仲瑜等盘桓其间，诗牌酒盏，尽竟日之欢。时嘉定陈巽倩执教两江公学，所有课卷，委朱鸳雏为之批改，分得酬润，于生活不无小补。叶楚伧1936年为他所作墓志铭中说他“幼孤贫，不甚读书而特颖悟。十余岁能为诗作，见赏于里宿杨先生锡章，诱掖称誉，遂以著名”。

朱鸳雏爱读林纾所译说部，而姚鹓雏本为林纾弟子，朱鸳雏乃尊姚鹓雏为师。朱鸳雏喜新剧，也献身其中，貌娟似女子。郑逸梅在《南社丛谈》中略言，朱鸳雏喜戏剧，等场饰旦角，楚楚可人。尤善演哀剧，寓其身世之感。时有李子韩，气宇轩朗，善饰生角。两人经常同演，可谓珠联璧合。因此与张破浪、陈念慈、沈浸之等，办松江剧社。朱鸳雏所演《双鸳碑》最受欢迎，松沪各报纷纷赞誉。

朱鸳雏由杨了公、姚鹓雏介绍加入南社，在《南社丛刻》上发表很多诗词。一度为《申报自由谈》编辑，以诗闻名，誉扬赞美，香艳绝伦，刊有诗集《春航集》、《银箫集》、《红蚕茧集》等。姚朱师生还合出《二雏余墨》一书，由小说丛报发行。长篇小说有《帘外桃花记》、《情奴追爱录》等，著作尚有《峰屏泖镜录》、《上海闲话》等近十种。

柳亚子与朱鸳雏曾有一段公案。当年，南社内部对于诗歌风格的新旧之争异常激烈，尤其是对“同光体”的大论辩。南社中提倡宋诗最为热烈的就是松江派的姚鹓雏、朱鸳雏和闻宥。另几位社员力挺陈三立、郑孝胥等诗人为代表的“仿宋诗派”，而站在他们对面的恰恰就是南社盟主柳亚子。柳诗尚唐，排斥宋诗，社中杨万里、陈后山、胡先驌、闻野鹤、蔡哲夫等不以为然。这场学术笔战相当激烈，最初闻宥在《民国日报》上大写赞扬“同光体”的《诗话》，柳亚子发表了反对“同光体”的文字。随后，朱鸳雏甘做先锋，挺身出来，针锋相对地攻击柳亚子，于是发生了诗坛上的论战。

姚鹓雏几次想调停，但双方都誓不罢休。柳亚子还写了好几首诗答复姚鹓雏，如“渭浊泾清肯合流”、“自甘戎首复何尤”、“太息云间诗派尽，湘真憔悴玉樊愁”，矛头直指姚鹓雏。

朱鸳雏年轻气盛，心有不甘，后来攻击柳亚子的言语越来越激烈，剑拔弩张，火药味十足。

柳亚子当时一气之下，竟在报上登一广告，将朱鸳雏开除南社社籍，并且在《南社丛刻》第二十集出刊时，在册首载一《南社紧急布告》云：“兹有附名本社之松江人朱玺，号鸳雏，又号孽儿者，妄肆雌黄，腥闻昭著，业已驱逐出社。特此布告天下，咸使闻知。”

这一布告登出后，舆论哗然。朱鸳雏积愤难平，流寓上海。不久，鸳雏即以肺病而亡，年仅二十八岁。其妻许蟾仙也因过度悲伤，于半年后去世。朱鸳雏夫妇生前感情甚笃，身后萧条，双棺久厉于谷水道院，十六年尸骨未埋。直至友人李子韩来任松江县长，与姚鹓雏商议后，筹资葬于云间公墓。

若干年后，柳亚子也为过去的意气用事感到非常内疚，自悔地写下了《我与朱鸳雏的公案》，发表在《越风》半月刊上，并说明了：“我和鸳雏的争辩，发源于宋诗问题……于是实诚骑虎的我，便闹出了开除鹓雏南社社籍的一重公案……我虽不杀伯仁，伯仁由我而死，我是觉得很痛心的。”

夏仲方（1895—1968）

夏仲方，名琦，松江人。曾任华东医院中医科主任，兼任上海市中医学会常务委员及内科学会主任委员，上海中医学院教授、《内经》教研组组长，卫生部中医研究组顾问。上海市第一届政协委员，第二、三、四届人大代表。卫生部中医顾问，华东医院中医科主任。1956年被评为全国和上海市劳动模范。

宣统三年（公元1911年），夏仲方拜师同邑十三世儒医张友苍学医，甚得业师器重。张氏故世后，夏仲方继承师业，在松江城内设诊行医，以擅长中医经方，善治伤寒、妇科及疑难杂症而闻名乡里。夏仲方治学，上溯《黄帝内经》、《难经》，旁及诸家，博采众长，融会贯通，对《伤寒杂病论》、《金匮要略》，尤三折肱焉。

夏仲方宗法张仲景，兼采诸家之长，善于凭脉象判断病人症结，治病以祛邪为主攻。某孕妇大出血，用止血针药均无效，西医产科诊断为死胎，家属请夏仲方会诊，切脉后认为胎儿正常，遂拟方嘱服，血渐止，数月后分娩。夏仲方处方药味不多，而君、臣、佐、使各有发挥，相得益彰。有"经方派"之称。

夏仲方医术尚中西汇通，不讳中医之短，不妒西医之长，主张扬长避短，各取所长，临诊重视仪器诊断，以中医辨证施治。他还探索中药剂型改革，与上海中药一厂合作试制"抗601"针剂，应用于治疗上呼吸道感染、发热等症，有良效。撰有《诊病八纲》、《关于脉象和证候》、《黄芩疗诸失血》等文，对临床治疗有很大指导意义。

夏仲方对风湿病的治疗，曾有过这样的独特见解：

风湿与历节的致病因素同出一源。在实践中确是见到居处环境潮湿，以及劳作于水湿场地者，容易发生风湿病。患者大都为青壮年和儿童，对天气变化，特别敏感，碰到阴晦风雨天，就觉病苦加剧，甚至先日预知天气将变，这也说明引发本病的主要因素——湿气。湿邪为病，一般来自外界所侵入。但是，也有酿成于机体内部者，如长期好饮善啖，酒肉酝酿湿浊，所谓湿痰体者，可因遇风受冷而发生关节病变。这种患者，形上多见肥壮丰盛，所以《金匮》有言曰："盛人，……历节痛，不可屈伸，此皆饮酒汗出当风所致。"这种患者，由于里有湿邪素因，在发病时内应外合，多见较快地出现化热入血证候。因而《金匮》论此，既提"风湿相搏"于前，又提"风血相搏"于后。前者指病因同是在湿的基础上发生发展；后者论病机有来自暴感与发自内蕴的差异。

看到朱丹溪关于本病的理论，认为血先受热，后加冷湿而凝涩瘀浊，因而倡言消除瘀热为要务之治。这一见解，与张子和论痹，主张湿热为源，风寒为兼，反对乌附热烈而好用寒药攻夺积水，同是不全面的看法，只合于一定的病情，决不是普遍的规律。

风湿病患者，常有病邪侵害内脏而产生五脏痹者，即前面所举的肺、脾、心、肝、肾诸痹。《素问》论此，虽然在理论上还未完整，但是从“心痹”来说，经文提示主要症状是“上气而喘，嗌干善噫，厥气上则恐”云云。这些描写，宛然为“风心”写照，再结合《金匮》所论，不止一条的提示“短气”，“汗出”，“脉涩”，“身微肿”等等证候来看，把风湿病邪内侵心脏的具体表现，说得更加清楚了。因此临床上对本病患者的观察，特别是呼吸、脉象，必须时刻注意而不容忽视。这是本病的主要关键，碰到呼吸与脉搏增速时，是极其严重的关头。

掌握了如上这些特征和认识到湿邪是引发本病的主要因素，那么关于治疗大法和处方遣药，可以得出几个概念：1. 发汗，2. 利小便，3. 镇剧痛，4. 清热解毒，5. 消瘀逐水，6. 调补气血。

附夏仲方提出的几个处方：

一、麻黄加术汤（麻黄、桂枝、甘草、杏仁、白术）

二、甘草附子汤（甘草、附子、桂枝、白术）

三、仲景三黄汤（麻黄、黄芪、黄芩）

四、桂芍知母汤（桂枝、芍药、甘草、麻黄、生姜、白术、知母、防风、附子）

五、大青龙汤（麻黄、石膏、桂枝、甘草、杏仁、生姜、大枣）

六、白虎加桂汤（石膏、知母、甘草、桂枝、粳米）

七、防风通圣散（防风、大黄、芒硝、荆芥、麻黄、山栀、白芍、连翘、甘草、桔梗、川芎、当归、石膏、滑石、薄荷、黄芩、白术）

八、大羌活汤（羌活、独活、细辛、苍术、防己、黄芩、黄连、知母、生地、川芎）

九、薏苡仁汤（薏苡仁、苍术、麻黄、桂枝、当归、芍药、甘草、生姜）

十、小活络丹（川乌、草乌、南星、地龙、乳香、没药）

十一、趁痛散（桃仁、红花、当归、五灵脂、乳香、没药、地龙、羌活、香附、牛膝、甘草）

十二、大防风汤（防风、羌活、附子、白术、黄芪、党参、川芎、当归、熟地、芍药、杜仲、牛膝、甘草）

“文革”时，夏仲方倍遭风暴，过早离世，是中医学界的莫大损失。

侯绍裘（1896—1927）

侯绍裘，字墨樵，曾用名少秋、何少秋、苏绍裘。父亲侯文轩是前清秀才，后偃文从商，与人合伙开参药店，育有两儿两女，侯绍裘排行老二。

侯绍裘四岁读私塾，十三岁上华娄高小，十七岁入江苏省立第三中学（松江二中前身)，1918年秋考入上海南洋公学(今交通大学前身)攻读土木工程专业。自幼聪明过人，多才多艺，爱好绘画、篆刻、吹奏箫笛，酷爱科学，崇拜民族英雄，痛恨封建迷信。

早在学生时代，他就亲眼目睹了封建军阀的黑暗统治以及外国列强对中国的侵略，便萌发了忧国忧民的反帝救国思想，积极参加上海学生联合会组织的学生游行。他在《旅行上海记》中写道："我中国物产之富，亦可见一斑矣，乃患贫若斯，其故当别有在。"他反对"二十一条"卖国条约，起草"打倒卖国贼"、"抵制日货"传单，走上街头，罢课演讲。

在"五四运动"中，侯绍裘是一名积极分子。他组织"救国十人团"、被公推为学生会年级评议员、上海学生联合会教育科书记。他博览群书，探求革命真理，《新青年》是他世界观转变的重要动力。他说："我不得不承认《新青年》一书，于我思想上、人格上的影响力最大，别部书没有一部能够及它的……"在《新青年》的影响下，侯绍裘开始同封建旧思想、旧道德决裂，积极传播新文化。

1920年暑假，侯绍裘创办男女同校的暑期补习班。与高尔松合编供南洋义务学校使用的《国文讲义》。与钱江春、赵祖康等八位青年创办《问题周刊》，由于出版的《问题周刊》封面上印了一个大"?"，松江人亲切地叫它"耳朵报"。侯绍裘在创刊号上发表了题为《我们对社会的贡献》一文，开宗明义，提出了以"研究社会上最迫切的问题"为目的，宣传科学和民主，有力抨击了封建迷信活动。他还在松江西城门口和府前大照壁贴出一米见方的"不要迎神赛会"的大字标语，轰动全城。直至暑假结束，共出版了四期《问题周刊》。可就在这年暑假，南洋公学校方突然发来通知，以"举动激烈，志不在学"为由，勒令其退学。从此侯绍裘脱离了学生生活，开始了新的战斗历程。

1921年夏，侯绍裘与朱恂季、钱江春等人接办了景贤女子中学，侯绍裘任校务主任。他坚持"五四"精神，提倡妇女解放，还大力开展反帝、反封建军阀的教育，惹恼了松江的封建势力。从1922年到1923年，景贤女子中学每年都举办暑期演讲会，邀请当时政界、教育界、文化界的知名人士来校作报告。先后来演讲的有共产党人恽代英、萧楚女、沈雁冰、施存统、邵力子、杨贤江、沈玄庐；国民党人汪精卫、于右任、吴稚晖、叶楚伧；著名学者柳亚子、陈望道、叶圣陶、周建人等。景贤女子中学的改革，不仅为当时所罕见，在教育界也少有。当时的《民国日报》上连载了多篇盛赞景贤女子中学的文章。时任中共上海地方兼区执行委员会委员沈雁冰发表了《一个女校给我的印象》，其中写道:“因为义务的，所以那些唯利是图的“学”倒敬谢不敏，裹足不前，而这个学校的管理权和教务权遂得思想新而热心的人来一意办理。这可说是不幸中大幸！……我很佩服他们有勇气排斥一切的冷淡的、固拒的、没有抵抗力的压迫的空气，而火刺刺地做自己的事。……维持景贤的那几位朋友的奋斗精神，实在令人可敬!”

侯绍裘以景贤女中为阵地，团结松江各界有识之士，扩大社会主义宣传，推进松江国民革命运动。1922年秋，经朱季恂介绍，他加入中国国民党；1923年，侯绍裘与朱季恂、高尔松等人共同发起编辑出版了《松江评论》，旨在批评地方时事、唤起革命精神、介绍新的思想、提高民众常识，努力促进松江的社会改造。是年春天，经邵力子介绍，侯绍裘和朱季恂又重新登记加入了改组中的中国国民党。是年秋天，邓中夏几次来到景贤女子中学，与侯绍裘建立联系，由此，侯绍裘加入了中国共产党。在景贤女子中学校务工作的掩护下，侯绍裘进行了深入的宣传，推进共产党和青年团的发展。

侯绍裘与恽代英关系密切，他的成长受恽代英的影响很大，他曾说，“代英实在是值得做模范的”，“他实在是实事求是的人，一些儿没有空架子”。1923年冬天，侯绍裘陪同中共中央局秘书罗章龙和恽代英从上海到松江、嘉兴一带开展宣传和建党、建团工作。他们的公开身份都是国民党的领导成员。罗章龙曾回忆说:“侯绍裘这个同志风仪俊秀，很能干，富有才华，雄辩滔滔，文章也写得出众。”侯绍裘还在松江公开主持了一次学术演讲会，数百人参加。会上，罗章龙、恽代英分别介绍了法国革命、巴黎公社、十月革命等历史故事。

1924年列宁逝世后，侯绍裘在松江组织举行列宁追悼会，他和恽代英都作了演讲，并在《松江评论》上发表了《列宁略传》，介绍俄国十月革命的胜利，讴歌列宁的光辉事迹。《松江评论》的社会影响很大，萧楚女曾专门撰文向青年推荐，称它能“以唯物的经济的背景说明革命之物理的因果性，很透彻”。

由于时局混乱，景贤女中和松江初中部分学生迁至上海上课。侯绍裘受聘上海大学中学部主任。教员有韩觉民、丰子恺、张作人、沈志远、黄正厂等人。1925年3月，孙中山逝世后，侯绍裘针对国民党右派活动猖獗的情况，先后到张堰、枫泾、练塘和丹阳等地发表演讲，揭露国民党右派背叛孙中山三大政策的丑恶行径，并积极发展中共党员和国民党左派。

1925年5月，上海内棉厂日本资本家开枪打死中国工人顾正红的惨案将上海人民的反帝决心推向了高潮，于5月30日发动了大规模的宣传和示威游行，侯绍裘与恽代英任学生游行总指挥。是年8月23日，国民党江苏省党部在上海正式成立，侯绍裘与柳亚子、朱季恂被选为常委。不久，侯绍裘又出任国民党江苏省党部中共党团书记。他把主要的工作精力放在党的统一战线工作上。周恩来等党中央领导对侯绍裘在第一次国共合作中的历史功绩，曾给予过高度评价。

1926年3月21日，侯绍裘与柳亚子等率江苏省党部的代表去南京出席国民党举行的孙中山陵墓奠基典礼。此时，南京、上海两地的西山会议派分子、孙文主义学会等已经相互勾结，阴谋乘机捣乱，为首分子是南京已被开除出国民党的西山会议派分子宋镇仑、朱丹父、高岳生等。据当时《申报》的《南京快讯》披露："省城各街市，有人遍贴告白，谓：'真正国民党没有左、右派，左、右派乃是国民党的叛徒。打倒孙文主义的叛徒！"当侯绍裘与江苏省的其他代表到达南京前，反动分子及其雇佣的流氓已手持木棍、手杖，守候在南京下关车站。侯绍裘一下车，就遭恶棍毒打。第二天，在奠基典礼的会场，右派分子突喊口号："打倒左派！"会场立刻打乱，凶狠的右派分子立刻把侯绍裘围住，拳脚棍棒相加，侯立即被打晕在地，口吐白沫。之后，斗争越发尖锐，蒋介石接连向共产党发起进攻。柳亚子气愤出走，回乡闭门"养病"，而这都没有动摇侯绍裘的斗志。他在1926年6月底回到上海，主持江苏省党部全局的工作。同时受武汉国民党中央之命，任东南军政委员会委员，兼任江苏省政务委员会委员。

1927年3月，上海工人举行第三次武装起义，上海工人阶级经过三十六个小时的英勇血战，取得胜利，成立了上海特别市临时政府。侯绍裘与罗亦农、汪寿华等人当选政府委员。侯绍裘对局势的严重性和复杂性早有清醒的估计和思想准备，在起义前发表文章《沉痛纪念总理的遗言》，鲜明地指出，在尖锐复杂的斗争中，革命同志如果立志不坚，将会被敌人"一手威胁、一手利诱"所屈服。他庄严宣告："我们做定了过激派！""即使失败了，还我亡命的本来面目，亦所不惜！我们反对军阀到底！我们反对帝国主义到底！"

当北伐军逼近南京时，罗亦农、周恩来几次提出国民党江苏省党部要迁都南京，侯绍裘受命于危难之际，于1927年4月2日率领国民党江苏省党部成员抵达南京，与南京市的革命力量一起开展工作。侯绍裘与张曙时等人努力筹建江苏省政府，经过筹委会连日协商，决定于4月11日召开江苏省政府成立大会，然而就在此时，统一战线内部蒋介石一伙的反革命步子也大大加快，反革命事变一触即发。蒋介石以釜底抽薪之计，借口继续北伐，下令受共产党影响较深、同情人民、支持工农的第二、第六军从南京调往江北，开赴徐州。就在4月9日上午，蒋介石抵达南京。南京的反革命事变立刻开始了。4月10日上午，侯绍裘在国民党江苏省党部召开的“南京市民肃清反革命派大会”上义正言辞，愤怒谴责蒋介石的流氓行径。会后，还组织群众游行至“总司令部”。当晚11时，在共产党地下交通处南京大纱帽巷10号召开国民党江苏省党部、南京市党部、市总工会等各革命团体的共产党主要干部紧急会议，不幸被反动派的公安局侦缉队获悉。凌晨2时，会场被五十多个武装暴徒包围，侯绍裘等十余位同志均遭逮捕。

侯绍裘被捕后，最初下落不明，直到4月下旬，侯绍裘被害的消息才慢慢传出。经蒋介石下令，赵芴臣等刽子手用电刀、尖刀把侯绍裘等人活活戳死，装入麻袋，在黑夜中投入秦淮河，毁尸灭迹。与侯绍裘一起被害的还有谢文锦、刘重民等十余位同志。侯绍裘牺牲时年仅三十一岁。

著名诗人柳亚子写下许多悼念诗篇，在《三哀诗》中写道：“指天誓日语分明，功罪千秋有定评。此后信陵门下士，更从何处觅侯生？”

陆定一在悼念侯绍裘的文章中写道：侯绍裘同志的事迹，继续鼓励着我们的战斗意志。我们要继承他的遗志，在中国共产党的领导下，实现我国农业、工业、国防和科学技术的现代化，台湾回归祖国，反对霸权主义、帝国主义，保卫世界和平的伟大目标。

沈联璧（1899—1939）

沈联璧，字明隼，松江县人。

沈联璧幼聪慧，1911年考入县立第一高等小学，成绩名列前茅，毕业时，取得了全县高小会考第一名的好成绩。1914年考入江苏省第三中学学习。1919年中学毕业后，考入北京法政大学。

1920年夏天，在京津宁沪等地的松江籍学生返乡度假。同学们受“五四运动”的影响，爱国热情高涨，他组织“回籍学生会”，举办演讲会、联欢会等活动，宣传爱国思想，激励斗争精神。积极参加活动，崭露头角，成为松江学生爱国运动的一名先锋战士。

1921年沈联璧毕业后回松江，适逢侯绍裘、朱季恂、钱江春等筹建景贤女子中学，他被推举为校长。任职期间，他和同事们组织“问题周刊社”，编辑出版《问题周刊》杂志，以议论国事、提倡科学、反对迷信、崇尚新风为主旨。

1923年6月，沈联璧与侯绍裘、朱季恂、钱江春等人发起筹建新社团，参加者四十余人，刊印《发起组织新松江社缘起》，定名为“新松江社”，明确提出“激浊扬清、弃旧图新”的办社宗旨，旨在使旧的松江出现新的面貌。新松江社成立前后，举办了许多重大的革命文化活动。经常组织演讲会，邀请恽代英、萧楚女、邓中夏、邵力子、沈雁冰、陈望道等来松演讲，宣传革命，宣传马列主义思想；重大节日时，组织群众集会游行；编辑出版《松江评论》，抨击时弊，宣传社会主义和革命真理，成为当时松江宣传革命文化的一面旗帜。后松江城遭遇军阀战争之害，百姓纷纷外逃，景贤女子中学在上海建立分校，留松的“新松江社”成员所剩无几，1924年年底，“新松江社”活动基本停顿。

1924年，国共第一次合作，革命形势迅猛发展，沈联璧加入了中国国民党，成为侯绍裘、朱季恂的有力助手。

1925年，沈联璧赴沪主持景贤女中上海分校校务工作，联络革命人士，奔走于松沪之间。“五卅”反帝爱国运动爆发，他与侯绍裘、沈雁冰等，发起成立“上海教职员救国同志会”，动员全市教职员和学生结合，积极从事反帝救国运动。

1927年，“四·一二”事变发生，侯绍裘遭暗杀。而松江县党部也实行“清党”，“左派”遭到排斥、迫害，沈联璧不得不远离松江。是年冬，他赴南京交通部无线电管理处工作。

1929年，沈联璧返松出任松江县立中学校长。他积极发展校务，订立学规，添建校舍，改善教师待遇，更新教学设备，添置图书，提高教学质量。学校蒸蒸日上，取得松江社会各界人士的赞誉。此后，他出任松江县教育局局长，担负着社会教育的重任。同时，他还兼任江苏省立松江中学国文教员，与稔友合编《当代国文课本》，释义详明精当，适合中学生学习，经教育部审定，列为中学国文课本。

1932年，沈联璧与雷君彦、张琢成、高君藩、侯砚圃、孙宗坤、陈贵三、侯运良等商榷，决定重建新松江社，以团结进步人士，革新社会风气，进行学术研究和思想交流，开展正当文娱活动为宗旨。他着手筹措经费，征集社员。社员分永久与普通两种。永久社员定为100人（后扩至270人）。历经艰辛，新松江社于1935年初建成。为仿兰亭上巳修禊故事，新松江社以当年3月3日为建社日，并召开首届社员大会，有会员200余人。柳亚子、蔡元培、丰子恺到会祝贺。柳亚子在贺诗《祝新松江社成立为联璧作》中写道：“主盟南社成陈迹，几复云间喜中兴。我替休文深颂祷，新松江社踔飞腾。”后沈惟贤也有《题新松江社》一诗:“故乡名辈善扶轮,能使云间结构新。坐对机横岚翠活,力追WWW、复社风淳。烟霞去毒烦良牧,耕凿忘忧识幸民。地小更无牛李宽,归欤我念五湖莼。”

重建的新松江社为开展社务,设有招待客房。据罗洪与朱雯曾回忆,1934年春,邀请巴金来松江,陪他去佘山游览,晚上就住在新松江社客房(罗洪《初识巴金》、朱雯《重读巴金来信》)。

1937年,重建的新松江社因松江沦陷而停顿。

沈联璧于1939年病逝于上海,时年四十一岁。

姜长林(1899—1987)

姜长林(一作姜长麟),曾用名姜菊生,是姜兆麟和姜辉麟的弟弟。早年,曾与侯绍裘等创办《问题周刊》,后又与侯绍裘、朱季恂等出版《松江评论》,经侯绍裘等介绍,加入中国共产党,任中共法租界支部书记。1926年,由周恩来推荐,任黄埔军官学校政治部第一科科长兼政治教官。新中国成立后,历任上海市人民政府文献委员会科长、上海文物整理仓库副主任,上海市文物保管委员会部主任和上海图书馆书目部副主任。曾将柳亚子给他的书信、诗文原稿捐赠给政府。病逝后,陈云等党和国家领导人致唁电。

钱江春(1900—1927)

钱江春,笔名慕越。1900年生于松江华阳桥。父亲为清末举人,家资富有。

1916年,毕业于江苏省立第三中学,入杭州之江大学预科(相当于现在大学专科)学习。工作后,利用业余时间,入东吴大学法学院夜校部进修法学。

毕业后,于1920年经同乡朱叔建介绍,在南京江苏省议会任文书。同年,与松江清华女校学生吴佩璋自由恋爱而结婚,开创了当时松江男女婚姻自由风气之先河,曾轰动一时。

从事编辑出版工作。1921年,由胡山源介绍,江春进中华基督教青年会全国协会书报部任主任,为该会《青年进步》月刊翻译稿件。期间,他还翻译并自费出版了美国人Wheeler所著的《世界大战与中国》一书。1923年3月,他进入商务印书馆编译所工作,编辑出版了《少年百科全书》、《苏维埃俄罗斯》等书。

钱江春参与新文学运动,是弥洒社的发起人和主要成员之一。1922年,钱江春与好友胡山源、赵祖康发起创建新文学团体弥洒社。那时，他们同住在上海闸北宝山路宝兴西里一幢楼房里，都爱好文艺，关心着当时文坛的论争和新文艺的发展。他们读到文学研究会的《小说月报》和创造社的《创造》上不同文学主张的文章，对"起先两方面还客气，后来却弄到明讥暗讽，甚至不惜以谩骂的地步"，颇有意见。于是，他们几经商讨，决定成立弥洒社，专门从事创作。"弥洒"来源于拉丁文Musa、英文Muse的音译，即古希腊神话中掌管文艺的女神的名字，今译为"缪斯"，即艺术与美的象征。弥洒社没有固定的章程和成员，只要同意他们的文学主张，都可以列为社员。因此，弥洒社成立后，以其宽松的文艺主张和较为纯粹的文学韵味迅速吸引了上海、杭州附近的青年文艺爱好者的青睐，陈德征、唐鸣时、曹贵新、方时旭、赵景沄、顾敦鍒、俞翼云等一大批文艺青年相继加入，充实了弥洒社的创作力量，

1923年3月，一本独树一帜的纯文艺刊物《弥洒》诞生，钱江春夫人吴佩璋专门邀请上海美专的教师关良画了一幅少女起舞图作为月刊首期的封面。编者在第二版扉页上，加了一条标语："不批评，不讨论，无目的，无艺术观，只发表顺着灵感的创作。"并刊载了胡山源的诗歌《弥洒MUSAI宣言（弥洒Musai临凡曲）》，他在诗歌中写道："我们乃是文艺之神/我们不知自己何自而生/也不知何为而生/我们唱/我们舞/我们吟/我们写/我们吹/我们弹/我们一切作为只知顺着我们的inspiration！"同年3月18日，该诗歌在《民国日报·觉悟》副刊发表，向外界正式宣告弥洒社的成立。

《弥洒》月刊由胡山源主编，上海古今图书局发行，其内容包括散文、诗歌、小说、杂感、剧本等多种体裁。弥洒社同人中，不少是从事编译工作的，涉猎面广，又受到外国文艺思潮的影响，因而他们的作品内容丰富，空想的、现实的、神秘的、人生的，各式各样的都有，但并非都是远离社会的。钱江春曾在月刊上发表了《腊梦》、《长夜》、《天涯》、《失去的灯泡》、《王小仁》、《弱小的心》等作品，他的作品不仅对生活在社会底层的被侮辱被损害者深表同情，而且随着阅历的增长和思想认识的提高，对社会问题也给予越来越多的关注。巴彦曾指出，钱江春的《长夜》就属内容健康、格调清新、艺术手法熟练之作。

因人事变动和经费问题，《弥洒》出版六期就宣告停刊。在钱江春的努力下，得到商务印书馆编译所负责人的同意，后又印行了《弥洒社创作集》第一（1924年10月）、第二（1925年10月）两集，封面是钱江春夫人吴佩璋画的弥洒女神图。

钱江春关心教育，创办学校。1921年夏天，他出资参与好友侯绍裘、朱季恂接办松江景贤女子中学。1924年秋，他与侯绍裘、赵祖康等在城内创办江春中学，次年秋，他说服父亲出资8 000元扩充校舍及设备，改校名为私立松江初级中学（今松江一中的前身），任校长。同时聘胡山源、蔡默主持校务，办学方针如景贤女子中学。两校关系密切，多数老师互相兼课。他自己在商务印书馆编译所工作之外，也在景贤女子中学兼课。

钱江春关心社会，投身革命。1925年，“五卅”运动时期，他积极投身反帝运动，参加上海教职员救国同志会，任宣传股常委，草拟宣传文电，印发反帝传单。1927年春，北伐军将到上海，钱江春走出了商务印书馆编译所，与侯绍裘等一起，参加各种革命活动，成为侯绍裘在上海的代表。

1927年，钱江春因体质瘦弱，积劳受寒，患伤寒病逝，时年二十八岁。

赵祖康（1900—1995）

赵祖康，市政建设专家，“中国公路泰斗”，旧上海最后一任市长。与詹天佑、茅以升并称为“中国交通工程三杰”。

1918年，赵祖康考入南洋公学土木工程系。1920年，赴交通大学唐山学校读书。1922年毕业，取得学士学位。

1923年至1924年，赴青岛“胶澳商埠督办公署”工务部工作，参与青岛筑路事业。1924年，与松江才女张家惠结婚，后在南京河海大学工作。1925年秋，受当时上海交通大学校长凌鸿勋邀请回母校任教，兼任校长室秘书、校刊《南洋旬刊》和《南洋季刊》编辑等职。1927年，在交通部属韶赣国道工程局工作。1929年，任广西省梧州市工务局长。1929年9月至10月，任安徽省蚌埠市政筹备处顾问工程师，后调任省建设厅技正，参与制定安庆市市政发展规划，完成安庆市的街道系统和分区设计规划图。

1930年1月，经交通部选拔，赴美国康奈尔大学深造，学习道路和市政建设工程。1931年，学成归国，到铁道部工务处工作。1932年，入全国经济建设委员会公路处工作，先后领导修建西兰公路、西汉公路、乐西公路和滇缅公路等重要工程，其中西兰公路为中国抗日战争争取外国援助起到了特殊的作用，滇缅公路赢得了国际赞誉，在世界反法西斯联盟抗击日本侵略中发挥了积极作用，于20世纪50年代，作为修建滇缅公路的功臣得到美国总统杜鲁门授予的美国自由勋章。

1945年9月，赵祖康任上海市工务局局长，参与上海市政建设，以改变上海市政的衰败局面。1949年5月24日，受原上海市市长陈原的托请，担任“代理市长”，以维持市政局面，负责维持秩序和办理移交。在此期间，他要求各局处高级职员坚守岗位，完整保留国民党市政府遗留下来的档案资料；并按照人民解放军军事管制委员会要求，让各局档案、财务负责人确保档案财产的安全；采取措施确保被捕进步学生的安全……在当时的政治背景下，赵祖康以其特殊的地位和尽心尽力的工作，作出了贡献。正如建国后第一任市长陈毅评价的那样：“赵祖康先生率领旧市政府人员悬挂白旗……保存了文书档案，这种行动深堪嘉许。期盼今后努力配合做好市政府的接管工作。”后继续留任上海市工务局长，参与上海市政建设。

1957年1月，在上海市第二届人民代表大会第一次会议上，赵祖康当选为副市长。1979年12月，在上海市第七届人民代表大会第二次会议上，当选为副市长。1979年10月，当选为民革中央委员。1982年12月，当选为民革中央副主席。1983年5月，任上海市人大常委会副主任。享年九十六岁。

赵祖康为政清正廉洁。1938年10月，国民政府派出以实业部长陈光甫为团长的经济代表团，到美国采购中共公路建设所需要的汽车和交通器材，应付抗战的急需。赵祖康作为懂行的技术官员参与采购技术方面的具体工作。当时，按照资本主义国家通行的做生意惯例，买卖双方达成协议后，卖方公司都要向经办人支付一笔“佣金”。赵祖康拒收这笔“佣金”，希望能折算成车款，降低车辆单价。遭拒后，将“佣金”交与陈光甫处理。而且，当陈光甫流露出希望赵祖康能在美国长期停留的愿望，并可带家属来美工作时，赵祖康也拒绝了。他认为，当前国内战事吃紧，正是需要自己出力的时候，作为主管公路建设的国家官员，理应回国效力。并于1939年5月24日致信中国驻美大使胡适先生后，即启程回国了。

赵祖康积极参与公路建设实践，重视制定规章制度和市政规划。1923年春，在青岛“胶澳商埠督办公署”工务部门工作期间，他参与修筑实验性质的公路。1932年，在全国经济委员会公路处工作期间，他注重参与公路建设实际工作，领导修建江南地区公路的工作，主持了两条实验公路的建设。

20世纪30年代，在全国经济委员会公路处工作期间，赵祖康就决心要改变中国公路事业长期的“无组织、无计划、无技术”状态，从全面科学的规划和制定切实可行的规章制度入手。他借鉴在美国留学和实习时学到的知识和经验，先后主持制定了全国各省市间互通汽车的规划与办法，进而制定全国联络公路网；制定贯通全国各省市的国道网络；制定全国公路技术统一标准，逐步形成全国公路管理和监理制度；制定了全国汽车牌照的统一管理制度等。基本上形成了比较系统的科学的公路建设的规章制度体系。

1945年，赵祖康接任上海市工务局局长后，组织上海市的各方面专家，研究制定上海的城市发展规划，不久交出第一稿。1947年5月，修改完成《大上海都市计划总图草案报告书》第二稿。1949年5月，绘制完成《大上海都市计划总图》第三稿。在研究制定城市发展规划过程中，赵祖康提出，制定城市规划在宏观上必须考虑三大基本要素：即经济要素、社会要素和物质要素；包括六项主要内容：城市经济、城市文化、城市交通运输和公共交通、城市人口、城市土地利用和开发、环境保护。

赵祖康广纳贤才。1931年进入全国经济委员会工作以后，每年都要通过考试选拔，招收优秀毕业生，充实公路处的技术力量。

赵祖康家训严谨，教子有方。育有四女二男，一女幼年夭折。长女赵国聪（赵充），1955年毕业于中国医科大学，是主任医师、病理学专家。次女赵国明，1960年毕业于北京大学俄语系，是内蒙古工学院教授，译著颇丰。三女赵国湘，20世纪60年代毕业于清华大学，后赴加拿大工作，是无线通讯领域专家。长子赵国通，1966年毕业于上海同济大学研究生院，曾任上海市经济工作委员会副总工程师，主管工业安全和工业环境保护工作，市人大代表，市政协委员，五十岁生日时，赵祖康曾以“通达事理，国家栋梁”八个字作为生日礼物送给他。最小的儿子赵国屏，因“文革”失去上大学的机会，在安徽农村插队落户，1977年恢复高考时考入复旦大学，20世纪80年代赴美国攻读生物化学博士，在父兄的要求下，学成归国，任中国科学院上海生物工程研究中心主任、教授、市人大代表。

赵祖康还出版专业工具书，以资有关教师学生、工程技术人员和干部学习参考。1965年，他发动组织旧友部下二十八人编纂出版《英汉道路工程词汇》。“文革”后期，出于对工程交通事业的热爱与执着追求，他着手对《英汉道路工程词汇》进行修订和补充，1978年1月出版了增订后的第二版。1985年，他与近百位老科学家共同编纂出版《道路与交通工程词典》。后又与李国豪等专家主持编纂《汉英道路工程词汇》，于1997年出版。

赵祖康喜欢文学，热爱读书。1922年，与钱江春、胡山源一起酝酿创办文学杂志《弥洒》，1923年3月，《弥洒》月刊正式创刊，由上海古今书店出版发行。1938年5月，赵祖康考察西北地区公路情况，目睹昔日的荒野沟河，变成车流不息的通衢大道，回忆起修路的种种艰辛，诗情勃发，写下了平生最富诗意和气势的诗作，赠给自己不到十岁的女儿，表达了他希望子女记住父辈的艰辛，发扬父辈的爱国精神，建设好伟大祖国的愿望。他在诗中写道："山苍苍，云茫茫，秦岭之高不可当，鸟飞不得度，猿攀不敢望。成路一百又八转，轻车片刻上高岗。山峻出奇峰，云飞起大风。三月凿通千里路，当年意气不凡庸。工伕两万冒霜雪，戍兵百廿护交通。电台电话消息捷，飞刍挽粟马如龙。一朝通车到南郑，万人空巷竞道夺天工。我今重过散关下，旧题勒石认钩画。男儿识字果何为，放翁工部徒诗客。长吟寄于阿聪歌，应念风尘两鬓白。"

赵祖康在成都养病期间，和夫人张家惠一起，读完了《二十四史》以及一些哲学和佛学经典著作。当时四川省主席张群几欲为赵祖康引见政界要人，赵祖康却希望结识学有成就的大知识分子，表达了自己的价值取向。经张群引见，与国学大师钱穆交往探讨学术问题时，赵祖康认为中国儒学是"始于礼，终于仁"。说："儒家面向社会，讲求修身治世之道；道家面向自然，讲求天人合一之道；佛家面向彼岸，讲求普度众生之道。"反映了他在科学专业外的文化修养。

黄文农（1901—1934）

黄文农，松江人。出身贫寒，从小喜爱美术。他在劳动中刻苦自学，逐渐掌握了绘画技术。1917年，进上海中华书局当石印描样学徒工，随后调到《小朋友》杂志当美术编辑，开始对漫画发生兴趣。

1925年起，黄文农先后被上海《晶报》和《东方杂志》聘为特约作者。与叶浅予等人编辑过《上海画报》和《时代画报》，同时担任一些电影杂志的特约撰稿人。1925年3月，何味辛、汤笔花、程步高等创办《影戏春秋》周刊，黄文农等漫画家被聘为"特约绘制者"，他以当时电影界的种种现象为题材，在刊物上发表了不少漫画。

1926年12月18日，黄文农与丁悚、张光宇、张正宇、王敦庆、鲁少飞、叶浅予、季小波、胡旭光等发起，组织成立了中国第一个民间漫画团体——漫画会。会址设在上海宁波路65号3楼40室。1927年6月8日，漫画会在拉斐德路（今复兴中路）永裕里36号举行常会，由干事叶浅予、张正宇召集，张光宇、王敦庆、季小波、黄文农等出席，讨论举办画展，以及出版《黄文农讽刺画集》等事宜。1927年7月，《文农讽刺画集》由季小波编辑，以漫画会名义出版。这是黄文农第一本个人漫画集。

1928年4月21日，漫画会创办《上海漫画》周刊，由黄文农、叶浅予、张光宇主编，上海美术刊行社发行，黄文农同时也是该周刊的主要供稿者。

黄文农是我国最早从事动画绘制的漫画家之一。1924年，他绘制映演了我国最早的动画片之一——《狗请客》。据《申报》记载："书画家黄君文农，近受中华影片公司之聘，制活动钢笔画影片三本，长约千尺，情节甚滑稽，名《狗请客》，中秋后即开映。""李允臣、黄文农、沈延哲君等，近组织一中国画片公司，用钢笔画成后，然后摄造活动影片。其第一片，定名'西游记'，西名'Way Down West'，其中有孙行者大闹天宫及唐僧取经等，情节奇异。""九月之十日，偕友往中华影片公司参观，先由杜君寿祺引导观览各部，继开映新片《狗请客》。该片为画家黄文农君胥主编，费时四月始告竣。全片长千余尺，映演时间约半句钟（30分钟）。情节殊甚发噱，动作异常敏捷。片中有真人物二，一为女郎，一为小贩，以真人与画片并摄，更觉有趣。说明书中之文字甚为奇异，含有滑稽意味。该片只有三本，租与影戏院，取价甚微，现又赶制一片，将来两片同时出租，庶不致亏本。"

《狗请客》采取了真人与动画相结合的制作方法，在当时的中国尚属首次，是最为先进的动画制作技术。同时，由黄文农、李允臣、沈延哲组建的中国画片公司，成为我国第一家专业动画公司，人员专业知识结构合理。黄文农是上海知名画家，李允臣是电影编剧，沈延哲致力于电影摄影。因此，1927年1月出版的《中华影业年鉴》"活动滑稽画家"中，列出了当时从事动画片绘制的四位专业人员名单，黄文农位列第二。

黄文农以"政治漫画家"闻名上海滩。他从创作伊始就对政治非常关心，其作品主要为政治讽刺漫画，为此曾被英租界工部局告上法庭。1925年7月，商务印书馆《东方杂志》出版《五卅事件临时增刊》，刊载了黄文农揭露和控诉帝国主义在中国领土上所犯血腥罪行的漫画《最大的胜利》和《公理、亲善、和平、人道》，引起上海租界当局的恐慌和敌视，继而引发"东方杂志漫画事件"。英租界工部局以"妨碍租界治安"为由提出控告，并拘留了商务印书馆发行所副所长郭梅生。后经律师辩护，最后判决商务印书馆罚款200元，在一年内不得再发行同类书刊。判决后，读者纷纷争购《东方杂志》增刊，并要求再版发行，商务印书馆便加印该增刊。这更引起租界当局的仇视，采取中断电力供应等措施，迫使该增刊停止印刷。商务印书馆职工当即购买电机，并采取其他应急措施，使《东方杂志》增刊得以大量出版。

叶浅予回忆："由于接触面广，文农和九流三教人物都有交往。北伐军抵达上海之后，他政治方面的关系便显得很突出。先是参加淞沪警察厅政治部，并把我拉了去，做他的艺术股小伙计。不久我又跟他一起跳槽，投奔海军政治部。从海政下来后，他到过南京，在蒋介石的总政治部混了一阵。”（《叶浅予自传：细叙沧桑记流年》）

黄苗子也说：“黄文农是我国20年代后期和30年代初期杰出和富有代表性的政治讽刺漫画家。他以炽热的爱国情感，用漫画匕首投向帝国主义列强和封建军阀势力。他创作态度严谨，作品有鲜明的个人艺术风格。”（《昙花一现的天才——记漫画家黄文农》）

黄文农在贫病交迫中去世，时年三十三岁。

裘梦痕（1901—1978）

裘梦痕，名绍，出生于杭州书香门第。为中国早期的中学和师范学校音乐教育创编了一套完整的音乐教材体系，为祖国培养了多名音乐名家，对中国音乐教育做出了贡献。

1922年，裘梦痕被来沪招聘的湖南长沙岳云学校录用为艺术科老师。1923年考入上海专科师范学校高等师范科，师从丰子恺深造音乐。1925年随丰子恺在上海江湾参与创办新型的集美国杜威的实用主义教育、日本大正时期的自由主义教育和希腊学园式教育为一体的私立立达学园。该校设普通、艺术和农村教育三科，裘梦痕参与艺术科的筹建。该校不设校长，重大问题由57位社会知名人士组成的立达学会讨论决定。裘梦痕是第一届学会的成员。1926年，他从上海专科师范学校毕业，正式到立达学园担任音乐教师。从此他便踏上借音乐教育实现教育兴国梦想的道路。

1932年至1937年，裘梦痕曾先后在复旦大学附属中学、爱国女中、澄衷中学、浦东中学、松江女中和立达中学任教。1942年初，裘梦痕被江苏省苏州中学聘任为音乐教师，后任该校校长，直至抗日战争胜利。1946年夏举家迁至杭州，收养了革命烈士刘丹颜和邸力夫妇的儿子，取名裘企阳。1947年夏，立达学园从四川隆昌迁回上海，在松江县落户。是年9月学校复课招生。裘梦痕重返立达学园，聘为教务主任兼任音乐教师，同时兼任松江县师范学校（省女中前身）音乐教师。1953年2月，松江私立立达学园归松江教育局领导，改名为松江县第三中学。据《松江三中建校七十周年纪念册》记载，裘梦痕在该校的任期为1953年2月至1956年10月。辞世后骨灰被安葬于龙井满觉垅茶园。

裘梦痕一生钟爱音乐。1934年夏，在母亲的葬礼上也以音乐送别。据裘梦痕的小弟裘法祖（著名的人体器官移植之父，中国工程院院士）在《写我自己》一书中回忆：“全家人在杭州皮市巷祖屋邻近的基督教堂——思澄堂举行了葬礼，我大哥在钢琴上弹奏了德国作曲家Handel·Geroge Frederick（1685—1759）创作的Largo哀曲。”

裘梦痕在教学中注重对音乐拔尖学生的培养。他对品学兼优的新生贺绿汀，亲自指导《作曲理论》学习，并编写、讲授《和声学》，教钢琴演奏和拉小提琴等。贺绿汀在他教导下接受了良好的音乐启蒙，为以后的深造打下了扎实的基础。他对热爱音乐的好苗子桑桐，因材施教。在其“学习音乐最重要的是作曲，而钢琴弹奏、理论学习是作曲的基础”的教学思想指导下，桑桐茅塞顿开，自学作曲，自学《和声学》。因桑桐对《和声学》有极高的造诣，业内把桑桐喻为“和声学”。在苏州中学，他发现了从小爱好音乐的汪毓和，汪毓和在他的指导下弹钢琴，并参加课外音乐活动，后考入北平艺专音乐系，主修作曲，成为我国著名音乐史家。

裘梦痕关注对学生的美学教育，并言传身教。平时，他常戴一副紫褐色的宽边眼镜，穿一身半新不旧的西服和一双老式的黑色牛皮鞋，走路时抬头、挺胸、前后摆动双手。他神情祥和，操一口杭州官话，不时发出洪亮的声音，使学生对他肃然起敬。他常对学生不规范的言行姿态提出告诫：“坐要有坐相，站要有站相，走路要摆动双手，说话要面朝对方。”当发现同学站立时弯着后背，他就会用手在学生的后背上轻轻一拍：“挺起你的前胸！”看到学生双手插在裤袋里，他会提醒：“裤袋不是用来插手的！”学生在课堂里为某一问题因意见不合而发生争论时，他会谆谆教导：“要让对方把话讲完，这是一种礼貌；有不同意见无法统一时，双方都可以保留自己的意见。讨论问题双方都要心平气和，各抒己见，千万别伤感情。”又告诫大家：“思想要自由，作风要民主。”这些教诲后来成为他的学生在日后工作和生活中的行为准则。

裘梦痕与丰子恺合编多部教材。1927年8月，合编《歌曲集——中文名歌五十曲》（首版）；1929年3月，合编《洋琴（即钢琴）弹奏法》，书中有47篇五线谱弹奏法，87条练习曲，为我国最早介绍钢琴演奏的中等学校教材；1931年9月，合编《怀娥铃（即小提琴）演奏法》，是我国早期介绍小提琴演奏的中等学校教材；1935年至1936年，合编《开明音乐教本（唱歌编）》1、3册和《开明音乐教本（乐理编）1、2、3册》；1935年7月，合著《音乐与人生》一文发表于《开明音乐教本（乐理编）》第八章。由于与丰子恺多次合作，人们将他与丰子恺并称“裘丰”。1936年，他与词作者李天行合作创作歌曲《爱之辉扬》。1950年，与黄涵秋合编《口琴新曲集》。以上教材均由上海开明书店印行。

1938年9月至1939年12月，他编著的《音乐的常识》一文在王庆隆主编的《音乐世界》上分14期连载刊出。该文又于1939年1月由春风音乐教育社以单行本出版发行，成为他为音乐走向社会所做的又一件普及工作。1939年1月，他编的《初中唱歌教本》由春风音乐教育社印行，共6册，每册供1学期使用。他所编的这些教本成为音乐列入中学必修课后的规定教材，为教育改革做了一件“利在当时，功在千秋”的事。

裘梦痕的学生、北京原子能研究所研究员、国务院特殊津贴获得者李文埮曾这样评述恩师：“他一生对基础音乐教育有百分之百的信仰；他一生为人师表，身体力行，实行爱的教育；他一生安心于教育，心甘情愿当教师，呕心沥血作贡献。所以他深受同学的尊敬和爱戴。他丰硕的成果、骄人的业绩，已填补了中国近代音乐教育史的空白，这些不可替代的贡献连同他的姓名一起被载入我国近现代音乐教育史册，上海特别是松江人民永远不会忘记，将世世代代怀念他。”（《寻找远去的音乐教育家裘梦痕》）

裘梦痕的养子裘企阳曾忆及：“我所记得的唯一一次严厉的责打，是我被发现私拿了佣人买菜的钱。‘人可以少才，不可以无德’，这句话让我终生铭记。……在日寇统治的苏州，他创作并教学生们唱‘这土地，是我们的。祖宗传下来，子孙要继承’这样的歌曲。”（《忆我的养父裘梦痕》）

寿俊良（1901—1980）

寿俊良，松江人。1912年考入华娄高等小学，毕业后考入江苏省立三中，1917年，转学到上海浦东中学，学习成绩优良。“五四”运动爆发后，积极参加示威游行和抵制日货等爱国活动。毕业后，考入南洋公学电机系，每试名列前茅。1923年，大学毕业，被校方推荐到汉冶萍公司大冶铁厂，任副工程师。次年，大冶铁厂因借日本贷款无法偿还，把铁厂押给日本，寿俊良一气之下，辞职回家。他痛慨中国贫穷落后，科学不发达，技术人才缺乏，于1925年赴美，入普度大学自费留学。

1928年，获硕士学位回国，在母校交通大学任副教授，教“输配电”和“电力厂”两门课。1930年，晋升为教授。1940年，受聘在私立大同大学兼课。抗战胜利后，应福建厦门大学之聘，任该校电机系主任。

建国后调至浙江大学,任电机系主任。1959年,在寿俊良主持下,经反复设计、研造,成功试制我国第一台双水内冷发电机。国家主席刘少奇视察时接见并高度赞扬他。1960年,被推为浙江省政协委员。1962年,升为二级教授。1971年退休回上海。1979年,受荐为水电部编的《英汉电技术词典》审稿,不顾炎夏高温,坚持工作,按时完成了任务。他说:"能把'余热'贡献给祖国的'四化'建设,是我最大的快乐!"

一生编著有《发电工程》、《发电厂和电工》、《电厂工程》、《电力分布概况》、《电机实验教程》、《工业电力机械》等。

上海交大1947届校友,华东电业管理局原副局长陈警众在《润物细无声》一文中说:"寿俊良教授开发电工程课,他为人正派,自己写教材,请人打字后,去龙门书店出版。"

闻　宥(1901—1985)

闻宥,字在宥,号野鹤,室名落照堂。生于松江泗泾镇。通晓英、法、日、俄、越等数国语言。曾被选为法国远东博古学院通讯院士、西德德意志东方学会会员、土耳其国际东方研究学会会员。曾任华西协和大学中国文化研究所所长、博物馆馆长、中文系主任;国立四川大学教授、博物馆馆长;西南民族学院教授;中国民族古文字研究会名誉会员、中国古铜鼓研究学会名誉理事等职。

1913年小学毕业后,因家境贫寒到上海申报馆打工。1917年加入"南社",与当时的南社主持柳亚子展开了一场激烈的诗体辩论。他自幼聪慧,擅长书法,尤喜王献之洛神赋十三行,书法作品曾刊于《当代名人书林》。

1922年秋至1926年夏,先后在上海爱国女学等各大中学及国学专科学校任教。1926年秋至1929年夏,在上海商务印书馆编译所任编辑及国文函授部教员,并在私立持志大学、民国大学、正风文学院兼课。在商务印书馆工作时期,闻宥在学术上开始崭露头角,学术研究涉猎甲骨文、古音韵等领域。这一时期的主要著作有《白话诗研究》、《冬东分部辨正》、《转注理惑论》、《殷墟文字孳乳研究》、《甲骨学之过去与将来》、《研究甲骨文字的两条新路》等。闻宥还翻译了日本考古学之父、著名汉学家滨田耕作的论文《鼎与鬲》和著作《通论考古学》,被誉为介绍瑞典考古学家蒙特柳丝考古类型学思想的第一人。

1929年起,先后在中山大学、山东大学、燕京大学、四川大学、云南大学、西南联合大学、私立华西协和大学、华西大学等校担任讲师、教授。他的《铜鼓考》,由华西大学的博物馆出版，对古铜鼓的研究具有开创性之功。1953年出版了《古铜鼓图录》和《四川大学历史博物馆所藏古铜鼓考》两书，在国内掀起了一股铜鼓研究热潮，在国外也得到了民主德国民族学博物馆和美国芝加哥费尔德博物馆的高度重视。

1955年春直至去世，任北京中央民族学院教授。

1957年及此后的二十年，他身处逆境。但印度入侵我国领土西藏时，他满腔怒火，将家藏中印边界地区的西藏地图通过学校捐献给国家，供我军作战参考，此图后来成为周恩来总理在中印谈判时用图。

诺贝尔文学奖评委、瑞典汉学家马悦然曾于1950年在成都华西坝求学于闻宥，他评价闻宥："在这位朋友的品性里，尤以他的博学、诗歌造诣以及他那种让自己、也让朋友和学生领略学术研究之美的能力最让我印象深刻。他在研究汉代画像砖上展露的才华和他对宋词极富创见的阐释不仅缘于他的潜心研究，更是他对学术真正热爱、倾心奉献的产物……我将永远珍藏对这位老友的回忆，他是一个伟大的学者，一个最好的人。"

闻宥对西南民族语言的研究也具开创性，对字喃、彝文和羌语等的研究都是他创始的。因此，陈寅恪曾赞叹："君化无用为有用，我以小巫见大巫。"表达了他对闻宥的钦佩。

中共十一届三中全会以后，闻宥的"右派"错案被平反，当时已八十高龄。他晚年继续民族语言的研究，后期的著作有《黑鹿释名》、《论所谓南语》、《扶留考》等。

闻宥对家乡松江充满了感情，1983年他在赠学生韩秋白的墨宝中作了一首七绝，可视作这位上海松江人之绝笔，诗言："来时还是去时天，欲道来时已惘然。只有松江桥下水，无情长送去来船。"

1985年9月27日凌晨，闻宥因心力衰竭在睡眠中与世长辞，享年八十五岁。

江学珠（1901—1988）

江学珠，字龙渊，出生于浙江省嘉善县。十二岁入嘉兴县立女子师范学校小学部，后入师范部。毕业后，由浙江省教育厅选拔考试，入国立女子高等师范（今北京师范大学前身）。1923年毕业，是年秋赴雅加达，接办中华学校女子部，担任女中部主任。1925年秋，担任杭州中学校训育主任兼教员。又转任嘉兴二中教员兼附小主任，后赴江苏省教育厅任中等教育科科员。

1927年至1937年，1946年至1949年，江学珠先后两次担任江苏省立松江女子中学校长。在她的主持下，松江女中于1937年、1948年两次被教育部指定为全国优良中学。

江学珠任校长时，学校条件极差，既无校舍设备，又缺少师资生源，初创伊始仅招生六十余人，优秀学生更是寥寥无几。面对办学困境，她毫不气馁，曾提出，得天下英才而教之算不得一乐，得天下庸才而教之使其成为英才，这才是大乐！

为此，她精心策划，一方面利用自己的人脉资源，建立阵容强大的师资队伍；另一方面，着手制订校训、校歌，倡导“百年树人，五育并进，健全品格，张扬个性”理念，以提振精神，鼓舞士气。

在江学珠的主持下，学校云集了一大批优秀教师，如浙江三大才子陆维钊、王季思、徐震堮等，数学教师虞明礼则是商务印书馆“复兴中学教科书”高初中代数课本的编著者，化学教师周芬后来是全国中等教育的四大名师之一，是20世纪50年代中学化学课本的主要编著者。她同时还信奉“选好教师来教好学生”，做到人才至上、唯才是用。她认为老师是学校“请”来的，而不是“雇佣”来的，十分尊重老师。

江学珠注重学生的均衡发展，主张德、智、体、美、劳全面发展，培养人格健全的公民。她确立“培养青年充分之知能”“施以健全的公民训练”“冀陶熔普遍人格之实现，故特别注重女子本身之弱点，使善自修养，发扬个性”。（项红专《江学珠：蜚声海峡两岸的女教育家》）在教学方面，注重课外拓展，有各种兴趣小组、研究会、名人讲演、参观旅行等。学生体育成绩也十分突出，在江苏省中等学校联合运动会上，松江女中连续三年（1928—1930）获女子田径冠军，两人获女子总分第一，打破多项全省纪录。1934年，学校还获全省女子篮球冠军。

江学珠重视艺术教育，她为松江女中聘请了一批艺术名家来校任教。当时，著名摄影家郎静山先生教授摄影课，开创了中国摄影教育的先河；著名画家丰子恺先生教授美术和音乐，每周为学生开一次美术讲座。学校重视艺术教育设施设备的投入，专门设立了三间特大的图画教室，室内装饰一新，可以调节光线，陈列了许多石膏头像和名画。

在江学珠的经营下，松江女中办学水平迅速提升，1934年，在江苏省男、女中学举行的毕业会考中，该校获得全省第一，数年名列全省前茅，成为松江地区乃至上海市以及江浙两省邻近市县女生竞相报考的学校。

1949年，江学珠接任北一女中校长。她是该校任期最久、影响最大的校长。在任职的二十二年间，她以校为家，锐意改革，成效显著。在她任期内，北一女中多次创下大专联考升学率全岛之冠的记录。

在北一女中，江学珠不仅重视学生的课业，而且重视美育、体育，以及家政和游泳。还探索“旅行教学”，按照学生的学习兴趣，每学期每人可以有两次自由选择参观工厂、法院、博物馆、科学馆等活动的机会。她同时还大力倡导课外活动，亲自组织创办的北一女乐仪旗队闻名遐迩。

江学珠具有强大的人格魅力，一生从事教育事业，终身未嫁，视学生为子女。自律甚严，穿着都是一身单色的宽松旗袍，齐耳的短发，平底的皮鞋，整齐清洁，简单朴素，给学生们树立了良好的榜样。

江学珠公私分明，清正廉洁。她的侄女申请去美国留学，希望将69分的成绩改成70分，她秉公无私，予以拒绝。她还将校长宿舍100平米的房子让出来，作为教师的托儿所，或给外地教师居住。她退休后，校内师生共同集资十万元成立了“江学珠基金会”，她全部捐款用作校内奖学金，用以补助北一女中贫困学生。

马英九的姐妹、妻子、女儿都毕业于北一女中。在2012年元旦新年献词中，他深情地赞扬江学珠：“以校为家，人格风范至今让人难忘。”（项红专《江学珠：蜚声海峡两岸的女教育家》）

江学珠因病逝于台湾，享年八十八岁。

江学珠在江苏省女中任校长期间，曾特聘厨师金杏荪（1906—1989）。他恪尽职守，为改善学校师生伙食尽心尽责，深受好评。后自己创业，开了一家饭店“草庐”，研制名点酒肴，成为松江地区的一家名店。1955年，全国人大副委员长宋庆龄来松江，金杏荪被特请为其烧制“合子酥”。一些文化名人如朱孔阳、白蕉、陆维创等，为该店题名。

柯德琼（1902—1978）

柯德琼，字瑶笙，浙江平湖人。农工民主党派人士。曾任上海市第四届、第五届人民代表大会代表，松江县人民政府副县长，一届至四届政协副主席。

1920年，他中学毕业，因家境十分贫寒，几致失学，但他求学心切，多方设法借贷，终于考入同济大学医科。毕业时，由于债务和生活的逼迫，来到松江诸行街开业行医，当时仅一间简陋的诊所。

1935年，他将近十年的积蓄在今松江松汇路购地六亩二分，建德琼医院。当时医院为三层楼大小房间共六十五间，周围环境幽美，设备也很完善。设有内、肺、儿、妇、皮肤、眼鼻、牙科等。病床30张，工作人员34人，并购有20毫安X光机一架。在当时成为松江颇具规模的私人医院。

柯德琼热心公益事业。1936年，松江成立夏令卫生运动委员会，他作为教官，与其他医师一起，对县府及20个单位34人进行卫生训练。1938年，松江时疫大流行，县当局组织临时防疫医院，德琼私人捐款15万元作为松江医院基金。

1949年9月30日，松江县第一届第一次各界人民代表会议召开。柯德琼参与会议并被选为常务委员。

建国后，柯德琼将其毕生的行医积蓄建成的德琼医院院产连同设备全部捐献给国家，作为防痨工作的基地。1953年4月，成立中国防痨协会松江分会，柯德琼任总干事。德琼医院被改为松江县结核病防治所，柯德琼任所长。这是全国最早创建的县级结核病防治所。自此，全县防痨工作开展群防群治，逐步建立健全全县结核病防治网。为上海农村控制结核病做了大量研究、宣传、防治工作。受到中央卫生部的赞扬。

1978年4月，年近八十岁的柯德琼毅然接受松江县委、县府的安排，任松江县中心医院副院长，不久因病去世。

俞振飞（1902—1993）

俞振飞，原名远威，号箴非，别署涤盦。祖籍松江，生于苏州。曾担任上海戏曲学校校长、中国文联副主席、中国人民保卫世界和平委员会上海分会副主席、上海昆剧团团长、名誉团长，上海京剧院名誉院长，文化部振兴昆剧指导委员会主任。上海戏剧家协会副主席。

俞振飞生于官宦之家，书香门第。他祖父和父亲都是清末武官。父亲俞粟庐因不满官场辞职后，转而潜心研究书法和昆曲，是清末民初著名的清曲家，被誉为“江南曲圣”。他自幼受到父亲严格家教的熏陶，在父亲的指导下，从小练习书法，他尤爱赵孟頫、董其昌的行书。六岁开始跟父亲学唱昆曲。十四岁开始学画，先拜画家陆廉夫为师，三年之后又随上海另一画家冯超然学画。

俞振飞十八岁到上海谋生，在穆藕初办的郑州纱厂驻沪办事处当职员，并加入由上海昆曲曲友组成的粟社和京剧名票组成的雅歌集票房。二十岁在上海舞台第一次出演昆剧《游园惊梦》、《跪池》和《断桥》，获得一致好评。1931年，由程砚秋介绍，拜京剧小生程继先为师，正式“下海”唱戏。

俞振飞把昆剧细腻、优美、高雅的表演融入京剧中去，形成儒雅秀逸、“书卷气”浓郁的独特风格，在京剧小生中别树一帜。与梅兰芳、程砚秋、荀慧生、尚小云、马连良、周信芳、谭富英、奚啸伯、金少山、郝寿臣、言慧珠、李蔷华等京剧表演艺术家长期联袂演出，吸收各家之长，并有个人创造。《贩马记》中的赵宠、《监酒令》中的刘章、《三堂会审》中的王金龙、《群英会》中的周瑜、《打伎上坟》中的陈大官、《金玉奴》中的莫稽、《周仁献嫂》中的周仁、《春闺梦》中的王恢，皆脍炙人口，将京剧小生的艺术品位，提到了一个新的高度。20世纪20年代初，程砚秋有一次来沪演出，要找一位小生搭档，程砚秋戏迷、上海银行的陈叔通便把俞振飞介绍给程砚秋，并邀请他与程砚秋合作演出《游园惊梦》，俞振飞演出出色，程砚秋赞扬俞振飞是个人才，从此，把俞振飞视作小生的最佳人选。此后程砚秋每次来上海总让俞振飞跟他合作演出，两人成了莫逆之交。

20世纪30年代初，有一次，俞振飞应梅兰芳邀请，到上海思南路梅宅拜访，梅兰芳唱曲，请俞振飞为他吹笛，两人配合丝丝入扣。1934年，梅兰芳再次和俞振飞合演《游园惊梦》、《断桥》和《瑶台》，两人合作愉快，梅兰芳称：“俞振飞是一个难得的天才演员。其腹有诗书，在台上儒雅风流，无与伦比。”

为了昆曲的发展，俞振飞主张打破南北、新旧之间的壁垒，还主张新旧结合。1958年，俞振飞参加中国戏曲歌舞团，赴欧洲访问演出，之后，根据周恩来总理的推荐，组织改编演出了昆剧《墙头马上》。到1983年，他在回忆《墙头马上》的创作时再次说：“我感到，新旧戏剧工作者正像中医西医一样，各有所长，各有所短，但在目前还不能一下子使大家‘一身儿兼有二长’。所以，如何加强两者的协作，以取长补短，就成为一个值得注意的问题。”

俞振飞还主张不同剧种之间相互交流吸收，这主张符合艺术发展的规律。他肯定越剧演员袁雪芬等人的观点，即越剧之所以有今天，主要靠两位“奶娘”：一是昆曲，二是话剧。昆曲的“乳汁”使越剧得到表演上的营养；话剧的“乳汁”使越剧具有后来的编剧、导演制度和现实主义的表现方法。同样，他也赞赏粤剧演员薛觉先对京剧、昆曲营养的吸收，说他使粤剧的表演艺术“在原有基础上又提高了一步”。到了晚年，他不顾八十八岁高龄，亲自录音、录像，摄制了京昆优秀传统折子戏十六出，定名为《俞振飞舞台艺术汇录》。

俞振飞在担任上海戏曲学校校长期间，组织和指导戏曲艺术教育，培养出一批在各艺术院团挑大梁的著名演员。他早在20世纪30年代初，就被上海暨南大学文学院院长陈中凡聘为讲师。至20世纪80年代，曾多次受邀到香港中文大学和香港文化艺术中心讲学。1987年，受邀到美国林肯大学、夏威夷大学、柏克莱大学、科罗拉多州立大学、圣地亚哥大学等高校讲学。俞门弟子共四十一人，他们都活跃在全国各地以至海外京昆舞台上，对京昆艺术在海外的传播，起到了积极作用。

俞振飞的婚姻生活是坎坷的。他的第一任妻子范品珍是父亲包办的，一个没有文化也素不相识的女子。后来俞振飞在一昆剧票社中认识了陆佩贞，她因与丈夫离婚被父母不容而找到俞振飞，俞父见其聪明伶俐，便同意收她做了俞振飞的二房。但俞振飞经济拮据，她也耐不住清贫，最后离家出走，改嫁他人。20世纪30年代末，俞振飞在北京京剧家王瑶卿那里学戏时遇到黄蔓耘，两人一见如故，回上海后结婚。1948年两人旅居香港，一度生活艰难。后来在周恩来总理的关心下，返回大陆。1956年，黄蔓耘因病去世，两人共同生活了近二十年。

俞振飞的第三任妻子是言慧珠。1956年至1957年，俞振飞和言慧珠先后被任命为上海戏曲学校正副校长，两人在舞台上是最佳搭档，把古老的经典与时代气息紧密结合，成功创排和演出了《牡丹亭》和《墙头马上》。中央领导刘少奇、周恩来、贺龙、彭德怀、陈毅都曾观看演出并接见了全体演职人员，田汉还当场赋诗赠予两人："墙头马上姻缘好，再霸舞台二十春。"1961年他们正式登记结婚。但是，终因生活背景、经历、心理、年龄、处事方式不同，而离意已决。而言慧珠因不忍"文革"中的羞辱，上吊自杀。

俞振飞的最后一任妻子是李蔷华。李蔷华为湖北省政协常委、武汉戏剧家协会副主席、湖北省先进工作者、武汉市三八红旗手。俞振飞的婚姻有过曲折和孤独，但是晚年是幸福的。

俞振飞的著作有《振飞曲谱》、《俞振飞艺术论集》等。香港中文大学于1988年10月授予俞振飞博士学位，他成为继梅兰芳之后，第二位获得博士殊荣的京昆艺术大师。

1991年在上海召开的"祝贺俞振飞舞台生活七十周年暨九十华诞"活动中，时任党中央总书记的江泽民同志特为俞振飞题词"艺术精湛"，时任全国政协主席的李瑞环也发来贺信："先生不愧是我国当代艺高望重的京昆表演艺术大师、杰出的戏曲教育家，为繁荣社会主义戏曲事业，弘扬民族优秀文化作出了重大贡献"。发来贺词贺电的还有荣毅仁、贺敬之、曹禺、张庚和刘厚生等。

袁世钊（1904—1931）

袁世钊，一名士钊，又名钊生，小学教员，革命烈士。生于松江县枫泾南镇（今属上海市金山区）一个小商人家庭。毕业于枫泾北镇松江县第三高小，在南镇从事教育工作。

1924年冬，经侯绍裘介绍，袁世钊加入中国国民党。同年又加入中国共产党，是当地最早的共产党员。

1925年，"五卅"惨案后，袁世钊投入反对帝国主义的斗争，发动群众，控诉帝国主义枪杀中国工人的罪行，募捐声援上海工人。秋，共产党人萧楚女来到枫泾，在励志小学指导袁世钊等人建立国民党区分部工作。

1926年春，袁世钊、陆龙飞等，在南镇第五高小校内，建立国民党松江县枫泾区第七区党部。7月，中共枫泾独立支部建立，有党员4名，袁世钊任书记，隶属中共江浙区委。冬，袁世钊、陆龙飞、顾桂龙，在东栅积谷仓，发起并组织成立农民协会。开展减租减息活动，与地主土豪进行斗争。农协会员发展到600多人，后因土豪劣绅勾结军阀，农协被查封。

1927年1月，袁世钊等带领原农民协会会员骨干，在水旺村一带割断电线，破坏铁路，阻击军阀孙传芳运送弹药，配合北伐军光复上海。2月，袁世钊受党指派，以国民党员身份到魏塘镇发展革命势力，组织民众迎接北伐军光复嘉善。与此同时，共产党人黄麟书从青浦来嘉善迎接北伐军去青浦。3月，袁世钊等筹建国民党嘉善县临时县党部，袁世钊任执行委员兼农工部长，在工人、农民中宣传革命道理，组织职工协会、农民协会、商民协会，动员各基层民众，支援北伐军。为了维护工人、农民的利益，袁世钊领导善益布厂工人进行罢工斗争，发动农民开展减租减息活动，并与县党部内的顽固势力开展斗争。

4月，"四·一二"反革命政变后，枫泾国民党机构被查封，国民党右派开始"清党"。袁世钊处境艰险，枫泾独立支部从镇上转移到农村，在大方庵、屈家浜一带开展农民活动。6月，中共浙江省委成立。8月，建立中共嘉善独立支部，直属省委，由嘉兴临时县委负责联系。9月，中共江苏省委巡视员陈云回家乡练塘贯彻党的"八七"会议精神，与枫泾独立支部取得联系。陈云、袁世钊开会研究，决定重建农民协会，将青浦革命力量汇集起来，成立农民武装，策划枫泾武装暴动。会后，积极发展农村党员，在东栅外大方庵（今属新浜乡）建立中共松江县枫泾区委，发展党员20余名，袁世钊任区委书记。

1928年1月11日，袁世钊、吴志喜、陆龙飞、王子琴等，带领农民军30余人，携带枪械、斧头、大刀以及标语、布告等，从蒋家浜摆渡过河，先后在屈家浜、土地堂、钱家草、西古村等地，处决了金海琴、李新发等地主恶霸7人，烧地契分浮财，收缴保卫团枪支弹药武装农民军，并在沿途张贴标语以及署名"中国共产党江苏松江第一独立支队"的布告。1月12日，陈云听取了袁世钊等夜除恶霸行动的汇报，和大家一起研究了攻打枫泾的行动计划，决定发起"枫泾农民暴动"。他们在大方庵前的场地上聚集了500多名农民军，手执步枪、大刀、扁担等向枫泾镇进发。暴动失败后，1月19日凌晨，领导人陆龙飞、吴志喜在蒋家浜（今新浜乡）被捕。中共枫泾区委转移到上海，工作陷入停顿。1月26日，陆龙飞在东栅文昌阁就义，吴志喜在松江小校场就义。陈云秘密转移到嘉善坚持革命斗争，袁世钊继续在枫泾西栅外里泽、姚庄桥一带发动和领导农民革命。

1929年初，袁世钊任松江县委负责人，他与张杏松来到姚庄，发展党员39名，建立陈天浜、北浜、武殿浜、陈浜、南徐前浜、后浜、俞家浜、窑浜斗等8个支部。后又在里泽发展党员5名，建陈家浜支部。在范泾发展党员4名，建青烟斗支部。并在里泽许家浜重建枫泾区委，陶铭任区委书记，盛阿贵、张杏松、袁进元、朱辛岩为委员。袁世钊、盛阿贵等，利用姚庄洪福庵"佛会"，发动群众，揭发地主土豪的剥削，宣传"打倒土豪劣绅，实施耕者有其田"。在姚庄成立塘北农民协会，在里泽成立塘南农民协会，开展抗租抗债斗争。3月，袁世钊介绍金山县委书记翁明哲来嘉善魏塘、大云等地发展5名党员，建立中共嘉善支部，隶属金山县委。夏，根据袁世钊的指示，里泽鹤脚楼黄福生，在里泽一带的杨家泾、燕兜、沈项浜等村组织成立农民协会，有会员近百人。口号是"打倒土豪劣绅"、"动员起来组织农民协会，实行减租减息"。后因叛徒告发，黄福生、盛阿贵被捕牺牲，里泽暴动被扼杀。

1930年初，袁世钊和枫泾区委组织暴动队伍，领导枫南网埭暴动，清算几户土豪劣绅，分浮财给贫苦农民。4月，袁世钊在上海被国民党逮捕，先后关押于上海龙华监狱、江苏省高等法院苏州第三监狱。狱中，他坚持共产主义信念，组织难友越狱和绝食斗争，被中共江苏省委任命为狱中特支书记。

1931年2月13日，袁世钊被国民党杀害于镇江北门外桃花坞，时年二十七岁。他在遗书中写道："……为革命牺牲最光荣，时代的车轮在前进，革命一定成功。"

浦江清（1904—1957）

浦江清，松江县人。七岁入私塾，八岁上小学，直接插入二年级。在中小学读书期间，以第一名而享受免学费待遇。因家境清寒，他克勤克俭，每本练习簿都是先用铅笔，再用毛笔，总要写三、四遍，由此练出了一手好字。另接些抄写的活计，以贴补家用。

1922年毕业于江苏省立第三中学，入东南大学文理科西洋文学系，主修西洋文学，辅修国文和哲学。

1926年夏，从东南大学毕业后，由吴宓先生推荐到清华学校研究院国学门工作，做陈寅恪先生的助教。为配合陈先生的教学，他发挥自己精通英语的优势，努力学习他种语言文字。在很短时间内，先补习了法语和德语，再攻下希腊文、拉丁文、日语和梵文，并帮助陈先生编了《梵文文法》一书。不久，又学会了满文，负责为清华图书馆选购满文书籍。同时，他研读了大量国学要籍，完成了从西洋文学到研究国学的转变过程，又读了许多西方的“东方学”文献，研究方向也从文学转向史学，尤其对考古学产生了浓厚的兴趣。

1929年夏，浦江清转入文学院中文系。此后，便一直从事中国古典文学的教学与研究工作。自1928年起，他应邀任天津《大公报》之《文学》副刊编辑，后代任主编一年。1931年，又任《清华中国文学会月刊》编辑。此时期他发表了《论王静安先生之自沉》等评介东西方文化界学术动态的文章，内容涉及文学、艺术、语言、地理、历史、考古、宗教、民俗等方面。

1933年，他在清华服务满七年，依例休假，得以半官费赴欧洲游学一年。他在伦敦博物院抄录并研究敦煌手卷。1934年夏回国，仍在清华任教。1936年1月发表《八仙考》，论文得到了学术界的认同。同年4月，利用春假回乡，与松江金石书画家张琢成之女张企罗结婚，婚后即携妻返回清华，住北院9号。

一年后，抗战爆发，清华南迁至长沙。他告别妻女，只身由杭徽公路到芜湖，再搭轮船到汉口，转至长沙。此时清华已与北大、南开合并成立国立长沙临时大学，文学院设在南岳。不久学校又迁到昆明，改称国立西南联合大学。他与其他爱国的知识分子一样，在民族危亡的关头，不惜背井离乡，追随学校，师友同舟共济。

1940年夏，他利用休假经越南取道香港回乡，和家人同往上海。次年，应郑振铎之邀到上海暨南大学任教。不久，太平洋战争爆发，上海沦陷。他不愿租居沦陷区，决心冒着危险通过封锁线，经浙赣路去昆明。谁知等他到安徽屯溪时，上饶、鹰潭皆已失守，浙赣路不通。被困数月后，跋山涉水，由江西绕道福建、广东，再经湖南、广西、贵州，回到西南联大。总计行程八千余里，途经八省，历时六个月。他以学校为家，早已把自己的命运，和清华联系在了一起。

抗战期间，他除在中文系任教，还兼任联大师范学院的教职。他与朱自清合称“清华双清”。1940年，经他倡议，与朱自清先生等一起创办了《国文月刊》，他担任第一任主编。在该刊上他发表了一系列专为青年学子而写的文章，如《词的讲解》、《古文选读》等。在上海休假期间，他完成了《花蕊夫人宫词考证》，这是运用文史互证方法取得的硕果，此文至1947年得以发表。

抗战胜利，1946年夏，清华复员。10月，他携妻儿坐海船经秦皇岛回到清华园，住北院10号。两年后，朱自清先生病逝，他接任他的课程，并代理系主任之职。开设《楚辞》课后，他开始研究屈原的出生年月日问题。1954年《屈原生年月日的推算问题》发表，此文不仅考定了屈原的生辰，且广泛涉及岁星纪年的各方法，牵涉多种学科，对古典文学和史学研究也极有价值。

1948年12月，清华园先于北平城获解放。1951年夏，他参加土改参观团，到鄠县、长安、临潼等地参观。1952年秋全国院系调整，他调入北大中文系任教，迁居北大燕东园31号东。1954年秋，文化部委托他为《杜甫诗选》作注。由于时间紧，他又胃病频发，担心体力不支，特邀浙江师院中文系讲师吴天五（鹭山）合作，次年8月完稿，1956年12月出版。1956年3月，十二指肠溃疡穿孔，因体弱不能手术，怕耽误学生，仍坚持上课。1957年4月北大安排他到北戴河疗养。8月31日，十二指肠溃疡再次穿孔，在手术台上逝世，时年五十二岁。他被安葬在万安公墓，与朱自清先生墓比邻。

浦江清精通音律，尤爱昆曲，二、三十年代就参加俞平伯等组织的谷音社，在昆明也多次参加曲友聚会。讲到戏曲，常会唱上一段，给学生留下了深刻印象。

他治学严谨，不轻易下笔，生前发表著述不多。1958年，部分论文由吕叔湘先生主持出版了《浦江清文录》（重印时，又附入《诗词》部分）。近年来，他的遗著经整理陆续发表出版，计有：《清华园日记·西行日记》、《浦江清文史杂文集》、《乐律与宫调》、《无涯集》、《浦江清中国文学史讲义（宋元部分）》、《浦江清中国文学史讲义（明清部分）》等。

西门宗华（1905—1984）

西门宗华，松江县人。他出生在一个贫寒的家庭，十六岁时一个偶然的机会，原本要去当学徒的他，考取了江苏省立第二师范学校(现松江二中)。1925年师范毕业后被选派到莫斯科中山大学学习，在那里加入了共青团，并担任大学团委宣传部长。后因为得罪了王明而被开除团籍，遣送回上海。

经经济学家陈翰笙和美国进步作家史沫特莱介绍，于1930年进入塔斯社上海分社作俄文翻译，成为第一个进入该机构从事翻译工作的中国人。他翻译了马季亚尔所著的《中国农村经济之特色》一书，由上海北新书局出版。1931年，西门宗华又出版了他翻译的考茨基的早期著作《近代农村经济的趋向》一书的部分章节，此书被认为是研究农村经济问题的经典之作。

1933年，西门宗华在张冲的支持下，在南京创办了《中国与苏俄》杂志并担任主编，每期他都发表署名文章。杂志受到了社会各界的重视，特别为从事国际问题研究的人士和向往新世界的青年读者所喜爱。在此期间，还出版了《俄国革命史概论》、《俄国经济史概论》等著作。鲁迅先生曾在其著作中称西门宗华是“我国有权威的苏联研究者，俄文亦好”。

1936年，西门宗华被派往驻苏联大使馆任职。在苏联的三年多时间里，参观了苏联的许多城市、新型工业基地和集体农庄，为日后的研究工作打下了扎实的基础。

1939年冬，西门宗华携全家返回祖国，抵达战时的首都重庆。在重庆六年里，先后出版了有关苏联的著作7部，其中《苏联建国史》、《苏联》(上、下册)、《革命以前俄国经济》均由商务印书馆出版，在社会上产生了广泛的影响。还经常给《大公报》写稿，评析苏德战场形势。1943年，西门宗华根据1937年春随蒋廷黻大使去苏联南部的乌克兰、格鲁吉亚地区考察见闻，写下了一万三千字的《南俄考察回忆记》，发表在《东方杂志》(第39卷第17号)上。文中，他写道：

> 1941年6月22日，苏德战起，德军侵入乌克兰，将苏联南部之开矿业及其他重工业，施以蹂躏。翌年且冒险深入北高加索。敌蹄所至，庐舍为墟。苏联国民历年血汗之创业，惨遭毁灭。每忆及南俄昔日蓬勃繁荣之象，益令人生同仇敌忾之心。客冬以来，苏军战旗南指，既歼灭侵入北高加索之德匪军，最近数月复连克乌克兰之历史名城多座……德匪自苏境溃败撤散之日，当不在远；苏联伟大之创业，将重见于南俄各地。回忆往事，憧憬未来，不胜感慨。

1935年在南京酝酿成立中苏友好文化协会时，西门宗华便被推举为筹备委员会委员。同年10月协会宣告成立，孙科当会长，蔡元培、于右任、颜惠庆为名誉会长。抗战期间在重庆，中苏文化协会是一个非常活跃的文化团体，经常举行各种集会，如

“十月革命”纪念会，中苏文化界人士联谊会，中苏妇女、儿童联谊会等等，并通过办展览、放映苏联电影、办文化沙龙吸引群众。西门宗华还主编出版了苏联社会科学丛书。

新中国成立以后，西门宗华先在中央人民政府教育部工作，后又到上海沪江大学、复旦大学任教。在这期间，他翻译出版了列宁夫人克鲁普斯卡娅的《论儿童新教育》、《伟大的思想家柏林斯基论教育》、《苏联集体农场法》等多部著作。多年的学识积累，使他对风云变幻的国际形势有着敏锐的洞察力。

1953年斯大林逝世后，赫鲁晓夫执政。西门宗华就曾在1955年断言：“中苏两党的关系最终将破裂，‘中苏两国牢不可破的友谊万岁’这句口号将进入历史的博物馆……”

1957年那场政治风波中，西门宗华被打成右派，1959年更以莫须有的罪名被法院判处3年管制，并开除公职。“文革”中，再次受到冲击，1969年被赶出住了20年的住所，被迫迁入只有5平米的扶梯角落。直到1978年7月20日，上海市委有关机构宣布摘掉西门宗华“右派”的帽子，虹口公安分局宣布当年对他判处管制是一桩错案。

平反后，组织上安排西门宗华在复旦大学世界经济研究所工作。在最后的岁月里，他曾写下这样的回忆：“解放台湾，必须用全力争取。我暮年多故，亦是多病之人，但为祖国万年江山，常常想怎样在这方面献以绵薄，庶几在人间不虚此一行。”

何公超（1905—1986）

何公超，上海松江人。十四岁进入上海晋德钱庄做学徒。1920年进商务印书馆工作。1924年任《民国日报》副刊《杭育》编辑，1925年任《热血日报》编辑，1927年任市民通讯社主任。1936年任《儿童日报》总编辑，1945年至1948年在重庆、上海任《儿童世界》主编。从1921年在《小说世界》上发表寓言《牛的悲哀》起，一直从事儿童文学创作。1946年结集出版《快乐鸟》、《丑小鸭》、《小金鱼》等童话作品。1950年出版童话集《兽国记》，1955年出版民间故事《龙女和三郎》、《天上不会掉金子》，1980年出版《仙国妖莲》。

何公超的少年时期，曾幻想做个军官，穿上戎装，骑着骏马，挥舞着指挥刀，率领千军万马，做一番救国救民的大事业。可是因为家境贫寒，高小毕业家里拿不出一年二三百元的学费。十八岁那年，进入上海闸北商务印书馆总务处书记股当小职员，月薪十五元。那时候正是“五四”以后，新文化运动蓬勃发展时期。文言文日渐消隐，白话文代之兴起，从那时起，何公超开始用白话文写文章。并且辞去了商务印书馆的工作。第一篇两千字左右的小小说，投给《小说月报》，不久在《习作园地》登出来了。

何公超从中国古典文学和外国儿童文学中受到启发，用拟人化的手法尝试写作。第一篇寓言《牛的悲哀》运用了爱罗先珂那样的浪漫主义笔法，发表在《小说世界》。后来把听来的民间故事改写，第一篇民间故事《屁弹道士落天井》，发表在《时事新报》副刊《青光》上。这是一篇反封建迷信的作品。

"四人帮"肆虐的十年，何公超几乎"搁笔"。粉碎"四人帮"后，又提起笔来，把寓言作为武器来追击"四人帮"的妖言邪说。《光明烛》是歌颂老一辈革命军人的献身精神的。《枕木·道钉·火车头》批判了"四人帮"所煽起的无政府主义。《啄木鸟和喜鹊》则批评"歌德派"主张的讳疾忌医、报喜不报忧。这些寓言陆续发表在报刊上。

何公超的一生，对儿童文学充满了挚爱，对文学永远保持了一颗"童心"。

施蛰存（1905—2003）

施蛰存，名舍，学名德普，字蛰存，号北山，原名施青萍，笔名青萍、安华、薛蕙、李万鹤、陈蔚、舍之等。

施蛰存生于杭州，随父母旅食苏州。1911年秋，其父施亦政到松江任杭州人陆勉创办的履和袜厂经理。1912年全家迁居松江。1913年，施蛰存进入松江县第三初等小学读书，后入松江县第一高等小学（今中山小学）。1918年9月考入江苏省第三中学（今松江二中）。1922年考入杭州之江大学，认识了老师茅盾，并交往频繁。与戴望舒、杜衡、张天翼、叶秋原等组织文学团体兰社，不久自行停学。1923年进入上海大学，因不满学术氛围，于1925年转入大同大学，攻读英国文学。次年转入震旦大学法文特别班学习。与同学戴望舒、刘呐鸥等创办《璎珞》旬刊。1927年回松江任中学教员。翻译爱尔兰诗人叶芝的诗和奥地利作家显尼志勒的《倍尔达·迦兰夫人》。1928年后任上海第一线书店和水沫书店编辑，与戴望舒等合编《文学工场》、《无轨列车》，发表《妮侬》、《雨》等小说、新诗。1930年与戴望舒等编《新文艺》月刊，刊载《鸠摩罗什》、《凤阳女》、《阿秀》、《花》等小说，其中，《将军的头》为心理小说。1932年主编大型文学月刊《现代》，发表《创刊宣言》、小说《残秋的下弦月》、散文《无相庵随笔》等，出版短篇小说集《李师师》。1935年应聘上海杂志公司，与阿英合编《中国文学珍本丛书》。主编《文饭小品》六期，编纂《晚明二十家小品》，译德国小说家格莱赛《一九〇二级》，译美国里德《今日之艺术》出版。1939年任教云南大学，编撰《中国文学史》、《散文源流》等教材。1943年任教厦门大学，开设《史记》专题课，编撰《史记旁札》等教材。1952年入华东师范大学中文系任教授，参加中国作家协会。1954年《轭下》新版于北京作家出版社。1961年编撰《后汉书征碑录》、《蛮书征碑录》。1963年编撰《三国志征碑录》、《隋书征碑录》、《魏书征碑录》等。1978年撰《唐诗百话》，续撰《北山楼词话》。1980年主编《百花洲文库》，译法国象征派诗人庞维尔、达尔尚、马拉尔美、孟代思、韩波散文诗，编为《法国散文诗十篇》。2001年华东师范大学出版社出版《施蛰存文集・文学创作篇》第二、三卷，《北山散文集》，以及《唐诗百话》、《北山谈艺录续编》。2002年《施蛰存日记》由文汇出版社出版。2003年11月19日病逝于上海。

施蛰存年轻时以文学创作出名。也是中国运用心理分析创作小说的第一人，因而成为中国现代小说的奠基人之一。

施蛰存的心理分析小说在30年代堪称独步。《将军的头》、《石秀》、《李师师》等，用精神分析来重新解释历史人物和事件。《梅雨之夕》、《狮子座流雨》、《春阳》等，心理分析更从尘封的故纸堆深入到现在都市，深入到女性的世界中去。作为一个海派都市小说家，施蛰存有着根深蒂固的城乡二元倾向。他栖身于上海，但松江有老屋存焉，这是他的文学“后院”。他的早期小说有赖于对江南小镇的回溯，已经显出他与穆时英、刘呐鸥的相异。后来的心理分析小说褪去模仿的痕迹，成熟的代表作一律是乡镇进入城市的那种文化碰撞结构。《黄心大师》等作品，乡村的和民间的影响便再一次浮现出来。可以说，施蛰存的城乡“情结”，贯穿了他的文学的全程。他评价自已给中国小说带来什么新的东西时说，“把心理分析、意识流、蒙太奇等各种新兴的创作方法，纳入了现实主义的轨道”。

1957年，施蛰存被错划为“右派”，1966年“文革”开始，直到70年代末，期间二十多年，他始终笔耕不辍，也是他治碑学历程中的突出时期。当时他住在二楼朝北的亭子间，以木板为桌，马桶为椅，与金石为伍。他白天接受批斗，晚上则偷偷读书，研究碑版，写读书札记，大张拓片只能蜷缩身体观赏。经过多年的思考论证，他自辟新径，开始大量撰写关于金石考释的著述，十余年间共写了四五百万字，分别为《唐碑百选》、《北山楼藏碑帖目》(三卷)、《北山集古别录》等三十部左右，但在“文革”中遗失大半，损失惨重。

施蛰存好古收藏开始于1930年，在香港、厦门、徐州、云南等地讲学、任教期间广泛收集碑铭、墓志、造像等石刻资料。节衣缩食去朵云轩购买整纸拓片等。他收藏历代碑帖700余种，汇编成一套《历代碑刻墨影》。施蛰存集收藏和研究于一体，在碑帖的研究上，更是硕果累累。他先后写出了《北山楼碑跋》、《金石丛话》等著作，特别是《金石丛话》，追源溯流，深入浅出，是碑帖收藏与研究的必读书。词学家夏承焘编写《词人温飞卿年谱》，却不能考证出温的卒年。施蛰存通过《宝刻丛编》中的记录发现温飞卿卒于咸通七年，写信告诉夏承焘，解决了夏的难题。他认为："南北舟车，上下求索，力图用藏品去印证诠释一段历史、一个方国、一桩疑案，是研究古代碑帖的一个重要方面。"

施蛰存曾在上海大学、震旦大学攻读英文和法文。1928年他在松江的小厢楼里翻译了意大利薄伽丘《十日谈》的一部分成《十日谈选》、奥地利心理分析作家显尼志勒的《多情寡妇》。之后还翻译了显尼志勒的《妇心三部曲》、《戴丽莎一生》等两部长篇小说和近十篇中短篇小说，还有列宁的《征服者贝莱》。在八十八岁高龄的时候，译完了《外国独幕剧选》第五、六集。翻译生涯历时65年。

1928年年初，冯雪峰在北京发给施蛰存一封信，实为帮助几位革命同志，却在信中说，他已决定南归，不过有个窑姐儿与他要好，要同时回浙，急需一笔钱帮她赎身，请求帮助四百元，望立即汇去。接到信后，施蛰存、戴望舒、杜衡三人立即汇了四百元，并写了一封快信。可是，许久收不到冯的回信，大家怀疑准是那个窑姐儿把钱骗到手跑了，冯不好意思回来了。

过些时日，冯雪峰从上海来信，说他到上海四五天了，要到松江来，让戴望舒去接。施蛰存急了，他生在一个封建家庭，朋友带个窑姐儿来住，是进不了门的，于是忙着张罗找住处。当天下午戴望舒接回冯雪峰，带回的根本不是窑姐儿，而是一个陌生男人。大家相顾一笑。后来冯雪峰才说明，他为了筹款帮助几个革命朋友离京，才编撰了一个携窑姐儿私奔的浪漫故事。

施蛰存与鲁迅曾有过很友好的交往，而因为一场争论，鲁迅先生给施蛰存扣上了"洋场恶少"的骂名，让施蛰存几十年吃尽了苦头，随后销声匿迹，这是鲁迅所始料不及的。

事情源于广为人知的1933年10月发生的鲁迅与施蛰存关于《庄子》与《文选》的论争。开始也只是读不读古书之争，但在争论中，都有些言重，并且双方都"挥拳"和"闹意气"。鲁迅称施蛰存是"遗少群"的"一肢一节"，是"洋场恶少"。施蛰存明知“丰之余”是鲁迅，还要说些不敬的话。但鲁迅怀疑施蛰存向国民党献策，说他“以此取悦当道”。

1956年，鲁迅灵柩从万国公墓迁至虹口公园（今鲁迅公园），施蛰存去拜谒并作《吊鲁迅先生诗并序》，其中有“秉毅持刚，公或不移于睚眦；知人论事，余岂徇于私曲”，较为真实地表达了施蛰存对那场争辩的态度。

施蛰存主编《现代》杂志时，曾得到鲁迅、茅盾、老舍等襄助。时郭沫若远在日本，遂请叶灵凤代为相约，未果。施蛰存只得冒昧写信相邀郭沫若为《现代》写创造社的史料，仍未得到郭的回复。他又与《现代》另一主编杜衡联名写信，才得郭《离沪之前》，碰巧，同期发表周作人的一篇散文，在编排目录时，将郭排在周之后。此事被郭沫若知道了，旋即来函，以《离沪之前》将印单行本之由，拒在《现代》上发表。信来得很突然，文章已发排，迫于无奈，施蛰存在文末缀了一行小字，申明本文将印单行本，下期不再连载。施蛰存又恳请叶灵凤斡旋，疏通之后始得郭的谅解，并允《现代》可继续连载。本说不再连载，现在又出尔反尔，不能自圆其说，施蛰存不得不在“编后记”中说明“现承好多读者纷纷来函要求继续刊登”而续载第二部分，欺骗读者之违心之举，实属不得已而为之。施蛰存又担心该文最后一部分连载再出问题，那真不好办了。礼多人不怪。他和杜衡又联名致郭沫若信，措辞非常婉转、非常恭敬，使郭先生的不愉快涣然冰释。算是相逢一笑泯恩仇了。

1935年孔另境编《现代中国作家书信》时，顾及各方影响，没有将郭沫若这封复信编入。过了半个多世纪后，施蛰存获得此信，戏冠以《郭沫若的争座位帖》为名，辑录在他的《〈现代〉杂记》一文内。这封信的全文是：“大札奉悉，前致灵凤函，所争非纸面上之地位，仆虽庸鲁，尚不致陋劣至此。我志在破坏偶像，无端得与偶像并列，亦所非安耳。大致如此，请笑笑可也。专复，即颂撰安。”

徐中玉、钱谷融都是华东师大的知名教授，在谈起施蛰存来，他们都充满了景仰与惋惜。

徐中玉说：施先生极有个性，讲话十分风趣，知识相当渊博。他没有留过学，但法文、英文十分出众，翻译了很多东西，堪称学贯中西。对文化考证、碑帖研究也很有建树。他……可能是一辈子坚定的自由主义者。他的研究领域涉及古今中外文化。而现在国内外都把他作为一个研究对象，这本身就说明他作出了非常了不起的成就。

钱谷融教授说：施先生是个重个性、有真性情的人。有点为艺术而艺术，讲趣味。他的爱好相当广泛，而一旦看准了就会全身心地扑上去。我与老人同事整整50

年，他的一生遭遇过一些曲折，一度曾被调离教学岗位到资料室，但他淡然处之，工作依旧相当认真，而且在他的各项研究领域都很有建树，这是相当不容易的。

鉴于在文学创作和学术研究上的贡献，施蛰存曾被授予“上海市文学艺术杰出贡献奖”（1993年）和“亚洲华文作家文艺基金会敬慰奖”。

施蛰存对松江怀有深厚的感情，以松江人自居，以松江为豪，曾耗时30多年，记录松江的人物、风俗、掌故等共计960篇，后命名为《云间语小录》出版，他还编写了《云间词人小传》、《云间词人姓氏录》、《云间碑录》、《云间花月志》、《赵孟頫石墨志》等，对乡邦文化情有独钟，不遗余力地关注和推广松江的历史文化。

范志超（1906—1987）

范志超，女，父亲为中医。“我的老家是在江苏青浦与松江交界之区的乡村里，因为大族共居，村名范家滩，我就在这山明水秀的乡村里出世。十岁以前因父辈在松江开设店铺营业，母亲也一度搬往松江住家，后来我小学、中学又都在松江上学，因此我的籍贯就用松江。”（《范志超自传》）曾就读于松江景贤女中。该校由侯绍裘、朱季恂在原景贤女子专修学校基础上接办。曾邀请恽代英、沈雁冰、邵力子、柳亚子、杨杏佛等中共党员以及社会进步人士来校讲学。志超受其影响。后加入向警予领导的妇女联合会组织，参加争取妇女解放运动。民国三十六年（公元1947年），应徐悲鸿邀，在北京艺专（后改为中央美术学院）任教英文。期间，与徐悲鸿一起反对国民党的学校南迁计划，在护校中起了积极作用。1951年至1952年，先后任中央美院图书馆副主任、主任。1957年调河北农业大学任教至退休，副教授。1975年回松江养病，养病及住院期间，时县四套班子领导前去看望慰问。河北农业大学1987年2月3日在悼念范志超时说她“一生坎坷，早年追随革命，曾参加中国共产党”，“曾将珍藏多年的历史文物、艺术珍品无私地献给国家，受到党和政府的高度赞扬”，她“结识了许多国内外知名人士”，她的逝世，“失去了一位开展海外统战工作的坚强战士”。

雷圭元（1906—1989）

雷圭元，原籍松江，出生在北京西河沿。曾任第三届全国人民代表大会代表、全国文联理事、中国美术协会常务理事、全国政协第五和第六届委员、北京市政协常委。

十五岁以前随祖父雷补同生活，受到正统的儒家教育。因自幼丧母，个性沉默，爱好独自在房内读书、作画、雕刻、扎风筝，或捉昆虫、养蟋蟀、喂金铃子。雷圭元在晚年自述中写道:“在家中念书的时候,只知道‘子曰诗云’,不知天下还有一个所谓民主自由。一切听从祖父的吩咐,坐井观天,养成一股纨绔子弟的气势,发起脾气来,那是可怕的。我既无姊妹也无兄弟,一个人独来独往。有时一个人闷在家中,天黑了,还是埋头做我感兴趣的事情,如玩小虫,画小人,看《三国演义》、《水浒》、《聊斋》等小说,连晚饭都不想吃。”祖父专制的教育方式让他“觉得四周的空气像被毒气毒害了一样”,于是十五岁就离开祖父投奔在外交部中文图书馆任职的父亲雷润民,并考入北平国立艺专中学部,后升入图案系。

在国立艺专期间,雷圭元对图案产生了浓厚的兴趣,尤其擅长漆艺和蜡染。当时该校的老师有闻一多、郁达夫、余上沅、赵太侔、熊佛西、丁西林等,向他介绍了不少民主思想和外国文学书籍。在老艺专的七年,是他思想学术逐步成熟的七年。雷圭元曾在艺专期间发表的第一篇散文诗《黄鸟的呼声》中写道:“黄鸟后来投入火中,再生为凤凰,唤醒了大厦中的人们,冲出牢笼打倒了军阀,完成了革命的大业。”

因为成绩优异,圭元提前一年于1927年毕业并留校任助教。第二年又受林风眠的邀请到杭州艺专任助教。1929年春天,雷圭元在祖父反对的情况下与同乡挚友艾青结伴前往法国留学。他的油画《芦笛》参加了1930年法国秋季“独立沙龙展”。法国留学对他日后图案观念的形成起到了至关重要的作用。

1931年,雷圭元学成回国,仍在杭州国立艺专任教,并与戴克庄女士结婚。期间,他创作了大量作品。蜡染装饰画《禁果》、《浴后》、《泉边》,漆画《海》、《献花》、《虎》,油画《苏州姑娘》、《玫瑰花和鱼》等,陆续发表在上海的《文华》、《美术生活》等画刊上。其中油画《玫瑰花和鱼》被天津博物馆收藏,漆画《逾归》参加了上海工商业美术家协会的展览会,油画《种瓜得瓜》参加了1936年全国美展。

1936年,雷圭元的专著《工艺美术技法讲话》出版。书中详细介绍了国内外漆艺、染织的工艺技法,填补了当时工艺教材的空白。

1938年,杭州、北平国立艺专合并。由于与校方教学理念不合,雷圭元与庞薰琹、李有行、沈福文等人一起创办了四川省立艺术专科学校(1937—1945)。圭元在此进行专业图案分科教学改革尝试。1941年,绘制了《圭元图案集·第一辑·瓷器图案》。

1945年抗战胜利后,雷圭元重新回到杭州国立艺专任实用美术系主任,并着手撰写《新图案学》这部唯一被教育部确定的大学教材。他在书中曾引到康定斯基的“应用艺术和应用科学作为调和”,指出要注重人的培养,这和包豪斯的“设计的目的不是产品,而是人”是一致的。把图案上升到为人生为事业的层面,奠定了后来中央工艺美院的“为人生的设计”。

1953年，全国院系调整，雷圭元随中央美术学院华东分院部分师生调到北京，并出任中央美术学院美术系主任。

1956年，中央工艺美术学院成立，雷圭元担任学院的副院长。建院同年，担任中国工艺美术展览团团长，去瑞士、瑞典、荷兰、冰岛主持展览工作并参观考察。他把西方的图案学理论带入了东方的文化语境，如常沙娜先生所说：“（雷圭元先生）总结了几十年的图案教学经验，一改他三十年代图案理论的依据，大量列举了我国古代图案，如彩陶、纺轮、太极图等所具有的点、线、面抽象图形中的母体，由此来说明图案的原理和法则，雷圭元先生这种经过反思后建立起来的具有中国特色的图案学基础理论，不是三大构成所能替代的。”

1958年，雷圭元率领中央工艺美术学院几十名师生，担负起首都十大建筑中的人民大会堂、历史博物馆、军事博物馆、民族文化宫、钓鱼台国宾馆等建筑的装饰设计。他在最短的时间内，创造出了具有时代和民族特色的全新的装饰艺术，体现了建国初期的设计水平，现在看来仍然庄重典雅、古朴优美。

之后，又陆续出版了著作《图案基础》、《中国图案做法初探》等。《中国图案做法初探》这本书虽篇幅不多，以图为主，却是其图案研究的一个里程碑。从中可以看出他的“临摹古代图案是为了‘举一反三’，‘推陈出新’”的观点。遗憾的是，因为“十年动乱”，直到1979年这本书才得以出版。

70年代末，年逾古稀的雷圭元仍旧笔耕不辍，陆续发表“中国图案美”的一系列论文，从庙底沟彩陶的图案，到汉代铜镜的格律体图案，以及点、线、鱼、绳、带、结等，这些今天广为人们所熟悉的古代图案，都是经过雷圭元的发掘整理才引起人们的广泛重视。

雷圭元曾说，中国图案有两个根，一是理性之根，即天干地支的数字之美；一是感情之根，即七情六欲的人情之美。正是因为他对图案研究和图案教学投入的这种热情，正是因为他始终坚持图案对人的教化和改善作用，正是因为这种甘当一辈子“教书匠”的精神，中国的图案事业才能有如此巨大的发展。

余冠英（1906—1995）

余冠英，生于松江，父亲为清末武职人员，对他寄予厚望，取小名“松寿”（望其健康长寿），大名“冠英”（望其成群英之冠）。余冠英三岁起，家人就用方块卡片让他识字。六岁，随家迁至扬州。扬州耆宿陈巽卿十分喜欢他，后将女儿许配给他。十五岁考入江苏省立第八中学（后改为扬州中学）就读。1926年，以优异成绩考入清华大学历史系，后转入中国文学系，先后受到当时就已是名师大家的杨树达、陈寅恪、黄节、刘文典、朱自清、俞平伯等人的教授。1931年夏，以《论新诗》为题的毕业论文获通过，留校任助教。1938年5月，出任西南联大讲师，后升副教授、教授。抗战胜利后，返回北平，在清华大学教授“中国文学史”、“汉魏六朝诗”等课。1948年6月18日，与朱自清、金岳霖、吴晗、陈梦家、钱伟长、朱德熙等在著名的百十师长严正声明（即《抗议美国扶日政策并拒绝领取美援面粉宣言》）上签名，以表明坚决站在人民一边。1952年院系调整后，任北京大学文学研究所研究员兼古代文学研究组组长。1953年，被评为二级研究员。“文革”后，成立中国社会科学院，他任社科院文学研究所副所长，兼《文学遗产》主编。1985年，八十岁的余冠英，退居二线，但仍任文研所顾问、学术委员会名誉主任、博士生导师。

在求学期间，余冠英就擅长诗歌、小品、散文、小说等创作。曾以“灌婴”（灌婴为汉朝大将，与“冠英”谐音）笔名在《清华周刊》、《中国文学会刊》上发表作品。这些作品，有的被收入《当代散文精华》（人民文学出版社编），有的被收入《中国新文学大系》（朱自清编）。吴组湘在1931年写的《清华的文风》中，高度评价余冠英的作品，称他是清华的代表作家。

抗战时期，余冠英曾主编《国文月刊》（自第三期开始，至第四十期，第一、二期由朱自清主编），影响很大。

余冠英在中国古典文学研究方面，成就尤为卓著，享誉学界。他的学术成果中数量最多、影响最大的，是古诗词选本，有《诗经选》、《乐府选》、《三曹诗选》、《汉魏六朝诗选》、《唐诗选》（主编）等。曾主持《中国文学史》（三卷本）的编撰，资料翔实，观点稳妥，体现出他一贯的实事求是的学术风格。该书1962年出版后，被认为是“新中国成立以来文学史研究工作的一大收获”，在文学史界影响深远。

余冠英曾为第四届全国人大代表，第五、第六届全国政协委员。

余冠英是否为松江人，学界持议不一。1999年版《辞海》（上海辞书出版社）认为是“江苏松江（今属上海）人”。据此，《松江人物》录以备考。

马荫良（1906—1995）

马荫良，原名马骅，字一民，生于松江泗泾。民国十八年，毕业于上海同济大学，进《申报》工作，后任经理，协助史量才革新《申报》。史量才被暗杀后，马荫良接任《申报》代总理，后为总经理。1942年开始编纂《德华标准大辞典》，会同孙恩霖等收集、补齐《申报》残缺部分，集中秘藏于徐家汇天主堂藏书楼。后任大同大学教授，改任国立社会教育学院新闻系教授、系主任。曾任上海新闻图书馆馆长、上海图书馆副馆长。新中国成立后，历任中国人民解放军外语学院教授、上海科技大学教授。著有《中国报纸简史》、《老子新法》等。

顾葆裕（1907—1958）

顾葆裕，世居松江高家弄。父亲伯贤公曾主管苏州、宜兴邮政。顾葆裕出生后，因叔父省身公膝下无子，奉父命嗣之，由嗣母张夫人抚育。曾就学于松江中学。后为黄埔军校第四期学员，1926年秋毕业后，在国民革命军二十二师六十五团任见习官和排长，随军北伐。后被挑选赴苏俄学习飞行技术，学成回国后出任中国首届航空队飞行官。后返陆军，历任德式师36师第106旅212团团长，中国远征军第六军预备独立二师师长等职。

1942年5月至1943年5月，正值中日两国军队沿怒江对峙、双方僵持的生死存亡关头，顾葆裕将军率中国远征军第六军预备独立二师偷渡怒江天险，孤军深入沦陷区，在腾冲敌后县政府的配合下，利用广大的乡村和山区与日军展开周旋，实施游击作战。1944年5月11日，中国远征军开始对滇西地区的日军发动反攻，其中第二十集团军以六个师的兵力策应中、英、印联军对缅北日军的反攻，重新打通滇缅公路，收复怒江以西的失地，发动了滇西战役。历时127天，所历大小战斗达40余次。顾葆裕将军本人于攻克桥头、马面关的战役中负伤，仍身先士卒，不下火线。

在大反攻收复腾冲战役中，预备二师除抽调部分兵力为友军担任向导，协助友军攻击桥头、马面关，主力从怒江西岸最北边的大竹坝渡口过江，攻击片马以东及南高黎贡山山坳之敌。继而攻占明光、固东、顺江，然后南下攻占大盈江西岸的宝峰山、老草坡、毗卢寺、龙光台等日军据点，后又奉命仰攻来凤山。经26小时之惨烈战斗，来凤山终为我军完全占领。美军联络参谋部窦尔恩将军闻讯，当即驰电第二十集团军霍揆彰总司令祝捷。因攻下来凤山，战功卓著，获国民政府四等云麾勋章和美国总统杜鲁门颁发的勋章。

美国总统杜鲁门授予顾葆裕将军勋章之铭文（译文）：中国陆军少将、中国远征军师长顾葆裕，于一九四四年五月至九月间完成重要之任务，建立殊勋，顾将军率领所部，越过高黎贡山脉某一峻险难攀之地点，以切断山后敌人之交通。其后以勇敢之行动，攻克一俯瞰腾冲之重要山头（译者注：来凤山），并于城内展开战斗，以迄最后胜利。该师之所以成功，得力于顾将军之英断与积极领导者为多。每当情势紧张之际，顾将军奋不顾身，留处于便于指挥之前方。顾将军之亲临前线，常予其官兵以无上之鼓舞与信心焉。杜鲁门·哈利于华盛顿白宫。

1951年2月顾葆裕将军抵台，任游击伞兵总队少将总队长，与美国西方公司建立伞训基地，游击伞兵总队后又改名伞兵总队。1955年3月伞兵总队缩编为空降教导团，顾葆裕将军调任国防部战略计划委员。1957年9月顾葆裕将军任第二特种作战总队少将总队长，从事策划国民党军队特种作战任务。1958年1月顾葆裕将军调任预训部中将副司令，同年2月病逝。

陈永康（1908—1985）

陈永康，乳名友生，松江县华阳桥长岸村人。中共党员。水稻育种栽培专家。全国农业劳动模范。一生著有论文和学术报告30余篇。

陈永康幼年时仅读两年书，十三岁即种田。早在青年时期就专研水稻栽培技术，至40年代，摸索出“一穗传”选种方法，选育出“老来青”晚粳稻良种，亩产超过500公斤。

1951年，创下单季晚粳稻亩产716.5公斤的全国高产纪录，被评为华东和全国水稻丰产模范。1952年出席亚洲及太平洋地区会议、苏南人民代表会议和苏南劳动模范大会。带头组织互助组，1953年组织联民初级生产合作社，被选为主任，推行三包（包产、包工、包本）一奖生产责任制。1954年加入中国共产党。

1955年6月，宋庆龄副委员长到他田中观察，予以赞许。1955年，初级社转高级社，陈永康继续担任主任，到东北沈阳等地传授水稻栽培技术。次年，赴京出席全国劳模会议。后赴苏联、捷克斯洛伐克等国传授种田技术，朝鲜、罗马尼亚、印度等国派代表团学习其水稻丰产经验，“老来青”稻种被全国22个省市及15个国家引种。

他能根据不同条件，因地因时因苗采取措施，以改良土壤为基础，以小株合理密植为中心，以肥、水管理为手段，按稻苗的叶色、长势、长相的变化，看苗诊断，提高水稻亩产。1958年在此基础上总结提高，创造性地提出了水稻“三黑三黄”高产栽培经验。经过多年的时间和多学科的专家协作，建立起一整套综合性水稻栽培技术体系。把“三黑三黄”高产栽培经验上升为看苗诊断理论。

1964年，在有44个国家和地区科学家参加的北京国际科学讨论会上，陈永康宣读了《晚粳稻看苗诊断和栽培措施的研究》学术论文，赢得了与会学者的高度评价。1965年获国务院颁发的科学奖。

此后，陈永康以更多精力投入农业技术指导工作，亲自种样板田，在苏、沪主要稻区层层设点，以点带面，掀起群众性科学种田热潮。他还跑遍整个长江中下游的主要稻区，传授农业技术，进行示范操作，对大面积提高水稻的精耕细作水平，实现稳产、高产起了重要作用，并带出了大批农业技术骨干。

70年代后期，陈永康又致力于研究双季稻、三熟制和杂交水稻的高产规律与栽培技术。1978年，他的试验田创造了麦—稻—稻三熟亩产1 526.5公斤的高产纪录，《陈永康水稻高产栽培技术总结》获当年全国科学大会奖。他还出访柬埔寨、埃及等国，考察并传授技术，走上国际农业科学的讲坛。积极参加太湖地区农业现代化综合实验基地的建设，亲自主持四项种植形式、五个品种、五种密度规格的试验，进一步探索我国水稻稳产、高产的新途径。

进入80年代，已逾古稀的陈永康，坚持科学试验，下乡指导，参加田间劳作。他曾当选第一、二、三、四、六届全国人民代表大会代表，第六届全国人大常委会委员。中国共产党第十一次代表大会代表，中共江苏省第四届委员会委员。先后担任江苏省科协副主席，农业部学术委员会委员，中国农学会副理事长，江苏省农业科学院党组成员、副院长。1956年国庆节，以全国劳动模范的身份登上天安门，代表全国农民发言，多次受到毛泽东、周恩来等中央领导同志的接见。

终年七十八岁。

与陈永康同时的还有林功德。"得到江苏省人民政府1952年生产奖状的官绍乡劳动模范林功德……去年三亩丰产田每亩收到九百五十七斤"（《新华日报》一九五三年五月三十日），1951年11月12日《新华日报》曾以《总结生产奖励模范》为题报道：官绍乡召开生产经验交流会，"会上由农民林功德、陈永康先后报告他们'肥料试验'与'草本稀植'的经验。林功德的分期施用肥料合理化，使得今年产量达到每亩八百五十斤的成绩……受到群众的普遍重视。专区农场为了鼓励林功德等的成就，特地奖给他一面锦旗"。

赵家璧（1908—1997）

赵家璧，松江人。祖父赵企昂曾在松江办过小学。1911年，赵家璧父亲赵伯延在南京矿路学堂患白喉症病故，赵家璧由祖父和母亲抚养长大。

1914年，赵家璧入俞氏私塾读四书五经；1916年，入松江县崇文初等小学读书；1920年，入松江县第一高等小学（现中山小学）读书，在国文老师王者五的指导下，开始阅读《新青年》、《新潮》、《小说月报》、《学生杂志》等刊物，对新文艺产生兴趣；1923年，就读上海民立中学；1924年，考入圣约翰大学附中；1925年，"五卅"惨案后，参加"六三"爱国学生运动，离校转入光华附中高中部读书，参加光华附中学生会出版的中英文校刊《晨曦》的编辑工作，编辑共4人，赵家璧任书记，撰《发刊词》，第2期起，成为《晨曦》主编。

1928年，赵家璧进入光华大学文学院读书，撰写了一份编辑《中国学生》的计划建议书，寄给良友图书公司创办人伍联德，受到伍的赏识，随后，他接受伍的邀请，协助明耀五创办专供大学生阅读的月刊《中国学生》，第2期起，赵家璧任《中国学生》主编，以半工半读的形式在良友公司工作。《中国学生》不仅读者是大学生，而且撰稿人多半也是大学生，这段工作经历是赵家璧踏入出版界的第一步。

1930年，家璧与陆祖琬结婚。陆祖琬也是松江人，毕业于务本女子中学。1931年9月，《中国学生》杂志停刊，赵家璧开始编辑综合性的小丛书《一角丛书》。

1932年，赵家璧毕业于光华大学，正式去良友公司工作，任文艺编辑、出版部主任。在郑伯奇的启发和鼓励下，认识了许多进步作家，并向他们组稿，开始出版文艺图书。

赵家璧在良友工作期间，非常重视文艺图书的出版。最初他组织出版了《一角丛书》64开袖珍本和《良友文学丛书》36开本。《一角丛书》共出八十种，作者有钱杏邨（阿英）、沈端先（夏衍）、周起应（周扬）、丁玲、张天翼等。《良友文学丛书》共出四十七种，作者有鲁迅、茅盾、丁玲、张天翼、郑振铎、巴金、郁达夫、叶圣陶、老舍等。

赵家璧在郑伯奇的引荐下，1932年9月，去内山书店拜见鲁迅先生。当时，赵家璧只是一个二十多岁的青年，其时鲁迅生活在白色恐怖氛围下，经常会受到国民党特务的监视，社会上多将他说成一位非常严峻、近乎怪癖而不易接近的老人。见面后，鲁迅却与他聊及文艺编辑工作，还说："这是一种非常重要而且很有意义的工作，我自己也是搞过这一行的，其中也有大学问啊！"当赵家璧向鲁迅说了自己编辑《良友文学丛书》的计划时，鲁迅说："素来不大出文艺书的'良友'，怎么忽然要挑这一条路走呢？"还幽默地说："你们最好回去先向老板说清楚，出鲁迅的书是要准备有人来找他麻烦的。"为了让良友不至于初涉文艺板块就遭到当局的检查，鲁迅还建议先出版他的译稿，并且说："小说久已不写，杂文集对你们是不适合的，一开头就害了你们，我是不干的。”因而，《良友文学丛书》最初出版的是鲁迅的译稿《竖琴》和《一天的工作》。鲁迅译稿编入《良友文学丛书》，为良友公司初涉文艺书籍打开了一条路。1933年1月，赵家璧与鲁迅就编辑出版工作直接通信，直至1936年10月鲁迅先生去世，共计49封，1969年赵家璧将这批书信全部捐给国家，并由上海市新闻出版局转上海鲁迅纪念馆珍藏。

《良友文学丛书》中还有赵家璧写的《新传统》，该书是了解美国文学的入门书，书中介绍了美国文学经过20世纪初期的努力，及至30年代已经逐渐形成了美国自己的文学图景。该丛书的出版在当时受到了极高的评价。《申报》说：“良友图书公司创办的《良友文学丛书》，是在这文学园地荒芜的中国，散布有力的种子，开放了灿烂的花葩。”《时事新报》说：“《良友文学丛书》确为中国出版界创一新记录。”《现代》杂志也认为：“《良友文学丛书》是1933年中国文坛上最大的贡献。”

1934年秋，良友图书公司计划出版一套《中国新文学大系（1917—1927）》，总结“五四”运动以来十年间的文学创作活动，由赵家璧主编。这套书共十册，分为理论、小说、散文、诗、戏剧、资料六大部分。当年11月，赵家璧与郑伯奇一起去拜见鲁迅，向他介绍该书的规划和工作进度，邀请他编选《小说二集》，得到了鲁迅的应允。这套书的出版，得到了郑伯奇、阿英、施蛰存的支持和帮助，郑振铎、茅盾也参与了策划，胡适、郑振铎、茅盾、鲁迅、郑伯奇、周作人、郁达夫、朱自清、洪深、阿英分别撰写导言，蔡元培作总序，于1935—1936年全部出齐。《中国新文学大系》的出版，为中国现代出版史树立了一座丰碑，影响遍及海内外。

谈及《中国新文学大系》的出版，赵家璧说：“中国新文学运动自从1917年的运动以来，至今已近二十年的时间，比起过去的四千年的文化过程来，当然短促得不值一提；可是对于未来中国文化史上的使命，像欧洲的‘文艺复兴’一样，正是一切新的开始。二十年所获得的成绩，也许并不足以使我们如何的夸耀，可是这一点小小的收获，正是来日大丰收的起点……希望能从这部《大系》的刊行里，使大家有机会去检查已往的成绩，再来开辟未来的天地。”对于本套书的编辑，许多文学大家也给予了很高的评价。冰心先生说：“这是自有新文学以来最有系统、最巨大的整理工作……没有这种分部整理评述的，在青年读者是很迷茫紊乱的。”叶圣陶先生说：“良友邀约能手，给前期的新文学结一回账，是很有意义的。”傅东华先生也说：“我认为《文学大系》的编辑对于新文学的发展，是有功劳的。”

1935年，赵家璧还编辑出版了“左联”青年作家《中篇创作新集》，作者有周文、舒群、罗烽、草明、沉荒煤、陈白尘、欧阳山等。

此外，赵家璧在良友图书公司工作期间，还十分重视版画的编辑出版工作。为支持新兴版画业的发展和提高，1933年，良友公司以“木刻连环图书故事”的总名称，出版了比利时版画大师麦绥莱勒风格独特、对比强烈的四本木刻作品：《一个人的受难》、《我的忏悔》、《光明的追求》和《没有字的故事》。在麦氏风格影响下，中国成长出了新一代版画家，如野夫和他的四十八幅《木刻连环画》，陈铁耕和他的十三幅《法网之图》等。其中，1936年出版了鲁迅编选并作序的《苏联版画集》，内容丰富、印刷精美、装帧讲究，影响深远巨大，成为著名版画家赵延年1940年初学习木刻版画的唯一参考资料。他说：“这本书印得很精美，又都是苏联大师之作，对我的启发太大了，直到1944年创作《负木者》，也还明显地可以看出受它的影响……赵家璧先生是功不可没的。”

1937年，赵家璧任上海光华实验中学副校长。同年8月，日军侵占上海，良友图书公司被迫停业。年底，赵家璧举家从松江迁居上海万航渡路555弄（原名华村）2号（或3号），与巴金、靳以合住。

1939—1942年，良友图书公司两次开业，两次被迫停业。在友人资助下，良友复兴图书公司1943年在桂林复业，赵家璧任总经理兼总编辑，先后出版了王西彦的《村野恋人》和端木蕻良的《大江》。1944年6月，良友复兴图书公司停业。1945年3月，良友复兴图书公司在重庆民族路英年大楼复业，继续出版《良友文学丛书新编》，发表了老舍的《四世同堂》第一部《惶惑》、第二部《偷生》，巴金的长篇小说《寒夜》，师陀的《结婚》，钱钟书的《围城》等，同年还出版了《我的良友——纪念良友创立二十周年散文集（上）》，收录了巴金、冰心、艾芜、老舍、沙汀、茅盾、郭沫若、洪深、曾虚白、靳以等的文章。

良友图书公司在搬迁中，还发生了一个小故事，体现了赵家璧对朋友的热忱和办事的认真负责。柳升祺是赵家璧读大学时的学长，他曾经回忆说：“我1938年回到四川，住在成都，利用业余时间翻译了莎士比亚的《仲夏夜之梦》，问赵家璧是否可用？当时不知道剧本有人翻译过，后来看到成都某剧团公演此戏，觉得重复出版会让老同学为难。不想很快接到赵家璧从桂林的来信，告诉我良友公司准备出版。事隔不久，长沙失守，桂林告警，不久也跟着沦陷，接到他的来信告诉我良友公司正准备再次拆迁，我的译稿无法付印。事后，他还是设法把原稿寄还给我了。”

1946年，重庆良友复兴图书公司迁至民生路华中图书公司，因火灾停业。11月，赵家璧与老舍合作在沪成立晨光出版公司，任总经理兼总编辑，继续自己的出版事业。其间，编辑出版《晨光文学丛书》和《晨光世界文学丛书》（原名《美国文学丛书》）。

赵家璧在晨光出版公司，除文艺书外，继续出版版画等艺术图书。1947年，出版了萧乾编的《英国版画集》，后来又出版了《日本人民版画集》。1948年，由“全木协（即中华全国木刻协会）”编辑，晨光公司出版了《中国版画集》，作品从《抗战八年木刻选集》后的第一二三届全国木展中挑选。为扩大影响，老舍撰写英文序言，出版英文特装本，向国外发行。

1950年晨光还以《木刻连环图画丛刊》套书名义，出版了若红画的连环画诗集《苦从何来》、力群刻的《小姑贤·刘保堂》、罗工柳和张映雪刻的《李有才·小二黑》等木刻连环图画。

1953年，晨光出版归入上海新文艺出版社。赵家璧则任上海人民美术出版社副总编辑，兼任摄影画册编辑室主任。随后，他编辑出版了众多摄影读物，如套书《人民中国画库》、《农业通俗画库》和系列人物传记摄影画册，内含《革命烈士王孝和》、《伏契克画传》、《高尔基画传》等，大型高级画册《新中国水利建设》、《景康摄影集》等。1959年，赵家璧调离上海人民美术出版社，改任上海文艺出版社副总编辑，分管外国文学编辑室。

1972年，赵家璧退休后，参加上海市政治协商会议编译组，集体翻译国际问题书籍。五年内共翻译七十余万字，其中有《漫长的革命》（斯诺著）、《国际事务概览》、《第二次世界大战史》、《艾奇逊回忆录》和《赫鲁晓夫回忆录》等。

晚年，赵家璧出版了《编辑生涯忆鲁迅》、《编辑忆旧》等专著五部。其中，《编辑忆旧》获1989年度新闻出版署颁发的首届编辑出版理论优秀图书奖，1990年该书又获第二届韬奋出版奖。并在《编辑忆旧》、《文坛故旧录——编辑忆旧续集》等书中写了十篇回忆文章，包括《鲁迅与连环图画——关于〈一个人的受难〉》、《编选〈苏联版画集〉——病中口述序文》、《在鲁迅感召下前进——记鲁迅逝世后出版的几种版画集》、《鲁迅与〈木刻连环图画故事〉》、《鲁迅·麦绥莱勒·连环画编文》、《鲁迅编选〈苏联版画集〉》、《郑振铎和他的〈中国版画史〉》、《李桦、野夫与〈新中国版画集〉》、《访日归来谈连环画的改革》、《麦绥莱勒的木刻连环图画故事到中国》等，追忆了鲁迅、郑振铎、李桦、野夫、麦绥莱勒等的故事以及版画、连环画、木刻等的出版故事。也如赵家璧自己所言，他的许多出版工作，“无不受鲁迅的熏陶和影响”，而且这些美术图册画集的出版也是赵家璧编辑出版生涯中杰出贡献的重要组成部分，这些回忆文章，也为后人研究中国出版史及相关名人事迹提供了丰富的素材。

1997年3月12日，赵家璧因癌症医治无效，在上海市华东医院逝世。3月13日，中国新闻出版署、中国作家协会等单位，中国出版工作者协会主席宋木文、中国新闻出版署刘杲、中国出版科学研究所郑益文、著名诗人臧克家、良友图书印刷公司同事马国亮、香港《良友画报》社社长伍福强等，发来唁电、唁函。3月21日，在上海龙华殡仪馆举行遗体告别仪式，国家新闻出版署、中国出版工作者协会、中共上海市委组织部及宣传部、中国作家协会等八十余家单位，以及巴金、宋木文、夏征农等百余人送来了花圈。先生谢世后，其子女遵其遗愿，将他编辑、珍藏的图书、文稿等全部捐赠上海鲁迅纪念馆。

沈季超（1910—1987）

沈季超，沈惟贤之第四子，生于松江。少受父训，勤奋好学，有理想。婚后不久，离开家乡，到上海自谋职业，自食其力。后通过考试获得美国宾夕法尼亚大学机械工程专业的毕业文凭，入上海工部局工作，负责上海的工业安全生产管理，督查改进各企业的安全设施。1930年后，曾在上海劳大铁工厂、中华铁工厂、中国造纸厂、中华造纸厂等任技术员、工程师、总工程师、厂主任等职。1944年创建的中国造纸厂，他是创始人。新中国成立后，曾在上海中国版纸公司、佳木斯造纸厂、北京机械厂等工厂企业任总工程师、中方首席（技术）代表等职；在轻工业部造纸局、设备局、生产技术司、进出口局、外事司等单位任高级工程师，主管全国造纸机械工业技术工作。

轻工业部曾介绍过沈季超同志生平，文中说："沈季超同志勤奋好学，工作认真负责、勤勤恳恳、严谨求实，参加革命工作初期服从组织安排，即从条件优越的上海市调到佳木斯进行新厂艰苦的创业工作。在轻工业部工作期间他曾参加我国第一台日产十吨长网纸机的设计、制造，主持设计了国家定型的日产二十五吨纸机的工作，还先后参加了多台大型纸机以及造纸工业用聚酯网等项目引进的对外谈判和签约工作，为学习、消化吸收国外先进技术、设备进行了不懈的努力，为我国造纸工业的不断发展做出了显著的贡献。""沈季超同志待人热诚，作风正派、胸怀宽阔，不计较个人得失，对亲属要求严格。虽经'文革'十年磨难，受到巨大冤屈，但他始终对党、对党的事业满怀信心、坚定不移，只恨失去了为振兴中华贡献自己力量的大好的工作年华。沈季超同志热爱中国共产党、热爱社会主义、拥护党的十一届三中全会以来的路线、方针、政策，并在自己的工作中身体力行，长期带病工作，病休在家仍不放松学习、工作，并尽力把学习所得摘译出来，供领导和有关部门参阅，他的学习热情和忘我工作态度，受到同志们的广泛称赞。”

蒋梯云（1911—1968）

蒋梯云，曾用名李维钊。松江县人。十三岁时，在米店当学徒。十五岁，进入上海肇基中学学习，成为他人生的一个转折点。该校有位陈老师，是中共地下党员，常给他看进步书刊，讲革命道理，引导他追求真理，走向革命。

民国二十年（公元1931年）秋，梯云考入上海大夏大学预科学习。正值“九·一八”事变，他悲愤不已，参加了抗日宣传活动。次年，升入该校师范科，参加了上海大学生赴京请愿团活动。毕业后，先后在川沙、上海和叶榭本乡担任中小学教师，都因思想进步、言行与当局不合而受到排斥，失业回家。

抗战爆发不久，松江沦陷。但蒋梯云的抗日之志没有消沉，会同镇上几个爱国抗日青年，于民国二十七年（公元1938年）春，赴天马山，在松江县抗敌委员会担任宣传工作，编写《火花》8期，宣传团结抗日。后来，抗敌会被忠义救国军反顽派勒令解散，蒋梯云只得返回家乡。次年春，他组织松江浦南抗日游击队，暂时依附于丁锡三部下，称五中队，任中队长，活动于松、奉交界地区。后因五中队解散，蒋梯云再次被迫回家。

民国二十九年（公元1940年），蒋梯云去常熟参加江南抗日义勇军，任江抗部队江南社《大众报》编辑。是年秋，中共淞沪中心县委派黄竞之、肖望到浦南开展地下活动。了解到蒋梯云的情况，即安排其回叶榭工作。次年春，蒋梯云加入了中国共产党，并建立叶榭支部，任支部书记。之后，他被派至忠义救国军一支队陆锡纯部搞策反工作，名义上担任参谋。其间，蒋梯云还借陆锡纯处决了汉奸蒋步清。

民国三十三年（公元1944年）春，日军在浦南大扫荡。蒋梯云率部向浦北转移，至中渡桥陆家浜，被当地汉奸告发，被汪伪军陶雪生部一个团的兵力包围。他率部激战至半夜，但寡不敌众，最后弹尽被捕。他当时化名沈杏林，敌人对他几经审讯，他都坚持不暴露身份，后被轻判5年。经党组织多方营救，于年底提前释放。蒋梯云出狱后，由工委黄竞之陪同，见到淞沪地委陈伟达、姜术等领导，当面陈述狱中经过。陈伟达表示相信本人所述，恢复党籍。

民国三十四年（公元1945年）7月26日，日伪和地方恶势力勾结，强收各种苛捐杂税，逼死张泽地区津塘乡3条人命，激起群众性抗暴斗争。蒋梯云抓住有利时机，在叶榭塘垛庙，召开五百余人大会，领导这场斗争，伪乡丁当场被打死。28日，上万名群众分头奔向叶榭镇和张泽镇，打死伪镇长、伪保长、汉奸等多人，并烧毁军米商住宅。日伪和地方恶势力大为震惊，连夜秘密勾结诸伯林匪部，赶赴叶榭镇压。蒋梯云奉命随新四军北撤，转战到山东临沂，被任为临沂县城关区委书记、区长、游击大队长。

山东解放后，转入地方工作，任华东革命军政大学第一、第二部主任。后转入苏州政治研究院。1952年，调任同济大学党委副书记、副校长。

1964年南京军区推广"郭兴福教学法"，强调从实战出发，强化军事业务，强调务实精神。他亲自带领教务处各科室干部赴南京学习取经。其间，他常常到教室听课，认真观摩，详细询问，记下笔记。回到学校，很快就在同济大学开展"郭兴福教学法"推广活动。他要求师生从实际出发，实事求是，真正掌握好基础知识、基本理论、基本技能，令全校师生很受启发。

蒋梯云曾亲自为隧道专业61—66届学生讲一学期哲学课，并到学生寝室与同学们同吃同住同学习。坚持"蹲点"，令当时的学生到今天依然印象深刻。还把刚刚出版单行本的《矛盾论》、《实践论》中毛主席的观点向学生介绍。因为他善于用启发式、讨论式等教学法，打破满堂灌，不唱独角戏，使得课堂显得生动活泼。他是英语专业毕业的，后又自学并精通俄语，也常直接用俄语给学生上课。

同济大学教授、蒋梯云的学生吕美安回忆说，20世纪五六十年代，每天下午5点半到6点半，同济大学南北楼的教室里，吹拉弹唱，说笑谈天，十分喧闹。可是6点半到9点半，只见南北大楼灯火通明，鸦雀无声。夜色中，常有一个人在教学大楼走廊中巡视，这个人就是蒋梯云。尤其是考试周来临，南北楼走廊里总能看到蒋梯云的身影。他是主管教学的校长，深入考场第一线，亲自抓学风考风。吕美安说："多年之后，我自己留校当了老师，才体会到当年蒋梯云严字当头，狠抓学风考风，其实就像家庭中的严父，严肃严格严厉之下，存一颗慈悲之心，这才是对学生真正的爱。"

"文化大革命"中，蒋梯云遭受诬陷，被迫害致死。1978年9月14日，同济大学党委为其平反昭雪，恢复名誉。

朱　雯（1911—1994）

朱雯，原名朱皇闻，笔名王坟、蒙夫。松江人。1932年毕业于苏州东吴大学。历任江苏省立松江中学、广西省立桂林高级中学教师，上海法学院、上海财经学院、上海震旦大学教授，上海师范大学教授，社科院上海分院文学研究所名誉所长。上海第八届人大代表、市文联第四届全委。

朱雯从小爱好文学，在东吴大学附中学习期间，大量阅读中国古典文学名著，也接触新文学作品和外国文学的译本与原著。1928年夏，由东吴附中直接升入东吴大学文学院。同年开始写小说和诗歌。1929年出版第一本小说集《现代作家》（上海真美善书店）。1931年，出版了第一部长篇小说《旋涡中的任务》（上海芳草书店），与此同时，翻译了一些诗歌、散文、戏剧和小说，其中有英国丁尼生的《诗人之歌》、苏联高尔基的《忆柴霍甫》和《忆安特列夫》、意大利魏尔迦的《渡海》、美国怀尔特的《灰衣执事》和德国彼得·奥尔登堡的《一颗沉重的心》。1931年，尝试翻译长篇小说美国作家厄普顿·辛克莱的历史小说《曼纳萨斯》，只翻译了第一部就中途停止了。

1931年"九·一八"事变后，日本帝国主义又于1932年1月28日在上海发动了侵略战争，苏沪间交通一度中断，因此，朱雯大学的最后一学期借读于上海暨南大学，为修满最后几个学分。就在当时，认识了洪深教授，并在其邀请下，参与了《每日电影》的写稿工作。暑假毕业，回松江定居，应江苏省立松江中学之聘，任语文老师。

1933年长篇小说《动乱一年》在上海三三书店出版。

在松江期间，住所与施蛰存家斜对，朱雯与施蛰存、赵家璧关系亲密。

1937年，抗战后不久，敌机即轰炸松江，朱雯拖老带幼仓猝逃离松江，经由浙江、江西、湖南长沙到达桂林。后在桂林高级中学任教。在桂林期间，业余时间充裕，能有精力进行文学创作，期间发表的不少文章后来汇集成《不愿做奴隶的人们》，列入巴金主编的"烽火小丛书"，于1940年出版。并翻译了德国H·列普曼的《地下火》，稿本在战乱中遗失，后在初稿的基础上修改，由万叶书店出版。

1938年底，从桂林返回上海，回原执教的中学任课，业余坚持搞创作和翻译。与此同时，与陶亢德合编综合性翻译刊物《天下事》，到1940年，因与吴铁声合办翻译刊物《国际间》半月刊，辞去《天下事》主编职务。

1940年秋，在英国大使馆新闻处工作，为该处"民主广播台"翻译新闻稿。后来，上海沦陷，日本帝国主义加强了统治，1943年5月，因"抗日罪"被日本沪南宪兵队逮捕，关押一个多月。出狱后潜赴安徽屯溪，在内迁该地的上海法学院教书。在这段时间，先后翻译了美国伊坦·歇贝尔的报告文学《地下的巴黎》（1946年由福建十日谈社出版）和陶德的《使德日记》（1946年由上海正言出版社出版）。

1945年抗日战争胜利，由屯溪回沪，仍在上海法学院教书。

从1946年开始，着手翻译苏联作家阿·托尔斯泰的长篇三部曲《苦难的历程》，这本中文译著，在毛泽东同志1957年访问苏联时候，将它作为礼物送给当时的苏联领导人。90年代，朱雯曾对这部译著有这样的评价："40年代末，我翻译《苦难的历程》，那更明显地出于对三部曲中几个主要人物的同情，对他们各自走上革命道路的向往。通过这部作品的翻译，确乎使我逐渐摆脱了在当时知识分子中曾遍存在的迷惘、困惑乃至彷徨、苦闷的心情，因为我也希望我那即便是十分拙劣的译本能在读者中起到共鸣的作用，起到一种共同探索前途和命运的作用。"

1948年，翻译了作家雷马克的长篇小说《凯旋门》，后列入巴金主编的"译文丛书"，辑成《雷马克全集》。

1949年新中国成立，上海法学院与原国立商学院合并，成立了上海财经学院，朱雯在财经学院教授外语并在震旦大学文学院兼授中国文学的课程。直到1958年秋，朱雯被调入上海师范学院任教。期间翻译出版了雷马克的三部长篇长篇小说《生死存亡的时代》(人民文学出版社1959年版)、《里斯本之夜》(上海译文出版社1981年版)和《西线无战事》(人民文学出版社1982年版)，以及阿·托尔斯泰的长篇三部曲《苦难的历程》的校改本(人民文学出版社1982年版)。

翻译界有段佳话广为流传：朱雯先生翻译阿·托尔斯泰的《彼得大帝》，前后共花费了整整三十年的时间。1954年朱雯接受翻译这本名著的任务，1963年完成初稿，寄给人民文学出版社审定。未料没多久一场文化浩劫开始了，稿子一搁就是十年，直到1978年重新排上出版议程，而朱先生却认为十年过去了，自己的业务水平及对原作品的理解又进了一步，需要重新修改才可以出版。朱先生逐字逐句地校订、修改，甚至大段重译，期间还经历了一场疾病考验。直到1983年，这部被高尔基称之为"我们文学中第一部真正历史小说"的《彼得大帝》中译本终于定稿，1986年正式与读者见面。

1987年2月20日，朱雯加入中国共产党。

1991年1月9日，在上海师范大学召开了"朱雯教授从事文学活动和教学工作六十周年暨八十华诞座谈会"，中国作协主席巴金送来祝贺花篮，全国人大常委会副委员长费孝通寄来贺信及贺诗，贺诗云："往事如棋局，岁月太匆促。更进一杯酒，佳著不从俗。"钱钟书、杨绛夫妇等中国名流发来贺信贺诗贺画。座谈会上，贾植芳、草婴、徐中玉等著名人士发言庆贺。

朱雯曾说："我把翻译和创作都作为我对现实表达自己情感与理想的方式。也就是说，不论创作或是翻译，我总想把它用来表现我对时代、对社会乃至对我自己的反思。以翻译为例，40年代我译的都是反法西斯的文艺作品，因为我认为通过这些翻译，可以更迅速、更有效地起到宣传抗战的作用，表达我自己投身抗战的热情。”

1994年10月7日，因脑溢血突然离去。享年八十三岁。

妻子罗洪，1910年11月19日出生于松江县，原名姚自珍。20年代后期，在苏州女子师范学校求学，在这里与朱雯相识，两人谈文学、谈哲学、谈理想、谈对人生的执著追求，双方遂发生爱慕之情。1930年开始发表作品，先后出版《腐鼠集》等十二部短篇小说集，《春正王月》等三部长篇小说，还有一部散文集。2006年出版《罗洪文集》三卷。

关于罗洪的文学创作，赵景深认为，以前女小说家都只能说是诗人，罗洪才是真正的小说家（见《文坛忆旧》）。郑树森认为，罗洪突破了所谓“委婉纤柔”的作风，题材也不限于家庭生活、个人情绪等“茶杯里风波”（见《读罗洪小说劄记》）。施蛰存认为，罗洪的作品“随处可见细微的描写”，“是一位侧重于性格塑造的现实主义作家”（见《罗洪，其人及其作品》）。

新时期，罗洪勤耕不辍。创作《孤岛岁月》时，已年过八十，而且，1996年初，又摔了一跤，右肩骨裂。在十分艰难的情况下，她终于完成了十四万字的草稿。更加难能可贵的是，她在一百岁的高龄，还创作了纪实小说《磨砺》，刊于2009年6月号《上海文学》。

孙俊人（1915—2001）

松江县人。1934年考入上海交通大学电机系，1938年肄业，奔赴延安参加革命，并加入中国共产党。新中国成立后，历任邮电部电信总局副局长、军事通信工程学院副院长、解放军通信兵部副主任兼科技部部长等职。

1961年兼任国防部第十研究院院长，1964年被授予少将军衔，曾荣获二级独立自由勋章和二级解放勋章。1965年任第四机械工业部副部长，第十研究院院长兼党委书记。1962年中国电子学会成立后担任中国电子学会秘书长，1983年始任理事长，1996年始任名誉理事长，1995年被选为中国工程院院士，1999年被评为中国工程院资深院士。

因病去世，享年八十六岁。

孙俊人在发展新中国电子信息事业，创建中国军事电子科技事业，创办电子院校和培养人才，组织领导电子信息科学研究、制定发展规划，组建信息科技研究院所、实施重大工程，领导编撰中国大百科全书《电子学与计算机卷》、《现代电子科学技术词典》和《电子工业生产技术手册》，创办中国电子学会等方面作出了突出贡献。

1978年，全国科学大会召开，孙俊人感到科学普及的迫切性，于是在他的倡导下，启动《电子世界》筹备工作，他对办刊宗旨、读者对象、刊登内容等参与具体指导。1979年10月《电子世界》创刊，第1期发行40万册。

1983年，孙俊人决定利用社团科普工作优势和科普刊物阵地，策划进行电子科普教育，举办"中国电子学会电子技术自修班"，招生20万人，《电子世界》负责刊登辅导材料，中央电视台播放讲座，《电子世界》发行量突破80万册。

1986年，《电子世界》在杭州召开读者、作者座谈会，孙俊人出席座谈会并讲话，他从依靠社会力量开门办刊讲到面向读者立足服务，从科普期刊的科学性讲到趣味性，并要求作者写文章要深入浅出，力争读者看了能懂，懂了能用。

孙俊人重视科学普及，反对将科普类杂志办成大学教科书或研究生论文汇集。他在1987年《电视技术》和《电声技术》办刊10周年的讲话中说："我反对刊物数学化，满篇文章都是数学推导。数学是一门重要的基础科学，我们要利用数学这门工具，来解决分析其它问题。……但我们的杂志不是教科书，没有必要讲很多数学。……要尽量用形象化语言来说明问题，尽量少用数学推导。"

进入90年代，孙俊人关注电脑应用知识的普及，并身体力行，近八十岁高龄开始学习电脑操作，每天坚持学习2小时。

丽　砂（1916—2010）

丽砂，原名周平野。重庆江津人。1938年毕业于四川万县师范。曾参加抗日救亡运动，1939年2月参加中国共产党，1947年作为苏州国立社会教育学院学生代表去南京参加反饥饿、反内战、反迫害的"五·二〇"学生运动，受国民党迫害，被迫离校，肄业于国立社会教育学院社会事业系。1940年起历任四川璧山《导报》、《渝北日报》总编辑及文学副刊《文烽》主编，《诗生活》杂志主编，宝山罗溪中学教师，中共宝山县委教育科科长，宝山县政府文教科科长。20世纪50年代曾在松江工作，先后任松江地委理论教员，江苏省立松江师范教师。

丽砂一生道路坎坷，1958年被开除党籍、公职，1979年恢复公职，1982年彻底平反，恢复党籍，离休。他以《浪淘沙·恢复党籍》言明心志："处处菊花黄，笑傲浓霜，丹枫向晚喜残阳。林外飞鸿呼唤起，落雁归行。　　举目眺前方，往事堪忘，红心赤胆未曾凉。老泪纵横又满面，不是忧伤。”

丽砂1934年开始发表作品。中国作家协会会员。著有散文诗集《冬的故事》、《早晨的街》，诗文合集《森林炊烟》、《遗忘的脚印》，诗歌《昆虫篇》、《谢》等。

丽砂在松江工作期间，曾作有大量散文诗，其中的《春天颂》，曾收在《松江当代散文·岁月的歌》中，诗风清丽，富有感情。《烈士》（春天颂之五，作于1957年4月5日）：“我们的心就是花。把心放在花圈上，把花圈放在烈士的墓上。/但是，不要说因为放上花圈，烈士的墓才有了春天。即使在冰雪的日子里，我们的心也会结成一个无形的更大的花圈，放在烈士的墓上的。/今天，把有形的花圈放在墓上，是为了告诉烈士们：季节的春天又来了；新的历史又走进了一个新的年头。/而其实，走在季节前面的，走在历史前面的，还是烈士。/跟在烈士后面，我们才有真正的春天。就像跟在种子后面，我们才有真正的花一样。/现在，我们捧着花圈，捧着悼念，捧着祖国春天的太阳，严肃地站在烈士的墓前……”

成　荫（1917—1984）

成荫，松江人，中共党员。1938年起历任八路军120师政治部战斗剧社戏剧教员、政治指导员、副社长，吕梁军区政治部宣传科长，西北野战军二纵队政治部宣传科长，东北电影制片厂导演，中央电影局秘书长，北京电影制片厂导演，北京电影学院院长。中国影协副主席。1941年开始发表作品。1953年加入中国作家协会。著有电影文学剧本《回到自己队伍来》、《钢铁战士》、《未完成的旅程》、《拔哥的故事》、《春城无处不飞花》（合作）、《万水千山》（改编）等。

罗君《严寄洲：从小校对到大导演》：严寄洲说过，“艺术上的进取精神，勇于碰困难，碰最硬的东西，我比不上成荫”；又，“根据《在延安文艺座谈会上的讲话》精神，贺龙交办一个反映前方战斗的戏。由成荫编剧、严寄洲导演，几个人在破窑洞里干开了，战斗剧社给他们一斤白面、两勺猪油、两根大蒜。晚上把窑洞门一关，成荫通宵埋头执笔，严寄洲给他们做面疙瘩吃。成荫一口气写出了三个独幕话剧，总名叫《敌我之间》，严导用三天时间将三个独幕剧排出来。因为是反映了前方生活，不仅延安百姓叫好，连延安鲁艺等高等学府的文化工作者反响也很强烈。”罗文还提及，贺龙要严寄洲向成荫学习剧本创作。

1942年11月23日，毛泽东主席曾写信给成荫等三同志，信中说：“你们的信收到了，感谢你们！你们的剧（指反映当时敌后斗争生活的《晋察冀的乡村》、《荒村之夜》、《虎列拉》、《自家人认自家人》、《求雨》等剧。1942年冬，八路军120师政治部战斗剧社在延安演出过这些剧）我以为是好的，延安及边区正需看反映敌后斗争生活的戏剧，希望多演一些这类的戏。敬礼！”

成荫曾执导由东北电影制片厂摄制的故事影片《荣誉属于谁》。据袁水拍笔记（记录稿），此片曾受到中央有关领导批评。影片的故事梗概：新中国成立之初，东北铁路管理局某分局局长保守自大，难以完成新增任务。新来的副局长积极进取，主张学习苏联的先进调车法，解决列车堵塞困难。正副局长产生了矛盾。最后实践证明，学习苏联经验的副局长是正确的，荣誉属于接受苏联先进经验者。批评者认为，影片“缺少对自己阶级、党的热情，民族的情感”，“不恰当地赞扬了苏联经验，却没有对本希望首先予以肯定的党的传统——马列普遍真理与中国具体实践相结合进行大力弘扬，因而有损于爱国主义精神和民族自尊心”；主创者“生活不够”，没有深入到“群众火热斗争中去”。

陈锡章（1917—1991）

陈锡章，松江县叶榭人。1932年7月毕业于叶榭小学，1933年9月至1937年底，就读于上海民光中学（半工半读），1937年上海“八·一三淞沪抗战”爆发后，受中共抗日救国主张影响，投奔延安，途经八路军武汉办事处（时王炳南为主任），经介绍，1938年1月，去山西民族革命大学学习。1938年8月，在山西教育研究班教材研究室编写教材。1938年9月加入中国共产党。1939年9月至1940年1月，在山西省民族革命大学政治处参加《文化前锋》编辑工作。1940年2月开始在延安中共中央党校、中共中央研究室学习，并从事研究工作。1943年3月在陕甘宁边区政府财政厅农业统一累进税研究室任研究员。1944年6月开始在延安大学行政学院、华北联合大学财经系、东北大学临时训教班从事教学及管理工作。1947年7月任东北解放区合江省税务局长。1949年3月开始任沈阳税务局副局长、东北人民政府财政部税务金融处副处长。1952年8月任东北财政部税务总局局长。1952年12月调国家计委财政金融局任副局长、局长。1958年2月调中共中央华东协作区办公厅任副主任。1960年9月任中共中央华东局计划委员会副主任兼上海市经济计划委员会副主任。1978年7月开始任上海市工业交通办公室党组成员、副主任。1980年2月任上海市经济委员会顾问。1986年3月当选为中共上海市顾问委员会委员。

陈锡章同志是一位经受抗日战争、解放战争和社会主义革命建设时期考验的好同志、好干部，他的一生，是革命的战斗的一生。（中共上海市工业工作委员会、上海市经济委员会《讣告》）

据陈锡章家属反映，陈锡章与夫人潘萍，在工作与家庭生活中，保持艰苦奋斗、勤俭朴素的良好作风，处世低调，淡泊名利，对子女要求严格。建国初“土改”时，陈锡章夫妇获悉老家为他们分了田地，坚决要求退还分得的田地。

陈锡章夫人潘萍（1918—2005），原名潘雪颜，广东省番禺县人。1941年加入中国共产党，1943年4月赴重庆八路军办事处，7月赴陕甘宁边区，先后在延安中学、延安大学行政学院财经系学习。1945年2月任晋察冀边区政府财政厅会计，后赴东北解放区，历任合江省财政部军需军费局财务室副主任等职。1952年12月，调国家计委任金融局、基建局副处长、处长。1958年9月调中共中央华东协作区办公厅、中共中央华东局计委基建局、计经委办公室工作。1978年12月，任上海工业展览馆顾问。1985年4月离休，享受局级待遇。

杨纪琬（1917—1999）

杨纪琬，民革党员。我国社会主义会计制度的奠基人。松江县人。

1935年，杨纪琬毕业于江苏省立松江高级应用化学科职业学校。1939年，毕业于国立上海商学院，留校任教，并攻读中英庚款基金会的在职研究生。1939—1949年，先后任上海商学院、东吴大学、大夏大学、光华大学、之江大学等大学的会计教授。

1949年11月，杨纪琬调财政部工作。1957年，任财政部会计司副司长。1980—1985年，任会计司司长。1985年起，任会计司顾问，并经国务院学位委员会批准，任财政部财政科研究所博士生导师。1991年10月，获国务院颁发的政府特殊津贴证书，是首批享受政府特殊津贴的高级专家。

重视会计学术活动。50年代初，杨纪琬创建并主编了新中国第一本会计杂志《新会计》，以后兼任《工业会计》、《企业会计》、《会计》、《会计研究》等会计专业杂志主编。1980年，他倡导成立中国会计学会，被推选为常务副会长兼秘书长。

重视会计教育事业。1979年起，他就在财政部财政科学研究所指导硕士研究生。同时，他力主让学生走出去，了解和学习外国会计理论知识。1981年，在他的倡议下，从我国改革开放后的第一批硕士研究生中选派8名研究生，赴美国进入当时国际上“八大”之一的永道和安永会计师事务所进修实习，开创了会计人才国际培养之先河。同时，他还在计算机并不普及的80年代初期，率先倡议在会计学专业中设立会计电算化研究方向。

对会计事业忠心耿耿、孜孜以求。建国初期至“文革”前，杨纪琬先后参与、组织、领导了我国统一会计制度的制定，经历了我国会计制度的三次改革，身体力行，为我国会计制度的发展奠定了坚实的基础。在1940年的第一次会计改革中，他全面接受了正统的西方会计教育，成为当时年轻的西方会计学教授；在1949年的第二次会计改革中，他参与并主持了这场改革，在建立适应当时计划经济体制的会计方法和理论方面作出了卓越的贡献；在1978年十一届三中全会后的第三次会计改革中，他积极倡导，坚持实事求是、科学实用的精神，提倡借鉴适合中国国情的西方会计学方法和理论。

新中国第一部《会计法》的主要起草者。1980年，杨纪琬主持起草《会计法》。他与魏克发、余秉坚等会计前辈一起，成立起草小组，反复研究会计与法律的结合问题，先后易稿20多次。与此同时，他还撰写十余万字的学术论文，归纳出针对性、可行性、责任衡量性、重要性和相对稳定性五项会计法制度建设原则。1985年1月，全国人大常委会通过新中国第一部《会计法》。为推动《会计法》的贯彻实施，以及1993年《会计法》的修订，已经退下来的他仍发挥重要作用，积极参与立法调研工作。

我国注册会计师制度重建和恢复的推动者。早在改革开放初期，杨纪琬就倡议恢复注册会计师制度。在他的积极倡导下，1980年12月，财政部发布了《关于成立会计顾问处的暂行规定》，注册会计制度重新走上经济社会舞台，首先在上海、北京等地试点。1981年1月，新中国第一家会计师事务所在上海宣告成立。1986年，国务院审议颁布他主持起草的《注册会计师条例》。1988年11月，中国注册会计师协会成立，他当选为首任会长。1993年，第八届全国人大常委会第四次会议审议通过了《注册会计师法》，年近八十岁高龄时，他仍出任中国独立审计准则国内专家咨询组组长，为我国审计准则的建立出力。

注重行业发展，重视理论研究，倡导理论联系实际的学风。1980年，杨纪琬与闫达五教授合作创立“管理活动学派”，认为会计是经营管理活动的一个组成部分，逐步形成了“会计作为经济管理活动的重要组成部分，要从算账型向管理型转变”的观点，为提升会计地位和推动会计改革奠定了重要理论基础。1980年，他还在中国成本会计研究会成立大会上，提出成本管理的七个环节，即：成本预测、成本决策、成本计划、成本控制、成本核算、成本分析和成本考核。1984年，他在总结几十年会计制度建设经验教训的基础上，提出会计制度的建设应妥善处理十个方面的关系，即：统一与分级的关系；理论与实践的关系；科学化与大众化的关系；微观与宏观的关系；细与粗的关系；立与破的关系；条条与块块的关系；发展变化与相对稳定的关系；原则性与灵活性的关系；会计制度与其他经济制度的关系。

为人低调谦虚。1996年，杨纪琬赴台湾参加"海峡两岸会计学教授交流会"，台湾报纸以"大陆国宝级会计专家来台讲演"予以报道，他笑着说："什么国宝，大熊猫才是国宝呢！"在祝贺杨老从事会计工作六十周年的纪念会上，国务院、财政部领导高度肯定和赞扬其在我国会计制度建设、会计理论研究和会计教育等方面做出的杰出贡献，国内报刊则以"会计泰斗"、"理财高手"相称。他则认为，他只是会计方面的一名老兵，虽然作出了一些成绩，但与泰山、北斗相比，相去甚远，并希望将来学生纪念他的时候，这样写："在20世纪中后叶，中国一批会计迷，由于他们共同的努力，使新中国会计工作取得了一定的成就，纪琬就是这批会计迷中的一个。"

善于用浅显的方法教授深奥的道理。1985年，杨纪琬给学生上课，教授会计和财务管理课程，为了让学生明白效益这个概念，他以美国纽约地铁站为例讲了一个故事。他跟学生说："当时纽约地铁站开始使用磁卡，无人检票。由于入口栏杆较低，不守法的人可以跨栏而过。面对这样的现象，有个选择，就是增加工作人员入口监督检查。这时候，我们需要分析：每天逃票的人数多少？减少多少票务收入？增加1个监督检查人员每天的工资是多少？结果是增加1个人带来工资的增加要大于逃票的人逃掉的票款，所以，决定不增加监督人员。"因此，效益的概念就出来了。即尽量用较低的成本创造较多的收入，这就是追求高效益。

治学态度严谨。据严绍业回忆说，杨纪琬当年给他指导硕士论文，为他修改论文时，连标点符号都在他的修改指导之列。杨纪琬严谨的治学态度，帮助他养成了严谨的风格，以至他在后来设计安易软件时，会认真考虑提示信息在屏幕上的位置、如何让术语表达更易理解等，从而让安易会计软件（DOS版）成为我国当时著名的会计软件之一。

杨纪琬家庭和谐幸福。1936年结婚，与夫人同年出生，又在1999年同年谢世，携手走过63个春秋，享年八十二岁。育有5个子女。结婚时，杨纪琬上大二，其夫人已从师范学校毕业，是一名小学音乐教师，后为了养育子女和支持杨纪琬事业，她放弃了钟爱的音乐教育事业。为表达对妻子的感激和理解，杨纪琬晚年去外地讲学或开会，条件许可的话，经常偕夫人前往。外出应酬时，还习惯带回一些夫人喜爱的小食品。弥留之际，曾关切地向子女询问：你们母亲的病情如何，她还安好？却不知妻子已于几日前先他而逝。

周希舜（1917—2004）

周希舜，字象龕，生于松江。曾祖为孝廉，以书画闻名于时。先祖父亦为书法大家，毕业于上海大夏大学财经系。周希舜未冠，即继承家学，喜好山水画，自习临摹古人名画。抗日战争期间，西走云南，寓居昆明。胜利后，越长江而下，经历西南山川的壮丽宏伟，所见所闻铭记在心，并溶入以后的山水画中。其作品曾在芝加哥展出。退休后，在台湾义务授徒教画。后赴美国，参与老人社团，为大众服务。一生与画为伍。

周希舜博学多能，精通文史，学养俱佳。其子女将其文章汇编成《白云回望》一书。书中收有怀念故乡松江的文章多篇。在《陈公祠与卞公祠忆记》中忆及："民国初年，国父巡临松城，曾以陈祠为行馆，仅稍事逗留，会见地方官员父老即行离去。"在《松江的大轰炸补述》中忆及：松江遭日本侵略者第一次轰炸是民国二十六年八月十五日，"当日敌机来袭，火车上乘客下车四散逃避，日机除炸火车外更低飞用机枪向四野疏散的人扫射；九死一生的人还听到敌机上日军在扫射无辜时哈哈大笑，足见毫无人性。……有某君也搭这班火车，敌机空袭时已乘人力车远离，听见后面轰炸声，车夫拉着没命奔跑，突然觉得背上被重物痛击，用手一摸，全是鲜血，想已中弹，一声大叫，倒在车上，后来发现原是远处飞来的一只炸断的手臂。"在《故乡习俗杂忆》中，作者忆及冬至时最时鲜的四腮鲈火锅："四鳃鲈是松江特产，因有苏东坡《赤壁赋》而扬名天下。四鳃鲈长约十五公分，口巨头大，无鳞，惟有类似薄膜之皮，头侧之腮呈绿色，有红纹。苏东坡所谓：'巨口细鳞，状如松江之鲈。'这是普通鲈，非松江鲈，因为松江鲈无鳞，想来苏东坡吃过四鳃鲈，所以他说'状如'表示并不完全相同。鲈鱼普通祇两腮，只有秀野桥下的才四腮……我家距桥不远，记得幼时，每逢此鱼上市，网船娘子往往在桥下捕得后立刻送来。"

嵇汝运（1918—2010）

中国药物化学家、工程院院士、上海药物研究所研究员。松江县人。曾就读于松江中学（今松江二中），1941年毕业于原中央大学化学系，1947年考取庚款留英，成为英国伯明翰大学化学系的研究生，1950年获伯明翰大学博士学位，1950—1953年任伯明翰大学药理系博士后研究员。1953年回国后在中国科学院上海药物研究所从事科研工作，1978—1983年任该所副所长，1980年被选为中国科学院学部委员（现改称院士），1998年转任资深院士。兼任中国药科大学、华东理工大学等四所高校教授，曾任中国民主同盟会中央委员和中央参议委员、上海市政协委员和常委、卫生部药典委员会委员、中国药学会副理事长和上海分会理事长、亚洲药物化学会执行委员等。2010年5月15日在上海华东医院病逝，享年九十二岁。

1953年10月，嵇汝运放弃英国优厚的教职归国，成为新中国的早期归国学子。他归国时，药物研究所仅有4人，他加入研究所后，与同事们一起，开创了新药合成研究的新领域。

嵇汝运毕生致力于新药研究，系我国药学界的一代宗师。他在抗血吸虫病新药、金属解毒药物、抗疟疾新药、抗心律失常药物和抗感染新药等方面成果卓著。他倡导药物化学与药理学相结合，注重药物的构效关系研究，为我国“化学药理学”的创立做出了开拓性的贡献。他一生发表了200多篇学术论文，出版了20多部学术著作；获得多项国家和中科院自然科学奖、国家技术发明奖；被授予“全国优秀归侨知识分子”称号；先后获药学发展奖特别贡献奖、何梁何利基金科学与技术进步奖。

新中国成立初，嵇汝运刚回国，为抗击血吸虫病，他带着研究组到农村收集大便化验，经过千百次试验后，成功研制抗血吸虫病药物——巯锑钠。但由于锑剂类药物会导致重金属中毒反应，副作用大，嵇汝运又领导团队深入研究，发明了载入中国药典的金属解毒药物二巯基丁二酸钠。他的学生、中科院上海药物研究所研究员杨玉社在评价这个药物时，自豪地说：“都说中国人仿制美国研发的药物，唯独这个药，美国不得不仿制中国——至今世界上尚未研制出超越它的金属解毒药！”（许琦敏《要为人间觅良药》）他还发现了一种比普鲁卡因的局部麻醉作用强十余倍的新药，还合成南瓜子中防治寄生虫病的有效成分南氨酸、抗疟疾新药蒿甲醚、喹诺酮类抗感染新药安妥沙星以及消旋石杉碱甲等。

嵇汝运喜欢读书，尤其注重专业图书杂志的阅读，很长时间里，他一直是上海药物研究所图书馆中学术期刊的第一个读者。他的学生、中科院上海药物研究所副所长蒋华良说：“如果他去出差，回来也一定‘补课’。”（许琦敏《要为人间觅良药》）关注学术前沿，使他的专业视野和拓展眼光超前。早在“文革”前，他就关注到利用计算机研究药物结构与活性的关系，会成为国际药物研制的新兴方向，“文革”一结束，他就着手招收这一方向的研究生，上海中药大学校长、中科院院士陈凯先就是先生在该方向上的第一个学生。20世纪80年代，嵇汝运在华东理工大学开设化学药理学课程，教授化学生物学，这一课程的开设比国外名校整整早了10年。及至晚年，他还开始探索计算机辅助药物分子设计。

嵇汝运是一个低调谦虚、待人诚恳、品德高尚的人。他“从不以大科学家自居……全所同事，人无分老幼，职务不分高低，都愿意和他接近，把他看作自己的良师益友。”当别人提及他桃李满天下时，他却说：“别人都说‘名师出高徒’，我却是‘高徒出名师’，我的徒弟们在国内外为医药事业作出了一些贡献，是他们把我带出名了，哈哈！”他一辈子勤勤恳恳、开开心心做研究，被业内人士称为“笑眯眯的华佗”。（邓卓玉《与时间赛跑的人——访嵇汝运院士》）

嵇汝运对故乡松江有着深厚的感情。20世纪90年代末，松江当代散文选《岁月如歌》主编吴春荣向他约稿，他欣然接受，在撰写《我爱松江》一文中，却突然病倒住院做了手术，九天后出院回到家中立即提笔撰完此文。他在文中深情地写道：“离开松江多年，并且愈走愈远，在异国他乡，回忆幼年在松江的岁月，想念着九峰三泖的一山一水，庭园乡村的一草一木，乃至一餐一饮，民风乡音，莫不惹起离情苦思，心头澎湃着对松江的无限怀念。”

文　牧（1919—1995）

文牧，原名王瑞鑫，艺名王文爵，松江人。读小学时，就对申曲（即上海滩簧）感兴趣。毕业后进米行当学徒，1936年离开米行，拜申曲艺人王雅芳为师，学习申曲，并在上海市郊和苏南一带演出。1947年参加施家、上施等沪剧团。1948年加入由丁是娥、解洪元创办的上海沪剧团，始任演员，1952年起专任编剧，从此用“文牧”笔名。1953年2月任上海市人民沪剧团工会主席。

文牧在1949年后，曾参加《赤叶河》演出，塑造了王大富形象，获1950年上海市春节戏曲演唱竞赛演员一等奖。1952年与宗华、幸之执笔改编小说《登记》为沪剧《罗汉钱》，在第一届全国戏曲观摩演出大会中获剧本奖。1954年2月与汪培合作，将刘白羽小说《春天》改编成沪剧《金黛莱》，在华东戏曲观摩演出大会中获剧本一等奖。曾与丁是娥、石筱英、陈荣兰、宗华等合作，创作《鸡毛飞上天》。还整理传统剧目《阿必大》、《女看灯》、《公孙求乞》、《庵堂相会》等。

据沈鸿鑫回忆，1962年冬天，他曾第一次与文牧见面。当时的文牧，瘦瘦的身材，脸色略带黝黑，穿一件藏青的中式棉袄，戴一顶绒线帽，说话细声慢语，一口浓重的上海本地口音，没有大编剧的架子，有点像一位朴实的老农。沈鸿鑫著文说，1958年，文牧受电影《铁道游击队》影响，想编写一部反映新四军抗日斗争的现代戏。当时的剧团党支部书记、剧团长陈荣兰给了他一大摞材料（从南京军区拿来的解放军建军30周年征文）。其中一篇由崔左夫撰写的《血染着的姓名——三十六个伤病员的斗争纪实》一文引起了文牧的注意。随后，陈荣兰团长让文牧与陈剑云深入到文章所写的那支部队及当地群众中进行采访。1959年10月，文牧执笔写成剧本，初题《碧水红旗》，后改为《芦荡火种》。1960年1月27日在上海的共舞台正式首演，由杨文龙导演，丁是娥饰阿庆嫂，解洪元饰郭建光，石筱英饰沙老太，李廷康饰陈天民，夏福麟与贡中浩分别饰胡传魁、刁德一。（《京剧〈沙家浜〉改编前后》）

朱俊源介绍：沪剧《芦荡火种》上演后，在戏剧界和观众中引起了广泛而强烈的反响。当时，仅在上海一地，就有不同剧种的九个剧团对《芦荡火种》进行移植，而在全国各地演出《芦荡火种》一剧的有三十一个剧团之多。北京京剧团将该剧改编成京剧，最初定名为《地下联络员》，由赵燕侠饰阿庆嫂，谭元寿饰郭建光。毛泽东主席看了后说："芦荡里都是水，革命火种怎么能燎原呢？再说，那时抗日革命形势已经不是火种而是火焰了嘛……戏是好的，剧名可叫《沙家浜》，故事都发生在这里。"该剧于是定名为《沙家浜》。20世纪70年代初，《沙家浜》被定为"八个样板戏"之一，不仅被搬到电影银幕上，在全国各地放映，还被两百多个戏曲剧种移植。

《沙家浜》京剧本，后收入朱恒夫主编的《后六十种曲》（明末毛晋曾编选《六十种曲》）中，署名为"文牧等编剧、汪曾祺等改编"。《后六十种曲》由复旦大学出版社出版。

程十发（1921—2007）

原名潼，小名美孙，斋名曾用"步鲸楼"、"不教一日闲过斋"、"三釜书屋"、"修竹远山楼"等。生于松江县城莫家弄，祖居枫泾。其父行医之余，也好书画，对孩提时的程潼有所熏陶。1925年从同乡张祥河孙张铸习画。1934年，就读于松江天主教会主办的光启中学。1938年考入上海美术专科学校国画系，1941年毕业。其间，教师李仲乾为程潼取字"十发"。程，古代长度单位名，《说文·禾部》："十发为程，十程为分，十分为寸。"他从此以"程十发"为姓名沿用至今。

1942年，21岁的程十发和美专同窗张金锜结为夫妻。1946年，经亲戚介绍进上海工业银行任职员。1952年任华东人民美术出版社创作员。1956年被上海中国画院聘为画师。1957年赴云南少数民族地区体验生活。1985年赴新加坡南洋美术专科学校讲学。1989年被聘为全国第七届美展中国画评委。1996年向上海市政府捐赠个人收藏元、明、清画122幅。2005年向松江“程十发艺术馆”捐赠古画51件，自己画作16件。

程十发的人物、花鸟、山水画作独树一帜，被誉为“程家样”，享誉国内外。在连环画、年画、插图等方面均有很高造诣。其书法则将草、篆、隶融为一体，潇洒灵秀，奇趣横生。20世纪60年代前后主要画人物，以西南少数民族生活为题材的作品与黄胄以西北少数民族生活为主要题材的作品互相辉映。20世纪70年代后注重画戏曲、历史人物及花鸟。20世纪90年代前后又潜心山水画创作。

程十发1950年发表的第一幅年画《反黑田》以松江为题材，1951年出版第一本连环画《野猪林》。此后，作品多次在国内外获奖。1957年，国画《歌唱祖国的春天》获全国青年美展一等奖。1959年，为文学名著《儒林外史》插图，该书获“莱比锡国际书籍装帧展览”银质奖，并获“华东地区书籍装帧展览”一等奖。1960年，他的连环画《画皮》获全国连环画评选二等奖。中国美术馆所藏的《丽人行》，被选入百年中国画展。2005年，他的《召树屯和喃木诺娜》连环画原稿以1100万人民币拍卖，创造了同类拍品的纪录。

1941年，程十发在上海大新公司举办个人画展。1980年，由北京荣宝斋和日本西武百货公司组织在日本东京举办“程十发作品展”。1997年，赴港参加“香港回归十人画展”。1998年，赴加拿大参加中国、加拿大两国举办的“中国现代绘画展”，与加拿大总理克雷蒂安共同主持开幕仪式。1999年，在上海中国画院举办“程十发艺术展”。2000年，在比利时举办“程十发——姚逸之师生国画展”。有《程十发近作选》、《程十发书画》(1—9集)、《程十发画选》、《程十发花鸟习作选》、《程十发作品展》(日本版)、《程十发艺术》、《程十发精绘丽人集》、《阿Q正传一零八图》、《程十发》等作品出版。

程十发的画作，从大处轻松落笔，细节处则小心收拾，笔墨洒脱精湛，气韵生动，风格浑厚、古朴、生机盎然，极有个性。人称其用笔有神。“玩味程十发先生的艺术，可以一个‘巧’字来概括，品不出那个‘巧’字来，可以说是没有看懂‘程家样’。”(《程十发精绘丽人集·前言》)“程十发很喜爱热烈，形热烈，色热烈，笔热烈，境热烈，不热烈不罢休！……他的幽默，是他一生历程的伴侣，是他艺术生命的呼吸。”(林墉《大道一格》)“题材的选择，不仅决定于人的性格，更决定于人的经历，决定于人所生活的时代和环境。程十发选择少数民族的生活为绘画题材，首先是因为他在1957年春作为美术工作团的一员到云南德宏傣族景颇族自治州体验了一次生活。为一个落后民族飞速走向新生活的情景所激动，为少数民族的热情好客所感动，为鲜艳的服装和奇异的风俗所吸引，为优美的民间传说和深沉的葫芦笙所迷醉，画家从此把自己的笔与少数民族联结在一起。"（俞汝捷《程十发书画》，1980年5月西泠印社出版）韩天衡认为《阿Q正传一零八图》有以下几个特点：总体把握，炼意为上；削繁就简，计白当黑；水墨生津，笔精墨妙；缀物布景，恰到善处；有章有句，妙在独立。（《程十发〈阿Q正传一零八图〉重版小序》）

程十发对画作有不少独到的见解。他曾说过："我每年都要花一定时间画连环画，这是很必要的，我自己认为这是'缚小脚'，既画泼墨的写意画，又画规矩的连环画，放放收收，很有好处，否则一味去'泼墨'、'写意'是不行的。""我有时从古人比较冷门的，或是在古代曾经热门过而又冷下来的东西中吸取。""一张画要鲜艳明朗，第一条是画家的感情，第二才是用色。色彩是帮助画家传达感情的工具。""画中动物，必须有生气，生气即人和物相呼应，以求生活之趣。"（以上画语均见《程十发精绘丽人集·前言》）

程十发曾任上海美术家协会副主席，上海中国画院院长，西泠印社副社长，"吴昌硕艺术研究会"会长，上海交通大学教授等。为第七、第八、第九届全国政协委员。曾获"全国先进文学工作者"称号，被授予"中华人民共和国文化部先进个人奖"和"上海市文学艺术杰出贡献奖"。2005年，云南省人民政府为他颁发"繁荣云南文艺创作"杰出贡献奖，中国文联授予他"造型艺术终身成就奖"。

程十发在云南民歌"小河淌水"乐曲中走完了人生的最后时刻，享年87岁。

杨纪珂（1921—2015）

杨纪珂，松江人。1935年，杨纪珂毕业于江苏省立松江高级应用化学专科职业学校。1937年，入云南大学矿冶系。因病休学一年后，转入迁至贵阳的交通大学唐山工程学院矿冶系学习。1944年毕业，在西南公路局工作，设计桥梁。后经国民政府考试选拔调入矿业研究所（当时设在重庆北碚）工作。1946年，与唐山工程学院的同学一起参加出国留学生考试。1947年，赴美国俄亥俄州立大学冶金系学习。1948年，获硕士学位。1950年毕业，先后在美国凡洛、弗格森等公司工作。

1955年11月，携全家回国。在中国科学院化工冶金研究所工作。1957年，杨纪珂建议在炼钢方面采用国外新技术——氧气顶吹技术，受到冶金部某负责人反对，在研究所无事可干。与此同时，由于50年代前期，我国生物学领域受苏联影响，高等院校没有开设遗传学和统计学课程，学医、学农、学生物的毕业生分配到科学院生物所，实验数据很多，却不会归纳和处理。杨纪珂夫人正巧留美学生物，在生物所工作，见他数学好，事又不多，就让他帮助生物所的研究人员分析数据，讲授数理统计课。1962年，调到生物物理研究所，从事数理统计在相关学科和实际工作中的应用研究。在这个过程中，杨纪珂通过译著、研究、服务、讲课和培训，为在我国学术界恢复数理统计和遗传学做了大量的工作，成为新中国成立后这两门学科的带头倡导人之一，当选为中国统计学会副会长和中国遗传学理事。在他的带头推动下，作为这两门学科分支或交叉学科的质量管理学、数量遗传学、数量育种学、数量生态学、群体遗传学和生物数学等在我国得到了长足的发展。

1963年，陪同华罗庚、童第周等学者赴广东珠江三角洲讲学，讲授数理统计，受到华罗庚的赏识。当时华罗庚兼任中国科技大学副校长，杨纪珂应邀去中国科技大学兼课，讲授应用数理统计、应用遗传学等课程。并参与华罗庚统筹法研究室相关工作，负责质量评估（质量管理）研究，是国内最早从事质量管理、数理统计、应用遗传学研究的专家。

1966年5月，调入中国科技大学。1970年，中国科技大学迁至安徽合肥，杨纪珂下放到安徽铜陵炼钢。“文革”后，回到中科大。在湖南桃源等三个县调研农业现代化问题上，杨纪珂从统计、运筹、遗传、生态等学科出发，否认了机械化是农业的根本出路，提出我国农业现代化的根本出路是建立生态农业，得到时任中国科学院党组书记李昌的赏识。

当时，安徽省正进行农村经济体制改革，实行联产承包责任制，杨纪珂为万里等安徽省领导讲授农业课题，他以《从运筹、统计、遗传、生态等学科谈农业现代化的几个问题》为题，结合安徽的实际情况，讲授了农业现代化的定义、以牧养农的良性生态循环、家畜和作物品种资源的利用、水资源的利用、农业机械化和农业经济的关系等问题。受到万里、顾卓新等领导的赞许，不久当选为安徽省政协委员。

1980年，当选为安徽省副省长。1983年，当选为第六届全国政协委员。1988年，当选为中国致公党中央副主席，负责致公党中央日常工作，同年在第七届全国人大第一次会议上，当选为全国人大常委会委员。1993年，在第八届全国人大第一次会议上，当选为全国人大常委会委员和全国人大环境与资源保护委员会副主任。

关注安全生产知识培训工作，关心职工的生命安全。杨纪珂曾就安全生产多次致信党和国家领导人，其相关建议受到党和国家领导人及有关部门的高度重视，当时的国务院总理曾三次亲自批示并敦促相关部门遵照执行。他三次亲赴江苏省海安县调研职工安全生产知识电视培训工作，总结为"海安经验"，在江苏、广东、湖北、河北、山东等地推广。他认为，通过应用数理统计的方法研究表明：安全生产知识电视培训对确保职工安全有显著提升作用，安全生产培训是企业送给职工最好的礼物，保障工人生命安全是最重要的。

超强的学习研究能力。杨纪珂担任副省长后，开始经常阅读农学书籍，热心调查研究农业问题，向农业专家请教，并为此出版了一部二十万字的农业专著《农业现代化的起步策略》。后又主编了《面临新挑战的科学技术》一书，成为较早关注农村能源问题，并身体力行支持创建新能源农村和农村科普协会的领导人。

博闻强记，学贯古今中西。杨纪珂有"杂家"、"通才"之誉，他长年写作不辍，著译等身，著有《数量遗传基础知识》、《生物数学概论》、《应用数理统计》等，译作几十种，见于报刊的文章、诗词数百篇。他将诗歌与科学融合在一起，以诗意盎然、优美动人的诗歌创作，向读者展示深奥的科学发现。他在科学诗《粒子歌》中这样写道：

世人见大难见小，入眼光子非了了。
蜂须蝶粉几曾看，粒芥微尘何足道。
谁知毫末乾坤里，蒙蒙分子新天地。
结连原子类花丛，嫣红姹紫堆云砌。
堆云丛里护婵娟，电子轻烟薄雾间。
疾转陀螺无止息，长随核子作回旋。
回旋不觉韶光逝，核中结满相思子。
中子质子绕丝萝，难分难解同生死。
画阁幽藏人见稀，重帘不卷知何似？
高能粒子叩关深，帘开遥现影婷婷。
犹遮影里桃花面，不教闲人放眼寻。
闲人叉手空叹息，脑汁枯干求不得。
逍遥粒子教人迷，科研道上多荆棘。
荆棘虽深岂畏难，拨开云雾见青天。
终教小大分明剖，好闯科研第一关。

郑　为（1922—2005）

上海松江人。上海博物馆研究员，中国美术家协会会员，国家文物鉴定委员会委员。

郑为出生于松江观音桥天主堂西侧的“沈园”老宅，后因父亲继嗣于郑氏四房，故随父移居阔街四房宅第。虽然他七岁丧父，但缘于家学熏陶，古代文化学养积淀颇深，尤其喜爱绘画艺术。抗日战争爆发，随母移居上海，不久入上海“安养难民收容所”教书。1939年，考入自湖南转迁至昆明安江村的国立艺专学校西洋画系学习，并兼读于国立中央大学哲学系。他学习用功，深谙东西方绘画艺术的相异相通，故在校有“洋八大”的雅号。1944年艺专毕业后参加中央大学哲学系主任李证刚教授的研究班学习，直至抗日战争胜利后回沪。新中国成立后进上海美术工作者协会，后调上海市文化局，负责美术作品评审工作。1954年调上海博物馆，在工作中接触了大量古代大师们的真迹，了解到中国绘画艺术创作发展的真谛。1983年，随上海博物馆“六千年中国文化艺术展览”去了美国，接触了莫奈、特加、毕加索、克利、米罗、康定斯基等西方大师的作品，激发了他的创作激情，在美国芝加哥西北大学校园即兴作《西北大学校园》。

1946年发表《石涛画语录窥探》。1947年与清华大学邓以蛰教授商榷画理发表《因画理探微略抒我见》论文。1993、1994年，在上海美术馆和深圳博物馆先后举办个人书画展。

他主编的《中国书画家印鉴款识》一书，对中国古代书画鉴定工作起着重要的工具作用。2005年，他所著《中国绘画史》(插图本)，由北京出版社出版集团·北京古籍出版社出版。《中国绘画史》是以名画为基础，以画家、文物鉴赏家、史论家的多重才情深入中国文化思想史的核心，在梳理中国绘画史的同时，以理性的学者目光审视了百代画家的画风、画品及人格风貌，并配以四百余幅精心挑选的彩色图片，展现了历代画家竭诚追求的审美理想和人文境界。

现当代著名画家吴冠中说：“郑为之画当属稀有品种。……他六十年代发表的关于石涛的论文，早就引起瞩目，他的史论研究之核心，注重剖析作者创作中之感情实质，由情识人。他深交了无数古代大师，揣摩他们的心态，其著述精益求精。但耿耿于怀的，留给自己作画的时间太少，难得抒发胸中块垒。然而，我偶或过沪，入其斗室，满室尽是他的作品，油彩、墨彩、粉彩……，品种多样，质量不一般。他融汇了西方现代的表现手法与中国传统文人的情意，其绘画语言是当代的，感受是个人的。他原无展出目的，无须勉强制作，作品只是心脏跳跃的烙印，也极少发表，能到他斗室欣赏其心电图的朋友大概也不多。”（《郑为作品集序》）“他任上海博物馆书画鉴定专职后，所读名画、杰作，数以万计，其爱好更及陶瓷、雕塑，目力洞悉古今中外，发表了不少具独到思考的论文与著作，而他始终未脱离画家生涯，深深体验着作为学者的心路历程。”（《中国绘画史序》）

桑　桐（1923—2011）

桑桐，原名朱镜清，出生于松江县一位画师家庭。1943年，入上海国立音乐专科学校学习作曲，师从德籍犹太人音乐家弗兰克尔（W・Frankel）。1946年，再入国立上海音乐专科学校学习，师从奥地利人许洛士（Schloss）学习作曲，同时也在谭小麟班上听课。当时，谭小麟刚学成归国，任国立音专作曲系教授兼系主任，开设欣德米特两部写作法的课，鼓励学生探索新的调式体系、和声手法与民族风格的融合。1948年，为免遭当局的逮捕，转移到苏北解放区，改名为桑桐。

1949年5月，桑桐调入上海市军事管制委员会文艺处音乐室工作，任音乐干事。1949年11月，调入国立音乐学院上海分院（今上海音乐学院）作曲系任教。1978年任作曲系副主任，1980年定为教授，1981年任上海音乐学院副院长，1984年任代理院长，1986年至1992年任院长。兼任国家教委艺术教育委员会委员，中国音乐家协会常务理事，创作委员会副主任，上海音乐家协会主席，音乐教育委员会主任等职。曾获得中国音乐家协会第三届“金钟奖——终身成就奖”及荣誉勋章、文化部“区永熙音乐教育优秀奖”、首届宝钢“高雅艺术奖特别荣誉奖”、萧友梅音乐教育建设奖等荣誉。1987年，上海音乐学院向他颁发了建校六十周年“金钟奖”。1989年，获美国传记学会的“教育事业杰出贡献奖”。

桑桐年轻的时候，曾在上海观看过音乐传记电影《约翰・施特劳斯》和《弗朗茨・舒伯特》，激发了他成为作曲家的愿望。他一生共创作歌曲、钢琴曲、大提琴曲、小提琴曲等百余首，他采用民族调式的和声手法创作，许多歌曲充满着民族风情。

1943年，他创作了《相见欢》、《林花谢了春红》等歌曲，采用的是接近于瓦格纳以来的晚期浪漫主义手法以及印象主义的手法，《相见欢》是运用非传统手法创作的开端，而《林花谢了春红》1948年在上海首演，由周小燕演唱，受到听众的欢迎，从此蜚声海内外。

1947年，桑桐创作小提琴独奏曲《夜景》和钢琴独奏曲《在那遥远的地方》。小提琴曲《夜景》的创作，让他成为国内第一位运用“无调性”作曲技法的作曲家。而他的钢琴独奏曲《在那遥远的地方》十分接近阿尔本·贝尔格（Alben Berg）的《钢琴奏鸣曲》（作品1），曲风自由无调性、浓密的织体、深厚的和弦、复杂的音响，使这首人们耳熟能详的青海民歌有了新的寓意。

1950年，他创作的大提琴《幻想曲》入选“20世纪华人音乐经典”，成为中国现代音乐文库的经典作品。该曲首演于1951年，由苏联籍大提琴家舍甫磋夫与上海交响乐团演出，大提琴家王磊在1957年世界青年联欢会上演出后，又在日本、美国等处演出，并录制唱片与录音带，现已成为音乐院校大提琴教学的曲目。他创作的钢琴曲《内蒙古民族主题钢琴小曲七首》，1957年获第六届青年联欢节作品铜质奖章。

在上海音专求学期间，他参加了中共地下党学联组织的“开展爱国民主思想教育，向国民党反动派统治势力进行斗争”的学生自治会活动，及“反饥饿、反内战、反迫害”学生运动，还参加了地下党组织的“九龙事件”大游行、“南京请愿”大游行和抗议美军暴行的“抗暴示威”大游行等各种群众集会运动。他还运用自己的音乐特长，根据斗争需要创作学运歌曲，如在同国民党反动派斗争的“五·二〇”运动中，写了《狗仔小调》，揭露特务的暴行和卑劣行为。在“反饥饿”运动中，创作了《我们要吃饱》以团结和激励同学们的革命斗志。

桑桐十分关心学生的成长。他的弟子汪立三（我国著名作曲家，曾任黑龙江音乐家协会主席、哈尔滨师范大学音乐学院名誉院长）回忆说：“我1951年报考上海音乐学院时，桑先生主考口试，见我报了作曲系和钢琴系，询问我到底想进哪个系，并根据我的意愿让我进了作曲系。一年级时，桑先生亲自指导我的处女作《兰花花》，手把手教我谱面连线如何画，意大利文术语如何写。还关心我的冷暖，见我穿得单薄，当即送一件球衣给我。每到周末，常有弟子们出入桑先生的房间。这时候，桑先生会为学生们准备一些茶点，让大家弹奏自己近期的创作和桑先生的作品，开展集体学术讨论。”

桑桐在上海音乐学院工作期间，主要从事和声学的研究和教学工作。理论著作有《和声学专题六讲》、《和声的理论与应用》、《和声学教程》、《半音化的历史演进》和《和声论文集》等。其中《半音化的历史演进》在学术界声望尤高，20世纪80年代初在研究生教学指导中开始重点阐发，90年代陆续在学术期刊《音乐艺术》中发表，1999年获得上海音乐学院第七届科研成果教师论文特等奖，2004年获得全国文化艺术科研成果优秀奖三等奖，并于当年以《半音化的历史演进》由上海音乐出版社出版。论文有《五声纵合性和声结构的探讨》、《多调性写作手法简介》等。

桑桐晚年为支持学校图书馆建设，与夫人汝洁教授捐款10万元，用于购买音乐文献。

2002年11月，学生赵晓生（上海音乐学院教授，博士生导师）写给先生的《贺恩师桑桐教授八十大寿》一诗，可看作先生一生的真实写照："宏论哲思多，理用融一河。无调绘夜景，激情吟蒙歌。半度自成史，不协亦作和。髦老犹勤耘，秋圃满硕果。"

庄　敏（1927—1995）

庄敏，曾用名庄永春，生于浙江海宁，幼年时被松江一庄姓人收为养子，毕业于上海大夏大学，民国三十七年加入中国共产党，参加中国人民解放军。新中国成立后，在国家文化部社会文化事业管理局工作，历任副处长、副局长。1959年，参加中国历史博物馆建馆工作，负责文物征集。1960年起负责编辑《文物》月刊。1984年至1988年，任国家文物局副局长，对文物保护作出了贡献。著有《汉唐壁画（墓室）》、《中国青铜器展》、《中国出土文物精华》、《保护文物古迹与历史文化名城的发展》、《专县级文管部门的主要文物保护工作》、《中国考古学遗产管理》等。1988年兼任全国文物学会副会长，晋升为研究馆员，1990年任全国"八五"考古科学规划小组成员。

叶祖孚（1928—1998）

叶祖孚，松江人。毕业于燕京大学新闻系。民国三十七年加入中国共产党。新中国成立后，曾任北京市政协文史资料研究委员会副主任、编审等。主编《文史资料选编》。著有《北京杂记》、《可爱的北京·名人荟萃》、《北京风情杂谈》、《燕都归事》、《北京琉璃厂》、《叶祖孚文史散文集》、《北京通丛书·叶祖孚讲北京》、《古老的文化街》等。舒乙称其为"北京文史资料方面的权威"、"北京掌故、风土民俗、名人逸事的活字典"。

吴玉梅（1940—2011）

吴玉梅，松江人。唐云的入室弟子。国家一级美术师，上海中国画院画师，中国美术家协会会员，上海市文史研究馆馆员。

吴玉梅出生于松江一个名为南徐浜的村子。父亲在从事农作之余，为民家画灶，又是村里江南丝竹“小青班”实际上的负责人。她从小受江南地区浓厚的艺术氛围及作为农民艺术家的父亲的熏陶与濡染，爱好绘画。在新浜广播站工作期间，将全部的业余时间倾注在绘画上。1960年夏，上海市群众艺术馆在松江醉白池举行由上海十个郊县代表参加的赛诗、赛画、赛歌、赛故事的“四赛”大会，作为松江的代表，吴玉梅上台展示了自己的画作，并用锡剧曲调吟唱了自己即兴创作的诗歌，引起了在场领导及艺术家的关注。事后，上海中国画院派人到新浜商调，让吴玉梅进院深造。那一年她刚满二十岁。

通过三个月的测试，吴玉梅正式拜师学习。当时的上海中国画院集中了中国一流的艺术家，如丰子恺、伍蠡甫、吴湖帆、贺天健、谢稚柳、陆小曼、唐云等，吴玉梅师从唐云。四年之后，她被留在上海中国画院，成为一名画师。她创作的《田头娘子军》入选第四届全国美展华东地区作品展，后入选1965年举办的第五届全国美术作品展，又刊发于1965年3月《人民文学》封面，从而使她在中国美术界崭露头角。此后，她被邀为京西宾馆（党的十一届三中全会就在这里召开）、天安门城楼等重要场所作画。1978年，全国妇联组编的《中国女画家作品选辑》，录选了她的画作《飞雪迎春到》。1981年，《葡萄》、《牡丹》、《茶花》入选中学美术教材。1983年，《幽谷飘香》在境外展出。从此，她的作品屡屡在国内外展出、发表并获奖。

1987年，吴玉梅的首次画展在家乡醉白池举办。“吴玉梅作品展”由唐云题写。后从展品中选出四十四幅作品，汇编成册，由古吴轩出版社于1993年出版，唐云为之题名。时已八十六岁的华东师范大学教授苏渊雷欣然作序，其中云：“私谓中国花卉画家，向有‘四南’之目。南田首创没骨法，活色生香，以明媚取胜；南沙、南苹着色绝丽，饶有西画透视技巧，引起日本画家的向往；而南楼老人则从极绚烂以归平淡，独成一派。凡所云云，不图玉梅女史皆能一身兼擅，青出于蓝，未见其止。”后由中共松江区委宣传部为她在松江美术馆举办“吴玉梅中国画作品展”、恒源祥香山美术馆也举办了“吴玉梅从艺五十年回顾展”。

吴玉梅工写兼擅。她遵循前辈画家的教诲，尽量先求取物象的“形”，用色方面，按“以色貌色”的原则，使所用的色彩尽量接近物象的本色；在不断对物象进行观察体味中，进而把握物象的“神”。由于是根据亲身接触、感受过的物象创作的，因此，她笔下的花卉、虫鸟等是鲜活的，透示出一种生命的骄傲。她的画作，是生命的颂歌。

吴玉梅的青少年时代是在农村度过的，后长居都市，但她不忘农村，对农村的一切,“那老宅子天井里的凤仙和月季花、宅南的竹园及竹园里的竹笋和麻雀、屋角边的扁豆花及南瓜架、路旁的野蔷薇和蒲公英、柳枝上唱着‘知了’的鸣蝉、小河里的吹着水泡的穿条鱼、石滩中爬出爬进的大蟛蜞、夏天夜空一闪一闪的萤火虫、瓜叶底下发出切嚓切嚓声的纺织娘,还有春天里遍地金黄的油菜花、红绿相间的紫云英……”(吴玉梅《自己的声音》),她都怀有深厚的感情。她坚守农村这一题材阵地,欣然接受农村大地的馈赠与农村生活的秘授,欣然接受生育她的农村风光的沐浴与濡养,将老师唐云的文人画笔墨,用于表现对农村生活的真实热爱,创作出了大量清新、鲜活而富有生活气息的作品,这也许就是属于吴玉梅“个人的东西”。

“本是农家女,新荷醉白池。栽培凭沃土,指点有名师。谙究田园画,丹青秀逸姿。采风开境界,足迹遍天涯。孝道温良显,化成大爱施。真诚迎笑脸,情愫本慈悲。玉树梅花品,从兹质洁归。昔年言世事,感念敞心扉。倏然阴阳隔,人生有竟时。能留风物在,堪慰友朋祈。”原上海文史馆馆长吴孟庆在悼念吴玉梅辞世一周年时,为画册写下了这首诗。

吴玉梅是一位孝女,早在1990年就把母亲从乡下接到市区与她共同生活。为服侍年迈的母亲,她多次婉拒或放弃外出采风。在她长年累月的悉心照料下,久病缠身的老人在八十八岁高龄驾鹤西去。半年后,她又承担起照顾瘫痪在床的姐姐。她想方设法寻觅民间秘方,还设法托人购买进口药。她替姐姐擦身、洗发,一日三餐端到床上。姐姐便秘,她用手抠挖;姐姐浓痰堵住喉咙,她用大针筒将痰吸出来。一朋友说:“一个早被医院判了死刑的病人,在你的照顾、开导下,能活到近八十岁,玉梅啊,你创造了奇迹!”

上海人民美术出版社曾先后出版由上海中国画院、中共上海市松江区委宣传部编的《吴玉梅画集》、由程十发艺术馆编的《清骨寒香——吴玉梅画集》。上海教育出版社出版了由吴春荣、宋庆斌、侯建萍著的《江南一枝梅——吴玉梅传略》。

跋　一

尹　军

松江，史脉流长，文脉激荡，地灵人杰。人大代表、政协委员和有识之士，曾建言把灿如云间星斗闪烁的松江人物汇成专集，以传君子健、地势坤之精气神，为托举中国梦，践行社会主义核心价值观灌注正能量。为此，在中共松江区委宣传部、松江区文化广播影视管理局领导的关怀支持下，编撰组本着对历史负责的时代担当精神，求真务实，历时两年，倾力而为，终成《松江人物》一书。

《松江人物》，是一本时间跨度两千年、载誉人物三千多位的大型地方人物传记史书；是松江有史以来，首次集人物之大全，较为全面、翔实、客观反映松江历史人物总体面貌的人物生平志书。该书作为推进文化强区建设的一项基础性文化工程，又以深入浅出，通俗易懂，便于普及而见长。此外，存史载道，见贤思齐，旨在用传统美德的力量感化人心，是为《松江人物》之精华、之功用。为使《松江人物》一书内容充实且便于阅读，书中增补了许多正德《松江府志》、崇祯《松江府志》、嘉庆《松江府志》及光绪《松江府续志》所未收的人物，且将上述四志中的人物传文译成了现代汉语，并补充丰富了相关人物史料。

《松江人物》中，清末的韩邦庆等四人及民国时期的大多数人物由颜萍、周金萍负责编撰；民国时期的少数人物如沈维贤、朱孔阳、裘梦痕等由侯建萍负责编撰；元代的杨维桢及明代的徐阶等八人由施媛媛负责编撰；其余人物均由俞仁良、吴春荣、侯建萍负责编撰。全书由吴春荣统稿。

中共中央党校原副校长、第十一届全国政协常委、中央马克思主义理论研究和建设工程咨询委员、科学社会主义学科首席专家李君如为《松江人物》作序。上海古籍出版社领导十分重视《松江人物》，责任编辑夜以继日、认真负责审读全稿，作风严谨。在此,我们深表谢意。

编撰人员真可谓“焚膏油以继晷,恒兀兀以穷年”,但由于工作量及难度大,时间紧,人手又少,加上学识有限,书稿中错误难免,敬请读者及方家指教。

二〇一五年八月六日于云间

跋　二

俞仁良

我们这次编辑《松江人物》，虽然不能说是单纯地翻译松江府志中的人物传略，然而翻译这道工序，还是必不可少的。周有光说过，古书今译，是“弘扬华夏文化”不可缺少的资料工作。如果尚未读懂志书，不将先人撰写的人物文言传记翻译出来，何能编辑历史人物？而翻译志书，尤其是人物志，其难度真是不小。我不自量力，独自担当下来，备尝个中艰辛。

要正确翻译古代人物志，得弄清楚我国古代的职官衙署、地方区划、政务术语、科考选举以及人物称呼特点等。要搞明白这些名目，诚属不易，但这还算是常识范围内的事，只要多查工具书，尚可解决。而对志书（这里讲的志书，是指近年新点校、出版的松江府志，下同）中不时出现的错讹，那就难度陡增了。如志书中的“周绍元”条，说其与弟只差六天而相继死去，有人写挽联，文中有“‘递逾花甲将同老，并断人琴总半句’之旬”的表述（见崇祯《松江府志》第843页）。这段文字，令人费解。原来后人翻印时误将“句”与“旬”对调了，调正以后，其义自明。再如“陶永淳”条，有“尝摄府事，锄强植，仆剔蠹，洗冤”之句（见崇祯《松江府志》第773页），也难以翻译。后经琢磨，才发现后人句读错误，应将中间两句改为“锄强，植仆，剔蠹”，译为“铲除强横，扶植倒仆，剔去蠹虫”。还有形似字搞混，如将“晋人风度”误作“昔人风度”，将“介特”误作“介持”，等等。上述这些句读错误、字词搞混，在后人刊印的志书中为数不少。如在翻译时因循其错，将严重影响我们《松江人物》的质量。而正是这些错讹，给阅读和翻译志书带来很大难度。

志书中还有残漏之处，叫人无法翻译。为要疏通文意，还要翻阅府志、县志中的其他相关记述，以作对照，以补其残。这也十分费时费力。

翻译时，除了力求内容准确，有关领导还要求译文流畅、可读，吴春荣老师还希望译文有一定文采。这也势必增加难度。

这次翻译志书，艰难如是，而且数量浩繁，经查阅，我记录在册的有3 556人（由于正德府志中的封赠人物及嘉庆府志中的名宦、正德志中的名宦补遗因故未用，最后采用者2 000多人），书写文稿纸2 565页，合计1 004 220字。即使去掉文稿纸中的空格和标点，也远远超过90万字，我是从去年三月着手翻译府卷人物志的，到今年6月底译毕，前后仅十六个月，独自担当了如此宏大的工作量，而且面对的文字又是如此的艰难。我虽然已年逾古稀，但一向还称康健，通年无伤风感冒，但在这十六个月里，可谓日夜兼程，为此曾患三次重感冒，两次眼底出血，有时颈椎酸疼而致头晕、恶心、呕吐。

吴春荣老师是我在松江二中念高三时的班主任，他十分了解我，关怀我。他知道我的艰辛，并反复叮咛，要注意身体。但我面对此文化工程，欲罢不能。老师见此情况，只得采用一个不是办法的办法：送给我一支野山参。我不肯接受，他在我面前首次拿起了为师的姿态，严肃地说："古人云，长者赐，不可拒。"我理解老师的心意，只得无言收下。待寒热退尽了，我连忙蒸食。过了一段时间，老师问我是否已服用，我如此这般地说了，他却叹息道："根据你的体质，将野山参与老母鸡一起煎汤，其效果更佳。"

补了元气，继续挺进，到2015年六月底，终于将正德《松江府志》、崇祯《松江府志》、嘉庆《松江府志》、光绪《松江府续志》中的人物志翻译到了最后一页。

回顾这十六个月，我如同作长途急行军，不时气喘吁吁；如同跋涉于崇山峻岭，放眼不尽崎岖；又如开挖一条深邃的孔道，心中常怀几分恐惧。然而，我的感受还有另一面，因为其间还有无限美好的风光经常呈现眼前。

造化奇妙，所谓有无相生，苦乐相因。翻译松江府志中的人物志，对于我来说，虽然艰辛空前，但激励之深，获益之大，也是前所未有的。这3 500多位松江人物，如朵朵奇葩，使我赏心悦目；如支支乐曲，令人荡气回肠；又似点点甘露，滋润我的心田。他们忠君报国，正气凛然；孝顺友悌，敦化民风；清廉奉公，不谋私利；直面奸佞，刚正不阿；礼贤下士，卑躬自谦；慎用刑罚，蒲鞭轻施；轻徭薄赋，休养生息；遇民暴动，以抚为先；逢年饥荒，则捐俸赈济。他们兴办学校，尊师重教；爱护宗族，举荐贤人；心中常怀社稷，自身则安于清贫；几十年贵显天下，致政归来却家徒四壁。还有义夫节妇，书画才人，名医方士，释道高僧，义侠信友，绝技超人……松江人物的感人德行、亮丽风采，怎不教人衷心钦佩。足以廉顽立懦者，松江人物也。我阅读译注这3 500多位松江人物，犹如零距离感触他们不朽的气息。又如同进入一座由松江先贤组成的历史博物馆，使自己的心灵受到震撼，得以提升。

我的这份担子，是吴老师直接交给我的。而且在这期间，为了释解疑难、准确表述，我们始终保持着密切联系。我们都不会用电子邮件，由于吴老师家松江，我居金山卫，除了几次见面，通常用电话联系，常常是每两三天就有一次通话，有时一天内有二至三次，通话一次，少则半小时，多则一小时以上。有一次经研讨终于解决了一个疑难问题，吴老师心情愉悦，说笑道："仁良啊，自编撰松江人物以来，我每个月的电话费增加了一、二百元，你增加的肯定比我多！"除了通电话，还有多达数十件的书稿邮寄，为避免丢失，均用特快专递。吴老师在编撰《松江人物》中的辛劳程度，绝对不会比我轻。正如前述，我们这项文化工程，不是单纯地翻译志书中的人物传记。作为本书编撰总揽全局的吴老师，他要有开阔的视野，敏锐的目光。他要广泛收集各种相关资料，诸如有关的诗词曲赋、专家的著述、权威的评论，等等，都要浏览，都要汇集，且恰当地参插、充实到《松江人物》中去；同时还要吸收府志中尚未记载的松江历史人物。这类新增补的人物有相当数量。如果不熟悉、不融会贯通府志中的人物传记，没有相当的见识，不具备驾驭全局的能力，是无法担当此任的。而在我们这一个圈子里面，能担当此任者，非吴老师莫属。

还有，也是更艰巨的一点，就是要将上述四部府志中的人物及另外收集的这三千多个人物正确有序地重新排列起来，这一难度，可谓匪夷所思。如此众多的历史人物，分别处于各个朝代；有些人物还未知生卒年代及活动时期，本来又散处于各部志书中，要将他们重新排定，必须要瞻前顾后，全面权衡。有时为了排准一个人物，要查阅大量资料，要找寻其相关的人物，包括其亲属，这实在令人头昏脑胀。有时发现某人所排位置不当，要将其调整，这又得重新翻检，从旁考证，在庞杂的材料中找依据。拆散多部志书，将其人物重新聚合排列在一部人物志中，这一工作，前人之所以不做，可能其难以操作是一个主要原因。吴老师敢于担当此任，而且做得十分出色。在编辑人物志方面，这堪称一大创新。

在具体操作时，也有一番讲究。吴老师匠心独运，提出并成功实施了"分代编写、齐头并进"的方案，就是将松江人物分为元代（含元代）以前、明代、清代、民国时期及补遗人物这五大块，分步编撰，分步打印，分步校对。如此分步进展，有机相联，既节省时间，又可减少错误。如果不这样做，在既定的时间内出书，是不可能的。

我们编撰组还有一些年轻成员，重点负责编撰民国人物及个别当代人物。他们年富力强，反应灵敏，又熟悉电脑，信息丰富。这项工作，难度也不小，如人物的选择上，有众所周知的棘手之处，在吴老师的指导下，他们较为妥善地处理了。

总之，我们《松江人物》编撰组的各成员，其分管的工作各有特点，各有甘辛，各有千秋。大家在中共松江区委宣传部、松江区文化广播影视管理局谢巍、顾静华、尹军等领导同志的全程关怀、支持、指导下，在吴春荣老师的直接参与和精心运筹下，各自发挥了最大的积极性，以空前的效率，完成了编撰《松江人物》这一任务。

2015年7月10日

附　一

松江人物姓氏音序目录

G

H

J

K

L

P

Q

R

S

T

Y

附　二

松江人物姓氏（繁体）笔画目录

一画

二画

三画

四画

五画

六画

七画

八画

九画

十画

十一画

十二画

十三画

十四画

十五画

十六画

十七画

十八画

十九画

二十画

二十一画

二十二画

二十三画

二十四画